Collins

Polish

Dictionary

Collins
Polish
Dictionary

Collins

HarperCollins Publishers
Westerhill Road
Bishopbriggs
Glasgow
G64 2QT
Great Britain

First Edition 2008

Reprint 10 9 8 7 6 5 4 3 2 1 0

© HarperCollins Publishers 2008
© CollinsBatholomew 2008

ISBN 978-0-00-726083-6

Collins® is a registered trademark of
HarperCollins Publishers Limited

www.collinslanguage.com

A catalogue record for this book is available
from the British Library

Art direction by Mark Thomson
Designed by Wolfgang Homola
Typeset by Davidson Pre-Press, Glasgow

Printed in Italy by Rotolito Lombarda S.p.A.

PUBLISHING DIRECTOR
Catherine Love

MANAGING EDITOR
Gaëlle Amiot-Cadey

PROJECT MANAGEMENT
Susie Beattie

EDITORS
Genevieve Gerrard
Magdalena Herok
Dorota Hołowiak
Meg Hunter
Carol McCann
Maggie Seaton
Gavin Simpson
Lisa Sutherland

CONCEPT DEVELOPMENT
Ray Carrick
Michela Clari

TECHNICAL SUPPORT
Thomas Callan

SERIES EDITOR
Rob Scriven

Acknowledgements
We would like to thank those authors and
publishers who kindly gave permission for
copyright material to be used in the Collins
Word Web. We would also like to thank
Times Newspapers Ltd for providing
valuable data.

Spis Treści

Contents

Wprowadzenie

Introduction

Collins Easy Learning Polish Dictionary jest innowacyjnym słownikiem zaprojektowanym dla osób zaczynających uczyć się języka angielskiego.

Collins Easy Learning Polish Dictionary is an innovative dictionary designed specifically for anyone starting to learn Polish.

Dictionary skills

Using a dictionary is a skill you can improve with practice and by following some basic guidelines. This section gives you a detailed explanation of how to use this dictionary to ensure you get the most out of it.

The answers to the questions in this section are on page 16.

Make sure you look on the right side of the dictionary

The Polish – English side comes first, followed by the English – Polish. At the side of the page, you will see a tab with either **polsko – angielski** or **English – Polish**, so you know immediately if you're looking up the side you want.

1 **Which side of the dictionary would you look up to translate 'samochód'?**

Finding the word you want

When looking for a word, for example **nowy**, look at the first letter – **n** – and find the **N** section in the Polish – English side. At the top of each page, you'll find the first and last words on that page. When you find the page with the words starting with **no**, scan down the page until you find the word you want.

The Polish alphabet has 9 letters that are not in the English alphabet. Look at the Polish alphabet below:

a ą b c ć d e ę f g h i j k l ł m n ń o ó p q r s ś t u v w z ź ż

These extra letters do make a difference to alphabetical order, and words in the Polish – English side of this dictionary are arranged in the order of this alphabet. For example, **powód** comes *after* **powolny** and **pączek** comes *after* **październik**.

2 On which page will you find the word 'siostra'?
3 Which comes first – 'więc' or 'wieś'?

To help you expand your vocabulary, we have also suggested possible alternatives in the WORD POWER (ZASÓB SŁOWNICTWA) features at the most common adjectives in English – try looking up **big** on page 26 and learning some of the words you could use.

Make sure you look at the right entry

An entry is made up of a **word**, its translations, and, often, example phrases to show you how to use the translations. If there is more than one entry for the same word, then there is a note to tell you so. Look at the following example entries:

gold [gəuld] NOUN
▷ *see also* **gold** ADJECTIVE
złoto
▢ They found some gold. Oni znaleźli trochę złota.

gold [gəuld] ADJECTIVE
▷ *see also* **gold** NOUN
złoty
▢ a gold necklace złoty naszyjnik

4 Which of the two entries above will help you translate the phrase '*I bought a gold bracelet*'? Look for the two clues which are there to help you:
> an example similar to what you want to say
> the word ADJECTIVE

Look out for information notes which have this symbol on the left-hand side. They will give you guidance on grammatical points, and tell you about differences between Polish and British or American life.

Choosing the right translation

The main translation of a word is shown on a new line and is underlined to make it stand out from the rest of the entry. If there is more than one main translation for a word, each one is numbered.

When you look up a verb, you will often find two translations. Most Polish verbs exist in pairs. These pairs are called 'aspects' and are explained on page 25 of the grammar supplement.

Often you will see phrases in light blue, preceded by a white square □. These help you to choose the translation you want because they show how the translation they follow can be used.

5 **Use the phrases given at the entry 'hard' to help you translate: 'This bread is very hard'.**

Words often have more than one meaning and more than one translation. For example, **'pool'** can be a pond, a swimming pool or a game. When you are translating from English into Polish, be careful to choose the Polish word that has the particular meaning you want. The dictionary offers you a lot of help with this. Look at the following entry:

pool [pu:l] NOUN
1 staw _(pond)_
2 basen _(for swimming)_
3 bilard _(game)_
□ Shall we have a game of pool? Zagramy w bilarda?
■ **pools** totalizator piłkarski _masc sing_ □ to do the pools grać (PERF zagrać) w totalizatora piłkarskiego

The underlining highlights all the main translations, the numbers tell you that there is more than one possible translation and the words in brackets in _italics_ after the translations help you choose the translation you want.

6 **How would you translate 'I like playing pool'?**

Never take the first translation you see without looking at the others. Always look to see if there is more than one translation underlined.

Phrases in **bold type** preceded by a blue or black square ■/■ are phrases which are particularly common or important. Sometimes these phrases have a completely different translation from the main translation; sometimes the translation is the same. For example:

sens (GEN **sensu**, LOC SING **sensie**) MASC NOUN
1 <u>point</u>
　　□ Jaki jest sens wychodzenia na spacer w deszczu?
　　What is the point of going for a walk in the rain?
2 <u>sense</u>
　　□ To nie ma sensu. That doesn't make sense.
　　■ **bez sensu** pointless

When you look up a word, make sure you look beyond the main translations to see if the entry includes any **bold phrases**.

7 **Look up 'hour' to help you translate the sentence '*The train leaves on the hour*'.**

Making use of phrases in the dictionary

Sometimes when you look up a word you will find not only the word, but the exact phrase you want. For example, you might want to say '*What's the date today?*'. Look up **date** and you will find that exact phrase and its translation.

Sometimes you have to adapt what you find in the dictionary. If you want to say '*I watched TV*' and look up **watch** you will find **oglądać.** You have to change the infinitive form **oglądać** to **oglądałem** (if you're a boy) or **oglądałam** (if you're a girl) to mean **'I watched'**. You will often have to adapt the infinitive in this way, adding the correct ending and choosing the present, future or past form. For help with this, look at the verbs section on pages 25-38 of the grammar supplement.

8 **How would you say '*He doesn't eat meat*'?**

Phrases containing nouns and adjectives also need to be adapted. You may need to change the case of the noun or the adjective. For details on how to form the cases, see pages 18-24 of the grammar supplement. Remember that some nouns have irregular forms, and that this information is shown in the entry.

9 **How would you say '*These boys are Polish*'?**

Don't overuse the dictionary

It takes time to look up words so try to avoid using the dictionary unnecessarily, especially during tests. Think carefully about what you want to say and see if you can put it another way, using words you already know. To rephrase things you can:

> Use a word with a similar meaning. This is particularly easy with adjectives, as there are a lot of words which mean *good*, *bad*, *big* etc and you're sure to know at least one.

> Use negatives: if the cake you made was a total disaster, you could just say it wasn't very good.

> Use particular examples instead of general terms. If you are asked to describe the sports *facilities* in your area, and time is short, you could say something like *'In our town there is a swimming pool and a football ground.'*

10 **How could you say *'Poland is huge'* without looking up the word *'huge'*?**

You can also often guess the meaning of a Polish word by using others to give you a clue. If you see the sentence *'Zosia najpierw zaparzyła kawę, a potem ją wypiła'*, you may not know the meaning of the word **zaparzyć**, but you know it's a verb because it's preceded by the nominative form of **Zosia** and it is in a third person feminine singular past tense form. Therefore it must be something you can do to coffee: *brew*. So the translation is: *First of all, Zosia brewed some coffee and then she drank it.*

11 **Try NOT to use your dictionary to work out the meaning of the sentence 'Lubię grać w brydża.'**

Parts of speech

If you look up the word **flat**, you will see that there are three entries for this word as it can be a noun, an adjective or an adverb. It helps to choose correctly between the entries if you know how to recognize these different types of words.

Nouns

Nouns often appear with words like *a*, *the*, *this*, *that*, *my*, *your* and *his*. In Polish there are no articles, i.e. the words *a*, *an* and *the* do not exist.

They can be singular (abbreviated to SING in the dictionary):

his **dog**   *her* **cat**   *a* **street**

or plural (abbreviated to PL in the dictionary):

the **facts**   *those* **people**   *his* **shoes**   *our* **holidays**

They can be the subject of a verb:

Vegetables *are good for you*

or the object of a verb:

I play **tennis**

> **I bought my mother a box of chocolates.**
12 **Which three words in this sentence are nouns?**
13 **Which of the nouns is plural?**

Polish nouns can be masculine, feminine or neuter (abbreviated to MASC, FEM or NEUT in the dictionary).

Masculine nouns usually end in a consonant and are shown by
MASC NOUN:

Kontynent *(continent)*   **Paszport** *(passport)*   **Lekarz** *(doctor)*
There are two groups of masculine nouns: 'masculine people' which denote men, and 'masculine things' which denote objects, ideas, countries etc.

Feminine nouns usually end in the vowel -**a** and are shown by FEM NOUN:

Mapa *(map)*   **Europa** *(Europe)*   **Walizka** *(suitcase)*

Neuter nouns end in vowels -**o**, -**e**, -**ę** or the ending -**um** and are shown by **NEUT NOUN**:

Kino *(cinema)*   **Mieszkanie** *(flat)*   **Muzeum** *(museum)*

The plural of most Polish nouns is made by adding **a vowel**, the letter '**y**' or **changing the final vowel**:

Telefon / telefony *(telephone)*   **Słownik / słowniki** *(dictionary)*
Hotel / hotele *(hotel)*   **Student / studenci** *(student)*
Polityk / politycy *(politician)*   **Siostra / siostry** *(sister)*
Komórka / komórki *(mobile phone)*   **Piwo / piwa** *(beer)*

The endings of nouns also change when the noun is used in another case. It is important to learn when you should use each case in Polish.

Pronouns

Words like *I, me, you, he, she, him, her* and *they* are pronouns. They can be used instead of nouns. You can refer to a person as *he* or *she* or to a thing as *it*.

> *I showed her the new computer.*
14 **Which words are pronouns in this sentence?**

Adjectives

Flat can be an adjective as well as a noun. Adjectives describe nouns: your tyre can be **flat**, you can have a pair of **flat** shoes.

> *I'm afraid of the dark.*
> *The girl has dark hair.*
15 **In which sentence is '*dark*' an adjective?**

Polish adjectives can be masculine, feminine or neuter, singular or plural. Adjectives are also affected by the case i.e. **nominative**, **accusative** etc of the noun they describe:

Ten dom jest **duży**. *(This house is large.)*
Adam jeździ **dużym** *samochodem. (Adam drives a large car.)*
Moja rodzina nie jest **duża**. *(My family is not large.)*
Mam do ciebie **dużą** *prośbę. (I have a big favour to ask of you.)*
Proszę **duże** *frytki. (Large chips, please.)*
W naszym mieście nie ma **dużych** *firm. (There are no large companies in our town.)*

See page 24 of the grammar supplement for the way Polish adjectives change, depending on number, gender and case.

Only the masculine form of the adjective is shown in the dictionary. So, if you want to find out what kind of girls **ładne dziewczyny** are look under **ładny**.

16 **What is the feminine accusative singular form of 'czarny'?**
17 **What is the masculine nominative form of the adjective in the sentence 'Szukam dobrego lekarza.'?**

Verbs

She's going to record the programme for me.
His time in the race was a new world record.

Record is a verb in the first sentence, and a noun in the second. One way to recognize a verb is that it frequently comes with a pronoun such as **I**, **you** or **she**, or with somebody's name. Verbs can relate to the present, the past or the future. They have a number of different forms to show this: **I'm going** (present), **he will go** (future), and **Nicola went** (past). Often verbs appear with **to**: **they promised to go**. This basic form of the verb is called the infinitive.

In this dictionary verbs are preceded by 'to' on the English-Polish side, so you can identify them at a glance. No matter which of the four previous examples you want to translate, you should look up 'to **go**', not '**going**' or '**went**'. If you want to translate 'I **thought**', look up 'to **think**'.

18 What would you look up to translate the verbs in these phrases?

*I **came***   *she**'s crying***   *they**'ve done it***   *he**'s out***

Verbs have different endings in Polish, depending on whether you are talking about **ja**, **ty**, **my** etc: **ja płacę**, **ty płacisz**, **my płacimy** etc. They also have different forms for the present, past and future: **my płacimy** (*we pay* = present), **my płaciliśmy** (*we paid* = past), **my będziemy płacić** (*we will pay* = future). **Płacić** is the infinitive and is the form that appears in the dictionary.

Most verbs in Polish have two infinitives, called the **imperfective** and the **perfective**, eg **płacić** (imperfective) and **zapłacić** (perfective). These are abbreviated to IMPERF and PERF in this dictionary. You use the imperfective form to show that an action is incomplete or has happened/will happen several times, and you use the perfective form to show that an action is complete, or happened once/will happen once. In this dictionary, the imperfective is given first, followed by the perfective.

Sometimes the verb changes completely between the infinitive form and the **ja**, **ty**, **on** etc form. For example, *to go* is **iść**, but *he was going* is **(on) szedł**, and **(ja) jestem** comes from the verb **być** (*to be*). On pages 26-33 of the dictionary, you will find tables of the most important forms of Polish verbs. And on pages 34-38 you will find a list of the most important forms of irregular Polish verbs. Any irregular verb forms are also shown in the entry.

19 Look in the dictionary to find how you would say 'we have'.

Adverbs

An adverb is a word which describes a verb or an adjective: *Write **soon**. Check your work **carefully**. The film was **very** good.* In the sentence '*The swimming pool is open **daily**'*, **daily** is an adverb describing the adjective **open**. In the phrase '*my **daily** routine*', **daily** is an adjective describing the noun **routine**. We use the same word in English for both adjective and adverb forms. Sometimes in Polish, however, the translations are different and you will need to know the difference between an adjective and an adverb to be able to choose the correct Polish translation.

Take the sentence '*The menu changes daily*'.
20 Is '*daily*' an adverb or an adjective here?

Prepositions

Prepositions are words like **for**, **with** and **across**, which are followed by nouns or pronouns:
*I've got a present **for** David.   Come **with** me.   He ran **across** the road.*

In Polish, all prepositions are followed by nouns or pronouns in a certain case. However, the same preposition can mean something different when it is followed by a different case. It can also be followed by a different case when it is used after verbs of motion or verbs describing position:

*Jestem **z** Anglii. (I am **from** England.)* (**z** + gen.)
*Mieszkam **z** rodzicami. (I live **with** my parents)* (**z** + instr.)
*Idę **na** koncert. (I am going to a concert.)* (verb of motion, **iść**, **na** + acc.)
*Jestem **na** koncercie. (I am at a concert.)* (verb of position, **być**, **na** + loc.)

The party's over.
The shop's just over the road.
21 In one of the sentences above 'over' is an adjective describing a noun, in the other it is a preposition followed by a noun. Which is which?
22 What case does the Polish preposition 'do' take?
23 Use your dictionary to help you translate '*Dokąd jedziesz na wakacje?*'.

Answers

1 the Polish side
2 on page 196
3 **wieś** comes first
4 The second (ADJECTIVE) entry.
5 **Ten chleb jest bardzo twardy.**
6 **Lubię grać w bilard.**
7 **Pociąg odjeżdża o pełnej godzinie.**
8 **On nie je mięsa.**
9 **Ci chłopcy są Polakami.**
10 **Polska jest bardzo duża.**
11 **I like playing bridge.**
12 **mother**, **box** and **chocolates** are nouns
13 **chocolates** is plural
14 I and **her** are pronouns
15 in the second sentence
16 **czarną**
17 **dobry**
18 to **come**, to **cry**, to **do**, to **be**
19 (my) **mamy**
20 **daily** is an adverb
21 in the first sentence, **over** is an adjective, and in the second, it's a preposition
22 the genitive case
23 Where are you going on holiday?

Pronouncing Polish

Polish vowels

Polish vowels are always clearly pronounced and not relaxed in unstressed syllables as happens in English.

a   Similar to English **a** in **hat**
ą   Similar to English **ong** in **song**
e   Similar to English **e** in **best**
ę   In the middle of a word, like English **eng** in **Bengali**
i   Similar to English **i** in **machine**
o   Similar to English **o** in **slot**
ó   Similar to English **oo** in **goose**
u   Similar to English **oo** in **goose**
y   Similar to English **i** in **grim**

Polish consonants

b   Like the **b** in English **b**all
c   Normally, like the **ts** sound in English lo**ts**. Before an **i** it is pronounced like the **ch** sound in English **ch**eese
ch   Like the **h** sound in English **h**ood
cz   Like the **ch** sound in English **ch**ur**ch**
ć   Like the **ch** sound in English **ch**eese
d   Like the **d** in English **d**uck
dz   Like the the **ds** sound in English goo**ds**
dź   Like the **j** sound in English **j**eans.
dż   Like the **j** sound in English **j**ungle.
g   Like the **g** in English **g**ood.
h   Like the **h** sound in English **h**ood
j   Like the **y** sound in English **y**ellow
ł   Like the **w** sound in English **w**indow
ń   Like the **ni** soung in Englsih o**ni**on
r   Pronounced like a rolled Scots **r**
rz   Like the **s** sound in English plea**s**ure

s   Normally, pronounced like **s** in English **s**ea. Before an **i** it is pronounced like the **s** in English **s**ugar.

sz   Like the **sh** in English **sh**ow

ś   Like the **s** sound in English **s**ure

w   Like the **v** sound in English **V**ictoria

z   Normally, like **z** in English **z**ebra. Before an **i** it is pronounced like the **g** sound in English re**g**ime

ź   Like the **g** sound in English re**g**ime, but softer

ż   Like the **s** sound in English plea**s**ure

f, k, l, m, n, p, q, t and **v** are pronounced as in English

Jak korzystać z tego słownika

Korzystanie ze słownika to umiejętność, którą można udoskonalać poprzez praktykę oraz poprzez stosowanie się do kilku podstawowych wskazówek. Ta część wprowadzenia szczegółowo opisuje, jak w najlepszy i najskuteczniejszy sposób korzystać ze słownika.

Odpowiedzi do pytań podanych w tej części znajdują się na stronie 24.

Czy szukasz słowa we właściwej części słownika?

Jako pierwsza podana jest część polsko – angielska, a po niej jest część angielsko – polska. Na marginesie każdej strony jest wyraźnie wyodrębniony napis: **polsko – angielski** albo **English – Polish**, więc od razu będziesz wiedzieć, czy szukasz słów po właściwej stronie.

1 **W której części słownika będziesz szukać słowa 'bicycle'?**

Jak znaleźć poszukiwane słowo?

Kiedy szukasz wyrazu, na przykład **'novel'**, najpierw ustal, od jakiej litery się zaczyna (**n-**), a następnie znajdź część słownika z literą **N** po stronie angielsko – polskiej. W nagłówku znajduje się pierwsze i ostatnie słowo, które jest na danej stronie. Kiedy więc znajdziesz stronę, na której wyrazy rozpoczynają się od **no-**, przejrzyj ją dokładniej, aby znaleźć poszukiwany wyraz.

2 **Na której stronie znajdziesz słowo 'siostra'?**
3 **Który wyraz jest podany w słowniku jako pierwszy: 'więc' czy 'wieś'?**

Aby pomóc ci w poszerzaniu słownictwa, podajemy możliwe synonimy w dodatku dotyczącym rozwoju słownictwa (WORD POWER). Dotyczy on najczęściej używanych przymiotników w języku angielskim. Sprawdź na przykład wyraz **big** na stronie 26 i naucz się innych wyrazów, którymi można ten wyraz zastąpić.

Czy sprawdzasz wyraz we właściwym haśle?

Hasło składa się z wyrazu głównego, jego tłumaczenia oraz dość często z przykładów, których celem jest zilustrowanie użycia proponowanych tłumaczeń. Jeśli istnieje więcej niż jedno hasło z podanym wyrazem głównym, ten słownik o tym wyraźnie informuje.
Popatrz na przykładowe hasła:

gold [gəuld] NOUN
▷ *see also* **gold** ADJECTIVE
złoto
□ They found some gold. Oni znaleźli trochę złota.

gold [gəuld] ADJECTIVE
▷ *see also* **gold** NOUN
złoty
□ a gold necklace złoty naszyjnik

4 **Które z powyższych haseł będzie pomocne przy tłumaczeniu zdania 'I bought a gold bracelet'? Poniższe podpowiedzi mogą być pomocne:**
> **W którym haśle znajduje się przykład podobny to potrzebnego ci zdania?**
> **Co oznacza ADJECTIVE?**

Zwróć uwagę na dodatkowe informacje, które ten słownik podaje po symbolu ukazującym się po lewej stronie. Informacje te podają więcej szczegółów dotyczących gramatyki, jak również wskazują na różnice pomiędzy ich zastosowaniem w języku polskim i angielskim.

Jak wybrać odpowiednie tłumaczenie?

Główne tłumaczenie danego słowa zostało wyróżnione w każdym haśle: jest pokazane w nowej linijce oraz jest podkreślone. Jeśli istnieje więcej niż jedno główne tłumaczenie, każde z nich jest ponumerowane. Często podawane są również wyrażenia wyodrębnione jasnoniebieską czcionką poprzedzone białym kwadratem. Ich celem jest pokazanie przykładów użycia tego tłumaczenia.

5 **Wykorzystaj wyrażenia podane w haśle 'twardy', aby przetłumaczyć na angielski: 'Ten chleb jest bardzo twardy'.**

Wyrazy często mają więcej niż jedno znaczenie, a więc więcej niż jedno tłumaczenie. Na przykład wyraz **'zamek'** może oznaczać budynek bądź urządzenie do otwierania i zamykania drzwi. Z tego powodu, kiedy tłumaczysz z polskiego na angielski, zwróć uwagę, czy wybierasz tłumaczenie właściwego znaczenia. Słownik oferuje tu wiele pomocy, przykładowo:

zamek (GEN **zamku,** PL **zamki,** INST SING **zamkiem,**
LOC SING **zamku**) MASC NOUN
1 castle
  □ zamek królewski royal castle
2 lock
  □ Wstawiliśmy dodatkowy zamek do drzwi.
  We put an extra lock on the door.
■ **zamek błyskawiczny** zip; zipper (US)
  □ Zepsuł mi się zamek w kurtce. The zip on my
  jacket has broken.

Podkreślenie wyróżnia główne tłumaczenie, a numeracja wskazuje, czy jest więcej niż jedno możliwe tłumaczenie. Natomiast wyrazy podane *kursywą* pomogą w wybraniu odpowiedniego tłumaczenia.

6 **Jak przetłumaczysz zdanie 'Zwiedzialiśmy zamek, gdzie mieszkał kiedyś słynny malarz'?**

Nigdy nie decyduj się na pierwsze tłumaczenie bez przyjrzenia się pozostałym. Upewnij się, czy nie ma innych głównych tłumaczeń w danym haśle, które będą ponumerowane oraz wyróżnione poprzez podkreślenie.

Wyrażenia podane **tłustym drukiem** i poprzedzone niebieskim lub czarnym kwadracikiem to wyrażenia, które są szczególnie często używane lub ważne. Czasami wyrażenia te oferują zupełnie inne tłumaczenie od tłumaczenia głównego, ale czasami są takie same, przykładowo:

camping ['kæmpɪŋ] NOUN
<u>biwakowanie</u>
■ **to go camping** jechać (PERF pojechać)
na kemping □ We went camping in Wales.
Pojechaliśmy na kemping do Walii.

Szukając wyrazu, upewnij się, że sprawdziłeś również wyrażenia podane **tłustym drukiem**.

7 **Sprawdź tłumaczenia podane w haśle 'godzina', aby przetłumaczyć zdanie: 'Pociąg odjeżdża o pełnej godzinie.'**

Jak używać wyrażeń podanych w słowniku?

Czasami sprawdzając wyraz, znajdziesz nie tylko jego tłumaczenie, ale całe wyrażenie, którego potrzebujesz. Przykładowo, jeśli chcesz powiedzieć: *'Która jest godzina?'*, sprawdź hasło **godzina**, a tam znajdziesz poszukiwane przez ciebie wyrażenie wraz z tłumaczeniem.

Czasami musisz zmienić formę wyrazu, który znajdziesz w słowniku. Jeśli chcesz powiedzieć: „Zjadłem kanapkę.", musisz sprawdzić hasło: **jeść**. Znajdziesz tam tłumaczenie 'to **eat**'. Następnie musisz zastąpić bezokolicznik 'to eat' formą osobową 'I ate'. W wielu przypadkach będziesz musiał zmieniać formę bezokolicznika na formę czasu teraźniejszego, przyszłego lub przeszłego. Pomocą przy tworzeniu form innych czasów będą służyły tabele na stronie XXX w dodatku gramatycznym.

8 **Jak przetłumaczysz zdanie 'On nie je mięsa.'?**

Wyrażenia zawierające rzeczowniki też będą musiały być odpowiednio zmieniane, szczególnie gdy wykorzystany rzeczownik ma nieregularną formę liczby mnogiej. Informacja gramatyczna o tej formie podana jest w haśle.

Nie nadużywaj słownika

Sprawdzanie wyrazów jest bardzo czasochłonne, dlatego staraj się unikać nadmiernego korzystania ze słownika, zwłaszcza podczas egzaminów. Zastanów się, co chcesz właściwie powiedzieć i czy nie można tego powiedzieć inaczej, wykorzystując słowa i wyrażenia już ci znane. Aby inaczej sformułować jakąś wypowiedź, możesz:

> Użyć innego słowa o podobnym znaczeniu. To jest szczególnie łatwe w przypadku przymiotników, ponieważ istniej wiele wyrazów, które znaczą *good*, *bad*, *big* etc., a ty na pewno będziesz znał przynajmniej jeden synonim.

> Użyć wyrazów o znaczeniu przeciwnym: jeśli ciasto, które upiekłeś, okazało się zupełnie do niczego, możesz powiedzieć, że po prostu nie było bardzo dobre.

> Użyć konkretnych przykładów zamiast ogólników. Jeśli masz opowiedzieć coś o *obiektach sportowych* w swoim mieście, a zostało ci na to niewiele czasu, przykładowo powiedz: *'W naszym mieście jest basen i boisko do gry w piłkę nożną.'*

9 **Jak przetłumaczysz zdanie: *'We often sail on our yacht.'* bez sprawdzania słowa *'sail'*?**

Często można domyślić się znaczenia słowa z kontekstu. Przykładowo, widząc zdanie: *"My father drives a red car"*, możesz nie znać znaczenia wyrazu **drives**, ale wiesz, że jest to czasownik, ponieważ poprzedzony jest rzeczownikiem **my father**. Dlatego musi to być czasownik oznaczający czynność związaną z samochodem: to **drive**. Tak więc tłumaczeniem jest wyraz: *'prowadzić'*.

10 **BEZ korzystania ze słownika postaraj się przetłumaczyć zdanie: *"We had to write an essay before the exam"*.**

Części mowy

Jeśli poszukasz wyrazu **gold**, zobaczysz, że pojawia się ono w dwóch hasłach: jako rzeczownik i jako przymiotnik. Umiejętność rozpoznawania części mowy jest pomocna przy wyborze tłumaczenia we właściwym haśle.

Rzeczowniki

Rzeczowniki to wyrazy, które oznaczają ludzi, zwierzęta i przedmioty. W języku angielskim często towarzysą im inne słowa, takie jak: *a, the, this, that, your* czy *his*.

his **dog**	her **cat**	a **street**
jego pies	*jej kot*	*ulica*

W części angielsko-polskiej tego słownika są one oznaczone jako rzeczowniki 'NOUN'.

Forma liczby mnogiej zazwyczaj tworzona jest przed dodanie **-s** do formy liczby pojedynczej.

many book**s**	two hous**es**
wiele książek	*dwa domy*

Rzeczowniki, które kończą się na **-s**, **-sh** czy **-x**, tworzą liczbę mnogą przed dodanie **-es**.

many kiss**es**	three brush**es**	some box**es**
mnóstwo pocałunków	*trzy szczoteczki*	*kilka pudełek*

Niektóre rzeczowniki zakończone na **-y** tworzą liczbę mnogą przez zamienienie tej końcówki na **-ies**.

several bab**ies**	two pupp**ies**
kilkoro dzieci	*dwa szczeniaki*

Niektóre rzeczowniki mają nieregularną formę liczby mnogiej.

two **children**	many **mice**	six **loaves** of bread
dwoje dzieci	*wiele myszy*	*sześć bochenków chleba*

Jeśli forma liczby mnogiej nie została utworzona przez dodanie końcówki -s do formy liczby pojedynczej, wówczas forma liczby mnogiej pojawia się w tym słowniku jako osobne hasło, które zawiera odnośnik do hasła z liczbą pojedynczą tego wyrazu.

children ['tʃɪldrən] PL NOUN ▷ *see* **child**

Zwykle hasła tego słownika podają rzeczowniki w formie liczby pojedynczej. Jednak niektóre rzeczowniki nie mają formy pojedynczej. Podane są w liczbie mnogiej, a po nich podany jest skrót PL NOUN.

Zaimki

Wyrazy takie jak: *ja, on, ten* czy *to* to zaimki. W zdaniu zastępują rzeczownik. W tym słowniku oznaczone są jako PRONOUN.

Jeśli w pozycji podmiotu zdania nie występuje rzeczownik, w odróżnieniu od języka polskiego, w angielskim zawsze wymagane jest użycie zaimków osobowych (*I, you, he,* etc.).

Czasowniki

Czasowniki używane są do określenia czynności lub stanów. Jak wcześniej zostało zaznaczone, w języku angielskim czasowniki zawsze muszą być poprzedzone rzeczownikiem bądź zaimkiem osobowym. W tym słowniku czasowniki są oznaczone jako VERB i poprzedzone wyrazem 'to' w części angielsko-polskiej, co pomaga szybko je odnaleźć.

11 **W którym z poniższych zdań wyraz 'fight' jest czasownikiem?**
He is always fighting with his brothers
Calzaghe wins most of his fights.

Czasowniki mogą być użyte w różnych czasach, przykładowo w czasie teraźniejszym „Piszę list.", czy w czasie przeszłym: „Napisałem list.". Obie te formy pochodzą od formy podstawowej: „pisać", zwanej bezokolicznikiem, która stanowi hasło w tym słowniku. Jeśli więc

potrzebujesz przetłumaczyć zdanie: „Kupiłem nowy sweter.", sprawdź
hasło bezokolicznika: „kupować".

12 **Jaka jest forma bezokolicznika czasowników użytych w
poniższych zdaniach?**
Wczoraj poszliśmy do kina.
Kiedy mnie w końcu odwiedzisz?

Tak jak w języku polskim, w języku angielskim występują czasowniki
nieregularne. Aby ułatwić poszukiwania bezokolicznika, formy czasu
przeszłego (past tense) oraz imiesłowu (past participle) najczęściej
używanych czasowników pojawiają się jako wyrazy hasłowe z
odnośnikiem do formy bezokolicznika.

went [wɛnt] VERB ▷ *see* **go**

W części angielsko-polskiej tego słownika formy nieregularne podane
są po wyrazie hasłowym.

to **go** [gəu] (PT **went**, PP **gone**) VERB
▷ *see also* **go** NOUN

Na stronach 47-48 znajduje się dodatek z nieregularnymi formami
najważniejszych angielskich czasowników.

Przysłówki

Przysłówek to słowo, które opisuje czasownik czy przymiotnik. Po stronie
angielsko-polskiej tego słownika przysłówki oznaczone są jako ADVERB.
W języku angielskim przysłówki wyróżniają się typową końcówką **-ly**.

deeply [ˈdiːplɪ] ADVERB
1 głęboko
2 mocno (*sleep*)

Czasami jednak w angielskim przysłówek i przymiotnik wyglądają tak
samo, dlatego należy uważnie przyjrzeć się kontekstowi, zanim wybierze
się odpowiednie tłumaczenie. Warto pamiętać, że przysłówki opisują
czasowniki i przymiotniki, natomiast przymiotniki określają
rzeczowniki.

Przyjrzyj się zdaniu *'The menu changes daily'*.

13 **Czy wyraz *'daily'* w powyższym zdaniu to przysłówek czy przymiotnik?**

Przyimki

Przyimki to wyrazy takie jak: **na**, **z** czy **przed** w języku polskim lub **on**, **for** czy **of** w języku angielskim. Zawsze występują po nich rzeczowniki lub zaimki. W języku angielskim niektóre przyimki czasami wyglądają tak samo jak przysłówki.

14 **W którym z poniższych zdań wyraz 'over' to przyimek?**
The party's over.
The shop's just over the road.

Answers

1 w części angielsko-polskiej
2 na stronie 196
3 **wieś** jest pierwsza
4 Hasło drugie (przymiotnik)
5 **This bread is very hard.**
6 **We visited a castle where a famous painter once lived.**
7 **'The train leaves on the hour'.**
8 **He doesn't eat meat.**
9 **Często żeglujemy na naszym jachcie.**
10 **Przed egzaminem musieliśmy napisać wypracowanie.**
11 w zdaniu pierwszym
12 **pójść; odwiedzić**
13 **daily** to przysłówek
14 w zdaniu drugim

Wymowa angielska

Samogłoski

calm, part, rot	[ɑ:]
hat	[æ]
fiancé	[ɑ̃:]
egg, set, parent	[ɛ]
above	[ə]
earn, girl	[ɜ:]
hit, give	[ɪ]
fairly, city	[i]
green, peace	[i:]
born	[ɔ:]
hut	[ʌ]
full	[u]
pool	[u:]

Dyftongi

buy, die, my	[aɪ]
house, now	[au]
pay, mate	[eɪ]
pair, mare	[ɛə]
no, boat	[ou]
here, near	[ɪə]
boy, coin	[ɔɪ]
tour, poor	[uə]

Półsamogłoski

yet, million	[j]
wet, why	[w]

Spółgłoski

ball	[b]
child	[tʃ]
field	[f]
good	[g]
hand	[h]
just	[dʒ]
kind, catch	[k]
left, little	[l]
mat	[m]
nest	[n]
long	[ŋ]
put	[p]
run	[r]
sit	[s]
shallow	[ʃ]
tag	[t]
thing	[θ]
this	[ð]
very	[v]
loch	[x]
ours, zip	[z]
measure	[ʒ]

Inne oznaczenia

Acento	[']
Acento secundario	[,]

W części angielsko-polskiej tego słownika po każdym wyrazie hasłowym podana jest transkrypcja fonetyczna, która podaje wymowę angielską danego słowa.

Aa

ABC NEUT NOUN

∴ **LANGUAGE TIP** ABC does not decline

ABC

aborcja (GEN **aborcji**, PL **aborcje**, GEN PL **aborcji**)
FEM NOUN

abortion

■ **dokonywać** (PERF **dokonać**) **aborcji** to have
an abortion

absencja (GEN **absencji**, PL **absencje**, GEN PL
absencji) FEM NOUN

absence

□ absencja w pracy absence from work

absolutnie ADVERB

▷ zobacz też **absolutnie** EXCLAMATION

absolutely

■ **Jest absolutnie szczery.** He is totally
honest.

■ **Absolutnie się z tym nie zgadzam!** I totally
disagree! □ Nie będzie to absolutnie nic
strasznego. It will be absolutely no problem.

absolutnie EXCLAMATION

▷ zobacz też **absolutnie** ADVERB

absolutely

□ Czy to dobry film? — Absolutnie! Is it a good
film? — Absolutely!

absurdalny ADJECTIVE

absurd

aby CONJUNCTION

in order to

□ Pojechał do Francji, aby nauczyć się
francuskiego. He went to France in order to
learn French.

■ **Wyjdź wcześniej, aby się nie spóźnić na
pociąg.** Leave earlier, so you're not late for the
train.

ach EXCLAMATION

oh

adidasy (GEN **adidasów**) PL NOUN

trainers

sneakers (US)

administracja (GEN **administracji**,
PL **administracje**, GEN PL **administracji**) FEM NOUN

1 management

2 government

□ administracja lokalna local government

adopcja (GEN **adopcji**, PL **adopcje**,
GEN PL **adopcji**) FEM NOUN

adoption

adoptować (**adoptuję, adoptujesz**)

(PERF **zaadoptować**) VERB

to adopt

□ Zaadoptowali dwójkę dzieci. They adopted
two children.

adorować (**adoruję, adorujesz**) VERB

to adore

□ Ona adoruje swojego starszego brata.
She adores her older brother.

adres (GEN **adresu**, PL **adresy**, LOC SING **adresie**)
MASC NOUN

address

□ adres elektroniczny email address □ adres
internetowy Web address

adresat (GEN **adresata**, PL **adresaci**, LOC SING
adresacie) MASC NOUN

addressee

adresatka (GEN **adresatki**, PL **adresatki**,
LOC SING AND DAT SING **adresatce**) FEM NOUN

addressee

adresować (**adresuję, adresujesz**)

(PERF **zaadresować**) VERB

1 to address

□ adresować paczkę to address a package

2 to send

■ **adresować prośbę do kogoś** to send
a request to somebody

adwent (GEN **adwentu**, PL **adwenty**, LOC SING
adwencie) MASC NOUN

Advent

adwokat (GEN **adwokata**, PL **adwokaci**, LOC SING
adwokacie) MASC NOUN

lawyer

aerobik (GEN **aerobiku**, INST SING **aerobikiem**)
MASC NOUN

aerobics

□ Agnieszka uprawia aerobik. Agnieszka does
aerobics.

aerozol (GEN **aerozolu**, PL **aerozole**,
GEN PL **aerozoli**) MASC NOUN

aerosol

afera (GEN **afery**, PL **afery**, DAT SING AND LOC SING
aferze) FEM NOUN

scandal

□ afera korupcyjna a corruption scandal

■ **afera gospodarcza** swindle

Afryka (GEN **Afryki**, DAT SING **Afryce**) FEM NOUN

Africa

afrykański ADJECTIVE

African

agencja (GEN **agencji**, PL **agencje**, GEN PL **agencji**)
FEM NOUN
agency
□ agencja turystyczna travel agency □ agencja reklamowa advertising agency

agent (GEN **agenta**, PL **agenci**, LOC SING **agencie**)
MASC NOUN
1 agent
□ podwójny agent a double agent
2 rep
□ agent ubezpieczeniowy insurance rep

agentka (GEN **agentki**, PL **agentki**, DAT SING AND LOC SING **agentce**, GEN PL **agentek**) FEM NOUN
1 agent
□ tajna agentka a secret agent
2 rep

agrafka (GEN **agrafki**, PL **agrafki**, DAT SING AND LOC SING **agrafce**, GEN PL **agrafek**) FEM NOUN
safety pin

agresja (GEN **agresji**, PL **agresje**, GEN PL **agresji**)
FEM NOUN
aggression

agrest (GEN **agrestu**, PL **agresty**, LOC SING **agreście**) MASC NOUN
gooseberry

agresywny ADJECTIVE
aggressive

AIDS ABBREVIATION
AIDS (= acquired immune deficiency syndrome)

akademia (GEN **akademii**, PL **akademie**, GEN PL **akademii**) FEM NOUN
academy
■ Akademia Medyczna medical school
■ Polska Akademia Nauk Polish Academy of Sciences
■ Akademia Teatralna drama school

akademicki ADJECTIVE
academic
□ rok akademicki the academic year
■ dom akademicki hall(s) of residence; dormitory (US)

akademik (GEN **akademika**, PL **akademiki**, INST SING **akademikiem**) MASC NOUN
hall (of residence)
dorm (US: potoczny: na uniwersytecie)

⸰ **LANGUAGE TIP** Be careful! The Polish word akademik does not mean **academic**.

akapit (GEN **akapitu**, PL **akapity**, LOC SING **akapicie**)
MASC NOUN
paragraph

akcent (GEN **akcentu**, PL **akcenty**, LOC SING **akcencie**) MASC NOUN
1 stress
2 accent
□ Mówi z francuskim akcentem. He speaks with a French accent.
3 emphasis
□ kłaść (PERF położyć) akcent na coś to lay great emphasis on something

akcentować (**akcentuję, akcentujesz**)
(PERF **zaakcentować**) VERB

to emphasize
□ akcentować czyjeś zalety to emphasize someone's good points

akceptacja (GEN **akceptacji**, PL **akceptacje**, GEN PL **akceptacji**) FEM NOUN
1 acceptance
2 approval

akceptować (**akceptuję, akceptujesz**)
(PERF **zaakceptować**) VERB
1 to approve of
□ akceptować kogoś to approve of somebody
2 to agree to
□ akceptować warunki to agree to the conditions

akcja (GEN **akcji**, PL **akcje**, GEN PL **akcji**) FEM NOUN
1 operation
■ akcja zbrojna military operation
■ akcja ratownicza rescue operation
2 plot
□ Akcja filmu jest bardzo skomplikowana. The film has a very complicated plot.
■ Akcja powieści rozgrywa się w Polsce. The novel is set in Poland.
3 share
□ wzrost cen akcji na giełdzie a rise in the share's market price

akt (GEN **aktu**, PL **akty**, LOC SING **akcie**) MASC NOUN
▷ zobacz też akt PL NOUN
1 act
□ akt desperacji an act of desperation
2 certificate
■ akt urodzenia birth certificate
3 dossier
□ akta sprawy the dossier on the case
■ akta
▷ zobacz też akt MASC NOUN files □ wyciąg z akt an extract from the files

aktor (GEN **aktora**, PL **aktorzy**, LOC SING **aktorze**)
MASC NOUN
actor

aktorka (GEN **aktorki**, PL **aktorki**, DAT SING AND LOC SING **aktorce**, GEN PL **aktorek**) FEM NOUN
actress

⸰ **WSKAZÓWKI JĘZYKOWE** W języku angielskim słowo **actor** często stosowane jest także w odniesieniu do kobiet.

aktówka (GEN **aktówki**, PL **aktówki**, DAT SING AND LOC SING **aktówce**, GEN PL **aktówek**)
FEM NOUN
briefcase

aktualizować (**aktualizuję, aktualizujesz**)
(PERF **zaktualizować**) VERB
to update (dane)

aktualnie ADVERB
currently
□ Jest to aktualnie najszybszy pociąg na świecie. This is currently the fastest train in the world.

⸰ **LANGUAGE TIP** Be careful! The Polish word aktualnie does not mean **actually**.

aktualny ADJECTIVE
current
□ aktualne zagadnienia current affairs

□ aktualny rozkład jazdy current timetable

⋯ **LANGUAGE TIP** Be careful! The Polish word **aktualny** does not mean **actual**.

aktywność (GEN **aktywności**) FEM NOUN
activity

□ aktywność fizyczna physical activity

aktywny ADJECTIVE
active

□ Zawsze bierze aktywny udział w lekcjach.
He always takes an active part in the lesson.

akumulator (GEN **akumulatora**, PL **akumulatory**, LOC SING **akumulatorze**) MASC NOUN
battery

□ Akumulator wyładował się. The battery is flat.

akurat ADVERB

1 just

□ Nasze biuro jest akurat naprzeciwko dworca.
Our office is just opposite the station.

2 the very moment

□ Akurat kiedy wychodził, zadzwonił telefon.
The very moment he left, the phone rang.

⋯ **LANGUAGE TIP** Be careful! The Polish word **akurat** does not mean **accurate**.

akwarium (GEN **akwarium**, PL **akwaria**, GEN PL **akwariów**) NEUT NOUN
aquarium

alarm (GEN **alarmu**, PL **alarmy**, LOC SING **alarmie**) MASC NOUN
alarm

□ alarm antywłamaniowy burglar alarm

alarmować (**alarmuję**, **alarmujesz**) (PERF **zaalarmować**) VERB
to alert

■ alarmować policję to call the police

alarmowy ADJECTIVE
alarm

□ dzwonek alarmowy alarm bell

albo CONJUNCTION
or

□ jutro albo pojutrze tomorrow or the day after
□ albo ... albo ... either ... or ... □ Możemy pojechać albo pociągiem, albo autobusem.
We can either go by train or by bus.

ale CONJUNCTION

▷ *zobacz też* **ale** EXCLAMATION
but

□ Lubię owoce, ale nie gruszki. I like fruit, but not pears.

ale EXCLAMATION

▷ *zobacz też* **ale** CONJUNCTION
but

■ Ale deszcz! That's some rain!
■ Ale jaja! Well I never!

aleja (GEN **alei**, PL **aleje**, GEN PL **alei**) FEM NOUN
avenue

alergia (GEN **alergii**, PL **alergie**, GEN PL **alergii**) FEM NOUN
allergy

■ alergia na orzechy nut allergy
■ mieć alergię na coś to be allergic to something □ Mam alergię na kurz. I am allergic to dust.

alergiczny ADJECTIVE
allergic

alfabet (GEN **alfabetu**, PL **alfabety**, LOC SING **alfabecie**) MASC NOUN
alphabet

alfabetyczny ADJECTIVE
alphabetical

□ w porządku alfabetycznym in alphabetical order

alkohol (GEN **alkoholu**, PL **alkohole**, GEN PL **alkoholi** *or* **alkoholów**) MASC NOUN
alcohol

alkoholiczka (GEN **alkoholiczki**, PL **alkoholiczki**, DAT SING AND LOC SING **alkoholiczce**, GEN PL **alkoholiczek**) FEM NOUN
alcoholic

alkoholik (GEN **alkoholika**, PL **alkoholicy**, INST SING **alkoholikiem**) MASC NOUN
alcoholic

alkoholizm (GEN **alkoholizmu**, LOC SING **alkoholizmie**) MASC NOUN
alcoholism

alpinista (GEN **alpinisty**, PL **alpiniści**, DAT SING AND LOC SING **alpiniście**) MASC NOUN

⋯ **LANGUAGE TIP** **alpinista** declines like a feminine noun in the singular
climber

alpinistka (GEN **alpinistki**, PL **alpinistki**, DAT SING AND LOC SING **alpinistce**, GEN PL **alpinistek**) FEM NOUN
climber

alpinizm (GEN **alpinizmu**, LOC SING **alpinizmie**) MASC NOUN
climbing

Alpy (GEN **Alpy**) PL NOUN
the Alps

alternatywa (GEN **alternatywy**, PL **alternatywy**, DAT SING AND LOC SING **alternatywie**) FEM NOUN
alternative

□ Sport jest alternatywą dla diety. Sport is an alternative to dieting.

alternatywny ADJECTIVE
alternative

□ medycyna alternatywna alternative medicine

aluminium NEUT NOUN
aluminium
aluminum (US)

⋯ **LANGUAGE TIP** **aluminium** does not decline

amator (GEN **amatora**, PL **amatorzy**, LOC SING **amatorze**) MASC NOUN
amateur

□ kolarz amator an amateur cyclist
■ Jest amatorem kryminałów. He is very keen on detective fiction.

amatorka (GEN **amatorki**, PL **amatorki**, DAT SING AND LOC SING **amatorce**, GEN PL **amatorek**) FEM NOUN
amateur

□ śpiewaczka amatorka an amateur singer
■ Jest amatorką świeżego powietrza. She is very keen on the outdoors.

amatorski ADJECTIVE
1 amateurish
2 amateur
□ teatr amatorski amateur dramatics

ambasada (GEN **ambasady**, PL **ambasady**,
DAT SING AND LOC SING **ambasadzie**) FEM NOUN
embassy

ambasador (GEN **ambasadora**, PL
ambasadorzy *or* **ambasadorowie**, LOC SING
ambasadorze) MASC NOUN
ambassador

ambicja (GEN **ambicji**, PL **ambicje**, GEN PL
ambicji) FEM NOUN
ambition
□ Mam ambicję nauczenia się japońskiego.
My ambition is to learn Japanese.

ambitny ADJECTIVE
ambitious

Ameryka (GEN **Ameryki**, PL **Ameryki**, DAT SING
Ameryce) FEM NOUN
America
□ Ameryka Łacińska Latin America □ Ameryka
Południowa South America □ Ameryka
Północna North America

Amerykanin (GEN **Amerykanina**,
PL **Amerykanie**, LOC SING **Amerykaninie**,
GEN PL **Amerykanów**) MASC NOUN
American

Amerykanka (GEN **Amerykanki**,
PL **Amerykanki**, DAT SING **Amerykance**,
GEN PL **Amerykanek**) FEM NOUN
American

amerykański ADJECTIVE
American

amputacja (GEN **amputacji**, PL **amputacje**,
GEN PL **amputacji**) FEM NOUN
amputation

amputować (**amputuję**, **amputujesz**)
VERB IMPERF/PERF
to amputate

analfabeta (GEN **analfabety**, PL **analfabeci**,
DAT SING AND LOC SING **analfabecie**) MASC NOUN
■ Jest analfabetą. He is illiterate.
  LANGUAGE TIP analfabeta declines like
  a feminine noun in the singular

analfabetka (GEN **analfabetki**, PL **analfabetki**,
DAT SING AND LOC SING **analfabetce**, GEN PL
analfabetek) FEM NOUN
■ Jest analfabetką. She is illiterate.

analiza (GEN **analizy**, PL **analizy**, DAT SING AND LOC
SING **analizie**) FEM NOUN
analysis
■ analiza krwi a blood test

analizować (**analizuję**, **analizujesz**)
(PERF **zanalizować**) VERB
to analyse
to analyze (US)

ananas (GEN **ananasa**, PL **ananasy**, LOC SING
ananasie) MASC NOUN
pineapple

andrzejki (GEN **andrzejek**) PL NOUN
St Andrew's Day

DID YOU KNOW...?
St Andrew's Day (30 November) is
celebrated in the evening of 29 November,
and is referred to as **andrzejki**. Games
are organized for young people and
fortunes told, for example, by pouring
hot wax into water. The congealed wax
forms various shapes, which supposedly
tell the fortune of the person who
poured the wax.

anegdota (GEN **anegdoty**, PL **anegdoty**, LOC SING
anegdocie) FEM NOUN
anecdote

anemia (GEN **anemii**) FEM NOUN
anaemia
anemia (US)
■ mieć anemię to be anaemic

Angielka (GEN **Angielki**, PL **Angielki**,
DAT SING **Angielce**, GEN PL **Angielek**) FEM NOUN
Englishwoman
■ Jestem Angielką. I am English.

angielski ADJECTIVE
▷ *zobacz też* **angielski** MASC NOUN
English
□ angielskie śniadanie English breakfast

angielski MASC NOUN
▷ *zobacz też* **angielski** ADJECTIVE
English
■ mówić po angielsku to speak English
  LANGUAGE TIP angielski declines like
  an adjective

angina (GEN **anginy**, LOC SING **anginie**) FEM NOUN
tonsillitis

Anglia (GEN **Anglii**) FEM NOUN
England

Anglik (GEN **Anglika**, PL **Anglicy**, INST SING
Anglikiem) MASC NOUN
Englishman
■ Jestem Anglikiem. I am English.

anglikański ADJECTIVE
Anglican

ani CONJUNCTION
1 nor
2 or (*z partykułą 'not'*)
■ Nie napisała ani nie zadzwoniła. She didn't
write or phone.
■ ani ... ani ... 1 (*bez partykuły 'not'*) neither ...
nor ... □ Nie mamy ani czasu, ani ochoty na
wyjazd w góry. We have neither the time nor
the inclination to go to the mountains.
2 either ... or ... (*z partykułą 'not'*)
□ Ani wczoraj, ani dzisiaj nie padało. It hasn't
rained either yesterday or today.
■ ani jeden not a single one

animowany ADJECTIVE
■ film animowany cartoon

anioł (GEN **anioła**, PL **aniołowie** *or* **anioły**,
LOC SING **aniele**) MASC NOUN
angel

ankieta (GEN **ankiety**, PL **ankiety**, DAT SING AND
LOC SING **ankiecie**) FEM NOUN
1 survey

□ przeprowadzać (PERF przeprowadzić) ankietę wśród klientów to conduct a customer survey
2 questionnaire

□ wypełniać (PERF wypełnić) ankietę to fill out a questionnaire

anonimowy ADJECTIVE
anonymous (list, utwór)

Antarktyka (GEN Antarktyki, DAT SING Antarktyce) FEM NOUN
the Antarctic

antena (GEN anteny, PL anteny, DAT SING AND LOC SING antenie) FEM NOUN
aerial
antenna (US)

■ antena satelitarna a satellite dish

antropologia (GEN antropologii) FEM NOUN
anthropology

antybiotyk (GEN antybiotyku, PL antybiotyki, INST SING antybiotykiem) MASC NOUN
antibiotic

antykoncepcja (GEN antykoncepcji) FEM NOUN
contraception

antykoncepcyjny ADJECTIVE
□ środek antykoncepcyjny contraceptive

antykwariat (GEN antykwariatu, PL antykwariaty, LOC SING antykwariacie) MASC NOUN
second-hand bookshop

anulować (anuluję, anulujesz) VERB IMPERF/ PERF
1 to cancel
□ anulować rezerwację to cancel a booking
2 to annul
□ anulować małżeństwo to annul a marriage

aparat (GEN aparatu, PL aparaty, LOC SING aparacie) MASC NOUN
apparatus (urządzenie)
□ aparat naukowy scientific apparatus
■ aparat fotograficzny camera
■ aparat telefoniczny telephone

apartament (GEN apartamentu, PL apartamenty, LOC SING apartamencie) MASC NOUN
1 apartment
2 suite
□ apartament w Hotelu Ritz a suite at the Ritz

apetyczny ADJECTIVE
appetizing

apetyt (GEN apetytu, PL apetyty, LOC SING apetycie) MASC NOUN
appetite
□ Nie mam apetytu. I have no appetite.
■ Mam apetyt na lody. I fancy an ice cream.

aplikować (aplikuję, aplikujesz) (PERF zaaplikować) VERB +dat
1 to administer
□ aplikować lek to administer a drug
2 to apply
□ aplikować kosmetyki to apply cosmetics

aprobata (GEN aprobaty, DAT SING AND LOC SING aprobacie) FEM NOUN
approval

aprobować (aprobuję, aprobujesz) (PERF zaaprobować) VERB
to approve of
□ aprobować pomysł to approve of an idea

apteka (GEN apteki, PL apteki, DAT SING AND LOC SING aptece) FEM NOUN
pharmacy

arbuz (GEN arbuza, PL arbuzy, LOC SING arbuzie) MASC NOUN
watermelon

archeolog (GEN archeologa, PL archeolodzy or archeologowie, INST SING archeologiem) MASC NOUN
archaeologist
archeologist (US)

archeologia (GEN archeologii) FEM NOUN
archaeology
archeology (US)

archeologiczny ADJECTIVE
archaeological
archeological (US)

architekt (GEN architekta, PL architekci, LOC SING architekcie) MASC NOUN
architect

architektura (GEN architektury, DAT SING AND LOC SING architekturze) FEM NOUN
architecture

archiwalny ADJECTIVE
archival

archiwum (GEN archiwum, PL archiwa, GEN PL archiwów) NEUT NOUN

⟨ **LANGUAGE TIP** archiwum does not decline in the singular
archive

areszt (GEN aresztu, PL areszty, LOC SING areszcie) MASC NOUN
1 custody
□ zatrzymać (PERF zatrzymać) kogoś w areszcie to keep somebody in custody
2 jail
□ osadzać (PERF osadzić) kogoś w areszcie to put somebody in jail

aresztować (aresztuję, aresztujesz) (PERF ALSO zaaresztować) VERB IMPERF/PERF
to arrest
■ Jest pan aresztowany. You are under arrest.

Argentyna (GEN Argentyny, DAT SING Argentynie) FEM NOUN
Argentina

argument (GEN argumentu, PL argumenty, LOC SING argumencie) MASC NOUN
argument

arkusz (GEN arkusza, PL arkusze, GEN PL arkuszy) MASC NOUN
sheet
□ arkusz papieru a sheet of paper
■ arkusz kalkulacyjny spreadsheet

armia (GEN armii, PL armie, GEN PL armii) FEM NOUN
army

arogancki ADJECTIVE
arrogant

Polsko-Angielski

a

artykuł (GEN **artykułu**, PL **artykuły**,
LOC SING **artykule**) MASC NOUN
article
□ artykuł prasowy a newspaper article
■ artykuły spożywcze groceries

artysta (GEN **artysty**, PL **artyści**, DAT SING AND LOC
SING **artyście**) MASC NOUN
1 artist
□ Jest artystą. He is an artist.
2 actor *(teatralny)*

> **LANGUAGE TIP** artysta declines like
> a feminine noun in the singular

artystka (GEN **artystki**, PL **artystki**, DAT SING AND
LOC SING **artystce**, GEN PL **artystek**) FEM NOUN
1 artist
□ Jest artystką. She is an artist.
2 actress *(potoczny: teatralna)*

artystyczny ADJECTIVE
artistic

arystokracja (GEN **arystokracji**) FEM NOUN
aristocracy

as (GEN **asa**, PL **asy**, LOC SING **asie**) MASC NOUN
ace

aspiryna (GEN **aspiryny**, PL **aspiryny**, LOC SING
aspirynie) FEM NOUN
aspirin
□ brać (PERF wziąć aspirynę to take aspirin

asystent (GEN **asystenta**, PL **asystenci**,
LOC SING **asystencie**) MASC NOUN
assistant

asystentka (GEN **asystentki**, PL **asystentki**,
DAT SING AND LOC SING **asystentce**,
GEN PL **asystentek**) FEM NOUN
assistant

asystować (**asystuję, asystujesz**) VERB
■ asystować komuś 1 *(towarzyszyć)*
to accompany somebody 2 *(współdziałać)*
to assist somebody

atak (GEN **ataku**, PL **ataki**, INST SING **atakiem**)
MASC NOUN
attack
□ atak serca a heart attack

atakować (**atakuję, atakujesz**)
(PERF **zaatakować**) VERB
to attack

atlantycki ADJECTIVE
Atlantic
□ Ocean Atlantycki the Atlantic Ocean

Atlantyk (GEN **Atlantykku**, INST SING
Atlantykkiem) MASC NOUN
the Atlantic

atlas (GEN **atlasu**, PL **atlasy**, LOC SING **atlasie**)
MASC NOUN
atlas
□ atlas samochodowy a road atlas

atmosfera (GEN **atmosfery**, PL **atmosfery**,
LOC SING **atmosferze**) FEM NOUN
atmosphere

atrakcyjny ADJECTIVE
attractive

atrament (GEN **atramentu**, PL **atramenty**,
LOC SING **atramencie**) MASC NOUN

ink

audycja (GEN **audycji**, PL **audycje**,
GEN PL **audycji**) FEM NOUN
radio programme

Australia (GEN **Australii**) MASC NOUN
Australia

Australijczyk (GEN **Australijczyka**,
PL **Australijczycy**, INST SING **Australijczykiem**)
MASC NOUN
Australian

Australijka (GEN **Australijki**, PL **Australijki**,
DAT SING AND LOC SING **Australijce**,
GEN PL **Australijek**) FEM NOUN
Australian

australijski ADJECTIVE
Australian

Austria (GEN **Austrii**) FEM NOUN
Austria

austriacki ADJECTIVE
Austrian

autentyczny ADJECTIVE
1 authentic
□ autentyczny dokument an authentic
document
2 real
□ autentyczne wydarzenia real events

auto (GEN **auta**, PL **auta**, LOC SING **aucie**) NEUT NOUN
car
■ auto osobowe car
■ auto ciężarowe lorry

autobiografia (GEN **autobiografii**,
PL **autobiografie**, GEN PL **autobiografii**)
FEM NOUN
autobiography

autobus (GEN **autobusu**, PL **autobusy**,
LOC SING **autobusie**) MASC NOUN
bus

autobusowy ADJECTIVE
bus
□ przystanek autobusowy bus stop

autokar (GEN **autokaru**, PL **autokary**,
LOC SING **autokarze**) MASC NOUN
coach

automat (GEN **automatu**, PL **automaty**,
LOC SING **automacie**) MASC NOUN
machine *(urządzenie)*
■ automat telefoniczny public telephone

automatyczny ADJECTIVE
automatic
■ sekretarka automatyczna answering
machine

autor (GEN **autora**, PL **autorzy**, LOC SING **autorze**)
MASC NOUN
author

autorka (GEN **autorki**, PL **autorki**, DAT SING AND
LOC SING **autorce**, GEN PL **autorek**) FEM NOUN
author

autorytet (GEN **autorytetu**, PL **autorytety**,
LOC SING **autorytecie**) MASC NOUN
1 authority
□ Jest autorytetem w dziedzinie ekonomii.
He is an authority on economics.

2 respect
□ zdobywać (PERF zdobyć) autorytet to win respect

autostop (GEN **autostopu**, LOC SING **autostopie**) MASC NOUN
■ jechać (PERF pojechać) autostopem to hitch-hike

autostopowicz (GEN **autostopowicza**, PL **autostopowicze**) MASC NOUN
hitch-hiker

autostopowiczka (GEN **autostopowiczki**, PL **autostopowiczki**, DAT SING AND LOC SING **autostopowiczce**, GEN PL **autostopowiczek**) FEM NOUN
hitch-hiker

autostrada (GEN **autostrady**, PL **autostrady**, DAT SING AND LOC SING **autostradzie**) FEM NOUN
motorway
freeway (US)

awans (GEN **awansu**, PL **awanse** or **awansy**, LOC SING **awansie**) MASC NOUN
promotion
■ otrzymywać (PERF otrzymać) awans na wyższe stanowisko to get a promotion

awansować (awansuję, awansujesz) VERB IMPERF/PERF
to promote
■ awansować kogoś na wyższe stanowisko to promote somebody
■ awansować na wyższe stanowisko to get promoted

awantura (GEN **awantury**, PL **awantury**, DAT SING AND LOC SING **awanturze**) FEM NOUN
disturbance

awanturować się (awanturuję, awanturujesz) VERB
to fight
□ Awanturują się o pieniądze. They are fighting about money.

awaria (GEN **awarii**, PL **awarie**, GEN PL **awarii**) FEM NOUN
breakdown
□ usuwać (PERF usunąć) awarię to repair a breakdown
■ awaria sieci elektrycznej power failure

awizo (GEN **awiza**, PL **awiza**, LOC SING **awizie**, GEN PL **awizów**) NEUT NOUN
notification

Azja (GEN **Azji**) MASC NOUN
Asia

azjatycki ADJECTIVE
Asian

azyl (GEN **azylu**, PL **azyle**) MASC NOUN
asylum (polityczny)
□ udzielać (PERF udzielić) komuś azylu to grant somebody asylum

Bb

babcia (GEN **babci**, PL **babcie**, GEN PL **babci** *or* **babć**) FEM NOUN
grandma
□ moja babcia my grandma

bać się (**boję, boisz**) (IMPERF **bój się**) VERB
to be afraid
■ bać się kogoś/czegoś to be afraid of somebody/something □ Boję się myszy. I am afraid of mice.
■ Nie bój się. Don't worry.

badać (**badam, badasz**) (PERF **zbadać**) VERB
1 to study
□ badać historię swojej rodziny to study one's family history
2 to examine
□ Lekarz zbadał pacjenta. The doctor examined the patient.

badanie (GEN **badania**, PL **badania**, GEN PL **badań**) NEUT NOUN
1 test
□ badanie moczu urine test
2 examination
□ badanie lekarskie medical examination
■ badania research *sing* □ badania naukowe scientific research

badawczy ADJECTIVE
research
□ ośrodek badawczy research centre

bagaż (GEN **bagażu**, PL **bagaże**, GEN PL **bagaży**) MASC NOUN
luggage
baggage (US)
□ bagaż podręczny hand luggage
■ przechowalnia bagażu left luggage (facility)

bagażnik (GEN **bagażnika**, PL **bagażniki**, INST SING **bagażnikiem**) MASC NOUN
1 boot
trunk (US: *w samochodzie*)
2 roof rack (*na dachu samochodu*)

bajka (GEN **bajki**, PL **bajki**, DAT SING AND LOC SING **bajce**, GEN PL **bajek**) FEM NOUN
fairy tale

bajkowy ADJECTIVE
fabulous

bak (GEN **baku**, PL **baki**, INST SING **bakiem**) MASC NOUN
tank

bakłażan (GEN **bakłażana**, GEN **bakłażanu**, PL **bakłażany**, LOC SING **bakłażanie**) MASC NOUN
aubergine
eggplant (US)

bakteria (GEN **bakterii**, PL **bakterie**, GEN PL **bakterii**) FEM NOUN
bacterium
■ bakterie bacteria

bal (GEN **balu**, PL **bale**, GEN PL **balów**) MASC NOUN
ball
□ bal maskowy fancy-dress ball; costume ball (US)

balet (GEN **baletu**, PL **balety**, LOC SING **balecie**) MASC NOUN
ballet

balkon (GEN **balkonu**, PL **balkony**, LOC SING **balkonie**) MASC NOUN
balcony

balon (GEN **balonu**, PL **balony**, LOC SING **balonie**) MASC NOUN
balloon
■ Zrobił z niej balona. He made a fool of her.

balsam (GEN **balsamu**, PL **balsamy**, LOC SING **balsamie**) MASC NOUN
balsam
■ balsam do ciała body lotion

bałagan (GEN **bałaganu**, LOC SING **bałaganie**) MASC NOUN
mess
□ W pokoju panował bałagan. The room was a mess.

bałaganić (**bałaganię, bałaganisz**) (PERF **nabałaganić**) VERB
to make a mess

Bałkany (GEN **Bałkanów**) MASC PL NOUN
the Balkans

bałtycki ADJECTIVE
Baltic
□ kraje bałtyckie the Baltic states
■ Morze Bałtyckie the Baltic Sea

Bałtyk (GEN **Bałtyku**, INST SING **Bałtykiem**) MASC NOUN
the Baltic Sea

bałwan (GEN **bałwana**, PL **bałwany**, LOC SING **bałwanie**) MASC NOUN
snowman
□ lepić (PERF ulepić bałwana ze śniegu to make a snowman
■ robić (PERF zrobić z kogoś bałwana (*potoczny*) to make a fool of somebody

banan (GEN **banana**, PL **banany**, LOC SING **bananie**) MASC NOUN
banana

banda (GEN **bandy**, PL **bandy**, DAT SING AND LOC SING **bandzie**) FEM NOUN
gang

□ banda nastoletnich przestępców a gang of teenage criminals

bandaż (GEN **bandaża**, PL **bandaże**, GEN PL **bandaży**) MASC NOUN
bandage

bandażować (**bandażuję, bandażujesz**) (PERF **obandażować** or **zabandażować**) VERB
to bandage

bandyta (GEN **bandyty**, PL **bandyci**, DAT SING AND LOC SING **bandycie**) MASC NOUN

> **LANGUAGE TIP** bandyta declines like a feminine noun in the singular

thug

bank (GEN **banku**, PL **banki**, INST SING **bankiem**) MASC NOUN
bank

□ bank centralny central bank □ bank danych a data bank

banknot (GEN **banknotu**, PL **banknoty**, LOC SING **banknocie**) MASC NOUN
note
bill (US)

□ banknot dziesięciozłotowy a 10-zloty note

bankomat (GEN **bankomatu**, PL **bankomaty**, LOC SING **bankomacie**) MASC NOUN
cash machine
ATM (US)

■ **wybierać** (PERF **wybrać**) **pieniądze z bankomatu** to get cash from the machine

bar (GEN **baru**, PL **bary**, LOC SING **barze**) MASC NOUN
café

□ bar sałatkowy salad bar
■ **bar szybkiej obsługi** fast food outlet

baran (GEN **barana**, PL **barany**, LOC SING **baranie**) MASC NOUN
1 ram
2 idiot (*głupek*)

□ Ten baran nie wie, jak jeździć. This idiot does not know how to drive.
■ **Baran** Aries □ Jestem spod znaku Barana. I'm Aries.

baranina (GEN **baraniny**, DAT SING AND LOC SING **baraninie**) FEM NOUN
mutton

bardziej ADVERB ▷ *zobacz* bardzo
more

□ bardziej sprawny more effective □ coraz bardziej more and more □ Im więcej pracował, tym bardziej miał dość. The more he worked, the more fed up he was.

bardzo (COMP **bardziej**, SUPERL **najbardziej**) ADVERB
1 very

□ To bardzo nudny film. That's a very boring film.
2 very much

□ bardzo coś lubić to love something very much □ Bardzo dziękuję! Thank you very much!

bark (GEN **barku**, PL **barki**, INST SING **barkiem**) MASC NOUN
shoulder

barman (GEN **barmana**, PL **barmani**, LOC SING **barmanie**) MASC NOUN
barman
bartender (US)

barmanka (GEN **barmanki**, PL **barmanki**, DAT SING AND LOC SING **barmance**, GEN PL **barmanek**) FEM NOUN
bartender

bar mleczny MASC NOUN

> **DID YOU KNOW...?**
> Bar mleczny is a Polish type of fast-food restaurant. Its name comes from the large number of dairy and vegetarian dishes on the menu and relative lack of meat dishes. Bary mleczne were first set up during the PRL and are characterised by low prices.

barszcz (GEN **barszczu**, PL **barszcze**, GEN PL **barszczy**) MASC NOUN
beetroot soup

> **DID YOU KNOW...?**
> Barszcz is a soup made from beetroot, one of the specialities of Central European cuisine. Barszcz biały, otherwise known as żur, is also popular in Poland. This is made with flour, sausage, milk and vinegar.

barwa (GEN **barwy**, PL **barwy**, DAT SING AND LOC SING **barwie**) FEM NOUN
colour
color (US)

□ barwy główne primary colours

barwny ADJECTIVE
colourful
colorful (US)

□ barwna apaszka a colourful scarf □ barwne życie a colourful life

basen (GEN **basenu**, PL **baseny**, LOC SING **basenie**) MASC NOUN
swimming pool

□ basen otwarty open-air swimming pool

bateria (GEN **baterii**, PL **baterie**, GEN PL, DAT SING AND LOC SING **baterii**) FEM NOUN
battery

□ Bateria się wyładowała. The battery is flat.

baton (GEN **batonu**, PL **batony**, LOC SING **batonie**) MASC NOUN
bar (*of chocolate*)

bawełna (GEN **bawełny**, DAT SING AND LOC SING **bawełnie**) FEM NOUN
cotton

□ podkoszulek z bawełny a cotton vest; a cotton undershirt (US)

bawełniany ADJECTIVE
cotton

bawić (**bawię, bawisz**) (PERF **ubawić**) VERB
to entertain

□ Bawił wszystkich swoimi opowiadaniami z wakacji. He entertained everybody with his holiday stories.

■ **Bawią mnie polskie komedie.** I enjoy Polish comedies.

■ **bawić się** to play □ Dzieci bawią się w ogrodzie. The children are playing in the garden.

■ **Baw się dobrze!** Have a good time!

bąbel (GEN **bąbla**, PL **bąble**, GEN PL **bąbli**) MASC NOUN
blister

beczka (GEN **beczki**, PL **beczki**, DAT SING AND LOC SING **beczce**, GEN PL **beczek**) FEM NOUN
barrel

□ beczka piwa a barrel of beer

■ **piwo z beczki** draught beer

bekać (**bekam, bekasz**) (PERF **beknąć**) VERB
to burp

bekon (GEN **bekonu**, PL **bekony**, LOC SING **bekonie**) MASC NOUN
bacon

□ jajka na bekonie eggs and bacon

Belgia (GEN **Belgii**) FEM NOUN
Belgium

belgijski ADJECTIVE
Belgian

benzyna (GEN **benzyny**, DAT SING AND LOC SING **benzynie**) FEM NOUN
petrol
gas(oline) (US)

□ benzyna bezołowiowa unleaded petrol

benzynowy ADJECTIVE
petrol

□ stacja benzynowa petrol station; gas station (US)

beret (GEN **beretu**, PL **berety**, LOC SING **berecie**) MASC NOUN
beret

bestia (GEN **bestii**, PL **bestie**, GEN PL, DAT SING AND LOC SING **bestii**) FEM NOUN
beast

bestialski ADJECTIVE
brutal

beton (GEN **betonu**, PL **betony**, LOC SING **betonie**) MASC NOUN
concrete

□ domy z betonu homes built of concrete

betonować (**betonuję, betonujesz**) VERB
to concrete

bez PREPOSITION

☐ **LANGUAGE TIP bez** takes the genitive
without

■ **bez celu** aimless

■ **bez sensu** pointless

bezalkoholowy ADJECTIVE

1 non-alcoholic

■ **napoje bezalkoholowe** soft drinks

2 alcohol-free

□ piwo bezalkoholowe alcohol-free beer

bezbarwny ADJECTIVE

1 colourless
colorless (US)

■ **bezbarwny lakier do paznokci** clear nail varnish

2 dull

□ bezbarwne życie a dull life

bezbolesny ADJECTIVE
painless

□ Ten zabieg jest zupełnie bezbolesny. This treatment is entirely painless.

bezbronny ADJECTIVE
helpless

□ bezbronne spojrzenie a helpless look

bezcenny ADJECTIVE

1 invaluable

□ bezcenna rada invaluable advice

2 priceless

□ bezcenny obraz a priceless painting

bezcłowy ADJECTIVE
duty-free

□ bezcłowa strefa zakupów duty-free shopping zone

bezczelny ADJECTIVE
insolent

bezdomny ADJECTIVE
homeless

■ **bezdomni** homeless people

bezkofeinowy ADJECTIVE
decaffeinated

beznadziejny ADJECTIVE
hopeless

■ **beznadziejna sprawa** a lost cause

bezpieczeństwo (GEN **bezpieczeństwa**, LOC SING **bezpieczeństwie**) NEUT NOUN
security

□ poczucie bezpieczeństwa a sense of security

■ **bezpieczeństwo i higiena pracy** health and safety at work

bezpiecznik (GEN **bezpiecznika**, PL **bezpieczniki**, INST SING **bezpiecznikiem**) MASC NOUN
fuse
fuse (US)

□ Bezpiecznik się przepalił. The fuse has blown.

bezpieczny ADJECTIVE
safe

□ bezpieczna okolica a safe neighbourhood

■ **bezpieczne zakupy w sieci** secure shopping on the Net

bezpłatnie ADVERB
free of charge

□ Usługę wyświadczymy bezpłatnie. We will provide the service free of charge.

bezpłatny ADJECTIVE

1 free

□ wstęp bezpłatny free admission

2 unpaid

□ urlop bezpłatny unpaid leave

bezpłodność (GEN **bezpłodności**, DAT SING AND LOC SING **bezpłodności**) FEM NOUN
infertility

bezpłodny ADJECTIVE
infertile

□ bezpłodna kobieta an infertile woman

□ bezpłodna ziemia infertile soil

bezpośredni ADJECTIVE
direct

□ bezpośrednie połączenie lotnicze a direct flight

b

■ **bezpośredni pociąg** a through train
bezrobocie (GEN **bezrobocia**) NEUT NOUN
unemployment
bezrobotny ADJECTIVE
▷ *zobacz też* **bezrobotny** MASC NOUN
unemployed
bezrobotny MASC NOUN
▷ *zobacz też* **bezrobotny** ADJECTIVE
⋮ **LANGUAGE TIP** **bezrobotny** declines like
⋮ an adjective
unemployed person
■ **bezrobotni** the unemployed
bezsenność (GEN **bezsenności**, DAT SING AND LOC
SING **bezsenności**) FEM NOUN
insomnia
beztłuszczowy ADJECTIVE
fat-free
■ **mleko beztłuszczowe** skimmed milk
beżowy ADJECTIVE
beige
będę, będzie VERB ▷ *zobacz* być
białko (GEN **białka**, PL **białka**, INST SING **białkiem**,
GEN PL **białek**) NEUT NOUN
1 egg white *(jajka)*
2 protein
□ Wszystkie orzechy są bogate w białko.
All nuts are rich in protein.
Białoruś (GEN **Białorusi**, DAT SING AND LOC SING
Białorusi) FEM NOUN
Belarus
biały (COMP **bielszy**) ADJECTIVE
▷ *zobacz też* **biały** MASC NOUN
white
biały MASC NOUN
▷ *zobacz też* **biały** ADJECTIVE
⋮ **LANGUAGE TIP** **biały** declines like an
⋮ adjective
white person
■ **biali** white people *pl*
Biblia (GEN **Biblii**, PL **Biblie**, GEN PL, DAT SING AND LOC
SING **Biblii**) FEM NOUN
the Bible
biblioteka (GEN **biblioteki**, PL **biblioteki**,
DAT SING AND LOC SING **bibliotece**) FEM NOUN
1 library *(instytucja)*
2 bookcase *(szafa)*
bibliotekarka (GEN **bibliotekarki**,
PL **bibliotekarki**, DAT SING AND LOC SING
bibliotekarce, GEN PL **bibliotekarek**) FEM NOUN
librarian
bibliotekarz (GEN **bibliotekarza**,
PL **bibliotekarze**, GEN PL **bibliotekarzy**) MASC NOUN
librarian
bić (**biję, bijesz**) VERB
to hit
□ Przestań bić swojego brata! Stop hitting your
brother!
■ **bić się** to fight □ Dwóch chłopaków biło się
na ulicy. Two boys were fighting in the street.
biec (**biegnę, biegniesz**) (IMPERATIVE **biegnij**, PT
biegł) VERB
1 to run

□ Już późno. Muszę już biec. It's late. I must
run.
2 to pass
□ Czas biegnie bardzo szybko. Time passes very
quickly.
bieda (GEN **biedy**, DAT SING AND LOC SING **biedzie**)
FEM NOUN
poverty
biedny ADJECTIVE
poor
bieg (GEN **biegu**, PL **biegi**, INST SING **biegiem**)
MASC NOUN
1 run
■ **bieg sztafetowy na 400 metrów** the four
hundred metres relay
2 course
□ **bieg wydarzeń** the course of events
3 gear
□ **wrzucić pierwszy bieg** to engage first gear
■ **skrzynia biegów** gearbox
biegać (**biegam, biegasz**) VERB
1 to run about
□ Dzieci biegają po ogrodzie. The children are
running about in the garden.
2 to run
■ **Codziennie biegam w parku.** I go for a run
every day in the park.
biegle ADVERB
fluently
□ Mówię biegle po niemiecku. I speak German
fluently.
biegnąć (**biegnę, biegniesz**) (PT **biegł**)
VERB = **biec**
biegunka (GEN **biegunki**, PL **biegunki**,
DAT SING AND LOC SING **biegunce**, GEN PL **biegunek**)
FEM NOUN
diarrhoea
diarrhea (US)
bielizna (GEN **bielizny**, DAT SING AND LOC SING
bieliźnie) FEM NOUN
underwear
□ **bielizna damska** women's underwear
biernie ADVERB
passively
biernik (GEN **biernika**, PL **bierniki**, INST SING
biernikiem) MASC NOUN
accusative
bieżący ADJECTIVE
1 current
■ **bieżące wydatki** day-to-day expenses
2 current
□ **bieżący rok** the current year
bigos NOUN
⋮ **DID YOU KNOW...?**
⋮ **Bigos** is a traditional Polish dish,
⋮ made from sauerkraut and meat as
⋮ well as various other ingredients,
⋮ including mushrooms, prunes,
⋮ and onion.
bilard (GEN **bilardu**, PL **bilardy**, LOC SING **bilardzie**)
MASC NOUN
billiards *sg*

11

b

bilet (GEN **biletu**, PL **bilety**, LOC SING **bilecie**)
MASC NOUN
ticket
□ bilet lotniczy an airline ticket □ bilet autobusowy a bus ticket

biletowy ADJECTIVE
■ kasa biletowa *(na dworcu)* ticket office box office *(w kinie)*

bilion (GEN **biliona**, PL **biliony**, LOC SING **bilionie**)
MASC NOUN
trillion

> **LANGUAGE TIP** Be careful! The Polish word bilion does not mean **billion**. Similarly, the Polish word miliard means **billion** not **million**.

bilon (GEN **bilonu**, LOC SING **bilonie**) MASC NOUN
coins

biodro (GEN **biodra**, PL **biodra**, LOC SING **biodrze**, GEN PL **bioder**) NEUT NOUN
hip

biologia (GEN **biologii**) FEM NOUN
biology

biskup (GEN **biskupa**, PL **biskupi**, LOC SING **biskupie**) MASC NOUN
bishop

biszkopt (GEN **biszkoptu**, PL **biszkopty**, LOC SING **biszkopcie**) MASC NOUN
1 sponge cake *(lekkie ciasto)*
2 biscuit
cookie *(US: ciastko)*

bitwa (GEN **bitwy**, PL **bitwy**, DAT SING AND LOC SING **bitwie**) FEM NOUN
battle

biurko (GEN **biurka**, PL **biurka**, INST SING **biurkiem**, GEN PL **biurek**) NEUT NOUN
desk

biuro (GEN **biura**, PL **biura**, LOC SING **biurze**)
NEUT NOUN
1 office
□ Pracuję w biurze. I work in an office.
2 office
■ Biuro Bezpieczeństwa Narodowego National Security Bureau

> **DID YOU KNOW...?**
> The Biuro Bezpieczeństwa Narodowego is a security organ of the Polish State, under the direct supervision of the President.

■ biuro rzeczy znalezionych lost property (office); lost-and-found (office) (US)

biurowiec (GEN **biurowca**, PL **biurowce**)
MASC NOUN
office building

biust (GEN **biustu**, PL **biusty**, LOC SING **biuście**)
MASC NOUN
breasts pl *(kobiety)*

biustonosz (GEN **biustonosza**, PL **biustonosze**, GEN PL **biustonoszy**) MASC NOUN
bra

biwak (GEN **biwaku**, PL **biwaki**, INST SING **biwakiem**) MASC NOUN
camp

■ Za tydzień jadę na biwak. I go camping in a week's time.

biznes (GEN **biznesu**, PL **biznesy**, LOC SING **biznesie**) MASC NOUN
business
□ biznes filmowy the film business

biznesmen (GEN **biznesmena**, PL **biznesmeni**, LOC SING **biznesmenie**) MASC NOUN
businessman

biznesmenka (GEN **biznesmenki**, PL **biznesmenki**, DAT SING AND LOC SING **biznesmence**) FEM NOUN
businesswoman

biżuteria (GEN **biżuterii**, GEN PL **biżuterii**) FEM NOUN
jewellery
jewelry (US)

blady (COMP **bledszy**) ADJECTIVE
pale
□ Miała bladą twarz. Her face was pale.
■ blady świt the crack of dawn

blask (GEN **blasku**, PL **blaski**, INST SING **blaskiem**)
MASC NOUN
1 glitter
□ blask złota the glitter of gold
2 glare
□ blask słońca the sun's glare

blednąć (**blednę**, **bledniesz**) (IMPERF **blednij**, PERF **zblednąć**) VERB
to turn pale

bliski (COMP **bliższy**, SUPERL **najbliższy**) ADJECTIVE
▷ *zobacz też* **bliski** MASC NOUN
1 near
□ bliscy sąsiedzi near neighbours
■ Gdzie jest najbliższy automat? Where is the nearest payphone?
■ Bliski Wschód the Middle East
2 close
□ bliska rodzina close family
3 near
□ w bliskiej przyszłości in the near future

bliski MASC NOUN
▷ *zobacz też* **bliski** ADJECTIVE

> **LANGUAGE TIP** bliski declines like an adjective

relative
■ bliscy relatives pl

blisko (COMP **bliżej**) ADVERB
▷ *zobacz też* **blisko** PREPOSITION
1 close
□ Mam blisko do pracy. I live close to my work.
■ Podejdź bliżej. Come closer.
2 close
□ Dzień ślubu jest blisko. The day of the wedding is close.
3 almost
□ Ma blisko 40 lat. He is almost 40.

blisko (COMP **bliżej**) PREPOSITION
▷ *zobacz też* **blisko** ADVERB

> **LANGUAGE TIP** blisko takes the genitive

near (to)
□ Mieszkam blisko metra. I live near the Underground.

blizna (GEN **blizny**, PL **blizny**, DAT SING AND LOC SING
bliźnie) FEM NOUN
scar

bliźniaczka (GEN **bliźniaczki**, PL **bliźniaczki**,
DAT SING AND LOC SING **bliźniaczce**,
GEN PL **bliźniaczek**) FEM NOUN
twin sister

bliźniak (GEN **bliźniaka**, PL **bliźniaki**,
INST SING **bliźniakiem**) MASC NOUN
1 twin
□ To są bracia bliźniacy. They are twin brothers.
2 semi(-detached house) (*szeregowiec: potoczny*)

Bliźnięta PL NOUN
Gemini

bliżej ADVERB ▷*zobacz* blisko

bliższy ADJECTIVE ▷*zobacz* bliski

blok (GEN **bloku**, PL **bloki**, INST SING **blokiem**)
MASC NOUN
1 block
□ blok betonu a concrete block
2 block of flats
apartment house (US)

blond ADJECTIVE
■ włosy blond blonde hair

blondyn (GEN **blondyna**, PL **blondyni**, LOC SING
blondynie) MASC NOUN
□ Jest blondynem He is blonde.

blondynka (GEN **blondynki**, PL **blondynki**,
DAT SING AND LOC SING **blondynce**,
DAT PL **blondynek**) FEM NOUN
blonde
□ Jest blondynką. She is a blonde.

bluza (GEN **bluzy**, PL **bluzy**, DAT SING AND LOC SING
bluzie) FEM NOUN
top

bluzka (GEN **bluzki**, PL **bluzki**, DAT SING AND LOC
SING **bluzce**, GEN PL **bluzek**) FEM NOUN
blouse

błąd (GEN **błędu**, PL **błędy**, LOC SING **błędzie**)
MASC NOUN
mistake
□ błąd ortograficzny spelling mistake □ Nie
popełniaj błędów! Don't make any mistakes!

błądzić (**błądzę, błądzisz**) (IMPERF **błądź**) VERB
to wander around lost
□ Błądziliśmy uliczkami starego miasta.
We wandered around lost in the streets of
the old town.

błękitny ADJECTIVE
blue

błona (GEN **błony**, PL **błony**, DAT SING AND LOC SING
błonie) FEM NOUN
membrane
□ błona śluzowa mucous membrane

błoto (GEN **błota**, PL **błota**, LOC SING **błocie**) NEUT NOUN
mud

błyskawica (GEN **błyskawicy**, PL **błyskawice**)
FEM NOUN
lightning
□ Informacje rozeszły się lotem błyskawicy.
The news spread with lightning speed.

błyskawicznie ADVERB

1 in a flash (*bardzo szybko*)
2 instantly (*natychmiastowo*)

błyskawiczny ADJECTIVE
instant (*szybki*)
□ błyskawiczna odpowiedź an instant response
□ zupa błyskawiczna instant soup
■ zamek błyskawiczny zip; zipper (US)

bm. ABBREVIATION (= *bieżącego miesiąca*)
(of) the current month

bo CONJUNCTION
1 because
□ Nie napisałem do ciebie, bo nie miałem
czasu. I didn't write because I didn't have time.
■ Weź parasolkę, bo pada. Take an umbrella
– it's raining.
2 or
□ Pospiesz się, bo nie zdążysz. Hurry up,
or you'll be late.

bochenek (GEN **bochenka**, PL **bochenki**,
INST SING **bochenkiem**) MASC NOUN
loaf
□ bochenek chleba a loaf of bread

bocian (GEN **bociana**, PL **bociany**,
LOC SING **bocianie**) MASC NOUN
stork

> **DID YOU KNOW...?**
> **Bocian biały** (the White Stork) is an
> integral part of the Polish landscape,
> particularly in the north-eastern part
> of the country. Every year Poland hosts
> approximately one quarter of the world's
> stork population. Numerous beliefs,
> traditions and proverbs are connected
> with the stork.

boczek (GEN **boczku**, PL **boczki**,
INST SING **boczkiem**) MASC NOUN
bacon

boczny ADJECTIVE
side
□ wejście boczne a side entrance □ boczna
ulica a side street

bogaty ADJECTIVE
1 rich
□ Owoce to bogate źródło witamin. Fruit is
a rich source of vitamins.
■ Jego życie było bogate w wydarzenia.
He led an eventful life.
2 wealthy
□ bogaty krewny a wealthy relative
■ bogaci the rich

bohater (GEN **bohatera**, PL **bohaterowie** *or*
bohaterzy, LOC SING **bohaterze**) MASC NOUN
hero

bohaterka (GEN **bohaterki**, PL **bohaterki**,
DAT SING AND LOC SING **bohaterce**,
GEN PL **bohaterek**) FEM NOUN
heroine

bohaterski ADJECTIVE
heroic

boisko (GEN **boiska**, PL **boiska**, INST SING **boiskiem**)
NEUT NOUN
sports field

■ **boisko do piłki nożnej** a football pitch

bok (GEN **boku**, PL **boki**, INST SING **bokiem**) MASC NOUN
side
  ■ **omijać** (PERF **ominąć**) **bokiem** to sidestep
  ■ **Odsunął się na bok.** He moved aside.
  ■ **Sklep jest pod bokiem.** The shop is nearby.

boks (GEN **boksu**, LOC SING **boksie**) MASC NOUN
boxing
  □ Uprawia boks od kilku lat. He has practised
  boxing for a few years.

bokser (GEN **boksera**, LOC SING **bokserze**)
MASC NOUN (NOM PL **bokserzy**)
boxer
  □ Jest zawodowym bokserem. He is
  a professional boxer.

boleć (**boli**) VERB
to hurt
  □ Boli mnie, że mi nie ufasz. It hurts me that
  you don't trust me.
  ■ **Boli mnie głowa.** I've got a headache.

bolesny ADJECTIVE
painful
  □ bolesny zastrzyk a painful injection

bomba (GEN **bomby**, PL **bomby**, DAT SING AND LOC
SING **bombie**) FEM NOUN
bomb
  □ bomba atomowa atomic bomb

boży ADJECTIVE
God's
  □ mądrość Boża God's wisdom
  ■ **Boże Narodzenie** Christmas
  ■ **Boże Ciało** Corpus Christi □ procesja na
  Boże Ciało a Corpus Christi procession

> **DID YOU KNOW...?**
> Boże Ciało or Corpus Christi is a very
> important religious festival and
> a national holiday in Poland. It is a
> celebration of the Incarnation and
> takes the form of a procession in which
> the consecrated wafer, representing
> the Body of Christ, is carried through
> the streets.

Bośnia (GEN **Bośnii**, DAT SING AND LOC SING **Bośnii**)
FEM NOUN
Bosnia

bóg (GEN **boga**, PL **bogowie**, DAT SING **bogowi**,
LOC SING **bogu**, VOC SING **boże**) MASC NOUN
god
  ■ **Bóg** God
  ■ **O Boże!** My God!

ból (GEN **bólu**, PL **bóle**, DAT SING **bólowi**)
MASC NOUN
pain
  ■ **odczuwać ból głowy** to have a headache
  ■ **cierpieć na ból zęba** to have toothache
  ■ **mieć ból gardła** to have a sore throat

br. ABBREVIATION (= *bieżącego roku*)
(of) the current year

brać (**biorę, bierzesz**) (PERF **wziąć**) VERB
to take
  □ brać prysznic to take a shower □ brać tabletki
  to take tablets

■ **brać przykład z kogoś** to follow somebody's
example

brak (GEN **braku**, INST SING **brakiem**) MASC NOUN
lack
  ■ **z powodu braku czasu** because of
  a shortage of time
  ■ **Z powodu braku gotówki nie mogliśmy ...**
  Owing to a shortage of cash we were unable ...
  ■ **Brak mi ...** I'm short of ... □ Brak mi 300
  złotych. I'm short of 300 zlotys.
  ■ **Brak mi mojej matki.** I miss my mother.
  ■ **Brak mi słów!** I'm lost for words!

brakować (**brakuje**) VERB
to be in short supply
  □ Brakuje wykwalifikowanych kierowców.
  Qualified drivers are in short supply.
  ■ **Brakuje nam czasu.** We don't have time.

brama (GEN **bramy**, PL **bramy**, DAT SING AND LOC
SING **bramie**) FEM NOUN
gate
  □ brama wjazdowa an entrance gate

bramka (GEN **bramki**, PL **bramki**, DAT SING AND LOC
SING **bramce**, GEN PL **bramek**) FEM NOUN
1 gate *(furtka)*
2 goal *(gol)*

bramkarz (GEN **bramkarza**, PL **bramkarze**,
GEN PL **bramkarzy**) MASC NOUN
1 goalkeeper *(w piłce nożnej)*
2 bouncer *(w nocnym lokalu)*

brat (GEN **brata**, PL **bracia**, DAT SING **bratu**, LOC SING
bracie, GEN PL **braci**, DAT PL **braciom**, INST PL
braćmi, LOC PL **braciach**) MASC NOUN
1 brother
  ■ **brat przyrodni** stepbrother
2 friar

bratanek (GEN **bratanka**, PL **bratankowie**,
INST SING **bratankiem**) MASC NOUN
nephew *(brother's son)*

bratanica (GEN **bratanicy**, PL **bratanice**)
FEM NOUN
niece *(brother's daughter)*

bratowa (GEN **bratowej**, PL **bratowe**) FEM NOUN
> **LANGUAGE TIP** bratowa declines like an
> adjective
sister-in-law

Brazylia (GEN **Brazylii**, DAT SING AND LOC SING
Brazylii) FEM NOUN
Brazil

brąz (GEN **brązu**, PL **brązy**, LOC SING **brązie**)
MASC NOUN
1 brown *(kolor)*
2 bronze *(metal)*

brązowy ADJECTIVE
1 brown
  □ brązowa koszula a brown shirt
2 bronze
  □ brązowy medal bronze medal

brew (GEN **brwi**, PL **brwi**, GEN PL **brwi**) FEM NOUN
eyebrow
  ■ **marszczyć** (PERF **zmarszczyć**) **brwi** to frown

broda (GEN **brody**, PL **brody**, DAT SING AND LOC SING
brodzie, GEN PL **bród**) FEM NOUN

1 chin *(część twarzy)*
2 beard *(zarost)*
brokuły (GEN **brokułów**) PL NOUN
broccoli
bronić (**bronię, bronisz**) (IMPERATIVE **broń**, PERF
obronić) VERB
　　💬 **LANGUAGE TIP** bronić takes the genitive
1 to defend
　□ bronić swoich racji to defend your position
　■ **Obroniłam swoją pracę magisterską.**
　I passed the viva for my master's.
2 to guard *(ochraniać)*
　■ **bronić się** to defend oneself □ bronić się
　przed zarzutami to defend oneself against
　accusations
3 to forbid (PERF **zabronić**)
　□ Nie broń dzieciom bawić się w ogrodzie.
　Don't forbid the children to play in the
　garden.
brud (GEN **brudu**, PL **brudy**, LOC SING **brudzie**)
MASC NOUN
dirt
　■ brudy dirty laundry *(sing)*
bruderszaft MASC NOUN
　　💬 **DID YOU KNOW...?**
　　Bruderszaft, also colloquially referred
　　to as brudzio, is a kind of ceremonial
　　move to first-name terms. Two people
　　simultaneously raise their glasses in a
　　toast, link arms and empty their glasses
　　in one gulp. They then kiss each other
　　on the cheeks and say their first names.
　　From this moment on they are on first
　　name terms with each another.
brudno ADVERB
　■ Jest tu bardzo brudno. It's very dirty here.
　■ Najpierw napisz to na brudno. First write
　a rough version.
brudny ADJECTIVE
dirty
brunatny ADJECTIVE
dark brown
brunet (GEN **bruneta**, PL **bruneci**, LOC SING
brunecie) MASC NOUN
black-haired (man)
　■ Jestem brunetem. I have black hair.
brunetka (GEN **brunetki**, PL **brunetki**, DAT SING
AND LOC SING **brunetce**, GEN PL **brunetek**) FEM NOUN
woman with black hair
　□ Jestem brunetką. I have black hair.
　　💬 **LANGUAGE TIP** Be careful! Brunetka does
　　not mean **brunette**.
Brytyjczyk (GEN **Brytyjczyka**, PL **Brytyjczycy**,
LOC SING **Brytyjczykiem**) MASC NOUN
British (person)
　□ Jestem Brytyjczykiem. I am British.
　■ Brytyjczycy British (people) □ Jesteśmy
　Brytyjczykami. We are British.
Brytyjka (GEN **Brytyjki**, PL **Brytyjki**, DAT SING AND
LOC SING **Brytyjce**, GEN PL **Brytyjek**) FEM NOUN
British (person)
　□ Jestem Brytyjką. I am British.

brytyjski ADJECTIVE
British
brzeg (GEN **brzegu**, PL **brzegi**, INST SING **brzegiem**)
MASC NOUN
1 bank
　□ nad brzegiem rzeki by the river bank
2 shore
　□ Szliśmy wzdłuż brzegu morza. We went along
　the sea shore.
3 edge
　□ brzeg peronu the edge of the platform
　■ Sala była wypełniona po brzegi. The hall
　was filled to capacity.
brzoskwinia (GEN **brzoskwini**,
PL **brzoskwinie**, GEN PL **brzoskwiń**) FEM NOUN
peach
brzuch (GEN **brzucha**, PL **brzuchy**) MASC NOUN
stomach
　□ Boli mnie brzuch. I have a sore stomach.
brzydki (COMP **brzydszy**) ADJECTIVE
1 ugly
　■ brzydka pogoda foul weather
2 filthy
　■ brzydki język filthy language
brzydko (COMP **brzydziej**) ADVERB
1 ugly
　□ Na zdjęciach ten samochód wygląda brzydko.
　In the photographs this car looks ugly.
　■ Brzydko wyglądam w czerwonym. I look
　awful in red.
2 very badly
　□ Zachował się brzydko w stosunku do
　współzawodników. He behaved very badly to
　the other competitors.
　■ Niestety rysuję bardzo brzydko.
　Unfortunately my drawing is absolutely awful.
3 mean
　□ Brzydko jest kłamać. Lying is mean.
budowa (GEN **budowy**, PL **budowy**, DAT SING AND
LOC SING **budowie**) FEM NOUN
1 building
　■ Budowa szpitala zacznie się za miesiąc.
　They will begin building the hospital in a
　month's time.
　■ Pracuje na budowie. He works on a building
　site.
2 construction
　□ nowa metoda budowy statków a new
　method of ship construction
3 build
　□ dziewczyna o drobnej budowie ciała a girl of
　delicate build
budować (**buduję, budujesz**) (PERF **zbudować**
or **wybudować**) VERB
1 to build
　□ budować nowy dom to build a new house
2 to construct
budowla (GEN **budowli**, PL **budowle**,
GEN PL **budowli**) FEM NOUN
building
　□ najwyższa budowla w mieście the tallest
　building in town

15

b

budownictwo (GEN **budownictwa**, LOC SING
budownictwie) NEUT NOUN
construction industry
   □ Pracuję w budownictwie. I work in the
construction industry.

budynek (GEN **budynku**, PL **budynki**,
INST SING **budynkiem**) MASC NOUN
building

budzić (**budzę, budzisz**) (IMPERATIVE **budź**,
PERF **zbudzić** or **obudzić**) VERB
to wake up
   ■ **budzić** (PERF **obudzić**) **się** to wake (up)
   □ Codziennie budzę się o tej samej porze.
I wake up at the same time every day.

budzik (GEN **budzika**, PL **budziki**, INST SING
budzikiem) MASC NOUN
alarm clock
   ■ Budzik zadzwonił o siódmej. The alarm
went off at seven.

bufet (GEN **bufetu**, PL **bufety**, LOC SING **bufecie**)
MASC NOUN
buffet
   □ zimny bufet cold buffet □ śniadanie w formie
zimnego bufetu a cold buffet breakfast

bukiet (GEN **bukietu**, PL **bukiety**, LOC SING
bukiecie) MASC NOUN
bouquet

Bułgaria (GEN **Bułgarii**, DAT SING AND LOC SING
Bułgarii) FEM NOUN
Bulgaria

bułka (GEN **bułki**, PL **bułki**, DAT SING AND LOC SING
bułce, GEN PL **bułek**) FEM NOUN
1 roll
   □ bułka z serem a cheese roll
2 bun *(drożdżówka)*

burak (GEN **buraka**, PL **buraki**, INST SING
burakiem) MASC NOUN
beetroot

burza (GEN **burzy**, PL **burze**) FEM NOUN
storm
   ■ burza z piorunami a thunderstorm

burzyć (**burzę, burzysz**) (PERF **zburzyć**) VERB

1 to demolish
2 to spoil
   □ burzyć przyjaźń to spoil a friendship

but (GEN **buta**, PL **buty**, LOC SING **bucie**) MASC NOUN
1 shoe
   □ para butów a pair of shoes
2 boot *(oficerki itp.)*

butelka (GEN **butelki**, PL **butelki**, DAT SING AND LOC
SING **butelce**, GEN PL **butelek**) FEM NOUN
bottle
   □ butelka wina a bottle of wine

butik (GEN **butiku**, PL **butiki**, INST SING **butikiem**)
MASC NOUN
boutique

buzia (GEN **buzi**, PL **buzie**, GEN PL **buzi**) FEM NOUN
1 mouth *(usta)*
2 face *(twarz)*

być (**jestem, jesteś**) (1 PL **jesteśmy**, 2 PL **jesteście**,
3 PL **są**, IMPERATIVE **bądź**, PT **był, była, byli**,
1 SING FUT **będę**, 2 SING FUT **będziesz**) VERB
to be
   □ Jestem żołnierzem. I am a soldier. □ Jest
chłodno. It's cold.
   ■ **Jestem!** Here!
   ■ **Jestem autobusem.** I've come by bus.
   ■ **Jest mi niedobrze.** I feel sick.

byk (GEN **byka**, PL **byki**, INST SING **bykiem**)
MASC NOUN
bull *(zwierzę)*
   ■ Byk Taurus

były ADJECTIVE
former
   □ były prezydent the former president
   ■ była żona ex-wife

byt (GEN **bytu**, PL **byty**, LOC SING **bycie**) MASC NOUN
life

bzdura (GEN **bzdury**, PL **bzdury**, DAT SING AND LOC
SING **bzdurze**) FEM NOUN
nonsense
   □ pleść bzdury to talk nonsense □ To
kompletna bzdura! That is utter nonsense!

Cc

cal (GEN **cala**, PL **cale**, GEN PL **cali**) MASC NOUN
inch

całkiem ADVERB
1 completely
□ Całkiem zapomniałam! I completely forgot!
2 quite
□ Mówi całkiem dobrze po angielsku.
He speaks English quite well.

całkowicie ADVERB
completely

całkowity ADJECTIVE
total

całodobowy ADJECTIVE
24-hour
□ sklep całodobowy 24-hour store

całodzienny ADJECTIVE
all-day
□ całodzienny bilet an all-day ticket
■ całodzienny kurs a full-day course
■ całodzienne wyżywienie full board

całonocny ADJECTIVE
all-night
□ całonocna podróż an all-night journey

całować (**całuję, całujesz**) (PERF **pocałować**) VERB
to kiss
■ całować się to kiss □ Pocałowali się.
They kissed.

cały ADJECTIVE
whole
□ cała okolica the whole district □ cały czas
the whole time □ cały tydzień the whole week

cdn. ABBREVIATION (= *ciąg dalszy nastąpi*)
to be continued

CD-ROM (GEN **CD-ROMu**, PL **CD-ROMy**, DAT SING
AND LOC SING **CD-ROMie**) MASC NOUN
CD-ROM

cebula (GEN **cebuli**, PL **cebule**) FEM NOUN
onion

cecha (GEN **cechy**, PL **cechy**, DAT SING AND LOC SING
cesze) FEM NOUN
feature

cegła (GEN **cegły**, PL **cegły**, DAT SING AND LOC SING
cegle, GEN PL **cegieł**) FEM NOUN
brick

cel (GEN **celu**, PL **cele**) MASC NOUN
1 purpose
□ Jaki jest cel pana wizyty w Londynie? What is
the purpose of your visit to London?

■ osiągać (PERF **osiągnąć**) cel to achieve one's
objective
2 destination
□ Jest to bardzo popularny cel podróży
turystycznych. It is a very popular tourist
destination.

cela (GEN **celi**, PL **cele**, DAT SING AND LOC SING **celi**)
FEM NOUN
cell
□ cela więzienna a prison cell

celniczka (GEN **celniczki**, PL **celniczki**, DAT SING
AND LOC SING **celniczce**) FEM NOUN
customs officer

celnik (GEN **celnika**, PL **celnicy**, INST SING
celnikiem) MASC NOUN
customs officer

celny ADJECTIVE
1 accurate
□ celny rzut an accurate shot
2 relevant
□ celna uwaga a relevant comment
■ urząd celny customs

celować (**celuję, celujesz**) (PERF **wycelować**) VERB
to take aim
■ celować do kogoś z pistoletu to aim a pistol
at somebody

celownik (GEN **celownika**, PL **celowniki**,
INST SING **celownikiem**) MASC NOUN
dative

celowo ADVERB
deliberately

cena (GEN **ceny**, PL **ceny**, DAT SING AND LOC SING
cenie) FEM NOUN
price
□ cena okazyjna a bargain price

cenić (**cenię, cenisz**) (IMPERATIVE **ceń**) VERB
to value
□ Bardzo sobie cenimy tego pracownika.
We value this employee very much.
■ On się wysoko ceni. He thinks a lot of
himself.

cennik (GEN **cennika**, PL **cenniki**, INST SING
cennikiem) MASC NOUN
price list

cenny ADJECTIVE
valuable

centrala (GEN **centrali**, PL **centrale**,
GEN PL **central** *or* **centrali**, DAT SING AND LOC SING
centrali) FEM NOUN

head office
□ centrala banku the head office of the bank
■ **centrala telefoniczna** telephone exchange
centralny ADJECTIVE
central
□ centralny obszar the central area □ centralne ogrzewanie central heating
centrum (GEN **centrum**, PL **centra**, GEN PL **centrów**) NEUT NOUN

LANGUAGE TIP centrum does not decline in the singular

centre
center (US: *środek*)
■ **centrum miasta** town centre; downtown (US)
■ **centrum handlowe** a shopping centre; a mall (US)
centymetr (GEN **centymetra**, PL **centymetry**, LOC SING **centymetrze**) MASC NOUN
centimetre
centimeter (US)
□ Półka ma 20 centymetrów szerokości. The shelf is 20 centimetres wide.
■ **centymetr krawiecki** tape measure
cerkiew (GEN **cerkwi**, PL **cerkwie**, GEN PL, DAT SING AND LOC SING **cerkwi**) FEM NOUN
Orthodox church
certyfikat (GEN **certyfikatu**, PL **certyfikaty**, LOC SING **certyfikacie**) MASC NOUN
certificate
□ certyfikat jakości a quality certificate
cesarstwo (GEN **cesarstwa**, PL **cesarstwa**, LOC SING **cesarstwie**) NEUT NOUN
empire
cesarz (GEN **cesarza**, PL **cesarze**, GEN PL **cesarzy**) MASC NOUN
emperor
cham (GEN **chama**, PL **chamy**, LOC SING **chamie**) MASC NOUN
lout
chamski ADJECTIVE
boorish
chaotyczny ADJECTIVE
chaotic
charakter (GEN **charakteru**, PL **charaktery**, LOC SING **charakterze**) MASC NOUN
1 character
□ On ma silny charakter. He has a strong character.
2 nature
□ Zmienił się charakter mojej pracy. The nature of my work has changed.
■ **w charakterze** +gen as □ Pracuję w charakterze nauczyciela historii. He works as a history teacher.
■ **charakter pisma** handwriting
charakterystyczny ADJECTIVE
characteristic
□ charakterystyczny uśmiech characteristic smile
■ **charakterystyczna cecha** a distinctive feature

■ **charakterystyczny dla** +gen typical of
□ To dla niego charakterystyczne. This is typical of him.
chcieć (**chcę, chcesz**) VERB
to want
□ Jeśli chcesz, chętnie ci pomogę. If you want, I will be glad to help.
■ **Chce mi się pić.** I am thirsty.
chciwy ADJECTIVE
greedy
chemia (GEN **chemii**) FEM NOUN
chemistry
chemiczny ADJECTIVE
chemical
chęć (GEN **chęci**, PL **chęci**) FEM NOUN
desire
□ Nie mam chęci tam iść. I have no desire to go there.
■ **Zrobię to z miłą chęcią.** I'll be glad to do that.
chętnie ADVERB
eagerly
■ **Chętnie pójdę na spacer.** I'd love to go for a walk.
■ **Napijesz się kawy? — Chętnie!** Would you like a coffee? — I'd love one!
chętny ADJECTIVE
eager
□ Nie jest chętny do rozmowy. He's not eager to talk.
Chile NEUT NOUN INV
Chile
Chiny (GEN **Chin**) PL NOUN
China
chiński ADJECTIVE
Chinese
■ **Chińska Republika Ludowa** the People's Republic of China
chipsy (GEN **chipsów**) PL NOUN
crisps
chips (US)
chirurg (GEN **chirurga**, PL **chirurdzy**, INST SING **chirurgiem**) MASC NOUN
surgeon
□ On jest znanym chirurgiem. He is a well-known surgeon.
chirurgia (GEN **chirurgii**) FEM NOUN
surgery
□ chirurgia plastyczna plastic surgery
chleb (GEN **chleba**, PL **chleby**, LOC SING **chlebie**) MASC NOUN
bread
□ chleb pszenny wheat bread □ chleb razowy wholemeal bread □ chleb żytni rye bread
chłodno ADVERB
1 chilly
□ Dziś było chłodno. It was chilly today.
2 coldly
□ Przywitał ją chłodno. He greeted her coldly.
■ **traktować kogoś chłodno** to cold-shoulder someone

chłodny ADJECTIVE

1 cool

☐ chłodny poranek a cool morning ☐ chłodny wiatr a cool wind

2 frosty

☐ chłodne powitanie a frosty reception

chłopak (GEN **chłopaka**, PL **chłopacy** or **chłopaki**, INST SING **chłopakiem**) MASC NOUN

1 boy

☐ Na mecz przyszło wielu chłopaków. A lot of boys came to the game.

2 boyfriend

☐ Kasia ma nowego chłopaka. Kasia has a new boyfriend.

chłopiec (GEN **chłopca**, PL **chłopcy**, DAT SING AND LOC SING **chłopcu**) MASC NOUN

1 boy

☐ Urodził się nam chłopiec! We've had a boy!

2 boyfriend

☐ To jest chłopiec Marysi. This is Marysia's boyfriend.

chmura (GEN **chmury**, PL **chmury**, DAT SING AND LOC SING **chmurze**) FEM NOUN

cloud

■ drapacz chmur skyscraper

chmurzyć się (PERF **zachmurzyć się**) VERB

to cloud over

☐ Chmurzy się. It's clouding over.

chociaż CONJUNCTION = **choć**

though, although

☐ Jest pracowity, chociaż niepunktualny. He is a hard worker, though he isn't good at being on time.

choć CONJUNCTION = **chociaż**

chodzić (**chodzę, chodzisz**) (IMPERATIVE **chodź**) VERB

1 to walk

☐ Nie lubię jeździć autobusem, wolę chodzić do pracy na piechotę. I don't like the bus. I'd rather walk.

2 to go

☐ Chodźmy do kina! Let's go to the cinema!

■ chodzić z kimś (potoczny) to go out with somebody

■ O co chodzi? What's the problem?

■ Chodzi o to, że ... The thing is ...

choinka (GEN **choinki**, PL **choinki**, DAT SING AND LOC SING **choince**, GEN PL **choinek**) FEM NOUN

1 spruce (w lesie)

2 Christmas tree (świąteczna)

cholera (GEN **cholery**, DAT SING AND LOC SING **cholerze**) FEM NOUN

cholera

☐ epidemia cholery a cholera epidemic

■ cholera! shit! (potoczny)

chomik (GEN **chomika**, PL **chomiki**, INST SING **chomikiem**) MASC NOUN

hamster

choroba (GEN **choroby**, PL **choroby**, DAT SING AND LOC SING **chorobie**, GEN PL **chorób**) FEM NOUN

1 disease

☐ choroba zakaźna an infectious disease

2 illness

☐ 'Zamknięte z powodu choroby' 'Closed due to illness'

chorować (**choruję, chorujesz**) (PERF **zachorować**) VERB

to be ill

☐ Jako dziecko często chorował. As a child he was often ill.

■ chorować obłożnie to be confined to bed

■ chorować na anginę to have a throat infection

Chorwacja (GEN **Chorwacji**) FEM NOUN

Croatia

chory ADJECTIVE

▷ zobacz też **chory** MASC NOUN

1 ill

☐ ciężko chory seriously ill ☐ Jestem chory. I am ill.

2 sore

☐ Mam chore nogi. I have sore legs. ☐ Herbata z cytryną jest dobra na chore gardło. Lemon tea is good for a sore throat.

3 bad

☐ chore oko a bad eye ☐ Chore oko trzeba było usunąć. The bad eye had to be removed.

chory MASC NOUN

▷ zobacz też **chory** ADJECTIVE

LANGUAGE TIP chory declines like an adjective

1 sick person (człowiek, który choruje)

2 patient (pacjent)

chować (**chowam, chowasz**) (PERF **schować**) VERB

1 to put

☐ chować coś do szuflady to put something in a drawer ☐ Napiwek schował do kieszeni. He put the tip in his pocket.

2 to put away

☐ Owoce chowam na podwieczorek. I am putting the fruit away to have at tea-time.

3 to hide

■ chować coś przed kimś to hide something from somebody ☐ Mama chowa przed dziećmi słodycze. Mum hides sweets from the children.

■ chować (PERF **schować**) się to hide ☐ Bartek schował się za łóżkiem. Bartek hid behind the bed.

4 to bury (PERF **pochować**)

☐ chować zmarłych to bury the dead

Chrystus (GEN **Chrystusa**, LOC SING **Chrystusie**) MASC NOUN

Christ

■ Jezus Chrystus Jesus Christ

chrzest (GEN **chrztu**, PL **chrzty**, LOC SING **chrzcie**) MASC NOUN

christening

■ Na chrzcie dostał imię Jan. He was christened John.

chrześcijanin (GEN **chrześcijanina**, PL **chrześcijanie**, LOC SING **chrześcijaninie**) MASC NOUN

Christian

c

19

chrześcijanka (GEN **chrześcijanki**, PL **chrześcijanki**, DAT SING AND LOC SING **chrześcijance**) FEM NOUN
Christian

chrześcijański ADJECTIVE
Christian

chudnąć (**chudnę, chudniesz**) (IMPERATIVE **chudnij**, PERF **schudnąć**) VERB
to lose weight
■ **Schudłam kilogram w dwa tygodnie.** I lost a kilo in two weeks.

chudy ADJECTIVE
1 thin
2 lean
  □ chuda szynka lean ham
  ■ **chude mleko** skimmed milk
  ■ **chudy ser** low-fat cheese

chuligan (GEN **chuligana**, PL **chuligani** or **chuligany**, LOC SING **chuliganie**) MASC NOUN
yob

chusteczka (GEN **chusteczki**, PL **chusteczki**, DAT SING AND LOC SING **chusteczce**, GEN PL **chusteczek**) FEM NOUN
  ■ **chusteczka do nosa** handkerchief
  ■ **chusteczka higieniczna** tissue

chwalić (**chwalę, chwalisz**) (PERF **pochwalić**) VERB
to praise
  □ chwalić kogoś za coś to praise somebody for something
  ■ **chwalić się** +loc to brag about

chwila (GEN **chwili**, PL **chwile**) FEM NOUN
moment
  ■ **Poczekaj na mnie chwilę!** Wait a minute!
  ■ **Lada chwila może przyjść.** He could be here any minute.
  ■ **Chwilami pada.** From time to time it rains.

chwycić (**chwycę, chwycisz**) (IMPERATIVE **chwyć**) VERB ▷ zobacz **chwytać**

chwytać (**chwytam, chwytasz**) VERB
to catch
  □ chwytać (PERF chwycić) piłkę to catch the ball

chyba PARTICLE
▷ zobacz też **chyba** CONJUNCTION
probably
  ■ **chyba tak** I think so
  ■ **chyba nie** I don't think so

chyba CONJUNCTION
▷ zobacz też **chyba** PARTICLE
  ■ **chyba że** unless
  ■ **Kwoty wyrażono w euro, chyba że wskazano inaczej.** All figures in euros unless otherwise indicated.

ciało (GEN **ciała**, PL **ciała**, LOC SING **ciele**) NEUT NOUN
body
  □ ciało i dusza body and soul □ mleczko do ciała body milk

ciasny (COMP **ciaśniejszy**) ADJECTIVE
1 tight
  □ ciasne buty tight shoes □ Ta koszula jest dla mnie za ciasna. This shirt is too tight for me.
2 cramped

□ Nasze mieszkanie jest dla nas za ciasne. Our flat is too cramped for us.

ciastko (GEN **ciastka**, PL **ciastka**, INST SING **ciastkiem**, GEN PL **ciastek**) NEUT NOUN
cake
  □ ciastko z kremem a cream cake

ciasto (GEN **ciasta**, PL **ciasta**, LOC SING **cieście**) NEUT NOUN
cake
  □ ciasto ze śliwkami a plum cake

ciąć (**tnę, tniesz**) (IMPERATIVE **tnij**, PERF **przeciąć**) VERB
to cut
  □ Przetnij kartkę na pół. Cut the sheet of paper in half.

ciągle ADVERB
1 still
  □ Ciągle mieszkam w Londynie. I'm still living in London.
2 all the time
  □ Latem ciągle jest upał. In summer it is hot all the time.

ciągnąć (**ciągnę, ciągniesz**) (IMPERATIVE **ciągnij**, PERF **pociągnąć**) VERB
to pull
  □ ciągnąć za sznur to pull a rope
to continue
  ■ **Nie chcę ciągnąć tego tematu.** I don't want to pursue this subject.
to drag on
  □ Ta dyskusja ciągnie się już od godziny. This discussion has already dragged on for an hour.

cicho (COMP **ciszej**) ADVERB
1 quietly
  □ mówić cicho to speak quietly
  ■ **Cicho!** Quiet!
2 silently
  □ Cicho ruszył do drzwi. He moved silently to the door.

cichy ADJECTIVE
1 quiet
  □ cicha ulica a quiet street
  ■ **Wszedł po cichu.** He came in quietly.
2 low
  □ cichy dźwięk a low sound

ciecz (GEN **cieczy**, PL **ciecze**, GEN PL **cieczy**) FEM NOUN
liquid

ciekawość (GEN **ciekawości**) FEM NOUN
curiosity

ciekawy ADJECTIVE
1 interesting
  □ ciekawa książka an interesting book
2 curious
  □ Ciekawy jestem, co się stanie. I'm curious to know what will happen.

WORD POWER
You can use a number of other words instead of **ciekawy** to mean 'interesting':
interesujący interesting
  □ interesujący wykład an interesting lecture
intrygujący intriguing

□ **intrygująca osobowość** an intriguing personality
zajmujący absorbing
□ **zajmujący film** an absorbing movie
przyciągający wzrok eye-catching
□ **przyciągający wzrok plakat** an eye-catching poster

cielęcina (GEN **cielęciny**, DAT SING AND LOC SING **cielęcinie**) FEM NOUN
veal

ciemno (GEN **ciemna**, LOC SING **ciemnie**) NEUT NOUN
▷ *zobacz też* **ciemno** ADVERB
dark
□ **Boję się ciemna.** I am afraid of the dark.

ciemno ADVERB
▷ *zobacz też* **ciemno** NEUT NOUN
dark
□ **Robi się ciemno.** It's getting dark.

ciemność (GEN **ciemności**, PL **ciemności**, DAT SING AND LOC SING **ciemności**) FEM NOUN
darkness

ciemny ADJECTIVE
1 dark
□ **ciemna zieleń** dark green □ **ciemne włosy** dark hair □ **ciemna ulica** a dark street
2 brown
□ **ciemny chleb** brown bread

cienki (COMP **cieńszy**) ADJECTIVE
thin
□ **cienki sweter** a thin pullover

cień (GEN **cienia**, PL **cienie**, GEN PL **cieni**) MASC NOUN
1 shadow
□ **Dom rzuca długi cień.** The house casts a long shadow.
2 shade
□ **usiąść w cieniu** to sit down in the shade
■ **cień do powiek** eye shadow

ciepło (GEN **ciepła**, LOC SING **cieple**) NEUT NOUN
▷ *zobacz też* **ciepło** ADVERB
1 warmth
□ **ciepło bijące od kominka** the warmth radiating from the fireplace □ **ciepło rodzinnego domu** the warmth of a family home
2 heat
□ **wydzielać ciepło** to generate heat

ciepło ADVERB
▷ *zobacz też* **ciepło** NEUT NOUN (COMP **cieplej**)
□ **W pokoju było ciepło.** It was warm in the room. □ **Jest mi ciepło.** I'm warm.

ciepły (COMP **cieplejszy**) ADJECTIVE
warm
□ **ciepły płaszcz** a warm coat □ **ciepły wiatr** a warm wind

cieszyć (**cieszę, cieszysz**) (PERF **ucieszyć**) VERB
to delight
■ **Cieszą mnie twoje dobre oceny.** I am delighted at your good marks.
■ **cieszyć się (z** +gen**)** to be pleased with
■ **cieszyć się na coś** to look forward to something □ **Cieszę się na spotkanie z tobą.** I look forward to seeing you.

cię PRONOUN ▷ *zobacz* **ty**

ciocia (GEN **cioci**, PL **ciocie**, GEN PL **cioć**) FEM NOUN
auntie *(potoczny)*

ciotka (GEN **ciotki**, PL **ciotki**, DAT SING AND LOC SING **ciotce**, GEN PL **ciotek**) FEM NOUN
aunt

cisza (GEN **ciszy**) FEM NOUN
silence
□ **Proszę o ciszę! Silence please!**

ciszej ADVERB ▷ *zobacz* **cicho**

ciśnienie (GEN **ciśnienia**, PL **ciśnienia**, GEN PL **ciśnień**) NEUT NOUN
pressure
□ **mierzyć** (PERF **zmierzyć**) **komuś ciśnienie krwi** to take somebody's blood pressure

cm ABBREVIATION (= *centymetr*)
cm

cmentarz (GEN **cmentarza**, PL **cmentarze**, GEN PL **cmentarzy**) MASC NOUN
1 cemetery *(komunalny, wojskowy)*
2 graveyard *(przykościelny)*

co (GEN **czego**, DAT **czemu**, INST AND LOC **czym**) PRONOUN
▷ *zobacz też* **co** ADVERB, PREPOSITION, PARTICLE
what
□ **Co to jest? What is that?** □ **Co to za film? What film is this?** □ **Czym się interesujesz? What are you interested in?** □ **Rób, co chcesz. Do what you want.**
■ **Udało mu się, co nas zaskoczyło.** He managed it, which surprised us.
■ **Nie ma co narzekać.** There's no use complaining.
■ **Nie ma za co!** Don't mention it!
■ **Co za miła niespodzianka!** What a lovely surprise!
■ **Co za dureń ze mnie!** How stupid of me!

co ADVERB
▷ *zobacz też* **co** PRONOUN, PREPOSITION, PARTICLE
■ **co najmniej** at least
■ **co najwyżej** at the most
■ **co gorsza** what's worse
■ **co prawda** as a matter of fact

co PREPOSITION
▷ *zobacz też* **co** PRONOUN, ADVERB, PARTICLE
■ **co drugi dzień** every other day
■ **co trzeci miesiąc** every third month
■ **co do** +gen regarding □ **Co do pańskiego pytania,... Regarding your question, ...**
■ **Wszyscy co do jednego wyszli.** To a man, they went out.

co PARTICLE
▷ *zobacz też* **co** PRONOUN, ADVERB, PREPOSITION
■ **Fajny film, co nie?** A great film, isn't it?
■ **Rozumiesz mnie, co?** You understand, don't you?

codziennie ADVERB
every day

codzienny ADJECTIVE
1 daily
□ **codzienny spacer** a daily walk □ **codzienna gazeta** the daily paper

2 everyday
□ codzienny język everyday language
cofać (**cofam, cofasz**) (PERF **cofnąć**) VERB
1 to reverse
□ cofać samochód to reverse a car
2 to put back
□ cofać zegarek to put one's watch back
■ **cofać się** to step back □ Kiedy mnie zobaczył, cofnął się o krok. When he saw me, he stepped back.
coraz ADVERB
■ **coraz lepiej** better and better
■ **coraz cieplejszy** warmer and warmer
coś PRONOUN
1 something
□ coś ciekawego something interesting
□ coś do czytania something to read □ robić (PERF zrobić) coś innego to do something else
2 anything
□ Czy masz coś do pisania? Have you got anything to write with?
3 anything
□ Jeśli czegoś nie rozumiesz, to powiedz. If there is anything you don't understand, just say.
córka (GEN **córki**, PL **córki**, DAT SING AND LOC SING **córce**, GEN PL **córek**) FEM NOUN
daughter
cuchnąć (**cuchnę, cuchniesz**) (IMPERATIVE **cuchnij**) VERB
to stink
cudowny ADJECTIVE
1 miraculous
■ **cudowny lek** a miracle cure
2 wonderful
□ cudowny pomysł a wonderful idea
cudzoziemiec (GEN **cudzoziemca**, PL **cudzoziemcy**) MASC NOUN
foreigner
cudzoziemka (GEN **cudzoziemki**, PL **cudzoziemki**, DAT SING AND LOC SING **cudzoziemce**, GEN PL **cudzoziemek**) FEM NOUN
foreigner
cudzoziemski ADJECTIVE
foreign
cudzy ADJECTIVE
somebody else's
□ cudze pieniądze somebody else's money
□ cudza pomoc somebody else's help
cukier (GEN **cukru**, LOC SING **cukrze**) MASC NOUN
sugar
□ dwie łyżeczki cukru two spoons of sugar
□ Pijesz herbatę z cukrem? Do you take sugar in your tea?
cukierek (GEN **cukierka**, PL **cukierki**, INST SING **cukierkiem**) MASC NOUN
sweet
candy (US)
□ cukierki miętowe mint sweets
■ **cukierek czekoladowy** a chocolate
cukiernia (GEN **cukierni**, PL **cukiernie**, GEN PL **cukierni** or **cukierń**) FEM NOUN
cake shop

cukrzyca (GEN **cukrzycy**) FEM NOUN
diabetes
□ mieć cukrzycę to have diabetes
cyfra (GEN **cyfry**, PL **cyfry**, DAT SING AND LOC SING **cyfrze**) FEM NOUN
figure
■ **cyfry rzymskie** Roman numerals
cyfrowy ADJECTIVE
digital
■ **aparat cyfrowy** a digital camera
■ **telewizja cyfrowa** digital television
■ **radio cyfrowe** a digital radio
Cygan (GEN **Cygana**, PL **Cyganie**, LOC SING **Cyganie**) MASC NOUN
gypsy
Cyganka (GEN **Cyganki**, PL **Cyganki**, DAT SING AND LOC SING **Cygance**, GEN PL **Cyganek**) FEM NOUN
gypsy
Cypr (GEN **Cypru**, LOC SING **Cyprze**) MASC NOUN
Cyprus
cyrk (GEN **cyrku**, PL **cyrki**, INST SING **cyrkiem**) MASC NOUN
circus
cytryna (GEN **cytryny**, PL **cytryny**, DAT SING AND LOC SING **cytrynie**) FEM NOUN
lemon
cywilizacja (GEN **cywilizacji**, PL **cywilizacje**, GEN PL **cywilizacji**) FEM NOUN
civilization
cywilny ADJECTIVE
■ **ludność cywilna** the civilian population
■ **stan cywilny** marital status
■ **ślub cywilny** civil marriage ceremony
czajnik (GEN **czajnika**, PL **czajniki**, INST SING **czajnikiem**) MASC NOUN
kettle
czapka (GEN **czapki**, PL **czapki**, DAT SING AND LOC SING **czapce**, GEN PL **czapek**) FEM NOUN
1 hat
□ zakładać (PERF założyć) czapkę to put on a hat
□ Czapki z głów! Hats off!
2 cap
□ czapka bejsbolowa a baseball cap
czarny ADJECTIVE
1 black
□ czarne buty black shoes
2 gloomy
□ czarne myśli gloomy thoughts
■ **czarny rynek** black market
■ **czarna porzeczka** blackcurrant
czarterowy ADJECTIVE
charter
□ lot czarterowy a charter flight
czas (GEN **czasu**, LOC SING **czasie**) MASC NOUN
time
■ **od czasu do czasu** from time to time
■ **na czas** on time □ Muszę oddać podanie na czas. I need to get my application in on time.
■ **Najwyższy czas, aby ...** It is high time ...
czasami ADVERB
sometimes
□ Czasami oglądam polską telewizję.

Sometimes I watch Polish television.

czasem ADVERB
sometimes
□ Czasem mam ochotę wyprowadzić się do Hiszpanii. Sometimes I fancy moving to Spain.

czasopismo (GEN **czasopisma**, PL **czasopisma**, LOC SING **czasopiśmie**) NEUT NOUN
magazine
□ czasopismo dla kobiet a women's magazine

czasownik (GEN **czasownika**, PL **czasowniki**, INST SING **czasownikiem**) MASC NOUN
verb

czasowy ADJECTIVE
1 temporary
□ pobyt czasowy a temporary stay
2 time
□ strefa czasowa a time zone

czaszka (GEN **czaszki**, PL **czaszki**, DAT SING AND LOC SING **czaszce**, GEN PL **czaszek**) FEM NOUN
skull

czat (GEN **czatu**, DAT SING AND LOC SING **czacie**) MASC NOUN
chat
■ rozmawiać na czacie to chat

Czechy (GEN **Czechy**) PL NOUN
the Czech Republic

czego PRONOUN ▷ *zobacz* **co**

czegoś PRONOUN ▷ *zobacz* **coś**

czek (GEN **czeku**, PL **czeki**, INST SING **czekiem**) MASC NOUN
cheque
check (US)
□ wypisywać (PERF wypisać) czek na sumę 100 złotych to write a cheque for 100 złotys □ płacić (PERF zapłacić) czekiem to pay by cheque

czekać (**czekam, czekasz**) (PERF **poczekać** or **zaczekać**) VERB
■ czekać na to wait for □ Poczekaj na mnie! Wait for me!

czekolada (GEN **czekolady**, PL **czekolady**, DAT SING AND LOC SING **czekoladzie**) FEM NOUN
chocolate
□ tabliczka czekolady a bar of chocolate

czekoladka (GEN **czekoladki**, PL **czekoladki**, DAT SING AND LOC SING **czekoladce**, GEN PL **czekoladek**) FEM NOUN
(a) chocolate
□ pudełko czekoladek a box of chocolates

czekoladowy ADJECTIVE
chocolate
□ czekoladowy batonik a chocolate bar

czemu PRONOUN ▷ *zobacz* **co**

czereśnia (GEN **czereśni**, PL **czereśnie**, GEN PL **czereśni**) FEM NOUN
1 cherry
□ placek z czereśniami a cherry pie
2 cherry tree

czerwiec (GEN **czerwca**, PL **czerwce**) MASC NOUN
June

czerwony (COMP **czerwieńszy**) ADJECTIVE
red

□ czerwona sukienka a red dress □ czerwone wino red wine

czesać (**czeszę, czeszesz**) (PERF **uczesać**) VERB
to brush
□ Dziewczynka czesze lalkę. The little girl is brushing her doll's hair.
■ czesać się grzebieniem to comb one's hair
■ czesać się szczotką to brush one's hair

czeski ADJECTIVE
Czech
■ Republika Czeska the Czech Republic

cześć (GEN **czci**) FEM NOUN
▷ *zobacz też* **cześć** EXCLAMATION
respect
■ przyjęcie na cześć kogoś/czegoś a reception in honour of somebody/something; a reception in honor of somebody/something (US)

cześć EXCLAMATION
▷ *zobacz też* **cześć** FEM NOUN
1 Hi! *(Witaj!)*
2 See you! *(Do zobaczenia!)*

często (COMP **częściej**) ADVERB
often
□ Często czytam gazety. I often read the papers.

częsty ADJECTIVE
1 common
□ częsty błąd a common mistake
2 frequent
□ częsty gość a frequent guest

część (GEN **części**) FEM NOUN
part
□ część domu part of a house

członek (GEN **członka**, PL **członkowie**, INST SING **członkiem**) MASC NOUN
1 member
2 limb (NOM PL **członki**) *(ręka, noga)*

człowiek (GEN **człowieka**, PL **ludzie**, INST SING **człowiekiem**, GEN PL **ludzi**, DAT PL **ludziom**, INST PL **ludźmi**, LOC PL **ludziach**) MASC NOUN
1 human being
□ Ona jest wspaniałym człowiekiem. She is a wonderful human being.
2 man
□ stary człowiek an old man

czoło (GEN **czoła**, PL **czoła**, DAT SING AND LOC SING **czołu**, LOC SING **czole**, GEN PL **czół**) NEUT NOUN
forehead

czosnek (GEN **czosnku**, PL **czosnki**, INST SING **czosnkiem**) MASC NOUN
garlic

czterdziestka (GEN **czterdziestki**, PL **czterdziestki**, DAT SING AND LOC SING **czterdziestce**, GEN PL **czterdziestek**) FEM NOUN
forty
■ Jest po czterdziestce. She is in her forties.

czterdziesty NUMBER
fortieth
■ czterdziesty pierwszy forty-first

czterdzieści NUMBER
forty

czternasty NUMBER
fourteenth

czternaście NUMBER
fourteen

cztery NUMBER
four

czterysta NUMBER
four hundred

czuć (**czuję, czujesz**) (PERF **poczuć**) VERB
1 to feel
□ czuć się odpowiedzialnym za coś to feel responsible for something □ Czułem, że ... I felt that ...
2 to smell
□ Czuła zapach róż. She smelt the roses.
■ **czuć się dobrze** to feel well
■ **czuć się źle** to feel unwell □ Jak się dziś czujesz? How are you feeling today?

czule ADVERB
affectionately

czuły (COMP **czulszy**) ADJECTIVE
affectionate
□ czuły list an affectionate letter
■ **czuły na** sensitive to □ Rośliny są czułe na mróz. Plants are sensitive to frost.

czwartek (GEN **czwartku**, PL **czwartki**, INST SING **czwartkiem**) MASC NOUN
Thursday
□ W czwartek często robię zakupy. On Thursdays I often do my shopping.
■ **Wielki Czwartek** Maundy Thursday

czwarty NUMBER
fourth
■ **Spotkajmy się o czwartej.** Let's meet at four.
■ **jedna czwarta** a quarter

czy PARTICLE
▷ *zobacz też* **czy** CONJUNCTION
1 ■ **Czy znasz tę dziewczynę?** Do you know this girl?
■ **Czy byłeś kiedyś w Polsce?** Have you ever been to Poland?
■ **Czy ja wiem?** *(potoczny)* How would I know?
2 if
□ Nie wiem, czy to ma sens. I don't know if this makes sense. □ Zapytaj ją, czy go lubi. Ask her if she likes him.

czy CONJUNCTION
▷ *zobacz też* **czy** PARTICLE
or
□ Kawa czy herbata? Coffee or tea?

czyj PRONOUN
whose
□ Czyj to dom? Whose house is this?
■ **Czyje to miejsce?** Who is supposed to be sitting here?
■ **Czyja to wina?** Who is to blame?

czyli PARTICLE
in other words

czynność (GEN **czynności**, PL **czynności**) FEM NOUN
▷ *zobacz też* **czynność** PL NOUN
activity

▷ *zobacz też* **czynność** FEM NOUN

czynny ADJECTIVE
1 active
□ On jest nadal czynny zawodowo. He is still active professionally.
2 open
□ Sklep jest czynny od ósmej rano. The shop is open from 8 a.m.
3 working
□ czynna winda a working lift

czynsz (GEN **czynszu**, PL **czynsze**, GEN PL **czynszów**) MASC NOUN
rent

czysto (COMP **czyściej**) ADVERB
1 clean
□ W tym hotelu jest bardzo czysto. It's very clean in this hotel.
2 in tune
□ śpiewać czysto to sing in tune

czysty ADJECTIVE
1 clean
□ czysty pokój a clean room
2 pure
□ czyste złoto pure gold
3 sheer *(potoczny)*
□ czyste wariactwo sheer madness

czyścić (**czyszczę, czyścisz**) (IMPERF **czyść**, PERF **wyczyścić**) VERB
to clean
□ czyścić dywan to clean a carpet

czytać (**czytam, czytasz**) (PERF **przeczytać**) VERB
to read
□ czytać gazety to read the papers

czytelniczka (GEN **czytelniczki**, PL **czytelniczki**, DAT SING AND LOC SING **czytelniczce**) FEM NOUN
reader

czytelnik (GEN **czytelnika**, PL **czytelnicy**, INST SING **czytelnikiem**) MASC NOUN
reader

czytelny ADJECTIVE
legible

ćwiczenie (GEN **ćwiczenia**, PL **ćwiczenia**, GEN PL **ćwiczeń**) NEUT NOUN
▷ *zobacz też* **ćwiczenie** PL NOUN
1 practice
□ ćwiczenia na rozumienie ze słuchu aural comprehension practice
2 exercise
□ ćwiczenie z gramatyki a grammar exercise
□ ćwiczenia na mięśnie brzucha exercises for the stomach muscles
▷ *zobacz też* **ćwiczenie** NEUT NOUN

ćwiczyć (**ćwiczę, ćwiczysz**) VERB
1 to practise
to practice (US)
2 to train
□ ćwiczyć pamięć to train one's memory
3 to exercise
□ Codziennie rano ćwiczę przez godzinę. I exercise for an hour every morning.

Dd

d

dach (GEN **dachu**, PL **dachy**) MASC NOUN
roof
□ czerwony dach domu the red roof of a house
□ Na dachu samochodu umocowane były narty. Skis were attached to the roof of the car.

dać (**dam**, **dasz**) (3 PL **dadzą**) VERB ▷*zobacz* **dawać**

dalej ADVERB ▷*zobacz* **daleko**
1 further
□ Do sklepów jest nie dalej niż 500 metrów. It is no further than 500 metres to the shops. □ Mieszkam dalej od centrum niż ty. I live further away from the centre than you.
2 longer
□ Dalej już nie mogę czekać. I can't wait any longer.
■ **i tak dalej** and so forth

daleko (COMP **dalej**, SUPERL **najdalej**) ADVERB
1 far
□ Jak daleko jest stąd do kina? How far is it from here to the cinema?
2 a long way away
□ Jest jeszcze daleko do końca sezonu. The end of the season is still a long way away.
■ **Daleko jeszcze?** How long now?

dalszy ADJECTIVE
LANGUAGE TIP **dalszy** is the comparative form of **daleki**
later
□ Spotkanie przesunięto na dalszy termin. The meeting was put back to a later date.
■ **przedłużać** (PERF **przedłużyć**) **umowę na dalszy okres** to extend a contract for a further period
■ **dopełnienie dalsze** *(w gramatyce)* indirect object
■ **ciąg dalszy nastąpi** to be continued

dama (GEN **damy**, PL **damy**, DAT AND LOC SING **damie**) FEM NOUN
1 lady
□ Czuła się przy nim jak dama. In his company she felt like a lady.
2 queen
□ dama pik the queen of spades

damski ADJECTIVE
1 ladies'
□ toaleta damska the ladies' (toilet) □ Jest damskim fryzjerem. He is a ladies' hairdresser.
2 women's

□ damskie buty women's shoes □ bielizna damska women's underwear

dane (GEN **danych**) PL NOUN
data
□ dane statystyczne statistical data
□ wpisywać (PERF wpisać) dane do komputera to enter data on the computer

Dania (GEN **Danii**) FEM NOUN
Denmark
□ On pochodzi z Danii. He comes from Denmark.

danie (GEN **dania**, PL **dania**, GEN PL **dań**) NEUT NOUN
1 dish
□ danie mięsne a meat dish □ Nasz zajazd oferuje tradycyjne dania polskie. Our inn offers traditional Polish dishes.
2 course
□ drugie danie a main course
■ **obiad z trzech dań** a three-course meal

dar (GEN **daru**, PL **dary**, LOC SING **darze**) MASC NOUN
1 gift
□ dar dla biblioteki a gift to the library
2 gift
□ dar do języków gift for languages

darmowy ADJECTIVE
free
□ darmowe próbki kosmetyków free samples of cosmetics □ Dla dzieci wstęp darmowy. Admission free for children.

data (GEN **daty**, PL **daty**, DAT AND LOC SING **dacie**) FEM NOUN
date
□ data egzaminu the date of the exam
□ data urodzenia date of birth
LANGUAGE TIP Be careful! The Polish word data does not mean **data**.

dawać (**daję**, **dajesz**) (PERF **dać**) VERB
to give
■ **dawać komuś coś** to give somebody something □ Daj mi coś do picia. Give me something to drink. □ Na Gwiazdkę dałam siostrze jedwabną apaszkę. I gave my sister a silk scarf for Christmas.
■ **Daj mi spokój!** Leave me alone!

dawno ADVERB
(for) a long time
□ Już dawno jej nie widziałam. It's been a long time since I saw her.
■ **dawno (temu)** a long time ago □ Wyjechał do Anglii dawno temu. He went away to

England a long time ago. □ Dawno już przeszedłem na emeryturę. I retired a long time ago.

dawny ADJECTIVE
1 former
   □ dawnej Jugosławii the former Yugoslavia
2 ancient
   □ dawne kultury ancient cultures
3 old
   □ przyjaciel z dawnych lat a friend from the old days
   ■ od dawna for a long time □ Znamy się od bardzo dawna. We have known each other for a very long time.

dbać (dbam, dbasz) (PERF zadbać) VERB
   ■ dbać o kogoś/coś to care for somebody/something □ Ona bardzo dba o swoich przyjaciół. She cares a lot for her friends.
   ■ nie dbać o coś not to be bothered about something □ On nie dba ani o pieniądze, ani o sławę. He's not bothered about money or reputation.

debiut (GEN debiutu, PL debiuty, LOC SING debiucie) MASC NOUN
   debut
   □ debiut literacki a literary debut

decydować (decyduję, decydujesz) (PERF zdecydować) VERB
   to decide
   □ Zdecydowaliśmy, że na wakacje pojedziemy nad morze. We decided to go to the seaside for our holidays.
   ■ decydować o czymś to decide on something
   ■ decydować się to make up one's mind
   ■ Zdecydowała się na zakup używanego samochodu. She decided to buy a second-hand car.
   ■ decydować się na coś to opt for something

decyzja (GEN decyzji, PL decyzje, GEN PL, DAT AND LOC SING decyzji) FEM NOUN
   decision
   □ Jaka jest twoja ostateczna decyzja? What is your final decision? □ podejmować (PERF podjąć) decyzję to make a decision

definicja (GEN definicji, PL definicje, GEN PL, DAT AND LOC SING definicji) FEM NOUN
   definition
   □ Jaka jest definicja tego słowa? What is the definition of this word?

deklarować (deklaruję, deklarujesz) (PERF zadeklarować) VERB
1 to declare
   □ deklarować swoją wolę to declare one's will
2 to pledge
   □ deklarować pomoc to pledge support
3 to promise
   □ Zdeklarowała się, że nam pożyczy pieniądze na wakacje. She promised to lend us money for a holiday.

deklinacja (GEN deklinacji, PL deklinacje, GEN PL, DAT AND LOC SING deklinacji) FEM NOUN
   declension

□ deklinacja rzeczowników a noun declension
□ Ile jest deklinacji w języku polskim? How many declensions are there in Polish?

dekolt (GEN dekoltu, PL dekolty, LOC SING dekolcie) MASC NOUN
   neckline
   □ Ta bluzka ma głęboki dekolt. This blouse has a low neckline.
   ■ koszulka z dekoltem low-cut top

dekoracja (GEN dekoracji, PL dekoracje, GEN PL, DAT AND LOC SING dekoracji) FEM NOUN
1 decoration
   □ bożonarodzeniowe dekoracje Christmas decorations □ dekoracja wnętrz interior decoration
2 scenery
   □ dekoracja teatralna theatrical scenery

delfin (GEN delfina, PL delfiny, LOC SING delfinie) MASC NOUN
1 dolphin
2 butterfly (stroke)
   □ pływać delfinem to do the butterfly stroke

delikatesy (GEN delikatesów) PL NOUN
1 delicatessen sing
   □ Na naszej ulicy otworzyli nowe delikatesy. A new delicatessen has opened in our street.
2 delicacies
   □ Na przyjęciu serwowano same delikatesy. There were all sorts of delicacies at the reception.

delikatnie ADVERB
1 tactfully
   □ Delikatnie odmówił. He tactfully declined.
2 gently
   □ Delikatnie położyła dziecko do łóżeczka. He gently put the child down in its cot.

delikatny ADJECTIVE
1 gentle
2 delicate
   □ delikatne ręce delicate hands
3 soft
   □ delikatny wiatr a gentle wind
4 slight
   □ delikatna woń perfum a slight aroma of perfume
   ■ delikatna uwaga a tactful comment

demokracja (GEN demokracji, PL demokracje, GEN PL, DAT AND LOC SING demokracji) FEM NOUN
   democracy
   □ stabilna demokracja a stable democracy

demon (GEN demona, PL demony) MASC NOUN
   demon

demonstrować (demonstruję, demonstrujesz) (PERF zademonstrować) VERB
   to demonstrate
   □ Robotnicy demonstrowali przed fabryką. The workers demonstrated in front of the factory. □ demonstrować przeciwko wojnie to demonstrate against the war

denerwować (denerwuję, denerwujesz) (PERF zdenerwować) VERB
   to annoy

□ Najbardziej zdenerwowała ją jego arogancja. It was his arrogance that annoyed her most of all.

■ **Denerwuje mnie ten hałas!** This racket is getting on my nerves!

■ **denerwować się 1** to worry □ On się zawsze wszystkim denerwuje. He is always worrying about everything. **2** to get upset

■ **Jan denerwuje się, że znowu zwracamy mu uwagę.** Jan is annoyed that we are telling him off again.

denerwujący ADJECTIVE
annoying

□ denerwujące zachowanie annoying behaviour □ Ta reklama jest naprawdę denerwująca! That advert is really annoying!

dentysta (GEN **dentysty**, PL **dentyści**, DAT AND LOC SING **dentyście**) MASC NOUN

⬤ **LANGUAGE TIP dentysta** declines like a feminine noun in the singular

dentist

□ Jest dentystą. He is a dentist. □ Czy znasz jakiegoś dobrego dentystę? Do you know (of) a good dentist?

dentystka (GEN **dentystki**, PL **dentystki**, DAT AND LOC SING **dentystce**) FEM NOUN
dentist

□ dentystka szkolna a school dentist □ Jestem dentystką. I am a dentist.

dentystyczny ADJECTIVE
1 dentist's

□ fotel dentystyczny a dentist's chair □ gabinet dentystyczny a dentist's surgery; a dentist's office (US)

2 dental

□ zabieg dentystyczny dental treatment □ nici dentystyczne dental floss

departament (GEN **departamentu**, PL **departamenty**, LOC SING **departamencie**) MASC NOUN
department

□ Departament Geologii the Geology Department

depozyt (GEN **depozytu**, PL **depozyty**, LOC SING **depozycie**) MASC NOUN
deposit

□ depozyt bankowy a bank deposit

deptać (**depczę, depczesz**) (PERF **podeptać**) VERB
to trample (on)

■ **'Nie deptać trawnika.'** 'Keep off the grass.'

deser (GEN **deseru**, PL **desery**, LOC SING **deserze**) MASC NOUN
dessert

□ Na deser są lody. There is ice cream for dessert.

deska (GEN **deski**, PL **deski**, DAT AND LOC SING **desce**, GEN PL **desek**) FEM NOUN
1 board

□ deska do krojenia a chopping board □ deska do prasowania ironing board

2 plank

□ deski podłogowe flooring planks

■ **Do piwnicy prowadziły drzwi zbite z desek.** A rough wooden door gave access to the basement.

■ **deska snowboardowa** snowboard

deszcz (GEN **deszczu**, PL **deszcze**) MASC NOUN
rain

□ Na jutro zapowiadają deszcz. They're forecasting rain for tomorrow.

■ **Pada ulewny deszcz.** It is pouring.

■ **deszcz obelg** a torrent of abuse

deszczowy ADJECTIVE
rainy

□ deszczowy dzień a rainy day

dezodorant (GEN **dezodorantu**, PL **dezodoranty**, LOC SING **dezodorancie**) MASC NOUN
deodorant

□ dezodorant w kulce roll-on deodorant

diabeł (GEN **diabła**, PL **diabły** or **diabli**, DAT SING **diabłu**, LOC SING **diable**) MASC NOUN
devil

■ **Idź do diabła!** Go to hell!

dialog (GEN **dialogu**, PL **dialogi**, INST SING **dialogiem**) MASC NOUN
dialogue
dialog (US)

dieta (GEN **diety**, PL **diety**, DAT AND LOC SING **diecie**) FEM NOUN
1 diet

□ być na diecie to be on a diet □ urozmaicona dieta a varied diet

2 expenses

□ Ile wynosi dieta za podróż krajową? What expenses can you claim for domestic travel?

dietetyczny ADJECTIVE
1 dietary

□ zalecenia dietetyczne dietary recommendations □ Pielęgniarka może udzielić porad dietetycznych. The nurse can give dietary advice.

2 diet

□ potrawa dietetyczna a diet dish □ napój dietetyczny a diet drink

dla PREPOSITION

⬤ **LANGUAGE TIP dla** takes the genitive

1 for

□ dla przyjemności for pleasure □ Ta wiadomość jest dla ciebie. This message is for you.

2 to

□ szkodliwy dla zdrowia harmful to health

■ **przyjazny dla środowiska** environmentally friendly

dlaczego PRONOUN
why

□ Dlaczego to zrobiłeś? Why did you do that? □ Chciałbym wiedzieć, dlaczego zawsze się spóźniasz. I'd like to know why you are always late.

■ **Dlaczego nie!** Why not!

dlatego CONJUNCTION

1 so

□ Było jej zimno, dlatego założyła sweter. She was cold, so she put on a jumper.

2 that's why

□ Był chory, dlatego nie przyszedł do pracy. He was ill; that's why he didn't come to work.

■ **dlatego że** because □ Pojechał taksówką, dlatego że nie chciał się spóźnić. He took a taxi because he didn't want to be late.

dług (GEN długu, PL długi, INST SING długiem)

MASC NOUN

debt

□ dług wdzięczności a debt of gratitude

■ **zaciągać** (PERF **zaciągnąć**) **dług** to incur a debt

długi (COMP dłuższy) ADJECTIVE

long

□ długi film a long film □ długa ulica a long street

długo (COMP dłużej) ADVERB

1 long

□ Jak długo czekałeś? How long did you wait? □ Na jak długo przyjechałeś do Anglii? How long are you in Britain for?

2 (for) a long way

□ Długo jeszcze będziemy iść? Have we still got a long way to go?

długopis (GEN długopisu, PL długopisy, LOC SING długopisie) MASC NOUN

(ballpoint) pen

□ Czy możesz mi pożyczyć niebieski długopis? Can you lend me a blue pen? □ pisać długopisem to write with a pen

długość (GEN długości, PL długości, GEN PL, DAT AND LOC SING długości) FEM NOUN

length

■ **Jaka jest długość tego pokoju?** How long is the room?

■ **pasek o 50 cm długości** a belt 50 cm long

■ **długość geograficzna** longitude

dłużej ADVERB ▷ *zobacz* długo

dmuchać (dmucham, dmuchasz)

(PERF dmuchnąć) VERB

to blow

□ Dmuchał na herbatę, bo była za gorąca. He blew on his tea because it was too hot.

dno (GEN dna, PL dna, LOC SING dnie, GEN PL den)

NEUT NOUN

1 bottom

□ dno butelki the bottom of a bottle

2 bed

□ Dno rzeki jest bardzo zamulone. The river bed is badly silted up.

3 rock bottom

□ Stoczył się na zupełne dno. He has hit rock bottom.

do PREPOSITION

LANGUAGE TIP do takes the genitive

1 to

□ Jadę do Polski. I'm going to Poland. □ Idę do pubu. I'm going to the pub.

2 into

□ do portfela into a wallet □ Rękawiczki włożyła do torby. She put her gloves into her bag.

3 to

□ Odprowadź ją do samochodu. See her to the car. □ Podejdź do okna. Come to the window.

4 until

□ Zostanę do soboty. I'll stay until Saturday.

■ **Zrobię to do poniedziałku.** I'll do it by Monday.

■ **wpół do czwartej** half past three

■ **Do jutra!** See you tomorrow!

5 for

□ Do czego to jest? What is it for?

■ **płyn do mycia naczyń** washing-up liquid

■ **pasta do zębów** toothpaste

doba (GEN doby, PL doby, DAT AND LOC SING dobie, GEN PL dób) FEM NOUN

1 day *(24 hours)*

2 age

□ doba transformacji an age of transformation

dobranoc EXCLAMATION

■ **Dobranoc!** Good night!

dobro (GEN dobra, PL dobra, LOC SING dobrze, DAT SING dobru, GEN PL dóbr) NEUT NOUN

good

■ **dbać o dobro rodziny** to look after the interests of the family

■ **dobra** goods *pl* □ dobra konsumpcyjne consumer goods

■ **Wszyscy ludzie powinny mieć dostęp do dóbr kultury.** Everybody should have access to the riches of culture.

dobroczynność (GEN dobroczynności)

FEM NOUN

charity

dobry (COMP lepszy, SUPERL najlepszy) ADJECTIVE

▷ *zobacz też* dobry MASC NOUN

1 good

□ To jest dość dobry bar. It is quite a good cafe. □ To jest Kuba, nasz dobry znajomy. This is Kuba, our good friend.

■ **Która odpowiedź jest dobra?** Which answer is correct?

■ **Dobry wieczór!** Good evening!

■ **Dzień dobry!** Good morning! Good afternoon!

2 kind

□ Nasza sąsiadka to bardzo dobra kobieta. Our neighbour is a very kind woman.

■ **Dobra!** *(potoczny)* OK!

dobry MASC NOUN

▷ *zobacz też* dobry ADJECTIVE

LANGUAGE TIP dobry declines like an adjective

B

□ Na świadectwie miał same oceny dobre. His report was straight B's.

dobrze (COMP lepiej, SUPERL najlepiej) ADVERB

▷ *zobacz też* dobrze EXCLAMATION

well

■ **Baw się dobrze!** Have a good time!

■ **Jest dobrze znanym aktorem.** He is a well-known actor.

dobrze EXCLAMATION

▷*zobacz też* **dobrze** ADVERB

■ **Dobrze!** OK!

dobytek (GEN **dobytku**, INST SING **dobytkiem**) MASC NOUN

belongings *pl*

□ W pożarze stracili cały swój dobytek. They lost all their belongings in the fire. □ pilnować (PERF popilnować) dobytku to keep an eye on one's belongings

dochód (GEN **dochodu**, PL **dochody**, LOC SING **dochodzie**) MASC NOUN

1 income

□ Jaki jest pana miesięczny dochód? What is your monthly income?

2 revenue

■ **dochód narodowy brutto** gross national product

dodać (**dodam, dodasz**) (IMPERATIVE **dodaj**) VERB

▷*zobacz* **dodawać**

dodatek (GEN **dodatku**, PL **dodatki**, INST SING **dodatkiem**) MASC NOUN

1 supplement

□ dodatek ilustrowany an illustrated supplement

2 additive

□ dodatek do pieczenia a bakery additive

3 accessory

□ Co jest najlepszym dodatkiem do czarnej sukienki? What is the best accessory for a black dress?

■ **na dodatek** as well

■ **w dodatku** as well

dodatkowy ADJECTIVE

1 additional

□ dodatkowa informacja additional information □ Szukam dodatkowej pracy. I am looking for additional work.

2 extra

□ dodatkowe koszty extra costs

dodawać (**dodaję, dodajesz**) (PERF **dodać**) VERB

to add

□ Dodaj szczyptę soli. Add a pinch of salt.

dojazd (GEN **dojazdu**, PL **dojazdy**, LOC SING **dojeździe**) MASC NOUN

1 access

□ Dojazd do centrum był zupełnie zablokowany. Access to the centre was completely blocked.

2 commute

□ Dojazd do pracy zajmuje mi półtorej godziny. The commute to work takes me an hour and a half.

dojrzały (COMP **dojrzalszy**) ADJECTIVE

1 mature

□ Jest dostatecznie dojrzała, by podejmować decyzje samodzielnie. She is mature enough to make her own decisions.

■ **dojrzały wiek** maturity

2 ripe

□ dojrzały banan a ripe banana

3 mature

□ dojrzały ser mature cheese

dojrzeć (**dojrzeję, dojrzejesz**) VERB ▷*zobacz* **dojrzewać**

dojrzewać (**dojrzewam, dojrzewasz**) (PERF **dojrzeć**) VERB

1 to mature

□ Młodzi ludzie obecnie bardzo szybko dojrzewają. Young people mature very quickly nowadays.

■ **Jeszcze nie dojrzała do decyzji.** She still hasn't reached a decision.

2 to ripen

□ Pomidory dojrzewają w maju. Tomatoes ripen in May.

■ **Czy jabłka już dojrzały?** Are the apples ripe yet?

dojrzewanie (GEN **dojrzewania**) NEUT NOUN

adolescence

□ problemy wieku dojrzewania problems of adolescence

■ **dojrzewanie płciowe** puberty

dokąd PRONOUN

where (to)

□ Nie wiem, dokąd poszedł. I don't know where he went

■ **Nie miał dokąd pojechać.** He had nowhere to go.

dokładka (GEN **dokładki**, PL **dokładki**, DAT AND LOC SING **dokładce**, GEN PL **dokładek**) FEM NOUN

seconds *pl (potoczny)*

□ Czy masz ochotę na dokładkę? Do you fancy seconds?

dokładnie ADVERB

exactly

□ Jest dokładnie jedenasta. It is exactly eleven o'clock.

WORD POWER

You can use a number of other words instead of **dokładnie** to mean 'exactly':

starannie carefully

□ Starannie przeczytaj instrukcję. Read the manual carefully.

skrupulatnie meticulously

□ Policzył wszystko skrupulatnie. He counted everything meticulously.

szczegółowo extensively

□ Szczegółowo opisał wydarzenie. He described the event extensively.

ściśle strictly

□ Ściśle trzymał się rozkazu. He observed the order strictly.

---

dokładny ADJECTIVE

1 precise

□ dokładna analiza a precise analysis

□ dokładna odpowiedź a precise response

2 exact

□ dokładny czas the exact time □ dokładny opis an exact description

3 meticulous

□ dokładny pracownik a meticulous worker

dokoła – doskonale

dokoła ADVERB

▷ *zobacz też* **dokoła** PREPOSITION

all around

□ Dokoła było widać tylko morze. All around, only the sea was to be seen. □ Rozejrzał się dokoła. He looked all around him.

dokoła PREPOSITION

▷ *zobacz też* **dokoła** ADVERB

⋯ **LANGUAGE TIP** dokoła takes the genitive

around

□ Dokoła stołu stoi sześć krzeseł. There are six chairs around the table.

■ **Dokoła domu rosną drzewa.** The building is surrounded by trees.

dokonać (**dokonam, dokonasz**) VERB ▷ *zobacz* **dokonywać**

dokonywać (**dokonuję, dokonujesz**)

(PERF **dokonać**) VERB

⋯ **LANGUAGE TIP** dokonywać takes the genitive

to accomplish

□ Mimo chęci, niczego nie dokonali. Despite their best intentions they accomplished nothing.

■ **dokonywać zmian** to bring about changes

doktor (GEN **doktora**, PL **doktorzy**, LOC SING **doktorze**) MASC NOUN

doctor

□ Panie doktorze, jak często mam brać to lekarstwo? How often do I take this medicine, doctor?

doktorat (GEN **doktoratu**, PL **doktoraty**, LOC SING **doktoracie**) MASC NOUN

PhD

□ Robi doktorat z językoznawstwa. He is doing a PhD in linguistics.

dokument (GEN **dokumentu**, PL **dokumenty**, LOC SING **dokumencie**) MASC NOUN

document

■ **dokument potwierdzający zakup** proof of purchase

■ **dokumenty** ID *sing*

■ **Proszę o dokumenty do kontroli.** I would like to see your papers, please.

dolar (GEN **dolara**, PL **dolary**, LOC SING **dolarze**) MASC NOUN

dollar

dolina (GEN **doliny**, PL **doliny**, DAT AND LOC SING **dolinie**) FEM NOUN

valley

dolny ADJECTIVE

1 lower

□ kończyny dolne the lower limbs

□ warga dolna the lower lip

2 bottom

□ dolna szuflada the bottom drawer

3 minimum

□ dolna granica wieku a minimum age limit

dom (GEN **domu**, PL **domy**) MASC NOUN

1 house

□ dwupiętrowy dom a two-storey house

2 home

□ w domu at home

■ **iść do domu** to go home

■ **dom studencki** hall of residence; dormitory (US)

dom letniskowy MASC NOUN

holiday home

domofon (GEN **domofonu**, PL **domofony**, LOC SING **domofonie**) MASC NOUN

intercom

domowy ADJECTIVE

1 home

2 home-made

□ domowe ciasto a home-made cake

3 domestic

□ domowy królik a domestic rabbit

■ **zadanie domowe** homework

domyślać się (**domyślam, domyślasz**)

(PERF **domyślić**) +*gen* VERB

to guess

□ Czy domyślasz się, co dostaniesz w prezencie urodzinowym? Can you guess what you are getting for your birthday?

doniczka (GEN **doniczki**, PL **doniczki**, DAT AND LOC SING **doniczce**, GEN PL **doniczek**) FEM NOUN

(flower)pot

□ pietruszka w doniczce parsley in a pot

□ ceramiczna doniczka a ceramic flowerpot

dookoła ADVERB, PREPOSITION = **dokoła**

dopełniacz (GEN **dopełniacza**, PL **dopełniacze**, GEN PL **dopełniaczy**) MASC NOUN

genitive

□ Jaka jest forma dopełniacza wyrazu 'czas'? What is the genitive of **czas**?

dopełnienie (GEN **dopełnienia**, PL **dopełnienia**, GEN PL **dopełnień**) NEUT NOUN

object

□ dopełnienie dalsze indirect object

□ dopełnienie bliższe direct object

dorosły ADJECTIVE

▷ *zobacz też* **dorosły** MASC NOUN

adult

□ dorosłe życie adult life □ Chociaż ma dopiero 14 lat, już czuje się dorosły. Although he is just fourteen, he already feels he is an adult.

dorosły (PL **dorośli**) MASC NOUN

▷ *zobacz też* **dorosły** ADJECTIVE

⋯ **LANGUAGE TIP** dorosły declines like an adjective

adult

□ Jaka jest cena biletu dla dorosłych? How much is an adult ticket?

dorsz (GEN **dorsza**, PL **dorsze**, GEN **dorszy**) MASC NOUN

cod

□ filet z dorsza fillet of cod

doskonale ADVERB

perfectly

□ Doskonale rozumiem twoją sytuację. I understand your situation perfectly.

■ **Mój szef mówi doskonale po angielsku.** My boss speaks excellent English.

■ **Doskonale!** *(potoczny)* Outstanding!

d

doskonalić (doskonalę, doskonalisz)
(PERF **udoskonalić**) VERB
to develop

□ doskonalić umiejętności to develop one's skills

■ **doskonalić się w nauce** to make progress in one's studies

doskonały ADJECTIVE

1 excellent

□ doskonały pracownik an excellent worker
□ Jego polski jest doskonały. His Polish is excellent.

2 splendid

□ Ten widok jest doskonały! What a splendid view!

dosłownie ADVERB

1 literally

□ Spóźniłam się dosłownie o dwie minuty. I was literally two minutes late.

2 word for word

□ tłumaczyć (PERF przetłumaczyć) zdanie dosłownie to translate a sentence word for word

dosłowny ADJECTIVE
literal

□ w dosłownym tego słowa znaczeniu in the literal sense of that word □ dosłowny przekład a literal translation

dostać (dostanę, dostaniesz) (IMPERATIVE **dostań**)
VERB ▷ zobacz **dostawać**

dostarczać (dostarczam, dostarczasz)
(PERF **dostarczyć**) VERB
to deliver

■ **dostarczać komuś czegoś** to provide somebody with something □ Dostarczał służbom specjalnym informacji. He provided the secret service with information.

■ **Praca z dziećmi dostarcza jej wiele radości.** Her work with children brings her much joy.

■ **dostarczać coś komuś** to deliver something to somebody

dostawa (GEN **dostawy**, PL **dostawy**, DAT AND LOC
SING **dostawie**) FEM NOUN

1 delivery

□ dostawa towaru a delivery of goods

2 supply

□ dostawa prądu electricity supply

dostawać (dostaję, dostajesz) (IMPERATIVE
dostawaj, PERF **dostać**) VERB

1 to get

□ Dostaliśmy kartkę od naszych rodziców. We got a card from our parents. □ Dzięki swojej ciężkiej pracy szybko dostała awans. Thanks to her hard work she got promotion quickly.

2 to have

□ dostać zawału to have a heart attack

■ **dostawać się na studia** to be accepted into university

dostosowywać (dostosowuję,
dostosowujesz) (PERF **dostosować**) VERB

■ **dostosowywać coś do czegoś** to adjust

something to something □ dostosować przepisy do prawa międzynarodowego to adjust the rules to comply with international law

■ **dostosowywać się do** +gen to adjust to

□ Szybko dostosowaliśmy się do nowej sytuacji. We quickly adjusted to the new situation.

dosyć, dość ADVERB

1 enough

□ Jest już dość doświadczona, by starać się o kierownicze stanowisko. She is now experienced enough to try for a management position.

2 quite

□ W dość szybkim czasie nauczył się jeździć samochodem. He learned to drive in quite a short time. □ Już dość dobrze mówię po polsku. I now speak Polish quite well.

3 rather

□ Byłam dość zaskoczona jego reakcją. I was rather surprised by his reaction.

■ **mieć dosyć czegoś** to have had enough of something

■ **Mam tego dosyć!** I've had enough!

doświadczony ADJECTIVE
experienced

□ doświadczony kierowca an experienced driver □ Jest doświadczoną pielęgniarką. She is an experienced nurse.

dotąd ADVERB

1 up to here

□ Proszę przeczytać dwa akapity stąd dotąd. I'd like you to read two paragraphs, from there up to here.

2 that far

■ **Droga kończy się tutaj.** The road ends here.

3 so far

□ Jak dotąd nie popełnił żadnego błędu. So far he hasn't put a foot wrong.

dotknąć (dotknę, dotkniesz) (IMPERATIVE
dotknij) VERB ▷ zobacz **dotykać**

dotykać (dotykam, dotykasz) (PERF **dotknąć**)
VERB +gen

1 to touch

□ Nigdy nie dotykam twoich rzeczy! I never touch your things!

2 to feel

□ Dotknął ręką żelazka, aby sprawdzić, czy jest ciepłe. He felt the iron with his hand to check if it was hot.

3 to reach

□ Upewnij się, że możesz dotknąć sprzęgła. Make sure you can reach the clutch.

4 to afflict

□ Naszą rodzinę dotknęło wielkie nieszczęście. Great misfortunes have afflicted our family.

■ **Dotknęła go choroba nowotworowa.** He was afflicted with cancer.

dowcip (GEN **dowcipu**, PL **dowcipy**,
LOC SING **dowcipie**) MASC NOUN

1 joke

■ **Czy słyszałeś ten dowcip o ...?** Have you heard the one about ...?

31

d

2 wit

□ Ma bardzo cięty dowcip. He has a very sharp wit.

■ Artykuł jest pełen dowcipu. The article is very witty.

dowodzić (dowodzę, dowodzisz) (IMPERATIVE dowódź, PERF dowieść) VERB +gen

1 to prove

□ Dowiódł, że się myliłem. He proved me wrong. □ Ta teoria nigdy nie została dowiedziona metodami naukowymi. That theory has never been scientifically proved.

2 to maintain

□ Dowodził, że nic o tym nie wiedział. He maintained that he knew nothing about it.

dowolny ADJECTIVE

1 any

□ Proszę wybrać dowolny kolor. Choose a colour please. Any colour.

2 free

□ dowolna interpretacja a free interpretation

dowód (GEN dowodu, PL dowody, LOC SING dowodzie) MASC NOUN

1 evidence

■ niezbity dowód winy conclusive proof of guilt

2 token

□ W dowód wdzięczności zaprosił nas na koncert. As a token of gratitude he invited us to a concert.

3 receipt

□ dowód wpłaty a receipt

■ dowód osobisty ID card

> **DID YOU KNOW...?**
> **Dowód osobisty** is a mandatory identity card. It contains basic personal details, including your permanent address. It is a plastic card the size of a business card.

dowódca (GEN dowódcy, PL dowódcy) MASC NOUN

> **LANGUAGE TIP** dowódca declines like a feminine noun in the singular

commander

□ Jest dowódcą brygady. He is commander of a brigade.

dozorca (GEN dozorcy, PL dozorcy) MASC NOUN

> **LANGUAGE TIP** dozorca declines like a feminine noun in the singular

1 caretaker

janitor (US)

□ Jest dozorcą naszego budynku. He is the caretaker of our building.

2 guard

□ dozorca więzienny a prison warder; a prison guard (US)

dół (GEN dołu, PL doły, LOC SING dole) MASC NOUN

1 pit

□ Wykopali dół na śmieci. They dug a pit for the rubbish.

2 bottom

□ Znalazła klucze na dole torebki. She found her keys at the bottom of her handbag.

3 downstairs

□ Na dole jest kuchnia i salon. The kitchen and living room are downstairs. □ iść (PERF zejść) na dół to go downstairs

drabina (GEN drabiny, PL drabiny, DAT AND LOC SING drabinie) FEM NOUN

1 ladder

□ drabina strażacka a fireman's ladder

2 stepladder

□ Jeśli książka znajduje się na najwyższej półce, skorzystaj z drabiny. If the book is on the top shelf, use the stepladder.

dramat (GEN dramatu, PL dramaty, LOC SING dramacie) MASC NOUN

tragedy

□ Przegrana to prawdziwy dramat dla naszej reprezentacji. The defeat is a real tragedy for our team.

drapać (drapię, drapiesz) (PERF podrapać) VERB

to scratch

□ Kot mnie podrapał. The cat scratched me.

1 to itch

□ Od kurzu drapało mnie w nosie. My nose was itching with the dust.

2 to be itchy

□ Ten sweter drapie mnie w szyję. This sweater is itchy at the neck.

drażnić (drażnię, drażnisz) (IMPERATIVE drażnij) VERB

1 to irritate

□ Dym papierosowy drażni moje oczy. Cigarette smoke irritates my eyes.

2 to annoy

□ Aroganckie zachowanie ucznia rozdrażniło nauczyciela. The pupil's impudence annoyed the teacher.

■ drażnić się z kimś to tease somebody

□ Przestań drażnić się ze mną! Stop teasing me!

dres (GEN dresu, PL dresy, LOC SING dresie) MASC NOUN

tracksuit

□ Był ubrany w zielony dres. He was wearing a green tracksuit.

> **LANGUAGE TIP** Be careful! The Polish word dres does not mean dress.

dreszcz (GEN dreszczu, PL dreszcze, GEN PL dreszczy) MASC NOUN

shiver

□ Przeszedł mnie dreszcz radości. I felt a shiver of joy.

■ mieć dreszcze to be shivering

drewniany ADJECTIVE

wooden

□ drewniany stół a wooden table

drewno (GEN drewna, PL drewna, LOC SING drewnie, GEN PL drewien) NEUT NOUN

1 wood

□ Drewno z wiśni jest bardzo lekkie. Cherry wood is very light. □ wyroby z drewna articles made of wood

2 piece of wood
□ Przed kominkiem leżał stos drewien.
There was a pile of wood in front of the fire.
drink (GEN **drinka**, PL **drinki**, INST SING **drinkiem**)
MASC NOUN
drink *(potoczny)*
□ Masz ochotę na drinka? Do you fancy a drink?
drobiazg (GEN **drobiazgu**, PL **drobiazgi**,
INST SING **drobiazgiem**) MASC NOUN
1 knick-knack
□ Na półce stało wiele drobiazgów. There were
lots of knick-knacks on the shelf.
2 unimportant thing
□ Nie czepiaj się drobiazgów! Don't keep
harping on about unimportant things!
drobiazgowy ADJECTIVE
meticulous
□ drobiazgowa analiza a meticulous analysis
□ Artykuł przedstawiał drobiazgowy opis
wydarzenia. The article described the event in
meticulous detail.
drobny ADJECTIVE
1 small
□ Podarowaliśmy jej drobny upominek.
We presented her with a small gift.
2 petty
□ To tylko taki drobny szczegół. That is just
such a petty detail.
3 slender
□ Ma bardzo drobną budowę ciała. He has a very
slender physique. □ Pianista miał długie i drobne
palce. The pianist had long, slender fingers.
4 fine(-grained)
□ drobny piasek fine sand
droga (GEN **drogi**, PL **drogi**, DAT AND LOC SING
drodze, GEN PL **dróg**) FEM NOUN
1 road
□ Wzdłuż drogi rosną drzewa. The road is lined
by trees. □ Ta droga biegnie przez centrum
miasta. This road runs through the town
centre.
2 route
□ To jest bardzo malownicza droga. It is a very
scenic route.
■ **po drodze** on the way
3 way
□ Jaka jest najkrótsza droga stąd do szkoły?
What's the quickest way to school from here?
□ Czy ktoś zna drogę na szczyt? Does anyone
know the way to the top?
4 journey
□ Dziecko spało spokojnie przez całą drogę.
The child slept peacefully for the whole journey.
■ **Szerokiej drogi!** Safe journey!
■ **drogą lądową** by land
■ **drogą morską** by sea
5 way
□ Czy to najlepsza droga do rozwiązania kryzysu?
What is the best way to solve the crisis?
■ **swoją drogą ...** anyway ...
drogeria (GEN **drogerii**, PL **drogerie**, GEN PL,
DAT AND LOC SING **drogerii**) FEM NOUN

chemist's
drugstore (US)
drogi (COMP **droższy**) ADJECTIVE
1 expensive
□ To mieszkanie jest bardzo drogie. This flat is
very expensive.
2 dear
□ Janek to mój drogi przyjaciel. Janek is my dear
friend.
drogo (COMP **drożej**) ADVERB
1 at a high price
□ Sprzedali ten dom bardzo drogo. They sold
this house at a very high price.
2 a lot
□ Drogo zapłaciliśmy za ten sukces.
That success cost us a lot.
■ **W tej restauracji jest bardzo drogo.** This is
a very expensive restaurant.
drogocenny ADJECTIVE
valuable
□ drogocenny obraz a valuable picture
■ **drogocenna przyjaźń** a precious friendship
drogowy ADJECTIVE
road
□ znaki drogowe road signs
■ **kodeks drogowy** Highway Code *(Brit)*
■ **wypadek drogowy** traffic accident
drób (GEN **drobiu**) MASC NOUN
poultry
□ pasztet z drobiu chicken pâté
drugi NUMBER
LANGUAGE TIP **drugi** declines like
an adjective
1 second
□ drugi maja the second of May □ drugi od
góry second from the top
■ **drugie śniadanie** packed lunch; bag lunch (US)
2 the other
□ po drugiej stronie miasta on the other side
of town
■ **co drugi dzień** every other day
■ **z drugiej strony ...** on the other hand ...
■ **Jest godzina druga.** It's two o'clock.
druk (GEN **druku**, INST SING **drukiem**) MASC NOUN
1 printing
□ Druk tego tomu zajmie dwa tygodnie.
Printing this volume will take two weeks.
■ **przed oddaniem gazety do druku** before
going to press
2 type
□ Jakim drukiem napisać tytuł? What type
should we use for the title?
3 form
□ Proszę wypełnić ten druk. Would you fill in
this form, please?
drukarka (GEN **drukarki**, PL **drukarki**,
DAT AND LOC SING **drukarce**, GEN PL **drukarek**)
FEM NOUN
printer
□ Drukarka się zacięła. The printer has
jammed. □ W drukarce brakuje papieru.
The printer's out of paper.

33

drukować (drukuję, drukujesz)
(PERF **wydrukować**) VERB
1 to print
□ Czy możesz wydrukować ten dokument?
Could you print this document? □ Czy ta
drukarka drukuje zdjęcia? Does that printer
print photos?
2 to publish
□ Gazeta wydrukowała ten artykuł na pierwszej
stronie. The paper published this article on its
front page.

drut (GEN **drutu**, PL **druty**, LOC SING **drucie**)
MASC NOUN
wire
□ druty telefoniczne telephone wires
■ robić szalik na drutach to knit a scarf

drużyna (GEN **drużyny**, PL **drużyny**, DAT AND LOC
SING **drużynie**) FEM NOUN
team
□ drużyna koszykarzy a basketball team
■ drużyna harcerska scout troop

drwić (drwię, drwisz) (IMPERATIVE **drwij**, PERF
zadrwić) VERB
■ drwić (z +gen) to sneer (at) □ Często
drwiono z niego. He was often sneered at.

drzemka (GEN **drzemki**, PL **drzemki**, DAT AND LOC
SING **drzemce**, GEN PL **drzemek**) FEM NOUN
nap
□ drzemka poobiednia an after-dinner nap

drzewo (GEN **drzewa**, PL **drzewa**, LOC SING
drzewie) NEUT NOUN
1 tree
□ drzewo owocowe a fruit tree
2 wood
■ panele z drzewa dębowego oak panels
■ drzewo na opał firewood

drzwi (GEN **drzwi**) PL NOUN
door
□ Otwórz drzwi! Open the door! □ Ktoś chyba
puka do drzwi. I think there's someone at the
door.

duch (GEN **ducha**, PL **duchy**) MASC NOUN
1 spirit
□ duch współpracy a spirit of co-operation
□ duch przyjaźni a spirit of friendship
■ w duchu inwardly
2 ghost
□ Czy wierzysz w duchy? Do you believe in ghosts?

duma (GEN **dumy**, DAT AND LOC SING **dumie**)
FEM NOUN
pride
■ Z dumą prezentuje swoje umiejętności.
He proudly displays his skills.

dumny ADJECTIVE
■ dumny z +gen proud of □ Jesteśmy z ciebie
bardzo dumni. We are very proud of you.

dużo (COMP **więcej**, SUPERL **najwięcej**) PRONOUN
▷ zobacz też **dużo** ADVERB
lots (of)
□ Na półce stoi dużo książek. There are lots of
books on the shelf. □ Mamy jeszcze dużo
czasu. I still have lots of time.

dużo (COMP **więcej**) ADVERB
▷ zobacz też **dużo** PRONOUN
1 a lot (of)
□ W weekendy dużo sprzątam. At weekends
I do a lot of cleaning.
2 much
□ Jak dużo czasu jeszcze potrzebujesz? How
much time do you still require? □ Ten sklep jest
dużo droższy niż tamten. This shop is much
more expensive than that one.

duży (COMP **większy**) ADJECTIVE
1 big
□ duży dom a big house □ duży zysk a big
profit
■ duży palec (u ręki) thumb
■ duży palec (u nogi) big toe
2 great
□ duże odkrycie a great discovery □ Zrobiliśmy
duże postępy w tej dziedzinie. We have made
great progress in this field.
3 good
□ Mamy dużą szansę wygrać. We have a good
chance of winning.
■ duże litery capital letters

WORD POWER
You can use a number of other words instead
of duży to mean 'big':
wielki enormous
□ wielki telewizor an enormous television
olbrzymi huge
□ olbrzymi dług a huge debt
spory substantial
□ spora kwota a substantial amount
znaczny considerable
□ znaczna różnica wieku a considerable age
gap

DVD NEUT NOUN INV
DVD
■ odtwarzacz DVD DVD player

dwa MASC AND NEUT NUMBER
two
□ dwa kwiaty two flowers □ dwa krzesła
two chairs □ dwóch studentów two students
■ co dwa dni every other day
■ dwa razy twice

dwadzieścia NUMBER
LANGUAGE TIP **dwadzieścia** declines like
an adjective
twenty

dwaj NUMBER ▷ zobacz **dwa**

dwanaście NUMBER
LANGUAGE TIP **dwanaście** declines like
an adjective
twelve

dwie FEM NUMBER
LANGUAGE TIP **dwie** declines like an
adjective
two
□ dwie dziewczyny two girls □ dwie butelki
two bottles

dwieście NUMBER

LANGUAGE TIP **dwieście** declines like an adjective

two hundred

dworzec (GEN **dworca**, PL **dworce**) MASC NOUN
station

□ Czy odwieźć cię na dworzec? Shall I take you back to the station? □ Spotkajmy się na dworcu. Let's meet at the station. □ dworzec autobusowy bus station □ dworzec kolejowy railway station; railroad station (US)

dwóch NUMBER ▷ *zobacz* **dwa**

dwór (GEN **dworu**, PL **dwory**, LOC SING **dworze**) MASC NOUN

1 court

□ dwór królewski the royal court

2 estate

□ Jest to dwór należący do naszej rodziny od wielu stuleci. This is the estate which belonged to our family for centuries.

3 outside

□ Jaka jest pogoda na dworze? What is the weather like outside?

■ **wyjść na dwór** to go outside

dwudziestoletni ADJECTIVE

1 twenty-year

□ dwudziestoletni plan a twenty-year plan

2 twenty-year-old

□ dwudziestoletnia dziewczyna a twenty-year-old girl

dwudziesty NUMBER

LANGUAGE TIP **dwudziesty** declines like an adjective

twentieth

dwujęzyczny ADJECTIVE
bilingual

□ słownik dwujęzyczny a bilingual dictionary □ Czy jesteś dwujęzyczny? Are you bilingual?

dwunastka (GEN **dwunastki**, PL **dwunastki**, DAT AND LOC SING **dwunastce**, GEN PL **dwunastek**) FEM NOUN
twelve

□ Na dworzec dojedziesz tramwajem 'dwunastką'. You take a number 12 tram to get to the station.

dwunasty NUMBER

LANGUAGE TIP **dwunasty** declines like an adjective

twelfth

□ dwunasty tydzień ciąży the twelfth week of pregnancy

■ **o dwunastej godzinie** at twelve o'clock

■ **Jest dwunasta godzina.** It's twelve o'clock.

dwuosobowy ADJECTIVE

1 double

□ dwuosobowy pokój a double room □ dwuosobowe łóżko a double bed

2 two-person

■ **dwuosobowa drużyna** a team of two people

dwupokojowy ADJECTIVE
two-room

□ dwupokojowe mieszkanie a two-room flat

dwuznaczny ADJECTIVE

1 ambiguous

□ dwuznaczna odpowiedź an ambiguous response

2 suggestive

□ dwuznaczny uśmiech a suggestive smile

dycha (GEN **dychy**, PL **dychy**, DAT AND LOC SING **dysze**) FEM NOUN
tenner *(potoczny)*

□ Bilet kosztuje dychę. The ticket costs a tenner. □ Pożycz mi dwie dychy. Lend me a couple of tenners.

dyktować (**dyktuję, dyktujesz**) (PERF **podyktować**) VERB
to dictate

dym (GEN **dymu**, PL **dymy**, LOC SING **dymie**) MASC NOUN
smoke

□ dym papierosowy cigarette smoke

dynamiczny ADJECTIVE
dynamic

□ dynamiczny rozwój dynamic growth

dynastia (GEN **dynastii**, PL **dynastie**, GEN PL, DAT AND LOC SING **dynastii**) FEM NOUN
dynasty

dyplom (GEN **dyplomu**, PL **dyplomy**, LOC SING **dyplomie**) MASC NOUN
diploma

dyr. ABBREVIATION (= *dyrektor*)
manager

dyrektor (GEN **dyrektora**, PL **dyrektorzy** or **dyrektorowie**, LOC SING **dyrektorze**) MASC NOUN
manager

□ dyrektor fabryki the factory manager

■ **dyrektor szkoły** head teacher; principal (US)

dyrektorka (GEN **dyrektorki**, PL **dyrektorki**, DAT AND LOC SING **dyrektorce**, GEN PL **dyrektorek**) FEM NOUN

■ **dyrektorka szkoły** head teacher; principal (US)

dyskietka (GEN **dyskietki**, PL **dyskietki**, DAT AND LOC SING **dyskietce**, GEN PL **dyskietek**) FEM NOUN
(floppy) disk

□ Zapisz ten plik na dyskietce. Save this file to a disk. □ Czy masz czystą dyskietkę? Have you got a clean disk?

dyskoteka (GEN **dyskoteki**, PL **dyskoteki**, DAT AND LOC SING **dyskotece**, GEN PL **dyskotek**) FEM NOUN
disco(theque)

dyskusja (GEN **dyskusji**, PL **dyskusje**, GEN PL, DAT AND LOC SING **dyskusji**) FEM NOUN
discussion

■ **dyskusja o** +*loc* discussion about

dyskutować (**dyskutuję, dyskutujesz**) (PERF **przedyskutować**) VERB
to discuss

□ Musimy przedyskutować tą propozycję. We must discuss this proposal.

dyskwalifikować (**dyskwalifikuję, dyskwalifikujesz**) (PERF **zdyskwalifikować**) VERB
to disqualify

d

dysponować (dysponuję, dysponujesz)
(IMPERATIVE **dysponuj**, PERF **zadysponować**) VERB
- **dysponować czasem** to have time (on one's hands)
- **dysponować gotówką** to have spare cash

dywan (GEN **dywanu**, PL **dywany**, LOC SING **dywanie**) MASC NOUN
carpet
□ perski dywan a Persian carpet □ Na podłodze leży dywan. There was a carpet on the floor.

dyżur (GEN **dyżuru**, PL **dyżury**, LOC SING **dyżurze**) MASC NOUN
- **dyżur lekarza** surgery hours *pl*
- **być na dyżurze** to be on call

dyżurny ADJECTIVE
on duty
□ dyżurny lekarz the doctor on duty

dzbanek (GEN **dzbanka**, PL **dzbanki**, INST SING **dzbankiem**) MASC NOUN
jug
pitcher (US)
□ szklany dzbanek a glass jug
- **dzbanek do kawy** coffee pot
- **dzbanek do herbaty** teapot

dziać się (dzieje) (PERF **zdarzyć się**) VERB
to happen
□ Co się zdarzyło dalej? What happened next?
- **Co tam się dzieje?** What's going on there?
- **Co się z nim dzieje?** What's the matter with him?

dziadek (GEN **dziadka**, PL **dziadkowie**, INST SING **dziadkiem**) MASC NOUN
1 grandfather
□ Odwiedzam dziadka co tydzień. I go and see my grandfather every week.
- **dziadkowie** grandparents
2 old man
□ Jakiś dziadek siedział na naszej ulubionej ławce. Some old man was sitting on our favourite bench.
- **dziadek do orzechów** nutcracker

działać (działam, działasz) (PERF **zdziałać**) VERB
1 to have an effect
2 to act
3 to work
□ Komputer znowu nie działa. The computer isn't working again.
- **działać cuda** to work wonders
- **Samym gadaniem niczego nie zdziałasz.** You'll get nowhere just wittering on about it.

działalność (GEN **działalności**) FEM NOUN
activity

działanie (GEN **działania**, PL **działania**, GEN PL **działań**) NEUT NOUN
1 action
□ Premier od razu podjął działanie. The prime minister took action right away.
2 operation
□ informacje o działaniu drukarki information about the operation of the printer
3 effect

□ Alkohol może opóźnić działanie tabletek przeciwbólowych. Alcohol may delay the effect of pain-killing tablets.

działka (GEN **działki**, PL **działki**, DAT AND LOC SING **działce**, GEN PL **działek**) FEM NOUN
1 plot
□ Kupiliśmy działkę pod lasem. We bought a plot by the forest.
2 allotment
□ Na naszej działce uprawiamy tylko kwiaty. We only grow flowers on our allotment.
□ Ten teren jest przeznaczony na działki. This land is set aside for allotments.
3 holiday cottage (in the country)
- **Często spędzamy lato w domku na działce.** We often spend the summer at our holiday cottage.

dzieci PL NOUN = dziecko

dziecięcy ADJECTIVE
1 child's
□ dziecięcy uśmiech a child's smile
- **wózek dziecięcy** a pushchair
2 childish
□ dziecięce zachowanie childish behaviour

dziecinny ADJECTIVE
1 children's
□ dziecinne ubranie children's clothes
- **pokój dziecinny** nursery
- **wózek dziecinny** pram; baby carriage (US)
2 childish
□ Nie bądź taki dziecinny! Don't be so childish!

dzieciństwo (GEN **dzieciństwa**, LOC SING **dzieciństwie**) NEUT NOUN
childhood

dziecko (GEN **dziecka**, PL **dzieci**, INST SING **dzieckiem**, GEN PL **dzieci**) NEUT NOUN
child
□ Mamy dwoje dzieci. We have two children.
- **mieć dziecko** to have a baby

dziedzic (GEN **dziedzica**, PL **dziedzice**) MASC NOUN
heir

dziedziczyć (dziedziczę, dziedziczysz) (PERF **odziedziczyć**) VERB
to inherit
- **dziedziczyć majątek** to inherit property

dziekan (GEN **dziekana**, PL **dziekani**, LOC SING **dziekanie**) MASC NOUN
dean

dzielenie (GEN **dzielenia**) NEUT NOUN
division
□ wykonywać (PERF wykonać) dzielenie to do division

dzielić (dzielę, dzielisz) (PERF **podzielić**) VERB
1 to divide
□ Ile jest dwa podzielić przez dwa? What is two divided by two? □ Rzeka dzieli kraj na pół. The river divides the country in half.
- **dzielić się** to divide □ Podzieliliśmy się na dwie grupy. We divided into two groups.
- **Cztery dzieli się przez dwa.** Four is divisible by two.

2 to share

■ **dzielić się czymś z kimś** to share something with somebody □ Dzielimy ogródek z innymi lokatorami. We share the garden with the other tenants.

3 to share out (PERF **rozdzielić**)

□ W poniedziałek szef rozdziela zadania na nowy tydzień. On Monday the boss shares out the assignments for the coming week.

dzielnica (GEN **dzielnicy**, PL **dzielnice**, DAT AND LOC SING **dzielnicy**, GEN PL **dzielnic**) FEM NOUN

district

□ Jest to bardzo droga dzielnica stolicy. That is a very expensive district of the capital.

dzielny ADJECTIVE

1 brave

□ dzielny żołnierz a brave soldier

2 resourceful

□ Chociaż stracił pracę, był bardzo dzielny i nigdy nie brakowało mu pieniędzy. Though he had lost his job, he was very resourceful and never ran short of money.

dziennie ADVERB

daily

□ W tym sklepie robi zakupy milion osób dziennie. A million people do their shopping in this store daily.

■ **osiem godzin dziennie** eight hours a day

dziennikarka (GEN **dziennikarki**, PL **dziennikarki**, DAT AND LOC SING **dziennikarce**, GEN PL **dziennikarek**) FEM NOUN

journalist

□ Jest znaną dziennikarką telewizyjną. She is a well-known TV journalist.

dziennikarstwo (GEN **dziennikarstwa**, LOC SING **dziennikarstwie**) NEUT NOUN

journalism

□ dziennikarstwo śledcze investigative journalism

dziennikarz (GEN **dziennikarza**, PL **dziennikarze**, GEN PL **dziennikarzy**) MASC NOUN

journalist

□ Ten dziennikarz jest bardzo profesjonalny. He is a highly professional journalist.

dzienny ADJECTIVE

1 day(time)

□ dzienna szkoła day school

2 daily

□ dzienny zysk daily profit

dzień (GEN **dnia**, PL **dni** or **dnie**) MASC NOUN

1 day

□ W ciągu dnia studiuje, a w nocy pracuje w restauracji. He studies during the day, and works in a restaurant at night.

■ **Dzień dobry!** (rano) Good morning!

■ **Dzień dobry!** (po południu) Good afternoon!

2 day (including night)

□ dzień przed wyborami the day before the election

3 date

□ dzień egzaminu the date of the exam

■ **Dziękuję za Pani list z dnia ...** Thank you for your letter of ...

dziesiątka (GEN **dziesiątki**, PL **dziesiątki**, DAT AND LOC SING **dziesiątce**, GEN PL **dziesiątek**) FEM NOUN

ten

□ Na uniwersytet dojedziesz (tramwajem) 'dziesiątką'. To get to the university take a number 10 tram.

dziesiąty NUMBER

LANGUAGE TIP dziesiąty declines like an adjective

tenth

dziesięć NUMBER

ten

dziewczyna (GEN **dziewczyny**, PL **dziewczyny**, DAT AND LOC SING **dziewczynie**) FEM NOUN

1 girl

□ Samochód prowadziła młoda dziewczyna. A young girl was driving the car.

2 girlfriend

□ Moja dziewczyna ma na imię Asia. My girlfriend is called Asia.

dziewczynka (GEN **dziewczynki**, PL **dziewczynki**, DAT AND LOC SING **dziewczynce**, GEN PL **dziewczynek**) FEM NOUN

girl

□ Ona jest jeszcze małą dziewczynką. She is only a little girl.

dziewiątka (GEN **dziewiątki**, PL **dziewiątki**, DAT AND LOC SING **dziewiątce**, GEN PL **dziewiątek**) FEM NOUN

nine

□ Czy na tym przystanku zatrzymuje się tramwaj 'dziewiątka'? Does the number nine tram stop here?

dziewiąty NUMBER

LANGUAGE TIP dziewiąty declines like an adjective

ninth

dziewięć NUMBER

nine

dziewięćdziesiąt NUMBER

ninety

dziewięćdziesiąty NUMBER

LANGUAGE TIP dziewięćdziesiąty declines like an adjective

ninetieth

dziewięćset NUMBER

nine hundred

dziewiętnasty NUMBER

LANGUAGE TIP dziewiętnasty declines like an adjective

nineteenth

dziewiętnaście NUMBER

nineteen

dziękować (**dziękuję, dziękujesz**) (PERF **podziękować**) VERB

to express one's thanks

■ **Dziękuję bardzo!** thank you very much!

to thank

■ **dziękować komuś za coś** to thank somebody for something □ Dziecko podziękowało im za prezent. The child thanked

them for the present.
■ **Dziękuję bardzo za pomoc.** Thanks very much for your help.

dziki ADJECTIVE
1 wild
□ dzikie zwierzę a wild beast
2 savage
□ dzikie plemię a savage tribe
3 wild
□ dzikie zachowanie wild behaviour
□ dziki gniew wild fury
4 illegal
□ dzikie wysypisko śmieci an illegal rubbish tip

dzisiaj, dziś ADVERB
1 today
□ Którego dzisiaj mamy? What date is it today?
□ od dzisiaj starting today
■ **dzisiaj rano** this morning
■ **dzisiaj wieczorem** this evening
■ **dzisiaj w nocy** tonight
2 nowadays
□ Zagraża nam dzisiaj kataklizm ekologiczny. Nowadays we are threatened by environmental catastrophe.

dzisiejszy ADJECTIVE
1 today's
□ dzisiejsza lekcja today's lesson
2 of today
□ dzisiejsza młodzież the youth of today

dziś ADVERB = dzisiaj
■ **od dziś** from now on

dziwny ADJECTIVE
strange
□ dziwny człowiek a strange person □ dziwna pogoda strange weather
■ **nic dziwnego, że ...** no wonder that ...

dzwon (GEN **dzwonu**, PL **dzwony**, LOC SING **dzwonie**) MASC NOUN
bell
□ dzwon kościelny a church bell
■ **dzwony** flares (spodnie)

dzwonek (GEN **dzwonka**, PL **dzwonki**, INST SING **dzwonkiem**) MASC NOUN
1 bell
□ dzwonek rowerowy a bicycle bell □ dzwonek do drzwi doorbell
■ **naciskać** (PERF **nacisnąć**) **dzwonek** to ring

the bell
2 bluebell
□ W ogródku rosną fioletowe dzwonki. There are bluebells in the garden.
■ **dzwonek na telefon komórkowy** ringtone (for mobile)

dzwonić (**dzwonię, dzwonisz**) (IMPERATIVE **dzwoń**, PERF **zadzwonić**) VERB +inst
1 to ring
□ dzwonić dzwonkiem to ring a bell
2 to clink
□ dzwonić łyżeczką o szklankę to clink one's spoon on one's glass
3 ■ **dzwonić do kogoś** to give somebody a ring; to give somebody a call (US) □ Zadzwoń do mnie wieczorem. Give me a ring in the evening.

dźwięk (GEN **dźwięku**, PL **dźwięki**, INST SING **dźwiękiem**) MASC NOUN
sound
□ dźwięk telefonu the sound of a telephone
□ głośny dźwięk a loud sound

dźwigać (**dźwigam, dźwigasz**) (PERF **dźwignąć**) VERB
1 to lift
□ dźwigać torbę z podłogi to lift a bag from the floor
2 to carry
□ Ona zawsze dźwiga ze sobą parę toreb. She always carries a couple of bags with her.

dżem (GEN **dżemu**, PL **dżemy**, LOC SING **dżemie**) MASC NOUN
jam
□ dżem truskawkowy strawberry jam

dżentelmen (GEN **dżentelmena**, PL **dżentelmeni**, LOC SING **dżentelmenie**) MASC NOUN
gentleman
□ On jest prawdziwym dżentelmenem. He's a real gentleman.

dżins (GEN **dżinsu**, LOC SING **dżinsie**) MASC NOUN
denim
□ torba z dżinsu a denim bag
■ **dżinsy** jeans □ Kupił nową parę dżinsów. He bought a new pair of jeans.

dżinsowy ADJECTIVE
denim
□ dżinsowa kurtka a denim jacket

Ee

edukacja (GEN **edukacji**, DAT AND LOC SING **edukacji**) FEM NOUN
education

□ wyższa edukacja higher education

efekt (GEN **efektu**, PL **efekty**, LOC SING **efekcie**)
MASC NOUN
result

□ marny efekt a poor result

■ efekty specjalne special effects

■ efekt cieplarniany greenhouse effect

efektowny (COMP **efektowniejszy**) ADJECTIVE
striking

□ efektowny wygląd a striking appearance

efektywny (COMP **efektywniejszy**) ADJECTIVE
efficient

Egipt (GEN **Egiptu**, LOC SING **Egipcie**) MASC NOUN
Egypt

egoista (GEN **egoisty**, PL **egoiści**, DAT SING AND LOC
SING **egoiście**) MASC NOUN

⸰⸰ **LANGUAGE TIP** egoista declines like
⸰⸰ a feminine noun in the singular
a selfish person

egoizm (GEN **egoizmu**, LOC SING **egoizmie**)
MASC NOUN
selfishness

egzamin (GEN **egzaminu**, PL **egzaminy**,
LOC SING **egzaminie**) MASC NOUN
exam

□ egzamin z historii a history exam

□ zdawać imperf egzamin to take an exam

■ zdać perf egzamin to pass an exam

■ nie zdać perf egzaminu to fail an exam

□ egzamin dojrzałości school-leaving exam

egzaminować (**egzaminuję, egzaminujesz**)
(PERF **przeegzaminować**) VERB
to examine

egzemplarz (GEN **egzemplarza**,
PL **egzemplarze**, GEN PL **egzemplarzy**)
MASC NOUN
copy

□ bezpłatny egzemplarz a free copy

egzotyczny (COMP **egzotyczniejszy**) ADJECTIVE
exotic

ekonomia (GEN **ekonomii**) FEM NOUN
economics sing

■ studiować ekonomię to study economics

□ Uzyskałem tytuł magistra ekonomii. I got
a master's in economics

ekonomiczny ADJECTIVE

1 economic

□ kryzys ekonomiczny an economic crisis

2 economical

□ ekonomiczny samochód an economical car

ekonomista (GEN **ekonomisty**, PL **ekonomiści**,
DAT SING AND LOC SING **ekonomiście**) MASC NOUN

⸰⸰ **LANGUAGE TIP** ekonomista declines like
⸰⸰ a feminine noun in the singular
economist

ekran (GEN **ekranu**, PL **ekrany**, LOC SING **ekranie**)
MASC NOUN
screen

□ płaski ekran a flat screen

■ wygaszacz ekranu screensaver

ekscytujący ADJECTIVE
exciting

ekspedient (GEN **ekspedienta**,
PL **ekspedienci**, LOC SING **ekspediencie**)
MASC NOUN
sales assistant

ekspedientka (GEN **ekspedientki**,
PL **ekspedientki**, DAT SING AND LOC SING
ekspedientce, GEN PL **ekspedientek**)
FEM NOUN
sales assistant

ekspert (GEN **eksperta**, PL **eksperci**,
LOC SING **ekspercie**) MASC NOUN
expert

□ On jest ekspertem w tej dziedzinie. He is an
expert in this field.

eksperyment (GEN **eksperymentu**,
PL **eksperymenty**, LOC SING **eksperymencie**)
MASC NOUN
experiment

eksperymentować (**eksperymentuję,
eksperymentujesz**) VERB

■ eksperymentować (na +inst) to experiment
(on)

eksponować (**eksponuję, eksponujesz**)
(PERF **wyeksponować**) VERB

1 to display

□ Galeria eksponuje sztukę współczesną.
The gallery displays contemporary art.

2 to emphasize

□ Ta fryzura eksponuje kształt jej twarzy.
This hairstyle emphasizes the shape of her face.

eksport (GEN **eksportu**, LOC SING **eksporcie**)
MASC NOUN
export

ekspres (GEN **ekspresu**, PL **ekspresy**, LOC SING **ekspresie**) MASC NOUN
1 express
2 coffee maker
  ■ **kawa z ekspresu** an espresso

elastyczny (COMP **elastyczniejszy**) ADJECTIVE
1 elastic
  ■ **elastyczny materiał** stretchy fabric
2 flexible
  □ **elastyczny system pracy** a flexible working system

elegancja (GEN **elegancji**) FEM NOUN
elegance

elegancki ADJECTIVE
elegant

elektroniczny ADJECTIVE
1 electronic
  ■ **poczta elektroniczna** e-mail
  □ **elektroniczny słownik** an electronic dictionary
2 quartz-crystal
  □ **elektroniczny zegarek** a quartz-crystal watch

elektronika (GEN **elektroniki**, DAT SING AND LOC SING **elektronice**) FEM NOUN
electronics sing

elektryczność (GEN **elektryczności**) FEM NOUN
electricity

elektryczny ADJECTIVE
1 electric
  □ **prąd elektryczny** electric current
  □ **czajnik elektryczny** an electric kettle
2 electrical
  □ **elektryczna usterka** an electrical fault

elektryk (GEN **elektryka**, PL **elektrycy**, INST SING **elektrykiem**) MASC NOUN
electrician
  □ **On jest z zawodu elektrykiem.** He is an electrician by profession.

element (GEN **elementu**, PL **elementy**, LOC SING **elemencie**) MASC NOUN
▷ *zobacz też* **element** PL NOUN
element
  □ **element ryzyka** an element of risk
  ■ **W tej okolicy spotyka się lokalny element.** This area is a hang-out for local criminals.
  ▷ *zobacz też* **element** MASC NOUN

eliminować (**eliminuję, eliminujesz**) (PERF **wyeliminować**) VERB
to knock out (of a contest)
  □ **Czy Polska zostanie wyeliminowana z mistrzostw świata?** Will Poland be knocked out of the World Cup?

emeryt (GEN **emeryta**, PL **emeryci**, LOC SING **emerycie**) MASC NOUN
pensioner

emerytka (GEN **emerytki**, PL **emerytki**, DAT SING AND LOC SING **emerytce**, GEN PL **emerytek**) FEM NOUN
pensioner

emerytura (GEN **emerytury**, PL **emerytury**, DAT SING AND LOC SING **emeryturze**) FEM NOUN
1 pension
2 retirement

emigracja (GEN **emigracji**, PL **emigracje**, GEN PL **emigracji**) FEM NOUN
1 emigration
  ■ **Od dwóch lat jest na emigracji.** He emigrated two years ago.
2 community
  □ **polska emigracja w Londynie** the Polish community in London

emigracyjny ADJECTIVE
emigration

emigrant (GEN **emigranta**, PL **emigranci**, LOC SING **emigrancie**) MASC NOUN
emigrant
  ■ **Jest emigrantem politycznym.** He is a political exile.

emigrować (**emigruję, emigrujesz**) (PERF **wyemigrować**) VERB
to emigrate

emocjonalny ADJECTIVE
emotional
  □ **Jej reakcja była dość emocjonalna.** Her reaction was quite emotional.

encyklopedia (GEN **encyklopedii**, PL **encyklopedie**, GEN PL **encyklopedii**) FEM NOUN
encyclopedia

energetyczny ADJECTIVE
energy
  □ **przemysł energetyczny** the energy industry

energia (GEN **energii**) FEM NOUN
energy
  □ **energia atomowa** nuclear energy
  ■ **energia słoneczna** solar power

energiczny ADJECTIVE
energetic

entuzjastyczny ADJECTIVE
enthusiastic

epidemia (GEN **epidemii**, PL **epidemie**, GEN PL **epidemii**) FEM NOUN
epidemic
  □ **epidemia grypy** a flu epidemic

epilepsja (GEN **epilepsji**) FEM NOUN
epilepsy

epoka (GEN **epoki**, PL **epoki**, DAT SING AND LOC SING **epoce**) FEM NOUN
era
  □ **epoka komunizmu** the communist era

era (GEN **ery**, PL **ery**, DAT SING AND LOC SING **erze**) FEM NOUN
era
  ■ **przed naszą erą** BC
  ■ **naszej ery** AD

erotyczny ADJECTIVE
erotic

esej (GEN **eseju**, PL **eseje**) MASC NOUN
essay

eskorta (GEN **eskorty**, PL **eskorty**, DAT SING AND LOC SING **eskorcie**) FEM NOUN
escort
  □ **pod eskortą policji** under police escort

eskortować (**eskortuję, eskortujesz**) VERB
to escort

Estonia (GEN **Estonii**, DAT SING AND LOC SING
Estonii) FEM NOUN
Estonia

etap (GEN **etapu**, PL **etapy**, LOC SING **etapie**)
MASC NOUN
stage

□ pierwszy etap podróży the first stage of the
journey

etat (GEN **etatu**, PL **etaty**, LOC SING **etacie**) MASC NOUN
job

□ etat sprzątaczki a cleaning job
■ **wolny etat** vacancy
■ **Pracuję na pół etatu.** I work part-time.
■ **Oni są zatrudnieni na pełen etat.** They are
employed full-time.

euro NEUT NOUN INV
euro

Europa (GEN **Europy**, DAT SING AND LOC SING **Europie**)
FEM NOUN
Europe

europejski ADJECTIVE
European

□ Unia Europejska The European Union

ewentualnie ADVERB
▸ *zobacz też* **ewentualnie** CONJUNCTION

ewentualnie CONJUNCTION
▸ *zobacz też* **ewentualnie** ADVERB

1 alternatively

■ **Pisz czarnym długopisem, ewentualnie
ołówkiem.** Use a black ball point, or failing
that, a pencil.

2 should the question arise

■ **Przeczytaj ten tekst i ewentualnie zapisz
uwagi na marginesie.** Read this text, and
write any comments in the margin, if needed.

ⓘ **LANGUAGE TIP** Be careful! The Polish
word **ewentualnie** does not mean
eventually.

ewentualny ADJECTIVE
possible

ewolucja (GEN **ewolucji**, PL **ewolucje**,
DAT SING AND LOC SING **ewolucje**) FEM NOUN
evolution

e

Ff

fabryka (GEN **fabryki**, PL **fabryki**, DAT AND LOC SING **fabryce**) FEM NOUN
factory

■ **facet** (GEN **faceta**, PL **faceci**, LOC SING **facecie**)
MASC NOUN
guy (potoczny)
□ Dziwny z niego facet. **He's a strange guy.**
□ Jakiś facet chce z tobą rozmawiać. **Some guy wants to talk to you.**

fachowiec (GEN **fachowca**, PL **fachowcy**, LOC SING **fachowcu**, GEN PL **fachowców**) MASC NOUN
specialist
□ znakomity fachowiec **a famous specialist**
■ **Potrzebujemy fachowca od hydrauliki. We need a good plumber.**

fachowy ADJECTIVE
1 specialist
□ wiedza fachowa **specialist knowledge**
2 professional
□ fachowe porady **professional advice**
3 skilled
□ fachowy personel **skilled staff**

fajerwerki (GEN **fajerwerków**) PL NOUN
fireworks

fajnie ADVERB
great (potoczny)
■ **Ale fajnie było na pikniku! Wasn't it great at the picnic!**

fajny ADJECTIVE
great (potoczny)
□ fajny film **a great film**

WORD POWER
You can use a number of other words instead of fajny to mean 'great':
dobry good
□ dobry kumpel **a good mate**
ekstra brilliant
□ ekstra film **a brilliant movie**
super super
□ super przyjęcie **a super party**
wdechowy fantastic
□ wdechowy samochód **a fantastic car**

---

faks (GEN **faksu**, PL **faksy**, LOC SING **faksie**)
MASC NOUN
fax
□ wysyłać (PERF wysłać) komuś faks **to send someone a fax**

fakt (GEN **faktu**, PL **fakty**, LOC SING **fakcie**) MASC NOUN
fact
□ suche fakty **plain facts**
■ literatura faktu **non-fiction**

faktura (GEN **faktury**, PL **faktury**, DAT SING AND LOC SING **fakturze**) FEM NOUN
1 invoice
■ wystawiać (PERF wystawić) komuś fakturę za coś **to submit an invoice for something**
2 texture
□ materiał o fakturze w prążki **material with a stripy texture**

faktycznie EXCLAMATION
▷ zobacz też faktycznie ADVERB
you're (quite) right
□ Pośpiesz się, bo zaraz odjedzie ostatni pociąg. — Faktycznie, już się zrobiło późno. **Hurry up! The last train's just about to go. — You're right, we've left it a bit late.**

faktycznie ADVERB
▷ zobacz też faktycznie EXCLAMATION
1 actually
□ On wiele obiecuje, ale faktycznie nic nie robi. **He makes a lot of promises, but he doesn't actually do anything.**
2 in fact
□ Poziom oferowanych usług był faktycznie bardzo niski. **The level of services on offer was in fact very poor.**

fala (GEN **fali**, PL **fale**, DAT SING AND LOC SING **fali**) FEM NOUN
wave
□ fala morska **an ocean wave**

falsyfikat (GEN **falsyfikatu**, PL **falsyfikaty**, LOC SING **falsyfikacie**) MASC NOUN
forgery
□ Ten obraz okazał się falsyfikatem. **This painting turned out to be a forgery.**

fałsz (GEN **fałszu**, PL **fałsze**, LOC SING **fałszu**) MASC NOUN
falsehood

fałszować (**fałszuję, fałszujesz**) (PERF **sfałszować**) VERB
1 to forge
□ fałszować banknoty **to forge banknotes**
2 to falsify (przen)
□ Partia sfałszowała wybory. **The Party falsified the election results.**
to be off key

◻ Większość grupy fałszowała refren piosenki. The majority of the group sang the chorus off key.

fałszywie ADVERB

1 falsely
◻ Fałszywie zapewniali nas o swojej przyjaźni. They falsely assured us of their friendship.

2 insincerely
◻ Uśmiechnął się fałszywie. He smiled insincerely.

fałszywy ADJECTIVE

1 fake
◻ fałszywy obraz a fake painting ◻ Monety okazały się fałszywe. The coins turned out to be fake.

2 forged
◻ fałszywy podpis a forged signature

3 false
◻ fałszywe oskarżenie a false accusation ◻ Alarm okazał się fałszywy. It turned out to be a false alarm.

4 insincere
◻ fałszywy uśmiech an insincere smile
■ Jego przyjaźń była fałszywa. His friendship was a pretence.

fan (GEN **fana**, PL **fani**, LOC SING **fanie**) MASC NOUN
fan (potoczny)
◻ wielki fan muzyki pop a big fan of pop music

fantastyczny ADJECTIVE

1 fantastic
◻ fantastyczna pogoda fantastic weather

2 fantasy
◻ film fantastyczny a fantasy film

farba (GEN **farby**, PL **farby**, DAT SING AND LOC SING **farbie**) FEM NOUN

1 paint
◻ farby olejne oil paints
■ Framugi pomalujemy ciemniejszą farbą. We'll paint the frames with a darker colour.

2 ink
◻ farba drukarska printing ink

3 dye
◻ farba do włosów hair dye

farbować (**farbuję, farbujesz**)
(PERF **ufarbować** or **pofarbować**) VERB
to dye
◻ Moja siostra farbuje sobie włosy na blond. My sister dyes her hair blonde.
to run
◻ Ta koszulka farbuje w praniu. That top runs in the wash.

fartuch (GEN **fartucha**, PL **fartuchy**) MASC NOUN

1 apron
◻ fartuch kucharski a cook's apron

2 gown
◻ fartuch chirurgiczny a surgical gown
■ fartuch lekarski a white coat

fascynujący ADJECTIVE
fascinating
◻ fascynująca osobowość a fascinating personality

fasolka (GEN **fasolki**, PL **fasolki**, DAT SING AND LOC SING **fasolce**) FEM NOUN
beans pl

◻ fasolka w sosie pomidorowym beans in tomato sauce

faszyzm (GEN **faszyzmu**, LOC SING **faszyzmie**) MASC NOUN
fascism

faulować (**fauluję, faulujesz**) (PERF **sfaulować**) VERB
to foul
◻ Dlaczego zawodnicy tak często faulują obrońców? Why do players foul the defenders so often?

faworki PL NOUN

DID YOU KNOW...?
Faworki are crispy ribbons of pastry, deep-fried and sprinkled with icing sugar, traditionally eaten on the last Thursday before Lent.

felieton (GEN **felietonu**, PL **felietony**, LOC SING **felietonie**) MASC NOUN
column
◻ Pisze felieton do sobotniego wydania gazety. She writes a column in the Saturday edition of the paper.

feminizm (GEN **feminizmu**, LOC SING **feminizmie**) MASC NOUN
feminism

ferie (GEN **ferii**) PL NOUN
holiday(s pl)
vacation sing (US)
◻ ferie letnie summer holidays

festiwal (GEN **festiwalu**, PL **festiwale**, GEN PL **festiwali** or **festiwalów**) MASC NOUN
festival
◻ festiwal filmowy a film festival

figura (GEN **figury**, PL **figury**, DAT SING AND LOC SING **figurze**) FEM NOUN
figure
◻ Ma bardzo zgrabną figurę. She has a very shapely figure.

fikcja (GEN **fikcji**, PL **fikcje**, GEN PL AND LOC SING **fikcji**) FEM NOUN
fiction
◻ granica między faktem a fikcją the boundary between fact and fiction

fikcyjny ADJECTIVE

1 fictional
◻ fikcyjny bohater a fictional hero ◻ Sherlock Holmes to najbardziej znany fikcyjny detektyw. Sherlock Holmes is the most famous fictional detective.

2 fictitious
◻ fikcyjny adres a fictitious address ◻ Wszystkie wydarzenia przedstawione w tym filmie są fikcyjne. All events depicted in this film are fictitious.

Filipiny (GEN **Filipiny**) PL NOUN
the Philippines
◻ Na wakacje jedziemy na Filipiny. We are going on holiday to the Philippines. ◻ On pochodzi z Filipin. He comes from the Philippines.

filiżanka (GEN **filiżanki**, PL **filiżanki**, DAT SING AND LOC SING **filiżance**, GEN PL **filiżanek**) FEM NOUN
cup

f

□ filiżanka z porcelany a china cup
■ filiżanka kawy a cup of coffee

film (GEN **filmu**, PL **filmy**, LOC SING **filmie**) MASC NOUN

1 film
movie (US)
□ film fabularny feature film □ film dokumentalny documentary film □ kręcić (PERF nakręcić) film to make a film

2 film
□ film do aparatu camera film

filmować (**filmuję, filmujesz**) (PERF **sfilmować**) VERB
to film
□ Kto będzie filmować wasze wesele? Who's going to film your wedding?

filmowy ADJECTIVE
film
movie (US)
□ aktor filmowy a film actor; a movie actor (US) □ przemysł filmowy the film industry; the movie industry (US) □ szkoła filmowa film school

filologia (GEN **filologii**, PL **filologie**, GEN PL AND LOC SING **filologii**) FEM NOUN
language and literature (studies)
□ student filologii francuskiej a student of French language and literature

filozof (GEN **filozofa**, PL **filozofowie**, LOC SING **filozofie**) MASC NOUN
philosopher
□ Jest znanym greckim filozofem. He is a famous Greek philosopher.

filozofia (GEN **filozofii**, PL **filozofie**, GEN PL AND LOC SING **filozofii**) FEM NOUN
philosophy

filtr (GEN **filtru**, GEN **filtra**, PL **filtry**, LOC SING **filtrze**) MASC NOUN

1 filter
□ filtr do wody water filter

2 screen
□ krem z filtrem przeciwsłonecznym sunscreen

finał (GEN **finału**, PL **finały**, LOC SING **finale**) MASC NOUN

1 final
□ finał konkursu the final of the competition □ Nasi zawodnicy nie zakwalifikowali się do finału. Our team failed to qualify for the final.

2 finale
□ finał opery the finale of the opera

finałowy ADJECTIVE
final
□ finałowy pojedynek a final duel
■ scena finałowa finale

finansowy ADJECTIVE
financial
□ rok finansowy the financial year

Finlandia (GEN **Finlandii**) FEM NOUN
Finland
□ Czy on pochodzi z Finlandii? Does he come from Finland?

fioletowy ADJECTIVE
purple
□ fioletowe śliwki purple plums

firanka (GEN **firanki**, PL **firanki**, DAT SING AND LOC SING **firance**, GEN PL **firanek**) FEM NOUN
net curtain
□ W oknie wiszą firanki. Net curtains hang in the window.

firma (GEN **firmy**, PL **firmy**, DAT SING AND LOC SING **firmie**) FEM NOUN

1 firm
■ Ma małą firmę krawiecką. She has a small dressmaking business.

2 company
□ Pracuje w dużej firmie informatycznej. She works for a big IT company.

fizyk (GEN **fizyka**, PL **fizycy**, INST SING **fizykiem**) MASC NOUN

1 physicist
□ Jest fizykiem o światowej sławie. He is a world-famous physicist.

2 physics teacher
□ Nasz nowy fizyk zadaje nam dużo do domu. Our new physics teacher gives us lots of homework.

fizyka (GEN **fizyki**, DAT AND LOC SING **fizyce**) FEM NOUN
physics
□ egzamin z fizyki a physics exam □ Czy interesujesz się fizyką? Are you interested in physics?

flaga (GEN **flagi**, PL **flagi**, DAT SING AND LOC SING **fladze**) FEM NOUN
flag
□ flaga biało-czerwona the white-and-red flag (of Poland)

flamaster (GEN **flamastra**, PL **flamastry**, LOC SING **flamastrze**) MASC NOUN
felt-tip

flirtować (**flirtuję, flirtujesz**) VERB
■ flirtować z +inst to flirt with

folia (GEN **foli**, PL **folie**, DAT SING AND LOC SING **folii**) FEM NOUN
foil
□ folia kuchenna kitchen foil

fontanna (GEN **fontanny**, PL **fontanny**, DAT SING AND LOC SING **fontannie**) FEM NOUN
fountain

forma (GEN **formy**, PL **formy**, DAT SING AND LOC SING **formie**) FEM NOUN

1 form
□ list w formie wiersza a letter in the form of a poem

2 baking tin
■ forma do ciasta a cake tin

3 mould
mold (US)
□ forma odlewnicza a casting mould

4 shape
□ być w dobrej formie to be in good shape

formalność (GEN **formalności**, PL **formalności**, GEN PL, DAT SING AND LOC SING **formalności**) FEM NOUN
formality

□ formalności prawne legal formalities
□ To tylko formalność. This is just a formality.
formalny ADJECTIVE
formal
□ formalny list a formal letter
formularz (GEN **formularza**, PL **formularze**, GEN PL **formularzy**) MASC NOUN
form
□ wypełniać (PERF wypełnić) formularz to fill in a form; to fill out a form (US)
forsa (GEN **forsy**, DAT SING AND LOC SING **forsie**) FEM NOUN
cash (potoczny)
□ Masz przy sobie jakąś forsę? You got any cash on you?
■ Za ten samochód dostaniesz grubą forsę. You'll get big money for that car.
fortepian (GEN **fortepianu**, PL **fortepiany**, LOC SING **fortepianie**) MASC NOUN
(grand) piano
□ Czy umiesz grać na fortepianie? Can you play the piano?
fotel (GEN **fotela**, GEN **fotelu**, PL **fotele**, GEN PL **foteli**) MASC NOUN
armchair
fotka (GEN **fotki**, PL **fotki**, DAT SING AND LOC SING **fotce**, GEN PL **fotek**) FEM NOUN
snap
□ fotki z wakacji holiday snaps
fotograf (GEN **fotografa**, PL **fotografowie**, LOC SING **fotografie**) MASC NOUN
photographer
□ Z zawodu jest fotografem. He's a photographer by trade.
fotografia (GEN **fotografii**, PL **fotografie**, GEN PL, DAT SING AND LOC SING **fotografii**) FEM NOUN
1 photography
□ Zajmuję się fotografią artystyczną. He does artistic photography.
2 photograph
□ fotografie rodzinne family photographs
fotografować (**fotografuję, fotografujesz**) (PERF **sfotografować**) VERB
to photograph
■ Czy lubisz fotografować? Do you like taking photographs?
fragment (GEN **fragmentu**, PL **fragmenty**, LOC SING **fragmencie**) MASC NOUN
excerpt
Francja (GEN **Francji**, DAT SING AND LOC SING **Francji**) FEM NOUN
France
□ Mieszkam we Francji. I live in France.
□ Na weekend wyjeżdżamy do Francji. We are going to France for the weekend.
francuski ADJECTIVE
French

□ francuski samochód a French car
□ francuska moda French fashion
frytka (GEN **frytki**, PL **frytki**, DAT SING AND LOC SING **frytki**, GEN PL **frytek**) FEM NOUN
chips pl
(French) fries pl (US)
□ ryba z frytkami fish and chips □ porcja dużych frytek a portion of large chips
fryzjer (GEN **fryzjera**, PL **fryzjerzy**, LOC SING **fryzjerze**) MASC NOUN
1 hairdresser
□ Jestem umówiona u fryzjera na jutro. I've got an appointment at the hairdresser's tomorrow.
2 barber
□ Mój mąż chodzi do lokalnego fryzjera. My husband goes to the local barber.
fryzjerka (GEN **fryzjerki**, PL **fryzjerki**, DAT SING AND LOC SING **fryzjerce**, GEN PL **fryzjerek**) FEM NOUN
hairdresser
□ Jest bardzo utalentowaną fryzjerką. She's a very talented hairdresser. □ Za tydzień idę do fryzjerki. I'm going to the hairdresser in a week's time.
fryzura (GEN **fryzury**, PL **fryzury**, DAT SING AND LOC SING **fryzurze**) FEM NOUN
hairdo
□ nowa fryzura a new hairdo □ Bardzo dobrze wyglądasz w tej fryzurze. That hairdo really suits you.
fundować (**funduję, fundujesz**) (PERF **zafundować**) VERB
1 to buy
□ fundować komuś coś to buy something for somebody □ Kto funduje następną kolejkę piwa? Who's buying the next round of beers?
2 to establish (PERF **ufundować**)
□ fundować stypendium to establish a scholarship
funkcja (GEN **funkcji**, PL **funkcje**, GEN PL, DAT SING AND LOC SING **funkcji**) FEM NOUN
function
□ Jaką funkcję spełnia ten przycisk? What is this button's function?
funt (GEN **funta**, PL **funty**, LOC SING **funcie**) MASC NOUN
pound
□ funt szterling pound sterling □ Jaki jest dziś kurs funta? What is today's exchange rate for the pound?
futro (GEN **futra**, PL **futra**, LOC SING **futrze**, GEN PL **futer**) NEUT NOUN
1 fur
□ Nasz kot ma bardzo gęste futro. Our cat has very thick fur.
2 fur coat
□ Czy to futro jest naturalne czy sztuczne? Is that fur coat natural or artificial?

Gg

gabinet (GEN **gabinetu**, PL **gabinety**, LOC SING **gabinecie**) MASC NOUN

1 study

□ Wejście do gabinetu prowadzi przez sypialnię. Access to the study is via the bedroom.

2 office

□ gabinet dyrektora the manager's office

■ **gabinet lekarski** doctor's surgery; doctor's office (US)

■ **Rada Ministrów** Cabinet

gad (GEN **gada**, PL **gady**, LOC SING **gadzie**) MASC NOUN

reptile

gadać (GEN **gadam, gadasz**) VERB

to talk (potoczny)

□ Ania znowu gada o swoich wakacjach. Ania's talking about her holiday again.

■ **Przestańcie gadać i zabierzcie się do roboty.** Stop gabbing and get on with your work!

gaduła (GEN **gaduły**, PL **gaduły**, DAT SING AND LOC SING **gadule**) MASC AND FEM NOUN

⟩ **LANGUAGE TIP gaduła** declines like a feminine noun

chatterbox

□ Straszna z niej gaduła! What a dreadful chatterbox she is!

gaj (GEN **gaju**, PL **gaje**, LOC SING **gaju**, GEN PL **gai**) MASC NOUN

grove

galaretka (GEN **galaretki**, PL **galaretki**, DAT SING AND LOC SING **galaretce**, GEN PL **galaretek**) FEM NOUN

jelly

□ galaretka truskawkowa strawberry jelly

galeria (GEN **galerii**, PL **galerie**, DAT SING AND LOC SING **galerii**, GEN PL **galerii**) FEM NOUN

gallery

□ Galeria Sztuki Współczesnej Gallery of Modern Art

gałąź (GEN **gałęzi**, PL **gałęzie**, GEN PL, DAT SING AND LOC SING **gałęzi**, INST PL **gałęziami**, INST PL **gałęźmi**) FEM NOUN

branch

gang (GEN **gangu**, PL **gangi**, LOC SING **gangu**) MASC NOUN

gang

□ gang uliczny a street gang

gangster (GEN **gangstera**, PL **gangsterzy**, LOC SING **gangsterze**) MASC NOUN

gangster

gapa (GEN **gapy**, PL **gapie**, DAT SING AND LOC SING **gapie**) MASC NOUN

idiot

□ Ale gapa ze mnie! Znowu zapomniałam komórki. What an idiot I am! I've forgotten my mobile.

■ **jeździć autobusem na gapę** to dodge paying the bus fare

gapić się (**gapię, gapisz**) (PERF **zagapić**) VERB

to gape

■ **No i na co się tak gapisz?** Well, what are you gaping at?

garaż (GEN **garażu**, PL **garaże**, DAT SING AND LOC SING **garażu**) MASC NOUN

garage

□ dom z garażem a house with a garage

⟩ **LANGUAGE TIP** A motor repair and service shop is not a **garaż** but a **warsztat samochodowy**.

gardło (GEN **gardła**, PL **gardła**, LOC SING **gardle**) NEUT NOUN

throat

□ zapalenie gardła a throat infection

□ Boli mnie gardło i mam kaszel. I've got a sore throat and a cough.

garnek (GEN **garnka**, PL **garnki**, LOC SING **garnku**, INST SING **garnkiem**) MASC NOUN

pot

□ garnek zupy a pot of soup

garnitur (GEN **garnituru**, PL **garnitury**, LOC SING **garniturze**) MASC NOUN

suit

□ Kandydat był ubrany w elegancki garnitur. The candidate wore an elegant suit.

gasić (**gaszę, gasisz**) (IMPERATIVE **gaś**, PERF **zgasić**) VERB

1 to put out

□ gasić pożar to put out a fire □ gasić papierosa to put out a cigarette

2 to switch off

□ gasić radio to switch off the radio

3 to put a damper on

□ Jego zachowanie zgasiło nasz entuzjazm. His behaviour put a damper on our enthusiasm.

4 to quench (PERF **ugasić**)

□ gasić pragnienie to quench one's thirst

gasnąć (gasnę, gaśniesz) (IMPERF gaśnij, PERF **zgasnąć**) VERB
to go out

□ Zgasły światła. The lights have gone out.

gaśnica (GEN gaśnicy, PL gaśnice, DAT SING AND LOC SING **gaśnicy**) FEM NOUN
fire extinguisher

gatunek (GEN gatunku, PL gatunki, LOC SING gatunku, INST SING **gatunkiem**) MASC NOUN
1 kind (odmiana)

□ gatunek czekolady a kind of chocolate
2 species

□ gatunek jaszczurki a species of lizard
3 quality

□ być w pierwszym gatunku to be top quality
4 genre

□ Romans to gatunek literacki. Romance is a literary genre.

gaz (GEN gazu, PL gazy, LOC SING **gazie**) MASC NOUN
1 gas

□ złoża gazu gas deposits □ rachunek za gaz a gas bill
2 accelerator
gas pedal (US)

□ Przez całą drogę nie ściągała nogi z gazu. She didn't take her foot off the accelerator the whole way.

gazeta (GEN gazety, PL gazety, DAT SING AND LOC SING **gazecie**) FEM NOUN
newspaper

□ dzisiejsza gazeta today's newspaper

gazociąg (GEN gazociągu, PL gazociągi, LOC SING **gazociągu**) MASC NOUN
gas mains pl

□ Nasz dom nie jest podłączony do gazociągu. Our house isn't connected to the gas mains.

gazomierz (GEN gazomierza, PL gazomierze, LOC SING gazomierzu, GEN PL **gazomierzy**) MASC NOUN
gas meter

gazowy ADJECTIVE
gas

□ kuchnia gazowa a gas cooker

gąbka (GEN gąbki, PL gąbki, DAT SING AND LOC SING gąbce, GEN PL **gąbek**) FEM NOUN
sponge

□ gąbka do kąpieli a bath sponge

gdy CONJUNCTION
when

□ Gdy robi się gorąco, od razu zaczyna mnie boleć głowa. When it gets hot, I start to get a headache straightaway.

■ podczas gdy while
■ Gdy tylko zrozumiał, odszedł. He left as soon as he understood.

gdyby CONJUNCTION
if

> LANGUAGE TIP gdyby is an expression formed by taking gdy and adding on personal endings. These correspond to English expressions like If I/you/she had (done, said, gone), then ... would ....

■ Gdybyś to zrozumiał, zdałbyś egzamin. If you'd understood that, you'd have passed the exam.

gdzie PRONOUN
where

□ Gdzie on teraz jest? Where is he now? □ Gdzie byliście na wakacjach? Where did you go your holidays? □ Nie wiem, gdzie ona mieszka. I don't know where she lives.

■ Nie miał gdzie usiąść. He had nowhere to sit.
■ byle gdzie anywhere

gdziekolwiek PRONOUN
anywhere

gdzieś ADVERB
1 somewhere

□ Gdzieś w Polsce musi istnieć takie miejsce. Somewhere in Poland such a place must exist.
2 anywhere

□ Gdzie położyć zakupy? — Gdzieś w kuchni. Where do you want the shopping? — Anywhere in the kitchen.

gej (GEN geja, PL **geje**) MASC NOUN
gay

□ klub gejów a gay club

generacja (GEN generacji, PL generacje, GEN PL, DAT SING AND LOC SING **generacji**) FEM NOUN
generation

□ Nowe generacje samochodów są szybsze, ale bezpieczniejsze. The new generations of cars are faster, but safer. □ telefonia komórkowa nowej generacji new-generation mobile phone systems

generalnie ADVERB
generally

□ Generalnie się z tobą zgadzam, ale ... Generally I agree with you, but ... □ generalnie rzecz biorąc generally speaking

generalny ADJECTIVE
general

□ generalna zasada a general principle
■ Sekretarz Generalny Secretary General
■ próba generalna dress rehearsal

generał (GEN generała, PL generałowie, LOC SING **generale**) MASC NOUN
general

genialny ADJECTIVE
brilliant

□ genialny pomysł a brilliant idea

genitalia (GEN genitaliów) PL NOUN
genitals

geografia (GEN geografii, DAT SING AND LOC SING **geografii**) FEM NOUN
geography

□ egzamin z geografii a geography exam
□ Interesuję się geografią polityczną Europy. I am interested in the political geography of Europe.

geometria (GEN geometrii, DAT SING AND LOC SING **geometrii**) FEM NOUN
geometry

germanistyka (GEN germanistyki, DAT SING AND LOC SING **germanistyce**) FEM NOUN
German language and literature

□ Jestem studentką drugiego roku germanistyki. I am in my second year studying German language and literature.

gest (GEN **gestu**, PL **gesty**, LOC SING **geście**) MASC NOUN
gesture

> **LANGUAGE TIP** Be careful! The Polish word gest does not mean **guest**.

gestykulować (**gestykuluję, gestykulujesz**) VERB
to gesticulate

getto (GEN **getta**, PL **getta**, LOC SING **getcie**) NEUT NOUN
ghetto

gęsty ADJECTIVE
thick

□ gęste włosy thick hair □ gęsty sos a thick sauce

gęś (GEN **gęsi**, PL **gęsi**) FEM NOUN
goose

□ pieczona gęś a roast goose

giełda (GEN **giełdy**, PL **giełdy**, DAT SING AND LOC SING **giełdzie**) FEM NOUN
market

■ sprzedawać (PERF **sprzedać**) akcje na giełdzie to sell shares on the market

gigantyczny ADJECTIVE
gigantic

□ gigantyczny wysiłek a gigantic effort □ gigantyczna fortuna a gigantic fortune

gimnastyka (GEN **gimnastyki**, DAT SING AND LOC SING **gimnastyce**) FEM NOUN
exercises

□ Każdy dzień zaczynam od gimnastyki I start each day with some exercises.

gimnastykować (**gimnastykuję, gimnastykujesz**) VERB
to exercise

■ gimnastykować się to exercise
□ Codziennie rano gimnastykuję się przez przynajmniej pół godziny. I exercise for at least half an hour every morning.

gimnazjum MASC NOUN

> **DID YOU KNOW...?**
> Gimnazjum is a compulsory three-year secondary school, for students aged 13 to 16.

ginekolog (GEN **ginekologa**, PL **ginekolodzy** or **ginekologowie**, LOC SING **ginekologu**, INST SING **ginekologiem**) MASC NOUN
gynaecologist
gynecologist (US)

gips (GEN **gipsu**, LOC SING **gipsie**) MASC NOUN
plaster

■ mieć rękę w gipsie to have one's arm in plaster

gitara (GEN **gitary**, PL **gitary**, DAT SING AND LOC SING **gitarze**) FEM NOUN
guitar

□ Czy umiesz grać na gitarze? Can you play the guitar?

gitarzysta (GEN **gitarzysty**, PL **gitarzyści**, DAT SING AND LOC SING **gitarzyście**) MASC NOUN

> **LANGUAGE TIP** gitarzysta declines like a feminine noun in the singular
guitarist

□ Jest znanym gitarzystą rockowym. He is a famous rock guitarist.

gitarzystka (GEN **gitarzystki**, PL **gitarzystki**, DAT SING AND LOC SING **gitarzystce**) FEM NOUN
guitarist

□ Jest popularną gitarzystką bluesową. She is a popular blues guitarist.

glina (GEN **gliny**, PL **gliny**, DAT SING AND LOC SING **glinie**) FEM NOUN
▷ zobacz też glina MASC NOUN
clay

glina MASC NOUN
▷ zobacz też glina FEM NOUN

> **LANGUAGE TIP** glina declines like a feminine noun
cop (potoczny)

gliniarz (GEN **gliniarza**, PL **gliniarze**, GEN PL **gliniarzy**) MASC NOUN
cop (policjant)

gluten (GEN **glutenu**, DAT SING AND LOC SING **glutenie**) MASC NOUN
gluten

□ Ten produkt zawiera gluten. This product contains gluten.

gładki ADJECTIVE
smooth

□ gładka cera a smooth complexion □ Ten kamień ma gładką powierzchnię. This stone has a smooth surface.

gładko ADVERB
smoothly

□ Gładko mu poszedł egzamin. His exam went smoothly.

■ gładko ogolony clean-shaven

głęboki ADJECTIVE
1 deep

□ głębokie jezioro a deep lake □ głęboka rana a deep wound □ Zapadł w głęboki sen. He fell into a deep sleep.

2 low-cut

□ sukienka z głębokim dekoltem a low-cut dress

3 profound

□ głęboka wiedza a profound knowledge

4 strong

□ głęboka przyjaźń a strong friendship

głęboko ADVERB
1 deep

□ Popatrzył jej głęboko w oczy. He looked deep into her eyes.

■ nurkować (PERF **zanurkować**) głęboko to dive deep

2 deeply

□ Jest człowiekiem głęboko wierzącym. He is a deeply religious person.

głodny ADJECTIVE
hungry

□ Jestem strasznie głodny. I am dreadfully hungry.

głos (GEN **głosu**, PL **głosy**, LOC SING **głosie**) MASC NOUN
1 voice

- **mówić na głos** to speak out loud
- **krzyczeć** (PERF **krzyknąć**) **na cały głos** to shout at the top of one's voice

2 vote
- **oddawać** (PERF **oddać**) **głos na partię** to vote for a party

głoska (GEN **głoski**, PL **głoski**, DAT SING AND LOC SING **głosce**, GEN PL **głosek**) FEM NOUN
sound
  □ głoska bezdźwięczna a voiceless sound

głosować (**głosuję, głosujesz**) (PERF **zagłosować**) VERB
to vote
  □ Na jaką partię będziesz głosował? What party are you going to vote for?

głosowanie (GEN **głosowania**, PL **głosowania**, GEN PL **głosowań**) NEUT NOUN
vote
  □ Czy jesteś uprawniony do głosowania? Are you entitled to a vote?

głośno ADVERB
out loud
- **myśleć głośno** to think out loud

głośny ADJECTIVE
1 loud
  □ głośny krzyk a loud scream
2 noisy
  □ głośna klasa a noisy class
3 famous
  □ Ten reżyser stał się głośny po swoim drugim filmie. This director became famous after his second film.

głowa (GEN **głowy**, PL **głowy**, DAT SING AND LOC SING **głowie**, GEN PL **głów**) FEM NOUN
head
  □ Boli mnie głowa. My head hurts.
- **mieć dach nad głową** to have a roof over one's head
- **tracić** (PERF **stracić**) **głowę** to lose one's head
- **dochód na głowę** income per capita
- **Przyszło mi dziś do głowy, że ...** It occurred to me today that ...

głównie ADVERB
mainly

główny ADJECTIVE
main
  □ główna ulica the main street
- **Kraków Główny** Cracow Central
- **główna wygrana** star prize
- **główny księgowy** head book-keeper
- **główny aktor** the lead

głuchy ADJECTIVE
1 deaf
  □ głuchy na jedno ucho deaf in one ear
2 dull
  □ głuchy dźwięk a dull sound
- **głuche milczenie** a dead silence

głupi ADJECTIVE (*potoczny*)
1 foolish
  □ Był młody i głupi. He was young and foolish.
2 silly
  □ głupi pomysł a silly idea □ Nie zadawaj

głupich pytań. Don't ask silly questions.
3 awkward
  □ głupia sytuacja an awkward situation

głupota (GEN **głupoty**, DAT SING AND LOC SING **głupocie**) FEM NOUN
stupidity
  □ Przez głupotę spóźniliśmy się na pociąg. We missed the train out of stupidity.

głupstwo (GEN **głupstwa**, PL **głupstwa**, LOC SING **głupstwie**) NEUT NOUN
1 nonsense
  □ Przestań gadać głupstwa. Stop talking nonsense. □ Jego artykuł był pełen głupstw. His article was full of nonsense.
2 trifle
  □ Nie przejmuj się tym głupstem. Don't let a trifle like this upset you.

gmach (GEN **gmachu**, PL **gmachy**, LOC SING **gmachu**) MASC NOUN
building
  □ gmach uniwersytetu the university building

gmina (GEN **gminy**, PL **gminy**, DAT SING AND LOC SING **gminie**) FEM NOUN
local authority
  □ Ona pracuje w gminie. She works for the local authority.
- **Izba Gmin** House of Commons

gniazdko (GEN **gniazdka**, PL **gniazdka**, LOC SING **gniazdku**, INST SING **gniazdkiem**, GEN PL **gniazdek**) NEUT NOUN
socket
outlet (US)
  □ gniazdko elektryczne an electrical socket

gniazdo (GEN **gniazda**, PL **gniazda**, LOC SING **gnieździe**) NEUT NOUN
nest
  □ gniazdo os a wasps' nest □ gniazdo rodzinne the family nest

gnić (**gniję, gnijesz**) (IMPERF **gnij**, PERF **zgnić**) VERB
to decay
  □ Podczas takich upałów wędliny szybko gniją. In this sort of heat wave cooked meat decays quickly.

gniew (GEN **gniewu**, LOC SING **gniewie**) MASC NOUN
rage
  □ wpadać (PERF **wpaść**) w gniew to fly into a rage
- **powściągać** (PERF **powściągnąć**) **gniew** to keep one's temper

gniewać (**gniewam, gniewasz**) (PERF **rozgniewać**) VERB
to enrage
  □ Gniewa mnie takie zachowanie. Behaviour like this enrages me.
- **gniewać się** to be angry
- **gniewać się na kogoś za coś** to be angry at someone for something □ Nie gniewaj się już na mnie. Don't be angry with me.

godz. ABBREVIATION (= *godzina*)
hr.

godzina (GEN **godziny**, PL **godziny**, DAT SING AND LOC SING **godzinie**) FEM NOUN

g

1 hour
- □ półtorej godziny an hour and a half
- □ Ile godzin snu potrzebujesz? How many hours sleep do you need?

2 time
- ■ Która jest godzina? What time is it?
- ■ Jest godzina ósma. It's eight o'clock.

gofr (GEN **gofra**, PL **gofry**, LOC SING **gofru**)
MASC NOUN
waffle
- □ gofr z bitą śmietaną i owocami a waffle with whipped cream and fruit

goić (**goję, goisz**) VERB
to heal
- □ Rana szybko się goi. The wound is healing quickly.

gol (GEN **gola**, PL **gole**, LOC SING **golu**, GEN PL **goli**)
MASC NOUN
goal
- □ Adam strzelił gola. Adam scored a goal.

golf (GEN **golfa**, PL **golfy**, LOC SING **golfie**) MASC NOUN
1 golf
- □ Czy lubisz grać w golfa? Do you like playing golf?

2 polo-neck (GEN SING **golfu**)
- □ Ten mężczyzna w dżinsach i golfie to nasz nowy wykładowca. That man in polo-neck and jeans is our new lecturer.

golić (**golę, golisz**) (IMPERF **gol**, PERF **ogolić**) VERB
to shave
- ■ **golić się** to shave □ Mój mąż goli się co drugi dzień. My husband shaves every other day.

gołąb (GEN **gołębia**, PL **gołębie**, GEN PL **gołębi**)
MASC NOUN
pigeon

gołąbek (GEN **gołąbka**, PL **gołąbki**,
LOC SING **gołąbku**) MASC NOUN
stuffed cabbage
- □ gołąbki w sosie pomidorowym stuffed cabbage in tomato sauce

goły ADJECTIVE
1 naked
- □ Zarzucił płaszcz na gołe ciało. He flung a coat over his naked body.
- ■ **Założyła buty na gołe nogi.** She put some shoes on her bare feet.

2 bare
- □ gołe ściany bare walls

3 broke (potoczny)
- □ Z wakacji wróciliśmy zupełnie goli. We came back from holiday completely broke.

gorąco (GEN **gorąca**) NEUT NOUN
heat
- □ Zemdlała chyba z gorąca. She has fainted probably from the heat.

gorąco ADVERB (COMP **goręcej**)
1 hot
- □ Jest mi gorąco. I'm hot.

2 warmly
- □ Zwycięską drużynę powitano gorąco na lotnisku. The victorious team were warmly welcomed at the airport.

gorący ADJECTIVE
1 hot
- □ gorący dzień a hot day

2 urgent
- □ gorąca prośba an urgent request
- ■ **gorący okres** a hectic period

3 ardent
- □ gorący zwolennik a ardent supporter

4 warm
- □ gorące pozdrowienia warm regards

gorączka (GEN **gorączki**, PL **gorączki**,
DAT SING AND LOC SING **gorączce**) FEM NOUN
fever
- □ Mam wysoką gorączkę. I've got a high fever.

gorszy ADJECTIVE ▷ zobacz **zły**
worse

gorzej ADVERB ▷ zobacz **źle**
worse

gorzki ADJECTIVE
1 bitter
- □ syrop o gorzkim smaku a bitter-tasting syrup
- ■ **gorzka czekolada** plain chocolate

2 without sugar
- □ gorzka kawa coffee without sugar

gospodarczy ADJECTIVE
economic
- □ rozwój gospodarczy economic development
- □ polityka gospodarcza economic policy

gospodarka (GEN **gospodarki**, PL **gospodarki**,
DAT SING AND LOC SING **gospodarce**,
GEN PL **gospodarek**) FEM NOUN
economy
- □ gospodarka rynkowa a market economy

gospodarz (GEN **gospodarza**, PL **gospodarze**,
GEN PL **gospodarzy**) MASC NOUN
1 farmer
- □ Gospodarz z dumą prezentował swoje plony. The farmer proudly displayed his crops.

2 host

3 landlord
- □ gospodarz pensjonatu the boarding-house landlord

gospodyni (GEN **gospodyni**, PL **gospodynie**,
DAT SING AND LOC SING **gospodyni**,
GEN PL **gospodyń**) FEM NOUN
1 hostess
- □ Goście podziękowali gospodyni za smaczny obiad. The guests thanked the hostess for a delicious meal.

2 landlady
- □ Gospodyni pobiera czynsz w ostatni czwartek miesiąca. The landlady collects the rent on the last Thursday of the month.

3 farmer's wife
- □ W tej wsi wiele gospodyń spędza wspólnie wieczory. In this village many of the farmers' wives spend their evenings together.

gościć (**goszczę, gościsz**) (IMPERF **gość**,
PERF **ugościć**) VERB
1 to have somebody to stay
- □ Wczoraj gościliśmy parę znajomych. We had a couple of friends to stay last night.

2 to accommodate

□ To sanatorium gości milion kuracjuszy rocznie. This sanatorium accommodates a million patients a year.

3 to play host to

□ Nasz festiwal gości wielu znanych reżyserów i aktorów. Our festival plays host many famous directors and actors.

■ **gościć u kogoś** to stay at somebody's place □ Ciocia gości u nas od czwartku. Auntie has been staying with us since Thursday.

■ **Zdjęcia tej aktorki często goszczą na pierwszych stronach gazet.** Pictures of this actress often appear on the front pages.

gościnność (GEN **gościnności**) FEM NOUN
hospitality

□ Dziękuję bardzo za waszą gościnność. Thank you very much for your hospitality.

gościnny ADJECTIVE

1 hospitable

□ gościnne przyjęcie a hospitable welcome □ Jest bardzo gościnnym człowiekiem. He is a very hospitable person.

2 guest

□ gościnne występy guest performances

gość (GEN **gościa**, PL **goście**, LOC SING **gościu**, GEN PL **gości**, INST PL **gośćmi**) MASC NOUN

1 guest

□ gość hotelowy a hotel guest □ goście weselni the wedding guests □ Jutro mamy gości. Tomorrow we are expecting guests.

2 guy (potoczny)

□ Jakiś gość o ciebie pytał. Some guy was asking about you.

gotować (**gotuję, gotujesz**) (PERF **ugotować**) VERB

1 to cook

□ Kto dzisiaj gotuje obiad? Who is cooking dinner today?

2 to boil (PERF **ugotować**)

■ **gotować ziemniaki** to boil potatoes
■ **gotować się** to cook □ Czy ziemniaki już się ugotowały? Are the potatoes cooked?

3 to boil (PERF **zagotować**)

□ Zagotuj mleko, to zrobimy kakao. Boil some milk and we'll make cocoa.

■ **gotować** (PERF **zagotować**) **się** to boil □ Czy woda już się zagotowała? Has the water boiled yet?

gotowany ADJECTIVE
boiled

□ gotowana marchewka a boiled carrot □ jajko gotowane na twardo a hard-boiled egg □ jajko gotowane na miękko a soft-boiled egg

gotowy ADJECTIVE

1 finished

□ Sprawozdanie roczne jest już gotowe. The annual report is finished.

2 ready

□ Obiad jest już gotowy! Dinner's ready! □ Jesteś już gotowy do wyjścia? Are you ready to go out?

3 ready-made

□ Nie chce mi się piec, chyba kupię gotowe ciasto. I don't feel like baking. I think I'll buy a cake ready-made.

gotówka (GEN **gotówki**, DAT SING AND LOC SING **gotówce**) FEM NOUN
cash

■ **płacić** (PERF **zapłacić**) **gotówką** to pay in cash

góra (GEN **góry**, PL **góry**, DAT SING AND LOC SING **górze**) FEM NOUN

1 mountain

□ w górach in the mountains

■ **obiecywać** (PERF **obiecać**) **złote góry** to promise the earth

2 top

□ Ta sukienka ma granatowy dół i błękitną górę. This dress has a navy blue bottom and a sky blue top.

3 upstairs

□ Ona mieszka na górze. She lives upstairs.

4 heap

□ góra naczyń do zmywania a heap of dirty dishes
■ **Ceny poszły w górę.** The prices have gone up.
■ **Temperatury nadal idą w górę.** Temperatures are still going up.
■ **Chodzi do szkoły pod górę.** He walks uphill to school.
■ **płacić** (PERF **zapłacić**) **z góry** to pay in advance
■ **Z góry dziękuję za pomoc.** Thanks in advance for your help.
■ **do góry nogami** upside down

góral (GEN **górala**, PL **górale**, LOC SING **góralu**, GEN PL **górali**) MASC NOUN
highlander

> **DID YOU KNOW...?**
>
> **górale** are the indigenous people of the Tatra mountain region of Southern Poland. They have a distinctive culture and speak a distinctive dialect which contains many words which are not standard Polish.

górnik (GEN **górnika**, PL **górnicy**, LOC SING **górniku**, INST SING **górnikiem**) MASC NOUN
miner

□ Mój dziadek był górnikiem. My grandfather was a miner.

górzysty ADJECTIVE
hilly

□ górzysty teren hilly terrain

gra (GEN **gry**, PL **gry**, DAT SING AND LOC SING **grze**, GEN PL **gier**) FEM NOUN

1 game

□ gra komputerowa a computer game □ Kto wygrał tę grę? Who won that game?

2 performance

□ gra aktorska a dramatic performance

3 act

□ Jej chłodny dystans to była wyrachowana gra. Her coolness was a calculated act.

gracz (GEN **gracza**, PL **gracze**, LOC SING **graczu**, GEN PL **graczy**) MASC NOUN
player

g

51

□ Jest nałogowym graczem w brydża. **He is a habitual bridge player.**

grać (**gram, grasz**) (PERF **zagrać**) VERB

1 to play
■ **grać na pianinie** to play the piano
■ **grać w szachy** to play chess

2 to be on
□ Co grają dzisiaj w telewizji? **What's on the television today?**

grad (GEN **gradu**, LOC SING **gradu**) MASC NOUN
hailstones

grafik (GEN **grafika**, PL **graficy**, LOC SING **grafiku**, INST SING **grafikiem**) MASC NOUN

1 graphic artist
□ artysta grafik **a graphic artist**

2 print-out (GEN SING **grafiku**, NOM PLE **grafiki**)
□ grafik dyżurów lekarskich **a print-out of doctors' duty times**

gram (GEN **grama**, PL **gramy**, LOC SING **gramie**) MASC NOUN
gram
□ sto gramów mąki **a hundred grams of flour**

gramatyka (GEN **gramatyki**, PL **gramatyki**, DAT SING AND LOC SING **gramatyce**) FEM NOUN

1 grammar
□ ćwiczenie z gramatyki **a grammar exercise**
□ Bardzo lubię gramatykę. **I am very fond of grammar.**

2 grammar
□ nowe wydanie gramatyki polskiej **a new edition of a Polish grammar**

granica (GEN **granicy**, PL **granice**, DAT SING AND LOC SING **granicy**) FEM NOUN

1 border
□ granica między Polską a Niemcami **the border between Poland and Germany**
■ **mieszkać za granicą** to live abroad
■ **jechać** (PERF **pojechać**) **za granicę** to go abroad

2 boundary
□ granice miasta **the city boundaries**

3 limit
□ dolna granica wieku **a minimum age limit**

graniczyć (**graniczę, graniczysz**) VERB
■ **graniczyć z** +inst to border on □ Od zachodu Polska graniczy z Niemcami. **Poland borders on Germany to the west.**

gratis ADVERB

⸰⸰⸰⸱ **LANGUAGE TIP** gratis does not decline
free of charge
□ Przy zakupie pełnego obiadu oferujemy kawę lub herbatę gratis. **When you buy a full meal we offer coffee or tea free of charge.**

gratulować (**gratuluję, gratulujesz**) (PERF **pogratulować**) VERB
■ **gratulować komuś czegoś** to congratulate somebody on something □ Gratulował nam zwycięstwa. **He congratulated us on our victory.**

Grecja (GEN **Grecji**, DAT SING AND LOC SING **Grecji**) FEM NOUN
Greece
□ Na wakacje wybieramy się do Grecji. **We are going to Greece for the holidays.**

grecki ADJECTIVE
Greek
□ język grecki **the Greek language**

grill (GEN **grilla**, PL **grille**, LOC SING **grillu**, GEN PL **grillów**) MASC NOUN
barbecue
□ mięso pieczone na grillu **meat cooked on the barbecue** □ Zapraszamy na grilla. **We'd like you to come to our barbecue.**

groch (GEN **grochu**) MASC NOUN
peas *pl*
□ W ogródku uprawialiśmy dwie grządki grochu. **In our garden we used to plant two beds of peas.**
■ **grochy** polka dots □ sukienka w grochy **a polka dot dress**

grochówka (GEN **grochówki**, PL **grochówki**, DAT SING AND LOC SING **grochówce**, GEN PL **grochówek**) FEM NOUN
pea soup

gromadzić (**gromadzę, gromadzisz**) (IMPERATIVE **gromadź**, PERF **zgromadzić**) VERB
to collect
□ Zgromadziliśmy wszystkie niezbędne dokumenty. **We have collected all the essential documents.**
■ **gromadzić się** to gather □ Na książkach zgromadziło się dużo kurzu. **A lot of dust has gathered on the books.** □ W weekendy studenci często gromadzą się w pobliskim pubie. **At weekends the students often gather in the nearby pub.**

grosz (GEN **grosza**, PL **grosze**, LOC SING **groszu**, GEN PL **groszy**) MASC NOUN
grosz

⸰⸰⸰⸱ **LANGUAGE TIP** A grosz is a Polish
monetary unit equal to 1/100 zloty
■ **kupować** (PERF **kupić**) **coś za grosze** to buy something dirt-cheap
■ **nie śmierdzieć groszem** to be broke

groszek (GEN **groszku**, LOC SING **groszku**, INST SING **groszkiem**) MASC NOUN
peas *pl*
□ groszek konserwowy **tinned peas**
□ marchewka z groszkiem **carrots and peas**

grozić (**grożę, grozisz**) (IMPERF **gróź**) VERB

1 to threaten
□ Rabusie grozili kasjerom pistoletami. **The robbers threatened the cashiers with guns.**
□ Groziła, że poda go do sądu. **She threatened to sue him.**

2 to pose a threat
□ Czy grozi nam kolejna epoka lodowcowa? **Does the next ice age pose a threat to us?**

groźba (GEN **groźby**, PL **groźby**, DAT SING AND LOC SING **groźbie**, GEN PL **gróźb**) FEM NOUN
threat
□ groźba epidemii **the threat of an epidemic**
□ groźba ataku **the threat of an attack**

groźny ADJECTIVE

1 dangerous
□ groźne zwierzęta **dangerous animals**

2 serious
  □ groźna choroba **a serious illness**
3 threatening
  □ groźny gest **a threatening gesture** □ groźne zachowanie **threatening behaviour**

gruby ADJECTIVE
1 thick
  □ gruba książka **a thick book** □ gruby sweter **a thick sweater**
2 fat
  □ grube dziecko **a fat child** □ gruby brzuch **a fat belly**

grupa (GEN **grupy**, PL **grupy**, DAT SING AND LOC SING **grupie**) FEM NOUN
group
  □ wąska grupa przyjaciół **a small group of friends**

gruszka (GEN **gruszki**, PL **gruszki**, DAT SING AND LOC SING **gruszce**, GEN PL **gruszek**) FEM NOUN
pear
  □ ciasto z gruszkami **a pear cake**

Gruzja (GEN **Gruzji**, DAT SING AND LOC SING **Gruzji**) FEM NOUN
Georgia
  □ Pochodzę z Gruzji. **I come from Georgia.**

gruźlica (GEN **gruźlicy**, DAT SING AND LOC SING **gruźlicy**) FEM NOUN
TB
  □ Jest chora na gruźlicę. **She has got TB.**

grypa (GEN **grypy**, DAT SING AND LOC SING **grypie**) FEM NOUN
flu
  □ szczepienia przeciwko grypie **a flu vaccine** □ Znowu mam grypę. **I've got the flu again.**

gryźć (**gryzę**, **gryziesz**) (IMPERATIVE **gryź**, PT **gryzł**, **gryzła**, **gryźli**) VERB
1 to bite
  □ Czy ten pies gryzie? **Does that dog bite?**
2 to sting
  □ Dym papierosowy gryzł mnie w oczy. **Cigarette smoke stung my eyes.**
3 to be itchy
  □ Ten sweter gryzie mnie w szyję. **This sweater is itchy at the neck.**
  ■ **gryźć się 1** to fight □ Kiedyś byli przyjaciółmi, ale teraz się cały czas ze sobą gryzą. **Once they were friends, but now they fight all the time. 2** to clash □ Czy różowe skarpetki gryzą się z czerwonymi butami? **Do pink socks clash with red shoes?**

grzać (**grzeję**, **grzejesz**) (PERF **zagrzać**) VERB
1 to heat up
  □ Czy zagrzać ci zupę? **Shall I heat up some soup for you?**
2 to warm (PERF **ogrzać**)
  □ Ogrzała ręce o ciepły kubek. **She warmed her hands on the warm mug.**
3 to beat down
  □ Słońce grzało cały dzień jak szalone. **The sun beat down like mad all day.**
4 to be hot
  □ Czy kaloryfer grzeje? **Is the radiator hot?**

■ **grzać się 1** to bask □ Kot grzał się w pierwszych promieniach słońca. **The cat basked in the first rays of the sun. 2** to warm oneself □ Grzaliśmy się przy kominku. **We warmed ourselves at the fire.**

grzebać (**grzebię**, **grzebiesz**) VERB
to bury
  □ grzebać zmarłych **to bury the dead**
  ■ **grzebać się** to take a long time getting ready □ Czy ty zawsze musisz się tak grzebać? **Must you always take so long getting ready?**

grzebień (GEN **grzebienia**, PL **grzebienie**, LOC SING **grzebieniu**, GEN PL **grzebieni**) MASC NOUN
comb
  □ plastikowy grzebień **a plastic comb**
  ■ **czesać się** (PERF **poczesać się**) **grzebieniem** to comb one's hair

grzech (GEN **grzechu**, PL **grzechy**, LOC SING **grzechu**) MASC NOUN
sin
  ■ **popełniać** (PERF **popełnić**) **grzech** to sin

grzeczny ADJECTIVE
1 polite
  □ grzeczny lokator **a polite tenant** □ grzeczna uwaga **a polite notice**
2 well-behaved
  □ grzeczne dzieci **well-behaved children**
  ■ **Jeśli nie będziesz grzeczny, nie dostaniesz prezentu.** If you don't behave, you won't get a present.

grzejnik (GEN **grzejnika**, PL **grzejniki**, LOC SING **grzejniku**, INST SING **grzejnikiem**) MASC NOUN
heater
  □ Sprawdź, czy grzejnik jest włączony. **Check that the heater is switched on.** □ grzejnik elektryczny **electric heater**

grzeszyć (**grzeszę**, **grzeszysz**) (PERF **zgrzeszyć**) VERB
to sin
  ■ **nie grzeszyć mądrością** to be a bit soft in the head

grzyb (GEN **grzyba**, PL **grzyby**, LOC SING **grzybie**) MASC NOUN
mushroom
  □ pasztet z grzybów **mushroom pâté** □ pierogi z grzybami **mushroom dumplings**
  ■ **zbierać grzyby** to collect mushrooms

grzywna (GEN **grzywny**, PL **grzywny**, DAT SING AND LOC SING **grzywnie**, GEN PL **grzywien**) FEM NOUN
fine
  ■ **płacić** (PERF **zapłacić**) **grzywnę za** to pay a fine for

gubić (**gubię**, **gubisz**) (PERF **zgubić**) VERB
to lose
  □ Znowu zgubiłam rękawiczki. **I've lost my gloves again.**
  ■ **gubić się** to get lost □ Zgubiliśmy się w czasie wyprawy do lasu. **We got lost during the trip to the forest.** □ Skarpetki często się gubią podczas prania. **Socks often get lost in the wash.**

guma (GEN **gumy**, PL **gumy**, DAT SING AND LOC SING **gumie**) FEM NOUN
rubber
□ Czy kalosze są z gumy? Are wellingtons made of rubber?
■ **guma do żucia** chewing gum
■ **Złapał gumę na drodze.** He got a flat tyre on the way.; He got a flat tire on the way (US)

gumka (GEN **gumki**, PL **gumki**, DAT SING AND LOC SING **gumce**) FEM NOUN
rubber
eraser (US)
□ Błąd wymazała gumką. She rubbed out the mistake with a rubber.
■ **gumka do włosów** an elastic hair band

gust (GEN **gustu**, PL **gusta**, LOC SING **guście**) MASC NOUN
taste
□ Ona ma fatalny gust. She has dreadful taste.
□ To nie jest w moim guście. It isn't to my taste.
○ **LANGUAGE TIP** Be careful! The Polish word gust does not mean **gust**.

gustowny ADJECTIVE
tasteful

guz (GEN **guza**, PL **guzy**, LOC SING **guzie**) MASC NOUN
1 bump
■ **nabijać** (PERF **nabić**) **sobie guza** to bump one's head
2 tumour
tumor (US)
□ guz mózgu a brain tumour

gwałcić (**gwałcę**, **gwałcisz**) (IMPERATIVE **gwałć**, PERF **zgwałcić**) VERB
1 to rape
2 to violate (PERF **pogwałcić**)
□ W tym kraju notorycznie gwałcone są prawa człowieka. This is a country where human rights are notoriously violated.

gwałt (GEN **gwałtu**, PL **gwałty**, DAT SING AND LOC SING **gwałcie**) MASC NOUN
1 violation
□ Ta decyzja rządu to gwałt na wolności obywateli. This decision of the government is a violation of civil liberties.
2 rape
□ Został skazany za gwałt. He was sentenced for rape.

gwarancja (GEN **gwarancji**, PL **gwarancje**, GEN PL, DAT SING AND LOC SING **gwarancji**) FEM NOUN
guarantee
□ na gwarancji under guarantee

gwarantować (**gwarantuję**, **gwarantujesz**) (PERF **zagwarantować**) VERB
to guarantee
□ gwarantować zysk to guarantee a profit

gwiazda (GEN **gwiazdy**, PL **gwiazdy**, DAT SING AND LOC SING **gwieździe**) FEM NOUN
1 star
□ Na niebie było kilka gwiazd. There were a few stars in the sky.
2 star
□ gwiazda filmowa film star; movie star (US)
□ Jest gwiazdą polskiego sportu. He is a Polish sports star.

gwizdać (**gwiżdżę**, **gwiżdżesz**) (PERF **gwizdnąć**) VERB
to whistle
□ Czy umiesz gwizdać? Can you whistle?
■ **Gwiżdżę na to.** I couldn't care less about that.

Hh

hak (GEN **haka**, PL **haki**, INST SING **hakiem**)
MASC NOUN
hook
□ hak na ubrania a coat hook

halo EXCLAMATION
hello
□ Halo? Kto mówi? Hello? Who am I speaking to?

> **LANGUAGE TIP** Be careful! The Polish word **halo** does not mean **halo**.

hałas (GEN **hałasu**, PL **hałasy**, LOC SING **hałasie**)
MASC NOUN
noise
□ hałas za oknem a noise outside the window
■ narobić *perf* hałasu to make a fuss

hałasować (**hałasuję, hałasujesz**) VERB
to make a noise
■ **Przestań hałasować!** Stop that noise!

hałaśliwy ADJECTIVE
noisy
□ hałaśliwy sąsiad a noisy neighbour

hamburger (GEN **hamburgera**, PL **hamburgery**, DAT SING AND LOC SING **hamburgerze**) MASC NOUN
hamburger
□ hamburger z frytkami a hamburger and chips; a hamburger with fries (US)

hamować (**hamuję, hamujesz**) (PERF **pohamować** *or* **zahamować**) VERB
1 to hamper
□ Te przepisy hamują rozwój przemysłu. These regulations hamper the development of industry.
2 to hold back (PERF **pohamować**)
□ Była tak rozczarowana, że nie mogła pohamować łez. She was so disappointed that she could not hold back the tears.
to brake (PERF **zahamować**)
□ Zahamował z piskiem opon. He braked with a squeal of tyres.

hamulec (GEN **hamulca**, PL **hamulce**)
MASC NOUN
brake
■ **hamulec ręczny** handbrake; parking brake (US)
■ **hamulec bezpieczeństwa** communication cord; emergency brake (US)

handel (GEN **handlu**) MASC NOUN
trade
□ handel meblami the furniture trade

> **LANGUAGE TIP** Be careful! The Polish word **handel** does not mean **handle**.

handlować (**handluję, handlujesz**) VERB
+*inst*
1 to trade in
□ Jego firma handluje głównie biżuterią bursztynową. His firm trades mainly in amber jewellery.
2 to deal in
□ handlować bronią to deal in weapons
■ **handlować narkotykami** to deal drugs

handlowiec (GEN **handlowca**, PL **handlowcy**)
MASC NOUN
trader
□ Handlowcy zagraniczni są zainteresowani inwestycjami w Polsce. Investment in Poland interests international traders.

handlowy ADJECTIVE
trade
□ traktat handlowy a trade treaty
■ **szkoła handlowa** a business school
■ **centrum handlowe** a shopping centre; a mall (US)

hańba (GEN **hańby**, DAT SING AND LOC SING **hańbie**)
FEM NOUN
dishonour
dishonor (US)
□ Przegrana z mistrzem nie jest żadną hańbą. It's no dishonour to be beaten by the champion.

harcerz (GEN **harcerza**, PL **harcerze**, GEN PL **harcerzy**) MASC NOUN
boy scout
□ Czy byłeś kiedyś harcerzem? Were you ever a boy scout?

hasło (GEN **hasła**, PL **hasła**, LOC SING **haśle**, GEN PL **haseł**) NEUT NOUN
1 slogan
□ hasła patriotyczne a patriotic slogan
□ hasło reklamowe an advertising slogan
2 signal
□ hasło do odwrotu the signal to retreat
3 password
□ Dostęp do tego oprogramowania chroniony jest hasłem. Access to this software is protected by password.
4 entry
□ Ten słownik zawiera 40 000 haseł.
This dictionary contains 40,000 entries.

h

Hejnał Mariacki PL NOUN

> **DID YOU KNOW...?**
> Hejnał Mariacki is the traditional five-note tune or call sounded by a bugler from the tower of the Mariacki Church in Cracow. The abrupt ending of the call commemorates – so the story goes – an attack by the Tartars in the 13th century. The bugler sounded the alarm and saved the city, but he was struck dead as he did so by a Tartar arrow. Every day at noon this bugle call is broadcast live on the radio throughout Poland.

helikopter (GEN **helikoptera**, PL **helikoptery**, LOC SING **helikopterze**) MASC NOUN
helicopter

herbata (GEN **herbaty**, PL **herbaty**, DAT SING AND LOC SING **herbacie**) FEM NOUN
tea
□ Proszę herbatę z mlekiem, ale bez cukru. I would like tea with milk, but no sugar, please.

herbatnik (GEN **herbatnika**, PL **herbatniki**, INST SING **herbatnikiem**) MASC NOUN
biscuit
cookie (US)
□ herbatniki maślane butter biscuits

heroina (GEN **heroiny**, DAT SING AND LOC SING **heroinie**) FEM NOUN
heroin
□ przemyt heroiny heroin smuggling

Himalaje (GEN **Himalajów**) PL NOUN
the Himalayas
□ najwyższy szczyt Himalajów the highest peak of the Himalayas

Hindus (GEN **Hindusa**, PL **Hindusi**) MASC NOUN
Indian
□ On jest Hindusem. He is an Indian.

hinduski ADJECTIVE
Indian
□ hinduska restauracja an Indian restaurant

hipermarket (GEN **hipermarketu**, PL **hipermarkety**, DAT SING AND LOC SING **hipermarkecie**) MASC NOUN
hypermarket
□ sieć hipermarketów a chain of hypermarkets □ Pod miastem otwarto nowy hipermarket. They've opened a new hypermarket on the outskirts of town.

hipoteka (GEN **hipoteki**, PL **hipoteki**, DAT AND LOC SING **hipotece**) FEM NOUN
■ brać (PERF **wziąć**) pożyczkę pod hipotekę to take out a secured loan

hipotetyczny ADJECTIVE
hypothetical

historia (GEN **historii**, PL **historie**, GEN PL, DAT SING AND LOC SING **historii**) FEM NOUN
1 history
□ historia Polski the history of Poland
2 story
□ historia o miłości a love story

historyczny ADJECTIVE

1 **historical**
□ historyczny fakt historical fact □ badania historyczne historical research
2 **historic**
□ historyczne spotkanie mężów stanu a historic meeting of statesmen □ historyczny budynek a historic building

Hiszpania (GEN **Hiszpanii**, DAT SING AND LOC SING **Hiszpanii**) FEM NOUN
Spain
□ Na wakacje często jeździmy do Hiszpanii. We often go our holidays to Spain.

hiszpański ADJECTIVE
Spanish
□ hiszpańska kuchnia Spanish cuisine

HIV ABBREVIATION
HIV
□ nosiciel wirusa HIV a carrier of the HIV virus

hobby NEUT NOUN

> **LANGUAGE TIP** hobby does not decline

hobby
□ Czy masz jakieś hobby? Have you got any hobbies? □ Moje hobby to pływanie. My hobby is swimming

hokej (GEN **hokeja**, LOC SING **hokeju**) MASC NOUN
■ hokej na trawie hockey; field hockey (US)
■ hokej na lodzie ice hockey (Brit)

Holandia (GEN **Holandii**, DAT SING AND LOC SING **Holandii**) FEM NOUN
the Netherlands
□ Ilu ludzi mieszka w Holandii? How many people live in the Netherlands? □ Oni pochodzą z Holandii. They come from the Netherlands.

holenderski ADJECTIVE
Dutch
□ holenderski ser Dutch cheese
□ holenderskie tulipany Dutch tulips

homoseksualista (GEN **homoseksualisty**, PL **homoseksualiści**, DAT SING AND LOC SING **homoseksualiście**) MASC NOUN
gay (man)

> **LANGUAGE TIP** homoseksualista declines like a feminine noun in the singular

□ klub dla homoseksualistów a gay club

honor (GEN **honoru**, LOC SING **honorze**) MASC NOUN
▷ zobacz też honor PL NOUN
honour
honor (US)
□ słowo honoru word of honour
▷ zobacz też honor MASC NOUN
■ oddawać (PERF **oddać**) komuś honory to salute somebody

hormon (GEN **hormonu**, PL **hormony**, LOC SING **hormonie**) MASC NOUN
hormone
□ hormon wzrostu growth hormone

horoskop (GEN **horoskopu**, PL **horoskopy**, LOC SING **horoskopie**) MASC NOUN
horoscope
□ Czy wierzysz w horoskopy? Do you believe in horoscopes?

horror (GEN **horroru**, PL **horrory**, LOC SING **horrorze**) MASC NOUN
1 horror film
  □ Jest znanym reżyserem horrorów. He is a famous director of horror films.
2 nightmare *(potoczny)*
  □ Jazda tym samochodem to istny horror! That car is an absolute nightmare to drive!

hot-dog (GEN **hot-doga**, PL **hot-dogi**, INST SING **hot-dogiem**) MASC NOUN
hot dog
  □ Czy masz ochotę na hot-doga? Do you fancy a hot dog?

hotel (GEN **hotelu**, PL **hotele**, GEN PL **hoteli**) MASC NOUN
hotel
  □ hotel trzygwiazdkowy a three-star hotel
  □ zatrzymać się w hotelu to stay in a hotel

huk (GEN **huku**, PL **huki**, INST SING **hukiem**) MASC NOUN
roar
  □ huk armat the roar of artillery
  ■ z hukiem with a bang
  ■ huk +*gen* loads of □ huk pracy loads of work

humor (GEN **humoru**, LOC SING **humorze**) MASC NOUN

1 humour
humor (US)
  □ poczucie humoru sense of humour
2 mood
  □ I jak dzisiaj humor dopisuje? And how's your mood today?
  ■ Siedział przy stole smutny, bez humoru. He sat gloomily at the table, in a bad mood.

hura!, hurra! EXCLAMATION
hurrah!

huragan (GEN **huraganu**, PL **huragany**, LOC SING **huraganie**) MASC NOUN
hurricane

hurtownia (GEN **hurtowni**, PL **hurtownie**, GEN PL, DAT SING AND LOC SING **hurtowni**) FEM NOUN
wholesalers *pl*

hutnik (GEN **hutnika**, PL **hutnicy**, INST SING **hutnikiem**) MASC NOUN
steelworker
  □ Mój tata jest hutnikiem. My dad is a steelworker.

hydraulik (GEN **hydraulika**, PL **hydraulicy**, INST SING **hydraulikiem**) MASC NOUN
plumber
  □ Czy znasz jakiegoś dobrego hydraulika? Do you know a good plumber? □ Mój sąsiad jest hydraulikiem. My neighbour is a plumber.

h

I i

i CONJUNCTION
and

□ owoce i warzywa fruit and vegetables
□ mama i tata mum and dad □ Lubię uprawiać sport i czytać książki. I like taking part in sport and I like reading.

ich PRONOUN ▷zobacz **oni, one**
▷zobacz też **ich** ADJECTIVE, PRONOUN
■ **Nie ma ich.** They are not here.
■ **Zadzwoniłem do nich.** I phoned them.

ich ADJECTIVE, PRONOUN
▷zobacz też **ich** PRONOUN
1 **their** (z rzeczownikiem)
□ To jest ich dom. This is their house.
2 **theirs** (bez rzeczownika)
□ Ten dom jest ich. This house is theirs.
□ ich znajomy a friend of theirs

idea (GEN idei, PL idee, GEN PL, DAT SING AND LOC SING idei) FEM NOUN
idea
□ idee romantyzmu the ideas of romanticism

idealny ADJECTIVE
1 **perfect**
□ idealny porządek perfect order □ idealny akcent a perfect accent
2 **ideal**
□ idealne piękno ideal beauty □ idealna miłość ideal love

ideał (GEN ideału, PL ideały, LOC SING ideale) MASC NOUN
ideal
□ ideał studenta the ideal student

identyczny ADJECTIVE
identical
□ dwie identyczne walizki two identical suitcases

identyfikator (GEN identyfikatora, PL identyfikatora, LOC SING identyfikatorze) MASC NOUN
ID badge (plakietka z imieniem, nazwiskiem itp.)
□ Wszyscy pracownicy zobowiązani są nosić w pracy identyfikator. All employees are obliged to wear ID badges at work.

identyfikować (identyfikuję, identyfikujesz) (PERF zidentyfikować) VERB
to identify
□ Żona zidentyfikowała zwłoki męża. The wife identified her husband's body.
■ **identyfikować się z kimś/czymś** to identify

with somebody/something □ Dzieci często identyfikują się z bohaterami bajek i baśni. Children often identify with the heroes of stories and tales.

idiota (GEN idioty, PL idioci, DAT SING AND LOC SING idiocie) MASC NOUN

☀ **LANGUAGE TIP idiota** declines like a feminine noun in the singular
idiot (potoczny)
□ Zachowuje się jak idiota! He is behaving like an idiot! □ Jest kompletnym idiotą. He is a complete idiot.

idiotka (GEN idiotki, PL idiotki, DAT AND LOC SING idiotce, GEN PL idiotek) FEM NOUN
idiot (potoczny)
□ Zachowuje się jak idiotka. She behaves like an idiot.

idol (GEN idola, PL idole, GEN PL idoli) MASC NOUN
idol
□ Kogo młodzież uważa za swojego idola? Who do the young see as their idol?

idziesz VERB ▷zobacz **iść**

igła (GEN igły, PL igły, DAT SING AND LOC SING igle, GEN PL igieł) FEM NOUN
needle
□ igła strzykawki an injection needle □ igła sosny a pine needle □ Nawlekła igłę i zaczęła szyć. She threaded a needle and began sewing.

ignorować (ignoruję, ignorujesz) (PERF zignorować) VERB
to ignore
□ Przestań mnie ignorować! Stop ignoring me!

ikona (GEN ikony, PL ikony, DAT SING AND LOC SING ikonie) FEM NOUN
icon
□ Aby uruchomić program, należy kliknąć ikonę programu. To open the program, click on the program icon. □ Zapisz ikonę tego programu na pulpicie. Save the program icon on your desktop.

ile (MASC ANIMATE PL ilu) PRONOUN +gen
1 **how many** (z rzeczownikami policzalnymi)
□ Ile haseł jest w tym słowniku? How many entries are there in this dictionary? □ Szef pytał, ilu pracowników wybierze się na obóz integracyjny. The boss asked how many employees are going on the residential weekend.
■ **Ile on ma lat?** How old is he?
■ **Ilu mieszkańców ma Polska?** What is the population of Poland?

2 how much (*z rzeczownikami niepoliczalnymi*)
□ Ile masz pieniędzy? How much money have you got? □ Ile kosztuje ta bluzka? How much is this blouse? □ Nawet sobie nie wyobrażasz, ile ostatnio pracuję. You can't imagine how much he is working lately.
■ Ile czasu zajmuje ci dojazd do pracy? How long is your commute to work?

3 as many as (*z rzeczownikami policzalnymi*)
□ Zapisz tyle osób, ile jest w drużynie. Enrol as many people as there are in the team.

4 as much as (*z rzeczownikami niepoliczalnymi*)
□ Jedz, ile chcesz. Eat as much as you want.

ilość (GEN ilości, PL ilości, GEN PL, DAT SING AND LOC SING ilości) FEM NOUN
quantity
□ ilość książek a quantity of books
■ Ilość niezadowolonych klientów znacznie wzrosła w tym miesiącu. The number of unsatisfied customers has risen significantly this month.

ilustracja (GEN ilustracji, PL ilustracje, GEN PL, DAT SING AND LOC SING ilustracji) FEM NOUN
illustration
□ ilustracje do książki illustrations for a book

im PRONOUN ▷ *zobacz też* im ADVERB
(to) them
□ Nie ufam im. I don't trust them. □ Daj im tę książkę. Give them the book.

im ADVERB
▷ *zobacz też* im PRONOUN
■ im ..., tym ... the ..., the ... □ im prędzej, tym lepiej the sooner the better

im. ABBREVIATION (*= imienia*)
■ uniwersytet im. Adama Mickiewicza Adam Mickiewicz University

imieniny (GEN imienin) PL NOUN
name day *sing*

> **DID YOU KNOW...?**
> Imieniny is the popular Polish custom of celebrating the name day of one's patron saint. Imieniny are celebrated like birthdays – the person celebrating is given presents and good wishes.

imię (GEN imienia, PL imiona, INST SING imieniem, DAT SING AND LOC SING imieniu, GEN PL imion) NEUT NOUN

1 name
■ szkoła imienia Tadeusza Kościuszki Tadeusz Kosciuszko School

2 first name
■ Jak masz na imię? (*potoczny*) What's your name?
■ dobre imię good name □ Przez ten skandal utracił dobre imię. He lost his good name as a result of this scandal.
■ w czyimś imieniu on behalf of somebody; in behalf of somebody (US)

imigracja (GEN imigracji, PL imigracje, GEN PL AND DAT, LOC SING imigracji) FEM NOUN
immigration

□ Co Europa zyskuje na imigracji? How does Europe benefit from immigration?
■ Jak duża jest włoska imigracja w Nowym Jorku? How large is the Italian community in New York?

imigrant (GEN imigranta, PL imigranci, LOC SING imigrancie) MASC NOUN
immigrant
□ status imigranta immigrant status □ Czy on jest nielegalnym imigrantem? Is he an illegal immigrant?

imigrować (imigruję, imigrujesz) VERB
to immigrate
□ Dlaczego młodzi ludzie chcą imigrować? Why do young people want to immigrate?

imponować (imponuję, imponujesz) (PERF zaimponować) VERB
■ imponować komuś czymś to impress somebody with something □ Kandydat zaimponował komisji swoją znajomością języków obcych. The candidate impressed the committee with his knowledge of foreign languages.
■ Imponuje mi jego charyzma. I am impressed by his charisma.

import (GEN importu, LOC SING imporcie) MASC NOUN
import

importować (importuję, importujesz) VERB
to import
□ Nasza firma importuje artykuły spożywcze z Europy Wschodniej. Our company imports foodstuffs from Eastern Europe.

impreza (GEN imprezy, PL imprezy, DAT SING AND LOC SING imprezie) FEM NOUN

1 event
□ impreza sportowa a sporting event
□ impreza charytatywna a charity event

2 party (*potoczny*)
□ impreza urodzinowa a birthday party
□ W sobotę idziemy na imprezę do sąsiadów. On Saturday we are going to a party at the neighbours'.

imprezować (imprezuję, imprezujesz) VERB
to party
□ Po ostatnim egzaminie studenci imprezowali całą noc. After their last exam the students partied all night.

impulsywny ADJECTIVE
impulsive
□ impulsywny charakter an impulsive nature
□ impulsywny mężczyzna an impulsive man

inaczej ADVERB

1 differently
□ Urlop spędziliśmy inaczej, niż planowaliśmy. We spent the holiday differently than we had planned.
■ Dzisiaj kawa smakuje inaczej niż wczoraj. The coffee tastes different today from yesterday.

2 otherwise
□ Proszę wyjść, inaczej zadzwonię po policję.

Please leave, otherwise I'm calling the police.
■ **tak czy inaczej** one way or another

indeks (GEN **indeksu**, PL **indeksy**, LOC SING **indeksie**) MASC NOUN
index
□ indeks cen a price index
■ **indeks studenta** student record

Indie (GEN **Indii**) PL NOUN
India *sing*
□ Nasz sąsiad pochodzi z Indii. Our neighbour comes from India. □ Nasze ostatnie wakacje spędziliśmy w Indiach. We spent our last holidays in India.

indyjski ADJECTIVE
Indian
□ indyjska restauracja an Indian restaurant
□ Ocean Indyjski the Indian Ocean

indyk (GEN **indyka**, PL **indyki**, INST SING **indykiem**) MASC NOUN
turkey
□ pieczeń z indyka roast turkey

indywidualny ADJECTIVE
individual
□ indywidualny styl an individual style

infekcja (GEN **infekcji**, PL **infekcje**, GEN PL, DAT SING AND LOC SING **infekcji**) FEM NOUN
infection
□ infekcja dróg oddechowych a respiratory tract infection

informacja (GEN **informacji**, PL **informacje**, GEN PL AND DAT, LOC SING **informacji**) FEM NOUN
1 item
□ Telewizja podała informację, że wkrótce zdrożeje benzyna. There was an item on the TV news that petrol is going to go up in price soon.
2 information
□ Jak szybko ten komputer przetwarza informacje? How quickly can this computer process information?
■ **biuro informacji** information office; information bureau (US)
■ **informacja turystyczna** tourist information centre; tourist information center (US)

informatyk (GEN **informatyka**, PL **informatycy**, INST SING **informatykiem**) MASC NOUN
computer scientist
□ Mój brat jest informatykiem. My brother is a computer scientist.

informatyka (GEN **informatyki**, DAT SING AND LOC SING **informatyce**) FEM NOUN
computing
□ Zajmuje się zawodowo informatyką. He works in computing.

informować (**informuję, informujesz**) (PERF **poinformować**) VERB
■ **informować kogoś o czymś** to inform somebody of something
■ **informować się o czymś** to inquire about something

inicjał (GEN **inicjału**, PL **inicjały**, LOC SING **inicjale**) MASC NOUN
initial

□ obrączka z inicjałami A.L. a wedding ring with the initials A.L.

inny PRONOUN
▷ *zobacz też* **inny** NOUN
1 another
□ Ten długopis nie pisze. Podaj mi inny. This pen doesn't work. Give me another. □ W jednej paczce był szalik, a w innej rękawiczki. In one parcel there was a scarf and in another, gloves.
2 different
□ Każde dziecko dostało inny prezent. Every child got a different present.
■ **coś innego** something else

inny NOUN
▷ *zobacz też* **inny** PRONOUN
ⓘ **LANGUAGE TIP** inny declines like an adjective
another
□ Jeden z moich kolegów dał mi pieniądze, inny dał mi płaszcz. One of my friends gave me money, another gave me a coat.
■ **inni** others

inspektor (GEN **inspektora**, PL **inspektorzy** or **inspektorowie**, LOC SING **inspektorze**) MASC NOUN
inspector
□ Inspektor poprosił o bilety do kontroli. The inspector asked to see their tickets. □ Czy jest pan inspektorem? Are you the inspector?

inspirować (**inspiruję, inspirujesz**) (PERF **zainspirować**) VERB
to inspire
□ Ten widok zainspirował wielu artystów. This view has inspired many artists.

instrukcja (GEN **instrukcji**, PL **instrukcje**, GEN PL, DAT SING AND LOC SING **instrukcji**) FEM NOUN
instruction
■ **instrukcja obsługi** instructions pl

instrument (GEN **instrumentu**, PL **instrumenty**, LOC SING **instrumencie**) MASC NOUN
instrument
□ Czy grasz na jakimś instrumencie muzycznym? Can you play a musical instrument?

instynkt (GEN **instynktu**, PL **instynkty**, LOC SING **instynkcie**) MASC NOUN
instinct
□ instynkt przetrwania the survival instinct

insulina (GEN **insuliny**, DAT SING AND LOC SING **insulinie**) FEM NOUN
insulin

intelektualista (GEN **intelektualisty**, PL **intelektualiści**, DAT SING AND LOC SING **intelektualiście**) MASC NOUN
ⓘ **LANGUAGE TIP** intelektualista declines like a feminine noun in the singular
intellectual

intelektualistka (GEN **intelektualistki**, PL **intelektualistki**, DAT SING AND LOC SING **intelektualistce**, GEN PL **intelektualistek**) FEM NOUN
intellectual

inteligencja (GEN **inteligencji**) FEM NOUN
intelligence
□ test na inteligencję an intelligence test
□ Jego teksty zawsze skrzą inteligencją.
His writing always sparkles with intelligence.
■ **iloraz inteligencji** IQ

inteligentny ADJECTIVE
intelligent
□ inteligentny student an intelligent student
□ inteligentna odpowiedź an intelligent
response

intensywny ADJECTIVE
1 intensive
□ intensywny kurs an intensive course
■ **intensywny deszcz** heavy rain
2 intense
□ intensywny kolor an intense colour
□ intensywny zapach kawy an intense smell
of coffee

interes (GEN **interesu**, PL **interesy**,
LOC SING **interesie**) MASC NOUN
1 interests pl
□ Kto będzie najlepiej reprezentował nasz
interes? Who is going to best represent our
interests?
2 business
□ Prowadzi mały interes rodzinny. He runs
a small family business.
■ **Zwiększenie sprzedaży to pilny interes dla
naszego oddziału.** Increasing sales is high
priority for our department.

interesować (**interesuję, interesujesz**)
(PERF **zainteresować**) VERB
to interest
□ Interesuje mnie muzyka. Music interests
me.
■ **interesować się** +inst to be interested in
□ Czym się interesujesz? What are you
interested in? □ Interesuję się muzyką. I am
interested in music.

interesujący ADJECTIVE
interesting
□ interesujące przedstawienie an interesting
performance

internet (GEN **internetu**, PL **internety**,
LOC SING **internecie**) MASC NOUN
the Internet
□ reklamy w internecie internet adverts
□ Bilety kupiłem przez internet. I bought the
tickets on the Internet.

interpretacja (GEN **interpretacji**,
PL **interpretacje**, GEN PL, DAT SING AND LOC SING
interpretacji) FEM NOUN
interpretation
□ interpretacja wiersza an interpretation of a
poem □ interpretacja prawa an interpretation
of the law

interpunkcja (GEN **interpunkcji**, DAT SING AND
LOC SING **interpunkcji**) FEM NOUN
punctuation
□ błąd w interpunkcji a mistake in punctuation
□ zasady interpunkcji the rules of punctuation

interweniować (**interweniuję,
interweniujesz**) VERB
to intervene
□ Czy policja interweniowała podczas bójki?
Did the police intervene during the fight?

intymny ADJECTIVE
personal
□ życie intymne a personal life

inwalida (GEN **inwalidy**, PL **inwalidzi**, DAT SING
AND LOC SING **inwalidzie**) MASC NOUN
⸪ **LANGUAGE TIP** inwalida declines like
a feminine noun in the singular
disabled person

inwestować (**inwestuję, inwestujesz**)
(PERF **zainwestować**) VERB
to invest
■ **inwestować w** to invest in □ Nasza firma
inwestuje w sieci sklepów sportowych. Our
company is investing in a chain of sports shops.

inwestycja (GEN **inwestycji**, PL **inwestycje**,
GEN PL AND DAT, LOC SING **inwestycji**) FEM NOUN
investment
□ inwestycja finansowa a financial investment
□ Czy kupno ziemi to opłacalna inwestycja?
Is land purchase a good investment?

inż. ABBREVIATION (= inżynier)
engineer

inżynier (GEN **inżyniera**, PL **inżynierowie**,
LOC SING **inżynierze**) MASC NOUN
engineer
□ Jestem inżynierem. I am an engineer.

iPod® (GEN **iPoda**, PL **iPody**) MASC NOUN
iPod®

Irak (GEN **Iraku**, INST SING **Irakiem**, LOC SING **Iraku**)
MASC NOUN
Iraq
□ Czy byłeś kiedyś w Iraku? Have you ever been
to Iraq?

Iran (GEN **Iranu**, LOC SING **Iranie**) MASC NOUN
Iran
□ Nasz nowy sąsiad pochodzi z Iranu. Our new
neighbour comes from Iran. □ Przez rok
mieszkałem w Iranie. I lived in Iran for a year.

Irlandczyk (GEN **Irlandczyka**, PL **Irlandczycy**,
INST SING **Irlandczykiem**, LOC SING **Irlandczyku**)
MASC NOUN
Irishman
■ **Czy jesteś Irlandczykiem?** Are you Irish?
■ **Irlandczycy są zwykle bardzo gościnnymi
ludźmi.** The Irish are usually very hospitable
people.

Irlandia (GEN **Irlandii**, DAT SING AND LOC SING **Irlandii**)
FEM NOUN
Ireland
□ Czy byłeś kiedyś w Irlandii? Have you ever
been to Ireland? □ Irlandia Północna Northern
Ireland

Irlandka (GEN **Irlandki**, PL **Irlandki**, DAT SING AND
LOC SING **Irlandce**, GEN PL **Irlandek**) FEM NOUN
Irishwoman
□ Moja szefowa jest Irlandką. My boss is an
Irishwoman.

irlandzki ADJECTIVE
Irish
□ irlandzki pub **an Irish pub** □ irlandzkie piwo **Irish beer**

ironia (GEN **ironii**, DAT SING AND LOC SING **ironii**)
FEM NOUN
irony

ironiczny ADJECTIVE
ironic

irytować (**irytuję, irytujesz**) (PERF **zirytować**)
VERB
to irritate
□ Co cię najbardziej irytuje? **What irritates you the most?**
■ **irytować się kimś** to get annoyed with somebody □ Nie irytuj się na mnie! **Don't get annoyed at me!**

islam (GEN **islamu**, LOC SING **islamie**) MASC NOUN
Islam
□ wyznawca islamu **a follower of Islam**

islamski ADJECTIVE
Islamic
□ islamski kraj **an Islamic country**

Islandia (GEN **Islandii**, DAT SING AND LOC SING **Islandii**) FEM NOUN
Iceland
□ W ubiegłym roku byliśmy na Islandii. **We were in Iceland last year.**

istnieć (**istnieję, istniejesz**) VERB
to exist
□ Duchy istnieją tylko w wyobraźni. **Ghosts exist only in the imagination.**

istota (GEN **istoty**, PL **istoty**, DAT SING AND LOC SING **istocie**) FEM NOUN
creature
□ Planeta ta jest zamieszkała przez różne istoty. **This planet is home to various creatures.**
■ **istota ludzka** human being
■ **w istocie** in fact

istotnie ADVERB
1 indeed

□ Ten aktor jest istotnie bardzo utalentowany. **This actor is indeed very talented.**
2 fundamentally
□ Jan miał poważny wypadek, po którym istotnie zmieniło się jego podejście do życia. **Jan had a serious accident, after which his attitude to life changed fundamentally.**
3 significantly
□ Standard życia na wsi istotnie się poprawił. **Living standards in country areas have significantly improved.**

istotny ADJECTIVE
1 real
□ Istotne powody rezygnacji premiera nie są znane. **The real reasons for the Prime Minister's resignation are unknown.**
2 essential
□ Warzywa są istotnym elementem diety. **Vegetables are an essential part of a diet.**
3 important
□ Ta kwestia jest bardzo istotna. **This question is very important.**

iść (**idę, idziesz**) VERB
to go
□ iść piechotą **to go on foot**

itd. ABBREVIATION (= *i tak dalej*)
etc.

itp. ABBREVIATION (= *i tym podobne, i tym podobnie*)
etc.

izolować (**izoluję, izolujesz**) (PERF **odizolować**)
VERB
1 to separate
□ Musisz odizolować świat marzeń od świata realnego. **You need to separate the dream world from the real world.**
2 to insulate (PERF **zaizolować**)
■ **izolować okna** to insulate the windows

Izrael (GEN **Izraela**, LOC SING **Izraelu**) MASC NOUN
Israel
□ On pochodzi z Izraela. **He comes from Israel.**

Jj

ja (ACC AND GEN **mnie**, DAT **mi**, INST **mną**, LOC **mnie**) PRONOUN

I

□ mój brat i ja my brother and I □ Ja też lubię lody. I like ice cream too.

■ **Adam jest niższy niż ja.** Adam is shorter than me.

jabłko (GEN **jabłka**, PL **jabłka**, INST SING **jabłkiem**, GEN PL **jabłek**) NEUT NOUN

apple

□ dojrzałe jabłko a ripe apple □ Czy lubisz jabłka? Do you like apples?

jadalnia (GEN **jadalni**, PL **jadalnie**, GEN PL, DAT SING AND LOC SING **jadalni**) FEM NOUN

dining room

□ Jadalnia jest naprzeciwko kuchni. The dining room is across from the kitchen.

jadalny ADJECTIVE

edible

□ jadalne grzyby edible mushrooms

jadę VERB ▷ zobacz **jechać**

jadł VERB ▷ zobacz **jeść**

jadłospis (GEN **jadłospisu**, PL **jadłospisy**, LOC SING **jadłospisie**) MASC NOUN

menu

□ Kelner przyniósł jadłospis. The waiter brought the menu.

jajko (GEN **jajka**, PL **jajka**, INST SING **jajkiem**, GEN PL **jajek**) NEUT NOUN

egg

□ jajko sadzone fried egg □ kanapka z jajkiem an egg sandwich

jak PRONOUN

▷ zobacz też **jak** CONJUNCTION

1 how (zaimek pytajny)

□ Jak daleko? How far? □ Jak się masz? How are you? □ Wiesz, jak to napisać? Do you know how to write that?

■ **Nie wiemy, jak wygląda nowe mieszkanie.** We don't know what the new flat looks like.

■ **Jak on wygląda? 1** What does he look like? **2** How does he look?

■ **Jak wspaniale!** How wonderful!

2 as

like (US: zaimek względny)

□ Zrobił, jak chciałem. He did as I wanted.

jak CONJUNCTION

▷ zobacz też **jak** PRONOUN

1 as

■ **tak … jak** as … as □ Jest tak przystojny jak ja. He's as handsome as me.

■ **Jest za młody jak na dyrektora.** He is too young to be a director.

■ **tak jak …** just like …

2 when

□ Jak skończysz, idź do domu. Go home when you finish.

■ **Widziałem go, jak przechodził przez ulicę.** I saw him crossing the street.

3 if

□ Jak chcesz, możemy pójść na spacer. We can go for a walk if you like. □ Jak nie ten, to tamten. If not this one, then that one.

■ **jak gdyby** as if

jaki PRONOUN

LANGUAGE TIP jaki declines like an adjective

1 what

□ Jakie lody lubisz? What ice cream do you like? □ Jaki to język? What language is that?

2 which (dokonując wyboru z podanych opcji)

□ Jakie chcesz piwo: małe czy duże? Which would you prefer, a half or a pint?

3 how

□ Jaka ona jest piękna! How beautiful she is!

4 what

□ Jaki piękny dom! What a beautiful house!

jakiś (FEM **jakaś**, NEUT **jakieś**) PRONOUN

some

□ Jakiś student pytał o ciebie. Some student was asking about you.

■ **Wróci za jakąś godzinę.** He'll be back in an hour or so.

■ **Był jakiś markotny.** He was somewhat glum.

jako CONJUNCTION

as

□ Ja jako były prezydent… As a former chairman, I…

■ **jako tako** so-so

jakość (GEN **jakości**, DAT SING AND LOC SING **jakości**) FEM NOUN

quality

□ jakość kawy the quality of the coffee

Japonia (GEN **Japonii**, DAT SING AND LOC SING **Japonii**) FEM NOUN

Japan

□ Bardzo chciałbym pojechać do Japonii. I would very much like to go to Japan.

j

japoński ADJECTIVE
Japanese
□ japońska kuchnia Japanese cooking

jarmark MASC NOUN

> **DID YOU KNOW...?**
> **Jarmark** is a kind of fair, taking place on set dates in towns and villages. A traditional **jarmark** is a combination of trade and entertainment in a festive atmosphere. Efforts are made to preserve this tradition in many Polish towns.

jarski ADJECTIVE
vegetarian
□ dania jarskie vegetarian dishes

jasno ADVERB
1 clearly
□ Ten podręcznik jasno wyjaśnia zasady gramatyki. This textbook clearly explains the rules of grammar.
2 brightly
□ Gwiazdy świeciły jasno. The stars were shining brightly.

jasny ADJECTIVE
1 bright
□ jasny pokój a bright room
2 blonde
□ jasne włosy blonde hair
3 light
□ sukienka w jasnym kolorze a light coloured dress
4 pale
□ jasna cera a pale complexion
5 clear
□ jasne wyjaśnienie a clear explanation □ Czy to jest jasne? Is that clear?

jawny ADJECTIVE
1 public
□ jawny proces a public trial
2 blatant
□ jawne kłamstwa blatant lies

jazda (GEN **jazdy**, PL **jazdy**, DAT SING AND LOC SING **jeździe**) FEM NOUN
■ jazda samochodem a drive
■ jazda autobusem a bus journey
■ jazda motocyklem a motorbike ride
■ jazda konna horse riding
■ prawo jazdy a driving licence; a driver's license (US)
■ rozkład jazdy a timetable; a schedule (US)

ją PRONOUN ▷ *zobacz* **ona**

je PRONOUN ▷ *zobacz* **ono, one**

jechać (**jadę, jedziesz**) (IMPERATIVE **jedź**, PERF **pojechać**) VERB ▷ *zobacz* **jeździć**
1 to go
□ Dokąd jedziesz na wakacje? Where are you going on holiday? □ Jutro jadę do Paryża. I'm going to Paris tomorrow. □ Do pracy zawsze jadę motocyklem. I always go to work on my motorbike.
2 to drive
□ Jest bardzo ostrożnym kierowcą i zawsze jedzie zgodnie z przepisami. He is a very careful

driver and always drives by the book.

jeden (FEM **jedna**, NEUT **jedno**) NUMBER
▷ *zobacz też* **jeden** ADJECTIVE

> **LANGUAGE TIP jeden** declines like an adjective

one
□ jedna druga one half □ jeszcze jeden one more □ ani jeden not a single one

jeden (FEM **jedna**, NEUT **jedno**) ADJECTIVE
▷ *zobacz też* **jeden** NUMBER
one
□ jedna z najlepszych marek samochodu one of the best makes of motor car
■ z jednej strony ..., z drugiej strony ... on the one hand ..., on the other hand ...

jedenasty NUMBER

> **LANGUAGE TIP jedenasty** declines like an adjective

eleventh
□ jedenaste piętro the eleventh floor

jedenaście NUMBER

> **LANGUAGE TIP jedenaście** declines like an adjective

eleven
□ jedenaścioro uczniów eleven pupils

jednak CONJUNCTION
1 yet
2 but
□ Był chory, ale jednak poszedł do pracy. He was ill, but he went to work.

jednakowy ADJECTIVE
1 equal
□ jednakowe prawa equal rights
2 identical
□ jednakowe bliźniaki identical twins
■ Nosimy buty w jednakowym rozmiarze. We take the same shoe size.

jedno PRONOUN ▷ *zobacz* **jeden**
1 one thing
□ Jedno jest pewne. One thing is for certain.
2 one
□ Wspomnienia z wszystkich wakacji zlały się w jedno. Memories from all the holidays had blurred into one.

jednocześnie ADVERB
simultaneously

jednodniowy ADJECTIVE
1 one-day
□ jednodniowe seminarium a one-day conference
2 one-day-old
□ jednodniowy zarost one-day-old stubble

jednoosobowy ADJECTIVE
1 one-person
2 single
□ jednoosobowy pokój a single room

jednostka (GEN **jednostki**, PL **jednostki**, DAT SING AND LOC SING **jednostce**, GEN PL **jednostek**) FEM NOUN
1 individual
2 unit
□ jednostka miary czasu a unit of time.

jedność (GEN **jedności**, DAT SING AND LOC SING **jedności**) FEM NOUN
unity

jedynak (GEN **jedynaka**, PL **jedynacy**, INST SING **jedynakiem**) MASC NOUN
only child
□ Jestem jedynakiem. I am an only child.

jedynie ADVERB
only
□ Doktor przyjmuje jedynie do południa. The doctor only sees patients up to midday. □ Bilet powrotny kosztuje jedynie 10zł. A return ticket only costs 10 zlotys.

jedynka (GEN **jedynki**, PL **jedynki**, DAT SING **jedynce**, GEN PL **jedynek**) FEM NOUN
1 one
□ Oprogramowanie składa się z wielu jedynek i zer. Software consists of lots of ones and zeros.
2 F
□ Nie przygotował się do sprawdzianu, więc nic dziwnego, że dostał jedynkę. He didn't prepare for the test, so it's not surprising that he got an F.

jedyny ADJECTIVE
1 only
□ To jest moja jedyna czapka. This is the only cap I've got. □ Ta praca jest moim jedynym źródłem dochodu. This job is my only source of income.
■ jedyny w swoim rodzaju the only one of its kind
2 beloved
■ Jest dla niego tą jedyną kobietą. She is the love of his life.

jedzenie (GEN **jedzenia**) NEUT NOUN
food
□ W lodówce nie ma już żadnego jedzenia. There's no more food left in the fridge.
□ Obsługa była doskonała, ale jedzenie kiepskie. The service was excellent, but the food was dire.

jego PRONOUN ▷ zobacz on, ono
jej PRONOUN ▷ zobacz ona
jemu PRONOUN ▷ zobacz on, ono
jesień (GEN **jesieni**, PL **jesienie**, GEN PL, DAT SING AND LOC SING **jesieni**) FEM NOUN
autumn
fall (US)
□ Jesień jest moją ulubioną porą roku. Autumn is my favourite season of the year.

jest VERB ▷ zobacz być
jeszcze ADVERB
1 still
□ On jest jeszcze praktykantem. He is still a trainee. □ Mamy jeszcze godzinę. We still have an hour.
2 yet
□ Jeszcze nie zadzwonił. He hasn't called yet.
3 even
□ jeszcze droższy even more expensive
□ Dziś jest jeszcze cieplej niż wczoraj. It's even warmer today than it was yesterday.
4 more

□ jeszcze jeden przykład one more example
□ jeszcze raz one more time
■ Coś jeszcze? Anything else?
■ Poczekaj jeszcze parę minut. Wait another few minutes.

jeść (**jem**, **jesz**) (3 PL **jedzą**, IMPERATIVE **jedz**, PT **jadł, jedli**, PERF **zjeść**) VERB
to eat
■ jeść kanapkę to have a sandwich
■ Co zwykle jesz na śniadanie? What do you usually have for breakfast?
■ Chce mi się jeść. I'm hungry.

jeśli CONJUNCTION ▷ zobacz jeżeli
if
□ Jeśli chcesz, pójdziemy do kina. We can go to the cinema if you want. □ Jeśli nie teraz, to kiedy? If not now, when? □ Jeśli nie przestanie padać, zostaniemy w domu. If it doesn't stop raining we'll stay at home.

jezioro (GEN **jeziora**, PL **jeziora**, LOC SING **jeziorze**) NEUT NOUN
lake
□ głębokie jezioro a deep lake □ W weekendy często jeździmy nad jezioro popływać. At weekends we often go to the lake for a swim.

jeździć (**jeżdżę, jeździsz**) (IMPERATIVE **jeźdź**) ▷ zobacz jechać VERB
1 to go
□ Na urlop zwykle jeździmy do Hiszpanii. We usually go on holiday to Spain.
■ Czym jeździsz do pracy? How do you get to work?
2 to ride
□ Czy umiesz jeździć na rowerze? Can you ride a bike?
3 to drive
□ Zbyt szybko jeździsz samochodem. You drive too fast.
4 to run
□ Podczas świąt nie jeżdżą żadne środki komunikacji miejskiej. On public holidays none of the city transport systems run.
■ jeździć na nartach to ski

jeżeli CONJUNCTION
if ▷ zobacz jeśli

język (GEN **języka**, PL **języki**, INST SING **językiem**) MASC NOUN
1 language
□ Jakie zna pan języki pan? What languages do you speak?
■ język ojczysty mother tongue
2 tongue
□ Kawa była bardzo gorąca i dlatego poparzyła się w język. The coffee was very hot and that's how she burnt her tongue.

jogurt (GEN **jogurtu**, PL **jogurty**, LOC SING **jogurcie**) MASC NOUN
yoghurt
□ płatki z jogurtem cereal and yoghurt
□ jogurt brzoskwiniowy peach yoghurt

jubiler (GEN **jubilera**, PL **jubilerzy**, LOC SING **jubilerze**) MASC NOUN

j

1 jeweller
  jeweler (US)
  □ Jest jubilerem. He is a jeweller.
2 jeweller's
  jeweler's (US)
  □ Papierniczy jest między jubilerem i
  obuwniczym. The stationer's is between the
  jeweller's and the shoe shop.

Jugosławia (GEN Jugosławii, DAT SING AND LOC SING
  Jugosławii) FEM NOUN
  □ Republiki byłej Jugosławii the former Yugoslavia

jury NEUT NOUN

  > LANGUAGE TIP jury does not decline

  jury
  □ decyzja jury the jury's decision

jutro (GEN jutra, LOC SING jutrze) NEUT NOUN
  ▷ zobacz też jutro ADVERB
  tomorrow
  □ Od jutra drożeją ceny biletów. From tomorrow
  the price of tickets goes. □ Wszystko odkłada
  na jutro. He puts off everything till tomorrow.
  ■ niepewność jutra the uncertainty of the
  future

jutro (GEN jutra, LOC SING jutrze) ADVERB
  ▷ zobacz też jutro NEUT NOUN
  tomorrow
  □ jutro rano tomorrow morning □ Jutro będzie
  padać. Tomorrow it's going to rain.
  ■ Do jutra! See you tomorrow!

jutrzejszy ADJECTIVE
  tomorrow's
  □ jutrzejsze spotkanie tomorrow's meeting

juwenalia NOUN

  DID YOU KNOW…?
  A **juwenalia** is a student festival that
  takes place every year in May or June in
  university cities. Typically lasting up to
  ten days, it features parties, concerts
  and sports events.

już ADVERB
1 already
  □ Już to zrobiliśmy. We've already done it.
2 yet
  □ Czy skończyła już czytać tę gazetę? Has she
  finished reading that newspaper yet?
3 any more
  □ Ona już tutaj nie mieszka. She doesn't live
  here any more.

Kk

kabel (GEN **kabela**, PL **kabele**, GEN PL **kabeli**) MASC NOUN
cable

□ kabel telefoniczny a telephone cable

kabina (GEN **kabiny**, PL **kabiny**, DAT SING AND LOC SING **kabinie**) FEM NOUN

1 cabin

□ kabina samolotu an aircraft cabin

2 cubicle

□ kabina prysznicowa a shower cubicle
□ Czy jest jakaś wolna kabina w przebieralni? Is there a free cubicle in the changing room?

3 booth

□ kabina telefoniczna booth

kac (GEN **kaca**, PL **kace**, ACC SING **kaca**, LOC SING **kacu**) MASC NOUN
hangover

□ Nie przyszedł do pracy, bo miał kaca. He didn't come to work because he had a hangover.

kaczka (GEN **kaczki**, PL **kaczki**, DAT SING AND LOC SING **kaczce**, GEN PL **kaczek**) FEM NOUN
duck

□ kaczka zapiekana z jabłkami roast duck with apples

kadry PL NOUN
personnel

□ Muszę spytać w kadrach, ile urlopu mi jeszcze zostało. I need to ask personnel what holidays I've got left.

kajak (GEN **kajaku**, PL **kajaki**, INST SING **kajakiem**, LOC SING **kajaku**) MASC NOUN
canoe

■ pływać *imperf* kajakiem to canoe

kakao NEUT NOUN

⸾ **LANGUAGE TIP** kakao does not decline
cocoa

□ W sobotę na śniadanie zawsze pijemy gorące kakao. On Saturdays we always drink hot cocoa at breakfast.

kalafior (GEN **kalafiora**, PL **kalafiory**, LOC SING **kalafiorze**) MASC NOUN
cauliflower

□ sałatka z kalafiora a cauliflower salad

kaleczyć (**kaleczę, kaleczysz**) (PERF **skaleczyć**) VERB
to cut

□ Kucharze często kaleczą się nożem. Cooks often cut themselves with knives.

■ kaleczyć (PERF **skaleczyć**) się w nogę to cut one's leg

kaleka (GEN **kaleki**, PL **kaleki**, DAT SING AND LOC SING **kalece**) MASC AND FEM NOUN

⸾ **LANGUAGE TIP** kaleka declines like a feminine noun
cripple

■ Został kaleką po wypadku samochodowym. He was crippled in a car accident.

■ kaleka życiowy lame duck

kalendarz (GEN **kalendarza**, PL **kalendarze**, LOC SING **kalendarzu**, GEN PL **kalendarzy**) MASC NOUN

1 calendar

□ Na ścianie powiesił kalendarz ze zdjęciami krajobrazów. On the wall he hung a calendar with photos of landscapes.

2 diary

□ Datę spotkania zapisał w swoim kalendarzu. He wrote down the date of the meeting in his diary.

kalkulator (GEN **kalkulatora**, PL **kalkulatory**, LOC SING **kalkulatorze**) MASC NOUN
calculator

□ kalkulator kieszonkowy a pocket calculator

kaloryfer (GEN **kaloryfera**, PL **kaloryfery**, LOC SING **kaloryferze**) MASC NOUN
radiator

■ kaloryfer elektryczny an electric heater

kamera (GEN **kamery**, PL **kamery**, LOC SING **kamerze**) FEM NOUN
camera

□ kamera wideo a video camera

⸾ **LANGUAGE TIP** An ordinary camera for taking photographs is **aparat**.

kamienica (GEN **kamienicy**, PL **kamienice**, DAT SING AND LOC SING **kamienice**) FEM NOUN
tenement

□ Mieszkają w kamienicy przy Rynku. They live in a tenement next to the Market.

kamienny ADJECTIVE

1 stone

□ kamienny mur a stone wall □ kamienna rzeźba a stone sculpture

2 inscrutable

□ kamienny wyraz twarzy an inscrutable expression

3 sound

□ kamienny sen a sound sleep

■ kamienny spokój a dead calm

kamień (GEN **kamienia**, PL **kamienie**, GEN PL **kamieni**) MASC NOUN

1 stone
   □ dom z kamienia a stone house □ Podniósł kamień z ziemi i rzucił nim w okno. He picked up a stone from the ground and threw it at the window.
   ■ **kamień szlachetny** gemstone
   ■ **kamień żółciowy** gallstone

2 limescale
   □ Co najlepiej usuwa kamień z wanny? What's the best thing for removing limescale from a bath?
   ■ **Śpi jak kamień.** He is sleeping like a log.

kamizelka (GEN **kamizelki**, PL **kamizelki**, DAT SING AND LOC SING **kamizelce**, GEN PL **kamizelek**) FEM NOUN
waistcoat
vest (US)
   □ Policjant ma kamizelkę kuloodporną. The policeman has a bullet-proof vest.
   ■ **mieć na sobie kamizelkę ratunkową** to wear a life jacket

kamyk (GEN **kamyka**, PL **kamyki**, INST SING **kamykiem**, LOC SING **kamyku**) MASC NOUN
pebble

Kanada (GEN **Kanady**, LOC SING **Kanadzie**) FEM NOUN
Canada
   □ On pochodzi z Kanady. He comes from Canada.

Kanadyjczyk (GEN **Kanadyjczyka**, PL **Kanadyjczycy**, INST SING **Kanadyjczykiem**, LOC SING **Kanadyjczyku**) MASC NOUN
Canadian
   □ Jestem Kanadyjczykiem. I am Canadian.
   □ Kanadyjczycy często mówią dwoma językami. Canadians are often bilingual.

Kanadyjka (GEN **Kanadyjki**, PL **Kanadyjki**, DAT SING AND LOC SING **Kanadyjce**, GEN PL **Kanadyjek**) FEM NOUN
Canadian
   □ Czy ona jest Kanadyjką? Is she Canadian?

kanał (GEN **kanału**, PL **kanały**, LOC SING **kanale**) MASC NOUN

1 channel
   □ kanał wodny a water channel □ Ile kanałów telewizyjnych odbierasz? How many TV channels do you get?

2 sewer
   □ Ścieki i nieczystości odprowadzane są tym kanałem. Waste and impurities are taken away by the sewer.

3 canal
   □ Ten kanał łączy dwie rzeki. This canal connects two rivers.

kanapa (GEN **kanapy**, PL **kanapy**, DAT SING AND LOC SING **kanapie**) FEM NOUN
sofa

kanapka (GEN **kanapki**, PL **kanapki**, DAT SING AND LOC SING **kanapce**, GEN PL **kanapek**) FEM NOUN
sandwich
   □ kanapka z serem i sałatą a cheese and salad sandwich

kancelaria (GEN **kancelarii**, PL **kancelarie**, GEN PL, DAT SING AND LOC SING **kancelarii**) FEM NOUN
office
   □ Kancelaria Prezesa Rady Ministrów the Prime Minister's Office
   ■ **kancelaria adwokacka** chambers pl (Brit)

kandydat (GEN **kandydata**, PL **kandydaci**, LOC SING **kandydacie**) MASC NOUN
candidate
   □ kandydat na prezydenta a presidential candidate

kandydować (**kandyduję, kandydujesz**) VERB
   ■ **kandydować do parlamentu** to stand for Parliament; to run for Congress (US)

kangur (GEN **kangura**, PL **kangury**, LOC SING **kangurze**) MASC NOUN
kangaroo

kantor (GEN **kantora**, PL **kantory**, LOC SING **kantorze**) MASC NOUN
bureau de change
   □ Jaki jest kurs funta w tym kantorze? What is the rate for the pound at that bureau de change?

kapelusz (GEN **kapelusza**, PL **kapelusze**, LOC SING **kapeluszu**, GEN PL **kapeluszy**) MASC NOUN
hat
   □ kapelusz przeciwsłoneczny a sun hat
   ■ **kapelusz u grzyba** cap

kapitalistyczny ADJECTIVE
capitalist
   □ kapitalistyczne zasady capitalist principles

kapitalizm (GEN **kapitalizmu**, LOC SING **kapitalizmie**) MASC NOUN
capitalism
   □ rozwój kapitalizmu the development of capitalism

kaplica (GEN **kaplicy**, PL **kaplice**, DAT SING AND LOC SING **kaplicu**) FEM NOUN
chapel
   □ kaplica szpitalna a hospital chapel

kapłan (GEN **kapłana**, PL **kapłani**, LOC SING **kapłanie**) MASC NOUN
priest
   □ kapłan katolicki a Catholic priest □ kapłan buddyjski a Buddhist priest

kapusta (GEN **kapusty**, DAT SING AND LOC SING **kapuście**) FEM NOUN
cabbage
   □ główka kapusty a head of cabbage □ surówka z białej kapusty i marchewki white cabbage and carrot coleslaw
   ■ **kapusta kiszona** sauerkraut
   ■ **groch z kapustą** a hotch-potch

kapuśniak (GEN **kapuśniaku**, PL **kapuśniaki**, LOC SING **kapuśniaku**, INST SING **kapuśniakiem**) MASC NOUN
cabbage soup
   □ kapuśniak z pieczywem cabbage soup with bread

kara (GEN **kary**, PL **kary**, DAT SING AND LOC SING **karze**) FEM NOUN

1 punishment
□ kara śmierci **capital punishment**
2 fine
□ kara za jazdę bez ważnego biletu **a fine for travelling without a ticket**

karabin (GEN **karabinu**, PL **karabiny**, LOC SING **karabinie**) MASC NOUN
rifle
■ strzelać (PERF **strzelić**) z **karabinu maszynowego** to fire a machine gun

karać (**karzę, karzesz**) (PERF **ukarać**) VERB
1 to punish
□ Matka ukarała dziecko za jego złe zachowanie. **The mother punished the child for his bad behaviour.**
2 to penalize
□ Sędzia ukarał zawodnika za faul. **The referee penalized the player for a foul.**

kardiolog (GEN **kardiologa**, PL **kardiolodzy** or **kardiologowie**, INST SING **kardiologiem**, LOC SING **kardiologu**) MASC NOUN
cardiologist
□ Jest znanym kardiologiem. **He is a famous cardiologist.**

karetka (GEN **karetki**, PL **karetki**, DAT SING AND LOC SING **karetce**, GEN PL **karetek**) FEM NOUN
■ karetka pogotowia **ambulance**

kariera (GEN **kariery**, PL **kariery**, DAT SING AND LOC SING **karierze**) FEM NOUN
career
□ szczyt kariery **the peak of a career**
□ Ten utwór był początkiem jego długiej kariery. **This work was the beginning of his long career.**

kark (GEN **karku**, PL **karki**, INST SING **karkiem**, LOC SING **karku**) MASC NOUN
nape of the neck
■ Boli mnie kark. **I've got a sore neck.**
■ Ona ma głowę na karku. **She has her head screwed on.**
■ nadstawiać (PERF **nadstawić**) karku **to stick one's neck out**

karmić (**karmię, karmisz**) (PERF **nakarmić**) VERB
to feed
□ Te rybki trzeba karmić dwa razy dziennie. **You need to feed the fish twice a day.**
■ karmić się czymś **to feed on something**
■ Czym karmią się króliki? **What do rabbits eat?**

karnawał (GEN **karnawału**, PL **karnawały**, LOC SING **karnawale**) MASC NOUN
carnival

karnet (GEN **karnetu**, PL **karnety**, LOC SING **karnecie**) MASC NOUN
1 subscription card
□ Często chodzę do kina, więc w tym roku wykupiłem karnet. **I go to the cinema a lot, so this year I bought a subscription card.**
2 book of tickets
□ karnet na wyciąg narciarski **a book of tickets for the ski-lift**

karp (GEN **karpia**, PL **karpie**, LOC SING **karpiu**, GEN PL **karpi**) MASC NOUN
carp

□ karp smażony **fried carp**

Karpaty PL NOUN
▷ *zobacz też* **Karpaty** MASC NOUN (GEN PL **Karpat**, LOC PL **Karpatach**

Karpaty MASC NOUN
▷ *zobacz też* **Karpaty** PL NOUN
the Carpathian Mountains

karta (GEN **karty**, PL **karty**, DAT SING AND LOC SING **karcie**) FEM NOUN
card
□ grać w karty **to play cards** □ karta kredytowa **credit card** □ karta płatnicza **cash card**
■ karta telefoniczna **phonecard**
■ karta dań **menu**

kartka (GEN **kartki**, PL **kartki**, DAT SING AND LOC SING **kartce**, GEN PL **kartek**) FEM NOUN
1 sheet
□ kartka papieru **a sheet of paper**
2 page
3 postcard
□ Z wakacji zawsze wysyłamy wiele kartek. **We always send lots of postcards from our holidays.**
■ kartka urodzinowa **a birthday card**

kartofel (GEN **kartofla**, PL **kartofle**, LOC SING **kartoflu**, GEN PL **kartofli**) MASC NOUN ▷*zobacz* **ziemniak**
potato
□ pieczone kartofle **baked potatoes**

kartoteka (GEN **kartoteki**, PL **kartoteki**, DAT SING AND LOC SING **kartotece**, GEN PL **kartotek**) FEM NOUN
1 card index
□ Kartoteka szefa jest przechowywana w trzech szafach. **The boss's card index is stored in three cabinets.**
2 files *pl*
□ W naszej kartotece mamy dane dotyczące interesującego pana tematu. **In our files we have information relating to the matter you are interested in.**
3 file
□ kartoteka policyjna **a police file**
■ kartoteka medyczna **medical records** *pl*

kasa (GEN **kasy**, PL **kasy**, DAT SING AND LOC SING **kasie**) FEM NOUN
1 checkout
□ Prosimy płacić przy kasie. **Please pay at the checkout.**
2 till
□ Kasa się popsuła. **The till's broken.**
□ Prosimy płacić przy kasie. **Please pay at the till.**
3 dosh *(potoczny)*
□ Nie mamy żadnej kasy, więc nie możemy wyjść na piwo. **We've got no dosh, so we can't go for a pint.**

kaseta (GEN **kasety**, PL **kasety**, DAT SING AND LOC SING **kasecie**) FEM NOUN
cassette
□ kaseta magnetofonowa **an audio cassette**
■ wypożyczalnia kaset wideo **a video rental shop**

k

kasjer (GEN **kasjera**, PL **kasjerzy**, LOC SING **kasjerze**) MASC NOUN
cashier
□ Pracuje jako kasjer w sklepie papierniczym. He works as a cashier in a stationery shop.

kasjerka (GEN **kasjerki**, PL **kasjerki**, DAT SING AND LOC SING **kasjerce**, GEN PL **kasjerek**) FEM NOUN
cashier
□ Jest kasjerką w nowym sklepie spożywczym. She is a cashier in the new food shop.

kasza (GEN **kaszy**, PL **kasze**, DAT SING AND LOC SING **kaszy**) FEM NOUN
groats pl
■ **kasza gryczana** buckwheat
■ **kasza jęczmienna** barley

kaszanka (GEN **kaszanki**, PL **kaszanki**, DAT SING AND LOC SING **kaszance**, GEN PL **kaszanek**) FEM NOUN
black pudding
blood sausage (US)

kaszel (GEN **kaszlu**, LOC SING **kaszlu**) MASC NOUN
cough
□ suchy kaszel a dry cough □ syrop na kaszel cough syrup
■ **dostawać** (PERF **dostać**) **atak kaszlu** to have a coughing fit

kaszleć (**kaszlę, kaszlesz**) (PERF **kaszlnąć**) VERB
to cough

kataklizm (GEN **kataklizmu**, PL **kataklizmy**, LOC SING **kataklizmie**) MASC NOUN
disaster
□ kataklizm powodzi a flood disaster

katalog (GEN **katalogu**, PL **katalogi**, INST SING **katalogiem**, LOC SING **katalogu**) MASC NOUN
catalogue
catalog (US)
□ katalog alfabetyczny a catalogue arranged alphabetically □ katalog rzeczowy a subject catalogue

katar (GEN **kataru**, PL **katary**, LOC SING **katarze**) MASC NOUN
catarrh
□ Ma katar. He's got catarrh.
■ **katar sienny** hay fever

katastrofa (GEN **katastrofy**, PL **katastrofy**, DAT SING AND LOC SING **katastrofie**) FEM NOUN
1 accident
□ katastrofa kolejowa a railway accident; a railroad accident (US)
■ **katastrofa lotnicza** plane crash
2 catastrophe
□ katastrofa ekologiczna an ecological catastrophe
■ **Nasz wspólny wyjazd na urlop okazał się katastrofą.** Going on holiday together turned out a disaster.

katedra (GEN **katedry**, PL **katedry**, DAT SING AND LOC SING **katedrze**) FEM NOUN
1 cathedral
□ Ich ślub odbył się w katedrze. Their wedding was held in the cathedral.
2 lectern

□ Profesor wszedł na katedrę i rozpoczął wykład. The professor stepped up to the lectern and began his lecture.
3 department
□ szef katedry the head of department
■ **Katedra Ekonomii i Polityki Gospodarczej** The Chair of Economics and Economic Policy

kategoria (GEN **kategorii**, PL **kategorie**, GEN PL, DAT SING AND LOC SING **kategorii**) FEM NOUN
category
■ **obywatel drugiej kategorii** a second-class citizen

katolicki ADJECTIVE
Catholic
□ katolicka msza a Catholic Mass

katoliczka (GEN **katoliczki**, PL **katoliczki**, DAT SING AND LOC SING **katoliczce**, GEN PL **katoliczek**) FEM NOUN
Catholic
□ Jest głęboko wierzącą katoliczką. She is a devout Catholic.

katolik (GEN **katolika**, PL **katolicy**, INST SING **katolikiem**, LOC SING **katoliku**) MASC NOUN
Catholic
□ Czy jesteś katolikiem? Are you a Catholic?

kawa (GEN **kawy**, DAT SING AND LOC SING **kawie**) FEM NOUN
1 coffee beans pl
■ **mleć** (PERF **zemleć**) **ziarna kawy** to grind coffee beans
2 coffee
□ Poproszę dużą kawę z mlekiem. I'd like a large coffee with milk, please. □ Czy słodzisz kawę? Do you take sugar in your coffee? □ kawa rozpuszczalna instant coffee

kawaler (GEN **kawalera**, PL **kawalerowie** or **kawalerzy**, LOC SING **kawalerze**) MASC NOUN
bachelor
□ Nie jest jeszcze żonaty, jest nadal kawalerem. He's not married yet, he's still a bachelor.

kawalerka (GEN **kawalerki**, PL **kawalerki**, DAT SING AND LOC SING **kawalerce**, GEN PL **kawalerek**) FEM NOUN
one-room flat
one-room apartment (US)

kawał (GEN **kawału**, PL **kawały**, LOC SING **kawale**) MASC NOUN
1 big piece
□ Zjadł duży kawał tortu. He ate a great big piece of cake.
2 trick
□ Ale nam zrobiłeś niezły kawał! That's a nice trick you played on us!

kawałek (GEN **kawałka**, PL **kawałki**, INST SING **kawałkiem**, LOC SING **kawałku**) MASC NOUN
piece
□ Zjadła kawałek ciasta. She ate a piece of cake.

kawiarnia (GEN **kawiarni**, PL **kawiarnie**, DAT SING AND LOC SING **kawiarni**, GEN PL **kawiarni** or **kawiarń**) FEM NOUN
café

□ Często chodzimy do tej kawiarni, bo mają tu pyszną kawę. We often go to this café, because they have delicious coffee.

kazać (**każę, każesz**) VERB IMPERF/PERF
■ **kazać komuś coś zrobić** to tell somebody to do something □ Kazał mi odpowiedzieć na pytanie. He told me to answer the question.

każdy PRONOUN

LANGUAGE TIP każdy declines like an adjective

1 every
   □ Ma rację za każdym razem. He is right every time.
   ■ **W każdym razie trzeba tam pójść.** In any case one should go.
   ■ **o każdej porze dnia** any time of the day
2 everybody
   □ Ta biblioteka jest dostępna dla każdego, kto mieszka w okolicy. This library is open to everybody who lives in the neighbourhood.
3 each
   □ Mamy prezent dla każdego z was. We have a present for each of you.

kąpać (**kąpię, kąpiesz**) (PERF **wykąpać**) VERB
   to bath
   to bathe (US)
   □ Musimy wykąpać psa. We need to bath the dog.
   ■ **kąpać się 1** (w łazience) to have a bath
   2 (w morzu) to swim
   ■ **kąpać się w promieniach słońca** to sunbathe

kąpiel (GEN **kąpieli**, PL **kąpiele**, GEN PL **kąpieli**) FEM NOUN
1 bath
   ■ **brać** (PERF **wziąć**) **kąpiel w wannie** to have a bath
2 swim
   □ kąpiel w morzu a swim in the sea

kąpielówki (GEN **kąpielówek**) PL NOUN
   swimming trunks

kąt (GEN **kąta**, PL **kąty**, LOC SING **kącie**) MASC NOUN
1 angle
   □ kąt prosty a right angle
2 corner
   ■ **Kartony stoją w kącie w kuchni.** The boxes are standing in a corner of the kitchen.
3 pad (potoczny)
   □ Mam w końcu własny kąt! I've finally got my own pad!

kciuk (GEN **kciuka**, PL **kciuki**, INST SING **kciukiem**, LOC SING **kciuku**) MASC NOUN
   thumb
   ■ **Trzymam za ciebie kciuki!** I'm keeping my fingers crossed for you.

keczup (GEN **keczupu**, LOC SING **keczupie**) MASC NOUN
   ketchup
   □ frytki z keczupem chips with ketchup (Brit); fries with ketchup (US)

kefir (GEN **kefiru**, LOC SING **kefirze**) MASC NOUN

DID YOU KNOW...?
Kefir is a fermented milk drink popular in Eastern European countries.

kelner (GEN **kelnera**, PL **kelnerzy**, LOC SING **kelnerze**) MASC NOUN
   waiter
   □ Jest kelnerem. He's a waiter.

kelnerka (GEN **kelnerki**, PL **kelnerki**, DAT SING AND LOC SING **kelnerce**, GEN PL **kelnerek**) FEM NOUN
   waitress
   □ Poprosiliśmy kelnerkę o rachunek. We asked the waitress for the bill.

kemping (GEN **kempingu**, PL **kempingi**, INST SING **kempingiem**, LOC SING **kempingu**) MASC NOUN
   campsite
   camping ground (US)

kibic (GEN **kibica**, PL **kibice**, LOC SING **kibicu**) MASC NOUN
   supporter
   □ Jest kibicem zmian w systemie oświaty. He is a supporter of change in the education system.
   fan
   □ kibic sportowy a sports fan □ Na mecze tej drużyny zawsze przychodzi wielu kibiców. This team's fans always turn out to the games.

kibicować (**kibicuję, kibicujesz**) VERB +dat
1 to support
   □ Kibicuje naszej drużynie od lat. He has supported our team for years.
2 to watch
   □ Rodzice kibicowali dzieciom, gdy przygotowywały się one do szkolnego przedstawienia. The parents watched their children rehearsing for the school concert.

kichać (**kicham, kichasz**) (PERF **kichnąć**) VERB
   to sneeze
   □ Kicha i kaszle od samego rana. Chyba jest przeziębiony. He's been coughing and sneezing all day. I think he's got the cold.
   ■ **Kicham na problemy.** I couldn't care less about the problems.

kiedy PRONOUN
   ▷ zobacz też kiedy CONJUNCTION
   when
   □ Kiedy przyjdziesz? When will you arrive?
   ■ **Od kiedy pracujesz?** How long have you been working?
   ■ **Pójdziemy kiedy bądź.** We can go at any time.
   ■ **Zrobimy to kiedy indziej.** We'll do it some other time.

kiedy CONJUNCTION
   ▷ zobacz też kiedy PRONOUN
1 when
   □ Codziennie wydaje fortunę, kiedy powinna oszczędzać. Every day she spends a fortune, when she ought to be watching her money.
   ■ **Zrobię to, kiedy tylko będę miał okazję.** I'll do it whenever I get the chance.
   ■ **Kiedy tylko wstałem, on wyszedł.** As soon as I got up, he went out.

2 while
□ Dopiero zaczynają dyskusję, kiedy już potrzebna jest ostateczna decyzja. They're just beginning a discussion, while what we need now is a final decision.

kiedykolwiek ADVERB
1 whenever
□ Odwiedź nas, kiedykolwiek chcesz. Come and see us whenever you want.

2 ever
□ Czy byłaś kiedykolwiek w Londynie? Have you ever been to London?

kieliszek (GEN **kieliszka**, PL **kieliszki**, INST SING **kieliszkiem**, LOC SING **kieliszku**) MASC NOUN
glass
□ kieliszek do wina a wine glass
■ kieliszek do jajek an egg-cup

kiełbasa (GEN **kiełbasy**, PL **kiełbasy**, LOC SING **kiełbasie**) FEM NOUN
sausage
□ plasterek kiełbasy a slice of sausage

kierować (**kieruję, kierujesz**) (PERF **skierować**) VERB

> **LANGUAGE TIP** When kierować means **to drive**, **to steer** or **to be in charge of**, it takes the instrumental.

1 to drive
□ Czy umiesz kierować autobusem? Can you drive a bus?

2 to steer
□ Premier skierował dyskusję na temat dotyczący gospodarki. The Prime Minister steered the discussion on to the topic of the economy.

3 to be in charge of
□ Kto kieruje tym działem? Who is in charge of this department?
■ Kieruje małą firmą internetową. He runs a small internet company.

4 to refer
□ Lekarz ogólny skierował mnie do dermatologa. The GP referred me to a dermatologist.

5 to address
□ Słowa serdecznego podziękowania skierował do rodziców. He addressed a hearty thanks to his parents.

6 to direct
□ Swoją uwagę skierowała na dzieci. She directed her attention to the children.
■ kierować (PERF skierować) się do +*gen* to head towards □ Po zajęciach studenci skierowali się do kantyny. After class the students headed towards the canteen.

kierowca (GEN **kierowcy**, PL **kierowcy**, DAT SING AND LOC SING **kierowcy**) MASC NOUN

> **LANGUAGE TIP** kierowca declines like a feminine noun in the singular

1 driver
□ Jest kiepskim kierowcą. He's a lousy driver.

2 chauffeur

□ Pracuje jako kierowca u dyrektora banku. He works as a chauffeur for a bank director.

kierownica (GEN **kierownicy**, PL **kierownice**, DAT SING AND LOC SING **kierownicy**) FEM NOUN
■ kierownica samochodu steering wheel
■ kierownica roweru handlebars *pl*

kierownik (GEN **kierownika**, PL **kierownicy**, INST SING **kierownikiem**, LOC SING **kierowniku**) MASC NOUN
manager
□ Kto jest kierownikiem tego działu? Who is the manager of this department?

kierunek (GEN **kierunku**, PL **kierunki**, LOC SING **kierunku**) MASC NOUN
1 direction
□ w tym samym kierunku in the same direction
□ Jaki kierunek wskazuje kompas? What direction does the compass point?
■ w kierunku Warszawy towards Warsaw

2 subject
major (US)
□ Kierunki takie jak prawo i medycyna są zawsze oblegane. Subjects like law and medicine are always over-subscribed.

kieszeń (GEN **kieszeni**, PL **kieszenie**, DAT SING AND LOC SING **kieszeni**, GEN PL **kieszeni**) MASC NOUN
pocket
□ Włożył rękę do kieszeni. He put his hands in his pockets.

kieszonkowiec (GEN **kieszonkowca**, PL **kieszonkowcy**, LOC SING **kieszonkowcu**) MASC NOUN
pickpocket
□ Prosimy uważać na kieszonkowców. Please beware of pickpockets.

kij (GEN **kija**, PL **kije**, LOC SING **kiju**) MASC NOUN
stick
■ Musimy kupić nowy kij do miotły. We need to buy a new brush-handle.
■ kij bilardowy cue
■ kij golfowy golf club

kilka NUMBER
several

kilo NEUT NOUN

> **LANGUAGE TIP** kilo does not decline

kilo
□ kilo maki a kilo of poppy-seeds

kilogram (GEN **kilograma**, PL **kilogramy**, LOC SING **kilogramie**) MASC NOUN
kilo
□ 29 złotych za kilogram 29 zlotys per kilo

kilometr (GEN **kilometra**, PL **kilometry**, LOC SING **kilometrze**) MASC NOUN
kilometre
kilometer (US)
□ 90 kilometrów na godzinę 90 kilometres an hour □ w odległości pięciu kilometrów five kilometres away

kim PRONOUN

> **LANGUAGE TIP** kim is the instrumental and locative form of kto

■ Z kim się spotkałeś? Who did you meet?

kimś PRONOUN

> :::: **LANGUAGE TIP** kimś is the instrumental
> and locative form of **ktoś**

■ **Trudno jest pracować z kimś, kto nie jest punktualny.** It is difficult working with somebody who isn't punctual.

kino (GEN **kina**, PL **kina**, LOC SING **kinie**) NEUT NOUN
cinema
movie theater (US)
□ iść (PERF pójść) do kina to go to the cinema □ Co grają dziś w kinie? What's on at the cinema today? □ Interesuję się kinem europejskim. I am interested in European cinema.

kiosk (GEN **kiosku**, PL **kioski**, INST SING **kioskiem**, LOC SING **kiosku**) MASC NOUN
kiosk
□ W tym kiosku sprzedają bilety autobusowe. They sell bus tickets at this kiosk.

kiszony ADJECTIVE
pickled
□ kiszone ogórki pickled cucumbers
■ **kiszona kapusta** sauerkraut

klamka (GEN **klamki**, PL **klamki**, DAT SING AND LOC SING **klamce**, GEN PL **klamek**) FEM NOUN
door handle

klapek (GEN **klapka**, PL **klapki**) MASC NOUN
flip-flops *pl*
□ Kiedy jestem nad morzem, zwykle chodzę w klapkach. When I'm at the seaside, I often go about in flip-flops.

klasa (GEN **klasy**, PL **klasy**, DAT SING AND LOC SING **klasie**) FEM NOUN
1 class
□ miejsca w pierwszej klasie seats in first class □ Do której klasy chodzi państwa córka? What class is your daughter in?
2 classroom
□ W której klasie jest kurs polskiego? Which classroom is the Polish class in?
3 year group
grade (US)

klasówka (GEN **klasówki**, PL **klasówki**, DAT SING AND LOC SING **klasówce**, GEN PL **klasówek**) FEM NOUN
test
■ **dostawać** (PERF **dostać**) **piątkę z klasówki** to get top marks in the class test

klasyfikować (**klasyfikuję, klasyfikujesz**) (PERF **sklasyfikować**) VERB
to classify

klasztor (GEN **klasztoru**, PL **klasztory**, LOC SING **klasztorze**) MASC NOUN
1 monastery *(dla zakonników)*
■ **klasztor buddyjski** a Buddhist monastery
2 convent *(dla zakonnic)*

klawiatura (GEN **klawiatury**, PL **klawiatury**, DAT SING AND LOC SING **klawiaturze**) FEM NOUN
keyboard
□ polska klawiatura a Polish keyboard

klej (GEN **kleju**, PL **kleje**, LOC SING **kleju**) MASC NOUN
glue

□ Przykleiłam uszko do kubka klejem. I stuck the handle on to the mug with glue.

klient (GEN **klienta**, PL **klienci**, LOC SING **kliencie**) MASC NOUN
1 customer
□ W weekendy w naszym sklepie jest wielu klientów. Weekends we have a lot of customers in the shop.
2 client
□ Ilu klientów ma ten prawnik? How many clients does this lawyer have?

klientka (GEN **klientki**, PL **klientki**, DAT SING AND LOC SING **klientce**, GEN PL **klientek**) FEM NOUN
1 customer
□ Klientki tego sklepu są bardzo wymagające. The customers in this shop are very demanding.
2 client
□ Ta pani jest najstarszą klientką naszego salonu. This lady is our salon's oldest client.

klimat (GEN **klimatu**, PL **klimaty**, LOC SING **klimacie**) MASC NOUN
climate
■ **ocieplenie się klimatu** climate change

klimatyzacja (GEN **klimatyzacji**, PL **klimatyzacje**, GEN PL, DAT SING AND LOC SING **klimatyzacji**) FEM NOUN
air conditioning
□ Klimatyzacja się znowu popsuła. The air-conditioning has broken down again.

klimatyzowany ADJECTIVE
air-conditioned
□ klimatyzowany pokój an air-conditioned room

klinika (GEN **kliniki**, PL **kliniki**, DAT SING AND LOC SING **klinice**, GEN PL **klinik**) FEM NOUN
clinic
□ klinika chirurgii plastycznej a plastic surgery clinic

klub (GEN **klubu**, PL **kluby**, LOC SING **klubie**) MASC NOUN
club
□ klub nocny a night club
■ **klub studencki** student club

klucz (GEN **klucza**, PL **klucze**, LOC SING **kluczu**, GEN PL **kluczy**) MASC NOUN
1 key
□ klucz do domu a key to the house
■ **zamykać** (PERF **zamknąć**) **coś na klucz** to lock something
2 spanner
wrench (US)
3 key
□ Dobra dieta to klucz do zdrowia. A good diet is the key to good health. □ 'Klucz do ćwiczeń' 'Key to the exercises'

kluska (GEN **kluski**, PL **kluski**, DAT SING AND LOC SING **klusce**, GEN PL **klusek**) FEM NOUN
dumpling
□ kluski z serem dumplings with cheese

kłamać (**kłamię, kłamiesz**) (PERF **skłamać**) VERB
to lie
□ Zawsze kłamie. He's always lying.

k

73

kłamca (GEN **kłamcy**, PL **kłamcy**, LOC SING **kłamcy**) MASC NOUN

> **LANGUAGE TIP kłamca** declines like a feminine noun in the singular

liar

□ Jest znanym kłamcą – nigdy nie wierz w to, co mówi. He's a well-known liar – never believe a word he says.

kłamstwo (GEN **kłamstwa**, PL **kłamstwa**, LOC SING **kłamstwie**) NEUT NOUN

lie

□ wierutne kłamstwo a downright lie

kłaniać się (**kłaniam**, **kłaniasz**) (PERF **ukłonić**) VERB

to bow

□ Kiedy ją zobaczył, głęboko się ukłonił. When he saw her, he bowed low.

kłaść (**kładę**, **kładziesz**) (IMPERATIVE **kładź**, PT **kładł**, PERF **położyć**) VERB

to put

□ Położył talerz na stół. He put the plate on the table.

■ **kłaść się 1** to lie down □ Po południu zwykle kładę się na pół godziny. I often lie down for half an hour in the afternoon. **2** to go to bed □ O której zwykle kładziesz się spać? What time do you usually go to bed?

kłopot (GEN **kłopotu**, PL **kłopoty**, LOC SING **kłopocie**) MASC NOUN

problem

□ Kłopot w tym, że mam naprawdę niewiele czasu. The problem is I don't really have much time.

■ **kłopoty** trouble *sing* □ W szkole ma ciągle kłopoty. He's always in trouble at school.

□ On znów wpadł w kłopoty. He's in trouble again.

kłopotliwy ADJECTIVE

1 inconvenient

□ kłopotliwa prawda an inconvenient truth

2 awkward

□ kłopotliwe pytanie an awkward question

kłócić się (**kłócę**, **kłócisz**) (IMPERATIVE **kłóć**, PERF **pokłócić**) VERB

to quarrel

□ Oni zawsze się kłócą o pieniądze. They're always quarrelling about money.

kłótnia (GEN **kłótni**, PL **kłótnie**, GEN PL, DAT SING AND LOC SING **kłótni**) FEM NOUN

dispute

□ kłótnia o pieniądze a dispute about money

kobiecy ADJECTIVE

1 feminine

□ kobiecy urok feminine allure □ kobieca figura a feminine figure

2 female

□ kobiece narządy rozrodcze female reproductive organs □ główna rola kobieca the leading female role

3 women's

□ kobieca prasa women's magazines

kobieta (GEN **kobiety**, PL **kobiety**, DAT SING AND LOC SING **kobiecie**, GEN PL **kobiet**) FEM NOUN

woman

□ kobieta sukcesu a successful woman

kochać (**kocham**, **kochasz**) VERB

to love

□ Kocham swoją pracę. I love my work.

■ **kochać się** to love each other

■ **kochać się w kimś** to be in love with somebody □ Kocha się w niej od lat. He has been in love with her for years.

kochany ADJECTIVE

dear

□ Mój kochany Adamie, ... My dear Adam, ... □ Dziękuję ci bardzo, jesteś kochana. Thanks awfully. You're a dear!

kod (GEN **kodu**, PL **kody**, LOC SING **kodzie**) MASC NOUN

code

□ kod dostępu do plików a file access code □ złamać *perf* kod to break a code

■ **kod pocztowy** postcode code; zip code (US)

kodeks (GEN **kodeksu**, PL **kodeksy**, LOC SING **kodeksie**) MASC NOUN

code

■ **kodeks drogowy** Highway Code *(Brit)*

kogo PRONOUN ▷ *zobacz* kto

kogoś PRONOUN ▷ *zobacz* ktoś

kokos (GEN **kokosu**, GEN **kokosa**, PL **kokosy**, LOC SING **kokosie**) MASC NOUN

coconut

kolacja (GEN **kolacji**, PL **kolacje**, GEN PL **kolacji**) FEM NOUN

1 supper

□ Co jest dzisiaj na kolację? What's for supper tonight?

2 dinner

□ Prezydent wydał kolację na cześć dostojnego gościa. The President gave a dinner in honour of his distinguished guest.

kolano (GEN **kolana**, PL **kolana**, LOC SING **kolanie**) NEUT NOUN

knee

■ Stał w wodzie po kolana. He was standing knee-deep in water.

kolczyk (GEN **kolczyka**, PL **kolczyki**, INST SING **kolczykiem**, LOC SING **kolczyku**) MASC NOUN

earring

□ srebrne kolczyki silver earrings

■ **kolczyk w dolnej wardze** a lower lip ring

kolega (GEN **kolegi**, PL **koledzy**, DAT SING AND LOC SING **koledze**) MASC NOUN

> **LANGUAGE TIP kolega** declines like a feminine noun in the singular

friend

□ Staszek bawi się z kolegami w ogrodzie. Staszek is playing with his friends in the garden.

■ **kolega ze szkoły** a school friend

■ **kolega ze studiów** a college friend

■ **kolega z pracy** colleague □ Mamy w pracy nowego kolegę. We've got a new colleague at work.

kolej (GEN **kolei**, PL **koleje**, GEN PL, DAT SING AND LOC SING **kolei**) FEM NOUN
1 railway
  railroad (US)
  □ Mój tata pracuje na kolei. My dad works on the railway.
  ■ **kolej podmiejska** a suburban line
2 turn
  □ Teraz jego kolej. It's his turn.
  ■ **po kolei** in turn

kolejka (GEN **kolejki**, PL **kolejki**, DAT SING AND LOC SING **kolejce**, GEN PL **kolejek**) FEM NOUN
1 queue
  line (US)
  □ W banku nie było kolejki, więc załatwiłem sprawę od razu. There wasn't a queue in the bank, so I sorted things out right away.
  □ Pasażerowie stali w kolejce do odprawy paszportowej. The passengers stood in the queue for passport control.
2 model train set
  □ Dzieci bawiły się kolejką. The children are playing with the model train set.
  ■ **kolejka podmiejska** local train □ Do pracy jeżdżę kolejką. I take the local train to work.

kolejny ADJECTIVE
1 next ▷*zobacz* **następny**
  □ kolejny pacjent the next patient □ kolejny punkt programu the next item on the programme
2 consecutive
  □ Wygrał trzy kolejne mecze. He won three consecutive matches.
3 another
  □ Zaczęła kolejny kurs pływania. She's begun another course of swimming lessons.

kolekcja (GEN **kolekcji**, PL **kolekcje**, GEN PL, DAT SING AND LOC SING **kolekcji**) FEM NOUN
  collection
  □ kolekcja płyt a record collection

koleżanka (GEN **koleżanki**, PL **koleżanki**, DAT SING AND LOC SING **koleżance**, GEN PL **koleżanek**) FEM NOUN
  friend
  □ Często rozmawiam z moją koleżanką przez telefon. I often talk to my friend on the phone.
  ■ **koleżanka ze szkoły** school friend
  ■ **koleżanka z pracy** colleague

koleżeński ADJECTIVE
  friendly
  □ Jest bardzo koleżeńskim studentem. He is a very friendly student.

kolęda (GEN **kolędy**, PL **kolędy**, DAT SING AND LOC SING **kolędzie**, GEN PL **kolęd**) FEM NOUN
  Christmas carol
  □ Czy znasz jakieś polskie kolędy? Do you know any Polish Christmas carols?

kolor (GEN **koloru**, PL **kolory**, LOC SING **kolorze**) MASC NOUN
  colour
  color (US)
  □ Jaki kolor mają te spodnie? What colour are these trousers?

kolorowy ADJECTIVE
1 coloured
  colored (US)
  □ kolorowa spódnica a coloured skirt
  □ kolorowy wykres a coloured chart
2 colourful
  colorful (US)
  □ kolorowy życiorys a colourful biography

kolumna (GEN **kolumny**, PL **kolumny**, DAT SING AND LOC SING **kolumnie**) FEM NOUN
  column

kołdra (GEN **kołdry**, PL **kołdry**, DAT SING AND LOC SING **kołdrze**, GEN PL **kołder**) FEM NOUN
  quilt
  □ kołdra puchowa an eiderdown quilt

koło (GEN **koła**, PL **koła**, LOC SING **kole**, GEN PL **kół**) NEUT NOUN
  circle
  ■ **jeździć w koło** to go round in circles

koło PREPOSITION
  ⋯ **LANGUAGE TIP** **koło** takes the genitive next to (*niedaleko*)
  □ Koło biblioteki znajduje się bar dla studentów. Next to the library is the students' bar. □ Moje mieszkanie jest koło windy. My apartment is next to the lift.

kołysanka (GEN **kołysanki**, PL **kołysanki**, DAT SING AND LOC SING **kołysance**, GEN PL **kołysanek**) FEM NOUN
  lullaby

komar (GEN **komara**, PL **komary**, LOC SING **komarze**) MASC NOUN
  mosquito
  □ płyn przeciw komarom mosquito repellent
  □ Ugryzł mnie komar. A mosquito's bitten me.

komedia (GEN **komedii**, PL **komedie**, GEN PL **komedii**) FEM NOUN
  comedy

komenda (GEN **komendy**, PL **komendy**, DAT SING AND LOC SING **komendzie**) FEM NOUN
  command
  ■ **komenda policji** police headquarters

komentarz (GEN **komentarza**, PL **komentarze**, LOC SING **komentarzu**, GEN PL **komentarzy**) MASC NOUN
1 commentary
  □ komentarz do tekstu a commentary on the text
  □ komentarz polityczny a political commentary
2 comment
  ■ **odmawiać** (PERF **odmówić**) **komentarza** to refuse to comment

komentator (GEN **komentatora**, PL **komentatorzy**, LOC SING **komentatorze**) MASC NOUN
  commentator
  □ Jest znanym komentatorem sportowym. He is a well-known sports commentator

komentować (**komentuję, komentujesz**) (PERF **skomentować**) VERB
1 to comment on
  ■ **komentować bieżące wydarzenia** to comment on current events

k

2 to commentate

komercyjny ADJECTIVE

commercial
□ komercyjny sukces commercial success
□ komercyjna produkcja a commercial
production

komfortowy ADJECTIVE

1 comfortable
□ komfortowa sytuacja a comfortable situation

2 luxury
□ komfortowe mieszkanie a luxury flat

komik (GEN **komika**, PL **komicy**, INST SING
komikiem) MASC NOUN

1 comic actor
□ Jest komikiem, który zagrał w ponad 100
filmach. He is a comic actor who has appeared
in more than a hundred films.

2 comedian
□ Ten komik ma swój własny program w
telewizji. That comedian has his own show on
television.

komiks (GEN **komiksu**, PL **komiksy**, LOC SING
komiksie) MASC NOUN

cartoon strip

komin (GEN **komina**, PL **kominy**, LOC SING
kominie) MASC NOUN

chimney
■ **komin lokomotywy** a funnel

kominek (GEN **kominka**, PL **kominki**, INST SING
kominkiem, INST SING **kominku**) MASC NOUN

fireplace

komisariat (GEN **komisariatu**, PL **komisariaty**,
LOC SING **komisariacie**) MASC NOUN

■ **komisariat policji** police station

komisja (GEN **komisji**, PL **komisje**, GEN PL, DAT
SING AND LOC SING **komisji**) FEM NOUN

1 committee
□ komisja ekspertów an expert committee
□ komisja śledcza an investigative
committee

2 board
□ komisja rewizyjna a review board

komitet (GEN **komitetu**, PL **komitety**, LOC SING
komitecie) MASC NOUN

committee
□ komitet strajkowy a strike committee
■ **komitet rodzicielski** parent-teacher
association

komoda (GEN **komody**, PL **komody**, DAT SING AND
LOC SING **komodzie**, GEN PL **komód**) FEM NOUN

chest of drawers
□ Pościel trzymamy w komodzie. We keep bed-
linen in the chest of drawers.

komórka (GEN **komórki**, PL **komórki**, DAT SING AND
LOC SING **komórce**, GEN PL **komórek**) FEM NOUN

1 cell
□ komórki naskórka skin cells □ komórka
jajowa an egg cell

2 mobile
cellphone (US: potoczny)
□ Zadzwoń do mnie na komórkę. Phone me on
my mobile.

komplement (GEN **komplementu**,
PL **komplementy**, LOC SING **komplemencie**)
MASC NOUN

compliment
□ Dziękuję za komplement. Thanks for the
compliment

komplet (GEN **kompletu**, PL **komplety**,
LOC SING **komplecie**) MASC NOUN

1 set
□ komplet garnków a set of pots and pans

2 suit
□ komplet ubrań a suit
■ **komplet plażowy** a beach outfit

3 a full complement
□ Samolot odleciał z kompletem pasażerów.
The plane took off with a full complement of
passengers

4 without exception
□ Cała klasa stawiła się w komplecie na
egzamin. The whole class took the exam
without exception.

> **LANGUAGE TIP** Be careful! The Polish
> word **komplet** does not mean
> **complete**.

kompletny ADJECTIVE

1 complete
□ kompletna lista a complete list

2 total
□ kompletna porażka total defeat

komplikować (**komplikuję, komplikujesz**)
(PERF **skomplikować**) VERB

to complicate
□ Jego odmowa komplikuje nasze plany.
His refusal complicates our plans.
■ **komplikować się** to get more complicated
□ Sytuacja się skomplikowała. The situation is
getting more complicated

kompot (GEN **kompotu**, PL **kompoty**, LOC SING
kompocie) MASC NOUN

stewed fruit drink

> **DID YOU KNOW…?**
> While **compôte** in Western Europe
> suggests a dessert or fruit paste,
> **kompot** in Poland and Eastern Europe
> is traditionally a drink. It is made by
> simmering fruit with sugar in water
> which is then left to stand before being
> drunk cold.

kompromis (GEN **kompromisu**, PL
kompromisy, LOC SING **kompromisie**) MASC NOUN

compromise
□ Sytuacje tego typu wymagają kompromisu.
This kind of situation calls for compromise.

komputer (GEN **komputera**, PL **komputery**,
LOC SING **komputerze**) MASC NOUN

computer
□ komputer najnowszej generacji latest
generation computer

komputerowy ADJECTIVE

computer
□ sklep komputerowy a computer shop
□ sieć komputerowa a computer network

komu PRONOUN ▷*zobacz* **kto**
komunikacja (GEN **komunikacji**) FEM NOUN
1 transport
   transportation (US)
   □ komunikacja lotnicza air transport
2 communication
   □ komunikacja między lekarzem a pacjentem
   doctor-patient communication
komunikować się (**komunikuję,**
   komunikujesz) VERB
   to communicate
komunista (GEN **komunisty**, PL **komuniści**, DAT
   SING AND LOC SING **komuniście**) MASC NOUN
   ⟡ **LANGUAGE TIP komunista** declines like
     a feminine noun in the singular
   Communist
komunistyczny ADJECTIVE
   communist
komunizm (GEN **komunizmu**, LOC SING
   komunizmie) MASC NOUN
   communism
komuś PRONOUN ▷*zobacz* **ktoś**
koncentrować (**koncentruję,**
   koncentrujesz) (PERF **skoncentrować**) VERB
   to concentrate
   □ Przed sesją studenci koncentrują swoją
   energię na powtarzanie materiału. Before the
   exam the students concentrate their energies
   on revising the material.
koncepcja (GEN **koncepcji**, PL **koncepcje,**
   GEN PL, DAT SING AND LOC SING **koncepcji**) FEM NOUN
   plan
koncert (GEN **koncertu**, PL **koncerty**, LOC SING
   koncercie) MASC NOUN
1 concert
   □ koncert jazzowy a jazz concert
2 concerto
   □ koncert na wiolonczelę a cello concerto
kondycja (GEN **kondycji**, DAT SING AND LOC SING
   kondycji) FEM NOUN
   condition
   □ Jest w znakomitej kondycji. He is in excellent
   condition. □ Muszę zadbać o swoją kondycję.
   I need to get myself in condition.
konfitura (GEN **konfitury**, PL **konfitury**, DAT SING
   AND LOC SING **konfiturze**, GEN PL **konfitur**) FEM NOUN
   jam
   □ konfitura wiśniowa cherry jam
konflikt (GEN **konfliktu**, PL **konflikty**, LOC SING
   konflikcie) MASC NOUN
   conflict
kongres (GEN **kongresu**, PL **kongresy**, LOC SING
   kongresie) MASC NOUN
   congress
   □ kongres lekarzy a medical congress
   ■ **kongres partii** a party congress
   ■ **Kongres Stanów Zjednoczonych** the U.S.
   Congress
koniec (GEN **końca**, PL **końce**, LOC SING **końcu,**
   GEN PL **końców**) MASC NOUN
1 end
   □ koniec filmu the end of the film

   ■ **do samego końca** to the bitter end
   ■ **liczyć** (PERF **policzyć**) **od końca** to count in
   reverse order
2 tip
   □ koniec długopisu the tip of a ballpoint pen
   □ Na końcu języka miałem odpowiedź.
   The answer was on the tip of my tongue.
koniecznie ADVERB
   absolutely
   □ Musisz nas koniecznie odwiedzić.
   You absolutely must come and see us.
konieczność (GEN **konieczności**, DAT SING AND
   LOC SING **konieczności**) FEM NOUN
   necessity
konieczny ADJECTIVE
   necessary
   □ konieczna zmiana a necessary change
konkretny ADJECTIVE
1 specific
   □ konkretny cel a specific aim □ Czy mają
   jakieś konkretne dowody przeciwko nam?
   Do they have any specific evidence against us?
2 businesslike
   □ Jest bardzo konkretną osobą. He is a very
   businesslike person.
konkurencja (GEN **konkurencji,**
   PL **konkurencje**, DAT SING AND LOC SING
   konkurencji, GEN PL **konkurencji**) FEM NOUN
1 competition
   □ Konkurencja na rynku telefonii jest coraz
   większa. There's more and more competition
   in the telephone market.
2 event
   □ konkurencja sportowa a sporting event
konkurent (GEN **konkurenta**, PL **konkurenci,**
   LOC SING **konkurencie**) MASC NOUN
   rival
   □ Jest naszym najgroźniejszym konkurentem.
   He is our deadliest rival
konkurować (**konkuruję, konkurujesz**) VERB
   ■ **konkurować z** +*inst* to compete with
   □ Te firmy konkurują ze sobą od lat. These
   firms have been competing with one another
   for years.
konkurs (GEN **konkursu**, PL **konkursy**, LOC SING
   konkursie) MASC NOUN
   contest
   □ konkurs piękności a beauty contest
   ■ **konkurs pianistyczny** a piano competition
konsekwentny ADJECTIVE
   consistent
   □ konsekwentne zachowanie consistent
   behaviour
konserwa (GEN **konserwy**, DAT SING AND LOC SING
   konserwy) FEM NOUN
   tinned food
   ■ **konserwa rybna** tinned fish
   ■ **otwieracz do konserw** a tin opener
konserwacja (GEN **konserwacji**, DAT SING AND
   LOC SING **konserwacji**) FEM NOUN
1 conservation
   □ konserwacja rzeźb sculpture conservation

k

2 maintenance

☐ konserwacja kserokopiarki photocopier maintenance

konserwatywny ADJECTIVE
conservative

☐ konserwatywne przekonania conservative views

■ **Partia Konserwatywna** the Conservative Party

konserwowy ADJECTIVE
tinned
canned (US)

☐ szynka konserwowa tinned ham ☐ ogórki konserwowe tinned gherkins

konsulat (GEN konsulatu, PL konsulaty, LOC SING konsulacie) MASC NOUN
consulate

☐ Konsulat czynny jest codziennie w godzinach porannych. The consulate is open every morning.

konsument (GEN konsumenta, PL konsumenci, LOC SING konsumencie) MASC NOUN
consumer

☐ prawa konsumenta the rights of the consumer

konsumować (konsumuję, konsumujesz) (PERF skonsumować) VERB
to consume

kontakt (GEN kontaktu, PL kontakty, LOC SING kontakcie) MASC NOUN

1 contact

☐ Czy masz z nim jakiś kontakt? Do you have any contact with him?

2 socket
outlet (US)

☐ Telewizor nie działa, bo nie jest podłączony do kontaktu. The TV isn't working because it isn't plugged in to the socket.

3 switch

kontaktować (kontaktuję, kontaktujesz) (PERF skontaktować) VERB

■ **kontaktować kogoś z kimś** to put somebody in touch with somebody ☐ Sekretarka skontaktowała mnie ze swoim szefem. The secretary put me in touch with her boss.

■ **kontaktować się z kimś** to be in touch with somebody ☐ Często kontaktuje się z rodzicami. He is often in touch with his parents.

kontekst (GEN kontekstu, PL konteksty, LOC SING kontekście) MASC NOUN
context

☐ wypowiedź wyjęta z kontekstu a statement taken out of context

konto (GEN konta, PL konta, LOC SING koncie) NEUT NOUN
account

☐ numer konta an account number

■ **zakładać** (PERF założyć) **konto w banku** to open a bank account

kontrakt (GEN kontraktu, PL kontrakty, LOC SING kontrakcie) MASC NOUN
contract

☐ Aktorka podpisała kontrakt na dwa lata z wytwórnią filmową. The actress signed a two year contract with the studio.

kontrast (GEN kontrastu, PL kontrasty, LOC SING kontraście) MASC NOUN
contrast

☐ kontrast między życiem na wsi i w mieście the contrast between country life and city life

kontrola (GEN kontroli, PL kontrole, GEN PL, DAT SING AND LOC SING kontroli) FEM NOUN

1 control

☐ Wojsko przejęło kontrolę nad krajem. The army seized control of the country.

2 check

☐ kontrola jakości a quality check

3 check-up

☐ Idę do lekarza na kontrolę. I'm going to the doctor's for a check-up.

kontroler (GEN kontrolera, PL kontrolerzy, LOC SING kontrolerze) MASC NOUN
inspector

☐ Kontroler poprosił pasażerów o bilety. The inspector asked the passengers for their tickets.

kontrolować (kontroluję, kontrolujesz) (PERF skontrolować) VERB
to control

☐ Komputer kontroluje, czy w pokoju jest odpowiednia temperatura. The computer controls whether the room is at a suitable temperature.

■ **Policja kontroluje niebezpieczne ulice.** The police monitor dangerous streets.

■ **kontrolować się** to control oneself

kontynent (GEN kontynentu, PL kontynenty, LOC SING kontynencie) MASC NOUN
continent

☐ Który kontynent jest najmniejszy? Which continent is the smallest?

kontynuować (kontynuuję, kontynuujesz) VERB
to continue

■ **kontynuować tradycję** to continue a tradition

konwencjonalny ADJECTIVE

1 conventional

☐ konwencjonalna medycyna conventional medicine ☐ konwencjonalna źródła energii conventional energy sources

2 polite

☐ konwencjonalna rozmowa polite conversation ☐ konwencjonalna wymiana ukłonów a polite exchange of greetings

koń (GEN konia, PL konie, INST SING koniem, LOC SING koniu, GEN PL koni, INST PL końmi) MASC NOUN
horse

☐ W stajni trzymamy dwa konie. We keep two horses in the stable.

■ **Na wycieczkę pojechali końmi.** They took a trip on horseback.

■ **policjant na koniu** a mounted policeman

■ **silnik o mocy 75 koni mechanicznych** a 75-horsepower engine

końcowy ADJECTIVE
final
- końcowy rezultat the final result

końcówka (GEN **końcówki**, PL **końcówki**, DAT SING AND LOC SING **końcówce**, GEN PL **końcówek**) FEM NOUN
ending
- końcówka historii the ending of the story
- końcówka fleksyjna an inflectional ending

kończyć (**kończę, kończysz**) (PERF **skończyć**) VERB
1 to end
- Lepiej skończmy tę dyskusję. We'd better end this discussion.
■ **kończyć się 1** to end - Jak kończy się ten film? How does the film end? - Mecz skończył się remisem. The game ended in a draw. **2** to run out - Kończy nam się chleb. We are running out of bread. - Skończyła się jej cierpliwość. Her patience was running out.
2 to finish
- O której kończą się zajęcia? When does the class finish?
■ **kończyć nad czymś pracować** to finish working on something
3 to graduate from (PERF **ukończyć** or **skończyć**)
- Uniwersytet skończyłem rok temu. I graduated from university a year ago.
4 to complete
- Ukończyłam kurs na ratownika morskiego. I completed a sea rescue training course.

kooperacja (GEN **kooperacji**, PL **kooperacje**, GEN PL; DAT SING AND LOC SING **kooperacji**) FEM NOUN
co-operation
- kooperacja międzynarodowa international co-operation

koordynować (**koordynuję, koordynujesz**) (PERF **skoordynować**) VERB
to co-ordinate
- Kto koordynuje tę akcję? Who is co-ordinating this operation?

kopać (**kopię, kopiesz**) (PERF **kopnąć**) VERB
1 to kick
- Napastnik mocno kopnął piłkę. The striker kicked the ball hard.
2 to dig (PERF **wykopać**)
- Wykopał małe doły, do których zasadził drzewa. He dug little holes, in which he planted trees.

kopalnia (GEN **kopalni**, PL **kopalnie**, GEN PL; DAT SING AND LOC SING **kopalni**) FEM NOUN
mine
- Mój ojciec pracuje w kopalni. My father works in a mine.

koperta (GEN **koperty**, PL **koperty**, DAT SING AND LOC SING **kopercie**) FEM NOUN
envelope
- Włożyła list do koperty. She put the letter in an envelope. - Napisz adres na kopercie. Write the address on the envelope. - Szybko rozerwał kopertę. He quickly tore open the envelope.

kopia (GEN **kopii**, PL **kopie**, GEN PL; DAT SING AND LOC SING **kopii**) FEM NOUN
1 reproduction
- Ten obraz to wierna kopia oryginału. The painting is a faithful reproduction of the original.
2 copy
- kopia kontraktu a copy of the contract - Proszę o trzy kopie tej strony. I would like three copies of this page, please.

kopiować (**kopiuję, kopiujesz**) (PERF **skopiować**) VERB
1 to copy
- Skopiowałem całą książkę. I copied the whole book.
2 to copy (PERF **przekopiować**)
- Przekopiuj te pliki na dysk twardy. Copy these files on to the hard disk.

kopnąć (**kopnę, kopniesz**) (IMPERATIVE **kopnij**) VERB ▷*zobacz* **kopać**

korek (GEN **korka**, PL **korki**, INST SING **korkiem**, LOC SING **korku**, GEN PL **korków**) MASC NOUN
1 cork
- Nie mogliśmy wyciągnąć korka z butelki. We couldn't get the cork out of the bottle.
2 plug
- Gdzie jest korek do wanny? Where is the plug for the bath?
3 fuse
fuze (US: *potoczny*)
- Znowu nie ma światła. Chyba musimy wymienić korki. The lights are off again. I think we need to replace the fuses.
4 traffic jam
- Rano na tej drodze zawsze są straszne korki. There are always dreadful traffic jams on this road in the morning.

korepetycja (GEN **korepetycji**, PL **korepetycje**, GEN PL; DAT SING AND LOC SING **korepetycji**) PL NOUN
private lessons
- korepetycje z matematyki private maths lessons

korespondencja (GEN **korespondencji**, PL **korespondencje**, GEN PL; DAT SING AND LOC SING **korespondencji**) FEM NOUN
1 correspondence
- korespondencja biurowa office correspondence
2 post
mail (US)
3 report
- korespondencje wojenne war reports

korespondować (**koresponduję, korespondujesz**) VERB
■ **korespondować z** +*inst* to correspond with
- Regularnie koresponduję ze swoją babcią. I correspond regularly with my gran.

korkociąg (GEN **korkociągu**, PL **korkociągi**, INST SING **korkociągiem**, LOC SING **korkociągu**) MASC NOUN
1 corkscrew
- Otworzył butelkę korkociągiem. He opened the bottle with a corkscrew.

2 spin

□ Samolot wpadł w korkociąg. The aircraft went into a spin.

korona (GEN **korony**, PL **korony**, DAT SING AND LOC SING **koronie**) FEM NOUN
crown

korupcja (GEN **korupcji**, GEN PL; DAT SING AND LOC SING **korupcji**) FEM NOUN
corruption

korygować (**koryguję, korygujesz**) (PERF **skorygować**) VERB

1 to revise

□ Musimy skorygować plan akcji. We need to revise our plan of action.

2 to proof-read

□ Przed publikacją każdy artykuł jest uważnie korygowany. Before publication, every article is carefully proof-read.

korytarz (GEN **korytarza**, PL **korytarze**, LOC SING **korytarzu**, GEN PL **korytarzy**) MASC NOUN
corridor

korzeń (GEN **korzenia**, PL **korzenie**, LOC SING **korzeniu**, GEN PL **korzeni**) MASC NOUN
root

□ korzeń drzewa the root of a tree □ Moje korzenie są w Polsce. My roots are in Poland.

korzystać (**korzystam, korzystasz**) (PERF **skorzystać**) VERB
to take advantage of

■ **korzystać z okoliczności** to take advantage of the circumstances

■ **korzystać z czegoś** to use something □ Czy mogę skorzystać z toalety? May I use the toilet?

■ **korzystać z czegoś** to exercise something □ Wielu bezrobotnych korzysta z prawa do zasiłku. Many unemployed people exercise their right to benefits.

korzystny ADJECTIVE

1 profitable

□ korzystna inwestycja a profitable investment

2 favourable
favorable (US)

□ korzystne wrażenie a favourable impression □ korzystna pogoda favourable weather

korzyść (GEN **korzyści**, PL **korzyści**, GEN PL, DAT SING AND LOC SING **korzyści**) FEM NOUN

1 advantage

2 benefit

□ korzyści materialne material benefits

kosmetyczka (GEN **kosmetyczki**, PL **kosmetyczki**, DAT SING AND LOC SING **kosmetyczce**, GEN PL **kosmetyczek**) FEM NOUN

1 beautician

□ Jutro mam wizytę u kosmentyczki. Tomorrow I've got an appointment with the beautician.

2 toilet

□ W kosmetyczce zawsze mam puder i szczotkę do włosów. I always have powder and a hairbrush in my toilet bag.

kosmetyczny ADJECTIVE
cosmetic

□ zabieg kosmetyczny a cosmetic procedure

■ **gabinet kosmetyczny** a beauty salon; a beauty parlor (US)

kosmetyk (GEN **kosmetyku**, PL **kosmetyki**, INST SING **kosmetykiem**, LOC SING **kosmetyku**) MASC NOUN
cosmetic product

■ **kosmetyki do pielęgnacji cery suchej** dry-skin care products

kosmonauta (GEN **kosmonauty**, PL **kosmonauci**, DAT SING AND LOC SING **kosmonaucie**) MASC NOUN

LANGUAGE TIP **kosmonauta** declines like a feminine noun in the singular
astronaut

kosmos (GEN **kosmosu**, LOC SING **kosmosie**) MASC NOUN

1 outer space

2 universe

kostium (GEN **kostiumu**, PL **kostiumy**, LOC SING **kostiumie**) MASC NOUN

1 suit

□ Założył swój najlepszy kostium. He put on his best suit.

2 costume

□ Aktorzy ubrani byli w kostiumy z epoki. The actors were dressed in period costume.

■ **kostium kąpielowy** a bathing suit

kosz (GEN **kosza**, PL **kosze**, LOC SING **koszu**, GEN PL **koszy** or **koszów**) MASC NOUN
basket

□ kosz wiklinowy a wicker basket

■ **kosz na śmieci** dustbin; garbage can (US)

■ **mecz kosza** a basketball game

koszmar (GEN **koszmaru**, PL **koszmary**, LOC SING **koszmarze**) MASC NOUN
nightmare

koszmarny ADJECTIVE
nightmarish

□ koszmarna sytuacja a nightmarish situation

koszt (GEN **kosztu**, PL **koszty**, LOC SING **koszcie**) MASC NOUN
cost

□ koszt produkcji cost of production □ koszty reklamy promotional costs

■ **koszty** expenses □ koszty podróży służbowej business travel expenses

kosztorys (GEN **kosztorysu**, PL **kosztorysy**, LOC SING **kosztorysie**) MASC NOUN
estimate

□ kosztorys budowlany a construction estimate

kosztować (**kosztuję, kosztujesz**) VERB

1 to cost

□ Ile kosztuje bilet powrotny? How much does a return ticket cost?

2 to try (PERF **skosztować**)

□ Musisz koniecznie skosztować tej sałatki. You absolutely must try this salad.

kosztowny ADJECTIVE
expensive

□ kosztowny prezent an expensive present

koszula (GEN **koszuli**, PL **koszule**, DAT SING AND LOC SING **koszuli**) FEM NOUN
shirt
□ biała koszula w niebieskie paski a white shirt with blue stripes
■ **koszula nocna** nightdress

koszulka (GEN **koszulki**, PL **koszulki**, DAT SING AND LOC SING **koszulce**, GEN PL **koszulek**) FEM NOUN
T-shirt
□ bawełniania koszulka a cotton T-shirt

koszyk (GEN **koszyka**, PL **koszyki**, INST SING **koszykiem**, LOC SING **koszykiem**) MASC NOUN
▷ *zobacz* **kosz**

koszykówka (GEN **koszykówki**, DAT SING AND LOC SING **koszykówce**) FEM NOUN
basketball
□ Czy grasz w koszykówkę? Do you play basketball?

kościół (GEN **kościoła**, PL **kościoły**, LOC SING **kościele**) MASC NOUN
1 church
□ barokowy kościół a baroque church □ kościół św. Mikołaja St Nicholas' Church
2 the Church
□ Głowa Kościoła Head of the Church

kość (GEN **kości**, PL **kości**, GEN PL; DAT SING AND LOC SING **kości**) FEM NOUN
bone
□ kość udowa the thigh bone □ Daliśmy psu kość do obgryzienia. We gave the dog a bone to gnaw. □ złamanie kości a bone fracture
■ **kości** dice □ Graliśmy w kości. We played dice.
■ **wieża z kości słoniowej** ivory tower

kot (GEN **kota**, PL **koty**, LOC SING **kocie**) MASC NOUN
cat
□ Mam jednego kota. I have one cat.
☼ **LANGUAGE TIP** Be careful! The Polish word **kot** does not mean **cot**.

kotlet (GEN **kotleta**, PL **kotlety**, LOC SING **kotlecie**) MASC NOUN
chop
□ kotlet z ziemniakami i surówką a chop with potatoes and salad

koza (GEN **kozy**, PL **kozy**, DAT SING AND LOC SING **kozie**, GEN PL **kóz**) FEM NOUN
goat

Koziorożec (GEN **Koziorożca**, PL **Koziorożce**) MASC NOUN
Capricorn
□ Jestem spod znaku Koziorożca. I am Capricorn. □ Zwrotnik Koziorożca Tropic of Capricorn

kożuch (GEN **kożucha**, PL **kożuchy**) MASC NOUN
1 fleece
□ Ta owca ma bardzo miękki kożuch. This sheep has a very soft fleece.
2 sheepskin
□ Założył na głowę czapkę z kożucha. He put a sheepskin cap on his head.
3 skin
□ Na mleku znowu zrobił się kożuch. A skin has formed on the milk again.

kółko (GEN **kółka**, PL **kółka**, INST SING **kółkiem**, LOC SING **kółku**, GEN PL **kółek**) NEUT NOUN ▷ *zobacz* **koło**
1 ring
□ kolczyki w kształcie kółka ring-shaped earrings
2 circle
□ Poprawną odpowiedź proszę zakreślić kółkiem. Please put a circle round the correct answer.

kradzież (GEN **kradzieży**, PL **kradzieże**, GEN PL; DAT SING AND LOC SING **kradzieży**) FEM NOUN
theft
■ **popełniać** (PERF **popełnić**) **kradzież** to commit theft

kraj (GEN **kraju**, PL **kraje**, LOC SING **kraju**) MASC NOUN
country
■ **w kraju** at home
■ **odwiedzać** (PERF **odwiedzić**) **ciepłe kraje** to visit warmer climes
■ **wiadomości z kraju i ze świata** domestic and international news

krajobraz (GEN **krajobrazu**, PL **krajobrazy**, LOC SING **krajobrazie**) MASC NOUN
scenery
□ krajobraz górski mountain scenery

krakers (GEN **krakersa**, PL **krakersy**, LOC SING **krakersie**) MASC NOUN
cracker
□ ser z krakersami cheese and crackers

Kraków (GEN **Krakowa**, LOC SING **Krakowie**) MASC NOUN
Cracow
□ Czy byłeś kiedyś w Krakowie? Have you ever been to Cracow? □ Latem jadę do Krakowa. I am going to Cracow in the summer.

kran (GEN **kranu**, PL **krany**, LOC SING **kranie**) MASC NOUN
tap
faucet (US)
□ Kran cieknie. Musimy wezwać hydraulika. The tap's leaking. We need to call the plumber.

kraść (**kradnę**, **kradniesz**) (IMPERATIVE **kradnij**, PERF **ukraść**) VERB
to steal
□ Ukradł mi portfel. He stole my wallet.

krata (GEN **kraty**, PL **kraty**, DAT SING AND LOC SING **kracie**) FEM NOUN
1 bars *pl*
□ kraty w oknach bars on the windows
■ **Za kradzież dostał się za kraty.** He went to prison for theft.
2 check
□ brązowa kurtka w niebieską kratę a brown jacket with a blue check

kratka (GEN **kratki**, PL **kratki**, DAT SING AND LOC SING **kratce**, GEN PL **kratek**) FEM NOUN
check
□ materiał w kratkę checked cloth
■ **Chodzi do szkoły w kratkę.** *(potoczny)* He attends the school on and off.

81

kraul (GEN **kraula**, LOC SING **kraulu**) MASC NOUN
crawl
  □ wyścig na 100 m kraulem a one hundred metres crawl race

krawat (GEN **krawata**, GEN **krawatu**, PL **krawaty**, LOC SING **krawacie**) MASC NOUN
tie
  □ jedwabny krawat a silk tie

krawcowa (GEN **krawcowej**, PL **krawcowe**, DAT SING AND LOC SING **krawcowej**) FEM NOUN
  ☼ **LANGUAGE TIP krawcowa** declines like an adjective
dressmaker
  □ Jest krawcową. She's a dressmaker.

krawędź (GEN **krawędzi**, PL **krawędzie**, GEN PL; DAT SING AND LOC SING **krawędzi**) FEM NOUN
edge
  □ krawędź szuflady the edge of the drawer

krawężnik (GEN **krawężnika**, PL **krawężniki**, INST SING **krawężnikiem**, LOC SING **krawężniku**) MASC NOUN
kerb
curb (US)
  □ Samochód uderzył w krawężnik. The car hit the kerb.

krawiec (GEN **krawca**, PL **krawcy**, LOC SING **krawcu**) MASC NOUN
1 tailor
  □ Jest utalentowanym krawcem. He is a gifted tailor.
2 dressmaker (dla kobiet)
  □ Idę do krawca na przymiarkę sukni ślubnej. I am going to the dressmaker for a fitting of my wedding dress.

krąg (GEN **kręgu**, PL **kręgi**, INST SING **kręgiem**) MASC NOUN
circle
  □ Dzieci stanęły w kręgu. The children stood in a circle. □ krąg przyjaciół a circle of friends

krążenie (GEN **krążenia**, LOC SING **krążeniu**) NEUT NOUN
circulation
  □ Co pomaga na złe krążenie? What helps for poor circulation?

krążyć (krążę, krążysz) VERB
1 to circle
  □ Nad trupem krążyło stado kruków. A flock of ravens circled above the corpse.
2 to circulate
3 to be passed around
  □ Wśród wszystkich gości krążyły zdjęcia z ich wesela. Pictures from their wedding were passed round all the guests.
4 to rotate
  □ Satelita krąży wokół Ziemi. The satellite rotates around the Earth.

kreacja (GEN **kreacji**, PL **kreacje**, GEN PL; DAT SING AND LOC SING **kreacji**) FEM NOUN
outfit
  □ kreacja na ślub a wedding outfit □ elegancka kreacja an elegant outfit

kreda (GEN **kredy**, PL **kredy**, DAT SING AND LOC SING **kredzie**) FEM NOUN
chalk
  □ Nauczyciel zapisał kredą temat na tablicy. The teacher wrote the topic on the blackboard with chalk.

kredka (GEN **kredki**, PL **kredki**, DAT SING AND LOC SING **kredce**, GEN PL **kredek**) FEM NOUN
  ■ kredka świecowa crayon
  ■ kredka ołówkowa coloured pencil; colored pencil (US)
  ■ kredka do ust lipstick

kredyt (GEN **kredytu**, PL **kredyty**, LOC SING **kredycie**) MASC NOUN
credit
  ■ brać (PERF wziąć) kredyt w banku to borrow from the bank

krem (GEN **kremu**, PL **kremy**, LOC SING **kremie**) MASC NOUN
cream
  □ krem truskawkowy strawberry cream

kreska (GEN **kreski**, PL **kreski**, DAT SING AND LOC SING **kresce**, GEN PL **kresek**) FEM NOUN
1 line
  □ Naszkicował jej portret, używając tylko prostych kresek. He sketched her portrait, using only straight lines.
2 dash
  □ Mój numer referencyjny to 10 kreska 12... My reference number is 10-dash-12...
3 hyphen
  □ Nazywa się Kowalska kreska Bielska. Her name is Kowalska-hyphen-Bielska.
4 accent
  □ Wyraz ogórek pisze się przez o z kreską. "Ogórek" is spelt with an o with an accent.

kreskówka (GEN **kreskówki**, PL **kreskówki**, DAT SING AND LOC SING **kreskówce**, GEN PL **kreskówek**) FEM NOUN
cartoon

kreślić (kreślę, kreślisz) VERB
to draw
  □ Na zebraniu większość obecnych kreśliła esy-floresy zamiast robić notatki. Most of those at the meeting were drawing doodles instead of taking notes.

krew (GEN **krwi**) FEM NOUN
blood
  □ badania krwi blood tests □ grupa krwi a blood group □ Krew odpłynęła z twarzy. The blood drained from his face.
  ■ zbrodnia z zimną krwią a cold-blooded crime

krewetka (GEN **krewetki**, PL **krewetki**, DAT SING AND LOC SING **krewetce**, GEN PL **krewetek**) FEM NOUN
prawn

krewna (**krewnej**) FEM NOUN
  ☼ **LANGUAGE TIP krewna** declines like an adjective
relative
  □ Jest moją daleką krewną. She is a distant relative of mine.

krewny (GEN **krewnego**, PL **krewni**) MASC NOUN

> **LANGUAGE TIP** krewny declines like an adjective

relative

□ Na ślub zaprosili tylko najbliższych krewnych. They invited only close relatives to the wedding.

kręcić (**kręcę, kręcisz**) (IMPERATIVE **kręć**) VERB

1 to curl

□ Codziennie rano kręcę włosy. I curl my hair every morning.

2 to mix

□ Czy ciasta faktycznie nie należy kręcić w lewą stronę? Should you really not mix cakes anti-clockwise?

■ **kręcić** (PERF **pokręcić**) **głową z niedowierzaniem** to shake one's head in disbelief

■ **kręcić film** to shoot a film; to shoot a movie (US)

■ **kręcić się 1** to spin □ Pranie w pralce kręci się w prawo. The washing spins clockwise in the machine. **2** to squirm □ Dzieci kręciły się na siedzeniu. The children were squirming in their seats.

■ **Łza kręci mi się w oku.** It brings a tear to my eye.

■ **Kręci mu się w głowie.** His head is spinning.

kręgosłup (GEN **kręgosłupa**, PL **kręgosłupy**, LOC SING **kręgosłupie**) MASC NOUN

1 spine

□ prosty kręgosłup a straight spine
□ skrzywienie kręgosłupa curvature of the spine

2 backbone

□ kręgosłup moralny moral backbone

■ **To człowiek bez kręgosłupa.** He's a spineless individual.

kroić (**kroję, kroisz**) (IMPERATIVE **krój**, PERF **ukroić**) VERB

1 to cut

■ **kroić** (PERF **pokroić**) **coś w paski** to cut something in strips

■ **kroić** (PERF **pokroić**) **coś w kostkę** to dice something

2 to tailor (PERF **skroić**)

□ Czy przód sukienki kroi się tak samo jak tył? Is the dress tailored the same front and back?

■ **Kroi mi się podwyżka.** I'm due a pay rise; I'm due a raise (US)

krok (GEN **kroku**, PL **kroki**, INST SING **krokiem**, INST SING **kroku**) MASC NOUN

1 step

□ robić coś krok po kroku to do something step by step

2 measure

□ kroki zapobiegawcze preventive measures

krokodyl (GEN **krokodyla**, PL **krokodyle**, LOC SING **krokodylu**, GEN PL **krokodyli**) MASC NOUN

crocodile

kromka (GEN **kromki**, PL **kromki**, DAT SING AND LOC SING **kromce**, GEN PL **kromek**) FEM NOUN

slice

□ kromka chleba a slice of bread

kropka (GEN **kropki**, PL **kropki**, DAT SING AND LOC SING **kropce**, GEN PL **kropek**) FEM NOUN

1 dot

□ Nasz adres internetowy to www kropka ... Our internet address is www dot ...

2 full stop
period (US)

kropla (GEN **kropli**, PL **krople**, GEN PL **kropli**) FEM NOUN

drop

□ kropla wody a drop of water

kroplówka (GEN **kroplówki**, PL **kroplówki**, DAT SING AND LOC SING **kroplówce**, GEN PL **kroplówek**) FEM NOUN

drip

□ Dwa dni leżał pod kroplówką. He was on a drip for two days.

krosta (GEN **krosty**, PL **krosty**, LOC SING **kroście**) FEM NOUN

pimple

□ krosta na nosie a pimple on the nose

■ **Jego twarz jest pokryta krostami.** His face is covered in spots.

krowa (GEN **krowy**, PL **krowy**, DAT SING AND LOC SING **krowie**, GEN PL **krów**) FEM NOUN

cow

król (GEN **króla**, PL **królowie**, LOC SING **królu**) MASC NOUN

king

□ Kto jest królem tego kraju? Who is King of this country?

królestwo (GEN **królestwa**, PL **królestwa**, LOC SING **królestwie**) NEUT NOUN

kingdom

królewski ADJECTIVE

royal

□ zamek królewski a royal castle

królik (GEN **królika**, PL **króliki**, INST SING **królikiem**, LOC SING **króliku**) MASC NOUN

rabbit

□ Na obiad mamy gulasz z królika. We are having rabbit stew for dinner.

królowa (GEN **królowej**, PL **królowe**) FEM NOUN

> **LANGUAGE TIP** królowa declines like an adjective

queen

□ Kiedy została koronowana na królową? When was she crowned Queen?

krótki ADJECTIVE

1 short

□ krótkie włosy short hair □ krótka podróż a short trip

■ **krótkie spodnie** shorts

2 brief

□ krótka odpowiedź a brief response

■ **To się uda tylko na krótką metę.** That will only be successful in the short term.

krótko ADVERB

1 short

□ krótko ścięte włosy hair cut short

2 briefly

□ Krótko wyjaśnił swoje spóźnienie. He briefly explained his late arrival.

■ **Krótko mówiąc, on ma rację.** In short, he's right.

krótkowidz (GEN **krótkowidza**, PL **krótkowidze**, LOC SING **krótkowidzu**) MASC NOUN
■ **być krótkowidzem** to be short-sighted

kruchy ADJECTIVE
1 delicate
□ kruche włosy fine hair
2 crispy
□ kruche pieczywo crispy bread
3 tender
□ krucha pieczeń a tender roast
4 fragile

kruk (GEN **kruka**, PL **kruki**, INST SING **krukiem**, LOC SING **kruku**) MASC NOUN
raven

krupnik (GEN **krupniku**, PL **krupniki**, INST SING **krupnikiem**, LOC SING **krupniku**) MASC NOUN
barley soup

krwi NOUN ▷zobacz krew

krwotok (GEN **krwotoku**, PL **krwotoki**, INST SING **krwotokiem**, LOC SING **krwotoku**) MASC NOUN
bleed
□ krwotok z nosa a nosebleed

krykiet (GEN **krykieta**, LOC SING **krykiecie**) MASC NOUN
cricket
□ mecz krykieta a cricket match □ Czy umiesz grać w krykieta? Can you play cricket?

kryminalista (GEN **kryminalisty**, PL **kryminaliści**, DAT SING AND LOC SING **kryminaliście**) MASC NOUN

LANGUAGE TIP **kryminalista** declines like a feminine noun in the singular
criminal
□ Jest groźnym kryminalistą. He is a dangerous criminal.

kryminalny ADJECTIVE
criminal
□ kryminalna przeszłość a criminal record
■ **film kryminalny** a crime film; a crime movie (US)

kryminał (GEN **kryminału**, PL **kryminały**, LOC SING **kryminale**) MASC NOUN
1 detective story
□ Jest autorem wielu znanych kryminałów. He is the author of many famous detective stories.
2 a cop series
□ Ten kryminał jest najbardziej popularnym programem tego kanału telewizyjnego. This cop series is the most popular programme on the channel.

kryształ (GEN **kryształu**, PL **kryształy**, LOC SING **krysztale**) MASC NOUN
1 crystal
□ złoża kryształu deposits of rock crystal
□ kieliszki z kryształu crystal wine glasses
2 crystal vase
□ Na półce stały dwa kryształy. Two crystal vases stood on the shelf.

krytyk (GEN **krytyka**, PL **krytycy**, INST SING **krytykiem**, LOC SING **krytyku**) MASC NOUN
critic
□ Jest popularnym krytykiem filmowym. He is a top film critic.

krytyka (GEN **krytyki**, PL **krytyki**, DAT SING AND LOC SING **krytyce**, GEN PL **krytyk**) FEM NOUN
1 criticism
□ słowa krytyki words of criticism
■ **krytyka projektu reform** a critique of the reform plan
■ **Praca studentów jest regularnie poddana krytyce.** Students' work is critically reviewed on a regular basis.
2 review
□ pochlebna krytyka a favourable review; a favorable review (US)

krytykować (**krytykuję, krytykujesz**) (PERF **skrytykować**) VERB
to criticize
□ On zawsze krytykuje wszystko, co robię. He always criticizes everything I do.

kryzys (GEN **kryzysu**, PL **kryzysy**, LOC SING **kryzysie**) MASC NOUN
crisis

krzak (GEN **krzaka**, GEN **krzaku**, PL **krzaki**, INST SING **krzakiem**, LOC SING **krzaku**) MASC NOUN
bush
□ krzak agrestu a gooseberry bush
■ **krzaki** shrubbery sing
■ **W lesie było wiele drzew i krzaków.** There were many trees and shrubs in the forest.

krzesło (GEN **krzesła**, PL **krzesła**, LOC SING **krześle**, GEN PL **krzeseł**) NEUT NOUN
chair
□ Lubię siedzieć na tym krześle, bo jest bardzo wygodne. I like to sit in this chair because it's very comfortable.

krztusić się (**krztuszę, krztusisz**) (IMPERATIVE **krztuś**) VERB
to choke

krzyczeć (**krzyczę, krzyczysz**) (PERF **krzyknąć**) VERB
to shout
□ Nie krzycz na nią. Don't shout at her.

krzyk (GEN **krzyku**, PL **krzyki**, INST SING **krzykiem**, LOC SING **krzyku**) MASC NOUN
shout

krzyknąć (**krzyknę, krzykniesz**) (IMPERATIVE **krzyknij**) VERB ▷zobacz krzyczeć

krzywda (GEN **krzywdy**, PL **krzywdy**, DAT SING AND LOC SING **krzywdzie**, GEN PL **krzywd**) FEM NOUN
wrong
□ krzywda moralna a moral wrong
■ **Wyrządził jej krzywdę.** He treated her badly.

krzywdzić (**krzywdzę, krzywdzisz**) (IMPERATIVE **krzywdź**, PERF **skrzywdzić**) VERB
to harm

krzywy ADJECTIVE
1 crooked

□ krzywe drzewo a crooked tree

■ **krzywe nogi** bandy legs

2 uneven

□ krzywa podłoga an uneven floor

■ **Patrzy na niego krzywym okiem.** She is frowning at him.

krzyż (GEN **krzyża**, PL **krzyże**, LOC SING **krzyżu**, GEN PL **krzyży**) MASC NOUN

1 cross

□ cmentarny krzyż a memorial cross □ znak krzyża the sign of the cross

2 lower back

□ ból w krzyżu a pain in the lower back

■ **Czerwony Krzyż** the Red Cross

krzyżówka (GEN **krzyżówki**, PL **krzyżówki**, DAT SING AND LOC SING **krzyżówce**, GEN PL **krzyżówek**) FEM NOUN

crossword puzzle

■ **rozwiązywać** (PERF **rozwiązać**) **krzyżówkę** to do the crossword

ksero NEUT NOUN

⋅⋅⋅ **LANGUAGE TIP** ksero does not decline

1 photocopier (potoczny)

□ Ksero się znowu popsuło. The photocopier's broken down again.

2 photocopy (potoczny)

□ Zrobiłem ksero z tej strony. I took a photocopy of this page.

kserokopia (GEN **kserokopii**, PL **kserokopie**, GEN PL; DAT SING AND LOC SING **kserokopii**) FEM NOUN

photocopy

kserować (**kseruję, kserujesz**) (PERF **skserować**) VERB

to photocopy

■ **kserować książkę** to photocopy a book

ksiądz (GEN **księdza**, PL **księża**, VOC SING **księże**, GEN PL **księży**, INST PL **księżmi**) MASC NOUN

priest

książę (GEN **księcia**, PL **książęta**, GEN PL **książąt**) MASC NOUN

1 duke

□ Król nadał mu tytuł księcia. The king gave him the title of duke.

2 prince

□ książę Walii the Prince of Wales

książka (GEN **książki**, PL **książki**, DAT SING AND LOC SING **książce**, GEN PL **książek**) FEM NOUN

book

□ książka dla dzieci a children's book □ książka telefoniczna the phone book □ Czytam teraz bardzo ciekawą książkę. I'm reading a very interesting book at the moment.

księgarnia (GEN **księgarni**, PL **księgarnie**, GEN PL **księgarń**) FEM NOUN

bookshop

bookstore (US)

□ księgarnia akademicka an academic bookshop

księgowa (GEN **księgowej**, PL **księgowe**) FEM NOUN

⋅⋅⋅ **LANGUAGE TIP** księgowa declines like an adjective

accountant

□ Jestem księgową. I'm an accountant.

księgowość (GEN **księgowości**, GEN PL; DAT SING AND LOC SING **księgowości**) FEM NOUN

1 accountancy

□ kurs księgowości an accountancy course

2 accounts department

□ Pracuję w księgowości. I work in the accounts department.

księgowy (GEN **księgowego**, PL **księgowi**) MASC NOUN

⋅⋅⋅ **LANGUAGE TIP** księgowy declines like an adjective

accountant

□ Jestem księgowym. I'm an accountant.

księżniczka (GEN **księżniczki**, PL **księżniczki**, DAT SING AND LOC SING **księżniczce**, GEN PL **księżniczek**) FEM NOUN

princess

księżyc (GEN **księżyca**, PL **księżyce**) MASC NOUN

moon

kształcić (**kształcę, kształcisz**) (IMPERATIVE **kształć**, PERF **wykształcić**) VERB

1 to educate

□ Ta szkoła wykształciła wielu znanych naukowców. This school has educated many famous scientists.

2 to form

■ **Dyscyplina kształci charakter.** Discipline is character forming.

■ **Podróże kształcą.** Travel broadens the mind.

■ **kształcić się na inżyniera** to train to be an engineer

kształt (GEN **kształtu**, PL **kształty**, LOC SING **kształcie**) MASC NOUN

shape

□ opływowy kształt an aerodynamic shape

□ w kształcie piłki shaped like a ball

■ **Ma bujne, kobiece kształty.** She has an ample, feminine figure.

kształtować (**kształtuję, kształtujesz**) (PERF **ukształtować**) VERB

to shape

□ Ten tygodnik kształtuje opinie czytelników. This weekly shapes its readers' opinions.

■ **kształtować się** to develop □ Jego styl kształtował się przez wiele lat. His style has developed over many years.

kto PRONOUN (GEN, ACC **kogo**, DAT **komu**, INST, LOC **kim**)

who

□ Kto to jest? Who is it? □ Kto przyjdzie? Who's there? □ Sprawdź, kto wyszedł. See who has left.

■ **Ten, kto go spotka …** Whoever meets him …

ktokolwiek PRONOUN

1 anyone

□ ktokolwiek z nas any one of us □ Ktokolwiek może otworzyć tę butelkę. Anyone can open this bottle.

2 whoever

□ Ktokolwiek widział … Whoever saw …

k

ktoś PRONOUN
1 someone
  □ Ktoś inny przyjdzie. Someone else is coming. □ Ona myśli, że jest naprawdę kimś. She thinks she's really someone.
2 anyone
  □ Czy widziałeś kogoś? Did you see anyone?

którędy PRONOUN
  which way

który PRONOUN
  LANGUAGE TIP który declines like an adjective
  which
  □ Którą gazetę chcesz? Which paper do you want?
  ■ Którego dzisiaj? What's the date today?
  ■ Która jest godzina? What time is it?

kubek (GEN kubka, PL kubki, INST SING kubkiem, LOC SING kubku) MASC NOUN
  mug
  □ kubek kawy a mug of coffee □ porcelanowy kubek a porcelain mug

kubeł (GEN kubła, PL kubły, LOC SING kuble) MASC NOUN
  bucket
  □ kubeł wody a bucket of water
  ■ kubeł na śmieci bin; trash can (US)

kucharka (GEN kucharki, PL kucharki, DAT SING AND LOC SING kucharce, GEN PL kucharek) FEM NOUN
  cook
  □ Jest kiepską kucharką. She's a rotten cook.

kucharski ADJECTIVE
  ■ książka kucharska cookbook

kucharz (GEN kucharza, PL kucharze, LOC SING kucharzu, GEN PL kucharzy) MASC NOUN
  cook
  □ Jest bardzo dobrym kucharzem. He is a very good cook.

kuchenka (GEN kuchenki, PL kuchenki, DAT SING AND LOC SING kuchence, GEN PL kuchenek) FEM NOUN
  cooker
  □ kuchenka gazowa a gas cooker □ kuchenka elektryczna an electric cooker
  ■ kuchenka turystyczna camping stove
  ■ kuchenka mikrofalowa microwave oven

kuchenny ADJECTIVE
  kitchen
  □ szafki kuchenne kitchen cupboards

kuchnia (GEN kuchni, PL kuchnie, GEN PL; DAT SING AND LOC SING kuchni) FEM NOUN
1 kitchen
  □ jasna i przestronna kuchnia a bright, spacious kitchen
2 cuisine
  □ kuchnia polska Polish cuisine

kufel (GEN kufla, PL kufle, LOC SING kuflu, GEN PL kufli) MASC NOUN
  pint
  □ Duszkiem wypił kufel piwa. He drank a pint of beer in one.
  ■ kufel do piwa beer mug

kula (GEN kuli, PL kule) FEM NOUN
1 ball
  ■ kula ze śniegu a snowball
2 sphere
3 bullet
  □ Kula trafiła go w ramię. The bullet hit him in the shoulder.
  ■ chodzić o kulach to walk on crutches
  ■ kula ziemska the globe

kultura (GEN kultury, PL kultury, DAT SING AND LOC SING kulturze, GEN PL kultur) FEM NOUN
  culture
  □ kultura polska Polish culture
  ■ dom kultury cultural centre

kulturalny ADJECTIVE
1 cultural
  □ wydarzenia kulturalne cultural events
2 cultured
  □ kulturalna osoba a cultured person

kumpel (GEN kumpla, PL kumple, LOC SING kumplu, GEN PL kumpli) MASC NOUN
  mate (potoczny)
  □ kumple z pracy mates from work □ Poszedł z kumplami na piwo. He has gone for a drink with his mates.

kupić (kupię, kupisz) VERB ▷ zobacz kupować

kupować (kupuję, kupujesz) (PERF kupić) VERB
  to buy
  □ W tym sklepie zawsze kupujemy warzywa. We always buy our vegetables at this shop.

kura (GEN kury, PL kury, LOC SING kurze) FEM NOUN
  hen
  ■ rosół z kury chicken broth
  ■ Ten interes to kura znosząca złote jaja. This deal is a sure-fire winner.

kuracja (GEN kuracji, PL kuracje, GEN PL; DAT SING AND LOC SING kuracji) FEM NOUN
  treatment
  □ kuracja antybiotykowa antibiotic treatment □ kuracja odchudzająca a slimming treatment

kurczak (GEN kurczaka, PL kurczaki, INST SING kurczakiem, LOC SING kurczaku) MASC NOUN
  chicken
  □ pieczony kurczak a roast chicken □ sałatka z kurczakiem a chicken salad

kurs (GEN kursu, PL kursy, LOC SING kursie) MASC NOUN
1 journey
  □ Kursy autobusów na tej trasie są dziś odwołane. Bus journeys on this route are cancelled today.
2 course
  □ Statek wziął kurs na wschód. The ship set an easterly course. □ kurs języka polskiego a Polish language course
3 price
  □ Na jakim kursie utrzymują się akcje tej firmy? What price are the firm's shares standing at?
  ■ kurs wymiany walut exchange rate

kurtka (GEN kurtki, PL kurtki, DAT SING AND LOC SING kurtce, GEN PL kurtek) FEM NOUN
  jacket

kuzyn (GEN **kuzyna**, PL **kuzyni**, LOC SING **kuzynie**)
MASC NOUN
cousin
□ Chciałbym przedstawić swojego kuzyna.
I would like to introduce my cousin.

kuzynka (GEN **kuzynki**, PL **kuzynki**, DAT SING
AND LOC SING **kuzynce**, GEN PL **kuzynek**)
FEM NOUN
cousin
□ Wakacje często spędzam na wsi u mojej
kuzynki. I often spend the holidays at my
cousin's in the country.

kwadrans (GEN **kwadransa**, PL **kwadranse**,
LOC SING **kwadransie**) MASC NOUN
quarter *(of an hour)*
□ kwadrans po czwartej a quarter past four;
a quarter after four (US) □ za kwadrans ósma
a quarter to eight; a quarter of eight (US)

kwadrat (GEN **kwadratu**, PL **kwadraty**, LOC SING
kwadracie) MASC NOUN
square
□ pokój w kształcie kwadratu a square-shaped
room □ Wszystkie boki kwadratu są równe.
All the sides of a square are the same length.
■ sześć do kwadratu six squared
■ dureń do kwadratu *(potoczny)* a complete
idiot

kwadratowy ADJECTIVE
square
□ kwadratowy stół a square table

kwas (GEN **kwasu**, PL **kwasy**, LOC SING **kwasie**)
MASC NOUN
acid
■ kwas siarkowy sulphuric acid; sulfuric acid
(US) □ kwasy tłuszczowe fatty acids

kwaśny ADJECTIVE
sour
□ kwaśny smak a sour taste □ sos słodko-
kwaśny sweet-and-sour sauce □ Mleko jest już
kwaśne. The milk's gone sour.
■ kwaśny deszcz acid rain

kwiaciarnia (GEN **kwiaciarni**, PL **kwiaciarnie**,
GEN PL; DAT SING AND LOC SING **kwiaciarni**) FEM NOUN
florist's

kwiat (GEN **kwiatu**, PL **kwiaty**, LOC SING **kwiecie**)
MASC NOUN
1 flower
□ grządka z kwiatami a bed of flowers □ bukiet
kwiatów a bouquet of flowers
2 blossom *sing*
□ Na gałęzi pojawiły się żółte kwiaty.
Yellow blossom appeared on the branches.
3 plant
□ W pokoju stoją dwa kwiaty. There are two
plants in the room.

kwiecień (GEN **kwietnia**, PL **kwietnie**, LOC SING
kwietniu, GEN PL **kwietni**) MASC NOUN
April
□ Urodziłem się w kwietniu. I was born in April.

kwitnąć (**kwitnę; kwitniesz**) VERB
1 to bloom
□ Tulipany kwitną wczesną wiosną.
Tulips bloom in early spring.
2 to blossom
□ Wiśnie i jabłonie kwitną w środku lata.
Cherry and apple trees blossom in midsummer.

kwota (GEN **kwoty**, PL **kwoty**, DAT SING AND LOC
SING **kwocie**) FEM NOUN
sum
□ kwota 200 złotych the sum of 200 zloty

k

laboratorium (GEN **laboratorium**,
PL **laboratoria**, GEN PL **laboratoriów**) NEUT NOUN
lab
○ **LANGUAGE TIP laboratorium** does not
decline in the singular

lać (**leję, lejesz**) (PERF **nalać**) VERB
1 to pour
□ Nalał wina do kieliszka. He poured some
wine into the glass.
■ **Znowu leje deszcz.** It's pouring again.
2 to beat (PERF **zlać**)
□ Zlali go do nieprzytomności. They beat him
unconscious.
■ **Leję na to!** I don't give a damn!
■ **lać się** to flow □ Z kranu lała się woda.
Water flowed from the tap.

lakier (GEN **lakieru**, PL **lakiery**, LOC SING **lakierze**)
MASC NOUN
varnish
■ **malować** (PERF **pomalować**) **paznokcie
lakierem do paznokci** to paint one's nails
with nail varnish
■ **lakier do włosów** hair spray

lakierować (**lakieruję, lakierujesz**)
(PERF **polakierować**) VERB
1 to varnish
□ lakierować półki to varnish the shelves
2 to paint
■ **lakierować karoserię samochodu** to paint
the car bodywork
■ **lakierować paznokcie na zielono** to paint
one's nails green

lalka (GEN **lalki**, PL **lalki**, DAT SING AND LOC SING **lalce**,
GEN PL **lalek**) FEM NOUN
1 doll (dla dzieci)
2 puppet (w teatrze)

lamentować (**lamentuję, lamentujesz**) VERB
to lament

lampa (GEN **lampy**, PL **lampy**, DAT SING AND LOC SING
lampie) FEM NOUN
lamp
□ lampa stojąca a floor lamp □ lampa
jarzeniowa a fluorescent light
■ **lampa błyskowa** flash

laptop (GEN **laptopa**, PL **laptopy**, LOC SING
laptopie) MASC NOUN
laptop

laryngolog (GEN **laryngologa**, PL **laryngologowie**
or **laryngolodzy**, INST SING **laryngologiem**,
LOC SING **laryngologu**) MASC NOUN
ear, nose and throat specialist

las (GEN **lasu**, PL **lasy**, LOC SING **lesie**) MASC NOUN
1 forest
□ lasy tropikalne tropical forests □ Duża część
wschodniej Polski pokryta jest lasem. A large
part of Eastern Poland is covered with forest.
■ **las rąk** a forest of hands
2 wood
□ Poszliśmy do lasu na spacer. We went for
a walk in the wood.
■ **Jestem całkiem w lesie z robotą.** (potoczny)
I am way behind schedule with work.

laska (GEN **laski**, PL **laski**, DAT SING AND LOC SING
lasce, GEN PL **lasek**) FEM NOUN
1 walking stick
□ Musi chodzić o lasce. He has to use a walking
stick.
2 chick (potoczny)
□ Na imprezę przyszedł z niezłą laską. He came
to the party with a hot chick.

lata (GEN **lata**) PL NOUN
1 years pl
□ Pracuje już od wielu lat. He has already been
working for many years. □ Miało to miejsce
przed laty. It happened years ago.
■ **lata pięćdziesiąte** the fifties
2 age
■ **Ile masz lat?** (familiar sg) How old are you?
■ **Mam 20 lat.** I'm 20 years old.
■ **Sto lat!** Many happy returns!

latać (**latam, latasz**) VERB +inst
1 to fly
□ Do Polski zawsze latam samolotem. I always
fly to Poland.
2 to run (potoczny)
■ **Od tygodnia latam z wywieszonym
jęzorem.** I've been run ragged for weeks.

latarka (GEN **latarki**, PL **latarki**, DAT SING AND LOC
SING **latarce**, GEN PL **latarek**) FEM NOUN
torch
flashlight (US)
□ latarka kieszonkowa a pocket torch

latarnia (GEN **latarni**, PL **latarnie**, GEN PL; DAT SING
AND LOC SING **latarni**) FEM NOUN
street lamp
■ **latarnia morska** lighthouse

lato (GEN **lata**, PL **lata**, LOC SING **lecie**) NEUT NOUN
summer

laureat (GEN **laureata**, PL **laureaci**, LOC SING **laureacie**) MASC NOUN
prize-winner
□ Jest tegorocznym laureatem Nagrody Nobla. He is this year's Nobel prize-winner.

laureatka (GEN **laureatki**, PL **laureatki**, DAT SING AND LOC SING **laureatce**, GEN PL **laureatek**) FEM NOUN
prize-winner
■ Jest laureatką zeszłorocznego Festiwalu Fortepianowego. She was last year's Piano Festival winner.

ląd (GEN **lądu**, PL **lądy**, LOC SING **lądzie**) MASC NOUN
land
■ stały ląd the mainland

lądować (**ląduję**, **lądujesz**) (PERF **wylądować**) VERB
to land
□ Właśnie wylądował samolot z Krakowa. The plane from Cracow has just landed.

lądowy ADJECTIVE
ground
□ atak lądowy a ground attack
■ inżynieria lądowa civil engineering

lecie NOUN ▷ *zobacz* lato

lecieć (**lecę**, **lecisz**) (IMPERF **leć**, PERF **polecieć**) VERB
1 to fly
□ Pierwszy raz lecę samolotem. I am flying for the first time.
■ Muszę już lecieć! Na razie! *(potoczny)* Must fly! So long!
2 to stream
□ Leciała mu krew z nosa. Blood was streaming from his nose.
■ Cześć! Jak leci? Hi! How's it going?

lecz CONJUNCTION
but

leczenie (GEN **leczenia**) NEUT NOUN
treatment
□ leczenie antybiotykowe antibiotic treatment
□ leczenia bezpłodności infertility treatment

leczyć (**leczę**, **leczysz**) (PERF **wyleczyć**) VERB
1 to treat
■ leczyć się to get treated □ Moja mama leczy się na cukrzycę. My mum is getting treated for diabetes.
2 to cure

legalnie ADVERB
legally

legalny ADJECTIVE
legal
□ legalny dokument tożsamości legal proof of identity

legenda (GEN **legendy**, PL **legendy**, DAT SING AND LOC SING **legendzie**) FEM NOUN
legend

legitymacja (GEN **legitymacji**, PL **legitymacje**, GEN PL, DAT SING AND LOC SING **legitymacji**) FEM NOUN
1 ID
■ legitymacja studencka a student card
2 a membership card *(dowód członkostwa)*

lek (GEN **leku**, PL **leki**, INST SING **lekiem**, LOC SING **leku**) MASC NOUN
drug
□ lek przeciwko astmie an asthma drug

lekarka (GEN **lekarki**, PL **lekarki**, DAT SING AND LOC SING **lekarce**, GEN PL **lekarek**) FEM NOUN
doctor
□ Jest dobrą lekarką. She is a good doctor.

lekarski ADJECTIVE
1 doctor's
□ gabinet lekarski a doctor's surgery; a doctor's office (US)
2 medical
□ badanie lekarskie a medical examination
□ staż lekarski a medical traineeship; a medical internship (US)
■ Dostał zwolnienie lekarskie na 2 dni. He got 2 days' sick leave.

lekarstwo (GEN **lekarstwa**, PL **lekarstwa**, LOC SING **lekarstwie**) NEUT NOUN
1 medicine
□ lekarstwo przeciwko grypie a flu medicine
2 remedy
■ Nie było jedzenia ani na lekarstwo. There was absolutely nothing to eat.

lekarz (GEN **lekarza**, PL **lekarze**, GEN PL **lekarzy**) MASC NOUN
doctor
□ Jest bardzo dobrym lekarzem. He is a very good doctor.

lekcja (GEN **lekcji**, PL **lekcje**, GEN PL; DAT SING AND LOC SING **lekcji**) FEM NOUN
▷ *zobacz też* lekcja PL NOUN
class
□ lekcja polskiego the Polish class
▷ *zobacz też* lekcja FEM NOUN
■ odrabiać (PERF **odrobić**) lekcje to do one's homework

lekki ADJECTIVE (COMP **lżejszy**)
1 light
□ lekka torba a light bag
2 slight
□ lekki akcent a slight accent
3 faint
□ lekki powiew wiatru a faint puff of wind

lekko ADVERB (COMP **lżej**)
1 lightly
■ lekko solone orzeszki lightly salted nuts
2 slightly
□ lekko poplamiony slightly stained

lekkomyślny ADJECTIVE
reckless
□ lekkomyślna decyzja a reckless decision

lenić się (**lenię**, **lenisz**) (IMPERATIVE **leń**) VERB
to sit around
□ Przestań się lenić i weź się w końcu do roboty! Stop sitting around and get on with some work!

lenistwo (GEN **lenistwa**, LOC SING **lenistwie**) NEUT NOUN
laziness
■ oddawać (PERF **oddać**) się słodkiemu lenistwu to laze about

leniwy ADJECTIVE
lazy

□ leniwy pracownik a lazy worker □ leniwe popołudnie a lazy afternoon

leń (GEN **lenia**, PL **lenie**, GEN PL **leni** or **leniów**) MASC NOUN
layabout

□ Ale z niego śmierdzący leń! What a layabout!

lepiej ADVERB ▷zobacz **dobrze**
better

□ Im prędzej to zrobisz, tym lepiej. The sooner you do it, the better. □ Lepiej już wyjdę. I'd better go now.

lepszy ADJECTIVE ▷zobacz **dobry**
better

□ Ten model samochodu jest o wiele lepszy od poprzedniego. This car is a lot better than the previous model.
■ **Wziął z sobą pierwszy lepszy parasol.** (potoczny) He took the first umbrella to hand.

lesbijka (GEN **lesbijki**, PL **lesbijki**, DAT SING AND LOC SING **lesbijce**, GEN PL **lesbijek**) FEM NOUN
lesbian

□ Ona jest lesbijką. She is a lesbian.

lesie NOUN ▷zobacz **las**

letni ADJECTIVE
1 summer

□ letnia sukienka a summer dress
■ **przestawiać** (PERF **przestawić**) **zegarek na czas letni** to put the clocks forward
2 lukewarm

□ letnia kawa lukewarm coffee

letniskowy ADJECTIVE
holiday

■ **domek letniskowy** a holiday cottage

lew (GEN **lwa**, PL **lwy**, LOC SING **lwie**) MASC NOUN
lion

■ **Lew** Leo □ Jestem spod znaku Lwa. I am a Leo.

lewicowy ADJECTIVE
left-wing

□ lewicowe poglądy left-wing views

lewo ADVERB
left

■ **w lewo** to the left □ **na lewo** to the left
■ **na prawo i lewo** all over the place

lewy ADJECTIVE
1 left

□ lewa noga the left leg □ lewy brzeg rzeki the left bank of the river
■ **lewy pas ulicy** the outside lane
2 inside

□ lewa strona swetra the inside of the sweater
□ Założył sweter na lewą stronę. He put on the sweater inside out.
3 dodgy (potoczny)

□ lewy paszport a dodgy passport

leżeć (**leżę, leżysz**) (PT **leżał**) VERB
1 to be

□ Warszawa leży nad rzeką Wisłą. Warsaw is on the banks of the Vistula.
2 to lie

□ Na biurku leżało wiele kartek. There were lots of papers lying on the desk.
■ **Jest chory i musi leżeć w łóżku.** He is ill and must stay in bed.
3 to fit

□ Ta sukienka leży na tobie jak ulał. That dress fits you beautifully.

lęk (GEN **lęku**, PL **lęki**, INST SING **lękiem**, LOC SING **lęku**) MASC NOUN
fear

□ lęk wysokości a fear of heights

liceum (GEN **liceum**, PL **licea**, GEN PL **liceów**) NEUT NOUN

> **LANGUAGE TIP** liceum does not decline in the singular

secondary school
high school (US)

■ **liceum zawodowe** vocational school
■ **liceum ogólnokształcące** grammar school; high school (US)

> **DID YOU KNOW...?**
> Liceum is a type of secondary school. At present there are some **licea** which teach a general curriculum (humanities, mathematics and science) as well as those **licea** which are more focused on providing training for specific professions. Graduates of both **licea** can take the **matura**.

licytować (**licytuję, licytujesz**) (PERF **zlicytować**) VERB
to auction

□ Ten obraz będzie licytowany w sobotę. This picture will be auctioned on Saturday.

liczba (GEN **liczby**, PL **liczby**, DAT SING AND LOC SING **liczbie**) FEM NOUN
number

□ liczba zgłoszeń a number of applications
□ magiczna liczba a magic number
■ **liczba pojedyncza** singular
■ **liczba mnoga** plural

liczebnik (GEN **liczebnika**, PL **liczebniki**, INST SING **liczebnikiem**, LOC SING **liczebniku**) MASC NOUN
number

licznie ADVERB
in large numbers

□ Licznie przybyli goście. Visitors attended in large numbers.

licznik (GEN **licznika**, PL **liczniki**, INST SING **licznikiem**, LOC SING **liczniku**) MASC NOUN
meter

□ licznik prądu an electricity meter

liczny ADJECTIVE
large

□ liczna rodzina a large family

liczyć (**liczę, liczysz**) (PERF **policzyć**) VERB
1 to count

□ Dziecko potrafi już liczyć do dziesięciu. The child can already count to ten.
2 to calculate

□ W pamięci obliczyła cenę zakupów. She calculated the cost of the shopping in her head.

■ **Klasa liczy piętnaście osób.** There are fifteen in the class.

■ **liczyć na** to count on □ Liczę na was. I am counting on you.

lider (GEN lidera, PL liderzy, LOC SING liderze)
MASC NOUN
leader

likwidować (likwiduję, likwidujesz) (PERF **zlikwidować**) VERB
1 to eradicate

■ **likwidować ubóstwo** to eradicate poverty
2 to close down

■ **likwidować fabrykę** to close down a factory

limit (GEN limitu, PL limity, LOC SING limicie)
MASC NOUN
limit

□ limit czasu a time limit

lina (GEN liny, PL liny, DAT SING AND LOC SING linie)
FEM NOUN
rope

linia (GEN linii, PL linie, GEN PL; DAT SING AND LOC SING linii) FEM NOUN
line

□ linia prosta a straight line

■ **kartka w linie** a piece of lined paper

linijka (GEN linijki, PL linijki, DAT SING AND LOC SING linijce, GEN PL linijek) FEM NOUN
1 ruler

□ W piórniku miał ołówek i linijkę. In his pencil case he had pencils and a ruler.
2 line

□ Temat pracy pojawia się już w pierwszej linijce tekstu. The subject of the work appears in the very first line of the text.

lipiec (GEN lipca, PL lipce) MASC NOUN
July

□ w lipcu in July

lis (GEN lisa, PL lisy, LOC SING lisie) MASC NOUN
fox

□ On jest chytry jak lis. He is as sly as a fox.

list (GEN listu, PL listy, LOC SING liście) MASC NOUN
letter

□ list lotniczy an airmail letter

LANGUAGE TIP Be careful! The Polish word list does not mean **list**.

lista (GEN listy, PL listy, DAT SING AND LOC SING liście, GEN PL list) FEM NOUN
list

□ lista pasażerów a passenger list

■ **lista przebojów** (spis utworów) the charts pl
■ **sprawdzać** (PERF **sprawdzić**) listę obecności to take the register

listonosz (GEN listonosza, PL listonosze, LOC SING listonoszu, GEN PL listonoszy) MASC NOUN
postman
mailman (US)

listopad (GEN listopada, PL listopady, LOC SING listopadzie) MASC NOUN
November

□ Urodziłam się w listopadzie. I was born in November. □ Chcemy pojechać do Polski przed listopadem. We want to go to Poland before November.

liść (GEN liścia, PL liście, GEN PL liści, INST PL liśćmi)
MASC NOUN
leaf

□ liście herbaty tea leaves □ liść kapusty cabbage leaf

litera (GEN litery, PL litery, LOC SING literze)
FEM NOUN
letter

literatura (GEN literatury, PL literatury, DAT SING AND LOC SING literaturze) FEM NOUN
literature

□ Interesuję się literaturą polską. I am interested in Polish literature.

■ **literatura piękna** belles-lettres

litr (GEN litra, PL litry, LOC SING litrze) MASC NOUN
litre
liter (US)

□ litr mleka a litre of milk □ pół litra wódki half a litre of vodka

Litwa (GEN Litwy, LOC SING Litwie) FEM NOUN
Lithuania

□ Pochodzi z Litwy. He comes from Lithuania.

lizać (liżę, liżesz) (PERF **liznąć**) VERB
to lick

■ **lizać lody** to lick ice cream

lizak (GEN lizaka, PL lizaki, INST SING lizakiem, LOC SING lizaku) MASC NOUN
lollipop

lodowisko (GEN lodowiska, PL lodowiska, INST SING lodowiskiem, LOC SING lodowisku) NEUT NOUN
ice rink

lodówka (GEN lodówki, PL lodówki, DAT SING AND LOC SING lodówce, GEN PL lodówek) FEM NOUN
fridge

□ Nasza lodówka się popsuła. Our fridge is broken. □ Włóż mleko do lodówki. Put the milk in the fridge.

lody (GEN lodów) PL NOUN
ice cream sing

□ lody śmietankowe dairy ice cream

logiczny ADJECTIVE
logical

□ logiczny wniosek a logical conclusion

lokal (GEN lokalu, PL lokale, GEN PL lokali or lokalów) MASC NOUN
1 premises pl

□ lokal do wynajęcia premises for rent
2 accommodation

□ lokal zastępczy temporary accommodation
3 restaurant (gastronomiczny)

■ **lokal nocny** a night club
■ **Bawili się w nocnych lokalach.** They went clubbing.

lokator (GEN lokatora, PL lokatorzy, LOC SING lokatorze) MASC NOUN
tenant

■ **dziki lokator** squatter

Londyn (GEN Londynu, LOC SING Londynie)
MASC NOUN
London

□ Mieszkam w Londynie. I live in London.
□ Pochodzę z Londynu. I come from London.
los (GEN **losu**, PL **losy**, LOC SING **losie**) MASC NOUN
□ los studenta a student's lot
1 fate
□ zrządzenie losu a twist of fate
2 lottery ticket
□ Co tydzień kupuję los na loterii. I buy a lottery ticket every week.
lot (GEN **lotu**, PL **loty**, LOC SING **locie**) MASC NOUN
flight
□ lot kosmiczny space flight □ Lot z Londynu do Wrocławia trwa nieco ponad dwie godziny. The flight from London to Wrocław takes a little over two hours.
lotnictwo (GEN **lotnictwa**, LOC SING **lotnictwie**) NEUT NOUN
1 aviation
2 air force
lotniczy ADJECTIVE
air
□ poczta lotnicza air mail □ linia lotnicza an airline
■ terminal lotniczy an airport terminal
lotnisko (GEN **lotniska**, PL **lotniska**, INST SING **lotniskiem**, LOC SING **lotnisku**) NEUT NOUN
airport
□ Z którego lotniska odlatujesz? Which airport do you fly from?
lód (GEN **lodu**, PL **lody**, LOC SING **lodzie**) MASC NOUN
ice
□ cola z lodem cola with ice □ Jesteś zimny jak lód. You're as cold as ice.
■ Ma pieniędzy jak lodu. *(potoczny)* He is rolling in money.
lśnić (**lśnię, lśnisz**) (IMPERATIVE **lśnij**) VERB
to glisten
□ Wanna jest tak czysta, że aż lśni. The bath is so clean it glistens.
lub CONJUNCTION
or
■ lub też or else
lubiany ADJECTIVE
popular
□ lubiany nauczyciel a popular teacher
lubić (**lubię, lubisz**) VERB
to like
□ lubić coś robić to like doing something
□ Lubi biegać. He likes running.
■ lubić się to like one another
■ Lubią się od dziecka. They've been friends since childhood.
ludność (GEN **ludności**) FEM NOUN

population
□ ludność cywilna the civilian population
■ spis ludności a census
ludowy ADJECTIVE
1 folk
□ sztuka ludowa folk art □ muzyka ludowa folk music
2 people
□ władza ludowa people power
ludzie (GEN **ludzi**, INST PL **ludźmi**) PL NOUN
▷ *zobacz* **człowiek**
people
□ Na koncert przyszło wielu ludzi. A lot of people came to the concert.
ludzki ADJECTIVE
1 human
□ ludzki błąd human error
2 humane
□ ludzkie traktowanie humane treatment
ludzkość (GEN **ludzkości**) FEM NOUN
humanity
luksusowy ADJECTIVE
luxury
□ luksusowe mieszkanie a luxury flat; a luxury apartment (US)
lusterko (GEN **lusterka**, PL **lusterka**, INST SING **lusterkiem**, LOC SING **lusterku**, GEN PL **lusterek**) NEUT NOUN
mirror
□ lusterko wsteczne w samochodzie rear-view mirror □ lusterko boczne wing mirror; outside mirror (US)
lustro (GEN **lustra**, PL **lustra**, LOC SING **lustrze**, GEN PL **luster**) NEUT NOUN
mirror
□ Potrzebujemy nowego lustra do łazienki. We need a new mirror in the bathroom.
luty (GEN **lutego**, PL **lute**) MASC NOUN
LANGUAGE TIP **luty** declines like an adjective
February
□ W lutym zwykle pada śnieg. It usually snows in February.
luźny ADJECTIVE
1 loose-fitting
□ luźna sukienka a loose-fitting dress
2 casual
□ luźna znajomość a casual acquaintance
□ luźna rozmowa a casual conversation
□ luźny komentarz a casual comment
lżej ADVERB ▷ *zobacz* **lekko**
lżejszy ADJECTIVE ▷ *zobacz* **lekki**

łacina (GEN **łaciny**, DAT SING AND LOC SING **łacinie**)
FEM NOUN
Latin
□ lekcja łaciny the Latin class □ tłumaczenie z
łaciny a translation from Latin
■ **łacina kuchenna** *(potoczny)* swear words

łaciński ADJECTIVE
Latin
□ język łaciński the Latin language

ładnie ADVERB
nice
□ Ładnie dzisiaj wyglądasz. You're looking nice
today. □ To ciasto ładnie pachnie. That cake
smells nice.

ładny ADJECTIVE
1 pretty
□ ładna dziewczyna a pretty girl
2 nice
□ ładny widok a nice view □ ładna pogoda
nice weather

WORD POWER

You can use a number of other words instead
of **ładny** to mean 'pretty':
piękny beautiful
□ piękny widok a beautiful view
śliczny lovely
□ śliczna sukienka a lovely dress
uroczy charming
□ uroczy mężczyzna a charming man
zachwycający delightful
□ zachwycająca muzyka a delightful music

ładować (**ładuję, ładujesz**) (PERF **załadować**)
VERB
1 to load
□ ładować walizki do bagażnika to load the
cases into the boot; to load the cases into the
trunk (US)
2 to charge (PERF **naładować**)
■ **ładować baterie** to charge a battery

ładunek (GEN **ładunku**, PL **ładunki**,
INST SING **ładunkiem**, LOC SING **ładunkiem**,
GEN PL **ładunki**) MASC NOUN
1 load
2 cargo
□ Samolot ma zabierać dziesięć ton ładunku.
The plane is to carry 10 tons of cargo.
3 charge

□ ładunek wybuchowy an explosive charge
□ ładunek elektryczny an electrical charge

łagodnie ADVERB
1 lightly
□ Łagodnie go ukarano. He was punished lightly.
2 gently
□ Łagodnie pogłaskała psa po głowie.
She stroked the dog's head gently.

łagodny ADJECTIVE
1 gentle
□ łagodny wiatr a gentle wind □ łagodny głos
a gentle voice
2 mild
□ łagodny klimat a mild climate □ łagodna kara
a mild punishment

łagodzić (**łagodzę, łagodzisz**) (IMPERATIVE
łagodź, IMPERATIVE **łagódź**, PERF **złagodzić** or
załagodzić) VERB
1 to assuage
■ **łagodzić smutek** to assuage grief
2 to ease
■ **łagodzić ból** to ease pain
3 to moderate
■ **łagodzić konflikt** to moderate conflict

łamać (**łamię, łamiesz**) (PERF **złamać**) VERB
1 to break
□ Złamałam prawą rękę. I have broken my right
arm.
2 to overcome
□ Policja złamała opór protestujących.
The police overcame the resistance of the
protesters.
■ **łamać się** to break □ Gałęzie złamały się
podczas burzy. Branches broke during the
storm.

łańcuch (GEN **łańcucha**, PL **łańcuchy**) MASC NOUN
chain
□ złoty łańcuch a golden chain
■ **łańcuch górski** mountain range

łańcuszek (GEN **łańcuszka**, PL **łańcuszki**,
INST SING **łańcuszkiem**, LOC SING **łańcuszku**)
MASC NOUN
chain
□ Ten srebrny łańcuszek dostałam od mojej
siostry. I got this silver chain from my sister.

łapać (**łapię, łapiesz**) (PERF **złapać**) VERB
to catch
□ Policja właśnie złapała tego złodzieja.
The police just caught the thief.

łapówka – łyk

łapówka (GEN **łapówki**, PL **łapówki**, DAT SING AND LOC SING **łapówce**, GEN PL **łapówek**) FEM NOUN
bribe

łapu-capu ADVERB
■ **na łapu-capu** in a mad rush
■ **robić coś na łapu-capu** to do something slap-dash

łaskawy ADJECTIVE
1 pleasant
□ łaskawa pogoda pleasant weather
2 mild
□ łaskawa kara a mild punishment

łatać (**łatam, łatasz**) (PERF **załatać**) VERB
to mend
□ łatać dziurę w skarpetkach to mend socks

łatwo ADVERB
easily
□ Ta uwaga była łatwo zrozumiała. This point of view was easily understood.

łatwopalny ADJECTIVE
flammable
□ łatwopalny materiał flammable material

łatwowierny ADJECTIVE
gullible
□ Jest bardzo łatwowierną osobą. He is a very gullible person.

łatwy ADJECTIVE
easy
□ łatwe ćwiczenie an easy exercise □ łatwe życie an easy life □ łatwa trasa an easy route

ława (GEN **ławy**, PL **ławy**, DAT SING AND LOC SING **ławie**) FEM NOUN
1 bench
□ drewniana ława w parku a wooden bench in the park
■ **ława poselska** a parliamentary seat
2 coffee table
□ Ława stoi między tapczanem i telewizorem. The coffee table stands between the sofa-bed and the TV.

ławka (GEN **ławki**, PL **ławki**, DAT SING AND LOC SING **ławce**, GEN PL **ławek**) FEM NOUN
bench
□ ławka w parku a park bench
■ **ławka kościelna** a pew

łazienka (GEN **łazienki**, PL **łazienki**, DAT SING AND LOC SING **łazience**, GEN PL **łazienek**) FEM NOUN
bathroom

łącznie ADVERB
■ **łącznie z** +inst including □ Na ślub przybyła cała rodzina, łącznie z pradziadkiem. The whole family was at the wedding, including the great-grandfather.
■ **To należy pisać łącznie.** That should be written as one word.

łączyć (**łączę, łączysz**) (PERF **połączyć**) VERB
1 to combine
□ To urządzenie łączy funkcję skanera i faksu. This device combines the functions of a scanner and a fax.
2 to connect
□ Rzeki łączy kanał. The canal connects the rivers.

■ **Proszę czekać, już łączę!** Please hold, I'm putting you through!
■ **łączyć się 1** to meet □ Ich usta złączyły się w pocałunku. Their lips met in a kiss.
2 to merge □ Rzeki łączą się w centrum miasta. The rivers merge in the town centre.

łąka (GEN **łąki**, PL **łąki**, DAT SING AND LOC SING **łące**) FEM NOUN
meadow

łobuz (GEN **łobuza**, PL **łobuzy**, LOC SING **łobuzie**) MASC NOUN
yob
punk (US)
□ Kilku łobuzów zniszczyło budkę telefoniczną. Some yobs have trashed the telephone box.

łokieć (GEN **łokci**, PL **łokcie**, GEN PL **łokci**) MASC NOUN
elbow
□ Uderzyłam się w łokieć. I knocked my elbow.
■ **rozpychać się łokciami** to elbow one's way

łopata (GEN **łopaty**, PL **łopaty**, DAT SING AND LOC SING **łopacie**) FEM NOUN
shovel

łosoś (GEN **łososia**, PL **łososie**, GEN PL **łososi**) MASC NOUN
salmon
□ kotlet z łososia a salmon steak

Łotwa (GEN **Łotwy**, DAT SING **Łotwie**) FEM NOUN
Latvia
□ Czy byłeś kiedyś na Łotwie? Have you ever been to Latvia?

łowić (**łowię, łowisz**) (IMPERATIVE **łów**, PERF **złowić**) VERB
1 to hunt
□ Niektórzy turyści łowią dziki. Some tourists hunt wild boars. □ Nasz kot niestety nie chce łowić myszy. Unfortunately our cat won't hunt mice.
2 to catch
■ **łowić motyle** to catch butterflies
■ **łowić ryby** to fish

łódź (GEN **łodzi**, PL **łodzie**, GEN PL **łodzi**) FEM NOUN
boat
□ pływać łodzią to sail a boat
■ **łódź podwodna** submarine
■ **łódź ratownicza** lifeboat

łóżko (GEN **łóżka**, PL **łóżka**, INST SING **łóżkiem**, LOC SING **łóżku**, GEN PL **łóżek**) NEUT NOUN
bed

łupież (GEN **łupieżu**) MASC NOUN
dandruff

łydka (GEN **łydki**, PL **łydki**, DAT SING AND LOC SING **łydce**, GEN PL **łydek**) FEM NOUN
calf
□ zgrabne łydki shapely calves □ skurcz w łydce cramp in the calf

łyk (GEN **łyku**, PL **łyki**, INST SING **łykiem**, LOC SING **łyku**) MASC NOUN
gulp
□ łyk wody a gulp of water

łykać (łykam, łykasz) (PERF łyknąć) VERB
  to gulp down
  □ W pośpiechu łykał śniadanie. He hastily
  gulped down his breakfast.
łyknąć (łyknę, łykniesz) (IMPERATIVE łyknij) VERB
  ▷ zobacz łykać
łysieć (łysieję, łysiejesz) (PERF wyłysieć) VERB
  to go bald
łysy ADJECTIVE
  bald
  □ Jest zupełnie łysy. He is completely bald.
łyżeczka (GEN łyżeczki, PL łyżeczki, DAT SING
  AND LOC SING łyżeczce, GEN PL łyżeczek)
  FEM NOUN
  teaspoon

łyżka (GEN łyżki, PL łyżki, DAT SING AND LOC SING
  łyżce, GEN PL łyżek) FEM NOUN
  spoon
  ■ łyżka wazowa ladle
  ■ łyżka do butów shoehorn
łyżwa (GEN łyżwy, PL łyżwy, DAT SING AND LOC SING
  łyżwie, GEN PL łyżew) FEM NOUN
  skate
  ■ Czy umiesz jeździć na łyżwach? Can you
  skate?
  ■ pójść na łyżwy to go skating
łza (GEN łzy, PL łzy, DAT SING AND LOC SING łzie,
  GEN PL łez) FEM NOUN
  tear
  □ łzy szczęścia tears of joy

Mm

Macedonia (GEN **Macedonii**, LOC SING **Macedonii**)
FEM NOUN
Macedonia
□ Na wakacje jedziemy do Macedonii. We are going on holiday to Macedonia.

machać (**macham, machasz**) (PERF **machnąć**)
VERB
1 to wave
□ Na pożegnanie pomachała mu białą chusteczką. She waved him farewell with a white handkerchief.
2 to wag
□ Pies był bardzo zadowolony i machał ogonem. The dog was very pleased and wagged his tail.

macierzyński ADJECTIVE
1 maternal
□ instynkt macierzyński the maternal instinct
2 motherly
□ macierzyńska miłość motherly love
■ **brać** (PERF **wziąć**) **urlop macierzyński** to take maternity leave

macierzyństwo (GEN **macierzyństwa**, LOC SING **macierzyństwie**) NEUT NOUN
motherhood

macocha (GEN **macochy**, PL **macochy**, DAT SING AND LOC SING **macosze**) FEM NOUN
stepmother
□ Jest moją macochą. She's my stepmother.

magazyn (GEN **magazynu**, PL **magazyny**, LOC SING **magazynie**) MASC NOUN
1 warehouse *(budowla)*
2 storeroom
3 magazine
□ magazyn dla kobiet a women's magazine
□ magazyn motoryzacyjny a car magazine

magia (GEN **magii**, PL **magie**, GEN PL; DAT SING AND LOC SING **magii**) FEM NOUN
magic
□ magia świąt the magic of Christmas
■ **To jest dla mnie czarną magią.** It's all Greek to me.

magiczny ADJECTIVE
1 magic
□ magiczne zaklęcie a magic spell
2 magical
□ magiczna moc a magical power

magister (GEN **magistra**, PL **magistrzy** or **magistrowie**, LOC SING **magistrze**) MASC NOUN

■ **Magister Nauk Przyrodniczych** Master of Science
■ **Magister Nauk Humanistycznych** Master of Arts

magisterski ADJECTIVE
master's degree
■ **praca magisterska** a master's thesis
■ **egzamin magisterski** finals

magnes (GEN **magnesu**, LOC SING **magnesie**)
MASC NOUN
magnet

magnetofon (GEN **magnetofonu**, PL **magnetofony**, LOC SING **magnetofonie**) MASC NOUN
tape recorder
■ **odtwarzać** (PERF **odtworzyć**) **muzykę z magnetofonu** to play music from a tape

magnetowid (GEN **magnetowidu**, PL **magnetowidy**, LOC SING **magnetowidzie**)
MASC NOUN
VCR

mahoń (GEN **mahoniu**, PL **mahonie**, INST SING **mahoniem**, LOC SING **mahoniu**, GEN PL **mahoni** or **mahoniów**) MASC NOUN
mahogany
□ meble z mahoniu mahogany furniture

maj (GEN **maja**, PL **maje**, LOC SING **maju**) MASC NOUN
May
□ Moje urodziny są w maju. My birthday is in May.
■ **Święto Pierwszego Maja** May Day
■ **Święto Trzeciego Maja** Constitution Day
    LANGUAGE TIP Public holidays fall on both the first and the third of May in Poland. It is common for people to take the day off in between (the second) and for businesses to be shut for all three days.

mają VERB ▷ *zobacz* **mieć**

majątek (GEN **majątku**, INST SING **majątkiem**, LOC SING **majątku**) MASC NOUN
1 property
□ majątek ruchomy personal property
■ **majątek nieruchomy** real estate
2 fortune
□ Zapłaciliśmy majątek za te bilety. We paid a fortune for these tickets.

majonez (GEN **majonezu**, PL **majonezy**, LOC SING **majonezie**) MASC NOUN
mayonnaise
□ jajka w majonezie egg mayonnaise

major (GEN **majora**, PL **majorowie** or **majorzy**, LOC SING **majorze**) MASC NOUN
major

■ **Chciałbym rozmawiać z majorem Kowalskim.** I would like to speak to Major Kowalski.

majówka (GEN **majówki**, PL **majówki**, DAT SING AND LOC SING **majówce**, GEN PL **majówek**) FEM NOUN
picnic

□ W sobotę jedziemy za miasto na majówkę. On Saturday we are going for a picnic in the country.

majster (GEN **majstra**, PL **majstrowie** or **majstrzy**, LOC SING **majstrze**) MASC NOUN
1 foreman

□ majster budowlany a building foreman
2 master

□ majster szewski a master shoemaker

majtki (GEN **majtek**) PL NOUN
■ **majtki damskie** knickers
■ **majtki męskie** briefs

makaron (GEN **makaronu**, PL **makarony**, LOC SING **makaronie**) MASC NOUN
pasta

□ makaron z sosem warzywnym pasta with a vegetable sauce
■ **pomidorowa z makaronem** tomato soup with noodles

makijaż (GEN **makijażu**, PL **makijaże**, LOC SING **makijażu**, GEN PL **makijaży** or **makijażów**) MASC NOUN
make-up

■ **robić** (PERF **zrobić**) **sobie makijaż** to put on make-up

maksymalny ADJECTIVE
maximum

□ maksymalna prędkość maximum speed

malarka (GEN **malarki**, PL **malarki**, DAT SING AND LOC SING **malarce**, GEN PL **malarek**) FEM NOUN
painter

□ Jest znaną współczesną malarką. She is a well-known contemporary painter.

malarstwo (GEN **malarstwa**, LOC SING **malarstwie**) NEUT NOUN
painting

□ Interesuję się malarstwem. I am interested in painting.

malarz (GEN **malarza**, PL **malarze**, LOC SING **malarzu**, GEN PL **malarzy**) MASC NOUN
painter

■ **Jest malarzem artystą.** He is an artist.

maleć (**maleję**, **malejesz**) (PERF **zmaleć**) VERB
1 to diminish
2 to decrease

□ Bezrobocie powoli maleje. Unemployment is slowly decreasing.

malina (GEN **maliny**, PL **maliny**, DAT SING AND LOC SING **malinie**) FEM NOUN
raspberry

□ sernik z malinami raspberry cheesecake
□ sok z malin raspberry juice

■ **Nie daj się wpuścić w maliny!** Don't let yourself get taken in!

malować (**maluję**, **malujesz**) (PERF **pomalować**) VERB
1 to paint

□ Pomalowaliśmy półki na brązowo. We painted the shelves brown.
■ **'świeżo malowane'** 'wet paint'
2 to paint (PERF **wymalować**)

□ Malowaliśmy mieszkanie przez dwa dni. We painted the flat in the course of two days.
3 to paint (PERF **namalować**)

□ Znany artysta namalował portret mojego dziadka. A famous artist painted a portrait of my grandfather.
■ **malować się** to apply one's make-up

maltretować (**maltretuję**, **maltretujesz**) (PERF **zmaltretować**) VERB
to abuse

□ maltretować fizycznie to abuse physically
□ maltretować psychicznie to abuse psychologically

mało ADVERB (COMP **mniej**, SUPERL **najmniej**)
little

□ mało znany artysta a little known artist
□ Zarabiam bardzo mało. I earn very little.
■ **W lodówce jest mało mleka.** There isn't much milk in the fridge.

małpa (GEN **małpy**, PL **małpy**, DAT SING AND LOC SING **małpie**) FEM NOUN
1 monkey

□ W tym zoo można zobaczyć wiele rodzajów małp. In this zoo you can see many kinds of monkey.
2 @ sign

■ **Mój adres e-mailowy to df małpa ...** My e-mail address is df at ...

mały ADJECTIVE (COMP **mniejszy**, SUPERL **najmniejszy**)
1 small

□ mały prezent a small gift □ małe mieszkanie a small flat
2 little

□ przytulny, mały dom a cosy little house □ małe, sielskie miasteczko an idyllic little spot
3 small

□ małe dziecko a small child
4 lower-case

m

WORD POWER

You can use a number of other words instead of **mały** to mean 'small':

niewielki little
□ niewielki problem a little problem
nieznaczny insignificant
□ nieznaczny błąd an insignificant error
nieduży small
□ nieduże opóźnienie a small delay
minimalny minimal
□ minimalna strata a minimal loss

małżeński ADJECTIVE
1 married
  □ życie małżeńskie married life
2 marital
  □ kryzys małżeński a marital crisis
  ■ związek małżeński a marriage
małżeństwo (GEN **małżeństwa**, PL
małżeństwa, LOC SING **małżeństwie**) NEUT NOUN
1 marriage
  □ małżeństwo mieszane a mixed marriage
2 couple
  □ bezdzietne małżeństwo a childless couple
  □ Są małżeństwem od dwóch lat. They have
  been a couple for two years.
małżonek (GEN **małżonka**, PL **małżonkowie**,
INST SING **małżonkiem**) MASC NOUN
husband
  □ Jestem znajomym pani małżonka. I am
  a friend of your husband's.
  ■ małżonkowie husband and wife
  □ Obydwoje małżonkowie muszą być obecni
  podczas podpisywania umowy. Both husband
  and wife must be present when the agreement
  is signed.
małżonka (GEN **małżonki**, PL **małżonki**,
DAT SING AND LOC SING **małżonce**, GEN PL **małżonek**)
FEM NOUN
wife
  □ Chciałbym przedstawić swoją małżonkę.
  I would like to introduce my wife.
mam VERB ▷ *zobacz* **mieć**
mama (GEN **mamy**, PL **mamy**, DAT SING AND LOC SING
mamie) FEM NOUN
mum *(potoczny)*
  □ Muszę zadzwonić do mamy. I must call
  mum.
mamy VERB ▷ *zobacz* **mieć**
mandat (GEN **mandatu**, PL **mandaty**,
LOC SING **mandacie**) MASC NOUN
fine
  □ mandat za parkowanie w niedozwolonym
  miejscu a parking fine
  ■ mandat poselski a parliamentary seat
manifestacja (GEN **manifestacji**,
PL **manifestacje**, GEN PL; DAT SING AND LOC SING
manifestacji) FEM NOUN
1 expression
  □ manifestacja uczuć religijnych an expression
  of religious feelings
2 demonstration
  □ manifestacja przeciw powstaniu nowego
  supermarketu a demonstration against the
  opening of a new supermarket
manifestować (**manifestuję**,
manifestujesz) (PERF **zamanifestować**) VERB
to demonstrate
  □ Studenci manifestowali przeciwko rządowi.
  The students were demonstrating against the
  government.
manipulować (**manipuluję**, **manipulujesz**)
VERB +*inst*
to manipulate

□ Ten autor zręcznie manipuluje faktami.
This author is adroit at manipulating facts.
mapa (GEN **mapy**, PL **mapy**, LOC SING **mapie**)
FEM NOUN
map
  □ mapa samochodowa Europy a road map of
  Europe
marchewka (GEN **marchewki**, PL **marchewki**,
DAT SING AND LOC SING **marchewce**,
GEN PL **marchewek**) FEM NOUN
carrot
  □ groszek z marchewką peas and carrots
margaryna (GEN **margaryny**, PL **margaryny**,
DAT SING AND LOC SING **margarynie**) FEM NOUN
margarine
  □ kromka chleba z margaryną i dżemem a slice
  of bread with margarine and jam
margines (GEN **marginesu**, PL **marginesy**,
LOC SING **marginesie**) MASC NOUN
margin
  □ strona bez marginesu a page without a
  margin □ margines błędu a margin of error
  ■ margines społeczny an underclass
marka (GEN **marki**, PL **marki**, DAT SING AND LOC SING
marce, GEN **marek**) FEM NOUN
make
  □ znana marka samochodu a famous make of
  car
marmolada (GEN **marmolady**, PL **marmolady**,
DAT SING AND LOC SING **marmoladzie**) FEM NOUN
jam
  □ chleb z marmoladą bread and jam
marmur (GEN **marmuru**, PL **marmury**, LOC SING
marmurze) MASC NOUN
marble
  □ podłoga z marmuru a marble floor
marnować (**marnuję, marnujesz**) (PERF
zmarnować) VERB
to waste
  □ Nie marnuj czasu na byle co, zabierz się do
  pracy. Don't waste your time on rubbish, get
  on with your work!
  ■ marnować się to be wasted □ Jego talent
  marnuje się w tej firmie. His talent is wasted in
  this company.
marny ADJECTIVE
poor
  □ marne zarobki poor wages □ marne zdrowie
  poor health
  ■ Nasze wysiłki poszły na marne. Our efforts
  were in vain.
marsz (GEN **marszu**, PL **marsze**, LOC SING **marszu**)
MASC NOUN
march
  ■ Marsz do szkoły! *(potoczny)* Off to school
  with you!
marszczyć (**marszczę, marszczysz**)
(PERF **zmarszczyć**) VERB
1 to wrinkle
2 to gather
  ■ marszczyć się 1 to become wrinkled
  2 to crease

martwić (martwię, martwisz) (PERF zmartwić)
VERB
to upset

□ Martwi mnie twoje zachowanie. Your behaviour upsets me.
■ **martwić się** to worry □ Nie martw się już tym! Don't worry about it any more!
■ **Martwię się o ciebie.** I'm concerned about you.

martwy ADJECTIVE
dead

□ martwy żołnierz a dead soldier
■ **martwa cisza** a dead silence
■ **martwa natura** a still life □ Ten obraz to martwa natura. This painting is a still life.

marudzić (marudzę, marudzisz) (IMPERATIVE marudź) VERB
to whinge

□ On zawsze marudzi na pogodę. He is always whingeing about the weather.

marynarka (GEN marynarki, DAT SING AND LOC SING marynarce, NOM PL marynarki, GEN PL marynarek) FEM NOUN
1 jacket
2 navy

□ Jest oficerem marynarki. He is an officer in the navy.

marynarz (GEN marynarza, PL marynarze, GEN PL marynarzy) MASC NOUN
seaman

□ Wszyscy marynarze na tym statku pochodzą z Europy. All the seamen on this ship are Europeans.

marzec (GEN marca, PL marce) MASC NOUN
March

□ Jaka pogoda jest zwykle w marcu? What sort of weather is normal in March? □ Do marca musimy podjąć decyzję. By March we have to take a decision.

marzenie (GEN marzenia, PL marzenia, GEN PL marzeń) NEUT NOUN
dream

□ marzenie senne a dream

marznąć (marznę, marzniesz) (IMPERATIVE marznij, PERF zmarznąć) VERB
1 to freeze
2 to freeze over (PERF zamarznąć)

□ Przy takich niskich temperaturach jezioro często zamarza. At such low temperatures the lake often freezes over.

marzyć (marzę, marzysz) VERB
to dream

■ **marzyć o** +loc to dream of □ Marzę o tym, żeby kiedyś pojechać w podróż dookoła świata. I dream of going on a world tour some day.
■ **marzyć o niebieskich migdałach** to daydream

masa (GEN masy, PL masy, DAT SING AND LOC SING masie) FEM NOUN
mass

□ Z nim jest tylko cała masa problemów. With him it's just a whole mass of problems.

■ **masy** droves
■ **Ale z ciebie ciemna masa.** You really are an idiot!

maska (GEN maski, PL maski, DAT SING AND LOC SING masce, GEN PL masek) FEM NOUN
mask

□ maski na bal przebierańców masks for the fancy-dress ball
■ **maska samochodowa** bonnet; hood (US)

maskować (maskuję, maskujesz) (PERF zamaskować) VERB
1 to camouflage

□ Dzieci zamaskowały swoją kryjówkę liśćmi. The children camouflaged their den with leaves.
2 to mask

□ Nie potrafi maskować swoich uczuć. He's incapable of masking his feelings.

masło (GEN masła, LOC SING maśle) NEUT NOUN
butter

□ kromka z masłem a slice of bread and butter
■ **Wszystko idzie jak po maśle.** Everything is going swimmingly.

masować (masuję, masujesz) (PERF pomasować) VERB
to massage

□ Przy bólu głowy warto delikatnie masować sobie skronie. With headaches it is worth gently massaging the temples.

mass-media (GEN mass-mediów) PL NOUN
the mass media

masz VERB ▷ zobacz mieć

maszyna (GEN maszyny, PL maszyny, DAT SING AND LOC SING maszynie) FEM NOUN
machine

□ maszyna do szycia a sewing machine
■ **Mam w domu starą maszynę do pisania.** I have an old typewriter at home.

maszynowy ADJECTIVE
machine

□ broń maszynowa a machine gun

maść (GEN maści, PL maści, GEN PL maści) FEM NOUN
ointment

□ maść na oparzenia an ointment for burns
■ **maść konia** a horse's colour; color (US)
■ **wszelkiej maści** of every description □ Na spotkanie z pisarzami przyszli czytelnicy różnej maści. Readers of every description turned out to meet the writers.

matematyka (GEN matematyki, DAT SING AND LOC SING matematyce) FEM NOUN
mathematics sing

■ **lekcja z matematyki** a maths lesson; math (US)

materac (GEN materaca, PL materace, GEN PL materacy or materaców) MASC NOUN
mattress

□ materac z materiałów naturalnych a mattress made of natural fibres

materiał (GEN materiału, PL materiały, LOC SING materiale) MASC NOUN
1 material

□ Z jakich materiałów zbudowany jest ten dom? What materials is this house built with?

2 fabric

□ Z jakiego materiału uszyta jest ta sukienka? What fabric is this dress made from?

■ **materiały biurowe** office supplies

■ **materiał wybuchowy** explosives *pl*

matka (GEN **matki**, PL **matki**, DAT SING AND LOC SING **matce**, GEN PL **matek**) FEM NOUN
mother

□ Moja matka pochodzi z Polski. My mother comes from Poland.

■ **matka chrzestna** godmother

■ **Matka Boska** the Virgin Mary

matowy ADJECTIVE

1 frosted

□ kieliszki z matowego szkła frosted drinking glasses

2 dull

□ Jego głos jest zbyt matowy. His voice is too dull.

3 matt

□ Jakie pani sobie życzy zdjęcia: matowe czy błyszczące? What sort of prints would you like: matt or gloss?

matrymonialny ADJECTIVE
marriage

□ biuro matrymonialne a marriage bureau

■ **ogłoszenie matrymonialne** a lonely-hearts ad

matura (GEN **matury**, PL **matury**, DAT SING AND LOC SING **maturze**) FEM NOUN
A-levels *(Brit)*
high school finals (US)

■ **zdać** *(perf)* **maturę** to pass one's A-Levels; to graduate (US)

DID YOU KNOW...?

Matura is the exam taken at the end of secondary school and is compulsory for those students who wish to study at university. It is also referred to as 'the maturity exam' as it is usually taken at the age of seventeen or eighteen.
See also **liceum**.

mądrość (GEN **mądrości**, PL **mądrości**, GEN PL, DAT SING AND LOC SING **mądrości**) FEM NOUN
wisdom

■ **Cechuje go mądrość życiowa.** He's got a lot of common sense.

mądry ADJECTIVE
wise

□ mądra decyzja a wise decision

mąka (GEN **mąki**, PL **mąki**, DAT SING AND LOC SING **mące**) FEM NOUN
flour

□ mąka pszenna wheat flour □ kilogram mąki a kilo of flour

mąż (GEN **męża**, PL **mężowie**) MASC NOUN
husband

□ Chciałabym przedstawić mojego męża. I would like to introduce my husband.

■ **wychodzić** (PERF **wyjść**) **za mąż** to get married *(woman)*

■ **mąż stanu** statesman

mdleć (**mdleję, mdlejesz**) (PERF **zemdleć**) VERB
to faint

mdły ADJECTIVE

1 bland

□ mdła zupa a bland soup

■ **mdłe życie** a dull life

2 sickening

□ Film był tak mdły, że nie mogłem wysiedzieć do końca. The film was so sickening I couldn't sit through to the end.

mebel (GEN **mebla**, PL **meble**, GEN PL **mebli**) MASC NOUN
piece of furniture

□ Ten mebel nie pasuje do tego pokoju. This piece of furniture doesn't suit the room.

■ **meble** furniture □ Kupiliśmy nowe meble do sypialni. We've bought new bedroom furniture.

meblować (**mebluję, meblujesz**) (PERF **umeblować**) VERB
to furnish

□ Czy już umeblowaliście swoje nowe mieszkanie? Have you furnished your new flat yet?

mechaniczny ADJECTIVE
mechanical

□ mechaniczna reakcja a mechanical reaction □ mechaniczne urządzenie a mechanical device

■ **pojazd mechaniczny** a motor vehicle

mechanik (GEN **mechanika**, PL **mechanicy**, LOC SING **mechaniku**) MASC NOUN
mechanic

□ Jest dobrym mechanikiem. He's a good mechanic.

mechanizm (GEN **mechanizmu**, PL **mechanizmy**, LOC SING **mechanizmie**) MASC NOUN
mechanism

□ mechanizm zegarka a watch mechanism

mecz (GEN **meczu**, PL **mecze**, LOC SING **meczu**) MASC NOUN
match

□ mecz piłki nożnej a football match

medal (GEN **medalu**, PL **medale**, LOC SING **medalu**, GEN PL **medali**) MASC NOUN
medal

□ medal za odwagę a medal for bravery □ Zdobył złoty medal. He won a gold medal.

■ **Zdałeś egzamin na medal.** You have passed the exam with flying colours.

media (GEN **mediów**) PL NOUN
media

□ media elektroniczne electronic media

medycyna (GEN **medycyny**, DAT SING AND LOC SING **medycynie**) FEM NOUN
medicine

□ Studiuję medycynę. I'm studying medicine.

medyczny ADJECTIVE
medical

□ terminologia medyczna medical terminology □ poradnik medyczny a home medical reference guide

■ **studia medyczne** medicine

medytacja (GEN **medytacji**, PL **medytacje**,
GEN PL; DAT SING AND LOC SING **medytacji**) FEM NOUN
meditation

Meksyk (GEN **Meksyku**, INST SING **Meksykiem**,
LOC SING **Meksyku**) MASC NOUN
Mexico
□ Czy byłeś kiedyś w Meksyku? Have you ever
been to Mexico?

melancholia (GEN PL; DAT SING AND LOC SING
melancholii) FEM NOUN
melancholy
■ **wpadać** (PERF **wpaść**) **w melancholię**
to become depressed

melancholijny ADJECTIVE
melancholy
□ melancholijny nastrój a melancholy mood

meldować (**melduję, meldujesz**)
(PERF **zameldować**) VERB
1 to report
□ Melduję, że nasza grupa jest gotowa. I can
report that our group is ready.
■ **meldować o** +/loc to report
2 to register
□ Chciałabym zameldować nowego lokatora
w moim mieszkaniu. I would like to register
a new tenant in my flat.
■ **meldować się 1** to report □ Oficer
zameldował się u generała. The officer reported
to the general. **2** to register

melodia (GEN **melodii**, PL **melodie**, GEN PL;
DAT SING AND LOC SING **melodii**) FEM NOUN
melody

melon (GEN **melona**, PL **melony**, LOC SING **melonie**)
MASC NOUN
melon

menedżer (GEN **menedżera**,
PL **menedżerowie**, LOC SING **menedżerze**)
MASC NOUN
manager
□ list do menedżera a letter to the manager
□ Chciałbym rozmawiać z menedżerem.
I would like to speak with the manager.

menu NEUT NOUN
⋯⋯▷ **LANGUAGE TIP** menu does not decline
menu
□ Kelner od razu podał nam menu. The waiter
immediately gave us the menu.

meta (GEN **mety**, PL **mety**, DAT SING AND LOC SING
mecie) FEM NOUN
finishing line
□ Nasz zawodnik pierwszy przekroczył metę!
Our entrant was first to cross the finishing
line!
■ **na krótszą metę** in the shorter term
■ **To się nie uda na dłuższą metę.** This isn't
going to succeed in the long term.

metabolizm (GEN **metabolizmu**, LOC SING
metabolizmie) MASC NOUN
metabolism

metafora (GEN **metafory**, PL **metafory**, DAT SING
AND LOC SING **metaforze**) FEM NOUN
metaphor

metal (GEN **metalu**, PL **metale**, LOC SING **metalu**,
GEN PL **metali**) MASC NOUN
metal

metalowy ADJECTIVE
metal
□ metalowy nóż a metal knife

metka (GEN **metki**, PL **metki**, DAT SING AND LOC SING
metce, GEN PL **metek**) FEM NOUN
1 label
□ Marka sukienki jest podana na metce.
The make of the skirt is on the label.
2 tag
□ metka z ceną a price tag

metoda (GEN **metody**, PL **metody**, DAT SING AND
LOC SING **metodzie**) FEM NOUN
method
□ metoda pracy a method of work

metodyczny ADJECTIVE
methodical
□ metodyczne sadzenie nowych drzew
the methodical planting of new trees

metr (GEN **metra**, PL **metry**, LOC SING **metrze**)
MASC NOUN
metre
meter (US)
□ Pokój ma dwadzieścia metrów
kwadratowych. The room is twenty square
metres.

metro (GEN **metra**, LOC SING **metrze**) NEUT NOUN
underground
subway (US)
□ Do pracy zwykle jeżdżę metrem. I usually
take the underground to work.

metryczny ADJECTIVE
metric
□ system metryczny the metric system

mewa (GEN **mewy**, PL **mewy**, DAT SING AND LOC SING
mewie) FEM NOUN
seagull

męczyć (**męczę, męczysz**) (PERF **zmęczyć**) VERB
1 to tire out
□ Męczy mnie oglądanie telewizji. Watching TV
tires me out.
2 to torment
□ Nie męcz tego biednego kota! Don't torment
that poor cat!
3 to pester
□ Dzieci męczyły nauczycielkę pytaniami. The
children pestered the teacher with questions.
■ **męczyć się 1** to tire □ Nie jestem w dobrej
kondycji, dlatego szybko się męczę. I'm out of
shape, that's why I tire quickly. **2** to be in pain
□ Pies męczył się jeszcze godzinę, zanim zdechł.
The dog was in pain for an hour before he died.

męka (GEN **męki**, PL **męki**, DAT SING AND LOC SING
męce, GEN PL **mąk**) FEM NOUN
1 torture
□ Żołnierze przeszli nieopisane męki. The
soldiers went through indescribable tortures.
2 torment
□ Ćwiczenia z gramatyki to dla mnie istna
męka. I find grammar exercises a real torment.

m

męski ADJECTIVE
1 men's
  □ męska kurtka a men's jacket □ męski fryzjer a men's hairdresser
2 male
  □ męski głos a male voice
  ■ rodzaj męski the masculine gender

męskoosobowy ADJECTIVE
  ■ rodzaj męskoosobowy the masculine personal gender
  ■ rzeczowniki męskoosobowe masculine personal nouns

męskość (GEN męskości, GEN PL; DAT SING AND LOC SING męskości) FEM NOUN
  masculinity

mężatka (GEN mężatki, PL mężatki, DAT SING AND LOC SING mężatce, GEN PL mężatek) FEM NOUN
  married woman
  □ Jestem mężatką. I am a married woman.

mężczyzna (GEN mężczyzny, PL mężczyźni, DAT SING AND LOC SING mężczyźnie, GEN PL mężczyzn) MASC NOUN

  LANGUAGE TIP mężczyzna declines like a feminine noun in the singular
  man
  □ Jest bardzo przystojnym mężczyzną. He is a very handsome man.

mglisty ADJECTIVE
1 foggy
  □ mglisty dzień a foggy day
2 vague
  □ mgliste wspomnienia vague recollections □ mglista obietnica a vague promise

mgła (GEN mgły, PL mgły, DAT SING AND LOC SING mgle, GEN PL mgieł) FEM NOUN
1 fog
  □ gęsta mgła a dense fog
2 mist
  □ mgła na okularach mist on spectacle lenses
3 haze
  □ mgła pyłu a haze of dust

mgr ABBREVIATION (= magister)
1 MA (= Master of Arts)
2 MSc (= Master of Science)

mianownik (GEN mianownika, PL mianowniki, INST SING mianownikiem, LOC SING mianowniku) MASC NOUN
1 nominative (w gramatyce)
2 denominator (w matematyce)

miara (GEN miary, PL miary, DAT SING AND LOC SING mierze) FEM NOUN
1 unit of measure
  □ Co jest najmniejszą miarą czasu? What is the smallest unit of measure for time?
2 size
  □ miara ubrania a clothing size
  ■ spodnie szyte na miarę tailor-made trousers
  ■ W dużej mierze zależy to od ciebie. It depends upon you to a great extent.

miasteczko (GEN miasteczka, PL miasteczka, INST SING miasteczkiem, GEN PL miasteczek) NEUT NOUN

small town
  □ Pochodzę z małego miasteczka. I come from a small town.
  a university campus
  ■ wesołe miasteczko a funfair; an amusement park (US)

miasto (GEN miasta, PL miasta, LOC SING mieście) NEUT NOUN
1 town
  ■ iść (PERF pójść) do centrum miasta to go into town
2 city
  □ miasto stołeczne a capital city

miażdżyć (miażdżę, miażdżysz) (PERF zmiażdżyć) VERB
  to crush
  □ Drzewo zmiażdżyło przód samochodu. The tree crushed the front of the car.

miąższ (GEN miąższu) MASC NOUN
  pulp
  □ miąższ arbuza the pulp of a watermelon

mieć (mam, masz) (IMPERATIVE miej, PT miał, mieli) VERB
1 to have
  □ Czy ma pan własny samochód? Do you have your own car?
2 to be supposed to
  □ Masz się uczyć. You're supposed to be studying.
3 to be going to
  □ Ona ma przyjść we wtorek. She's going to come on Tuesday.
  ■ nie ma ... 1 (liczba pojedyncza) there is no ... □ Nie ma pieniędzy. There's no money. 2 (liczba mnoga) there are no ... □ Nie ma już jajek. There are no eggs left.
  ■ mieć ochotę na coś to fancy something
  ■ Mam ochotę na ciastko. I fancy a cake.
  ■ Nie ma co o tym myśleć. There's no use thinking about it.
  ■ Nie ma za co! Don't mention it!
  ■ Jak się masz? How are you?
  ■ mieć się za to consider oneself to be
  □ Ma się za niezłą aktorkę. She considers herself to be a decent actress.

miedź (GEN miedzi) FEM NOUN
  copper
  □ rura z miedzi a copper pipe

miejsce (GEN miejsca, PL miejsca, LOC SING miejscu) NEUT NOUN
1 space
  □ W walizce nie ma już miejsca na więcej rzeczy. There's no more space in the case for anything else.
2 place
  ■ Spotkanie ma miejsce w sali numer 5 The meeting is in room number 5
  ■ mieć miejsce to take place □ Przedstawienie będzie mieć miejsce w czwartek. The performance will take place on Thursday.
3 position
  □ Przed wyścigiem zawodnicy zajęli swoje miejsca.

The contestants took their positions before the race.

4 vacancy

□ Czy są jeszcze jakieś wolne miejsca w tym hotelu? Are there any remaining vacancies in this hotel?

5 seat

□ Przepraszam, czy to miejsce jest wolne? Excuse me, is this seat free?

■ **miejsce sypialne** a sleeping berth

■ **miejsce do leżenia** a couchette

■ **Na twoim miejscu obraziłabym się.** If I were you, I would be offended.

■ **Na miejscu czeka na nas obiad.** Dinner will be waiting for us when we arrive.

miejscownik (GEN miejscownika, PL miejscowniki, INST SING miejscownikiem, LOC SING miejscowniku) MASC NOUN
locative

miejscowość (GEN miejscowości, PL miejscowości, GEN PL; DAT SING AND LOC SING miejscowości) FEM NOUN
place

■ **miejscowość turystyczna** tourist destination

miejscowy ADJECTIVE
local

□ miejscowy zwyczaj a local custom □ miejscowa ludność the local population

miejscówka (GEN miejscówki, PL miejscówki, DAT SING AND LOC SING miejscówce, GEN PL miejscówek) FEM NOUN
seat reservation

□ bilet z miejscówką a ticket with a seat reservation

miejski ADJECTIVE
city

□ środki komunikacji miejskiej the city transport system □ archiwum miejskie the city archive

mielony MASC NOUN
▷ *zobacz też* **mielony** ADJECTIVE

‥ LANGUAGE TIP **mielony** declines like an adjective

■ **kotlet mielony** hamburger

mielony ADJECTIVE
▷ *zobacz też* **mielony** MASC NOUN

1 ground

□ mielona kawa ground coffee

2 minced

■ **mielone mięso** mince meat

mienie (GEN mienia, LOC SING mieniu) NEUT NOUN
property

□ mienie skradzione stolen property

mierzyć (mierzę, mierzysz) (PERF zmierzyć) VERB
to measure

□ Muszę zmierzyć długość stołu. I must measure the length of the table.

■ **Ile mierzy to mieszkanie?** How big is the flat?

■ **mierzyć w tarczę** to aim at a target

■ **Mierzy wszystkich własną miarą.** He judges everyone by his own standards.

miesiąc (GEN miesiąca, PL miesiące, GEN PL miesięcy) MASC NOUN
month

□ w tym miesiącu this month □ Za miesiąc zaczynają się wakacje! The holidays start in a month!

■ **miodowy miesiąc** honeymoon

miesiączka (GEN miesiączki, PL miesiączki, DAT SING AND LOC SING miesiączce, GEN PL miesiączek) FEM NOUN
period

miesięcznik (GEN miesięcznika, PL miesięczniki, INST SING miesięcznikiem, LOC SING miesięczniku) MASC NOUN
periodical

□ miesięcznik dla kobiet a periodical for women

miesięczny ADJECTIVE
monthly

□ pensja miesięczna a monthly salary

mieszać (mieszam, mieszasz) (PERF wymieszać *or* zamieszać) VERB

1 to stir

□ Zamieszaj zupę co parę minut. Stir the soup every couple of minutes.

2 to mix (PERF zmieszać)

□ Zmieszaj sok z wodą. Mix the juice with water.

3 to involve (PERF wmieszać)

□ Nie mieszam rodziny w sprawy zawodowe. I don't involve my family in my professional affairs.

4 to mix up (PERF pomieszać)

□ Nauczyciele zawsze mieszali nasze imiona. The teachers were always mixing up our names.

■ **mieszać się 1** to be mixed up □ Ostatnio wszystko mi się miesza. Recently I have been getting things all mixed up. **2** to meddle □ Nie mieszaj się w ich sprawy. Don't meddle in their business.

mieszanka (GEN mieszanki, PL mieszanki, DAT SING AND LOC SING mieszance, GEN PL mieszanek) FEM NOUN
mixture

□ mieszanka bawełny a cotton mixture □ mieszanka stylów muzycznych a mixture of musical styles

mieszany ADJECTIVE
mixed

□ mieszane emocje mixed emotions

mieszkać (mieszkam, mieszkasz) VERB

1 to live

□ Mieszkam w Londynie. I live in London. □ Gdzie pan mieszka? Where do you live?

2 to stay

□ Kiedy jesteśmy tutaj, zawsze mieszkamy w tym hotelu. When we are here, we always stay at this hotel.

mieszkalny ADJECTIVE
residential

□ okolica mieszkalna a residential district □ budynek mieszkalny a residential building

m

Polsko-Angielski

mieszkanie (GEN **mieszkania**, PL **mieszkania**, GEN PL **mieszkań**) NEUT NOUN
flat
apartment (US)
□ małe, przytulne mieszkanie a small, cosy flat
□ mieszkanie na trzecim piętrze a third floor flat

mieszkaniec (GEN **mieszkańca**, PL **mieszkańcy**) MASC NOUN
1 occupant
□ mieszkaniec budynku an occupant of the building
2 inhabitant
□ mieszkaniec miasta an inhabitant of the town
3 resident

między PREPOSITION
> **LANGUAGE TIP** między takes the instrumental
1 between
□ Fryzjer jest między księgarnią i apteką. The hairdresser is between the bookshop and the chemist's. □ między godziną ósmą a dziewiątą between eight and nine o'clock
2 among
□ Między innymi czyta książki. He reads books among other things.

międzymiastowy ADJECTIVE
1 intercity
□ pociąg międzymiastowy an intercity train
2 long-distance
□ międzymiastowy telefon a long-distance call

międzynarodowy ADJECTIVE
international
□ międzynarodowa konferencja an international conference

miękki ADJECTIVE
soft
□ miękka poduszka a soft pillow
■ Masz miękkie serce. You are too soft with people.

miękko ADVERB
softly
■ jajko na miękko a soft-boiled egg

mięsień (GEN **mięśnia**, PL **mięśnie**, GEN PL **mięśni**) MASC NOUN
muscle

mięsny ADJECTIVE
meat
□ sos mięsny a meat sauce □ dania mięsne meat dishes
■ sklep mięsny butcher's shop

mięso (GEN **mięsa**, PL **mięsa**, LOC SING **mięsie**) NEUT NOUN
meat
□ Nie jem mięsa. I don't eat meat.
■ mięso wieprzowe pork
■ mięso wołowe beef
■ mięso drobiowe poultry

miętowy ADJECTIVE
mint
□ miętowy cukierek a mint sweet

migać (**migam**, **migasz**) (PERF **mignąć**) VERB +inst
to flash
□ Światła samochodu mignęły. The car lights flashed.

migrena (GEN **migreny**, DAT SING AND LOC SING **migrenie**) FEM NOUN
migraine
■ cierpieć na migrenę to suffer from migraines

mijać (**mijam**, **mijasz**) (PERF **minąć**) VERB
1 to pass
□ Idź prosto i kiedy miniesz pocztę, skręć w lewo. Go straight on and turn left when you pass the post office. □ Czas minął nam bardzo szybko. Time passed very quickly for us.
■ mijać się to pass each other □ Codziennie mijamy się na korytarzu. We pass each other in the corridor every day.
2 to differ
□ Nasze oczekiwania znacznie się mijają. Our expectations differ significantly.

Mikołaj (GEN **Mikołaja**, PL **Mikołaje**) MASC NOUN
Father Christmas
Santa Claus (Święty Mikołaj)
■ mikołajki St Nicholas' Day
> **DID YOU KNOW...?**
> St Nicholas' day falls on 6th December, when the saint is believed to bring good children presents, which are left under their pillows or in their shoes. Naughty children get a twig with which they should be beaten.

mikrofalówka (GEN **mikrofalówki**, PL **mikrofalówki**, DAT SING AND LOC SING **mikrofalówce**, GEN PL **mikrofalówek**) FEM NOUN
microwave
□ Podgrzej zupę w mikrofalówce. Heat up the soup in the microwave.

mila (GEN **mili**, PL **mile**, GEN PL; DAT SING AND LOC SING **mili**) FEM NOUN
mile

milczący ADJECTIVE
silent
□ milczący człowiek a silent man

milczeć (**milczę**, **milczysz**) VERB
to remain silent
■ Milczał jak zaklęty. He was as quiet as a mouse.

milczenie (GEN **milczenia**, LOC SING **milczeniu**) NEUT NOUN
silence
□ kłopotliwe milczenie an awkward silence

miliard (GEN **miliarda**, PL **miliardy**, LOC SING **miliardzie**) MASC NOUN
billion

milimetr (GEN **milimetra**, PL **milimetry**, LOC SING **milimetrze**) MASC NOUN
millimetre
millimeter (US)

milion (GEN **miliona**, PL **miliony**, LOC SING **milionie**) MASC NOUN
million

m

milioner (GEN **milionera**, PL **milionerzy**, LOC SING **milionerze**) MASC NOUN
millionaire
□ Od kiedy jest milionerem? When did he become a millionaire?

militarny ADJECTIVE
military
□ akcja militarna a military action

miło ADVERB
1 nice
□ Miło mi panią poznać. Nice to meet you.
□ Jak miło napić się dobrej herbaty. How nice to have a good cup of tea!
2 kind
□ To bardzo miło z państwa strony. That's very kind of you.

miłosny ADJECTIVE
love
□ poezja miłosna love poetry □ zawód miłosny an unhappy love affair

miłość (GEN **miłości**, PL **miłości**, GEN PL **miłości**)
FEM NOUN
love
□ pierwsza miłość first love
■ **na miłość boską!** for God's sake!

miłośnik (GEN **miłośnika**, PL **miłośnicy**, INST SING **miłośnikiem**, INST SING **miłośniku**) MASC NOUN
enthusiast
□ Jest wielkim miłośnikiem opery. He is a great opera enthusiast.

miły ADJECTIVE
nice
□ miła sąsiadka a nice neighbour
■ **Bądź tak miły i przyjdź tu.** Would you be so kind as to come over here.

WORD POWER
You can use a number of other words instead of **miły** to mean 'nice':
przyjemny pleasant
□ przyjemny zapach a pleasant smell
uroczy charming
□ uroczy pomysł a charming idea
przyjacielski friendly
□ przyjacielski gest a friendly gesture
życzliwy kind
□ życzliwa porada a kind piece of advice

---

mimo PREPOSITION
⁝ **LANGUAGE TIP** mimo takes the genitive
in spite of
□ Mimo wszystko udało się. In spite of everything, it worked out.
■ **Mimo woli opuścił pokój.** He left the room without thinking.
■ **Mimo że padało, wyszliśmy.** We headed out even though it was raining.

m.in. ABBREVIATION (= między innymi)
among other things

mina (GEN **miny**, PL **miny**, DAT SING AND LOC SING **minie**) FEM NOUN
1 look

■ **Miała obrażoną minę.** She looked offended.
2 mine
□ mina przeciwpiechotna an anti-personnel mine

minąć (**minę**, **miniesz**) (IMPERATIVE **miń**) VERB
▷ zobacz mijać

minimalnie ADVERB
1 as little as possible
2 narrowly
□ Naszego zawodnika minimalnie wyprzedził główny rywal. Our man was narrowly beaten by his main rival.

minimalny ADJECTIVE
minimum

minimum (GEN **minimum**, PL **minima**, GEN PL **minimów**) NEUT NOUN
⁝ **LANGUAGE TIP** minimum does not decline in the singular
minimum

minimum ADVERB
at least
□ minimum dwa razy w miesiącu at least twice a month

miniony ADJECTIVE
1 bygone
□ miniona era a bygone age
2 past
□ w minionym roku in the past year

minister (GEN **ministra**, PL **ministrowie**, LOC SING **ministrze**) MASC NOUN
government minister
Secretary (US)
■ **Minister Spraw Zagranicznych** Foreign Minister
■ **Minister Spraw Wewnętrznych** Minister of the Interior
■ **posiedzenie Rady Ministrów** a cabinet meeting

ministerstwo (GEN **ministerstwa**, PL **ministerstwa**, LOC SING **ministerstwie**)
NEUT NOUN
ministry
■ **Ministerstwo Edukacji Narodowej** the Ministry of Education

minus (GEN **minusa**, PL **minusy**, LOC SING **minusie**) MASC NOUN
minus
■ **plus minus** more or less
■ **Jestem na minusie.** I'm in debt.

minusowy ADJECTIVE
sub-zero
□ minusowa temperatura a sub-zero temperature

minuta (GEN **minuty**, PL **minuty**, DAT SING AND LOC SING **minucie**) FEM NOUN
minute
□ za parę minut in a couple of minutes

miotła (GEN **miotły**, PL **miotły**, DAT SING AND LOC SING **miotle**, GEN PL **mioteł**) FEM NOUN
broom

miód (GEN **miodu**, LOC SING **miodzie**) MASC NOUN
honey

□ słoik miodu a jar of honey □ ciasto z miodem a honey cake

■ miód pitny mead

miska (GEN **miski**, PL **miski**, DAT SING AND LOC SING **misce**, GEN PL **misek**) FEM NOUN
bowl

□ miska zupy a bowl of soup

mistrz (GEN **mistrza**, PL **mistrzowie**, LOC SING **mistrzu**) MASC NOUN

■ mistrz sportowy sports champion

mistrzostwo (GEN **mistrzostwa**, PL **mistrzostwa**, LOC SING **mistrzostwie**) NEUT NOUN
championship

□ mistrzostwa świata world championships

mistrzowski ADJECTIVE
1 brilliant

□ mistrzowskie osiągnięcie a brilliant achievement
2 title-holding

□ mistrzowska drużyna the title-holding team

mistrzyni (GEN **mistrzyni**, PL **mistrzynie**, DAT SING AND LOC SING **mistrzyni**, GEN PL **mistrzyń**) FEM NOUN
champion

□ Jest mistrzynią juniorek w szermierce. She is the junior fencing champion.

mistyczny ADJECTIVE
mystic

□ mistyczny rytuał a mystic ritual

mistyfikacja (GEN **mistyfikacji**, PL **mistyfikacje**, GEN PL **mistyfikacji**) FEM NOUN
mystification

miś (GEN **misia**, PL **misie**) MASC NOUN (potoczny)
1 bear
2 teddy bear

□ Dziecko dostało na urodziny pluszowego misia. The child got a teddy bear for its birthday.

mit (GEN **mitu**, PL **mity**, LOC SING **micie**) MASC NOUN
myth

mitologia (GEN **mitologii**, PL **mitologie**, GEN PL, DAT SING AND LOC SING **mitologii**) FEM NOUN
mythology

□ mitologia grecka Greek mythology

mityczny ADJECTIVE
mythical

□ mityczna postać a mythical figure

mizeria (GEN **mizerii**, PL **mizerie**, GEN PL **mizerii**) FEM NOUN
cucumber salad

□ kotlet z ziemniakami i mizerią a chop with potatoes and cucumber salad

mizerny ADJECTIVE
1 sickly

□ mizerne dziecko a sickly child
2 miserable

□ mizerne zarobki miserable wages

mleczny ADJECTIVE
1 milk

□ czekolada mleczna milk chocolate □ koktajl mleczny a milk-shake
2 frosted

□ szyba z mlecznego szkła a pane of frosted glass

■ Droga Mleczna the Milky Way

mleko (GEN **mleka**, INST SING **mlekiem**, LOC SING **mleku**) NEUT NOUN
milk

□ kawa z mlekiem white coffee □ mleko zsiadłe sour milk □ mleko w proszku powdered milk

młodociany ADJECTIVE
juvenile

□ młodociany przestępca a juvenile delinquent

młodość (GEN **młodości**) FEM NOUN
youth

młodszy ADJECTIVE ▷ zobacz **młody**

młody ADJECTIVE (COMP **młodszy**)
1 young

□ młody mężczyzna a young man □ Nasza nowa szefowa jest dość młoda. Our new boss is quite young.
2 new

□ młode ziemniaki new potatoes
■ pan młody bridegroom
■ panna młoda bride
■ młoda para newlyweds

młodzieniec (GEN **młodzieńca**, PL **młodzieńcy**) MASC NOUN
youth

□ Jest bardzo ambitnym młodzieńcem. He is a very ambitious youth.

młodzież (GEN **młodzieży**, DAT SING AND LOC SING **młodzieży**) FEM NOUN
young people

□ książki dla młodzieży books for young people

młodzieżowy ADJECTIVE
youth

□ moda młodzieżowa youth fashion

młotek (GEN **młotka**, PL **młotki**, INST SING **młotkiem**, LOC SING **młotku**) MASC NOUN
hammer

młyn (GEN **młyna**, PL **młyny**, LOC SING **młynie**) MASC NOUN
mill

□ stary, drewniany młyn an old wooden mill

mną PRONOUN ▷ zobacz **ja**
me

□ Chodź ze mną. Come with me.

mnich (GEN **mnicha**, PL **mnisi**) MASC NOUN
monk

□ Jest mnichem buddyjskim. He is a Buddhist monk.

mnie PRONOUN ▷ zobacz **ja**
me

□ Myśl o mnie. Think about me.

mniej ADVERB ▷ zobacz **mało**
1 fewer

□ Dzisiaj klientów jest znacznie mniej. There are significantly fewer customers today.
2 less

□ Mamy mniej czasu, niż myślałem. We've got less time than I thought.
■ Ten film jest mniej interesujący. This film is less interesting.
■ mniej więcej more or less □ Mniej więcej to

mam na myśli. That is more or less what I have in mind.

mniejszość (GEN **mniejszości**, PL **mniejszości**, GEN PL; DAT SING AND LOC SING **mniejszości**) FEM NOUN
minority

mniejszy ADJECTIVE ▷ *zobacz* **mały**

mnożenie (GEN **mnożenia**, PL **mnożenia**, GEN PL **mnożeń**) NEUT NOUN
multiplication
□ tabliczka mnożenia a multiplication table
□ znak mnożenia a multiplication sign

mnożyć (**mnożę, mnożysz**) (IMPERATIVE **mnóż**, PERF **pomnożyć**) VERB
to multiply
□ Wynik pomnóż przez dwa. Multiply the result by two.

mocarstwo (GEN **mocarstwa**, PL **mocarstwa**, LOC SING **mocarstwie**) NEUT NOUN
superpower

mocno ADVERB
1 close
□ Matka mocno przytuliła dziecko. The mother hugged her child close.
2 hard
□ Uderzył mnie mocno w brzuch. He hit me hard in the stomach.
3 tight
□ Mocno zakręciła kran. She turned the tap off tight.
4 very much
□ Dziecko mocno tęskni za rodzicami. The child misses his parents very much.
5 very
□ Był mocno zdziwiony naszą odpowiedzią. He was very surprised by our reply.

mocny ADJECTIVE
1 strong
□ mocna kawa strong coffee □ Jest bardzo mocnym mężczyzną. He is a very strong man.
2 firm
□ mocny uścisk dłoni a firm handshake
3 powerful
□ mocny argument a powerful argument

moczyć (**moczę, moczysz**) (IMPERATIVE (PERF **zmoczyć**) VERB
to wet

moda (GEN **mody**, PL **mody**, LOC SING **modzie**, GEN PL **mód**) FEM NOUN
fashion

model (GEN **modelu**, PL **modele**, GEN PL **modeli**) MASC NOUN
1 model
□ nowy model samochodu a new model of car
2 model (GEN SING **modela**, GEN PL **modeli**)
□ Jest modelem u znanego projektanta. He is a model for a famous fashion designer.

modelka (GEN **modelki**, PL **modelki**, DAT SING AND LOC SING **modelce**, GEN PL **modelek**) FEM NOUN
model
□ Jest znaną modelką. She is a famous model.

modlić się (**modlę, modlisz**) (IMPERATIVE **módl**) VERB
to pray

modlitwa (GEN **modlitwy**, PL **modlitwy**, DAT SING AND LOC SING **modlitwie**) FEM NOUN
prayer

modny ADJECTIVE
fashionable
□ modna kawiarnia a fashionable coffee-house

mogę VERB ▷ *zobacz* **móc**

moi PRONOUN ▷ *zobacz* **mój**

moja, moje PRONOUN ▷ *zobacz* **mój**

moknąć (**moknę, mokniesz**) (IMPERATIVE **moknij**, PT **mókł**, PERF **zmoknąć**) VERB
to get wet *(in the rain)*

mokro ADVERB
■ Dziś jest bardzo mokro. It is very wet today.

mokry ADJECTIVE
wet
□ mokry ręcznik a wet towel □ mokre buty wet shoes

molestować (**molestuję, molestujesz**) VERB
to pester
□ Molestował swoich rodziców o pieniądze na wyjazd pod namiot. He pestered his parents for money to go camping.

moment (GEN **momentu**, PL **momenty**, LOC SING **momencie**) MASC NOUN
moment
□ Poczekaj moment! Wait a moment! □ W tym momencie nie mogłem skłamać. At that moment I couldn't lie.
■ w pewnym momencie at one point

momentalny ADJECTIVE
instant
□ momentalna reakcja an instant reaction

monarchia (GEN **monarchii**, PL **monarchie**, GEN PL, DAT SING AND LOC SING **monarchii**) FEM NOUN
monarchy

moneta (GEN **monety**, PL **monety**, DAT SING AND LOC SING **monecie**) FEM NOUN
coin
□ moneta jednozłotowa a one-zloty coin

monitor (GEN **monitora**, PL **monitory**, LOC SING **monitorze**) MASC NOUN
monitor
□ monitor telewizora a television monitor
□ monitor komputera a computer monitor

montować (**montuję, montujesz**) (PERF **zmontować**) VERB
1 to assemble
□ Te komputery montujemy w naszej fabryce. We assemble these computers in our factory.
2 to put together *(potoczny)*
□ Montujemy drużynę na mecz w sobotę. Jesteś zainteresowany? We are putting together a side for Saturday's game. Are you interested?
3 to edit
□ Jest reżyserem, który sam montuje wszystkie swoje filmy. He is a director who edits all his films himself.

4 to install (PERF **zamontować**)

□ Kuchenki montuje nasz wykwalifikowany elektryk. Kitchens are installed by our qualified electrician.

moralność (GEN **moralności**, DAT SING AND LOC SING **moralności**) FEM NOUN
morality

■ **podwójna moralność** double standards *pl*

moralny ADJECTIVE
moral

□ moralny dylemat a moral dilemma

morderca (GEN **mordercy**, PL **mordercy**, DAT SING AND LOC SING **mordercy**) MASC NOUN

LANGUAGE TIP morderca declines like a feminine noun in the singular
murderer

morderczy ADJECTIVE
murderous

morderstwo (GEN **morderstwa**, LOC SING **morderstwie**) NEUT NOUN
murder

□ brutalne morderstwo a brutal murder

mordować (**morduję, mordujesz**) (PERF **zamordować**) VERB
to murder

morela (GEN **moreli**, PL **morele**, GEN PL; DAT SING AND LOC SING **moreli**) FEM NOUN

1 apricot

□ dżem z moreli apricot jam

2 apricot tree

■ **W sadzie rośnie kilka moreli.** Several apricot trees grow in the orchard.

morski ADJECTIVE

1 sea

2 maritime

■ **świnka morska** a guinea pig

■ **choroba morska** seasickness

morze (GEN **morza**, PL **morza**, LOC SING **morzu**, GEN PL **mórz**) NEUT NOUN
sea

□ nad morzem by the sea □ wysokość nad poziomem morza height above sea level □ poniżej poziomu morza below sea level

■ **jechać** (PERF **pojechać**) **nad morze** to go to the seaside

most (GEN **mostu**, PL **mosty**, LOC SING **moście**) MASC NOUN
bridge

□ most nad rzeką a bridge over the river

LANGUAGE TIP Be careful! The Polish word **most** does not mean **most**.

motel (GEN **motelu**, PL **motele**, LOC SING **motelu**, GEN PL **moteli**) MASC NOUN
motel

motocykl (GEN **motocykla**, PL **motocykle**, LOC SING **motocyklu**, GEN PL **motocykli**) MASC NOUN
motorcycle

□ Do pracy jeżdżę motocyklem. I go to work by motorcycle. □ Czy umiesz jeździć na motocyklu? Can you ride a motorcycle?

motyl (GEN **motyla**, PL **motyle**, LOC SING **motylu**, GEN PL **motyli**) MASC NOUN
butterfly

motywacja (GEN **motywacji**, PL **motywacje**, GEN PL, DAT SING AND LOC SING **motywacji**) FEM NOUN
motivation

□ motywacja do pracy motivation to work

motywować (**motywuję, motywujesz**) (PERF **umotywować**) VERB
to motivate

□ Jak najlepiej motywować swoich pracowników? What is the best way to motivate one's workers?

mowa (GEN **mowy**, PL **mowy**, DAT SING AND LOC SING **mowie**, GEN PL **mów**) FEM NOUN

1 language

□ obca mowa a foreign language

2 speech

□ mowa weselna a wedding speech

■ **część mowy** a part of speech

■ **mowa zależna** reported speech

■ **mowa niezależna** direct speech

■ **Nie ma o tym mowy!** *(potoczny)* That's out of the question!

może ADVERB

LANGUAGE TIP może does not decline
perhaps

□ Może coś zjemy? Perhaps we'll get a bite to eat?

■ **być może** maybe

■ **Może byśmy poszli do kina?** How about we go to the cinema?

możesz VERB ▷ *zobacz* **móc**

możliwość (GEN **możliwości**, PL **możliwości**, GEN PL, DAT SING AND LOC SING **możliwości**) FEM NOUN

1 possibility

□ możliwość rozwoju zawodowego the possibility of career development

2 opportunity

□ To jest jedyna możliwość w swoim rodzaju. This is a one-off opportunity.

■ **możliwości** capabilities

możliwy ADJECTIVE

1 conceivable

□ Możliwe, że przyjdzie jutro. It is conceivable that he will come tomorrow.

2 possible

□ Zrobię to, o ile to możliwe. I'll do it as far as it's possible. □ możliwe sposoby rozwiązania problemu possible ways of resolving the problem

można ADJECTIVE

LANGUAGE TIP można does not decline

■ **Można już jeść.** You may eat now.

■ **Nie można tak robić.** You must not do that.

■ **Czy można tu usiąść?** Can I sit down?

móc (**mogę, możesz**) (PT **mógł, mogła, mogli**) VERB

1 can

□ Czy możesz to przeczytać? Could you read this? □ Czy mogę przyjść później? Can I come later?

mój – musieć

mój – musieć

□ Czy mógłbym rozmawiać z Kasią? Could I speak to Kasia, please? □ Gdybym tylko mógł, to bym poszedł. If only I could, then I would go.

2 to be able
□ Nie będę mógł wam pomóc. I shall not be able to help you.
■ On może nie przyjść. He might not come.
■ Mogła o tym zapomnieć. She may have forgotten.
■ Mogłeś mnie uprzedzić. You might have warned me.

mój ADJECTIVE, PRONOUN
1 my *(z rzeczownikiem)*
□ To są moje rzeczy. These are my things.
2 mine *(bez rzeczownika)*
□ Te rzeczy są moje. These things are mine.

mówić (mówię, mówisz) VERB
1 to say
□ Mówi, że masz rację. He says you're right.
2 to tell
□ Mówił mi, że się uda. He told me it would work out fine. □ Prawdę mówiąc ... To tell the truth ...
3 to speak
□ mówić po włosku to speak Italian
4 to talk
□ Chciałbym mówić z kierownikiem. I would like to talk to the driver.

mózg (GEN mózgu, PL mózgi, LOC SING mózgu) MASC NOUN
1 brain
□ komórki mózgu brain cells
2 mastermind *(osoba bardzo inteligentna)*
□ Kto jest mózgiem tego napadu? Who is the mastermind behind this attack?

mroczny ADJECTIVE
dark
□ mroczny sekret a dark secret

mrok (GEN mroku, PL mroki, INST SING mrokiem, LOC SING mroku) MASC NOUN
darkness
■ W grudniu mrok zapada wcześnie. In December it gets dark early.

mrozić (mrożę, mrozisz) (IMPERATIVE mroź, PERF zmrozić) VERB
1 to chill
2 to freeze (PERF zamrozić)

mroźny ADJECTIVE
frosty
□ mroźny dzień a frosty day

mrożonki (GEN mrożonek) PL NOUN
frozen foods

mrożony ADJECTIVE
frozen
□ mrożone warzywa frozen vegetables
■ kawa mrożona iced coffee

mrówka (GEN mrówki, PL mrówki, DAT SING AND LOC SING mrówce, GEN PL mrówek) FEM NOUN
ant

mróz (GEN mrozu, PL mrozy, LOC SING mrozie) MASC NOUN
frost

■ siedem stopni mrozu seven degrees below
■ Na dworze jest mróz. It's freezing outside.

msza (GEN mszy, PL msze, GEN PL; DAT SING AND LOC SING mszy) FEM NOUN
Mass
□ msza katolicka a Catholic Mass

mścić się (mszczę, mścisz) (IMPERATIVE mścij, PERF zemścić) VERB
■ mścić się na kimś to take revenge on somebody

mu PRONOUN ▷ zobacz on, ono

mucha (GEN muchy, PL muchy, DAT SING AND LOC SING musze) FEM NOUN
1 fly
□ Po pokoju latały dwie muchy. Two flies were flying about the room.
2 bow tie
□ Czy do tego garnituru pasuje mucha? Does the bow tie go with this suit?

multimedia (GEN multimediów) PL NOUN
multimedia

multimedialny ADJECTIVE
multimedia

mundur (GEN munduru, PL mundury, LOC SING mundurze) MASC NOUN
uniform

mur (GEN muru, PL mury, LOC SING murze) MASC NOUN
wall
□ kamienny mur a stone wall
■ Murem stanęła za nim. She stood firmly behind him.
■ na mur beton *(potoczny)* for sure

murować (muruję, murujesz) (PERF wymurować) VERB
to build
□ Nasz nowy dom murowaliśmy równo rok. We spent exactly a year building our new house.

murowany ADJECTIVE
1 brick
□ murowana ściana a brick wall
2 stone-built
□ murowany dom a stone-built house
■ murowany sukces a dead cert *(potoczny)*

Murzyn (GEN Murzyna, PL Murzyni, LOC SING Murzynie) MASC NOUN
black man
□ Jest Murzynem. He's a black man.
■ Murzyni black people

Murzynka (GEN Murzynki, PL Murzynki, DAT SING AND LOC SING Murzynce, GEN PL Murzynek) FEM NOUN
black woman
■ Jest Murzynką. She is a black woman.

murzyński ADJECTIVE
Black
□ murzyńska muzyka Black music

musieć (muszę, musisz) VERB
to have to
□ Czy musisz tam jechać? Do you have to go there? □ Nie musiałeś tego robić. You didn't have to do that.

Polsko-Angielski

s

109

■ **Nie musisz nas prosić o zgodę.** You don't need to ask our permission.

■ **Musiała mu to wyznać.** She must have told him.

muszę VERB ▷*zobacz* **musieć**

musztarda (GEN **musztardy**, DAT SING AND LOC SING **musztardzie**) FEM NOUN
mustard

□ kiełbasa z musztardą sausage with mustard

muzeum (GEN **muzeum**, PL **muzea**, GEN PL **muzeów**) NEUT NOUN

⋯ **LANGUAGE TIP** **muzeum** does not decline in the singular
museum

□ wystawa malarstwa w muzeum an exhibition of painting at the museum

muzułmanin (GEN **muzułmanina**, PL **muzułmanie**, LOC SING **muzułmaninie**, GEN PL **muzułmanów**) MASC NOUN
Muslim

□ Jest muzułmaninem. He is a Muslim.

muzułmański ADJECTIVE
Muslim

□ muzułmańska tradycja Muslim tradition

muzyczny ADJECTIVE
musical

□ instrument muzyczny a musical instrument

muzyk (GEN **muzyka**, PL **muzycy**, INST SING **muzykiem**, LOC SING **muzyku**) MASC NOUN
musician

□ Jest zdolnym muzykiem. He is a gifted musician.

⋯ **LANGUAGE TIP** Be careful! The Polish word **muzyk** does not mean **music**.

m

muzyka (GEN **muzyki**, DAT SING AND LOC SING **muzyce**) FEM NOUN
music

□ Interesuję się muzyką klasyczną. I am interested in classical music. □ W wolnym czasie często słucham muzyki. I often listen to music in my free time.

my (GEN, ACC, LOC **nas**, DAT **nam**, INST **nami**) PRONOUN

1 we

2 us

□ Halo, to my. Hello, it's us.

myć (**myję, myjesz**) (PERF **umyć**) VERB

1 to wash

□ Samochód myję raz w tygodniu. I wash the car once a week.

2 to clean

□ Pamiętaj, żeby umyć wannę po kąpieli.

Remember and clean the bathtub after you have had a bath.

3 to brush

□ Po każdym posiłku należy umyć zęby. You should brush your teeth after every meal.

■ **myć się** to wash oneself □ Kot myje się kilka razy dziennie. A cat washes itself several times a day.

mydło (GEN **mydła**, PL **mydła**, LOC SING **mydle**, GEN PL **mydeł**) NEUT NOUN
soap

□ Umyła ręce mydłem. She washed her hands with soap.

myjnia (GEN **myjni**, PL **myjnie**, GEN PL; DAT SING AND LOC SING **myjni**) FEM NOUN

■ **myjnia samochodowa** car wash

mylić (**mylę, mylisz**) (PERF **pomylić**) VERB

1 to mix up

□ Zawsze mylę te aktorki. I always mix these actresses up.

2 to mislead (PERF **zmylić**)

□ Podał zły adres, aby zmylić policję. He gave a false address to mislead the police.

■ **mylić się** to be wrong □ Mylisz się. You're wrong.

mysz (GEN **myszy**, PL **myszy**, GEN PL; DAT SING AND LOC SING **myszy**) FEM NOUN
mouse

□ Kot upolował mysz. The cat caught a mouse.

■ **mysz komputerowa** mouse *(for computer)*

myśl (GEN **myśli**, PL **myśli**, GEN PL; DAT SING AND LOC SING **myśli**) FEM NOUN
thought

■ **Mam coś innego na myśli.** I have something else in mind.

■ **Nie miałem tego na myśli.** I didn't mean that.

■ **złota myśl** words of wisdom

myśleć (**myślę, myślisz**) (PT **myślał, myśleli**) VERB
to think

□ myśleć o czymś to think about something
□ myśleć o kimś to think of somebody
□ Myślę, że tak. I think so.

myśliwy (GEN **myśliwego**, PL **myśliwi**) MASC NOUN

⋯ **LANGUAGE TIP** **myśliwy** declines like an adjective
hunter

□ Jest myśliwym. He is a hunter.

mżyć (**mżę, mżysz**) VERB

■ **Mży.** It's drizzling.

Nn

na PREPOSITION

> **LANGUAGE TIP** When **na** means **on**, **in** or **at** it takes the locative

1 on *(miejsce)*
   □ na stole on the table

2 in
   □ na Śląsku in Silesia □ na Kubie in Cuba □ wakacje na wsi holidays in the country □ na niebie in the sky

3 at
   □ na uniwersytecie at university □ na morzu at sea

> **LANGUAGE TIP** When **na** means **to** or **for** it takes the accusative

4 to *(wskazywanie kierunku)*
   □ na salę operacyjną to the operating theatre □ na Słowację to Slovakia □ iść na koncert to go to a concert

5 for
   □ na cztery dni for four days □ na obiad for lunch □ na jesień for autumn □ na środę for Wednesday

   ■ **na wschód** east
   ■ **Wpadłam na niego przypadkowo.** I bumped into him by accident.
   ■ **na dziesięć minut przed** +*loc* ten minutes before
   ■ **na szóstą 1** *(wykonać coś)* by six o'clock **2** *(przybyć)* at six o'clock
   ■ **na litry** *(sposób)* by the litre; by the liter (US)
   ■ **na raty** by instalments
   ■ **na czyjś koszt** at somebody's expense
   ■ **chory na gruźlicę** ill with TB
   ■ **tysiąc litrów na godzinę** a thousand litres per hour; a thousand liters per hour (US)
   ■ **dwa razy na dzień** twice a day

nabiał (GEN **nabiału**, LOC SING **nabiale**) MASC NOUN
dairy products pl *(mleko, ser, jajka)*
   □ Nabiał znajduje się po drugiej stronie supermarketu. Dairy products are at the other end of the supermarket.

nabierać (**nabieram, nabierasz**) (PERF **nabrać**) VERB +*gen*
1 to take in *(pożywienie)*
2 to gather *(prędkości)*
3 to gain *(masy)*
   ■ **nabierać kogoś** *(potoczny: robić żarty)* to pull somebody's leg □ Nie zorientowałam się, że on

mnie nabiera. I didn't realise he was pulling my leg.
   to deceive somebody *(potoczny: okłamywać)*

nabyć (**nabędę, nabędziesz**) (IMPERATIVE **nabądź**) VERB ▷ *zobacz* **nabywać**

nabywać (**nabędę, nabędziesz**) (IMPERATIVE **nabądź**) VERB
to get

nachalny ADJECTIVE
pushy *(natarczywy)*

nachylać się (**nachalnyam, nachalnyasz**) (PERF **nachylnić**) VERB
1 to bend down
2 to slope *(o krzywiźnie terenu)*

naciągać (**naciągam, naciągasz**) (PERF **naciągnąć**) VERB
1 to tighten *(naprężać)*
2 to draw *(cięciwę łuku)*
3 to pull on *(ubierać)*
4 to pull
   □ Naciągnął sobie ścięgno podczas jazdy na nartach. He pulled a tendon skiing.

nacinać (**nacinam, nacinasz**) (PERF **naciąć**) VERB
   ■ **nacinać coś** to cut into □ Chirurg naciął skórę na piersi pacjenta. The surgeon cut into the skin of the patient's chest.
   ■ **Nacięliśmy kwiatów w ogrodzie.** We cut some flowers in the garden.

naciskać (**naciskam, naciskasz**) (PERF **nacisnąć**) VERB
to press
   ■ **Naciskał mnie, żebym przyszła.** He was pressuring me into coming.

nacisnąć (**nacisnę, naciśniesz**) (IMPERATIVE **naciśnij**) VERB ▷ *zobacz* **naciskać**

nacjonalista (GEN **nacjonalisty**, PL **nacjonaliści**, DAT SING **nacjonaliście**) MASC NOUN

> **LANGUAGE TIP** **nacjonalista** declines like a feminine noun in the singular

nationalist

nacjonalistyczny ADJECTIVE
nationalist

nacjonalizm (GEN **nacjonalizmu**, LOC SING **nacjonalizmie**) MASC NOUN
nationalism

naczelnik (GEN **naczelnika**, PL **naczelnicy**, INST SING **naczelnikiem**) MASC NOUN

n

1 commander
  □ naczelnik sił zbrojnych the commander of the armed forces
2 governor
  □ naczelnik aresztu the prison governor
3 head *(oddziału)*

naczynie (GEN **naczynia**, PL **naczynia**, GEN PL **naczyń**) NEUT NOUN
1 dish
  ■ zmywać (PERF **pozmywać**) naczynia to do the washing-up
2 vessel *(drewniany, gliniany)*
  ■ naczynie krwionośne blood vessel

nad PREPOSITION
  ○ LANGUAGE TIP When nad means **above**, **over**, **by** or **on** it takes the instrumental
1 above
  □ nad górami above the mountains
2 over *(mieć przewagę, władzę)*
3 by
  □ nad Tamizą by the Thames □ nad Morzem Północnym by the North Sea
4 on
  □ dyskusja nad polityką a discussion on politics □ Nad czym pracujesz? What are you working on?
  ■ nad ranem at dawn
  ○ LANGUAGE TIP When nad means **to** it takes the accusative
  ■ nad jezioro to the lake

nadajnik (GEN **nadajnika**, PL **nadajniki**, INST SING **nadajnikiem**) MASC NOUN
transmitter
  □ nadajnik radiowy a radio transmitter

nadawać (nadaję, nadajesz) (PERF nadać) VERB
1 to broadcast
  □ Radio nadaje tą audycję od 20 lat. They've been broadcasting that show on the radio for twenty years.
2 to transmit *(sygnał dźwiękowy)*
3 to send
  to mail (US: *przesyłkę na poczcie*)
  ■ nadawać się do czegoś to be suitable for something □ To nie nadaje się do spania. This isn't suitable for sleeping on.

nadawca (GEN **nadawcy**, PL **nadawcy**) MASC NOUN
  ○ LANGUAGE TIP nadawca declines like a feminine noun in the singular
sender *(listu, wiadomości)*
  □ zwrot do nadawcy return to sender

nadążać (nadążam, nadążasz) (PERF nadążyć) VERB
  ■ nie nadążać z czymś to be unable to keep up with something □ Nie nadążałem za nimi. I was unable to keep up with them.

nadbagaż (GEN **nadbagażu**, PL **nadbagaże**, GEN PL **nadbagaży**) MASC NOUN
excess baggage *(w lotnictwie)*
  □ Mamy 10 kilo nadbagażu. We've got 10 kilos of excess baggage.

nadchodzić (nadchodzę, nadchodzisz) (IMPERATIVE **nadchodź**, PERF **nadejść**) VERB
1 to come

2 to arrive *(o informacji, przesyłce)*

nadciągać (nadciągam, nadciągasz) (PERF nadciągnąć) VERB
to approach *(o burzy, wydarzeniu)*

nadciśnienie (GEN **nadciśnienia**) NEUT NOUN
hypertension *(choroba)*

nadejść (nadejdę, nadejdziesz) (IMPERATIVE **nadejdź**) VERB ▷zobacz nadchodzić

nadesłać (nadeślę, nadeślesz) (IMPERATIVE **nadeślij**) VERB ▷zobacz nadsyłać

nadgarstek (GEN **nadgarstka**, PL **nadgarstki**, INST SING **nadgarstkiem**) MASC NOUN
wrist

nadgodziny (GEN **nadgodziny**) PL NOUN
overtime
  □ Moja firma nie płaci za nadgodziny. My work does not pay overtime.

nadgorliwy ADJECTIVE
officious *(urzędnik)*

nadjeżdżać (nadjeżdżam, nadjeżdżasz) (PERF nadjechać) VERB
to arrive *(o osobie, o pojeździe)*

nadmiar (GEN **nadmiaru**, LOC SING **nadmiarze**) MASC NOUN
excess

nadobowiązkowy ADJECTIVE
optional

nadpłata (GEN **nadpłaty**, PL **nadpłaty**, DAT SING **nadpłacie**) FEM NOUN
overpayment
  □ Nadpłata wynosi dziesięć złotych. The overpayment amounts to 10 zlotys.

nadprzyrodzony ADJECTIVE
supernatural
  □ wydarzenia nadprzyrodzone supernatural events

nadrabiać (nadrabiam, nadrabiasz) (PERF nadrobić) VERB
to make good
  ■ nadrabiać straty to recoup one's losses

nadrobić (nadrobię, nadrobisz) (IMPERATIVE **nadrób**) VERB ▷zobacz nadrabiać

nadsyłać (nadsyłam, nadsyłasz) (PERF nadesłać) VERB
to send
  □ Nadesłali mi życzenia urodzinowe. They sent me birthday greetings.

nadużycie (GEN **nadużycia**, PL **nadużycia**, GEN PL **nadużyć**) NEUT NOUN
abuse
  □ nadużycie alkoholu alcohol abuse □ nadużycie zaufania abuse of trust

nadużywać (nadużywam, nadużywasz) (PERF nadużyć) VERB +gen
to abuse

nadwaga (GEN **nadwagi**, DAT SING **nadwadze**) FEM NOUN
excess weight
  ■ Mam lekką nadwagę. I'm a little overweight.

nadzieja (GEN **nadziei**, PL **nadzieje**, GEN PL **nadziei**) FEM NOUN
hope

■ **Mam nadzieję, że przyjdziesz.** I hope that you will come.

■ **Mam nadzieję, że zwyciężymy.** I hope that we win.

nadzienie (GEN nadzienia, PL nadzienia, GEN PL nadzień) NEUT NOUN

1 filling

□ **pierogi z nadzieniem mięsnym** pasties with a meat filling

2 stuffing *(w kurczaku, indyku)*

nadzór (GEN nadzoru, LOC SING nadzorze) MASC NOUN

supervision *(nad pracą, osobą)*

nafta (GEN nafty, DAT SING nafcie) FEM NOUN

1 kerosene *(w lotnictwie)*

2 oil *(potoczny: ropa naftowa)*

naftowy ADJECTIVE

1 oil *(wydobycie)*

2 paraffin *(ogrzewanie)*

■ **ropa naftowa** oil

■ **lampa naftowa** an oil lamp

nagi ADJECTIVE

1 naked *(osoba bez ubrania)*

2 plain *(bez dodatków)*

naginać (naginam, naginasz) (PERF nagiąć) VERB
to bend

naglący ADJECTIVE
urgent

□ **nagląca potrzeba** an urgent need

nagle ADVERB

1 suddenly

2 unexpectedly *(bez uprzedzenia)*

nagłówek (GEN nagłówka, PL nagłówki, INST SING nagłówkiem) MASC NOUN

1 heading *(w artykule)*

2 headline

□ **sensacyjne nagłówki gazet** sensational newspaper headlines

nagły ADJECTIVE

1 sudden *(przyjazd, spotkanie)*

2 urgent *(wymagający szybkiej reakcji)*

■ **W nagłym wypadku należy zadzwonić na numer 112.** In case of emergency, call 112.

nago ADVERB
in the nude

nagość (GEN nagości) FEM NOUN
nudity

nagradzać (nagradzam, nagradzasz) (PERF nagrodzić) VERB
to reward *(za zwycięstwo, medalem)*

nagranie (GEN nagrania, PL nagrania, GEN PL nagrań) NEUT NOUN
recording *(muzyczne, filmowe)*

nagroda (GEN nagrody, PL nagrody, LOC SING nagrodzie, GEN PL nagród) FEM NOUN

1 prize

□ **pierwsza nagroda w konkursie śpiewu** first prize in the singing contest

2 award

□ **nagroda dla reżysera za całokształt twórczości** an award for the director for lifetime achievement

■ **nagroda Nobla** the Nobel prize

nagrodzić (nagrodzę, nagrodzisz) (IMPERATIVE nagródź) VERB ▷zobacz nagradzać

nagrywać (nagrywam, nagrywasz) (PERF nagrać) VERB
to record

naiwny ADJECTIVE
naive

najbardziej ADVERB ▷zobacz bardzo

■ **Jak najbardziej!** By all means!

najbliższy ADJECTIVE ▷zobacz bliski

■ **Przyjdę w najbliższym czasie.** I will come very soon.

najdalej ADVERB ▷zobacz daleko

najeść się (najem, najesz) (3 PL najedzą, IMPERATIVE najedz, PT najadł, najadła, najedli) VERB
to eat one's fill

□ **Najadł się do syta.** He had eaten his fill.

najgorszy ADJECTIVE ▷zobacz zły

■ **W najgorszym wypadku przyjdziemy jutro.** If the worst comes to the worst, we'll come tomorrow.

najgorzej ADVERB ▷zobacz źle

■ **Nie jest z nami najgorzej.** We're not doing too bad.

najlepiej ADVERB ▷zobacz dobrze

najlepszy ADJECTIVE ▷zobacz dobry
best

■ **W najlepszym wypadku pojedziemy razem.** In the best-case scenario we'll go together.

najmniej ADVERB ▷zobacz mało

1 least

2 fewest

■ **co najmniej** at least □ **Co najmniej 5 osób zostało rannych.** At least five people were injured.

najmniejszy ADJECTIVE ▷zobacz mały

najnowszy ADJECTIVE ▷zobacz nowy

■ **Najnowszy album tego zespołu jest świetny.** This group's latest album is great.

najpierw ADVERB
to begin with

najpóźniej ADVERB ▷zobacz późno

■ **najpóźniej w niedzielę** on Sunday at the very latest

najstarszy ADJECTIVE ▷zobacz stary

najwięcej ADVERB ▷zobacz dużo, wiele

najwyżej ADVERB ▷zobacz wysoko

■ **najwyżej cztery** four at the very most

najwyższy ADJECTIVE ▷zobacz wysoki

■ **Najwyższy czas, żeby przeprosił.** It's high time he apologized.

■ **sąd Najwyższy** the High Court; the Supreme Court (US)

■ **najwyższe piętro** the top floor

nakarmić (nakarmię, nakarmisz) VERB ▷zobacz karmić

nakaz (GEN nakazu, PL nakazy, LOC SING nakazie) MASC NOUN

1 order

2 notice

nakazywać (nakazuję, nakazujesz)
(PERF **nakazać**) VERB
to order
  □ Nakazuję ci przestać mówić! I order you to stop talking!
  ■ Lekarz nakazał mi dietę. The doctor put me on a diet.

naklejać (naklejam, naklejasz) (PERF **nakleić**) VERB
to stick (naklejki, plakaty)

naklejka (GEN **naklejki**, PL **naklejki**, DAT SING **naklejce**, GEN PL **naklejek**) FEM NOUN
1 label (na produkcie)
2 sticker (z nazwiskiem, obrazkiem)

nakład (GEN **nakładu**, PL **nakłady**, LOC SING **nakładzie**) MASC NOUN
edition
  ■ Nakład książki jest wyczerpany. The book is out of print.

nakrycie (GEN **nakrycia**, PL **nakrycia**, GEN PL **nakryć**) NEUT NOUN
1 covering
  ■ nakrycie głowy headgear
2 place setting (sztućce, naczynia)

nakryć (nakryję, nakryjesz) VERB ▷zobacz **nakrywać**
to catch (potoczny)
  □ Nakryli go na gorącym uczynku. They caught him red-handed.

nakrywać (nakrywam, nakrywasz) (PERF **nakryć**) VERB
to cover
  □ Nakryła dziecko kocem. She covered the child with a blanket.

nalać (naleję, nalejesz) VERB ▷zobacz **nalewać**

nalegać (nalegam, nalegasz) VERB
  ■ nalegać na coś to insist on something
  ■ Nalegam, abyś to przeczytał. I insist that you read this.

naleśnik (GEN **naleśnika**, PL **naleśniki**, INST SING **naleśnikiem**) MASC NOUN
pancake
crepe (US)
  □ naleśnik z serem a pancake with cheese

nalewać (nalewam, nalewasz) (PERF **nalać**) VERB
to pour out (napełniać płynem naczynie)

należeć (należę, należysz) VERB
  ■ należeć do +gen to belong to
  ■ należeć się to owe □ Ile się należy? What do I owe you? □ Należy mi się pięć złotych. I am owed 5 zlotys.
  ■ Należy to oddać. You're expected to return it.

nałogowiec (GEN **nałogowca**, PL **nałogowcy**) MASC NOUN
addict (osoba uzależniona)

nałogowy ADJECTIVE
1 confirmed (alkoholik)
  ■ On jest od lat nałogowym palaczem. He has been a heavy smoker for years.
2 problem (hazardzista)

nałóg (GEN **nałogu**, PL **nałogi**, INST PL **nałogiem**) MASC NOUN
1 habit (szkodliwy nawyk)
2 addiction (zależność od substancji)

nam PRONOUN ▷zobacz **my**
  ■ Miło nam Cię poznać. We're pleased to meet you.

nami PRONOUN ▷zobacz **my**
  ■ Chodź z nami. Come with us.

namiętność (GEN **namiętności**, PL **namiętności**, GEN PL **namiętności**) FEM NOUN
passion

namiętny ADJECTIVE
1 passionate (kochanek)
2 avid (kinoman)

namiot (GEN **namiotu**, PL **namioty**, LOC SING **namiocie**) MASC NOUN
tent

namówić (namówię, namówisz) VERB PERF
  ■ Namówił mnie na kupno samochodu. He talked me into buying a car.

naokoło PREPOSITION
  ▷zobacz też **naokoło** ADVERB

  ⦂ LANGUAGE TIP naokoło takes the genitive
round
  □ Raz w tygodniu biegamy naokoło parku. Once a week we run round the park.

naokoło ADVERB
  ▷zobacz też **naokoło** PREPOSITION
all around

napad (GEN **napadu**, PL **napady**, LOC SING **napadzie**) MASC NOUN
1 assault (akt agresji)
2 fit (bólu, płaczu)

napadać (napadnę, napadniesz) (PERF **napaść**) VERB
to attack

napastnik (GEN **napastnika**, PL **napastnicy**, INST SING **napastnikiem**) MASC NOUN
1 assailant (osoba atakująca)
2 striker (piłkarz)

napaść (GEN **napaści**, PL **napaści**, GEN PL **napaści**) FEM NOUN
  ▷zobacz też **napaść** VERB
assault (akt fizycznej agresji)

napaść (napadnę, napadniesz) (IMPERATIVE **napadnij**) VERB ▷zobacz **napadać**
  ▷zobacz też **napaść** FEM NOUN

napełniać (napełniam, napełniasz) (PERF **napełnić**) VERB
to fill (naczynie, pojemnik)

napełnić (napełnię, napełnisz) (IMPERATIVE **napełnij**) VERB ▷zobacz **napełniać**

napić się (napiję, napijesz) VERB
to have a drink

napięcie (GEN **napięcia**, PL **napięcia**, GEN PL **napięć**) NEUT NOUN
1 voltage (elektryczne)
2 tension
  □ Napięcie na widowni sięgało zenitu. Tension in the audience reached its peak.

napięty ADJECTIVE
1 full *(plan dnia)*
2 tense
□ Amosfera w biurze jest ostatnio napięta. The atmosphere in the office has been tense lately.

napis (GEN **napisu**, PL **napisy**, LOC SING **napisie**) MASC NOUN
notice
■ **napisy czołówki filmu** film credits
subtitles *(dialogowe)*

napisać (**napiszę, napiszesz**) (IMPERATIVE **napisz**) VERB ▷*zobacz* pisać

napiwek (GEN **napiwku**, PL **napiwki**, INST SING **napiwkiem**) MASC NOUN
tip
□ Napiwek jest już wliczony w cenę. The tip is already included in the price.

napój (GEN **napoju**, PL **napoje**, GEN PL **napojów**) MASC NOUN
drink
□ napój gazowany a fizzy drink

naprawa (GEN **naprawy**, PL **naprawy**, DAT SING **naprawie**) FEM NOUN
repair
■ **Samochód jest w naprawie.** The car is being repaired.

naprawdę ADVERB
really
□ Naprawdę to powiedział? Did he really say that?

naprawiać (**naprawiam, naprawiasz**) (PERF **naprawić**) VERB
1 to repair
□ Naprawili dziurawy dach. They repaired a leaky roof.
2 to put right *(likwidować negatywne skutki)*
■ **naprawiać wyrządzone szkody** to compensate for damage caused

naprzód ADVERB
forward

naraz ADVERB
1 all of a sudden
□ Naraz zgasło światło. The light went out all of a sudden.
2 at the same time
□ Nie mówcie wszyscy naraz! Don't all talk at the same time!

narciarstwo (GEN **narciarstwa**, LOC SING **narciarstwie**) NEUT NOUN
skiing

narciarz (GEN **narciarza**, PL **narciarze**, GEN PL **narciarzy**) MASC NOUN
skier

nareszcie ADVERB
at long last
□ Nareszcie znaleźliśmy właściwy adres. At long last we found the right address.

narkoman (GEN **narkomana**, PL **narkomani**, LOC SING **narkomanie**) MASC NOUN
drug addict

narkomania (GEN **narkomanii**) FEM NOUN
drug addiction

narkotyk (GEN **narkotyku**, PL **narkotyki**, INST SING **narkotykiem**) MASC NOUN
drug *(substancja odurzająca)*

narkoza (GEN **narkozy**, PL **narkozy**, DAT SING **narkozie**) FEM NOUN
anaesthesia
anesthesia (US: *w medycynie*)
■ **być pod narkozą** to be under anaesthetic; to be under anesthetic (US)

narodowość (GEN **narodowości**, PL **narodowości**, GEN PL **narodowości**) FEM NOUN
nationality

narodowy ADJECTIVE
national
□ hymn narodowy the national anthem

narodzenie (GEN **narodzenia**, PL **narodzenia**, GEN PL **narodzeń**) NEUT NOUN
birth
■ **Boże Narodzenie** Christmas

narodzić się (**narodzę, narodzisz**) (IMPERATIVE **naródź**) VERB
to come into being

naród (GEN **narodu**, PL **narody**, LOC SING **narodzie**) MASC NOUN
1 nation *(społeczność)*
2 people *(mieszkańcy kraju)*
■ **Organizacja Narodów Zjednoczonych** the United Nations

narysować (**narysuję, narysujesz**) VERB ▷*zobacz* rysować

narząd (GEN **narządu**, PL **narządy**, LOC SING **narządzie**) MASC NOUN
organ *(wewnętrzny, władzy)*

narzeczona (GEN **narzeczonej**, PL **narzeczone**) FEM NOUN
⋯ **LANGUAGE TIP** narzeczona declines like an adjective
fiancée

narzeczony (GEN **narzeczonego**, PL **narzeczeni**) MASC NOUN
⋯ **LANGUAGE TIP** narzeczony declines like an adjective
fiancé
■ **para narzeczonych** the engaged couple

narzekać (**narzekam, narzekasz**) VERB
to complain

narzędzie (GEN **narzędzia**, PL **narzędzia**, GEN PL **narzędzi**) NEUT NOUN
1 tool *(instalatorski, stolarski)*
2 instrument *(elektrotechniczny)*

nas PRONOUN ▷*zobacz* my

nasenny ADJECTIVE
■ **lek nasenny** sleeping pill

nasi PRONOUN ▷*zobacz* nasz

nasilać się (**nasila**) (PERF **nasilić**) VERB
to intensify *(zwiększać prędkość, intensywność)*

nastawienie (GEN **nastawienia**) NEUT NOUN
attitude
□ nastawienie do życia attitude to life
■ **Przyjechał z nastawieniem, że wygra.** He came with the expectation of winning.

n

nastąpić (nastąpię, nastąpisz)
(IMPERF **następować**) VERB ▷ zobacz **następować**
to step on
□ Nastąpił psu na ogon. He stepped on the dog's tail.

następca (GEN następcy, PL następcy) MASC NOUN
LANGUAGE TIP następca declines like a feminine noun in the singular
successor

następnie ADVERB
next

następny ADJECTIVE
next
□ następnego dnia the next day □ Następny proszę! Next, please! □ Następnym razem, uważaj co mówisz! Next time, mind what you say!

następować (następuję, następujesz) VERB
to follow

nastolatek (GEN nastolatka, PL nastolatki,
INST SING nastolatkiem) MASC NOUN
teenager

nastrój (GEN nastroju, PL nastroje) MASC NOUN
1 mood
□ Jestem dziś w dobrym nastroju. I'm in a good mood today.
2 atmosphere

nasunąć (nasunę, nasuniesz) (IMPERATIVE
nasuń) VERB ▷ zobacz **nasuwać**

nasuwać (nasuwam, nasuwasz) (PERF
nasunąć) VERB
■ Nasunął kaptur na głowę. He pulled his hood over his head.
■ nasuwać się to come to mind
■ Nasunęło mi się to na myśl. It crossed my mind.

nasz ADJECTIVE, PRONOUN
1 our
□ To jest nasz dom. This is our house.
2 ours
□ Ten dom jest nasz. This house is ours.

naszyjnik (GEN naszyjnika, PL naszyjniki,
INST SING naszyjnikiem) MASC NOUN
necklace

naśladować (naśladuję, naśladujesz) VERB
1 to copy (kopiować)
2 to imitate (imitować)

naśladowca (GEN naśladowcy, PL naśladowcy)
MASC NOUN
LANGUAGE TIP naśladowca declines like a feminine noun in the singular
imitator

naśmiewać się (naśmiewam, naśmiewasz)
VERB
to ridicule
■ Inne dzieci ciągle się z niego naśmiewały. The other children always made fun of him.

natchnienie (GEN natchnienia, PL natchnienia,
GEN PL natchnień) NEUT NOUN
inspiration (inspiracja)

natknąć się (natknę, natkniesz) (IMPERATIVE
natknij) VERB ▷ zobacz **natykać się**

natomiast ADVERB
however

natrysk (GEN natrysku, PL natryski,
INST SING natryskiem) MASC NOUN
shower (prysznic)

natura (GEN natury, LOC SING naturze) FEM NOUN
nature
■ Ten obraz to martwa natura. This picture is a still life.

naturalnie ADVERB
obviously
□ Naturalnie, że możesz nas jutro odwiedzić. Obviously, you can visit us tomorrow.

naturalny ADJECTIVE
natural
□ Jest naturalną brunetką. She's a natural brunette.

natychmiast ADVERB
at once
□ Natychmiast wyłącz telewizor! Put the television off at once!

natychmiastowy ADJECTIVE
immediate
□ Skutek działania lekarstwa był natychmiastowy. The medicine had an immediate effect.

natykać się (natykam, natykasz)
(PERF **natknąć**) VERB
■ natykać się na kogoś to bump into somebody □ Wczoraj natknęliśmy się na dawnego znajomego. Yesterday we bumped into an old acquaintance.

nauczać (nauczam, nauczasz) VERB
to teach
■ nauczać dzieci języków obcych to teach children foreign languages
■ Poświęca się na nauczaniu młodzieży. He is dedicated to teaching young people.

nauczyciel (GEN nauczyciela, PL nauczyciele,
GEN PL nauczycieli) MASC NOUN
teacher
□ nauczyciel polskiego a Polish teacher

nauczycielka (GEN nauczycielki,
PL nauczycielki, DAT SING nauczycielce,
GEN PL nauczycielek) FEM NOUN
teacher

nauczyć (nauczę, nauczysz) VERB ▷ zobacz **uczyć**

nauka (GEN nauki, PL nauki, DAT SING nauce)
FEM NOUN
1 science (dziedzina wiedzy)
2 study (edukacja)
3 lesson
□ Mam nadzieję, że z tej sytuacji wyciągniesz naukę. I hope that you will draw a lesson from this situation.
■ nauka jazdy (kurs) driving lessons pl

naukowiec (GEN naukowca, PL naukowcy)
MASC NOUN
1 scholar
2 scientist (w fizyki, biologii)

naukowy ADJECTIVE
1 scientific (eksperyment)

2 scholarly *(dyskusja, referat)*
■ **przeprowadzać** (PERF **przeprowadzić**) **badania naukowe** to carry out research
■ **pracownik naukowy** *(na uniwersytecie)* research worker
■ **pomoce naukowe** *(w szkole, na uniwersytecie)* teaching aids

naumyślnie ADVERB
deliberately

nawet ADVERB
even
□ Nawet dziecko potrafiłoby to zrobić. Even a child would be able to do it.

nawias (GEN **nawiasu**, PL **nawiasy**, LOC SING **nawiasie**) MASC NOUN
bracket
□ w nawiasach in brackets
■ **To słowo jest w nawiasie.** This word is in parentheses.

nawierzchnia (GEN **nawierzchni**, PL **nawierzchnie**, GEN PL **nawierzchni**) FEM NOUN
surface *(drogi)*

nawilżać (**nawilżam, nawilżasz**) (PERF **nawilżyć**) VERB
1 dampen
2 to moisturize *(twarz, ciało)*

nawyk (GEN **nawyku**, PL **nawyki**, INST SING **nawykiem**) MASC NOUN
habit

nawzajem ADVERB
each other
□ Oni lubią się nawzajem. They like each other.
■ **Wesołych Świąt! Nawzajem!** Merry Christmas! Same to you!

nazwa (GEN **nazwy**, PL **nazwy**, DAT SING **nazwie**) FEM NOUN
name

nazwać (**nazwę, nazwiesz**) (IMPERATIVE **nazwij**) VERB ▷ *zobacz* **nazywać**

nazwisko (GEN **nazwiska**, PL **nazwiska**, INST SING **nazwiskiem**) NEUT NOUN
surname
last name (US)
■ **nazwisko panieńskie** maiden name

nazywać (**nazywam, nazywasz**) (PERF **nazwać**) VERB
to call
■ **nazywać się** to be called
■ **Jak się pan nazywa?** What's your name, please?

n.e. ABBREVIATION *(= naszej ery)*
AD

negatywny ADJECTIVE
negative

negocjacje (GEN **negocjacji**) PL NOUN
negotiations *(pokojowe, biznesowe)*

negocjować (**negocjuję, negocjujesz**) VERB
to negotiate

nekrolog (GEN **nekrologu**, PL **nekrologi**, INST SING **nekrologiem**) MASC NOUN
obituary

nerka (GEN **nerki**, PL **nerki**, DAT SING **nerce**, GEN PL **nerek**) FEM NOUN
kidney

nerwica (GEN **nerwicy**, PL **nerwice**) FEM NOUN
neurosis

nerwowy ADJECTIVE
nervous
□ tik nerwowy a nervous tic

neurolog (GEN **neurologa**, PL **neurolodzy**) MASC NOUN
neurologist
□ On jest znanym neurologiem. He is a famous neurologist.

neutralny ADJECTIVE
1 neutral
2 independent

nędza (GEN **nędzy**, PL **nędze**) FEM NOUN
misery

nędzny ADJECTIVE
wretched
□ Oni mieszkają w nędznych warunkach. They live in wretched conditions.

niania (GEN **niani**, PL **nianie**, GEN PL **niań**) FEM NOUN
nanny

nią PRONOUN ▷ *zobacz* **ona**
■ **Chodzimy z nią codziennie na spacer.** We go out walking with her every day.

nic PRONOUN
1 nothing
□ Nic nie wie. He knows nothing.
2 anything *(z innym wyrazem przeczącym)*
■ **Nic dziwnego, że wygrał.** No wonder he won.
■ **Nic z tego nie będzie.** It's no use!
■ **To nic.** *(Nie ma sprawy.)* Never mind.

niczyj ADJECTIVE
nobody's
■ **ziemia niczyja** no-man's-land

nie ADVERB, ADJECTIVE
1 no
□ O nie! Oh no!
2 not *(z czasownikiem)*
□ Nie ma jej tam. She's not there.
■ **Nie przejmuj się!** Don't worry!
■ **Nie ma na co czekać.** It's no use waiting.

nieaktualny ADJECTIVE
1 invalid
□ Jego passport jest już nieaktualny. His passport is now invalid.
2 out-of-date
□ Te informacje dawno już są nieaktualne. This information is long out-of-date.

niebezpieczeństwo (GEN SING AND NOM PL **niebezpieczeństwa**, LOC SING **niebezpieczeństwie**) NEUT NOUN
1 danger
2 risk *(ryzyko)*

niebezpieczny ADJECTIVE
1 dangerous
□ Ta okolica jest bardzo niebezpieczna. This neighbourhood is very dangerous.

2 risky *(ruch)*
3 hazardous *(praca, wyprawa)*
niebieski ADJECTIVE
blue *(barwa)*
■ **niebieskie oczy** blue eyes
niebo (GEN **nieba**, PL **nieba**, LOC SING **niebie**, GEN PL **niebios**, DAT PL **niebiosom**, INST PL **niebiosami**, LOC PL **niebiosach**) NEUT NOUN
1 sky
□ gwiazdy na niebie stars in the sky
2 heaven
■ **Ta potrawa to niebo w gębie!** This dish is divine!
nieboszczyk (GEN **nieboszczyka**, PL **nieboszczycy**, INST SING **nieboszczykiem**) MASC NOUN
the deceased
niech PARTICLE
let
□ Niech przyjdą. Let them come. □ Niech się zastanowię. Let me think.
■ **Niech ci będzie.** Have it your way.
niechcący ADVERB
accidentally
□ Niechcący strącił wazon ze stołu. He accidentally knocked a vase off the table.
niechęć (GEN **niechęci**, PL **niechęci**) FEM NOUN
aversion
niechętnie ADVERB
reluctantly
□ Niechętnie odsunął się na bok. Reluctantly he moved aside.
niechlujny ADJECTIVE
slovenly *(zaniedbany)*
nieciekawy ADJECTIVE
1 boring
□ Ten film jest wyjątkowo nieciekawy. This film is exceptionally boring.
2 dodgy
□ To nieciekawa okolica, lepiej tam nie chodzić. That's a dodgy neighbourhood. It's better not to go there.
niecierpliwy ADJECTIVE
impatient
nieco ADVERB
somewhat
□ nieco mniejszy somewhat smaller
■ **Wiedział co nieco o niej.** He knew a little bit about her.
nieczynny ADJECTIVE
1 closed
□ Sklep jest nieczynny w niedzielę. The shop is closed on Sundays.
2 out of service
□ Winda jest chwilowo nieczynna. The lift is temporarily out of service.
3 extinct *(wulkan)*
nieczytelny ADJECTIVE
1 illegible *(charakter pisma)*
2 unintelligible *(wiadomość)*
niedaleko ADVERB
1 not far

□ To już niedaleko stąd. That isn't far from here.
2 soon *(w czasie)*
niedawno ADVERB
recently
niedawny ADJECTIVE
recent
■ **Studiuje tu od niedawna.** He began studying here recently.
niedługo ADVERB
1 before long
□ Za niedługo skończę pracę. I'll finish work before long.
2 briefly
□ On był niedługo dyrektorem tej szkoły. He was briefly the head of this school.
niedobrany ADJECTIVE
mismatched
niedobry ADJECTIVE
1 unpleasant
□ Jak możesz być dla niej tak niedobry! How can you be so unpleasant to her!
2 bad *(informacja)*
3 disgusting
□ Jedzenie w tym hotelu było naprawdę niedobre. The food at that hotel was really disgusting.
niedobrze ADVERB
1 unwell *(czuć się, wyglądać)*
□ Zrobiło mi się niedobrze. I started to feel unwell.
■ **Niedobrze mi.** I feel sick.
2 badly *(w sposób niepożądany)*
3 not well
□ Żylaste mięso niedobrze się kroi. Stringy meat doesn't cut well.
niedojrzałość (GEN **niedojrzałości**) FEM NOUN
immaturity *(psychiczna, fizyczna)*
niedojrzały ADJECTIVE
1 immature
□ Jak na swój wiek ona jest dosyć niedojrzała. For her age she is quite immature.
2 unripe
□ Nie jedz niedojrzałych jabłek, rozboli cię brzuch. Don't eat unripe apples. You'll get a sore stomach.
niedokładny ADJECTIVE
1 careless *(osoba, praca)*
2 imprecise *(pomiar, dane)*
niedokonany ADJECTIVE
imperfective *(w językoznawstwie)*
niedokończony ADJECTIVE
incomplete *(praca, zdanie)*
niedopuszczalny ADJECTIVE
unacceptable *(zachowanie)*
niedorozwinięty ADJECTIVE
■ **dzieci niedorozwinięte** children with learning difficulties
niedostępny ADJECTIVE
inaccessible
niedrogi ADJECTIVE
inexpensive

niedwuznaczny ADJECTIVE
unambiguous
□ Wyraził się w niedwuznaczny sposób. He expressed himself in an unambiguous manner.
niedziela (GEN **niedzieli**, PL **niedziele**) FEM NOUN
Sunday
□ niedziela Palmowa Palm Sunday
niedźwiedź (GEN **niedźwiedzia**, PL **niedźwiedzie**, GEN PL **niedźwiedzi**) MASC NOUN
bear
nieefektowny ADJECTIVE
unremarkable (styl, wygląd)
nieformalny ADJECTIVE
irregular
niefortunny ADJECTIVE
unfortunate
□ To był tylko niefortunny zbieg okoliczności. That was just an unfortunate coincidence.
niefrasobliwy ADJECTIVE
light-hearted (człowiek, rozrywka)
niegazowany ADJECTIVE
still
□ woda mineralna niegazowana a still mineral water
niegrzeczny ADJECTIVE
1 impolite (niekulturalny)
2 naughty (o dzieckach)
nieistotny ADJECTIVE
1 unimportant
□ To tylko nieistotny szczegół. That's an unimportant detail.
2 irrelevant
□ Ta informacja jest nieistotna w naszej dyskusji. This information is irrelevant to our discussion.
niej PRONOUN ▷ zobacz ona
■ On nie może bez niej żyć. He cannot live without her.
niejadalny ADJECTIVE
inedible
□ Ten grzyb jest niejadalny. This mushroom is inedible.
niejaki ADJECTIVE
a certain (pewien)
□ niejaki pan Smith a certain Mr Smith
niejednoznaczny ADJECTIVE
ambiguous
niekiedy ADVERB
sometimes
niekoleżeński ADJECTIVE
unfriendly
niekompetentny ADJECTIVE
incompetent (bez odpowiednich kwalifikacji)
niekompletny ADJECTIVE
incomplete
niektórzy (FEM, NEUT **niektóre**) PRONOUN
some
□ Niektórzy sądzą, że masz rację. Some (people) say that you're right.
nielegalny ADJECTIVE
illegal (substancja, emigrant)
nieletni ADJECTIVE
▷ zobacz też **nieletni** MASC NOUN
juvenile (prawo)
nieletni MASC NOUN
▷ zobacz też **nieletni** ADJECTIVE
LANGUAGE TIP nieletni declines like an adjective
minor (Prawo)
■ sąd dla nieletnich juvenile court
nieład (GEN **nieładu**, LOC SING **nieładzie**) MASC NOUN
disorder (brak porządku)
■ Jego sypialnia jest w nieładzie. His bedroom is in a mess.
niemal ADVERB
almost
□ Jestem niemal pewien, że wyszedł. I am almost certain that he has left.
■ Niemal mu się udało. He was very nearly successful.
Niemcy PL NOUN
Germany
□ On mieszka w Niemczech. He lives in Germany.
niemiecki ADJECTIVE
German
niemniej ADVERB
however
■ tym niemniej even so
niemodny ADJECTIVE
unfashionable
□ Ona nosi dość niemodne ubrania. She wears rather unfashionable clothes.
niemoralny ADJECTIVE
immoral
niemowa (GEN **niemowy**, PL **niemowy**, DAT SING **niemowie**, GEN PL **niemów**) MASC AND FEM NOUN
LANGUAGE TIP niemowa declines like a feminine noun in the singular
mute (osoba niema)
niemowlę (GEN **niemowlęcia**, PL **niemowlęta**, GEN PL **niemowląt**) NEUT NOUN
infant
niemożliwy ADJECTIVE
impossible
□ niemożliwy do osiągnięcia impossible to achieve
niemy ADJECTIVE
1 without speech (o osobie)
2 silent (kino, zgoda)
nienaturalny ADJECTIVE
unnatural
□ Zachowywała się w nienaturalny sposób. She behaved in an unnatural manner.
nienawidzić (**nienawidzę, nienawidzisz**) (IMPERATIVE **nienawidź**) VERB +gen
to hate
□ Nienawidzę go po tym, co mi zrobił. I hate him after what he did to me.
nienawiść (GEN **nienawiści**) FEM NOUN
hate
nieobecny ADJECTIVE
absent (w szkole, pracy)
■ Był obecny ciałem, ale nieobecny duchem.

119

He was physically present but his mind was elsewhere.

nieoczekiwany ADJECTIVE
unexpected *(efekt, wydarzenie)*

nieodpłatnie ADVERB
free of charge

□ Szczepienia oferowane są nieodpłatnie.
Vaccinations are on offer free of charge.

nieodpłatny ADJECTIVE
free *(gratis)*

nieodpowiedni ADJECTIVE
inappropriate

□ To nieodpowiedni moment na rozmowę przez telefon. This is an inappropriate moment for a phone conversation.

nieodpowiedzialny ADJECTIVE
irresponsible

nieoficjalny ADJECTIVE
unofficial

nieograniczony ADJECTIVE
unlimited

□ Ten abonament daje mi nieograniczony wstęp na siłownię. This subscription gives me unlimited access to the gym.

nieosiągalny ADJECTIVE
unattainable *(cel, wynik)*

niepalący ADJECTIVE
▷*zobacz też* **niepalący** MASC NOUN
non-smoking

niepalący MASC NOUN
▷*zobacz też* **niepalący** ADJECTIVE

⋯ **LANGUAGE TIP** niepalący declines like an
⋯ adjective
non-smoker

■ **sala dla niepalących** a non-smoking room

nieparzysty ADJECTIVE
odd *(liczba, cyfra)*

niepełnoletni ADJECTIVE
under-age

niepełnosprawny ADJECTIVE
disabled

□ miejsca dla niepełnosprawnych seats for disabled people

niepewny ADJECTIVE
1 uncertain *(przyszłość)*
2 unreliable

niepodległość (GEN **niepodległości**) FEM NOUN
independence

niepodległy ADJECTIVE
independent

niepokoić (**niepokoję, niepokoisz**)
(IMPERATIVE **niepokój**, PERF **zaniepokoić**) VERB
1 to worry *(powodować zmartwienie)*
2 to bother *(nachodzić)*

■ **niepokoić się** to worry □ Niepokoił się o swoją pracę. He worried about his job.

niepokojący ADJECTIVE
disturbing

niepokonany ADJECTIVE
invincible

nieporęczny ADJECTIVE
cumbersome *(pakunek, bagaż)*

nieposłuszeństwo (GEN **nieposłuszeństwa,**
LOC SING **nieposłuszeństwie**) NEUT NOUN
disobedience

niepotrzebny ADJECTIVE
1 unnecessary *(niekonieczny)*
2 superfluous *(niepożądany)*

nieprawdopodobny ADJECTIVE
unlikely

□ To, że on przyjdzie, jest nieprawdopodobne. It is unlikely that he will come.

nieprawdziwy ADJECTIVE
1 false

□ Otrzymaliśmy nieprawdziwe informacje. We received false information.

2 fake

□ To nieprawdziwe złoto. That is fake gold.

nieprawidłowy ADJECTIVE
wrong *(niepoprawny, nie odpowiadający normom)*

nieprzychylny ADJECTIVE
1 disapproving *(wrogo nastawiony)*
2 unfavourable

unfavorable (US: *niepomyślny*)

nieprzydatny ADJECTIVE
useless

nieprzyjaciel (GEN **nieprzyjaciela,**
PL **nieprzyjaciele,** GEN PL **nieprzyjaciół,**
DAT PL **nieprzyjaciołom,** INST PL **nieprzyjaciółmi,**
LOC PL **nieprzyjaciołach**) MASC NOUN
enemy

nieprzyjacielski ADJECTIVE
enemy

nieprzyjazny ADJECTIVE
hostile

nieprzyjemny ADJECTIVE
unpleasant

□ nieprzyjemny zapach an unpleasant smell

nieprzytomny ADJECTIVE
1 unconscious

□ Na chodniku leżał nieprzytomny mężczyzna. An unconscious man lay on the pavement.

2 vacant *(wzrok)*
3 mad

□ Była nieprzytomna z wściekłości. She was mad with rage.

4 paralysed *(ze strachu)*

nieprzyzwoity ADJECTIVE
indecent

□ Jej strój jest dosyć nieprzyzwoity. Her outfit is rather indecent.

niepunktualny ADJECTIVE
■ **On jest bardzo niepunktualnym pracownikiem.** His timekeeping at work is terrible.

nierealny ADJECTIVE
1 unreal *(wymyślony)*
2 unrealistic

□ Jego zamierzenia są zupełnie nierealne. His plans are totally unrealistic.

nieregularny ADJECTIVE
irregular

□ Tapeta ma nieregularny wzór. The wallpaper has an irregular pattern.

nierentowny ADJECTIVE
unprofitable
□ Inwestycja okazała się być nierentowna. The investment turned out unprofitable.

nierówny ADJECTIVE
1 uneven
□ Powierzchnia podłogi jest nierówna. The floor surface is uneven. □ Rytm jego oddechu był nierówny. His breathing was uneven.
2 unequal
□ nierówny podział majątku an unequal distribution of wealth

niesamowity ADJECTIVE
extraordinary
□ niesamowity spektakl teatralny an extraordinary theatrical spectacle

niesiesz VERB ▷zobacz nieść

nieskomplikowany ADJECTIVE
straightforward

niesmaczny ADJECTIVE
tasteless

niespodzianka (GEN niespodzianki, PL niespodzianki, DAT SING niespodziance, GEN PL niespodzianek) FEM NOUN
surprise
□ Zrobił mi niespodziankę z okazji urodzin. He gave me a surprise for my birthday.

niespokojny ADJECTIVE
1 restless
2 rough (morze)

niesprawiedliwość (GEN SING AND PL, NOM PL niesprawiedliwości) FEM NOUN
injustice

niesprawiedliwy ADJECTIVE
unfair
□ Został potraktowany w niesprawiedliwy sposób. He was treated in an unfair way.

niestety ADVERB
unfortunately

niestrawność (GEN niestrawności) FEM NOUN
indigestion

niestrawny ADJECTIVE
indigestible

niesumienny ADJECTIVE
unreliable

nieszczerość (GEN nieszczerości) FEM NOUN
insincerity

nieszczery ADJECTIVE
insincere
□ Ma nieszczery uśmiech. She has an insincere smile.

nieszczęście (GEN nieszczęścia, PL nieszczęścia, GEN PL nieszczęść) NEUT NOUN
1 misfortune (pech)
2 disaster (tragedia)

nieszczęśliwy ADJECTIVE
1 unhappy
2 miserable
□ nieszczęśliwy wyraz twarzy a miserable expression
3 unfortunate
□ nieszczęśliwy zbieg okoliczności an unfortunate coincidence

nieszkodliwy ADJECTIVE
1 harmless (niegroźny)
2 innocent (niewinny)

nieść (niosę, niesiesz) (IMPERATIVE nieś, PT niósł, niosła, nieśli, PERF przynieść) VERB
1 to carry
2 to bring (unosić)
3 to lay (PERF znieść) (jaja)
■ nieść radość to bring joy
■ Wieść niesie, że był dobrym szefem. Word has it he was a good boss.

nieśmiały ADJECTIVE
shy

nieświadomy ADJECTIVE
unaware
□ On jest nieświadomy konsekwencji. He is unaware of the consequences.

nieświeży ADJECTIVE
1 stale (czerstwy)
2 bad
□ W kuchni unosił się nieświeży zapach. In the kitchen there was a bad smell.
3 dirty (ubranie)
■ Czuję się jakaś nieświeża. I feel a bit worn out.

nietolerancja (GEN nietolerancji) FEM NOUN
intolerance
□ On ma nietolerancję na produkty mleczne. He has an intolerance of dairy products.

nietolerancyjny ADJECTIVE
intolerant

nietoperz (GEN nietoperza, PL nietoperze, GEN PL nietoperzy) MASC NOUN
bat

nietrzeźwy ADJECTIVE
drunk
■ Kierowca znajdował się w stanie nietrzeźwym. The driver was drunk.

nietypowy ADJECTIVE
1 unusual
□ To dość nietypowa prośba. That is a rather unusual request.
2 non-standard
□ nietypowy rozmiar butów a non-standard shoe size

nieuczciwość (GEN nieuczciwości, PL nieuczciwości, GEN PL nieuczciwości) FEM NOUN
dishonesty

nieuczciwy ADJECTIVE
dishonest

nieudany ADJECTIVE
unsuccessful (eksperyment, przedsięwzięcie)

nieudolny ADJECTIVE
1 clumsy (niezdarny)
2 ineffectual (nieudany)

nieufność (GEN nieufności) FEM NOUN
distrust

nieuleczalnie ADVERB
■ nieuleczalnie chory incurably ill

nieuleczalny ADJECTIVE
incurable (choroba, ból)

n

nieustannie ADVERB
incessantly
□ Nasi sąsiedzi nieustannie nas nachodzą.
Our neighbours pester us incessantly.

nieuważny ADJECTIVE
1 inattentive *(słuchacz)*
2 careless

nieważny ADJECTIVE
1 insignificant *(fakt, osoba)*
2 invalid *(bilet, dokument)*

niewątpliwie ADVERB
undoubtedly

niewdzięczność (GEN **niewdzięczności**)
FEM NOUN
ingratitude

niewdzięczny ADJECTIVE
1 ungrateful *(o osobie)*
2 unrewarding *(zadanie)*

niewiarygodny ADJECTIVE
1 unreliable
□ To dość niewiarygodne źródło informacji.
That's a pretty unreliable source of information.
2 incredible
□ To niewiarygodne, czego on dokonał.
It's incredible what he achieved.

niewidoczny ADJECTIVE
invisible

niewidomy ADJECTIVE
blind

niewiele PRONOUN
▷*zobacz też* **niewiele** ADVERB
1 not much
□ Pozostało mi niewiele czasu, by dokończyć
projekt. I didn't have much time left to finish
the project.
2 not many *(przedmiotów)*

niewiele ADVERB
▷*zobacz też* **niewiele** PRONOUN
not much

niewielki ADJECTIVE
little

niewielu PRONOUN ▷*zobacz* **niewiele**
■ niewielu ludzi few people

niewierność (GEN **niewierności**,
PL **niewierności**, GEN PL **niewierności**) FEM NOUN
infidelity

niewierny ADJECTIVE
unfaithful *(partner)*

niewierzący ADJECTIVE
▷*zobacz też* **niewierzący** MASC NOUN
unbelieving

niewierzący MASC NOUN
▷*zobacz też* **niewierzący** ADJECTIVE

   LANGUAGE TIP niewierzący declines like
   an adjective
non-believer

niewinny ADJECTIVE
innocent
□ Sąd uznał go za niewinnego. The court found
him innocent.

niewola (GEN **niewoli**) FEM NOUN
imprisonment

niewolnictwo (GEN **niewolnictwa**,
LOC SING **niewolnictwie**) NEUT NOUN
slavery

niewolnik (GEN **niewolnika**, PL **niewolnicy**,
INST SING **niewolnikiem**) MASC NOUN
slave
□ handel niewolnikami the slave trade

niewrażliwy ADJECTIVE
insensitive
□ On poczynił bardzo niewrażliwy komentarz.
He made a very insensitive comment.

niewybaczalny ADJECTIVE
unforgivable
□ Twój postępek jest niewybaczalny. What you
have done is unforgivable.

niewygodny ADJECTIVE
1 uncomfortable *(fotel, ubranie)*
2 inconvenient *(sytuacja)*

niewyraźny ADJECTIVE
1 indistinct *(trudny do usłyszenia, do zobaczenia)*
2 obscure *(trudny do zrozumienia)*
3 out of sorts
□ On jest dziś jakiś niewyraźny. He is a bit out
of sorts today.

niezadowolony ADJECTIVE
dissatisfied
■ Ona jest ciągle niezadowolona ze swojego
wyglądu. She is never happy with her
appearance.

niezależność (GEN **niezależności**) FEM NOUN
independence

niezależny ADJECTIVE
independent
□ On od lat jest niezależny materialnie. He has
been financially independent for years.
■ mowa niezależna *(w językoznawstwie)* direct
speech

niezamężna ADJECTIVE
■ niezamężna kobieta single woman

niezaradny ADJECTIVE
useless

niezbędny ADJECTIVE
indispensable

niezbyt ADVERB
not very
□ niezbyt wysoki not very tall

niezgrabny ADJECTIVE
1 unshapely *(człowiek, nogi)*
2 awkward *(ruch)*

niezły ADJECTIVE
pretty good
□ On ma niezłe widoki na przyszłość. He has
pretty good prospects for the future.

nieznajomość (GEN **nieznajomości**) FEM NOUN
ignorance
■ nieznajomość języka polskiego ignorance
of Polish
■ Zgubiła go nieznajomość przepisów.
He was undone by his ignorance of the rules.

nieznajomy ADJECTIVE
▷*zobacz też* **nieznajomy** MASC NOUN
unknown

nieznajomy MASC NOUN
  ▷ *zobacz też* **nieznajomy** ADJECTIVE
  🔅 **LANGUAGE TIP** nieznajomy declines like an adjective
stranger

nieznany ADJECTIVE
  unknown

niezręczny ADJECTIVE
  awkward

niezwykły ADJECTIVE
  unusual

nieźle ADVERB
  not bad

nieżonaty ADJECTIVE
  unmarried *(kawaler)*

nieżywy ADJECTIVE
  dead

nigdy ADVERB
1 never
  □ Nigdy nie wiadomo, kiedy przyjdzie.
  You never know when he'll come.
  ■ **Już nigdy więcej tego nie powiem.** I will never ever say that again.
2 ever
  □ Nie rób tego nigdy więcej. Don't ever do that again.

nigdzie ADVERB
1 nowhere
2 anywhere *(w pytaniach, po przeczeniu)*
  ■ **Nigdzie indziej nie czułem się lepiej.** I never felt better anywhere else.

nijaki ADJECTIVE
  unremarkable *(osoba, propozycja)*
  ■ **rodzaj nijaki** *(w językoznawstwie)* neuter

nikotyna (GEN **nikotyny**, DAT SING **nikotynie**) FEM NOUN
  nicotine

nikt PRONOUN
1 nobody
2 anybody *(w pytaniach, po przeczeniu)*
  ■ **Nikt z nas go nie zna.** None of us knows him.

nim PRONOUN ▷*zobacz* **on, ono**

nimi PRONOUN ▷*zobacz* **oni, one**
  ■ **Jedziemy z nimi na urlop.** We are going on holiday with them.

niosę VERB ▷*zobacz* **nieść**

niski (COMP **niższy**) ADJECTIVE
1 low *(stół, budynek)*
2 short *(osoba)*

nisko (COMP **niżej**) ADVERB
  low

niszczeć (**niszczeję, niszczejesz**) VERB
  to deteriorate
  □ Ten dom niszczeje od lat. This house has been deteriorating for years.

niszczyć (**niszczę, niszczysz**) (PERF **zniszczyć**) VERB
  to destroy
  □ Wandale zniszczyli nowe ogrodzenie. Vandals have destroyed the new fence.

nitka (GEN **nitki**, PL **nitki**, DAT SING **nitce**, GEN PL **nitek**) FEM NOUN
  thread
  ■ **Krytycy nie zostawili na filmie suchej nitki.** The critics tore the film to pieces.
  ■ **nitka dentystyczna** dental floss

niż CONJUNCTION
  than

niżej ADVERB ▷*zobacz* **nisko**
  lower
  ■ **Wykonawca musi umieścić w ofercie niżej wymieniony dokument.** The contractor must submit the document mentioned below.
  ■ **Ja, niżej podpisany, oświadczam ...** I, the undersigned, declare ...

niższy ADJECTIVE
  🔅 **LANGUAGE TIP** niski
1 lower *(stół, dom)*
2 shorter *(o osobie)*
3 inferior

no EXCLAMATION
  yeah *(twierdzący: potoczny)*
  ■ **No, no! 1** *(wyrażający podziw, zdziwienie)* Well, well! **2** *(uspokajający)* there, now!
  ■ **No to idź już stąd!** So go!
  ■ **No to co, że wyszedł?** So what, he left?
  🔅 **LANGUAGE TIP** Be careful! The Polish word no does not mean **no**.

noc (GEN **nocy**, PL **noce**, GEN PL **nocy**) FEM NOUN
  night
  □ w nocy at night □ Śni o tym co noc. He dreams about this every night.

nocleg (GEN **noclegu**, PL **noclegi**, INST SING **noclegiem**) MASC NOUN
  accommodation
  accommodations *pl* (US: *w hotelu*)

nocnik (GEN **nocnika**, PL **nocniki**, INST SING **nocnikiem**) MASC NOUN
  potty *(dla małych dzieci)*
  ■ **obudzić się z ręką w nocniku** to have been caught napping

nocny ADJECTIVE
  night *(lot, autobus)*

nocować (**nocuję, nocujesz**) (PERF **przenocować**) VERB
  to stay overnight

noga (GEN **nogi**, PL **nogi**, DAT SING **nodze**, GEN PL **nóg**) FEM NOUN
1 leg
2 foot
  □ Od rana jest na nogach. He's been on his feet since the morning.
  ■ **Wywrócił wszystko do góry nogami.** He turned everything upside down.

nominacja (GEN **nominacji**, PL **nominacje**, GEN PL **nominacji**) FEM NOUN
1 appointment *(w pracy)*
2 nomination *(do odznaczenia)*

nominować (**nominuję, nominujesz**) VERB
  IMPERF/PERF
1 to appoint *(w pracy)*
2 to nominate *(do odznaczenia)*

n

nonsens (GEN **nonsensu**, PL **nonsensy**)
MASC NOUN
nonsense
□ To kompletny nonsens. That's utter nonsense.

norma (GEN **normy**, PL **normy**, DAT SING **normie**)
FEM NOUN
norm
■ Wyniki badań są w normie. The test results are normal.

normalnie ADVERB
normally

normalny ADJECTIVE
1 normal
2 full-fare
□ bilet normalny w jedną stronę a full-fare single

Norwegia (GEN **Norwegii**) FEM NOUN
Norway
□ Mieszkamy w Norwegii. We live in Norway.

norweski ADJECTIVE
Norwegian

nos (GEN **nosa**, PL **nosy**, LOC SING **nosie**) MASC NOUN
nose
□ Nie wtykaj nosa w nie swoje sprawy. Don't stick your nose into other people's affairs.
■ On ma nosa do interesów. He's got a flair for business.

nosić (**noszę**, **nosisz**) (IMPERATIVE **noś**) VERB
1 to carry (przedmiot)
2 to wear
□ Lubię nosić sportowe ubrania. I like to wear casual clothes.
3 to bear
□ Nosi arystokratyczne tytuł. He bears an aristocratic title.
4 to use (nazwisko)

nosorożec (GEN **nosorożca**, PL **nosorożce**)
MASC NOUN
rhinoceros

nostalgia (GEN **nostalgii**) FEM NOUN
nostalgia

nostalgiczny ADJECTIVE
nostalgic
□ nostalgiczna melodia a nostalgic tune

nosze (GEN **noszy**) PL NOUN
stretcher sing

notatka (GEN **notatki**) FEM NOUN
note
■ notatka służbowa a memo

notatnik (GEN **notatnika**, PL **notatniki**, INST SING **notatnikiem**) MASC NOUN
notebook

notebook (GEN **notebooka**, PL **notebooki**, INST SING **notebookiem**) MASC NOUN
notebook computer

notes (GEN **notesu**, PL **notesy**, LOC SING **notesie**)
MASC NOUN
notebook

notować (**notuję**, **notujesz**) (PERF **zanotować**)
VERB
to note

Nowa Zelandia (GEN **Nowej Zelandii**)
FEM NOUN
New Zealand

nowina (GEN **nowiny**, PL **nowiny**, DAT SING **nowinie**) FEM NOUN
news (wiadomość)
□ dobre nowiny good news

nowoczesność (GEN **nowoczesności**)
FEM NOUN
modernity

nowoczesny ADJECTIVE
modern (sztuka, technologia)

noworodek (GEN **noworodka**, PL **noworodki**, INST SING **noworodkiem**) MASC NOUN
newborn baby

nowość (GEN **nowości**, PL **nowości**, GEN PL **nowości**) FEM NOUN
1 novelty
□ To zupełna nowość na rynku. It is a complete novelty on the market.
2 new release (wydawnicza)

nowotwór (GEN **nowotworu**, PL **nowotwory**, LOC SING **nowotworze**) MASC NOUN
tumour
tumor (US: w medycynie)

nowy (COMP **nowszy**, SUPERL **najnowszy**) ADJECTIVE
new
□ samochód fabrycznie nowy a brand new car
□ jak nowy as good as new □ nowy Rok New Year

nożyczki (GEN **nożyczek**) PL NOUN
scissors
□ nożyczki do paznokci nail scissors

nóż (GEN **noża**, PL **noże**, GEN PL **noży**) MASC NOUN
knife

np. ABBREVIATION (= na przykład)
e.g.

nr ABBREVIATION (= numer)
no.

nuda (GEN **nudy**, PL **nudy**, DAT SING **nudzie**, GEN PL **nudów**) FEM NOUN
boredom

nudny ADJECTIVE
boring

nudziarz (GEN **nudziarza**, PL **nudziarze**, GEN PL **nudziarzy**) MASC NOUN
bore

nudzić (**nudzę**, **nudzisz**) (PERF **zanudzić**) VERB
to bore
■ zanudzić kogoś na śmierć to bore somebody to death
■ nudzić się to be bored

numer (GEN **numeru**, PL **numery**, LOC SING **numerze**) MASC NOUN
1 number
□ numer rejestracyjny samochodu a car registration number
2 size
□ Czy mają Państwo ten płaszcz o numer większy? Do you have this coat in a bigger size?
3 act (w teatrze, kabarecie)
4 issue

□ Sprzedają stare numery „National Geographic". They are selling old issues of 'National Geographic'.

nurek (GEN **nurka**, PL **nurkowie**, INST SING **nurkiem**) MASC NOUN

1 diver *(osoba)*
   □ Jestem nurkiem od pięciu lat. I have been a diver for five years.
2 dive (NOM PL **nurki**)

nurkować (**nurkuję, nurkujesz**) (PERF **zanurkować**) VERB

1 to dive *(o osobie)*
2 to nose dive *(o samolocie)*

nuta (GEN **nuty**, PL **nuty**, DAT SING **nucie**) FEM NOUN
   note
   ■ **Mam nuty do tego utworu.** I have the music for this piece.

nużący ADJECTIVE
   tiresome
   □ nużący wykład a tiresome lecture

nużyć (**nużę, nużysz**) (PERF **znużyć**)
   to tire

n

Oo

o PREPOSITION
▷ *zobacz też* **o** EXCLAMATION

> **LANGUAGE TIP** When **o** is followed by the locative, it can mean **about**, **at**, **with** or **on**

1 about
  □ książka o historii a book about history
  □ rozmawiać o czymś to talk about something
2 at
  □ o godzinie ósmej at eight o'clock □ o świcie at dawn
3 with
  □ dziewczyna o niebieskich oczach a girl with blue eyes
4 on
  ■ o kulach on crutches

> **LANGUAGE TIP** When **o** is followed by the accusative, it can mean **about**, **by** or **against**

5 by
  ■ o połowę niższy *(o człowieku)* half the size
  ■ starszy o dwa lata two years older
  ■ Opiera się o ścianę. He is leaning against the wall.
6 about
  ■ martwić się o kogoś/coś *(z czasownikiem)* to worry about somebody/something
  ■ prosić o coś to ask about something
  ■ kłócić się o coś to argue about something

o EXCLAMATION
▷ *zobacz też* **o** PREPOSITION
oh

oaza (GEN **oazy**, PL **oazy**, LOC SING **oazie**) FEM NOUN
oasis
  □ oaza spokoju an oasis of calm

oba NUMBER
both
  □ oba psy both dogs

obaj NUMBER
both
  □ obaj chłopcy both boys

obalać (**obalam, obalasz**) (PERF **obalić**) VERB
1 to knock down
  □ Bokser obalił przeciwnika po drugiej rundzie. The boxer knocked his opponent down after the second round.
2 to fell *(płot)*
3 to overthrow
  □ Rząd niepopularnego premiera został obalony. The government of the unpopular premier was overthrown.

obawa (GEN **obawy**, PL **obawy**, DAT SING AND LOC SING **obawie**) FEM NOUN
  ■ obawa o kogoś/coś concern for somebody/something
  ■ Wyraził obawę przed nią. He expressed his fear of her.

obawiać się (**obawiam, obawiasz**) VERB
to fear
  ■ obawiać się kogoś to fear somebody
  ■ obawiać się czegoś to fear something
  ■ Obawiam się, że nie masz racji. I am afraid you're wrong.

obcas (GEN **obcasa**, PL **obcasy**, LOC SING **obcasie**) MASC NOUN
heel *(na butach)*

obciąć (**obetnę, obetniesz**) (IMPERATIVE **obetnij**) VERB ▷ *zobacz* **obcinać**
  ■ Ona obcięła swoje piękne, długie włosy. She cut her long, beautiful hair.

obciążać (**obciążam, obciążasz**) (PERF **obciążyć**) VERB
1 to weigh down
  □ Szła obciążona torbami z zakupami. She went weighed down with bags and shopping.
2 to burden *(pracą)*
  ■ obciążać kogoś winą za coś to blame somebody for something

obcierać (**obcieram, obcierasz**) (PERF **obetrzeć**) VERB
1 to wipe *(chusteczką)*
2 to graze *(kaleczyć skórę)*
3 to rub
  □ Obcierają mnie moje nowe buty. My new shoes rub.

obcinać (**obcinam, obcinasz**) (PERF **obciąć**) VERB
1 to cut
  □ Ona obcina włosy raz na dwa miesiące. She gets her hair cut every two months.
2 to cut off *(krzew)*
3 to cut down on
  □ obciąć wydatki to cut down on expenses

obcisły ADJECTIVE
tight
  □ Ta spódnica jest dla niej zbyt obcisła. That skirt is too tight for her.

obco ADVERB
strange

■ **Okolica wyglądała obco i nieprzyjaźnie.**
The neighbourhood looked strange and
unfriendly.; The neighborhood looked strange
and unfriendly. (US)

obcokrajowiec (GEN **obcokrajowca**,
PL **obcokrajowcy**, VOC SING **obcokrajowcu**)
MASC NOUN
foreigner

obcy ADJECTIVE
▷ *zobacz też* **obcy** MASC NOUN
1 someone else's
□ Ten pies jest obcy. This is someone else's dog.
2 foreign *(zagraniczny)*
□ obce obyczaje foreign customs

obcy MASC NOUN
▷ *zobacz też* **obcy** ADJECTIVE

○ **LANGUAGE TIP** obcy declines like an
adjective
stranger *(osoba nie stąd)*

■ **'obcym wstęp wzbroniony'** 1 'no
trespassing' *(w terenie)* 2 'private' *(w biurze,
sklepie)* 3 'authorized personnel only' *(w
budynku strzeżonym)*

obecnie ADVERB
at present

□ Obecnie nie przyjmujemy nikogo do pracy.
We're not taking anyone one at present.

obecność (GEN **obecności**) FEM NOUN
1 presence

□ Spotkanie odbyło się w obecności prezesa.
The meeting took place in the chairman's
presence.
2 attendance *(w szkole, pracy)*
□ lista obecności the attendance register

obecny ADJECTIVE
present

□ uczniowie obecni na dzisiejszej lekcji pupils
present at today's class

■ **Jest obecny na zajęciach.** He attends
lessons.

■ **w chwili obecnej** at present

■ **obecny/obecna!** *(w szkole)* present!

obejmować (**obejmuję, obejmujesz**)
(PERF **objąć**) VERB
1 to hug *(rękoma)*
2 to include

□ Program konferencji obejmuje pół godziny na
pytania i odpowiedzi. The conference
programme includes a half-hour question-and-
answer session.

■ **obejmować się** to hug each other

obejrzeć (**obejrzę, obejrzysz**) (IMPERATIVE
obejrzyj) VERB ▷ *zobacz* **oglądać**

obelga (GEN **obelgi**, PL **obelgi**, DAT SING AND LOC
SING **obeldze**) FEM NOUN
insult

obfitość (GEN **obfitości**) FEM NOUN
abundance *(towarów)*

obfity ADJECTIVE
abundant

■ **Mleko jest obfite w wapń.** Milk is rich in
calcium.

■ **kobieta o obfitych kształtach** a corpulent
woman

obgadywać (**obgaduję, obgadujesz**) (PERF
obgadać) VERB
1 to talk about *(dyskutować)*
2 to bitch about

□ Jedna z koleżanek w pracy nieustannie innych
obgaduje. One of my work colleagues is never
done bitching about other people.

obiad (GEN **obiadu**, PL **obiady**, LOC SING **obiedzie**)
MASC NOUN
1 lunch *(w południe)*

□ Co jest dziś na obiad? What's for lunch today?
2 dinner *(wieczorem)*

■ **jeść** (PERF **zjeść**) **obiad** to have dinner

obiadowy ADJECTIVE
lunch *(zestaw, danie)*

obie NUMBER
both

□ obie dziewczyny both girls

obiecywać (**obiecuję, obiecujesz**)
(PERF **obiecać**) VERB
to promise

■ **obiecywać komuś coś** to promise
somebody something

obieg (GEN **obiegu**, INST **obiegiem**) MASC NOUN
circulation *(krwi, informacji)*

obiekt (GEN **obiektu**, PL **obiekty**, LOC SING **obiekcie**)
MASC NOUN
1 subject

□ Była obiektem ciągłej krytyki. She was the
subject of constant criticism.
2 building *(budowla)*

obiektywnie ADVERB
objectively

obiektywny ADJECTIVE
objective

□ obiektywne spojrzenie na sprawę
an objective look at the matter

objaśniać (**objaśniam, objaśniasz**)
(PERF **objaśnić**) VERB
1 to explain *(zadanie, problem)*
2 to interpret *(interpretować)*

objaśnienie (GEN **objaśnienia**, PL **objaśnienia**,
GEN PL **objaśnień**) NEUT NOUN
explanation

objaw (GEN **objawu**, PL **objawy**, LOC SING **objawie**)
MASC NOUN
symptom

□ pierwsze objawy grypy the first symptoms
of flu

objazd (GEN **objazdu**, PL **objazdy**,
LOC SING **objeździe**) MASC NOUN
1 by-pass *(obwodnica)*
2 diversion
detour (US: *droga alternatywna)*

□ objazd z powodu prac drogowych a diversion
caused by road works

objąć (**obejmę, obejmiesz**) (IMPERATIVE **obejmij**)
VERB ▷ *zobacz* **obejmować**

oblewać (oblewam, oblewasz) (PERF oblać)
VERB
1 to pour (polewać)
2 to coat (pokryć warstwą czegoś)
3 to fail
  to flunk (US: potoczny: egzamin)
4 to celebrate (chrzciny)
  ■ oblewać (PERF oblać) coś czymś to spill something on something

obliczać (obliczam, obliczasz) (PERF obliczyć)
VERB
1 to calculate
2 to estimate (oceniać)

oblicze (GEN oblicza, PL oblicza, GEN PL obliczy)
NEUT NOUN
1 face
  □ w obliczu problemów in the face of troubles
2 nature (cechy charakterystyczne)
  ■ w obliczu prawa in the eyes of the law

oblodzony ADJECTIVE
icy

obłęd (GEN obłędu, PL obłędy, LOC SING obłędzie)
MASC NOUN
1 insanity (pomieszanie zmysłów)
2 bedlam

obłędny ADJECTIVE
awesome (zachwycający)
  □ Naszym oczom ukazał się obłędny widok. An awesome sight met our eyes.

obmyślać (obmyślam, obmyślasz)
(PERF obmyślić) VERB
to devise

obnażać (obnażam, obnażasz) (PERF obnażyć)
VERB
to expose (błędy, przewinienia)

obniżać (obniżam, obniżasz) (PERF obniżyć)
VERB
to lower
  ■ obniżać się to fall

obniżka (GEN obniżki, PL obniżki, DAT SING AND
LOC SING obniżce) FEM NOUN
reduction
  □ obniżka cen a price reduction

objczyk (GEN obojczyka, PL obojczyki,
INST obojczykiem) MASC NOUN
collarbone
  □ Złamał sobie obojczyk na nartach. He broke his collarbone skiing.

oboje NUMBER
both

obojętnie ADVERB
indifferently (bez zainteresowania)
  ■ Obojętnie kto przyjdzie, będziemy zadowoleni. (nieważne kto) No matter who comes, we'll be satisfied.
  ■ Obojętnie kiedy będzie spotkanie, to przyjedziemy. Whatever the time of the meeting, we'll be there.

obojętność (GEN obojętności) FEM NOUN
indifference

obojętny ADJECTIVE
indifferent (nieczuły)

obok PREPOSITION
  ▷ zobacz też **obok** ADVERB
  ⸬⸬⸬ **LANGUAGE TIP** obok takes the genitive
1 next to (niedaleko)
  □ Sklep jest obok poczty. The shop is next to the post office.
2 beside (poza)

obok ADVERB
  ▷ zobacz też **obok** PREPOSITION
  nearby
  ■ tuż obok nearby
  ■ Przeszła obok niego i nic nie powiedziała. She walked past him without saying a word.
  ■ Usiedli obok siebie. They sat down next to each other.

obowiązek (GEN obowiązku, PL obowiązki,
INST obowiązkiem) MASC NOUN
responsibility
  ■ pełniący obowiązki dyrektora acting chairman

obowiązkowo ADVERB
  ■ Pasażerowie obowiązkowo muszą zapiąć pasy. Passengers are required to wear seat belts.
  ■ Musisz obowiązkowo ten spektakl obejrzeć. You just have to see this play.

obowiązkowy ADJECTIVE
1 obligatory (lekcje, zadania)
2 conscientious (uczeń)

obowiązujący ADJECTIVE
1 current (rozkład jazdy)
2 currently in force (przepis)

obowiązywać (obowiązuje) VERB
to be in force
  □ Nowe przepisy drogowe obowiązują od stycznia. New road traffic regulations are in force from January.
  ■ Na przyjęciu obowiązuje strój wieczorowy. It is a black tie event.

obój (GEN oboju, PL oboje) MASC NOUN
oboe
  □ Gram na oboju. I play the oboe.

obóz (GEN obozu, PL obozy, LOC SING obozie)
MASC NOUN
camp
  □ obóz dla uchodźców refugee camp □ obóz koncentracyjny concentration camp

obrabować (obrabuję, obrabujesz) VERB PERF
to rob
  □ Mieszkanie zostało obrabowane. The flat was robbed.

obracać (obracam, obracasz) VERB
to turn (przekręcić)
  ■ obracać się to rotate
  ■ obrócić wzrok na kogoś to look at somebody
  ■ obrócić coś w żart to turn something into a joke
  ■ Ziemia obraca się wokół Słońca. The Earth revolves around the Sun.
  ■ obrócić się przeciwko komuś to turn against somebody

obraz (GEN **obrazu**, PL **obrazy**, LOC SING **obrazie**)
MASC NOUN
1 painting
□ wystawa obrazów Picassa an exhibition of
Picasso paintings
2 sight *(sceneria)*
3 picture *(rys)*
4 film *(film)*
5 image *(w fizyce, fotografii)*

obrazek (GEN **obrazka**, PL **obrazki**,
INST SING **obrazkiem**) MASC NOUN
picture

obraźliwy ADJECTIVE
1 offensive
2 touchy *(łatwo obrażający się)*
□ Nie bądź taki obraźliwy! Don't be so touchy!

obrażać (**obrażam, obrażasz**) (PERF **obrazić**)
VERB
to offend
■ obrażać się na kogoś to be offended by
somebody □ Nie obrażaj się. Don't be
offended.
■ Obraził się za to take offence at; to take
offense at (US) □ Obraził się za jego słowa.
He took offence at his words.

obrażony ADJECTIVE
offended
■ być obrażonym na to be offended by

obrączka (GEN **obrączki**, PL **obrączki**, DAT SING
AND LOC SING **obrączce**) FEM NOUN
1 wedding ring *(ślubna)*
2 ring *(dla zwierząt)*

obrona (GEN **obrony**, DAT SING AND LOC SING
obronie) FEM NOUN
1 defence
defense (US: *reakcja na atak*)
■ Zrobił to w obronie własnej. He did it in
self-defence.; He did it in self-defense. (US)
2 protection *(zabezpieczenie)*

obronić (**obronię, obronisz**) (IMPERATIVE **obroń**)
VERB ▷*zobacz* **bronić**

obronny ADJECTIVE
1 defensive *(działanie)*
2 fortified *(budowla)*
■ mury obronne fortifications

obrońca (GEN **obrońcy**, PL **obrońcy**) MASC NOUN
　　LANGUAGE TIP **obrońca** declines like a
　　feminine noun in the singular
1 defender *(kraju, poglądów)*
2 advocate *(sprawy)*
3 defence counsel
defense attorney (US: *w prawie*)

obroża (GEN **obroży**, PL **obroże**, GEN PL **obroży**)
FEM NOUN
collar

obrócić (**obrócę, obrócisz**) (IMPERATIVE **obróć**)
VERB ▷*zobacz* **obracać**

obrus (GEN **obrusa**, PL **obrusy**, LOC SING **obrusie**)
MASC NOUN
tablecloth

obrzucać (**obrzucam, obrzucasz**)
(PERF **obrzucić**) VERB

■ obrzucać kogoś czymś to shower someone
with something □ Obrzucali go bezustanie
błotem. They showered him with constant abuse.

obrzydliwy ADJECTIVE
disgusting
□ Co za obrzydliwy smród! What a disgusting
stench!

obserwacja (GEN **obserwacji**, PL **obserwacje**,
GEN PL **obserwacji**) FEM NOUN
observation

obserwować (**obserwuję, obserwujesz**) VERB
to observe *(uważnie przyglądać się)*

obsesja (GEN **obsesji**, PL **obsesje**, GEN PL **obsesji**)
FEM NOUN
obsession *(uporczywa myśl)*
□ On ma obsesję na punkcie piłki nożnej.
He has an obsession with football.

obsługa (GEN **obsługi**, DAT SING AND LOC SING
obsłudze) FEM NOUN
1 maintenance *(urządzenia)*
2 service
3 staff *(pracownicy usług)*
■ instrukcja obsługi instruction manual

obsługiwać (**obsługuję, obsługujesz**)
(PERF **obsłużyć**) VERB
1 to serve *(w restauracji)*
2 to operate *(urządzenie)*
■ obsługiwać się to help yourself □ W tym
domu obsługujesz się sam. Feel free to help
yourself.

obszar (GEN **obszaru**, PL **obszary**, LOC SING
obszarze) MASC NOUN
area
□ obszar leśny a forest area
■ na obszarze całego kraju all over the
country

obszerny ADJECTIVE
extensive
□ obszerne sprawozdanie an extensive report

obudzić (**obudzę, obudzisz**) (IMPERATIVE **obudź**)
VERB ▷*zobacz* **budzić**
to wake
□ O której mam Cię obudzić? What time should
I wake you?
■ obudzić się to wake up

oburzać (**oburzam, oburzasz**) (PERF **oburzyć**)
VERB
to outrage *(denerwować)*
□ Jego uwagi oburzyły zebranych. His remarks
outraged the assembled company.
■ oburzać się na kogoś/coś to be outraged at
somebody/something

oburzający ADJECTIVE
outrageous *(uwaga, zachowanie)*
□ Jego postawa jest naprawdę oburzająca.
His behaviour is really outrageous.

oburzenie (GEN **oburzenia**) NEUT NOUN
indignation

oburzony ADJECTIVE
□ oburzony na coś outraged at something
□ Jestem oburzona jego zachowaniem.
I am outraged at the way he behaves.

o

obustronny ADJECTIVE
mutual

obuwie (GEN **obuwia**) NEUT NOUN
footwear (buty)

■ **sklep z obuwiem** a shoe shop

obwiniać (**obwiniam, obwiniasz**)
(PERF **obwinić**) VERB

■ **obwiniać kogoś za coś** to blame somebody
for something

obwodnica (GEN **obwodnicy**, PL **obwodnice**)
FEM NOUN
bypass (trasa okrążająca miasto)

obwód (GEN **obwodu**, PL **obwody**, LOC SING
obwodzie) MASC NOUN
1 circumference (w geometrii)
2 circuit (w elektronice)
□ **obwód scalony** an integrated circuit
3 district

obyczaj (GEN **obyczaju**, PL **obyczaje**) MASC NOUN
1 custom (tradycja)
2 habit (codzienna czynność)
3 morals (zasady moralne)

obyczajowy ADJECTIVE
moral

■ **film obyczajowy** a drama

obydwa NUMBER
both ▷zobacz **oba**

obydwaj NUMBER
both ▷zobacz **obaj**

obydwie NUMBER
both ▷zobacz **obie**

obydwoje NUMBER
both ▷zobacz **oboje**

obywatel (GEN **obywatela**, PL **obywatele**,
GEN PL **obywateli**) MASC NOUN
citizen (mieszkaniec kraju)

■ **szary obywatel** the man in the street

obywatelstwo (GEN **obywatelstwa**, LOC SING
obywatelstwie) NEUT NOUN
citizenship (honorowe, podwójne)

ocean (GEN **oceanu**, PL **oceany**, LOC SING **oceanie**)
MASC NOUN
ocean
□ **ocean Atlantycki** the Atlantic Ocean □ **ocean
Indyjski** the Indian Ocean □ **ocean Spokojny**
the Pacific Ocean

ocena (GEN **oceny**, PL **oceny**, DAT SING AND LOC SING
ocenie) FEM NOUN
1 assessment (opinia)
□ **ocena zdolności płatniczej** an assessment of
financial strength
2 mark
grade (us: stopień)
□ **Ma doskonałe oceny na świadectwie szkolnym.**
She has excellent marks in her school report.
3 estimation (wycena)

oceniać (**oceniam, oceniasz**) (PERF **ocenić**)
VERB
1 to judge (wydać sąd)
2 to evaluate (wyceniać)

ocet (GEN **octu**, PL **octy**, LOC SING **occie**) MASC NOUN
vinegar (w gotowaniu)

ochładzać (**ochładzam, ochładzasz**) (PERF
ochłodzić) VERB
1 to cool (herbatę, płyn)
2 to chill
□ **Piwo odpowiednio się już ochłodziło.**
The beer is already suitably chilled.
3 to refresh (odświeżać się)
4 to cool down (stawać się zimnym.)
5 to cool off (orzeźwiać się)

■ **ochładzać się** to cool (być chłodnym)

ochota (GEN **ochoty**, DAT SING AND LOC SING
ochocie) FEM NOUN
willingness (chęć)

■ **Przyjdę z ochotą.** I'll gladly come.
■ **mieć ochotę** to fancy □ **Czy masz ochotę na
lody?** Do you fancy some ice cream?
■ **Mam ochotę pojechać w góry.** I feel like
going to the mountains.

ochotniczka (GEN **ochotniczki**, PL **ochotniczki**,
DAT SING **ochotniczce**, GEN PL **ochotniczek**)
volunteer

ochotnik (GEN **ochotnika**, PL **ochotnicy**,
INST SING **ochotnikiem**) MASC NOUN
volunteer

ochraniać (**ochraniam, ochraniasz**)
(PERF **ochronić**) VERB
to protect

■ **ochraniać kogoś przed czymś** to protect
someone from something □ **Ochraniał go
przed deszczem.** He protected him from the
rain.
■ **ochraniać się przed czymś** to protect
oneself from something

ochrona (GEN **ochrony**, DAT SING AND LOC SING
ochronie) FEM NOUN
1 protection (przed chorobą, nieszczęściem)
□ **ochrona środowiska naturalnego**
environmental protection
2 security (w klubie, rzędu)
□ **ochrona osobista** personal security

ochroniarz (GEN **ochroniarza**, PL **ochroniarze**,
GEN PL **ochroniarzy**) MASC NOUN
security guard
□ **On jest ochroniarzem w klubie nocnym.** He is
a security guard in a night club.

ochronny ADJECTIVE
protective (ubranie, sprzęt)

■ **szczepienie ochronne** a vaccination

ociągać się (**ociągam, ociągasz**) VERB
■ **ociągać się z czymś** to delay doing
something

oczekiwać (**oczekuję, oczekujesz**) VERB
■ **oczekiwać czegoś** to expect something
(być przygotowanym na coś)

oczy NOUN ▷zobacz **oko**

oczyszczać (**oczyszczam, oczyszczasz**)
(PERF **oczyścić**) VERB
1 to cleanse (skórę)
2 to purify (płyn z zanieczyszczeń)

■ **oczyszczać się** to clean oneself

oczywisty ADJECTIVE
obvious

oczywiście ADVERB
of course
□ Oczywiście masz rację! Of course you're right!

od PREPOSITION
LANGUAGE TIP **od** takes the genitive
1 from *(kierunek)*
□ od domu from home □ od wschodu from the east □ od środy from Wednesday □ od jutra from tomorrow □ od dwóch do sześciu razy w tygodniu from two to six times a week □ prezent od mojej siostry a present from my sister
■ **na południe od Polski** to the south of Poland
□ od ... do from .. till □ od rana do wieczora from morning till night □ od poniedziałku do piątku from Monday to Friday
2 for
□ od dwóch dni for two days □ od bardzo dawna for a very long time
■ **od wczoraj** since yesterday
3 away from *(odległość)*
□ sto metrów od brzegu a hundred metres away from the shore
4 starting from *(początkowa granica skali)*
5 with *(przyczyna)*
□ twarz mokra od deszczu a face wet with rain □ Zamarzł od zimna. He froze with the cold.
6 than *(przy porównaniach)*
□ Ona jest młodsza od siostry. She is younger than her sister. □ On jest grubszy od niej. He is fatter than her.

odbicie (GEN **odbicia**, PL **odbicia**, GEN PL **odbić**)
NEUT NOUN
1 reflection
□ Zobaczył w lustrze swoje odbicie. He saw his reflection in the mirror.
2 impression

odbierać (**odbieram, odbierasz**) (PERF **odebrać**) VERB
1 to receive *(otrzymywać)*
2 to collect
□ odbierać list polecony na poczcie to collect a recorded delivery at the post office; to collect a certified letter at the post office (US)
3 to pick up
□ Matka odbiera go z przedszkola codziennie o 17:00. Hie mother picks him up from nursery every day at five o'clock
4 to answer
□ Czy ktoś może odebrać telefon? Can somebody answer the phone?
5 to withdraw *(prawo, przywilej)*
6 to interpret
□ Jego milczenie odebraliśmy jako zgodę. We interpreted his silence as agreement.
■ **Odebrał sobie życie.** He took his own life.

odbijać (**odbijam, odbijasz**) (PERF **odbić**) VERB
1 to reflect *(odzwierciedlać)*
□ Tafla wody odbija promienie słońca. The surface of the water reflected the rays of the sun.
2 to bounce
□ Odbijał piłkę o podłogę. He bounced the ball off the floor.
3 to leave *(zostawiać ślady)*
4 to rescue
□ odbijać zakładników to rescue hostages
5 to break away *(odłączać się od grupy)*
■ **odbijać od czegoś** *(odróżniać się)* to stand out against something
■ **Palenie papierosów odbiło się na jego zdrowiu.** Smoking affected his health.

odbiorca (GEN **odbiorcy**, PL **odbiorcy**) MASC NOUN
LANGUAGE TIP **odbiorca** declines like a feminine noun in the singular
1 recipient *(danych, wiadomości)*
2 addressee *(listu)*
3 consumer *(prądu)*
■ **odbiorca audycji radiowej** listener
■ **odbiorca programu telewizyjnego** viewer

odbudowa (GEN **odbudowy**, DAT SING AND LOC SING **odbudowie**) FEM NOUN
reconstruction
□ Odbudowa spalonego domu zajęła pół roku. Reconstruction of the burned-out house took half a year.

odbyt (GEN **odbytu**, PL **odbyty**, LOC SING **odbycie**) MASC NOUN
anus

odbywać (**odbywam, odbywasz**) (PERF **odbyć**) VERB
1 to undergo *(zajęcia)*
2 to serve
□ Odbywał praktykę w fabryce. He served his apprenticeship in the factory.
■ **odbywać się** to take place *(o wydarzeniu)*

odchody (GEN **odchodów**) PL NOUN
faeces
feces (US: *ludzkie, zwierzęce*)

odchodzić (**odchodzę, odchodzisz**) (IMPERATIVE **odchodź**, PERF **odejść**) VERB
1 to leave
□ Odeszła od męża, gdy dowiedziała się o jego zdradzie. She left her husband when she found out about his infidelity.
2 to depart
□ Pociągi do Krakowa odchodzą co godzinę. Trains to Cracow depart every hour.
3 to pass away *(umierać)*

odchudzać się (**odchudzam, odchudzasz**) (PERF **odchudzić**) VERB
to lose weight *(tracić na wadze)*
■ **Nie jem ciastek, bo się odchudzam.** I don't eat cakes because I'm trying to lose weight.

odchudzanie (GEN **odchudzania**) NEUT NOUN
dieting

odcień (GEN **odcienia**) MASC NOUN
1 tint
2 tone *(głosu)*

odcinać (**odcinam, odcinasz**) (PERF **odciąć**) VERB
1 to cut off
2 to amputate *(amputować)*

■ **odcinać się** od+*gen* **1** to distance oneself from **2** to stand out against

odcinek (GEN **odcinka**, PL **odcinki**, INST SING **odcinkiem**) MASC NOUN
1 section (*trasy*)
2 period
   □ krótki odcinek czasu a brief period of time
3 episode
   □ nowe odcinki mojego ulubionego serialu new episodes of my favourite series
4 segment (*w matematyce*)

odcisk (GEN **odcisku**, PL **odciski**, INST SING **odciskiem**) MASC NOUN
1 imprint (*zostawiony ślad*)
2 footprint
   □ odciski stóp na śniegu footprints in the snow
3 fingerprint (*ślad palca*)
4 corn
   □ Na stopie zrobił mu się bolesny odcisk. He has developed a painful corn on his foot.

oddać (**oddam, oddasz** (3 PL **oddadzą**) VERB
▷*zobacz* oddawać

oddalać (**oddalam, oddalasz**) (PERF **oddalić**) VERB
to dismiss
   ■ **oddalać wniosek o przyjęcie na studia** to reject an application to study at university
   ■ **oddalać się 1** to walk away **2** to drive away (*odjeżdżać*) **3** to fly away (*o samolocie*)
   ■ **oddalać się** (4) to sail away (*odpływać*)

oddalony ADJECTIVE
remote (*punkt, cel*)

oddany ADJECTIVE
devoted
   □ Jest bardzo oddana swoim starszym rodzicom. She is very devoted to her elderly parents.

oddawać (**oddaję, oddajesz**) (IMPERATIVE **oddawaj**, PERF **oddać**) VERB
1 to return
   □ Film należy oddać do wypożyczalni pojutrze. The film should be returned to the rental shop the day after tomorrow.
2 to pay back
   □ Oddał mi cały mój dług. He paid me back everything he owed me.
3 to leave
   □ Oddałam buty do szewca. I left my shoes at the cobbler's.
4 to put
   □ Oddali babcię pod opiekę lekarzy. They put the old lady under the doctor's care.
   ■ **oddawać komuś przysługę** to do someone a favour; to do someone a favor (US)
   ■ **oddawać się** to surrender (*poddawać się*)
   ■ **oddawać się czemuś** (*pracy, marzeniom*) to devote oneself to something

oddech (GEN **oddechu**, PL **oddechy**) MASC NOUN
breath
   ■ **wstrzymywać** (PERF **wstrzymać**) **oddech** to hold one's breath

oddychać (**oddycham, oddychasz**) VERB
to breathe

oddychanie (GEN **oddychania**) NEUT NOUN
respiration
   □ sztuczne oddychanie artificial respiration

oddział (GEN **oddziału**, PL **oddziały**, LOC SING **oddziale**) MASC NOUN
1 unit (*w wojsku*)
2 squad (*w policji*)
3 department (*ministerstwa*)
4 branch (*banku, agencji*)
5 ward (*w szpitalu*)

oddziaływać (**oddziałuję, oddziałujesz**) VERB
   ■ **oddziaływać na** (*na ludzi, zjawiska*) to influence

oddziaływanie (GEN **oddziaływania**) NEUT NOUN
1 effect
2 interaction (*wzajemne*)

oddzielać (**oddzielam, oddzielasz**) (PERF **oddzielić**) VERB
to separate

oddzielnie ADVERB
separately (*mieszkać, pracować*)

oddzielny ADJECTIVE
separate
   □ Mój brat i ja mieszkamy w oddzielnych pokojach. My brother and I are staying in separate rooms.

ode PREPOSITION = od

odebrać (**odbiorę, odbierzesz**) (IMPERATIVE **odbierz**) VERB ▷*zobacz* odbierać

odejmować (**odejmuję, odejmujesz**) (PERF **odjąć**) VERB
1 to subtract (*w matematyce*)
2 to deduct (*nadwyżkę*)
3 to take away (*odbierać*)

odejmowanie (GEN **odejmowania**) NEUT NOUN
subtraction (*działanie matematyczne*)

odejście (GEN **odejścia**) NEUT NOUN
departure (*pociągu, człowieka*)

odejść (**odejdę, odejdziesz**) (IMPERATIVE **odejdź**, PT **odszedł, odeszła, odeszli**) VERB ▷*zobacz* odchodzić

oderwać (**oderwę, oderwiesz**) (IMPERATIVE **oderwij**) VERB ▷*zobacz* odrywać

odgłos (GEN **odgłosu**, PL **odgłosy**, LOC SING **odgłosie**) MASC NOUN
sound (*dźwięk*)
   □ W oddali usłyszeliśmy odgłos pioruna. In the distance we heard the sound of thunder.

odgrażać się (**odgrażam, odgrażasz**) VERB
to threaten
   □ Odgrażał się, że go zwolni z pracy. He threatened to sack him.

odjazd (GEN **odjazdu**, PL **odjazdy**, LOC SING **odjeździe**) MASC NOUN
departure (*pociągu, autobusu*)
   ■ **Odjazd!** All aboard!

odjeżdżać (**odjeżdżam, odjeżdżasz**) (PERF **odjechać**) VERB
1 to leave (*o człowieku*)
2 to depart
   □ Nasz pociąg już odjechał. Our train has already departed.
3 to drive off

odkażać (**odkażam, odkażasz**) (PERF **odkazić**)
VERB
1 to disinfect (ranę)
2 to decontaminate (o ziemi, wodzie)

odkąd PRONOUN
how long
□ Odkąd go znasz? How long have you known him?
■ **Odkąd mamy zacząć czytać?** Where shall we start reading from?
■ **Odkąd wyjechała, on tęskni.** He has missed her ever since she left.
■ **odkąd pamiętam** for as long as I can remember

odkładać (**odkładam, odkładasz**)
(PERF **odłożyć**) VERB
1 to put away (na półkę)
2 to postpone
3 to put aside (oszczędzać)
■ **Nie odkładaj słuchawki!** Don't hang up the phone!

odkręcać (**odkręcam, odkręcasz**)
(PERF **odkręcić**) VERB
1 to unscrew (śrubokrętem)
2 to open
□ Nie mogę odkręcić słoika z dżemem. I can't open the jam jar.
3 to turn on
□ Odkręć kurek w łazience. Turn on the bathroom tap.
4 to undo
□ Tego błędu nie da się już odkręcić. This mistake can't be undone now.

odkrycie (GEN **odkrycia**, PL **odkrycia**,
GEN PL **odkryć** NEUT NOUN
discovery (geograficzne, naukowe)

odkryty ADJECTIVE
1 open (bez dachu)
2 outdoor (basen)
3 open-air (koncert, występ)

odkrywać (**odkrywam, odkrywasz**)
(PERF **odkryć**) VERB
1 to open (otwierać)
2 to discover
3 to uncover (sekret, tajemnicę)
4 to reveal

odkrywca (GEN **odkrywcy**, PL **odkrywcy**)
MASC NOUN
 LANGUAGE TIP odkrywca declines like a feminine noun in the singular.
1 discoverer
2 explorer (lądów, krajów)

odkurzacz (GEN **odkurzacza**, PL **odkurzacze**,
GEN PL **odkurzaczy**) MASC NOUN
vacuum cleaner

odkurzać (**odkurzam, odkurzasz**)
(PERF **odkurzyć**) VERB
1 to dust (powierzchnię ścierką)
2 to vacuum (odkurzaczem)

odległość (GEN **odległości**, PL **odległości**)
FEM NOUN
distance

■ **na odległość dwóch metrów** two metres apart; two meters apart (US)
■ **w niewielkiej odległości od domu** not far away from the house

odludny ADJECTIVE
deserted
□ na odludnej wyspie on a desert island

odmawiać (**odmawiam, odmawiasz**)
(PERF **odmówić**) VERB
to refuse
□ Odmawiał mu pomocy. He refused to help him. □ Odmawia zjedzenia obiadu. He refuses to eat his dinner.
to cancel (odwoływać wizytę, spotkanie)
■ **odmawiać modlitwę** to say one's prayers

odmiana (GEN **odmiany**, PL **odmiany**, DAT SING
AND LOC SING **odmianie**) FEM NOUN
1 change
□ Ostatnio nastąpiła w nim duża odmiana. A great change has come over him recently.
□ Dla odmiany pójdę do kina. For a change I'll go to the cinema.; For a change I'll go to the movies. (US)
2 variety
□ odmiana rośliny a variety of plant

odmieniać (**odmieniam, odmieniasz**)
(PERF **odmienić**) VERB
1 to transform (osobę)
2 to inflect (w językoznawstwie)

odmienny ADJECTIVE
1 different
□ Jego poglądy są odmienne od reszty rodziny. His views are different from the rest of the family.
2 distinct
□ On ma swój odmienny punkt widzenia. He has his own distinct point of view.
3 inflected (w językoznawstwie)

odmierzać (**odmierzam, odmierzasz**)
(PERF **odmierzyć**) VERB
1 to measure
□ Do ciasta należy odmierzyć odpowiednią ilość mąki. You need to measure the correct amount of flour for the dough.
2 to measure out (wydzielać)

odmowa (GEN **odmowy**, PL **odmowy**, DAT SING
AND LOC SING **odmowie**, GEN PL **odmów**) FEM NOUN
refusal (zapłaty, wykonania usługi)

odmrażać (**odmrażam, odmrażasz**) (PERF
odmrozić) VERB
to thaw out
□ Wyjmij mięso z zamrażalnika, by je na czas odmrozić. Take the meat out of the freezer compartment so that you can thaw it out in time.

odmrożenie (GEN **odmrożenia**) NEUT NOUN
(NOM PL **odmrożenia**, GEN PL **odmrożeń**)
frostbite

odnajdować (**odnajduję, odnajdujesz**)
(PERF **odnaleźć**) VERB
to find
■ **odnajdować się 1** to show up (pojawiać się ponownie) **2** to find one's feet □ Nie potrafi się

odnaleźć w nowym otoczeniu. He can't find his feet in the new environment.

odnawiać (odnawiam, odnawiasz)
(PERF **odnowić**) VERB

1 to renovate (pokój)

2 to restore
□ Pięknie odnowili tą zabytkową kamienicę. They've restored that period tenement nicely.

3 to renew

odnosić (odnoszę, odnosisz) (IMPERATIVE odnoś, PERF **odnieść**) VERB

1 to take back (przynosić z powrotem)

2 to achieve
□ Interwencja odniosła oczekiwany skutek. The intervention achieved the results expected.

3 to suffer (porażkę)

4 to sustain (rany)

■ **odnosić się do czegoś** 1 to treat something □ Odnoś się z szacunkiem do osób starszych! Treat older people with respect! 2 to feel about something □ Jak on się odniósł do naszej propozycji? How did he feel about our proposal?

odnowa (GEN odnowy, PL odnowy) FEM NOUN makeover (dom)

■ **poddać się odnowie wizerunku** (osoba) to have a makeover

odosobniony ADJECTIVE

1 isolated
□ Dom stoi w odosobnionym miejscu nad morzem. The house stands in an isolated spot by the sea.

2 secluded (samotny)

3 isolated
□ To tylko odosobniony przypadek; nie trzeba się zbytnio przejmować. That's just an isolated case; we shouldn't bother too much about it.

odór (GEN odoru, PL odory, LOC SING odorze)
MASC NOUN
odour
odor (US)
□ Odór zgnilizny był nie do wytrzymania. The rotten odour was unbearable.

odpadać (odpadam, odpadasz) (PERF odpaść)
VERB

1 to come off

2 to drop out (nie wytrzymywać konkurencji)

3 to be defeated (przegrywać w wyborach)

odpadki (GEN odpadków) PL NOUN
waste

odpady (GEN odpadów) PL NOUN
waste sing (toksyczne, przemysłowe)

odpierać (odpieram, odpierasz) (PERF odeprzeć)
VERB

1 to fight off
■ **odpierać atak choroby** to fight off an attack of illness

2 to refute (argumenty w dyskusji)

odpinać (odpinam, odpinasz) (PERF odpiąć)
VERB

1 to undo (suwak)

2 to unbutton

3 to unbuckle (sprzączkę)

■ **odpinać się** to come undone

odpis (GEN odpisu, PL odpisy, LOC SING odpisie)
MASC NOUN

1 copy (duplikat dokumentu)
□ Muszę poprosić o odpis aktu urodzenia w Urzędzie Stanu Cywilnego. I need to ask for a copy of my birth certificate in the Bureau of Civil Status.

2 deduction (od podatku)

odpisywać (odpisuję, odpisujesz)
(PERF **odpisać**) VERB

1 to copy
□ Koledzy zawsze odpisywali moje zadania z angielskiego. My friends were always copying my English assignments.

2 to deduct (w księgowości)

■ **odpisywać na list** (odpowiadać) to reply to a letter

odpłacać (odpłacam, odpłacasz)
(PERF **odpłacić**) VERB

■ **odpłacać komuś za coś** to repay someone for something

odpłatnie ADVERB
for a fee
□ Możemy to dla Pani zrobić odpłatnie. We can do that for you, Madam, for a fee.

odpłatność (GEN odpłatności) FEM NOUN
charge
□ Odpłatność wynosi pięćdziesiąt złotych. The charge comes to fifty zlotys.

odpłatny ADJECTIVE
paid

odpływ (GEN odpływu, PL odpływy,
LOC SING odpływie) MASC NOUN

1 outflow (wody)

2 emigration (ludzi)

3 low tide

odpływać (odpływam, odpływasz)
(PERF **odpłynąć**) VERB

1 to sail
□ Prom odpływa za godzinę. The ferry sails in an hour.

2 to sail away

3 to drain away

odpoczynek (GEN odpoczynku) MASC NOUN
break (przerwa w pracy)

odpoczywać (odpoczywam, odpoczywasz)
(PERF **odpocząć**) VERB
to have a rest (relaksować się)

odporność (GEN odporności) FEM NOUN
resistance

odporny ADJECTIVE
■ **odporny na coś** immune to something

odpowiadać (odpowiadam, odpowiadasz)
(PERF **odpowiedzieć**) VERB

1 to reply
□ Odpowiadał nauczycielowi na pytanie. He replied to the teacher's question.

2 to answer (w szkole: no perf)

3 to respond (na coś)
■ **odpowiadać na pukanie w drzwi** to respond to knocking at the door

■ **Nie odpowiadał na jej zaczepki.** He did not react to her taunts.

4 to be responsible

□ Odpowiada za bezpieczeństwo w pracy. He is responsible for safety at work.

□ W pełni odpowiada za wypadek. He is fully responsible for the accident.

odpowiedni ADJECTIVE

1 right

□ To jest dla mnie odpowiedni rozmiar butów. This is the right size of shoes for me.

2 appropriate *(miejsce)*

3 adequate *(doświadczenie, wykształcenie)*

4 suitable *(zachowanie, ubranie)*

odpowiedzialność (GEN **odpowiedzialności**) FEM NOUN

responsibility

odpowiedzialny ADJECTIVE

responsible

odpowiedź (GEN **odpowiedzi**, PL **odpowiedzi**, GEN PL **odpowiedzi**) FEM NOUN

1 reply

□ w odpowiedzi na Pański list z 12 stycznia in reply to your letter dated 12th January

2 response

3 exam *(w szkole)*

□ odpowiedź przy tablicy an oral exam *(taken in front of classmates)*

Odra (GEN **Odry**, DAT SING AND LOC SING **Odrze**) FEM NOUN

the Oder *(nazwa geograficzna)*

odrabiać (**odrabiam, odrabiasz**) (PERF **odrobić**) VERB

1 to catch up on *(zaległą pracę)*

2 to make up for *(straty)*

■ **odrabiać pracę domową** to do homework □ Zanim wyjdziesz, musisz odrobić zadanie. Before you go out, you need to do your homework.

odraczać (**odraczam, odraczasz**) (PERF **odroczyć**) VERB

to postpone

odradzać (**odradzam, odradzasz**) (PERF **odradzić**) VERB

■ **odradzać komuś coś** to advise someone against something

odrębność (GEN **odrębności**, PL **odrębności**) FEM NOUN

1 independence *(autonomia)*

2 difference *(cecha wyróżniająca)*

odrębny ADJECTIVE

separate *(niezależny)*

□ To już zupełnie odrębny temat dyskusji. That is a completely separate matter.

odręcznie ADVERB

1 by hand

2 immediately *(od razu)*

□ Ta usługa wykonywana jest odręcznie. This service is carried out immediately.

odróżniać (**odróżniam, odróżniasz**) (PERF **odróżnić**) VERB

1 to distinguish *(widzieć różnicę)*

2 to differentiate *(wyróżniać)*

■ **odróżniać się** to differ *(być innym)*

odruch (GEN **odruchu**, PL **odruchy**) MASC NOUN

1 reflex *(w medycynie, psychologii)*

2 impulse *(automatyczna reakcja)*

odruchowy ADJECTIVE

1 reflex *(reakcja)*

2 involuntary *(automatyczny)*

odrywać (**odrywam, odrywasz**) (PERF **oderwać**) VERB

to tear off *(kawałek materiału)*

■ **odrywać się** to tear oneself away *(odłączyć się)*

odstraszający ADJECTIVE

1 deterrent *(środek)*

2 scary *(wygląd)*

■ **środek odstraszający komary** mosquito repellent

odsuwać (**odsuwam, odsuwasz**) (PERF **odsunąć**) VERB

1 to move back

□ Musieliśmy odsunąć meble, by móc zerwać starą tapetę. We had to move back the furniture so that we could lift the old carpet.

2 to draw *(zasłonę, firankę)*

3 to pull back

□ Odsunął zasuwkę i wyjrzał za drzwi. He pulled back the bolt and looked out the door.

■ **odsuwać się** to back off □ Proszę się odsunąć i zostawić mnie w spokoju! Please back off and leave me alone!

odszkodowanie (GEN **odszkodowania**, PL **odszkodowania**, GEN PL **odszkodowań**) NEUT NOUN

compensation

odtąd ADVERB

1 from then on *(od tamtego czasu)*

□ Odtąd nigdy już się nie spotkali. From then on they never met again.

2 from now on *(od tej chwili)*

□ Odtąd musisz stosować się do naszych zasad. From now on you must conform to our rules.

3 from that time on *(poczynając od tamtego momentu)*

4 from here *(od tego miejsca)*

□ Zmierz odległość odtąd aż do ściany. Measure the distance from here to the wall.

odtrącać (**odtrącam, odtrącasz**) (PERF **odtrącić**) VERB

1 to push away *(rękę)*

2 to reject *(miłość, osobę)*

odtrutka (GEN **odtrutki**, PL **odtrutki**, DAT SING AND LOC SING **odtrutce**, GEN PL **odtrutek**) FEM NOUN

antidote *(antidotum)*

■ **On jest odtrutką na złamane serce.** He's the remedy for a broken heart.

odtwarzacz (GEN **odtwarzacza**, PL **odtwarzacze**, GEN PL **odtwarzaczy**) MASC NOUN

1 cassette player *(magnetofon)*

2 video player *(magnetowid)*

3 CD player *(kompaktowy)*

odtwarzacz MP3 MASC NOUN

MP3 player

o

135

odwaga (GEN **odwagi**, DAT SING AND LOC SING
odwadze) FEM NOUN
courage
▢ Miał odwagę się sprzeciwić. He had the
courage to object.

odważny ADJECTIVE
brave

odwiedzać (**odwiedzam, odwiedzasz**)
(PERF **odwiedzić**) VERB
to visit
▢ Musicie nas koniecznie kiedyś odwiedzić.
You absolutely must visit us sometime.
■ Odwiedź mnie dzisiaj wieczorem.
Come and see me tonight.

odwoływać (**odwołuję, odwołujesz**)
(PERF **odwołać**) VERB
1 to dismiss (*pozbawiać stanowiska*)
2 to cancel
▢ Wiele lotów jest odwołanych z powodu
zamieci śnieżnej. Many flights have been
cancelled because of the snowstorm.
3 to retract (*obietnicę*)
■ odwoływać się to appeal ▢ Odwołał się od
decyzji sądu. He appealed against the court's
decision.

odwracać (**odwracam, odwracasz**)
(PERF **odwrócić**) VERB
1 to avert
2 to turn away (*głowę*)
3 to reverse (*zmieniać bieg rzeki*)
■ odwracać się to turn away

odwrotnie ADVERB
1 on the contrary (*przeciwnie*)
2 the other way around (*na odwrót*)
▢ Ustaw ten fotel odwrotnie. Face that
armchair the other way round.
3 upside down (*do góry nogami*)
4 inside out (*na lewą stronę*)
▢ Założył sweter odwrotnie. He put the sweater
on inside out.

odwrotny ADJECTIVE
opposite (*przeciwny*)
▢ Musicie pojechać w odwrotnym kierunku.
You must go in the opposite direction.

odwzajemniać (**odwzajemniam,
odwzajemniasz**) (PERF **odwzajemnić**) VERB
to return
■ odwzajemniać się to return (*osoba*)

odziedziczyć (**odziedziczę, odziedziczysz**)
VERB ▷ *zobacz* dziedziczyć
to inherit (*majątek, dom*)

odzież (GEN **odzieży**) FEM NOUN
clothing
▢ odzież ochronna protective clothing

odznaka (GEN **odznaki**, PL **odznaki**,
DAT SING AND LOC SING **odznace**)
FEM NOUN
1 award (*medal*)
2 badge (*symbol przynależności*)

odżywczy ADJECTIVE
1 nutritious
2 nutritional

odżywiać (**odżywiam, odżywiasz**) (PERF
odżywić) VERB
to nourish (*podawać jedzenie*)
■ odżywiać się 1 (*o osobie*) to feed oneself
2 (*o kocie, psie*) to feed

odżywianie (GEN **odżywiania**) NEUT NOUN
nutrition

odżywka (GEN **odżywki**, PL **odżywki**, DAT SING
AND LOC SING **odżywce**, GEN PL **odżywek**)
FEM NOUN
1 formula (*dla niemowląt*)
2 conditioner (*do włosów*)

oferma (GEN **ofermy**, PL **ofermy**, DAT SING AND LOC
SING **ofermie**) FEM NOUN
wimp

oferować (**oferuję, oferujesz**) (PERF
zaoferować) VERB
to offer
▢ Firma oferuje klientom dziesięć procent zniżki
w okresie świątecznym. The company offers
customers ten per cent off during the
Christmas period.

oferta (GEN **oferty**, PL **oferty**, DAT SING AND LOC SING
ofercie) FEM NOUN
offer (*handlowa*)
■ oferta matrymonialna a proposal of marriage

ofiara (GEN **ofiary**, PL **ofiary**, DAT SING AND LOC SING
ofierze) FEM NOUN
1 donation (*datek*)
▢ ofiara na rzecz kościoła a donation to the
Church
2 offering (*w religii*)
3 sacrifice (*poświęcenie*)
▢ To duża ofiara z jego strony. This is a great
sacrifice on his part.
4 victim
▢ kolejna ofiara burzy śnieżnej another victim
of the snowstorm
5 sucker (*potoczny: pechowiec*)

oficer (GEN **oficera**, PL **oficerowie**, LOC SING
oficerze) MASC NOUN
officer
▢ oficer wysokiej rangi a high-ranking officer

oficjalny ADJECTIVE
formal
▢ oficjalne przyjęcie a formal reception

ogień (GEN **ognia**, PL **ognie**, GEN PL **ogni**)
MASC NOUN
1 fire (*płomień*)
2 light
▢ Masz ogień? Have you got a light?
3 passion (*gwałtowne uczucie*)
■ zimne ognie sparklers
■ sztuczne ognie fireworks

oglądać (**oglądam, oglądasz**) (PERF **obejrzeć**)
VERB
1 to look at (*ilustrację*)
2 to watch (*telewizję*)
3 to see
■ oglądać się 1 (*patrzeć na swoje odbicie*) to
look at oneself 2 (*spoglądać w tył*) to look back
3 (*rozglądać się*) to look around

o

ogłaszać (ogłaszam, ogłaszasz) (PERF ogłosić) VERB

1 to publicise

□ Ta firma ogłasza swe usługi w lokalnej gazecie. The company publicises its services in the local paper.

2 to declare

□ Kraj dopiero niedawno ogłosił niepodległość. The country only recently declared its independence.

3 to proclaim (stan wyjątkowy)

■ ogłaszać się to advertise (w gazecie)

ogłoszenie (GEN ogłoszenia, PL ogłoszenia, GEN PL ogłoszeń) NEUT NOUN

1 announcement

2 advert

□ całostronicowe ogłoszenie w lokalnej prasie a whole-page advert in the local press

ognisko (GEN ogniska, PL ogniska, INST SING ogniskiem) NEUT NOUN

1 bonfire (ogień)

2 campfire (impreza na powietrzu)

3 centre
center (US: centrum)

4 group (kółko hobbystyczne)

ogolić (ogolę, ogolisz) (IMPERATIVE ogol) VERB
▷ zobacz golić

ogon (GEN ogona, PL ogony, LOC SING ogonie) MASC NOUN

tail

ogólnie ADVERB

generally

□ Ogólnie mówiąc wszystko się powiodło. Generally speaking everything was successful.

■ Ogólnie rzecz biorąc należy się temu raz jeszcze przyjrzeć. It is necessary, on the whole, to have another look at this.

ogólnokrajowy ADJECTIVE

country-wide

□ ogólnokrajowa dystrybucja gazety the country-wide distribution of the paper

ogólnokształcący ADJECTIVE

secondary-education (liceum)

ogólnopolski ADJECTIVE

all-Poland

□ ogólnopolski spis ludności an all-Poland census

ogólny ADJECTIVE

1 general

□ zgodnie z ogólną opinią zebranych in accordance with the general opinion of those present

2 common (powszechny)

3 general (bez szczegółów)

□ bardzo ogólna relacja z wydarzeń a very general account of events

4 total (suma)

ogórek (GEN ogórka, PL ogórki, INST SING ogórkiem) MASC NOUN

cucumber

□ ogórek kiszony pickled cucumber

ograniczać (ograniczam, ograniczasz) (PERF ograniczyć) VERB

1 to limit (zakres działań)

2 to restrict

□ Ten płaszcz ogranicza mi swobodę ruchów. This coat restricts my free movement.

3 to reduce

■ ograniczać wydatki to cut down on spending

4 to limit

□ Ogranicz szybkość do trzydziestu km/h. Restrict your speed to thirty kilometres an hour.

■ ograniczać się to limit oneself

■ ograniczać się do +gen: jednej kanapki to limit oneself to

ograniczenie (GEN ograniczenia, PL ograniczenia, GEN PL ograniczeń) NEUT NOUN

restriction (przepis)

■ ograniczenie prędkości do pięćdziesięciu km/h a 50 km/h speed limit

ogrodnictwo (GEN ogrodnictwa, LOC SING ogrodnictwie) NEUT NOUN

gardening

ogrodnik (GEN ogrodnika, PL ogrodnicy, INST SING ogrodnikiem) MASC NOUN

gardener (zawodowy, amator)

□ Mój tato jest zapalonym ogrodnikiem. My dad's a keen gardener.

ogrodzenie (GEN ogrodzenia, PL ogrodzenia, GEN PL ogrodzeń) NEUT NOUN

fence

■ ogrodzenie murowane a wall

■ ogrodzenie z żywopłotu a hedge

ogromny ADJECTIVE

1 huge

□ ogromna budowla w centrum miasta a huge building in the city centre

2 vast

□ ogromny teren a vast site

3 immense (uczucie)

ogród (GEN ogrodu, PL ogrody, LOC SING ogrodzie) MASC NOUN

garden

■ ogród zoologiczny zoo

■ ogród botaniczny botanic garden(s pl)

ogródek (GEN ogródka, PL ogródki, INST SING ogródkiem) MASC NOUN

garden (niewielki ogród)

■ ogródek działkowy an allotment

ogrzewać (ogrzewam, ogrzewasz) (PERF ogrzać) VERB

1 to heat (mieszkanie)

2 to warm up (dłonie)

■ ogrzewać się to warm up □ Pokój szybko się ogrzał. The room warmed up quickly.

ogrzewanie (GEN ogrzewania) NEUT NOUN

heating

□ centralne ogrzewanie central heating

ogumienie (GEN ogumienia) NEUT NOUN

tyres pl

tires pl (US: opony samochodowe)

ohydny ADJECTIVE
vile *(obrzydliwy)*

□ Jak możesz się zachowywać w tak ohydny sposób! How can you behave in such an vile way!

ojciec (GEN **ojca**, PL **ojcowie**, DAT SING AND LOC SING **ojcu**, VOC SING **ojcze**) MASC NOUN
father

■ ojciec chrzestny godfather
■ Ojciec Święty *(papież)* the Pope

ojczym (GEN **ojczyma**, PL **ojczymowie**, LOC SING **ojczymie**) MASC NOUN
stepfather

ojczysty ADJECTIVE
native

■ język ojczysty mother tongue

ojczyzna (GEN **ojczyzny**, PL **ojczyzny**, DAT SING AND LOC SING **ojczyźnie**) FEM NOUN
homeland *(kraj rodzinny)*

ok. ABBREVIATION (= *około*)
ca.

okazja (GEN **okazji**, PL **okazje**, GEN PL **okazji**) FEM NOUN
1 opportunity *(szansa)*
2 bargain *(korzystnego zakupu)*
3 occasion *(sprzyjająca okoliczność)*

■ A przy okazji, wpadnij do nas jutro. If you get the chance, pay us a visit tomorrow.
■ Wszystkiego najlepszego z okazji urodzin! Happy birthday!

okazywać (GEN **okazuję**, **okazujesz**) (PERF **okazać**) VERB
1 to show *(pokazywać)*
2 to demonstrate *(wyrażać uczucia)*

■ okazywać się to turn out □ Okazało się, że wyszedł wcześniej. It turned out that he had left earlier.

okienko (GEN **okienka**, PL **okienka**, INST SING **okienkiem**, GEN PL **okienek**) NEUT NOUN
1 window

□ Okienko przy kasie biletowej jest jeszcze zamknięte. The ticket office window is still closed.

2 free period

□ Nauczycielka angielskiego ma okienko od południa do pierwszej. The English teacher has a free period from twelve noon to one o'clock.

oklaski (GEN **oklasków**) PL NOUN
applause *sing*

okłamywać (**okłamuję**, **okłamujesz**) (PERF **okłamać**) VERB
to deceive

□ Nie okłamuj się. Don't deceive yourself.

okno (GEN **okna**, PL **okna**, LOC SING **oknie**, GEN PL **okien**) NEUT NOUN
window

□ okno wystawowe a shop window

oko (GEN **oka**, PL **oczy**, GEN PL **oczu**, DAT PL AND LOC SING **oczom**, INST PL **oczami**, INST PL **oczyma**) NEUT NOUN
1 eye
2 eyesight *(zmysł)*

■ Na pierwszy rzut oka wygląda nieźle.

`At first glance it doesn't look too bad.

■ Od dawna ma ją na oku. He's had his eye on her for a long time.
■ Ona nie spuszcza go z oczu. She never lets him out of her sight.
■ Ten wzór rzucał się w oczy. The pattern stood out.

okolica (GEN **okolicy**, PL **okolice**) FEM NOUN
1 neighbourhood
  neighborhood (US)
2 district *(region)*

okoliczność (GEN **okoliczności**, PL **okoliczności**) FEM NOUN
1 occasion *(sposobność)*
2 circumstance

□ okoliczności wypadku the circumstances of the accident

około PREPOSITION

⋯ **LANGUAGE TIP** około takes the genitive
about

okradać (**okradam**, **okradasz**) (PERF **okraść**) VERB

■ okradać kogoś z czegoś to rob someone of something

okrąg (GEN **okręgu**, PL **okręgi**, INST SING **okręgiem**) MASC NOUN
circle *(figura geometryczna)*

okrągły ADJECTIVE
round

okres (GEN **okresu**, PL **okresy**, LOC SING **okresie**) MASC NOUN
1 time

□ Miłe wspominam okres moich studiów. I remember fondly my time as a student.
□ Jaki okres czasu jest ci potrzebny na skończenie projektu? What sort of time do you need to finish the project?

2 era *(romantyzmu)*
3 term *(szkol)*

określenie (GEN **określenie**, PL **określenia**, GEN PL **określeń**) NEUT NOUN
1 name *(epitet)*
2 terminology *(termin)*

określony ADJECTIVE
definite *(konkretny)*

okręt (GEN **okrętu**, PL **okręty**, LOC SING **okręcie**) MASC NOUN
1 warship *(wojenny)*
2 ship *(potoczny: duży statek)*
3 craft *(podwodny)*

okropny ADJECTIVE
1 horrible *(widok, charakter)*
2 terrible *(osoba nie do zniesienia)*

okrucieństwo (GEN **okrucieństwa**, LOC SING **okrucieństwie**) NEUT NOUN
cruelty

■ okrucieństwa wojny the atrocities of war

okrutny ADJECTIVE
cruel *(czyn, człowiek)*

okrywać (**okrywam**, **okrywasz**) (PERF **okryć**) VERB
to cover *(przykrywać)*

o

■ Okrył dziecko szczelnie kołdrą.
He wrapped the child up tight in the quilt.

okrzyk (GEN **okrzyku**, PL **okrzyki**, INST SING **okrzykiem**) MASC NOUN
cry *(radości, bólu)*

okulary (GEN **okularów**) PL NOUN
1 glasses *(korekcyjne)*
2 sunglasses *(przeciw słoneczne)*

okulista (GEN **okulisty**, PL **okuliści**, DAT SING AND LOC SING **okuliście**) MASC NOUN

> **LANGUAGE TIP** okulista declines like a feminine noun in the singular

optician
optometrist (US)
□ Mam jutro wizytę u okulisty. I have an appointment at the optician's tomorrow.

okup (GEN **okupu**, LOC SING **okupie**) MASC NOUN
ransom

okupacja (GEN **okupacji**, PL **okupacje**, GEN PL **okupacji**) FEM NOUN
1 occupation *(wojskowa)*
2 occupancy *(w prawie)*

okupować (**okupuję**, **okupujesz**) VERB
to occupy *(zajmować)*

olbrzymi ADJECTIVE
huge
□ Sztuka cieszy się olbrzymią popularnością. The play enjoys huge popularity.

olej (GEN **oleju**, PL **oleje**, GEN PL **olei**) MASC NOUN
oil
□ olej słonecznikowy sunflower oil □ olej napędowy diesel oil

olimpiada (GEN **olimpiady**, PL **olimpiady**, DAT SING AND LOC SING **olimpiadzie**) FEM NOUN
1 the Olympic Games *pl*
2 contest *(zawody)*

olimpijski ADJECTIVE
Olympic *(związany z Olimpiadą)*

oliwa (GEN **oliwy**, DAT SING AND LOC SING **oliwie**) FEM NOUN
olive oil

oliwka (GEN **oliwki**, PL **oliwki**, DAT SING AND LOC SING **oliwce**, GEN PL **oliwek**) FEM NOUN
1 olive *(owoc)*
2 olive tree *(drzewo)*

ołów (GEN **ołowiu**) MASC NOUN
lead
■ duża zawartość ołowiu a high lead content

ołówek (GEN **ołówka**, PL **ołówki**, INST SING **ołówkiem**) MASC NOUN
1 pencil
2 eyebrow pencil *(do brwi)*

ołtarz (GEN **ołtarza**, PL **ołtarze**, GEN PL **ołtarzy**) MASC NOUN
altar

omawiać (**omawiam**, **omawiasz**) (PERF **omówić**) VERB
to discuss
□ Spotkaliśmy się, by dokładniej omówić problem. We met to discuss the problem more thoroughly.

omijać (**omijam**, **omijasz**) (PERF **ominąć**) VERB

to avoid *(unikać)*

omlet (GEN **omletu**, PL **omlety**, LOC SING **omlecie**) MASC NOUN
omelette
omelet (US)
□ omlet z grzybami a mushroom omelette

on PRONOUN
1 he *(w pozycji podmiotu)*
□ On jest bardzo znany. He is very famous.
2 him *(w innych pozycjach)*
□ Spotkałam się z nim wczoraj. I met him yesterday.
■ To on! That's him!
3 it *(o zwierzęciu, rzeczy, pojęciu)*

ona PRONOUN
1 she *(w pozycji podmiotu)*
2 her *(w innych pozycjach)*
■ To ona! That's her!
3 it *(o zwierzęciu, rzeczy, pojęciu)* VERB

one PRONOUN
1 they *(w pozycji podmiotu)*
2 them *(w innych pozycjach)*

oni PRONOUN
1 they *(w pozycji podmiotu)*
□ Oni często nas odwiedzają. They often visit us.
2 them *(w innych pozycjach)*
□ Daliśmy im w prezencie aparat fotograficzny. We gave them a camera as a present.

onieśmielony ADJECTIVE
intimidated *(zawstydzony)*

onkologia (GEN **onkologii**) FEM NOUN
oncology

ono PRONOUN
it

ONZ (GEN **ONZ-etu**, LOC SING **ONZ-ecie**) MASC NOUN ABBREVIATION *(= Organizacja Narodów Zjednoczonych)*
UN

opadać (**opadam**, **opadasz**) (PERF **opaść**) VERB
1 to fall *(liści)*
2 to come down
3 to die
□ Kwiaty w wazonie opadły. The flowers in the vase have died.

opak
■ na opak the wrong way round

opakowanie (GEN **opakowania**, PL **opakowania**, GEN PL **opakowań**) NEUT NOUN
1 packaging *(szklane, plastikowe)*
2 package *(z zawartością)*

opalać (**opalam**, **opalasz**) (PERF **opalić**) VERB
to heat *(dom)*
■ opalać się na słońcu to sunbathe

opalony ADJECTIVE
sun tanned

oparzenie (GEN **oparzenia**, PL **oparzenia**, GEN PL **oparzeń**) NEUT NOUN
burn *(słoneczne, chemiczne)*

oparzyć (**oparzę**, **oparzysz**) VERB PERF
1 to burn *(płomieniem, gorącym metalem)*
□ oparzyć się w rękę to burn one's hand

139

2 to scald (gorącą wodą)

■ **oparzyć się** to get burned

opatrunek (GEN **opatrunku**, PL **opatrunki**, INST SING **opatrunkiem**) MASC NOUN
dressing (plaster, bandaż)

opcja (GEN **opcji**, PL **opcje**, GEN PL **opcji**) FEM NOUN
option (możliwość)

opera (GEN **opery**, PL **opery**, DAT SING AND LOC SING **operze**) FEM NOUN

1 opera (przedstawienie)

2 opera house (budynek)

operacja (GEN **operacji**, PL **operacje**, GEN PL **operacji**) FEM NOUN

1 surgery
□ operacja plastyczna cosmetic surgery
□ Musiał poddać się operacji serca. He had to undergo heart surgery.

2 operation
□ ściśle tajna operacja militarna a top secret military operation

operować (**operuję, operujesz**) (PERF **zoperować**) VERB
to operate
to operate on
□ Lekarze musieli go natychmiast zoperować. The doctors had to operate on him immediately.

opieka (GEN **opieki**, DAT SING AND LOC SING **opiece**) FEM NOUN

1 care (troska)
□ Ona otacza rodziców czułą opieką. She looks after her parents with loving care.

2 charge (dozór)

3 treatment
□ Szpital udzielił mu opieki. The hospital provided him with treatment.

4 protection
□ wydział opieki nad świadkiem a witness protection department

5 custody (przyznawana przez sąd)

■ **opieka społeczna** social welfare

opiekować się (**opiekuję, opiekujesz**) (PERF **zaopiekować**) VERB

■ **opiekować się czymś** (troszczyć się) to look after something
to take care of something (zajmować się)
□ Gdy ona jest w pracy, jej synem opiekuje się babcia. When she is at work, the granny takes care of her son.

opiekun (GEN **opiekuna**, PL **opiekunowie**, LOC SING **opiekunie**) MASC NOUN
carer

■ **opiekun społeczny** social worker

opiekunka (GEN **opiekunki**, PL **opiekunki**, DAT SING AND LOC SING **opiekunce**, GEN PL **opiekunek**) FEM NOUN
carer

■ **opiekunka do dziecka** (niania) child-minder

opierać (**opieram, opierasz**) (PERF **oprzeć**) VERB

1 to base something on

■ **opierać się na** +loc: o poglądach, opiniach to be based on

2 to lean

□ opierać coś o to lean something against

■ **opierać się o** to lean on □ opierać się na lasce to lean on a walking stick

■ **opierać coś na** +loc to rest something on

3 to rely on (polegać na)

■ **opierać się czemuś** to resist something

opinia (GEN **opinii**, PL **opinie**, GEN PL **opinii**) FEM NOUN

1 opinion
□ badanie opinii publicznej an opinion poll

2 reputation (renoma)

3 judgement (ocena)

opis (GEN **opisu**, PL **opisy**, LOC SING **opisie**) MASC NOUN

1 description

2 account (relacja wydarzenia)

opisywać (**opisuję, opisujesz**) (PERF **opisać**) VERB
to describe

opłacać (**opłacam, opłacasz**) (PERF **opłacić**) VERB

1 to pay (czesne)

2 to bribe (dawać łapówkę)

■ **opłacać się** to pay □ Nie opłaca się tego robić. It doesn't pay to do that.

■ **Ta transakcja się nie opłaca.** This deal is no use.

■ **W końcu opłaciło się!** Finally, it paid off!

opłacalny ADJECTIVE
profitable (interes)

opłata (GEN **opłaty**, PL **opłaty**, DAT SING AND LOC SING **opłacie**) FEM NOUN

1 charge
□ Ile wynosi opłata za wymianę opon? What's the charge for changing the tyres?

2 fee (za naukę)

3 fare
□ Opłaty za bilety tramwajowe wciąż rosną. Tram fares keep going up.

opodatkowanie (GEN **opodatkowania**) NEUT NOUN
taxation

opona (GEN **opony**, PL **opony**, DAT SING AND LOC SING **oponie**) FEM NOUN
tyre
tire (US: ogumienie)

■ **zapalenie opon mózgowych** meningitis

opowiadać (**opowiadam, opowiadasz**) (PERF **opowiedzieć**) VERB
to tell

■ **opowiadać się za** +inst to be in favour of; to be in favor of (US)

opowiadanie (GEN **opowiadania**, PL **opowiadania**, GEN PL **opowiadań**) NEUT NOUN

1 story (historia)

2 short story (krótki utwór literacki)

opowieść (GEN **opowieści**, PL **opowieści**, GEN PL **opowieści**) FEM NOUN
story
□ Jego opowieść o podróży w Himalaje była fascynująca. The story of his journey in the Himalayas was fascinating.

opozycja (GEN **opozycji**, PL **opozycje**,
GEN PL **opozycji**) FEM NOUN
opposition (*parlamentarna, polityczna*)

opór (GEN **oporu**, LOC SING **oporze**) MASC NOUN
resistance (*sprzeciw*)
□ ruch oporu a resistance movement

opóźnienie (GEN **opóźnienia**, PL **opóźnienia**,
GEN PL **opóźnień**) NEUT NOUN
delay

opóźniony ADJECTIVE
delayed
□ Samoloty tej linii lotniczej są zawsze
opóźnione. That airline's planes are always
delayed.

oprogramowanie (GEN **oprogramowania**,
PL **oprogramowania**, GEN PL **oprogramowań**)
NEUT NOUN
software

oprócz PREPOSITION
⸨ LANGUAGE TIP **oprócz** takes the genitive
1 apart from
□ Oprócz tego jest lekarzem. Apart from that
he is also a doctor.
2 except (*z wyjątkiem*)

optyczny ADJECTIVE
optical (*urządzenie, złudzenie*)

optyk (GEN **optyka**, PL **optycy**, INST SING
optykiem) MASC NOUN
optician

optymalny ADJECTIVE
optimal

optymista (GEN **optymisty**, PL **optymiści**,
LOC SING **optymiście**) MASC NOUN
⸨ LANGUAGE TIP **optymista** declines like
a feminine noun in the singular
optimist

optymistka (GEN **optymistki**, PL **optymistki**,
DAT SING AND LOC SING **optymistce**) FEM NOUN
optimist

optymistyczny ADJECTIVE
optimistic

optymizm (GEN **optymizmu**, LOC SING
optymizmie) MASC NOUN
optimism

opuchlizna (GEN **opuchlizny**, DAT SING AND LOC
SING **opuchliźnie**) FEM NOUN
swelling (*narządów wewnętrznych, zewnętrznych*)

opuchnięty ADJECTIVE
swollen (*człowiek, noga*)

opuszczać (**opuszczam, opuszczasz**) (PERF
opuścić) VERB
1 to lower (*obniżać*)
□ opuszczać żaluzje w oknie to lower the blinds
2 to abandon
□ Opuścił żonę z dzieckiem wiele lat temu.
He abandoned his wife, along with his child,
many years ago.
■ Nie opuściła go mimo kłopotów. In spite of
the problems she stuck by him.
3 to leave (*dom, firmę*)
4 to miss
□ Państwa córka regularnie opuszcza zajęcia.

Your daughter regularly misses class.
5 to omit (*pomijać*)
■ opuszczać się to move lower (*obniżać się*)
6 to let oneself down (*na linie*)

orangutan (GEN **orangutana**, PL **orangutany**,
LOC SING **orangutanie**) MASC NOUN
orang-utan

oranżada (GEN **oranżady**, PL **oranżady**, DAT SING
AND LOC SING **oranżadzie**) FEM NOUN
orangeade (*gazowany napój owocowy*)

oraz CONJUNCTION
as well as
□ Ja oraz dwoje kolegów z biura lecimy jutro do
Hiszpanii. Tomorrow two friends from the
office and I are flying to Spain.

organ (GEN **organu**, PL **organy**, LOC SING **organie**)
MASC NOUN
organ
□ On gra na organach w kościele. He plays the
organ in church.

organizacja (GEN **organizacji**, PL **organizacje**,
GEN PL **organizacji**) FEM NOUN
organization

organizm (GEN **organizmu**, PL **organizmy**,
LOC SING **organizmie**) MASC NOUN
organism
□ organizm człowieka the human organism

organizować (**organizuję, organizujesz**)
(PERF **zorganizować**) VERB
1 to organize (*wyjazd, zawody*)
2 to arrange
□ Zorganizowaliśmy dla niego wieczór
kawalerski. We arranged a stag night for him.
■ organizować się to organize

orientalny ADJECTIVE
oriental (*kuchnia, styl*)

orkiestra (GEN **orkiestry**, PL **orkiestry**, DAT SING
AND LOC SING **orkiestrze**) FEM NOUN
1 orchestra
2 band (*na weselu*)

ortografia (GEN **ortografii**, PL **ortografie**,
GEN PL **ortografii**) FEM NOUN
1 spelling (*pisownia*)
2 orthography (*zasady pisowni*)

ortograficzny ADJECTIVE
■ błąd ortograficzny a spelling mistake

oryginalny ADJECTIVE
1 original (*niepowtarzalny*)
2 genuine
□ To oryginalny obraz Rubensa. That picture is
a genuine Rubens.
3 unique (*unikatowy*)

oryginał (GEN **oryginału**, PL **oryginały**,
LOC SING **oryginale**) MASC NOUN
1 original (*pisma, dzieła sztuki*)
2 eccentric (*o osobie*)

orzech (GEN **orzecha**, PL **orzechy**) MASC NOUN
nut
□ czekolada z orzechami chocolate with nuts
■ orzech ziemny a peanut
■ orzech laskowy a hazelnut
■ orzech włoski a walnut

o

orzechowy ADJECTIVE
- masło orzechowe peanut butter

orzeł (GEN orła, PL orły, LOC SING orle) MASC NOUN
eagle
- orzeł czy reszka? heads or tails?

orzeźwiać (orzeźwiam, orzeźwiasz) (PERF orzeźwić) VERB
to refresh
- orzeźwiać się to refresh oneself (odświeżać się)

osa (GEN osy, PL osy, DAT SING AND LOC SING osie) FEM NOUN
wasp

osiągać (osiągam, osiągasz) (PERF osiągnąć) VERB
1 to achieve (efekt, cel)
2 to reach (szczyt)

osiągalny ADJECTIVE
attainable (możliwy do zrealizowania)

osiągnięcie (GEN osiągnięcia, PL osiągnięcia, GEN PL osiągnięć) NEUT NOUN
achievement
□ imponująca lista osiągnięć an impressive list of achievements

osiedle (GEN osiedla, PL osiedla, GEN PL osiedli) NEUT NOUN
settlement
□ średniowieczne osiedle a mediaeval settlement
- osiedle mieszkaniowe housing estate; housing development (US)

osiem NUMBER
eight

osiemdziesiąt NUMBER
eighty
□ Jej babcia skończyła niedawno osiemdziesiąt lat. Her gran turned eighty not long ago.

osiemnasty ADJECTIVE
eighteenth

osiemnaście NUMBER
eighteen

osiemset NUMBER
eight hundred

oskarżać (oskarżam, oskarżasz) (PERF oskarżyć) VERB
- oskarżać kogoś o coś to accuse someone of something

oskarżenie (GEN oskarżenia, PL oskarżenia, GEN PL oskarżeń) NEUT NOUN
accusation (zarzut)

oskarżyciel (GEN oskarżyciela, PL oskarżyciele) MASC NOUN
prosecutor (prokurator)

osłabiony ADJECTIVE
weak (psychicznie, fizycznie)

osoba (GEN osoby, PL osoby, DAT SING AND LOC SING osobie, GEN PL osób) FEM NOUN
1 person
□ Samochód mieści cztery osoby. The car seats four people. □ Jak brzmi ten czasownik w pierwszej osobie liczby mnogiej? What's the first person plural of this verb?
2 character (w filmie)

osobistość (GEN osobistości, PL osobistości, GEN PL osobistości) FEM NOUN
1 important person (ważna osoba)
□ spotkanie osobistości świata sztuki a meeting of important people from the art world
2 celebrity (sławna osoba)

osobisty ADJECTIVE
personal
□ komputer osobisty personal computer
- dowód osobisty identity card

osobiście ADVERB
in person (we własnej osobie)

osobno ADVERB
separately (oddzielnie)
□ Ciemne ubrania należy prać osobno. Dark clothing should be washed separately.

osobny ADJECTIVE
separate (pokój)

osobowość (GEN osobowości, PL osobowości, GEN PL osobowości) FEM NOUN
personality (charakter)

osobowy ADJECTIVE
1 passenger (dla pasażerów)
- pociąg osobowy a local train
2 personal (w językoznawstwie)

ostatecznie ADVERB
1 ultimately (zdecydować, zakończyć)
2 after all (ewentualnie)

ostateczny ADJECTIVE
final (definitywny)

ostatni ADJECTIVE
1 last (końcowy)
□ ostatnia próba przed występem the last rehearsal before the performance
2 latest (najnowszy)
□ ostatni model tego samochodu the latest model of this car
3 final (finałowy)

ostatnio ADVERB
recently (niedawno)
□ Ostatnio spotkałam znajomą z czasów szkoły podstawowej. Recently I met a friend from elementary school days.

ostro ADVERB
fiercely
□ Krzyknął na nią ostro, by natychmiast wróciła. He shouted fiercely at her to turn back at once.

ostrożnie ADVERB
carefully
□ Ostrożnie napełnij naczynie wodą. Carefully fill the dish with water.
- Ostrożnie! Careful!
- 'ostrożnie' 'Handle with care'

ostry ADJECTIVE
1 sharp
□ ostry nóż a sharp knife
2 severe (mróz)
3 spicy
□ Lubię ostre potrawy. I like spicy dishes.
4 acute
□ ostry ból w klatce piersiowej an acute pain in the chest

ostrze (GEN **ostrza**, PL **ostrza**, GEN PL **ostrzy**)
NEUT NOUN
1 blade (noża)
2 point (ostre zakończenie)

ostrzegać (ostrzegam, ostrzegasz)
(PERF **ostrzec**) VERB
■ **ostrzegać kogoś o czymś** to warn somebody of something □ Ostrzegł go przed niebezpieczeństwem. He warned him of the danger.

ostrzegawczy ADJECTIVE
warning (sygnał, strzał)

ostrzeżenie (GEN **ostrzeżenia**, PL **ostrzeżenia**, GEN PL **ostrzeżeń**) NEUT NOUN
warning

ostrzyć (ostrzę, ostrzysz) (PERF **naostrzyć**) VERB
to sharpen (nóż)

osuszać (osuszam, osuszasz) (PERF **osuszyć**) VERB
1 to dry (wycierać z potu, łez)
2 to drain (teren)

oszacować (oszacuję, oszacujesz) VERB
▷zobacz **szacować**

oszaleć (oszaleję, oszalejesz) VERB PERF
to go crazy (zwariować)

oszczędność (GEN **oszczędności**) FEM NOUN
1 thrift (sposób postępowania)
2 economy

oszczędny ADJECTIVE
1 thrifty (osoba)
2 economical (sposób działania)
3 energy-efficient (maszyna)

oszczędzać (oszczędzam, oszczędzasz) VERB
1 to save
□ Jeśli pojedziesz pociągiem, zaoszczędzisz dużo czasu. You'll save a lot of time if you go by train.
■ **oszczędzać na czarną godzinę** to save for a rainy day
2 to save up (oszczędzać pieniądze)

oszczędzić (oszczędzę, oszczędzisz)
(IMPERATIVE **oszczędź**) VERB PERF
■ **oszczędzić kogoś** (chronić kogoś) to spare someone □ Tragedia nie oszczędziła nikogo. The disaster spared nobody.

oszukiwać (oszukuję, oszukujesz)
(PERF **oszukać**) VERB
to cheat (na egzaminie)
to deceive (zdradzać)

oszust (GEN **oszusta**, PL **oszuści**, LOC SING **oszuście**)
MASC NOUN
cheat

oszustka (GEN **oszustki**, PL **oszustki**, DAT SING AND LOC SING **oszustce**, GEN PL **oszustek**)
FEM NOUN
cheat

oszustwo (GEN **oszustwa**, PL **oszustwa**, LOC SING **oszustwie**) NEUT NOUN
fraud (finansowe, podatkowe)

ośmielać (ośmielam, ośmielasz)
(PERF **ośmielić**) VERB
1 to encourage (dodawać odwagi)

2 to dare (mieć odwagę)
■ **ośmielać się** to gain confidence (stać się śmiałym)

ośmieszać (ośmieszam, ośmieszasz)
(PERF **ośmieszyć**) VERB
to ridicule (wyśmiewać się)
■ **ośmieszać się** to make a fool of oneself (poniżać się)

ośmioro NUMBER
eight
□ W grupie znajduje się ośmioro dzieci. There are eight children in the group.

ośrodek (GEN **ośrodka**, PL **ośrodki**, INST SING **ośrodkiem**) MASC NOUN
centre
center (US: centrum, instytucja)
□ ośrodek zdrowia a health centre
■ **ośrodek wypoczynkowy** a holiday resort

oświadczać (oświadczam, oświadczasz)
(PERF **oświadczyć**) VERB
to declare (stwierdzać)
■ **oświadczać się komuś** (proponować małżeństwo) to propose to someone

oświadczenie (GEN **oświadczenia**, PL **oświadczenia**, GEN PL **oświadczeń**) NEUT NOUN
statement (deklaracja)
■ **oświadczenie podatkowe** a tax return

oświadczyny (GEN **oświadczyny**) PL NOUN
marriage proposal

oświata (GEN **oświaty**, DAT SING AND LOC SING **oświacie**) FEM NOUN
education (nauka, edukacja)

oświetlać (oświetlam, oświetlasz)
(PERF **oświetlić**) VERB
to illuminate

oświetlenie (GEN **oświetlenia**) NEUT NOUN
lighting
□ oświetlenie ulicy street lighting

Oświęcim (GEN **Oświęcimia**, LOC SING **Oświęcimiu**) MASC NOUN
Auschwitz

otaczać (otaczam, otaczasz) (PERF **otoczyć**) VERB
1 to surround (okrążać)
2 to enclose (o ogrodzeniu)
■ **otaczać się czymś** to surround oneself with something

oto PARTICLE
that is
□ Oto nasz kot. That's our cat. □ Oto wszystko, co wiem. That's all I know.
■ **Oto jestem.** Here I am.

otoczenie (GEN **otoczenia**) NEUT NOUN
1 surroundings pl (okolica)
2 environment (środowisko naturalne)

otruć (otruję, otrujesz) VERB PERF
to poison

otrzymywać (otrzymuję, otrzymujesz)
(PERF **otrzymać**) VERB
to receive (list, wynagrodzenie)

otwarcie ADVERB
▷zobacz też **otwarcie** NEUT NOUN
openly (szczerze)

otwarcie (GEN **otwarcia**, PL **otwarcia**, GEN PL **otwarć**) NEUT NOUN
▷ zobacz też **otwarcie** ADVERB
opening
□ Godziny otwarcia: od ósmej do szesnastej. Opening hours: 8 am to 4 pm.

otwarty ADJECTIVE
open
□ list otwarty an open letter

otwieracz (GEN **otwieracza**, PL **otwieracze**, GEN PL **otwieraczy**) MASC NOUN
opener
□ otwieracz do puszek tin-opener; can-opener (US) □ otwieracz do butelek bottle-opener

otwierać (**otwieram, otwierasz**) (PERF **otworzyć**) VERB
1 to open
□ otwierać drzwi wejściowe to open the entrance door
2 to unlock
3 to turn on (odkręcać wodę, gaz)
■ **otwierać się** to open up □ Otworzył się przed nią. He opened up to her.

otyłość (GEN **otyłości**) FEM NOUN
obesity
□ Otyłość może prowadzić do chorób serca. Obesity can lead to heart disease.

otyły ADJECTIVE
obese

owad (GEN **owada**, PL **owady**, LOC SING **owadzie**) MASC NOUN
insect

owadobójczy ADJECTIVE
□ środek owadobójczy insecticide

owca (GEN **owcy**, PL **owce**, GEN PL **owiec**) FEM NOUN
sheep
□ Był czarną owcą w rodzinie. He was the black sheep of the family.

owijać (**owijam, owijasz**) (PERF **owinąć**) VERB
1 to bandage
□ owijać ranę bandażem to bandage a wound
2 to wrap up
□ Owinął pakunek papierem. He wrapped up the parcel with paper.
■ Był szczery i nie owijał w bawełnę. He was honest and didn't beat about the bush.

owłosiony ADJECTIVE
hairy

owoc (GEN **owocu**, PL **owoce**) MASC NOUN
fruit
□ Jedz codziennie warzywa i owoce. Eat fruit and vegetables every day.

owocowy ADJECTIVE
fruit (napój, sad)

owsianka (GEN **owsianki**, PL **owsianki**, DAT SING AND LOC SING **owsiance**) FEM NOUN
porridge

ozdabiać (**ozdabiam, ozdabiasz**) (PERF **ozdobić**) VERB
to decorate (pokój)

ozdobny ADJECTIVE
decorative (wazon, mebel)

oznaczać (**oznaczam, oznaczasz**) (PERF **oznaczyć**) VERB
1 to mean (znaczyć)
□ Co to oznacza? What does this mean? □ Oznacza to, że wygrał. This means that he won.
2 to signify (przedstawiać)
3 to stand for (o wyrazie)
4 to mark (postawić znak)
□ Oznaczyła wypracowanie czerwonym długopisem. She marked the essay with a red pen.

ozon (GEN **ozonu**, LOC SING **ozonie**) MASC NOUN
ozone (gaz)

Óó

ósemka (GEN **ósemki**, PL **ósemki**, DAT SING AND LOC SING **ósemce**) FEM NOUN
1 eight
2 figure of eight
   figure eight (US: *kształt*)

ósmy ADJECTIVE
   eighth
   □ jedna ósma one eighth
   ■ **Jest godzina ósma.** It's eight o'clock.

ówczesny ADJECTIVE
   ■ ówczesny premier the then Prime Minister

Pp

p. ABBREVIATION (= *pan, pani*)
1 Mr (*pan*)
2 Mrs (*pani*)

pacha (GEN **pachy**, PL **pachy**, DAT SING AND LOC SING **pasze**) FEM NOUN
armpit

■ **Niósł teczkę pod pachą.** He was carrying a briefcase under his arm.

pachnieć (**pachnę, pachniesz**) (IMPERATIVE **pachnij**) VERB
to smell

▫ pachnieć czymś to smell of something

pacjent (GEN **pacjenta**, PL **pacjenci**, LOC SING **pacjencie**) MASC NOUN
patient

pacjentka (GEN **pacjentki**, PL **pacjentki**, DAT SING AND LOC SING **pacjentce**, GEN PL **pacjentek**) FEM NOUN
patient

Pacyfik (GEN **Pacyfiku**, INST SING **Pacyfikiem**) MASC NOUN
the Pacific

paczka (GEN **paczki**, PL **paczki**, DAT SING **paczce**, GEN PL **paczek**) FEM NOUN
1 package
2 parcel
3 packet
package (US: *papierosów*)

padaczka (GEN **padaczki**, DAT SING AND LOC SING **padaczce**) FEM NOUN
epilepsy

▫ On cierpi na padaczkę. He suffers from epilepsy.

■ **atak padaczki** epileptic fit

padać (**padam, padasz**) (PERF **paść**) VERB
to fall

■ **Pada deszcz.** It's raining.
■ **Pada śnieg.** It's snowing.

pagórek (GEN **pagórka**, PL **pagórki**, INST SING **pagórkiem**) MASC NOUN
hillock

pająk (GEN **pająka**, PL **pająki**, INST SING **pająkiem**) MASC NOUN
spider

▫ On panicznie boi się pająków. He is terrified of spiders.

pakować (**pakuję, pakujesz**) (PERF **spakować**) VERB
1 to pack (*walizkę*)

■ **pakować się** to pack up ▫ Pakuj się szybko, pociąg wkrótce odjedzie. Pack up quickly, the train is leaving shortly.
2 to wrap up (PERF **opakować**)
3 to barge in (PERF **wpakować**)

palący ADJECTIVE
▷ *zobacz też* **palący** NOUN
1 blazing (*słońce, ból*)
2 urgent (*pytanie*)

palący NOUN
▷ *zobacz też* **palący** ADJECTIVE

◯ **LANGUAGE TIP palący** declines like an adjective

smoker

■ **przedział dla palących** smoking compartment

palec (GEN **palca**, PL **palce**) MASC NOUN
1 toe (*u nogi*)
2 finger (*u ręki*)

■ **chodzić na palcach** to tiptoe

palenie (GEN **palenia**) NEUT NOUN
1 smoking

▫ palenie wzbronione no smoking ▫ Palenie szkodzi zdrowiu. Smoking is bad for your health.
2 incineration (*śmieci*)

Palestyna (GEN **Palestyny**, DAT SING **Palestynie**) FEM NOUN
Palestine

palić (**palę, palisz**) (PERF **spalić**) VERB
1 to burn (*świecę*)

■ **palić się** to burn
2 to keep on (*światła*)
3 to smoke (*papierosy*)

▫ On pali dziesięć papierosów dziennie. He smokes ten cigarettes a day.
4 to be on fire
5 to be on (*o świetle*)

■ **Pali się!** Fire!

palny ADJECTIVE
flammable

▫ łatwo palny highly flammable
■ **broń palna** firearms pl

pałac (GEN **pałacu**, PL **pałace**) MASC NOUN
palace

▫ XVIII-wieczny pałac an eighteenth century palace

pamiątka (GEN **pamiątki**, PL **pamiątki**, DAT SING AND LOC SING **pamiątce**, GEN PL **pamiątek**) FEM NOUN
1 souvenir

■ **sklep z pamiątkami** souvenir shop
2 token
■ **na pamiątkę czegoś** in memory of something
pamięć (GEN **pamięci**) FEM NOUN
memory
■ **z pamięci** from memory
■ **uczyć** (PERF **nauczyć**) **się czegoś na pamięć** to learn something off by heart □ Nauczył się wiersza na pamięć. He learned the poem off by heart.
pamiętać (**pamiętam, pamiętasz**) (PERF **zapamiętać**) VERB
to remember
■ **pamiętać, by coś zrobić** to remember to do something □ Pamiętaj, by kupić chleb. Remember to buy bread.
■ **pamiętać o czymś** to keep something in mind
pamiętnik (GEN **pamiętnika**, PL **pamiętniki**, INST SING **pamiętnikiem**) MASC NOUN
diary
□ Pisałam pamiętnik, gdy byłam nastolatką. I kept a diary when I was a teenager.
pan (GEN **pana**, PL **panowie**, DAT SING AND LOC SING **panu**, VOC SING **panie**) MASC NOUN
1 gentleman
□ Proszę Pana! Excuse me, Sir!
2 you (zaimek)
3 Lord (Bóg)
4 teacher (potoczny: nauczyciel)
■ **pan młody** bridegroom

DID YOU KNOW...?
The polite form of address in Polish is **Pan** (man) or **Pani** (woman) in the singular and **Panowie** (men), **Panie** (women) or **Państwo** (men and women) in the plural plus the verb in the third person. The polite form should be used when talking to someone you don't know well, or someone who is older or more senior than your. Unlike English, which uses the surname in polite forms of address, e.g. Mr Brown, it is more common in Polish to address someone simply as **Pan** or **Pani**.

pani (GEN **pani**, PL **panie**, ACC SING **panią**, GEN PL **pań**) FEM NOUN
1 lady
■ **Proszę Pani!** Excuse me, madam!
2 you (przy zwracaniu się)
3 teacher (potoczny: nauczycielka)
panieński ADJECTIVE
■ **nazwisko panieńskie** maiden name
□ Ona używa swojego panieńskiego nazwiska. She uses her maiden name.
panika (GEN **paniki**, DAT SING AND LOC SING **panice**) FEM NOUN
panic
□ Miasto ogarnęła panika. The town was in a state of panic.
panikować (**panikuję, panikujesz**) (PERF **spanikować**) VERB
to panic (potoczny)

panna (GEN **panny**, PL **panny**, DAT SING AND LOC SING **pannie**, GEN PL **panien**) FEM NOUN
1 young girl
2 unmarried woman
■ **Panna** Virgo
■ **panna młoda** bride
panorama (GEN **panoramy**, PL **panoramy**, DAT SING AND LOC SING **panoramie**) FEM NOUN
panorama
panować (**panuję, panujesz**) (PERF **zapanować**) VERB
1 to rule
■ **panować nad czymś** to be master of something
2 to reign (hałas)
■ **panować nad sobą** to be in control of oneself □ Gdy wpadnie w złość, nie panuje nad sobą. He is not in control of himself when he loses his temper.
państwo (GEN **państwa**, PL **państwa**, LOC SING AND DAT SING **państwie**) NEUT NOUN
1 state
2 you (forma grzecznościowa)
■ **Państwo Kowalscy** the Kowalskis
■ **Proszę Państwa!** Ladies and Gentlemen!
■ **państwo młodzi** the bride and bridegroom
państwowy ADJECTIVE
1 national
□ hymn państwowy national anthem
2 state-owned
□ szkoła państwowa state-owned school
papier (GEN **papieru**, PL **papiery**, LOC SING **papierze**) MASC NOUN
paper
□ arkusz papieru a sheet of paper □ papier toaletowy toilet paper
papieros (GEN **papierosa**, PL **papierosy**, LOC SING **papierosie**) MASC NOUN
cigarette
□ palić papierosy to smoke cigarettes
papierowy ADJECTIVE
paper
papież (GEN **papieża**, PL **papieże**, GEN PL **papieży**) MASC NOUN
the Pope
papryka (GEN **papryki**, PL **papryki**, DAT SING AND LOC SING **papryce**) FEM NOUN
paprika
■ **papryka zielona** green pepper
para (GEN **pary**, PL **pary**, DAT SING AND LOC SING **parze**) FEM NOUN
1 pair
□ Zgubiłam moją ulubioną parę rękawiczek. I've lost my favourite pair of gloves.
■ **parami** in pairs
2 couple
■ **młoda para 1** (w czasie ślubu) the bride and groom **2** (po ślubie) the newly-weds
3 vapour
vapor (US)
paradoks (GEN **paradoksu**, PL **paradoksy**, LOC SING **paradoksie**) MASC NOUN
paradox

parafia – pasjonować

parafia (GEN **parafii**, PL **parafie**, GEN PL **parafii**)
FEM NOUN
parish

paragon (GEN **paragonu**, PL **paragony**,
LOC SING **paragonie**) MASC NOUN
receipt

paragraf (GEN **paragrafu**, PL **paragrafy**,
LOC SING **paragrafie**) MASC NOUN
paragraph

paraliżować (paraliżuję, paraliżujesz)
(PERF **sparaliżować**) VERB
to paralyse
to paralyze (US)

■ **paraliżować ruch uliczny** to stop traffic

parapetówka (GEN **parapetówki**,
PL **parapetówki**, DAT SING **parapetówce**,
GEN PL **parapetówek**) FEM NOUN
housewarming

parasol (GEN **parasola**, PL **parasole**,
GEN PL **parasoli**) MASC NOUN

1 parasol (od słońca)
2 umbrella (od deszczu)

parasolka (GEN **parasolki**, PL **parasolki**, DAT SING
AND LOC SING **parasolce**, GEN PL **parasolek**)
FEM NOUN
umbrella

parę NUMBER
a few

□ **parę lat temu** a few years ago □ **parę minut**
a few minutes □ **od paru godzin** for a few hours
□ **za parę lat** in a few years

park (GEN **parku**, PL **parki**, INST SING **parkiem**)
MASC NOUN
park

□ **park narodowy** national park

parking (GEN **parkingu**, PL **parkingi**,
INST SING **parkingiem**) MASC NOUN
car park
parking lot (US)

parkometr (GEN **parkometru**, PL **parkometry**,
LOC SING **parkometrze**) MASC NOUN
parking meter

parkować (parkuję, parkujesz)
(PERF **zaparkować**) VERB
to park

□ **parkować nielegalnie** to park illegally
□ **Tu nie wolno parkować!** You can't park here!

parkowanie (GEN **parkowania**) NEUT NOUN
parking

parlament (GEN **parlamentu**, PL **parlamenty**,
LOC SING **parlamencie**) MASC NOUN
parliament

parter (GEN **parteru**, PL **partery**, LOC SING **parterze**)
MASC NOUN
ground floor
first floor (US)

□ **Mieszkam w tym bloku na parterze.** I live in
this block on the ground floor.

parterowy ADJECTIVE
■ **dom parterowy** bungalow

partia (GEN **partii**, PL **partie**, GEN PL **partii**)
FEM NOUN

1 party (polityka)
□ **On głosuje za partią konserwatywną.**
He votes for the conservative party.

2 batch
□ **Ta partia towaru w ogóle do nas nie dotarła.**
The batch of goods never reached us at all.

3 game
□ **Lubimy czasem rozegrać partię szachów.**
We like a game of chess from time to time.

partner (GEN **partnera**, PL **partnerzy**, LOC SING
partnerze) MASC NOUN
partner

partnerka (GEN **partnerki**, PL **partnerki**,
DAT SING AND LOC SING **partnerce**,
GEN PL **partnerek**) FEM NOUN
partner

partnerstwo (GEN **partnerstwa**, LOC SING AND
DAT SING **partnerstwie**) NEUT NOUN
partnership

party NEUT NOUN

LANGUAGE TIP party does not decline
party

□ **W sobotę wydaję party urodzinowe.**
I'm having a birthday party on Saturday.

paryski ADJECTIVE
■ **paryskie metro** the Paris metro
■ **bułka paryska** French bread

pas (GEN **pasa**) MASC NOUN
belt

□ **skórzany pasek do spodni** a leather trouser
belt □ **pas zieleni** green belt
■ **pas jezdni** lane

pasażer (GEN **pasażera**, PL **pasażerowie**,
LOC SING **pasażerze**) MASC NOUN
passenger

pasażerka (GEN **pasażerki**, PL **pasażerki**,
LOC SING AND DAT SING **pasażerce**,
GEN PL **pasażerek**) FEM NOUN
passenger

pasażerski ADJECTIVE
passenger

□ **Na tym lotnisku lądują tylko samoloty
pasażerskie.** Only passenger planes land at this
airport.

pasek (GEN **paska**, PL **paski**, INST SING **paskiem**)
MASC NOUN
belt

■ **pasek do zegarka** watch strap
■ **w paski** striped □ **tapeta w paski** striped
wallpaper

pasierb (GEN **pasierba**, PL **pasierbowie**,
LOC SING **pasierbie**) MASC NOUN
stepson

pasierbica (GEN **pasierbicy**, PL **pasierbice**)
FEM NOUN
stepdaughter

pasjonować (pasjonuję, pasjonujesz) VERB
to fascinate

■ **pasjonować się czymś** to be very keen on
something □ **On pasjonuje się sztuką
średniowieczną.** He is very keen on medieval
art.

FEM NOUN

pasjonujący ADJECTIVE
fascinating

paskudny ADJECTIVE
nasty

□ Pogoda jest dzisiaj naprawdę paskudna. The weather is really nasty today.

pasta (GEN **pasty**, PL **pasty**, DAT SING AND LOC SING **paście**) FEM NOUN
paste

□ pasta do zębów toothpaste
■ pasta pomidorowa tomato puree
■ pasta do butów shoe polish

LANGUAGE TIP Be careful! The Polish word **pasta** does not mean **pasta**.

pastylka (GEN **pastylki**, PL **pastylki**, DAT SING AND LOC SING **pastylce**, GEN PL **pastylek**) FEM NOUN
1 pill
2 pastille

□ Smakują mi te pastylki miętowe. These mint pastilles taste good.

pasywny ADJECTIVE
passive (zachowanie)

paszport (GEN **paszportu**, PL **paszporty**, LOC SING **paszporcie**) MASC NOUN
passport

paszportowy ADJECTIVE
passport

■ kontrola paszportowa passport control

pasztet (GEN **pasztetu**, PL **pasztety**, LOC SING **pasztecie**) MASC NOUN
pâté

paść (**padnę, padniesz**) (IMPERATIVE **padnij**, PT **padł**) VERB ▷ zobacz padać
■ paść trupem to drop dead
■ Padli ofiarą rabunku. They fell victim to a robbery.

patelnia (GEN **patelni**, PL **patelnie**, GEN PL **patelni**) FEM NOUN
frying pan

patriota (GEN **patrioty**, PL **patrioci**, DAT SING AND LOC SING **patriocie**) MASC NOUN

LANGUAGE TIP **patriota** declines like a feminine noun in the singular
patriot (zagorzały, prawdziwy, wielki)

patriotyczny ADJECTIVE
patriotic

patriotyzm (GEN **patriotyzmu**, LOC SING AND DAT SING **patriotyzmie**) MASC NOUN
patriotism

patrol (GEN **patrolu**, PL **patrole**, GEN PL **patroli**) MASC NOUN
patrol

patrolować (**patroluję, patrolujesz**) VERB
to patrol

□ Policja częściej niż zwykle patroluje tą okolicę. The police are patrolling this area more often than usual.

patron (GEN **patrona**, PL **patroni**, LOC SING **patronie**) MASC NOUN
patron

patrzeć (**patrzę, patrzysz**) VERB
to look

□ patrzeć na coś trzeźwo to look at something objectively □ patrzeć na coś optymistycznie to look at something optimistically □ patrzeć na kogoś z góry to look down on somebody

patrzyć (**patrzę, patrzysz**) VERB = patrzeć

pauza (GEN **pauzy**, PL **pauzy**, DAT SING AND LOC SING **pauzie**) FEM NOUN
1 pause
2 break (szkolnictwo)

paw (GEN **pawia**, PL **pawie**, GEN PL **pawi**) MASC NOUN
peacock

□ dumny jak paw as proud as a peacock

paznokieć (GEN **paznokcia**, PL **paznokcie**, GEN PL **paznokci**) MASC NOUN
1 fingernail (u ręki)

□ Złamał mi się paznokieć. I've broken a fingernail.
2 toenail (u nogi)

październik (GEN **października**, PL **październiki**, INST SING **październikiem**) MASC NOUN
October

pączek (GEN **pączka**, PL **pączki**, INST SING **pączkiem**) MASC NOUN
1 bud (botanika)
2 doughnut
donut (US: kulinaria)

pchać (**pcham, pchasz**) (PERF **pchnąć**) VERB
to push

□ Pchnął ją o ścianę. He pushed her against the wall.
■ pchać się to force one's way (przez tłum)
■ 'pchać' 'push'

pchła (GEN **pchły**, PL **pchły**, DAT SING AND LOC SING **pchle**, GEN PL **pcheł**) FEM NOUN
flea

□ Nasz pies chyba ma pchły. Our dog has probably got fleas.

pchnąć (**pchnę, pchniesz**) (IMPERATIVE **pchnij**) VERB ▷ zobacz pchać
to stab (nożem)

pchnięcie (GEN **pchnięcia**, PL **pchnięcia**, GEN PL **pchnięć**) NEUT NOUN
stab

pech (GEN **pecha**) MASC NOUN
bad luck

□ Trzynastka przynosi mi pecha. The number thirteen brings me bad luck.
■ mieć pecha to be unlucky

pechowy ADJECTIVE
unlucky

□ pechowa trzynastka unlucky thirteen

pediatra (GEN **pediatry**, PL **pediatrzy**, DAT SING AND LOC SING **pediatrze**) MASC NOUN

LANGUAGE TIP **pediatra** declines like a feminine noun in the singular
paediatrician
pediatrician (US)

□ On jest pediatrą. He is a paediatrician.

pełen ADJECTIVE = pełny

pełno ADVERB
a lot of

□ Na koncert przyszło pełno ludzi. A lot of people came to the concert.

■ **W butelce jest pełno wody.** The bottle is full of water.

pełnoletni ADJECTIVE
of age

pełnopłatny ADJECTIVE
full-price

□ Bilety są pełnopłatne dla dorosłych. Tickets are full-price for adults.

pełnotłusty ADJECTIVE
full-fat

pełnoziarnisty ADJECTIVE
wholemeal
wholewheat (US)

□ Bardzo mi smakuje pełnoziarnisty chleb. I really like wholemeal bread.

pełny ADJECTIVE
full

□ pełen entuzjazmu full of enthusiasm
■ **pełen nadziei** hopeful
■ **pełne mleko** full-cream milk
■ **pełne morze** open sea

penicylina (GEN penicyliny, DAT SING AND LOC SING penicylinie) FEM NOUN
penicillin

penis (GEN penisa, PL penisy, LOC SING penisie) MASC NOUN
penis

pens (GEN pensa, PL pensy, LOC SING pensie) MASC NOUN
penny

■ **dziesięć pensów** 10 pence

pensja (GEN pensji, PL pensje, GEN PL pensji) FEM NOUN
salary

□ Mam teraz znacznie lepszą pensję. I have a considerably better salary now.

pensjonat (GEN pensjonatu, PL pensjonaty, LOC SING pensjonacie) MASC NOUN
guesthouse

perfekcyjny ADJECTIVE
perfect

perfumy (GEN perfum) PL NOUN
perfume

□ uwodzicielskie perfumy seductive perfume

perkusja (GEN perkusji, PL perkusje, GEN PL perkusji) FEM NOUN
drums pl

□ grać na perkusji to play the drums

perła (GEN perły, PL perły, DAT SING AND LOC SING perle, GEN PL pereł) FEM NOUN
pearl

■ **naszyjnik z pereł** a pearl necklace

perłowy ADJECTIVE
pearl (naszyjnik, bransoleta, kolczyki)

■ **masa perłowa** mother-of-pearl

peron (GEN peronu, PL perony, LOC SING peronie) MASC NOUN
platform

□ Pociąg odjeżdża z peronu pierwszego. The train leaves from platform one.

perski ADJECTIVE

■ **Zatoka Perska** the Persian Gulf

personalny ADJECTIVE
1 personal (dane, akta, dokumenty)
2 personnel (dział)

personel (GEN personelu) MASC NOUN
personnel

peruka (GEN peruki, PL peruki, DAT SING AND LOC SING peruce) FEM NOUN
wig

□ nosić perukę to wear a wig

peryferie (GEN peryferii) PL NOUN
outskirts pl

□ Mieszkamy na peryferiach dużego miasta. We live on the outskirts of a large town.

pestka (GEN pestki, PL pestki, DAT SING AND LOC SING pestce, GEN PL pestek) FEM NOUN
1 stone (wiśni)
2 pip (pomarańczy)
3 seed

□ Lubię pogryzać pestki dyni i słonecznika. I like chewing pumpkin and sunflower seeds.
■ **To dla mnie pestka.** It's a piece of cake for me.

pesymista (GEN pesymisty, PL pesymiści, DAT SING AND LOC SING pesymiście) MASC NOUN

LANGUAGE TIP pesymista declines like a feminine noun in the singular
pessimist

pesymistyczny ADJECTIVE
pessimistic

pesymizm (GEN pesymizmu, LOC SING pesymizmie) MASC NOUN
pessimism

pewien (FEM pewna, NEUT pewne) ADJECTIVE
1 a certain

□ pewien pan a certain gentleman
2 certain (pewny)

■ **na pewno** certainly □ Pewnego dnia na pewno tam pojedziemy. We will certainly go there one day.
■ **pewnego razu** once upon a time
■ **przez pewien czas** for some time
■ **w pewnym sensie** in a sense

pewnie ADVERB
1 firmly (zdecydowanie)
2 reliably

□ Praca zostanie wykonana pewnie i szybko. The work will be done reliably and quickly.
3 probably

□ Dziś pewnie będzie padać. It will probably rain today.
■ **No, pewnie!** (potoczny) You bet!

pewność (GEN pewności) FEM NOUN
1 certainty

■ **Mam pewność, że już tu kiedyś byliśmy.** I am sure we have been here before.
2 reliability

□ Ta marka samochodów słynie ze swojej pewności. This car make is famous for its reliability.
■ **dla pewności** to be on the safe side

■ **pewność siebie** self-confidence
■ **z pewnością** surely
■ **mieć pewność** to be sure

pewny ADJECTIVE
1 certain
  □ To absolutnie pewne. It is absolutely certain.
2 firm *(krok)*
3 reliable
  □ On jest bardzo pewnym pracownikiem. He is a very reliable employee.
  ■ **być pewnym czegoś** to be sure of something
  ■ **pewny siebie** self-confident
  ■ **On jest pewny, że...** He's sure that...

pędzel (GEN **pędzla**, PL **pędzle**, GEN PL **pędzli**)
MASC NOUN
1 shaving brush *(do golenia)*
2 paintbrush *(do malowania)*
  ■ **wystawa obrazów pędzla Rembrandta** exhibition of paintings by Rembrandt

pędzić (**pędzę, pędzisz**) (IMPERATIVE **pędź**) VERB
to drive (PERF **popędzić**)
to speed along
  ■ **pędzić na złamanie karku** to go at breakneck speed

pękać (**pękam, pękasz**) (PERF **pęknąć**) VERB
1 to crack
  □ Pękła przednia szyba w samochodzie. The windscreen has cracked.
2 to burst *(sznurek)*
3 to rip *(koszula)*
  ■ **Głowa mi pęka.** My head is splitting.
  ■ **Pękała ze śmiechu.** She was laughing her head off.

pęknięcie (GEN **pęknięcia**, PL **pęknięcia**, GEN PL **pęknięć**) NEUT NOUN
1 fracture *(kości, czaszki)*
2 crack *(szyby)*

pępek (GEN **pępka**, PL **pępki**, INST SING **pępkiem**)
MASC NOUN
belly button *(potoczny)*

piana (GEN **piany**, DAT SING AND LOC SING **pianie**)
FEM NOUN
1 foam
2 head *(na powierzchni piwa)*

pianino (GEN **pianina**, PL **pianina**, LOC SING **pianinie**) NEUT NOUN
piano
  □ Gram na pianinie od dziecka. I have been playing the piano since I was a child.

pianista (GEN **pianisty**, PL **pianiści**, DAT SING AND LOC SING **pianiście**) MASC NOUN
  ⋮ LANGUAGE TIP **pianista** declines like a feminine noun in the singular
pianist

pianistka (GEN **pianistki**, PL **pianistki**, DAT SING AND LOC SING **pianistce**, GEN PL **pianistek**)
FEM NOUN
pianist

pianka (GEN **pianki**, DAT SING AND LOC SING **piance**)
FEM NOUN
  ■ **pianka do włosów** styling mousse
  ■ **pianka do golenia** shaving foam

piasek (GEN **piasku**, PL **piaski**, INST SING **piaskiem**)
MASC NOUN
sand

piaskownica (GEN **piaskownicy**, PL **piaskownice**) FEM NOUN
sandpit
sandbox (US)

piąć się (**pnę, pniesz**) (IMPERATIVE **pnij**) VERB
to climb up

piątek (GEN **piątku**, PL **piątki**, INST SING **piątkiem**)
MASC NOUN
Friday
  ■ **Wielki Piątek** Good Friday

piątka (GEN **piątki**, PL **piątki**, DAT SING AND LOC SING **piątce**, GEN PL **piątek**) FEM NOUN
1 five
2 A
  □ Dostała piątkę z matematyki. She got an A in maths.

piąty NUMBER
  ⋮ LANGUAGE TIP **piąty** declines like an adjective
fifth
  □ W tym roku oni obchodzą piątą rocznicę ślubu. This year they are celebrating their fifth wedding anniversary.

picie (GEN **picia**) NEUT NOUN
1 drinking *(czynność)*
2 drink *(potoczny: napój)*
  ■ **Daj mi coś co picia.** Give me something to drink.
  ■ **Ta woda jest do picia.** This water is drinkable.

pić (**piję, pijesz**) (PERF **wypić**) VERB
to drink
  ■ **Chce mi się pić.** I'm thirsty.

piec (GEN **pieca**, PL **piece**) MASC NOUN
  ▷ *zobacz też* **piec** VERB
1 stove *(kuchenny)*
2 oven *(piekarniczy)*
  □ Należy nagrzać piec do temperatury 180 stopni. The oven should be heated to 180 degrees.

piec (**piekę, pieczesz**) (IMPERATIVE **piecz**, PERF **upiec**) VERB
  ▷ *zobacz też* **piec** MASC NOUN
1 to bake
  □ Ona zawsze piecze swój własny chleb. She always bakes her own bread.
2 to roast *(wołowinę)*

piechota (GEN **piechoty**, DAT SING AND LOC SING **piechocie**)
FEM NOUN
infantry
  ■ **piechota morska** Royal Marines *pl*; Marine Corps (US); Marines (US)
  ■ **iść na piechotę** to walk

pieczarka (GEN **pieczarki**, PL **pieczarki**, DAT SING AND LOC SING **pieczarce**, GEN PL **pieczarek**)
FEM NOUN
field mushroom
  ■ **hodowla pieczarek** mushroom farming

pieczątka (GEN **pieczątki**, PL **pieczątki**, DAT SING AND LOC SING **pieczątce**, GEN PL **pieczątek**) FEM NOUN
stamp

P

pieczeń (GEN pieczeni, PL pieczenie, GEN PL pieczeni) FEM NOUN
roast

■ pieczeń wołowa roast beef

pieczęć (GEN pieczęci, PL pieczęcie, GEN PL pieczęci) FEM NOUN
stamp

pieczywo (GEN pieczywa, LOC SING AND DAT SING pieczywie) NEUT NOUN
bread

piegowaty ADJECTIVE
freckled

□ piegowaty nos a freckled nose

piekarnia (GEN piekarni, PL piekarnie, GEN PL piekarni) FEM NOUN
bakery

□ moja ulubiona piekarnia my favourite bakery

piekarnik (GEN piekarnika, PL piekarniki, INST SING piekarnikiem) MASC NOUN
oven

□ Wyjmij ciasto z piekarnika. Take the cake out of the oven.

piekarz (GEN piekarza, PL piekarze, GEN PL piekarzy) MASC NOUN
baker

■ u piekarza at the baker's

piekło (GEN piekła, LOC SING AND DAT SING piekle) NEUT NOUN
hell

pielęgniarka (GEN pielęgniarki, PL pielęgniarki, DAT SING AND LOC SING pielęgniarce, GEN PL pielęgniarek) FEM NOUN
nurse

□ Moja przyjaciółka jest pielęgniarką. My friend is a nurse.

pielęgniarz (GEN pielęgniarza, PL pielęgniarze, GEN PL pielęgniarzy) MASC NOUN
male nurse

pielęgnować (pielęgnuję, pielęgnujesz) VERB
1 to nurse (osobę)

□ Pielęgnowała chorą babcię. She nursed her sick grandmother.
2 to take care of (zwierzę, skóra)

pielgrzym (GEN pielgrzyma, PL pielgrzymi, LOC SING pielgrzymie) MASC NOUN
pilgrim

pielgrzymka (GEN pielgrzymki, PL pielgrzymki, DAT SING AND LOC SING pielgrzymce, GEN PL pielgrzymek) FEM NOUN
pilgrimage

pielucha (GEN pieluchy, PL pieluchy, DAT SING AND LOC SING pielusze) FEM NOUN
nappy
diaper (US)

pieniądz (GEN pieniądza, PL pieniądze, GEN PL pieniędzy) MASC NOUN
money

□ On zarabia dużo pieniędzy. He earns a lot of money.

pieprz (GEN pieprzu) MASC NOUN
pepper

piernik (GEN piernika, PL pierniki, INST SING piernikiem) MASC NOUN
gingerbread

pierogi (GEN pierogów) PL NOUN
stuffed dumplings

> **DID YOU KNOW...?**
> Pierogi is a popular dish in Central and Eastern European cuisine. Pierogi are small dumplings, made from dough which has been boiled or fried in fat and stuffed with various fillings, such as meat, cabbage with mushrooms or potato and onion. Pierogi can also be served sweet with cottage cheese or fruit, and covered in thick cream.

pierś (GEN piersi, PL piersi, GEN PL piersi) FEM NOUN
1 chest
2 breast (u kobiety)

■ karmić dziecko piersią to breast-feed a child

pierścionek (GEN pierścionka, PL pierścionki, INST SING pierścionkiem) MASC NOUN
ring

pierwszeństwo (GEN pierwszeństwa, LOC SING AND DAT SING pierwszeństwie) NEUT NOUN
precedence (prawo, przywilej)

■ pierwszeństwo przejazdu right of way
□ Ta droga nie ma pierwszeństwa przejazdu. There is no right of way on that road.

■ ustąpić perf pierwszeństwa to give way

pierwszy ADJECTIVE
first

■ pierwszy maja the first of May
■ pierwsze piętro first floor; second floor (US)
■ pierwsza w prawo the next on the right
■ po pierwsze firstly
■ pierwszy raz the first time

pies (GEN psa, PL psy, LOC SING AND DAT SING psie) MASC NOUN
dog

□ pies z rodowodem pedigree dog
■ pogoda pod psem dreadful weather

pieszo ADVERB
on foot

■ iść (PERF pójść) pieszo to walk □ Chodzą do szkoły pieszo dwa razy w tygodniu. They walk to school twice a week.

pieszy MASC NOUN

> **LANGUAGE TIP** pieszy declines like an adjective

pedestrian

■ piesza wycieczka hike
■ przejście dla pieszych pedestrian crossing

pieśń (GEN pieśni, PL pieśni, GEN PL pieśni) FEM NOUN
song

pietruszka (GEN pietruszki, PL pietruszki, DAT SING AND LOC SING pietruszce, GEN PL pietruszek) FEM NOUN
parsley

pięć NUMBER
five

piećdziesiąt NUMBER
fifty

pięćset NUMBER
five hundred

pięknie ADVERB
beautifully
- **pięknie wyglądać** to look beautiful
- **no pięknie!** *(potoczny)* oh great!

piękno (GEN **piękna**, LOC SING AND DAT SING **pięknie**)
NEUT NOUN
beauty

piękny ADJECTIVE
beautiful
- **literatura piękna** belles-lettres
- **sztuki piękne** fine arts
- **płeć piękna** the fair sex

pięść (GEN **pięści**, PL **pięści**, GEN PL **pięści**) FEM NOUN
fist

pięta (GEN **pięty**, PL **pięty**, DAT SING AND LOC SING
pięcie) FEM NOUN
heel
- **pięta Achillesa** Achilles' heel

piętnasty NUMBER

> **LANGUAGE TIP** piętnasty declines like
> an adjective

fifteenth

piętnaście NUMBER
fifteen
- **za piętnaście czwarta** quarter to four

piętro (GEN **piętra**, PL **piętra**, LOC SING **piętrze**,
GEN PL **pięter**) NEUT NOUN
floor
- □ **mieszkać na drugim piętrze** to live on the
second floor; to live on the third floor (US)
- **na piętrze** upstairs
- **iść na piętro** to go upstairs

piętrowy ADJECTIVE
- **dom piętrowy** house *(with more than one floor)*
- **łóżko piętrowe** bunk beds *pl* □ **Dzieci śpią
w łóżkach piętrowych.** The children sleep in
bunk beds.
- **autobus piętrowy** double-decker bus

pigułka (GEN **pigułki**, PL **pigułki**, DAT SING AND LOC
SING **pigułce**, GEN PL **pigułek**) FEM NOUN
pill
- □ **pigułka nasenna** sleeping pill
- **pigułka antykoncepcyjna** the pill

pijak (GEN **pijaka**, PL **pijacy**, INST SING **pijakiem**)
MASC NOUN
drunk

pijany ADJECTIVE
drunk

pikantny ADJECTIVE
1 piquant *(smak)*
2 hot
- □ **Bardzo mi smakują pikantne potrawy.** I really
like hot dishes.

piknik (GEN **pikniku**, PL **pikniki**,
INST SING **piknikiem**) MASC NOUN
picnic

pilnować (**pilnuję, pilnujesz**)
(PERF **przypilnować**) VERB +*gen*

1 to look after *(dziecka)*
2 to supervise *(robotników)*
3 to maintain *(porządku)*
- **pilnować się** to look after oneself

pilny ADJECTIVE
1 diligent *(student)*
2 urgent
- □ **Mam dla niej pilną wiadomość.** I have an
urgent message for her.

pilot (GEN **pilota**, PL **piloci**, LOC SING **pilocie**)
MASC NOUN
1 pilot *(samolot)*
2 guide *(wycieczek)*
3 remote control (NOM PL **piloty**) *(do telewizora)*

piłka (GEN **piłki**, PL **piłki**, DAT SING AND LOC SING **piłce**,
GEN PL **piłek**) FEM NOUN
1 ball
- □ **grać w piłkę** to play ball □ **piłka nożna**
football; soccer (US) □ **piłka ręczna** handball
2 handsaw *(mała piła)*

piłkarz (GEN **piłkarza**, PL **piłkarze**, GEN PL **piłkarzy**)
MASC NOUN
footballer
soccer player (US)

pingwin (GEN **pingwina**, PL **pingwiny**,
LOC SING **pingwinie**) MASC NOUN
penguin

pionowo ADVERB
1 vertically
2 down *(w krzyżówce)*

pionowy ADJECTIVE
1 vertical
2 upright *(w pozycji pionowej)*

piorun (GEN **pioruna**, PL **pioruny**, LOC SING **piorunie**)
MASC NOUN
thunder and lightning
- **burza z piorunami** thunderstorm

piosenka (GEN **piosenki**, PL **piosenki**, DAT SING
AND LOC SING **piosence**, GEN PL **piosenek**) FEM NOUN
song
- □ **bardzo popularna piosenka** a very popular song

piórnik (GEN **piórnika**, PL **piórniki**,
INST SING **piórnikiem**) MASC NOUN
pencil case

pióro (GEN **pióra**, PL **pióra**, LOC SING AND DAT SING
piórze) NEUT NOUN
feather *(ptaka)*
- **wieczne pióro** fountain pen

Pireneje (GEN **Pirenejów**) PL NOUN
the Pyrenees

pisać (**piszę, piszesz**) (PERF **napisać**) VERB
to write
- □ **Piszę list do przyjaciółki.** I'm writing a letter
to my friend.
- **Jak to się pisze?** How do you spell it?
- **pisać na maszynie** to type

pisanka (GEN **pisanki**, PL **pisanki**, DAT SING AND
LOC SING **pisance**, GEN PL **pisanek**) FEM NOUN
Easter egg

pisarka (GEN **pisarki**, PL **pisarki**, DAT SING AND LOC
SING **pisarce**, GEN PL **pisarek**) FEM NOUN
writer

P

pisarz (GEN **pisarza**, PL **pisarze**, GEN PL **pisarzy**)
MASC NOUN
writer

pisemnie ADVERB
in writing

pisemny ADJECTIVE
written
□ pisemny egzamin z angielskiego written
English exam

pismo (GEN **pisma**, PL **pisma**, LOC SING AND DAT SING
piśmie) NEUT NOUN
1 writing
□ na piśmie in writing
■ pismo pochyłe italics
2 handwriting
□ On ma bardzo ładny charakter pisma. He has
very nice handwriting.
3 magazine
□ pismo dla kobiet a women's magazine
4 letter *(dokument)*
■ pismo Święte the Holy Scriptures

pisownia (GEN **pisowni**, PL **pisownie**,
GEN PL **pisowni**) FEM NOUN
spelling
■ Jaka jest pisownia tego słowa? How do you
spell this word?

pistolet (GEN **pistoletu**, PL **pistolety**,
LOC SING **pistolecie**) MASC NOUN
gun
□ pistolet maszynowy machine gun

PIT NEUT NOUN
tax return

pitny ADJECTIVE
drinking *(woda)*
■ miód pitny mead

piwnica (GEN **piwnicy**, PL **piwnice**) FEM NOUN
cellar

piwo (GEN **piwa**, PL **piwa**, DAT SING **piwu**,
LOC SING **piwie**) NEUT NOUN
beer

pizza (GEN **pizzy**, PL **pizze**) FEM NOUN
pizza

piżama (GEN **piżamy**, PL **piżamy**, DAT SING AND LOC
SING **piżamie**) FEM NOUN
pyjamas *pl*
pajamas *pl* (US)

PKP ABBREVIATION (= *Polskie Koleje Państwowe*)
Polish State Railways

PKS ABBREVIATION (= *Państwowa Komunikacja
Samochodowa*)
National Transport Company

pkt ABBREVIATION (= *punkt*)
pt.

pl. ABBREVIATION (= *plac*)
sq.

plac (GEN **placu**, PL **place**) MASC NOUN
square
■ plac budowy building site
■ plac zabaw playground

placek (GEN **placka**, PL **placki**, INST SING **plackiem**)
MASC NOUN
cake

■ placki kartoflane potato pancakes

plakat (GEN **plakatu**, PL **plakaty**, LOC SING **plakacie**)
MASC NOUN
poster
□ plakat jej ulubionego zespołu a poster of her
favourite band

plama (GEN **plamy**, PL **plamy**, DAT SING AND LOC SING
plamie) FEM NOUN
stain
□ plama z czerwonego wina a red wine stain
■ tłusta plama a greasy spot

plamić (**plamię**, **plamisz**) (PERF **poplamić**) VERB
to stain *(robić plamy)*
■ plamić (PERF **poplamić**) się to get dirty
(brudzić się)

plan (GEN **planu**, PL **plany**, LOC SING **planie**)
MASC NOUN
1 plan
□ Jakie masz plany na przyszłość? What are
your plans for the future?
2 schedule
□ Oto plan naszej konferencji. That's the
schedule for our conference.
3 street map
□ Ile kosztuje plan miasta? How much is the
street map?
■ mieć coś w planie to plan something
■ plan zajęć timetable
■ według planu according to plan

planeta (GEN **planety**, PL **planety**, DAT SING AND
LOC SING **planecie**) FEM NOUN
planet

planować (**planuję**, **planujesz**) (PERF
zaplanować) VERB
1 to plan
□ Planujemy w przyszły weekend wyjechać za
miasto. We plan to go out of town next
weekend.
2 to schedule
□ Szef zaplanował spotkanie na jutro rano.
The boss has scheduled a meeting for
tomorrow morning.

plaster (GEN **plastra**, PL **plastry**, LOC SING
plastrze) MASC NOUN
sticking plaster
Bandaid® (US)

plasterek (GEN **plasterka**, PL **plasterki**,
INST SING **plasterkiem**) MASC NOUN = **plaster**

plastyczny ADJECTIVE
1 artistic *(sztuka)*
2 vivid
□ plastyczny opis wydarzenia a vivid
description of the event
■ operacja plastyczna plastic surgery

plastyk (GEN **plastyka**, PL **plastycy**,
INST SING **plastykiem**) MASC NOUN
artist

plaża (GEN **plaży**, PL **plaże**) FEM NOUN
beach
□ plaża dla nudystów nudist beach

plecak (GEN **plecaka**, PL **plecaki**,
INST SING **plecakiem**) MASC NOUN

rucksack
backpack (US)
plecy (GEN **pleców**) PL NOUN
back
□ Dokucza mi ból pleców. I've got a bad back.
□ Leżał na plecach. He was lying on his back.
pleść (**plotę, pleciesz**) (IMPERATIVE **pleć**, PT **plótł,
plotła, pletli**, PERF **zapleść**) VERB
1 to plait
2 to blabber (PERF **napleść**) (potoczny)
■ **pleść trzy po trzy** to talk rubbish
pleśń (GEN **pleśni**) FEM NOUN
mould
mold (US)
plik (GEN **pliku**, PL **pliki**, INST SING **plikiem**)
MASC NOUN
1 bundle
□ plik gazet a bundle of newspapers
2 file
□ Nie umiem znaleźć tego pliku na dysku.
I don't know how to find this file on the disk.
plomba (GEN **plomby**, PL **plomby**, DAT SING AND
LOC SING **plombie**) FEM NOUN
filling (u dentysty)
plotka (GEN **plotki**, PL **plotki**, DAT SING AND LOC SING
plotce, GEN PL **plotek**) FEM NOUN
rumour
rumor (US)
■ **wylęgarnia plotek** hotbed of gossip
plotkować (**plotkuję, plotkujesz**) VERB
to gossip
□ Moi współpracownicy uwielbiają plotkować.
My co-workers love to gossip.
plus (GEN **plusa**, PL **plusy**, LOC SING **plusie**)
MASC NOUN
1 plus (w matematyce)
2 advantage (coś pozytywnego)
■ **plusy i minusy** pros and cons
■ **plus minus** more or less
płaca (GEN **płacy**, PL **płace**) FEM NOUN
1 pay (tygodniowa, miesięczna, stała)
2 wages pl (dzienna, tygodniowa)
3 salary (roczna)
płacić (**płacę, płacisz**) (IMPERATIVE **płać,**
PERF **zapłacić**) VERB
to pay
■ **płacić za coś** to pay for something
płacz (GEN **płaczu**, PL **płacze**) MASC NOUN
crying
□ głośny płacz dziecka a child's loud crying
płaczliwy ADJECTIVE
tearful (człowiek)
płakać (**płaczę, płaczesz**) VERB
to cry
□ płakać z radości to cry for joy
płaski ADJECTIVE
flat
□ buty na płaskim obcasie flat shoes
■ **płaski talerz** dinner plate
płaszcz (GEN **płaszcza**, PL **płaszcze,**
GEN PL **płaszczy**) MASC NOUN
coat

□ mój ulubiony płaszcz zimowy my favourite
winter coat
płatność (GEN **płatności**, PL **płatności,**
GEN PL **płatności**) FEM NOUN
payment
□ Jak życzy sobie Pan dokonać płatności?
How do you wish to make the payment, sir?
płatny ADJECTIVE
paid
□ dobrze płatny well-paid □ nisko płatny
low-paid
płd. ABBREVIATION (= południowy)
south
płeć (GEN **płci**, PL **płci**, GEN PL **płci**) FEM NOUN
gender
płn. ABBREVIATION (= północny)
north
płodny ADJECTIVE
fertile
□ płodna ziemia fertile soil
płomień (GEN **płomienia**, PL **płomienie,**
GEN PL **płomieni**) MASC NOUN
flame (ogień)
płonąć (**płonę, płoniesz**) (IMPERATIVE **płoń**) VERB
to burn
płot (GEN **płotu**, PL **płoty**, LOC SING **płocie**)
MASC NOUN
fence
płód (GEN **płodu**, PL **płody**, LOC SING **płodzie**)
MASC NOUN
foetus
fetus (US)
płuco (GEN **płuca**, PL **płuca**) NEUT NOUN
lung
■ **zapalenie płuc** pneumonia
płukać (**płuczę, płuczesz**) (PERF **wypłukać**) VERB
to rinse (tkaninę)
■ **płukać gardło** to gargle
płyn (GEN **płynu**, PL **płyny**, LOC SING **płynie**)
MASC NOUN
liquid
□ płyn do mycia naczyń washing-up liquid
■ **płyn po goleniu** aftershave lotion
■ **płyn do płukania gardła** throat wash
płynąć (**płynę, płyniesz**) (IMPERATIVE **płyń**) VERB
1 to flow
2 to swim (człowiek)
3 to sail
□ Popłynął promem do Szwecji. He sailed to
Sweden by ferry.
■ **Niewiarygodne, jak szybko czas płynie.**
It is incredible how quickly time flies.
płynnie ADVERB
1 fluently (mówić, czytać, recytować)
2 smoothly (chodzić)
płynny ADJECTIVE
1 liquid (miód)
2 fluent (wymowa)
płyta (GEN **płyty**, PL **płyty**, DAT SING AND LOC SING
płycie) FEM NOUN
1 plate
□ marmurowa płyta a marble plate

2 record
□ kolekcja płyt a record collection
■ **płyta kompaktowa** compact disc

pływaczka (GEN pływaczki, PL pływaczki, DAT SING AND LOC SING **pływaczce**, GEN PL **pływaczek**) FEM NOUN
swimmer

pływać (**pływam, pływasz**) VERB
1 to swim
■ **Chodzę pływać raz w tygodniu.** I go swimming once a week.
2 to sail (statek)
3 to float
□ **Coś pływa na powierzchni wody.** Something is floating on the surface of the water.

pływak (GEN pływaka, PL pływacy, INST SING **pływakiem**) MASC NOUN
swimmer

pływalnia (GEN pływalni, PL pływalnie, GEN PL **pływalni**) FEM NOUN
swimming pool
□ pływalnia otwarta an open-air swimming pool

pływanie (GEN pływania) NEUT NOUN
swimming

p.n.e. ABBREVIATION (= przed naszą erą)
BC

po PREPOSITION

> **LANGUAGE TIP** When po means **after**, **by** or **from** it takes the locative

1 after
□ po kolacji after dinner □ po chwili after a while □ jeden po drugim one after another
■ **pięć po drugiej** five past two
■ **butelka po piwie** beer bottle
2 by
□ rozpoznać kogoś po głosie to recognize somebody by his voice
3 from
□ **Ma urodę po babce.** She gets her beauty from her grandmother. □ spadek po ojcu inheritance from one's father
■ **chodzić po parku** to walk in the park
■ **chodzić po trawie** to walk on grass
■ **jeździć po mieście** to travel around the town
■ **po lewej stronie** on the left side
■ **po kawałku** piece by piece

> **LANGUAGE TIP** When po means **to** or **for** it takes the accusative

4 to
□ po brzegi to the rim
■ **Wody było po kostki.** The water was ankle-deep.
5 for
□ przychodzić (PERF przyjść) po mleko to come for milk □ posłać (PERF posyłać) po lekarza to send for a doctor
■ **po co?** what for?
■ **po trzydzieści sztuk w paczce** thirty items per pack

> **LANGUAGE TIP** When po is used to show the way in which something is done, it takes the dative

■ po cichu quietly
■ po trochu bit by bit
■ po polsku in Polish □ mówić po angielsku to speak English

pobić (**pobiję, pobijesz**) VERB
1 to defeat (w walce)
2 to beat up (kogoś)
■ **pobić** (perf) **kogoś na kwaśne jabłko** to beat somebody to a pulp
■ **pobić się** to have a fight

pobudka (GEN pobudki, PL pobudki, DAT SING AND LOC SING **pobudce**, GEN PL **pobudek**) FEM NOUN
alarm (sygnał)

pobyt (GEN pobytu, PL pobyty, LOC SING **pobycie**) MASC NOUN
stay
□ dwutygodniowy pobyt nad morzem a two-week stay at the seaside

pocałować (**pocałuję, pocałujesz**) VERB
▷ zobacz **całować**

pocałunek (GEN pocałunku, PL pocałunki, INST SING **pocałunkiem**) MASC NOUN
kiss
□ pocałunek śmierci kiss of death

pochmurno ADVERB
■ **Jest pochmurno.** It's cloudy.

pochmurny ADJECTIVE
cloudy
□ pochmurny poranek a cloudy morning

pochodzenie (GEN pochodzenia) NEUT NOUN
origin
■ **On jest Szkotem z pochodzenia.** He is of Scottish descent.

pochodzić (**pochodzę, pochodzisz**) VERB
□ **Pochodzę z Anglii.** I come from England.
□ **Pochodzę z biednej rodziny.** I come from a poor family.

pochwa (GEN pochwy, PL pochwy, DAT SING AND LOC SING **pochwie**, GEN PL **pochew**) FEM NOUN
vagina

pochwalać (**pochwalam, pochwalasz**) VERB
to approve of (zachowanie)
■ **nie pochwalać czegoś** to disapprove of something

pochwalić (**pochwalę, pochwalisz**) VERB
▷ zobacz **chwalić**

pochwała (GEN pochwały, PL pochwały, DAT SING AND LOC SING **pochwale**) FEM NOUN
praise
□ pochwała za dobre wyniki w szkole praise for good performance at school

pociąć (**potnę, potniesz**) (IMPERATIVE **potnij**) VERB PERF
to cut up
■ **pociąć na kawałki** to cut into pieces

pociąg (GEN pociągu, PL pociągi, INST SING **pociągiem**) MASC NOUN
train
□ jechać pociągiem to go by train □ pociąg ekspresowy express train

pociągać (**pociągam, pociągasz**) VERB
to attract

■ **pociągać** (PERF **pociągnąć**) **za coś** to pull at something

■ **pociągać** (PERF **pociągnąć**) **nosem** to sniff

pociągnąć (**pociągnę, pociągniesz**)
(IMPERATIVE **pociągnij**) VERB ▷*zobacz* **pociągać,**
ciągnąć

pocić się (**pocę, pocisz**) (IMPERATIVE **poć,**
PERF **spocić**) VERB

1 to sweat *(stopy)*
□ pocić się ze strachu to sweat with fear

2 to steam up (PERF **zapocić**) *(okulary)*

pocieszać (**pocieszam, pocieszasz**)
(PERF **pocieszyć**) VERB
to comfort
□ Nie mogliśmy jej pocieszyć po odejściu jej chłopaka. We could not comfort her after her boyfriend had left.

■ **pocieszać się** to console oneself

początek (GEN **początku**, PL **początki**,
INST SING **początkiem**) MASC NOUN
beginning
□ na początku at the beginning □ od początku from the beginning

■ **na początek** for a start

■ **z początku** at first

początkowo ADVERB
initially

początkowy ADJECTIVE
initial
□ Początkowy plan nie powiódł się. The initial plan didn't work.

początkujący ADJECTIVE
▷*zobacz też* **początkujący** MASC NOUN
novice

początkujący MASC NOUN
▷*zobacz też* **początkujący** ADJECTIVE

LANGUAGE TIP **początkujący** declines like an adjective

beginner

poczekalnia (GEN **poczekalni**, PL **poczekalnie**,
GEN PL **poczekalni**) FEM NOUN
waiting room
□ poczekalnia u lekarza doctor's waiting room

poczta (GEN **poczty**, PL **poczty**, DAT SING AND LOC
SING **poczcie**) FEM NOUN

1 post office *(urząd pocztowy)*
□ Poczta jest za rogiem. The post office is round the corner.

2 post
mail (US: *korespondencja*)
□ pocztą lotniczą by airmail

■ **poczta elektroniczna** email

■ **poczta głosowa** voicemail

pocztowy ADJECTIVE
postal

■ **kod pocztowy** postcode; zip code (US)

■ **urząd pocztowy** post office

■ **znaczek pocztowy** postage stamp

■ **skrzynka pocztowa 1** *(na drzwiach domu,*
przed domem) letter box; mailbox (US)
2 *(na ulicy)* postbox; mailbox (US)

pocztówka (GEN **pocztówki**, PL **pocztówki**,
DAT SING AND LOC SING **pocztówce**,
GEN PL **pocztówek**) FEM NOUN
postcard

poczuć (**poczuję, poczujesz**) VERB ▷*zobacz*
czuć

pod PREPOSITION

LANGUAGE TIP When **pod** is used to show the location of something, it takes the instrumental

1 under
□ pod krzesłem under the chair □ Pies leży pod stołem. The dog's lying under the table.
□ pod przymusem under pressure
□ pod wpływem under the influence

■ **pod ziemią** underground

■ **pod wodą** underwater

■ **pod spodem** underneath

2 by
□ pod domem by the house

■ **pod drzwiami** at the door

3 near
□ wieś pod miastem a village near the town

■ **bitwa pod Grunwaldem** the Battle of Grunwald

LANGUAGE TIP When **pod** is used to show the direction something is moving in, it takes the accusative

4 under *(kierunek)*
□ Mysz weszła pod łóżko. The mouse went under the bed.

■ **pod prąd** against the current

■ **iść pod górę** to walk uphill

■ **wpaść** *(perf)* **pod autobus** to get run over by a bus

■ **pod koniec** towards the end

■ **pod wieczór** towards evening

■ **pod czyjąś nieobecność** in somebody's absence

■ **pod czyjąś opieką** in somebody's care

■ **pod nazwiskiem Kowalski** under the name of Kowalski

■ **pod warunkiem, że...** on condition that...

■ **książka pod tytułem...** a book entitled...

podać (**podam, podasz**) VERB ▷*zobacz* **podawać**

podanie (GEN **podania**, PL **podania**, GEN PL **podań**)
NEUT NOUN
application
□ podanie o przyznanie zasiłku an application for a benefit

podarty ADJECTIVE
tattered

podatek (GEN **podatku**, PL **podatki**,
INST SING **podatkiem**) MASC NOUN
tax
□ podatek dochodowy income tax □ podatek od wartości dodanej value added tax

podawać (**podaję, podajesz**) (PERF **podać**)
VERB

1 to pass
□ Podaj mi sól. Pass me the salt.

2 to give

P

3 to administer *(lekarstwo)*
- **podawać się za kogoś** to pose as somebody
- **podawać** (PERF **podać**) **komuś coś** to pass somebody something
- **Podano do stołu!** Dinner's ready!

podczas PREPOSITION

> LANGUAGE TIP podczas takes the genitive

during
- **podczas gdy** while □ Podczas gdy my oglądaliśmy film, on odrabiał lekcje. While we were watching the film, he was doing his homework.

podejmować (**podejmuję, podejmujesz**) (IMPERATIVE **podejmuj**, PERF **podjąć**) VERB

1 to take
□ Podejmujesz duże ryzyko. You are taking a big risk.

2 to take up
□ Ona jutro podejmuje obowiązki w pracy. She is taking up her duties at work tomorrow.

3 to receive
- **podejmować się czegoś** to undertake something
- **podejmować się coś zrobić** to undertake to do something
- **podejmować** (PERF **podjąć**) **decyzję** to make a decision

podejrzany ADJECTIVE
> *zobacz też* **podejrzany** MASC NOUN
suspicious

podejrzany MASC NOUN
> *zobacz też* **podejrzany** ADJECTIVE

> LANGUAGE TIP podejrzany declines like an adjective

suspect

podejrzewać (**podejrzewam, podejrzewasz**) VERB
to suspect
□ podejrzewać kogoś o coś to suspect somebody of something

podejrzliwy ADJECTIVE
suspicious

podeszły ADJECTIVE
- **w podeszłym wieku** advanced in years
- **osoby w podeszłym wieku** the aged

podjąć (**podejmę, podejmiesz**) (IMPERATIVE **podejmij**) VERB > *zobacz* **podejmować**

podkoszulek (GEN **podkoszulka**, PL **podkoszulki**, INST SING **podkoszulkiem**) MASC NOUN
vest
undershirt (US)

podlegać (**podlegam, podlegasz**) VERB
- **podlegać komuś** *(kierownikowi)* to be subordinate to somebody
- **podlegać czemuś 1** *(kierownictwu)* to be subordinate to something **2** *(obowiązkowi)* to be subject to something

podlizywać się (**podlizuję, podlizujesz**) (PERF **podlizać**) VERB
- **podlizywać** (PERF **podlizać**) **się komuś** *(potoczny)* to suck up to somebody

podłączać (**podłączam, podłączasz**) (PERF **podłączyć**) VERB
to connect
□ Podłączył komputer do drukarki. He connected the computer with the printer.

podłoga (GEN **podłogi**, PL **podłogi**, DAT SING AND LOC SING **podłodze**, GEN PL **podłóg**) FEM NOUN
floor

podły ADJECTIVE
mean
□ Jak możesz być taki podły? How can you be so mean?

podniecający ADJECTIVE
exciting
□ podniecające plany na urlop exciting holiday plans

podniecenie (GEN **podniecenia**) NEUT NOUN
excitement

podniecony ADJECTIVE
excited *(ożywiony)*

podnieść (**podniosę, podniesiesz**) (IMPERATIVE **podnieś**, PT **podniósł, podniosła, podnieśli**) VERB > *zobacz* **podnosić**

podnosić (**podnoszę, podnosisz**) (IMPERATIVE **podnoś**, PERF **podnieść**) VERB

1 to raise
□ Podnieś ramiona i zrób głęboki wdech. Raise your arms and take a deep breath.

2 to pick up
□ Podnieście swoje zabawki i odłóżcie je na miejsce. Pick up your toys and put them away.

3 to lift
□ Podniósł niemowlę z łóżeczka. He lifted the baby out of the cot.
- **podnosić się** to lift oneself *(z krzesła)*

4 to rise *(ceny)*
- **podnosić głos** to raise one's voice

podobać się (**podobam, podobasz**) VERB
- **Ona mi się podoba.** I like her.
- **To mi się nie podoba.** I don't like it.

podobnie ADVERB
1 similarly *(w podobny sposób)*
2 as *(równie)*
- **podobnie jak** like

podobno ADVERB
supposedly
□ Podobno jutro ma padać śnieg. Supposedly there will be snow tomorrow.

podobny ADJECTIVE
similar
□ być podobnym do kogoś to be similar to somebody □ być podobnym do czegoś to be similar to something
- **i tym podobne** and the like

podpalać (**podpalam, podpalasz**) (PERF **podpalić**) VERB
- **podpalać** (PERF **podpalić**) **coś** to set fire to something

podpaska (GEN **podpaski**, PL **podpaski**, DAT SING AND LOC SING **podpasce**, GEN PL **podpasek**) FEM NOUN
- **podpaska higieniczna** sanitary towel; napkin (US)

podpis (GEN **podpisu**, PL **podpisy**, LOC SING **podpisie**) MASC NOUN
signature

podpisywać (**podpisuję**, **podpisujesz**) (PERF **podpisać**) VERB
to sign

■ **podpisywać się** to sign one's name
□ Podpisz się u dołu formularza. Sign your name at the bottom of the form.

podręcznik (GEN **podręcznika**, PL **podręczniki**, INST SING **podręcznikiem**) MASC NOUN
textbook *(szkolny, do matematyki, opasły)*

podróbka (GEN **podróbki**, PL **podróbki**, DAT SING, LOC SING **podróbce**, GEN PL **podróbek**) FEM NOUN
fake

□ Te perfumy to podróbka. This perfume is a fake.

podróż (GEN **podróży**, PL **podróże**, GEN PL **podróży**) FEM NOUN
1 trip *(wycieczka)*

□ Szczęśliwej podróży! Have a safe trip!
2 journey *(długa)*

■ czasopismo o podróżach a travel magazine
■ biuro podróży travel agency

podróżny ADJECTIVE
▷ *zobacz też* **podróżny** MASC NOUN

■ torba podróżna travelling bag; traveling bag (US)

podróżny MASC NOUN
▷ *zobacz też* **podróżny** ADJECTIVE

LANGUAGE TIP **podróżny** declines like an adjective

passenger

■ czek podróżny traveller's cheque; traveler's check (US)

podróżować (**podróżuję**, **podróżujesz**) VERB
to travel

□ podróżować dookoła świata to travel round the world

podrywać (**podrywam**, **podrywasz**) (PERF **poderwać**) VERB
to pick up *(potoczny)*

□ podrywać chłopców to pick up boys

podstawowy ADJECTIVE
basic

■ szkoła podstawowa primary school; elementary school (US)

poduszka (GEN **poduszki**, PL **poduszki**, DAT SING AND LOC SING **poduszce**, GEN PL **poduszek**) FEM NOUN
pillow

■ poduszka powietrzna airbag

podwieczorek (GEN **podwieczorku**, PL **podwieczorki**, INST SING **podwieczorkiem**) MASC NOUN
tea *(meal)*

podwójnie ADVERB
doubly

■ płacić podwójnie to pay double
■ kosztować podwójnie cost double

podwójny ADJECTIVE
double

□ podwójna korzyść z zakupu double advantage of the purchase

podwórko (GEN **podwórka**, PL **podwórka**, INST SING **podwórkiem**, GEN PL **podwórek**) NEUT NOUN
1 yard

□ Chłopcy grają w piłkę nożną na podwórku. The boys are playing football in the yard.
2 backyard *(za domem)*

podwyżka (GEN **podwyżki**, PL **podwyżki**, DAT SING AND LOC SING **podwyżce**, GEN PL **podwyżek**) FEM NOUN
rise
raise (US)

□ Dostałam podwyżkę w zeszłym miesiącu. I got a pay rise last month.

podział (GEN **podziału**, PL **podziały**, LOC SING **podziale**) MASC NOUN
division

podzielić (**podzielę**, **podzielisz**) VERB ▷ *zobacz* **dzielić**

podziemny ADJECTIVE
underground

□ kolejka podziemna underground train
■ przejście podziemne subway; underpass (US)

podziękować (**podziękuję**, **podziękujesz**) VERB ▷ *zobacz* **dziękować**

podziękowanie (GEN **podziękowania**, PL **podziękowania**, GEN PL **podziękowań**) NEUT NOUN
thanks *pl*

□ list z podziękowaniem za pomoc a letter with thanks for help

podziwiać (**podziwiam**, **podziwiasz**) VERB
to admire

poeta (GEN **poety**, PL **poeci**, DAT SING AND LOC SING **poecie**) MASC NOUN

LANGUAGE TIP **poeta** declines like a feminine noun in the singular

poet

poezja (GEN **poezji**, PL **poezje**, GEN PL **poezji**) FEM NOUN
poetry

pogardzać (**pogardzam**, **pogardzasz**) (PERF **pogardzić**) VERB

■ pogardzać kimś to hold somebody/ something in contempt

pogląd (GEN **poglądu**, PL **poglądy**, LOC SING **poglądzie**) MASC NOUN
view

□ kontrowersyjny pogląd a controversial view

pogoda (GEN **pogody**, DAT SING AND LOC SING **pogodzie**) FEM NOUN
weather

□ piękna, słoneczna pogoda beautiful, sunny weather

pogodny ADJECTIVE
1 clear

□ pogodny poranek a clear morning
2 good

pogotowie (GEN **pogotowia**) NEUT NOUN
1 alert *(stan)*

■ być w pogotowiu to be on stand-by

2 ambulance *(ambulans)*
□ pogotowie ratunkowe ambulance service

pogrzeb (GEN **pogrzebu**, PL **pogrzeby**, LOC SING **pogrzebie**) MASC NOUN
funeral

pogrzebać (**pogrzebię, pogrzebiesz**) VERB
▷ *zobacz* **grzebać**

pojawiać się (**pojawiam, pojawiasz**)
(PERF **pojawić**) VERB
to appear
□ Na scenie pojawił się znany aktor. A well-known actor appeared on stage.

pojazd (GEN **pojazdu**, PL **pojazdy**, LOC SING **pojeździe**) MASC NOUN
vehicle

pojemnik (GEN **pojemnika**, PL **pojemniki**, INST SING **pojemnikiem**) MASC NOUN
container
■ **pojemnik na śmieci** rubbish bin; garbage can (US)

pojemność (GEN **pojemności**) FEM NOUN
capacity

pojemny ADJECTIVE
spacious
□ Ten samochód ma pojemny bagażnik. This car has a spacious boot.

pojęcie (GEN **pojęcia**, PL **pojęcia**, GEN PL **pojęć**) NEUT NOUN
1 concept
2 idea
■ **nie mieć zielonego pojęcia o czymś** not to have a clue about something

pojutrze ADVERB
the day after tomorrow

pokarm (GEN **pokarmu**, PL **pokarmy**, LOC SING **pokarmie**) MASC NOUN
1 food *(jedzenie)*
2 breast milk *(mleko matki)*

pokaz (GEN **pokazu**, PL **pokazy**, LOC SING **pokazie**) MASC NOUN
demonstration

pokazać (**pokażę, pokażesz**) VERB ▷ *zobacz* **pokazywać**

pokazywać (**pokazuję, pokazujesz**) (PERF **pokazać**) VERB
to show
■ **pokazywać się** to turn up

pokłócić (**pokłócę, pokłócisz**) (IMPERATIVE **pokłóć**) VERB PERF
■ **pokłócić kogoś z kimś** to turn somebody against somebody
■ **pokłócić się z kimś** to have a row with somebody

pokochać (**pokocham, pokochasz**) VERB PERF
to fall in love with
□ Pokochał ją od pierwszego wejrzenia. He fell in love with her at first sight.

pokojowy ADJECTIVE
1 peace *(traktat)*
2 room *(o pomieszczeniu)*

pokojówka (GEN **pokojówki**, PL **pokojówki**, DAT SING AND LOC SING **pokojówce**,
GEN PL **pokojówek**) FEM NOUN
chambermaid

pokolenie (GEN **pokolenia**, PL **pokolenia**, GEN PL **pokoleń**) NEUT NOUN
generation

pokój (GEN **pokoju**, PL **pokoje**, GEN PL **pokoi**) MASC NOUN
1 room *(część mieszkania)*
□ pokój gościnny living room □ pokój jadalny dining room □ pokój jednoosobowy single room
2 peace

pokrewieństwo (GEN **pokrewieństwa**, LOC SING AND DAT SING **pokrewieństwie**) NEUT NOUN
kinship

Polak (GEN **Polaka**, PL **Polacy**, INST SING **Polakiem**) MASC NOUN
Pole

pole (GEN **pola**, PL **pola**, GEN PL **pól**) NEUT NOUN
field
□ pole ryżowe a rice field
■ **pole namiotowe** campsite; campground (US)
LANGUAGE TIP Be careful! The Polish word **pole** does not mean **pole**.

polecać (**polecam, polecasz**) (PERF **polecić**) VERB
1 to recommend
□ Poleciłam mu ciekawą książkę. I recommended an interesting book to him.
2 to command *(kazać)*

polepszać (**polepszam, polepszasz**) (PERF **polepszyć**) VERB
to improve
□ polepszać warunki życia to improve the living conditions
■ **polepszać się** to improve □ Zdrowie mu się polepszyło. His health has improved.

policja (GEN **policji**) FEM NOUN
police

policjant (GEN **policjanta**, PL **policjanci**, LOC SING **policjancie**) MASC NOUN
policeman

policjantka (GEN **policjantki**, PL **policjantki**, DAT SING AND LOC SING **policjantce**, GEN PL **policjantek**) FEM NOUN
policewoman

policyjny ADJECTIVE
police
■ **godzina policyjna** curfew

policzek (GEN **policzka**, PL **policzki**, INST SING **policzkiem**) MASC NOUN
cheek

polityk (GEN **polityka**, PL **politycy**, INST SING **politykiem**) MASC NOUN
politician

polityka (GEN **polityka**, DAT SING AND LOC SING **polityce**) FEM NOUN
1 politics
2 policy *(zagraniczna)*
■ **polityka biurowa** office politics

Polka (GEN **Polki**, PL **Polki**, DAT SING AND LOC SING **Polce**, GEN PL **Polek**) FEM NOUN
Polish woman

polka (GEN **polki**, PL **polki**, DAT SING AND LOC SING
polce, GEN PL **polek**) FEM NOUN
polka

polonez MASC NOUN
polonaise

> **DID YOU KNOW...?**
> The **polonez** is a Polish national dance.
> It is a slow and dignified dance, often
> performed at the opening of grand balls.
> See also **studniówka**.

Polonia (GEN **Polonii**) FEM NOUN
■ Polonia Amerykańska Polish Americans *pl*

polować (**poluję, polujesz**) VERB
to hunt
□ Tutaj nie można już polować. You cannot
hunt here anymore.

polowanie (GEN **polowania**, DAT SING AND LOC
SING **polowaniu**) NEUT NOUN
hunt

Polska (GEN **Polski**, DAT SING **Polsce**) FEM NOUN
Poland

polski ADJECTIVE
Polish
■ Rzeczpospolita Polska the Republic of
Poland
■ polska wódka Polish vodka

> **DID YOU KNOW...?**
> **Polska wódka** is usually drunk straight
> out of small shot glasses. **Polska wódka**
> has been made since the medieval times
> and holds an important place in Polish
> culture and customs. There are also
> many flavoured vodkas in Poland, the
> most famous of which are **Żubrówka**,
> **Krupnik** and **Śliwowica**. See also
> **bruderszaft**.

polubić (**polubię, polubisz**) VERB PERF
to take a liking to
□ Polubił swoją nową nauczycielkę. He took
a liking to his new teacher.
■ polubić się to grow to like each other

połączenie (GEN **połączenia**, PL **połączenia**,
GEN PL **połączeń**) NEUT NOUN
connection
□ połączenie kolejowe a train connection

połączyć (**połączę, połączysz**) VERB
■ połączyć kogoś z kimś to put somebody
through to somebody
■ połączyć się z kimś to get through to
somebody

połknąć (**połknę, połkniesz**) (IMPERATIVE
połknij) VERB ▷ *zobacz* **połykać**

połowa (GEN **połowy**, PL **połowy**, DAT SING AND LOC
SING **połowie**) FEM NOUN
1 half
□ na połowę in half □ o połowę więcej half as
much again □ o połowę mniej half as much
□ do połowy pusty half empty
2 middle
□ W połowie drogi zatrzymaliśmy się na posiłek.
In the middle of the journey we stopped for a meal.
■ po połowie fifty-fifty

■ w połowie czerwca in mid-June
■ za połowę ceny half-price

położenie (GEN **położenia**) NEUT NOUN
1 location
□ Położenie domu jest bardzo malownicze.
The house is in a very picturesque location.
2 situation
□ On jest w dość ciężkim położeniu. His
situation is quite difficult.

położna (GEN **położnej**, PL **położne**) FEM NOUN
> **LANGUAGE TIP** położna declines like an
> adjective
midwife
□ Ona jest położną. She is a midwife.

położyć (**położę, położysz**) (IMPERATIVE **połóż**)
VERB ▷ *zobacz* **kłaść**

połówka (GEN **połówki**, PL **połówki**, DAT SING AND
LOC SING **połówce**, GEN PL **połówek**) FEM NOUN
half
■ Pasują do siebie jak dwie połówki jabłka.
They are like two peas in a pod.

południe (GEN **południa**) NEUT NOUN
1 midday
□ w południe at midday
■ przed południem in the morning
■ po południu in the afternoon
2 south (*strona świata*)
■ na południe od +*gen* south of

połykać (**połykam, połykasz**) (PERF **połknąć**)
VERB
to swallow
□ połykać tabletkę przeciwbólową to swallow
a painkiller

pomagać (**pomagam, pomagasz**) (PERF
pomóc) VERB
to help
□ W czym mogę pomóc? How can I help you?
□ Krzyk nic nie pomoże. Shouting won't help.
■ pomagać komuś w czymś to help
somebody with something

pomału ADVERB
slowly
■ Pomału! Slow down!

pomarańcza (GEN **pomarańczy**,
PL **pomarańcze**, GEN PL **pomarańczy**) FEM NOUN
orange

pomarańczowy ADJECTIVE
orange

pomarszczony ADJECTIVE
wrinkled

pomidor (GEN **pomidora**, PL **pomidory**,
LOC SING **pomidorze**) MASC NOUN
tomato

pomidorowy ADJECTIVE
tomato
■ makaron z sosem pomidorowym pasta in
a tomato sauce

pomiędzy PREPOSITION = **między**
> **LANGUAGE TIP** pomiędzy takes the
> instrumental

pomimo PREPOSITION
> **LANGUAGE TIP** pomimo takes the genitive

P

Polsko-Angielski

in spite of
- **pomimo że** even though
- **pomimo to** nevertheless
- **pomimo wszystko** nevertheless

pomnik (GEN **pomnika**, PL **pomniki**, INST SING **pomnikiem**) MASC NOUN
monument

pomoc (GEN **pomocy**) FEM NOUN
1 help
  □ Dziękujemy wam za pomoc. Thank you for your help. □ Na pomoc! Help!
  - **przy pomocy** +gen with the help of
2 aid
  - **pomoc dla krajów trzeciego świata** aid for Third-World countries
  - **za pomocą** +gen by means of
  - **pomoc drogowa** emergency road service
  - **pierwsza pomoc** first aid

Pomorze (GEN **Pomorza**) NEUT NOUN
Pomerania (region in north-western Poland)

pomóc (**pomogę, pomożesz**) (IMPERATIVE **pomóż**) VERB ▷ zobacz **pomagać**

pompa (GEN **pompy**, PL **pompy**, DAT SING AND LOC SING **pompie**) FEM NOUN
pump
  □ pompa paliwowa fuel pump

pomyłka (GEN **pomyłki**, PL **pomyłki**, LOC SING AND DAT SING **pomyłce**, GEN PL **pomyłek**) FEM NOUN
1 mistake (życiowa, drobna)
  □ przez pomyłkę by mistake
2 wrong number (telefon)

pomysł (GEN **pomysłu**, PL **pomysły**, LOC SING **pomyśle**) MASC NOUN
idea
  □ Przyszedł mi do głowy świetny pomysł. I've got a great idea.

pomysłowy ADJECTIVE
ingenious

pomyśleć (**pomyślę, pomyślisz**) VERB PERF
to think of (rodzinie)
  - **pomyśleć o** +loc to think about

ponad PREPOSITION
LANGUAGE TIP When **ponad** is used to show the location of something, it takes the instrumental
over
  □ Ponad miastem zebrały się deszczowe chmury. Rain clouds gathered over the city.
  LANGUAGE TIP When **ponad** is used to mean **more than**, it takes the accusative
over
  □ To kosztuje ponad sto złotych. This costs over a hundred zlotys. □ Czekamy już od ponad godziny. We've been waiting for over an hour already.

ponawiać (**ponawiam, ponawiasz**) (PERF **ponowić**) VERB
to renew

poniedziałek (GEN **poniedziałku**, PL **poniedziałki**, INST SING **poniedziałkiem**) MASC NOUN
Monday

ponieważ CONJUNCTION
because

poniżać (**poniżam, poniżasz**) (PERF **poniżyć**) VERB
to demean
  - **poniżać się** to demean oneself

poniżej PREPOSITION
▷ zobacz też **poniżej** ADVERB
LANGUAGE TIP **poniżej** takes the genitive
below
  □ osiem stopni poniżej zera eight degrees below zero

poniżej ADVERB
▷ zobacz też **poniżej** PREPOSITION
below
  □ Poniżej znajdziesz szczegółowe informacje. You will find detailed information below.

poniższy ADJECTIVE
  - **poniższe uwagi** the following remarks

ponownie ADVERB
again
  □ Miło was ponownie widzieć. It's nice to see you again.

ponury ADJECTIVE
1 gloomy
2 bleak

pończocha (GEN **pończochy**, PL **pończochy**, DAT SING AND LOC SING **pończosze**) FEM NOUN
stocking

poparzenie (GEN **poparzenia**, PL **poparzenia**, GEN PL **poparzeń**) NEUT NOUN
burn
  □ poparzenie pierwszego stopnia first degree burn

poparzyć (**poparzę, poparzysz**) VERB PERF
to burn
  - **poparzyć się** to burn oneself

popełniać (**popełniam, popełniasz**) (PERF **popełnić**) VERB
1 to commit (przestępstwo)
  □ popełnić (perf) samobójstwo to commit suicide
2 to make (błąd, nietakt, gafę)

popielaty ADJECTIVE
grey
gray (US)

Popielec (GEN **Popielca**) MASC NOUN
Ash Wednesday

popielniczka (GEN **popielniczki**, PL **popielniczki**, DAT SING AND LOC SING **popielniczce**, GEN PL **popielniczek**) FEM NOUN
ashtray

popierać (**popieram, popierasz**) (PERF **poprzeć**) VERB
to support
  □ W pełni popieram jej propozycję. I fully support her proposal.

popiół (GEN **popiołu**, PL **popioły**, LOC SING **popiele**) MASC NOUN
ash

popołudnie (GEN **popołudnia**, PL **popołudnia**) NEUT NOUN
afternoon
  □ Popołudnie upłynęło nam na czytaniu gazet. We spent the afternoon reading newspapers.

poprawiać ‹ **poprawiam, poprawiasz**
(PERF **poprawić** VERB
1 to straighten *(krawat)*
2 to better
3 to mark
□ Mam dziś stertę klasówek do poprawienia.
I have a pile of tests to mark today.
■ **poprawiać się** 1 to correct oneself
2 to improve □ Moje zdrowie poprawiło się.
My health has improved.

poprawnie ADVERB
correctly
□ On poprawnie wymawia polskie słowa.
He pronounces Polish words correctly.

poprawny ADJECTIVE
1 correct *(odpowiedź, wymowa)*
2 proper *(zachowanie)*

poprosić ‹ **poproszę, poprosisz**
(IMPERATIVE **poproś** VERB ▷ *zobacz* prosić

poprzedni ADJECTIVE
1 previous *(małżeństwo)*
2 preceding *(miesiąc)*

poprzednio ADVERB
previously
□ Poprzednio ta ulica nazywała się inaczej.
This street was previously called something
different.

poprzedzać ‹ **poprzedzam, poprzedzasz**
(PERF **poprzedzić** VERB
to precede

popularność (GEN **popularności** FEM NOUN
popularity

popularny ADJECTIVE
popular
□ popularna w Polsce marka samochodu
a popular car make in Poland

pora (GEN **pory**, PL **pory**, DAT SING AND LOC SING
porze, GEN PL **pór** FEM NOUN
time
■ **w samą porę** just in time
■ **od tej pory** from now on
■ **do tej pory** so far
■ **pora roku** season
■ **uwaga nie w porę** ill-timed remark

porabiać ‹ **porabiam, porabiasz** VERB
■ **Co porabiasz?** What are you up to these days?

poradnik (GEN **poradnika**, PL **poradniki**,
INST SING **poradnikiem** MASC NOUN
handbook

poradzić (GEN **poradzę, poradzisz** (IMPERATIVE
poradź VERB PERF
■ **poradzić sobie z czymś** to manage
something
■ **Nic na to nie poradzę.** I can't help it.

poranek (GEN **poranka**, PL **poranki**, INST SING
porankiem MASC NOUN
morning

poranny ADJECTIVE
morning

porażka (GEN **porażki**, PL **porażki**, DAT SING AND
LOC SING **porażce**, GEN PL **porażek** FEM NOUN
1 defeat

2 failure *(brak powodzenia)*

porcelana (GEN **porcelany**, DAT SING AND LOC SING
porcelanie FEM NOUN
porcelain

porcja (GEN **porcji** PL **porcje**, GEN PL **porcji**
FEM NOUN
portion
□ Poproszę dwie duże porcje frytek. Can I have
two large portions of fries, please?

pornografia (GEN **pornografii** FEM NOUN
pornography

pornograficzny ADJECTIVE
pornographic

poronić ‹ **poronię, poronisz** (IMPERATIVE **poroń**
VERB PERF
to miscarry

poronienie (GEN **poronienia**, PL **poronienia**,
GEN PL **poronień** NEUT NOUN
1 miscarriage
2 abortion

porozmawiać ‹ **porozmawiam,
porozmawiasz** (IMPERATIVE **porozmawiaj** VERB
PERF
■ **porozmawiać z kimś o czymś** to talk to
somebody about something

porozumienie (GEN **porozumienia**,
PL **porozumienia**, GEN PL **porozumień** NEUT NOUN
agreement
■ **w porozumieniu z kimś** in consultation
with somebody

porozumiewać się ‹ **porozumiewam,
porozumiewasz** (PERF **porozumieć** VERB
1 to communicate *(komunikować się)*
2 to reach an agreement *(dogadywać się)*

poród (GEN **porodu**, PL **porody**, LOC SING **porodzie**
MASC NOUN
birth

porównanie (GEN **porównania**,
PL **porównania**, GEN PL **porównań** NEUT NOUN
comparison
■ **w porównaniu z** +*inst* compared to

porównywać ‹ **porównuję, porównujesz**
(PERF **porównać** VERB
to compare
■ **porównywać kogoś z** +*inst* to compare
somebody to
■ **porównywać coś z** +*inst* to compare
something to

port (GEN **portu**, PL **porty**, LOC SING **porcie** MASC NOUN
harbour
harbor (US)
■ **port lotniczy** airport
■ **zawijać** (PERF **zawinąć** **do portu** to call at
a port

portfel (GEN **portfela**, PL **portfele**, GEN PL **portfeli**
MASC NOUN
wallet
billfold (US)
□ elegancki skórzany portfel an elegant leather
wallet

portier (GEN **portiera**, PL **portierzy**, LOC SING
portierze MASC NOUN

1 receptionist *(recepcjonista)*
2 porter *(przy wejściu)*

portret (GEN **portretu**, PL **portrety**,
LOC SING **portrecie**) MASC NOUN
portrait
□ portret mojego dziadka a portrait of my
grandfather

porwanie (GEN **porwania**, PL **porwania**,
GEN PL **porwań**) NEUT NOUN
1 abduction *(dziecko)*
2 hijacking *(autobus)*

porywać (**porywam, porywasz**) (PERF **porwać**)
VERB
1 to abduct *(dziecko)*
2 to hijack *(autobus)*
■ **porywać się na kogoś** to make an attempt
on somebody's life

porządek (GEN **porządku**, PL **porządki**,
INST SING **porządkiem**) MASC NOUN
order
□ doprowadzać (PERF doprowadzić) coś do
porządku to put something in order
■ **porządki wiosenne** spring cleaning
■ **W porządku!** All right!
■ **porządek dzienny** the agenda

porządkować (**porządkuję, porządkujesz**)
(PERF **uporządkować**) VERB
1 to put in order
□ Uporządkuj swoje książki. Put your books in
order.
2 to tidy
□ Porządkuje swój pokój. He is tidying his
room.

porządkowy ADJECTIVE
1 ordinal *(liczebnik)*
2 serial *(numer)*

porządny ADJECTIVE
respectable
□ porządny człowiek a respectable man
■ **Porządny z niego facet.** He's a sound bloke.

porzeczka (GEN **porzeczki**, PL **porzeczki**, DAT
SING AND LOC SING **porzeczce**, GEN PL **porzeczek**)
FEM NOUN
currant
□ czarna porzeczka blackcurrant □ dżem z
czerwonych porzeczek redcurrant jam

porzucać (**porzucam, porzucasz**) (PERF
porzucić) VERB
1 to abandon *(kraj)*
2 to quit *(pracę)*
■ **porzucać kogoś na pastwę losu** to leave
somebody to their own fate

posag (GEN **posagu**, PL **posagi**, INST SING **posagiem**)
MASC NOUN
dowry

poseł (GEN **posła**, PL **posłowie**, LOC SING **pośle**)
MASC NOUN
Member of Parliament
Representative (US)

posiadacz (GEN **posiadacza**, PL **posiadacze**,
GEN PL **posiadaczy**) MASC NOUN
owner

posiadać (**posiadam, posiadasz**) VERB
1 to own
□ Posiadam sporą kolekcję płyt. I own a large
record collection.
2 to possess
■ **On posiada doskonałe zdolności językowe.**
He's got a great talent for languages.

posiadłość (GEN **posiadłości**, PL **posiadłości**,
GEN PL **posiadłości**) FEM NOUN
property

posiłek (GEN **posiłku**, PL **posiłki**,
INST SING **posiłkiem**) MASC NOUN
meal
□ gorący posiłek a hot meal

posłaniec (GEN **posłańca**, PL **posłańcy**)
MASC NOUN
messenger

posługiwać się (**posługuję, posługujesz**)
(PERF **posłużyć**) VERB
■ **posługiwać się czymś** to use something
■ **posługiwać się kimś** to use somebody

posmutnieć (**posmutnieję, posmutniejesz**)
VERB PERF
to become sad

pospieszny ADJECTIVE = **pośpieszny**

pospolity ADJECTIVE
common
□ Ten ptak jest w Anglii dość pospolity.
This bird is quite common in England.
□ rzeczownik pospolity common noun

postać (GEN **postaci**, PL **postacie**, GEN PL **postaci**)
MASC NOUN
1 form *(kształt)*
2 figure
□ postać znanego aktora the figure of a well-
known actor

postanawiać (**postanawiam, postanawiasz**)
(PERF **postanowić**) VERB
1 to decide on
2 to decide
□ postanowić coś zrobić to decide to do
something □ postanowić czegoś nie robić
to decide against doing something
□ postanowić, że... to decide that...

postarać się (**postaram, postarasz**) VERB PERF
▷ *zobacz* **starać się**

posterunek (GEN **posterunku**, PL **posterunki**,
INST SING **posterunkiem**) MASC NOUN
post
■ **posterunek policji** police station
■ **posterunek straży pożarnej** fire station
■ **być na posterunku** to be on duty

postęp (GEN **postępu**, LOC SING **postępie**)
MASC NOUN
progress
■ **On robi postępy w matematyce.**
He is making progress in maths.

postępować (**postępuję, postępujesz**)
(PERF **postąpić**) VERB
1 to proceed *(praca)*
2 to progress
3 to behave

posuwać (posuwam, posuwasz)
(PERF **posunąć**) VERB
to move forward

- **posuwać się** to move forward
- **posuwać się za daleko** to go too far

poszedł VERB ▷ *zobacz* **pójść**

poszukać (poszukam, poszukasz) VERB PERF
▷ *zobacz* **szukać**

poszukiwać (poszukuję, poszukujesz) VERB

- **poszukiwać kogoś** to search for somebody
- **poszukiwać czegoś** to search for something

poszukiwany ADJECTIVE
1 sought-after *(ceniony)*
2 wanted *(złodziej)*

pościel (GEN **pościeli**, PL **pościele**, GEN PL **pościeli**)
FEM NOUN
bedding
□ pościel bawełniana cotton bedding

poślizgnąć się (poślizgnę, poślizgniesz)
(IMPERATIVE **poślizgnij**) VERB
to slip

poślubić (poślubię, poślubisz) VERB PERF
to wed

pośpiech (GEN **pośpiechu**) MASC NOUN
hurry

- **bez pośpiechu** unhurried
- **w pośpiechu** hurriedly

pośpieszny ADJECTIVE
hurried

- **pociąg pośpieszny** fast train

pośrednik (GEN **pośrednika**, PL **pośrednicy**,
INST SING **pośrednikiem**) MASC NOUN
mediator

- **pośrednik handlu nieruchomościami**
estate agent

pośród PREPOSITION

> **LANGUAGE TIP pośród** takes the genitive
in the midst of

pot (GEN **potu**, PL **poty**, LOC SING **pocie**) MASC NOUN
sweat
□ zlany potem drenched with sweat

> **LANGUAGE TIP** Be careful! The Polish
word **pot** does not mean **pot**.

potem ADVERB
1 later
□ na potem for later
2 then
□ Najpierw zjemy śniadanie, potem pójdziemy
na spacer. We'll have breakfast first, then we'll
go for a walk.

potęga (GEN **potęgi**, DAT SING AND LOC SING **potędze**)
FEM NOUN
power

potężny ADJECTIVE
1 powerful *(władca)*
2 mighty *(maszyna)*

potok (GEN **potoku**, PL **potoki**, INST SING **potokiem**)
MASC NOUN
stream

potomek (GEN **potomka**, PL **potomkowie**,
INST SING **potomkiem**) MASC NOUN
descendant

potomstwo (GEN **potomstwo**,
LOC SING **potomstwie**) NEUT NOUN
offspring

potop (GEN **potopu**, LOC SING **potopie**) MASC NOUN
1 deluge
2 the Great Flood

potrafić (potrafię, potrafisz) VERB

- **On potrafi to zrobić.** 1 *(jest zdolny)* He is
capable of doing it. 2 *(umie)* He can do it.

potrawa (GEN **potrawy**, PL **potrawy**, DAT SING AND
LOC SING **potrawie**) FEM NOUN
dish

potrącać (potrącam, potrącasz) (PERF **potrącić**)
VERB
1 to nudge
□ Potrącił mnie przypadkowo w tłumie.
He nudged me accidentally in the crowd.

- **Wczoraj potrącił go samochód.** He was hit
by a car yesterday.
2 to deduct *(odliczać)*
□ Potrącimy sto złotych z ceny. We will deduct
a hundred zlotys from the price.

potrwać (potrwa) VERB PERF
1 to take
□ Jak długo to potrwa? How long is it going
to take?
2 to last
□ Konferencja potrwa dwa dni. The conference
will last for two days.

potrzeba (GEN **potrzeby**, PL **potrzeby**,
DAT SING **potrzebie**) FEM NOUN
▷ *zobacz też* **potrzeba** ADJECTIVE
need

- **bez potrzeby** unnecessarily
- **w razie potrzeby** if necessary
- **Nie ma potrzeby się spieszyć.** There's no
need to hurry.
- **w potrzebie** in need

potrzeba ADJECTIVE
▷ *zobacz też* **potrzeba** FEM NOUN

> **LANGUAGE TIP potrzeba** does not decline

- **Potrzeba nam czasu.** We need time.
- **Czego ci potrzeba?** What do you need?

potrzebny ADJECTIVE
necessary
□ To nie jest potrzebne. This isn't necessary.

- **To mi jest potrzebne.** I need that.
- **Jestem ci potrzebny?** Do you need me?

potrzebować (potrzebuję, potrzebujesz)
VERB PERF

- **potrzebować czegoś** to need something
- **Nie potrzebujesz tego robić.** You don't
need to do this.

potwierdzać (potwierdzam, potwierdzasz)
(IMPERATIVE **potwierdź**, PERF **potwierdzić**) VERB
1 to confirm
□ Proszę potwierdzić datę przyjazdu.
Please confirm the date of arrival.
2 to acknowledge
□ potwierdzić otrzymanie e-maila
to acknowledge receipt of an email

- **potwierdzać się** to be confirmed

P

165

potwór (GEN **potworą**, PL **potwory**,
LOC SING **potworze**) MASC NOUN
monster

poważnie ADVERB
seriously
■ wyglądać poważnie to look serious

poważny ADJECTIVE
1 serious
□ Dlaczego masz taki poważny wyraz twarzy?
Why do you look so serious?
2 substantial
□ Odegrał poważną rolę w projekcie. He played
a substantial role in the project.
3 reputable
□ To poważna instytucja. This is a reputable
institution.
■ muzyka poważna classical music

powiadamiać (**powiadamiam**,
powiadamiasz) (PERF **powiadomić**) VERB
■ powiadamiać kogoś o czymś to notify
somebody of something

powiat (GEN **powiatu**, PL **powiaty**, LOC SING
powiecie) MASC NOUN
county

> **DID YOU KNOW...?**
> A powiat is the second level of Polish
> administrative unit, smaller than a
> region but larger than a gmina.

powiedzieć (**powiem**, **powiesz**)
(3 PL **powiedzą**, IMPERATIVE **powiedz**) VERB PERF
to say
□ powiedzieć coś to say something
■ powiedzieć, że... to say that...
■ powiedzieć komuś coś to tell somebody
something
■ Co chcesz przez to powiedzieć? What do
you mean by that?
■ Co powiesz na to? What about that?
■ Jego stwierdzenie było, że tak powiem,
dwuznaczne. His statement was, so to speak,
ambiguous.

powierzchnia (GEN **powierzchni**,
PL **powierzchnie**, GEN PL **powierzchni**) FEM NOUN
1 surface
□ Powierzchnia drogi jest śliska. The road
surface is slippery.
2 area

powiesić (**powieszę**, **powiesisz**)
(IMPERATIVE **powieś**) VERB PERF
to hang
□ Powiesił obraz nad pianinem. He hung the
picture above the piano.
■ powiesić się to hang oneself

powieść (GEN **powieści**, PL **powieści**,
GEN PL **powieści**) FEM NOUN
novel

powietrze (GEN **powietrza**) NEUT NOUN
air
□ na wolnym powietrzu in the open air

powiększać (**powiększam**, **powiększasz**)
(PERF **powiększyć**) VERB
1 to expand

2 to increase
□ powiększyć zyski to increase profit
3 to enlarge
□ Proszę powiększyć to zdjęcie. Please enlarge
this photograph.
■ powiększać się to grow (grupa)

powiększyć (**powiększę**, **powiększysz**) VERB
▷ zobacz **powiększać**

powinien (FEM **powinna**, NEUT **powinno**) VERB
■ Powinna tam pójść. She should go there.
■ Powinieneś mi pokazać. You should show me.
■ Powinienem był zadzwonić. I should have
phoned.

powitać (**powitam**, **powitasz**) VERB ▷ zobacz
witać

powitanie (GEN **powitania**, PL **powitania**,
GEN PL **powitań**) NEUT NOUN
welcome

powodować (**powoduję**, **powodujesz**)
(PERF **spowodować**) VERB
to cause
□ powodować duże straty to cause great losses

powodzenie (GEN **powodzenia**) NEUT NOUN
success
■ Powodzenia! Good luck!

powoli ADVERB
slowly
□ Odwróć się powoli. Turn around slowly.

powolny ADJECTIVE
slow

powód (GEN **powodu**, PL **powody**,
LOC SING **powodzie**) MASC NOUN
1 cause (przyczyna)
■ z powodu +gen because of
2 reason (uzasadnienie)
□ z tego powodu for this reason

powódź (GEN **powodzi**, PL **powodzie**,
GEN PL **powodzi**) FEM NOUN
flood

powracać (**powracam**, **powracasz**)
(PERF **powrócić**) VERB
to return

powrotny ADJECTIVE
■ bilet powrotny return ticket; round-trip
ticket (US)

powrót (GEN **powrotu**, PL **powroty**,
LOC SING **powrocie**) MASC NOUN
return
□ Cieszę się na powrót do domu. I look forward
to the return home.

powstanie (GEN **powstania**, PL **powstania**,
GEN PL **powstań**) NEUT NOUN
1 rise (utworzenie)
2 uprising (bunt)

powstrzymywać (**powstrzymuję**,
powstrzymujesz) (PERF **powstrzymać**) VERB
1 to restrain
■ powstrzymywać kogoś od robienia czegoś
to stop somebody from doing something
2 to hold back (łzy)

powszechny ADJECTIVE
1 common (opinia, pogląd)

2 primary
elementary *(US: edukacja)*

powtarzać (**powtarzam, powtarzasz**
(PERF **powtórzyó** VERB

1 to repeat
□ Powtarzam raz jeszcze, nic o tym nie wiem.
I repeat once again, I don't know anything about it.
■ **Czy mógłby pan to powtórzyć?** Could you
say that again?

2 to revise
□ Ona powtarza materiał do matury. She is
revising for her A-levels.; to review *(US)*
■ **powtarzać się 1***(zdarzać się ponownie)*
to recur **2***(historia)* to repeat itself **3***(osoba)*
to repeat oneself

powtórka (GEN **powtórki,** PL **powtórki,** DAT SING
AND LOC SING **powtórce,** GEN PL **powtórek**
FEM NOUN

1 revision
review *(US)*

2 repeat *(TV, Radio)*

powtórzenie (GEN **powtórzenia,**
PL **powtórzenia,** GEN PL **powtórzeń** NEUT NOUN

1 repetition

2 revision
review *(US: materiału)*

3 repeat *(TV, Radio)*

powyżej PREPOSITION
▷*zobacz też* **powyżej**ADVERB
⸚ **LANGUAGE TIP** **powyżej**takes the genitive

1 above
□ Kościół jest na wzgórzu powyżej wioski.
The church sits on a hill above the village.

2 over
□ Cena powyżej dwustu złotych jest nie do
przyjęcia. A price of over two hundred zlotys is
unacceptable.
■ **Mam tego powyżej uszu!** That really gets up
my nose!

powyżej ADVERB
▷*zobacz też* **powyżej**PREPOSITION
above
■ **Jak powyżej wspomniano.** As mentioned
above.

powyższy ADJECTIVE
afore-mentioned
□ powyższy komentarz the afore-mentioned
comment

poza (GEN **pozy,** PL **pozy,** DAT SING AND LOC SING
pozie, GEN PL **póz** FEM NOUN
▷*zobacz też* **poza**PREPOSITION
pose

poza PREPOSITION
▷*zobacz też* **poza**FEM NOUN
⸚ **LANGUAGE TIP** When **poza**means
beyond, it takes the accusative

1 beyond
□ poza wszelkie oczekiwania beyond all
expectations
⸚ **LANGUAGE TIP** When **poza**means
outside or **apart from**, it takes the
instrumental

2 outside
□ poza domem outside the house

3 apart from *(z wyjątkiem)*
■ **poza tym** apart from that

4 also *(też)*

pozdrawiać (**pozdrawiam, pozdrawiasz**
(PERF **pozdrowić** VERB
to greet
■ **Pozdrów ode mnie Mateusza.** Give my
regards to Mateusz.

poziom (GEN **poziomu,** PL **poziomy,** LOC SING
poziomie MASC NOUN

1 level
□ sto metrów nad poziomem morza a hundred
metres above sea level

2 standard
□ poziom życia standard of living

3 content *(zawartość)*

poziomo ADVERB

1 horizontally *(ułożyć, ustawić)*

2 across *(w krzyżówce)*

poziomy ADJECTIVE
horizontal
□ linia pozioma a horizontal line

poznać (**poznam, poznasz** VERB ▷*zobacz*
poznawać
to meet
□ Miło mi pana/panią poznać. Pleased to meet
you.
■ **poznać się** to meet
■ **poznać kogoś z kimś drugim** to introduce
somebody to somebody else

poznawać (**poznaję, poznajesz** (PERF **poznaó**
VERB

1 to get to know
□ Dobrze poznał to miasto. He got to know this
town well.

2 to learn
□ Dobrze poznała francuski. She has learned
French well.

3 to recognize
□ W ogóle go nie poznałam! I have not
recognized him at all!
■ **poznawać się 1***(rozpoznawać siebie)*
to recognize oneself **2***(rozpoznawać jeden
drugiego)* to recognize each other
3*(dowiedzieć się o sobie)* to get to know
each other

pozostały ADJECTIVE

1 remaining
□ pozostali członkowie zespołu the remaining
team members

2 the other *(drugi)*

pozostawać (**pozostaję, pozostajesz**
(IMPERATIVE **pozostawaj,** PERF **pozostaó** VERB

1 to stay *(przebywać)*

2 to remain
□ pozostawać wiernym to remain faithful
■ **pozostawać w tyle** to lag behind

pozostawiać (**pozostawiam, pozostawiasz**
(PERF **pozostawió** VERB
to leave

pozwalać (pozwalam, pozwalasz)
(PERF **pozwolić**) VERB
to allow
□ Oni pozwalają jej na zbyt wiele. They allow
her too much.

pozwolenie (GEN **pozwolenia**, PL **pozwolenia**,
GEN PL **pozwoleń**) NEUT NOUN
1 permission
□ Nie dam ci pozwolenia na wyjście, dopóki nie
odrobisz lekcji. I will not give you permission to
go out unless you do your homework.
2 permit
□ zgoda na wjazd do kraju a permit to enter the
country

pozwolić (pozwolę, pozwolisz) (IMPERATIVE
pozwól) VERB ▷ zobacz **pozwalać**
■ On pozwala sobie na zbyt dużo. He takes
too many liberties.

pozycja (GEN **pozycji**, PL **pozycje**, GEN PL **pozycji**)
FEM NOUN
1 position
□ nadużywać (PERF **nadużyć**) swej pozycji
to abuse one's position
2 item (w kolekcji)

pozytywny ADJECTIVE
1 positive (reakcja, komentarz)
2 favourable
favorable (us: rezultaty)

pożar (GEN **pożaru**, PL **pożary**, LOC SING **pożarze**)
MASC NOUN
fire
□ Pożar doszczętnie strawił budynek.
Fire completely destroyed the building.

pożądać (pożądam, pożądasz) VERB +gen
to covet

pożądanie (GEN **pożądania**) NEUT NOUN
desire

pożegnać (pożegnam, pożegnasz) VERB
▷ zobacz **żegnać**
■ pożegnać się z kimś to say goodbye to
somebody

pożegnanie (GEN **pożegnania**, PL **pożegnania**,
GEN PL **pożegnań**) NEUT NOUN
farewell

pożyczać (pożyczam, pożyczasz) VERB
to borrow
□ pożyczać coś od kogoś to borrow something
from somebody
■ pożyczać coś komuś to lend something to
somebody

pożyczka (GEN **pożyczki**, PL **pożyczki**, DAT SING
AND LOC SING **pożyczce**, GEN PL **pożyczek**) FEM NOUN
loan
□ pożyczka niskooprocentowana a low-interest
loan

pożywienie (GEN **pożywienia**) NEUT NOUN
food

pójść (pójdę, pójdziesz) (IMPERATIVE **pójdź**,
PT **poszedł, poszła, poszli**) VERB ▷ zobacz **iść**

pół ADJECTIVE
LANGUAGE TIP pół takes the genitive and
does not decline

half
□ pół szklanki half a glass □ pół godziny half an
hour □ trzy i pół three and a half

półfinał (GEN **półfinału**, PL **półfinały**, LOC SING
półfinale) MASC NOUN
the semi-finals pl
□ półfinał mistrzostw świata world
championships semi-finals

półka (GEN **półki**, PL **półki**, DAT SING AND LOC SING
półce, GEN PL **półek**) FEM NOUN
1 shelf
2 bookshelf (książek)

północ (GEN **północy**) FEM NOUN
1 midnight (godzina)
2 north
■ na północ od +gen to the north of

północny ADJECTIVE
1 northern (klimat)
2 northerly
■ północny zachód north-west
■ Ameryka Północna North America
■ Irlandia Północna Northern Ireland

półtora NUMBER
one and a half
■ półtora kilograma a kilogramme and a half
■ półtorej godziny an hour and a half

półwysep (GEN **półwyspu**, PL **półwyspy**,
LOC SING **półwyspie**) MASC NOUN
peninsula

później ADVERB ▷ zobacz **późno**
later
□ trzy dni później three days later

późniejszy ADJECTIVE ▷ zobacz **późny**
subsequent
□ późniejsze wydarzenia subsequent events
■ późniejszy prezydent the future president

późno (COMP **później**, SUPERL **najpóźniej**) ADVERB
late
□ za późno too late □ lepiej późno niż wcale
better late than never

późny ADJECTIVE
late

praca (GEN **pracy**, PL **prace**) FEM NOUN
work
□ być w pracy to be at work
■ praca domowa homework
■ praca magisterska masters' thesis

pracodawca (GEN **pracodawcy**, PL **pracodawcy**)
MASC NOUN
LANGUAGE TIP pracodawca declines like
a feminine noun in the singular
employer

pracować (pracuję, pracujesz) VERB
1 to work
□ Pracuję w dużej firmie. I work for a large
company.
2 to have a job
□ Ona pracuje jako tłumacz. She has the job of
a translator.

pracowity ADJECTIVE
1 hard-working (człowiek)
2 arduous (dzień)

pracownik (GEN **pracownika**, PL **pracownicy**, INST SING **pracownikiem**) MASC NOUN
worker
  □ pracownik umysłowy office worker
  ■ pracownik fizyczny labourer; laborer (US)

prać (**piorę, pierzesz** (PERF **wyprać**) VERB
1 to wash
2 to dry-clean *(chemicznie)*
  to do the laundry
  ■ prać się to wash
  ■ prać publicznie swoje brudy to wash one's dirty laundry in public

praktyczny ADJECTIVE
practical

pralka (GEN **pralki**, PL **pralki**, DAT SING AND LOC SING **pralce**, GEN PL **pralek**) FEM NOUN
washing machine
  □ Kupiliśmy nową pralkę. We have bought a new washing machine.

pralnia (GEN **pralni**, PL **pralnie**, GEN PL **pralni**) FEM NOUN
1 laundry
2 dry-cleaner's
  □ Zanieś te spodnie do pralni. Take these trousers to the dry-cleaner's.

pranie (GEN **prania**, PL **prania**, GEN PL **prań**) NEUT NOUN
washing
laundry *(US: ubranie itd)*
  □ sterta prania a pile of washing

prasa (GEN **prasy**, DAT SING AND LOC SING **prasie**) FEM NOUN
1 press
2 the Press *(dziennikarze)*

prasować (**prasuję, prasujesz** (PERF **wyprasować**) VERB
to iron
  □ Tych spodni nie musisz prasować. You don't need to iron these trousers.

prawda (GEN **prawdy**, PL **prawdy**, DAT SING AND LOC SING **prawdzie**) FEM NOUN
truth
  ■ Czy to prawda? Is that true?
  ■ Jest zimno, prawda? It's cold, isn't it?
  ■ Lubisz ją, prawda? You like her, don't you?

prawdopodobnie ADVERB
probably

prawdopodobny ADJECTIVE
probable
  □ prawdopodobny wynik meczu a probable result of the match

prawdziwy ADJECTIVE
1 real
2 genuine
3 true *(historia)*
  □ Film oparty jest o prawdziwe wydarzenia. The film is based on true events.
4 authentic

prawicowy ADJECTIVE
right-wing

prawidłowy ADJECTIVE
1 correct

  □ Udzielił prawidłowej odpowiedzi. He gave the correct answer.
2 proper
  ■ Zachowuj się w prawidłowy sposób. Behave properly.
3 normal
  □ Wyniki badania krwi są prawidłowe. The blood test results are normal.

prawie ADVERB
almost
  □ Prawie to zrobiłem. I've almost done it.
  ■ Prawie go nie znam. I hardly know him.
  ■ prawie nic hardly anything
  ■ prawie nigdy hardly ever

prawnik (GEN **prawnika**, PL **prawnicy**, INST SING **prawnikiem**) MASC NOUN
lawyer

prawo (GEN **prawa**, PL **prawa**, LOC SING **prawie**) NEUT NOUN
  ▷ *zobacz też* **prawo** ADVERB
1 law
  □ prawo cywilne civil law
2 right
  □ Nie masz prawa tak ich traktować! You have no right to treat them that way! □ prawa człowieka human rights □ mieć prawo do czegoś to have the right to something
  ■ prawo jazdy driving licence; driver's license (US)

prawo ADVERB
  ▷ *zobacz też* **prawo** NEUT NOUN
  ■ w prawo *(kręcić)* to the right
  ■ na prawo *(w prawą stronę)* to the right on the right *(po prawej stronie)*

prawosławny ADJECTIVE
Orthodox

prącie (GEN **prącia**, PL **prącia**, GEN PL **prąci**) NEUT NOUN
penis

prąd (GEN **prądu**, PL **prądy**, LOC SING **prądzie**) MASC NOUN
1 current
  □ napięcie prądu the voltage of the electric current
2 electricity
  □ Nie ma prądu. There's no electricity.
3 trend
  ■ iść pod prąd to go against the tide
  ■ iść z prądem to go with the flow

precyzyjny ADJECTIVE
1 precise *(definicja)*
2 precision *(instrumenty)*

premia (GEN **premii**, PL **premie**, GEN PL **premii**) FEM NOUN
1 bonus *(dodatek do płacy)*
2 prize *(nagroda)*

premier (GEN **premiera**, PL **premierzy**, LOC SING **premierze**) MASC NOUN
prime minister

premiera (GEN **premiery**, PL **premiery**, DAT SING AND LOC SING **premierze**) FEM NOUN
première

prezent (GEN **prezentu**, PL **prezenty**, LOC SING **prezencie**) MASC NOUN
present

□ prezent urodzinowy a birthday present

prezentacja (GEN **prezentacji**, PL **prezentacje**, GEN PL **prezentacji**) FEM NOUN

1 introduction

■ Dokonał prezentacji wszystkich gości. He introduced all the guests.

2 presentation

□ ciekawa prezentacja an interesting presentation

prezentować (**prezentuję, prezentujesz**) (PERF **zaprezentować**) VERB
to introduce

■ dobrze się prezentować to look presentable

■ prezentować (PERF **zaprezentować**) coś komuś to show something to somebody

prezerwatywa (GEN **prezerwatywy**, PL **prezerwatywy**, DAT SING **prezerwatywie**) FEM NOUN
condom

> LANGUAGE TIP Be careful! The Polish word **prezerwatywa** does not mean **preservative**.

prezes (GEN **prezesa**, PL **prezesi**, LOC SING **prezesie**) MASC NOUN
chairman
president (US)

■ prezes Rady Ministrów Prime Minister

prezydent (GEN **prezydenta**, PL **prezydenci**, LOC SING **prezydencie**) MASC NOUN

1 president (kraju)

2 mayor (miasta)

prędko ADVERB

1 quickly

□ Chodź prędko, mówią o nim w telewizji! Come quickly, they are talking about him on TV!

2 soon

□ Prędko poznamy wynik konkursu. We will soon know the result of the competition.

prędkość (GEN **prędkości**) FEM NOUN

1 speed (pojazd)

2 velocity

prima aprilis MASC NOUN

> LANGUAGE TIP prima aprilis does not decline

April Fool's Day

PRL ABBREVIATION (= Polska Rzeczpospolita Ludowa)
the People's Republic of Poland

> DID YOU KNOW...?
> PRL is the abbreviation of the **Polska Rzeczpospolita Ludowa** (the People's Republic of Poland). This is what the Polish state was called during the communist period. Nowadays the word PRL is often used as a synonym for the numerous shortcomings of that period: aesthetic blandness, shortages and queues. See also **sklep monopolowy**, **bar mleczny**, **osiedle mieszkaniowe**.

problem (GEN **problemu**, PL **problemy**, LOC SING **problemie**) MASC NOUN
problem

□ Nie ma problemu. (potoczny) No problem.

proc. ABBREVIATION (= procent)
percent

procent (GEN **procentu**, PL **procenty**, LOC SING **procencie**) MASC NOUN

1 percent (setna część)

■ duży procent a high percentage

2 interest (odsetki)

proces (GEN **procesu**, PL **procesy**, LOC SING **procesie**) MASC NOUN

1 process

□ długi i żmudny proces a long and tedious process

2 lawsuit (Prawo)

produkcja (GEN **produkcji**) FEM NOUN
production

□ zwiększyć roczną produkcję samochodów to increase the annual car production

produkować (**produkuję, produkujesz**) (PERF **wyprodukować**) VERB
to produce

□ Produkujemy głównie na eksport. We produce mainly for export.

produkt (GEN **produktu**, PL **produkty**, LOC SING **produkcie**) MASC NOUN
product

■ produkty spożywcze foodstuffs

produktywny ADJECTIVE
productive

profesor (GEN **profesora**, PL **profesorowie**, LOC SING **profesorze**) MASC NOUN
professor

□ profesor zwyczajny professor

prognoza (GEN **prognozy**, PL **prognozy**, DAT SING **prognozie**) FEM NOUN
forecast

□ prognoza pogody weather forecast

program (GEN **programu**, PL **programy**, LOC SING **programie**) MASC NOUN

1 programme
program (US)

■ program TV 'z życia wzięty' reality TV show

■ programy TV 'z życia wzięte' reality TV

2 agenda

□ Jaki jest następny punkt programu? What is the next item on the agenda?

3 program (komputery)

projektować (**projektuję, projektujesz**) (PERF **zaprojektować**) VERB
to design

prokurator (GEN **prokuratora**, PL **prokuratorzy**, LOC SING **prokuratorze**) MASC NOUN
prosecutor

prom (GEN **promu**, PL **promy**, LOC SING **promie**) MASC NOUN
ferry

□ Podróż promem zabiera 13 godzin. The ferry journey takes 13 hours.

⋯ **LANGUAGE TIP** Be careful! The Polish word prom does not mean **prom**.

promień (GEN **promienia**, PL **promienie**, GEN PL **promieni**) MASC NOUN
ray

■ **promień słońca** sunbeam

■ **w promieniu stu metrów od** +gen within 100 metres of; within 100 meters of (US)

promocja (GEN **promocji**, PL **promocje**, GEN PL **promocji**) FEM NOUN
promotion

promować (**promuję, promujesz**)
(PERF **wypromować**) VERB
1 to promote
□ promować nowy produkt to promote a new product
2 to reward (nagrodzić)

proponować (**proponuję, proponujesz**)
(PERF **zaproponować**) VERB
to suggest
□ Proponuję, byśmy poszli na spacer. I suggest we go for a walk.

■ **proponować coś komuś** to offer somebody something

prosić (**proszę, prosisz**) (IMPERATIVE **proś**, PERF **poprosić**) VERB
■ **prosić kogoś o coś** to ask somebody for something

■ **prosić kogoś, żeby coś zrobił** to ask somebody to do something

■ **proszę państwa** ladies and gentlemen

■ **Proszę bardzo. 1** (odpowiedź na dziękuję) You're welcome. **2** (podając coś) Here you are.

■ **Proszę wejść.** Come in.

prosto ADVERB
1 straight ahead
□ Dworzec kolejowy jest prosto przed nami. The railway station is straight ahead of us.
2 upright (chodzić, stać)
3 clearly
□ Możesz mi to prosto wytłumaczyć? Can you explain that clearly to me?

prostokąt (GEN **prostokąta**, PL **prostokąty**, LOC SING **prostokącie**) MASC NOUN
rectangle

prostu ADVERB
⋯ **LANGUAGE TIP** prostu does not decline straight (wprost)

■ **po prostu** basically

prosty ADJECTIVE
1 straight (włosy, droga)
2 simple
□ To bardzo proste zadanie. This is a very simple task.

■ **kąt prosty** right angle

prostytutka (GEN **prostytutki**, PL **prostytutki**, DAT SING AND LOC SING **prostytutce**, GEN PL **prostytutek**) FEM NOUN
prostitute

proszek (GEN **proszku**, PL **proszki**, INST SING **proszkiem**) MASC NOUN
1 powder

□ proszek do prania washing powder □ proszek do pieczenia baking powder
2 pill (lekarstwo)

prośba (GEN **prośby**, PL **prośby**, DAT SING AND LOC SING **prośbie**, GEN PL **próśb**) FEM NOUN
request

■ **Mam do ciebie prośbę.** I have a favour to ask of you.; I have a favor to ask of you. (US)

■ **chodzić po prośbie** to beg

protest (GEN **protestu**, PL **protesty**, LOC SING **proteście**) MASC NOUN
protest

protestancki ADJECTIVE
Protestant

protestant (GEN **protestanta**, PL **protestanci**, LOC SING **protestancie**) MASC NOUN
Protestant

protestantka (GEN **protestantki**, PL **protestantki**, LOC SING AND DAT SING **protestantce**, GEN PL **protestantek**) FEM NOUN
Protestant
□ Moja przyjaciółka jest protestantką. My friend is a Protestant.

prowadzić (**prowadzę, prowadzisz**)
(IMPERATIVE **prowadź**) VERB
1 to lead
□ On prowadzi dość monotonny tryb życia. He leads a rather monotonous life.
2 to drive
□ Umiesz prowadzić samochód? Can you drive?

■ **prowadzić** (PERF **doprowadzić**) **do czegoś** to lead up to something

prowincjonalny ADJECTIVE
provincial
□ prowincjonalny strój provincial clothes

prowokować (**prowokuję, prowokujesz**)
(PERF **sprowokować**) VERB
to provoke
□ prowokować kogoś do dyskusji to provoke somebody into discussion

próba (GEN **próby**, PL **próby**, LOC SING AND DAT SING **próbie**) FEM NOUN
1 test (wytrzymałości itp.)

■ **próba zrobienia czegoś** attempt at doing something
2 rehearsal (w teatrze)
□ próba generalna dress rehearsal

próbka (GEN **próbki**, PL **próbki**, DAT SING AND LOC SING **próbce**, GEN PL **próbek**) FEM NOUN
sample

próbować (**próbuję, próbujesz**)
(PERF **sprobować**) VERB
to taste
□ Spróbuj tego owocu. Taste this fruit.

■ **próbować coś zrobić** to try to do something

prymitywny ADJECTIVE
primitive

prysznic (GEN **prysznica**, PL **prysznice**)
MASC NOUN
shower
□ brać (PERF **wziąć**) prysznic to have a shower

P

171

prywatka (GEN **prywatki**, PL **prywatki**, DAT SING AND LOC SING **prywatce**, GEN PL **prywatek**) FEM NOUN
party

prywatny ADJECTIVE
1 private
  □ To moja prywatna sprawa. This is my private matter.
2 public *(szkoła: Brit)*
3 personal
  □ Ten film jest tylko do prywatnego użytku. This film is only for personal use.

przebaczać (przebaczam, przebaczasz) (PERF **przebaczyć**) VERB
■ przebaczyć coś komuś to forgive somebody for something □ Nie mogę mu przebaczyć tego, co zrobił. I can't forgive him for what he's done.

przebiegły ADJECTIVE
cunning
■ Ależ z niego przebiegły lis! Well, he's sly fox!

przebieralnia (GEN **przebieralnia**, PL **przebieralnie**, GEN PL **przebieralnia**) FEM NOUN
changing room

przebój (GEN **przeboju**, PL **przeboje**) MASC NOUN
1 hit *(piosenka)*
2 success
■ lista przebojów the charts *pl*

przebudowywać (przebudowuję, przebudowujesz) (PERF **przebudować**) VERB
1 to convert
  □ Przebudowujemy kuchnię i łazienkę. We are converting the kitchen and the bathroom.
2 to rebuild *(ulicę)*

przebudzić (przebudzę, przebudzisz) (IMPERATIVE **przebudź**) VERB
to awaken
■ przebudzić się to awaken

przechadzać się (przechadzam, przechadzasz) VERB
to stroll
  □ W ciepłe dni lubię przechadzać się po parku. I like to stroll in the park on warm days.

przechodzić (przechodzę, przechodzisz) (IMPERATIVE **przechodź**, PERF **przejść**) VERB
1 to cross
  □ Przejdź przez ulicę na światłach. Cross the street at the traffic lights.
2 to suffer
  □ Jako dziecko przeszedł świnkę. He suffered from mumps when he was a child.
3 to experience
  □ Ona niejedno już przeszła w życiu. She has experienced quite a lot in her life.
4 to undergo
  □ Przeszedł operację serca. He has undergone a heart operation.
5 to move on *(iść)*
6 to pass by *(iść obok)*
7 to ease
  □ Nudności szybko minęły, gdy tylko zażył lek. The sickness eased quickly as soon as he took the medicine.

przechodzień (GEN **przechodnia**, PL **przechodnie**) MASC NOUN
passer-by

przechowywać (przechowuję, przechowujesz) (PERF **przechować**) VERB
1 to store
  □ Mleko należy przechowywać w lodówce. Milk should be stored in the fridge.
2 to keep
  □ Gdzie przechowujesz swój paszport? Where do you keep your passport?

przeciąć (przetnę, przetniesz) (IMPERATIVE **przetnij**) VERB ▷ *zobacz* ciąć, przecinać
■ przeciąć więzy to cut ties

przeciekać (przecieka) (PERF **przeciec**) VERB
to leak
  □ Dach przecieka. The roof is leaking.

przecież ADVERB
but
  □ Przecież to prawda! But it's true!
■ Przecież znasz go? You do know him, don't you?

przecinać (przecinam, przecinasz) (PERF **przeciąć**) VERB
to cut *(skórę)*
■ przecinać się to cross *(o dwóch ulicach, liniach, drogach życiowych)*

przeciw PREPOSITION
⁚⁚⁚ LANGUAGE TIP przeciw takes the dative
against
■ argumenty za i przeciw pros and cons
■ Nie mam nic przeciwko temu. I've got nothing against it.

przeciw... PREFIX
anti-
counter-

przeciwbólowy ADJECTIVE
■ środek przeciwbólowy painkiller

przeciwdeszczowy ADJECTIVE
■ płaszcz przeciwdeszczowy raincoat

przeciwieństwo (GEN **przeciwieństwa**, PL **przeciwieństwa**, DAT SING **przeciwieństwu**, LOC SING **przeciwieństwie**) NEUT NOUN
1 contrast *(sprzeczność)*
2 opposite *(odwrotny)*
■ w przeciwieństwie do +gen unlike

przeciwko PREPOSITION = przeciw

przeciwnik (GEN **przeciwnika**, PL **przeciwnicy**, INST SING **przeciwnikiem**) MASC NOUN
1 enemy *(wróg)*
2 opponent *(rywal)*

przeciwny ADJECTIVE
1 opposite
■ po przeciwnej stronie ulicy across the street
2 contrary
■ być przeciwnym czemuś to oppose something

przeciwpożarowy ADJECTIVE
fire
  □ alarm przeciwpożarowy fire alarm

przeciwsłoneczny ADJECTIVE
■ okulary przeciwsłoneczne sunglasses

przeczyć (przeczę, przeczysz) (PERF **zaprzeczyć**)
VERB
to deny
□ przeczyć czemuś to deny something
□ Zaprzeczył wszystkim oskarżeniom.
He denied all accusations.
przeczytać (przeczytam, przeczytasz) VERB
▷ *zobacz* **czytać**
■ przeczytać książkę od deski do deski
to read a book from cover to cover
przed PREPOSITION

> LANGUAGE TIP When przed is used to
> show the location of something, it takes
> the instrumental

1 in front of
□ przed szkołą in front of the school
2 before
□ przed śniadaniem before breakfast
■ przed zimnem against the cold
■ chronić się przed czymś to shelter from
something
■ ukrywać coś przed kimś to hide something
from somebody

> LANGUAGE TIP When przed is used to
> show the direction something is moving
> in, it takes the accusative

■ zajechać *(perf)* przed szkołę to pull up in
front of the school
przed- PREFIX
pre-
przede PREPOSITION = przed
■ przede mną *(w czasie)* before me
in front of me *(przestrzeń)*
■ przede wszystkim first of all
przedłużać (przedłużam, przedłużasz)
(PERF **przedłużyć**) VERB
to extend
■ przedłużać się to overrun
przedmiot (GEN przedmiotu, PL przedmioty,
LOC SING **przedmiocie**) MASC NOUN
1 object
□ Na stole leżał owinięty w papier przedmiot.
There was an object wrapped in paper on the table.
2 topic
□ Przedmiotem rozmowy była polityka.
The topic of the discussion was politics.
3 subject
□ Jaki jest przedmiot dzisiejszej lekcji? What is
the subject of today's lesson?
przedostatni ADJECTIVE
last but one
next to last (US)
przedpokój (GEN przedpokoju, PL przedpokoje,
GEN PL **przedpokoi**) MASC NOUN
hall
przedpołudnie (GEN przedpołudnia, PL
przedpołudnia, GEN PL **przedpołudni**) NEUT NOUN
morning
□ leniwe niedzielne przedpołudnie a lazy
Sunday morning
przedsiębiorca (GEN przedsiębiorcy,
PL **przedsiębiorcy**) MASC NOUN

> LANGUAGE TIP przedsiębiorca declines
> like an adjective in the singular.

entrepreneur
■ przedsiębiorca pogrzebowy undertaker;
funeral director (US)
przedsiębiorstwo (GEN przedsiębiorstwa,
PL przedsiębiorstwa, LOC SING AND DAT SING
przedsiębiorstwie) NEUT NOUN
enterprise
□ On zarządza dużym przedsiębiorstwem.
He manages a large enterprise.
przedstawiciel (GEN przedstawiciela,
PL przedstawiciele, GEN PL **przedstawicieli**)
MASC NOUN
1 representative
2 agent *(handlowy)*
przedstawienie (GEN przedstawienia,
PL przedstawienia, GEN PL **przedstawień**)
NEUT NOUN
show
□ przedstawienie cyrkowe a circus show
przedszkole (GEN przedszkola, PL przedszkola,
GEN PL **przedszkoli**) NEUT NOUN
nursery school
kindergarten (US)
□ Co rano odwozimy syna do przedszkola.
We take our son to the nursery every morning.
przedtem ADVERB
1 previously *(wcześniej)*
2 formerly *(dawniej)*
przedwczoraj ADVERB
the day before yesterday
przedział (GEN przedziału, PL przedziały, LOC
SING **przedziale**) MASC NOUN
compartment
□ przedział dla palących a smoking
compartment
przegapić (przegapię, przegapisz) VERB PERF
to miss *(potoczny)*
□ Przegapił okazję, by się z nią zobaczyć.
He missed the opportunity to see her.
przegląd (GEN przeglądu, PL przeglądy,
LOC SING **przeglądzie**) MASC NOUN
inspection *(kontrolny)*
■ dokonać *(perf)* przeglądu samochodu
to service a car
przeglądać (przeglądam, przeglądasz)
(PERF **przejrzeć**) VERB
to look through
□ przeglądać niedzielne gazety to look through
the Sunday papers
■ przeglądać się w lustrze to look at oneself
in the mirror
przegrana (GEN przegranej, PL przegrane)
FEM NOUN

> LANGUAGE TIP przegrana declines like
> an adjective

1 loss *(kwota, zakład)*
2 defeat *(porażka)*
przegrywać (przegrywam, przegrywasz)
(PERF **przegrać**) VERB
1 to lose

□ Przegraliśmy w konkursie. We lost in the competition.

2 to copy (CD, DVD)

przejazd (GEN **przejazdu**, PL **przejazdy**, LOC SING **przejeździe**) MASC NOUN

1 drive

□ Przejazd samochodem zajmie nam godzinę. The drive will take an hour.

2 ride

□ dwugodzinny przejazd pociągiem a two-hour train ride

3 crossing (miejsce)

□ przejazd kolejowy level crossing; grade crossing (US)

■ opłata za przejazd fare

przejażdżka (GEN **przejażdżki**, PL **przejażdżki**, DAT SING AND LOC SING **przejażdżce**, GEN PL **przejażdżek**) FEM NOUN

ride

□ Pojedźmy na przejażdżkę za miasto. Let's go for a ride out of town.

przejeżdżać (**przejeżdżam**, **przejeżdżasz**) (PERF **przejechać**) VERB

1 to cross (przekraczać)

2 to pass

■ przejechać przystanek to miss one's stop VERB

przejmować (**przejmuję**, **przejmujesz**) (PERF **przejąć**) VERB

1 to take over

□ Przejął obowiązki swojego poprzednika. He took over his precedessor's duties.

2 to intercept (list, transport)

■ przejmować się czymś to be concerned about something

■ Nie przejmuj się. Don't worry.

przejrzeć (**przejrzę**, **przejrzysz**) (IMPERATIVE **przejrzyj**) VERB ▷zobacz **przeglądać**

przejrzysty ADJECTIVE

transparent

□ przejrzyste firanki transparent curtains

przejście (GEN **przejścia**, PL **przejścia**, GEN PL **przejść**) NEUT NOUN

passage

■ przejście dla pieszych pedestrian crossing

■ przejście podziemne subway; underpass (US)

■ przejście graniczne border checkpoint

przejściowy ADJECTIVE

transitory

□ To tylko przejściowe trudności. These are only transitory difficulties.

przejść (**przejdę**, **przejdziesz**) (IMPERATIVE **przejdź**) VERB ▷zobacz **przechodzić**

■ przejść się to go for a walk

przekleństwo (GEN **przekleństwa**, PL **przekleństwa**, LOC SING **przekleństwie**) NEUT NOUN

swearword

przeklinać (**przeklinam**, **przeklinasz**) (PERF **przekląć**) VERB

to curse

to swear

■ Przestań tak przeklinać! Stop that swearing!

przekład (GEN **przekładu**, PL **przekłady**, LOC SING **przekładzie**) MASC NOUN

translation

przekonać (**przekonam**, **przekonasz**) VERB ▷zobacz **przekonywać**

■ przekonać się do kogoś to grow to like somebody

■ przekonać się do czegoś to grow to like something

przekonany ADJECTIVE

■ być przekonanym o czymś to be convinced of something

przekonujący ADJECTIVE

convincing

przekonywać (**przekonuję**, **przekonujesz**) (PERF **przekonać**) VERB

to convince

□ Nie jestem przekonana, że to dobry pomysł. I'm not convinced that this is a good idea.

■ przekonywać się to become convinced

■ przekonywać kogoś o czymś to convince somebody of something

przekonywający ADJECTIVE = **przekonujący**

przekraczać (**przekraczam**, **przekraczasz**) (PERF **przekroczyć**) VERB

1 to cross

2 to exceed

przekupywać (**przekupuję**, **przekupujesz**) (PERF **przekupić**) VERB

to bribe

□ Przekupił ją, by uzyskać wizę. He bribed her in order to get the visa.

przelew (GEN **przelewu**, PL **przelewy**, LOC SING **przelewie**) MASC NOUN

transfer

przeliczać (**przeliczam**, **przeliczasz**) (PERF **przeliczyć**) VERB

1 to convert

□ przeliczać funty na złote to convert pounds into zlotys

2 to count

□ Przeliczył, ila ma pieniędzy w kieszeni. He counted how much money he had in his pocket.

przeliczyć (**przeliczę**, **przeliczysz**) VERB ▷zobacz **przeliczać**

■ przeliczyć się to miscalculate

przełom (GEN **przełomu**, PL **przełomy**, LOC SING **przełomie**) MASC NOUN

breakthrough (moment zmiany)

■ na przełomie XIX wieku at the turn of the nineteenth century

przełomowy ADJECTIVE

crucial (znaczenie)

przemarzać (**przemarzam**, **przemarzasz**) (PERF **przemarznąć**) VERB

to freeze

przemarznięty ADJECTIVE

frozen

□ przemarznięta ziemia w ogrodzie frozen soil in the garden

przemawiać (przemawiam, przemawiasz)
(PERF **przemówić**) VERB
to make a speech (wygłosić mowę)

przemęczony ADJECTIVE
exhausted
□ Jest przemęczony po tygodniu ciężkiej pracy. He is exhausted after a week of hard work.

przemiana (GEN **przemiany**, PL **przemiany**, DAT SING AND LOC SING **przemianie**) FEM NOUN
transformation

przemoc (GEN **przemocy**) FEM NOUN
violence
□ ofiary przemocy na tle rasizmu victims of racist violence
■ przemocą forcibly

przemówić (przemówię, przemówisz) VERB
▷ zobacz **przemawiać**

przemówienie (GEN **przemówienia**, PL **przemówienia**, GEN PL **przemówień**) NEUT NOUN
speech
□ wygłaszać (PERF wygłosić) przemówienie to make a speech

przemycać (przemycam, przemycasz)
(PERF **przemycić**) VERB
to smuggle

przemysł (GEN **przemysłu**, PL **przemysły**, LOC SING **przemyśle**) MASC NOUN
industry
□ przemysł turystyczny tourism industry

przemysłowy ADJECTIVE
industrial
□ Utworzono tu nową strefę przemysłową. A new industrial zone has been created here.

przemyt (GEN **przemytu**, LOC SING **przemycie**) MASC NOUN
smuggling
□ przemyt narkotyków drugs smuggling

przenosić (przenoszę, przenosisz)
(IMPERATIVE **przenoś**, PERF **przenieść**) VERB
1 to carry
□ Pomóż mi przenieść zakupy z samochodu do kuchni. Help me carry the shopping from the car to the kitchen.
2 to transmit
□ Koty mogą przenosić różne choroby. Cats can transmit various illnesses.
■ przenosić się to move □ Oni przenieśli się nad morze. They have moved to the seaside.

przepadać (przepadam, przepadasz) (PERF **przepaść**) VERB
to disappear
□ Nasz kot przepadł bez śladu. Our cat disappeared without a trace.
■ Nie przepadam za wołowiną. I'm not keen on beef.

przepaść (GEN **przepaści**, PL **przepaści**, GEN PL **przepaści**) FEM NOUN
▷ zobacz też **przepaść** VERB
precipice

przepaść (przepadnę, przepadniesz)
(IMPERATIVE **przepadnij**) VERB ▷ zobacz **przepadać**
▷ zobacz też **przepaść** FEM NOUN
■ przepaść bez wieści to disappear without a trace

przepełniony ADJECTIVE
1 overcrowded
□ Tramwaj był tak przepełniony, że musiałam zaczekać na następny. The tram was so overcrowded that I had to wait for the next one.
2 overflowing (płynem)

przepis (GEN **przepisu**, PL **przepisy**, LOC SING **przepisie**) MASC NOUN
1 recipe
□ Daj mi Twój przepis na szarlotkę. Give me your recipe for apple cake.
2 regulation

przepisywać (przepisuję, przepisujesz)
(PERF **przepisać**) VERB
1 to copy out
□ Przepisz ten list na komputerze. Copy this letter out on a computer.
2 to prescribe
□ Lekarz przepisał mu środki nasenne. The doctor prescribed him sleeping pills.

przepraszać (przepraszam, przepraszasz)
(PERF **przeprosić**) VERB
■ przepraszać kogoś to apologize to somebody
■ przepraszać za coś to apologize for something
■ przepraszam excuse me

przeprowadzać (przeprowadzam, przeprowadzasz) (PERF **przeprowadzić**)
to carry out
□ przeprowadzać badanie opinii publicznej to carry out a survey of the public opinion
■ przeprowadzać się to move

przeprowadzka (GEN **przeprowadzki**, PL **przeprowadzki**, DAT SING AND LOC SING **przeprowadzce**, GEN PL **przeprowadzek**) FEM NOUN
move
□ To moja trzecia przeprowadzka w ciągu dwóch lat. This is my third move in two years.

przerażający ADJECTIVE
horrifying
□ przerażający widok a horrifying sight

przerwa (GEN **przerwy**, PL **przerwy**, DAT SING AND LOC SING **przerwie**) FEM NOUN
1 break
□ letnia przerwa w nauce the summer school break □ bez przerwy without a break
□ przerwa obiadowa lunch break
2 playtime
recess (US)
3 gap
□ przerwa między drugim i trzecim rokiem studiów a gap between the second and third year of studies

przerywać (przerywam, przerywasz)
(PERF **przerwać**) VERB
to interrupt

□ Przestań mi przerywać! Stop interrupting me! to pause *(podczas rozmowy)*

■ przerywać się to break

■ przerywać ciążę to have an abortion

przesada (GEN **przesady**, DAT SING AND LOC SING **przesadzie**) FEM NOUN
exaggeration

przesadny ADJECTIVE
exaggerated

przesadzać (przesadzam, przesadzasz)
(PERF **przesadzić**) VERB
to transplant *(kwiaty)*
to exaggerate

przesąd (GEN **przesądu**, PL **przesądy**,
LOC SING **przesądzie**) MASC NOUN
1 superstition
2 prejudice *(uprzedzenie)*

przesądny ADJECTIVE
superstitious

przesiadka (GEN **przesiadki**, PL **przesiadki**,
DAT SING AND LOC SING **przesiadce**,
GEN PL **przesiadek**) FEM NOUN
change

□ podróż z dwiema przesiadkami a journey with two changes

■ dojechać gdzieś bez przesiadki to go somewhere direct

przesłać (prześlę, prześlesz) (IMPERATIVE **prześlij**)
VERB ▷ *zobacz* przesyłać

przestawać (przestaję, przestajesz)
(IMPERATIVE **przestawaj**, PERF **przestać**) VERB
■ przestawać coś robić to stop doing something
■ Przestań! Stop it!

przestawiać (przestawiam, przestawiasz)
(PERF **przestawić**) VERB
1 to move

□ Przestaw tą lampę na górną półkę. Move this lamp onto the upper shelf.
2 to rearrange

□ przestawić meble w salonie to rearrange furniture in the living room
3 to reorder *(zmienić kolejność)*

przestępca (GEN **przestępcy**, PL **przestępcy**)
MASC NOUN

⋯ **LANGUAGE TIP** przestępca declines like a feminine noun in the singular
criminal

□ Przestępca został szybko zatrzymany. The criminal was quickly arrested.

przestępstwo (GEN **przestępstwa**,
PL **przestępstwa**, LOC SING **przestępstwie**)
NEUT NOUN
crime

□ popełniać (PERF popełnić) przestępstwo to commit a crime

przestraszony ADJECTIVE
frightened

□ Był śmiertelnie przestraszony. He was frightened to death.

przestraszyć (przestraszę, przestraszysz)
VERB PERF
to frighten

■ przestraszyć się to get scared

przestrzegać (przestrzegam, przestrzegasz)
(PERF **przestrzec**) VERB +*gen*
1 to obey *(regulaminów)*
2 to abide by *(prawa)*
3 to observe

□ Przestrzegamy lokalnych tradycji. We observe the local traditions.
4 to warn *(udzielać przestrogi)*

■ przestrzegać kogoś przed czymś to warn somebody about something

przestrzeń (GEN **przestrzeni**, PL **przestrzenie**,
GEN PL **przestrzeni**) FEM NOUN
1 space *(obszar)*
2 expanse

□ olbrzymia powierzchnia terenu a vast expanse of land

■ przestrzeń kosmiczna outer space

przesyłać (przesyłam, przesyłasz) (PERF **przesłać**) VERB
to send

□ przesyłać życzenia urodzinowe to send birthday wishes

■ przesyłać komuś pozdrowienia to give one's regards to somebody

przesyłka (GEN **przesyłki**, PL **przesyłki**, DAT SING
AND LOC SING **przesyłce**, GEN PL **przesyłek**) FEM NOUN
piece of post

■ przesyłka lotnicza air mail

przeszkoda (GEN **przeszkody**, PL **przeszkody**,
DAT SING AND LOC SING **przeszkodzie**,
GEN PL **przeszkód**) FEM NOUN
obstacle *(kłopoty)*

przeszłość (GEN **przeszłości**) FEM NOUN
the past

□ W przeszłości wiele podróżowaliśmy. We travelled a lot in the past.

przeszły ADJECTIVE
past

prześcieradło (GEN **prześcieradła**,
PL **prześcieradła**, LOC SING **prześcieradle**,
GEN PL **prześcieradeł**) NEUT NOUN
sheet

□ bawełniane prześcieradło a cotton sheet

prześladować (prześladuję, prześladujesz)
VERB
1 to persecute *(człowieka)*
2 to pester

□ On prześladuje swoich sąsiadów. He pesters his neighbours.
3 to haunt

□ Prześladują ją złe wspomnienia. She is haunted by bad memories.

przetłumaczyć (przetłumaczę,
przetłumaczysz) VERB ▷ *zobacz* tłumaczyć

przetrwać (przetrwam, przetrwasz) VERB PERF
to survive

□ Ta roślina powinna przetrwać zimę. This plant should survive the winter.

przewaga (GEN **przewagi**, DAT SING AND LOC SING
przewadze) FEM NOUN
advantage

□ Mamy nad nimi przewagę dwóch punktów.
We have an advantage of two points over them.

przeważnie ADVERB
mostly

□ Przeważnie w niedzielę chodzę na siłownię.
On Sundays I mostly go to the gym.

przewieźć (przewiozę, przewieziesz)
(IMPERATIVE **przewieź** VERB ▷zobacz **przewozić**

przewlekły ADJECTIVE
chronic

□ przewlekłe bóle głowy chronic headaches

przewodnik (GEN przewodnika,
PL **przewodnicy**, INST SING **przewodnikiem**)
MASC NOUN
1 guide

□ Mój wujek jest przewodnikiem górskim.
My uncle is a mountain guide.
2 guidebook (NOM PL **przewodniki** (książka)
■ przewodnik wycieczek tour guide

przewodzić (przewodzę, przewodzisz) VERB
to lead

□ przewodzić zespołowi to lead a team

przewozić (przewożę, przewozisz)
(IMPERATIVE **przewieź** VERB
to transport

przewód (GEN przewodu, PL przewody,
LOC SING **przewodzie**) MASC NOUN
1 wire
2 pipe

□ wyciek z przewodu gazowego a leak from the
gas pipe

przez PREPOSITION

⋯ **LANGUAGE TIP** przez takes the accusative
1 across

■ przechodzić (PERF **przejść** przez ulicę
to cross the street
2 through

■ przez ogród across the garden
3 over

□ przeskakiwać (PERF przeskoczyć przez mur
to jump over a wall
4 for

□ Chorowałem przez miesiąc. I was ill for
a month.

■ robić (PERF zrobić coś przez wakacje to do
something over the holidays
5 by

■ przez pomyłkę by mistake
■ mnożyć przez 3 to multiply by 3
■ dzielić przez 3 divide by 3
■ Co przez to rozumiesz? What do you mean
by that?
■ przez telefon over the phone
■ To się pisze przez dwa 't'. It's spelt with
double 't'.

przeze PREPOSITION = **przez**

przeziębiać się (przeziębiam, przeziębiasz)
(PERF **przeziębić** VERB
to catch a cold

□ Przeziębił się w czasie weekendu. He caught
a cold over the weekend.

przeziębienie (GEN przeziębienia,

PL **przeziębienia**, GEN PL **przeziębień** NEUT NOUN
cold

przeziębiony ADJECTIVE
■ być przeziębionym to have a cold

przezroczysty ADJECTIVE
transparent

przezwisko (GEN przezwiska, PL przezwiska,
INST SING **przezwiskiem**) NEUT NOUN
nickname

□ moje szkolne przezwisko my school
nickname

przeżyć (przeżyję, przeżyjesz) VERB
1 to survive (wojnę)
2 to outlive

□ Przeżyła męża o cztery lata. She outlived her
husband by four years.

przeżywać (przeżywam, przeżywasz)
(PERF **przeżyć** VERB
to survive

□ Dwie osoby nie przeżyły wypadku.
Two people did not survive the accident.
■ On bardzo mocno przeżył śmierć ojca.
His father's death has affected him very deeply.

przodek (GEN przodka, PL przodkowie, INST SING
przodkiem) MASC NOUN
ancestor

przy PREPOSITION

⋯ **LANGUAGE TIP** przy takes the locative
in front of

■ przy papieżu in the presence of the Pope
■ przy oknie by the window
■ przy stole at the table
■ Nie mam przy sobie pieniędzy. I don't have
any money on me.
■ przy pracy at work
■ przy kawie over coffee

przybiegać (przybiegam, przybiegasz)
(PERF **przybiegnąć** or **przybiec**) VERB
to rush across

przybliżony ADJECTIVE
approximate

□ przybliżony czas trwania approximate
duration time

przybrany ADJECTIVE
1 adoptive

□ jego przybrany ojciec his adoptive father
2 assumed (nazwisko)

przychodnia (GEN przychodni, PL przychodnie,
GEN PL **przychodni**) FEM NOUN
out-patients' clinic

przychodzić (przychodzę, przychodzisz)
(IMPERATIVE **przychodź**, PERF **przyjść**) VERB
1 to come

□ Przyszedł do domu o piątej. He came home
at five o'clock.
2 to arrive (list)

■ przychodzić na świat to be born

przyciągać (przyciągam, przyciągasz)
(PERF **przyciągnąć** VERB
to attract

□ Jego wygląd przyciąga uwagę.
His appearance attracts attention.

Polsko-Angielski

przyczyna (GEN **przyczyny**, PL **przyczyny**, DAT SING AND LOC SING **przyczynie**) FEM NOUN
reason

□ z tej przyczyny for that reason

przydatny ADJECTIVE
useful

□ Twoja rada była bardzo przydatna.
Your advice was very useful.

przydawać się (**przydaję, przydajesz**)
(PERF **przydać**) VERB

■ przydawać się komuś na coś to be useful to somebody for something

przyglądać się (**przyglądam, przyglądasz**)
(PERF **przyjrzeć**) VERB

■ przyglądać się komuś to watch somebody
■ przyglądać się czemuś to watch something

przygoda (GEN **przygody**, PL **przygody**, DAT SING AND LOC SING **przygodzie**, GEN PL **przygód**)
FEM NOUN
adventure

□ wakacyjne przygody holiday adventures

przygodowy ADJECTIVE
adventure

przygotowany ADJECTIVE

■ przygotowany na najgorszy scenariusz prepared for the worst-case scenario
■ przygotowany do zajęć szkolnych prepared for school

przyjaciel (GEN **przyjaciela**, PL **przyjaciele**, GEN PL **przyjaciół**, DAT PL **przyjaciołom**, INST PL **przyjaciółmi**, LOC PL **przyjaciołach**) MASC NOUN
friend

□ Mogę zawsze liczyć na moich przyjaciół. I can always count on my friends.

przyjacielski ADJECTIVE
friendly

przyjaciółka (GEN **przyjaciółki**, PL **przyjaciółki**, DAT SING AND LOC SING **przyjaciółce**, GEN PL **przyjaciółek**) FEM NOUN
friend

■ przyjaciółka od serca soul mate

przyjazd (GEN **przyjazdu**, PL **przyjazdy**, LOC SING **przyjeździe**) MASC NOUN
arrival

□ Ich przyjazd spodziewany jest około południa.
Their arrival is expected around noon.

przyjazny ADJECTIVE
friendly

□ przyjazne otoczenie friendly surroundings

przyjaźnić się (**przyjaźnię, przyjaźnisz**)
(IMPERATIVE **przyjaźnij**) VERB
to be friends

□ Przyjaźnimy się od czasu studiów. We have been friends since we studied together.

przyjaźnie ADVERB
1 amicably (powitać)
2 favourably
favorably (US: usposobiony)

przyjaźń (GEN **przyjaźni**, PL **przyjaźnie**, GEN PL **przyjaźni**) FEM NOUN
friendship

□ Bardzo sobie cenię jej przyjaźń. I value her friendship highly.

przyjąć (**przyjmę, przyjmiesz**) (IMPERATIVE **przyjmij**) VERB ▷ zobacz **przyjmować**

przyjechać (**przyjadę, przyjedziesz**)
(IMPERATIVE **przyjedź**) VERB ▷ zobacz **przyjeżdżać**

przyjemnie ADVERB
pleasantly

□ Jestem przyjemnie zaskoczona. I am pleasantly surprised.

■ Byłoby mu bardzo przyjemnie. He would be delighted.

przyjemność (GEN **przyjemności**, PL **przyjemności**, GEN PL **przyjemności**) FEM NOUN
pleasure

□ z przyjemnością with pleasure

przyjemny ADJECTIVE
pleasant

□ przyjemny zapach kwiatów a pleasant smell of flowers

przyjeżdżać (**przyjeżdżam, przyjeżdżasz**)
(PERF **przyjechać**) VERB
to arrive

□ Przyjeżdżam na dworzec autobusowy. I arrive at the bus station.

przyjęcie (GEN **przyjęcia**, PL **przyjęcia**, GEN PL **przyjęć**) NEUT NOUN
1 reception
2 admission (studenta)

przyjmować (**przyjmuję, przyjmujesz**)
(PERF **przyjąć**) VERB
to receive

□ Przychodnia nie przyjmuje obecnie nowych pacjentów. The clinic is not receiving new patients at the moment.

przyjrzeć się (**przyjrzę, przyjrzysz**) (IMPERATIVE **przyjrzyj**) VERB ▷ zobacz **przyglądać się**

przyjść (**przyjdę, przyjdziesz**) (IMPERATIVE **przyjdź**) VERB ▷ zobacz **przychodzić**

przykład (GEN **przykładu**, PL **przykłady**, LOC SING **przykładzie**) MASC NOUN
example

□ na przykład for example □ dawać (PERF **dać**) dobry przykład to set a good example

przykrywać (**przykrywam, przykrywasz**)
(PERF **przykryć**) VERB
to cover

□ przykrywać dziecko kołdrą to cover a child with a quilt □ przykrywać garnek pokrywką to cover a pot with a lid

przylot (GEN **przylotu**, PL **przyloty**, LOC SING **przylocie**) MASC NOUN
arrival

□ przylot opóźniony delayed arrival

przymierzać (**przymierzam, przymierzasz**)
(PERF **przymierzyć**) VERB
to try on

przymierzalnia (GEN **przymierzalni**, PL **przymierzalnie**, GEN PL **przymierzalni**)
FEM NOUN
fitting room

□ źle oświetlona przymierzalnia a badly lit fitting room

P

przymiotnik (GEN przymiotnika, PL przymiotniki, INST SING przymiotnikiem) MASC NOUN
adjective

przymusowy ADJECTIVE
1 enforced *(pobyt)*
2 forced *(praca)*
3 compulsory *(bezrobocie)*

przynajmniej ADVERB
at least
□ Przynajmniej zadzwoń do niej z podziękowaniem. **At least phone and thank her.**

przynieść (przyniosę, przyniesiesz) (IMPERATIVE przynieś, PT przyniósł, przyniosła, przynieśli) VERB ▷*zobacz przynosić*

przynosić (przynoszę, przynosisz) (IMPERATIVE przynoś, PERF przynieść) VERB
to bring

przypadać (przypadam, przypadasz) (PERF przypaść) VERB
■ **Wielkanoc zawsze przypada w niedzielę i poniedziałek. Easter always falls on a Sunday and a Monday.**

przypadek (GEN przypadku, INST SING przypadkiem, NOM PL przypadki) MASC NOUN
1 coincidence *(traf)*
2 case
□ W medycynie to przypadek bez precedensu. **In medicine this is an unprecedented case.**
■ w przypadku +*gen* in case of
■ przez przypadek by accident

przypadkowo ADVERB
accidentally
□ Przypadkowo znalazłam się w tej okolicy. **I accidentally found myself in this area.**

przypadkowy ADJECTIVE
accidental

przypominać (przypominam, przypominasz) (PERF przypomnieć) VERB
■ przypominać kogoś to resemble somebody
■ przypominać coś to resemble something
■ przypomniało mu się, że... he remembered that...
■ przypominać komuś coś to make somebody think of something
■ przypominać sobie to recall
■ przypomnieć komuś o czymś to remind somebody of something

przyprawa (GEN przyprawy, PL przyprawy, DAT SING AND LOC SING przyprawie) FEM NOUN
seasoning

przyprowadzać (przyprowadzam, przyprowadzasz) (PERF przyprowadzić) VERB
to bring
□ Przyprowadziła ze sobą na spotkanie swoje dzieci. **She brought her children with her to the meeting.**

przypuszczać (przypuszczam, przypuszczasz) (PERF przypuścić) VERB
1 to suppose *(snuć domysły)*
2 to presume *(zakładać)*

przyroda (GEN przyrody, DAT SING AND LOC SING przyrodzie) FEM NOUN
nature

przyrodni ADJECTIVE
■ przyrodni brat half-brother
■ przyrodnia siostra half-sister

przyrost (GEN przyrostu, PL przyrosty, LOC SING przyroście) MASC NOUN
increase
■ przyrost naturalny population growth rate

przysięgać (przysięgam, przysięgasz) (PERF przysiąc) VERB
to swear
□ Przysięgam, że nic o tym nie wiem. **I swear I don't know anything about it.**

przysłać (przyślę, przyślesz) (IMPERATIVE przyślij) VERB ▷*zobacz przysyłać*

przysłowie (GEN przysłowia, PL przysłowia, GEN PL przysłów) NEUT NOUN
proverb

przysłówek (GEN przysłówka, PL przysłówki, INST SING przysłówkiem) MASC NOUN
adverb

przysługa (GEN przysługi, PL przysługi, DAT SING AND LOC SING przysłudze) FEM NOUN
favour
favor (US)
□ wyświadczać (PERF wyświadczyć komuś przysługę to do somebody a favour

przysmak (GEN przysmaku, PL przysmaki, INST SING przysmakiem) MASC NOUN
delicacy
□ lokalny przysmak a local delicacy

przyspieszać, przyśpieszać (przyspieszam, przyspieszasz) (PERF przyspieszyć) VERB
1 to speed up *(prędkość)*
2 to advance
to speed up *(zwiększać szybkość)*

przystanek (GEN przystanku, PL przystanki, INST SING przystankiem) MASC NOUN
■ przystanek autobusowy bus stop
■ przystanek tramwajowy tram stop
□ Przystanek autobusowy jest sto metrów od mojego domu. **The bus stop is a hundred metres from my house.**

przystojny ADJECTIVE
handsome

przysyłać (przysyłam, przysyłasz) (PERF przysłać) VERB
1 to send
□ Przysłała mi kartę na urodziny. **She sent me a card for my birthday.**
2 to mail
□ Ta firma przysyła mi katalogi co miesiąc. **This company mails me catalogues every month.**
3 to send in
□ Przyślijcie tutaj kogoś z działu informatyków! **Send in someone from the IT department!**

przyszłość (GEN przyszłości) FEM NOUN
future

P

179

przyszły ADJECTIVE
1 prospective *(student)*
2 future *(czas)*

■ **przyszły mąż** husband-to-be
3 next
   □ **w przyszłym tygodniu** next week
   □ **w przyszłym roku** next year
przytomność (GEN **przytomności**) FEM NOUN
consciousness
   □ **tracić** (PERF **stracić**) **przytomność** to lose
   consciousness
przytomny ADJECTIVE
1 conscious
   □ **Czy pacjent jest już przytomny?** Is the patient
   conscious yet?
2 astute *(rozsądny)*
przytulać (**przytulam, przytulasz**)
(PERF **przytulić**) VERB
to hug

■ **przytulać się** to cuddle
przytulny ADJECTIVE
cosy
cozy (US)
   □ **przytulny pokój hotelowy** a cosy hotel room
przywitać (**przywitam, przywitasz**) VERB
▷ *zobacz* **witać**
przywódca (GEN **przywódcy**, PL **przywódcy**)
MASC NOUN

> **LANGUAGE TIP** **przywódca** declines like
> a feminine noun in the singular
leader
przyznawać (**przyznaję, przyznajesz**)
(PERF **przyznać**) VERB

■ **przyznawać coś komuś** to grant somebody
something
to award somebody something *(nagrodę)*

■ **przyznawać, że...** to admit that...

■ **przyznawać się do** +gen to confess to
przyzwyczajać (**przyzwyczajam,**
przyzwyczajasz) (PERF **przyzwyczaić**) VERB

■ **przyzwyczajać kogoś do czegoś** to
accustom somebody to something

■ **przyzwyczajać się do czegoś** to get used to
something
przyzwyczajenie (GEN **przyzwyczajenia,**
PL **przyzwyczajenia**, GEN PL **przyzwyczajeń**)
NEUT NOUN
habit
   □ **Robię to z przyzwyczajenia.** I do it out of habit.
PS ABBREVIATION (= *postscriptum*)
PS
psa NOUN ▷ *zobacz* **pies**
pstrąg (GEN **pstrąga**, PL **pstrągi**,
INST SING **pstrągiem**) MASC NOUN
trout
psuć (**psuję, psujesz**) (PERF **zepsuć**) VERB
1 to break
   □ **Zepsuł swoją ulubioną zabawkę.** He broke his
   favourite toy.
2 to spoil
   □ **Jego zachowanie zupełnie zepsuło nam**
   przyjęcie. His behaviour spoiled the party

completely for us.

■ **psuć się** 1 to break down □ **Znowu zepsuł**
mi się samochód. My car has broken down
again. 2 to go bad □ **Jedzenie szybko się tutaj**
psuje. Food goes bad quickly here. 3 to
deteriorate □ **Pogoda znowu się zepsuła.**
The weather has deteriorated again.
psycholog (GEN **psychologa**, PL **psycholodzy**,
INST SING **psychologiem**) MASC NOUN
psychologist
pszczoła (GEN **pszczoły**, PL **pszczoły**, DAT SING AND
LOC SING **pszczole**, GEN PL **pszczół**) FEM NOUN
bee
ptak (GEN **ptaka**, PL **ptaki**, INST SING **ptakiem**)
MASC NOUN
bird

■ **popularny gatunek ptaka** a common bird
species
publiczność (GEN **publiczności**) FEM NOUN
audience
publiczny ADJECTIVE
public
publikacja (GEN **publikacji**, PL **publikacje**,
GEN PL **publikacji**) FEM NOUN
publication
publikować (**publikuję, publikujesz**)
(PERF **opublikować**) VERB
to publish
   □ **Opublikowała ostatnio tom wierszy.**
   She recently published a volume of poetry.
puchar (GEN **pucharu**, PL **puchary**,
LOC SING **pucharze**) MASC NOUN
cup
   □ **puchar świata** world cup
pudełko (GEN **pudełka**, PL **pudełka**, INST SING
pudełkiem, GEN PL **pudełek**) NEUT NOUN
box
   □ **pudełko na biżuterię** a jewellery box
pukać (**pukam, pukasz**) (PERF **puknąć**) VERB
to knock
   □ **pukać do drzwi** to knock at the door
   ■ **Puknij się w głowę!** *(potoczny)* You're nuts!
pulower (GEN **puloweru**, PL **pulowery**,
LOC SING **pulowerze**) MASC NOUN
jumper *(Brit)*
sweater (US)
   □ **ciepły wełniany pulower** a warm woollen jumper
puls (GEN **pulsu**, PL **pulsy**, LOC SING **pulsie**) MASC NOUN
pulse
pułapka (GEN **pułapki**, PL **pułapki**, DAT SING AND
LOC SING **pułapce**, GEN PL **pułapek**) FEM NOUN
trap

■ **pułapka na myszy** mousetrap
punkt (GEN **punktu**, PL **punkty**, LOC SING **punkcie**)
MASC NOUN
▷ *zobacz też* **punkt** ADVERB
1 point
   □ **punkt na horyzoncie** a point on the horizon
2 outlet *(sprzedaży)*
3 item *(dokumentu)*
   ■ **punkt widzenia** point of view
   ■ **punkt zwrotny** turning point

punkt ADVERB
> ▷ *zobacz też* **punkt** MASC NOUN *(potoczny)*
- **punkt druga** two o'clock sharp
punktualnie ADVERB
on time *(przybyć, nadjechać)*
- **punktualnie o drugiej** at two o'clock sharp
punktualny ADJECTIVE
punctual
pupa (GEN **pupy**, PL **pupy**, DAT SING AND LOC SING **pupie**) FEM NOUN
bum
butt (US: *potoczny*)
purpurowy ADJECTIVE
purple
pusto ADVERB
- **W sklepach jest pusto.** The shops are empty.
pusty ADJECTIVE
empty
- **pusty w środku** hollow
pustynia (GEN **pustyni**, PL **pustynie**,

GEN PL **pustyń**) FEM NOUN
desert
puszczać (**puszczam, puszczasz**) (PERF **puścić**)
VERB
1 to let go of *(linę, rękę)*
2 to play *(CD, piosenkę)*
3 to come off *(plama)*
- **puszczać się** to let go *(nie trzymać)*
pył (GEN **pyłu**, PL **pyły**, LOC SING **pyle**) MASC NOUN
dust
pytać (**pytam, pytasz**) (PERF **zapytać**) VERB
to ask
☐ **pytać kogoś o coś** to ask somebody about something ☐ **pytać kogoś czy...** to ask somebody if...
- **pytać się** to ask
pytanie (GEN **pytania**, PL **pytania**, GEN PL **pytań**)
NEUT NOUN
question
☐ **zadawać** (PERF **zadać**) **pytanie** to ask a question

Qq

quiz (GEN **quizu**, PL **quizy**, LOC SING **quizie**)
  MASC NOUN
  quiz show

Rr

r. ABBREVIATION
    y

rabat (GEN **rabatu**, PL **rabaty**, LOC SING **rabacie**)
    MASC NOUN
    discount *(zniżka)*

rabować (**rabuję, rabujesz**) (PERF **zrabować**)
    VERB
1   to steal *(kraść)*
2   to rob (PERF **obrabować**) *(okradać)*

rachunek (GEN **rachunku**, PL **rachunki**, INST SING
    rachunkiem) MASC NOUN
1   calculation *(obliczenie)*
2   account *(bankowy)*
3   bill
    check (US)

racja (GEN **racji**, PL **racje**, GEN PL **racji**) FEM NOUN
    rightness
    ■ **mieć rację** to be right
    ■ **nie mieć racji** to be wrong
    ■ **Wiem, że masz rację.** I know you are right.

raczej ADVERB
    rather
    □ Wolałbym raczej zjeść coś innego. I'd rather
    have something else to eat.

rada (GEN **rady**, PL **rady**, DAT SING AND LOC SING **radzie**)
    FEM NOUN
1   tip *(w trudności)*
    □ Dał mi dobrą radę. He gave me a good piece
    of advice.
2   council *(organ)*
    □ rada gminy local council
    ■ **Rada Ministrów** the Cabinet

radio (GEN **radia**, PL **radia**) NEUT NOUN
    radio
    □ słuchać radia to listen to the radio □ w radio
    on the radio

radioaktywny ADJECTIVE
    radioactive
    □ substancja radioaktywna radioactive substance

radiostacja (GEN **radiostacji**, PL **radiostacje**,
    GEN PL **radiostacji**) FEM NOUN
    radio station

radiowóz (GEN **radiowozu**, PL **radiowozy**,
    LOC SING **radiowozie**) MASC NOUN
    police car
    □ Okolicę patrolują trzy radiowozy. Three police
    cars patrol the area.

radosny ADJECTIVE
    cheerful

□ On jest bardzo radosnym dzieckiem. He is
a very cheerful child.

radość (GEN **radości**) FEM NOUN
    joy
    □ skakać z radości to jump for joy

radzić (**radzę, radzisz**) (IMPERATIVE **radź**,
    PERF **poradzić**) VERB
    to debate *(debatować)*
    ■ **radzić komuś** to advise somebody
    ■ **Nie radzę ci tego jeść.** I wouldn't eat that
    (if I were you).
    ■ **Radzę sobie z tym bardzo dobrze.**
    I'm coping with it very well.
    ■ **radzić się** to seek advice
    ■ **Poradził się lekarza.** He asked his doctor's
    advice.

raj (GEN **raju**) MASC NOUN
    paradise
    ■ **Czuję się tu jak w raju.** This place feels like
    heaven to me.

rajstopy (GEN **rajstopy**) PL NOUN
    tights
    pantihose (US)
    □ wełniane rajstopy woollen tights

rak (GEN **raka**, PL **raki**, INST SING **rakiem**)
    MASC NOUN
1   crayfish
    crawfish (US: *w biologii*)
2   cancer *(choroba nowotworowa)*
    ■ **On jest spod znaku Raka.** He is Cancerian.

rakieta (GEN **rakiety**, PL **rakiety**, DAT SING AND LOC
    SING **rakiecie**) FEM NOUN
1   rocket *(kosmiczna)*
2   racket *(do tenisa)*

rama (GEN **ramy**, PL **ramy**, DAT SING AND LOC SING
    ramie) FEM NOUN
    ▷ *zobacz też* **rama** PL NOUN
    frame

rama PL NOUN
    ▷ *zobacz też* **rama** FEM NOUN
    scope
    ■ **Zrobił to w ramach swoich obowiązków.**
    He did it as part of his duties.

ramię (GEN **ramienia**, PL **ramiona**, GEN PL **ramion**)
    NEUT NOUN
1   arm
2   shoulder
    □ wzruszać (PERF **wzruszyć**) ramionami to shrug
    (one's shoulders)

ramka (GEN **ramki**, PL **ramki**, DAT SING AND LOC SING **ramce**, GEN PL **ramek**) FEM NOUN
frame
■ **oprawiać** (PERF **oprawić**) **obraz w ramki** to frame a picture

rana (GEN **rany**, PL **rany**, DAT SING AND LOC SING **ranie**) FEM NOUN
wound

randka (GEN **randki**, PL **randki**, DAT SING AND LOC SING **randce**, GEN PL **randek**) FEM NOUN
date
□ Mam dziś z nim randkę. I'm going on a date with him today. □ randka w ciemno blind date

ranić (**ranię**, **ranisz**) (IMPERATIVE **rań**, PERF **zranić**) VERB IMPERF
▷ *zobacz też* **ranić** VERB PERF
1 to wound *(kaleczyć)*
2 to hurt *(uczucia)*

ranić VERB PERF
▷ *zobacz też* **ranić** VERB IMPERF = **zranić**

ranny ADJECTIVE
▷ *zobacz też* **ranny** MASC NOUN
1 wounded
2 morning *(pociąg, zajęcia)*

ranny MASC NOUN
▷ *zobacz też* **ranny** ADJECTIVE
◌ **LANGUAGE TIP** **ranny** declines like an adjective
casualty

rano (GEN **rana**, LOC SING NEUT NOUN
▷ *zobacz też* **rano** ADVERB
morning
□ Co rano je śniadanie. He eats breakfast every morning.

rano ADVERB
▷ *zobacz też* **rano** NEUT NOUN
in the morning
■ **wczoraj rano** yesterday morning

raport (GEN **raportu**, PL **raporty**, LOC SING **raporcie**) MASC NOUN
report
□ raport komisji śledczej report of the investigating committee

rasa (GEN **rasy**, PL **rasy**, DAT SING AND LOC SING **rasie**) FEM NOUN
1 race *(ludzka)*
2 breed *(kota, psa)*

rasista (GEN **rasisty**, PL **rasiści**, DAT SING AND LOC SING **rasiście**) MASC NOUN
◌ **LANGUAGE TIP** **rasista** declines like a feminine noun in the singular
racist

rasistka (GEN **rasistki**, PL **rasistki**, DAT SING AND LOC SING **rasistce**, GEN PL **rasistek**) FEM NOUN
racist

rasistowski ADJECTIVE
racist

rasizm (GEN **rasizmu**, LOC SING **rasizmie**) MASC NOUN
racism

rata (GEN **raty**, PL **raty**, DAT SING AND LOC SING **racie**) FEM NOUN
instalment
installment (US)
□ Zapłacił za to w ratach. He paid for it in instalments.
■ **Kupił samochód na raty.** He bought a car on hire purchase.; He bought a car on an installment plan. (US)

ratować (**ratuję**, **ratujesz**) (PERF **uratować**) VERB
1 to save
□ **ratować** *perf* **komuś życie** to save somebody's life
2 to rescue *(ofiarę wypadku)*

ratownik (GEN **ratownika**, PL **ratownicy**, INST SING **ratownikiem**) MASC NOUN
1 lifeguard *(na basenie)*
2 rescuer *(w górach)*

ratunek (GEN **ratunku**, PL **ratunki**, INST SING **ratunkiem**) MASC NOUN
rescue
■ **ratunku!** help!
■ **Był dla nas ostatnią deską ratunku.** He was our last resort.

ratunkowy ADJECTIVE
■ **pogotowie ratunkowe** ambulance service
■ **kamizelka ratunkowa** life jacket

ratusz (GEN **ratusza**, PL **ratusze**, GEN PL **ratuszów**) MASC NOUN
town hall
□ Ratusz znajduje się przy rynku. The town hall is situated by the square.

raz (GEN **razu**, PL **razy**, LOC SING **razie**) MASC NOUN
time
□ Ile razy tu byłeś? How many times have you been here?
■ **(jeden) raz w tygodniu** once a week
□ **na raz** at a time □ **po raz drugi** for the second time □ **tym razem** this time
■ **dwa razy w miesiącu** twice a month
■ **dwa razy więcej 1** *(uczniów, gazet)* twice as many **2** *(płynu, środków finansowych)* twice as much
■ **Dwa razy dwa jest cztery.** Two times two is four.
■ **na razie!** *(potoczny)* see you later!
■ **Ta bluzka jest w sam raz.** This top is just right.
■ **Na drugi raz się lepiej przygotuj.** Next time prepare more thoroughly.

razem ADVERB
together
□ Jedziemy razem na narty. We are going skiing together.

razowiec (GEN **razowca**, PL **razowce**) MASC NOUN
wholemeal bread
wholewheat bread (US)

rdza (GEN **rdzy**) FEM NOUN
rust

reagować (**reaguję**, **reagujesz**) (PERF **zareagować**) VERB
■ **reagować (na)** to respond (to)

reakcja (GEN **reakcji**, PL **reakcje**, GEN PL **reakcji**) FEM NOUN
response

r

■ **Jego reakcja była bardzo gwałtowna.**
His reaction was very violent.

realny ADJECTIVE
1 real
□ W realnym świecie cuda się nie zdarzają.
Miracles don't happen in the real world.
2 feasible
□ To jest całkiem realne. This is entirely feasible.

recenzja (GEN recenzji, PL recenzje,
GEN PL **recenzji**) FEM NOUN
review
□ Film otrzymał znakomite recenzje. The film
received excellent reviews.

recepcja (GEN recepcji, PL recepcje,
GEN PL **recepcji**) FEM NOUN
reception
front desk (US)

recepcjonista (GEN recepcjonisty,
PL **recepcjoniści**, DAT SING AND LOC SING
recepcjoniście) MASC NOUN
⚪ LANGUAGE TIP recepcjonista declines
like a feminine noun in the singular
receptionist

recepcjonistka (GEN recepcjonistki,
PL **recepcjonistki**, DAT SING AND LOC SING
recepcjonistce, GEN PL **recepcjonistek**)
FEM NOUN
receptionist

recepta (GEN recepty, PL recepty, DAT SING AND
LOC SING **recepcie**) FEM NOUN
prescription
□ Lekarz dał mi receptę na antybiotyki. The
doctor gave me a prescription for antibiotics.

recykling (GEN recyklingu, INST SING
recyklingiem) MASC NOUN
recycling

redakcja (GEN redakcji, PL redakcje,
GEN PL **redakcji**) FEM NOUN
1 editing (czynność)
2 editorial staff (zespół redakcyjny)
3 editorial office (pomieszczenie redakcyjne)
□ Redakcja gazety jest na drugim piętrze.
The newspaper's editorial office is situated
on the second floor.

redaktor (GEN redaktora, PL redaktorzy,
LOC SING **redaktorze**) MASC NOUN
editor

referencje (GEN referencji) PL NOUN
references
□ Szef dał jej bardzo pozytywne referencje.
The boss gave her very favourable references.

reforma (GEN reformy, PL reformy, DAT SING AND
LOC SING **reformie**) FEM NOUN
reform

regał (GEN regału, PL regały, LOC SING regale)
MASC NOUN
bookshelf

region (GEN regionu, PL regiony, LOC SING
regionie) MASC NOUN
region

regularny ADJECTIVE
regular

□ regularne płatności za czynsz regular rent
payments

rejestracja (GEN rejestracji, PL rejestracje,
GEN PL **rejestracji**) FEM NOUN
1 registration (u lekarza)
2 number plate
license plate (US: potoczny: tablica rejestracyjna
pojazdu)

rejon (GEN rejonu, PL rejony, LOC SING rejonie)
MASC NOUN
district (podział administracyjny)

rejs (GEN rejsu, PL rejsy, LOC SING rejsie) MASC NOUN
1 voyage (na statku)
2 flight (w lotnictwie)

rekin (GEN rekina, PL rekiny) MASC NOUN
shark

reklama (GEN reklamy, PL reklamy,
LOC SING **reklamie**) FEM NOUN
1 advertising (produktu)
2 commercial (informacja w radiu, telewizji)
3 advertisement (ogłoszenie drukowane)
□ całostronicowa reklama w gazecie a full-page
advertisement in the newspaper

reklamacja (GEN reklamacji, PL reklamacje,
GEN PL **reklamacji**) FEM NOUN
complaint

reklamować (reklamuję, reklamujesz)
(PERF **zareklamować**) VERB
1 to promote (produkt klientom)
2 to complain about
□ Muszę zareklamować to radio. I must
complain about this radio.

reklamówka (GEN reklamówki,
PL **reklamówki**, DAT SING AND LOC SING **reklamówce**,
GEN PL **reklamówek**) FEM NOUN
carrier bag (torba)

rekord (GEN rekordu, PL rekordy,
LOC SING **rekordzie**) MASC NOUN
record
□ Jego płyta bije rekordy popularności.
His album is beating all sales records.

rekordowy ADJECTIVE
record(-breaking)
□ Osiągnął rekordowe zyski. He achieved
record profits.

relaks (GEN relaksu, LOC SING relaksie) MASC NOUN
relaxation
■ Sobota to dla mnie dzień relaksu.
Saturday is a day of rest for me.

relaksować się (relaksuję, relaksujesz)
(PERF **zrelaksować**) VERB
to relax

religia (GEN religii, PL religie, GEN PL religii)
FEM NOUN
1 religion (wiara)
2 religious education (przedmiot w szkole)

religijny ADJECTIVE
religious
□ On jest bardzo religijny. He is very religious.

remis (GEN remisu, PL remisy, LOC SING remisie)
MASC NOUN
draw

r

remont (GEN **remontu**, PL **remonty**, LOC SING **remoncie**) MASC NOUN
redecoration (domu, pokoju)
□ remont sypialni redecoration of the bedroom

remontować (**remontuję, remontujesz**)
(PERF **wyremontować**) VERB
to redecorate

rencista (GEN **rencisty**, PL **renciści**, DAT SING AND LOC SING **renciście**) MASC NOUN

⚬ **LANGUAGE TIP** rencista declines like a feminine noun in the singular
pensioner

rencistka (GEN **rencistki**, PL **rencistki**, DAT SING AND LOC SING **rencistce**, GEN PL **rencistek**) FEM NOUN
pensioner

renta (GEN **renty**, PL **renty**, DAT SING AND LOC SING **rencie**) FEM NOUN
pension
□ Od dwóch lat jest na rencie. He's been drawing his pension for two years.

rentgenowski ADJECTIVE
X-ray

reperować (**reperuję, reperujesz**)
(PERF **zreperować**) VERB
to repair
□ reperować podarte ubranie to repair torn clothing

reportaż (GEN **reportażu**, PL **reportaże**, GEN PL **reportaży**) MASC NOUN
report
□ Ten reportaż był wstrząsający. The report was shocking.

reporter (GEN **reportera**, PL **reporterzy**, LOC SING **reporterze**) MASC NOUN
reporter

reporterka (GEN **reporterki**, PL **reporterki**, DAT SING AND LOC SING **reporterce**, GEN PL **reporterek**) FEM NOUN
reporter

reprezentacja (GEN **reprezentacji**, PL **reprezentacje**, GEN PL **reprezentacji**) FEM NOUN
representation
■ reprezentacja kraju national team

republika (GEN **republiki**, PL **republiki**, DAT SING AND LOC SING **republice**) FEM NOUN
republic
□ Republika Południowej Afryki the Republic of South Africa

restauracja (GEN **restauracji**, PL **restauracje**, GEN PL **restauracji**) FEM NOUN
restaurant
□ nasza ulubiona włoska restauracja our favourite Italian restaurant

restauracyjny ADJECTIVE
■ wagon restauracyjny dining car

reszta (GEN **reszty**, PL **reszty**, DAT SING AND LOC SING **reszcie**) FEM NOUN
1 rest (jedzenia, pracy)
□ Daj mi resztę Twoich pieniędzy. Give me the rest of your money.
2 change
□ Dziękuję, reszty nie trzeba! Keep the change!

resztka (GEN **resztki**, PL **resztki**, DAT SING AND LOC SING **resztce**, GEN PL **resztek**) FEM NOUN
▷ zobacz też resztka PL NOUN
remainder
■ resztki jedzenia leftovers

rewelacyjny ADJECTIVE
sensational
□ Jego występ był rewelacyjny. His performance was sensational.

rewolucja (GEN **rewolucji**, PL **rewolucje**, GEN PL **rewolucji**) FEM NOUN
revolution

rezerwa (GEN **rezerwy**, DAT SING AND LOC SING **rezerwie**) FEM NOUN (NOM PL **rezerwy**)
reserve

rezerwacja (GEN **rezerwacji**, PL **rezerwacje**, GEN PL **rezerwacji**) FEM NOUN
reservation

rezerwować (**rezerwuję, rezerwujesz**)
(PERF **zarezerwować**) VERB
to reserve
■ rezerwować stolik na dwie osoby to book a table for two

rezultat (GEN **rezultatu**, PL **rezultaty**, LOC SING **rezultacie**) MASC NOUN
result
□ W rezultacie spóźniliśmy się. As a result we were late.

rezygnować (**rezygnuję, rezygnujesz**)
(PERF **zrezygnować**) VERB
to give up
■ Rezygnuję z tej rezerwacji. I am cancelling this reservation.

reżyser (GEN **reżysera**, PL **reżyserzy**, LOC SING **reżyserze**) MASC NOUN
director

reżyseria (GEN **reżyserii**) FEM NOUN
■ reżyseria: Andrzej Wajda directed by Andrzej Wajda

reżyserować (**reżyseruję, reżyserujesz**)
(PERF **wyreżyserować**) VERB
to direct

ręcznik (GEN **ręcznika**, PL **ręczniki**, INST SING **ręcznikiem**) MASC NOUN
towel

ręczny ADJECTIVE
hand
■ piłka ręczna (Sport) handball
■ Nie wiem, dlaczego nie działa ręczny hamulec. I don't know why the handbrake doesn't work.; I don't know why the emergency brake doesn't work. (US)

ręka (GEN **ręki**, PL **ręce**, DAT SING AND LOC SING **ręce**, GEN PL **rąk**, INST PL **rękami**, INST PL **rękoma**, LOC PL **rękach**) FEM NOUN
hand
□ Wziął dziecko za rękę. He took the child by the hand.
■ informacja z pierwszej ręki first-hand information
■ Przyszedł do niej z pustymi rękoma. He came to her empty-handed.

■ **Ręce do góry!** Hands up!
■ **prosić kogoś o rękę** to ask for somebody's hand in marriage

rękaw (GEN **rękawa**, PL **rękawy**, LOC SING **rękawie**) MASC NOUN
sleeve

■ **bluzka bez rękawów** sleeveless top

rękawiczka (GEN **rękawiczki**, PL **rękawiczki**, DAT SING AND LOC SING **rękawiczce**, GEN PL **rękawiczek**) FEM NOUN
glove

r.m. ABBREVIATION (= *rodzaj męski*)
m (= *masculine*)

r.nij. ABBREVIATION (= *rodzaj nijaki*)
nt (= *neuter*)

robak (GEN **robaka**, PL **robaki**, INST SING **robakiem**) MASC NOUN
worm

robić (**robię, robisz**) (IMPERATIVE **rób**, PERF **zrobić**) VERB
1 to make
□ Możesz mi zrobić filiżankę herbaty? Can you make me a cup of tea, please?
2 to do (*wykonywać*)
3 to work
■ **Co tu robisz?** What are you doing here?
■ **robić się** to become
■ **Robi się ciemno.** It's getting dark.
■ **Robi mi się niedobrze po jedzeniu.** I'm starting to feel sick after eating.

roboczy ADJECTIVE
1 working
2 business
■ **dzień roboczy** weekday
■ **rolnik ubrany po roboczemu** a farm worker dressed in his work clothes

robota (GEN **roboty**, PL **roboty**, DAT SING AND LOC SING **robocie**, GEN PL **robót**) FEM NOUN
1 work (*robienie czegoś*)
2 job (*potoczny: zawód*)
■ **roboty drogowe** road works; roadwork (US)
■ **ciasto własnej roboty** home-made cake

robotnik (GEN **robotnika**, PL **robotnicy**, INST SING **robotnikiem**) MASC NOUN
worker
■ **robotnik rolny** farm worker

rocznica (GEN **rocznicy**, PL **rocznice**) FEM NOUN
anniversary
■ **rocznica ślubu** wedding anniversary

rocznik (GEN **rocznika**, PL **roczniki**, INST SING **rocznikiem**) MASC NOUN
class
□ Pamiętam wiele osób z mojego rocznika. I remember many people of my class.

roczny ADJECTIVE
1 year-long
■ **roczna prenumerata** annual subscription fee
2 year-old
□ roczne dziecko a year-old child

rodak (GEN **rodaka**, PL **rodacy**, INST SING **rodakiem**) MASC NOUN
(fellow) countryman

rodowód (GEN **rodowodu**, PL **rodowody**, LOC SING **rodowodzie**) MASC NOUN
1 lineage (*pochodzenie*)
2 pedigree (*zwierzęcia*)

rodzaj (GEN **rodzaju**, PL **rodzaje**, GEN PL **rodzajów**) MASC NOUN
kind (*gatunek*)
■ **Kupiła kozaki lub coś w tym rodzaju.** She bought some knee-high boots or something of the sort.

rodzeństwo (GEN **rodzeństwa**, PL **rodzeństwa**, LOC SING **rodzeństwie**) NEUT NOUN
siblings *pl*
□ Czy masz rodzeństwo? Have you got any siblings?

rodzice (GEN **rodziców**) PL NOUN
parents
□ Moi rodzice są oboje na emeryturze. My parents are both retired.

rodzić (**rodzę, rodzisz**) (IMPERATIVE **ródź**, PERF **urodzić**) VERB
to give birth to
■ **rodzić** (PERF **urodzić**) **się** to be born

rodzina (GEN **rodziny**, PL **rodziny**, DAT SING AND LOC SING **rodzinie**) FEM NOUN
family
□ rodzina wielodzietna a large family

rodzinny ADJECTIVE
1 home
2 family
□ rodzinny nastrój Bożego Narodzenia the family atmosphere of Christmas

rodzony ADJECTIVE
■ **mój rodzony brat** my own brother

rogalik (GEN **rogalika**, PL **rogaliki**, INST SING **rogalikiem**) MASC NOUN
croissant

rok (GEN **roku**, PL **lata**, INST SING **rokiem**) MASC NOUN
year
□ Jeździ na wakacje co roku. He goes on holiday every year. □ w zeszłym roku last year
LANGUAGE TIP Be careful! The Polish word rok does not mean **rock**.

rola (GEN **roli**, PL **role**, GEN PL **ról**) FEM NOUN
part (*w filmie, teatrze*)
■ **Pieniądze nie grają roli.** Money is not an issue.

rolnik (GEN **rolnika**, PL **rolnicy**, INST SING **rolnikiem**) MASC NOUN
farmer

romans (GEN **romansu**, PL **romanse**, LOC SING **romansie**) MASC NOUN
1 love story (*gatunek literacki*)
2 (love) affair (*przygoda miłosna*)

romantyczny ADJECTIVE
romantic

rondo (GEN **ronda**, PL **ronda**, LOC SING **rondzie**) NEUT NOUN
roundabout
traffic circle (US)

ropa (GEN **ropy**, DAT SING AND LOC SING **ropie**) FEM NOUN
1 oil
□ ropa naftowa crude oil

r

2 pus

Rosja (GEN **Rosji**) FEM NOUN
Russia

rosnąć (**rosnę, rośniesz**) (IMPERATIVE **rośnij**,
PERF **urosnąć**) VERB
1 to grow (o zwierzętach, ludziach, roślinach)
2 to rise (PERF **wzrosnąć**) (o kosztach)

rosół (GEN **rosołu**, PL **rosoły**, LOC SING **rosole**)
MASC NOUN
broth
□ rosół z kurczaka chicken broth

rosyjski ADJECTIVE
Russian

roślina (GEN **rośliny**, PL **rośliny**, DAT SING AND LOC
SING **roślinie**) FEM NOUN
plant
□ roślina jednoroczna annual plant

rower (GEN **roweru**, PL **rowery**, LOC SING **rowerze**)
MASC NOUN
bike
■ jechać na rowerze to cycle

rozbierać (**rozbieram, rozbierasz**)
(PERF **rozebrać**) VERB
1 to undress (osobę)
2 to pull down
□ Dom trzeba było rozebrać. The house had to
be pulled down.
■ rozbierać się to undress

rozchorować się (**rozchorowuję,
rozchorowujesz**) VERB
to fall ill

rozczarowanie (GEN **rozczarowania**,
PL **rozczarowania**, GEN PL **rozczarowań**)
NEUT NOUN
disappointment
■ Przeżył gorzkie rozczarowanie. He was
bitterly disappointed.

rozczarowany ADJECTIVE
■ Była rozczarowana, że przegrała. She was
disappointed that she lost.

rozdawać (**rozdaję, rozdajesz**) (PERF **rozdać**)
VERB
to distribute (foldery, gazety, pieniądze)

rozdział (GEN **rozdziału**, PL **rozdziały**,
LOC SING **rozdziale**) MASC NOUN
chapter
□ ostatni rozdział powieści the last chapter
of the novel

rozdzielać (**rozdzielam, rozdzielasz**)
(PERF **rozdzielić**) VERB
1 to distribute (rozdawać)
2 to separate (oddzielać)
■ rozdzielać się to split up (o osobach)

rozebrany ADJECTIVE
undressed

roześmiać się (**roześmieję, roześmiejesz**) VERB
to laugh out loud
■ Roześmiał się mu prosto w twarz.
He laughed right in his face.

rozglądać się (**rozglądam, rozglądasz**)
(PERF **rozejrzeć się**) VERB
to look around

□ Rozgląda się za lepszą posadą. He is looking
around for a better job.

rozgniewać (**rozgniewam, rozgniewasz**)
VERB PERF
■ Nieposłuszeństwo dzieci bardzo go
rozgniewało. The children's disobedience
angered him greatly.
■ rozgniewać się to get angry VERB

rozkaz (GEN **rozkazu**, PL **rozkazy**,
LOC SING **rozkazie**) MASC NOUN
order
□ wykonać perf rozkaz to obey an order
■ Wydał rozkaz do odwrotu. He ordered
a retreat.

rozkład (GEN **rozkładu**, PL **rozkłady**,
LOC SING **rozkładzie**) MASC NOUN
timetable
□ szkolny rozkład zajęć school lesson timetable
■ rozkład jazdy pociągów railway timetable;
railway schedule (US)

rozkładać (**rozkładam, rozkładasz**)
(PERF **rozłożyć**) VERB
1 to spread (obrus na stole)
2 to unfold (parasol, wersalkę)

rozkosz (GEN **rozkoszy**, PL **rozkosze**,
GEN PL **rozkoszy**) FEM NOUN
1 pleasure (przyjemność)
2 delight (szczęście)

rozlewać (**rozlewam, rozlewasz**) (PERF **rozlać**)
VERB
1 to spill (płyn na podłogę)
2 to pour (out) (płyn do butelki)
■ rozlewać się to spill

rozmawiać (**rozmawiam, rozmawiasz**) VERB
to talk
□ Rozmawiał ze mną o pracy. He talked to me
about work.
■ Oni ze sobą nie rozmawiają od wielu lat.
They have not been on speaking terms for years.

rozmiar (GEN **rozmiaru**, PL **rozmiary**,
LOC SING **rozmiarze**) MASC NOUN
1 size (ubrania, butów)
2 extent (zasięg)

rozmowa (GEN **rozmowy**, PL **rozmowy**,
DAT SING AND LOC SING **rozmowie**, GEN PL **rozmów**)
FEM NOUN
1 conversation
□ Odbyli długą rozmowę telefoniczną.
They had a long telephone conversation.
2 interview (kwalifikacyjna w pracy)

rozmowny ADJECTIVE
talkative
□ On nie jest dzisiaj zbyt rozmowny. He is not
too talkative today.

rozmówki (GEN **rozmówek**) PL NOUN
phrase book sing

rozmyślić się (**rozmyślę, rozmyślisz**) VERB
to change one's mind

rozpacz (GEN **rozpaczy**) FEM NOUN
despair
■ To był z jego strony akt rozpaczy. It was an
act of desperation on his part.

rozpaczać (rozpaczam, rozpaczasz) VERB
  to despair

rozpadać się (rozpadam, rozpadasz)
  (PERF **rozpaść**) VERB
1 to fall apart (o krześle)
2 to break up (o parze, związku)

rozpędzać (rozpędzam, rozpędzasz)
  (PERF **rozpędzić**) VERB
  to accelerate (samochód)
  ■ rozpędzać się to speed up

rozpieszczony ADJECTIVE
  spoilt
  spoiled (US)

rozpinać (rozpinam, rozpinasz) (PERF **rozpiąć**)
  VERB
  to undo

rozpoczęcie (rozpoczęcia) NEUT NOUN
  start

rozpoczynać (rozpoczynam, rozpoczynasz)
  (PERF **rozpocząć**) VERB
  to begin
  ■ rozpoczynać się to begin VERB

rozróżniać (rozróżniam, rozróżniasz)
  (PERF **rozróżnić**) VERB
  to distinguish

rozrywka (GEN **rozrywki**, PL **rozrywki**,
  DAT SING AND LOC SING **rozrywce**, GEN PL **rozrywek**)
  FEM NOUN
  entertainment

rozrywkowy ADJECTIVE
  ■ lokal rozrywkowy nightclub
  ■ lektura rozrywkowa light reading
  ■ przemysł rozrywkowy entertainment
  industry

rozrzucać (rozrzucam, rozrzucasz)
  (PERF **rozrzucić**) VERB
  to scatter
  □ Rozrzucił ubrania po całym pokoju.
  He scattered clothes all over the room.

rozsądek (GEN **rozsądku**, INST SING **rozsądkiem**)
  MASC NOUN
  good sense
  ■ Wykazał się zdrowym rozsądkiem.
  He demonstrated his common sense.

rozsądny ADJECTIVE
  reasonable

rozsypywać (rozsypuję, rozsypujesz)
  (PERF **rozsypać**) VERB
  to spill
  ■ rozsypywać się to spill

rozśmieszać (rozśmieszam, rozśmieszasz)
  (PERF **rozśmieszyć**) VERB
  ■ rozśmieszać kogoś to make somebody laugh

roztargniony ADJECTIVE
  absent-minded
  □ Jestem dziś wyjątkowo roztargniona. I am
  exceptionally absent-minded today.

rozum (GEN **rozumu**, PL **rozumy**, LOC SING
  rozumie) MASC NOUN
  reason
  ■ Jesteś niespełna rozumu! You're out of your
  mind!

rozumieć (rozumiem, rozumiesz)
  (PERF **zrozumieć**) VERB
  to understand
  □ rozumieć po rosyjsku to understand Russian
  □ Rozumiem, że nie jesteś gotów. I understand
  you're not ready.
  ■ rozumieć się (ze sobą) to understand (each
  other)
  ■ Co przez to rozumiesz? What do you mean
  by that?

rozumny ADJECTIVE
  rational

rozwaga (GEN **rozwagi**, DAT SING AND LOC SING
  rozwadze) FEM NOUN
  judiciousness
  ■ Powinniśmy wziąć to pod rozwagę.
  We should take that into consideration.

rozwiązanie (GEN **rozwiązania**, PL
  rozwiązania, GEN PL **rozwiązań**) NEUT NOUN
1 solution (krzyżówki, zagadnienia)
2 delivery (urodzenie dziecka)

rozwiązywać (rozwiązuję, rozwiązujesz)
  (PERF **rozwiązać**) VERB
1 to untie (odplątać)
2 to annul (umowę, małżeństwo)
3 to solve (problem)

rozwiedziony ADJECTIVE
  divorced

rozwijać (rozwijam, rozwijasz)
  (PERF **rozwinąć**) VERB
1 to unroll (chodnik, śpiwór)
2 to unwrap (rozpakowywać)
  □ Rozwiń swój prezent urodzinowy. Unwrap
  your birthday gift.
3 to develop (talent)

rozwodnik (GEN **rozwodnika**, PL **rozwodnicy**,
  INST SING **rozwodnikiem**) MASC NOUN
  divorcee
  divorce (US)

rozwodzić się (rozwodzę, rozwodzisz)
  (IMPERATIVE **rozwiedź**, PERF **rozwieść**) VERB
  to get divorced
  ■ rozwodzić się z mężem to divorce one's
  husband

rozwolnienie (GEN **rozwolnienia**) NEUT NOUN
  diarrhoea
  diarrhea (US)

rozwód (GEN **rozwodu**, PL **rozwody**,
  LOC SING **rozwodzie**) MASC NOUN
  divorce
  □ brać (PERF wziąć) rozwód to get a divorce

rozwódka (GEN **rozwódki**, PL **rozwódki**,
  DAT SING AND LOC SING **rozwódce**,
  GEN PL **rozwódek**) FEM NOUN
  divorcee
  divorcée (US)

rozwój (GEN **rozwoju**) MASC NOUN
1 development (cywilizacji, człowieka)
2 progress (zdarzeń)

rób VERB ▷ zobacz robić

róg (GEN **rogu**, PL **rogi**, INST SING **rogiem**) MASC NOUN
1 horn (u krowy)

2 corner *(pokoju)*

3 corner

□ Sklep jest na rogu. The shop is on the corner.
□ Za rogiem stoi samochód. There is a car
(a)round the corner.

rówieśnik (GEN **rówieśnika**, PL **rówieśnicy**,
INST SING **rówieśnikiem**) MASC NOUN
peer

również ADVERB
also

□ psy jak również koty dogs and also cats

równo ADVERB

1 evenly *(bez wypukłości)*

2 equally

□ Podzielili się równo nagrodą. They split the
prize equally.

3 exactly *(dokładnie)*

równocześnie ADVERB
at the same time

równość (GEN **równości**) FEM NOUN
equality

■ znak równości equals sign

równowaga (GEN **równowagi**, DAT SING
równowadze) FEM NOUN
balance

□ zachowywać (PERF zachować) równowagę
to keep one's balance

równy ADJECTIVE

1 even *(płaski)*

2 equal *(jednakowy)*

3 steady *(jednostajny)*

róża (GEN **róży**, PL **róże**) FEM NOUN
rose

■ dzika róża briar

różaniec (GEN **różańca**, PL **różańce**) MASC NOUN
rosary

□ odmawiać różaniec to say the rosary

różnica (GEN **różnicy**, PL **różnice**) FEM NOUN
difference

□ bez różnicy it makes no difference

różnić (**różnię, różnisz**) (IMPERATIVE **różnij**) VERB

■ różnić kogoś od +*gen* to make somebody
different from

■ różnić się (od kogoś) to be different (from
somebody)

■ Różnimy się w poglądach na tę sprawę.
Our opinions differ on this matter.

różnorodny ADJECTIVE
diverse

różny ADJECTIVE
different

różowy ADJECTIVE

1 pink *(barwa)*

2 rosy

RP ABBREVIATION = **Rzeczpospolita Polska**

ruch (GEN **ruchu**, PL **ruchy**) MASC NOUN

1 movement

□ nieznaczny ruch w prawo a slight movement
to the right

2 exercise

□ Powinieneś zażywać więcej ruchu.
You should get more exercise.

3 traffic *(na ulicach)*

■ zgodnie z ruchem wskazówek zegara
clockwise

■ odwrotnie do ruchu wskazówek zegara
anticlockwise; counterclockwise (US)

ruchomy ADJECTIVE
moving *(element)*

■ ruchome schody escalator

rudowłosy ADJECTIVE
redheaded

rudy ADJECTIVE
ginger *(włosy)*

rugby NEUT NOUN

⟋⟍ LANGUAGE TIP **rugby** does not decline
rugby

rumienić (**rumienię, rumienisz**)
(IMPERATIVE **rumień**, PERF **przyrumienić**) VERB
to brown

■ rumienić (PERF zarumienić) się to blush
□ Ona bardzo łatwo się rumieni. She blushes
very easily.

runąć (**runę, runiesz**) (IMPERATIVE **ruń**) VERB PERF

1 to collapse *(o budowli, osobie)*

2 to tumble (down) *(spaść w dół)*

rura (GEN **rury**, PL **rury**, DAT SING AND LOC SING **rurze**)
FEM NOUN
pipe

■ rura wydechowa exhaust (pipe); tailpipe (US)

ruszać (**ruszam, ruszasz**) (PERF **ruszyć**) VERB

■ ruszać czymś to move something

1 to move *(o pojeździe)*

2 to set off *(w podróż)*

ryba (GEN **ryby**, PL **ryby**, DAT SING AND LOC SING **rybie**)
FEM NOUN
fish

■ Jesteś zdrów jak ryba. You're as right as rain.

■ iść na ryby to go fishing

■ Jego znak zodiaku to Ryby. His star sign is
Pisces.

rycerz (GEN **rycerza**, PL **rycerze**, GEN PL **rycerzy**)
MASC NOUN
knight

rym (GEN **rymu**, PL **rymy**) MASC NOUN
rhyme

rynek (GEN **rynku**, PL **rynki**, INST SING **rynkiem**)
MASC NOUN

1 market(square) *(główny plac)*

2 market *(Fin)*

□ czarny rynek black market □ wolny rynek
free market

rys (GEN **rysu**, PL **rysy**) MASC NOUN
feature

■ rysy twarzy facial features

rysować (**rysuję, rysujesz**) (PERF **narysować**)
VERB
to draw

rysunek (GEN **rysunku**, PL **rysunki**,
INST SING **rysunkiem**) MASC NOUN
drawing

□ rysunek ołówkiem a pencil drawing

rysunkowy ADJECTIVE
drawing

■ **film rysunkowy** cartoon

rytm (GEN **rytmu**, PL **rytmy**, LOC SING **rytmie**)
MASC NOUN
rhythm

ryzyko (GEN **ryzyka**, INST SING **ryzykiem**)
NEUT NOUN
risk
□ Robisz to na własne ryzyko. You're doing this at your own risk.

ryż (GEN **ryżu**) MASC NOUN
rice
□ ryż brązowy brown rice

rzadki ADJECTIVE
1 thin *(sos, zupa)*
2 rare *(spotkania)*

rzadko ADVERB
seldom *(nieczęsto)*
■ **Rzadko kiedy się spotykają.** They hardly ever meet.
■ **Rzadko kto zdaje ten egzamin.** Hardly anyone passes this exam.

rząd (1) (GEN **rzędu**, PL **rzędy**, LOC SING **rzędzie**)
MASC NOUN
row

rząd (2) (GEN **rządu**, PL **rządy**, LOC SING **rządzie**)
MASC NOUN
government
□ nowo utworzony rząd the newly formed government

rządzić (**rządzę, rządzisz**) (IMPERATIVE **rządź**)
VERB
■ **rządzić** *+inst* to govern
1 to govern *(mieć władzę)*
2 to be in charge *(dowodzić)*

rzecz (GEN **rzeczy**, PL **rzeczy**, GEN PL **rzeczy**)
FEM NOUN
thing
□ Jego rzeczy porozrzucane są po podłodze. His things are scattered all over the floor.
■ **To nie ma nic do rzeczy.** That's beside the point.
■ **Mówi od rzeczy.** He talks nonsense.

rzeczownik (GEN **rzeczownika**, PL **rzeczowniki**, INST SING **rzeczownikiem**) MASC NOUN
noun

rzeczpospolita (GEN **rzeczpospolitej**, PL **rzeczpospolite**) FEM NOUN
republic

Rzeczpospolita Polska
(GEN **Rzeczpospolitej Polskiej**, PL **Rzeczpospolite Polskie**) FEM NOUN
Republic of Poland

rzeczywistość (GEN **rzeczywistości**) FEM NOUN
reality
□ W rzeczywistości on wyglądał całkiem inaczej. In reality he looked completely different.

rzeczywisty ADJECTIVE
real

rzeczywiście ADVERB
really
□ Rzeczywiście ona wygląda bardzo młodo. Really she looks very young.

rzeka (GEN **rzeki**, PL **rzeki**, DAT SING AND LOC SING **rzece**) FEM NOUN
river
□ obóz nad rzeką a camp on the river □ pływać (PERF **płynąć**) w dół rzeki to swim down (the) river

rzetelny ADJECTIVE
reliable

rzeźba (GEN **rzeźby**, PL **rzeźby**, DAT SING AND LOC SING **rzeźbie**) FEM NOUN
sculpture

rzeźbić (GEN **rzeźbię, rzeźbisz**) (IMPERATIVE **rzeźb**, PERF **wyrzeźbić**) VERB
to sculpt

rzęsa (GEN **rzęsy**, PL **rzęsy**, DAT SING AND LOC SING **rzęsie**) FEM NOUN
(eye)lash

rzęsisty ADJECTIVE
torrential
□ ulewny deszcz torrential rain

rzodkiewka (GEN **rzodkiewki**, PL **rzodkiewki**, DAT SING AND LOC SING **rzodkiewce**, GEN PL **rzodkiewek**) FEM NOUN
radish

rzucać (**rzucam, rzucasz**) (PERF **rzucić**) VERB
1 to throw *(oszczepem, dyskiem)*
2 to cast *(cień)*
3 to dump *(potoczny: chłopaka, dziewczynę)*
4 to quit *(nałóg)*

rzymskokatolicki ADJECTIVE
Roman Catholic

r.ż. ABBREVIATION *(= rodzaj żeński)*
f *(= feminine)*

Ss

SA, S.A. ABBREVIATION (= *spółka akcyjna*)
Co.

sad (GEN **sadu**, PL **sady**, LOC SING **sadzie**) MASC NOUN
orchard

> **LANGUAGE TIP** Be careful! The Polish word **sad** does not mean **sad**.

sala (GEN **sali**, PL **sale**, GEN PL, DAT SING AND LOC SING
sali) FEM NOUN
1 hall *(większa)*
  □ sala wykładowa lecture hall
2 room *(mniejsza)*

■ sala gimnastyczna gymnasium

salon (GEN **salonu**, PL **salony**, LOC SING **salonie**)
MASC NOUN
1 lounge *(w mieszkaniu)*
2 salon *(zakład usługowy, sklep)*

sałata (GEN **sałaty**, PL **sałaty**, DAT AND LOC SING
sałacie) FEM NOUN
lettuce
  □ Hodujemy sałatę w naszym ogródku.
  We grow lettuce in our garden.

sałatka (GEN **sałatki**, PL **sałatki**, DAT AND LOC SING
sałatce, GEN PL **sałatek**) FEM NOUN
salad
  □ sałatka owocowa fruit salad

sam PRONOUN

> **LANGUAGE TIP** **sam** declines like an adjective

■ Sam to zrobił. He did it himself.
■ Okno samo się otworzyło. The window opened by itself.
■ Mieszka sama. She lives alone.
■ na samym dole at the very bottom
■ w samą porę just in time
■ same problemy nothing but trouble
■ Sam król tam był. The king himself was there.
■ taki sam exact same □ taki sam samochód the exact same car □ Ma taką samą spódnicę. She has the exact same skirt.

samo PRONOUN ▷ *zobacz* **sam**

> **LANGUAGE TIP** **samo** does not decline

■ tak samo in the same way

samobójca (GEN **samobójcy**, PL **samobójcy**,
DAT AND LOC SING **samobójcy**) MASC NOUN
suicide (victim)

samobójca zamachowiec MASC NOUN
suicide bomber

samobójczyni (GEN **samobójczyni**,
PL **samobójczynie**) FEM NOUN

suicide (victim)

samobójczyni zamachowiec FEM NOUN
suicide bomber

samobójstwo (GEN **samobójstwa**,
PL **samobójstwa**, LOC SING **samobójstwie**)
NEUT NOUN
suicide
  □ popełnić *perf* samobójstwo to commit suicide

samochód (GEN **samochodu**, PL **samochody**,
LOC SING **samochodzie**) MASC NOUN
car

■ samochód ciężarowy lorry; truck (US)
□ jeździć (PERF jechać) samochodem to go by car

samodzielnie ADVERB
1 single-handed(ly)
  □ Samodzielnie złożyła półkę na książki.
  She single-handedly assembled the book shelf.
2 independently *(niezależnie)*

samodzielny ADJECTIVE
1 independent
  □ Jak na swój wiek ona jest już bardzo samodzielna. She is already very independent for her age.
2 self-contained *(odrębny)*

samolot (GEN **samolotu**, PL **samoloty**,
LOC SING **samolocie**) MASC NOUN
aeroplane
airplane (US)
  □ latać (PERF lecieć) samolotem to go by plane

samopoczucie (GEN **samopoczucia**)
NEUT NOUN
mood

samotność (GEN **samotności**, DAT AND LOC SING
samotności) FEM NOUN
1 loneliness
  □ Bardzo mu dokucza samotność. He is badly affected by loneliness.
2 solitude *(bycie na odludziu)*

samotny ADJECTIVE
1 lonely
  □ On czuje się dość samotny. He feels rather lonely.
2 solitary
  □ samotny kościółek wśród pól a solitary little church in the middle of a field

sanatorium (GEN **sanatorium**, PL **sanatoria**,
GEN PL **sanatoriów**) NEUT NOUN

LANGUAGE TIP **sanatorium** does not decline in the singular

sanatorium
□ Moi rodzice co roku jeżdżą do sanatorium. My parents go to the sanatorium every year.

sandał (GEN**sandała**, PL**sandały**) MASC NOUN
sandal
■ **sandały** sandals □ Latem noszę wyłącznie sandały. In the summer I only wear sandals.

satysfakcja (GEN**satysfakcji**, DAT AND LOC SING **satysfakcji**) FEM NOUN
satisfaction
□ To dla nas powód wielkiej satysfakcji. This is a source of great satisfaction for us.

są VERB ▷ zobacz**być**

sąd (GEN**sądu**, PL**sądy**, LOC SING**sądzie**)
MASC NOUN
1 court
■ **Budynek sądu jest dwie ulice stąd.** The court building is two streets away from here.
2 trial
□ Należy stawić się do sądu w czwartek rano. One should report for the trial on Thursday morning.

sądzić sądzę, sądzisz) (IMPERATIVE**sądź**, PERF**osądzić**) VERB
to try
□ Morderca został osądzony w zeszłym tygodniu. The murderer was tried last week.
to think
□ Co sądzisz o tym filmie? What do you think of the film?

sąsiad (GEN**sąsiada**, PL**sąsiedzi**) MASC NOUN
neighbour
neighbor(US)

scena (GEN**sceny**, PL**sceny**, DAT AND LOC SING **scenie**) FEM NOUN
1 scene
□ najbardziej romantyczna scena filmu the most romantic scene in the film
2 stage
□ Ona występuje w teatrze od trzech lat. She has been appearing on stage for three years.

scenariusz (GEN**scenariusza**, PL**scenariusze**, GEN PL**scenariuszy**) MASC NOUN
1 screenplay
□ Oscar za najlepszy scenariusz Oscar for the best scenario
2 scenario
□ Trzeba wziąć pod uwagę najgorszy scenariusz. The worst-case scenario must be taken into consideration.

schabowy ADJECTIVE
■ **kotlet schabowy** pork chop □ Jego ulubione danie to schabowy z kluskami. His favourite meal is pork chops with dumplings.

schemat (GEN**schematu**, PL**schematy**, LOC SING**schemacie**) MASC NOUN
diagram
□ schemat konstrukcji urządzenia construction diagram of the equipment

schłodzony ADJECTIVE
chilled
□ Coca Cola najlepiej smakuje schłodzona. Coca Cola tastes best chilled.

schnąć schnę, schniesz) (IMPERATIVE**schnij**)
VERB
to dry
□ Pranie schnie na słońcu. The laundry is drying in the sun.

schody (GEN**schodów**) PL NOUN
stairs pl
■ **ruchome schody** escalator

schodzić schodzę, schodzisz)
(IMPERATIVE**schodź**, PERF**zejść**) VERB
1 to go down
□ Ona musi ostrożnie schodzić ze schodów. She must go down the stairs carefully.
2 to come off
■ **Plama z czerwonego wina nie chce zejść z dywanu.** The stain from the red wine won't come out of the carpet.
3 to peel
□ Schodzi mu skóra z nosa. The skin on his nose is peeling.

schować schowam, schowasz) VERB ▷ zobacz chować

schronisko (GEN**schroniska**, PL**schroniska**, INST SING**schroniskiem**) NEUT NOUN
1 chalet
□ malowniczo położone schronisko górskie a picturesquely situated mountain chalet
2 hostel
□ Schronisko młodzieżowe znajduje się niedaleko rynku. The youth hostel is situated not far from the square.
3 shelter (dla bezdomnych)

schudnąć schudnę, schudniesz)
(IMPERATIVE**schudnij**) VERB ▷ zobacz**chudnąć**

schwycić schwycę, schwycisz)
(IMPERATIVE**schwyć**) VERB
to catch

schwytać schwytam, schwytasz) VERB
▷ zobacz**chwytać**

scyzoryk (GEN**scyzoryka**, PL**scyzoryki**, INST SING**scyzorykiem**) MASC NOUN
penknife
□ Użył scyzoryka, by wykręcić śrubę. He used a penknife to undo the screw.

seans (GEN**seansu**, PL**seanse**, LOC SING**seansie**)
MASC NOUN
show
□ Seanse odbywają się co dwie godziny. Shows are every two hours.

sedes (GEN**sedesu**, PL**sedesy**, LOC SING**sedesie**)
MASC NOUN
1 toilet bowl (o muszli klozetowej)
2 toilet seat (o desce klozetowej)

sejf (GEN**sejfu**, PL**sejfy**, LOC SING**sejfie**) MASC NOUN
safe

sejm (GEN**sejmu**, PL**sejmy**, LOC SING**sejmie**)
MASC NOUN
the Sejm

S

sekret (GEN **sekretu**, PL **sekrety**, LOC SING **sekrecie**) MASC NOUN
secret

sekretarka (GEN **sekretarki**, PL **sekretarki**, DAT AND LOC SING **sekretarce**, GEN PL **sekretarek**) FEM NOUN
secretary

■ **automatyczna sekretarka** answering machine

seksowny ADJECTIVE
sexy (potoczny)

sekunda (GEN **sekundy**, PL **sekundy**, DAT AND LOC SING **sekundzie**) FEM NOUN
second

■ **sekundę!** (potoczny) just a sec!

semestr (GEN **semestru**, PL **semestry**, LOC SING **semestrze**) MASC NOUN
semester

sen (GEN **snu**, PL **sny**, LOC SING **śnie**) MASC NOUN
1 sleep
□ niewystarczająca ilość snu not enough sleep
2 dream
■ mieć zły sen to have a bad dream

Senat MASC NOUN
Senate

senator (GEN **senatora**, PL **senatorowie**, LOC SING **senatorze**) MASC NOUN
senator

senior (GEN **seniora**, PL **seniorzy**, LOC SING **seniorze**) MASC NOUN
senior

senny ADJECTIVE
1 sleepy
□ Czuję się dziś wyjątkowo senna. I feel particularly sleepy today.
2 drowsy
□ Ten lek może spowodować, że poczujesz się senny. This medicine may cause you to feel drowsy.

sens (GEN **sensu**, LOC SING **sensie**) MASC NOUN
1 point
□ Jaki jest sens wychodzenia na spacer w deszczu? What is the point of going for a walk in the rain?
2 sense
□ To nie ma sensu. That doesn't make sense.
■ **bez sensu** pointless

separacja (GEN **separacji**) FEM NOUN
separation
■ **być w separacji** to be separated

ser (GEN **sera**, PL **sery**, LOC SING **serze**) MASC NOUN
cheese
□ biały ser cottage cheese □ żółty ser hard cheese

Serbia (GEN **Serbii**) FEM NOUN
Serbia

serbski ADJECTIVE
Serbian

serbsko-chorwacki ADJECTIVE
Serbo-Croatian

serce (GEN **serca**, PL **serca**, NOM PL **serca**) NEUT NOUN
heart
□ zdrowe serce a healthy heart □ życzenia płynące z głębi serca best wishes from the bottom of one's heart

serdecznie ADVERB
1 warmly
□ Serdecznie witamy w naszym domu. We warmly welcome you to our house.
2 heartily (bardzo, naprawdę)
■ **pozdrawiam serdecznie** kind regards

serdeczny ADJECTIVE
1 friendly
□ On jest naprawdę serdecznym człowiekiem. He is a really friendly person.
2 bosom
□ To mój serdeczny przyjaciel od lat. This is my bosom friend of many years.
3 hearty (powitanie)
■ **serdeczny palec** ring finger

seria (GEN **serii**, PL **serie**, GEN PL, DAT AND LOC SING **serii**) FEM NOUN
1 series (zdarzeń)
2 batch
□ seria wadliwego produktu a batch of defective products
3 line
□ seria kremów dla cery suchej a line of creams for dry skin

serial (GEN **serialu**, PL **seriale**, GEN PL **seriali**) MASC NOUN
series

sernik (GEN **sernika**, PL **serniki**, INST SING **sernikiem**) MASC NOUN
cheesecake
□ przepis na domowy sernik recipe for homemade cheesecake

serwer (GEN **serwera**, PL **serwery**, LOC SING **serwerze**) MASC NOUN
server

sesja (GEN **sesji**, PL **sesje**, GEN PL **sesji**) FEM NOUN
1 session
□ Właśnie trwa sesja w studio nagraniowym. The session is now taking place in the recording studio.
■ **sesja egzaminacyjna** end-of-term examinations pl □ Ile masz egzaminów w tej sesji? How many exams do you have this session?
2 shoot (fotograficzna)

sędzia (GEN **sędziego**, PL **sędziowie**) MASC NOUN

LANGUAGE TIP sędzia declines like an adjective in the singular

1 judge (Prawo)
2 referee (w piłce nożnej, koszykówce, boksie)

sfałszować (**sfałszuję**, **sfałszujesz**) VERB
▷ zobacz **fałszować**

sfera (GEN **sfery**, PL **sfery**, DAT AND LOC SING **sferze**) FEM NOUN
1 sphere
□ sfera wpływów politycznych sphere of political influence
2 class
□ niższe sfery społeczeństwa a lower class of society

siać (**sieję, siejesz**) VERB
to sow

siadać (**siadam, siadasz**) (IMPERATIVE **siadaj**) VERB
to sit
□ Siadł pod drzewem. He sat under a tree.
■ **Mleko się zsiadło.** The milk has gone off.

siatka (GEN **siatki** PL **siatki**, DAT AND LOC SING **siatce**, GEN PL **siatek**) FEM NOUN
1 mesh (plecionka)
2 net
□ Piłka uderzyła o siatkę. The ball hit the net.
■ **siatka na zakupy** string bag

siatkówka (GEN **siatkówki** PL **siatkówki**, DAT AND LOC SING **siatkówce**, GEN PL **siatkówek**) FEM NOUN
1 retina (oka)
2 volleyball (gra sportowa)

siąść (**siądę, siądziesz**) (IMPERATIVE **siądź** VERB
▷zobacz **siadać**

siebie PRONOUN
1 oneself (dotyczący siebie samego)
■ **Czuj się jak u siebie.** Make yourself at home.
2 each other
□ Siedzieliśmy obok siebie. We sat next to each other.
■ **Oni są o siebie zazdrośni.** They are jealous of one another.

sieć (GEN **sieci**, PL **sieci**, GEN PL, DAT AND LOC SING **sieci**) FEM NOUN
1 net (do łowienia ryb)
2 (cob)web
□ Na strychu pełno jest sieci pajęczych. The attic is full of cobwebs.
3 network
□ przeciążenie sieci elektrycznej network overload
4 chain
□ sieć popularnych barów szybkiej obsługi a chain of popular fast food restaurants

siedem NUMBER
seven

siedemdziesiąt NUMBER
seventy

siedemnasty NUMBER
LANGUAGE TIP **siedemnasty** declines like an adjective
seventeenth
■ **Jest siedemnasta.** It's 5 o'clock.

siedemnaście NUMBER
seventeen
□ Mam siedemnaście lat. I am seventeen years old.

siedemset NUMBER
seven hundred
□ Ten budynek ma co najmniej siedemset lat. This building is at least seven hundred years old.

siedzenie (GEN **siedzenia**, PL **siedzenia**, GEN PL **siedzeń** NEUT NOUN
1 seat (krzesło, fotel)
2 bum (potoczny: tyłek)

siedziba (GEN **siedziby**, PL **siedziby**, DAT AND LOC SING **siedzibie**) FEM NOUN
base
□ siedziba urzędu miejskiego base of the municipal authorities
■ **główna siedziba** headquarters pl □ siedziba NATO NATO headquarters

siedzieć (**siedzę, siedzisz**) (IMPERATIVE **siedź** VERB
1 to sit (być w pozycji siedzącej)
2 to do time (potoczny: odbywać karę więzienia)

sierota (GEN **sieroty**, PL **sieroty**, DAT SING **sierocie**) MASC AND FEM NOUN
LANGUAGE TIP **sierota** declines like a feminine noun
orphan

sierpień (GEN **sierpnia**, PL **sierpnie** MASC NOUN
August
□ najgorętszy sierpień stulecia the hottest August of the century

się PRONOUN
LANGUAGE TIP **się** does not decline
1 oneself
□ myć (PERF umyć się to wash oneself
■ **Skompromitował się.** He compromised himself.
2 each other
□ Spotykamy się regularnie. We meet up with each other regularly.
■ **Interesuję się historią.** I'm interested in history.
■ **Cieszę się, że tu jesteście.** I'm pleased that you are here.
■ **Robi się późno.** It's getting late.

sikać (**sikam, sikasz**) (PERF **siknąć**) VERB
1 to squirt (potoczny)
□ Krew sika z rany. Blood is squirting from the wound.
2 to pee (potoczny: siusiać)

silnie ADVERB
1 hard (uderzyć)
2 strongly
■ **Silnie przeżyła jego śmierć.** She took his death badly.

silnik (GEN **silnika**, PL **silniki**, INST SING **silnikiem**) MASC NOUN
engine
■ **silnik elektryczny** electric motor

silny ADJECTIVE
1 strong
□ Wieje dziś bardzo silny wiatr. A very strong wind is blowing today.
2 intense
□ silny ból intense pain
3 strong
□ silna dawka leku a strong dose of medicine

siła (GEN **siły**, PL **siły**, DAT AND LOC SING **sile**) FEM NOUN
1 strength

□ On jest młody i ma dużo siły. He is young and has a lot of strength.

2 intensity

□ siła promieniowania radiation intensity

■ **siłą** by force

■ **siły zbrojne** armed forces

siłownia (GEN **siłowni**, PL **siłownie**, GEN AND LOC PL **siłowni**) FEM NOUN

1 body-building gym

□ Dwa razy w tygodniu chodzę na siłownię. I go to the gym twice a week.

2 power plant (energetyczna, wodna)

siostra (GEN **siostry**, PL **siostry**, DAT AND LOC SING **siostrze**, GEN PL **sióstr**) FEM NOUN

1 sister

□ siostra bliźniaczka twin sister

2 nurse

□ siostra oddziałowa charge nurse

■ **siostra zakonna** nun

siostrzenica (GEN **siostrzenicy**, PL **siostrzenice**) FEM NOUN

niece

siostrzeniec (GEN **siostrzeńca**, PL **siostrzeńcy**) MASC NOUN

nephew

siódmy NUMBER

> **LANGUAGE TIP** siódmy declines like an adjective

seventh

■ **Jest siódma.** It's seven o'clock.

■ **na stronie siódmej** on page seven

siwieć (siwieję, siwiejesz) (PERF **posiwieć**) VERB

to go grey

to go gray (US)

siwy ADJECTIVE

grey

gray (US)

skakać (skaczę, skaczesz) (PERF **skoczyć**) VERB

1 to jump

□ skakać z radości to jump for joy

2 to skip (na skakance)

skaleczenie (GEN **skaleczenia**, PL **skaleczenia**, GEN PL **skaleczeń**) NEUT NOUN

cut

skaleczyć (skaleczę, skaleczysz) VERB PERF

to cut

skała (GEN **skały**, PL **skały**, DAT AND LOC SING **skale**) FEM NOUN

rock

skandal (GEN **skandalu**, PL **skandale**, GEN PL **skandali**) MASC NOUN

scandal

Skandynawia (GEN **Skandynawii**, DAT AND LOC SING **Skandynawii**) FEM NOUN

Scandinavia

skandynawski ADJECTIVE

Scandinavian

■ **półwysep Skandynawski** Scandinavian Peninsula

skansen (GEN **skansenu**, PL **skanseny**, LOC SING **skansenie**) MASC NOUN

heritage park

skarb (GEN **skarbu**, PL **skarby**, LOC SING **skarbie**) MASC NOUN

treasure

skarbowy ADJECTIVE

duty (znaczek, opłata)

■ **urząd skarbowy** HM Revenue and Customs; Internal Revenue Service (US)

skarga (GEN **skargi**, PL **skargi**, DAT AND LOC SING **skardze**) FEM NOUN

complaint

skarpetka (GEN **skarpetki**, PL **skarpetki**, DAT AND LOC SING **skarpetce**, GEN PL **skarpetek**) FEM NOUN

sock

skarżyć skarżę, skarżysz) VERB

to sue

■ **skarżyć kogoś do sądu** to sue somebody for something □ Zaskarżyła go do sądu za molestowanie. She sued him for harassment.

■ **skarżyć** (PERF **naskarżyć**) **na kogoś** to tell on somebody □ On wciąż skarży na innych uczniów. He's always telling on the other pupils.

■ **skarżyć się na coś** to complain of something

skazany ADJECTIVE

▷ zobacz też **skazany** MASC NOUN

convicted

■ **skazany na trzy lata więzienia** sentenced to three years in prison

skazany MASC NOUN

▷ zobacz też **skazany** ADJECTIVE

> **LANGUAGE TIP** skazany declines like an adjective

convict (wyrokiem sądowym)

skąd PRONOUN

where ... from

□ Skąd pan/pani jest? Where are you from?

■ **Skąd wiesz?** How do you know?

skąpiec (GEN **skąpca**, PL **skąpcy**) MASC NOUN

miser

skąpy ADJECTIVE

1 stingy (sknerowaty)

2 scant (strój, posiłek, blask)

sklejać (sklejam, sklejasz) (PERF **skleić**) VERB

to glue together

sklep (GEN **sklepu**, PL **sklepy**, LOC SING **sklepie**) MASC NOUN

shop

store (US)

■ **sklep spożywczy** grocer's

■ **sklep mięsny** butcher's

■ **sklep monopolowy**

> **DID YOU KNOW...?**
> Sklep monopolowy is a store which sells a wide selection of alcohol. Its name comes from the fact that during the Communist era the state had a total monopoly on the production of alcohol.

skład (GEN **składu**, PL **składy**, LOC SING **składzie**) MASC NOUN

1 warehouse

□ skład materiałów budowlanych building

materials warehouse

2 composition
- **Jaki jest skład tego kremu?** What is this cream made of?
- **wchodzić** (PERF**wejść**)**w skład czegoś** to be part of something

składać składam, składasz) (PERF**złożyć**) VERB

1 to fold
- □ Starannie złożył list na pół. He carefully folded the letter in half.

2 to assemble
- □ Możesz mi pomóc złożyć półkę? Can you help me assemble the bookshelf?

3 to hand in
- □ Złożył rezygnację w zeszłym tygodniu. He handed in his resignation last week.

4 to express
- **Składamy serdeczne życzenia urodzinowe!** Warm wishes for your birthday!

5 to pay
- □ Złożyliśmy jej wizytę w szpitalu. We paid her a visit in hospital.
- **składać się 1** to fold up *(o meblu, wózeczku)*
- **2** to chip in *(potoczny)*
- □ Złożyliśmy się na present dla niego. We chipped in for a present for him.
- **składać się z czegoś** to consist of something

składnik (GEN**składnika**, PL**składniki**, INST SING **składnikiem**) MASC NOUN
ingredient

skłamać skłamię, skłamiesz) VERB ▷*zobacz* **kłamać**

skoczyć skoczę, skoczysz) VERB ▷*zobacz* **skakać**

skok (GEN**skoku**, PL**skoki**, INST SING**skokiem**) MASC NOUN

1 jump
- □ skok w dal/wzwyż long/high jump

2 hike *(nagła zmiana)*

skomplikowany ADJECTIVE
complicated
- □ skomplikowane działanie matematyczne a complicated mathematical operation

skończyć skończę, skończysz) VERB ▷*zobacz* **kończyć**

skoro CONJUNCTION
as
- **skoro tylko** as soon as

skorpion (GEN**skorpiona**, PL**skorpiony**, LOC SING**skorpionie**) MASC NOUN
scorpion *(zwierzę)*
- **Skorpion** Scorpio

skóra (GEN**skóry**, PL**skóry**, DAT AND LOC SING**skórze**) FEM NOUN

1 skin
- □ delikatna skóra niemowlęcia a baby's delicate skin

2 leather
- **buty ze skóry** leather shoes

skórzany ADJECTIVE
leather

skręcać skręcam, skręcasz) (PERF**skręcić**) VERB

1 to roll *(zwijać np. papierosa)*

2 to screw together
- □ Pomóż mi skręcić szafę. Help me screw the wardrobe together.
to turn
- □ skręcać w prawo to turn right

skręcić skręcę, skręcisz) (IMPERATIVE**skręć**) VERB ▷*zobacz* **skręcać**

skromny ADJECTIVE
modest
- □ skromne warunki mieszkaniowe modest living conditions

skrytykować skrytykuję, skrytykujesz) VERB ▷*zobacz* **krytykować**

skrzydło (GEN**skrzydła**, PL**skrzydła**, LOC SING **skrzydle**, GEN PL**skrzydeł**) NEUT NOUN
wing

skrzynia (GEN**skrzyni**, PL**skrzynie**, DAT AND LOC SING**skrzyni**, GEN PL**skrzyń**) FEM NOUN

1 chest
- □ skrzynia ze skarbami babuni granny's treasure chest

2 crate
- □ skrzynia z piwem crate of beer
- **skrzynia biegów** gearbox

skrzynka (GEN**skrzynki**, PL**skrzynki**, DAT SING**skrzynce**, GEN PL**skrzynek**) FEM NOUN

1 window box *(korytko na kwiaty)*

2 case *(o obudowie)*
- **skrzynka pocztowa** letter box; mailbox (US)
- **skrzynka pocztowa** postbox; mailbox (US)

skrzypce (GEN**skrzypiec**) PL NOUN
violin *sing*
- □ Gram na skrzypcach od dziecka. I've played the violin since I was a child.

skrzywdzić skrzywdzę, skrzywdzisz) (IMPERATIVE**skrzywdź**) VERB ▷*zobacz* **krzywdzić**

skrzyżowanie (GEN**skrzyżowania**, PL**skrzyżowania**, GEN PL**skrzyżowań**) NEUT NOUN
crossroads

skuteczny ADJECTIVE
effective

skutek (GEN**skutku**, PL**skutki**, INST SING**skutkiem**) MASC NOUN
result
- □ na skutek czegoś as a result of something
- **aż do skutku** to the bitter end

slipy (GEN**slipów**) PL NOUN
briefs

słabnąć słabnę, słabniesz) (IMPERATIVE**słabnij**, PERF**osłabnąć**) VERB

1 to weaken
- □ On słabł w miarę rozwoju choroby. He weakened as the illness developed.

2 to diminish
- □ Ich zapał wyraźnie osłabł. Their enthusiasm visibly diminished.

słabo ADVERB

1 weakly
- □ Uśmiechnął się słabo. He smiled weakly.

2 poorly *(rozwinięty (kraj), zaludniony)*
- **Słabo mi.** I feel faint.

słaby ADJECTIVE
1 weak
  □ Jest słaby po długiej chorobie. He is weak after a long illness.
2 poor
  □ słabe oceny w szkole poor school marks

sława (GEN sławy, DAT AND LOC SING sławie) FEM NOUN
1 fame
  ■ Zdobyła sławę dzięki książkom dla dzieci. She became famous thanks to children's books.
2 reputation
  □ Jego sława sięga za ocean. His reputation stretches across the ocean.
3 famous person
  ■ światowej sławy aktor a world-famous actor

sławny ADJECTIVE
famous

słodki ADJECTIVE
sweet
  ■ słodka woda fresh water

słodycz (GEN słodyczy) FEM NOUN
sweetness
  ■ Dzieci uwielbiają słodycze. Children love sweets.

słodzić (słodzę, słodzisz) (IMPERATIVE słódź, PERF posłodzić) VERB
to sweeten
  ■ Czy pan/pani słodzi? Do you take sugar?

słoik (GEN słoika, PL słoiki, INST SING słoikiem) MASC NOUN
jar

słomka (GEN słomki, PL słomki, DAT AND LOC SING słomce, GEN PL słomek) FEM NOUN
straw

słoneczny ADJECTIVE
1 sunny
  □ słoneczny, ciepły dzień a warm sunny day
2 solar
  ■ światło słoneczne sunlight
  ■ okulary słoneczne sunglasses pl

słony ADJECTIVE
1 salty (jedzenie)
2 salt (o wodzie)

słoń (GEN słonia, PL słonie, GEN PL słoni) MASC NOUN
elephant

słońce (GEN słońca, NOM PL słońca) NEUT NOUN
1 sun
2 sunshine
  □ na słońcu in the sunshine

Słowacja (GEN Słowacji) FEM NOUN
Slovakia

słowacki ADJECTIVE
Slovakian

Słowenia (GEN Słowenii) FEM NOUN
Slovenia

słoweński ADJECTIVE
Slovenian

słownictwo (GEN słownictwa, LOC SING słownictwie) NEUT NOUN
vocabulary

□ bogate słownictwo techniczne a rich technical vocabulary

słowniczek (GEN słowniczka, PL słowniczki, INST SING słowniczkiem) MASC NOUN
1 glossary (lista terminów/wyrazów)
2 pocket dictionary (mały słownik)

słownik (GEN słownika, PL słowniki, INST SING słownikiem) MASC NOUN
dictionary

słowo (GEN słowa, PL słowa, LOC SING słowie, GEN PL słów) NEUT NOUN
word
  □ Podobają mi się słowa tej piosenki. I like the words to that song.
  ■ dotrzymywać (PERF dotrzymać) słowa to keep one's word

słuch (GEN słuchu) MASC NOUN
1 hearing (o zmyśle)
2 (an) ear for music (Muz)
  □ On ma doskonały słuch. He has an excellent ear for music.

słuchać (słucham, słuchasz) (PERF posłuchać) VERB +gen
1 to listen to
2 to obey
  ■ Słucham? 1 Hello? 2 (nie dosłyszałem) Pardon?

słuchawka (GEN słuchawki, PL słuchawki, DAT AND LOC SING słuchawce, GEN PL słuchawek) FEM NOUN
▷ zobacz też słuchawka PL NOUN
receiver

słuchawka PL NOUN
▷ zobacz też słuchawka FEM NOUN
1 headphones (nakładane na głowę)
2 earphones (wkładane do ucha)

służba (GEN służby, PL służby, DAT SING służbie) FEM NOUN
1 service
  □ pracownik służby zdrowia health service worker
2 servants pl
  □ Oni mają w domu troje służby. They have three servants at home.

służbowo ADVERB
on business
  □ Oboje dużo podróżujemy służbowo. We both travel a lot on business.

służbowy ADJECTIVE
1 business
  □ kolacja służbowa business dinner
2 company
  □ On ma samochód i telefon służbowy. He has a company car and phone.

służyć (służę, służysz) VERB
1 to serve (pełnić funkcję, usługiwać)
2 to be useful
  ■ Do czego to służy? What's this for?
  ■ Czym mogę służyć? Can I help you?

słychać VERB
to hear
  ■ Słychać było hałas. There was a noise.

■ **Nic nie słychać.** I can't hear a thing.
■ **Co słychać?** how's it going?; what's up? (US)

słynny ADJECTIVE
famous

słyszeć (**słyszę, słyszysz**) (PERF **usłyszeć**) VERB
to hear
□ **Słyszysz mnie?** Can you hear me? □ **Nigdy nie słyszałam o tym aktorze.** I've never heard of that actor.

smaczny ADJECTIVE
tasty
■ **Smacznego!** Enjoy your meal!

smak (GEN **smaku**, PL **smaki**, INST SING **smakiem**)
MASC NOUN

1 taste
□ **Przez to lekarstwo zupełnie stracił zmysł smaku.** He completely lost his sense of taste because of the medication.

2 flavour
flavor (US)
■ **bez smaku** tasteless
⸰ **LANGUAGE TIP** Be careful! The Polish
⸰ word smak does not mean **smack**.

smakować (**smakuję, smakujesz**)
(PERF **posmakować**) VERB
to taste

smarować (**smaruję, smarujesz**)
(PERF **posmarować**) VERB

1 to butter
□ **Posmarowała kromkę chleba masłem.** She buttered a slice of bread.

2 to spread (dżemem, serem)

smażony ADJECTIVE
fried

smażyć (**smażę, smażysz**) (PERF **usmażyć**) VERB
to fry

smród (GEN **smrodu**, PL **smrody**, LOC SING
smrodzie) MASC NOUN
stench
□ **Co za ohydny smród!** What a dreadful stench!

SMS (GEN **SMSa**, PL **SMSy**, LOC SING **SMSie**) NEUT
NOUN
text message

smukły ADJECTIVE
slender

smutno ADVERB
sadly
■ **Smutno mi.** I feel sad.

smutny ADJECTIVE
sad
□ **Miał smutną minę.** He had a sad face.

snu NOUN ▷ **zobacz sen**

sobą PRONOUN

1 oneself
□ **być sobą** to be oneself

2 each other
■ **Chodzili ze sobą przez trzy lata.** They were together for three years.
■ **mieszkać ze sobą** to live together

sobie PRONOUN

1 oneself
□ **mówić o sobie** to talk about oneself

■ **mieć coś na sobie** to have something on

2 each other (nawzajem)
■ **idź sobie!** go away!
■ **ręce przy sobie!** hands off!

sobota (GEN **soboty**, PL **soboty**, DAT AND LOC SING
sobocie, GEN PL **sobót**) FEM NOUN
Saturday

socjalistyczny ADJECTIVE
socialist

sofa (GEN **sofy**, PL **sofy**, DAT AND LOC SING **sofie**)
FEM NOUN
sofa
□ **Leży na sofie i śpi.** He is asleep on the sofa.

sok (GEN **soku**, PL **soki**, INST SING **sokiem**)
MASC NOUN
juice
⸰ **LANGUAGE TIP** Be careful! The Polish
⸰ word sok does not mean **sock**.

solidarność (GEN **solidarności**) FEM NOUN
solidarity

solidny ADJECTIVE
solid

solony ADJECTIVE
salted
□ **solone orzeszki** salted nuts

SOS NEUT NOUN
⸰ **LANGUAGE TIP** sOS does not decline
distress signal

sos (GEN **sosu**, PL **sosy**, LOC SING **sosie**) MASC NOUN

1 sauce (pieczarkowy, czekoladowy)

2 gravy (własny z mięsa)

3 dressing (sałatkowy)

sowa (GEN **sowy**, PL **sowy**, DAT AND LOC SING **sowie**,
GEN PL **sów**) FEM NOUN
owl

sól (GEN **soli**) FEM NOUN
salt
■ **sole do kąpieli** bath salts

spacer (GEN **spaceru**, PL **spacery**, LOC SING
spacerze) MASC NOUN
walk
□ **iść** (PERF **pójść**) **na spacer** to go for a walk

spacerować (**spaceruję, spacerujesz**) VERB
to stroll

spać (**śpię, śpisz**) (IMPERATIVE **śpij**) VERB
to sleep
■ **On śpi.** He's asleep.
■ **iść** (PERF **pójść**) **spać** to go to bed

spakować (**spakuję, spakujesz**) VERB ▷ **zobacz**
pakować

spalać (**spalam, spalasz**) (PERF **spalić**) VERB
to burn

spalić (**spalę, spalisz**) VERB ▷ **zobacz palić,**
spalać

spam (GEN **spamu**, PL **spamy**) MASC NOUN
spam

specjalista (GEN **specjalisty**, PL **specjaliści**,
DAT SING **specjaliście**) MASC NOUN
⸰ **LANGUAGE TIP** specjalista declines like
⸰ a feminine noun in the singular

1 expert (fachowiec)

2 specialist

specjalizować się (specjalizuję,
specjalizujesz) (PERF **wyspecjalizować**) VERB
■ **specjalizować się w czymś** to specialize in
something

spektakl (GEN **spektaklu**, PL **spektakle**,
GEN PL **spektakli**) MASC NOUN
performance

□ wieczorny spektakl teatralny an evening
theatre performance

spinacz (GEN **spinacza**, PL **spinacze**,
GEN PL **spinaczy**) MASC NOUN
paper clip

spirytus (GEN **spirytusu**, PL **spirytusy**,
LOC SING **spirytusie**) MASC NOUN
spirit

spis (GEN **spisu**, PL **spisy**, LOC SING **spisie**) MASC NOUN
list

■ **spis treści** table of contents

spisek (GEN **spisku**, PL **spiski**, INST SING **spiskiem**)
MASC NOUN
conspiracy

spiskować (spiskuję, spiskujesz) VERB
to conspire

spisywać (spisuję, spisujesz) (PERF **spisać**)
VERB
1 to make a list of

□ Spisz sobie wydatki z całego miesiąca. Make
a list of your outgoings for the whole month.
2 to copy (*przepisywać skądś, zapisywać*)

spleśniały ADJECTIVE
mouldy
moldy (US)

spłukiwać (spłukuję, spłukujesz)
(PERF **spłukać**) VERB
to rinse off

spod PREPOSITION

⋯ **LANGUAGE TIP** spod takes the genitive
from under

■ **spod Krakowa** from somewhere around
Cracow

spodnie (GEN **spodni**) PL NOUN
trousers
pants (US)

spodziewać się (spodziewam,
spodziewasz) VERB
■ **spodziewać się kogoś/czegoś** to be
expecting somebody/something

spoglądać (spoglądam, spoglądasz)
(PERF **spojrzeć**) VERB
to look

spojrzeć (spojrzę, spojrzysz) (IMPERATIVE **spójrz**)
VERB ▷ *zobacz* spoglądać

spojrzenie (GEN **spojrzenia**, PL **spojrzenia**,
GEN PL **spojrzeń**) NEUT NOUN
look

spokojnie ADVERB
1 calmly
2 quietly

□ Ona zawsze mówi bardzo spokojnie.
She always speaks very quietly.
3 leisurely

spokojny ADJECTIVE

1 calm

□ Bądź spokojny, nic Ci się nie stanie.
Calm down, nothing will happen to you.
2 sober (*barwa*)

■ **być spokojnym o coś** to be confident about
something

spokój (GEN **spokoju**) MASC NOUN
1 peace

□ spokój ducha peace of mind
2 calm

□ W mieszkaniu panował zupełny spokój.
A complete calm enveloped the flat.

■ **dać** *perf* **komuś spokój** to leave somebody
in peace

■ **Proszę o spokój!** Quiet, please!

społeczeństwo (GEN **społeczeństwa**,
PL **społeczeństwa**, LOC SING **społeczeństwie**)
NEUT NOUN
society

□ społeczeństwo polskie Polish society

społeczność (GEN **społeczności**,
PL **społeczności**, GEN PL, DAT AND LOC SING
społeczności) FEM NOUN
community

społeczny ADJECTIVE
1 social

□ klasa społeczna social class
2 public (*należący do społeczeństwa*)
3 community

□ praca społeczna community service
■ **ubezpieczenie społeczne** national
insurance; social security (US)

spontaniczny ADJECTIVE
spontaneous

□ spontaniczny gest a spontaneous gesture

sport (GEN **sportu**, PL **sporty**, LOC SING **sporcie**)
MASC NOUN
sports pl

□ uprawiać sport to do sports

sportowiec (GEN **sportowca**, PL **sportowcy**)
MASC NOUN
athlete

sportowy ADJECTIVE
1 sports (*o klubie, aucie, sprzęcie*)
2 sporty (*styl ubierania się*)

sposób (GEN **sposobu**, PL **sposoby**, LOC SING
sposobie) MASC NOUN
1 manner (*robienia czegoś*)

■ **w ten sposób** in this way
2 means (*komunikacji, działania*)

spotkanie (GEN **spotkania**, PL **spotkania**,
GEN PL **spotkań**) NEUT NOUN
meeting

spotykać (spotykam, spotykasz) (PERF
spotkać) VERB
to meet

□ Spotkałam wczoraj szkolną przyjaciółkę.
I met a school friend yesterday.

■ **spotykać się** to meet

spożywać (spożywam, spożywasz)
(PERF **spożyć**) VERB
to consume

spożywczy ADJECTIVE
- sklep spożywczy grocer's; grocery (US)
- artykuły spożywcze groceries

spódnica (GEN spódnicy, PL spódnice) FEM NOUN
skirt

spółka (GEN spółki, PL spółki, DAT SING spółce,
GEN PL spółek) FEM NOUN
company
□ spółka akcyjna joint-stock company □ spółka
z ograniczoną odpowiedzialnością limited
(liability) company

spóźniać się (spóźniam, spóźniasz)
(PERF spóźnić) VERB
1 to be late
2 to be slow
□ Ten zegar spóźnia się o pięć minut. This clock
is five minutes slow.
3 to be running late (mieć miejsce z opóźnieniem)
- spóźnić perf się na samolot to miss a plane
- spóźnić perf się do pracy to be late for work

spóźniony ADJECTIVE
1 late
□ On jest znowu spóźniony. He is late again.
2 delayed
□ Lot jest spóźniony o godzinę. The flight is
delayed by an hour.
3 belated
□ spóźnione życzenia urodzinowe belated
birthday greetings

spragniony ADJECTIVE
thirsty

sprawa (GEN sprawy, PL sprawy, DAT AND LOC SING
sprawie) FEM NOUN
1 matter (fakt)
2 business (rzecz do załatwienia)
3 case (w sądzie)
- To nie twoja sprawa. It's none of your
business.

sprawdzać (sprawdzam, sprawdzasz)
(PERF sprawdzić) VERB
1 to check
□ Sprawdził godzinę odjazdu pociągu.
He checked the train departure time.
2 to look up
- sprawdzać się to come true □ Moje obawy
się sprawdziły. My fears came true.

sprawiać (sprawiam, sprawiasz)
(PERF sprawić) VERB
1 to inflict
□ sprawiać komuś przykrość to inflict distress
on somebody
2 to give
□ Twój list sprawił mi dużą przyjemność.
Your letter gave me great pleasure.
3 to cause
- Silny deszcz sprawił, że odwołano koncert.
Heavy rain meant that the concert was
cancelled.

sprawiedliwość (GEN sprawiedliwości)
FEM NOUN
1 fairness (uczciwość)
2 justice system (prawo)

sprawiedliwy ADJECTIVE
fair

sprawny ADJECTIVE
1 fit (fizycznie)
2 in working order (o urządzeniu, sprzęcie)

spróbować (spróbuję, spróbujesz) VERB
▷ zobacz próbować

sprytny ADJECTIVE
1 shrewd
□ sprytna mała dziewczynka a shrewd little girl
2 clever
□ sprytny pomysł na wyjście z sytuacji a clever
idea for a way out of the situation

sprzątaczka (GEN sprzątaczki, PL sprzątaczki,
DAT AND LOC SING sprzątaczce,
GEN PL sprzątaczek) FEM NOUN
cleaning lady

sprzątać (sprzątam, sprzątasz)
(PERF sprzątnąć) VERB ▷ zobacz posprzątać
1 to clean
□ Sprzątam dom raz na tydzień. I clean the
house once a week.
2 to clear up

sprzątnąć (sprzątnę, sprzątniesz)
(IMPERATIVE sprzątnij) VERB ▷ zobacz sprzątać

sprzeciwiać się (sprzeciwiam,
sprzeciwiasz) (PERF sprzeciwić) VERB
- sprzeciwiać się komuś/czemuś to oppose
somebody/something
- sprzeciwiać się czemuś to object to
something

sprzed PREPOSITION
LANGUAGE TIP sprzed takes the genitive
from in front of
□ Autokar odjeżdża sprzed dworca kolejowego.
The coach is leaving from in front of the railway
station.
- budynki sprzed rewolucji pre-revolution
buildings

sprzedać (sprzedam, sprzedasz)
(IMPERATIVE sprzedaj) VERB ▷ zobacz
sprzedawać

sprzedawać (sprzedaję, sprzedajesz) VERB
(IMPERATIVE sprzedawaj, PERF sprzedać) VERB
to sell
- sprzedawać się 1 to sell 2 to sell out
□ Bilety na koncert sprzedały się w ciągu
godziny. Tickets for the concert sold out in the
course of an hour.

sprzedawca (GEN sprzedawcy, PL sprzedawcy)
MASC NOUN
LANGUAGE TIP sprzedawca declines like
a feminine noun in the singular
1 salesman (w sklepie lub terenie)
2 shop assistant
salesclerk (us: w sklepie)

sprzedawczyni (GEN sprzedawczyni,
PL sprzedawczynie, GEN PL sprzedawczyń)
FEM NOUN
1 saleswoman (w sklepie lub terenie)
2 shop assistant
salesclerk (us: w sklepie)

sprzedaż (GEN **sprzedaży**) FEM NOUN
sale
□ na sprzedaż for sale

sprzęt (GEN **sprzętu**, PL **sprzęty**, LOC SING **sprzęcie**) MASC NOUN
1 equipment *(wyposażenie)*
□ sprzęt sportowy sports equipment
2 piece of furniture

spuszczać (**spuszczam, spuszczasz**)
(PERF **spuścić**) VERB
to lower
□ spuścić ceny towarów to lower the prices of goods
■ spuszczać się to come down *(zsunąć się w dół)*
■ spuszczać wodę *(w ubikacji)* to flush (the toilet)

spytać (**spytam, spytasz**) VERB ▷ *zobacz* pytać

srebrny ADJECTIVE
silver

srebro (GEN **srebra**, PL **srebra**, LOC SING **srebrze**, GEN PL **srebr**) NEUT NOUN
silver

ssać (**ssę, ssiesz**) (IMPERATIVE **ssij**) VERB
to suck

ssak (GEN **ssaka**, PL **ssaki**, INST SING **ssakiem**) MASC NOUN
mammal

stabilny ADJECTIVE
stable

stacja (GEN **stacji**, PL **stacje**, GEN PL, DAT AND LOC SING **stacji**) FEM NOUN
station
□ stacja kolejowa railway station; railroad station (US) □ stacja benzynowa petrol station; gas station (US)

stać (**stoję, stoisz**) (IMPERATIVE **stój**, PERF **stanąć**) VERB
to stand *(o meblach, budynkach)*
■ stój! stop!
■ stać w kolejce to queue; to line up (US)

stadion (GEN **stadionu**, PL **stadiony**, LOC SING **stadionie**) MASC NOUN
stadium

stały ADJECTIVE
1 solid
□ substancja stała a solid substance
2 permanent
□ stała umowa o pracę a permanent employment contract
3 regular
□ stały klient a regular customer
4 fixed
□ stała opłata a fixed charge
■ na stałe permanently

stan (GEN **stanu**, PL **stany**, LOC SING **stanie**) MASC NOUN
1 state *(sytuacja, forma, nastrój)*
2 condition
■ w dobrym stanie in good condition
■ w kiepskim stanie in poor condition
■ stan cywilny marital status

stanąć (**stanę, staniesz**) (IMPERATIVE **stań**) VERB
▷ *zobacz* stać, stawać

stanik (GEN **stanika**, PL **staniki**, INST SING **stanikiem**) MASC NOUN
bra

stanowczy ADJECTIVE
firm
□ stanowcza odmowa a firm refusal

Stany Zjednoczone Ameryki (GEN **Stanów Zjednoczonych Ameryki**) PL NOUN
United States of America

starać się (**staram, starasz**) (PERF **postarać**) VERB
to try
■ starać się o coś to try for something

staromodny ADJECTIVE
old-fashioned
□ staromodne poglądy old-fashioned views

starość (GEN **starości**) FEM NOUN
old age

starożytny ADJECTIVE
ancient
□ Interesuję się starożytnym Egiptem. I am interested in ancient Egypt.

starszy ADJECTIVE ▷ *zobacz* stary
older
□ starsza siostra older sister

start (GEN **starty**, PL **starty**) MASC NOUN
1 start *(Sport)*
2 take off *(w lotnictwie)*

startować (**startuję, startujesz**) (PERF **wystartować**) VERB
1 to start *(Sport)*
2 to take off *(o samolocie)*

staruszek (GEN **staruszka**, PL **staruszkowie**, INST SING **staruszkiem**) MASC NOUN
old man

staruszka (GEN **staruszki**, PL **staruszki**, DAT AND LOC SING **staruszce**, GEN PL **staruszek**) FEM NOUN
old lady

stary (COMP **starszy**, SUPERL **najstarszy**) ADJECTIVE
▷ *zobacz też* stary MASC NOUN
old
□ Jeździ starym samochodem. He drives an old car.

stary MASC NOUN
▷ *zobacz też* stary ADJECTIVE *(potoczny)*
◌ **LANGUAGE TIP** stary declines like an adjective
1 gaffer *(o szefie)*
2 old man *(o ojcu)*

starzeć się (**starzeję, starzejesz**) (PERF **zestarzeć**) VERB
to age

statek (GEN **statku**, PL **statki**, INST SING **statkiem**) MASC NOUN
ship
□ statek kosmiczny spaceship

staw (GEN **stawu**, PL **stawy**, LOC SING **stawie**) MASC NOUN
1 pond
□ Chodzimy nad staw łowić ryby. We go to the pond to fish.
2 joint

□ Boli go staw kolanowy. His knee joint hurts.

stawać staję, stajesz) (IMPERATIVE**stań**, PERF**stać**) VERB
▷ *zobacz też***stawać** VERB PERF
1 to stand up *(z krzesła)*
2 to stop
□ Pociąg nagle stanął. The train suddenly stopped.
▷ *zobacz też***stawać** VERB PERF

stawiać stawiam, stawiasz) (IMPERATIVE**stawiaj**, PERF**postawić**) VERB
1 to place
□ Postaw walizkę w przedpokoju. Place the suitcase in the hall.
2 to ask
□ On stawia mnóstwo pytań. He asks lots of questions.
3 to make
□ Lekarz postawił diagnozę. The doctor made his diagnosis.

stąd ADVERB
from here *(o miejscu)*
□ niedaleko stąd not far from here □ To daleko stąd. It's a long way from here.

stewardesa (GEN**stewardesy**, PL**stewardesy**, DAT AND LOC SING**stewardesie**) FEM NOUN
1 flight attendant *(w samolocie)*
2 stewardess *(na statku)*

stęsknić się stęsknię, stęsknisz) (IMPERATIVE**stęsknij**) VERB
■ stęsknić się za kimś to miss somebody

stłuc stłukę, stłuczesz) VERB PERF
to break
□ Stłukł wazon babci. He broke his grandma's vase.

sto NUMBER
hundred
■ sto dwadzieścia a hundred and twenty
■ sto osób a hundred people
■ Sto lat! *(życzenia)* Many happy returns

stoisko (GEN**stoiska**, PL**stoiska**, INST SING**stoiskiem**) NEUT NOUN
1 department
□ stoisko z mrożonkami the frozen foods department
2 stall
□ stoisko z warzywami vegetable stall

stoję VERB ▷ *zobacz***stać**

stolica (GEN**stolicy**, PL**stolice**) FEM NOUN
capital

stolik (GEN**stolika**, PL**stoliki**, INST SING**stolikiem**) MASC NOUN
table
□ Zarezerwuj stolik na dwie osoby. Book a table for two people.

stomatolog (GEN**stomatologa**, PL**stomatolodzy**, INST SING**stomatologiem**) MASC NOUN
dentist

stopa (GEN**stopy**, PL**stopy**, DAT AND LOC SING**stopie**, GEN PL**stóp**) FEM NOUN
foot *(część nogi)*

stopień (GEN**stopnia**, PL**stopnie**, GEN PL**stopni**) MASC NOUN
1 step *(schody przed budynkiem)*
□ Uwaga stopień! Mind the step
2 rank
□ Jaki jest jego stopień wojskowy? What is his military rank?
3 mark
grade *(us: Szkol)*
□ dobre stopnie na świadectwie good marks on the report
4 degree *(o poziomie, intensywności)*
□ do pewnego stopnia to some degree
■ 10 stopni Celsjusza 10 degrees centigrade

stosować stosuję, stosujesz) (PERF**zastosować**) VERB
to apply
□ Te same zasady stosują się do całego personelu. The same rules apply to all staff.
■ stosować się do +gen to apply to
to comply with *(przepisów)*

stosunek (GEN**stosunku**, PL**stosunki**, INST SING**stosunkiem**) MASC NOUN
1 relation
□ Mam dobre stosunki z rodziną. I have good relations with the family.
2 attitude
□ Jego stosunek do sprawy jest przychylny. His attitude to the matter is favourable.
■ w stosunku do +gen: porównanie
1 in relation to 2 with reference to

stół (GEN**stołu**, PL**stoły**, LOC SING**stole**) MASC NOUN
table
□ przy stole at the table
■ sprzątać (PERF**posprzątać**)ze stołu to clear the table

str. ABBREVIATION (= strona)
p. (= strony)
pp.

strach (GEN**strachu**) MASC NOUN
fear
□ blady ze strachu pale with fear

stracić stracę, stracisz) (IMPERATIVE**strać**) VERB
▷ *zobacz***tracić**

strajk (GEN**strajku**, PL**strajki**, INST SING**strajkiem**) MASC NOUN
strike

strajkować strajkuję, strajkujesz) (IMPERATIVE**strajkuj**, PERF**zastrajkować**) VERB
to strike

strasznie ADVERB
1 terribly
2 awfully

straszny ADJECTIVE
1 scary *(budzący przerażenie)*
2 dreadful *(bardzo zły)*

straszyć straszę, straszysz) (IMPERATIVE**straszyć**, PERF**przestraszyć**) VERB
to scare
■ W tym zamku straszy. This castle is haunted.
■ straszyć +inst to threaten

strażak (GEN **strażaka**, PL **strażacy**,
INST SING **strażakiem**) MASC NOUN
firefighter

strażnik (GEN **strażnika**, PL **strażnicy**,
INST SING **strażnikiem**) MASC NOUN
security guard (w firmie)

stres (GEN **stresu**, PL **stresy**, LOC SING **stresie**)
MASC NOUN
stress

□ być w stresie to be under stress

stresujący ADJECTIVE
stressful

□ stresujący okres w pracy a stressful period
at work

strona (GEN **strony**, PL **strony**, DAT AND LOC SING
stronie) FEM NOUN

1 side

□ Przewróć się na prawą stronę. Turn on to
your right side. □ po prawej stronie on the
right-hand side

2 page

□ Ta książka ma sto stron. This book has one
hundred pages.

3 direction

□ W którą stronę mam pojechać? Which
direction do I have to go?

■ Moje rodzinne strony to Górny Śląsk.
I come from Upper-Silesia.

■ bilet w jedną stronę/w obie strony single/
return ticket; one-way/round-trip ticket (US)

■ To miło z twojej strony. That's nice of you.

strój (GEN **stroju**, PL **stroje**) MASC NOUN
attire

■ strój kąpielowy swimming costume (Brit)

strzał (GEN **strzału**, PL **strzały**, LOC SING **strzale**)
MASC NOUN
shot

strzelać (**strzelam, strzelasz**) (PERF **strzelić**) VERB
to shoot (gola)
to shoot (z pistoletu)

Strzelec NOUN
Sagittarius

□ Jestem spod znaku Strzelca. I'm Sagittarius.

strzykawka (GEN **strzykawki**, PL **strzykawki**,
DAT AND LOC SING **strzykawce**, GEN PL **strzykawek**)
FEM NOUN
syringe

□ strzykawka jednorazowego użytku a single-
use syringe

studencki ADJECTIVE
student

■ dom studencki hall of residence; dormitory (US)

student (GEN **studenta**, PL **studenci**,
LOC SING **studencie**) MASC NOUN
student

studentka (GEN **studentki**, PL **studentki**, DAT AND
LOC SING **studentce**, GEN PL **studentek**) FEM NOUN
student

studia (GEN **studiów**) PL NOUN
studies

■ Na jakich jesteś studiach? What course are
you on?

studiować (**studiuję, studiujesz**)
(PERF **przestudiować**) VERB
to study

studniówka FEM NOUN

> **DID YOU KNOW...?**
> Studniówka is the ceremonial ball held
> for secondary school students, which takes
> place about one hundred days before
> their exams in May. Traditionally the ball
> opens with a dance called the **polonez**.

stulecie (GEN **stulecia**, PL **stulecia**,
GEN PL **stuleci**) NEUT NOUN

1 century (sto lat)

2 centenary

□ stulecie istnienia firmy company centenary

stuletni ADJECTIVE

1 hundred-year-old (o człowieku)

2 hundred-year (o okresie, budynku)

stwierdzać (**stwierdzam, stwierdzasz**)
(PERF **stwierdzić**) VERB
to affirm (ustalać, uznawać)
to state (mówić)

styczeń (GEN **stycznia**, PL **stycznie**) MASC NOUN
January

styl (GEN **stylu**, PL **style**) MASC NOUN

1 style

2 stroke

■ Lubię pływać stylem grzbietowym. I like to
swim backstroke.

■ styl życia life style

stypendium (GEN **stypendium**, PL **stypendia**,
GEN PL **stypendiów**) NEUT NOUN

> **LANGUAGE TIP** stypendium does not
> decline in the singular

subtelny ADJECTIVE
subtle

suchy ADJECTIVE
dry

sufit (GEN **sufitu**, PL **sufity**, LOC SING **suficie**)
MASC NOUN
ceiling

suka (GEN **suki**, PL **suki**, DAT AND LOC SING **suce**)
FEM NOUN
bitch (dog)

sukces (GEN **sukcesu**, PL **sukcesy**,
LOC SING **sukcesie**) MASC NOUN
success

■ odnieść perf sukces to succeed

suknia (GEN **sukni**, PL **suknie**, GEN PL **sukien**)
FEM NOUN
dress

□ suknia ślubna a wedding dress

suma (GEN **sumy**, PL **sumy**, DAT AND LOC SING
sumie) FEM NOUN

1 sum (wynik zadania)

2 amount

□ Wygrał dużą sumę na loterii. He won a large
amount at the lottery.

■ w sumie all in all

sumienie (GEN **sumienia**, PL **sumienia**,
GEN PL **sumień**) NEUT NOUN
conscience

supermarket (GEN **supermarketu**, PL **supermarkety**, LOC SING **supermarkecie**) MASC NOUN
supermarket

surowy ADJECTIVE
1 raw
□ Ona bardzo lubi sałatki z surowych warzyw. She really likes raw vegetable salads.
2 strict
□ surowy nauczyciel a strict teacher
3 austere
□ surowy wystrój wnętrza austere interior decor
4 harsh
□ bardzo surowa zima a very harsh winter

surówka (GEN **surówki**, PL **surówki**, DAT SING **surówce**, GEN PL **surówek**) FEM NOUN
salad

suszarka (GEN **suszarki**, PL **suszarki**, DAT AND LOC SING **suszarce**, GEN PL **suszarek**) FEM NOUN
dryer
□ suszarka do włosów hair dryer

suszyć (**suszę, suszysz**) (PERF **wysuszyć**) VERB
to dry (o włosach, praniu)
■ suszyć się to get dry

sweter (GEN **swetra**, PL **swetry**, LOC SING **swetrze**) MASC NOUN
jumper
sweater (US)

swobodnie ADVERB
1 freely
□ Mogliśmy swobodnie poruszać się po budynku. We could move around the building freely.
2 casually
□ Do pracy nie można ubierać się zbyt swobodnie. You mustn't dress too casually for work.

swobodny ADJECTIVE
1 unconstrained (o rozwoju, poruszaniu się)
2 informal
□ swobodna atmosfera informal atmosphere

swoja PRONOUN ▷ zobacz swój

swój PRONOUN
1 one's (własny)
2 my (mój)
□ Mogę Ci dać swoją wizytówkę? Can I give you my business card?
3 your (twój, wasz)
□ Pokaż nam swoje świadectwo skolne. Show us your school report. □ Dajcie nam swój numer telefonu. Give us your telephone number.
4 his (jego)
□ Był zaskoczony swoim własnym sukcesem. He was surprised by his own success.
5 her (jej)
□ Dała nam egzemplarz swojej książki. She gave us a copy of her book.
6 our (nasz)
□ Pokażemy Wam swoje rodzinne miasto. We will show you our home town.
7 their (ich)
□ Zabrali nas na weekend do swojego domku letniskowego. They took us to their summer house for the weekend.

sygnał (GEN **sygnału**, PL **sygnały**, LOC SING **sygnale**) MASC NOUN
1 signal (znak)
2 tone
□ W słuchawce nie ma sygnału. There is no dial tone.

sylwester (GEN **sylwestra**, PL **sylwestry**, LOC SING **sylwestrze**) MASC NOUN
New Year's Eve
Hogmanay (in Scotland)

sylwetka (GEN **sylwetki**, PL **sylwetki**, DAT AND LOC SING **sylwetce**, GEN PL **sylwetek**) FEM NOUN
silhouette (kształt ciała)

symbol (GEN **symbolu**, PL **symbole**) MASC NOUN
symbol

sympatyczny ADJECTIVE
nice

WORD POWER

You can use a number of other words instead of sympatyczny to mean 'nice':
przyjacielski friendly
□ przyjacielska atmosfera a friendly atmosphere
przyjemny pleasant
□ przyjemny uśmiech a pleasant smile
miły kind
□ miły sąsiad a kind neighbour
życzliwy well-wishing
□ życzliwy krewny a well-wishing relative

---

syn (GEN **syna**, PL **synowie**, LOC SING **synu**) MASC NOUN
son

synowa (GEN **synowej**, PL **synowe**) FEM NOUN
LANGUAGE TIP synowa declines like an adjective
daughter-in-law

sypać (**sypię, sypiesz**) (PERF **sypnąć**) VERB
1 to sprinkle (proszek, sól)
2 to fall (o śniegu)
■ sypać się to fall off

sypiać (**sypiam, sypiasz**) VERB
to sleep
□ Ostatnio niezbyt dobrze sypiam. I haven't been sleeping very well recently.

sypialnia (GEN **sypialni**, PL **sypialnie**, GEN PL **sypialni**) FEM NOUN
bedroom
□ sypialnia dzieci the children's bedroom

system (GEN **systemu**, PL **systemy**, LOC SING **systemie**) MASC NOUN
system

sytuacja (GEN **sytuacji**, PL **sytuacje**, GEN PL **sytuacji**) FEM NOUN
situation
□ trudna sytuacja a difficult situation

szachy (GEN **szachów**) PL NOUN
chess (rodzaj gry)

S

szacunek (GEN **szacunku**, INST SING **szacunkiem**) MASC NOUN
respect

szafa (GEN **szafy**, PL **szafy**, DAT AND LOC SING **szafie**) FEM NOUN
wardrobe

szafka (GEN **szafki**, PL **szafki**, DAT AND LOC SING **szafce**, GEN PL **szafek**) FEM NOUN
cabinet

szaleniec (GEN **szaleńca**, PL **szaleńcy**) MASC NOUN
madman

szaleństwo (GEN **szaleństwa**, PL **szaleństwa**, LOC SING **szaleństwie**) NEUT NOUN
1 madness
□ To szaleństwo wydawać tyle pieniędzy! It's madness to spend that much money!
2 frenzy

szalik (GEN **szalika**, PL **szaliki**, INST SING **szalikiem**) MASC NOUN
scarf

szalony ADJECTIVE
1 mad (osoba)
2 crazy (plan, czyn)

szampan (GEN **szampana**, PL **szampany**, LOC SING **szampanie**) MASC NOUN
champagne

szampon (GEN **szamponu**, PL **szampony**, LOC SING **szamponie**) MASC NOUN
shampoo
□ szampon ziołowy a herbal shampoo

szanować (**szanuję**, **szanujesz**) VERB
1 to respect (ludzi)
2 to take care of (ubranie, meble, książki)
■ szanować się 1 to have self-respect (mieć godność własną) 2 to respect one another (poważać się nawzajem)

szanowny ADJECTIVE
honourable
honorable (US)
■ Szanowny Panie!/Szanowna Pani! Dear Sir/Madam,
■ Szanowni Państwo! Ladies and Gentlemen!

szansa (GEN **szansy**, PL **szanse**, DAT AND LOC SING **szansie**) FEM NOUN
chance

szantaż (GEN **szantażu**) MASC NOUN
blackmail
□ próba szantażu a blackmail attempt

szantażować (**szantażuję**, **szantażujesz**) VERB
■ szantażować kogoś czymś to blackmail somebody with something

szarlotka (GEN **szarlotki**, PL **szarlotki**, DAT AND LOC SING **szarlotce**, GEN PL **szarlotek**) FEM NOUN
apple pie
□ przepis na szarlotkę recipe for an apple pie

szary ADJECTIVE
1 grey
gray (US)
2 gloomy
□ szary, deszczowy poranek a gloomy, wet morning

szatnia (GEN **szatni**, PL **szatnie**, GEN PL **szatni**) FEM NOUN
1 changing room
□ szatnia damska ladies' changing room
2 cloakroom (w restauracji)

szczególnie ADVERB
1 especially
□ Szczególnie on zebrał mnóstwo pochwał. He especially attracted a lot of praise.
2 peculiarly
□ On zachowuje się ostatnio jakoś szczególnie. He has been behaving rather peculiarly lately.

szczegół (GEN **szczegółu**, PL **szczegóły**, LOC SING **szczególe**) MASC NOUN
detail
□ Opowiedz mi wszystko ze szczegółami. Tell me everything, with details.

szczegółowo ADVERB
in detail

szczegółowy ADJECTIVE
detailed

szczepionka (GEN **szczepionki**, PL **szczepionki**, DAT AND LOC SING **szczepionce**, GEN PL **szczepionek**) FEM NOUN
vaccine

szczery ADJECTIVE
1 sincere (osoba, śmiech, serce)
2 genuine (radość, żal)
3 pure
□ pierścionek ze szczerego złota a ring of pure gold

szczerze ADVERB
sincerely
■ szczerze mówiąc frankly speaking

szczęście (GEN **szczęścia**) NEUT NOUN
1 (good) luck (powodzenie)
2 happiness (radość, zadowolenie)
■ mieć szczęście to be lucky
■ nie mieć szczęścia to be unlucky

szczęśliwy ADJECTIVE
1 lucky
□ szczęśliwa liczba a lucky number
2 happy
□ Jesteśmy oboje bardzo szczęśliwi. We are both very happy.
■ Szczęśliwej podróży! Have a good trip!

szczoteczka (GEN **szczoteczki**, PL **szczoteczki**, DAT AND LOC SING **szczoteczce**, GEN PL **szczoteczek**) FEM NOUN
brush
■ szczoteczka do zębów toothbrush

szczotka (GEN **szczotki**, PL **szczotki**, DAT SING **szczotce**, GEN PL **szczotek**) FEM NOUN
brush
■ szczotka do włosów hairbrush

szczupły ADJECTIVE
slim (niegruby)

szczyt (GEN **szczytu**, PL **szczyty**, LOC SING **szczycie**) MASC NOUN
1 summit (górski)

2 top
□ Walizka stoi u szczytu schodów. The suitcase is at the top of the stairs.

3 peak
■ godziny szczytu peak times

szedł VERB ▷zobacz iść

szef (GEN szefa, PL szefowie, LOC SING szefie) MASC NOUN
boss
■ szef rządu prime minister
■ szef kuchni chef

szeptać (szepczę, szepczesz) (PERF szepnąć) VERB
to whisper

szeroki ADJECTIVE
1 wide (rzeka, plaża, spódnica)
□ szeroki na 2 metry 2 m wide
2 broad
□ szeroki uśmiech a broad smile

szeroko ADVERB
1 widely (rozlegle na boki)
■ otworzyć perf szeroko usta to open one's mouth wide
2 broadly (rozlegle naokoło)

szerokość (GEN szerokości, PL szerokości, GEN PL szerokości) FEM NOUN
width (wymiar materiału)
■ Ogród ma siedem metrów szerokości The garden is seven metres wide
■ szerokość geograficzna latitude

szesnasty NUMBER

　 LANGUAGE TIP szesnasty declines like an adjective
sixteenth
■ strona szesnasta page sixteen
■ szesnasta four o'clock

szesnaście NUMBER
sixteen

sześć NUMBER
six

sześćdziesiąt NUMBER
sixty
□ Mój tato w tym roku skończy sześćdziesiąt lat. My dad is sixty this year.

sześćset NUMBER
six hundred

szewc (GEN szewca, PL szewcy) MASC NOUN
cobbler

szklanka (GEN szklanki, PL szklanki, DAT AND LOC SING szklance, GEN PL szklanek) FEM NOUN
glass
□ Daj mi szklankę wody. Give me a glass of water.

szklany ADJECTIVE
glass

szkło (GEN szkła, PL szkła, LOC SING szkle, GEN PL szkieł) NEUT NOUN
1 glass
2 glassware
■ szkła kontaktowe contact lenses

Szkocja (GEN Szkocji) FEM NOUN
Scotland

szkocki ADJECTIVE
Scottish

szkoda (GEN szkody, PL szkody, DAT SING szkodzie, GEN PL szkód) FEM NOUN
▷zobacz też szkoda ADVERB
damage
□ Wichura spowodowała olbrzymie szkody. The gale caused a great deal of damage.

szkoda ADVERB
▷zobacz też szkoda FEM NOUN
pity
■ Szkoda, że ... It's a pity that ...
■ Szkoda! What a pity!

szkodliwy ADJECTIVE
harmful

szkodzić (szkodzę, szkodzisz) VERB
■ szkodzić komuś to be bad for somebody
□ Palenie szkodzi Smoking is bad for you

szkolić (szkolę, szkolisz) (IMPERATIVE szkól, PERF wyszkolić) VERB
to train

szkolny ADJECTIVE
school

szkoła (GEN szkoły, PL szkoły, DAT AND LOC SING szkole, GEN PL szkół) FEM NOUN
school
□ szkoła podstawowa primary school; elementary school (US) □ szkoła średnia secondary school; high school (US) □ chodzić do szkoły to go to school □ być w szkole to be at school

Szkot (GEN Szkota, PL Szkoci, LOC SING Szkocie) MASC NOUN
Scotsman

Szkotka (GEN Szkotki, PL Szkotki, DAT SING Szkotce, GEN PL Szkotek) FEM NOUN
Scotswoman

szlafrok (GEN szlafroka, PL szlafroki, INST SING szlafrokiem) MASC NOUN
dressing gown
bathrobe (US)

szli VERB ▷zobacz iść

szła VERB ▷zobacz iść

szminka (GEN szminki, PL szminki, DAT AND LOC SING szmince, GEN PL szminek) FEM NOUN
■ szminka do ust lipstick

sznurek (GEN sznurka, PL sznurki, INST SING sznurkiem) MASC NOUN
string

szok (GEN szoku, INST SING szokiem) MASC NOUN
shock
□ być w stanie szoku to be in a state of shock

szokujący ADJECTIVE
shocking

szósty NUMBER

　 LANGUAGE TIP szósty declines like an adjective
sixth
■ strona szósta page six

szpieg (GEN szpiega, PL szpiedzy, INST SING szpiegiem) MASC NOUN
spy

szpital (GEN **szpitala**, PL **szpitale**, GEN PL **szpitali**)
MASC NOUN
hospital

□ leżeć w szpitalu to be in hospital; to be in the hospital (US) □ zabrać *perf* kogoś do szpitala to take somebody to the hospital

sztuczny ADJECTIVE
artificial

■ sztuczne ognie fireworks

sztućce (GEN **sztućców**) PL NOUN
cutlery

sztuka (GEN **sztuki**, PL **sztuki**, DAT AND LOC SING **sztuce**) FEM NOUN

1 art

□ sztuka współczesna modern art □ sztuka ludowa folk art

2 play *(teatralna)*

3 piece *(pojedynczy przedmiot)*

■ po dwa złote sztuka two zloty each

sztywny ADJECTIVE

1 stiff *(o kołnierzyku, części ciała, ruchu)*

2 rigid *(o konstrukcji, przepisach)*

szuflada (GEN **szuflady**, PL **szuflady**, DAT AND LOC SING **szufladzie**) FEM NOUN
drawer

szukać (**szukam**, **szukasz**) (PERF **poszukać**) VERB

⸫ **LANGUAGE TIP** szukać takes the genitive

1 to look for

□ Szukam pracy od dwóch miesięcy. I've been looking for work for two months.

2 to seek

□ Wyjechał za granicę szukać szczęścia. He went abroad to seek happiness.

szwagier (GEN **szwagra**, PL **szwagrowie**, LOC SING **szwagrze**) MASC NOUN
brother-in-law

szwagierka (GEN **szwagierki**, PL **szwagierki**, DAT AND LOC SING **szwagierce**, GEN PL **szwagierek**) FEM NOUN
sister-in-law

Szwajcaria (GEN **Szwajcarii**) FEM NOUN
Switzerland

szwajcarski ADJECTIVE
Swiss

Szwecja (GEN **Szwecji**) FEM NOUN
Sweden

szwedzki ADJECTIVE
Swedish

szyba (GEN **szyby**, PL **szyby**, DAT AND LOC SING **szybie**) FEM NOUN
window *(o oknie)*

■ przednia szyba *(w samochodzie)* windscreen; windshield (US)

szybki ADJECTIVE
fast *(pociąg, samochód)*
quick *(odpowiedź, reakcja)*

■ bar szybkiej obsługi fast-food restaurant

szybko ADVERB

1 fast *(jeździć, chodzić)*

2 quickly *(zareagować, odpowiedzieć)*

■ szybko! hurry up!

szyć (**szyję**, **szyjesz**) (PERF **uszyć**) VERB

1 to sew *(nowe ubranie)*

□ szyć na maszynie to sew on a sewing machine

2 to suture (PERF **zszyć**) *(ranę)*

szyja (GEN **szyi**, PL **szyje**, DAT AND LOC SING **szyi**) FEM NOUN
neck

szynka (GEN **szynki**, PL **szynki**, DAT AND LOC SING **szynce**, GEN PL **szynek**) FEM NOUN
ham

Śś

ściana (GEN **ściany**, PL **ściany**, DAT AND LOC SING **ścianie**) FEM NOUN
wall

ściąć (**ścinam**, **ścinasz**) (IMPERATIVE **zetnij**) VERB
▷ *zobacz* **ścinać**

ścielić (**ścielę**, **ścielisz**) (IMPERATIVE **ściel**) VERB
■ **ścielić łóżko** to make one's bed

ścinać (**ścinam**, **ścinasz**) (IMPERATIVE **ścinaj**) VERB
1 to chop down *(drzewo)*
2 to cut
□ Ścięła swoje piękne, długie włosy. She cut her beautiful long hair.

ślad (GEN **śladu**, PL **ślady**, LOC SING **śladzie**) MASC NOUN
1 footprint
□ Widzieliśmy jego ślady na śniegu. We saw his footprints in the snow.
2 track *(zwierza)*
trace *(zaniepokojenia, radości)*

Śląsk (GEN **Śląska**, INST SING **Śląskiem**) MASC NOUN
Silesia

śledzić (**śledzę**, **śledzisz**) (IMPERATIVE **śledź**) VERB
1 to follow *(obserwować, szpiegować)*
2 to monitor
□ śledzić posunięcia wroga to monitor the enemy's movements

śledztwo (GEN **śledztwa**, PL **śledztwa**, LOC SING **śledztwie**) NEUT NOUN
investigation

śledź (GEN **śledzia**, PL **śledzie**, GEN PL **śledzi**) MASC NOUN
herring
□ śledzie w śmietanie herrings in cream

ślepy ADJECTIVE
blind
■ **ślepa ulica** dead end

ślisko ADVERB
■ **Na drogach jest ślisko.** The roads are slippery.

śliwka (GEN **śliwki**, PL **śliwki**, DAT AND LOC SING **śliwce**, GEN PL **śliwek**) FEM NOUN
1 plum
□ Lubisz śliwki? Do you like plums?
2 plum tree
□ Mamy w ogrodzie piękną, dużą śliwkę. We have a beautiful big plum tree in our garden.
■ **suszona śliwka** prune

ślub (GEN **ślubu**, PL **śluby**, LOC SING **ślubie**) MASC NOUN
wedding

□ ślub kościelny church wedding
■ **ślub cywilny** civil marriage ceremony
■ **brać** (PERF **wziąć**) **ślub** to get married

śmiać się (**śmieję**, **śmiejesz**) (PERF **zaśmiać**) VERB
to laugh
□ śmiać się z kogoś/czegoś to laugh at somebody/something

śmiały ADJECTIVE
bold

śmieć (GEN **śmiecia**, PL **śmieci**) MASC NOUN
▷ *zobacz też* **śmieć** VERB
piece of litter
■ **wywóz śmieci** waste disposal
1 rubbish *sing*
garbage *sing* (US: *do wyrzucenia*)
2 litter *sing (na podwórku, skwerze)*

śmieć (**śmiem**, **śmiesz**) (3 PL **śmią**, IMPERATIVE **śmiej**) VERB
▷ *zobacz też* **śmieć** MASC NOUN
to dare
□ Jak on śmie! How dare he!

śmierć (GEN **śmierci**) FEM NOUN
death
■ **ponieść** *(perf)* **śmierć** to die
■ **kara śmierci** the death penalty

śmierdzący ADJECTIVE
stinking

śmierdzieć (**śmierdzę**, **śmierdzisz**) (IMPERATIVE **śmierdź**) VERB
■ **śmierdzieć czymś** to stink of something

śmiertelny ADJECTIVE
1 lethal
□ śmiertelna dawka promieniowania a lethal dose of radiation
2 deadly *(o truciźnie, grzybie)*
3 terminal *(o chorobie)*
□ Cierpi na śmiertelną chorobę. He suffers from a terminal illness.
4 fatal
□ wypadek śmiertelny fatal accident

śmiesznie ADVERB
ridiculously
■ **śmiesznie tani** ridiculously cheap

śmieszny ADJECTIVE
1 funny
□ Obejrzeliśmy wczoraj śmieszny film. We watched a funny film yesterday.
2 ridiculous

Ś

□ Nie bądź śmieszny! Don't be ridiculous!

śmieszyć (śmieszę, śmieszysz)
(PERF **rozśmieszyć**) VERB
to amuse

śmietanka (GEN **śmietanki**, DAT AND LOC SING
śmietance, GEN PL **śmietanek**) FEM NOUN
cream

śmietnik (GEN **śmietnika**, PL **śmietniki**,
INST SING **śmietnikiem**) MASC NOUN
1 the bins pl (miejsce z pojemnikami na śmieci)
2 skip
dumpster (US: kosz na śmieci)

Śmigus-dyngus MASC NOUN

▷ **DID YOU KNOW...?**
Easter Monday, or Śmigus-dyngus, is
also known as 'wet Monday'. Traditionally,
young bachelors show their interest in
girls by throwing water over them.
Children often also join in. Some people
are content with a symbolic sprinkling
while others unscrupulously splash
buckets of water over passers-by.

śniadanie (GEN **śniadania**, PL **śniadania**,
GEN PL **śniadań**) NEUT NOUN
breakfast

□ jeść śniadanie to have breakfast
■ drugie śniadanie packed lunch; box lunch
(US) □ Zabierz drugie śniadanie do szkoły.
Take the packed lunch to school.

śnie NOUN ▷ zobacz **sen**

śnieg (GEN **śniegu**, PL **śniegi**, INST SING **śniegiem**)
MASC NOUN
snow

■ Pada śnieg. It's snowing.
■ śnieg z deszczem sleet

śpieszyć, spieszyć (śpieszę, śpieszysz)
(PERF **pośpieszyć**) VERB
to rush

□ śpieszyć komuś z pomocą to rush to help
somebody
■ śpieszyć się 1 (o osobie) to be in a hurry
□ Śpieszy mi się. I'm in a hurry. 2 (o zegarku)
to be fast □ Zegarek śpieszy się o dziesięć
minut. The watch is ten minutes fast.

śpiewać (śpiewam, śpiewasz) (PERF **zaśpiewać**)
VERB
to sing

śpiwór (GEN **śpiwora**, PL **śpiwory**,
LOC SING **śpiworze**) MASC NOUN
sleeping bag

średni ADJECTIVE
1 average
□ średniego wzrostu of average height
2 medium
■ w średnim wieku middle-aged
■ szkoła średnia secondary school;
high school (US)

średniowiecze (GEN **średniowiecza**) NEUT NOUN
the Middle Ages

środa (GEN **środy**, PL **środy**, DAT AND LOC SING **środzie**,
GEN PL **śród**) FEM NOUN
Wednesday

■ środa popielcowa Ash Wednesday

środek (GEN **środka**, PL **środki**, INST SING **środkiem**)
MASC NOUN
1 middle
□ Siedzieli w samym środku widowni. They sat
right in the middle of the auditorium.
2 inside (wnętrzna część pomieszczenia)
□ Wejdźmy do środka. Let's go inside.
3 means
□ środek transportu means of transport;
means of transportation (US)
4 medication
■ Poproszę jakiś środek przeciwbólowy.
Some painkillers please.
■ środek na pchły flea powder

środkowoeuropejski ADJECTIVE
Central European

środkowy ADJECTIVE
central

śródmieście (GEN **śródmieścia**,
PL **śródmieścia**, GEN PL **śródmieści**) NEUT NOUN
city centre
downtown (US)

śródziemnomorski ADJECTIVE
Mediterranean
□ klimat śródziemnomorski Mediterranean
climate

śruba (GEN **śruby**, PL **śruby**, DAT AND LOC SING
śrubie) FEM NOUN
1 screw (do łączenia elementów)
2 bolt (wkręt)

św. ABBREVIATION (= **święty, święta**)
St

świadectwo (GEN **świadectwa**, PL **świadectwa**,
LOC SING **świadectwie**) NEUT NOUN
certificate (urodzenia, zgonu)
■ świadectwo szkolne report card
■ świadectwo dojrzałości GCSE; High School
Diploma (US)

świadek (GEN **świadka**, PL **świadkowie**,
INST SING **świadkiem**) MASC NOUN
witness
■ być świadkiem czegoś to witness something

świat (GEN **świata**, PL **światy**, LOC SING **świecie**)
MASC NOUN
world
□ na całym świecie all over the world

światło (GEN **światła**, PL **światła**, LOC SING **świetle**,
GEN PL **świateł**) NEUT NOUN
light
□ Zatrzymaj się na światłach. Stop at the lights.

świąteczny ADJECTIVE
1 festive (uroczysty, podniosły)
2 Christmas (związany z Bożym Narodzeniem)
3 Easter (związany z Wielkanocą)

świątynia (GEN **świątyni**, PL **świątynie**, DAT AND
LOC SING **świątyni**, GEN PL **świątyń**) FEM NOUN
temple

świeca (GEN **świecy**, PL **świece**, DAT AND LOC SING
świecy) FEM NOUN
candle (z wosku)
■ świeca zapłonowa spark plug

świecić (świecę, świecisz) (IMPERATIVE świeć)
VERB
to shine (o żarówce, słońcu)
■ **świecić się 1** to be on (o żarówce) **2** to shine (błyszczeć)

świeczka (GEN świeczki, PL świeczki, DAT AND LOC SING świeczce, GEN PL świeczek) FEM NOUN
candle

świeży ADJECTIVE
fresh
□ na świeżym powietrzu in the fresh air

święto (GEN święta, PL święta, LOC SING święcie, GEN PL świąt) NEUT NOUN
holiday
□ święto państwowe national holiday
■ **święta Bożego Narodzenia** Christmas
■ **Święta Wielkanocne** Easter
■ **Wesołych Świąt!** (Bożego Narodzenia) Merry Christmas!
■ **Święto Odzyskania Niepodległości 11 Listopada**

> **DID YOU KNOW...?**
> **Święto Odzyskania Niepodległości 11 Listopada** is the most important Polish national holiday. It is celebrated on 11 November, the date Poland regained its independence in 1918, following 123 years of partitions between Russia, Austro-Hungary and Prussia.

święty ADJECTIVE
▷ zobacz też **święty** MASC NOUN
1 holy
2 saint
□ Święty Krzysztof jest patronem podróżnych. St. Christopher is the patron saint of travellers.

święty MASC NOUN
▷ zobacz też **święty** ADJECTIVE
LANGUAGE TIP święty declines like an adjective
saint (osoba)
■ **pismo Święte** the Holy Scriptures
■ **Duch Święty** the Holy Spirit
■ **Święty Mikołaj** Santa Claus
■ **świętej pamięci pan Kowalski** the late Mr Kowalski

świnia (GEN świni, PL świnie, GEN PL świń) FEM NOUN
pig (zwierzę)

świt (GEN świtu, PL świty, LOC SING świcie) MASC NOUN
dawn

Tt

ta (ACC **tę**) PRONOUN ▷*zobacz* **ten**
this
□ Ta kawa jest gorąca. This coffee is hot.
□ Ta pani to moja żona. This lady is my wife.

tabela (GEN **tabeli**, PL **tabele**, GEN PL, DAT SING AND
LOC SING **tabeli**) FEM NOUN
table
□ tabela z wynikami a table of results

tabelka (GEN **tabelki**, PL **tabelki**, DAT SING AND LOC
SING **tabelce**, GEN PL **tabelek**) FEM NOUN
= tabela

tabletka (GEN **tabletki**, PL **tabletki**, DAT SING AND
LOC SING **tabletce**, GEN PL **tabletek**) FEM NOUN
tablet
□ tabletki przeciwbólowe painkilling tablets

tablica (GEN **tablicy**, PL **tablice**) FEM NOUN
1 blackboard
□ Nauczyciel napisał temat na tablicy. The
teacher wrote the topic on the blackboard.
2 chart
□ tablica z odmianą czasowników a chart of
verb conjugations
■ tablica z ogłoszeniami notice board;
bulletin board (US)
■ tablice rejestracyjne number plates;
license plates (US)

taboret (GEN **taboretu**, PL **taboretu**, LOC SING
taborecie) MASC NOUN
stool
□ Usiadł na taborecie, by założyć buty. He sat
on the stool to put his shoes on.

tabu NEUT NOUN
⋮ **LANGUAGE TIP** tabu does not decline
taboo

taca (GEN **tace**, PL **tacy**, DAT SING AND LOC SING **tacy**)
FEM NOUN
tray

tacy PRONOUN
⋮ **LANGUAGE TIP** tacy declines like an
adjective ▷*zobacz* **taki**

taczka (GEN **taczki**, PL **taczki**, DAT SING AND LOC
SING **taczce**) FEM NOUN
barrow
□ taczka pełna piasku a barrow full of sand

tajemnica (GEN **tajemnicy**, PL **tajemnice**,
DAT SING AND LOC SING **tajemnicy**) FEM NOUN
secret
□ tajemnica państwowa a state secret
■ tajemnica służbowa confidential information

tajemniczy ADJECTIVE
mysterious
□ tajemniczy uśmiech a mysterious smile
■ Zniknął w tajemniczy sposób.
He disappeared mysteriously.

Tajlandia (GEN **Tajlandii**, DAT SING AND LOC SING
Tajlandii) FEM NOUN
Thailand
□ Czy byłeś kiedyś w Tajlandii? Have you ever
been to Thailand? □ Na wakacje wybieramy się
do Tajlandii. We are going to Thailand for our
holidays.

tajny ADJECTIVE
1 secret
□ tajne myśli secret thoughts □ ściśle tajne
informacje top secret information
2 classified
□ tajny dokument a classified document
3 underground
□ tajna organizacja an underground
organization

Tajwan (GEN **Tajwanu**, LOC SING **Tajwanie**)
FEM NOUN
Taiwan

tak PRONOUN, EXCLAMATION
▷*zobacz też* **tak** ADVERB
yes
□ Tak jest! *(potoczny)* Yes, sir! □ Czy lubisz lody?
— Tak. Do you like ice cream? — Yes. □ Czy
lubisz się opalać? — I tak, i nie. Do you like
sunbathing? — Yes and no.
■ Mandarynek nie lubię, ale pomarańcze
tak. I don't like mandarins, but I do like
oranges.
■ Zrobiłeś zakupy, tak? You've done the
shopping, haven't you?

tak ADVERB
▷*zobacz też* **tak** PRONOUN, EXCLAMATION
1 like
□ Nie obrażaj się tak. Don't take offence like that.
2 as
■ Zrobił to tak, jak prosiliśmy. He did it as we
requested.
■ Zrobił to tak, jak uważał. He did it just as he
liked.

taki PRONOUN
⋮ **LANGUAGE TIP** taki declines like
an adjective
such

t

▫ Nigdy nie czytałam takiej nudnej książki. I never read such a boring book.

■ **Ma takie same buty jak ja.** She has the same shoes as me.

■ **Jest taki, jak prosiłeś.** It's just what you asked for.

■ **On już taki jest, że lubi pracować całe noce.** That's the way he is, he likes to work all through the night.

■ **W takim razie pojedziemy razem.** In that case, we'll go together.

■ **Był taki deszcz, że zalało piwnice.** It was so wet that our basement flooded.

■ **Była taka szczęśliwa, że aż skakała z radości.** She was so happy she jumped for joy.

■ **Pogoda była taka brzydka, że cały dzień siedzieliśmy w domu.** The weather was so rotten we sat at home all day.

■ **Jest taki stary.** He is so old.

■ **Jestem taka zmęczona.** I'm so tired.

taksówka (GEN **taksówki**, PL **taksówki**, DAT SING AND LOC SING **taksówce**, GEN PL **taksówek**) FEM NOUN
taxi

▫ Zamówiłeś taksówkę? Did you order a taxi?

▫ postój taksówek a taxi rank

■ **taksówka bagażowa** a removal van

taksówkarz (GEN **taksówkarza**, PL **taksówkarze**, GEN PL **taksówkarzy**) MASC NOUN
taxi driver

▫ Jestem taskówkarzem. I'm a taxi driver.

takt (GEN **taktu**, PL **takty**, LOC SING **takcie**)
MASC NOUN
tact

■ **Oni nie mają za grosz taktu.** They are completely tactless.

taktowny ADJECTIVE
tactful

▫ taktowne zachowanie tactful behaviour

▫ taktowana odmowa a tactful refusal

także ADVERB
as well

▫ Lubię muzykę, ale malarstwo także mnie interesuje. I love music, but I'm interested in painting as well.

talent (GEN **talentu**, PL **talenty**, LOC SING **talencie**)
MASC NOUN
talent

▫ talent organizatorski a talent for organization

talerz (GEN **talerza**, PL **talerze**, GEN PL **talerzy**)
MASC NOUN

1 plate

▫ brudne talerze dirty plates ▫ talerz frytek a plate of chips; a plate of fries (US)

2 soup plate

▫ talerz zupy pomidorowej a plate of tomato soup

■ **latający talerz** (UFO) flying saucer

tam ADVERB
there

▫ tu i tam here and there ▫ Gdzie położyć zakupy? — Tam, przy zlewie. Where shall I put the shopping? — There, by the sink.

tamci PRONOUN ▷ zobacz **tamten**

Tamiza (GEN **Tamizy**, DAT SING AND LOC SING **Tamizie**) FEM NOUN
the Thames

tampon (GEN **tamponu**, PL **tampony**, LOC SING **tamponie**) MASC NOUN
swab

tamta PRONOUN ▷ zobacz **tamten**

tamte PRONOUN ▷ zobacz **tamten**

tamten (FEM **tamta**, INANIMATE PL **tamte**, ANIMATE PL **tamci**) PRONOUN

1 that one

▫ W tym termosie jest kawa, a w tamtym jest herbata. There's coffee in this flask and in that one there's tea.

2 those

▫ Podaj mi tamte buty. Pass me those shoes.

▫ tamci sportowcy those athletes

tamtędy ADVERB
that way

▫ Idź tamtędy. Go that way.

tancerz (GEN **tancerza**, PL **tancerze**, LOC SING **tancerzu**, GEN PL **tancerzy**) MASC NOUN
dancer

▫ Jest zawodowym tancerzem. He is a professional dancer.

tandeta (GEN **tandety**, PL **tandety**, DAT SING AND LOC SING **tandecie**, GEN PL **tandet**) FEM NOUN
rubbish

▫ Ten długopis to tandeta – przestał pisać po pięciu minutach. This pen is rubbish — it gave up after five minutes.

tani (COMP **tańszy**) ADJECTIVE
cheap

▫ tania restauracja a cheap restaurant

■ **tanie linie lotnicze** the budget airlines

taniec (GEN **tańca**, PL **tańce**) MASC NOUN

1 dancing

▫ Moje hobby to taniec. Dancing is my hobby.

▫ taniec towarzyski ballroom dancing

2 dance

▫ taniec ludowy folk dance

tanio ADVERB

■ **W tym sklepie jest dość tanio.** This shop is quite cheap.

■ **Kupuj tanio, sprzedaj drogo.** Buy cheap, sell dear.

tańczyć (**tańczę, tańczysz**) (PERF **zatańczyć**)
VERB
to dance

■ **tańczyć rumbę** to dance the rumba

▫ Lubię tańczyć. I like to dance.

tańszy ADJECTIVE ▷ zobacz **tani**

tapczan (GEN **tapczanu**, PL **tapczany**, LOC SING **tapczanie**) MASC NOUN
divan

▫ Przy ścianie stał stary tapczan, a obok niego szafka nocna. An old divan stood by the wall, and beside it a bedside table.

taras (GEN **tarasu**, PL **tarasy**, LOC SING **tarasie**)
MASC NOUN
terrace

t

□ Siedzieliśmy na tarasie restauracji. We were sitting on the restaurant terrace.

targ (GEN **targu**, PL **targi**, INST SING **targiem**)
MASC NOUN
market

□ Warzywa i owoce zawsze kupuję na targu. I always buy fruit and vegetables at the market. □ targ staroci an antiques market
■ **targi** trade fair

taśma (GEN **taśmy**, PL **taśmy**, LOC SING **taśmie**)
FEM NOUN
tape

□ Obwiązał paczkę taśmą. He secured the package with tape. □ taśma klejąca sticky tape

tata, tato (GEN **taty**, DAT SING AND LOC SING **tacie**)
MASC NOUN

LANGUAGE TIP **tata** declines like a feminine noun

dad

□ Mój tata jest pilotem. My dad is a pilot.
□ Adam wkrótce zostanie tatą. Adam's shortly going to become a dad.

tato (GEN **taty**, PL **tatowie**, LOC SING **tacie**)
MASC NOUN = **tata**

Tatry (GEN **Tatry**) PL NOUN
the Tatra Mountains *pl*

■ **Urlop spędziliśmy w Tatrach.** We spent our holiday in the Tatras.

tatuaż (GEN **tatuażu**, PL **tatuaże**, GEN PL **tatuaży**)
MASC NOUN
tattoo

□ Na plecach ma tatuaż smoka. He has a tattoo of a dragon on his back.

tą PRONOUN ▷*zobacz* ta

tchórz (GEN **tchórza**, PL **tchórze**, LOC SING **tchórzu**, GEN PL **tchórzy**) MASC NOUN
coward

□ Jest zwykłym tchórzem. He is an out-and-out coward.

te PRONOUN
these

□ Proszę podpisać te dokumenty. Please sign these documents. □ Te okna są bardzo brudne. These windows are very dirty.

teatr (GEN **teatru**, PL **teatry**, LOC SING **teatrze**)
MASC NOUN
theatre
theater (US)

□ teatr lalkowy a puppet theatre □ W sobotę poszliśmy do teatru. On Saturday we went to the theatre.

technik (GEN **technika**, PL **technicy**, LOC SING **techniku**, INST SING **technikiem**, GEN PL **techników**) MASC NOUN
technician

□ technik dentystyczny a dental technician
■ **Jest technikiem elektrykiem.** He is an electrician.

teczka (GEN **teczki**, PL **teczki**, DAT SING AND LOC SING **teczce**, GEN PL **teczek**) FEM NOUN
1 briefcase
□ teczka skórzana a leather briefcase

2 folder
□ teczka z ćwiczeniami z gramatyki a folder of grammar exercises

tego PRONOUN

LANGUAGE TIP **tego** is the genitive and accusative forms of **ten, to**

tegoroczny ADJECTIVE
this year's

□ tegoroczne wakacje this year's holidays
□ tegoroczna zima this year's winter

tej PRONOUN

LANGUAGE TIP **tej** is the genitive and dative forms of **ta**

tekst (GEN **tekstu**, PL **teksty**, LOC SING **tekście**)
MASC NOUN
text

□ tekst artykułu the text of an article
■ **Znam na pamięć tekst tej piosenki.** I know the lyrics of this song by heart.

tel. ABBREVIATION (= *telefon*)
tel.

telefon (GEN **telefonu**, PL **telefony**, LOC SING **telefonie**) MASC NOUN
1 phone
□ Rozmawiał z nią przez telefon. He talked to her on the phone. □ telefon komórkowy a mobile phone; a cellphone (US)
■ **odbierać** (PERF **odebrać**) **telefon** to answer the phone
■ **telefon z funkcją aparatu fotograficznego** a cameraphone
■ **telefon z funkcją video** a videophone

2 phone number
□ Dał mi swój telefon domowy. He gave me his home phone number.

3 phone call
□ Czy były do mnie jakieś telefony? Were there any phone calls for me? □ Muszę wykonać parę telefonów. I have got to make a couple of phone calls.

telefonować (**telefonuję, telefonujesz**) (PERF **zatelefonować**) VERB
to call (*dzwonić*)

□ Proszę natychmiast zatelefonować po karetkę! Please call an ambulance right away!

telekomunikacja (GEN **telekomunikacji**, GEN PL, DAT SING AND LOC SING **telekomunikacji**) FEM NOUN
telecommunications

■ **sektor telekomunikacyjny** the telecomms sector

telewizja (GEN **telewizji**, PL **telewizje**, GEN PL, DAT SING AND LOC SING **telewizji**) FEM NOUN
TV

□ Codziennie ogląda telewizję. He watches TV every day. □ telewizja satelitarna satellite TV
□ telewizja kablowa cable TV

telewizor (GEN **telewizora**, PL **telewizory**, LOC SING **telewizorze**) MASC NOUN
television

□ Kupiliśmy nowy telewizor. We have bought a new television. □ telewizor plazmowy a plasma television

temat (GEN **tematu**, PL **tematy**, LOC SING **temacie**)
MASC NOUN
subject
□ temat lekcji the subject of the lesson
□ temat dyskusji the subject of discussion

temp. ABBREVIATION (= *temperature*)
temp.

temperatura (GEN **temperatury**,
PL **temperatury**, DAT SING AND LOC SING
temperaturze) FEM NOUN
temperature
□ wysoka temperatura a high temperature
□ Mam temperaturę. I've got a temperature.
■ **temperatura wrzenia** boiling point

temu PRONOUN ▷*zobacz* **ten, to**
▷*zobacz też* **temu** ADVERB

temu ADVERB
▷*zobacz też* **temu** PRONOUN
ago
□ trzy lata temu three years ago □ parę
miesięcy temu a couple of months ago
□ Zdarzyło się to dawno temu. That happened
a long time ago.
■ **Jak dawno temu tam byłeś?** How long is it
since you were there?

ten PRONOUN
1 this (*z rzeczownikiem*)
□ Ten słownik jest bardzo dobry. This dictionary
is very good. □ W tym sklepie jest bardzo tanio.
This shop is very cheap.
2 this one (*bez rzeczownika*)
□ Potrzebuję nowego telewizora. Ten cały czas
się psuje. I need a new television. This one is
always breaking down.

tenis (GEN **tenisa**, LOC SING **tenisie**) MASC NOUN
tennis
□ mecz tenisa a tennis match □ Czy grasz w
tenisa? Do you play tennis?

tenisówki (GEN **tenisówek**) PL NOUN
tennis shoes

teoria (GEN **teorii**, PL **teorie**, GEN PL, DAT SING AND
LOC SING **teorii**) FEM NOUN
theory
□ teoria względności the theory of relativity

terapeuta (GEN **terapeuty**, PL **terapeuci**,
DAT SING AND LOC SING **terapeucie**) MASC NOUN
LANGUAGE TIP terapeuta declines like
a feminine noun in the singular
therapist
□ Jestem terapeutą zawodowym. I am
a professional therapist.

terapeutka (GEN **terapeutki**, PL **terapeutki**,
DAT SING AND LOC SING **terapeutce**,
GEN PL **terapeutek**) FEM NOUN
therapist
□ Jest kwalifikowaną terapeutką. She is
a qualified therapist.

terapia (GEN **terapii**, PL **terapie**, DAT SING AND LOC
SING **terapii**) FEM NOUN
therapy
□ terapia grupowa group therapy □ terapia
rodzinna family therapy

teraz ADVERB
now
□ Teraz mieszkam w Londynie. I live in London
now. □ Czy nie powinieneś teraz odrabiać
lekcji? Shouldn't you be doing your homework
now?
■ **do teraz** to this day

teraźniejszość (GEN **teraźniejszości**)
FEM NOUN
the present

teraźniejszy ADJECTIVE
present
□ czas teraźniejszy the present tense

teren (GEN **terenu**, PL **tereny**, LOC SING **terenie**)
MASC NOUN
1 terrain
□ teren górzysty mountainous terrain
2 land
□ tereny rolnicze agricultural land
3 area
□ Na terenie zakładu pracy palenie jest surowo
wzbronione. Smoking is strictly forbidden in
the work area.

termin (GEN **terminu**, PL **terminy**, LOC SING
terminie) MASC NOUN
1 deadline
□ Termin składania podań upływa jutro. The
deadline for submitting applications expires
tomorrow.
■ **Zamówienia realizowane są w terminie
siedmiu dni.** Orders are completed within
seven days.
2 term
□ termin literacki a literary term

terror (GEN **terroru**, LOC SING **terrorze**) MASC NOUN
terror
□ terror policyjny police terror

terrorysta (GEN **terrorysty**, PL **terroryści**,
LOC SING **terroryście**) MASC NOUN
LANGUAGE TIP terrorysta declines like
a feminine noun in the singular
terrorist
□ Jest niebezpiecznym terrorystą. He is
a dangerous terrorist.

terrorystyczny ADJECTIVE
terrorist
□ organizacja terrorystyczna a terrorist
organization □ zamachy terrorystyczne
terrorist attacks

terroryzm (GEN **terroryzmu**, LOC SING
terroryzmie) MASC NOUN
terrorism
□ przyczyny terroryzmu the causes of terrorism

terroryzować (**terroryzuję, terroryzujesz**)
(PERF **sterroryzować**) VERB
to terrorize
□ Włamywacz sterroryzował klientów banku.
The burglar terrorized bank customers.

test (GEN **testu**, PL **testy**, LOC SING **teście**) MASC NOUN
test
□ test z gramatyki a grammar test □ test na
inteligencję an intelligence test

215

testament (GEN **testamentu**, PL **testamenty**, LOC SING **testamencie**) MASC NOUN
will
□ Ojciec zapisał synowi w testamencie cały majątek. In his will, the father left all his property to his son.
■ **Stary Testament** the Old Testament
■ **Nowy Testament** the New Testament

teściowa (GEN **teściowej**, PL **teściowe**) FEM NOUN
LANGUAGE TIP **teściowa** declines like an adjective
mother-in-law
□ Chciałbym przedstawić moją teściową. I would like to introduce my mother-in-law.

teść (GEN **teścia**, PL **teściowie**) MASC NOUN
father-in-law
□ Mój teść jest prawnikiem. My father-in-law is a lawyer.
■ **teściowie** in-laws □ W weekendy często odwiedzamy teściów. At weekends we often visit the in-laws.

też ADVERB
too
□ Naprawdę lubisz sport? Ja też! Do you really like sport? Me too! □ Mam wolną całą sobotę, ale w niedzielę po południu też mam czas. I've got all day Saturday off, but I'm free Sunday afternoon too.
■ **Ania nie idzie. Więc ja też nie pójdę.** Ania isn't going. So I'm not going either.

tę PRONOUN ▷ *zobacz* **ta**

tęcza (GEN **tęczy**, PL **tęcze**, DAT SING AND LOC SING **tęczy**) FEM NOUN
rainbow

tędy ADVERB
this way
□ Idź tędy. Go this way.

tęgi ADJECTIVE
1 chubby
□ tęga kobieta a chubby woman □ tęgie uda chubby thighs
2 hard
□ tęgi cios a hard knock □ W wojsku dostał tęgi wycisk. He had a hard time in the army.
3 brave
□ tęga mina a brave face

tępy ADJECTIVE
1 blunt
□ tępy ołówek a blunt pencil □ tępy nóż a blunt knife
2 thick (potoczny)
3 poor

tęsknić (**tęsknię, tęsknisz**) (IMPERF **tęsknij**, PERF **zatęsknić**) VERB
■ **tęsknić za** +inst to miss □ Tęsknię za rodzicami. I miss my parents.

tęsknota (GEN **tęsknoty**, PL **tęsknoty**, DAT SING AND LOC SING **tęsknocie**) FEM NOUN
■ **Ogarnęła go tęsknota za domem.** He longed to be home.

tętnica (GEN **tętnicy**, PL **tętnice**, DAT SING AND LOC SING **tętnicy**, GEN PL **tętnic**) FEM NOUN
artery

tir (GEN **tira**, PL **tiry**, LOC SING **tirze**) MASC NOUN
lorry
□ kierowca tira a lorry driver

tj. ABBREVIATION (= *to jest*)
i.e.

tkanina (GEN **tkaniny**, PL **tkaniny**, DAT SING AND LOC SING **tkaninie**) FEM NOUN
fabric
□ tkaniny naturalne natural fabrics

tlen (GEN **tlenu**, LOC SING **tlenie**) MASC NOUN
oxygen

tło (GEN **tła**, PL **tła**, LOC SING **tle**) NOUN
background
□ sukienka w czerwone kwiatki na białym tle a dress with red flowers on a white background

tłok (GEN **tłoku**, INST SING **tłokiem**) MASC NOUN
crowd
□ Na rynku panował duży tłok. There was a big crowd in the marketplace.

tłum (GEN **tłumu**, PL **tłumy**, LOC SING **tłumie**) MASC NOUN
crowd
□ Na mecz przybyły tłumy kibiców. Crowds of supporters came to the game. □ Prezydent przemawiał do tłumu. The President addressed the crowd.

tłumacz (GEN **tłumacza**, PL **tłumacze**, LOC SING **tłumaczu**, GEN PL **tłumaczy**) MASC NOUN
1 translator
□ Jest tłumaczem. He is a translator.
■ **tłumacz przysięgły** a certified translator
2 interpreter
□ tłumacz konferencyjny a conference interpreter

tłumaczenie (GEN **tłumaczenia**, PL **tłumaczenia**, LOC SING **tłumaczeniu**, GEN PL **tłumaczeń**) NEUT NOUN
translation
□ tłumaczenie z polskiego na angielski translation from Polish into English

tłumaczka (GEN **tłumaczki**, PL **tłumaczki**, DAT SING AND LOC SING **tłumaczce**, GEN PL **tłumaczek**) FEM NOUN
1 translator
□ Jest doświadczoną tłumaczką. She is an experienced translator.
2 interpreter
□ tłumaczka symultaniczna a simultaneous interpreter

tłumaczyć (**tłumaczę, tłumaczysz**) (PERF **wytłumaczyć**) VERB
1 to explain
□ Musiałem wytłumaczyć swoje spóźnienie. I had to explain why I was late.
■ **tłumaczyć** (PERF **wytłumaczyć**) **się** to account for □ Musiałem się tłumaczyć ze swojego spóźnienia. I had to account for my late arrival.
2 to translate (PERF **przetłumaczyć**)
□ Kto przetłumaczył ten wiersz na angielski? Who translated this poem into English?

3 to interpret

□ Tłumaczyła na żywo przemówienie prezydenta. She interpreted the President's address live.

tłusty ADJECTIVE

1 fatty

□ tłuste mięso fatty meat

■ **tłuste mleko** full-cream milk

2 greasy

□ tłuste włosy greasy hair □ tłusta plama a greasy stain

■ **krem tłusty przeciwzmarszczkowy** a rich anti-wrinkle cream

3 oily

4 chubby

□ tłuste palce chubby fingers

5 bold

□ tłusta czcionka bold type

■ **Tłusty czwartek**

> **DID YOU KNOW...?**
>
> **Tłusty czwartek** is the last Thursday before Lent, when traditionally a large number of doughnuts and **faworki** are eaten.

tłuszcz (GEN **tłuszczu**, PL **tłuszcze**, LOC SING **tłuszczu**, GEN PL **tłuszcze**) MASC NOUN

fat

to PRONOUN

▷ *zobacz też* **to** CONJUNCTION

this

□ to okno this window

it

□ To prawda. It's the truth. □ To jest kot. It's a cat. □ Co to jest? What's this? □ Kto to jest? Who's this?

■ **Czy to ona?** Is that her?

■ **A to chuligan!** What a lout!

■ **Jak to?** How so?

■ **No to co z tego?** So what of it?

■ **Otóż to!** Exactly!

■ **Czas to pieniądz.** Time is money.

to CONJUNCTION

▷ *zobacz też* **to** PRONOUN

then

□ Jeśli interesujesz się sztuką współczesną, to koniecznie odwiedź to muzeum. If you are interested in modern art, then you absolutely must visit the museum.

■ **Nie chcesz, to nie.** If you don't want to, you don't want to.

toaleta (GEN **toalety**, PL **toalety**, DAT SING AND LOC SING **toalecie**) FEM NOUN

toilet

rest room (US)

■ **toaleta damska** the ladies'

■ **toaleta męska** the gents'; the men's room (US)

toaletowy ADJECTIVE

toilet

□ papier toaletowy toilet paper

toast (GEN **toastu**, PL **toasty**, LOC SING **toaście**) MASC NOUN

toast

□ Wzniósł toast za zdrowie gospodarzy. He drank a toast to his host's health.

tobie PRONOUN ▷ *zobacz* ty

■ **Dzięki tobie dostałem tę pracę.** Thanks to you I got this job.

tolerancja (GEN **tolerancji**, DAT SING AND LOC SING **tolerancji**) FEM NOUN

tolerance

□ tolerancja religijna religious tolerance

tolerancyjny ADJECTIVE

tolerant

□ tolerancyjna postawa a tolerant attitude

tolerować (**toleruję, tolerujesz**) VERB

to put up with

□ Nasz szef nie toleruje spóźnialstwa. Our boss doesn't put up with lateness.

ton (GEN **tonu**, PL **tony**, LOC SING **tonie**) MASC NOUN

tone

tona (GEN **tony**, PL **tony**, DAT SING AND LOC SING **tonie**) FEM NOUN

ton

□ Ładunek ważył dwie tony. The load weighed two tons.

tonik (GEN **toniku**, PL **toniki**, LOC SING **toniku**, INST SING **tonikiem**) MASC NOUN

tonic

□ gin z tonikiem gin and tonic

topić (**topię, topisz**) (PERF **utopić**) VERB

1 to drown

□ Morderca utopił swoją ofiarę w rzece. The murderer drowned his victim in the river.

■ **topić** (PERF **utopić**) **się** to drown □ W tym jeziorze utopiło się wiele osób. A lot of people have drowned in this lake.

2 to melt

□ Czy ogień może stopić metal? Can fire melt metal?

■ **topić** (PERF **stopić**) **się** to melt □ Kiedy masło się stopi, od razu należy odstawić je z ognia. When the butter melts, you should take it off the heat right away.

torba (GEN **torby**, PL **torby**, DAT SING AND LOC SING **torbie**, GEN PL **toreb**) FEM NOUN

bag

□ Schował swój portfel do torby. He hid his wallet in a bag.

■ **torba podróżna** a holdall

torebka (GEN **torebki**, PL **torebki**, DAT SING AND LOC SING **torebce**, GEN PL **torebek**) FEM NOUN

bag

□ torebka cukierków a bag of sweets

■ **torebka damska** handbag; purse (US)

□ skórzana torebka a leather handbag

tort (GEN **tortu**, PL **torty**, LOC SING **torcie**) MASC NOUN

cake

layer cake (US)

□ tort czekoladowy z bitą śmietaną a chocolate cake with whipped cream

tost (GEN **tostu**, PL **tosty**, LOC SING **toście**) MASC NOUN

toast

t

Polsko-Angielski

toster – trasa

□ tost z masłem i dżemem truskawkowym toast with butter and strawberry jam

toster (GEN **tostera**, PL **tostery**, LOC SING **tosterze**)
MASC NOUN
toaster

□ Włóż dwie kromki do tostera. Put two slices of bread in the toaster.

towar (GEN **towaru**, PL **towary**, LOC SING **towarze**)
MASC NOUN
goods pl

□ towary importowane imported goods

towarowy ADJECTIVE
■ pociąg towarowy goods train; freight train (US)
■ statek towarowy cargo vessel
■ bon towarowy voucher

towarzyski ADJECTIVE
1 sociable
■ Jest bardzo towarzyską osobą. He is a very sociable person.
2 social
□ impreza towarzyska a social event
■ rozmowa towarzyska small talk

towarzystwo (GEN **towarzystwa**, PL **towarzystwa**, LOC SING **towarzystwie**)
NEUT NOUN
1 company
□ Bardzo się dobrze bawię w twoim towarzystwie. I enjoy myself a lot in your company.
2 crowd
□ Całe towarzystwo spotyka się co piątek. The whole crowd gets together every Friday.
3 society
□ towarzystwo naukowe a scientific society

towarzyszyć (**towarzyszę, towarzyszysz**)
VERB
■ towarzyszyć +dat to accompany □ Żona towarzyszyła mu we wszystkich podróżach służbowych. His wife accompanied him on all his official trips.

tożsamość (GEN **tożsamości**) FEM NOUN
identity
□ tożsamość narodowa national identity
■ dowód tożsamości ID
■ Proszę przedstawić dokumenty potwierdzające pana tożsamość. Please show me some documentary ID.

tracić (**tracę, tracisz**) (IMPERATIVE **trać**, PERF **stracić** lub **utracić**) VERB
1 to lose (nie mieć)
□ W wypadku straciła wiele krwi. She lost a lot of blood in the accident. □ Lider stracił swoje wpływy w partii. The leader lost his influence in the party.
■ Dokument traci ważność we wrześniu. The document expires in September.
2 to miss
3 to waste
□ Nie trać czasu na głupoty. Don't waste time on nonsense.

tradycja (GEN **tradycji**, PL **tradycje**, GEN PL, DAT SING AND LOC SING **tradycji**) FEM NOUN
tradition

□ tradycja rodzinna a family tradition
□ tradycje bożonarodzeniowe Christmas traditions

tradycyjny ADJECTIVE
traditional
□ tradycyjny niedzielny obiad a traditional Sunday lunch □ medycyna tradycyjna traditional medicine

trafiać (**trafiam, trafiasz**) (PERF **trafić**) VERB
1 to hit the target
■ Trafiła w dziesiątkę. She was spot-on.
■ Nie trafił do celu. He missed his target.
2 to get there
■ Tak dokładnie objaśnił drogę, że trafiliśmy na miejsce bez problemu. He explained the route so thoroughly that we had no problems getting to the place.
■ Trafił na ostry dyżur. He landed up in casualty.
■ trafiać się to come up
■ Trafia się okazja! Opportunity knocks!
■ na chybił trafił at random □ Kupił los na loterię i zakreślił cztery liczby na chybił trafił. He bought a ticket for the lottery and circled four numbers at random.

tragedia (GEN **tragedii**, PL **tragedie**, GEN PL, DAT SING AND LOC SING **tragedii**) FEM NOUN
tragedy
□ Śmierć jest zawsze tragedią dla najbliższych. Death is always a tragedy for a person's nearest and dearest.

tragiczny ADJECTIVE
1 tragic
□ actor tragiczny a tragic actor
2 awful (potoczny)
□ tragiczny błąd an awful mistake
■ tragiczna sytuacja finansowa a dire financial situation

traktować (**traktuję, traktujesz**) VERB (PERF **potraktować**)
to treat
□ Traktuje go źle. He treats him badly.
■ traktować kogoś z góry to patronize somebody

tramwaj (GEN **tramwaju**, PL **tramwaje**, LOC SING **tramwaju**, GEN PL **tramwajów** or **tramwai**)
MASC NOUN
tram
streetcar (US)
□ Do pracy jeżdżę tramwajem. I go to work by tram.

transport (GEN **transportu**, PL **transporty**, LOC SING **transporcie**) MASC NOUN
1 transport
transportation (US)
□ transport publiczny public transport
2 shipment
□ transport ziemniaków a shipment of potatoes

trasa (GEN **trasy**, PL **trasy**, LOC SING **trasie**)
FEM NOUN
route

218

□ trasa maratonu the marathon route

■ **Jest w trasie od trzech dni.** He has been on the road for three days.

trawa (GEN **trawy**, PL **trawy**, LOC SING **trawie**) FEM NOUN
grass

□ Leżeliśmy na trawie i odpoczywaliśmy. We lay on the grass and rested.

trawić (**trawię, trawisz**) (PERF **strawić**) VERB
1 to digest
2 to consume

□ Trawiła go zazdrość. He was consumed with envy.

trawienie (GEN **trawienia**) NEUT NOUN
digestion

trawnik (GEN **trawnika**, PL **trawniki**, INST SING **trawnikiem**, LOC SING **trawniku**) MASC NOUN
lawn

□ Co sobotę strzygę trawnik. Every Saturday I mow the lawn.

trąbka (GEN **trąbki**, PL **trąbki**, DAT SING AND LOC SING **trąbce**, GEN PL **trąbek**) FEM NOUN
trumpet

□ Czy umiesz grać na trąbce? Can you play the trumpet?

trema (GEN **tremy**, PL **tremy**, LOC SING **tremie**) MASC NOUN
nerves pl

□ Przed każdym egzaminem mam straszną tremę. Before every exam I get terrible nerves.

trener (GEN **trenera**, PL **trenerzy**, LOC SING **trenerze**) MASC NOUN
coach

□ Jest nowym trenerem naszej drużyny. He is our new team coach.

trening (GEN **treningu**, PL **treningi**, INST SING **treningiem**, LOC SING **treningu**) MASC NOUN
training

□ morderczy trening bokserski rigorous boxing training □ trening intelektualny intellectual training

trenować (**trenuje, trenujesz**)
(PERF **wytrenować**) VERB
to train

□ Dwa razy w tygodniu trenuję karate. I train at karate twice a week.

tresować (**tresuje, tresujesz**)
(PERF **wytresować**) VERB
to train

□ Od pięciu lat tresuje delfiny w tym zoo. He's been training dolphins in this zoo for five years.

treść (GEN **treści**, PL **treści**, GEN PL, DAT SING AND LOC SING **treści**) FEM NOUN
1 content
2 plot
3 meaning

trochę ADVERB
1 a little

□ Proszę jeszcze trochę kawy. A little more coffee, please. □ Mówię trochę po hiszpańsku. I speak a little Spanish. □ Czy możemy zacząć

jutro trochę wcześniej? Can we start a little earlier tomorrow?

■ **Ani trochę nie rozumiem.** I don't begin to understand.

2 for a while

□ Mieszkałem trochę w Moskwie. I lived for a while in Moscow.

troska (GEN **troski**, PL **troski**, DAT SING AND LOC SING **trosce**, GEN PL **trosk**) FEM NOUN
1 worry

□ Dzieci przysparzają im wielu trosk. The children cause him a lot of worries.

2 concern

troskliwy ADJECTIVE
caring

□ troskliwa matka a caring mother □ troskliwa opieka caring attention

troszczyć się VERB (**troszczę, troszczysz**)
to take care of

□ Powinieneś bardziej się troszczyć o swoje zdrowie. You ought to take better care of your own health.

trójkąt (GEN **trójkąta**, PL **trójkąty**, LOC SING **trójkącie**) MASC NOUN
triangle

□ trójkąt ostrzegawczy a warning triangle

trucizna (GEN **trucizny**, PL **trucizny**, DAT SING AND LOC SING **truciźnie**, GEN PL **trucizn**) FEM NOUN
poison

□ trucizna na myszy mouse poison

truć (**truje, trujesz**) (PERF **otruć**) VERB
to poison

trudno ADVERB
1 hard

□ trudno się nauczyć prowadzić samochód It's hard to learn to drive a car □ Trudno powiedzieć. It's hard to tell.

2 that's a pity

□ Obawiam się, że wszystkie bilety wysprzedane. — Trudno. I'm afraid that all the tickets are sold. — That's a pity.

trudny ADJECTIVE
difficult

□ trudne ćwiczenie a difficult exercise □ trudna sytuacja a difficult situation

trup (GEN **trupa**, PL **trupy**, LOC SING **trupie**) MASC NOUN
dead body

□ W parku znaleziono trupa młodej kobiety. They found the dead body of a young woman in the park.

truskawka (GEN **truskawki**, PL **truskawki**, DAT SING AND LOC SING **truskawce**, GEN PL **truskawek**) FEM NOUN
strawberry

□ truskawki z bitą śmietaną strawberries and whipped cream

truskawkowy ADJECTIVE
strawberry

□ dżem truskawkowy strawberry jam □ lody z polewą truskawkową ice cream with strawberry sauce

t

trwać (**trwam, trwasz**) (PERF **wytrwać**) VERB
1 to last for
□ Egzamin trwa trzy godziny. The exam lasts for three hours.
2 to remain
□ Trwał w bezruchu kilka chwil. He remained motionless for a moment or two. □ trwać w milczeniu to remain silent
3 to go on
□ Strajki trwały całą zimę. Strikes went on all winter.
4 to stand
□ Adam trwał przy swojej decyzji. Adam stands by his decision.

trwały ADJECTIVE
1 durable
□ trwały materiał a durable material
2 lasting
□ trwała przyjaźń a lasting friendship
■ **trwała ondulacja** a perm

trzeba ADJECTIVE
◌ **LANGUAGE TIP trzeba** does not decline it is necessary
■ **Jeśli trzeba, pomożemy mu.** If necessary we will help him.
■ **Trzeba mu powiedzieć prawdę.** He should the truth.
■ **Trzeba było go posłuchać.** We should have listened to him.
■ **Trzeba przyznać, że jest bardzo ładna.** Admittedly she is very pretty.
■ **Trzeba wam czegoś?** Do you need anything?

trzeci NUMBER
third
■ **jedna trzecia** one third
■ **po trzecie** thirdly

trzeźwieć (**trzeźwieję, trzeźwiejesz**) (PERF **wytrzeźwieć**) VERB
1 to come round
□ Dostał ataku histerii i upłynęło dużo czasu, zanim po nim wytrzeźwiał. He had a hysterical attack and it took a long time before he came round.
2 to sober up
□ Musisz wytrzeźwieć, zanim wsiądziesz do samochodu. You need to sober up before you get into your car.

trzeźwy ADJECTIVE
sober
□ trzeźwy kierowca a sober driver
■ **trzeźwa uwaga** a sensible comment

trzy NUMBER
three
□ co trzy miesiące every three months

trzydzieści NUMBER
thirty

trzymać (**trzymam, trzymasz**) (PERF **potrzymać**) VERB
1 to hold
□ Czy możesz na chwilę potrzymać moją torbę? Could you hold my bag for a moment?
2 to keep

□ Trzymała to w tajemnicy przed mężem. She kept it a secret from her husband. □ Trzymali ją w niecierpliwości. They kept her in suspense.
■ **On zawsze trzyma jej stronę.** He always takes her side.
3 to hold
□ Ten klej dobrze trzyma. This glue holds well.
■ **trzymać się** +gen 1 to hold on to □ Trzymaj się mocno mojej ręki. Hold tight on to my hand. 2 to follow □ On zawsze trzyma się przepisów. He always follows the rules.
■ **Trzymajcie się razem!** Stick together!

trzynasty NUMBER
thirteenth

trzynaście NUMBER
thirteen

trzysta NUMBER
three hundred

tu ADVERB ▷ zobacz **tutaj**
here
□ Tu Kowalska. Kowalska here.

tulić (**tulę, tulisz**) (PERF **przytulić**) VERB
to cuddle
□ Dziewczynka tuliła misia. The little girl cuddled her teddy-bear.
■ **tulić się do kogoś** to snuggle up to someone □ Kochankowie tulili się do siebie. The lovers snuggled up to one another.

tunel (GEN **tunelu**, PL **tunele**, LOC SING **tunelu**, GEN PL **tuneli** or **tunelów**) MASC NOUN
tunnel
□ Pociąg Eurostar kursuje tunelem pod kanałem La Manche. The Eurostar train runs through a tunnel under the Channel.

Tunezja (GEN **Tunezji**) FEM NOUN
Tunisia

tuńczyk (GEN **tuńczyka**, PL **tuńczyki**, INST SING **tuńczykiem**, LOC SING **tuńczyku**) MASC NOUN
tuna
□ pasta z tuńczyka tuna paste

Turcja (GEN **Turcji**) FEM NOUN
Turkey

turysta (GEN **turysty**, PL **turyści**, DAT SING AND LOC SING **turyście**) MASC NOUN
◌ **LANGUAGE TIP turysta** declines like a feminine noun in the singular
tourist

turystka (GEN **turystki**, DAT SING AND LOC SING **turystce**, GEN PL **turystek**) FEM NOUN
tourist

turystyka (GEN **turystyki**, DAT SING AND LOC SING **turystyce**) FEM NOUN
tourism

tutaj ADVERB
here
□ Postaw krzesło tutaj, obok stołu. Put the chair here, beside the table.
■ **Chodź tutaj!** Come here!

tuzin (GEN **tuzina**, PL **tuziny**, LOC SING **tuzinie**) MASC NOUN
dozen
□ tuzin jajek a dozen eggs

tuż ADVERB
1 just
   □ Park jest tuż obok naszego domu. The park is just next to our house.
2 very near
   ■ **Wakacje są już tuż, tuż.** It's almost the holidays.
TVP ABBREVIATION (= *Telewizja Polska*)
Polish Television
twardy ADJECTIVE
1 hard
   □ To krzesło jest bardzo twarde. This chair is very hard.
   ■ **książka w twardej okładce** a hardback
2 tough
   □ To mięso jest bardzo twarde. This meat is very tough. □ twarda polityka antykorupcyjna a tough anti-corruption policy
3 harsh
4 stern
   □ twardy wyraz twarzy a stern facial expression
twarz (GEN **twarzy**, PL **twarze**, GEN PL, DAT SING AND LOC SING **twarzy**) FEM NOUN
face
   □ Był zwrócony twarzą do mnie. He had his face turned towards me.
   ■ **Jest ci do twarzy w tej sukience.** This dress suits you.
twierdzić (**twierdzę, twierdzisz**) (IMPERF **twierdź**, PERF **stwierdzić**) VERB
to claim
twoja PRONOUN
   ■ **Czy to twoja torebka?** Is this your handbag?
   ▷ *zobacz* **twój**
tworzyć (**tworzę, tworzysz**) (IMPERATIVE **twórz**, PERF **utworzyć** *or* **stworzyć**) VERB
1 to create
   □ Choć jest bardzo płodnym artystą, tworzy utwory wyłącznie o najwyższej jakości. Though a very prolific artist, he creates works that are without exception of the highest quality.
2 to form
   □ Premier ma jeszcze tydzień, aby stworzyć nowy rząd. The Prime Minister has still got a week to form a new government.
3 to produce (PERF **stworzyć**)
   □ Dzieci stworzyły piękne ozdoby choinkowe. The children produced beautiful Christmas decorations.
4 to make (PERF **utworzyć**)
   □ Kto tworzy prawo w naszym kraju? Who makes the law in this country of ours?
   ■ **tworzyć się 1** to be formed *(powstawać)*
   □ Tworzyły się podziemne organizacje wojskowe. Underground military organizations were formed. **2** to form □ Na wzburzonym morzu tworzyły się fale. Waves formed on an angry sea.
twój ADJECTIVE, PRONOUN
1 your *(przed rzeczownikiem)*
   □ Czy to są twoje rzeczy? Are these your things?
2 yours *(bez rzeczownika)*

   □ Czy te rzeczy są twoje? Are these things yours?
twórca (GEN **twórcy**, PL **twórcy**, DAT SING AND LOC SING **twórcy**) MASC NOUN
   ⸙ **LANGUAGE TIP twórca** declines like a feminine noun in the singular
1 author
   □ Einstein jest twórcą teorii względności. Einstein is the author of the theory of relativity.
2 artist
   □ Na festiwalu pojawiło się wielu twórców. Many artists appeared at the festival.
ty PRONOUN
you
   □ Mam ochotę na kawę. A ty? Czego się napijesz? I fancy a coffee. And you? What will you have?
   ■ **Jestem z nim na "ty".** I am on first-name terms with him.
tych PRONOUN ▷ *zobacz* **ci, te**
   ■ **Nie znam tych słów.** I don't know these words.
   ■ **Ładnie wyglądasz w tych dżinsach.** You look nice in these jeans.
tyć (**tyję, tyjesz**) (PERF **utyć**) VERB
to put on weight
   □ Po świętach znowu utyłam. After Christmas I put on weight again.
tydzień (GEN **tygodnia**, PL **tygodnie**, GEN PL **tygodni**) MASC NOUN
week
   ■ **za tydzień** in a week's time □ Moja mama przyjeżdża za tydzień. My mum arrives in a week's time.
   ■ **na tydzień** for a week □ Jadę na tydzień na konferencję. I am going to a conference for a week.
   ■ **w przyszłym tygodniu** next week
   ■ **w zeszłym tygodniu** last week
   ■ **Wielki Tydzień** Holy Week
tygodnik (GEN **tygodnika**, PL **tygodniki**, INST SING **tygodnikiem**, LOC SING **tygodniku**) MASC NOUN
weekly
   □ tygodnik dla dzieci a children's weekly
tygodniowy ADJECTIVE
1 week's
   □ tygodniowy kurs a week's course
   □ tygodniowa kuracja a week's treatment
2 weekly
   □ tygodniowa pensja a weekly wage
tygrys (GEN **tygrysa**, PL **tygrysy**, LOC SING **tygrysie**) MASC NOUN
tiger
tyle, tylu PRONOUN
   ⸙ **LANGUAGE TIP tyle** takes the genitive
1 so many *(z rzeczownikiem)*
   □ tylu zawodników so many contestants
   □ tylu uczniów so many pupils
   ■ **Mam tyle kłopotów co i ty.** I've got as many problems as you have.
   ■ **dwa razy tyle kanapek** twice as many sandwiches

2 so much

□ Straciłem z tobą tyle czasu! I wasted so much time with you! □ Ona już tyle przeżyła! She has been through so much already!

■ dwa razy tyle wina twice as much wine

3 this much (bez rzeczownika)

■ Nie dokładaj mi już ziemniaków. Tyle mi wystarczy. Don't give me any more potatoes. This much will do me.

tylko ADVERB, CONJUNCTION

⏺ **LANGUAGE TIP** tylko does not decline

1 just

□ Posłuchaj tylko, co mam ci do powiedzenia. Just listen to what I have got to say to you.

□ Film nie był zły, tylko trochę za długi. The film wasn't bad, just a little too long.

2 only

□ Tylko żartowałem. I was only joking.

■ nie tylko ... ale również not only ... but also

■ Był pracowity, tylko niezorganizowany. He was hard-working, but disorganized.

■ Tylko nie ona! Anybody but her!

■ Jak tylko zadzwonisz, wyjdę. As soon as you phone, I'll leave.

■ Kiedy tylko miałem możliwość, ... Whenever I had a chance ...

■ Kiedy tylko wyszedłem, on zadzwonił. As soon as I came in, he called.

tylu ▷zobacz tyle

tył (GEN tyłu, PL tyły, LOC SING tyle) MASC NOUN
back

□ z tyłu sklepu at the back of the shop □ Stał tyłem do ulicy. He stood with his back towards the street.

■ Szedł tyłem. He walked backwards.

■ Zrobił krok do tyłu i stanął. He took a step backwards and stopped.

■ tyły rear sing □ tyły armii the rear of the army

tym PRONOUN ▷zobacz ten, to, ci, te
▷zobacz też tym PARTICLE

1 this

2 that

□ Dobrze wyglądasz w tym swetrze. You look good in that sweater.

3 these

□ Dzięki tym zmianom naszej firmie udało się zaoszczędzić dwa miliony dolarów. Thanks to these changes our firm managed to save two million dollars.

4 those

□ Nauczyciel pomógł tym uczniom, który nadal mieli problemy z gramatyką. The teacher

helped those pupils who still had problems with grammar.

tym PARTICLE
▷zobacz też tym PRONOUN

■ im ... tym the more ... the □ im więcej, tym lepiej the more, the better □ Im więcej pracuje, tym mniej czasu spędza w domu. The more he works, the less time he spends at home.

■ Tym lepiej dla mnie! So much the better for me!

tymczasowy ADJECTIVE

1 temporary

□ tymczasowa praca temporary work

■ tymczasowy paszport a temporary passport

2 interim

□ rząd tymczasowy an interim government

3 provisional

□ tymczasowe prawo jazdy a provisional driving licence; a provisional driver's license (US)

typ (GEN typu, PL typy, LOC SING typie) MASC NOUN

1 type

□ Jest w jej typie. He is her type.

■ Chodzi mi o coś w tym typie. I want something of this sort.

2 character (GEN SING typa)

□ podejrzany typ a suspicious character

typowy ADJECTIVE

1 typical

□ typowa odpowiedź a typical response □ zachowanie typowe dla nich typical behaviour for them

2 standard

□ typowe wyposażenie samochodu standard vehicle equipment □ typowy krój koszul standard shirt style

tys. ABBREVIATION (= tysiące)
thousand

tysiąc (GEN tysiąca, PL tysiące, GEN PL tysięcy) MASC NOUN
thousand

tytuł (GEN tytułu, PL tytuły, LOC SING tytule) MASC NOUN
title

□ tytuł mistrowski the championship title

■ film pod tytułem ... a film entitled ...

■ Otrzymał tytuł szlachecki. He got a knighthood.

■ tytuł profesora professorship

tzn. ABBREVIATION (= to znaczy)
i.e.

tzw. ABBREVIATION (= tak zwany)
so-called

Uu

u PREPOSITION

> **LANGUAGE TIP** u takes the genitive

at

□ u Jana at John's place □ u moich przyjaciół at my friends' place □ Spotkajmy się u ciebie. Let's meet at yours.

□ stać u okna to stand at the window

■ **Czy szef jest u siebie?** Is the boss in?

■ **Jest u władzy.** He's in power.

■ **Zostawiłem klucze u portiera.** I left the keys with the concierge.

■ **Co u was słychać?** How are things with you?

■ **Szuka pomocy u rodziców.** He's seeking help from his parents.

ubezpieczenie (GEN **ubezpieczenia**, PL **ubezpieczenia**, GEN PL **ubezpieczeń**) NEUT NOUN

insurance

□ ubezpieczenie od ognia fire insurance

■ **ubezpieczenie społeczne** national insurance; social security (US)

ubiegły ADJECTIVE

last

□ w ubiegłym roku last year □ w ubiegłym tygodniu last week

ubierać (**ubieram, ubierasz**) (PERF **ubrać**) VERB

1 to dress

□ Mama ubrała córkę w letnią sukienkę. Mum dressed her daughter in a summer frock.

2 to put on

□ Do pracy zawsze ubiera garnitur. He always puts on a suit for work.

■ **ubierać** (PERF **ubrać**) **się** to get dressed

ubikacja (GEN **ubikacji**, PL **ubikacje**, LOC SING AND DAT SING **ubikacji**) FEM NOUN

toilet

restroom (US)

□ Czy mogę skorzystać z ubikacji? May I use the toilet?

ubiór (GEN **ubioru**, PL **ubiory**, LOC SING **ubiorze**) MASC NOUN

clothing

ubogi ADJECTIVE

poor

□ uboga dzielnica a poor district □ ubogi dom a poor home

ubrać (**ubiorę, ubierzesz**) (IMPERATIVE **ubierz**) VERB ▷ zobacz **ubierać**

ubranie (GEN **ubrania**, PL **ubrania**, GEN PL **ubrań**) NEUT NOUN

clothes

□ eleganckie ubranie elegant clothes

■ **ubranie ochronne** protective clothing

ubrany ADJECTIVE

dressed

□ W co on jest zwykle ubrany? How is he usually dressed?

■ **być ubranym w rzeczy codzienne** to be dressed in ordinary clothes

ucho (1) (GEN **ucha**, PL **uszy**, GEN PL **uszu**, DAT PL **uszom**, INST PL **uszami**, LOC PL **uszach**) NEUT NOUN

ear

□ Bolą mnie uszy. My ears are sore. □ Jest głuchy na jedno ucho. He is deaf in one ear.

■ **Mam powyżej uszu tej sytuacji.** I've had it up to here with this.

ucho (2) (GEN **ucha**, PL **ucha**) NEUT NOUN

handle

□ ucho kubka the cup handle

uciąć (**utnę, utniesz**) (IMPERATIVE **utnij**, PT **uciął, ucięła, ucięli**) VERB ▷ zobacz **ucinać**

ucieczka (GEN **ucieczki**, PL **ucieczki**, DAT SING AND LOC SING **ucieczce**, GEN PL **ucieczek**) FEM NOUN

escape

□ ucieczka z więzienia an escape from prison

uciekać (**uciekam, uciekasz**) (PERF **uciec**) VERB

to escape

□ Niebezpieczny przestępca uciekł z więzienia. A dangerous criminal has escaped from prison.

■ **Uciekł mi pociąg.** I missed my train.

■ **uciekać** (PERF **uciec**) **się do czegoś** to resort to something □ Uciekł się do podstępu. He resorted to a trick.

ucinać (**ucinam, ucinasz**) (PERF **uciąć**) VERB

to cut

□ Ucięła sobie duży plaster szynki na kanapkę. She cut herself a big slice of ham for a sandwich.

uczciwie ADVERB

honestly

■ **Uczciwie mówiąc, ...** To be honest, ...

uczciwość (GEN **uczciwości**) FEM NOUN

honesty

uczciwy ADJECTIVE

honest

□ uczciwa odpowiedź an honest answer □ uczciwa praca honest work

u

uczelnia – ukochany

uczelnia (GEN **uczelni**, PL **uczelnie**, DAT SING AND LOC SING **uczelni**, GEN PL **uczelni**) FEM NOUN
higher education institution

uczennica (GEN **uczennicy**, PL **uczennice**, DAT SING AND LOC SING **uczennicy**) FEM NOUN
schoolgirl
■ **Jest bardzo dobrą uczennicą.** She is a very good pupil.

uczeń (GEN **ucznia**, PL **uczniowie**, LOC SING **uczniu**, INST SING **uczniem**) MASC NOUN
pupil *(w szkole, liceum)*
□ Jest dość leniwym uczniem. He is rather a lazy pupil.

uczesać (**uczeszę, uczeszesz**) VERB ▷*zobacz* **czesać**

uczestniczyć (**uczestniczę, uczestniczysz**) VERB
to take part
□ W konferencji uczestniczy wielu wybitnych specjalistów. Many eminent specialists are taking part in the conference.

uczestnik (GEN **uczestnika**, PL **uczestnicy**, INST SING **uczestnikiem**) MASC NOUN
participant
□ Wszyscy uczestnicy kursu otrzymają darmowe podręczniki. All the course participants get a free textbook.

uczucie (GEN **uczucia**, PL **uczucia**, LOC SING **uczuciu**, GEN PL **uczuć**) NEUT NOUN
1 emotion
□ Nie pokazywał po sobie żadnych uczuć. He did not betray any of the emotions he felt.
2 feeling
□ Ogarnęło mnie uczucie paniki. I was overcome by a feeling of panic.

uczulenie (GEN **uczulenia**, PL **uczulenia**, LOC SING **uczuleniu**, GEN PL **uczuleń**) NEUT NOUN
■ **uczulenie na coś** an allergy to something
□ Ma uczulenie na koty. He is allergic to cats.
■ **Ma uczulenie na pyłki.** He has hay fever.

uczulony ADJECTIVE
■ **uczulony na coś** allergic to something

uczyć (**uczę, uczysz**) (PERF **nauczyć**) VERB
to teach
■ **uczyć kogoś polskiego** to teach someone Polish
■ **uczyć się** to study □ W soboty zawsze się uczę w bibliotece. On Saturdays I always study in the library.
■ **uczyć się do klasówki** to study for a test
■ **Ewa uczy się dobrze.** Ewa is a good student.

udawać (**udaję, udajesz**) (IMPERATIVE **udawaj**, PERF **udać**) VERB
1 to pretend
□ Dziecko udawało chorobę, bo nie chciało iść do szkoły. The child pretended to be ill because he didn't want to go to school. □ Udawała, że nie wie, co on ma na myśli. She pretended not to know what he meant.
2 to play
□ Tomek udawał policjanta, a Ania bandytę. Tomek played a policeman, and Ania played a bandit.

■ **udawać się** to manage □ Udało się wam kupić bilety na to przedstawienie? Did you manage to buy tickets for that show?
■ **Wszyscy doskonale się bawili; impreza naprawdę się udała.** Everybody had a great time; the party went off really well.

uderzać (**uderzam, uderzasz**) (PERF **uderzyć**) VERB
1 to hit
■ **uderzać kogoś w coś** to hit someone on something □ Bandyta uderzył go młotkiem w głowę. The thug hit him on the head with a hammer.
■ **uderzać na coś** to attack something
2 to punch
□ Uderzył go w brzuch. He punched him in the stomach.
■ **uderzać się** to hit oneself
■ **Uderzyłem się w kolano.** I hit my knee.
■ **uderzać się** to hit one another

udo (GEN **uda**, PL **uda**, LOC SING **udzie**) NEUT NOUN
thigh

ufać (**ufam, ufasz**) (PERF **zaufać**) VERB
to trust
□ **ufać komuś** to trust someone □ Ufam, że nie narobisz głupstw. I trust that you won't do anything stupid.

ugasić (**ugaszę, ugasisz**) (IMPERATIVE **ugaś**) VERB
▷*zobacz* **gasić**

ugotować (**ugotuję, ugotujesz**) VERB ▷*zobacz* **gotować**

ugryźć (**ugryzę, ugryziesz**) (IMPERATIVE **ugryź**) VERB ▷*zobacz* **gryźć**
■ **ugryźć się w język** to hold one's tongue

ujemny ADJECTIVE
negative
□ ujemny wynik testu a negative test result
■ **mieć na kogoś ujemny wpływ** to have a negative influence on someone

ukarać (**ukarzę, ukarzesz**) VERB ▷*zobacz* **karać**

ukłonić się (**ukłanię, ukłonisz**) (IMPERATIVE **ukłoń**) VERB ▷*zobacz* **kłaniać się**

ukochana (GEN **ukochanej**, PL **ukochane**) FEM NOUN

ⓘ **LANGUAGE TIP** ukochana declines like an adjective

sweetheart
□ Codziennie przesył swojej ukochanej bukiet czerwonych róż. Every day he sends his sweetheart a bouquet of red roses.

ukochany ADJECTIVE
▷*zobacz też* **ukochany** MASC NOUN
beloved
□ ukochany syn a beloved son

ukochany MASC NOUN
▷*zobacz też* **ukochany** ADJECTIVE

ⓘ **LANGUAGE TIP** ukochany declines like an adjective

sweetheart
□ Co wieczór rozmawiała przez telefon ze swoim ukochanym. Every evening she talked to her sweetheart on the phone.

ukończyć (**ukończę, ukończysz**) VERB PERF
▷*zobacz* **kończyć**
to complete

ukraść (**ukradnę, ukradniesz**) (IMPERATIVE
ukradnij, PT **ukradł**) VERB ▷*zobacz* **kraść**

ukryć (**ukryję, ukryjesz**) (IMPERATIVE **ukryj**) VERB
▷*zobacz* **ukrywać**

ukrywać (**ukrywam, ukrywasz**) (IMPERATIVE
ukrywaj) VERB
to hide
□ Nie ukrywaj swoich prawdziwych uczuć.
Don't hide your true feelings.

ul. ABBREVIATION *(= ulica)*
St

ulegać (**ulegam, ulegasz**) (PERF **ulec, ulegnąć,**
IMPERATIVE **ulegaj**) VERB
to give in
■ **ulegać czemuś** to give in to something
□ Uległ jej prośbie. He gave in to her request.

ulewa (GEN **ulewy**, PL **ulewy**, LOC SING **ulewie**)
FEM NOUN
downpour
□ Przez miasto przeszła gwałtowna ulewa.
A heavy downpour moved through the city.

ulga (GEN **ulgi**, PL **ulgi**, DAT SING AND LOC SING **uldze,**
GEN PL **ulg**) FEM NOUN
1 relief
□ Odetchnęła z ulgą. She breathed a sigh of relief.
2 discount
□ Stałym klientom oferujemy pięcioprocentową
ulgę. We offer a five per cent discount to
regular customers.
■ **ulga podatkowa** tax relief

ulgowy ADJECTIVE
1 reduced
□ opłata ulgowa a reduced fare
2 preferential
□ ulgowe traktowanie preferential treatment

ulica (GEN **ulicy**, PL **ulice**, DAT SING AND LOC SING **ulicy**)
FEM NOUN
street
□ na ulicy Mickiewicza on Mickiewicz Street
□ Szliśmy ulicą. We walked down the street.
■ **przechodzić przez ulicę na światłach**
to cross the street at the lights

ulotka (GEN **ulotki**, PL **ulotki**, DAT SING AND LOC SING
ulotce, GEN PL **ulotek**) FEM NOUN
leaflet
□ ulotka informacyjna an information leaflet

ulubiony ADJECTIVE
favourite
favorite (US)
□ Kto jest twoim ulubionym pisarzem? Who is
your favourite writer?

ułatwiać (**ułatwiam, ułatwiasz**) (PERF **ułatwić**)
VERB
to make easier
□ Samolot ułatwia podróżowanie.
The aeroplane makes travel easier.

ułożenie (GEN **ułożenia**, PL **ułożenia**, LOC SING
ułożeniu, GEN PL **ułożeń**) NEUT NOUN
1 arrangement

□ Ułożenie książek w kolejności alfabetycznej
zajęło nam cały dzień. The arrangement of the
books in alphabetical order took us the whole day.
■ **Kto zajmie się ułożeniem tekstu
przemówienia?** Who looks after writing the
text of the speech?
2 training
□ ułożenie psa dog training

umalować (**umaluję, umalujesz**) VERB PERF
▷*zobacz* **malować; pomalować**
1 to put on make up
2 to apply
□ Umalowała usta różową pomadką.
She applied a pink lipstick.
■ **umalować się** to make oneself up □ Zanim
wyjdę z domu, muszę się choć trochę
umalować. Before leaving the house I need to
make myself up, at least a little bit.

umawiać (**umawiam, umawiasz**) (PERF
umówić) VERB
to arrange
■ **umawiać spotkanie** to arrange a meeting
■ **umawiać się z kimś** to make an
appointment with someone
■ **Umówiłam się z chłopakiem.** I have a date
with a guy.

umiarkowany ADJECTIVE
moderate
□ umiarkowany klimat a moderate climate
□ umiarkowany entuzjazm moderate
enthusiasm

umieć (**umiem, umiesz**) VERB
■ **umieć coś robić** to be able to do something
□ Nie umiem tańczyć. I can't dance. □ Czy
umiesz mówić po angielsku? Do you speak
English?

umiejętność (GEN **umiejętności,**
PL **umiejętności**, GEN PL **umiejętności**) FEM NOUN
1 ability
□ umiejętność koncentracji ability to concentrate
2 skill
□ umiejętności zawodowe professional skills

umierać (**umieram, umierasz**) (PERF **umrzeć**)
VERB
to die
□ Umarł na gruźlicę. He died of TB. □ Umieram
z głodu. I am dying of hunger.
■ **Na wykładzie umierał z nudów.** He was
bored to death during the lecture.

umowa (GEN **umowy**, PL **umowy**, LOC SING
umowie, GEN PL **umów**) FEM NOUN
contract
□ związany umową bound by contract
■ **zawierać** (PERF **zawrzeć**) **umowę** to enter
into a contract

umożliwiać (**umożliwiam, umożliwiasz**)
(PERF **umożliwić**) VERB
to allow *(czynić możliwym)*
□ To umożliwi mu kupno domu. It'll allow him
to buy a house.

umrzeć (**umrę, umrzesz**) (IMPERATIVE **umrzyj,**
PT **umarł**) VERB ▷*zobacz* **umierać**

u

umyć (umyję, umyjesz) VERB ▷*zobacz* myć
umysł (GEN umysłu, PL umysły, LOC SING umyśle)
MASC NOUN
mind *(rozum)*
□ otwarty umysł an open mind □ tęgi umysł
a powerful mind
unia (GEN unii, PL unie, GEN PL, DAT SING AND LOC SING
unii) FEM NOUN
union
□ Unia Europejska European Union
uniewinniać (uniewinniam, uniewinniasz)
(PERF uniewinnić) VERB
to acquit
□ Z powodu braku dowodów został
uniewinniony. He was acquitted due to lack of
evidence.
unijny ADJECTIVE
EU
□ przepisy unijne EU regulations
unikać (unikam, unikasz) (PERF uniknąć) VERB
+*gen*
1 to avoid
□ Stara się uniknąć kary. He is trying to avoid
punishment.
2 to dodge
uniwersalny ADJECTIVE
universal
□ uniwersalna prawda a universal truth
■ klucz uniwersalny a skeleton key
uniwersytecki ADJECTIVE
university
□ biblioteka uniwersytecka a university library
□ miasteczko uniwersyteckie a university
campus
uniwersytet (GEN uniwersytetu,
PL uniwersytety, LOC SING uniwersytecie)
MASC NOUN
university
□ Na którym uniwersytecie studiujesz?
What university are you at?
unosić (unoszę, unosisz) (IMPERATIVE unoś,
PERF unieść) VERB
to raise
□ Uniosła wzrok znad książki. She raised her
eyes from the book. □ Wszyscy goście unieśli
kieliszki do toastu. All the guests raised their
glasses in a toast.
■ unosić się 1 to hover □ Ptak unosił się nad
dachem. A bird hovered over the roof. 2 to rise
□ Uniósł się z krzesła. He rose from the chair.
unowocześniać (unowocześniam,
unowocześniasz) (PERF unowocześnić) VERB
to modernize
upadać (upadam, upadasz) (PERF upaść) VERB
to collapse
□ Upadł ze zmęczenia. He collapsed from
exhaustion.
upadek (GEN upadku, PL upadki, INST SING
upadkiem, LOC SING upadku) MASC NOUN
1 fall
□ W upadku złamała sobie obojczyk. In her fall
she broke her collarbone.

2 decline
□ upadek gospodarki economic decline
3 downfall
□ upadek rządu the downfall of the
government
■ upadek komunizmu the collapse of
communism
upalny ADJECTIVE
scorching hot
□ upalny dzień a scorching hot day
upał (GEN upału, PL upały, LOC SING upale)
MASC NOUN
heat
□ nieznośny upał unendurable heat
upaść (upadnę, upadniesz) (IMPERATIVE upadnij,
PT upadł) VERB ▷*zobacz* upadać
to fall
□ Szklanka upadła na podłogę. The cup fell on
the floor.
upewniać (upewniam, upewniasz)
(PERF upewnić, IMPERATIVE upewnij) VERB
■ upewniać kogoś o czymś to assure
someone of something □ Chciałabym upewnić
pana o naszym wsparciu. I would like to assure
you of our support.
■ upewniać się to make sure □ Chciał się
upewnić, czy będziemy na niego głosować.
He wanted to make sure that we were going
to vote for him.
upiec (upiekę, upieczesz) (PT upiekł,
IMPERATIVE upiecz) VERB ▷*zobacz* piec
upierać się (upieram, upierasz) (PERF uprzeć,
IMPERATIVE upieraj) VERB
to insist
□ Uparł się, że mnie odprowadzi do domu.
He insisted on accompanying me home.
upijać (upijam, upijasz) (PERF upić, IMPERATIVE
upijaj) VERB
1 to take a sip of
□ Upił trochę mleka ze szklanki. He took a little
sip of milk from the cup.
2 to get drunk
□ Koledzy starali się go upić w jego wieczór
kawalerski. His mates tried to get him drunk on
his stag night.
■ upijać się to get drunk
upominek (GEN upominku, PL upominki,
INST SING upominkiem) MASC NOUN
gift
□ drobny upominek a small gift
uporządkowany ADJECTIVE
well-ordered
□ uporządkowane sprawy well-ordered affairs
upór (GEN uporu, LOC SING uporze) MASC NOUN
stubbornness
□ Jego główną cechą jest upór. Stubbornness is
his main characteristic.
■ Z uporem obstawał przy swoim. He stuck
stubbornly to his guns.
uprzejmy ADJECTIVE
polite
□ uprzejma odmowa a polite refusal

■ **Bądź tak uprzejmy i podaj mi to.**
Would you be so kind as to pass me that?

ur. ABBREVIATION *(= urodzony)*
b.

uratować (**uratuję, uratujesz** VERB ▷*zobacz*
ratować

urażać (**urażam, urażasz** (PERF **urazić** VERB
to offend

□ Jego bardzo łatwo urazić. He is very easy to
offend. □ Czy uraziłem cię tą uwagą? Did I
offend you with that remark?

urażony ADJECTIVE
1 hurt

□ Czuł się urażony jej zachowaniem. He felt
hurt by her behaviour.
2 wounded

□ urażona duma wounded pride

URL NOUN

⚬⚬⚬ **LANGUAGE TIP** **URL** does not decline
URL *(Internet)*

urlop (GEN **urlopu** PL **urlopy** LOC SING **urlopie**
MASC NOUN
1 leave

□ urlop macierzyński maternity leave □ urlop
zdrowotny sick leave
2 holiday
vacation (US)

□ dwutygodniowy urlop a fortnight's holiday
□ Dokąd się wybierasz na urlop? Where are you
going on holiday?
■ **być na urlopie** to be on holiday

uroczy ADJECTIVE
charming

□ uroczy mężczyzna a charming man

uroczystość (GEN **uroczystości**
PL **uroczystości** GEN PL **uroczystości** FEM NOUN
ceremony

□ ceremonia otwarcia nowej szkoły the
opening ceremony for the new school

uroczysty ADJECTIVE
solemn

uroda (GEN **urody** DAT SING AND LOC SING **urodzie**
FEM NOUN
beauty

□ kobieta o nieprzeciętnej urodzie a woman of
outstanding beauty

urodzić (**urodzę, urodzisz** (IMPERATIVE **urodź**
IMPERATIVE **uródź** VERB ▷*zobacz* **rodzić**

urodziny (GEN **urodzin** PL NOUN
birthday

□ Dziś są moje urodziny. It's my birthday today.
□ Kiedy są twoje urodziny? When is your
birthday?

■ **Wszystkiego najlepszego w dniu urodzin!**
Happy birthday!

⚬⚬⚬ **LANGUAGE TIP** Remember that **urodziny**
is a plural and needs a plural verb. So **My
birthday is in November** translates into
Polish as **Moje urodziny są w listopadzie**

urodzony ADJECTIVE
born

□ Jest urodzonym aktorem. He is a born actor.

urok (GEN **uroku** PL **uroki** INST SING **urokiem** LOC
SING **uroku** MASC NOUN
charm

urozmaicony ADJECTIVE
varied

□ urozmaicona dieta a varied diet
□ urozmaicony asortyment produktów a varied
assortment of products

urząd (GEN **urzędu** PL **urzędy** LOC SING **urzędzie**
MASC NOUN
1 office

□ urząd pocztowy post office □ urząd stanu
cywilnego registry office; register office (US)
□ Urząd Rady Ministrów Office of the Council of
Ministers
2 post

□ Powierzono mu urząd dyrektora. He was
given the post of director.
■ **urząd wojewódzki** county council *(Brit)*
■ **urząd pracy** job centre; job center (US)
■ **Urząd Miasta i Gminy** the Municipal Council
■ **Urząd Skarbowy** Inland Revenue; the IRS (US)

urządzać (**urządzam, urządzasz**
(PERF **urządzić** VERB
1 to furnish

□ Mieszkanie chcemy urządzić nowocześnie.
We want to furnish the flat in a modern style.
2 to organize

□ W przyszłą sobotę władze lokalne urządzają
piknik dla mieszkańców. Next Saturday the
council is organizing a picnic for local people.
■ **urządzać się** to settle in □ Czy już się
urządziliście w nowym domu? Have you settled
into your new house yet?

urządzenie (GEN **urządzenia** PL **urządzenia**
LOC SING **urządzeniu** GEN PL **urządzeń**
NEUT NOUN
device

■ **urządzenia** equipment *sing* □ urządzenia
przeciwpożarowe fire-fighting equipment

urzędniczka (GEN **urzędniczki** PL **urzędniczki**
DAT SING AND LOC SING **urzędniczkę** GEN PL
urzędniczek FEM NOUN
office worker

□ Jestem urzędniczką. I'm an office worker.

urzędnik (GEN **urzędnika** PL **urzędnicy**
INST SING **urzędnikiem** LOC SING **urzędniku**
MASC NOUN
1 office worker
2 official

□ wysoki urzędnik państwowy a high
government official

urzędowy ADJECTIVE
1 official

□ tajemnica urzędowa an official secret
□ język urzędowy official language
2 standard

□ czas urzędowy standard time
3 formal

□ styl urzędowy a formal style

usiąść (**usiądę, usiądziesz** (IMPERATIVE **usiądź**
VERB ▷*zobacz* **siadać**

usługa – uściślać

usługa (GEN **usługi**, PL **usługi**, DAT SING AND LOC SING **usłudze**) FEM NOUN
favour
favor (US)
□ Oddał nam ogromną usługę. He did us an enormous favour.
■ **usługi** services □ usługi krawieckie tailoring services

usłyszeć (**usłyszę, usłyszysz**) VERB ▷*zobacz* **słyszeć**

usmażyć (**usmażę, usmażysz**) VERB ▷*zobacz* **smażyć**

uspokajać (**uspokajam, uspokajasz**) (PERF **uspokoić**) VERB
1 to quieten down
to quiet down (US)
2 to calm down
■ **uspokajać się 1** to quieten; to quiet (US) **2** to subside □ Pod wieczór wichura uspokoiła się. Towards evening the gale subsided.

usprawiedliwiać (**usprawiedliwiam, usprawiedliwiasz**) (PERF **usprawiedliwić**) VERB
to justify
□ Jak usprawiedliwisz swoją decyzję? How will you justify your decision?
■ **usprawiedliwiać się** to give an explanation □ Musiał usprawiedliwić się ze swojego spóźnienia. He had to give an explanation for his late arrival.

usprawiedliwienie (GEN **usprawiedliwienia**, PL **usprawiedliwienia**, GEN PL **usprawiedliwień**) NEUT NOUN
1 excuse
□ A co masz na swoje usprawiedliwienie? And you, what excuse have you got?
2 justification
3 excuse note
□ Rodzice napisali mu usprawiedliwienie. His parents wrote him an excuse note.

usta (GEN **usta**) PL NOUN
mouth *sing*
□ szerokie usta a wide mouth
■ **Zrobili mu oddychanie metodą usta-usta.** They gave him mouth-to-mouth resuscitation.

ustalać (**ustalam, ustalasz**) (PERF **ustalić**) VERB
1 to set
2 to fix
□ Ustalmy datę następnego spotkania. Let's fix the date of the next meeting.
■ **ustalać się 1** to become established **2** to settle

ustalenie (GEN **ustalenia**, PL **ustalenia**, LOC SING **ustaleniu**, GEN PL **ustaleń**) NEUT NOUN
1 decision
□ Jakie rząd podjął ustalenia w tej sprawie? What decisions have the government taken on this matter?
2 finding
□ ustalenia komisji specjalnej the findings of the special commission
■ **ustalenia** arrangement *sing*

ustalony ADJECTIVE
1 fixed

□ ustalona data spotkania a fixed meeting date
2 established
□ ustalone reguły gry the established rules of the game

ustawa (GEN **ustawy**, PL **ustawy**, LOC SING **ustawie**) FEM NOUN
law
□ zgodnie z ustawą in accordance with the law

ustawiać (**ustawiam, ustawiasz**) (PERF **ustawić**) VERB
1 to put
□ Krzesła ustawiliśmy wokół stołu. We put the chairs round the table.
2 to arrange
□ Ustaw książki w porządku alfabetycznym. Arrange the books in alphabetical order.
3 to put up
□ Budowniczy ustawili rusztowanie przed domem. The builders have put up scaffolding in front of the house.
4 to adjust
□ Ustawił ostrość aparatu i zrobił kolejne zdjęcie. He adjusted the focus and took another picture.
■ **Uczniowie ustawili się w kolejce.** The children lined up.
■ **Ustawił się przodem do wyjścia.** He stood facing the exit.

usterka (GEN **usterki**, PL **usterki**, DAT SING AND LOC SING **usterce**, GEN PL **usterek**) FEM NOUN
1 fault
□ usterka maszyny a machine fault
2 error
□ usterka językowa a linguistic error

ustny ADJECTIVE
1 oral
□ egzamin ustny an oral exam
2 verbal
□ ustna zgoda a verbal agreement
■ **harmonijka ustna** a mouth organ

ustrój (GEN **ustroju**, PL **ustroje**, LOC SING **ustroju**, GEN PL **ustrojów**) MASC NOUN
system
□ ustrój demokratyczny a democratic system

uszkodzony ADJECTIVE
damaged
□ uszkodzony samochód a damaged car

uszy NOUN ▷*zobacz* **ucho**

uszyć (**uszyję, uszyjesz**) VERB ▷*zobacz* **szyć**

uścisk (GEN **uścisku**, PL **uściski**, INST SING **uściskiem**, LOC SING **uścisku**) MASC NOUN
embrace
■ **Przywitał go uściskiem dłoni.** He greeted him with a handshake.
■ **Przesyłam wam serdeczne uściski.** I send you my love.

uścisnąć (**uścisnę, uściśniesz**) (IMPERATIVE **uściśnij**) VERB
to hug
■ **Uścisnął moją dłoń.** He shook my hand.

uściślać (**uściślam, uściślasz**) (PERF **uściślić**) VERB
1 to specify
□ Czy mogliby państwo uściślić warunki

umowy? Would you be able to specify the contract terms?

2 to qualify

□ Prezydent uściślił swoją wypowiedź. The President qualified his statement.

uśmiech (GEN **uśmiechu** PL **uśmiechy,** LOC SING **uśmiechu** MASC NOUN
smile

□ szeroki uśmiech a broad smile □ Powitała go serdecznym uśmiechem. She welcomed him with a warm smile.

uśmiechać się (**uśmiecham, uśmiechasz**)
(PERF **uśmiechnąć** VERB
to smile

uśmiechnięty ADJECTIVE
smiling

uśmierzać (**uśmierzam, uśmierzasz**)
(PERF **uśmierzyć** VERB
to relieve

□ Te środki są mocne, ale uśmierzą najbardziej intensywny ból głowy. These drugs are powerful, but they relieve the most severe headaches.

utalentowany ADJECTIVE
talented

□ utalentowany muzyk a talented musician

utyć (**utyję, utyjesz**) VERB ▷ *zobacz* **tyć**

uwaga (GEN **uwagi** PL **uwagi** DAT SING AND LOC SING **uwadze** FEM NOUN

1 attention

□ zwracać(PERF **zwrócić**) uwagę na coś to pay attention to something

■ **brać**(PERF **wziąć**) coś pod uwagę to take something into account

2 comment

□ Jego uwaga bardzo ją zabolała. His comment hurt her very much. □ Student podziękował promotorowi za cenne uwagi. The student thanked his supervisor for his valuable comments.

■ **Uwaga!** Look out!

uważać (**uważam, uważasz**) VERB

1 to consider

□ Uważam go za najlepszego współczesnego aktora. I consider him to be the best actor of our time.

2 to be careful

■ **Uważaj na siebie.** Take care of yourself.
■ **Uważaj!** Look out!
■ **Uważaj na nich.** Keep an eye on them.

3 to think

□ Uważam, że nie masz racji. I think you are wrong.

■ **Rób, jak uważasz.** Do as you like.
■ **uważać się** to consider oneself □ On się uważa za zdolnego pianistę. He considers himself a gifted pianist.

uważnie ADVERB
carefully

□ Przeczytaj uważnie polecenie. Read the order carefully.

uważny ADJECTIVE

1 attentive

□ uważny słuchacz an attentive listener

2 close

□ uważne spojrzenie a close look

uwielbiać (**uwielbiam, uwielbiasz**) VERB
to adore

□ Uwielbiam pływać. I adore swimming.

uwierzyć (**uwierzę, uwierzysz**) VERB PERF
(IMPERATIVE **wierzyć**)
to believe

□ Nauczyciel nie uwierzył tłumaczeniom ucznia. The teacher did not believe the pupil's explanations.

uzależnienie (GEN **uzależnienia** PL **uzależnienia** LOC SING **uzależnieniu** GEN PL **uzależnień** NEUT NOUN
addiction

□ uzależnienie od alkoholu alcohol addiction

uzależniony ADJECTIVE

■ **być uzależnionym od czegoś** to be dependent on something

uzasadniać (**uzasadniam, uzasadniasz**)
(PERF **uzasadnić** VERB
to justify

uzasadniony ADJECTIVE
justified

□ uzasadniona decyzja a justified decision

uzdrowisko (GEN **uzdrowiska** PL **uzdrowiska** INST SING **uzdrowiskiem** LOC SING **uzdrowisku** NEUT NOUN

1 health resort

2 spa

uzgadniać (**uzgadniam, uzgadniasz**)
(PERF **uzgodnić** VERB
to agree

□ Uzgodniliśmy plan działania. We agreed a plan of action.

uznawać (**uznaję, uznajesz**) (PERF **uznać** VERB
to recognize

użytkownik (GEN **użytkownika** PL **użytkownicy,** INST SING **użytkownikiem** MASC NOUN
user

□ użytkownik komputera a computer user

używać (**używam, używasz**) (PERF **użyć** VERB

1 to use

□ Do pisania zwykle używam długopisu. I normally use a ballpoint pen to write with.

2 to take

□ Czy używa pan jakichś lekarstw? Do you take any medications?

używany ADJECTIVE
used

□ używany samochód a used car

Vv

versus CONJUNCTION
versus

verte EXCLAMATION
PTO

video NEUT NOUN = **wideo**
LANGUAGE TIP **video** does not decline
video

Ww

w PREPOSITION

☞ **LANGUAGE TIP** w takes the locative

1 in *(wskazując na miejsce)*
□ we wrześniu in September □ grać w orkiestrze to play in an orchestra □ Pojawiła się starsza kobieta w czerni. An elderly woman in black appeared. □ sztuka w trzech aktach a play in three acts

2 into
■ skręcać **w lewo** to turn to the left
■ iść **w dół** to go down

3 at
□ spojrzeć w niebo to gaze at the sky □ Pracuję w domu. I work at home. □ w teatrze at the theatre; at the theater (US)

4 on
□ w dniu 3 listopada 2008 on the 3rd of November 2008 □ w czwartek on Thursday

wada (GEN **wady**, PL **wady**, DAT SING AND LOC SING **wadzie**) FEM NOUN

1 disadvantage *(ujemna cecha)*
□ Wadą tej sytuacji jest to, że nie możemy tam pójść razem. The disadvantage of this situation is that we can't go there together.

2 defect *(nieprawidłowość)*
□ Badanie wykazało wadę serca. The test showed a heart defect.

3 fault *(usterka)*
□ wada materiału fault in the material

waga (GEN **wagi**, PL **wagi**, DAT SING AND LOC SING **wadze**) FEM NOUN

1 scales *pl (przyrząd)*
□ waga kuchenna kitchen scales

2 significance *(znaczenie)*
□ wydarzenie ogromnej wagi an event of enormous significance
■ **Waga** Libra

wagon (GEN **wagonu**, PL **wagony**, LOC SING **wagonie**) MASC NOUN *(Kolej)*

1 carriage
car (US)
□ wagon dla niepalących no-smoking carriage

2 wagon
freight car (US)

wahać się (waham, wahasz) (PERF zawagon) VERB
to hesitate
□ Nie wahaj się, zadzwoń do niego. Don't hesitate, phone him.

wakacje (GEN **wakacji**) PL NOUN
holiday
vacation *sing* (US: *letnie, zimowe*)
□ Byłem na wakacjach w Polsce. I was on holiday in Poland.; I was on vacation in Poland. (US)

walczyć (walczę, walczysz) VERB
to struggle
□ Walczyła z chorobą. She struggled against illness.
■ Musimy walczyć o prawa człowieka. We have to fight for human rights.

Walia (GEN **Walii**) FEM NOUN
Wales

walić (walę, walisz) (PERF walnąć) VERB
to thump
■ **walić się** to collapse □ Dom zawalił się ze starości. The house collapsed with age.

Walijczyk (GEN **Walijczyka, Walijczycy**, INST SING **Walijczykiem**) MASC NOUN
Welshman

Walijka (GEN **Walijki, Walijki**, DAT SING **Walijce**, GEN PL **Walijek**) FEM NOUN
Welshwoman

walijski ADJECTIVE
Welsh

walizka (GEN **walizki**, PL **walizki**, DAT SING AND LOC SING **walizce**, GEN PL **walizek**) FEM NOUN
suitcase *(skórzana, podróżna)*

walka (GEN **walki**, PL **walki**, DAT SING AND LOC SING **walce**, GEN PL **walk**) FEM NOUN
battle

waluta (GEN **waluty**, PL **waluty**, DAT SING AND LOC SING **walucie**) FEM NOUN
foreign currency

wam PRONOUN *dat* ▷*zobacz* **wy**

wampir (GEN **wampira**, PL **wampiry**, LOC SING **wampirze**) MASC NOUN
vampire

wandal (GEN **wandala**, PL **wandale**, GEN PL **wandali**) MASC NOUN
vandal

wanilia (GEN **wanilii**) FEM NOUN
vanilla

waniliowy ADJECTIVE
vanilla *(aromat do pieczenia)*

wanna (GEN **wanny**, PL **wanny**, DAT SING AND LOC SING **wannie**) FEM NOUN
bath

wariat (GEN **wariata** PL **wariaci**, LOC SING **wariacie**)
MASC NOUN
madman (potoczny)

■ **dom wariatów** (potoczny) madhouse
□ W pracy jest prawdziwy dom wariatów.
It's a real madhouse at work.

wariować (**wariuję**, **wariujesz**)
(PERF **zwariować**) VERB
to go crazy (potoczny)

warkocz (GEN **warkocza**, PL **warkocze**,
GEN PL **warkoczy**) MASC NOUN
plait
braid (US: z włosów)

Warszawa (GEN **Warszawy**, DAT SING AND LOC SING
Warszawie) FEM NOUN
Warsaw

wart ADJECTIVE

■ **Jeden jest wart drugiego.** Each is as bad as
the other.

■ **Wart jest każdej ceny.** It's worth any
amount of money.

⸬ **LANGUAGE TIP** Be careful! The Polish
word **wart** does not mean **wart**.

warto ADJECTIVE

⸬ **LANGUAGE TIP** **warto** does not decline

■ **warto zobaczyć** perf it's worth seeing

wartościowy ADJECTIVE
valuable

wartość (GEN **wartości**) FEM NOUN
value

□ Fotka nie ma wartości artystycznej.
The photo has no artistic value.

■ **towar o wartości 1000 dolarów**
1000 dollars' worth of goods

warunek (GEN **warunku**, PL **warunki**,
INST SING **warunkiem**) MASC NOUN
condition

□ warunki mieszkaniowe living conditions
□ pod warunkiem, że ... on condition that ...

warzywo (GEN **warzywa**, PL **warzywa**, LOC SING
warzywie) NEUT NOUN
vegetable

was PRONOUN gen, acc, loc ▷ zobacz **wy**

wasz ADJECTIVE, PRONOUN
1 your (z rzeczownikiem)
□ wasz dom your house
2 yours (bez rzeczownika)
□ Ten dom jest wasz. The house is yours.

Watykan (GEN **Watykanu**, LOC SING **Watykanie**)
MASC NOUN
the Vatican

wazon (GEN **wazonu**, PL **wazony**, LOC SING **wazonie**)
MASC NOUN
vase

ważny ADJECTIVE
1 important
□ Podają w telewizji ważny komunikat. They
are making an important announcement on
the television.
2 valid
□ Mój paszport jest ważny przez dziesięć lat.
My passport is valid for ten years.

ważyć (**ważę**, **ważysz**) (PERF **zważyć**) VERB
to weigh

□ On waży sto kg. He weighs a hundred kg.

■ **ważyć się 1** to weigh oneself □ Ważę się
kilka razy w miesiącu. I weigh myself several
times a month. **2** to hang in the balance (wynik
nieprzewidywalny)

wąski ADJECTIVE
narrow

wąsy PL NOUN
moustache sing
mustache sing (US)

wątek (GEN **wątku**, PL **wątki**, INST SING **wątkiem**)
MASC NOUN
1 thread (powieści)
2 theme
□ Wątek filmu dotyczy dramatu wojennego.
The theme of the film touches the tragedy of
war.

wątpić (**wątpię**, **wątpisz**) VERB
to doubt

□ wątpię I doubt it

■ **Wątpię w twoje zdolności.** I am doubtful
about your abilities.

wątpliwość (GEN **wątpliwości**, PL **wątpliwości**,
GEN PL **wątpliwości**) FEM NOUN
doubt

□ Nie ulega wątpliwości, że jest winny.
There's no doubt that he is guilty.

wątroba (GEN **wątroby**, PL **wątroby**, DAT SING AND
LOC SING **wątrobie**, GEN PL **wątrób**) FEM NOUN
liver

wąż (GEN **węża**, PL **węże**, GEN PL **węży**) MASC NOUN
1 snake
2 hose (rura)

wbrew PREPOSITION

⸬ **LANGUAGE TIP** **wbrew** takes the dative
contrary to

■ **wbrew naturze** against nature

WC, w.c. ABBREVIATION
WC

wcale ADVERB
1 at all (w ogóle)
2 quite (całkiem)
□ wcale często quite often
■ **Wcale nie!** Not at all!

wchodzić (**wchodzę**, **wchodzisz**) (IMPERATIVE
wchodź, PERF **wejść**) VERB +gen
1 to enter (do budynku)
2 to get in (do samochodu)

■ **wejść do firmy** to join the firm
■ **Weszła do Internetu.** She went on the
internet.

■ **Klucz wchodził do zamka.** The key went
into the lock.

wciągać (**wciągam**, **wciągasz**) (PERF **wciągnąć**)
VERB
1 to pull in
2 to draw in (powietrze)
3 to pull on
□ Wciągnął na plecy sweter i płaszcz. He pulled
on his jumper and coat.

wciąż ADVERB
still

□ Wciąż nie mogę się dodzwonić do biura informacji kolejowej. I still can't get through to the railway information office.

wczasy (GEN **wczasów**) PL NOUN
holiday *sing*
vacation *sing* (US)

□ Pojechał na wczasy. He went on holiday.; He went on vacation. (US)

wczesny ADJECTIVE
1 early

□ Pora jest bardzo wczesna, wszyscy jeszcze śpią. It is very early, everyone is still sleeping.
2 premature (*przedwczesny*)

wcześniak (GEN **wcześniaka**, PL **wcześniaki**, INST SING **wcześniakiem**) MASC NOUN
premature baby

wcześnie ADVERB
early

□ Za wcześnie jeszcze wyrokować. It's still too early to say.

wcześniej ADVERB *comp* ▷*zobacz* **wcześnie**
beforehand (*zawczasu*)

wcześniejszy ADJECTIVE *comp* ▷*zobacz* **wczesny**
previous (*poprzedzający*)

wczoraj ADVERB
yesterday

□ wczoraj rano yesterday morning
■ wczoraj w nocy last night □ Wczoraj w nocy widziałem wilka. Last night I saw a wolf.

wczorajszy ADJECTIVE
yesterday's

□ wczorajsze wydanie gazety yesterday's paper

wdowa (GEN **wdowy**, PL **wdowy**, DAT SING AND LOC SING **wdowie**, GEN PL **wdów**) FEM NOUN
widow

wdowiec (GEN **wdowca**, PL **wdowcy**) MASC NOUN
widower

wdychać (**wdycham**, **wdychasz**) VERB
to breathe in

wdzięczny ADJECTIVE
grateful

□ Jestem bardzo wdzięczna za pomoc. I am very grateful for the help.

we PREPOSITION = **w**

według PREPOSITION

⟨ LANGUAGE TIP **według** takes the genitive
according to

□ według mojej matki according to my mother

weekend (GEN **weekendu**, PL **weekendy**, LOC SING **weekendzie**) MASC NOUN
weekend

wegetariański ADJECTIVE
vegetarian

wejście (GEN **wejścia**, PL **wejścia**, GEN PL **wejść**) NEUT NOUN
1 access (*wstęp*)
2 entrance (*drzwi*)

□ Proszę skorzystać z wejścia z przodu budynku. Please use the entrance at the front of the building.
■ 'wejście' 'entrance'

wejść (**wejdę**, **wejdziesz**) (IMPERATIVE **wejdź**, PT **wszedł**, **weszła**, **weszli**) VERB *perf* ▷*zobacz* **wchodzić**
■ Proszę wejść! Come in!

wełna (GEN **wełny**, PL **wełny**, DAT SING AND LOC SING **wełnie**, GEN PL **wełen**) FEM NOUN
wool

Wenezuela (GEN **Wenezueli**) FEM NOUN
Venezuela

werdykt (GEN **werdyktu**, PL **werdykty**, LOC SING **werdykcie**) MASC NOUN
verdict

□ Dziś zapadnie ostateczny werdykt. The final verdict will be given today.

wersja (GEN **wersji**, PL **wersje**, GEN PL **wersji**) FEM NOUN
version

wesele (GEN **wesela**, PL **wesela**) NEUT NOUN
wedding (*huczne, wystawne*)

wesoło ADVERB
happily
■ Było bardzo wesoło. It was great fun.

wesoły ADJECTIVE
cheerful
■ wesołe miasteczko funfair; amusement park (US)
■ Wesołych Świąt! 1 (*na Boże Narodzenie*) Merry Christmas! 2 (*na Wielkanoc*) Happy Easter!

weszła VERB ▷*zobacz* **wejść**

wewnątrz PREPOSITION
▷*zobacz też* **wewnątrz** ADVERB

⟨ LANGUAGE TIP **wewnątrz** takes the genitive
inside

wewnątrz ADVERB
▷*zobacz też* **wewnątrz** PREPOSITION
inside

□ Pomieszczenie było zamknięte od wewnątrz. The flat was locked from the inside.

wewnętrznie ADVERB
internally

wewnętrzny ADJECTIVE
▷*zobacz też* **wewnętrzny** MASC NOUN
1 internal

□ wewnętrzna notatka firmowa internal company memo
2 domestic (*w polityce*)
3 inner

□ przemyślenia wewnętrzne inner thoughts

wewnętrzny MASC NOUN
▷*zobacz też* **wewnętrzny** ADJECTIVE

⟨ LANGUAGE TIP **wewnętrzny** declines like an adjective
■ numer wewnętrzny extension
■ Ministerstwo Spraw Wewnętrznych Ministry of the Interior

wezmę VERB ▷*zobacz* **wziąć**

weź VERB ▷*zobacz* **wziąć**

węch (GEN **węchu**) MASC NOUN
sense of smell (*zmysł*)

wędka (GEN **wędki**, PL **wędki**, DAT SING AND LOC SING **wędce**, GEN PL **wędek**) FEM NOUN
fishing rod

wędlina (GEN **wędliny**, PL **wędliny**, DAT SING AND LOC SING **wędlinie**) FEM NOUN
smoked meat

wędrówka (GEN **wędrówki**, PL **wędrówki**, DAT SING AND LOC SING **wędrówce**, GEN PL **wędrówek**) FEM NOUN
trek
□ Moi rodzice często chodzą na wędrówki po górach. My parents often go hill walking.

węgiel (GEN **węgla**) MASC NOUN
1 coal
2 carbon
■ **węgiel do rysowania** charcoal

węgierski ADJECTIVE
Hungarian

Węgry (GEN **Węgier**, LOC PL **Węgrzech**) PL NOUN
Hungary

węższy ADJECTIVE comp ▷zobacz **wąski**

WF, wf.

WF ABBREVIATION (= wychowanie fizyczne)
PE

wg ABBREVIATION (= według)
according to

whiteboard (GEN **whiteboardu**, PL **whiteboardy**) MASC NOUN
whiteboard

wiadomość (GEN **wiadomości**, PL **wiadomości**, GEN PL **wiadomości**) FEM NOUN
1 message
□ Dostałam dziś jej wiadomość. I got her message today.
2 news
□ Słyszeliście wiadomość w telewizji? Did you hear the news on television?
■ **podawać coś do publicznej wiadomości** to make something generally known
■ **Nie przyjmuję tego do wiadomości.** I don't accept that.

wiadro (GEN **wiadra**, PL **wiadra**, LOC SING **wiadrze**, GEN PL **wiader**) NEUT NOUN
bucket
□ wiadro wody a bucket of water

wiara (GEN **wiary**, DAT SING AND LOC SING **wierze**) FEM NOUN
faith
□ wiara w Boga faith in God
■ **wiara w siebie** self-confidence □ Straciła wiarę w siebie. She has lost her self-confidence.

wiarogodny, wiarygodny ADJECTIVE
1 credible (wiadomość, człowiek)
□ wiarogodny świadek a credible witness
2 reliable

wiatr (GEN **wiatru**, PL **wiatry**, LOC SING **wietrze**) MASC NOUN
wind
■ **pod wiatr** into the wind

widelec (GEN **widelca**, PL **widelce**) MASC NOUN
fork

wideo NEUT NOUN
▷zobacz też **wideo** ADJECTIVE
LANGUAGE TIP wideo does not decline
video

wideo ADJECTIVE
▷zobacz też **wideo** NEUT NOUN
video
■ **kaseta wideo** video cassette
■ **kamera wideo** video camera

widny ADJECTIVE
light (mieszkanie, pokój, pomieszczenie)

widok (GEN **widoku**, PL **widoki**, INST SING **widokiem**) MASC NOUN
1 view
□ Z okna pokoju rozciągał się wspaniały widok. There was a wonderful view from the window.
2 sight (obraz)
■ **widoki na przyszłość** prospects for the future

widokówka (GEN **widokówki**, PL **widokówki**, DAT SING AND LOC SING **widokówce**, GEN PL **widokówek**) FEM NOUN
postcard

widowisko (GEN **widowiska**, PL **widowiska**, INST SING **widowiskiem**) NEUT NOUN
spectacle (teatralne, cyrkowe)

widownia (GEN **widowni**, PL **widownie**, GEN PL **widowni**) FEM NOUN
1 audience (widzowie)
2 auditorium (sala dla widzów)
■ **siedzieć na widowni** to sit in the audience

widz (GEN **widza**, PL **widzowie**) MASC NOUN
1 viewer
2 spectator (sport)
□ Widzowie byli zachwyceni spektaklem. The spectators were delighted with the performance.
3 bystander (świadek)

widzieć (**widzę, widzisz**) VERB
to see
□ Widzę Pałac Prezydencki. I can see the Presidential Palace. □ Widziała już tę sztukę. She has already seen this play. □ Widzimy się z nim jedynie w święta Bożego Narodzenia. We only see him at Christmas.

wieczny ADJECTIVE
eternal

wieczorny ADJECTIVE
1 evening
□ Wyszedł na wieczorny spacer z psem. He went out for an evening walk with the dog.
2 night (późnym wieczorem)

wieczór (GEN **wieczoru**, PL **wieczory**, LOC SING **wieczorze**) MASC NOUN
evening (część doby)
□ Dobry wieczór! Good evening! □ dzisiaj wieczorem this evening □ co wieczór every evening
■ **wczoraj wieczorem** last night
■ **wieczór autorski** a meet-the-author event

wiedza (GEN **wiedzy**) FEM NOUN
knowledge

□ Posiada gruntowną wiedzę z tej dziedziny. She has a sound knowledge of the field. □ bez wiedzy matki without the mother's knowledge

wiedzieć (**wiem, wiesz**) (IMPERATIVE **wiedz**) VERB
to know

□ Wiem to z własnego doświadczenia. I know from personal experience. □ Niewiele wiem na ten temat. I don't know much about that. □ Wiesz co? Do you know what?

■ **wiedzieć o malarstwie** to know about painting

wiejski ADJECTIVE
1 country
   □ letni domek wiejski a summer country house
2 rural
   □ Wiejskie życie bardzo im odpowiada. Rural life really suits them

wiek (GEN **wieku**, PL **wieki**, INST SING **wiekiem**)
MASC NOUN
1 age (liczba lat)
   □ Jesteśmy w tym samym wieku. We are the same age. □ wiek szkolny school age □ wiek emerytalny retirement age
2 century
   □ pod koniec XX wieku at the end of the 20th century
   ■ **wieki średnie** the Middle Ages

wielbić (**wielbię, wielbisz**) VERB
to worship

wielbłąd (GEN **wielbłąda**, PL **wielbłądy**, LOC SING **wielbłądzie**) MASC NOUN
camel (dwugarbny)

wiele PRONOUN
   ▷ zobacz też **wiele** ADVERB
   ■ **wiele** +gen a lot (of)

wiele (COMP **więcej**, SUPERL **najwięcej**) ADVERB
   ▷ zobacz też **wiele** PRONOUN
   a lot
   □ Wydał wiele pieniędzy. He spent a lot of money. □ Podróż samolotem jest o wiele szybsza niż jazda pociągiem. Air travel is a lot quicker than the train.

Wielka Brytania (GEN **Wielkiej Brytanii**)
FEM NOUN
Great Britain

Wielkanoc (GEN **Wielkanocy**, PL **Wielkanoce**)
FEM NOUN
Easter

wielkanocny ADJECTIVE
Easter
   □ uroczyste śniadanie wielkanocne Easter breakfast

wielki ADJECTIVE
1 large (ogromny)
   ■ **Miała wielkie, ciemne oczy.** She had big dark eyes.
   ■ **Wielka szkoda, że się nie zobaczymy!** Too bad we can't see each other!
2 great
   ■ **Wielki Tydzień** Holy Week
   ■ **Wielki Piątek** Good Friday
   ■ **Wielki Post** Lent

■ **Aleksander Wielki** Alexander the Great

Wielkopolska (GEN **Wielkopolski**, DAT SING AND LOC SING **Wielkopolsce**) FEM NOUN
Greater Poland

wielokrotnie PRONOUN
repeatedly

wieloznaczny ADJECTIVE
ambiguous
   □ wieloznaczna uwaga an ambiguous comments

wielu PRONOUN ▷ zobacz **wiele**

wieprzowina (GEN **wieprzowiny**, DAT SING AND LOC SING **wieprzowinie**) FEM NOUN
pork
   □ Nie przepadam za wieprzowiną. I don't eat pork.

wieprzowy ADJECTIVE
pork (kotlet)

wiernie ADVERB
faithfully
   ■ **wiernie naśladować** to copy exactly

wierność (GEN **wierności**) FEM NOUN
faithfulness

wierny ADJECTIVE
faithful

wiersz (GEN **wiersza**, PL **wiersze**, GEN PL **wierszy**)
MASC NOUN
1 poem (utwór)
   □ tomik wierszy a volume of poetry
2 line (linijka wiersza)
   □ Przeczytaj drugi wiersz od góry. Read through the second verse from the top.

wierzyć (**wierzę, wierzysz**) VERB
to believe
   ■ **wierzyć** (PERF **uwierzyć**) **komuś** to believe somebody □ Teraz już mi wierzysz? Do you believe me now?

wieszać (**wieszam, wieszasz**) (PERF **powiesić**)
VERB
to hang
   ■ **wieszać na kimś psy** to bad-mouth somebody

wieszak (GEN **wieszaka**, PL **wieszaki**, INST SING **wieszakiem**) MASC NOUN
stand
   □ wieszak na płaszcze coat stand

wieś (GEN **wsi**, PL **wsie**, GEN PL **wsi**) FEM NOUN
1 country (okolica)
2 village (miejscowość)
   ■ **mieszkać na wsi** to live in the country

wieść (**wiodę, wiedziesz**) (IMPERATIVE **wiedź**, PT **wiódł, wiodła, wiedli**, PERF **powieść**) VERB
to lead (życie)
   ■ **wieść** (PERF **powieść**) **się**
   □ Wiodło jej się nieźle. She was doing OK.

Wietnam (GEN **Wietnamu**, LOC SING **Wietnamie**) MASC NOUN
Vietnam

wietrzny ADJECTIVE
windy (dzień, pogoda, klimat)
   ■ **Czy ma naprawdę ospę wietrzną?** Has he really got chickenpox?

wiewiórka (GEN wiewiórki, PL wiewiórki, DAT SING AND LOC SING wiewiórce, GEN PL wiewiórek) FEM NOUN
squirrel

wieźć (wiozę, wieziesz) (IMPERATIVE wieź, PT wiózł, wiozła, wieźli, PERF zawieźć) VERB
to carry (przewozić)

wieża (GEN wieży, PL wieże) FEM NOUN
1 tower
2 castle (w szachach)

więc CONJUNCTION
so
□ Zmęczyła się, więc usiadła. She was tired, so she sat down.
■ Wszyscy kraje Europejskie, a więc Francja, Niemcy,.. All the countries of Europe, that is France, Germany,...
■ tak więc thus

więcej ADVERB comp ▷zobacz dużo, wiele
more
□ Zarabiasz więcej niż ja. You earn more than me. □ mniej więcej more or less
■ Nikt więcej nie jest zainteresowany. Nobody else is interested.
■ Nigdy więcej! Never again!
■ Coraz więcej Once again

większość (GEN większości) FEM NOUN
majority
■ W większości przypadków, miała rację. In most cases she was right.

większy ADJECTIVE comp ▷zobacz duży, wielki

więzienie (GEN więzienia, NOM PL więzienia, GEN PL więzień) NEUT NOUN
prison
□ Dziesięć lat siedział w więzieniu. He did ten years in prison.

więzień (GEN więźnia, PL więźniowie) MASC NOUN
prisoner

wigilia (GEN wigilii, PL wigilie, GEN PL wigilii) FEM NOUN
■ Wigilia Christmas Eve

> **DID YOU KNOW...?**
> Wieczór wigilijny (Christmas Eve) is the most important part of Christmas for Poles. Most families begin Christmas dinner by breaking wafers together and exchanging good wishes. The dinner should be made up of twelve dishes, such as: **barszcz z uszkami, pierogi z kapustą**, and the obligatory carp. After dinner, the family sings Christmas carols and they give each other presents.

wigilijny ADJECTIVE
■ wieczór wigilijny Christmas Eve
■ kolacja wigilijna Christmas Eve dinner

wilgoć (GEN wilgoci) FEM NOUN
damp

wilgotny ADJECTIVE
damp

wina (GEN winy, PL winy, DAT SING AND LOC SING winie) FEM NOUN
1 fault (przyczyna złego)
2 blame (za zły czyn)
■ Nie poczuwa się do winy. He doesn't feel guilty.
■ Czyja to wina? Whose fault is it?

winda (GEN windy, PL windy, DAT SING AND LOC SING windzie) FEM NOUN
lift
elevator (US)

winić (winię, winisz) (IMPERATIVE wiń) VERB
■ winić kogoś za coś to blame somebody for something

wino (GEN wina, PL wina, LOC SING winie) NEUT NOUN
wine

winogrono (GEN winogrona, PL winogrona, LOC SING winogronie) NEUT NOUN
grape

wiosna (GEN wiosny, PL wiosny, DAT SING AND LOC SING wiośnie, GEN PL wiosen) FEM NOUN
spring
■ wiosną in the springtime

wiozę VERB ▷zobacz wieźć

wirus (GEN wirusa, PL wirusy, LOC SING wirusie) MASC NOUN
virus
□ wirus grypy flu virus

wisieć (wiszę, wisisz) (IMPERATIVE wiś) VERB
to hang

Wisła (GEN Wisły, DAT SING AND LOC SING Wiśle) FEM NOUN
the Vistula

wiśnia (GEN wiśni, PL wiśnie, GEN PL wiśni) FEM NOUN
1 cherry (owoc)
2 cherry tree (drzewo)

witać (witam, witasz) (PERF przywitać) VERB
to welcome
□ Witamy w Lublinie! Welcome to Lublin!
■ witać (PERF przywitać się: ■ Witała się z każdym. She greeted everyone.

witamina (GEN witaminy, PL witaminy, DAT SING AND LOC SING witaminie) FEM NOUN
vitamin
□ witamina B vitamin B

wiza (GEN wizy, PL wizy, DAT SING AND LOC SING wizie) FEM NOUN
visa
□ Pańska wiza wygasła. Your visa has expired.

wizyta (GEN wizyty, PL wizyty, DAT SING AND LOC SING wizycie) FEM NOUN
1 visit
□ Następnego dnia złożyła mi wizytę. Next day she paid me a visit.
2 appointment (u lekarza, dentysty itp.)

wizytówka (GEN wizytówki, PL wizytówki, DAT SING AND LOC SING wizytówce, GEN PL wizytówek) FEM NOUN
business card

wjazd (GEN wjazdu, PL wjazdy, LOC SING wjeździe) MASC NOUN
1 entrance
2 access

□ wjazd dla wózków inwalidzkich **wheelchair access**

■ **"zakaz wjazdu"** "no entry"

wjechać (**wjadę, wjedziesz**) (IMPERATIVE **wjedź**) VERB *perf* ▷*zobacz* **wjeżdżać**

wjeżdżać (**wjeżdżam, wjeżdżasz**) (PERF **wjechać**) VERB

1 **to drive in**

□ Wjechał na parking. He drove in to the carpark.

2 **to go up**

□ Winda wjechała na ostatnie piętro. The lift went up to the top floor.

3 **to pull in** *(na stację)*

wkładać (**wkładam, wkładasz**) (PERF **włożyć**) VERB

to put in

□ Włożyła list w powrotem do szuflady. She put the letter back into the drawer.

■ **Włóż płaszcz!** Put on your coat!

wkoło PREPOSITION

⋯ LANGUAGE TIP wkoło takes the genitive

around

wkrótce ADVERB

soon

władza (GEN **władzy**) FEM NOUN

power

□ dojść do władzy to come to power

■ **władze lokalne** local authorities

włamanie (GEN **włamania**, PL **włamania**, GEN PL **włamań**) NEUT NOUN

burglary

■ **dokonywać** (PERF **dokonać**) **włamania do sejfu** to break in to a safe

■ **ślady włamania** signs of a break-in

włamywacz (GEN **włamywacza**, PL **włamywacze**, GEN PL **włamywaczy**) MASC NOUN

burglar

włamywać się (**włamuję, włamujesz**) (PERF **włamać**) VERB

to break in

własność (GEN **własności**) FEM NOUN

1 **property** *(majątek)*

2 **ownership**

■ **mieć coś na własność** to be the owner of something

własny ADJECTIVE

own

□ mój własny my own □ mówić własnymi słowami to talk in one's own words

■ **dbać o własną skórę** to look out for oneself

■ **Każdy ma własne zdanie.** Everybody has their own opinion.

właściciel (GEN **właściciela**, PL **właściciele**, GEN PL **właścicieli**) MASC NOUN

owner

właścicielka (GEN **właścicielki**, PL **właścicielki**, DAT SING AND LOC SING **właścicielce**, GEN PL **właścicielek**) FEM NOUN

owner

właściwie ADVERB

1 **correctly** *(należycie)*

□ Właściwie odpowiedział na pytanie.

He answered the question correctly.

2 **actually** *(tak naprawdę)*

□ Właściwie nie ma się o co martwić. There is actually nothing to worry about.

właśnie ADVERB

exactly

□ To właśnie mam zamiar powiedzieć. That's exactly what I plan to say.

■ **Dlatego właśnie dziś wrócił?** Why did he have to come back today of all days?

■ **Właśnie idzie.** He is just coming.

■ **Właśnie widzę, że pan jest zajęty.** As a matter of fact I can see that you are busy.

■ **I o to właśnie chodzi!** And that's what it's all about!

■ **No właśnie!** Just so!

Włochy (GEN **Włoch**, LOC PL **Włoszech**) PL NOUN

Italy

włos (GEN **włosa**, PL **włosy**, LOC SING **włosie**) MASC NOUN

hair

□ gęste blond włosy thick blonde hair

włoski ADJECTIVE

Italian

włożyć (**włożę, włożysz**) (IMPERATIVE **włóż**) VERB *perf* ▷*zobacz* **wkładać**

wnieść (**wniosę, wniesiesz**) (IMPERATIVE **wnieś**, PT **wniósł, wniosła, wnieśli**) VERB PERF ▷*zobacz* **wnosić**

wnikliwy ADJECTIVE

careful

□ wnikliwa analiza sytuacji careful analysis of the situation

wniosek (GEN **wniosku**, PL **wnioski**, INST SING **wnioskiem**) MASC NOUN

1 **proposal** *(propozycja)*

2 **conclusion**

3 **application**

□ formularz wniosku o przyznanie zasiłku a benefit application form

wnosić (**wnoszę, wnosisz**) (IMPERATIVE **wnoś**, PERF **wnieść**) VERB

1 **to carry in**

□ Wniósł wózek z dzieckiem do wnętrza domu. He carried the pram with the child in it in to the house.

2 **to pay**

□ Co miesiąc wnoszę składki na ubezpieczenie. Every month I make insurance payments.

WNP ABBREVIATION (= *Wspólnota Niepodległych Państw*)

CIS (= *Commonwealth of Independent States*)

wnuczek (GEN **wnuczka**, PL **wnuczkowie**, INST SING **wnuczkiem**) MASC NOUN

grandson

wnuczka (GEN **wnuczki**, PL **wnuczki**, DAT SING AND LOC SING **wnuczce**, GEN PL **wnuczek**) FEM NOUN

granddaughter

wnuk (GEN **wnuka**, PL **wnuki**, INST SING **wnukiem**) MASC NOUN

grandson

woda (GEN **wody**, PL **wody**, DAT SING AND LOC SING **wodzie**, GEN PL **wód**) FEM NOUN
water

□ woda miękka soft water □ woda słodka fresh water □ woda pitna drinking water
■ spuszczać (PERF **spuścić**) **wodę** to flush the toilet

Wodnik (GEN **Wodnika**, PL **Wodniki**, INST SING **Wodnikiem**) MASC NOUN
Aquarius

□ Jestem pod znaku Wodnika. I am Aquarius.

woj. ABBREVIATION (= *województwo*)
■ woj. lubelskie Lublin Region

województwo (GEN **województwa**, PL **województwa**, LOC SING **województwie**) NEUT NOUN
region

□ województwo lubelskie Lublin Region

> **DID YOU KNOW...?**
> Województwo is an administrative unit in Poland (the equivalent of English "regions"). The number of województwa has changed over the years and there are currently 16 of them. Województwa also make up part of local government – many decisions which affect the life of the local community are made at this level.

wojna (GEN **wojny**, PL **wojny**, DAT SING AND LOC SING **wojnie**, GEN PL **wojen**) FEM NOUN
war

□ pierwsza wojna światowa the First World War □ wojna partyzancka guerilla war □ wojna domowa civil war

wojsko (GEN **wojska**, PL **wojska**, INST SING **wojskiem**) NEUT NOUN
army

■ pójść do wojsku to join the army

wojskowy ADJECTIVE
▷ *zobacz też* **wojskowy** MASC NOUN
military *(mundur, koszary)*

wojskowy MASC NOUN
▷ *zobacz też* **wojskowy** ADJECTIVE *decl like adj*
serviceman

□ emerytowany wojskowy a retired serviceman

wokoło, wokół PREPOSITION
▷ *zobacz też* **wokoło** ADVERB

> LANGUAGE TIP **wokoło** takes the genitive

round

wokoło ADVERB
▷ *zobacz też* **wokoło** PREPOSITION
all around

wola (GEN **woli**) FEM NOUN
will

■ wolna wola free will
■ dobra wola goodwill
■ ostatnia wola *(testament)* will
■ jeść do woli to eat one's fill

woleć (**wolę, wolisz**) VERB
to prefer

□ Wolę herbatę niż kawę. I prefer tea to coffee.

□ Wolę, jak drzwi są otwarte. I'd prefer the door open.
■ Woli o tym nie mówić. He'd rather not talk about it.

wolno ADVERB
▷ *zobacz też* **wolno** ADJECTIVE
1 slowly *(powoli)*
2 freely *(swobodnie)*
■ wolno stojący budynek a free-standing building

wolno ADJECTIVE
▷ *zobacz też* **wolno** ADVERB

> LANGUAGE TIP **wolno** does not decline

■ Tu nie wolno palić. You can't smoke here.
■ Nie wolno mi palić. I'm not allowed to smoke.
■ Czy wolno o coś zapytać? Can I ask you something?

wolność (GEN **wolności**) FEM NOUN
freedom

wolny ADJECTIVE
1 free *(niezależny)*
2 free *(niezajęty)*
■ 3 maja jest dniem wolnym od pracy. The third of May is a day off work.
■ Czy pan dyrektor jest wolny? Can I have a moment? □ Czy to miejsce jest wolne? Is this seat free?
3 single *(nieżonaty/niezamężna)*

wołać (**wołam, wołasz**) (PERF **zawołać**) VERB
to call

wołowina (GEN **wołowiny**, DAT SING AND LOC SING **wołowinie**) FEM NOUN
beef

wołowy ADJECTIVE
■ mięso wołowe beef

wozić (**wożę, wozisz**) (IMPERATIVE **woź**) VERB
1 to transport
□ Wozi towary po całej Europie. He transports goods across the whole of Europe.
2 to drive
□ Co rano wozi dzieci do szkoły. Every morning he drives the children to school.

wódka (GEN **wódki**, PL **wódki**, DAT SING AND LOC SING **wódce**, GEN PL **wódek**) FEM NOUN
vodka

wówczas ADVERB
then

□ Gdy rzucisz palenie, wówczas porozmawiamy. If you give up smoking, then we'll talk.

wózek (GEN **wózka**, PL **wózki**, INST SING **wózkiem**) MASC NOUN
1 pram
baby carriage (US)
2 pushchair
stroller (US: *spacerówka*)
■ wózek inwalidzki wheelchair
■ wózek w supermarkecie shopping trolley

WP ABBREVIATION (= *Wielmożny Pan, Wielmożna Pani, Wojsko Polskie*)
1 Mr *(Wielmożny Pan)*

2 Mrs
  Ms *(Wielmożna Pani)*
3 Polish Army *(Wojsko Polskie)*

wpadać (wpadam, wpadasz) (PERF **wpaść**)
VERB
to fall

■ wpadać w panikę to fall into a panic
■ wpadać w długi to run into debt

wpaść (wpadnę, wpadniesz) (IMPERATIVE **wpadnij**,
PT **wpadł, wpadła, wpadli**) VERB PERF
to fall ▷*zobacz* **wpadać**

■ Na chwilę wpadła w rozpacz. For a time
she fell victim to despair.
■ wpaść w pułapkę to fall into a trap
■ Może wpadnę dziś wieczorem. Maybe I'll
drop by tonight.
■ Piłka wpadła do bramki. The ball went into
the net.

wpis (GEN **wpisu**, PL **wpisy**, LOC SING **wpisie**)
MASC NOUN
entry

□ wpis do księgi zwiedzających an entry in the
visitors' book

wpisywać (wpisuję, wpisujesz) (PERF **wpisać**)
VERB
1 to write down
2 to add *(do rejestru)*

wpłacać (wpłacam, wpłacasz) (PERF **wpłacić**)
VERB
to pay

■ wpłacać składki członkowskie to pay
a membership fee

wpływ (GEN **wpływu**, PL **wpływy**,
LOC SING **wpływie**) MASC NOUN
influence

wpływać (wpływam, wpływasz) (PERF **wpłynąć**)
VERB
to come in

■ Okręt wpływał do portu. The boat entered
harbour.
■ Pieniądze wpłynęły na konto parafialne.
Money poured into the parish's account.
■ To może źle wpłynąć na pana zdrowie.
That can have an adverse effect on your health.

wpływowy ADJECTIVE
influential *(znajomy, polityk)*

wracać (wracam, wracasz) (PERF **wrócić**)
VERB
to return

□ Wróćmy do pierwszego pytania. Let's return
to the first question.
■ Kiedy pan wróci? When will you be back?

wraz ADVERB
together with

■ Wraz z matką zginęło w wypadku dwoje
dzieci. The accident claimed the lives of two
children along with their mother.

wrażenie (GEN **wrażenia**, PL **wrażenia**,
GEN PL **wrażeń**) NEUT NOUN
impression

■ Ulegam wrażeniu, że ... I have the feeling
that ...

wrażliwość (GEN **wrażliwości**) FEM NOUN
sensitivity

wrażliwy ADJECTIVE
sensitive

wróbel (GEN **wróbla**, PL **wróble**, GEN PL **wróbli**)
MASC NOUN
sparrow

wrócić (wrócę, wrócisz) (IMPERATIVE **wróć**) VERB
perf ▷*zobacz* **wracać**

wróg (GEN **wroga**, PL **wrogowie**, INST SING
wrogiem) MASC NOUN
1 enemy *(nieprzyjaciel)*
2 opponent *(przeciwnik)*

wróżyć (wróżę, wróżysz) (PERF **wywróżyć**) VERB
1 to predict *(przepowiadać)*
2 to foreshadow *(być zapowiedzią)*

■ wróżyć (PERF **powróżyć**) komuś z gwiazd
to tell somebody's fortune from the stars

wrzeć (wrę, wrzesz) (3 SING **wrze**,
IMPERATIVE **wrzyj**) VERB
to boil

wrzesień (GEN **września**, PL **wrześnie**,
GEN PL **wrześni**) MASC NOUN
September

wschodni ADJECTIVE
east

□ wiatr wschodni an east wind
■ Europa Wschodnia Eastern Europe

wschodnioeuropejski ADJECTIVE
Eastern European

□ czas wschodnioeuropejski Eastern European
Time

wschodzić (wschodzi) (PERF **wzejść**) VERB
1 to rise *(o ciałach niebieskich)*
2 to sprout

□ Listki już wschodzą w doniczce. Leaves are
already sprouting in the flowerpot.

wschód (GEN **wschodu**, PL **wschody**, LOC SING
wschodzie) MASC NOUN
1 sunrise
2 the east

□ Wieje od wschodu. The wind is in the east.
□ Wschód *(kraje wschodnie)* the East

wsi NOUN ▷*zobacz* **wieś**

wsiadać (wsiadam, wsiadasz) (PERF **wsiąść**)
VERB
to get on

□ wsiadać do autobusu to get on a bus
■ wsiadać do samochodu to get in a car

wskazówka (GEN **wskazówki**, PL **wskazówki**,
DAT SING AND LOC SING **wskazówce**,
GEN PL **wskazówek**) FEM NOUN
1 hand *(zegara)*
2 indicator *(przen)*

■ wskazówki dotyczące techniki jazdy tips
on driving technique

wskazywać (wskazuję, wskazujesz)
(PERF **wskazać**) VERB
to indicate

■ Wszystko wskazuje na pogarszanie się
sytuacji. All the signs point to the fact that the
situation is getting worse.

w

wspaniale ADVERB
magnificently
■ To wspaniale! That's fantastic!

wspaniały ADJECTIVE
1 wonderful (efektowny)
2 magnificent (strój, uroczystość)
■ To wspaniały pomysł! That's a brilliant idea!

wspierać (wspieram, wspierasz)
(PERF **wesprzeć**) VERB
to support
■ wspierać się to support one another
□ Wspierali się wzajemnie w trudnych sytuacjach. They supported one another through difficult times.
■ Wspierał się na lasce. He leant on his stick.

wspólnie ADVERB
together
■ wspólnie z kimś together with somebody

współczesny ADJECTIVE
contemporary
□ sztuka współczesna contemporary art

współczucie (GEN **współczucia**) NEUT NOUN
sympathy
■ Proszę przyjąć najszczersze wyrazy współczucia. May I offer my most sincere condolences.

współczuć (współczuję, współczujesz) VERB
■ współczuć komuś to feel sorry for somebody
■ współczuć komuś z powodu czegoś to offer somebody one's sympathy over something

współpracować (współpracuję, współpracujesz) VERB
1 to co-operate
2 to collaborate (o pisarzach)

wstawać (wstaję, wstajesz) (IMPERATIVE wstawaj, PERF **wstać**) VERB
to get up
□ Wstawał bardzo późno. He used to get late.
□ Odstawiła kubek herbaty i wstała z krzesła. She put down her tea and got up from the chair.

wstawiać (wstawiam, wstawiasz)
(PERF **wstawić**) VERB
to set
■ Dentysta wstawił ząb. The dentist replaced the tooth.
■ Wstawiłem wodę na herbatę. I put the kettle on for tea.
■ Zawsze wstawiała się za synem. She would always put in a good word for her son.

wstecz ADVERB
backwards (ruszyć, spojrzeć)

wstęp (GEN **wstępu**, PL **wstępy**, LOC SING **wstępie**)
MASC NOUN
1 entry (wejście)
2 introduction (w książce)
■ Na wstępie kilka refleksji ogólnych. To begin with, some general reflections.

wstępny ADJECTIVE
1 preliminary (początkowy)
□ wstępne oględziny a preliminary examination

2 provisional (prowizoryczny)
■ wstępna faza prac the initial phase

wstręt (GEN **wstrętu**, LOC SING **wstręcie**)
MASC NOUN
revulsion
■ Czuła do niego wstręt. She found him repulsive.

wstrętny ADJECTIVE
revolting

wstyd (GEN **wstydu**, LOC SING **wstydzie**) MASC NOUN
shame

wstydliwy ADJECTIVE
bashful

wstydzić się (wstydzę, wstydzisz) (IMPERATIVE wstydź) VERB
to be embarrassed
□ Wstydziłem się za zachowanie mojego ojca. I was embarrassed by my father's behaviour.; I was embarrassed by my father's behavior. (US)
■ Nie wstydzisz się, że kłamałaś? Aren't you ashamed that you were lying?
■ Czy wstydzi się własnej matki? Is he ashamed of his own mother?

wszedł VERB ▷ zobacz wejść

wszędzie ADVERB
everywhere

wszyscy PRONOUN
⚬ LANGUAGE TIP wszyscy declines like an adjective
1 all
□ Wszyscy razem! All together!
2 everyone
□ Wszyscy wiedzą. Everyone knows.
■ Wszystkich nie zadowolisz. You'll never please everybody.

wszystkie PRONOUN
⚬ LANGUAGE TIP wszystkie declines like an adjective
all
□ wszystkie drużyny all the teams
■ na wszystkie sposoby in every possible way

wszystko PRONOUN
⚬ LANGUAGE TIP wszystko declines like an adjective
everything
□ mimo wszystko in spite of everything
□ Wszystko w porządku? Is everything OK?
■ Przede wszystkim musisz mu o tym powiedzieć. First and foremost you have to tell him about it.
■ Zrobiłbym wszystko, żeby dostać tę pracę. I'd have done anything to get that job.
■ Gdzie pan chce usiąść? — wszystko jedno. Where do you wish to sit? — I don't mind.
■ Wszystkiego najlepszego! All the best!

wściekły ADJECTIVE
furious (o ludziach)

wśród PREPOSITION
⚬ LANGUAGE TIP wśród takes the genitive
among

wtedy PRONOUN
then

■ **wtedy, kiedy ...** when ...

wtorek (GEN **wtorku**, PL **wtorki**, INST SING **wtorkiem**) MASC NOUN
Tuesday

wuj (GEN **wuja**, PL **wujowie**) MASC NOUN
uncle

wujek (GEN **wujka**, PL **wujkowie**, INST SING **wujkiem**) MASC NOUN
uncle

ww. ABBREVIATION *(= wyżej wymieniony)*
above-mentioned

wy PRONOUN
you

wybaczać (**wybaczam, wybaczasz**)
(PERF **wybaczyć**) VERB
■ **wybaczać komuś coś** to forgive somebody something

wybierać (**wybieram, wybierasz**)
(PERF **wybrać**) VERB
1 to choose
2 to draw *(wodę ze studni)*
■ **wybierać się** to go
□ Wybieram się do biura. I'm going to the office. □ Wybiera się w podróż. He's going away on a trip.
■ **Wybrała jego numer.** She dialled his number.
■ **Wybrał sto funtów z konta.** He withdrew a hundred pounds from the account.

wybitny ADJECTIVE
outstanding

wybór (GEN **wyboru**, PL **wybory**, LOC SING **wyborze**) MASC NOUN
choice
□ Nie miałem wyboru. I had no choice.
■ **wybory samorządowe** council elections

wybrzeże (GEN **wybrzeża**, PL **wybrzeża**, GEN PL **wybrzeży**) NEUT NOUN
coast

wybuch (GEN **wybuchu**, PL **wybuchy**) MASC NOUN
1 explosion
□ Wybuch bomby zabił kilkanaście osób. The bomb explosion killed several people.
2 outbreak *(gwałtowny początek)*
■ **wybuch wulkanu** volcanic eruption

wybuchać (**wybucham, wybuchasz**)
(PERF **wybuchnąć**) VERB
1 to explode
□ Bomba wybuchnęła w biały dzień. The bomb exploded in broad daylight.
2 to break out *(panika, epidemia)*
3 to erupt *(wulkan)*
■ **Wybuchnął płaczem.** He burst into tears.
■ **Wybuchnęła śmiechem.** She burst out laughing.

wybuchowy ADJECTIVE
1 explosive *(substancja)*
2 quick-tempered *(charakter)*
■ **materiały wybuchowe** explosives

wychodzić (**wychodzę, wychodzisz**)
(IMPERATIVE **wychodź**, PERF **wyjść**) VERB
1 to leave

□ On wychodzi z domu co rano o ósmej. He leaves the house every morning at eight.
■ **Wyjdź na spacer.** Go out for a walk.
2 to come out
□ Magazyn wychodzi co miesiąc. The magazine comes out every month.
■ **Bardzo chciałbym wyjść z długów.** I would love to get out of debt.
■ **Musi wyjść za mąż.** She has to get married.
■ **Moje okno wychodzi na zachód.** My window looks west.
■ **wychodzić z mody** to go out of fashion

wychowawca (GEN **wychowawcy**, PL **wychowawcy**) MASC NOUN

○ **LANGUAGE TIP** wychowawca declines like a feminine noun in the singular

year-group tutor
home-room teacher (US)

wychowawczyni (GEN **wychowawczyni**, PL **wychowawczynie**, GEN PL **wychowawczyń**) FEM NOUN
year-group tutor
home-room teacher (US)

wychowywać (**wychowuję, wychowujesz**)
(PERF **wychować**) VERB
1 to bring up *(uczyć)*
2 to educate *(wykształcić)*
■ **wychowywać się** to be brought up
□ Wychowywał się u dziadków. He was brought up by his grandparents.

wycieczka (GEN **wycieczki**, PL **wycieczki**, DAT SING AND LOC SING **wycieczce**, GEN PL **wycieczek**) FEM NOUN
trip
□ wycieczka piesza a walking trip
■ **Wycieczka po mieście prowadzi za kościół.** The city tour takes you behind the church.

wycieńczony ADJECTIVE
emaciated
□ On wygląda na wycieńczonego i schorowanego. He looks ill and emaciated.

wycierać (**wycieram, wycierasz**)
(PERF **wytrzeć**) VERB
to wipe up

wycofywać (**wycofuję, wycofujesz**)
(PERF **wycofać**) VERB
to withdraw

wyczerpujący ADJECTIVE
1 exhausting
□ Podnoszenie ciężarów jest wyczerpujące. Weight lifting is exhausting.
2 exhaustive
□ Udzielił mi wyczerpującej odpowiedzi. He gave me an exhaustive description.

wydajny ADJECTIVE
efficient

wydanie (GEN **wydania**, PL **wydania**, GEN PL **wydań**) NEUT NOUN
edition
■ **wydanie książki w miękkiej oprawie** paperback edition

wydarzenie (GEN **wydarzenia,** PL **wydarzenia,**
GEN PL **wydarzeń**) NEUT NOUN
event

wydawać (**wydaję, wydajesz**) (PERF **wydać**)
VERB

1 to spend *(zapłacić)*
□ Wydał całe swoje kieszonkowe. He spent all
his pocket money.

2 to issue *(wystawić)*
□ Urząd Miasta wydał mi nowy dowód osobisty.
The town council issued me a new identity
card.

■ **wydawać się** to seem □ Wydawał się
zmęczony. He seemed exhausted.

■ **Nie mam wydać.** I've got no change.

■ **wydawać kogoś za mąż** to marry somebody
off

■ **Wydał opinię.** He expressed an opinion.

■ **Stołówka wydaje obiady od 12.00.**
The canteen serves lunches from 12.00.

wydawca (GEN **wydawcy,** PL **wydawcy**)
MASC NOUN
publisher

wydawnictwo (GEN **wydawnictwa,**
PL **wydawnictwa,** LOC SING **wydawnictwie**)
NEUT NOUN

1 publishing house *(o instytucji)*

2 publication *(o publikacji)*
□ wydawnictwo specjalistyczne a specialist
publication

■ **wydawnictwo ciągłe** a periodical

wydech (GEN **wydechu,** PL **wydechy**) MASC NOUN

1 exhalation

2 exhaust *(w samochodzie)*

wydobrzeć (**wydobrzeję, wydobrzejesz**) VERB
PERF

to get better
□ Mam nadzieję, że wkrótce wydobrzejesz.
I hope you get better soon.

wydorośleć (**wydorośleję, wydoroślejesz**)
VERB PERF
to grow up

wydział (GEN **wydziału,** PL **wydziały,**
LOC SING **wydziale**) MASC NOUN

1 department *(w urzędzie)*

2 faculty *(w uniwersytecie)*

wyeliminować (**wyeliminuję,**
wyeliminujesz) VERB PERF ▷*zobacz*
eliminować

wyemigrować (**wyemigruję, wyemigrujesz**)
VERB PERF ▷*zobacz* emigrować

wyganiać (**wyganiam, wyganiasz**)
(PERF **wygonić**) VERB
to drive out

■ **wyganiać na dwór** to chase outside

wyginać (**wyginam, wyginasz**) (PERF **wygiąć**)
VERB
to bend

■ **wyginać się** to bend

wyginąć (**wyginie**) VERB PERF
to become extinct

wygląd (GEN **wyglądu,** LOC SING **wyglądzie**)

MASC NOUN
appearance

wyglądać (**wyglądam, wyglądasz**)
(PERF **wyjrzeć**) VERB
to look
□ Zawsze wygląda przez okno. She is always
looking out of the window. □ Jak ona wygląda?
What does she look like? □ Wygląda na to, że ...
It looks as if ...

wygłaszać (**wygłaszam, wygłaszasz**)
(PERF **wygłosić**) VERB
to deliver *(a speech: przemówienie, kwestię)*

wygłupiać się (**wygłupiam, wygłupiasz**) VERB
to fool about

wygoda (GEN **wygody,** PL **wygody,** DAT SING AND
LOC SING **wygodzie,** GEN PL **wygód**) FEM NOUN
convenience

■ **dom z wszelkimi wygodami** a house with
all mod cons

wygodnie ADVERB
comfortably
□ Usiądź wygodnie i zrelaksuj się.
Sit comfortably and relax.

wygodny ADJECTIVE

1 comfortable *(fotel)*

2 convenient
□ Ta data nie jest dla mnie wygodna. That date
isn't convenient for me.

wygrana (GEN **wygranej,** PL **wygrane**) FEM NOUN
decl like adj
win

■ **Nigdy nie dawała za wygraną.** She never
gave up.

■ **Trafił główną wygraną.** He hit the jackpot.

wygrywać (**wygrywam, wygrywasz**) (PERF
wygrać) VERB
to win

wyjaśniać (**wyjaśniam, wyjaśniasz**) (PERF
wyjaśnić) VERB
to explain

■ **wyjaśniać się** to become clear (2 *o sytuacji,
sporze*)

■ **Tajemnica się wyjaśniła.** The mystery is
solved.

wyjaśnienie (GEN **wyjaśnienia,** PL **wyjaśnienia,**
GEN PL **wyjaśnień**) NEUT NOUN
explanation

wyjazd (GEN **wyjazdu,** PL **wyjazdy,** LOC SING
wyjeździe) MASC NOUN

1 departure *(odjazd)*

2 journey *(podróż)*
■ **rodzinny wyjazd za miasto** a family trip out
of town

3 exit *(miejsce)*

wyjątek (GEN **wyjątku,** PL **wyjątki,** INST SING
wyjątkiem) MASC NOUN
exception
□ Zrobiła dla mnie wyjątek. She made an
exception for me.

wyjątkowo ADVERB
exceptionally

■ **Wyjątkowo pozwolę ci oglądać TV do**

późna. As an exception you can stay up late to watch TV.

wyjątkowy ADJECTIVE
exceptional

■ **stan wyjątkowy** state of emergency

wyjechać (wyjadę, wyjedziesz) (IMPERATIVE wyjedź) VERB PERF ▷ zobacz **wyjeżdżać**

wyjeżdżać (wyjeżdżam, wyjeżdżasz) (PERF **wyjechać**) VERB
1 to go out (opuścić miejsce)
2 to go away
□ W przyszłą niedzielę wyjeżdżamy do Polski. We are going away to Poland next Sunday.

wyjmować (wyjmuję, wyjmujesz) (PERF **wyjąć**) VERB
to take out

wyjrzeć (wyjrzę, wyjrzysz) (IMPERATIVE wyjrzyj) VERB PERF ▷ zobacz **wyglądać**

wyjście (GEN wyjścia, PL wyjścia, GEN PL wyjść) NEUT NOUN
1 departure (czynność)
2 exit (miejsce)
3 solution (rozwiązanie)

■ **Nie miała wyjścia, jak tylko to zrobić.** She had no choice, but to do it.

wyjść (wyjdę, wyjdziesz) (IMPERATIVE wyjdź, PT wyszedł, wyszła, wyszli) VERB PERF ▷ zobacz **wychodzić**

■ **wyjść z siebie ze złości** to fly into a rage

wykaz (GEN wykazu, PL wykazy, LOC SING wykazie) MASC NOUN
register (spis)

wykąpać (wykąpię, wykąpiesz) VERB PERF ▷ zobacz **kąpać**

wykluczać (wykluczam, wykluczasz) (PERF **wykluczyć**) VERB
to rule out

■ **wykluczać się** to be mutually exclusive

wykluczony ADJECTIVE

■ **To jest wykluczone.** It's out of the question.

wykład (GEN wykładu, PL wykłady, LOC SING wykładzie) MASC NOUN
lecture

wykładowca (GEN wykładowcy, PL wykładowcy) MASC NOUN

( ) **LANGUAGE TIP wykładowca** declines like a feminine noun in the singular
lecturer

wykonawca (GEN wykonawcy, PL wykonawcy) MASC NOUN

( ) **LANGUAGE TIP wykonawca** declines like a feminine noun in the singular
contractor

□ wykonawca robót budowlanych building contractor

wykonywać (wykonuję, wykonujesz) (PERF **wykonać**) VERB
to carry out

■ **wykonać rozkaz** to carry out an order
■ **wykonywać zawód stolarza** to work as a joiner

wykończony ADJECTIVE
finished

wykres (GEN wykresu, PL wykresy, LOC SING wykresie) MASC NOUN
chart (rysunek)

wykształcać (wykształcam, wykształcasz) (IMPERF **wykształcić**) VERB
to educate

wykształcenie (GEN wykształcenia) NEUT NOUN
education

□ wykształcenie podstawowe primary education; elementary education (US)
□ wykształcenie średnie secondary education
□ wykształcenie wyższe higher education

■ **Jest z wykształcenia ekonomistą.** He is an economist by training.

wykształcić (wykształcę, wykształcisz) (IMPERATIVE wykształć) VERB perf ▷ zobacz **kształcić, wykształcać**

wykształcony ADJECTIVE
educated

wykwalifikowany ADJECTIVE
qualified (2 położna, pomoc domowa)

■ **robotnik wykwalifikowany** skilled worker

wykwintny ADJECTIVE
fine (zapach, potrawa, strój)

wylądować (wyląduję, wylądujesz) VERB PERF ▷ zobacz **lądować**

wyleczyć (wyleczę, wyleczysz) VERB PERF ▷ zobacz **leczyć**

wylew (GEN wylewu, PL wylewy, LOC SING wylewie) MASC NOUN

■ **wylew krwi do mózgu** stroke

wylewać (wylewam, wylewasz) (PERF **wylać**) VERB
1 to pour (płyn)
2 to sack (potoczny)
□ Został wylany za ciągłe nieobecności w pracy. He was sacked for his continual absences from work.
to overflow
□ Rzeka wylała po długim deszczu. The river overflowed after all the rain.

■ **wylewać się** to spill (rozlewać się)
□ Zupa wylała się na stół. The soup spilled over the table.

wylogować się (wyloguję, wylogujesz) VERB perf
to log out (Komput)

wylot (GEN wylotu, PL wyloty, LOC SING wylocie) MASC NOUN
exit

■ **Nigdy nie kieruj wylotu lufy karabinu w kierunku ludzi.** Never point the muzzle of a rifle towards people.
■ **Jesteśmy na wylocie.** We are just about to leave.

wyluzować się (wyluzuję, wyluzujesz) VERB PERF
to chill out
□ Wyluzuj się! Czemu jesteś taka spięta? Chill out! Why are you so uptight?

w

wyłączać (wyłączam, wyłączasz) (PERF
wyłączyć) VERB
to turn off
□ Wyłącz żelazko z sieci! Turn the iron off!
■ wyłączać się to hang up
■ wyłączać kogoś/coś z+gen to exclude
somebody/something from
■ wyłączając tu obecnych present company
excepted
■ Czuł się wyłączony z rozmowy. He felt left
out of the conversation.

wyłącznie ADVERB
exclusively

wyłączony ADJECTIVE
switched off
□ Światło jest wyłączone. The light is switched off.

wymagać (wymagam, wymagasz) VERB +gen
to require
□ Ten projekt wymaga czasu. This project
requires time.

wymagający ADJECTIVE
demanding (nauczyciel, rodzic)

wymagania (GEN wymagań) PL NOUN
demands

wymagany ADJECTIVE
required (opłata, strój, dokument)

wymiana (GEN wymiany, PL wymiany,
DAT wymianie) FEM NOUN
1 exchange
2 replacement (części)
■ kantor wymiany bureau de change

wymieniać (wymieniam, wymieniasz)
(PERF wymienić) VERB
1 to exchange
□ Czy mogę to wymienić na rozmiar 12?
Could I exchange this for a size 12?
2 to change
3 to list
□ Wymień pięć zwierząt żyjących w Afryce.
List five animals living in Africa.

wymiotować (wymiotuję, wymiotujesz)
(PERF zwymiotować) VERB
to vomit

wymioty (GEN wymiotów) PL NOUN
vomiting sing

wymowa (GEN wymowy, DAT SING AND LOC SING
wymowie) FEM NOUN
1 pronunciation (Jęz)
2 significance
□ To wydarzenie o szczególnej wymowie.
It's an event of great significance.

wymuszać (wymuszam, wymuszasz)
(PERF wymusić) VERB
to extort

wymyślać (wymyślam, wymyślasz)
(PERF wymyślić) VERB
to invent

wynagradzać (wynagradzam,
wynagradzasz) (PERF wynagrodzić) VERB
■ wynagradzać coś komuś to make
something up to somebody □ Wynagrodzono
mu straty. They made his losses up to him.

wynagrodzenie (GEN wynagrodzenia, PL
wynagrodzenia, GEN PL wynagrodzeń) NEUT NOUN
pay (miesięczne, tygodniowe, sowite)

wynajdywać (wynajduję, wynajdujesz)
(PERF wynaleźć) VERB
to discover

wynajem (GEN wynajmu, LOC SING wynajmie)
MASC NOUN
1 renting (mieszkania)
2 hiring
■ umowa wynajmu lease

wynajęcie (GEN wynajęcia) NEUT NOUN
= wynajem
■ do wynajęcia to let; for rent (US)

wynajmować (wynajmuję, wynajmujesz)
(PERF wynająć) VERB
1 to hire (pracownika, samochód)
2 to rent (pokój)

wynalazca (GEN wynalazcy, PL wynalazcy)
MASC NOUN

○ **LANGUAGE TIP** wynalazca declines like
a feminine noun in the singular
inventor

wynalazek (GEN wynalazku, PL wynalazki,
INST SING wynalazkiem) MASC NOUN
invention
□ bardzo oryginalny wynalazek a very original
invention

wynaleźć (wynajdę, wynajdziesz) (IMPERATIVE
wynajdź, PT wynalazł, wynalazła, wynaleźli)
VERB PERF ▷zobacz wynajdywać

wynik (GEN wyniku, PL wyniki, INST SING wynikiem)
MASC NOUN
1 result (doskonały, rekordowy, mierny)
2 outcome
□ W wyniku śledztwa aresztowano trzy osoby.
The outcome of the investigation was that
three people were arrested.

wynikać (wynika) (PERF wyniknąć) VERB
to arise
■ wynika z tego, że ... it follows that ...

wynos MASC NOUN

○ **LANGUAGE TIP** wynos does not decline
■ danie na wynos a take-away; a take-out (US)

wynosić (wynoszę, wynosisz) (IMPERATIVE
wynoś, PERF wynieść) VERB
1 to take away
□ Wynieś śmieci jutro rano. Take the rubbish
away tomorrow morning.
2 to elevate (awansować)
□ Został wyniesiony do rangi oficera. He was
elevated to the rank of officer.
3 to amount to
□ Koszty wynoszą cztery miliony złotych.
The costs will amount to four million zlotys.
■ wynosić się to clear off □ Wynoś się!
Clear off!

wyobraźnia (GEN wyobraźni) FEM NOUN
imagination (chora, bujna)

wyobrażać (wyobrażam, wyobrażasz)
(PERF wyobrazić) VERB
to represent

■ **Wyobraź sobie, jak nam było wstyd.**
Imagine our embarrassment.
■ **Co ty sobie wyobrażasz!** What are you
thinking!
wyobrażenie (GEN **wyobrażenia**,
PL **wyobrażenia**, GEN PL **wyobrażeń**) NEUT NOUN
idea *(pogląd)*
wypadać (**wypadam, wypadasz**)
(PERF **wypaść**) VERB
to fall out *(wylecieć)*
□ Przez te lekarstwa wypadają jej włosy.
Her hair fell out because of the medication.
■ **Pociąg wypadł z torów.** The train jumped
the track.
■ **Wielkanoc wypada często w marcu.**
Easter often falls in March.
■ **Wypada po dwa na każde gospodarstwo.**
It works out at two for each farm.
■ **Wszystko wypadło dobrze.** All went well.
■ **Przyjdę, jeżeli nic nie wypadnie.** I'll be
there, if nothing happens to stop me.
■ **Spotkanie wypadło z planu.** The meeting
had to be put off.
wypadek (GEN **wypadku**, PL **wypadki**, INST SING
wypadkiem) MASC NOUN
1 accident *(nieszczęśliwe wydarzenie)*
2 incident *(zdarzenie)*
■ **na wypadek wojny** in case of war
■ **w nagłych wypadkach** in cases of
emergency
■ **W tym wypadku miał rację.** In that case he
was right.
■ **na wszelki wypadek** just in case
wypakowywać (**wypakowuję,
wypakowujesz**) (PERF **wypakować**) VERB
to unpack *(plecak, walizkę, siatkę)*
wypełniony ADJECTIVE
full
■ **wypełniony po brzegi** full to the brim
wypić (**wypiję, wypijesz**) VERB *perf* ▷ *zobacz* pić,
wypijać
wypijać (**wypijam, wypijasz**) VERB
to drain
wypisywać (**wypisuję, wypisujesz**)
(PERF **wypisać**) VERB
1 to write out
□ Lekarz wypisał mi receptę na antybiotyk.
The doctor wrote out a prescription for
antibiotics for me.
2 to write down *(zapisywać)*
■ **wypisywać się** *(atrament)* to run out
■ **Kiedy wypiszą ją ze szpitala?** When are
they going to discharge her?
wypłacać (**wypłacam, wypłacasz**)
(PERF **wypłacić**) VERB
■ **wypłacać coś komuś** *(zaliczkę, prowizję)*
to pay somebody something
wypłata (GEN **wypłaty**, PL **wypłaty**, DAT SING AND
LOC SING **wypłacie**) FEM NOUN
payment
wypocząć (**wypocznę, wypoczniesz**)
(IMPERATIVE **wypocznij**) VERB PERF

to get some rest
wypoczęty ADJECTIVE
well-rested *(twarz, cera)*
wypoczynek (GEN **wypoczynku**,
INST SING **wypoczynkiem**) MASC NOUN
rest *(letni, zimowy, aktywny)*
wypoczywać (**wypoczywam, wypoczywasz**)
(PERF **wypocząć**) VERB
to rest
wyposażony ADJECTIVE
equipped
□ Łódź została wyposażona w motor. The boat
was equipped with a motor.
■ **dobrze wyposażony** well-equipped
wypowiedź (GEN **wypowiedzi**, PL **wypowiedzi**,
GEN PL **wypowiedzi**) FEM NOUN
statement
wypożyczać (**wypożyczam, wypożyczasz**)
(PERF **wypożyczyć**) VERB
1 to lend
■ **wypożyczać coś komuś** to lend something
to somebody
2 to borrow
■ **wypożyczać coś od kogoś** to borrow
something from somebody
wypożyczalnia (GEN **wypożyczalni**, PL
wypożyczalnie, GEN PL **wypożyczalni**) FEM NOUN
hire-shop
■ **wypożyczalnia samochodów** car hire; auto
rental (US)
■ **wypożyczalnia video** video shop; video
rental store (US)
wyprać (**wypiorę, wypierzesz**) VERB PERF
▷ *zobacz* prać
wyprasować (**wyprasuję, wyprasujesz**) VERB
PERF ▷ *zobacz* prasować
wyprawa (GEN **wyprawy**, PL **wyprawy**, DAT SING
AND LOC SING **wyprawie**) FEM NOUN
expedition *(ekspedycja)*
wyprodukować (**wyprodukuję,
wyprodukujesz**) VERB PERF ▷ *zobacz* produkować
wyprzedzać (**wyprzedzam, wyprzedzasz**)
(PERF **wyprzedzić**) VERB
1 to pass *(w drodze)*
2 to be ahead of *(być bardziej postępowym)*
wypytywać (**wypytuję, wypytujesz**) (PERF
wypytać) VERB
■ **wypytywać kogoś o coś** to question
somebody about something
wyraz (GEN **wyrazu**, PL **wyrazy**, LOC SING **wyrazie**)
MASC NOUN
1 word *(Jęz)*
■ **wyraz obcy** *(Jęz)* a foreign expression
2 expression *(objaw)*
□ wyraz wdzięczności an expression of
gratitude
■ **wyrazy współczucia** my sympathies
wyrazisty ADJECTIVE
1 expressive *(gest)*
2 distinctive *(nos)*
□ wyraziste rysy twarzy distinctive facial
features

wyraźnie ADVERB
1 distinctly *(słyszeć)*
2 evidently *(zdenerwowany)*
wyraźny ADJECTIVE
clear
□ Dostał wyraźne instrukcje wykonania projektu. He received clear instructions for carrying out the project.
wyrażać (wyrażam, wyrażasz) (PERF wyrazić)
VERB
to express
■ Rodzice muszą wyrazić zgodę na adopcję dziecka. The parents must agree to the adoption.
■ Jak ty się wyrażasz do nauczyciela! What kind of language is that to use to the teacher!
■ wyrażać się to express oneself *(wysławiać się)*
wyrażenie (GEN wyrażenia, PL wyrażenia, GEN PL wyrażeń) NEUT NOUN
expression *(idiomatyczne)*
wyrok (GEN wyroku, PL wyroki, INST SING wyrokiem) MASC NOUN
verdict
□ Wyrok już zapadł. The verdict has already been reached. □ wyrok skazujący guilty verdict
wyrostek (GEN wyrostka, PL wyrostki, INST SING wyrostkiem) MASC NOUN
youngster *(osoba)*
■ wyrostek robaczkowy appendix
wyrozumiały ADJECTIVE
understanding
wyrządzać (wyrządzam, wyrządzasz) (PERF wyrządzić) VERB
■ wyrządzać komuś krzywdę to inflict harm on somebody
wyrzucać (wyrzucam, wyrzucasz) (PERF wyrzucić) VERB
to throw away
■ wyrzucić kogoś z pracy to sack somebody
wyschnąć (wyschnę, wyschniesz) (IMPERATIVE wyschnij, PT wysechł, wyschła, wyschli) VERB
perf ▷ zobacz schnąć, wysychać
wysiadać (wysiadam, wysiadasz) (PERF wysiąść) VERB
1 to get off *(z pojazdu)*
2 to get out *(z samochodu)*
3 to pack up *(potoczny: psuć się)*
wysilać (wysilam, wysilasz) (PERF wysilić) VERB
■ wysilać mózg to rack one's brains
■ wysilać słuch to strain one's ears
■ wysilać się to exert oneself
■ wysilać się, żeby wstać to make an effort to get up
■ wysilać się na grzeczność to try hard to be polite
wysiłek (GEN wysiłku, PL wysiłki, INST SING wysiłkiem) MASC NOUN
effort *(fizyczny, umysłowy)*
□ podejmować wysiłki to make an effort
■ bez żadnego wysiłku effortlessly
wysłać (1) (wyślę, wyślesz) (IMPERATIVE wyślij) VERB ▷ zobacz wysyłać

wysłać (2) (wyścielę, wyścielisz) (IMPERATIVE wyściel) VERB ▷ zobacz wyścielać
wysłuchać (wysłucham, wysłuchasz) VERB PERF
to listen to *(koncertu, wykładu)*
■ wysłuchać kogoś do końca to give somebody a hearing
wysoki (COMP najwyższy, SUPERL wyższy) ADJECTIVE
1 high
□ Ten regał jest dla mnie za wysoki. The bookshelf is too high for me. □ wysoki na 3 metry 3 metres high
2 tall *(budynek, drzewo, człowiek)*
3 high-ranking
□ wysoki rangą oficer high-ranking officer
wysoko (COMP wyżej, SUPERL najwyżej) ADVERB
highly
□ wysoko płatna praca highly-paid work
wyspa (GEN wyspy, PL wyspy, DAT SING AND LOC SING wyspie) FEM NOUN
island
□ Wyspy Brytyjskie the British Isles
wystarczać (wystarcza) (PERF wystarczyć) VERB
to be enough
□ Trzy krzesła wystarczą. Three chairs will be enough.
■ Godzina wystarczy na przygotowania. An hour will do for preparations.
■ Jego nazwisko wystarczyło za reklamę. His name was publicity enough.
■ Czy to wystarczy? Will that do?
wystarczająco ADVERB
■ wystarczająco długi long enough
■ wystarczająco dużo enough
wystarczający ADJECTIVE
sufficient *(kwota, ilość)*
wystartować (wystartuję, wystartujesz) VERB PERF ▷ zobacz startować
wystawa (GEN wystawy, PL wystawy, DAT SING AND LOC SING wystawie) FEM NOUN
1 exhibition
□ ciekawa wystawa rzeźby an interesting sculpture exhibition
2 show
□ coroczna wystawa gołębi pocztowych annual carrier pigeon show
3 window display
□ Lubię oglądać wystawy sklepowe. I like looking at window displays.
występ (GEN występu, PL występy, LOC SING występie) MASC NOUN
performance
□ występy cyrkowe circus performance
występować (występuję, występujesz) (PERF wystąpić) VERB
1 to occur
2 to appear
□ Ta aktorka ostatnio wystąpiła w komedii. The actress recently appeared in a comedy.
3 to take part

□ Drużyna wystąpiła w mistrzostwach świata. The team took part in the world championships.

■ **Wystąpiła z pomysłem.** She came forward with the idea.

wysuszyć (**wysuszę, wysuszysz**) VERB PERF
▷*zobacz* **suszyć**

wysychać (**wysycha**) (PERF **wyschnąć**) VERB
to dry up

wysyłać SMS (PERF **wysłać**) VERB
text

wysyłka (GEN **wysyłki**, PL **wysyłki**, DAT SING AND LOC SING **wysyłce**, GEN PL **wysyłek**) FEM NOUN
dispatch

wyszczupleć (**wyszczupleję, wyszczuplejesz**) VERB PERF
to slim down

wyszedł VERB ▷*zobacz* **wyjść**

wyszkolić (**wyszkolę, wyszkolisz**) VERB PERF
▷*zobacz* **szkolić**

wyszła VERB ▷*zobacz* **wyjść**

wyścig (GEN **wyścigu**, PL **wyścigi**, INST SING **wyścigiem**) MASC NOUN
race

■ **wyścig szczurów** the rat race

wyśmienity ADJECTIVE
1 splendid *(aktor)*
2 delicious
   □ Co za wyśmienita szarlotka! What a delicious apple pie!

wyświadczać (**wyświadczam, wyświadczasz**) (PERF **wyświadczyć**) VERB
■ **wyświadczać komuś przysługę** to do somebody a favour; to do somebody a favor (US)

wyświetlać (**wyświetlam, wyświetlasz**) (PERF **wyświetlić**) VERB
1 to project
   ■ **Nasze miejscowe kino często wyświetla klasyczne filmy czarno-białe.** Our local cinema often shows classic black and white films.
2 to display *(informację)*

wytłumaczenie (GEN **wytłumaczenia**) NEUT NOUN
explanation *(proste, oczywiste)*

wytłumaczyć (**wytłumaczę, wytłumaczysz**) VERB PERF ▷*zobacz* **tłumaczyć**

wytrwały ADJECTIVE
persistent

wytrzeć (**wytrę, wytrzesz**) (IMPERATIVE **wytrzyj**, PT **wytarł**) VERB PERF ▷*zobacz* **wycierać**

wytrzeźwieć (**wytrzeźwieję, wytrzeźwiejesz**) VERB PERF ▷*zobacz* **trzeźwieć**

wywiad (GEN **wywiadu**, PL **wywiady**, LOC SING **wywiadzie**) MASC NOUN
interview

wywiązywać się (**wywiązuję, wywiązujesz**) (PERF **wywiązać**) VERB
1 to develop *(powstawać: dyskusja, walka)*
2 to fulfil expectations *(wypełnić rolę)*
   ■ **Wywiązywał się z obowiązków.** He did his duty.

■ **Musisz wywiązywać się z obietnic.** You have got to deliver the goods.

wyznać (**wyznam, wyznasz**) VERB PERF
to confess

■ **wyznać coś komuś** *(uczucia, tajemnicę)*
to confess something to somebody

wyznanie (GEN **wyznania**, PL **wyznania**, GEN PL **wyznań**) NEUT NOUN
1 confession *(sekretu)*
2 religion *(religia)*

wyżej ADVERB *comp* ▷*zobacz* **wysoko**
above *(w tekście)*

wyższość (GEN **wyższości**) FEM NOUN
superiority

■ **patrzeć na kogoś z wyższością** to look down on somebody

wyższy ADJECTIVE *comp* ▷*zobacz* **wysoki**
1 higher *(wykształcenie)*
2 higher-ranking *(urzędnik)*

wyżywić (**wyżywię, wyżywisz**) VERB PERF
to feed

■ **wyżywić się** to subsist

wyżywienie (GEN **wyżywienia**) NEUT NOUN
food

■ **pełne wyżywienie** full board

wzajemnie ADVERB
mutually

■ **Pomagajcie sobie wzajemnie!** Help one another!

■ **Dziękuję, wzajemnie!** Thank you, the same to you!

wzajemny ADJECTIVE
mutual *(pomoc, opieka, uczucie)*

wzdłuż PREPOSITION
▷*zobacz też* **wzdłuż** ADVERB

   ⁞ **LANGUAGE TIP** **wzdłuż** takes the genitive
along

wzdłuż ADVERB
▷*zobacz też* **wzdłuż** PREPOSITION
lengthways *(przeciąć)*

■ **wzdłuż i wszerz** every way

wzgórze (GEN **wzgórza**, PL **wzgórza**) NEUT NOUN
hill

wziąć (**wezmę, weźmiesz**) (IMPERATIVE **weź**) VERB PERF ▷*zobacz* **brać**

wzmacniać (**wzmacniam, wzmacniasz**) (PERF **wzmocnić**) VERB
1 to build up *(siły)*
2 to reinforce
   □ Trzeba wzmocnić konstrukcję budynku. The structure of the building needs to be reinforced.
3 to amplify
   □ wzmacniać siłę dźwięku to amplify the sound
   ■ **wzmacniać się** to get stronger *(nabierać sił)*

wznosić (**wznoszę, wznosisz**) (IMPERATIVE **wznoś**, PERF **wznieść**) VERB
1 to raise *(podnosić)*
   □ Wzniósł dumnie głowę. He proudly raised his head.
2 to erect
   □ W centrum miasta wzniesiono pomnik

znanego poety. A monument to the famous poet was erected in the town centre.

3 to tower *(o górach)*

■ **wznosić kielich za kogoś/coś** to propose a toast to somebody/something

wzorowy ADJECTIVE

1 model

2 exemplary *(uczeń)*

■ **wzorowe sprawowanie** good conduct

wzór (GEN **wzoru**, PL **wzory**, LOC SING **wzorze**)

MASC NOUN

1 pattern *(deseń)*

2 model

□ Ta książka może służyć za wzór doskonałej pracy edytorskiej. This book can serve as the model of editorial work.

wzrok (GEN **wzroku**, INST SING **wzrokiem**)

MASC NOUN

1 eyesight *(zmysł)*

2 gaze *(spojrzenie)*

wzrost (GEN **wzrostu**, LOC SING **wzroście**)

MASC NOUN

1 height

□ Proszę tutaj wpisać swój wzrost. Please fill in your height here.

■ **Nie był wysokiego wzrostu.** He wasn't tall.

■ **Miała prawie dwa metry wzrostu.** She was almost two metres tall.

■ **Ile masz wzrostu?** How tall are you?

2 growth *(roślin)*

□ wzrost gospodarczy economic growth

■ **wzrost bezrobocia** a rise in unemployment

wzruszający ADJECTIVE

moving *(film, opowieść, książka)*

wzruszenie (GEN **wzruszenia**, PL **wzruszenia**, GEN PL **wzruszeń**) NEUT NOUN

emotion

wzwyż ADVERB

upwards

■ **skok wzwyż** the high jump

■ **skoczek wzwyż** a high jumper

■ **od 30 lat wzwyż** 30 years and over

Zz

z, ze PREPOSITION

> **LANGUAGE TIP** When z means **from** or **out of** it takes the genitive

1 from

□ z domu from home □ z doświadczenia from experience □ Jestem z Anglii. I am from England. □ To mój kolega z pracy. This is my friend from work.

2 out of

■ Niektórzy z was mają szansę na awans. Some of you have the chance of a promotion.
■ Podskakiwała z radości. She jumped for joy.
■ Ona jest dobra z matematyki. She is good at maths.
■ Z zawodu jest ślusarzem. He is a locksmith by profession.
■ egzamin z angielskiego an English examination
■ z całego serca wholeheartedly

> **LANGUAGE TIP** When z means **with** or **of** it takes the instrumental

3 with

□ Chodź ze mną. Come with me. □ chłopiec z długimi włosami a boy with long hair

4 of

□ dzbanek z wodą a jar of water

> **LANGUAGE TIP** When z means **about** it takes the accusative

about

□ z godzinę about an hour □ z kilometr about a kilometre

za PREPOSITION

▷ zobacz też **za** ADVERB

> **LANGUAGE TIP** When za is used to show the location of something, it takes the instrumental.

1 behind

□ za drzewem behind the tree □ za oknem behind the window

2 after

□ jeden za drugim one after the other
■ Tęsknię za rodziną. I miss my family.

> **LANGUAGE TIP** When za is used to show where something is moving to, it takes the accusative.

3 behind

□ Dziecko schowało się za drzewo. The child hid behind a tree.

■ W soboty zwykle wyjeżdżamy za miasto.

On Saturdays we usually leave town.
■ chwycić perf kogoś za rękę to take hold of somebody's hand

4 for

□ Kupiłem to za 5 złotych. I bought this for 5 zlotys. □ walczyć imperf za wolność to fight for freedom □ Za to, że ... In return for ...
■ wznosić (PERF wznieść) toast za czyjeś zdrowie to drink a toast to somebody's health

5 in

□ za trzy godziny in three hours □ za młodu in one's youth
■ Jest za dziesięć piąta. It's ten to five.
■ Pracuje za dwóch. He does the work of two.

> **LANGUAGE TIP** When za means **in** or **during** it takes the genitive

6 during

□ za panowania króla Ryszarda during the reign of King Richard

za ADVERB

▷ zobacz też **za** PREPOSITION

too

□ za późno too late □ za wcześnie too early
■ Co za dzień! What a day!

zaadresować (zaadresuję, zaadresujesz) VERB PERF ▷ zobacz **adresować**

zaakceptować (zaakceptuję, zaakceptujesz) VERB PERF ▷ zobacz **akceptować**

zaangażować (zaangażuję, zaangażujesz) VERB PERF ▷ zobacz **angażować**

zaapelować (zaapeluję, zaapelujesz) VERB PERF ▷ zobacz **apelować**

zaaresztować (zaaresztuję, zaaresztujesz) VERB PERF ▷ zobacz **aresztować**

zaatakować (zaatakuję, zaatakujesz) VERB PERF ▷ zobacz **atakować**

zaawansowany ADJECTIVE

▷ zobacz też **zaawansowany** MASC NOUN

advanced

□ grupa zaawansowana the advanced group
□ zaawansowana choroba advanced illness

zaawansowany MASC NOUN

▷ zobacz też **zaawansowany** ADJECTIVE

> **LANGUAGE TIP** zaawansowany declines like an adjective

advanced learner

zabarwiać (zabarwiam, zabarwiasz) (PERF zabarwić) VERB

to dye

□ zabarwić ubranie na zielono to dye clothes green

■ **zabarwiać się na niebiesko** to turn blue

zabawa (GEN **zabawy**, PL **zabawy**, DAT SING AND LOC SING **zabawie**) FEM NOUN

1 play
   ■ **coś do zabawy** something to play with
   ■ **dla zabawy** for fun

2 game
   ■ **zabawa w chowanego** hide and seek
   ■ **plac zabaw** playground

3 party
   □ zabawa karnawałowa Carnival party
   ■ **Przyjemnej zabawy!** Have a good time!

zabawiać (**zabawiam, zabawiasz**)

(PERF **zabawić**) VERB
to entertain
   ■ **zabawiać się** to amuse oneself

zabawka (GEN **zabawki**, PL **zabawki**, DAT SING AND LOC SING **zabawce**, GEN PL **zabawek**) FEM NOUN
toy
   □ Dzieci lubią się bawić tymi zabawkami. The children like playing with these toys.

zabawny ADJECTIVE
amusing
   □ zabawna historia an amusing story

zabezpieczać (**zabezpieczam, zabezpieczasz**) (PERF **zabezpieczyć**) VERB

1 to protect
   ■ **zabezpieczać** (PERF **zabezpieczyć**) **coś przed czymś** to guard something against something

2 to secure
   ■ **zabezpieczyć się przed czymś** to protect oneself against something

zabezpieczenie (GEN **zabezpieczenia**, PL **zabezpieczenia**, LOC SING **zabezpieczeniu**, GEN PL **zabezpieczeń**) NEUT NOUN
protection

zabić (**zabiję, zabijesz**) VERB PERF ▷*zobacz* **zabijać**

zabieg (GEN **zabiegu**, PL **zabiegi**, INST SING **zabiegiem**, LOC SING **zabiegu**) MASC NOUN

1 procedure
   □ zabieg medyczny a medical procedure

2 operation (*operacja*)

zabiegowy ADJECTIVE
   ■ **gabinet zabiegowy** surgery

zabierać (**zabieram, zabierasz**) (PERF **zabrać**) VERB

1 to take
   □ Na urlop zawsze zabieram ze sobą aparat. I always take my camera with me on holiday.
   □ Dojazd do pracy zajmuje mi godzinę. The journey to work takes me an hour.
   □ Ten autobus zabiera maximum 34 osoby. The bus takes a maximum of 34 people.
   ■ **zabierać coś komuś** to take something away from somebody

2 to bring
   □ Zabierz ze sobą zdjęcia z wakacji. Bring the holiday photos.

3 to pick up
   □ Sklepikarz zabrał towar z hurtowni. The shopkeeper picked up the goods from the wholesaler.
   ■ **zabierać się do czegoś** to get down to something □ Zabierzmy się do pracy. Let's get down to work.
   ■ **zabierać się z kimś** to get a lift from somebody □ Chcecie się z nami zabrać? Do you want to get a lift with us?

zabijać (**zabijam, zabijasz**) (PERF **zabić**) VERB
to kill
   ■ **zabijać się** to kill oneself □ Zabił się wczoraj w nocy. He killed himself last night.

zabity ADJECTIVE
killed
   □ On został zabity przez wojsko. He was killed by the military.

zabłądzić (**zabłądzę, zabłądzisz**) (IMPERATIVE **zabłądź**) VERB PERF
to get lost

zabłąkać się (**zabłąkam, zabłąkasz**) VERB PERF
to stray

zaboleć (**zaboli**) VERB PERF
to hurt

zaborczy ADJECTIVE

1 aggressive
   □ zaborcza polityka aggressive politics

2 possessive

zabójca (GEN **zabójcy**, PL **zabójcy**, DAT SING AND LOC SING **zabójcy**) MASC NOUN

   ◌ **LANGUAGE TIP zabójca** declines like a feminine noun in the singular
assassin

zabójczy ADJECTIVE
fatal
   □ zabójczy cios a fatal blow

zabójstwo (GEN **zabójstwa**, PL **zabójstwa**, LOC SING **zabójstwie**) NEUT NOUN
assassination

zabrać (**zabiorę, zabierzesz**) VERB PERF ▷*zobacz* **zabierać**

zabraknąć (**zabraknie**) (PT **zabrakło**) VERB PERF
to run out of
   □ Zabrakło nam chleba. We've run out of bread.
   □ Wkrótce zabraknie ci pieniędzy You will soon run out of money.

zabraniać (**zabraniam, zabraniasz**) (PERF **zabronić**) VERB
   ■ **zabraniać czegoś** to forbid something
   ■ **zabraniać komuś coś robić** to forbid somebody to do something □ Rodzice zabronili dziecku oglądać telewizję. The parents banned the child from watching television.

zabroniony ADJECTIVE
prohibited
   □ Palenie jest zabronione. Smoking is prohibited.

zabrudzić (**zabrudzę, zabrudzisz**) (IMPERATIVE **zabrudź**) VERB PERF ▷*zobacz* **brudzić**

zabudowania (GEN **zabudowań**) PL NOUN
buildings *pl*

zabytek (GEN **zabytku**, PL **zabytki**,
INST SING **zabytkiem**, LOC SING **zabytku**,
GEN PL **zabytków**) MASC NOUN
historic monument
□ W naszym mieście znajduje się wiele zabytków.
There are many historic monuments in our town.
■ **zabytki przyrody** protected species

zach. ABBREVIATION (= *zachodni*)
W. (= *West, western*)

zachciewać (PERF **zachcieć**) VERB
■ **Zachciało mi się spać.** I got sleepy.
■ **Zachciało mi się jeść.** I got hungry.

zachęcać (**zachęcam, zachęcasz**) (PERF
zachęcić) VERB
■ **zachęcać kogoś do czegoś** to encourage
somebody to do something

zachęcający ADJECTIVE
encouraging
□ zachęcająca uwaga encouraging remark

zachęta (GEN **zachęty**, PL **zachęty**, DAT SING AND
LOC SING **zachęcie**) FEM NOUN
encouragement

zachmurzony ADJECTIVE
cloudy
□ zachmurzone niebo cloudy sky

zachmurzyć się (**zachmurzę, zachmurzysz**)
VERB PERF
to cloud over
□ Niebo się zachmurzyło. The sky clouded over.

zachodni ADJECTIVE
west
■ **Europa Zachodnia** Western Europe

zachodzić (**zachodzę, zachodzisz**) (IMPERATIVE
zachodź, PERF **zajść**) VERB
1 to set (*słońce*)
2 to drop in
□ Koniecznie zajdź do mnie, jeśli będziesz
znowu w okolicy. You must drop in if you are in
the area again.
3 to occur
□ Obawiam się, że zaszła pomyłka. I fear that
an error has occured.
■ **zajść w ciążę** to become pregnant

zachorować (**zachoruję, zachorujesz**)
VERB PERF ▷ *zobacz* **chorować**

zachowanie (GEN **zachowania**, PL **zachowania**,
LOC SING **zachowaniu**, GEN PL **zachowań**)
NEUT NOUN
1 behaviour
behavior (US)
2 preservation
□ zachowanie tradycji preservation of tradition
■ **zasady dobrego zachowania się** manners
pl □ dobre zachowanie good manners
□ złe zachowanie bad manners

zachowywać (**zachowuję, zachowujesz**)
(PERF **zachować**) VERB
1 to keep
□ Zachowałam bilet na pamiątkę. I kept the
ticket as a souvenir.
2 to retain
■ **Zachowuję siły na maraton.** I am saving my

strength for the marathon.
3 to preserve
□ zachowywać tradycje regionu to preserve the
traditions of the region
■ **zachowywać się** to behave □ Proszę się
grzecznie zachowywać. Please behave nicely.

zachód (GEN **zachodu**, PL **zachody**, LOC SING
zachodzie) MASC NOUN
west
■ **Poznań leży na zachodzie Polski.** Poznan
lies in the west of Poland.
■ **na zachód od** +*gen* west of
■ **zachód słońca** sunset

zachrypnięty ADJECTIVE
hoarse
□ zachrypnięty głos a hoarse voice

zachwalać (**zachwalam, zachwalasz**)
(PERF **zachwalić**) VERB
to praise
□ Rodzice zachwalali swoje dzieci. The parents
praised their children.
■ **Szczególnie zachwalam danie dnia.**
I would particularly recommend the dish of
the day.

zachwycać (**zachwycam, zachwycasz**)
(PERF **zachwycić**) VERB
to delight
□ Jego odpowiedź zachwyciła egzaminatora.
His answer delighted the examiner.
■ **zachwycać się czymś** to marvel at
something

zachwycający ADJECTIVE
delightful

zachwycony ADJECTIVE
delighted
□ Jestem zachwycony tym przedstawieniem.
I am delighted with the performance.

zachwyt (GEN **zachwytu**, PL **zachwyty**,
LOC SING **zachwycie**) MASC NOUN
delight

zaciekawienie (GEN **zaciekawienia**)
NEUT NOUN
1 interest
2 curiosity

zaciekły ADJECTIVE
1 fierce
□ zaciekła dyskusja a fierce discussion
2 ferocious
□ zaciekła napaść a ferocious attack
3 sworn
□ zaciekły przeciwnik a sworn enemy

zacierać (**zacieram, zacierasz**) (PERF **zatrzeć**)
VERB
to cover up
■ **zacierać się** to fade □ Wspomnienia z
dzieciństwa zatarły się w jego pamięci.
His childhood recollections faded from his
memory.

zacieśniać (**zacieśniam, zacieśniasz**)
(PERF **zacieśnić**) VERB
to tighten
■ **zacieśniać się** to tighten

zacinać (**zacinam, zacinasz**) (PERF **zaciąć** VERB
1 to cut
□ Zaciął sobie palec, kiedy kroił chleb. He cut
his finger when he was slicing the bread.
□ Zaciął się przy goleniu. He cut himself shaving.
■ **zacinać się** 1 to jam □ Drukarka się znowu
zacięła. The printer has jammed again.
2 to stammer □ Zacina się tylko wtedy,
gdy jest zdenerwowany. He only stammers
when he is nervous.

zaciskać (**zaciskam, zaciskasz**) (PERF **zacisnąć**
VERB
to tighten
■ **zaciskać** (PERF **zacisnąć zęby** to clench
one's teeth

zaciszny ADJECTIVE
1 quiet
□ Znaleźliśmy zaciszne miejsce na plaży.
We found a quiet spot on the beach.
2 secluded
□ Usiadła w zacisznym zakątku parku. She sat
in a secluded corner of the park.

zaczarować (**zaczaruję, zaczarujesz**)
VERB PERF
to put a spell on

zaczarowany ADJECTIVE
magic

zacząć (**zacznę, zaczniesz**) (IMPERATIVE **zacznij**)
VERB PERF ▷ zobacz **zaczynać**

zaczekać (**zaczekam, zaczekasz**) VERB PERF
▷ zobacz **czekać**

zaczepiać (**zaczepiam, zaczepiasz**)
(PERF **zaczepić** VERB
1 to fasten
2 to accost
□ Na ulicy zaczepił nas jakiś mężczyzna.
Some man accosted us on the street.
■ **zaczepiać o coś** to catch on something
□ Zaczepiłam obcasem o próg. I caught my
heel on the threshold.

zaczynać (**zaczynam, zaczynasz**) (PERF **zacząć**
VERB
to start
□ Kiedy zaczynasz nową pracę? When are you
starting your new job?
■ **zaczynać coś robić** to start doing something
□ Dzieci zaczęły się bawić. The children started
playing.
■ **zaczynać się** to start □ Kurs zaczyna się w
przyszłym tygodniu. The course starts next week.

zaćmienie (GEN **zaćmienia** PL **zaćmienia**
GEN PL **zaćmień** NEUT NOUN
eclipse
□ całkowite zaćmienie Słońca total eclipse of
the sun

zadanie (GEN **zadania** PL **zadania** GEN PL **zadań**
NEUT NOUN
1 task
□ ambitne zadanie an ambitious task
2 exercise
□ zadanie z gramatyki grammar exercise
■ **zadanie domowe** homework

zadarty ADJECTIVE
■ **zadarty nos** a snub nose

zadawać (**zadaję, zadajesz**) (PERF **zadać** VERB
1 to ask
□ zadać komuś pytanie to ask somebody
a question □ Egzaminator zadał mi trudne
pytanie. The examiner asked me a difficult
question.
2 to set
□ Nauczyciel zadał nam napisanie na jutro
wypracowania. The teacher set us a written
task for tomorrow.
3 to deal
□ Bokser zadał niespodziewany cios. The boxer
dealt an unexpected blow.
■ **zadawać się z kimś** to hang around with
somebody

zadbany ADJECTIVE
1 well-groomed
□ zadbane dziecko a well-groomed child
2 neat and tidy
□ zadbany dom a neat and tidy house

zadecydować (**zadecyduję, zadecydujesz**)
VERB PERF ▷ zobacz **decydować**

zademonstrować (**zademonstruję,
zademonstrujesz**) VERB PERF ▷ zobacz
demonstrować

zadławić się (**zadławię, zadławisz**) VERB PERF
to choke
□ Zadławił się zupą. He choked on his soup.

zadłużać się (**zadłużam, zadłużasz**)
(PERF **zadłużyć** VERB
to get into debt
□ Zadłużyłam się u sąsiadów. I got into debt
with the neighbours.

zadłużenie (GEN **zadłużenia** PL **zadłużenia**
LOC SING **zadłużeniu** GEN PL **zadłużeń** NEUT NOUN
debt
□ Ma zbyt wiele długów. He has a few too many
debts. □ Mam wobec ciebie dług wdzięczności.
I owe you a debt of gratitude.

zadłużony ADJECTIVE
indebted

zadowalać (**zadowalam, zadowalasz**)
(PERF **zadowolić** VERB
to satisfy
■ **zadowalać się czymś** to settle for
something

zadowalający ADJECTIVE
satisfactory

zadowolenie (GEN **zadowolenia** NEUT NOUN
satisfaction
□ To daje jej dużo zadowolenia. This gives her
great satisfaction.

zadowolony ADJECTIVE
1 pleased
□ Czy jesteście zadowoleni z nowego
mieszkania? Are you pleased with the new flat?
2 satisfied

zadrapanie (GEN **zadrapania** PL **zadrapania**
GEN PL **zadrapań** NEUT NOUN
scratch

zadrażnienia (GEN **zadrażnień**) PL NOUN
friction

▪ zadrażnienie z sąsiadami problems with the neighbours

zadręczać (**zadręczam, zadręczasz**)
(PERF **zadręczyć**) VERB
to pester

☐ On mnie zadręcza pytaniami. He pesters me with questions.

▪ zadręczać się czymś to torture oneself with something ☐ Długo zadręczał się tą myślą. He tortured himself for a long time with this thought.

zadrzeć (**zadrę, zadrzysz**) (IMPERATIVE **zadrzyj**)
VERB PERF ▷ zobacz **drzeć**

zadumać się (**zadumam, zadumasz**) VERB PERF
to muse

zadumany ADJECTIVE
thoughtful

☐ zadumana mina a thoughtful expression

Zaduszki (GEN **Zaduszek**) PL NOUN
All Souls' Day

zadymka (GEN **zadymki**, PL **zadymki**, DAT SING
zadymce, GEN PL **zadymek**) FEM NOUN
blizzard

zadyszany ADJECTIVE
breathless

zadziałać (**zadziałam, zadziałasz**) VERB PERF
▷ zobacz **działać**

zadzierać (**zadzieram, zadzierasz**)
(PERF **zadrzeć**) VERB
to tear

▪ Otwierając drzwi, zadarła sobie paznokieć. She broke her nail opening the door.

▪ zadzierać z kimś to mess with somebody

zadziwiać (**zadziwiam, zadziwiasz**)
(PERF **zadziwić**) VERB
to amaze

☐ Jego odpowiedź zadziwiła nas. His answer amazed us.

zadziwiający ADJECTIVE
amazing

☐ zadziwiająca historia an amazing story

zadzwonić (**zadzwonię, zadzwonisz**)
(IMPERATIVE **zadzwoń**) VERB PERF ▷ zobacz
dzwonić

zafascynowanie (GEN **zafascynowania**)
NEUT NOUN
fascination

zafascynowany ADJECTIVE
fascinated

☐ Dziecko było zafascynowane nową zabawką. The child was fascinated by the new toy.

zafundować (**zafunduję, zafundujesz**)
VERB PERF ▷ zobacz **fundować**

zagadka (GEN **zagadki**, PL **zagadki**, DAT SING
zagadce, GEN PL **zagadek**) FEM NOUN
1 puzzle

☐ zagadka logiczna a logic puzzle
2 mystery (tajemnica)

zagadkowy ADJECTIVE
puzzling

▪ zagadkowa odpowiedź an enigmatic response
▪ zagadkowa postać an enigmatic figure

zagadywać (**zagaduję, zagadujesz**)
(PERF **zagadnąć**) VERB
to speak to

▪ Sąsiadka zagadnęła nas o zdrowie mamy. The neighbour asked us about mum's health.

zagapić się (**zagapię, zagapisz**) VERB PERF
▪ Zagapiłem się. I wasn't paying attention.

zagarniać (**zagarniam, zagarniasz**)
(PERF **zagarnąć**) VERB
1 to gather (zbierać)
2 to seize (przywłaszczać)

zagięcie (GEN **zagięcia**, PL **zagięcia**, GEN PL **zagięć**)
NEUT NOUN
1 fold
2 bend

zaginać (**zaginam, zaginasz**) (PERF **zagiąć**) VERB
1 to fold
2 to bend

zaginąć (**zaginę, zaginiesz**) (IMPERATIVE **zaginij**)
VERB PERF
to go missing

☐ Mój pies zaginął w zeszłym tygodniu. My dog went missing last week.

zaginiony ADJECTIVE
▷ zobacz też **zaginiony** MASC NOUN
missing

☐ zaginione dziecko a missing child

zaginiony MASC NOUN
▷ zobacz też **zaginiony** ADJECTIVE

⚠ **LANGUAGE TIP** zaginiony declines like an adjective
missing person

zaglądać (**zaglądam, zaglądasz**) (PERF **zajrzeć**)
VERB
to look in

☐ Zajrzyj do mnie, jak będziesz w okolicy. Look in on me, if you are in the area.

▪ Z ciekawości zajrzała do tego nowego sklepu. She popped in to the new shop out of interest.

zagłada (GEN **zagłady**, PL **zagłady**,
DAT SING **zagładzie**) FEM NOUN
extermination

zagłębiać (**zagłębiam, zagłębiasz**)
(PERF **zagłębić**) VERB
1 to immerse
2 to sink

☐ Zagłębił dłoń w torbie. He sunk his hand into the bag.

▪ zagłębiać się 1 to immerse oneself
☐ Zagłębił się cały w wodzie. He immersed himself fully in the water. 2 to sink ☐ Zagłębił się w fotelu. He sunk into the armchair.

zagłówek (GEN **zagłówka**, PL **zagłówki**, INST SING
zagłówkiem) MASC NOUN
headrest

▪ zagłówek łóżka headboard

zagłuszać (**zagłuszam, zagłuszasz**)
(PERF **zagłuszyć**) VERB
to drown out

253

zagmatwać (**zagmatwam, zagmatwasz**)
VERB PERF ▷*zobacz* **gmatwać**
zagmatwany ADJECTIVE
tangled
zagoić (**zagoję, zagoisz** (IMPERATIVE **zagój**
VERB PERF ▷*zobacz* **goić**
zagoniony ADJECTIVE
busy
□ Byłem dzisiaj zagoniony cały dzień. I was on
the go all day today.
zagotować (**zagotuję, zagotujesz** VERB PERF
▷*zobacz* **gotować**
zagrabiać (**zagrabiam, zagrabiasz**)
(PERF **zagrabić** VERB
1 to rake
□ Zagrabił wyschnięte liście z trawnika.
He raked up the dry leaves on the lawn.
2 to seize
□ Gangsterzy zagrabili bezcenny obraz.
Gangsters seized the priceless painting.
zagracać (**zagracam, zagracasz**)
(PERF **zagracić** VERB
to clutter
■ Nie zagracajcie tego pokoju. Don't clutter
up this room.
zagradzać (**zagradzam, zagradzasz**)
(PERF **zagrodzić** VERB
to obstruct
zagranica (GEN **zagranicy**) FEM NOUN
foreign countries *pl*
□ reakcja zagranicy reactions abroad
zagraniczny ADJECTIVE
foreign
□ handel zagraniczny foreign trade
■ Ministerstwo Spraw Zagranicznych
Ministry of Foreign Affairs
zagrażać (**zagrażam, zagrażasz**)
(PERF **zagrozić** VERB
■ zagrażać komuś/czemuś to threaten
somebody/something
zagrożenie (GEN **zagrożenia** PL **zagrożenia**)
GEN PL **zagrożeń** NEUT NOUN
danger
□ poczucie zagrożenia a feeling of danger
zagrzewać (**zagrzewam, zagrzewasz**)
(PERF **zagrzać** VERB
to heat up
□ Zagrzać ci zupę? Shall I heat up some soup
for you?
■ zagrzewać kogoś do czegoś to spur
somebody on to something
zagubić (**zagubię, zagubisz** VERB PERF
to lose
□ Zagubiłam gdzieś moje dokumenty. I have
lost my documents somewhere.
■ zagubić się to get lost
zagubiony ADJECTIVE
1 lost
□ zagubione dziecko a lost child
2 remote
□ zagubiona wieś a remote village
zahamować (**zahamuję, zahamujesz**)

VERB PERF
1 to bring to a stop
2 to come to a stop
□ Samochód zahamował. The car came to a stop.
zaimek (GEN **zaimka** PL **zaimki** INST SING
zaimkiem LOC SING **zaimku** MASC NOUN
pronoun
zaimprowizowany ADJECTIVE
impromptu
□ zaimprowizowane spotkanie an impromptu
meeting
zainteresować (**zainteresuję,**
zainteresujesz VERB PERF ▷*zobacz*
interesować
zainteresowanie (GEN **zainteresowania**
PL **zainteresowania** LOC SING **zainteresowaniu**
GEN PL **zainteresowań** NEUT NOUN
interest
□ rozległe zainteresowania wide interests
zainteresowany ADJECTIVE
■ być czymś zainteresowanym to be
interested in something □ Jestem
zainteresowany kredytem hipotecznym. I am
interested in a mortgage.
zainwestować (**zainwestuję,**
zainwestujesz VERB PERF ▷*zobacz* **inwestować**
zaistnieć (**zaistnieję, zaistniejesz** VERB PERF
1 to come into being
2 to arise
□ Zaistniały pewne trudności. Certain
difficulties arose.
zajadać (**zajadam, zajadasz** VERB
to tuck into
to chow (down) (US)
□ Zajadaliśmy przygotowane smakołyki.
We tucked into the prepared treats.
zajazd (GEN **zajazdu** PL **zajazdy**, LOC SING
zajeździe MASC NOUN
wayside inn
■ Zatrzymaliśmy się w zajeździe na obiad.
We stopped at a roadside inn for a meal.
zając (GEN **zająca** PL **zające** GEN PL **zajęcy**)
MASC NOUN
hare
zająć (**zajmę, zajmiesz** (IMPERATIVE **zajmij**)
VERB PERF ▷*zobacz* **zajmować**
zajeżdżać (**zajeżdżam, zajeżdżasz**)
(PERF **zajeździć** VERB
1 to override
■ Uważaj, żeby nie zajeździć konia.
Be careful not to overwork the horse.
2 to arrive
□ zajeżdżać do domu to arrive home
■ zajeżdżać komuś drogę to cut in on
somebody
zajęcie (GEN **zajęcia** PL **zajęcia** LOC SING **zajęciu**
GEN PL **zajęć** NEUT NOUN
occupation
■ zajęcia classes □ Ile masz zajęć dzisiaj?
How many classes have you got today.
zajęty ADJECTIVE
1 busy

□ Teraz jestem zajęta. I'm busy now. □ być zajętym robieniem czegoś to be busy doing something
2 taken
    □ Czy to miejsce jest zajęte? Is this seat taken?
3 engaged
    □ Jego telefon jest ciągle zajęty. His phone is constantly engaged.

zajmować (zajmuję, zajmujesz) (PERF zająć)
VERB
1 to take up
2 to occupy
    □ Kto zajmuje ten pokój? Who occupies this room?
3 take
    □ Zajmie mi to dwie godziny. It'll take me two hours.
    ■ Zajmij mi miejsce obok ciebie. Save me a seat next to you.
    ■ zajmować się czymś/robieniem czegoś to busy oneself with something/doing something
    ■ Czym się zajmujesz? What do you do for a living?

zajmujący ADJECTIVE
1 absorbing
    □ zajmująca praca absorbing work
2 fascinating
    □ zajmujący człowiek a fascinating person

zajrzeć (zajrzę, zajrzysz) (IMPERATIVE zajrzyj)
VERB PERF ▷ zobacz zaglądać

zajście (GEN zajścia, PL zajścia, LOC SING zajściu, GEN PL zajść) NEUT NOUN
incident
    □ przypadkowe zajście chance incident
    ■ zajścia uliczne street protest

zakaz (GEN zakazu, PL zakazy, LOC SING zakazie)
MASC NOUN
ban
    ■ zakaz postoju no waiting
    ■ zakaz skrętu w lewo no left turn
    ■ zakaz skrętu w prawo no right turn
    ■ zakaz wjazdu no entry

zakazywać (zakazuję, zakazujesz) (PERF zakazać) VERB
to forbid
    ■ zakazywać komuś czegoś to forbid somebody to do something

zakaźny ADJECTIVE
infectious
    □ choroba zakaźna an infectious disease

zakażać (zakażam, zakażasz) (PERF zakazić) VERB
to infect

zakażenie (GEN zakażenia, PL zakażenia, LOC SING zakażeniu, GEN PL zakażeń) NEUT NOUN
infection

zakąska (GEN zakąski, PL zakąski, DAT SING AND LOC SING zakąsce, GEN PL zakąsek) FEM NOUN
    ■ zimna zakąska appetizer
    ■ ciepła zakąska appetizer

zakątek (GEN zakątka, PL zakątki, INST SING zakątkiem, LOC SING zakątku) MASC NOUN
nook

    ■ odludny zakątek w parku remote corner of the park

zakląć (zaklnę, zaklniesz) (IMPERATIVE zaklnij)
VERB PERF ▷ zobacz kląć, zaklinać

zaklejać (zaklejam, zaklejasz) (PERF zakleić)
VERB
to seal
    □ Zaklej kopertę starannie. Seal the envelope carefully.

zaklęcie (GEN zaklęcia, PL zaklęcia, LOC SING zaklęciu, GEN PL zaklęć) NEUT NOUN
spell

zaklinać (zaklinam, zaklinasz) (PERF zakląć)
VERB
to beg
    □ Matka zaklinała go, żeby tego nie robił. His mother begged him not to do this.
    ■ zaklinać się to swear □ Zaklinał się, że mówi prawdę. He swore that he spoke the truth.

zakład (GEN zakładu, PL zakłady, LOC SING zakładzie) MASC NOUN
bet
    ■ zakład przemysłowy industrial plant

zakładać (zakładam, zakładasz) (PERF założyć) VERB
1 to establish
2 to put on
    □ Jest mróz, załóż czapkę i rękawiczki. It's freezing, put on your hat and gloves.
3 to install
    □ W naszym mieszkaniu jeszcze nie założono telefonu. There is still no telephone installed in our house.
4 to assume
    □ Zakładam, że podatki lotniskowe są wliczone w cenę biletu. I assume the airport tax is included in the price of the ticket.
    ■ zakładać się to bet

zakładnik (GEN zakładnika, PL zakładnicy, INST SING zakładnikiem, LOC SING zakładniku) MASC NOUN
hostage
    ■ Porywacze zażądali wysokiego okupu za zakładników. The kidnappers demanded a high ransom for the hostages.

zakłopotać (zakłopoczę, zakłopoczesz)
VERB PERF
to embarrass
    □ Opowiadania mojej mamy bardzo mnie zakłopotały. My mum's stories really embarrassed me.
    ▷ zobacz też zakłopotać VERB PERF

zakłopotany ADJECTIVE
embarrassed
    □ zakłopotany uczeń embarrassed schoolboy

zakłócać (zakłócam, zakłócasz) (PERF zakłócić) VERB
1 to disturb
    □ Nagły krzyk zakłócił ciszę popołudnia. A sudden shout disturbed the peace of the afternoon.
2 to disrupt

□ Strajki poczty zakłóciły działalność firm wysyłkowych. The postal strikes disrupted the activities of mail order companies.

zakłócenie (GEN **zakłócenia**, PL **zakłócenia**, LOC SING **zakłóceniu**, GEN PL **zakłóceń**) NEUT NOUN
disruption

□ zakłócenia w transporcie disruption in transport services □ Przepraszamy za zaistniałe zakłócenia. We apologise for the existing disruption.

zakochać się (zakocham, zakochasz)
VERB PERF ▷ zobacz **zakochiwać się**

zakochany ADJECTIVE
▷ zobacz też **zakochany** MASC NOUN
■ **zakochany w kimś** in love with somebody □ Jest w niej bardzo zakochany. He is very much in love with her.

zakochany MASC NOUN
▷ zobacz też **zakochany** ADJECTIVE

( ) **LANGUAGE TIP** zakochany declines like an adjective

lover

zakochiwać się (zakochuję, zakochujesz)
(PERF **zakochać**) VERB
■ **zakochiwać się w kimś** to fall in love with somebody □ Zakochałam się w tym mieście! I fell in love with this town!

zakonnica (GEN **zakonnicy**, PL **zakonnice**, DAT SING AND LOC SING **zakonnicy**) FEM NOUN
nun

□ Została zakonnicą. She became a nun.

zakonnik (GEN **zakonnika**, PL **zakonnicy**, INST SING **zakonnikiem**, LOC SING **zakonniku**)
MASC NOUN
monk

□ Jest zakonnikiem. He is a monk.

zakończenie (GEN **zakończenia**, PL **zakończenia**, LOC SING **zakończeniu**, GEN PL **zakończeń**) NEUT NOUN
1 end
□ zakończenie współpracy end of the collaboration
2 ending
□ szczęśliwe zakończenie happy ending
3 conclusion
□ zakończenie raportu the conclusion of the report

zakończyć (zakończę, zakończysz) VERB PERF
▷ zobacz **kończyć**

zakopywać (zakopuję, zakopujesz)
(PERF **zakopać**) VERB
to bury
□ Pies zakopał kość w ogródku. The dog buried the bone in the garden.

zakres (GEN **zakresu**, PL **zakresy**, LOC SING **zakresie**)
MASC NOUN
1 range
■ **szeroki zakres słownictwa** wide ranging vocabulary
2 extent

zakreślać (zakreślam, zakreślasz) (PERF **zakreślić**) VERB
to highlight

■ **Proszę zakreślić w tekście wszystkie przymiotniki.** Please underline all the adjectives in the text.

zakręcać (zakręcam, zakręcasz) (PERF **zakręcić**) VERB
1 to turn off
□ zakręcić kran to turn off the tap
2 to turn
□ Samochód nagle zakręcił w lewo. The car suddenly turned left.

zakręt (GEN **zakrętu**, PL **zakręty**, LOC SING **zakręcie**) MASC NOUN
corner
□ tuż za zakrętem just round the corner
■ **zakręt w lewo** left bend
■ **zakręt w prawo** right bend

zakrwawiony ADJECTIVE
bloody
□ zakrwawiony nos a bloody nose
■ **zakrwawiona kurtka** a bloodstained jacket

zakrywać (zakrywam, zakrywasz)
(PERF **zakryć**) VERB
to cover
□ Zakryła rękami uszy. She covered her ears with her hands.

zakrzywiać (zakrzywiam, zakrzywiasz)
(PERF **zakrzywić**) VERB
to bend

zakrzywiony ADJECTIVE
bent
■ **zakrzywiona droga** a winding road

zakup (GEN **zakupu**, PL **zakupy**, LOC SING **zakupie**)
MASC NOUN
purchase
□ zakup mieszkania house purchase
■ **chodzić** (PERF **iść**) **na zakupy** to go shopping
■ **robić** (PERF **zrobić**) **zakupy** to shop
■ **torba na zakupy** shopping bag

zakurzony ADJECTIVE
dusty
□ zakurzone dokumenty dusty papers
□ zakurzona półka dusty shelf

zakwaterowanie (GEN **zakwaterowania**, PL **zakwaterowania**, LOC SING **zakwaterowaniu**, GEN PL **zakwaterowań**) NEUT NOUN
accommodation
□ tymczasowe zakwaterowanie temporary accommodation □ zakwaterowanie w centrum miasta accommodation in the town centre

zakwitać (zakwita) (PERF **zakwitnąć**) VERB
to blossom

zalany ADJECTIVE
1 flooded
□ zalana piwnica flooded cellar
2 sloshed (potoczny)
□ Wszyscy goście byli kompletnie zalani. All the guests were completely sloshed.

zalatywać (zalatuje) (PERF **zalecieć**) VERB
to stink
□ Zalatywał potem. He stank of sweat. □ Ten przetarg zalatuje korupcją. This deal stinks of corruption.

zalecać (zalecam, zalecasz) (PERF zalecić) VERB
to recommend

■ **zalecać coś komuś** to recommend something to somebody □ Lekarz zalecił mi regularne uprawianie sportu. The doctor recommended I take part in regular sport.
■ **Zalecali się do niej wszyscy chłopcy w klasie.** All the boys in her class were after her.

zalecenie (GEN zalecenia, PL zalecenia, LOC SING zaleceniu, GEN PL zaleceń) NEUT NOUN
recommendation

■ **zalecenie lekarza** doctor's orders

zaledwie ADVERB
▷ zobacz też **zaledwie** CONJUNCTION
only

■ **zaledwie wczoraj** only yesterday

zaledwie CONJUNCTION
▷ Wysokość zaledwie ADVERB
■ **Zaledwie przyjechał, a ...** No sooner had he arrived than ...
■ **Zaledwie wszedłem do domu, gdy zadzwonił telefon.** I had barely stepped into the house when the phone rang.

zalegać (zalegam, zalegasz) VERB
to linger

■ **zalegać z czymś** to be behind with something □ Znowu zalegamy z czynszem. We are behind with the rent again.

zaległości (GEN zaległości) PL NOUN
1 backlog
□ zaległości w pracy backlog at work
■ **mieć zaległości w czymś** to be behind with something □ Mam zaległości w odpowiadaniu na e-maile. I am behind with answering my emails.
2 arrears pl
□ zaległości podatkowe tax arrears

zaległy ADJECTIVE
outstanding
□ zaległe opłaty outstanding bills

zaleta (GEN zalety, PL zalety, DAT SING AND LOC SING zalecie) FEM NOUN
advantage
□ Najważniejszą zaletą tego komputera jest to, że jest lekki. The prime advantage of this computer is that it is light.
■ **Najbardziej cenioną cechą u pracownika jest rzetelność.** The most valued trait in an employee is reliability.

zalew (GEN zalewu, PL zalewy, LOC SING zalewie)
MASC NOUN
1 reservoir
2 flood

zalewać (zalewam, zalewasz) (PERF zalać)
VERB
to flood
□ Rzeka zalała całe miasto. The river flooded the whole town. □ Redakcja została zalana listami od słuchaczy. The editor was flooded with letters from listeners.

zależeć (zależy) VERB
■ **zależeć od kogoś** to depend on somebody

■ **zależeć od czegoś** to depend on something
■ **To zależy.** It depends.
■ **To zależy od ciebie.** It's up to you.
■ **Bardzo jej na nim zależy.** She cares deeply about him.

zależność (GEN zależności, PL zależności, GEN PL zależności) FEM NOUN
link
■ **Czy istnieje zależność pomiędzy paleniem tytoniu a rakiem płuc?** Is there a connection between smoking tobacco and lung cancer?
■ **w zależności od czegoś** depending on something □ Premia jest przyznawana w zależności od uzyskanych wyników. The bonus s granted depending on results achieved.

zależny ADJECTIVE
dependent
□ Wysokość wynagrodzenia jest zależna od wydajności pracy. The rate of pay is dependent on the efficiency of the work.

zaliczać (zaliczam, zaliczasz) (PERF zaliczyć)
VERB
to pass
□ Ilu studentów zaliczyło ten przedmiot? How many students passed this subject?
■ **zaliczać kogoś/coś do +gen** to rate somebody/something among □ Zaliczam go do moich ulubionych pisarzy. I rate him among my favourite writers.
■ **On zalicza się do najbardziej rzetelnych pracowników w firmie.** He is among the most reliable employees in the company.

zaliczka (GEN zaliczki, PL zaliczki, DAT SING AND LOC SING zaliczce, GEN PL zaliczek) FEM NOUN
advance
□ zaliczka na kupno domu an advance for a house purchase

zaloty (GEN zalotów) PL NOUN
courtship

zaludnienie (GEN zaludnienia) NEUT NOUN
population
■ **obszar o dużym zaludnieniu** a well populated area

zał. ABBREVIATION (= założony)
est.

załadować (załaduję, załadujesz) VERB PERF
▷ zobacz **ładować**

załadunek (GEN załadunku, PL załadunki, INST SING załadunkiem, LOC SING załadunku)
MASC NOUN
loading
□ załadunek darów dla ofiar powodzi loading of gifts for the flood victims
■ **Cały załadunek zmieścił się w dwóch ciężarówkach.** The whole load fitted onto two lorries.

załagodzić (załagodzę, załagodzisz)
(IMPERATIVE załagodź) VERB PERF ▷ zobacz
łagodzić

załamanie (GEN załamania, PL załamania, LOC SING załamaniu, GEN PL załamań) NEUT NOUN
slump

□ nieoczekiwane załamanie na giełdzie
unexpected slump in the market

■ **załamanie psychiczne** nervous breakdown

□ Po śmierci męża doznała załamania
psychicznego. She suffered a nervous
breakdown after her husband's death.

załamywać (załamuję, załamujesz) (PERF
załamać VERB

■ **załamywać się 1** to collapse □ Most załamał
się pod ciężarem samochodu. The bridge
collapsed under the weight of the car. **2** to break
down □ Po utracie pracy kompletnie się załamał.
He broke down completely after losing his job.

załatwiać (załatwiam, załatwiasz) (PERF
załatwić VERB

1 to take care of

□ Załatwili szefa rywalizującego gangu.
They took care of the leader of the rival gang.

■ **załatwić komuś coś** to fix somebody up
with something □ Jeśli chcesz, mogę ci załatwić
bilety na ten koncert. If you like, I can fix you up
with tickets for the concert.

■ **Ja to załatwię.** Let me handle it.

2 to serve

□ Czy możesz załatwić tę klientkę? Can you
serve this customer?

załatwić (załatwię, załatwisz) VERB PERF
▷ zobacz **załatwiać**

załatwiony ADJECTIVE

■ **Załatwione!** Done!

■ **załatwiona sprawa** a done deal

załączać (załączam, załączasz) (PERF **załączyć**
VERB

to enclose

□ Załączam swoje CV. I enclose my CV.

załączenie (GEN **załączenia**, PL **załączenia**,
LOC SING **załączeniu**, GEN PL **załączeń** NEUT NOUN

■ **W załączeniu ...** Please find enclosed ...

załącznik (GEN **załącznika**, PL **załączniki**,
INST SING **załącznikiem** MASC NOUN
(LOC SING **załączniku**)
enclosure

załoga (GEN **załogi**, PL **załogi**, DAT SING AND LOC SING
załodze, GEN PL **załóg**) FEM NOUN

1 crew

□ załoga samolotu flight crew

2 staff

■ **załoga fabryki** factory workers

założenie (GEN **założenia**, PL **założenia**, LOC SING
założeniu, GEN PL **założeń** NEUT NOUN
assumption

□ wstępne założenie initial assumption

założyciel (GEN **założyciela**, PL **założyciele**, LOC
SING **założycielu**, GEN PL **założycieli** MASC NOUN
founder

□ Jest on założycielem naszego miasta. He is
the founder of our town.

zamach (GEN **zamachu**, PL **zamachy**, LOC SING
zamachu MASC NOUN
assassination

■ **zamach bombowy** bomb attack

■ **za jednym zamachem** at one go

zamachnąć się (zamachnę, zamachniesz)
(IMPERATIVE **zamachnij** VERB PERF
to swing one's arm

zamachowiec (GEN **zamachowca**, PL
zamachowcy, LOC SING **zamachowcu** MASC NOUN
assassin

■ **zamachowiec podkładający bombę**
bomber

■ **zamachowiec samobójca** suicide bomber

zamaczać (zamaczam, zamaczasz)
(PERF **zamoczyć** VERB

1 to get wet

□ Wpadł do jeziora i zamoczył aparat. He fell
into the lake and got his camera wet.

2 to soak

zamakać (zamakam, zamakasz)
(PERF **zamoknąć** VERB
to get soaked

□ Wszystkie ubrania mi zamokły. All my clothes
got soaked.

zamartwiać się (zamartwiam,
zamartwiasz) (PERF **zamartwić** VERB

■ **zamartwiać się czymś** to worry about
something

■ **Zamartwia się zdrowiem matki.** He is
worried about his mother's health.

zamarzać (zamarzam, zamarzasz)
(PERF **zamarznąć** VERB

1 to freeze over

2 to freeze to death

□ Podczas mrozów zamarzło wielu
bezdomnych. During the frosty weather, many
homeless people froze to death.

zamarznąć (zamarznę, zamarzniesz)
(IMPERATIVE **zamarznij** VERB PERF ▷ zobacz
marznąć, zamarzać

zamarznięty ADJECTIVE
frozen

□ zamarznięte jezioro a frozen lake

zamaskowany ADJECTIVE

1 concealed

□ zamaskowane wejście a concealed entrance

2 masked

□ zamaskowany bandyta a masked bandit

zamawiać (zamawiam, zamawiasz)
(PERF **zamówić** VERB

1 to order

□ Zamówiłam ci piwo. I have ordered you a beer.

2 to book

□ Chciałbym zamówić stolik dla dwóch osób na
dziś wieczorem. I would like to book a table for
2 people for this evening.

zamek (GEN **zamku**, PL **zamki**, INST SING **zamkiem**,
LOC SING **zamku** MASC NOUN

1 castle

□ zamek królewski royal castle

2 lock

□ Wstawiliśmy dodatkowy zamek do drzwi.
We put an extra lock on the door.

■ **zamek błyskawiczny** zip; zipper (US)

□ Zepsuł mi się zamek w kurtce. The zip on my
jacket has broken.

zamęczać (zamęczam, zamęczasz) (PERF zamęczyć) VERB
- ■ **zamęczać kogoś czymś** to badger somebody with □ Dziecko zamęczało mamę pytaniami. The child badgered his mum with questions.

zamęt (GEN zamętu, LOC SING zamęcie) MASC NOUN
confusion
□ Na lotnisku zapanował zamęt. There was confusion at the airport.

zamężna ADJECTIVE
married
□ zamężna kobieta a married woman

zamglony ADJECTIVE
misty
□ zamglony dzień a misty day

zamian MASC NOUN
- ⋯ **LANGUAGE TIP** zamian does not decline
- ■ **w zamian za** +acc in exchange for

zamiana (GEN zamiany, PL zamiany, DAT SING AND LOC SING zamianie) FEM NOUN
exchange
□ zamiana mieszkań apartment exchange
- ■ **zamiana ról** role reversal

zamiar (GEN zamiaru, PL zamiary, LOC SING zamiarze) MASC NOUN
intention
- ■ **mieć zamiar coś zrobić** to intend to do something
- ■ **Mam zamiar nauczyć się pływać.** I intend to learn to swim.

zamiast PREPOSITION
- ⋯ **LANGUAGE TIP** zamiast takes the genitive
instead of
□ Zamiast we wtorek wyjechaliśmy w środę. We left on Wednesday instead of Tuesday.

zamiatać (zamiatam, zamiatasz) (PERF zamieść) VERB
to sweep
□ Zamieć podłogę. Sweep the floor.

zamieć (GEN zamieci, PL zamiecie, GEN PL, DAT SING AND LOC SING zamieci) FEM NOUN
blizzard

zamiejscowy ADJECTIVE
- ■ **rozmowa zamiejscowa** long-distance conversation

zamieniać (zamieniam, zamieniasz) (PERF zamienić) VERB
- ■ **zamieniać coś na** +acc to exchange something for □ Zamienili swój dom na dwa małe mieszkania. They exchanged their house for two small flats.
- ■ **zamieniać kogoś/coś w** +acc to turn somebody/something into □ Zamienili ten stary pub w nowoczesną restaurację. They turned the old pub in to a modern restaurant.
- ■ **zamieniać się czymś** to swap something □ Dziewczynki zamieniły się torebkami. The girls swapped bags.
- ■ **zamieniać się w** +acc to turn into □ Larwa zamieniła się w pięknego motyla. The caterpillar turned into a beautiful butterfly.

zamienny ADJECTIVE
- ■ **części zamienne** spare parts

zamierać (zamieram, zamierasz) (PERF zamrzeć) VERB
1 to freeze
□ Uczniowie zamarli na widok nauczyciela. The pupils froze at sight of the teacher.
2 to come to a standstill
□ Zamarła komunikacja w całym kraju. Transport across the whole country came to a standstill.

zamierzać (zamierzam, zamierzasz) (PERF zamierzyć) VERB
- ■ **zamierzać coś zrobić** to intend to do something □ Zamierzam nauczyć się nowego języka obcego. I intend to learn a new foreign language.
- ■ **zamierzać się na kogoś** to aim a blow at somebody

zamierzenie (GEN zamierzenia, PL zamierzenia, LOC SING zamierzeniu, GEN PL zamierzeń) NEUT NOUN
intention
□ ambitne zamierzenie ambitious intention
- ■ **Moim zamierzeniem jest rozszerzyć zakres oferowanych usług.** My ambition is to widen the range of services available.

zamierzony ADJECTIVE
1 intended
□ zamierzony efekt intended effect
2 deliberate
□ zamierzony atak deliberate attack

zamieszać (zamieszam, zamieszasz) VERB PERF ▷zobacz mieszać

zamieszanie (GEN zamieszania, LOC SING zamieszaniu) NEUT NOUN
confusion
□ robić zamieszanie to create confusion
- ■ **Po ogłoszeniu alarmu na lotnisku zapanowało zamieszanie.** Chaos took hold at the airport after the alarm went off.

zamieszany ADJECTIVE
- ■ **zamieszany w** +acc implicated in □ Czy jest zamieszany w ten napad? Is he implicated in this assault?

zamieszczać (zamieszczam, zamieszczasz) (PERF zamieścić) VERB
to run
□ Zamieściłem ogłoszenie w gazecie. I ran an advert in the newspaper.

zamieszkały ADJECTIVE
inhabited
□ zamieszkały dom an inhabited house
- ■ **zamieszkały w Londynie** resident in London

zamieszkanie (GEN zamieszkania) NEUT NOUN
residence
- ■ **miejsce zamieszkania** place of residence
- ■ **stałe miejsce zamieszkania** permanent residence

zamieszki (GEN zamieszek) PL NOUN
riots
□ zamieszki na tle rasowym race riots

zamieszkiwać (zamieszkuję, zamieszkujesz) VERB
to inhabit

zamiłowanie (GEN zamiłowania, PL zamiłowania, LOC SING zamiłowaniu, GEN PL zamiłowań) NEUT NOUN
passion

□ mieć zamiłowanie do czegoś to have a passion for something

zamknąć (zamknę, zamkniesz) (IMPERATIVE zamknij) VERB PERF ▷zobacz zamykać

zamknięty ADJECTIVE
1 closed

□ Muzeum jest zamknięte w poniedziałki. The museum is closed on Mondays.
2 locked

□ dzwi zamknięte na klucz a locked door

zamordować (zamorduję, zamordujesz) VERB PERF ▷zobacz mordować

zamorski ADJECTIVE
overseas

□ kolonie zamorskie overseas colony
□ zamorska podróż overseas trip

zamożność (GEN zamożności) FEM NOUN
wealth

□ zamożność obywateli wealth of the citizens

zamożny ADJECTIVE
affluent

□ zamożna okolica an affluent area

zamówić (zamówię, zamówisz) VERB PERF ▷zobacz zamawiać

zamówienie (GEN zamówienia, PL zamówienia, LOC SING zamówieniu, GEN PL zamówień) NEUT NOUN
order

■ zrobiony na zamówienie made to order

zamrażać (zamrażam, zamrażasz) (PERF zamrozić) VERB
to freeze

□ Część mięsa zamroziła na później. She froze some of the meat for later.

zamrażarka (GEN zamrażarki, PL zamrażarki, DAT SING AND LOC SING zamrażarce, GEN PL zamrażarek) FEM NOUN
freezer

zamsz (GEN zamszu, PL zamsze, LOC SING zamszu) MASC NOUN
suede

□ buty z zamszu suede shoes

zamszowy ADJECTIVE
suede

□ zamszowa kurtka suede jacket

zamykać (zamykam, zamykasz) (PERF zamknąć) VERB
1 to close

□ Zamknij oczy. Close your eyes. □ Biuro jest zamknięte na okres dwóch tygodni. The office is closed for a period of two weeks.
2 to lock

□ Pamiętaj, że masz zamknąć drzwi na klucz. Remember you have to lock the door. □ Nasza córka zawsze zamyka się w swoim pokoju.

Our daughter always locks herself in her room.

■ zamknąć się w sobie to withdraw into oneself □ Po tej tragedii zamknął się w sobie. After the tragedy he withdrew into himself.

zamysł (GEN zamysłu, PL zamysły, LOC SING zamyśle) MASC NOUN
plan

zamyślać się (zamyślam, zamyślasz) (PERF zamyślić) VERB
to be lost in thought

□ Tak się zamyśliła, że nawet nie usłyszała dzwonka u drzwi. She was so lost in thought that she didn't even hear the doorbell.

zamyślony ADJECTIVE
thoughtful

□ zamyślona dziewczyna a thoughtful girl

zaniechać (zaniecham, zaniechasz) VERB PERF

LANGUAGE TIP zaniechać takes the genitive

■ zaniechać czegoś to give something up
■ Rząd zaniechał tej reformy. The government gave up on the reform.

zanieczyszczać (zanieczyszczam, zanieczyszczasz) (PERF zanieczyścić) VERB
to pollute

zanieczyszczenie (GEN zanieczyszczenia, PL zanieczyszczenia, LOC SING zanieczyszczeniu, GEN PL zanieczyszczeń) NEUT NOUN
pollution

□ zanieczyszczenie środowiska environmental pollution

zaniedbanie (GEN zaniedbania, PL zaniedbania, LOC SING zaniedbaniu, GEN PL zaniedbań) NEUT NOUN
neglect

■ karygodne zaniedbanie criminal negligence

zaniedbany ADJECTIVE
neglected

□ zaniedbane dziecko neglected child
■ zaniedbane mieszkanie run-down house

zaniedbywać (zaniedbuję, zaniedbujesz) (PERF zaniedbać) VERB
to neglect

□ Nie zaniedbuj swojego zdrowia. Don't neglect your health.

zaniemówić (zaniemówię, zaniemówisz) VERB PERF
to be speechless

□ Zaniemówił z oburzenia. He was speechless with indignation.

zaniepokoić (zaniepokoję, zaniepokoisz) (IMPERATIVE zaniepokój) VERB PERF
to alarm

■ Zaniepokoił mnie dziwny hałas. A strange noise disturbed me.
■ zaniepokoić się to be alarmed □ Rodzice niepokoili się o naukę dziecka. The parents were alarmed about their child's education.

zanieść (zaniosę, zaniesiesz) (IMPERATIVE zanieś, PT zaniósł, zaniosła, zanieśli) VERB PERF ▷zobacz nieść, zanosić

zanik (GEN **zaniku**, INST SING **zanikiem**, LOC SING **zaniku**) MASC NOUN
disappearance
■ **zanik pamięci** memory loss
zanikać (**zanika**) (PERF **zaniknąć**) VERB
1 to die out
□ Tradycja wspólnego śpiewania kolęd powoli zanika. The tradition of singing carols together is slowly dying out.
2 to fade
□ Po pierwszym dniu pracy ich entuzjazm zdawał się zanikać. After the first day of work, their enthusiasm seemed to be fading.
zanim CONJUNCTION
before
□ Zanim zadzwoniłam ... Before I made the call ...
zaniżać (**zaniżam**, **zaniżasz**) (PERF **zaniżyć**) VERB
to lower
zanosić (**zanoszę**, **zanosisz**) (IMPERATIVE **zanoś**, PERF **zanieść**) VERB
to carry
□ Zaniosłam tę książkę do biblioteki. I carried the book to the library. □ Czy możesz zanieść te naczynia do kuchni? Can you carry these dishes to the kitchen?
■ **Zanosi się na deszcz.** It looks like rain.
zanotować (**zanotuję**, **zanotujesz**) VERB PERF
▷ *zobacz* **notować**
zanudzać (**zanudzam**, **zanudzasz**) (PERF **zanudzić**) VERB
to bore
□ Zanudzał nas historiami ze swojej młodości. He bored us with stories of his youth.
zanurzać (**zanurzam**, **zanurzasz**) (PERF **zanurzyć**) VERB
to immerse
■ **Zanurzyła nogi w zimnym strumyku.** She dipped her legs into the cold stream.
■ **zanurzać się** to dive □ Janek zanurzył się w morzu. Janek dived into the sea.
zaoczny ADJECTIVE
■ **studia zaoczne** part-time studies
zaoferować (**zaoferuję**, **zaoferujesz**) VERB PERF ▷ *zobacz* **oferować**
zaokrąglać (**zaokrąglam**, **zaokrąglasz**) (PERF **zaokrąglić**) VERB
■ **zaokrąglić w górę** to round up
■ **zaokrąglić w dół** to round down
zaopatrywać (**zaopatruję**, **zaopatrujesz**) (PERF **zaopatrzyć**) VERB
■ **zaopatrywać kogoś w coś** to supply somebody with something □ Nasza firma zaopatruje wojsko w żywność. Our firm supplies the army with food.
zaopatrzenie (GEN **zaopatrzenia**) NEUT NOUN
delivery
zaopatrzony ADJECTIVE
■ **dobrze zaopatrzony sklep** well stocked shop
■ **słabo zaopatrzony** poorly stocked
zaopiekować się (**zaopiekuję**, **zaopiekujesz**) VERB PERF ▷ *zobacz* **opiekować się**

zaostrzać (**zaostrzam**, **zaostrzasz**) (PERF **zaostrzyć**) VERB
1 to sharpen
□ Muszę zaostrzyć ten ołówek. I must sharpen this pencil.
2 to tighten
□ Rząd zaostrzył politykę imigracyjną. The government tightened its policy on immigration.
3 to inflame
□ Ta wypowiedź zaostrzyła konflikt. The response inflamed the conflict.
zaoszczędzić (**zaoszczędzę**, **zaoszczędzisz**) (IMPERATIVE **zaoszczędź**) VERB PERF
⋮ **LANGUAGE TIP** When **zaoszczędzić** is followed by money or time, it takes the accusative
1 to save
□ Zaoszczędzili wystarczająco dużo, by kupić nowe mieszkanie. They saved enough to buy a new flat.
⋮ **LANGUAGE TIP** When **zaoszczędzić** is followed by work or effort, it takes the genitive
2 to save
□ Zaoszczędziło mu to pracy. It saved him some work.
zapach (GEN **zapachu**, PL **zapachy**) MASC NOUN
smell
□ zapach kwiatów the smell of flowers
□ zapach perfum the smell of perfume
zapadać (**zapadam**, **zapadasz**) (PERF **zapaść**) VERB
to fall
□ Po jego wystąpieniu zapadła krępująca cisza. An embarrassing silence fell after his speech.
■ **zapadać decyzja** to reach a decision
□ Wczoraj zapadła decyzja, że szkoła zostanie zamknięta. Yesterday the decision was reached that the school will stay closed.
■ **zapadać się** to sink □ Po powodzi budynek zapadł się. The building sank after the flood.
zapakować (**zapakuję**, **zapakujesz**) VERB PERF ▷ *zobacz* **pakować**
zapalać (**zapalam**, **zapalasz**) (PERF **zapalić**) VERB
1 to light
□ Zapalił papierosa. He lit a cigarette.
2 to start
■ **Długo nie mogłam zapalić silnika.** It took me ages to get the engine started.
3 to turn on
■ **Czy możesz zapalić światło?** Can you put the light on?
■ **zapalać się** to come on □ W każdym mieszkaniu zapaliły się światła. The lights came on in all the flats.
zapalenie (GEN **zapalenia**) NEUT NOUN
inflammation
□ zapalenie gardła inflammation of the throat

■ **zapalenie płuc** pneumonia
■ **zapalenie wyrostka robaczkowego** appendicitis

zapalniczka (GEN **zapalniczki**, PL **zapalniczki**, DAT SING AND LOC SING **zapalniczce**, GEN PL **zapalniczek**) FEM NOUN
lighter

□ Czy mogę pożyczyć od pana zapalniczkę? Could I borrow your lighter?

zapalny ADJECTIVE
flammable

zapał (GEN **zapału**, PL **zapały**, LOC SING **zapale**) MASC NOUN
zeal

■ **z zapałem** eagerly

zapałka (GEN **zapałki**, PL **zapałki**, DAT SING AND LOC SING **zapałce**, GEN PL **zapałek**) FEM NOUN
match

□ Zapaliła świecę zapałką. She lit the candle with a match.

zapamiętały ADJECTIVE
passionate

zapamiętywać (**zapamiętuję**, **zapamiętujesz**) (PERF **zapamiętać**) VERB
to remember

□ Na zawsze zapamiętam waszą dobroć. I will always remember your kindness.

zaparcie (GEN **zaparcia**, PL **zaparcia**, LOC SING **zaparciu**, GEN PL **zaparć**) NEUT NOUN
constipation

zaparkować (**zaparkuję**, **zaparkujesz**) VERB PERF ▷*zobacz* parkować

zaparty ADJECTIVE
■ **z zapartym tchem** with bated breath

zaparzać (**zaparzam**, **zaparzasz**) (PERF **zaparzyć**) VERB
to brew

zapas (GEN **zapasu**, PL **zapasy**, LOC SING **zapasie**) MASC NOUN
reserve

□ **mieć coś w zapasie** to have something in reserve □ Mamy jeszcze w zapasie dwa bochenki chleba. We still have two loaves of bread in reserve.

■ **na zapas** prematurely
■ **zapasy 1** provisions □ Nasze zapasy jedzenia powoli się wyczerpują. Our food provisions are slowly running out. **2** wrestling *sing* □ Od kiedy uprawiasz zapasy? When did you take up wrestling?

zapasowy ADJECTIVE
1 spare
□ zapasowe koło spare wheel
2 emergency
□ wyjście zapasowe emergency exit

zapaść (**zapadnę**, **zapadniesz**) (IMPERATIVE **zapadnij**, PT **zapadł**) VERB PERF ▷*zobacz* zapadać

zapatrzyć się (**zapatruję**, **zapatrujesz**) VERB PERF
■ **zapatrzyć się w** +*acc* to stare at □ Zapatrzyła się w okno. She stared at the window.

zapchany ADJECTIVE
blocked

□ zapchany zlew a blocked sink □ zapchana rura a blocked pipe

zapełniać (**zapełniam**, **zapełniasz**) (PERF **zapełnić**) VERB
to fill

□ Książki zapełniały wszystkie półki. Books filled every shelf.

■ **zapełniać się** to fill up □ Sala powoli się zapełniała. The room slowly filled up.

zapewne ADVERB
probably

□ Zrobił to zapewne dla pieniędzy. He probably did it for the money.

zapewniać (**zapewniam**, **zapewniasz**) (PERF **zapewnić**) VERB
1 to assure
□ zapewniać kogoś o czymś to assure somebody of something □ Chciałbym państwa zapewnić o moim bezwarunkowym poparciu. I would like to assure you all of my unconditional support.
2 to ensure
■ **zapewniać komuś coś** to secure something for somebody

zapewnienie (GEN **zapewnienia**, PL **zapewnienia**, LOC SING **zapewnieniu**, GEN PL **zapewnień**) NEUT NOUN
assurance

zapiąć (**zapnę**, **zapniesz**) (IMPERATIVE **zapnij**) VERB PERF ▷*zobacz* zapinać

zapierać (**zapieram**, **zapierasz**) (PERF **zaprzeć**) VERB
to take away

□ Dech mi zaparło. It took my breath away.

zapięcie (GEN **zapięcia**, PL **zapięcia**, LOC SING **zapięciu**, GEN PL **zapięć**) NEUT NOUN
1 fastening
2 fastener
■ **Ta sukienka ma zapięcie z boku.** This dress fastens at the back.

zapinać (**zapinam**, **zapinasz**) (PERF **zapiąć**) VERB
to do up

□ Zapnij płaszcz. Do up your coat.

zapis (GEN **zapisu**, PL **zapisy**, LOC SING **zapisie**) MASC NOUN
recording

□ zapis na kasecie audio an audio cassette recording

■ **zapisy** registration *sing* □ zapisy na kurs registration for the course

zapiski (GEN **zapisków**) PL NOUN
notes

zapisywać (**zapisuję**, **zapisujesz**) (PERF **zapisać**) VERB
1 to write down
■ **Zapiszę sobie twój numer telefonu.** I'll take down your phone number.
2 to register
3 to save
□ Zapisz te pliki na twardy dysk. Save these files on to the hard disk.

4 to prescribe
□ Lekarz zapisał mi antybiotyki. The doctor prescribed antibiotics to me.
■ **zapisywać się do szkoły** to enrol at a school; to enroll at a school (US)
■ **Zapisałem się na kurs pływania.** I signed up for swimming lessons.

zaplanowany ADJECTIVE
1 planned
□ zaplanowana wycieczka a planned excursion
2 scheduled
□ zaplanowany lot a scheduled flight

zaplatać (zaplatam, zaplatasz) (PERF **zapleść**) VERB
■ **zaplatać** (PERF **zapleść**) **warkocz** to plait; to braid (US)

zaplątać (zaplączę, zaplączesz) VERB PERF
▷ **zobacz plątać**

zaplecze (GEN **zaplecza**, PL **zaplecza**, LOC SING **zapleczu**, GEN PL **zapleczy**) NEUT NOUN
back
□ na zapleczu sklepu at the back of the shop

zapłacić (zapłacę, zapłacisz) (IMPERATIVE **zapłać**) VERB PERF ▷ **zobacz płacić**

zapłakany ADJECTIVE
tearful

zapłata (GEN **zapłaty**, PL **zapłaty**, DAT SING AND LOC SING **zapłacie**) FEM NOUN
payment
■ **zapłata za usługę** service charge

zapłodnienie (GEN **zapłodnienia**, PL **zapłodnienia**, LOC SING **zapłodnieniu**, GEN PL **zapłodnień**) NEUT NOUN
fertilization
■ **sztuczne zapłodnienie** artificial insemination

zapłon (GEN **zapłonu**, PL **zapłony**, LOC SING **zapłonie**) MASC NOUN
ignition
□ zapłon silnika engine ignition

zapobiegać (zapobiegam, zapobiegasz) (PERF **zapobiec**) VERB
■ **zapobiegać czemuś** to prevent something
□ Jak można zapobiec atakom terrorystycznym? How can terrorist attacks be prevented?

zapobiegawczy ADJECTIVE
preventative
□ środki zapobiegawcze preventative measures

zapominać (zapominam, zapominasz) (PERF **zapomnieć**) VERB +gen
to forget
□ Znowu zapomniałeś wyłączyć światło. You forgot to turn the light out again.
□ Musieliśmy wrócić do domu, bo zapomniałam swojego paszportu. We had to go back home because I forgot my passport.
■ **zapominać o** +loc to forget about □ Znowu zapomniałam o jej urodzinach! I forgot about her birthday again!

zapomnieć (zapomnę, zapomnisz) (IMPERATIVE **zapomnij**) VERB PERF ▷ **zobacz zapominać**

zapora (GEN **zapory**, PL **zapory**, DAT SING **zaporze**, GEN PL **zapór**) FEM NOUN
dam

zapotrzebowanie (GEN **zapotrzebowania**, PL **zapotrzebowania**, LOC SING **zapotrzebowaniu**, GEN PL **zapotrzebowań**) NEUT NOUN
■ **zapotrzebowanie na coś** demand for something □ zapotrzebowanie na żywność ekologiczną demand for ecological food

zapowiadać (zapowiadam, zapowiadasz) (PERF **zapowiedzieć**) VERB
to announce
■ **zapowiadać się** to announce one's visit
□ Teściowie zapowiedzieli się z wizytą na sobotę. The in-laws announced their visit on Saturday.
■ **Zapowiada się mroźna zima.** It looks we're going to have harsh winter.

zapowiedź (GEN **zapowiedzi**, PL **zapowiedzi**, GEN PL, DAT SING AND LOC SING **zapowiedzi**) FEM NOUN
announcement
□ zapowiedź reform announcement of reforms

zapoznawać (zapoznaję, zapoznajesz) (IMPERATIVE **zapoznawaj**, PERF **zapoznać**) VERB
■ **zapoznawać kogoś z czymś** to familiarize somebody with something □ Zapoznaj klientów ze zmianami w naszym regulaminie. Familiarise the clients with the changes to our regulations.
■ **zapoznawać kogoś z kimś** to introduce somebody to somebody □ Zapoznałem mojego szefa z naszym nowym klientem. I introduced my boss to our new client.
■ **zapoznawać się z czymś** to familiarise oneself with something □ Zapoznaj się uważnie z poleceniem. Familiarise yourself carefully with the instructions.
■ **zapoznawać się z kimś** to make somebody's acquaintance
■ **Zapoznali się podczas konferencji.** They met each other at the conference.

zapracowany ADJECTIVE
1 very busy
□ zapracowany student a very busy student
2 well-earned
□ zapracowana premia a well-earned bonus

zapracowywać (zapracowuję, zapracowujesz) (PERF **zapracować**) VERB
■ **zapracowywać na coś** to earn something
□ Zapracował sobie na awans. He earned himself a pay rise.

zapragnąć (zapragnę, zapragniesz) (IMPERATIVE **zapragnij**) VERB PERF
to desire
■ **zapragnąć kogoś/czegoś** to desire somebody/something
■ **zapragnąć coś zrobić** to desire to do something
■ **Nagle zapragnęła zadzwonić do rodziców.** She suddenly wanted to phone her parents.

zapraszać (zapraszam, zapraszasz) (PERF **zaprosić**) VERB
to invite

zaprosić – zarażać

■ **zapraszać kogoś na coś** to invite somebody to something □ Po meczu zaprosił nas na piwo. After the match, he invited us for a beer.

■ **Zapraszam wszystkich do stołu.** Please all come to the table.

■ **zapraszać się** to invite each other □ Sąsiadki zapraszają się raz w tygodniu na herbatę. The neighbours invite each other for a cup of tea once a week.

zaprosić (zaproszę, zaprosisz) (IMPERATIVE **zaproś**) VERB PERF ▷ zobacz **zapraszać**

zaproszenie (GEN zaproszenia, PL zaproszenia, LOC SING zaproszeniu, GEN PL zaproszeń) NEUT NOUN invitation

□ na czyjeś zaproszenie at somebody's invitation □ zaproszenie na kolację a dinner invitation

zaprowadzać (zaprowadzam, zaprowadzasz) (PERF **zaprowadzić**) VERB to take

□ Matka zaprowadziła dziecko do przedszkola. The mother took the child to nursery.

zaprzątać (zaprzątam, zaprzątasz) (PERF **zaprzątnąć**) VERB to occupy

■ **Nie zaprzątaj sobie tym głowy.** Don't think about it.

zaprzeczać (zaprzeczam, zaprzeczasz) (PERF **zaprzeczyć**) VERB to contradict

□ Muszę ci zaprzeczyć – nie masz racji. I have to contradict you – you're wrong.

■ **zaprzeczać czemuś** to deny something □ Polityk zaprzeczał oskarżeniom o korupcję. The politician denied accusations of corruption.

zaprzeczenie (GEN zaprzeczenia) NEUT NOUN denial

□ kategoryczne zaprzeczenie a categorical denial

zaprzepaścić (zaprzepaszczę, zaprzepaścisz) (IMPERATIVE **zaprzepaść**) VERB PERF to squander

□ Nie zaprzepaść tej okazji! Don't squander this opportunity!

zaprzestawać (zaprzestaję, zaprzestajesz) (IMPERATIVE **zaprzestawaj**, PERF **zaprzestać**) VERB to stop

□ Z powodów zdrowotnych zaprzestał uprawiać sport. He stopped doing sport for health reasons.

zaprzyjaźnić się (zaprzyjaźnię, zaprzyjaźnisz) (IMPERATIVE **zaprzyjaźnij**) VERB PERF

■ **zaprzyjaźnić się z kimś** to make friends with somebody □ Zaprzyjaźnił się z synem sąsiadów. He made friends with the neighbours' son.

zaprzyjaźniony ADJECTIVE friendly

□ kraje zaprzyjaźnione friendly countries

■ **być zaprzyjaźnionym z kimś** to be friends with somebody □ Jest zaprzyjaźniony z prezydentem miasta. He is friends with the town president

zapukać (zapukam, zapukasz) VERB PERF ▷ zobacz **pukać**

zapuszczać (zapuszczam, zapuszczasz) (PERF **zapuścić**) VERB to grow

□ Tomek zapuszcza brodę. Tom is growing a beard.

zapychać (zapycham, zapychasz) (PERF **zapchać**) VERB to block up

□ Zlew się znowu zapchał. The sink has got blocked up again.

zapytać (zapytam, zapytasz) VERB PERF ▷ zobacz **pytać**

zapytanie (GEN zapytania, PL zapytania, LOC SING zapytaniu, GEN PL zapytań) NEUT NOUN inquiry

■ **Zapytania dotyczące naboru na studia prosimy kierować do ...** Please direct questions regarding entry on the course to ...

■ **znak zapytania** question mark

zarabiać (zarabiam, zarabiasz) (PERF **zarobić**) VERB to earn

□ Ile zarabiasz? How much do you earn? □ W nowej pracy zarabiam więcej niż w poprzedniej. I earn more in my new job than in my old one.

■ **zarabiać na życie** to earn a living

zaradny ADJECTIVE resourceful

□ zaradny człowiek resourceful person

zaradzić (zaradzę, zaradzisz) (IMPERATIVE **zaradź**) VERB PERF

■ **zaradzić czemuś** to remedy something □ Tej sytuacji na pewno da się jeszcze zaradzić. It is certainly still possible to remedy this situation.

zaraz ADVERB right away

■ **zaraz po Świętach** right after Christmas

■ **Zaraz wracam.** I'll be right back.

■ **zaraz za rogiem** just round the corner

■ **Zaraz, zaraz!** Wait a minute!

zarazek (GEN zarazka, PL zarazki, INST SING zarazkiem, LOC SING zarazku, GEN PL zarazków) MASC NOUN germ

■ **zarazek grypy** flu virus

zarazem ADVERB at the same time

zaraźliwy ADJECTIVE infectious

□ zaraźliwa choroba an infectious illness □ zaraźliwy śmiech an infectious laugh

zarażać (zarażam, zarażasz) (PERF **zarazić**) VERB to infect

■ **Zaraził swoją siostrę różyczką.** He gave his sister the measles.

■ **zarażać się** to get infected

■ **zarazić się czymś od kogoś** to catch something from somebody □ Zaraziłam się ospą od brata. I caught chickenpox from my brother.

zardzewiały ADJECTIVE
rusty
□ zardzewiała blacha rusty sheet of metal

zarejestrowany ADJECTIVE
registered
□ liczba zarejestrowanych bezrobotnych the number of registered unemployed

zarezerwować (zarezerwuję, zarezerwujesz) VERB PERF ▷ zobacz rezerwować

zarezerwowany ADJECTIVE
reserved
□ zarezerwowany stolik a reserved table

zaręczać (zaręczam, zaręczasz) (PERF **zaręczyć**) VERB
to guarantee
■ zaręczać się z kimś to get engaged to somebody □ Zaręczyli się pod koniec lata. They got engaged at the end of the summer.

zaręczynowy ADJECTIVE
■ pierścionek zaręczynowy engagement ring

zaręczyny (GEN **zaręczyny**) PL NOUN
engagement
□ W czasie świąt ogłosili swoje zaręczyny. They announced their engagement over Christmas.

zarobek (GEN **zarobku**, PL **zarobki**, INST SING **zarobkiem**, LOC SING **zarobku**) MASC NOUN
1 wage
□ Zarobki pielęgniarek są bardzo niskie. Nurses' wages are very low.
2 profit
□ Sprzedali produkty z dużym zarobkiem. They sold the goods for a big profit.

zarobkowy ADJECTIVE
■ praca zarobkowa paid work

zarodek (GEN **zarodka**, PL **zarodki**, INST SING **zarodkiem**, LOC SING **zarodku**) MASC NOUN
embryo

zarost (GEN **zarostu**, LOC SING **zaroście**) MASC NOUN
facial hair
□ mężczyzna z zarostem a man with facial hair

zarośla (GEN **zarośli**) PL NOUN
thicket
■ Dzieci schowały się w zaroślach. The children hid in the undergrowth.

zarośnięty ADJECTIVE
1 unshaven
□ zarośnięta twarz an unshaven face
2 overgrown
□ zarośnięty ogród an overgrown garden

zarozumiały ADJECTIVE
arrogant

zarówno ADVERB
■ zarówno X, jak i Y both X and Y
■ Lubię zarówno owoce, jak i warzywa. I like fruit as well as vegetables.

zarys (GEN **zarysu**, PL **zarysy**, LOC SING **zarysie**) MASC NOUN
outline
□ zarys projektu outline of the project

zarząd (GEN **zarządu**, PL **zarządy**, LOC SING **zarządzie**) MASC NOUN
board of directors
□ zebranie zarządu meeting of the board of directors

zarządzać (zarządzam, zarządzasz) (PERF **zarządzić**) VERB
to order
□ Generał zarządził atak. The general ordered an attack.
■ zarządzać czymś to manage something
□ Zarządzam działem zasobów ludzkich. I manage the human resources department.

zarządzanie (GEN **zarządzania**, PL **zarządzania**, LOC SING **zarządzaniu**, GEN PL **zarządzań**) NEUT NOUN
management
□ zarządzanie firmą company management

zarządzenie (GEN **zarządzenia**, PL **zarządzenia**, LOC SING **zarządzeniu**, GEN PL **zarządzeń**) NEUT NOUN
order

zarzucać (zarzucam, zarzucasz) (PERF **zarzucić**) VERB
to throw on
□ Zarzucił na siebie koszulkę i dżinsy i wyszedł z domu. He threw on a top and jeans and went out the house.
■ zarzucać komuś coś to accuse somebody of something □ Zarzuciła mu kłamstwo. She accused him of lying.

zarzut (GEN **zarzutu**, PL **zarzuty**, LOC SING **zarzucie**) MASC NOUN
accusation
□ zarzut kradzieży accusation of theft
■ bez zarzutu beyond reproach

zasada (GEN **zasady**, PL **zasady**, DAT SING AND LOC SING **zasadzie**) FEM NOUN
principle
□ dla zasady on principle □ w zasadzie in principle

zasadniczo ADVERB
1 fundamentally
□ Ich zainteresowania były zasadniczo różne. Their interests were fundamentally different.
2 in principle

zasadniczy ADJECTIVE
basic
□ pensja zasadnicza basic pay

zasadzka (GEN **zasadzki**, PL **zasadzki**, DAT SING AND LOC SING **zasadzce**, GEN PL **zasadzek**) FEM NOUN
ambush
□ zasadzka na kłusowników ambush on poachers

zasapany ADJECTIVE
breathless
■ Po treningu byłem bardzo zasapany. I was very out of breath after the training.

zasięg (GEN **zasięgu**, PL **zasięgi**, INST SING **zasięgiem**, LOC SING **zasięgu**) MASC NOUN
range

265

□ zasięg fal radiowych radio wave range
■ w zasięgu ręki within one's grasp
zasięgać (zasięgam, zasięgasz) (PERF
zasięgnąć) VERB

■ **zasięgać** (PERF **zasięgnąć**) informacji to seek
information

■ **zasięgać** (PERF **zasięgnąć**) rady to seek
advice
zasilać (zasilam, zasilasz) (PERF zasilić) VERB

■ zasilać coś czymś to supply something with
something

■ **To urządzenie jest zasilane prądem.**
This appliance is electric powered.
zasiłek (GEN zasiłku, PL zasiłki, INST SING
zasiłkiem, LOC SING zasiłku) MASC NOUN
benefit

■ zasiłek dla bezrobotnych dole

□ przechodzić (PERF przejść) na zasiłek to go on
the dole
zaskakiwać (zaskakuję, zaskakujesz) (PERF
zaskoczyć) VERB
to take by surprise

□ Jego wizyta bardzo nas zaskoczyła. His visit
took us greatly by surprise.
zaskakujący ADJECTIVE
surprising

□ zaskakująca decyzja a surprising decision
zaskarżać (zaskarżam, zaskarżasz) (PERF
zaskarżyć) VERB
to sue

□ Zaskarżył go o zniesławienie. He sued him for
slander.
zaskoczenie (GEN zaskoczenia,
PL zaskoczenia, LOC SING zaskoczeniu,
GEN PL zaskoczeń) NEUT NOUN
surprise

□ z zaskoczenia with surprise □ niemiłe
zaskoczenie an unpleasant surprise
zasłabnąć (zasłabnę, zasłabniesz)
(IMPERATIVE zasłabnij, PT zasłabł, zasłabła,
zasłabli) VERB PERF
to collapse

■ **Zasłabła, gdy dotarły do niej wiadomości o
wypadku.** She fainted when news reached her
of the accident.
zasłać (zaścielę, zaścielisz) VERB PERF ▷ zobacz
słać
zasłaniać (zasłaniam, zasłaniasz) (PERF
zasłonić) VERB
1 to cover

□ Czapka zasłaniała mu twarz. His hat was
covering his face.
2 to block

□ Drzewo zasłaniało nam widok na jezioro.
The tree blocked our view of the lake.
3 to shield

□ Wydma zasłaniała nas od wiatru. A sand
dune shielded us from the wind.
4 to draw

□ On zasłonił zasłony. He drew the curtains.
■ **zasłaniać się** to cover oneself □ Zasłonił się
ręcznikiem. He covered himself with his hands

zasłona (GEN zasłony, PL zasłony, DAT SING AND
LOC SING zasłonie) FEM NOUN
curtain
drape (US)

□ zasuwać (PERF zasunąć) zasłony to draw the
curtains
■ zasłona dymna smokescreen
zasługiwać (zasługuję, zasługujesz)
(PERF zasłużyć) VERB

■ zasługiwać na coś to deserve something
□ Zasłużył na ten awans. He deserved the
promotion.
■ **Zasłużyłeś sobie na to!** It serves you right!
zasłużyć (zasłużę, zasłużysz) VERB PERF
▷ zobacz zasługiwać
zasmucać (zasmucam, zasmucasz) (PERF
zasmucić) VERB
to sadden

■ zasmucać się to grow sad
zasobny ADJECTIVE

■ zasobny w coś rich in something □ tereny
zasobne w ropę land rich in oil
■ jezioro zasobne w ryby a lake teaming with
fish
zasób (GEN zasobu, PL zasoby, LOC SING zasobie)
MASC NOUN
reserve

■ zasób środków pieniężnych contingency
money
■ bogaty zasób słów a rich vocabulary
■ zasoby resources □ zasoby naturalne
natural resources
zaspa (GEN zaspy, PL zaspy, DAT SING AND LOC SING
zaspie) FEM NOUN
snowdrift
zaspać (zaśpię, zaśpisz) (IMPERATIVE zaśpij)
VERB PERF ▷ zobacz zasypiać
zaspany ADJECTIVE
sleepy

□ zaspane dziecko sleepy child
zaspokajać (zaspokajam, zaspokajasz)
(PERF zaspokoić) VERB
to satisfy

□ Jego odpowiedź nie zaspokoiła mojej ciekawości.
His answer did not satisfy my curiosity.
zastanawiać (zastanawiam, zastanawiasz)
(PERF zastanowić) VERB
to puzzle

■ **Zastanawia mnie jego odpowiedź.**
His answer makes me wonder.
■ **zastanawiać się** to think □ zastanawiać się
nad czymś to think something over
zastanawiający ADJECTIVE
puzzling

□ zastanawiająca decyzja puzzling decision
□ zastanawiające zdarzenie puzzling
occurrence
zastanowienie (GEN zastanowienia,
PL zastanowienia, LOC SING zastanowieniu,
GEN PL zastanowień) NEUT NOUN

■ bez zastanowienia without thinking
■ po zastanowieniu on second thoughts

zastawa (GEN **zastawy**, PL **zastawy**, DAT SING AND LOC SING **zastawie**) FEM NOUN
- **zastawa stołowa** tableware
- **zastawa do herbaty** tea service

zastawać (zastaję, zastajesz) (IMPERATIVE **zastawaj**, PERF **zastać**) VERB
to find
- Nie zastałam nikogo w domu. I found no one at home.
- **Czy zastałem dyrektora?** Is the director in?

zastawiać (zastawiam, zastawiasz) (PERF **zastawić**) VERB
to block
- Strajkujący zastawili wszystkie drogi w mieście. The strikers blocked all the roads in the town.

zastępca (GEN **zastępcy**, PL **zastępcy**) MASC NOUN
LANGUAGE TIP **zastępca** declines like a feminine noun in the singular
- Jest zastępcą dyrektora. He is the deputy director.

zastępczy ADJECTIVE
1 substitute
- **opakowanie zastępcze** a replacement packet
2 surrogate
- matka zastępcza a surrogate mother

zastępować (zastępuję, zastępujesz) (PERF **zastąpić**) VERB
- **zastępować** (PERF **zastąpić**) **kogoś** to stand in for somebody □ Będę zastępować sekretarkę w okresie jej urlopu. I'm going to stand in for the secretary while she is on holiday.
- **zastępować** (PERF **zastąpić**) **coś czymś innym** to replace something with something else □ Zastąpił plastikowe ramki metalowymi. He replaced the plastic frame with a metal one.

zastępstwo (GEN **zastępstwa**, PL **zastępstwa**, LOC SING **zastępstwie**) NEUT NOUN
replacement
- Mieliśmy nową nauczycielkę na zastępstwie z historii. We had a new replacement teacher for history.

zastosowanie (GEN **zastosowania**, PL **zastosowania**, LOC SING **zastosowaniu**, GEN PL **zastosowań**) NEUT NOUN
application
- zastosowanie nowej metody application of new methods

zastosowywać (zastosowuję, zastosowujesz) (PERF **zastosować**) VERB
to apply
- Chcemy zastosować tę nową technikę. We want to apply the new technology.
- **zastosowywać się do czegoś** to comply with something □ Musisz zastosować się do regulaminu. You must comply with regulations.

zastraszać (zastraszam, zastraszasz) (PERF **zastraszyć**) VERB
to intimidate

- Szantażysta zastraszał swoje ofiary. The blackmailer intimidated his victims.

zastrzegać (zastrzegam, zastrzegasz) (PERF **zastrzec**) VERB
- **zastrzegać sobie, że ...** to stipulate that ...
- **zastrzegać sobie prawo do czegoś** to reserve the right to something

zastrzelić (zastrzelę, zastrzelisz) VERB PERF
to shoot
- Włamywacze zastrzelili dwie osoby. The burglars shot two people.

zastrzeżenie (GEN **zastrzeżenia**, PL **zastrzeżenia**, LOC SING **zastrzeżeniu**, GEN PL **zastrzeżeń**) NEUT NOUN
reservation
- Nadal mam zastrzeżenia co do tego rozwiązania. I still have reservations about this solution.

zastrzeżony ADJECTIVE
- **zastrzeżony numer telefonu** ex-directory; unlisted (US)
- **wszelkie prawa zastrzeżone** all rights reserved

zastrzyk (GEN **zastrzyku**, PL **zastrzyki**, INST SING **zastrzykiem**, LOC SING **zastrzyku**) MASC NOUN
injection
- seria zastrzyków a course of injections

zastygać (zastygam, zastygasz) (PERF **zastygnąć**) VERB
to set
- Galaretka jeszcze nie zastygła. The jelly hasn't set yet.

zasuwa (GEN **zasuwy**, PL **zasuwy**, DAT SING AND LOC SING **zasuwie**) FEM NOUN
bolt
- Zamknął drzwi na zasuwę. He bolted the door.

zasuwać (zasuwam, zasuwasz) (PERF **zasunąć**) VERB
to draw
- Zasuń firanki. Draw the net curtains.

zasychać (zasycha) (PERF **zaschnąć**) VERB
1 to dry
- Farba na ławce już zaschła. The paint on the bench has already dried.
2 to wither
- Kwiatki w ogródku zaschły. The flowers in the garden have withered.

zasyłać (zasyłam, zasyłasz) VERB
- **Zasyłam pozdrowienia** best wishes (in letter)

zasypiać (zasypiam, zasypiasz) (PERF **zasnąć**) VERB
1 to fall asleep
- **Długo nie mogłam zasnąć.** I couldn't sleep for ages.
2 to oversleep (PERF **zaspać**)

zasypywać (zasypuję, zasypujesz) (PERF **zasypać**) VERB
to fill
- zasypywać dziurę w ziemi to fill a hole in the ground

■ Nauczyciele zasypali studenta pochwałami.
The teachers showered the students with praise.

zaszczepiać (zaszczepiam, zaszczepiasz)
(PERF **zaszczepić**) VERB
to vaccinate

■ **zaszczepiać** (PERF **zaszczepić**) kogoś
przeciwko czemuś to vaccinate somebody
against something □ Pielęgniarka zaszczepiła
uczniów przeciw grypie. The nurse vaccinated
the pupils against flu.

zaszczyt (GEN **zaszczytu**, PL **zaszczyty**,
LOC SING **zaszczycie**) MASC NOUN
honour
honor (US)

zaszczytny ADJECTIVE
honourable
honorable (US)

■ **zaszczytne miejsce** a place of honour;
a place of honor (US)

zaś CONJUNCTION
▷ zobacz też **zaś** PARTICLE
while

□ Dzisiaj spiszemy dane, jutro zaś sporządzimy
raport. We are recording the data today,
while tomorrow we'll write up the report.

zaś PARTICLE
▷ zobacz też **zaś** CONJUNCTION
■ szczególnie zaś especially

zaśmiecać (zaśmiecam, zaśmiecasz)
(PERF **zaśmiecić**) VERB
to litter

zaśnieżony ADJECTIVE
snow-covered

□ zaśnieżone miasto a snow-covered town

zaświadczać (zaświadczam, zaświadczasz)
(PERF **zaświadczyć**) VERB
■ zaświadczać pisemnie to certify in writing
■ zaświadczać ustnie to testify

zaświadczenie (GEN **zaświadczenia**,
PL **zaświadczenia**, LOC SING **zaświadczeniu**,
GEN PL **zaświadczeń**) NEUT NOUN
certificate

□ zaświadczenie lekarskie medical certificate

zaświecić (zaświecę, zaświecisz) (IMPERATIVE
zaświeć) VERB PERF
1 to turn on
□ Zaświeć lampkę. Turn the lamp on.
2 to come out
□ Po południu w końcu zaświeciło słońce.
The sun eventually came out in the afternoon.
■ zaświecić się to light up

zatajać (zatajam, zatajasz) (PERF **zataić**) VERB
to withhold

■ Zataił przed pracodawcą fakt, że był
wcześniej karany za kradzież. He concealed
the fact from his employer, that he had earlier
been convicted for theft.

zatapiać (zatapiam, zatapiasz) (PERF **zatopić**)
VERB
1 to sink
□ Flota wroga zatopiła dwa nasze najlepsze
statki. The enemy fleet sank our two best ships.

2 to flood
□ Powódź zatopiła piwnicę i parter. The cellar
and ground floor were flooded.

zatelefonować (zatelefonuję,
zatelefonujesz) VERB PERF ▷ zobacz **telefonować**

zatem ADVERB
therefore

□ Student nie odpowiedział na większość pytań,
a zatem nie zdał egzaminu. The student didn't
answer the majority of the questions, therefore
he didn't pass the exam.

zatłoczony ADJECTIVE
crowded

□ zatłoczony sklep a crowded shop

zatłuszczony ADJECTIVE
greasy

□ zatłuszczona kartka greasy card
□ zatłuszczony obrus greasy tablecloth

zatoczka (GEN **zatoczki**, PL **zatoczki**, DAT SING
AND LOC SING **zatoczce**, GEN PL **zatoczek**)
FEM NOUN = **zatoka**

zatoka (GEN **zatoki**, PL **zatoki**, DAT SING AND LOC
SING **zatoce**) FEM NOUN
1 bay
□ Często pływamy żaglówką po zatoce.
We often go sailing in the bay.
2 sinus (w medycyny)
3 lay-by
□ Zaparkował w zatoce. He parked in the lay-by.

zatonąć (zatonę, zatoniesz) (IMPERATIVE **zatoń**)
VERB PERF ▷ zobacz **tonąć**

zator (GEN **zatoru**, PL **zatory**, LOC SING **zatorze**)
MASC NOUN
traffic jam

□ Po wypadku na drodze zrobił się duży zator.
After the accident there was a big traffic jam on
the road.

zatrucie (GEN **zatrucia**, PL **zatrucia**, LOC SING
zatruciu, GEN PL **zatruć**) NEUT NOUN
poisoning

□ zatrucie cyjankiem cyanide poisoning

zatrudniać (zatrudniam, zatrudniasz)
(PERF **zatrudnić**) VERB
to employ

■ zatrudniać się to get a job □ Zatrudnił się
jako stróż w muzeum. He got a job as a guard
in a museum.

zatrudnienie (GEN **zatrudnienia**,
PL **zatrudnienia**, LOC SING **zatrudnieniu**, }
GEN PL **zatrudnień**) NEUT NOUN
employment

zatrudniony (GEN **zatrudnionego**,
PL **zatrudnieni**) MASC NOUN

⚪ **LANGUAGE TIP** zatrudniony declines like
an adjective
employee

□ Wszyscy zatrudnieni mogą korzystać z
przyzakładowej siłowni bez żadnych opłat.
All employees can use the onsite gym for free.

zatruwać (zatruwam, zatruwasz)
(PERF **zatruć**) VERB
to poison

zatrwożony ADJECTIVE
alarmed

zatrzask (GEN **zatrzasku**, PL **zatrzaski**, INST SING **zatrzaskiem**, LOC SING **zatrzasku**) MASC NOUN
1 press stud
□ zatrzask przy bluzce a press stud on a blouse
2 latch
□ zatrzask u drzwi the latch on the door

zatrzaskiwać (**zatrzaskuję, zatrzaskujesz**) (PERF **zatrzasnąć**) VERB
1 to slam
□ Zatrzasnął za sobą drzwi. He slammed the door behind him.
2 to lock in
□ Przez nieuwagę zatrzasnęłam w domu męża. I accidentally locked my husband in the house.
■ **zatrzaskiwać się** to slam □ Chyba jest przeciąg, bo drzwi się zatrzasnęły. There must be a draught, because the door slammed.

zatrząść (**zatrzęsę, zatrzęsiesz**) (IMPERATIVE **zatrząś**, IMPERATIVE **zatrzęś**) VERB PERF ▷ zobacz **trząść**

zatrzymywać (**zatrzymuję, zatrzymujesz**) (PERF **zatrzymać**) VERB
1 to stop
□ Policja zatrzymała samochód. The police stopped the car.
2 to arrest
□ Czy policja zatrzymała już podejrzanych? Have police already arrested suspects?
3 to keep
□ Zatrzymała bilet na pamiątkę tej podróży. She kept the ticket as a memento of the journey.
■ **zatrzymywać się** 1 to stop □ Autobus nie zatrzymał się na naszym przystanku. The bus didn't stop at our stop. 2 to pull up □ Nieznany samochód zatrzymał się przed moim domem. A strange car pulled up outside my house.

zatwardzenie (GEN **zatwardzenia**, LOC SING **zatwardzeniu**) NEUT NOUN
constipation
□ Jakie jedzenie powoduje zatwardzenie? What type of food causes constipation?

zatwierdzać (**zatwierdzam, zatwierdzasz**) (PERF **zatwierdzić**) VERB
to approve
□ Kiedy zarząd zatwierdzi podwyżki? When will the board approve the payrises?

zatyczka (GEN **zatyczki**, PL **zatyczki**, DAT SING AND LOC SING **zatyczce**, GEN PL **zatyczek**) FEM NOUN
plug
□ zatyczka do wanny bath plug
■ **zatyczki do uszu** earplugs

zatykać (**zatykam, zatykasz**) (PERF **zatkać**) VERB
1 to stop up
□ Zatkał dziurę w podłodze papierem. He stopped up the hole in the floor with paper.
□ Zatkaliśmy butelkę korkiem. We stopped up the bottle with a cork.
2 to clog up
□ Co takiego mogło zatkać zlew? What could have clogged up the sink like that?

zaufać (**zaufam, zaufasz**) VERB PERF ▷ zobacz **ufać**

zaufanie (GEN **zaufania**) NEUT NOUN
confidence
□ mieć do kogoś zaufanie to have confidence in somebody
■ **Czy nie masz do mnie zaufania?** Don't you trust me?
■ **telefon zaufania** helpline

zaufany ADJECTIVE
trusted
□ zaufany doradca a trusted adviser

zaułek (GEN **zaułka**, PL **zaułki**, INST SING **zaułkiem**, LOC SING **zaułku**) MASC NOUN
lane

zauroczyć (**zauroczę, zauroczysz**) VERB PERF
to enchant

zauważać (**zauważam, zauważasz**) (PERF **zauważyć**) VERB
1 to notice
□ Czy zauważyłaś, że masz założyłaś dwie różne skarpetki? Have you noticed that you have put on two odd socks?
2 to observe

zauważalny ADJECTIVE
noticeable
□ zauważalna zmiana a noticeable change

zawadzać (**zawadzam, zawadzasz**) (PERF **zawadzić**) VERB
■ **zawadzać o coś** to knock against something
□ Zawadził łokciem o wazon. He knocked against the vase with his elbow.
■ **zawadzać komuś** to stand in somebody's way

zawahać się (**zawaham, zawahasz**) VERB PERF ▷ zobacz **wahać się**

zawalać (**zawalam, zawalasz**) (PERF **zawalić**) VERB
1 to litter
□ Śmieci zawalały ścieżki parku. The paths in the park were littered with rubbish.
2 to block
□ Zwalone drzewo zawalało drogę. A fallen tree blocked the path.
■ **zawalać** (PERF **zawalić**) **się** to collapse
□ Most zawalił się pod ciężarem samochodów. The bridge collapsed under the weight of the car.

zawał (GEN **zawału**, PL **zawały**, LOC SING **zawale**) MASC NOUN
■ **zawał serca** heart attack □ Mój ojciec miał miesiąc temu zawał. My father had a heart attack a month ago.

zawartość (GEN **zawartości**) FEM NOUN
1 contents pl
□ zawartość torebki the contents of the bag
2 content
□ Jaka jest typowa zawartość alkoholu w piwie? What is the typical alcohol content of beer?
■ **produkty o niskiej zawartości tłuszczu** low-fat products

zaważyć (**zaważę, zaważysz**) VERB PERF
■ **zaważyć na czymś** to influence something

Z

269

zawdzięczać (zawdzięczam, zawdzięczasz)
VERB IMPERF

■ **zawdzięczać coś komuś** to owe something
to somebody □ Wszystko zawdzięczam
rodzicom. I owe everything to my parents.

zawiadamiać (zawiadamiam,
zawiadamiasz) (PERF **zawiadomić**) VERB
to inform

zawiadomienie (GEN zawiadomienia,
PL zawiadomienia, LOC SING zawiadomieniu,
GEN PL **zawiadomień**) NEUT NOUN
notification

■ **bez zawiadomienia** without notice
■ **zawiadomienie o ślubie** wedding invitation

zawiązywać (zawiązuję, zawiązujesz) (PERF
zawiązać) VERB
to tie

■ **Zawiąż buty** Do up your shoelaces.

zawiedziony ADJECTIVE
disappointed

□ Jestem bardzo zawiedziona brakiem waszych
postępów. I am very disappointed at your lack
of progress.

zawieja (GEN zawiei, PL zawieje, GEN PL; DAT SING
AND LOC SING zawiei) FEM NOUN
blizzard

□ Z powodu zawiei odwołano wszystkie pociągi.
All trains were cancelled as a result of the
blizzard.

zawierać (zawieram, zawierasz)
(PERF zawrzeć) VERB
1 to include

□ Co dokładnie zawiera cena tej wycieczki?
What exactly does the price of this trip include?
2 to make

□ zawierać pokój to make peace
■ **zawierać z kimś znajomość** to make
somebody's acquaintance

zawieszać (zawieszam, zawieszasz)
(PERF zawiesić) VERB
1 to hang

□ Gdzie zawiesić ten obraz? Where shall we
hang this picture?
2 to suspend

□ Z powodu braku zamówień zawiesili działalność
w okresie zimy. They suspended activity during
the winter because of a lack of orders.

zawieszenie (GEN zawieszenia,
PL zawieszenia, LOC SING zawieszeniu,
GEN PL zawieszeń) NEUT NOUN
suspension

■ **wyrok z zawieszeniem** a suspended
sentence
■ **zawieszenie broni** ceasefire

zawijać (zawijam, zawijasz) (PERF **zawinąć**)
VERB
1 to wrap up

□ Zawinął prezent w kolorowy papier.
He wrapped the present up in colourful paper.
2 to roll up

□ Zawinął nogawki i wszedł do wody. He rolled
up his trouser legs and went into the water.

■ **zawijać się** to curl up □ Kartki książki
zawinęły się. The pages of the book were curled
up.

zawiły ADJECTIVE
complicated

□ zawiłe tłumaczenie a complicated explanation
□ zawiła historia a complicated story

zawinić (zawinię, zawinisz) (IMPERATIVE **zawiń**)
VERB PERF
to be at fault

zawistny ADJECTIVE
envious

□ zawistne spojrzenie an envious look

zawiść (GEN zawiści) FEM NOUN
envy

zawodniczka (GEN zawodniczki,
PL **zawodniczki**, DAT SING AND LOC SING
zawodniczce, GEN PL **zawodniczek**) FEM NOUN
1 competitor
2 contestant

□ zawodniczka teleturnieju a quiz show
contestant

zawodnik (GEN zawodnika, PL zawodnicy,
INST SING **zawodnikiem**, LOC SING **zawodniku**)
MASC NOUN
1 competitor

□ zawodnik turnieju tenisowego a competitor
in a tennis tournament
2 contestant

zawodny ADJECTIVE
1 unreliable

□ zawodne urządzenie unreliable appliance
2 fallible

■ **zawodna pamięć** unreliable memory

zawodowiec (GEN zawodowca,
PL **zawodowcy**) MASC NOUN
professional

□ Jest zawodowcem. He is a professional.

zawodowy ADJECTIVE
professional

□ doświadczenie zawodowe professional
experience □ kwalifikacje zawodowe
professional qualifications

■ **szkoła zawodowa** vocational school
■ **związek zawodowy** trade union; labor
union (US)

zawody (GEN zawodów) PL NOUN ▷zobacz
zawód
competition

□ zawody sportowe sports competition

zawodzić (zawodzę, zawodzisz) (IMPERATIVE
zawódź, PERF **zawieść**) VERB
1 to disappoint

□ Bardzo mnie zawiodła ta książka. I was really
disappointed with this book.
2 to fail

□ Jeśli mnie pamięć nie zawodzi, to ... Unless
my memory fails me, that's ...

■ **zawodzić** (PERF **zawieść**) **się na kimś/czymś**
to be disappointed with somebody/something
□ Zawiedliśmy się na tej firmie. We are
disappointed with this company.

zawołać (**zawołam, zawołasz**) VERB PERF
▷ *zobacz* **wołać**

zawozić (**zawożę, zawozisz**) (IMPERATIVE **zawóź**,
IMPERATIVE **zawóź**, PERF **zawieźć**) VERB
1 to drive
□ Zawiozę was samochodem na stację. I'll drive
you to the station in the car.
2 to take

zawód (GEN **zawodu**, PL **zawody**,
LOC SING **zawodzie**) MASC NOUN
1 profession
□ Z zawodu jestem księgowym. I am an
accountant by profession.
2 disappointment
□ Przegrana była dla nas dużym zawodem.
The defeat was a big disappointment for us.

zawór (GEN **zaworu**, PL **zawory**, LOC SING
zaworze) MASC NOUN
valve
□ zawór (do) gazu gas valve

zawracać (**zawracam, zawracasz**) (PERF
zawrócić) VERB
to turn back
□ Zawróciliśmy, bo przed nami był olbrzymi
korek. We turned back because of the huge
traffic jam ahead of us.
■ **zawracać komuś głowę** to bother
somebody □ Nie zawracaj mi głowy! Stop
bothering me!

zawrotny ADJECTIVE
staggering
□ zawrotna cena a staggering price □ zawrotna
prędkość a staggering speed

zawrót (GEN **zawrotu**, PL **zawroty**, LOC SING
zawrocie) MASC NOUN
■ **zawroty głowy 1** dizziness **2** vertigo
■ **mieć zawroty głowy** to suffer from dizzy
spells

zawstydzać (**zawstydzam, zawstydzasz**)
(PERF **zawstydzić**) VERB
to shame
■ **zawstydzać się** to be ashamed □ Zawstydził
się własnych uczuć. He was ashamed of his
own feelings.

zawstydzony ADJECTIVE
ashamed

zawsze ADVERB
always
■ **na zawsze** for ever
■ **tyle co zawsze** the same as usual

zawyżać (**zawyżam, zawyżasz**) (PERF **zawyżyć**)
VERB
to inflate
■ **Czy inflacja zawyża ceny?** Does inflation
increase prices?

zawzięty ADJECTIVE
1 dogged
□ zawzięty opór dogged resistance
2 determined
□ zawzięta mina determined expression

zazdrosny ADJECTIVE
jealous

□ zazdrosny mąż a jealous husband □ Jest
zazdrosny o twoje sukcesy. He is jealous of
your success.

zazdrościć (**zazdroszczę, zazdrościsz**)
(IMPERATIVE **zazdrość**) VERB
to envy
■ **zazdrościć komuś czegoś** to envy
somebody something
■ **Zazdroszczę ci takiej figury!** I am envious
of your figure!

zazdrość (GEN **zazdrości**) FEM NOUN
jealousy
□ z zazdrości out of jealousy

zaziębiać się (**zaziębiam, zaziębiasz**)
(PERF **zaziębić**) VERB
to catch a cold

zaziębienie (GEN **zaziębienia**, PL **zaziębienia**,
LOC SING **zaziębieniu**, GEN PL **zaziębień**)
NEUT NOUN
cold

zaziębiony ADJECTIVE
■ **Jestem zaziębiony.** I have a cold.

zaznaczać (**zaznaczam, zaznaczasz**)
(PERF **zaznaczyć**) VERB
to mark
□ Egzaminator zaznaczył wszystkie błędy
czerwonym krzyżykiem. The examiner marked
all the mistakes with red crosses.
■ **Zaznaczył, że to jest jego prywatne
zdanie.** He stressed that this was his
personal opinion.

zaznajamiać (**zaznajamiam, zaznajamiasz**)
(PERF **zaznajomić**) VERB
■ **zaznajamiać kogoś z czymś** to acquaint
somebody with something
■ **Sąsiadka zaznajomiła mnie z medycyną
alternatywną.** The neighbour introduced me
to alternative medicine.
■ **zaznajamiać się z czymś** to familiarize
oneself with something □ Przed
przystąpieniem do egzaminu, proszę
zaznajomić się uważnie z regulaminem.
Please familiarize yourself carefully with the
regulations before taking the exam.

zaznawać (**zaznaję, zaznajesz**) (PERF **zaznać**)
VERB +*gen*
to experience

zazwyczaj ADVERB
usually
□ Zazwyczaj na śniadanie jem płatki z mlekiem.
I usually have milk and cereal for breakfast.

zażalenie (GEN **zażalenia**, PL **zażalenia**, LOC SING
zażaleniu, GEN PL **zażaleń**) NEUT NOUN
complaint
□ składać (PERF złożyć) zażalenie na kogoś/coś
to file a complaint against somebody/about
something

zażarty ADJECTIVE
1 fierce
□ zażarta dyskusja fierce discussion
2 sworn
□ zażarty wróg sworn enemy

zażenowanie (GEN **zażenowania**, LOC SING **zażenowaniu**) NEUT NOUN
embarrassment

◻ Bez zażenowania odpowiedziała na wszelkie pytania. He answered all questions without any embarrassment.

■ Jego pytanie wprawiło mnie w zażenowanie. I was embarrassed by his question.

zażenowany ADJECTIVE
embarrassed

◻ zażenowany człowiek embarrassed person

zażyczyć (**zażyczę, zażyczysz**) VERB PERF

■ zażyczyć sobie czegoś to request something ◻ Na obiad zażyczyła sobie sałatkę warzywną. She requested a vegetable salad for dinner.

zażyłość (GEN **zażyłości**) FEM NOUN
intimacy

zażyły ADJECTIVE
intimate

◻ zażyła znajomość intimate acquaintance

zażywać (**zażywam, zażywasz**) (PERF **zażyć**) VERB
to take

◻ Te tabletki należy zażywać raz dziennie podczas posiłku. These tablets should be taken once a day at meal times.

ząb (GEN **zęba**, PL **zęby**, LOC SING **zębie**) MASC NOUN
tooth

■ Boli mnie ząb. I have toothache.

ząbek (GEN **ząbka**, PL **ząbki**, INST SING **ząbkiem**, LOC SING **ząbku**) MASC NOUN

■ ząbek czosnku a clove of garlic
▷ zobacz też ząbek MASC NOUN

ząbkować (**ząbkuję, ząbkujesz**) VERB
to teethe

■ Dziecko zaczęło ząbkować. The child has started teething.

zbaczać (**zbaczam, zbaczasz**) (PERF **zboczyć**) VERB
to deviate

■ Idź prosto do szkoły i nigdzie nie zbaczaj. Go straight to school and don't stray off anywhere.

zbawca (GEN **zbawcy**, PL **zbawcy**, INST SING **zbawcą**, LOC SING **zbawcy**) MASC NOUN

◌ LANGUAGE TIP zbawca declines like a feminine noun in the singular

saviour
savior (US)

◻ Jesteś moim zbawcą! You are my saviour!

zbawienny ADJECTIVE
beneficial

◻ zbawienna decyzja a beneficial decision

zbędny ADJECTIVE
1 useless

◻ zbędny wysiłek useless effort

2 excess

zbić VERB PERF ▷ zobacz bić, zbijać

■ zbić kogoś to give somebody a thrashing

■ Ojciec zbił syna za złe zachowanie.

The father beat his son for bad behaviour.

■ zbić się to break ◻ Szklanka się zbiła. The glass broke.

zbiec (**zbiegnę, zbiegniesz**) (IMPERATIVE **zbiegnij**, PT **zbiegł, zbiegła, zbiegli**) VERB PERF ▷ zobacz zbiegać

zbieg (GEN **zbiega**, PL **zbiegowie**, INST SING **zbiegiem**, LOC SING **zbiegu**) MASC NOUN
1 fugitive

◻ Policja nadal poszukuje zbiegów. Police are still hunting the fugitives.

2 junction (GEN SING **zbiegu**, NOM PL **zbiegi**)

◻ przy zbiegu ulic at the junction

■ zbieg okoliczności coincidence

zbiegać (**zbiegam, zbiegasz**) (PERF **zbiec** or **zbiegnąć**) VERB
1 to run away

◻ Więzień zbiegł z więzienia w środku nocy. The prisoner ran away from the prison in the middle of the night.

2 to run downhill

■ Dzieci zbiegły z górki. The children ran down the hill.

■ zbiegać po schodach to run downstairs
◻ Nie czekał na windę, tylko zbiegł prędko po schodach. He didn't wait for the lift, he just quickly ran down the stairs.

■ zbiegać się 1 to gather ◻ Gapie zbiegli się na miejsce wypadku. Onlookers gathered at the scene of the accident. 2 to converge ◻ Główne ulice miasta zbiegają się w centrum. The main streets in the town converge at the centre.

zbierać (**zbieram, zbierasz**) (PERF **zebrać**) VERB
1 to collect

◻ Zebrał olbrzymią kolekcję obrazów tego artysty. He collected a huge collection of paintings by this artist.
to gather

◻ Zebrał wszystkie śmieci i wyrzucił do kosza. He gathered all the rubbish and threw it in the bin.

2 to pick

◻ Czy lubisz zbierać grzyby? Do you like picking mushrooms?

■ zbierać się to gather ◻ Studenci zebrali się pod gmachem uniwersytetu. The students gathered at the university building.

zbiornik (GEN **zbiornika**, PL **zbiorniki**, INST SING **zbiornikiem**) MASC NOUN
container

◻ zbiornik na narzędzia container for tools

■ zbiornik wodny reservoir

■ zbiornik paliwa fuel tank

zbiorowość (GEN **zbiorowości**, PL **zbiorowości**, GEN PL, DAT SING AND LOC SING **zbiorowości**) FEM NOUN
community

zbiorowy ADJECTIVE
collective

◻ zbiorowy wysiłek a collective effort

zbiór (GEN **zbioru**, PL **zbiory**, LOC SING **zbiorze**) MASC NOUN
1 collection

□ zbiór wierszy **a collection of verse**

2 harvest

□ zbiór owoców **the fruit harvest** □ W wakacje pracujemy przy zbiorze truskawek. **During the holidays we work on the strawberry harvest.**

3 crop

□ W tym roku zbiory zboża są bardzo wysokie. **The cereal crops are very good this year.**

zbiórka (GEN **zbiórki**, PL **zbiórki**, DAT SING AND LOC SING **zbiórce**, GEN PL **zbiórek**) FEM NOUN

1 assembly

□ zbiórka drużyny **team assembly**

■ **Zbiórka! Fall in!**

2 collection

□ zbiórka używanych ubrań **collection of second-hand clothes**

■ **zbiórka pieniędzy fund-raising**

zbliżać (zbliżam, zbliżasz) (PERF **zbliżyć**) VERB

1 to bring closer

□ To odkrycie zbliża nas do końca projektu. **This discovery brings us closer to the end of the project.**

2 to bring together

□ Wspólna zabawa zbliża dzieci. **Cooperative games bring children together.**

■ **zbliżać się to approach** □ Dwóch policjantów zbliżało się do sklepu. **Two policemen approached the shop.** □ Zbliżają się święta. **Christmas is approaching.**

■ **Zbliża się lato. Summer is coming.**

■ **Nie zbliżaj się! Stand away!**

zbliżenie (GEN **zbliżenia**, PL **zbliżenia**, LOC SING **zbliżeniu**, GEN PL **zbliżeń**) NEUT NOUN

close-up

□ zbliżenie na twarz bohatera **a close-up on the hero's face**

zbliżony ADJECTIVE

similar

zbłąkany ADJECTIVE

stray

□ zbłąkany pies **stray dog**

zbocze (GEN **zbocza**, PL **zbocza**, LOC SING **zboczu**, GEN PL **zboczy**) NEUT NOUN

slope

□ zbocze narciarskie **ski slope**

zboczony ADJECTIVE

perverted

□ zboczony mężczyzna **a perverted man**

zboże (GEN **zboża**, PL **zboża**, LOC SING **zbożu**, GEN PL **zbóż**) NEUT NOUN

cereal

corn *(Brit)*

□ pole zboża **a field of corn**

zbożowy ADJECTIVE

cereal

□ produkty zbożowe **cereal products**

zbrodnia (GEN **zbrodni**, PL **zbrodnie**, GEN PL, DAT SING AND LOC SING **zbrodni**) FEM NOUN

crime

□ zbrodnia i kara **crime and punishment**

□ zbrodnia doskonała **the perfect crime**

zbrodniarz (GEN **zbrodniarza**, PL **zbrodniarze**, LOC SING **zbrodniarzu**, GEN PL **zbrodniarzy**) MASC NOUN

criminal

□ Jest niebezpiecznym zbrodniarzem. **He is a dangerous criminal.**

zbroić (zbroję, zbroisz) (IMPERATIVE **zbrój**, PERF **uzbroić**) VERB

to arm

□ Wojsko zbroi się w nowe karabiny. **The military armed itself with new rifles.**

■ **zbroić się to arm**

■ **Dlaczego nasz kraj tak się zbroi? Why is our country arming itself like this?**

■ **Musisz uzbroić się w cierpliwość. You must be patient.**

zbrojny ADJECTIVE

military

□ atak zbrojny **military attack**

zbudować (zbuduję, zbudujesz) VERB PERF

▷ *zobacz* budować

zbudzić (zbudzę, zbudzisz) (IMPERATIVE **zbudź**) VERB PERF ▷ *zobacz* budzić

zburzyć (zburzę, zburzysz) VERB PERF ▷ *zobacz* burzyć

zbyt (GEN **zbytu**, LOC SING **zbycie**) MASC NOUN ▷ *zobacz też* zbyt ADVERB

1 market

■ **rynek zbytu market**

2 sales *pl*

■ **cena zbytu selling price**

zbyt ADVERB

▷ *zobacz też* zbyt MASC NOUN

too

□ zbyt wysoka cena **too high a price**

□ Przyjechaliśmy zbyt późno. **We arrived too late.**

zbyteczny ADJECTIVE

unnecessary

zdać (zdam, zdasz) VERB PERF ▷ *zobacz* zdawać

zdalny ADJECTIVE

■ **zdalne sterowanie remote control**

zdanie (GEN **zdania**, PL **zdania**, GEN PL **zdań**) NEUT NOUN

1 opinion

□ moim zdaniem **in my opinion**

2 sentence

□ Ten akapit składa się tylko z jednego zdania. **This paragraph is made up of only one sentence.**

zdarzać się (zdarza) (PERF **zdarzyć**) VERB

to happen

□ Zdarzyło się to podczas ostatniej wojny. **It happened during the last war.**

zdarzenie (GEN **zdarzenia**, PL **zdarzenia**, LOC SING **zdarzeniu**, GEN PL **zdarzeń**) NEUT NOUN

occurrence

■ **niespodziewane zdarzenie an unexpected event**

zdatny ADJECTIVE

■ **zdatny do czegoś suitable for something**

■ **'zdatny do spożycia' 'fit for human consumption'**

273

■ **woda zdatna do picia** drinkable water

zdawać (zdaję, zdajesz) (IMPERATIVE **zdawaj**, PERF **zdać**) VERB
to take (egzamin)

□ zdawać egzamin z fizyki to take an exam in physics □ zdawać na uniwersytet to take university entrance exams

■ **Ile osób zdaje na państwa wydział?** How many people are applying for your department?

■ **zdawać sobie sprawę z czegoś** to be aware of something □ Nie zdawał sobie sprawy z powagi sytuacji. He was not aware of the seriousness of the situation.

■ **zdawać się** to seem □ Zdaje mi się, że ... It seems to me that ...

■ **Zdawało ci się.** You must have imagined it.

■ **zdawać się na kogoś/coś** to depend on somebody/something □ Przy podejmowaniu ważnych decyzji zawsze zdaję się na rodziców. I always depend on my parents when making important decisions.

zdążać (zdążam, zdążasz) (PERF **zdążyć**) VERB
to make it in time

■ **Nie zdążył na samolot.** He missed the plane.

■ **Nie zdążyłam przyjść na czas do pracy.** I was late for work.

zdechły ADJECTIVE
dead

zdecydować (zdecyduję, zdecydujesz) VERB
PERF ▷ zobacz decydować

zdecydowanie (GEN **zdecydowania**) NEUT NOUN
▷ zobacz też **zdecydowanie** ADVERB
determination

□ Cechuje ją pewność i zdecydowanie. She is characterized by certainty and determination.

zdecydowanie ADVERB
▷ zobacz też **zdecydowanie** MASC NOUN
1 strongly
□ Zdecydowanie się z tobą nie zgadzam. I strongly disagree with you.
2 definitely
■ **zdecydowanie najlepszy** by far the best

zdecydowany ADJECTIVE
determined
□ zdecydowany człowiek a determined person
■ **zdecydowany na coś** determined to do something □ Jest zdecydowany na zmianę zawodu. He is determined to change his career.

zdegustowany ADJECTIVE
disgusted
□ Jestem zdegustowana twoim zachowaniem. I am disgusted by your behaviour.

zdejmować (zdejmuję, zdejmujesz) (PERF **zdjąć**) VERB
1 to take off
□ Zdjął buty i założył kapcie. He took off his shoes and put on his slippers.
2 to take down
□ Zdjął obraz ze ściany. He took the picture down from the wall.

zdenerwować (zdenerwuję, zdenerwujesz) VERB PERF ▷ zobacz denerwować

zdenerwowanie (GEN **zdenerwowania**) NEUT NOUN
1 nervousness
■ Trzęsła się ze zdenerwowania. She shook with nerves.
2 anger
■ Ze zdenerwowaniem odpowiedział, że nam nie pomoże. He angrily said that he wouldn't help us.

zdenerwowany ADJECTIVE
nervous
■ **zdenerwowany czymś** annoyed at something
■ **zdenerwowany na kogoś** annoyed with somebody

zderzać się (zderzam, zderzasz) (PERF **zderzyć**) VERB
to collide
□ Samochód osobowy zderzył się z ciężarówką. The car collided with a lorry.

zderzak (GEN **zderzaka**, PL **zderzaki**, INST SING **zderzakiem**, LOC SING **zderzaku**) MASC NOUN
bumper
□ Musimy wymienić zderzaki w naszym samochodzie. We need to replace the bumpers on our car.

zderzenie (GEN **zderzenia**, PL **zderzenia**, LOC SING **zderzeniu**, GEN PL **zderzeń**) NEUT NOUN
crash
□ zderzenie samochodów a car crash

zdesperowany ADJECTIVE
desperate
□ zdesperowana matka desperate mother

zdeterminowany ADJECTIVE
determined
□ zdeterminowany pracownik determined worker

zdezorientowany ADJECTIVE
disorientated
disoriented (US)

zdjąć (zdejmę, zdejmiesz) (IMPERATIVE **zdejmij**) VERB PERF ▷ zobacz zdejmować

zdjęcie (GEN **zdjęcia**, PL **zdjęcia**, LOC SING **zdjęciu**, GEN PL **zdjęć**) NEUT NOUN
photograph
□ robić (PERF zrobić) komuś zdjęcie to take a photograph of somebody
■ **zdjęcia z wakacji** holiday photos

zdmuchiwać (zdmuchuję, zdmuchujesz) (PERF **zdmuchnąć**) VERB
1 to blow off
□ Wiatr zdmuchnął mi kapelusz z głowy. The wind blew the hat off my head.
2 to blow out
□ Zapalił świecę i zdmuchnął zapałkę. He lit the candle and blew out the match.

zdobić (zdobię, zdobisz) (IMPERATIVE **zdób**) VERB
to decorate
■ Ściany sali ozdabiały obrazy. The hall walls were decorated with pictures.
▷ zobacz też **zdobycz** FEM NOUN

zdobyć (**zdobędę, zdobędziesz**) (IMPERATIVE **zdobądź**) VERB PERF ▷*zobacz* **zdobywać**

zdobywać (**zdobywam, zdobywasz**) (PERF **zdobyć**) VERB

1 to capture
□ Armia zdobyła miasto. The army captured the town.

2 to gain

3 to get
□ Udało się nam zdobyć bilety na ten koncert. We managed to get tickets for the concert.

4 to score
□ Nasza drużyna nie zdobyła ani jednej bramki w tym sezonie. Our team hasn't scored a single goal this season.

■ **zdobyć się** *perf* **na zrobienie czegoś** to bring oneself to do something

■ **Musisz się zdobyć na cierpliwość.** You must be patient.

■ **W końcu zdobył się na odwagę i poprosił ją do tańca.** He summoned the courage in the end and asked her to dance.

zdobywca (GEN **zdobywcy**, PL **zdobywcy**, DAT SING AND LOC SING **zdobywcy**) MASC NOUN

LANGUAGE TIP **zdobywca** declines like a feminine noun in the singular

1 conqueror

2 winner
□ zdobywca wielu medali olimpijskich the winner of many Olympic medals

3 scorer
□ zdobywca zwycięskiej bramki the winning goal scorer

zdolność (GEN **zdolności**, PL **zdolności**, GEN PL, DAT SING AND LOC SING **zdolności**) FEM NOUN
ability
■ **zdolności** gift *sing* □ Ma zdolności matematyczne. He has a gift for maths.

zdolny ADJECTIVE
gifted
□ zdolny sportowiec a gifted sportsman
■ **zdolny do zrobienia czegoś** capable of doing something □ Czy jest zdolny do sprostania takim obowiązkom? Is he capable of matching such responsibilities?
□ Nie jest zdolna do prowadzenia takiej firmy. She is not capable of running this kind of company.

zdołać (**zdołam, zdołasz**) VERB PERF
■ **zdołać coś zrobić** to be able to do something □ Zdołaliśmy kupić tanie bilety na ten mecz. We were able to buy cheap tickets for this match.
■ **Czy zdołałam cię przekonać do tej decyzji?** Have I managed to convince you about this decision?

zdrada (GEN **zdrady**, PL **zdrady**, DAT SING AND LOC SING **zdradzie**) FEM NOUN

1 betrayal
□ zdrada przyjaciół betrayal of friends

2 treason
□ zdrada ojczyzny treason against the fatherland

■ **zdrada małżeńska** adultery

zdradliwy ADJECTIVE
treacherous

zdradzać (**zdradzam, zdradzasz**) (PERF **zdradzić**) VERB

1 to betray

2 to cheat on
□ Często zdradza swoją dziewczynę. He often cheats on his girlfriend.

zdrajca (GEN **zdrajcy**, PL **zdrajcy**, DAT SING AND LOC SING **zdrajcy**) MASC NOUN

LANGUAGE TIP **zdrajca** declines like a feminine noun in the singular

traitor
□ Jest zdrajcą ojczyzny. He is a traitor to the fatherland.

zdrapywać (**zdrapuję, zdrapujesz**) (PERF **zdrapać**) VERB
to scrape away
■ Zdrapał strupek z kolana. He picked the scab on his knee.

zdrętwiały ADJECTIVE
numb
□ zdrętwiałe z zimna palce fingers numb with cold □ kobieta zdrętwiała ze strachu a woman numb with fear

zdrobnienie (GEN **zdrobnienia**, PL **zdrobnienia**, LOC SING **zdrobnieniu**, GEN PL **zdrobnień**) NEUT NOUN
diminutive
□ Ola to zdrobnienie od Aleksandra. Ola is the diminutive of Aleksandra.

zdrowie (GEN **zdrowia**, LOC SING **zdrowiu**) NEUT NOUN
health
□ problemy ze zdrowiem health problems
■ **Jak zdrowie?** How are you doing?
■ **ośrodek zdrowia** health centre; health centre (US)
■ **Na zdrowie! 1** Cheers! **2** Bless you!
■ **wracać** (PERF **wrócić**) **do zdrowia** to recover

zdrowieć (**zdrowieję, zdrowiejesz**) (PERF **wyzdrowieć**) VERB
to get better
■ **Wyzdrowiej szybko!** Get well soon!

zdrowo ADVERB

1 healthily
□ Odżywiaj się zdrowo. Eat healthily.

2 well
□ Wygląda zdrowo. He looks well.

zdrowotny ADJECTIVE

1 sanitary
□ warunki zdrowotne sanitary conditions

2 healthy
□ klimat zdrowotny a healthy climate
■ **opieka zdrowotna** healthcare
■ **urlop zdrowotny** sick leave

zdrowy ADJECTIVE
healthy
□ zdrowe dziecko a healthy child
■ **zdrowy rozsądek** common sense

zdrów ADJECTIVE ▷*zobacz* **zdrowy**

zdrzemnąć się (zdrzemnę, zdrzemniesz)
(IMPERATIVE **zdrzemnij**) VERB PERF
to have a nap
□ Zdrzemnął się po obiedzie. He had a nap after dinner.

zdumienie (GEN **zdumienia**) NEUT NOUN
astonishment
□ okrzyki zdumienia a cry of astonishment
□ Ku memu zdumieniu ... To my astonishment, ...

zdumiewać (zdumiewam, zdumiewasz)
(PERF **zdumieć**) VERB
to amaze
□ Zdumiła nas jego decyzja nagłego wyjazdu. His decision to suddenly leave amazed us.
■ zdumiewać się to be amazed □ Zdumiał się ilością otrzymanych odpowiedzi. He was amazed by the number of responses received.

zdumiewający ADJECTIVE
amazing
□ zdumiewający widok an amazing view

zdumiony ADJECTIVE
amazed

zdychać (zdycham, zdychasz) (PERF **zdechnąć**)
VERB
to die
□ Ich pies zdechł w ubiegłym tygodniu. Their dog died last week.

zdyscyplinowany ADJECTIVE
disciplined
□ zdyscyplinowany pracownik a disciplined worker

zdziałać (zdziałam, zdziałasz) VERB PERF
to accomplish
□ Co udało ci się zdziałać u szefa? What did you manage to accomplish with the boss?

zdzierać (zdzieram, zdzierasz) (PERF **zedrzeć**)
VERB
1 to tear off
□ Zdzierali starą tapetę ze ścian. They tore the old wallpaper off the wall.
2 to wear out
□ Zawsze szybko zdziera kolana na spodniach. He always wears out the knees quickly on trousers.

zdziwienie (GEN **zdziwienia**) NEUT NOUN
surprise

zdziwiony ADJECTIVE
surprised
□ Byliśmy bardzo zdziwieni jego nieobecnością. We were very surprised by his abscence.

ze PREPOSITION = z

zebra (GEN **zebry**, PL **zebry**, DAT SING **zebrze**)
FEM NOUN
1 zebra
2 zebra crossing
crosswalk (US)
□ Zatrzymaj się przed zebrą. Stop at the zebra crossing.

zebranie (GEN **zebrania**, PL **zebrania**, LOC SING **zebraniu**, GEN PL **zebrań**) NEUT NOUN
meeting
□ Wczoraj wieczorem byliśmy w szkole na zebraniu rodziców. Yesterday evening we were at the school for a parents' meeting.

zechcieć (zechcę, zechcesz) (IMPERATIVE **zechciej**)
VERB PERF
■ zechcieć coś zrobić to be willing to do something
■ Zrobi zakupy, kiedy mu się w końcu zechce. He'll do the shopping when he is finally ready.

zegar (GEN **zegara**, PL **zegary**, LOC SING **zegarze**)
MASC NOUN
clock

zegarek (GEN **zegarka**, PL **zegarki**, INST SING **zegarkiem**, LOC SING **zegarku**) MASC NOUN
watch
□ Mój zegarek się śpieszy. My watch is fast.
□ Mój zegarek się spóźnia. My watch is slow.

zegarmistrz (GEN **zegarmistrza**, PL **zegarmistrze** or **zegarmistrzowie**) MASC NOUN
watchmaker
□ Szukam zegarmistrza. I am looking for a watchmaker.

zejście (GEN **zejścia**, PL **zejścia**, GEN PL **zejść**)
NEUT NOUN
1 descent
□ Zejście ze szczytu zabrało nam aż trzy godziny. The descent from the summit took us nearly three hours.
■ Gdzie jest zejście do piwnicy? Where are the stairs to the cellar?
2 death

zejść (zejdę, zejdziesz) (IMPERATIVE **zejdź**, PT **zeszedł, zeszła, zeszli**) VERB PERF ▷zobacz
schodzić

zemdleć (zemdleję, zemdlejesz) VERB PERF
▷zobacz mdleć

zemsta (GEN **zemsty**, DAT SING AND LOC SING **zemście**) FEM NOUN
revenge

zepsuć (zepsuję, zepsujesz) VERB PERF ▷zobacz
psuć

zepsuty ADJECTIVE
broken
□ zepsuta winda a broken lift

zerkać (zerkam, zerkasz) (PERF **zerknąć**) VERB
to peep
■ Cały wieczór zerkał w jej stronę. He glanced over at her all evening.
■ zerkać na kogoś/coś to peek at somebody/something
■ Czy możesz zerknąć na moje bagaże? Can you keep an eye on my bag?

zero (GEN **zera**, PL **zera**, LOC SING **zerze**) NEUT NOUN
1 zero
□ Jest 5 stopni powyżej zera. Its 5 degrees above zero.
2 nil
nothing (US)
■ Mecz piłki nożnej zakończył się remisem zero do zera. The football match ended in a nil-nil draw.

Z

zeskakiwać (**zeskakuję, zeskakujesz**)
(PERF **zeskoczyć**) VERB
to jump down
□ Kot zeskoczył z drzewa. The cat jumped down from the tree.

zeskrobywać (**zeskrobuję, zeskrobujesz**)
(PERF **zeskrobać**) VERB
to scrape off
□ Zeskrobał błoto z butów. He scraped the mud off his shoes.

zespołowy ADJECTIVE
■ **praca zespołowa** teamwork
■ **gry zespołowe** team games

zespół (GEN **zespołu**, PL **zespoły**, LOC PL **zespole**)
MASC NOUN
1 team
□ zespół pracowników team of workers
2 company
□ zespół teatralny theatre company □ zespół taneczny dance group

zestaw (GEN **zestawu**, PL **zestawy**, LOC SING
zestawie) MASC NOUN
1 set
□ zestaw pytań egzaminacyjnych set of exam questions
2 combination
□ zestaw kolorów colour combination
3 kit
□ zestaw narzędzi tool kit

zestawiać (**zestawiam, zestawiasz**)
(PERF **zestawić**) VERB
1 to take down
□ Zestawiliśmy doniczki z parapetu na podłogę. We took the flowerpots down from the window sill onto the floor.
2 to put together
□ Zestawili poduszki, by zrobić z nich prowizoryczne łóżko. They put the cushions together so as to make a make-shift bed.

zeszłoroczny ADJECTIVE
last year's
□ zeszłoroczny urlop last year's holiday
■ **zeszłoroczne święta** last Christmas

zeszły ADJECTIVE
last
□ w zeszłym roku last year □ w zeszłym tygodniu last week

zeszyt (GEN **zeszytu**, PL **zeszyty**, LOC SING
zeszycie) MASC NOUN
jotter
□ zeszyt do polskiego Polish jotter □ Zapisał nieznane słówka w zeszycie. He wrote new vocabulary in his jotter.

zeszywać (**zeszywam, zeszywasz**)
(PERF **zeszyj; zszyć**) VERB
to sew together
□ Aby zrobić worek, zszyła ze sobą dwie chustki. She sewed two scarfs together to make a sack.

ześlizgiwać się (**ześlizguję, ześlizgujesz**)
(PERF **ześlizgnąć** or **ześliznąć**) VERB
to slide down
□ Dzieci ześlizgiwały się z ośnieżonej górki.

The children slid down the snowy slope.

zewnątrz ADVERB
■ **na zewnątrz** outside
■ **z zewnątrz** from outside

zewnętrzny ADJECTIVE
1 external
□ zewnętrzna ściana external wall
■ '**do użytku zewnętrznego**' 'for external use only'
2 outward
□ wygląd zewnętrzny outward appearance

zewsząd ADVERB
from everywhere
□ Zewsząd zbiegli się gapie. Onlookers gathered from everywhere.

zez (GEN **zeza**, LOC SING **zezie**) MASC NOUN
squint
□ Mam zeza. I have a squint.

zeznanie (GEN **zeznania**, PL **zeznania**, LOC SING
zeznaniu, GEN PL **zeznań**) NEUT NOUN
testimony
■ **zeznanie podatkowe** tax return

zeznawać (**zeznaję, zeznajesz**) (IMPERATIVE
zeznawaj, PERF **zeznać**) VERB
1 to testify
2 to give evidence

zezować (**zezuję, zezujesz**) VERB
to squint

zezowaty ADJECTIVE
cross-eyed

zezwalać (**zezwalam, zezwalasz**)
(PERF **zezwolić**) VERB
■ **zezwalać na coś** to allow something
■ **zezwalać komuś na coś** to allow somebody to do something

zezwolenie (GEN **zezwolenia**, PL **zezwolenia**,
LOC SING **zezwoleniu**, GEN PL **zezwoleń**)
NEUT NOUN
1 permission
2 licence
license (US)
■ **zezwolenie na pracę** work permit
■ **zezwolenie na pobyt stały** permanent residence permit

zęba NOUN ▷ zobacz **ząb**

zgadywać (**zgaduję, zgadujesz**)
(PERF **zgadnąć**) VERB
to guess
□ Nigdy nie zgadniesz, co kupiłam dziś na wyprzedaży! You will never guess what I bought on sale today!

zgadzać się (**zgadzam, zgadzasz**)
(PERF **zgodzić**) VERB
■ **zgadzać się na coś** to agree to something
□ Szef nie zgodził się na wprowadzenie zmian. The boss didn't agree to the changes.
■ **zgadzać się z kimś** to agree with somebody
□ Zgadzam się z panem, że ... I agree with you that ...

zgarniać (**zgarniam, zgarniasz**) (PERF **zgarnąć**)
VERB
1 to gather

□ Zgarnął wszystkie papiery i włożył je do szuflady. He gathered all the papers and put them in the drawer.

zgaszony ADJECTIVE

1 downcast

□ zgaszony człowiek a downcast person

2 subdued

□ zgaszona barwa subdued tone

zgiąć (**zegnę, zegniesz**) (IMPERATIVE **zegnij**, PT **zgiął, zgięła, zgięli**) VERB PERF ▷*zobacz* **zginać, giąć**

zginać (**zginam, zginasz**) (PERF **zgiąć**) VERB

to bend

■ **zginać się** to bend □ Kartki zgięły się, gdy wkładałam je do torby. The cards got bent when I put them into the bag.

zgłaszać (**zgłaszam, zgłaszasz**) (PERF **zgłosić**) VERB

to submit

□ Minister zgłosił projekt ustawy. The minister submitted the bill.

zgłoszenie (GEN **zgłoszenia**, PL **zgłoszenia**, LOC SING **zgłoszeniu**, GEN PL **zgłoszeń**) NEUT NOUN

application

□ Prosimy o wypełnienie zgłoszenia. Please complete the application.

zgniatać (**zgniatam, zgniatasz**) (PERF **zgnieść**) VERB

to crush

■ **Zgniótł pustą puszkę i wrzucił ją do kosza.** He squashed the empty can and threw it into the bin.

zgniły ADJECTIVE

rotten

□ zgniłe jabłko a rotten apple

zgoda (GEN **zgody**, DAT SING AND LOC SING **zgodzie**) FEM NOUN

1 harmony

□ Wszyscy sąsiedzi w tym bloku żyją w zgodzie. All the neighbours in this block live in harmony.

2 agreement

□ W sprawie budowy nowego supermarketu panuje między nami zgoda. There is agreement among us regarding the building of a new supermarket.

zgodnie ADVERB

in harmony

□ Wszyscy sąsiedzi żyją zgodnie. All the neighbours live in harmony.

■ **zgodnie z planem** according to plan

■ **zgodnie z prawem** in accordance with the law

zgodność (GEN **zgodności**, DAT SING AND LOC SING **zgodności**) FEM NOUN

1 conformity

□ zgodność z przepisami conformity with regulations

2 unanimity

□ zgodność opinii unanimity of opinion

zgodny ADJECTIVE

1 agreeable

□ zgodna koleżanka z klasy agreeable class friend

2 unanimous

□ zgodna decyzja unanimous decision

■ **zgodny z czymś** consistent with something

□ zgodny z prawdą consistent with the truth

zgon (GEN **zgonu**, PL **zgony**, LOC SING **zgonie**) MASC NOUN

demise

■ **naturalna przyczyna zgonu** natural cause of death

zgorszenie (GEN **zgorszenia**, LOC SING **zgorszeniu**) NEUT NOUN

scandal

■ **Ze zgorszeniem popatrzyli się na jej nowy ubiór.** They looked at her new clothes with disgust.

zgorszony ADJECTIVE

scandalized

□ Był zgorszony ich skąpym ubiorem. He was scandalized by their skimpy clothes.

zgorzkniały ADJECTIVE

bitter

□ zgorzkniała kobieta a bitter woman

zgrabiać (**zgrabiam, zgrabiasz**) (PERF **zgrabić**) VERB

to rake

□ Czy możesz zgrabić liście z trawnika? Can you rake the leaves off the lawn?

zgrabny ADJECTIVE

1 shapely

□ zgrabna dziewczyna a shapely girl □ zgrabne nogi shapely legs

2 deft

□ zgrabny ruch a deft movement

3 neat

□ zgrabne sformułowanie neat form

zgrany ADJECTIVE

harmonious

zgromadzenie (GEN **zgromadzenia**, PL **zgromadzenia**, LOC SING **zgromadzeniu**, GEN PL **zgromadzeń**) NEUT NOUN

assembly

□ prawo do zgromadzeń right to assembly

zgroza (GEN **zgrozy**, DAT SING AND LOC SING **zgrozie**) FEM NOUN

horror

□ Na ich twarzach malował się widok zgrozy. A look of horror spread across their faces.

zgryz (GEN **zgryzu**, LOC SING **zgryzie**) MASC NOUN

bite

□ krzywy zgryz a crooked bite

■ **wada zgryzu** overbite

zgryźć (**zgryzę, zgryziesz**) (IMPERATIVE **zgryź**, PT **zgryzł, zgryźli**) VERB PERF

to crack

■ **Zgryzł kawałek sera.** He nibbled a piece of cheese.

zgryźliwy ADJECTIVE

1 snappy

□ Jest bardzo zgryźliwą osobą. He is a very snappy person.

2 cutting

□ zgryźliwa uwaga a cutting remark

zgrzać (**zgrzeję, zgrzejesz**) VERB PERF ▷*zobacz* **zgrzewać**

zgrzany ADJECTIVE
hot
□ Ze spaceru wróciliśmy bardzo zgrzani. We returned from the walk very hot.

zgrzeszyć (**zgrzeszę, zgrzeszysz**) VERB PERF ▷*zobacz* **grzeszyć**

zgrzewać (**zgrzewam, zgrzewasz**) (PERF **zgrzać**) VERB
to seal *(by heating)*
□ Zapakuj to w folię i zgrzej jej brzegi. Wrap it in foil and seal the edges.

zgrzytać (**zgrzytam, zgrzytasz**) (PERF **zgrzytnąć**) VERB
to grate
□ Klucz zgrzytnął w dziurce. The key grated in the lock.

zguba (GEN **zguby**, PL **zguby**, DAT SING AND LOC SING **zgubie**) FEM NOUN
lost property
□ Czyja to zguba? Whose is this lost property?

zgubny ADJECTIVE
1 destructive
□ zgubny wpływ destructive influence
2 harmful
□ zgubny skutek harmful effect

zgwałcić (**zgwałcę, zgwałcisz**) (IMPERATIVE **zgwałć**) VERB PERF ▷*zobacz* **gwałcić**

ziarno (GEN **ziarna**, PL **ziarna**, LOC SING **ziarnie**, GEN PL **ziaren**) NEUT NOUN
1 grain
□ ziarno piasku a grain of sand
2 seed

ziąb (GEN **ziąbu**, LOC SING **ziąbie**) MASC NOUN
chill
□ W mieszkaniu panuje straszny ziąb. There is a terrible chill in the house.

ziele (GEN **ziela**, PL **zioła**, GEN PL **ziół**) NEUT NOUN
herb
■ **Zaparzyła herbatę z ziół.** She brewed some herbal tea.

zieleń (GEN **zieleni**) FEM NOUN
1 green
□ W tym sezonie modne będą wszystkie odcienie zieleni. All shades of green will be in fashion this season.
2 greenery
□ W naszym mieście brakuje zieleni. There is a lack of greenery in our town.

zielony ADJECTIVE
green
□ zielona sukienka a green dress

ziemia (GEN **ziemi**, PL **ziemia**) FEM NOUN
1 soil
2 floor
□ Usiadł na ziemi. He sat down on the floor.
■ **Ziemia** Earth
■ **trzęsienie ziemi** earthquake

ziemniak (GEN **ziemniaka**, PL **ziemniaki**, INST SING **ziemniakiem**, LOC SING **ziemniaku**) MASC NOUN
potato

□ kilogram ziemniaków one kilogram of potatoes □ kotlet z ziemniakami i surówką chop with potatoes and coleslaw

ziemski ADJECTIVE
1 Earth's
□ skorupa ziemska the Earth's crust
□ atmosfera ziemska Earth's atmosphere
2 earthly
□ ziemskie sprawy earthly affairs
■ **kula ziemska** the globe

ziewać (**ziewam, ziewasz**) (PERF **ziewnąć**) VERB
to yawn
□ Nie mógł przestać ziewać. He couldn't stop yawning.

ziębnąć (**ziębnę, ziębniesz**) (IMPERATIVE **ziębnij**, PT **ziąbł, ziębła, ziębli**, PERF **zziębnąć**) VERB
to freeze

zięć (GEN **zięcia**, PL **zięciowie**) MASC NOUN
son-in-law
□ Chciałbym przedstawić mojego zięcia. I'd like to introduce my son-in-law.

zima (GEN **zimy**, PL **zimy**, DAT SING AND LOC SING **zimie**) FEM NOUN
winter

zimno (GEN **zimna**, LOC SING **zimnie**) NEUT NOUN
▷*zobacz też* **zimno** ADVERB
cold
□ Wszyscy trzęśli się z zimna. Everyone was shaking with cold.

zimno ADVERB
▷*zobacz też* **zimno** NEUT NOUN
coldly
□ Powitali go dość zimno. They welcomed him rather coldly.

zimny ADJECTIVE
cold
□ W pokoju było zimno. It was cold in the room.
□ Zimno mi w nogi. My feet are cold.
■ **zimne ognie** sparklers pl

zimowy ADJECTIVE
winter
□ sporty zimowe winter sports

zioło (GEN **zioła**, PL **zioła**, LOC SING **ziole**, GEN PL **ziół**) NEUT NOUN
herb
□ zioła lecznicze medicinal herbs

ziołowy ADJECTIVE
herbal
□ herbata ziołowa herbal tea

zjadać (**zjadam, zjadasz**) (PERF **zjeść**) VERB
to eat
□ Codziennie zjada na śniadanie jajecznicę na boczku. He eats scrambled eggs and bacon everyday for breakfast.

zjawa (GEN **zjawy**, PL **zjawy**, DAT SING AND LOC SING **zjawie**) FEM NOUN
apparition

zjawiać się (**zjawiam, zjawiasz**) (PERF **zjawić**) VERB
to turn up
□ Wszyscy goście zjawili się punktualnie. All the guests turned up on time.

Z

zjawisko (GEN zjawiska, PL zjawiska, INST SING zjawiskiem, LOC SING zjawisku) NEUT NOUN
phenomenon

□ niewytłumaczalne zjawisko an unexplained phenomenon

zjechać (zjadę, zjedziesz) (IMPERATIVE zjedź) VERB PERF ▷*zobacz* zjeżdżać

zjednoczony ADJECTIVE
united

■ Zjednoczone Królestwo Wielkiej Brytanii i Irlandii Północnej the United Kingdom of Great Britain and Northern Ireland

zjeść (zjem, zjesz) (PT zjadł, zjadła, zjedli) VERB PERF ▷*zobacz* jeść, zjadać

zjeżdżać (zjeżdżam, zjeżdżasz) (PERF zjechać) VERB

1 to go down
□ Woli zjechać windą niż zejść po schodach. He prefers to go down in the lift than to take the stairs.

2 to turn
□ Zjechał z drogi w niewłaściwym miejscu. He turned off the road at the wrong place.
■ Zjeżdżaj stąd! Get out of here!

zjeżdżalnia (GEN zjeżdżalni, PL zjeżdżalnie, GEN PL, DAT SING AND LOC SING zjeżdżalni) FEM NOUN
slide

□ Wszystkie dzieci chciały się bawić na zjeżdżalni. All the children wanted to play on the slide.

zlać (zleję, zlejesz) VERB PERF ▷*zobacz* lać, zlewać

zlatywać (zlatuję, zlatujesz) (PERF zlecieć) VERB

1 to fly off
2 to fall off
□ Liście zleciały z drzewa. The leaves have fallen off the tree.
■ zlatywać się to flock □ Wszystkie ptaki zleciały się do karmnika. All the birds flocked to the bird table.

zląc się (zlęknę, zlękniesz) (IMPERATIVE zlęknij, PT zląkł, zlękła, zlękli) VERB PERF = zlęknąć się

zlecenie (GEN zlecenia, PL zlecenia, LOC SING zleceniu, GEN PL zleceń) NEUT NOUN
order

■ zlecenie przelewu credit transfer request
■ praca na zlecenie contract work

zlepiać (zlepiam, zlepiasz) (PERF zlepić) VERB
to glue together

zlew (GEN zlewu, PL zlewy, LOC SING zlewie) MASC NOUN
sink

□ Brudne naczynia leżą w zlewie. The dirty dishes are lying in the sink.

zlewać (zlewam, zlewasz) (PERF zlać) VERB

1 to pour
□ Resztki mleka zlaliśmy do garnka. We poured the rest of the milk into the pot.

2 to drench
□ Dzieci zlały wszystkich gości wodą. The children drenched all the guests with water.

zlewozmywak (GEN zlewozmywaka, PL zlewozmywaki, INST SING zlewozmywakiem) MASC NOUN
sink unit

□ Kupiliśmy nowy zlewozmywak. We bought a new sink unit.

zlęknąć się (zlęknę, zlękniesz) (IMPERATIVE zlęknij, PT zląkł, zlękła, zlękli) VERB PERF
■ zlęknąć się czegoś to take fright at something □ Zląkł się pogróżek i zapłacił szantażyście okup. He took fright at the threats and paid the blackmailer's ransom.

zliczać (zliczam, zliczasz) (PERF zliczyć) VERB
to count

zlikwidować (zlikwiduję, zlikwidujesz) VERB PERF ▷*zobacz* likwidować

zlizywać (zlizuję, zlizujesz) (PERF zlizać) VERB
to lick off

□ Dziecko zlizało z loda czekoladową polewę. The child licked the chocolate topping off the ice-cream.

zlot (GEN zlotu, PL zloty, LOC SING zlocie) MASC NOUN
rally

□ zlot harcerzy scout rally

zł ABBREVIATION (= złoty)
zł. (= zloty)

złamać (złamię, złamiesz) VERB PERF ▷*zobacz* łamać

złamanie (GEN złamania, PL złamania, LOC SING złamaniu, GEN PL złamań) NEUT NOUN
fracture

złamany ADJECTIVE
broken

□ złamany nos a broken nose □ złamane serce a broken heart

złapać (złapię, złapiesz) VERB PERF ▷*zobacz* łapać

zło (GEN zła, LOC SING złu) NEUT NOUN
evil

złocisty ADJECTIVE
golden

□ złociste włosy golden hair

złocony ADJECTIVE
gilt

□ złocony pierścionek gilt ring

złoczyńca (GEN złoczyńcy, PL złoczyńcy, DAT SING AND LOC SING złoczyńcy) MASC NOUN

   LANGUAGE TIP złoczyńca declines like a feminine noun in the singular
villain

złodziej (GEN złodzieja, PL złodzieje, LOC SING złodzieju, GEN PL złodziei) MASC NOUN
thief

□ Jest złodziejem od wielu lat. He has been a thief for years.
■ złodziej kieszonkowy pickpocket

złomowisko (GEN złomowiska, PL złomowiska, INST SING złomowiskiem) NEUT NOUN
scrap yard

złorzeczyć (złorzeczę, złorzeczysz) VERB
to curse

złościć (złoszczę, złościsz) (IMPERATIVE złość, PERF rozzłościć *or* zezłościć) VERB to anger

■ **złościć się na kogoś** to be angry with somebody

złość (GEN złości) FEM NOUN

anger

□ Wyładował swoją złość na żonie. **He took his anger out on his wife.**

■ **na złość komuś** to spite somebody □ Na złość szefowi spóźniła się na zebranie. **She was late for the meeting to spite her boss.**

■ **jak na złość** as if out of spite □ Jak na złość w weekend zaczęło padać. Więc nici z naszego pikniku. **It rained at the weekend as if out of spite, so bang went our picnic.**

złośliwość (GEN złośliwości, PL złośliwości, GEN PL, DAT SING AND LOC SING złośliwości) FEM NOUN

malice

złośliwy ADJECTIVE

1 malicious

□ złośliwa uwaga **malicious comment**

2 malignant

□ złośliwy nowotwór **malignant tumour**

złotnik (GEN złotnika, PL złotnicy, INST SING złotnikiem) MASC NOUN

goldsmith

□ Jest złotnikiem. **He is a goldsmith.**

złoto (GEN złota, LOC SING złocie) NEUT NOUN

gold

■ **być na wagę złota** to be worth one's weight in gold □ Dobrzy przyjaciele są na wagę złota. **Good friends are worth their weight in gold.**

złotówka (GEN złotówki, PL złotówki, DAT SING AND LOC SING złotówce, GEN PL złotówek) FEM NOUN

1 one zloty

□ Abonament kosztuje złotówkę. **The subscription fee is one zloty.**

2 one zloty coin

□ Aby wziąć koszyk, należy włożyć do dziurki złotówkę. **To take a trolley, you have to put a one zloty coin in the slot.**

złoty (GEN złotego, PL złote) MASC NOUN

▷ *zobacz też* złoty ADJECTIVE

⟨⟩ **LANGUAGE TIP** złoty declines like an adjective

zloty

złoty ADJECTIVE

▷ *zobacz też* złoty MASC NOUN

1 gold

□ złota obrączka **a gold ring**

2 golden

□ złoty wiek **golden age**

■ **złota rączka** handyman

■ **złota rybka** goldfish

złowieszczy ADJECTIVE

ominous

□ złowieszcze znaki **ominous signs**

złowrogi ADJECTIVE

ominous

złoże (GEN złoża, PL złoża, LOC SING złożu, GEN PL złóż) NEUT NOUN

deposit

□ złoża ropy **oil deposits**

■ Ma w sobie niewyczerpalne złoża poczucia humoru. **He has an inexhaustible sense of humour.**

złożony ADJECTIVE

1 complex

□ złożony problem **a complex problem**

2 complicated

□ złożona sprawa **a complicated affair**

złudzenie (GEN złudzenia, PL złudzenia, LOC SING złudzeniu, GEN PL złudzeń) NEUT NOUN

illusion

złuszczać się (złuszcza) (PERF złuszczyć) VERB

to peel off

□ Złuszcza mi się skóra na nosie. **The skin on my nose is peeling off.**

■ Zdrapaliśmy ze ściany farbę, która się złuszczyła. **We scraped the paint which was peeling off the walls.**

zły (COMP gorszy, SUPERL najgorszy) ADJECTIVE

1 bad

□ zła decyzja **bad decision** □ zły wpływ środowiska **bad effect on the environment**

WORD POWER

You can use a number of other words instead of zły to mean 'bad':

marny poor

□ marne oceny szkolne **poor school marks**

przykry unpleasant

□ przykra niespodzianka **an unpleasant surprise**

okropny awful

□ okropny smród **an awful stench**

niefortunny unfortunate

□ niefortunny zbieg okoliczności **an unfortunate coincidence**

---

2 angry

□ Była na niego zła, bo zapomniał o jej urodzinach. **She was angry at him because he forgot her birthday.**

■ 'uwaga, zły pies' 'beware of the dog'

3 wicked

□ Musisz być naprawdę złym człowiekiem, by zostać seryjnym mordercą. **You have to be a truly wicked person to become a serial killer.**

4 wrong

□ zła odpowiedź **wrong answer** □ Obawiam się, że mają państwo zły adres. **I'm afraid you have the wrong address.**

zmagać się (zmagam, zmagasz) VERB

■ **zmagać się z czymś** to struggle with something □ Nadal zmagamy się z trudnościami finansowymi. **We are still struggling with financial difficulties.**

zmaleć (zmaleję, zmalejesz) VERB PERF ▷ *zobacz* maleć

zmarła (GEN zmarłej, PL zmarłe) FEM NOUN

⟨⟩ **LANGUAGE TIP** zmarła declines like an adjective

the deceased

□ testament zmarłej **the deceased's will**

□ Ne pogrzeb przybyła rodzina i liczni znajomi

281

zmarłej. The family and many friends of the deceased were at the funeral.

zmarły ADJECTIVE
▷ *zobacz też* **zmarły** MASC NOUN
deceased

■ **Do kraju przywieziono ciało zmarłego żołnierza.** The body of the dead soldier was brought back to the country.
■ **zmarły pan X** the late Mr X

zmarły MASC NOUN
▷ *zobacz też* **zmarły** ADJECTIVE

⊙ **LANGUAGE TIP** zmarły declines like an adjective
the deceased

□ **Zmarły nie zostawił testamentu.** The deceased did not leave a will.
■ **zmarli** the dead *pl*
■ **Święto Zmarłych** All saints' day

zmarnować (zmarnuję, zmarnujesz) VERB PERF ▷ *zobacz* marnować

zmarszczka (GEN **zmarszczki**, PL **zmarszczki**, DAT SING AND LOC SING **zmarszczce**, GEN PL **zmarszczek**) FEM NOUN
wrinkle

■ **zmarszczki na czole** lines on the forehead
■ **krem na zmarszczki** wrinkle cream

zmarszczyć (zmarszczę, zmarszczysz) VERB PERF ▷ *zobacz* marszczyć

zmartwić (zmartwię, zmartwisz) VERB PERF ▷ *zobacz* martwić

zmartwienie (GEN **zmartwienia**, PL **zmartwienia**, LOC SING **zmartwieniu**, GEN PL **zmartwień**) NEUT NOUN
worry

zmartwiony ADJECTIVE
worried

□ **zmartwieni rodzice** worried parents

zmarznąć (zmarznę, zmarzniesz) (IMPERATIVE zmarznij, PT zmarzł) VERB PERF ▷ *zobacz* marznąć

zmarznięty ADJECTIVE
1 frozen

□ **zmarznięta ziemia** frozen ground
2 cold

□ **zmarznięte ręce i nogi** cold hands and feet

zmazać (zmażę, zmażesz) VERB PERF ▷ *zobacz* mazać, zmazywać

zmazywać (zmazuję, zmazujesz) (PERF **zmazać**) VERB
1 to wipe off

■ **Dyżurny zmazał tablicę.** The monitor wiped the blackboard.
2 to rub out

□ **Kto zmazał ten rysunek?** Who rubbed out this drawing?

zmądrzeć (zmądrzeję, zmądrzejesz) VERB PERF ▷ *zobacz* mądrzeć

zmęczenie (GEN **zmęczenia**, LOC SING **zmęczeniu**) NEUT NOUN
tiredness

zmęczony ADJECTIVE
tired

□ **Jestem bardzo zmęczona.** I am very tired.

zmęczyć (zmęczę, zmęczysz) VERB PERF ▷ *zobacz* męczyć

zmiana (GEN **zmiany**, PL **zmiany**, DAT SING AND LOC SING **zmianie**) FEM NOUN
1 change

□ **zmiana na lepsze** a change for the better
2 shift

□ **dzienna zmiana** day shift □ **nocna zmiana** night shift □ **Pracuję na trzy zmiany.** I am working three shifts.

zmiatać (zmiatam, zmiatasz) (PERF **zmieść**) VERB
to sweep

□ **Czy możesz zmieść podłogę?** Could you sweep the floor?

zmiażdżyć (zmiażdżę, zmiażdżysz) VERB PERF ▷ *zobacz* miażdżyć

zmiąć (zemnę, zemniesz) (IMPERATIVE zemnij, PT VERB zmiął, zmięła, zmięli) ▷ *zobacz* miąć

zmieniać (zmieniam, zmieniasz) (PERF **zmienić**) VERB
to change

■ **zmieniać zdanie** to change one's mind
□ **Nasz szef nigdy nie zmienia zdania.** Our boss never changes his mind.
■ **zmieniać pas** to change lanes
■ **zmieniać bieg** to change gear
■ **zmieniać się 1** to change **2** to take turns

zmienny ADJECTIVE
changeable

□ **zmienna pogoda** changeable weather
■ **zmienny humor** moody

zmierzać (zmierzam, zmierzasz) VERB
■ **zmierzać do** +*gen* to head for □ **Po koncercie wszyscy wolno zmierzali do wyjścia.** After the concert, everyone slowly headed for the exit.
■ **Do czego zmierzasz?** What are you driving at?

zmierzch (GEN **zmierzchu**, PL **zmierzchy**) MASC NOUN
dusk

□ **o zmierzchu** at dusk

zmierzyć (zmierzę, zmierzysz) VERB PERF ▷ *zobacz* mierzyć

zmieszać (zmieszam, zmieszasz) VERB PERF ▷ *zobacz* mieszać

zmieszanie (GEN **zmieszania**) NEUT NOUN
confusion

zmieszany ADJECTIVE
confused

□ **Był bardzo zmieszany tym pytaniem.** He was very confused by the question.

zmieścić (zmieszczę, zmieścisz) (IMPERATIVE **zmieść**) VERB PERF ▷ *zobacz* mieścić

zmiękczać (zmiękczam, zmiękczasz) (PERF **zmiękczyć**) VERB
to soften

zmniejszać (zmniejszam, zmniejszasz) (PERF **zmniejszyć**) VERB
to decrease

zmobilizować (zmobilizuję, zmobilizujesz) VERB PERF ▷ *zobacz* mobilizować

zmoczyć (zmoczę, zmoczysz) VERB PERF
▷ *zobacz* moczyć

zmoknąć (zmoknę, zmokniesz)
(IMPERATIVE zmoknij, PT zmókł, zmokła, zmokli)
VERB PERF ▷ *zobacz* moknąć

zmoknięty ADJECTIVE
wet
□ zmoknięte ubrania **wet clothes** □ zmoknięte włosy **wet hair**

zmora (GEN zmory, PL zmory, DAT SING AND LOC SING
zmorze, GEN PL zmor *or* zmór) FEM NOUN
1 apparition
2 spectre
specter (US)

zmotoryzowany ADJECTIVE
▷ *zobacz też* zmotoryzowany MASC NOUN
motorised
□ transport zmotoryzowany **motorised transport**

zmotoryzowany MASC NOUN
▷ *zobacz też* zmotoryzowany ADJECTIVE
⋮ **LANGUAGE TIP** zmotoryzowany declines
⋮ like an adjective
motorist

zmowa (GEN zmowy, PL zmowy, DAT SING AND LOC
SING zmowie, GEN PL zmów) FEM NOUN
conspiracy
□ polityczna zmowa przeciw władzy **a political
conspiracy against the authorities**

zmrok (GEN zmroku, INST SING zmrokiem,
LOC SING zmroku) MASC NOUN
dusk
■ po zmroku **after dark**

zmuszać (zmuszam, zmuszasz) (PERF zmusić)
VERB
to force
■ zmuszać kogoś do zrobienia czegoś to
force somebody to do something
■ zmuszać się do zrobienia czegoś to force
oneself to do something □ Codziennie rano
zmuszam się do wypicia szklanki mleka. **Every
morning I force myself to drink a glass of milk.**

zmyć (zmyję, zmyjesz) VERB PERF ▷ *zobacz* myć,
zmywać

zmylić (zmylę, zmylisz) VERB PERF ▷ *zobacz* mylić

zmysł (GEN zmysłu, PL zmysły, LOC SING zmyśle)
MASC NOUN
sense
□ zmysł artystyczny **artistic sense**

zmysłowy ADJECTIVE
sensual
□ zmysłowe usta **a sensual mouth**

zmyślać (zmyślam, zmyślasz) (PERF zmyślić)
VERB
to invent

zmyślny ADJECTIVE
clever

zmywacz (GEN zmywacza, PL zmywacze, LOC
SING zmywaczu, GEN PL zmywaczy) MASC NOUN
■ zmywacz do paznokci **nail polish remover**

zmywać (zmywam, zmywasz) (PERF zmyć)
VERB
1 to wash

■ Trzeba zmyć podłogę. **The floor needs
washing.**
2 to wash off
□ Zmył krew z rąk. **He washed the blood off his
hands.**
■ zmywać (PERF pozmywać) naczynia to do
the dishes □ Kto zmywa naczynia po obiedzie?
Who is going to do the dishes after dinner?

zmywalny ADJECTIVE
washable
□ tapeta zmywalna **washable wallpaper**

zmywarka (GEN zmywarki, PL zmywarki,
DAT SING AND LOC SING zmywarce,
GEN PL zmywarek) FEM NOUN
dishwasher
□ Włóż naczynia do zmywarki. **Put the dishes in
the dishwasher.**

znaczący ADJECTIVE
1 meaningful
□ znaczący uśmiech **meaningful smile**
2 significant
□ znacząca rola **significant role**

znaczek (GEN znaczka, PL znaczki, INST SING
znaczkiem, LOC SING znaczku) MASC NOUN
mark
□ Korektor stawiał znaczki w tekście.
The proofreader put marks in the text.
■ znaczek pocztowy **postage stamp**
■ naklejać (PERF nakleić) znaczek na list
to stamp a letter

znaczenie (GEN znaczenia, PL znaczenia,
LOC SING znaczeniu, GEN PL znaczeń) NEUT NOUN
1 meaning
2 importance
□ To jest bez znaczenia. **It is of no importance.**
■ To nie ma znaczenia. **It doesn't matter.**

znacznie ADVERB
considerably
□ Podróż była znacznie dłuższa. **The journey
was considerably longer.**

znaczny ADJECTIVE
considerable

znaczyć (znaczę, znaczysz) (PERF oznaczyć) VERB
1 to mean
□ Co to znaczy? **What does this mean?**
2 to matter
□ Obecność prezydenta na tym zjeździe dużo
znaczy. **The president's presence at this
convention really matters.**
3 to mark
□ Znaczyła przeczytane kartki kółkiem u dołu
strony. **She marked the pages she'd read with
a circle at the bottom of the page.**
■ To znaczy, ... **That is to say, ...**

znać (znam, znasz) VERB
to know
□ znać kogoś z widzenia to know somebody by
sight
■ Dobrze znam francuski. **I speak French well.**
■ dawać (PERF dać) komuś znać o czymś to let
somebody know about something □ Daj mi
znać, kiedy po ciebie przyjechać. **Let me know**

when to come for you.
- znać się to know each other □ Znamy się od szkoły podstawowej. We know each other from primary school.
- znać się na czymś to be knowledgeable about something
- Znasz się na komputerach? Do you know about computers.

znad PREPOSITION

> LANGUAGE TIP znad takes the genitive from above

- Popatrzył na nas znad okularów. He looked at us over his glasses.
- znad morza from the seaside

znajdować (najduję, znajdujesz)
(PERF znaleźć) VERB
to find

- znajdować się to be situated □ Ratusz znajduje się pośrodku rynku. The town hall is situated in the middle of the square.
- Moje rękawiczki znalazły się w kieszeni płaszcza! My gloves were in the coat pocket!

znajomość (GEN znajomości, PL znajomości) FEM NOUN

1 acquaintance
   □ zawierać (PERF zawrzeć) z kimś znajomość to make somebody's acquaintance

2 knowledge
   □ znajomość historii a knowledge of history
   □ znajomość polskiego a knowledge of Polish

znajomy ADJECTIVE
▷ zobacz też znajomy MASC NOUN
familiar
   □ znajoma twarz a familiar face
- znajomy lekarz a doctor I know

znajomy MASC NOUN
▷ zobacz też znajomy ADJECTIVE

> LANGUAGE TIP znajomy declines like an adjective
acquaintance

- pewna moja znajoma a woman I know
- Byłem na obiedzie u znajomych. I was at my friends' for dinner.

znak (GEN znaku, PL znaki, INST SING znakiem, LOC SING znaku) MASC NOUN
sign
   □ To jest znak, że ... It's a sign that ...
- znak drogowy a road sign
- znak zapytania question mark
- znak Zodiaku sign of the Zodiac

znakomity ADJECTIVE
superb
   □ znakomita kolacja a superb meal

znakować (nakuję, znakujesz)
(PERF oznakować) VERB
to label
   □ Sprzedawczyni znakowała towary naklejkami z ceną. The sales assistant put price labels on the goods.

znaleźć (najdę, znajdziesz) (IMPERATIVE znajdź, PT znalazł, znalazła, znaleźli) VERB PERF
▷ zobacz znajdować

znamię (GEN znamienia, PL znamiona, GEN PL znamion) NEUT NOUN
- znamię wrodzone birthmark

znany ADJECTIVE

1 famous
   □ znany aktor famous actor

2 familiar
   □ znana okolica familiar area

3 notorious
- znany oszust a known cheat

znawca (GEN znawcy, PL znawcy, DAT SING AND LOC SING znawcy) MASC NOUN

> LANGUAGE TIP znawca declines like a feminine noun in the singular

- znawca czegoś expert on something
   □ Jest światowej sławy znawcą literatury polskiej.
He is a worldwide expert on Polish literature.

znęcać się (nęcam, znęcasz) VERB
- znęcać (PERF znęcić) się nad +inst to abuse
- Dziecko znęcało się nad psem. The child was tormenting the dog.

znicz (GEN znicza, PL znicze, LOC SING zniczu, GEN PL zniczy or zniczów) MASC NOUN
candle
   □ Na grobach paliły się znicze. Candles were burning by the graves.
- znicz olimpijski the Olympic torch

zniechęcać (niechęcam, zniechęcasz)
(PERF zniechęcić) VERB
- zniechęcać (PERF zniechęcić) kogoś do czegoś to discourage somebody from doing something
- zniechęcać się to get discouraged
   □ Nie zniechęcaj się tymi porażkami. Don't get discouraged by these setbacks.

zniecierpliwienie (GEN zniecierpliwienia, LOC SING zniecierpliwieniu) NEUT NOUN
impatience
- Ze zniecierpliwieniem czekaliśmy na wyniki egzaminów. We waited impatiently for the exam results.

zniecierpliwiony ADJECTIVE
impatient

znieczulać (niieczulam, znieczulasz)
(PERF znieczulić) VERB
to anaesthetize
to anesthetize (US)
   □ Przed zabiegiem znieczulili jej całą nogę.
They anaesthetized her whole leg before the operation.

znieczulający ADJECTIVE
- środek znieczulający anaesthetic; anesthetic (US)

znieczulenie (GEN znieczulenia, PL znieczulenia, LOC SING znieczuleniu, GEN PL znieczuleń) NEUT NOUN
anaesthetic
anesthetic (US)

zniekształcać (niiekształcam, zniekształcasz) (PERF zniekształcić) VERB

1 to deform

■ Choroba zniekształciła jej rysy twarzy. The illness caused deformity of her facial features.
2 to twist
□ Dziennikarz zniekształcił wypowiedź polityka. The journalist twisted the politician's statement.

znienacka ADVERB
unawares
■ Znienacka otworzyły się drzwi. The door opened unexpectedly.

zniesienie (GEN zniesienia, LOC SING zniesieniu) NEUT NOUN
abolition
□ zniesienie niewolnictwa abolition of slavery
■ nie do zniesienia intolerable

zniesławiać (zniesławiam, zniesławiasz) (PERF zniesławić) VERB
to libel

zniewaga (GEN zniewagi, PL zniewagi, DAT SING AND LOC SING zniewadze) FEM NOUN
insult

znieważać (znieważam, znieważasz) (PERF znieważyć) VERB
to insult

znikać (znikam, znikasz) (PERF zniknąć) VERB
to disappear
□ Dzieci zniknęły za krzakami. The children disappeared behind the bushes.

znikomy ADJECTIVE
slight
■ znikome dochody paltry earnings

zniszczenie (GEN zniszczenia, PL zniszczenia, LOC SING zniszczeniu, GEN PL zniszczeń) NEUT NOUN
destruction

zniszczony ADJECTIVE
■ zniszczone ręce work-worn hands

zniżać (zniżam, zniżasz) (PERF zniżyć) VERB
1 to lower
■ zniżać głos to lower one's voice □ Zniżyła głos do szeptu. She lowered her voice to a whisper.
2 to descend
□ Samolot zniżył lot. The plane descended.
■ zniżać się to descend
■ Samolot zniżył się do lądowania. The plane came in to land.

zniżka (GEN zniżki, PL zniżki, DAT SING AND LOC SING zniżce, GEN PL zniżek) FEM NOUN
discount

zniżkowy ADJECTIVE
■ cena zniżkowa discount price
■ bilet zniżkowy do kina cinema concession

znosić (znoszę, znosisz) (IMPERATIVE znoś, PERF znieść) VERB
1 to tolerate
□ Nie mogłam znieść bólu bez tabletek. I couldn't tolerate the pain without pills.
■ Nie znoszę go. I can't stand him.
2 to carry down
□ Zniósł walizkę do recepcji. He carried the suitcase down to reception.
■ Oni się nie znoszą. They hate each other.

znoszony ADJECTIVE
worn-out
□ znoszone buty worn-out shoes

znośny ADJECTIVE
tolerable

znowu ADVERB
again
□ Znowu to zrobił. He did it again.

znudzenie (GEN znudzenia, LOC SING znudzeniu) NEUT NOUN
boredom

znudzony ADJECTIVE
bored

znużenie (GEN znużenia) NEUT NOUN
weariness

znużony ADJECTIVE
weary

zob. ABBREVIATION (= zobacz)
cf.

zobaczenie (GEN zobaczenia) NEUT NOUN
■ Do zobaczenia! See you!
■ Do zobaczenia wkrótce! I'll see you soon!

zobaczyć (zobaczę, zobaczysz) VERB PERF
▷ zobacz widzieć
to see
□ Musisz koniecznie zobaczyć ten film! You must see this film!
■ zobaczyć się z kimś to see somebody
□ Kiedy się znowu zobaczymy? When will we see each other again?

zobowiązanie (GEN zobowiązania, PL zobowiązania, LOC SING zobowiązaniu, GEN PL zobowiązań) NEUT NOUN
obligation

zobowiązany ADJECTIVE
obliged
□ Jestem Panu/Pani bardzo zobowiązany. I'm much obliged to you.
■ być zobowiązanym do czegoś to be obliged to do something

zobowiązywać (zobowiązuję, zobowiązujesz) (PERF zobowiązać) VERB
■ zobowiązywać kogoś do czegoś to oblige somebody to do something □ Dyrektor zobowiązał mnie do składania miesięcznych raportów. The director obliged me to lodge monthly reports.
■ zobowiązywać się do czegoś to commit oneself to something □ Zobowiązał się nam pomóc. He has committed himself to helping us.

zodiak (GEN zodiaku, INST SING zodiakiem, LOC SING zodiaku) MASC NOUN
zodiac
□ znak zodiaku sign of the zodiac

zoo NEUT NOUN
⸝⸝⸝⸝ **LANGUAGE TIP** zoo does not decline
zoo
□ wycieczka do zoo a trip to the zoo

z o.o. ABBREVIATION (= z ograniczoną odpowiedzialnością)
Ltd.

zoologia (GEN **zoologii**, DAT SING AND LOC SING **zoologii**) FEM NOUN
zoology

□ książka o zoologii a book about zoology

zoologiczny ADJECTIVE
zoological

■ **ogród zoologiczny** ZOO

zorganizowany ADJECTIVE

1 organized

□ zorganizowana grupa organized group

2 guided

□ zorganizowana wycieczka guided trip

zostawać (**zostaję, zostajesz**) (IMPERATIVE **zostawaj**, PERF **zostać**) VERB
to stay

□ W sobotę zostaliśmy w domu. We stayed at home on Saturday. □ Został na obiedzie. He stayed for dinner.

■ **zostawać bez grosza** to be left penniless

zostawiać (**zostawiam, zostawiasz**) (PERF **zostawić**) VERB
to leave

□ Zostaw ją w spokoju. Leave her alone. □ Zostaw to mnie. Leave it to me. □ Czy zostawili dla mnie wiadomość? Did they leave a message for me?

zranić (**zranię, zranisz**) (IMPERATIVE **zrań**) VERB PERF ▷ *zobacz* **ranić**

zraszać (**zraszam, zraszasz**) (PERF **zrosić**) VERB
to sprinkle

■ **Zrosiliśmy trawnik.** We watered the lawn.

zrażać (**zrażam, zrażasz**) (PERF **zrazić**) VERB
to antagonize

■ **zrażać się** to lose heart □ Nie zrażaj się trudnościami. Don't lose heart because of the difficulties.

zrelaksowany ADJECTIVE
relaxed

□ zrelaksowana atmosfera a relaxed atmosphere

zresztą ADVERB
in any case

■ **Spędził na tym uniwersytecie dwa lata. Spotkał tam zresztą swoją przyszłą żonę.** He spent two years at that university and ultimately met his future wife there.

zrezygnować (**zrezygnuję, zrezygnujesz**) VERB PERF ▷ *zobacz* **rezygnować**

zręcznie ADVERB
skilfully
skillfully (US)

□ Zręcznie unikał podania odpowiedzi. He skilfully avoided giving an answer.

zręczność (GEN **zręczności**, PL **zręczności**, GEN PL **zręczności**, DAT SING AND LOC SING **zręczności**) FEM NOUN
dexterity

zręczny ADJECTIVE
skilful
skillful (US)

□ zręczny negocjator a skilful negotiator

zrobić (**zrobię, zrobisz**) (IMPERATIVE **zrób**) VERB PERF ▷ *zobacz* **robić**

zrozpaczony ADJECTIVE
desperate

□ zrozpaczony człowiek a desperate person

■ **być zrozpaczonym** to be in despair

■ **Po śmierci syna rodzice byli całkowicie zrozpaczeni.** The parents were in the depths of despair after the death of their son.

zrozumiały ADJECTIVE

1 comprehensible

□ zrozumiały artykuł comprehensible article

2 understandable

□ zrozumiała niechęć understandable reluctance

zrozumieć (**zrozumiem, zrozumiesz**) (3 PL **zrozumieją**) VERB PERF ▷ *zobacz* **rozumieć**

zrozumienie (GEN **zrozumienia**, LOC SING **zrozumieniu**) NEUT NOUN
understanding

□ ze zrozumieniem with understanding

■ **dawać** (PERF **dać**) **komuś do zrozumienia, że ...** to give somebody to understand that ...

zrównoważony ADJECTIVE

1 even-tempered

□ zrównoważona osoba an even-tempered person

2 balanced

□ zrównoważony budżet balanced budget

zróżnicowany ADJECTIVE
diverse

zrywać (**zrywam, zrywasz**) (PERF **zerwać**) VERB

1 to pick

□ Zerwała w ogrodzie kilka kwiatów do wazonu. She picked a few flowers in the garden for the vase.

2 to tear off

□ Zerwała plakaty z muru. She tore the posters off the wall.

3 to break off

□ Podobno zerwał swoje zaręczyny. He has seemingly broken off his engagement.

■ **zrywać z kimś** to break up with somebody

4 to give up

□ Palenie to nałóg, z którym trudno zerwać. Smoking is an addiction which is hard to give up.

■ **zrywać się 1** to break □ Zerwała się lina do bielizny. The washing line broke. **2** to jump up □ Na dzwonek telefonu zerwał się z krzesła. He jumped up from his chair when the phone rang.

zrzeszać (**zrzeszam, zrzeszasz**) (PERF **zrzeszyć**) VERB
to associate

■ **Nasza organizacja zrzesza wiele firm z tej branży.** Our organisation has many associates in this trade.

■ **zrzeszać się** to organize

zrzeszenie (GEN **zrzeszenia**, PL **zrzeszenia**, LOC SING **zrzeszeniu**, GEN PL **zrzeszeń**) NEUT NOUN
association

□ zrzeszenie studentów students' association

zrzędzić (**zrzędzę, zrzędzisz**) (IMPERATIVE **zrzędź**) VERB
to grouch

□ Przestań zrzędzić. Stop grouching.

zrzucać (zrzucam, zrzucasz) (PERF zrzucić) VERB
to throw off

□ Zrzuciła z siebie buty i pobiegła do łazienki.
She threw off her shoes and rushed to the
bathroom.

■ **zrzucać na kogoś winę** to pin the blame on
somebody □ Chcieli na mnie zrzucić winę.
They wanted to pin the blame on me.

■ **zrzucać się** to chip in □ Zrzuciliśmy się na
prezent urodzinowy dla sekretarki. We chipped
in for a present for the secretary.

zsiadły ADJECTIVE

■ **zsiadłe mleko** curds *pl*

zsuwać (zsuwam, zsuwasz) (PERF zsunąć) VERB
1 to slide down

□ Zsunął czapkę na czoło. He slid his hat down
over his forehead.

2 to put together

□ Zsunęliśmy stoły ze sobą, żeby wszyscy
siedzieli razem. We put the tables together so
that everyone sat together.

■ **zsuwać się** to slip off □ Kapcie zsunęły się z
jej stóp. Her slippers slipped off her feet.

zsyp (GEN zsypu, PL zsypy, LOC SING zsypie)
MASC NOUN
rubbish chute
garbage chute (US)

□ Gdzie jest zsyp? Where is the rubbish chute?

zszedł VERB ▷ *zobacz* zejść

zszywacz (GEN zszywacza, PL zszywacze, LOC
SING zszywaczu, GEN PL zszywaczy) MASC NOUN
stapler

□ Muszę kupić nowy zszywacz. I must buy
a new stapler.

zszywać (zszywam, zszywasz) (PERF zszyć) VERB
to sew together

□ Zszyła dwie chustki, by zrobić z nich worek.
She sewed two scarves together to make a sack.

zuch (GEN zucha, PL zuchy) MASC NOUN
Cub Scout

zuchwały ADJECTIVE
impertinent

□ zuchwały chłopak impertinent boy

zupa (GEN zupy, PL zupy, DAT SING AND LOC SING
zupie) FEM NOUN
soup

□ zupa pomidorowa tomato soup □ zupa
błyskawiczna instant soup

zupełnie ADVERB
utterly

□ Zupełnie cię nie rozumiem. I utterly don't
understand you. □ Pomalowałem pokój zupełnie
sam. I painted the room utterly on my own.

zupełność (GEN zupełności) FEM NOUN

■ **w zupełności** completely

zupełny ADJECTIVE
utter

□ zupełna bzdura utter nonsense

zużycie (GEN zużycia) NEUT NOUN
1 consumption

□ zużycie paliwa fuel consumption

2 wear

zużytkować (zużytkuję, zużytkujesz) VERB PERF
to utilize

■ **Dobrze zużytkujcie te fundusze.** Use the
funds well.

zużywać (zużywam, zużywasz) (PERF zużyć)
VERB
to use up

□ Zużyliśmy już wszystkie fundusze. We have
used up all the funds.

■ **zużywać się** to wear out □ Samochód już się
zużył. The car is worn out.

zwabiać (zwabiam, zwabiasz) (PERF zwabić)
VERB
to lure

□ Udało im się zwabić terrorystów do pułapki.
They managed to lure the terrorists into a trap.

zwalać (zwalam, zwalasz) (PERF zwalić) VERB
to knock down

■ **Zwalił wazon ze stołu.** He knocked the vase
off the table.

■ **zwalać się** to fall down □ Garnki zwaliły się z
suszarki z wielkim hukiem. The pots fell down
from the drainer with a great crash.

zwalczać (zwalczam, zwalczasz) VERB IMPERF
to fight against

□ Rząd aktywnie zwalcza przestępczość wśród
młodzieży. The government are actively
fighting against youth crime.

■ **zwalczać się** to fight each other □ Dlaczego
te dwa gangi zwalczają się? Why are these two
gangs fighting each other?

zwalczyć (zwalczę, zwalczysz) VERB PERF
1 to overcome

□ Jak najlepiej zwalczać ból pleców? What is
the best way to overcome back pain?

2 to exterminate

■ **Ten środek doskonale zwalcza karaluchy.**
This mixture is great at getting rid of
cockroaches.

zwalniać (zwalniam, zwalniasz) (PERF
zwolnić) VERB
1 to slow down

□ Przed szkołą wszyscy kierowcy powinni
zwalniać. All drivers should slow down outside
the school.

2 to release

□ Zakładnicy zostali zwolnieni po wypłaceniu
okupu. The hostages were released after
payment of the ransom.

3 to vacate

□ Musi pan zwolnić pokój przed godziną 11-tą.
You must vacate the room by 11 o'clock.

4 to dismiss

□ Zwolnili go za notoryczne spóźnienia. He was
dismissed for his notorious lateness.

■ **zwalniać kogoś z czegoś** to exempt
somebody from something □ Urząd Skarbowy
zwolnił go z płacenia podatków. The treasury
exempted him from paying tax.

■ **zwalniać się 1** to take a day *itd.* off
□ Zwolnił się z pracy na dwie godziny. He took
two hours off work. **2** to become vacant

■ W naszym domu za miesiąc zwalnia się jeden pokój. A room will be free in our house in one month.

zwany ADJECTIVE

■ tak zwany so-called

zwarcie (GEN **zwarcia**) NEUT NOUN

■ zwarcie elektryczne short circuit

zwariować (**zwariuję, zwariujesz**) VERB PERF
to go mad

□ Jeśli nie przestaniesz gadać, to chyba zwariuję. I'll probably go mad if you don't stop chattering.

zwariowany ADJECTIVE
mad

□ zwariowany pomysł mad idea

zwarty ADJECTIVE

1 close

□ zwarta zabudowa close buildings

2 compact

□ zwarta struktura compact structure

zwarzyć się (**zwarzę, zwarzysz**) VERB PERF
to turn sour

□ Mleko się znowu zwarzyło. The milk has turned sour again.

zważać (**zważam, zważasz**) (PERF **zważyć**) VERB

■ zważać na kogoś/coś to pay attention to somebody/something □ Nie zważał na prośby rodziców. He didn't pay attention to his parents' requests.

zwątpić (**zwątpię, zwątpisz**) VERB PERF ▷*zobacz* **wątpić**

zwęglony ADJECTIVE
charred

□ zwęglone zwłoki charred corpse

zwężać (**zwężam, zwężasz**) (PERF **zwęzić**) VERB
to take in

□ Krawcowa zwęziła mi sukienkę. The dressmaker took in my dress.

■ zwężać się to narrow □ Za miastem ta droga zwęża się do małej ścieżki. Outside the town, the road narrows to a small path.

związać (**związę, związesz**) VERB PERF ▷*zobacz* **wiązać**

związany ADJECTIVE
tied up

□ paczka związana wstążką a packet tied up with a ribbon

■ związany z +*inst* connected with □ Czy jest związany z napadem na bank? Is he connected with the attack on the bank?

związek (GEN **związku**, PL **związki**, INST SING **związkiem**, LOC SING **związku**) MASC NOUN

1 connection

□ w związku z czymś in connection with something

2 association

□ Właściciele sklepów założyli związek. The shop owners formed an association.

3 relationship

□ Ich związek jest bardzo szczęśliwy. They have a very happy relationship.

■ związek małżeński marriage

■ związek zawodowy trade union; labor union (US)

■ Jaki to ma związek z moim pytaniem? What has that got to do with my question?

związywać (**związuję, związujesz**) (PERF **związać**) VERB
to tie up

□ Związała włosy. She tied her hair up.

zwiedzać (**zwiedzam, zwiedzasz**) (PERF **zwiedzić**) VERB
to visit

□ Zwiedziliśmy stary zamek na wzgórzu. We visited the old castle on the hill.

zwierzać się (**zwierzam, zwierzasz**) (PERF **zwierzyć**) VERB

■ zwierzać (PERF **zwierzyć**) się komuś to confide in somebody □ Rzadko zwierzam się rodzicom. I rarely confide in my parents.

zwierzchnik (GEN **zwierzchnika**, PL **zwierzchnicy**, INST SING **zwierzchnikiem**, LOC SING **zwierzchniku**) MASC NOUN
superior

zwierzenie (GEN **zwierzenia**, PL **zwierzenia**, LOC SING **zwierzeniu**, GEN PL **zwierzeń**) NEUT NOUN
confession

zwierzę (GEN **zwierzęcia**, PL **zwierzęta**, INST SING **zwierzęciem**, DAT SING AND LOC SING **zwierzęciu**, GEN PL **zwierząt**) NEUT NOUN
animal

□ zwierzę domowe domestic animal

zwierzęcy ADJECTIVE
animal

□ zwierzęcy instynkt animal instinct

zwieszać (**zwieszam, zwieszasz**) (PERF **zwiesić**) VERB

■ zwiesić głowę to hang one's head

zwietrzały ADJECTIVE

1 flat

□ zwietrzała lemoniada flat lemonade

2 weathered

□ zwietrzała skała weathered rock

zwiewać (**zwiewam, zwiewasz**) (PERF **zwiać**) VERB

1 to blow off

□ Wiatr był tak silny, że zwiał mi kapelusz z głowy. The wind was so strong that it blew the hat off my head.

2 to run away

□ Złodzieje zwiali, gdy tylko włączył się alarm. The robbers ran away as soon as the alarm went off.

zwiędnięty ADJECTIVE
withered

□ zwiędnięte kwiaty withered flowers

zwiększać (**zwiększam, zwiększasz**) (PERF **zwiększyć**) VERB
to increase

zwięzły ADJECTIVE
concise

□ zwięzła odpowiedź a concise answer

zwijać (**zwijam, zwijasz**) (PERF **zwinąć**) VERB

1 to coil
□ Zwinął linę na patyk. **He coiled the line around the stick.**

2 to roll up
□ Zwinęli dywan i wynieśli go z pokoju. **They rolled up the carpet and carried it out the room.**

zwilżać (zwilżam, zwilżasz) (PERF zwilżyć)
VERB
to moisten

zwinny ADJECTIVE
agile
■ zwinny ruch **nimble movement**

zwisać (zwisam, zwisasz) (PERF zwisnąć) VERB
to hang down
□ Z dachu domu zwisały sople lodu. **Icicles hang down from the roof of the house.**

zwitek (GEN zwitka, PL zwitki, INST SING zwitkiem, LOC SING zwitku) MASC NOUN
roll
□ zwitek banknotów **roll of banknotes**

zwlekać (zwlekam, zwlekasz) VERB
■ zwlekać z czymś **to delay doing something**
□ Nie zwlekaj z podjęciem decyzji. **Don't delay making the decision.**

zwłaszcza ADVERB
especially
□ Lubię owoce, zwłaszcza cytrusowe. **I love fruit, especially citrus fruit.**

zwłoka (GEN zwłoki, DAT SING AND LOC SING zwłoce)
FEM NOUN
delay
□ kara za zwłokę w płaceniu rachunków **fine for delay in bill payment** □ Bardzo przepraszam za zwłokę. **I am very sorry for the delay.**

zwłoki (GEN zwłok) PL NOUN
corpse
□ zwłoki ofiary **victim's corpse**

zwodniczy ADJECTIVE
deceptive
□ zwodnicza obietnica **deceptive promise**

zwodzić (zwodzę, zwodzisz) (IMPERATIVE zwódź, PERF zwieść) VERB
to delude

zwodzony ADJECTIVE
■ most zwodzony **drawbridge**

zwolennik (GEN zwolennika, PL zwolennicy, INST SING zwolennikiem, LOC SING zwolenniku)
MASC NOUN
supporter
□ zwolennicy kary śmierci **supporters of the death penalty**
■ Jestem zwolennikiem podejmowania szybkich decyzji. **I am a fan of making quick decisions.**

zwolnić (zwolnię, zwolnisz) (IMPERATIVE zwolnij) VERB PERF ▷ zobacz zwalniać

zwolnienie (GEN zwolnienia, PL zwolnienia, LOC SING zwolnieniu, GEN PL zwolnień)
NEUT NOUN
dismissal
□ zwolnienie z pracy **dismissal from work**
■ zwolnienie lekarskie **sick leave**

zwoływać (zwołuję, zwołujesz) (PERF zwołać)
VERB
1 to call together
□ Zwołał wszystkich sąsiadów. **He called all the neighbours together.**

2 to call
□ Dyrektor zwołał zebranie nadzwyczajne. **The director called an extraordinary meeting.**

zwozić (zwożę, zwozisz) (IMPERATIVE zwóź, IMPERATIVE zwóź, PERF zwieźć) VERB
1 to bring
□ Na miejsce budowy zwiózł kamienie. **He brought stones to the building site.**

2 to take down
□ Walizki zwieźliśmy na dół windą. **We took the suitcases down in the lift.**

zwój (GEN zwoju, PL zwoje) MASC NOUN
scroll
□ zwój papirusa **papyrus scroll**

zwracać (zwracam, zwracasz) (PERF zwrócić)
VERB
1 to turn
□ Wszyscy zwrócili wzrok ku scenie. **Everyone turned their eyes to the stage.**

2 to return
■ zwracać czyjąś uwagę na coś **to bring something to somebody's attention**
■ zwracać uwagę na kogoś/coś **to take note of somebody/something**
■ zwracać się **1** to turn towards □ Piesi zwrócili się ku najbliższemu kościołowi. **The pedestrians turned towards the nearest church.** **2** to pay off □ Koszty tej inwestycji zwróciły się nam. **The cost of this investment has paid off for us.**
■ zwracać się do kogoś **to turn to somebody**
□ Zwrócił się do rodziców po pomoc. **He turned to his parents for help.**

zwrot (GEN zwrotu, PL zwroty, LOC SING zwrocie)
MASC NOUN
1 turn
■ W lewo zwrot! **Left turn!**
■ W tył zwrot! **About turn!**

2 return

3 expression
□ zwroty grzecznościowe **an expression of kindness**

zwrotnik (GEN zwrotnika, PL zwrotniki, INST SING zwrotnikiem, LOC SING zwrotniku)
MASC NOUN
tropic
□ na zwrotniku **in the tropics**

zwycięski ADJECTIVE
victorious

zwycięstwo (GEN zwycięstwa, PL zwycięstwa, LOC SING zwycięstwie) NEUT NOUN
victory
■ odnieść *perf* zwycięstwo nad kimś/czymś **to win a victory over somebody/something**

zwycięzca (GEN zwycięzcy, PL zwycięzcy, GEN PL, DAT SING AND LOC SING zwycięzcy)
MASC NOUN

zwyciężać – zżyty

LANGUAGE TIP zwycięzca declines like a feminine noun in the singular

winner
□ Zwycięzcą naszego konkursu jest ...
The winner in our competition is ...

zwyciężać (zwyciężam, zwyciężasz) (PERF zwyciężyć) VERB
1 **to overcome**
□ Zwyciężył lęk wysokości. **He overcame his fear of heights.**
2 **to win**
□ Która partia zwyciężyła w ostatnich wyborach? **Which party won the last election?**

zwyczaj (GEN zwyczaju, PL zwyczaje, LOC SING zwyczaju) MASC NOUN
1 **custom**
2 **habit**
□ Rano mam w zwyczaju pić kawę. **I am in the habit of drinking coffee in the morning.**
■ zwyczaje bożonarodzeniowe **Christmas traditions**

zwyczajnie ADVERB
1 **as usual**
□ Był ubrany zwyczajnie. **He was dressed as usual.**
2 **simply**
□ Kiedy usłyszał te słowa, zwyczajnie wstał i wyszedł z pokoju. **When he heard these words, he simply stood up and left the room.**

zwyczajny ADJECTIVE
1 **ordinary**
□ zwyczajny dzień **an ordinary day**
2 **usual**
□ Spotkali się o zwyczajnej porze. **They met at the usual time.**
3 **common**
□ zwyczajne imię **a common name**
4 **simple**
□ zwyczajna sukienka **a simple dress**
5 **downright**
□ zwyczajne kłamstwo **downright lie**
■ zwyczajne zdzierstwo **complete rip-off**

zwykle ADVERB
usually
□ Zwykle na śniadanie jem grzankę z dżemem. **I usually eat a piece of toast and jam for breakfast.**
■ jak zwykle **as usual**

zwykły ADJECTIVE
1 **ordinary**
□ zwykły dzień **an ordinary day**
2 **usual**

□ w zwykłym miejscu **in the usual place**
3 **common**
□ zwykłe pytanie **a common question**
4 **simple**
□ zwykłe buty **simple shoes**
5 **sheer**
□ zwykła głupota **sheer nonsense**
■ zwykły oszust **a downright cheat**

zwyżka (GEN zwyżki, PL zwyżki, DAT SING AND LOC SING zwyżce, GEN PL zwyżek) FEM NOUN
rise
□ zwyżka cen **price rise**
■ gwałtowna zwyżka **surge**

zwyżkować (zwyżkuje) VERB
to go up
□ Kurs euro znowu zwyżkuje. **The price of the Euro has gone up again.**

zygzak (GEN zygzaka, PL zygzaki, INST SING zygzakiem, LOC SING zygzaku) MASC NOUN
zigzag

zysk (GEN zysku, PL zyski, INST SING zyskiem, LOC SING zysku) MASC NOUN
profit
□ Sprzedali ten dom z dużym zyskiem. **They sold the house for a big profit.**

zyskiwać (zyskuję, zyskujesz) (PERF zyskać) VERB
1 **to gain**
□ Ta grupa zyskała bardzo dużą popularność wśród młodzieży. **This group has gained a lot of popularity amongst the young.**
2 **to win**
■ Nie zyskasz wielu przyjaciół, jeśli będziesz taki arogancki. **You won't gain many friends if you are going to be that arrogant.**
■ zyskać perf na czasie **to gain time**

zyskowny ADJECTIVE
profitable
□ zyskowna inwestycja **profitable investment**

zza PREPOSITION
LANGUAGE TIP zza takes the genitive
■ zza drzewa **from behind a tree**
■ zza rogu **from around the corner**
■ zza okna **through the window**

zziębnięty ADJECTIVE
cold
□ zziębnięte ręce **cold hands**

zżyty ADJECTIVE
close
□ zżyci przyjaciele **close friends** □ Jest bardzo zżyty z sąsiadami. **He is very close to his neighbours.**

Z

Źź

źdźbło (GEN **źdźbła**, PL **źdźbła**, LOC SING **źdźble**, GEN PL **źdźbeł**) NEUT NOUN
<u>blade</u>
□ źdźbło trawy a blade of grass

źle (COMP **gorzej**, SUPERL **najgorzej**) ADVERB
<u>wrongly</u>
■ **Źle wyglądasz.** You look bad.
■ **źle się czuć** to feel unwell

źrebak (GEN **źrebaka**, PL **źrebaki**, INST SING **źrebakiem**, LOC SING **źrebaku**) MASC NOUN
<u>foal</u>

□ młody źrebak a young foal

źrenica (GEN **źrenicy**, PL **źrenice**, DAT SING AND LOC SING **źrenicy**) FEM NOUN
<u>pupil</u>
□ powiększone źrenice enlarged pupils

źródło (GEN **źródła**, PL **źródła**, LOC SING **źródle**, GEN PL **źródeł**) NEUT NOUN
<u>source</u>
□ źródło informacji a source of information
□ źródło rzeki the source of the river

Żż

żaba (GEN żaby, PL żaby, DAT SING AND LOC SING żabie)
FEM NOUN
frog

żabka (GEN żabki, PL żabki, DAT SING AND LOC SING
żabce, GEN PL żabek) FEM NOUN
breaststroke

żaden (FEM żadna, NEUT żadne) PRONOUN
1 no (przed rzeczownikiem)
□ Nie ma żadnych dowodów na jego winę.
There is no evidence of his guilt. □ w żadnym
razie under no circumstances
■ Żaden lekarz nie wiedział, co mu dolega.
None of the doctors knew what was wrong with
him.
2 none (zamiast rzeczownika)
□ żaden z nich none of them

żagiel (GEN żagla, PL żagle, LOC SING żaglu,
GEN PL żagli) MASC NOUN
sail

żaglowiec (GEN żaglowca, PL żaglowce,
LOC SING żaglowcu) MASC NOUN
sailing ship

żaglówka (GEN żaglówki, PL żaglówki, DAT SING
AND LOC SING żaglówce, GEN PL żaglówek) FEM NOUN
sailing boat
sailboat (US)
■ Często pływamy na żaglówce. We often go
sailing.

żakiet (GEN żakietu, PL żakiety, LOC SING
żakiecie) MASC NOUN
jacket
□ Ładnie wyglądasz w tym żakiecie. You look
nice in that jacket.

żal (GEN żalu, PL żale, LOC SING żalu) MASC NOUN
1 sorrow
■ Było mi go żal. I felt sorry for him.
■ Wyraził swój żal za popełnione
przestępstwo. He expressed his regret for
committing the crime.
2 bitterness
■ mieć do kogoś żal to have a grudge against
somebody □ O co masz do nas żal? Why do you
have a grudge against us?

żaluzja (GEN żaluzji, PL żaluzje, GEN PL, DAT SING
AND LOC SING żaluzji) FEM NOUN
roller blind
roller shade (US)
■ Spuścił żaluzje. He put the blinds down.
■ żaluzja z listewek Venetian blind

żałoba (GEN żałoby, DAT SING AND LOC SING żałobie)
FEM NOUN
mourning

żałobny ADJECTIVE
funeral
■ msza żałobna requiem mass

żałosny ADJECTIVE
pitiful
□ żałosny stan a pitiful state □ żałosny płacz
a pitiful cry

żałośnie ADVERB
piteously
□ Kobieta zawodziła żałośnie. The woman
wailed piteously.

żałować (żałuję, żałujesz) (PERF pożałować)
VERB
■ żałować czegoś to regret something
□ Żałuję tej decyzji. I regret this decision.
■ żałować kogoś to feel sorry for somebody
□ Dziecko było tak małe, że wszyscy go żałowali.
The child was so small that everyone felt sorry
for it.

żar (GEN żaru, LOC SING żarze) MASC NOUN
heat
□ Na zewnątrz panował nieopisany żar.
Outside there was an indescribable heat.

żargon (GEN żargonu, PL żargony, LOC SING
żargonie) MASC NOUN
jargon
□ żargon medyczny medical jargon

żarliwość (GEN żarliwości) FEM NOUN
fervour
fervor (US)
■ żarliwość uczuć intensity of feelings

żarliwy ADJECTIVE
fervent
□ żarliwy zwolennik a fervent supporter

żaroodporny ADJECTIVE
1 ovenproof
□ żaroodporna miska an ovenproof dish
2 heat resistant
□ żaroodporna szklanka heat resistant glass

żarówka (GEN żarówki, PL żarówki, DAT SING AND
LOC SING żarówce, GEN PL żarówek) FEM NOUN
light bulb
□ żarówka energooszczędna energy saving
light bulb

żart (GEN żartu, PL żarty, LOC SING żarcie) MASC NOUN
joke

□ Opowiedział nam żart o policjantach. He told us a joke about policemen.
■ **dla żartu** for laughs

żartobliwy ADJECTIVE
humorous

żartować (żartuję, żartujesz) (PERF zażartować) VERB
to joke
□ On bardzo lubi żartować. He loves to joke.
■ **żartować z kogoś/czegoś** to make fun of somebody/something

żądać (żądam, żądasz) (PERF zażądać) VERB
■ **żądać czegoś** to demand something
□ Żądamy sprawiedliwości. We demand fairness.

żądanie (GEN żądania, PL żądania, LOC SING żądaniu, GEN PL żądań) NEUT NOUN
demand
□ żądanie okupu ransom demand
■ **przystanek na żądanie** request stop; flag stop (US)

żądło (GEN żądła, PL żądła, LOC SING żądle, GEN PL żądeł) NEUT NOUN
sting
□ żądło pszczoły bee sting

żądny ADJECTIVE
■ **żądny czegoś** hungry for something
■ **żądny władzy** power hungry

żądza (GEN żądzy, PL żądze, DAT SING AND LOC SING żądzy) FEM NOUN
lust

że CONJUNCTION
▷*zobacz też* że PARTICLE
that
□ Był tak słaby, że upadł. He was so weak that he collapsed. □ Powiedział, że nie mówi po angielsku. He said that he doesn't speak English.
■ **dlatego że** because □ Wzięła parasol, dlatego że padał intensywny deszcz. She took her umbrella because it was raining heavily.

że PARTICLE
▷*zobacz też* że CONJUNCTION
■ **mimo że** although □ Mimo że nie miała pieniędzy, poszła na zakupy. Even though she had no money, she went shopping.
■ **jako że** as
■ **tyle że** only
■ **Pomógłbym ci, tyle że jutro wyjeżdżam w delegację.** I would help you, but I'm going on a business trip tomorrow.
■ **chyba że** unless □ Spóźnimy się na pociąg, chyba że wyjdziemy w tej chwili. We'll miss the train unless we leave right now.

żeberko (GEN żeberka, PL żeberka, INST SING żeberkiem, LOC SING żeberku) NEUT NOUN
rib
■ **żeberka** spare ribs

żebrać (żebrzę, żebrzesz) VERB
to beg
□ Przed kościołem żebrała młoda kobieta. A young woman was begging in front of the church.

żebrak (GEN żebraka, PL żebracy, INST SING żebrakiem, LOC SING żebraku) MASC NOUN
beggar

żebro (GEN żebra, PL żebra, LOC SING żebrze, GEN PL żeber) NEUT NOUN
rib
□ W wypadku złamał dwa żebra. He broke two ribs in the accident.

żeby CONJUNCTION
▷*zobacz też* żeby PARTICLE
in order to
■ **Jest zbyt nieśmiała, żeby próbować.** She's too shy to try.
■ **Żeby nie przestraszyć dziecka, zamknął drzwi.** He closed the door so as not to frighten the child.
■ **Poprosił nas, żebyśmy przyszli punktualnie.** He asked us to arrive on time.

żeby PARTICLE
▷*zobacz też* żeby CONJUNCTION
■ **Żeby tylko nam się udało!** If only we could make it!
■ **Żebyś mi był cicho!** Keep quiet, understand?

żeglarz (GEN żeglarza, PL żeglarze, LOC SING żeglarzu, GEN PL żeglarzy) MASC NOUN
yachtsman
□ Jest zapalonym żeglarzem. He is a keen yachtsman.

żeglować (żegluję, żeglujesz) VERB
to sail
□ Czy umiesz żeglować? Do you know how to sail?

żegluga (GEN żeglugi, DAT SING żegludze) FEM NOUN
navigation

żegnać (żegnam, żegnasz) (PERF pożegnać) VERB
■ **żegnać kogoś** to say goodbye to somebody
■ **Żegnajcie!** Farewell!
■ **żegnać się 1** to say goodbye
□ Pożegnaliśmy się z gospodarzami. We said goodbye to the hosts. 2 to cross oneself □ Na widok krzyża przeżegnał się. He crossed himself at the sight of the cross.

żel (GEN żelu, PL żele, LOC SING żelu, GEN PL żeli) MASC NOUN
gel
□ żel do włosów hair gel

żelazko (GEN żelazka, PL żelazka, INST SING żelazkiem, GEN PL żelazek) NEUT NOUN
iron
□ Musimy kupić nowe żelazko. We must buy a new iron.

żelazny ADJECTIVE
1 iron
2 robust
□ żelazne zdrowie robust health
■ **żelazne nerwy** nerves of steel

żelazo (GEN żelaza, LOC SING żelazie) NEUT NOUN
iron
□ brama z żelaza an iron gate

żenić (żenię, żenisz) (IMPERATIVE żeń, PERF ożenić) VERB
to marry off

□ Ożenili już wszytkich synów. They have married all their sons off already.
■ **żenić się** to get married □ Ożenił się dwa lata temu. He got married two years ago.

żenować (**żenuję, żenujesz**) (PERF **zażenować**) VERB
to embarrass
□ Ta uwaga zażenowała go. That comment embarrassed him.

żenujący ADJECTIVE
embarrassing
□ żenująca sytuacja an embarrassing situation
□ żenująca cisza an embarrassing silence

żeński ADJECTIVE
1 girls'
□ szkoła żeńska girls' school
2 female
□ chór żeński female choir
■ **rodzaj żeński** feminine gender

żeton (GEN **żetonu**, PL **żetony**, LOC SING **żetonie**) MASC NOUN
token

żłobek (GEN **żłobka**, PL **żłobki**, INST SING **żłobkiem**, LOC SING **żłobku**) MASC NOUN
creche
day nursery (US)
□ Oddają dziecko do żłobka. They send their child to a nursery.

żmija (GEN **żmii**, PL **żmije**, GEN PL, DAT SING AND LOC SING **żmii**) FEM NOUN
viper
□ jad żmii viper's poison

żmudny ADJECTIVE
arduous
□ żmudna praca arduous work

żniwa (GEN **żniwa**) PL NOUN
harvest
□ W tym roku żniwa zaczęły się wcześniej niż zwykle. The harvest has started earlier than usual this year.

żołądek (GEN **żołądka**, PL **żołądki**, INST SING **żołądkiem**, LOC SING **żołądku**) MASC NOUN
stomach
□ Boli mnie żołądek. I have a sore stomach.

żołądkowy ADJECTIVE
stomach
□ bóle żołądkowe stomach ache

żołądź (GEN **żołędzi**, PL **żołędzie**, GEN PL **żołędzi**) FEM NOUN
acorn

żołnierz (GEN **żołnierza**, PL **żołnierze**, LOC SING **żołnierzu**, GEN PL **żołnierzy**) MASC NOUN
soldier
□ Jest żołnierzem zawodowym. He is a professional soldier.

żona (GEN **żony**, PL **żony**, DAT SING AND LOC SING **żonie**) FEM NOUN
wife
□ Chciałbym przedstawić moją żonę. I would like to introduce my wife.

żonaty ADJECTIVE
married

□ żonaty mężczyzna a married man

żółciowy ADJECTIVE
■ **kamień żółciowy** gallstone
■ **pęcherzyk żółciowy** gall bladder

żółć (GEN **żółci**) FEM NOUN
bile

żółtaczka (GEN **żółtaczki**, DAT SING AND LOC SING **żółtaczce**) FEM NOUN
jaundice
□ Jest chory na żółtaczkę. He's got jaundice.

żółtko (GEN **żółtka**, PL **żółtka**, INST SING **żółtkiem**, LOC SING **żółtku**, GEN PL **żółtek**) NEUT NOUN
yolk
□ dwa żółtka two egg yolks

żółty ADJECTIVE
yellow
□ żółta torebka a yellow bag
■ **żółty ser** hard cheese

żółw (GEN **żółwia**, PL **żółwie**, LOC SING **żółwiu**, GEN PL **żółwi**) MASC NOUN
■ **żółw lądowy** tortoise; turtle (US)
■ **żółw morski** turtle

żrący ADJECTIVE
caustic

żreć (**żrę, żresz**) (IMPERATIVE **żryj**, PERF VERB
to gobble
□ Łapczywie żarł kiełbasę. He greedily gobbled the sausage.

żuć (**żuję, żujesz**) VERB
to chew
□ Żuła gumę. He was chewing gum.

żuk (GEN **żuka**, PL **żuki**, INST SING **żukiem**, LOC SING **żuku**) MASC NOUN
beetle
□ nieznany gatunek żuka an unknown type of beetle

żuraw (GEN **żurawia**, PL **żurawie**, LOC SING **żurawiu**, GEN PL **żurawi**) MASC NOUN
crane
□ klucz żurawi a flock of cranes

żurawina (GEN **żurawiny**, PL **żurawiny**, DAT SING AND LOC SING **żurawinie**) FEM NOUN
cranberry
□ sok z żurawiny cranberry juice

żurek (GEN **żurku**, PL **żurki**, INST SING **żurkiem**, LOC SING **żurku**) MASC NOUN
fermented rye soup

żużel (GEN **żużla**, GEN PL **żużlu**) MASC NOUN
cinder track
■ **wyścigi na żużlu** speedway

żużlowy ADJECTIVE
speedway $
□ wyścigi żużlowe speedway rally

żwawy ADJECTIVE
brisk
□ żwawy krok brisk step

żwir (GEN **żwiru**, PL **żwiry**, LOC SING **żwirze**) MASC NOUN
gravel
□ Ścieżka była usypana ze żwiru. The path was covered with gravel.

życie (GEN **życia**, PL **życia**, LOC SING **życiu**, GEN PL **żyć**) NEUT NOUN
1 life
□ długie życie a long life
■ tryb życia life style
2 living
□ Zarabia na życie jako stróż nocny. He earns his living as a night watchman.
■ wprowadzać (PERF wprowadzić) coś w życie to put something into effect □ To prawo zostanie wprowadzone w życie w przyszłym miesiącu. This law will be put into effect next month.

życiorys (GEN **życiorysu**, PL **życiorysy**, LOC SING **życiorysie**) MASC NOUN
CV
□ W załączniku przesyłam swoje podanie oraz życiorys. I enclose my application and CV.
■ szczegółowy życiorys detailed biography

życiowy ADJECTIVE
1 vital
□ energia życiowa vital energy
2 life
□ doświadczenie życiowe life experience

życzenie (GEN **życzenia**, PL **życzenia**, LOC SING **życzeniu**, GEN PL **życzeń**) NEUT NOUN
wish
■ na życzenie on request
■ składać (PERF złożyć) komuś życzenia to wish somebody all the best □ Złożyła mi moc życzeń urodzinowych. She wished me all the best for my birthday.

życzliwość (GEN **życzliwości**) FEM NOUN
kindness
□ Dziękuję bardzo za pani życzliwość. Thank you very much for your kindness.

życzliwy ADJECTIVE
kind
■ życzliwa osoba a friendly person

życzyć (życzę, życzysz) VERB
■ życzyć komuś czegoś to wish somebody something
■ Czego pan sobie życzy? Can I help you?

żyć (żyję, żyjesz) VERB
to live
■ Niech żyje Królowa! Long live the Queen!
■ żyć z czegoś to make a living from something
■ Moja babcia już nie żyje. My gran isn't alive any more.

Żyd (GEN **Żyda**, PL **Żydzi**, LOC SING **Żydzie**) MASC NOUN
Jew

żydowski ADJECTIVE
Jewish

żylasty ADJECTIVE
1 stringy
□ żylasty kotlet stringy chop
2 sinewy
□ żylasty staruszek sinewy old man

żyletka (GEN **żyletki**, PL **żyletki**, DAT SING AND LOC SING **żyletce**, GEN PL **żyletek**) FEM NOUN
razor blade
□ ostra żyletka a sharp razor blade

żyła (GEN **żyły**, PL **żyły**, LOC SING **żyle**) FEM NOUN
vein
□ cienka żyła a thin vein

żyłka (GEN **żyłki**, PL **żyłki**, DAT SING AND LOC SING **żyłce**, GEN PL **żyłek**) FEM NOUN
1 small vein
2 fishing line
□ Założył nową żyłkę na kołowrotek. He put a new fishing line on his reel.

żyrafa (GEN **żyrafy**, PL **żyrafy**, LOC SING **żyrafie**) FEM NOUN
giraffe

żyrandol (GEN **żyrandola**, PL **żyrandole**, GEN PL **żyrandoli**) MASC NOUN
chandelier
□ dekoracyjny żyrandol a decorative chandelier

żytni ADJECTIVE
rye
□ żytnia mąka rye flour □ chleb żytni rye bread

żytniówka (GEN **żytniówki**, PL **żytniówki**, DAT SING AND LOC SING **żytniówce**) FEM NOUN
vodka distilled from rye
■ butelka żytniówki bottle of Żytniówka

żyto (GEN **żyta**, PL **żyta**, LOC SING **życie**) NEUT NOUN
rye
□ pole żyta rye field

żywica (GEN **żywicy**, PL **żywice**, DAT SING AND LOC SING **żywicy**) FEM NOUN
resin

żywiciel (GEN **żywiciela**, PL **żywiciele**, LOC SING **żywicielu**, GEN PL **żywicieli**) MASC NOUN
breadwinner
□ jedyny żywiciel rodziny the only breadwinner in the family

żywić (żywię, żywisz) (PERF wyżywić) VERB
1 to feed
□ Króliki żywimy sałatą i marchewką. We feed the rabbits on lettuce and carrots.
2 to support
□ Muszę wyżywić czteroosobową rodzinę. I have a family of four to support.
3 to cherish
□ Żywię nadzieję, że nas wkrótce odwiedzicie. I cherish the hope that you will soon visit us.
■ żywić imperf się czymś to feed on something

żywiec (GEN **żywca**) MASC NOUN
livestock
□ hodowla żywca livestock farm

żywioł (GEN **żywiołu**, PL **żywioły**, LOC SING **żywiole**) MASC NOUN
element

żywiołowy ADJECTIVE
1 spontaneous
□ żywiołowy rozwój spontaneous development
2 impetuous
■ klęska żywiołowa natural disaster

żywnościowy ADJECTIVE
food

żywność (GEN **żywności**) FEM NOUN
food
□ zapasy żywności food reserves

żywo ADVERB
1 briskly
  □ Staruszek poruszał się bardzo żywo. The old man moved very briskly.
2 keenly
  □ Rodzice żywo interesowali się postępami dzieci. The parents were keenly interested in the progress of the children.
3 strongly
  □ Publiczność żywo reagowała na grę aktorów. The public reacted strongly to the the actors' performance.
  ■ na żywo live □ mecz transmitowany na żywo live broadcast match

żywopłot (GEN żywopłotu, PL żywopłoty, LOC SING żywopłocie) MASC NOUN
  hedge

żywotny ADJECTIVE
  vital
  □ żywotny problem a vital problem

żywy ADJECTIVE
1 living
  □ To jest jedyny żyjący członek rodziny królewskiej. That is the only living member of the royal family.
2 lively
  □ To dziecko jest bardzo żywe. This child is very lively.
3 vivid
  □ żywe kolory vivid colours

żyzny ADJECTIVE
  fertile
  □ żyzna gleba fertile ground

Polish in Action – Język polski na co dzień

POLSKA

- Poland is the 7th largest country in Europe and has a population of over 38.5 million people.

- The Wisła (Vistula) is Poland's main river, which flows across the plains of central Poland to the Baltic Sea. The country's second longest river is the Odra, which forms part of the western border.

- The Baltic coast stretches across the north of the country for nearly 530 kilometres. Poland also has one of the highest numbers of lakes in the world (almost ten thousand).

- The Carpathian Mountains form the border with the Czech Republic and Slovakia and are made up of the Tatras, the Beskids and the Bieszczady mountain ranges. The highest point of Poland is the Rysy, which is 2,499 metres above sea level.

- The national currency is the Polish zloty. Poland has been a member of the European Union since May 2004.

- The most important Polish national holiday is Independence Day on 11th November. Other holidays throughout the year include 1st May (May Day), 3rd May (Constitution Day) and 1st November (All Saints' Day).

- Zjednoczone Królestwo Wielkiej Brytanii i Irlandii Północnej jest jednym z najmniejszych krajów Europy Zachodniej: zajmuje powierzchnię 244,100 km².

- Pod względem liczby mieszkańców (60,5 mln) Zjednoczone Królestwo zajmuje czwarte miejsce w Europie. 83% ludności zamieszkuje teren Anglii, 9% – Szkocji, 5% – Walii oraz 3% – Północnej Irlandii.

- Gospodarka Wielkiej Brytanii jest czwartą co do wielkości na świecie, po USA, Japonii i Niemczech.

- Walutą brytyjską jest funt szterling.

- Dzięki wpływowi prądu zatokowego Golfsztrom klimat w Wielkiej Brytanii jest znacznie łagodniejszy w porównaniu z innymi krajami położonymi w północnej części Europy.

- Najwyższy szczyt Zjednoczonego Królestwa, Ben Nevis, znajduje się w Szkocji i ma wysokość 1,343 metrów npm.

- Mieszkańcy Zjednoczonego Królestwa obchodzą swoje lokalne święta narodowe zależnie od obszaru kraju: Walijczycy świętują dzień Św. Dawida (St. David's Day) 1 marca; Irlandczycy obchodzą dzień Św. Patryka (St. Patrick's Day) 17 marca, zaś Szkoci – Św. Andrzeja (St. Andrew's Day) 30 listopada. Święto patrona Anglii, św. Jerzego, przypada w dniu 23 kwietnia.

Użyteczne zwroty / Some useful phrases

Użyteczne zwroty	Some useful phrases
To jest mój chłopak.	This is my boyfriend.
To jest moja dziewczyna.	This is my girlfriend.
To jest moja żona.	This is my wife.
Chciałabym przedstawić Panią/ Pana mojemu mężowi.	I'd like to introduce you to my husband.
To jest moja partnerka.	This is my partner. (female)
Mam dwoje dzieci.	I have two children.
Mój syn/moja córka ma dziesięć lat.	My son/My daughter is ten years old.
Moje dzieci są dorosłe.	My children are grown up.
Mam dwoje wnuków.	I have two grandchildren.
Jestem rozwiedziony/a.	I'm divorced.
Jestem w separacji.	I'm separated.
To jest moja teściowa.	This is my mother-in-law.
To jest mój teść.	This is my father-in-law.
On jest moim zięciem.	He is my son-in-law.
Ona jest moją synową.	She is my daughter-in-law.
Mój mąż zmarł dwa lata temu.	My husband died two years ago.

Związki / Relationships

Związki	Relationships
Jesteśmy w bardzo dobrych stosunkach.	We get on very well.
Wciąż się kłócimy.	We are always quarrelling.
Mam wielu przyjaciół.	I have a lot of friends.
Nasi przyjaciele mieszkają w ...	Our friends live in ...
Jesteśmy na urlopie z przyjaciółmi.	We are on holiday with friends.
Jestem w dobrych stosunkach z moim tatą.	I get on well with my dad.
Widuję się z moim tatą w weekendy.	I see my dad at weekends.
Pokłóciliśmy się.	We've quarrelled.
Opiekujemy się naszymi wnukami.	We look after our grandchildren.
Nasi rodzice/dziadkowie są dość surowi.	Our parents/grandparents are quite strict.
John i ja rozstaliśmy się.	John and I have split up.
Ona jest naprawdę miła.	She's really nice.
Bardzo lubię Pawła.	I really like Paul.

Członkowie rodziny / Members of the family

Członkowie rodziny	Members of the family
Mój ojciec, mój tato	my father, my dad
Moja matka, moja mama	my mother, my mum
Mój brat	my brother
Moja siostra	my sister
Mój wujek	my uncle
Moja ciotka	my aunt
Mój dziadek	my grandfather, my granddad
Moja babcia	my grandmother, my gran
Moi dziadkowie	my grandparents
Moja teściowa	my mother-in-law
Mój teść	my father-in-law
Moi teściowie	my in-laws
Mój zięć	my son-in-law
Moja synowa	my daughter-in-law
Mój szwagier	my brother-in-law
Moja szwagierka	my sister-in-law
Mój ojczym/ moja macocha	my stepfather/ my stepmother

Uczucia / Emotions

Uczucia	Emotions
być ...	to be ...
smutny/a	sad
zadowolony/a	pleased
szczęśliwy/a	happy
rozgniewany/a	angry
zakochany/a	in love
zaskoczony/a	surprised
Jestem zakochana w Robercie.	I'm in love with Robert.
Miło mi, że przyjdziesz.	I'm pleased you're coming.
Mam nadzieję, że nie gniewasz się za bardzo.	I hope you're not too angry.

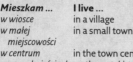

At home

Gdzie Pan/Pani mieszka? — Where do you live?

Mieszkam ...	I live ...
w wiosce	in a village
w małej miejscowości	in a small town
w centrum	in the town centre
na przedmieściach Londynu	on the outskirts of London
na wsi	in the country
nad morzem	by the sea
100 km od Manchesteru	100 km from Manchester
na północ od Birmingham	north of Birmingham
w domu wolnostojącym	in a detached house
w domu dwurodzinnym	in a semi-detached house
w domu dwupiętrowym	in a two-storey house
w bloku	in a block of flats
w mieszkaniu	in a flat

Mieszkam w mieszkaniu ...	I live in a flat ...
na parterze	on the ground floor
na pierwszym piętrze	on the first floor
na drugim piętrze	on the second floor
na ostatnim piętrze	on the top floor
w nowym budynku	in a new building
w pięknym, starym budynku	in a beautiful old building

Z domu do miasta — From home into town

Centrum miasta jest dość daleko od mojego domu.	The town centre is quite a long way from my house.
Mieszkam pięć minut od centrum.	I live five minutes' from the centre of town.
Muszę do miasta jechać autobusem.	I have to catch a bus into town.
W mieście bardzo trudno jest zaparkować.	It is very difficult to park in town.
Zwykle chodzę do miasta na piechotę.	I usually walk into town.

W domu — At home

Na parterze jest ...	On the ground floor there is ...
kuchnia	the kitchen
pokój dzienny	the living room
jadalnia	the dining room
salon	the lounge

Na piętrze jest ...	Upstairs there is ...
Moja/nasza sypialnia	my/our bedroom
pokój mojego syna	my son's bedroom
pokój mojej córki	my daughter's bedroom
sypialnia dla gości	the spare bedroom
łazienka	the bathroom
gabinet	a study
ogród	a garden
boisko do piłki nożnej	a football pitch
korty tenisowe	a tennis court
sąsiad/ka	a neighbour
ludzie z naprzeciwka	the people opposite
sąsiedzi mieszkający obok	the next-door neighbours

Użyteczne zwroty — Some useful phrases

Mój dom jest bardzo mały.	My house is very small.
Jest tam ogród.	There is a garden.
Nie mamy garażu.	We don't have a garage.
Mieszkam w spokojnej okolicy.	I live in a quiet area.
Niedaleko mojego domu jest ośrodek sportowy.	There's a sports centre near to my house.
Przeprowadzamy się w przyszłym miesiącu.	We're moving next month.

W najbliższej okolicy	In the local area
kino	a cinema
teatr	a theatre
muzeum	a museum
park	park
bankomat	a cash machine/ ATM
biuro informacji turystycznej	the tourist office
katedra	a cathedral
kościół	a church
meczet	a mosque
strefa ruchu pieszych	a pedestrian area
bank	a bank
basen	the swimming pool
lodowisko	the ice rink
biblioteka	the library
ratusz	the town hall
targ	the market

Środki transportu	Means of transport
autobus	a bus
autokar	a coach
statek	a boat
prom	a ferry
metro	the underground
tramwaj	the tram
pociąg	the train
dworzec	the station
dworzec autobusowy	the bus station
stacja metra	an underground station
O której odjeżdża następny pociąg do Warszawy?	What time is the next train to Warsaw?
Proszę bilet w jedną stronę do Krakowa.	I'd like a single to Cracow?
Proszę bilet powrotny do Warszawy.	A return to Warsaw, please.
Gdzie jest peron 10?	Where is platform 10?
Gdzie jest najbliższa stacja metra?	Where is the nearest underground station?

Wskazywanie kierunku	Directions
naprzeciwko	opposite
obok	next to
w pobliżu	near
między... a...	between ... and ...
Gdzie jest dworzec autobusowy?	Where's the bus station?
Szukam biura informacji turystycznej.	I'm looking for the tourist office.
Proszę pójść aż do końca ulicy.	Go right to the end of the street.
Proszę skręcić w prawo.	Turn right.
Proszę przejść przez most.	Cross the bridge.
Proszę skręcić w pierwszą ulicę na lewo.	Take the first street on the left.
Jest po Pana/Pani prawej stronie.	It's on your right.
Jest naprzeciwko kina.	It's opposite the cinema.
Jest obok poczty.	It's next to the post office.
Który autobus jedzie na stację kolejową?	Which bus goes to the train station?

In town

Praca	Work
Studiowałem/am ...	**I studied ...**
medycynę	medicine
inżynierię	engineering
prawo	law
socjologię	sociology
psychologię	psychology
języki	languages
architekturę	architecture
Chciałbym/chciałabym ...	**I'd like to ...**
zarabiać mnóstwo pieniędzy	earn lots of money
podróżować po Ameryce Południowej	travel in South America
pracować w telewizji	work in television
napisać książkę	write a book
pracować z dziećmi	work with children
wygrać na loterii	win the lottery
Jestem ...	**I am ...**
nauczycielem/ nauczycielką	a teacher
dentystą/dentystką	a dentist
aktorem	an actor
aktorką	an actress
piosenkarzem/ piosenkarką	a singer
fryzjerem/fryzjerką	a hairdresser
dziennikarzem/ dziennikarką	a journalist
adwokatem	a solicitor
Jestem ...	**I am ...**
studentem/studentką	a student
zawodowym piłkarzem	a professional footballer
politykiem	a politician
Uważam, że to jest ...	**I think it's ...**
interesujące	interesting
nudne	boring
męczące	tiring
dające satysfakcję	rewarding
stresujące	stressful
łatwe	easy
za trudne	too difficult

Praca	Work
życiorys	a CV
ogłoszenie o pracy	a job advert
formularz podania o pracę	an application form
rozmowa kwalifikacyjna	an interview
referencje	references
praca sezonowa (wakacyjna)	a holiday job
stałe zatrudnienie	a permanent job
praca dorywcza	a temporary job
Pracuję na pełnym etacie/na część etatu.	I work full-time/ part-time.
Czy ma Pan/Pani doświadczenie?	Do you have any experience?
Jakie prace Pan/ Pani wykonywał/a?	What jobs have you had?
Pracuję od poniedziałku do piątku, od 9:00 do 17:00.	I work Monday to Friday, from 9am to 5pm.
Mamy 40-minutową przerwę na obiad.	We have a 40-minute lunch break.
Pracuję na nocnej zmianie w supermarkecie.	I do a night shift at the supermarket.
Szukam pracy jako sekretarka.	I'm looking for a secretarial job.
Szukam pracy na część etatu.	I'm looking for a part-time job.

Ambicje	Ambitions
Chciałbym/chciałabym dobrze zdać egzaminy i pójść na uniwersytet.	I'd like to get good results in my exams and go to university.
Chcielibyśmy na emeryturze zamieszkać w Polsce.	We would like to retire to Poland.
Chcę znaleźć pracę w Krakowie.	I want to get a job in Krakow.
Mam zamiar zamieszkać z moim polskim chłopakiem i chcę płynnie mówić po polsku.	I plan to live with my Polish boyfriend and want to speak Polish fluently.

Sport	Sports
Gram w ...	**I play ...**
piłkę nożną	football
koszykówkę	basketball
golfa	golf
rugby	rugby
tenisa	tennis
brydża	bridge
Jeżdżę na nartach.	I ski.
Pływam kajakiem.	I canoe.
Jeżdżę na rowerze górskim.	I go mountain-biking.
Pływam.	I swim.
Jeżdżę konno.	I go horse riding.
Żegluję.	I go sailing.
W lecie wezmę udział w kursie żeglarstwa.	I'm going to do a sailing course this summer.
Nigdy nie byłem/byłam na nartach.	I've never been skiing.
Nauczę się pływać kajakiem.	I'm going to learn how to canoe.

Czas wolny	Leisure
Mój mąż uwielbia żeglarstwo.	My husband loves sailing.
Bardzo lubię słuchać muzyki.	I love listening to music.
Bardzo lubię chodzić na zakupy z moimi przyjaciółmi/moimi wnukami.	I love shopping with my friends/my grandchildren.
Spędzam dużo czasu w ogrodzie.	I spend a long time in my garden.
Wolałbym/wolałabym pracować w ogrodzie niż oglądać telewizję.	I'd rather garden than watch television.
Nie cierpię gier telewizyjnych.	I hate video games.

Instrumenty muzyczne	Musical instruments
Gram na ...	**I play ...**
skrzypcach	the violin
pianinie	the piano
gitarze	the guitar
flecie	the flute
Nauczyłem/am się grać na pianinie w szkole.	I learnt to play the piano at school.
Czy gra Pan/Pani na jakimś instrumencie?	Do you play any instruments?
Gram w zespole.	I play in a band.
Mój syn/moja córka gra w zespole.	My son/My daughter plays in a band.

Gotowanie w domu	Cooking at home
Lubię gotować.	I like cooking.
Nie umiem gotować.	I can't cook.
Przyjdź do nas na kolację!	Come and have dinner at ours.

Marzenia i pragnienia	Day dreams
Chciałbym/chciałabym kupić dom w Polsce.	I would like to buy a house in Poland.
Chciałbym/chciałabym w przyszłym roku przejść na emeryturę i podróżować.	I'd like to retire next year and travel.
Chciałbym poznać dziewczynę z Polski i ożenić się.	I would like to meet a Polish girl and get married.
Chciałbym/chciałabym poznać kogoś i ustatkować się.	I would like to meet someone and settle down.
Chciałbym/chciałabym znaleźć lepszą pracę.	I would like to get a better job.
Chcielibyśmy kupić większy dom.	We would like to buy a bigger house.
Chcielibyśmy mieć mnóstwo dzieci.	We would like to have lots of children.
On chciałby zostać astronautą.	He would like to become an astronaut.
Ona chce zostać sławną osobistością.	She wants to become a celebrity.

Osobowość	Personality
Ona/ona jest ...	**He/She is ...**
zabawny/a	funny
miły/a	nice
nieś miały/a	shy
spokojny/a	quiet
irytujący/a	annoying
hojny/a	generous
gadatliwy/a	talkative
inteligentny/a	intelligent
głupi/ia	stupid
skąpy/a	stingy
dziwny/a	strange

Kolory		Colours
Żółty/a		yellow
Pomarańczowy/a		orange
Czerwony/a		red
Różowy/a		pink
Fioletowy/a		purple
Niebieski/a		blue
Zielony/a		green
Brązowy/a		brown
Szary/a		grey
Czarny/a		black
Biały/a		white
Bordo		maroon
Ciemnoniebieski/a		navy (blue)
Turkusowy/a		turquoise
Beżowy/a		beige
Kremowy/a		cream

Oczy:	**Eyes:**
orzechowe	hazel
jasne/ciemne	light/dark

Włosy:	**Hair:**
kasztanowe	auburn
blond	blonde
brązowe	brown
jasnobrązowe	light brown
ciemnobrązowe	dark brown
proste/kręcone	straight/frizzy
rude	red
Mam orzechowe oczy.	I've got hazel eyes.
On ma brązowe włosy.	He's got brown hair.
Ona ma krótkie, siwe włosy.	She's got short grey hair.
Ona ma rude włosy.	She's got red hair.
On jest łysy.	He's bald.
Ona ma długie, kręcone, blond włosy.	She's got long curly blonde hair.

Cechy zewnętrzne	Characteristics
On/ona jest ...	**He/She is ...**
Wysoki/a	tall
Drobny/a	small
Niski/a	short
Gruby/a	fat
Przystojny/ładna	good-looking
Młody/a	young
Stary/a	old
On ma około trzydziestu lat.	He's about thirty.
Ona jest drobna, szczupła i ma blond włosy.	She is small, thin and blonde.
Ona wygląda jak Sofia Loren.	She looks like Sophia Loren.

Ubrania	Clothes
sweter	a jumper
spodnie	trousers
bluzka	a blouse
T-shirt	a T-shirt
płaszcz	a coat
kurtka	a jacket
kardigan	a cardigan
sukienka	a dress
spódnica	a skirt
krawat	a tie
koszula	a shirt
buty	shoes
buty sportowe; adidasy	trainers
botki; kozaki	boots (knee-high)
Ona ma na sobie jasnoniebieski T-shirt.	She's wearing a light blue T-shirt.
On ma na sobie ciemnoszary garnitur.	He's wearing a dark grey suit.
On ma na sobie ciemnoniebieski garnitur, białą koszulę, krawat w bordo i szare paski, szare skarpetki i czarne buty.	He is wearing a navy blue suit, a white shirt, a tie with maroon and grey stripes, grey socks and black shoes.

Keeping fit and healthy

Posiłki	Meals
śniadanie	breakfast
obiad	lunch
przekąska	snack; bite to eat
kolacja	dinner
Uwielbiam ...	I love ...
makaron	pasta
sałatę	salad
ryby	fish
kurczaka	chicken
Lubię ...	**I like ...**
truskawki	strawberries
herbatniki	biscuits
Nie lubię ...	**I don't like ...**
soku pomarańczowego	orange juice
gazowanej wody mineralnej	sparkling water
Nie lubię ...	**I don't like ...**
bananów	bananas
Nie jem wieprzowiny.	I don't eat pork.
Jem dużo owoców.	I eat a lot of fruit.
Nie pozwalam moim dzieciom jeść niezdrowej żywności.	I don't let my children eat junk food.
Moje dzieci zawsze chcą napoje gazowane.	My children always want fizzy drinks.
Jestem wegetarianinem/ wegetarianką.	I'm a vegetarian.
On ma alergię na orzeszki ziemne.	He is allergic to peanuts.

Drobne dolegliwości	Ailments
Boli mnie ...	**I have a sore ...**
żołądek	stomach
(Bolą mnie) plecy	back
kolano	knee
stopa	foot
kark	neck
głowa	head
gardło	throat
noga	leg
Boli mnie ząb.	I've got toothache.
Boli mnie ucho.	I've got earache.
Bolą mnie oczy.	My eyes are hurting.
Mam katar.	I've got a cold.
Mam grypę.	I've got flu.
Mam nudności.	I feel sick.
Jestem zmęczony/a.	**I'm tired.**
Jestem chory/a.	I'm ill.
Jest mi zimno.	I am cold.
Jest mi gorąco.	I am hot.
Boję się.	I am scared.
Jestem spragniony/a.	I am thirsty.
Jestem głodny/a.	I am hungry.

Kondycja fizyczna...	Keeping fit ...
Uprawiam dużo sportu.	I do a lot of sport.
Nie palę.	I don't smoke.
Chodzę wcześnie spać.	I go to bed early.
Chodzę do pracy na piechotę.	I walk to work.
To jest korzystne dla zdrowia.	It's good for your health.
Alkohol jest niekorzystny dla zdrowia.	Alcohol is bad for your health.

Gdy zgłasza się nasz rozmówca	When your number answers
Halo, czy mogę mówić z Anną?	Hello! Could I speak to Anna, please?
Czy może Pan/Pani go/ją poprosić, by do mnie oddzwonił/a?	Would you ask him/her to call me back, please?
Oddzwonię za pół godziny.	I'll call back in half an hour.

Odbieranie telefonu	Answering the telephone
Halo, mówi Jane.	Hello! It's Jane speaking.
To ja.	Speaking.
Kto mówi?	Who's speaking?

Gdy zgłasza się centrala	When the switchboard answers
Kogo mam zaanonsować?	Who shall I say is calling?
Łączę Pana/Panią.	I'm putting you through.
Proszę czekać.	Please hold.
Czy chce Pan/Pani zostawić wiadomość?	Would you like to leave a message?

Problemy	Difficulties
Nie potrafię uzyskać połączenia.	I can't get through.
Przepraszam, wykręciłem/am zły numer.	I'm sorry, I dialled the wrong number.
Nie ma tutaj zasięgu.	I can't get a signal (for mobile).
Ich telefon komórkowy jest wyłączony.	Their mobile is switched off.
Źle Pana/Panią słyszę.	I can't hear you very well.
Nie mam już kredytu na moim telefonie komórkowym.	I've no credit left on my mobile (phone).

Writing a personal letter

In Polish, the address of the sender (nadawca) is written on the envelope. You would only include the address of the sender in a business letter, not a personal one.

Maria i Krzysztof Nowak
ul. Zielona 14
00-123 Warszawa
Polska

Nadawca: John i Joyce Nichols
18 Scotland Road
Lancaster LA1 5EF
Wielka Brytania

Pisanie listu	**Writing a letter**

14 lutego 2008

Drodzy Mario i Krzysztofie,

Piszemy, by jeszcze raz podziękować za wspaniały, wspólny pobyt w Warszawie. Bardzo nam było przyjemnie ponownie się z Wami zobaczyć i mamy nadzieję, że wkrótce będziemy mogli Was gościć w Anglii. Teraz, gdy dzieci już nie ma w domu, mamy naprawdę dużo miejsca!

Prosimy Was też o przekazanie pozdrowień rodzicom Anny. Kolacja u nich była wyśmienita! Jak wiecie, ja i John bardzo lubimy kuchnię polską, zwłaszcza potrawy domowej roboty!

Okolice Warszawy są przepiękne; mieliśmy szczęście, że dopisała pogoda. Następnym razem dobrze by było wybrać się nad morze!

Jeszcze raz dziękujemy za Waszą gościnność.
Serdecznie pozdrawiamy,

John i Joyce

Początek listu prywatnego	**Starting a personal letter**
Dziękuję Ci za list.	Thank you for your letter.
Miło było otrzymać Twoje wiadomości.	It was lovely to hear from you.
Przepraszam, że nie napisałem/am wcześniej.	I'm sorry I didn't write sooner.

Zakończenie listu prywatnego	**Ending a personal letter**
Napisz wkrótce!	Write soon!
Pozdrów ode mnie Marka!	Give my love to Marek.
Paweł przesyła serdeczne pozdrowienia.	Paul sends his best wishes.

Terminy i skróty często stosowane w listach	**Common terms and abbreviations used in letters**
Szanowny Panie (Sz. P.)	Dear Sir (this is not followed by surname, unlike in English)
Szanowna Pani (Sz.P.)	Dear Madam (this is not followed by surname, unlike in English)
P.	Mr
P.	Mrs/Ms

Inne zakończenia listu prywatnego	**Alternative endings for a personal letter**
Cześć	Bye
Całuję	Love
Uściski	Lots of love

Pisanie e-maila — Writing an email

Plik	Edycja	Widok	Narzędzia	**Nowa wiadomość** odpowiedź do nadawcy odpowiedź do wszystkich dołączyć plik	Pomoc

Do: magda@google.pl
Cc: ania@google.pl
Bcc: cat44@yahoo.co.uk
Temat: podróż do Krakowa

Cześć Magda,

Jak się masz? Przyjadę w przyszłym tygodniu służbowo do Krakowa. Będziesz w mieście? Miło by było, gdyby się nam udało spotkać i pójść coś zjeść, może razem z Anią. A może poszlybyśmy przynajmniej na kawę gdzieś przy Rynku? Mam Ci mnóstwo do opowiedzenia...

Daj mi znać!
Cześć,
Karolina

Saying your email address –
Podawanie adresu e-mail
To give your email address to someone in Polish, say:
"Magda małpa google kropka pl"

Polish	angielski
do	to
temat	subject
data	date
cc (kopia)	cc (carbon copy)
bcc (kopia ukryta)	bcc (blind carbon copy)
dołączyć plik	attach file
wyślij	send
plik	file
edycja	edit
widok	view
narzędzia	tools
nowa wiadomość	new message
pomoc	help
odpowiedź do nadawcy	reply to sender
odpowiedź do wszystkich	reply to all
prześlij	forward

Dni tygodnia	Days of the week
poniedziałek	Monday
wtorek	Tuesday
środa	Wednesday
czwartek	Thursday
piątek	Friday
sobota	Saturday
niedziela	Sunday
w poniedziałek	on Monday
w zeszły poniedziałek	last Monday
w przyszły poniedziałek	next Monday
wczoraj	yesterday
dzisiaj, dziś	today
jutro	tomorrow

Miesiące	Months of the year
styczeń	January
luty	February
marzec	March
kwiecień	April
maj	May
czerwiec	June
lipiec	July
sierpień	August
wrzesień	September
październik	October
listopad	November
grudzień	December

Jaki dziś jest dzień?	What date is it today?
Jest 16-ty czerwca.	It's 16 June.
Kiedy ma Pan/ Pani urodziny?	What date is your birthday?
22-go maja.	It's May 22nd.

Urlop	Holidays
urlop letni	the summer holidays
ferie bożonarodzeniowe	the Christmas holidays
ferie wielkanocne	the Easter holidays
ferie szkolne	the school holidays
urlop narciarski	skiing holiday
Mamy długi weekend.	We're having a long weekend (usually Thur/Fri or Mon/Tue plus weekend)
długi weekend	a long weekend
dzień Bożego Narodzenia; pierwszy dzień Świąt	Christmas Day
Wigilia Bożego Narodzenia	Christmas Eve
drugi dzień Świąt Bożego Narodzenia	Boxing Day
Sylwester	New Year's Eve
Nowy Rok	New Year's Day
Walentynki; dzień św. Walentego	Valentine's Day
Ostatki	Pancake Day
karnawał	Carnival
prima aprilis	April Fool's Day
Wielkanoc	Easter
Dzień Matki	Mother's Day
Dzień Ojca	Father's Day
Dzień Wszystkich Świętych	All Saints' Day
Halloween	Halloween
Ramadan	Ramadan
Wszystkiego najlepszego z okazji urodzin!	Happy Birthday!
Wesołych Świąt!	Happy Christmas!
Prima aprilis!	April fool!
w Wielkanoc	at Easter

Urlop	Holidays
świętować Nowy Rok	to celebrate New Year
Co Pan/Pani robi w pierwszy dzień Świąt?	What do you do on Christmas Day?
Spędzamy Wielkanoc w domu.	We spend Easter at home.
Jedziemy do naszych kuzynów w Nowy Rok.	We go to our cousins' for New Year.
Jak ma Pan/Pani zamiar spędzić urlop?	What are you going to do in the holidays?
Latem pojedziemy na tydzień do Polski.	We're going to Poland for a week this summer.
Staramy się unikać jeżdżenia tam w czasie ferii szkolnych.	We try to avoid going there in the school holidays.
W lutym zawsze jedziemy na narty.	We always go skiing in February.
Zatrzymam się przez tydzień u mojej ciotki.	I'm going to stay with my aunt for a week.
Zeszłego lata pojechałem/am do USA.	Last summer I went to the United States.

Jest pierwsza
It's one o'clock

Jest dziesięć po czwartej
It's ten past four

Jest piętnaście po czwartej
It's quarter past four

Jest wpół do piątej.
It's half past four, four thirty

Jest za dwadzieścia piąta
It's twenty to five

Jest za piętnaście piąta
It's quarter to five

O której godzinie? **At what time?**

o północy
at midnight

w południe
at midday, noon

o pierwszej (po południu)
at one o'clock
(in the afternoon, pm)

o ósmej (wieczorem)
at eight o'clock (at night, pm)

o jedenastej piętnaście (11:15)
eleven fifteen

o dwudziestej czterdzieści pięć
eight forty-five pm.
(20:45)

In Polish, times are often given in the twenty-four hour clock.

Time

Liczebniki		Numbers
jeden	1	one
dwa	2	two
trzy	3	three
cztery	4	four
pięć	5	five
sześć	6	six
siedem	7	seven
osiem	8	eight
dziewięć	9	nine
dziesięć	10	ten
jedenaście	11	eleven
dwanaście	12	twelve
trzynaście	13	thirteen
czternaście	14	fourteen
piętnaście	15	fifteen
szesnaście	16	sixteen
siedemnaście	17	seventeen
osiemnaście	18	eighteen
dziewiętnaście	19	nineteen
dwadzieścia	20	twenty
dwadzieścia jeden	21	twenty-one
dwadzieścia dwa	22	twenty-two
trzydzieści	30	thirty
czterdzieści	40	forty
pięćdziesiąt	50	fifty
sześćdziesiąt	60	sixty
siedemdziesiąt	70	seventy
osiemdziesiąt	80	eighty
dziewięćdziesiąt	90	ninety
sto	100	a hundred
sto jeden	101	a hundred and one
trzysta	300	three hundred
trzysta jeden	301	three hundred and one
tysiąc	1.000	a thousand
dwa tysiące	2.000	two thousand
milion	1.000.000	a million

Polish puts a full stop where English would use a comma (2.000) and Polish puts a comma where English would use a full stop (0,60 €).

Przykłady	Examples
na dziewiętnastej stronie	on page nineteen
w siódmym rozdziale	in chapter seven
skala jeden do dwudziestu pięciu tysięcy	scale one to twenty-five thousand

Ułamki itp		Fractions etc
połowa; jedna druga	½	a half
jedna trzecia	$\frac{1}{3}$	a third
dwie trzecie	$\frac{2}{3}$	two thirds
jedna czwarta; ćwierć	¼	a quarter
jedna piąta	$\frac{1}{5}$	a fifth
zero przecinek pięć	0,5	
	0.5	zero point five
trzy przecinek cztery	3,4	
	3.4	three point four
dziesięć procent	10%	ten percent
sto procent	100%	a hundred percent

1.	pierwszy	first	1st
2.	drugi	second	2nd
3.	trzeci	third	3rd
4.	czwarty	fourth	4th
5.	piąty	fifth	5th
6.	szósty	sixth	6th
7.	siódmy	seventh	7th
8.	ósmy	eighth	8th
9.	dziewiąty	ninth	9th
10.	dziesiąty	tenth	10th
11.	jedenasty	eleventh	11th
12.	dwunasty	twelfth	12th
13.	trzynasty	thirteenth	13th
14.	czternasty	fourteenth	14th
15.	piętnasty	fifteenth	15th
16.	szesnasty	sixteenth	16th
17.	siedemnasty	seventeenth	17th
18.	osiemnasty	eighteenth	18th
19.	dziewiętnasty	ninteenth	19th
20.	dwudziesty	twentieth	20th
21.	dwudziesty pierwszy	twenty-first	21st
22.	dwudziesty drugi	twenty-second	22nd
30.	trzydziesty	thirtieth	30th
100.	setny	hundredth	100th
101.	sto pierwszy	hundred and first	101st
1000.	tysięczny	thousandth	1000th

Przykłady	Examples
On mieszka na piątym piętrze.	He lives on the fifth floor.
On przybył jako trzeci.	He came in third.

Contents – Spis Treści

Nouns

Singular Polish nouns can be masculine, feminine or neuter. You can usually tell the gender of the noun by the last letter:

- Masculine nouns usually end in a consonant
  - > 'Masculine people' are men (e.g. **polityk**, **lekarz**, **Polak**)
  - > 'Masculine things' are objects, animals, ideas etc.
    (e.g. **film**, **kot**, **stół**)

- Feminine nouns usually end in '**-a**': **kawa**, **mama**, **lampa**, **Polska**, **Warszawa**

- Neuter nouns usually end in '**-e**', '**-ę**', '**-o**' or '**-um**': **mieszkanie**, **imię**, **piwo**, **centrum**

Plural Polish nouns can be arranged into two general groups:

- Masculine people are represented by the pronoun '**oni**', e.g.: **Polacy**, **koledzy**, **kompozytorzy**, **studenci**

- Masculine things, feminine nouns and neuter nouns are represented by the pronoun '**one**', e.g.: **komputery**, **notesy**, **mapy**, **Polki**, **studentki**, **radia**, **dzieci**

The gender of each noun is shown in the Polish-English side of the dictionary.

There is no fixed word order in Polish, so noun endings change depending on their function in the sentence. For example, all of the sentences below mean 'Paweł likes Karolina':

Paweł lubi Karolinę.   Karolinę lubi Paweł.   Paweł Karolinę lubi.

There are seven cases in Polish.

The **nominative** case is usually used for the subject of the sentence.

Ta książka jest droga.	This book is expensive.
Ci studenci są leniwi.	These students are lazy.
Stolicą Polski jest **Warszawa**.	Warsaw is the capital of Poland.
Czy podobał ci się **ten film**?	Did you like this film?

The **accusative** case is usually used:

- as the direct object of a positive sentence for most verbs:

Czy lubisz **sport**?	Do you like sport?
Pożycz mi **to pióro**.	Can you lend me this pen, please?
Znam **dobrego lekarza**.	I know a good doctor.
Kupiła **nowe buty**.	She bought new shoes.

- after some verbs:

Lubię **samochody**.	I like cars.
Ma **jedną siostrę**.	He's got one sister.
Kupiła **nowy sweter**.	She bought a new jumper.

- after some prepositions, especially after verbs of motion:

Jedziemy na **urlop**.	We are going on holiday.
Włożył torbę pod **stół**.	He put the bag under the table.
Przez **ulicę** przebiegł kot.	A cat ran across the street.

The **instrumental** case is usually used:

- after some verbs, especially 'być', when followed by a noun:

Jestem **Anglikiem**.	I am English.
Chce zostać **architektem**.	He wants to become an architect.
Interesuję się **muzyką** i **filmem**.	I am interested in music and film.

- to show how something is done and when you are talking about means of transport:

Pisz **ołówkiem**.	Write in pencil.
Ona zawsze myje włosy **tym szamponem**.	She always washes her hair with this shampoo.
Pojedźmy **taksówką**.	Let's take a taxi.

- after some prepositions, especially those after verbs indicating position:

Supermarket jest za **miastem**.	The supermarket is out of town.
Przed **domem** jest mały trawnik.	There is a small lawn in front of the house.

The **genitive** is the most frequently used case in Polish. It is used to express various relations between words:

- to show possession, often translated in English as 'of' or 's:

samochód **mojego ojca**	my father's car
cena **biletu**	the price of the ticket
szef **wydziału**	the head of the department
numer **telefonu**	the phone number

- after some verbs:

Potrzebuję **nowego samochodu**.	I need a new car.
Życzymy **Wesołych Świąt**.	We wish you a Merry Christmas/ Happy Easter.
Od jak dawna uczy się pan **polskiego**?	How long have you been learning Polish?

- as the direct object in negative sentences when the positive sentence uses the accusative. (The genitive is not used when the sentence uses e.g. the verb 'to become' or 'to help'.)

Nie mam **czasu**.	I don't have time.
Niestety nie mieli już **biletów**.	Unfortunately they didn't have any tickets left.
Studenci nie zrozumieli **polecenia**.	The students didn't understand the instructions.

- after some prepositions:

Kiedy jedziesz do **Polski**?	When are you going to Poland?
Z **pracy** zwykle wychodzę o 17:00.	I usually leave work at 5pm.
Proszę o kawę bez **cukru**.	Coffee with no sugar, please.
Muzeum jest czynne codziennie oprócz **poniedziałków**.	The museum is open everyday except for Mondays.

- after numbers ending in 5-9 and some expressions of quantity. This includes from number 5 up to and including 21, and then numbers from 25 up to 31 etc. Numerals that end in 2, 3 and 4 (**dwa, trzy, cztery**) use either the nominative plural (**Dwa dni to dużo czasu.** Two days is a lot of time.) or the accusative plural (**Mam trzydzieści trzy lata.** I am 33 years old.; **Kupiłem cztery długopisy.** I bought four pens.) These forms are usually followed by the verb in third person singular neuter:

W mojej grupie jest **pięciu studentów**.	There are five students in my group.
Kilka **książek** stoi na biurku.	There are a few books on the desk.
Wielu **klientów** było niezadowolonych.	Several clients were unhappy.

The **dative** case is usually used:

- as the indirect object:

Dałam **mamie** prezent.	I gave my Mum a present.
Nauczyciel oddał **studentom** zadanie domowe.	The teacher gave the students back their homework.

- in set expressions with adverbs:

Zimno **ci**?	Are you cold?
Przykro **mi**.	I am sorry.
Miło **mi**.	Nice to meet you.
Teraz jest **im** głupio.	Now they feel embarrassed.

- after some prepositions:

Dzięki **ciężkiej pracy** dostał awans.	He got a promotion thanks to his hard work.
Oni są przeciwko **tej decyzji**.	They are against this idea.

The **locative** case is only used after prepositions. It is usually used:

- to describe location:

w **Anglii**	in England
na **wystawie**	at an exhibition
przy **stole**	at the table
Spacerujemy po **tym parku**.	We walk around this park.
Podróżowaliśmy po **Europie**.	We travelled around Europe.

- to describe time:

po **obiedzie**	after dinner
po **lekcji**	after the class
we **wrześniu**	in September

- after the preposition 'o' following some verbs:

Rozmawiamy o **gramatyce**.	We are talking about grammar.
Marzę o **urlopie**.	I dream about a holiday.

The **vocative** is used when you are addressing someone directly:

Szanowny **Panie Błoński**	Dear Mr Błoński
Cześć **Basiu!**	Hi Basia!
Witaj **Mamo!**	Hello Mum!

Case endings are usually regular except for the genitive singular and nominative plural for masculine people. In this dictionary, the genitive singular and nominative plural, along with any other irregular forms, are given in brackets after each noun on the Polish-English side of the dictionary.

Remember there is no Polish word for 'a' or 'the'. For example, the phrases 'a book' and 'the book' both translate into Polish as **książka**.

This section is designed to show you the way in which Polish nouns change when they are in different cases.

Masculine people

	singular	plural	singular	plural (irreg)
nom	mąż	mężowie	człowiek	ludzie
gen	męża	mężów	człowieka	ludzi
dat	mężowi	mężom	człowiekowi	ludziom
acc	męża	mężów	człowieka	ludzi
inst	mężem	mężami	człowiekiem	ludźmi
loc	mężu	mężach	człowieku	ludziach
voc	mężu	mężowie	człowieku	ludzie
nom	student	studenci	anglik	anglicy
gen	studenta	studentów	anglika	anglików
dat	studentowi	studentom	anglikowi	anglikom
acc	studenta	studentów	anglika	anglików
inst	studentem	studentami	anglikiem	anglikami
loc	studencie	studentach	angliku	anglikach
voc	studencie	studenci	angliku	anglicy

Masculine things

	singular	plural	singular	plural
nom	sklep	sklepy	stół	stoły
gen	sklepu	sklepów	stółu	stołów
dat	sklepowi	sklepom	stołowi	stołom
acc	sklep	sklepy	stół	stoły
inst	sklepem	sklepami	stołem	stołami
loc	sklepie	sklepach	stole	stołach
voc	sklepie	sklepy	stół	stoły

Feminine nouns

	singular	plural	singular	plural
nom	kobieta	kobiety	noga	nogi
gen	kobiety	kobiet	nogi	nóg
dat	kobiecie	kobietom	nodze	nogom
acc	kobietę	kobiety	nogę	nogi
inst	kobietą	kobietami	nogą	nogami
loc	kobiecie	kobietach	nodze	nogach
voc	kobieto	kobiety	nogo	nogi

Neuter nouns

	singular	plural	singular	plural
nom	miasto	miasta	dziecko	dzieci
gen	miasta	miast	dziecka	dzieci
dat	miastu	miastom	dziecku	dzieciom
acc	miasto	miasta	dziecko	dzieci
inst	miastem	miastami	dzieckiem	dziećmi
loc	mieście	miastach	dziecku	dzieciach
voc	miasto	miasta	dziecko	dzieci

nom	imię	imiona
gen	imienia	imion
dat	imieniu	imionom
acc	imię	imiona
inst	imieniem	imionami
loc	imieniu	imionach
voc	imię	imiona

Adjectives

This section is designed to show you the way in which Polish adjectives change when they are in different cases. Adjectives need to agree with the nouns they describe.

Moją ulubioną porą roku jest wiosna.   My favourite season is spring.
Na śniadanie zawsze piję czarną
  kawę.   I always drink black coffee
  at breakfast.
To zdjęcia z naszych ostatnich   These are photos from our last
  wakacji.   holiday.

	masculine	feminine	neuter	masculine people plural	masculine things, feminine, neuter plural
nom	**dobry**	**dobra**	**dobre**	**dobrzy**	**dobre**
gen	**dobrego**	**dobrej**	**dobrego**	**dobrych**	**dobrych**
dat	**dobremu**	**dobrej**	**dobremu**	**dobrym**	**dobrym**
acc	**dobry** (*things*) **dobrego** (*people*)	**dobrą**	**dobre**	**dobrych**	**dobre**
inst	**dobrym**	**dobrą**	**dobrym**	**dobrymi**	**dobrymi**
loc	**dobrym**	**dobrej**	**dobrym**	**dobrych**	**dobrych**
voc	**dobry**	**dobra**	**dobre**	**dobrzy**	**dobre**

Verbs

Aspects of verbs

Almost every Polish verb has two aspects: the imperfective and the perfective. This is two different forms of the verb which mean the same thing. For example, **oglądać** (imperfective) and **obejrzeć** (perfective) both mean 'to watch'. You should learn both aspects of a verb because you will need to know which to choose, depending on what you want to say. The imperfective aspect is the form which is used as the headword in this dictionary. The perfective aspect is usually provided in the entry following the headword.

You use the imperfective to:

● describe actions which are habitual and/or happen frequently.
Czy ty codziennie **chodzisz** do szkoły?   Do you go to school everyday?
Na wakacjach **wstawaliśmy** późno.   When we were on holiday, we used to get up late.

● focus on the length of an activity.
Czekałam na ciebie trzy godziny.   I waited for you for three hours.

● describe actions that are not complete.
W sobotę **czytałam** nową książkę tego   On Saturday I was reading the new
   autora.   book by this author.

You use the perfective to:

● describe actions that are complete.
Wczoraj **obejrzałam** ten film.   I watched that film yesterday (and I finished it).

● describe actions that happen instantaneously.
Nagle **pojawiła** się Weronika.   Veronica suddenly appeared.

● form the future tense.
Jeśli będzie ładna pogoda, **pojedziemy**   If the weather is nice, we will go
   za miasto.   out of town.

Compare the use of the imperfective and perfective aspects in the examples below

Wczoraj cały dzień **pisałam** pocztówki.	Yesterday I was writing postcards all day.
Napisałam dwanaście pocztówek.	I wrote twelve postcards.

W zeszłym tygodniu **czytałem** tę książkę.	Last week I was reading this book.
Kiedy ją **przeczytałem**, oddałem ją do biblioteki.	When I read it (=finished reading it), I returned it to the library.

The present tense

How to form the present tense

There are four groups of regular verbs in Polish and all verbs in each group behave in the same way. The infinitive form usually ends in letter '-ć', which is replaced by an ending that shows you whether it is *I, you, they* etc. who is performing the action. This means that you do not always need to use personal pronouns in Polish. For example:

Nazywam się Bartosz Krzyszkowski.	I am called Bartosz Krzyszkowski.
Jesteś Anglikiem?	Are you English?

There are also some irregular Polish verb forms at the end of the section.

How to use the present tense

There is only one present tense in Polish so the English phrases *I am reading* and *I read* have the same translation in Polish: **czytam**.

First conjugation (verbs ending in -ić, -yć, -eć)

	płacić	**to pay**	
singular		plural	
ja	**płacę**	my	**płacimy**
ty	**płacisz**	wy	**płacicie**
on, ona, ono	**płaci**	oni, one	**płacą**

pisać	**to write**		
singular		plural	
ja	**piszę**	my	**piszemy**
ty	**piszesz**	wy	**piszecie**
on, ona, ono	**pisze**	oni, one	**piszą**

Uczę się polskiego.	I am learning Polish.
Czy pan **pali**?	Do you smoke? *(formal, when asking a man)*
Co **wolisz**: kawę czy herbatę?	What do you prefer: coffee or tea?
Ile **płacę**?	How much is it?
Na wakacjach zawsze **piszemy** pocztówki.	We always write postcards when we are on holiday.

Second conjugation (verbs ending in -**ować**, monosyllabic verbs)

interesować się	**to be interested in**		
singular		plural	
ja	**interesuję się**	my	**interesujemy się**
ty	**interesujesz się**	wy	**interesujecie się**
on, ona, ono	**interesuje się**	oni, one	**interesują się**

pić	**to drink**		
singular		plural	
ja	**piję**	my	**pijemy**
ty	**pijesz**	wy	**pijecie**
on, ona, ono	**pije**	oni, one	**piją**

Co **studiujesz**?	What are you studying?
Ile **kosztuje** ta kawa?	How much is this coffee?
Potrzebuję urlopu.	I need a holiday.
Co **pijesz**?	What are you drinking?
Interesuję się muzyką poważną.	I am interested in classical music.

Third conjugation (verbs ending in ać)

czytać to read

singular		plural	
ja	**czytam**	my	**czytamy**
ty	**czytasz**	wy	**czytacie**
on, ona, ono	**czyta**	oni, one	**czytają**

oglądać to watch

singular		plural	
ja	**oglądam**	my	**oglądamy**
ty	**oglądasz**	wy	**oglądacie**
on, ona, ono	**ogląda**	oni, one	**oglądają**

Mieszkamy w Anglii.	We live in England.
Szukam słownika.	I am looking for a dictionary.
Czy **grasz** na gitarze?	Do you play a guitar?
Rzadko **oglądam** telewizję.	I rarely watch tv.
Jak często **czytasz** gazety?	How often do you read newspapers?

Fourth conjugation (some verbs ending in -eć)

rozumieć to understand

singular		plural	
ja	**rozumiem**	my	**rozumiemy**
ty	**rozumiesz**	wy	**rozumiecie**
on, ona, ono	**rozumie**	oni, one	**rozumieją**

umieć to be able to

singular		plural	
ja	**umiem**	my	**umiemy**
ty	**umiesz**	wy	**umiecie**
on, ona, ono	**umie**	oni, one	**umieją**

Nie **rozumiem** tego słowa.	I do not understand this word.
Czy **umiesz** grać w tenisa?	Can you play tennis?

The past tense

How to form the past tense

The past tense can be formed using either the imperfective or the perfective form of the verb. Please see the table on the next page which shows the endings you need to use to show whether *I*, *you*, *they* etc performed the action.

You use the imperfective to:

- describe actions which are habitual and/or happen frequently.
  Na wakacjach **wstawaliśmy** późno.   When we were on holiday, we used to get up late.

- focus on the length of an activity.
  Czekaliśmy na autobus dwie godziny.   We waited for the bus for two hours.

- describe actions that are not complete.
  W sobotę **czytałam** nową książkę tego autora.   On Saturday I was reading the new book by this author.

You use the perfective to:

- describe actions that are complete.
  Wczoraj **przeczytałam** tę książkę.   I read this book yesterday (and I finished it).

- describe actions that happen instantaneously.
  Nagle **zgasło** światło.   The light suddenly went out.

In the past tense, all verbs take an ending which show the person, number and gender. This means that you do not need to use personal pronouns. For example:

Późno **wróciłam** do domu.   I (female) came back home late.
Kiedy **byłeś** w Polsce?   When were you (singular, male) in Poland?

Oglądali mecz.   They (male, people) watched the match.

	singular		
	masculine	feminine	neuter
ja	-łem	-łam	
ty	-łeś	-łaś	
on	-ł		
ona		-ła	
ono			-ło

	plural	
	masculine people	masculine things, feminine, neuter
my	-liśmy	-łyśmy
wy	-liście	-łyście
oni	-li	
one		-ły

	grać to play		
	masculine	feminine	neuter
ja	grałem	grałam	
ty	grałeś	grałaś	
on	grał		
ona		grała	
ono			grało
	masculine people	masculine things, feminine, neuter	
my	graliśmy	grałyśmy	
wy	graliście	grałyście	
oni	grali		
one		grały	

Only one Polish verb has an irregular past tense: iść. This verb is given in full at the end of the section.

The future tense

The future tense can be formed using either the imperfective or the perfective form of the verb.

The future imperfective

How to form the future imperfective

The future imperfective is formed by the future form of the verb 'to be' (być) followed by:

- Either the infinitive form of the imperfective verb

- Or the past tense form of the imperfective verb in the third person singular or plural

	czytać **to read**		
	masculine	feminine	neuter
ja	będę czytał	będę czytała	
ty	będziesz czytał	będziesz czytała	
on	będzie czytał		
ona		będzie czytała	
ono			będzie czytało
	masculine people	masculine things, feminine, neuter	
my	będziemy czytali	będziemy czytały	
wy	będziecie czytali	będziecie czytały	
oni	będą czytali		
one		będą czytały	

How to use the future imperfective

You use the future imperfective to talk about activities:

- That will be happening for a period of time

- That will be happening frequently and/or habitually

Na przyszłej lekcji **będziemy rozmawiali** o gramatyce.	In our next class we will be talking about grammar.
Co **będziesz robiła** wieczorem?	What are you doing tonight?
Moi rodzice **będą pracowali** w ogrodzie, jeśli będzie ładna pogoda.	If the weather is nice, my parents will be working in the garden.

The future perfective

How to form the future perfective

The future perfective is formed by conjugating the verbs according to the pattern of the present tense.

	powiedzieć	przeczytać	wypić	kupić
ja	powiem	przeczytam	wypiję	kupię
ty	powiesz	przeczytasz	wypijesz	kupisz
on, ona, ono	powie	przeczyta	wypije	kupi
my	powiemy	przeczytamy	wypijemy	kupimy
wy	powiecie	przeczytacie	wypijecie	kupicie
oni, one	powiedzą	przeczytają	wypiją	kupią

How to use the future perfective

The future perfective is used to talk about activities that will be completed in the future.

Powiem ci później	I will tell you later
Zadzwonisz do mnie wieczorem?	Will you call me tonight?
Kiedy kupicie nowy samochód?	When will you buy a new car?

Imperative

Just like in English, the imperative is used to ask others to do something or to offer suggestions.

The imperative can be formed by:

- the verb **prosić** followed by the infinitive with the imperfective or perfective verb.

Proszę zjeść te owoce.	Please eat the fruit.
Prosimy się nie spóźnić na kolację dziś wieczorem.	Please do not be late for dinner tonight.

- Conjugating the verbs as shown in the table below:

pisać	**to write,** *imperfective*		
singular		plural	
ja	—	my	**piszmy**
ty	**pisz**	wy	**piszcie**
on, ona, ono	**niech pisze**	oni, one	**niech piszą**

napisać	**to write,** *perfective*		
singular		plural	
ja	—	my	**napiszmy**
ty	**napisz**	wy	**napiszcie**
on, ona, ono	**niech napisze**	oni, one	**niech napiszą**

The two forms can be used both formally and informally.

Napisz do mnie z wakacji.	Write to me while you are on holiday.
Pisz pamiętnik.	Write a diary.
Nie podpisuj żadnych dokumentów, zanim ich nie przeczytasz.	Do not sign any papers before you read them.
Niech pani podpisze tutaj.	Sign here (madam).

The negative form of the imperative usually uses the imperfective form of the verb:

Nie róbcie tego.	Don't do it.

Polish irregular verbs

być   **to be**

Present

(ja) **jestem**
(ty) **jesteś**
(on) **jest**
(ona) **jest**
(ono) **jest**
(my) **jesteśmy**
(wy) **jesteście**
(oni) **są**
(one) **są**

Past

(ja) **byłem/byłam**
(ty) **byłeś/byłaś**
(on) **był**
(ona) **była**
(ono) **było**
(my) **byliśmy/byłyśmy**
(wy) **byliście/byłyście**
(oni) **byli**
(one) **były**

Imperative

(ja) **–**
(ty) **bądź**
(on) **niech będzie**
(ona) **niech będzie**
(ono) **niech będzie**
(my) **bądźmy**
(wy) **bądźcie**
(oni) **niech będą**
(one) **niech będą**

Future

(ja) **będę**
(ty) **będziesz**
(on) **będzie**
(ona) **będzie**
(ono) **będzie**
(my) **będziemy**
(wy) **będziecie**
(oni) **będą**
(one) **będą**

To jest moje mieszkanie.	This is my flat.
Skąd jesteś?	Where are you from?
Czy był pan kiedyś w Polsce?	Have you ever been to Poland?
Bądźcie punktualni!	Be on time!
Szef na pewno będzie zadowolony.	The boss is definitely going to be happy.

mieć **to have**

Present	Past
(ja) mam	(ja) miałem/miałam
(ty) masz	(ty) miałeś/miałaś
(on) ma	(on) miał
(ona) ma	(ona) miała
(ono) ma	(ono) miało
(my) mamy	(my) mieliśmy/miałyśmy
(wy) macie	(wy) mieliście/miałyście
(oni) mają	(oni) mieli
(one) mają	(one) miały

Imperative	Future
(ja) –	(ja) będę miał/miała/mieć
(ty) miej	(ty) będziesz miał/miała/mieć
(on) niech ma	(on) będzie miał/mieć
(ona) niech ma	(ona) będzie miała/mieć
(ono) niech ma	(ono) będzie miało/mieć
(my) miejmy	(my) będziemy mieli/miały/mieć
(wy) miejcie	(wy) będziecie mieli/miały/mieć
(oni) niech mają	(oni) będą mieli/mieć
(one) niech mają	(one) będą miały/mieć

Czy masz słownik?	Do you have a dictionary?
W weekend nie miałam wolnego czasu.	I didn't have any free time last weekend.
W przyszłym tygodniu studenci będą mieli egzamin ustny.	The students have their oral exam next week.

móc **to be able to**

Present	Past
(ja) mogę	(ja) mogłem/mogłam
(ty) możesz	(ty) mogłeś/mogłaś
(on) może	(on) mógł
(ona) może	(ona) mogła
(ono) może	(ono) mogło
(my) możemy	(my) mogliśmy/mogłyśmy
(wy) możecie	(wy) mogliście/mogłyście
(oni) mogą	(oni) mogli
(one) mogą	(one) mogły

Imperative	Future
Not used	(ja) będę mógł/mogła
	(ty) będziesz mógł/mogła
	(on) będzie mógł
	(ona) będzie mogła
	(ono) będzie mogło
	(my) będziemy mogli/mogły
	(wy) będziecie mogli/mogły
	(oni) będą mogli
	(one) będą mogły

Czy może pan powtórzyć?	Can you repeat that?
Nie mogłam znaleźć rękawiczek.	I couldn't find my gloves.
Jestem pewna, że będziemy mogli wam pomóc.	I am sure we will be able to help you.

iść   to go

Present	Past
(ja) idę	(ja) szedłem/szłam
(ty) idziesz	(ty) szedłeś/szłaś
(on) idzie	(on) szedł
(ona) idzie	(ona) szła
(ono) idzie	(ono) szło
(my) idziemy	(my) szliśmy/szłyśmy
(wy) idziecie	(wy) szliście/szłyście
(oni) idą	(oni) szli
(one) idą	(one) szły

Imperative	Future
(ja) –	(ja) będę szedł/szła/iść
(ty) idź	(ty) będziesz szedł/szła/iść
(on) niech idzie	(on) będzie szedł/iść
(ona) niech idzie	(ona) będzie szła/iść
(ono) niech idzie	(ono) będzie szło/iść
(my) idźmy	(my) będziemy szli/szły/iść
(wy) idźcie	(wy) będziecie szli/szły/iść
(oni) niech idą	(oni) będą szli/iść
(one) niech idą	(one) będą szły/iść

W piątek idziemy do kina.

Kiedy szłam do pracy, spotkałam na ulicy swojego starego nauczyciela.

We are going to the cinema on Friday.

I met my old teacher in the street, while I was walking to work.

Words related to the verb **iść**, eg.: **pójść, wyjść, przejść**, decline the same way.

jeść to eat

Present	Past
(ja) jem	(ja) jadłem/jadłam
(ty) jesz	(ty) jadłeś/jadłaś
(on) je	(on) jadł
(ona) je	(ona) jadła
(ono) je	(ono) jadło
(my) jemy	(my) jedliśmy/jadłyśmy
(wy) jecie	(wy) jedliście/jadłyście
(oni) jedzą	(oni) jedli
(one) jedzą	(one) jadły

Imperative	Future
(ja) –	(ja) będę jadł/jadła/jeść
(ty) jedz	(ty) będziesz jadł/jadła/jeść
(on) niech je	(on) będzie jadł/jeść
(ona) niech je	(ona) będzie jadła/jeść
(ono) niech je	(ono) będzie jadło/jeść
(my) jedzmy	(my) będziemy jedli/jadły/jeść
(wy) jedzcie	(wy) będziecie jedli/jadły/jeść
(oni) niech jedzą	(oni) będą jedli/jeść
(one) niech jedzą	(one) będą jadły/jeść

Co zwykle jesz na śniadanie?	What do you usually have for breakfast?
Jeszcze nigdy nie jadłam tak dobrej pizzy!	I have never had such a good pizza before!

Numbers

Ordinal numbers

Ordinal numbers decline like adjectives.

Please note that for number 21 and upwards, Polish uses ordinal numbers for the last two numerals and cardinal numbers for any others, e.g. 121 = **sto dwudziesty pierwszy**.

pierwszy	first, 1st
drugi	second, 2nd
trzeci	third, 3rd
czwarty	fourth, 4th
piąty	fifth, 5th
szósty	sixth, 6th
siódmy	seventh
ósmy	eighth
dziewiąty	ninth
dziesiąty	tenth
jedenasty	eleventh
dwunasty	twelfth
trzynasty	thirteenth
czternasty	fourteenth
piętnasty	fifteenth
szesnasty	sixteenth
siedemnasty	seventeenth
osiemnasty	eighteenth
dziewiętnasty	nineteenth
dwudziesty	twentieth
dwudziesty pierwszy	twenty-first
dwudziesty drugi	twenty-second
trzydziesty	thirtieth
setny	hundredth
sto pierwszy	hundred-and-first
tysięczny	thousandth

Cardinal numbers

Jeden (The number 1)

In Polish, the number 1 has three forms: **jeden** (masculine); **jedna** (feminine); **jedno** (neuter) and declines like an adjective.

	masculine	feminine	neuter
nom	**jeden**	**jedna**	**jedno**
gen	**jednego**	**jednej**	**jednego**
dat	**jednemu**	**jednej**	**jednemu**
acc	**jednego**	**jedną**	**jedno**
inst	**jednym**	**jedną**	**jednym**
loc	**jednym**	**jednej**	**jednym**

Dwa (The number 2)

	masculine people	masculine things, neuter	feminine
nom	**dwaj, dwóch**	**dwa**	**dwie**
gen	**dwóch, dwu**	**dwóch, dwu**	**dwóch, dwu**
dat	**dwóm, dwu**	**dwóm, dwu**	**dwóm, dwu**
acc	**dwóch, dwu**	**dwa**	**dwie**
inst	**dwoma**	**dwoma**	**dwoma, dwiema**
loc	**dwóch, dwu**	**dwóch, dwu**	**dwóch, dwu**

Numbers 3 and 4 follow the same pattern:

	masculine people	masculine things, feminine, neuter
nom	**czterej, czterech**	**cztery**
gen	**czterech**	**czterech**
dat	**czterem**	**czterem**
acc	**czterech**	**cztery**
inst	**czterema**	**czterema**
loc	**czterech**	**czterech**

he number 5 and above follow this pattern:

	masculine people	masculine things, feminine, neuter
nom	pięciu	pięć
gen	pięciu	pięciu
dat	pięciu	pięciu
acc	pięciu	pięć
inst	pięciu, pięcioma	pięciu, pięcioma
loc	pięciu	pięciu

Pronouns

Personal pronouns

Some personal pronouns have two or even three forms.

- The long or – if it exists – medium long form is used at the start or end of a clause, and when being emphatic.

  Jego nie lubię.

  Prosiłam o pomoc **ciebie** a nie ją.

  Wszystkim się ten film podobał tylko nie jemu!

  Him I do not like.

  It was you I asked for help and not her.

  Everyone liked the film but him.

- After prepositions, the long form is used if there is one.

  Poczekaj na **mnie**.

  To prezent dla **ciebie**.

  Rozmawialiśmy o **nim**, kiedy wszedł do pokoju.

  Wait for me.

  This is a present for you.

  We were talking about him when he entered the room.

- The short form is used in the middle of a sentence.

  Kupiliśmy **mu** nowy sweter.

  Pomóż **mu** w zadaniu domowym.

  Pokaż **mi** to zdjęcie.

  We bought him a new jumper.

  Help him with his homework.

  Show me this photo.

		singular			
nom	ja	ty	on	ona	ono
gen	mnie	ciebie, cię	jego, niego, go	jej, niej	jego, niego, go
dat	mi, mnie	tobie, ci	jemu, niemu, mu	jej, niej	jemu, niemu, mu
acc	mnie	ciebie, cię	jego, niego, go	ją, nią	je, nie
inst	mną	tobą	nim	nią	nim
loc	mnie	tobie	nim	niej	nim

			plural	
nom	my	wy	oni	one
gen	nas	was	ich, nich	ich, nich
dat	nam	wam	im, nim	im, nim
acc	nas	was	ich, nich	je, nie
inst	nami	wami	nimi	nimi
loc	nas	was	nich	nich

			pan/pani		
nom	pan	pani	panowie	panie	państwo
gen	pana	pani	panów	pań	państwa
dat	panu	pani	panom	paniom	państwu
acc	pana	panią	panów	panie	państwa
inst	panem	panią	panami	paniami	państwem
loc	panu	pani	panach	paniach	państwie
voc	panie	pani	panowie	panie	państwo

Reflexive pronouns

nom	–
gen	siebie, się
dat	sobie
acc	siebie, się
inst	sobą
loc	sobie

Possessive pronouns

		singular	
	masculine	feminine	neuter
nom	mój	moja	moje
gen	mojego	mojej	mojego
dat	mojemu	mojej	mojemu
acc	mojego (people)		
	mój (things)	moją	mojego
inst	moim	moją	moim
loc	moim	mojej	moim

	plural	
	masculine people	masculine things, feminine, neuter
nom	moi	moje
gen	moich	moich
dat	moim	moim
acc	moich	moje
inst	moimi	moimi
loc	moich	moich

Twój and **swój** decline in the same way as **mój**.

	singular		
	masculine	feminine	neuter
nom	nasz	nasza	nasze
gen	naszego	naszej	naszego
dat	naszemu	naszej	naszemu
acc	naszego *(people)*	naszą	naszego *(people)*
	nasz *(things)*		nasze *(things)*
inst	naszym	naszą	naszym
loc	naszym	naszej	naszym

	plural	
	masculine people	masculine things, feminine, neuter
nom	nasi	nasze
gen	naszych	naszych
dat	naszym	naszym
acc	naszych	nasze
inst	naszymi	naszymi
loc	naszych	naszych

Wasz declines in the same way as **nasz**.

The pronouns **jego**, **jej** and **ich** do not decline.

Interrogative pronouns

kto/co

nom	kto	co
gen	kogo	czego
dat	komu	czemu
acc	kogo	co
inst	kim	czym
loc	kim	czym

który/która/które

	masculine	feminine	neuter	masculine people pl	masculine things, feminine, neuter pl
nom	który	która	które	którzy	które
gen	którego	której	którego	których	których
dat	któremu	której	któremu	którym	którym
acc	którego (people)				
	który (things)	którą	które	których	które
loc	którym	którą	którym	którymi	którymi
inst	którym	której	którym	których	których

czyj

	masculine	feminine	neuter	masculine people pl	masculine things, feminine, neuter pl
nom	czyj	czyja	czyje	czyi	czyje
gen	czyjego	czyjej	czyjego	czyich	czyich
dat	czyjemu	czyjej	czyjemu	czyim	czyim
acc	czyjego (people)				
	czyj (things)	czyją	czyje	czyich	czyje
inst	czyim	czyjej	czyim	czyimi	czyimi
loc	czyim	czyjej	czyim	czyich	czyich

The indefinite pronouns **ktoś**, **ktokolwiek**, etc decline the same way.

Demonstrative pronouns

	masculine	feminine	neuter	masculine people pl	masculine things, feminine, neuter pl
nom	ten	ta	to	ci	te
gen	tego	tej	tego	tych	tych
dat	temu	tej	temu	tym	tym
acc	tego (*people*) ten (*things*)	tę	to	tych	te
inst	tym	tą	tym	tymi	tymi
loc	tym	tej	tym	tych	tych

The demonstrative pronouns **tamten**, **tamta**, **tamto** decline the same way.

Angielskie czasowniki nieregularne

bezokolicznik	czas przeszły	imiesłów przeszły	bezokolicznik	czas przeszły	imiesłów przeszły
rise	arose	arisen	forgive	forgave	forgiven
wake	awoke	awoken	freeze	froze	frozen
be	(am, is, was, were, been, are; being)		get	got	got, (US) gotten
bear	bore	born(e)	give	gave	given
beat	beat	beaten	go	(goes) went	gone
begin	began	begun	grind	ground	ground
bend	bent	bent	grow	grew	grown
bet	bet, bet, betted	betted	hang	hung	hung
bid	(at auction) bid	bid	hang	(execute) hanged	hanged
bind	bound	bound	have	had	had
bite	bit	bitten	hear	heard	heard
bleed	bled	bled	hide	hid	hidden
blow	blew	blown	hit	hit	hit
break	broke	broken	hold	held	held
breed	bred	bred	hurt	hurt	hurt
bring	brought	brought	keep	kept	kept
build	built	built	kneel	knelt, knelt, kneeled	kneeled
burn	burnt, burnt, burned	burned	know	knew	known
burst	burst	burst	lay	laid	laid
buy	bought	bought	lead	led	led
can	could	(been able)	lean	leant, leant, leaned	leaned
cast	cast	cast	leap	leapt, leapt, leaped	leaped
catch	caught	caught	learn	learnt, learnt, learned	learned
choose	chose	chosen			
cling	clung	clung	leave	left	left
come	came	come	lend	lent	lent
cost	cost	cost	let	let	let
creep	crept	crept	lie (lying)	lay	lain
cut	cut	cut	light	lit, lit, lighted	lighted
deal	dealt	dealt	lose	lost	lost
dig	dug	dug	make	made	made
do	(does) did	done	may	might	–
draw	drew	drawn	mean	meant	meant
dream	dreamed, dreamed, dreamt	dreamt	meet	met	met
			mistake	mistook	mistaken
drink	drank	drunk	mow	mowed	mown, mowed
drive	drove	driven	must	(had to)	(had to)
eat	ate	eaten	pay	paid	paid
fall	fell	fallen	put	put	put
feed	fed	fed	quit	quit, quit, quitted	quitted
feel	felt	felt	read	read	read
fight	fought	fought	rid	rid	rid
find	found	found	ride	rode	ridden
fling	flung	flung	ring	rang	rung
fly	flew	flown	rise	rose	risen
forbid	forbad(e)	forbidden	run	ran	run
forecast	forecast	forecast	saw	sawed	sawed, sawn
forget	forgot	forgotten	say	said	said

bezokolicznik	czas przeszły	imiesłów przeszły	bezokolicznik	czas przeszły	imiesłów przeszły
see	saw	seen	spread	spread	spread
sell	sold	sold	spring	sprang	sprung
send	sent	sent	stand	stood	stood
set	set	set	steal	stole	stolen
sew	sewed	sewn	stick	stuck	stuck
shake	shook	shaken	sting	stung	stung
shear	sheared	shorn, sheared	stink	stank	stunk
shed	shed	shed	stride	strode	stridden
shine	shone	shone	strike	struck	struck
shoot	shot	shot	swear	swore	sworn
show	showed	shown	sweep	swept	swept
shrink	shrank	shrunk	swell	swelled	swollen, swelled
shut	shut	shut			
sing	sang	sung	swim	swam	swum
sink	sank	sunk	swing	swung	swung
sit	sat	sat	take	took	taken
sleep	slept	slept	teach	taught	taught
slide	slid	slid	tear	tore	torn
sling	slung	slung	tell	told	told
slit	slit	slit	think	thought	thought
smell	smelt, smelt, smelled	smelled	throw	threw	thrown
			thrust	thrust	thrust
sow	sowed	sown, sowed	tread	trod	trodden
speak	spoke	spoken	wake	woke, woken, waked	waked
speed	sped, sped, speeded	speeded			
			wear	wore	worn
spell	spelt, spelt, spelled	spelled	weave	wove	woven
spend	spent	spent	weep	wept	wept
spill	spilt, spilt, spilled	spilled	win	won	won
spin	spun	spun	wind	wound	wound
spit	spat	spat	wring	wrung	wrung
spoil	spoiled, spoiled, spoilt	spoilt	write	wrote	written

Aa

a [eɪ, ə] ARTICLE

> LANGUAGE TIP The indefinite article does not exist in Polish.

□ a girl dziewczyna □ They haven't got a television. Oni nie mają telewizora.

> WSKAZÓWKI JĘZYKOWE **an** stosowane jest zamiast **a** przed wyrazami zaczynającymi się od samogłoski i niemego 'h'.

□ an elephant słoń
■ **a year ago** rok temu
■ **five hours a day** pięć godzin dziennie
■ **once a week** raz w tygodniu
■ **100 km an hour** sto km na godzinę

A & E ABBREVIATION (= accident and emergency)
oddział pomocy doraźnej

aback [ə'bæk] ADVERB
■ **to be taken aback** być zaskoczonym

to **abandon** [ə'bændən] VERB
porzucać (PERF porzucić) (person, family)

abbey ['æbɪ] NOUN
opactwo

abbreviation [əbriːvɪ'eɪʃən] NOUN
skrót
□ CD is an abbreviation for compact disc. CD to skrót od 'compact disc'.

ability [ə'bɪlɪtɪ] NOUN
zdolność (talent, skill)
■ **the ability to do something** umiejętność zrobienia czegoś

able ['eɪbl] ADJECTIVE
uzdolniony (pupil, player)
■ **to be able to do something 1** (have ability) umieć coś zrobić □ He is able to jump three metres. On umie skoczyć na trzy metry. **2** (have opportunity) być w stanie coś zrobić
■ **You'll be able to read in peace here.** Będziesz tu mógł czytać w spokoju.

to **abolish** [ə'bɒlɪʃ] VERB
1 znosić (PERF znieść) (practice)
2 obalać (PERF obalić) (system)

abortion [ə'bɔːʃən] NOUN
aborcja
■ **to have an abortion** poddawać (PERF poddać) się zabiegowi aborcji

about [ə'baut] PREPOSITION
▷ see also **about** ADVERB
1 o (relating to)
□ a book about London książka o Londynie
□ What's it about? O czym to jest? □ We talked about it. Rozmawialiśmy o tym.
2 po (place)
□ He was wandering about the garden. Błąkał się po ogrodzie.

about [ə'baut] ADVERB
▷ see also **about** PREPOSITION

> LANGUAGE TIP There are several ways of translating **about**. Scan the examples to find one that is similar to what you want to say.

1 mniej więcej (approximately)
□ It takes about 10 hours. Trwa to mniej więcej 10 godzin.
■ **about a hundred people** koło sto osób
■ **at about two o'clock** około drugiej godziny
2 dookoła (place)
□ to leave things lying about zostawiać (PERF zostawić) wszystko porozrzucane dookoła
■ **to be about to do something** właśnie robić (PERF zrobić) coś □ He was about to leave. On właśnie miał wyjść.
■ **I am sorry about that!** Przepraszam!
■ **I am sorry to hear about that.** Przykro mi to słyszeć.
■ **to be pleased about something** być zadowolonym z jakiegoś powodu
■ **How about eating out?** Może pójdziemy coś zjeść?

above [ə'bʌv] PREPOSITION
▷ see also **above** ADVERB
1 nad
□ above the photograph nad fotografią
2 nad +inst
nade (in rank, authority)
□ She's above me. Ona jest nade mną.

above [ə'bʌv] ADVERB
▷ see also **above** PREPOSITION
powyżej
□ the flat above mieszkanie powyżej □ The temperature was above 300C. Temperatura była powyżej trzydziestu stopni Celsjusza.
■ **above all** przede wszystkim

abroad [ə'brɔːd] ADVERB
1 za granicą (be)
2 za granicę (go)

abrupt [ə'brʌpt] ADJECTIVE
1 nagły (sudden)
2 oschły (curt)

□ He was a bit abrupt with me. On był wobec mnie nieco oschły.

abruptly [ə'brʌptlɪ] ADVERB
1 nagle *(suddenly)*
□ He got up abruptly. On nagle wstał.
2 oschle *(curtly)*

absence ['æbsəns] NOUN
nieobecność
□ in somebody's absence pod czyjąś nieobecność

absent ['æbsənt] ADJECTIVE
nieobecny
□ to be absent być nieobecnym

absent-minded ['æbsənt'maɪndɪd] ADJECTIVE
roztargniony
□ She's a bit absent-minded. Ona jest trochę roztargniona.

absolutely [æbsə'lu:tlɪ] ADVERB
1 całkowicie *(completely)*
□ John's absolutely right. John ma całkowitą rację.
2 absolutnie *(certainly)*
□ Do you think it's a good idea? — Absolutely! Czy sądzisz, że to dobry pomysł? — Absolutnie!

absurd [əb'sə:d] ADJECTIVE
absurdalny
□ That's absurd. To absurdalne.

abuse [ə'bju:s] NOUN
▷ see also **abuse** VERB
1 obelgi *fem pl (insults)*
2 maltretowanie *(physical)*
3 molestowanie *(sexual)*
4 nadużywanie *(misuse)*
□ alcohol abuse nadużywanie alkoholu

to **abuse** [ə'bju:z] VERB
▷ see also **abuse** NOUN
1 obrażać (PERF obrazić) *(insult)*
2 znęcać się *(physically)*
3 molestować *(sexually)*
4 nadużywać *(misuse)*

academic [ækə'dɛmɪk] ADJECTIVE
▷ see also **academic** NOUN
1 naukowy *(books)*
2 akademicki *(system)*
□ the academic year rok akademicki
WSKAZÓWKI JĘZYKOWE Uwaga! Angielskie słowo **academic** nie oznacza **akademik**.

academic [ækə'dɛmɪk] NOUN
▷ see also **academic** ADJECTIVE
pracownik naukowy
□ She's an academic. Ona jest pracownikiem naukowym.

academy [ə'kædəmɪ] NOUN
szkoła
■ a military academy akademia wojskowa

to **accelerate** [æk'sɛləreɪt] VERB
przyspieszać (PERF przyspieszyć)

accelerator [æk'sɛləreɪtə^r] NOUN
pedał gazu

accent ['æksɛnt] NOUN
akcent

□ He's got an Irish accent. On ma irlandzki akcent.

to **accept** [ək'sɛpt] VERB
1 przyjmować (PERF przyjąć) *(invitation, advice)*
2 akceptować (PERF zaakceptować) *(fact, view)*
■ to accept responsibility brać (PERF wziąć) na siebie odpowiedzialność

acceptable [ək'sɛptəbl] ADJECTIVE
do przyjęcia
□ His behaviour really is unacceptable. Jego zachowanie jest naprawdę nie do przyjęcia.
■ Smoking in restaurants is no longer acceptable. Palenie w restauracjach nie jest już dopuszczalne.

access ['æksɛs] NOUN
1 dojście *(to building, room)*
2 dostęp *(to information, papers)*
3 prawo do kontaktu *(to child)*
□ Her ex-husband has access to the children. Jej były mąż ma prawo do kontaktu z dziećmi.

accessory [æk'sɛsərɪ] NOUN
dodatek
□ fashion accessories dodatki do ubioru

accident ['æksɪdənt] NOUN
1 wypadek
□ to have an accident mieć wypadek
2 przypadek
□ by accident przez przypadek

accidental [æksɪ'dɛntl] ADJECTIVE
przypadkowy

accident and emergency NOUN
oddział pomocy doraźnej

to **accommodate** [ə'kɒmədeɪt] VERB
mieścić (PERF pomieścić)
□ The hotel can accommodate 50 people. Ten hotel może pomieścić 50 osób.

accommodation [əkɒmə'deɪʃən] NOUN
kwatera

to **accompany** [ə'kʌmpənɪ] VERB
1 towarzyszyć *(escort)*
2 akompaniować *(in music)*

accord [ə'kɔ:d] NOUN
■ of one's own accord z własnej woli □ He left of his own accord. On odszedł z własnej woli.

according to [ə'kɔ:dɪŋ] PREPOSITION
według *+gen*
□ According to him, everyone had gone. Według niego wszyscy już poszli.

accordion [ə'kɔ:dɪən] NOUN
akordeon

account [ə'kaunt] NOUN
1 konto
□ a bank account konto bankowe
■ to do the accounts prowadzić księgowość
2 relacja *(report)*
□ He gave an account of what happened. On zdał relację z tego, co się stało.
■ to take something into account brać (PERF wziąć) coś pod uwagę
■ on account of ze względu na □ We couldn't go out on account of the bad weather. Nie mogliśmy wyjść ze względu na złą pogodę.

to **account for** VERB
wyjaśniać (PERF wyjaśnić) *(explain)*
□ She had to account for her absence.
Ona musiała wyjaśnić swoją nieobecność.
accountable [əˈkaʊntəbl] ADJECTIVE
■ **to be held accountable for something**
być za coś odpowiedzialnym
accountant [əˈkaʊntənt] NOUN
księgowy *masc*
księgowa *fem*
□ She's an accountant. Ona jest księgową.
accuracy [ˈækjʊrəsɪ] NOUN
1 dokładność *(of information, measurements)*
2 precyzja *(of person, device)*
accurate [ˈækjʊrɪt] ADJECTIVE
1 dokładny
□ accurate information dokładna informacja
2 celny *(weapon, throw)*

> **WSKAZÓWKI JĘZYKOWE** Uwaga! Angielskie
> słowo **accurate** nie oznacza **akurat**.

accurately [ˈækjʊrɪtlɪ] ADVERB
1 dokładnie *(measure, predict)*
2 precyzyjnie *(describe, aim)*
to **accuse** [əˈkjuːz] VERB
■ **to accuse somebody of something**
oskarżać (PERF oskarżyć) kogoś o coś
□ The police are accusing her of murder.
Policja oskarża ją o morderstwo.
■ **to be accused of something** być
oskarżonym o coś
ace [eɪs] NOUN
as
□ the ace of spades as pik
to **ache** [eɪk] VERB
> *see also* **ache** NOUN
boleć *(part of body)*
□ My leg's aching. Noga mnie boli.
ache [eɪk] NOUN
> *see also* **ache** VERB
ból
□ aches and pains bóle i boleści
■ **I've got a stomach ache.** Boli mnie
brzuch.
to **achieve** [əˈtʃiːv] VERB
1 osiągać (PERF osiągnąć) *(aim)*
2 odnosić (PERF odnieść) *(success, result)*
achievement [əˈtʃiːvmənt] NOUN
osiągnięcie
□ That was quite an achievement. To było
niezłe osiągnięcie.
acid [ˈæsɪd] NOUN
kwas
□ citric acid kwas cytrynowy
acid rain NOUN
kwaśny deszcz
acne [ˈæknɪ] NOUN
trądzik
acre [ˈeɪkər] NOUN
akr
acrobat [ˈækrəˈbæt] NOUN
akrobata
□ He's an acrobat. On jest akrobatą.

across [əˈkrɒs] PREPOSITION
> *see also* **across** ADVERB
1 przez
□ He walked across the room. On przeszedł
przez pokój. □ the bridge across the river most
przez rzekę
2 po drugiej stronie +*gen*
□ the shop across the road sklep po drugiej
stronie ulicy
across [əˈkrɒs] ADVERB
> *see also* **across** PREPOSITION
wszerz
□ a hole 200 metres across dziura 200 metrów
wszerz
■ **across from** *(opposite)* naprzeciwko +*gen*
□ They parked across from the theatre.
Oni zaparkowali naprzeciwko teatru.
act [ækt] NOUN
> *see also* **act** VERB
akt
□ acts of sabotage akty sabotażu
■ **in the first act** w pierwszym akcie
to **act** [ækt] VERB
> *see also* **act** VERB
1 działać (PERF zadziałać)
□ The police acted quickly. Policja działała
szybko.
2 zachowywać (PERF zachować) się
□ They were acting suspiciously. Oni
zachowywali się podejrzanie.
3 grać (PERF zagrać)
□ He was acting in a play in Edinburgh. On grał
w sztuce w Edynburgu.
■ **She acts as his interpreter.** Ona spełnia rolę
jego tłumaczki.
to **act on** VERB
postępować (PERF postąpić) zgodnie z +*inst*
□ The police are acting on information received.
Policja postępuje zgodnie z informacją
otrzymaną.
action [ˈækʃən] NOUN
działanie *(steps, measures)*
□ to take action podejmować (PERF podjąć)
działanie
active [ˈæktɪv] ADJECTIVE
aktywny
□ He's a very active person. On jest bardzo
aktywną osobą. □ an active volcano aktywny
wulkan
activity [ækˈtɪvɪtɪ] NOUN
zajęcie *(pastime)*
■ **outdoor activities** zajęcia na świeżym
powietrzu
actor [ˈæktər] NOUN
aktor
□ Tom Cruise is a well-known actor. Tom Cruise
to znany aktor.
actress [ˈæktrɪs] NOUN
aktorka
□ Cameron Diaz is a well-known actress.
Cameron Diaz to znana aktorka.
actual [ˈæktjʊəl] ADJECTIVE

1 rzeczywisty *(real, genuine)*
□ The film is based on actual events. Film bazuje na rzeczywistych wydarzeniach.
　wskazówki językowe Uwaga! **actual** nie oznacza **aktualnie**.
2 faktyczny *(for emphasis)*
□ What's the actual amount? Jaka jest faktyczna kwota?

actually ['æktjuəlɪ] ADVERB
1 prawdę mówiąc
□ I was so bored I actually fell asleep. Prawdę mówiąc byłem tak zmęczony, że zasnąłem.
2 właściwie *(in fact)*
□ Actually, we have the same opinion. Właściwie mamy takie samo zdanie.
　wskazówki językowe Uwaga! Angielskie słowo **actually** nie oznacza **aktualny**.

acupuncture ['ækjupʌŋktʃəʳ] NOUN
akupunktura

AD ABBREVIATION *(= Anno Domini)*
■ **in 800 AD** w roku pańskim 800

ad [æd] NOUN
1 reklama *(on TV etc)*
2 ogłoszenie *(classified ad)*

to **adapt** [ə'dæpt] VERB
adaptować *(PERF* zaadaptowaó*)*
□ His novel was adapted for television. Jego powieść została zaadaptowana dla telewizji.
■ **to adapt to something** przystosowywać *(PERF* przystosowaó*)* do czegoś □ He adapted to his new school very quickly. On bardzo szybko przystosował się do jego nowej szkoły.

adaptor [ə'dæptəʳ] NOUN
rozgałęźnik

to **add** [æd] VERB
dodawać *(PERF* dodaó*)*
□ Add the grated cheese to the sauce. Dodaj startego sera do sosu. □ Add three and fourteen. Dodaj trzy i czternaście.

to **add up** VERB
dodawać *(PERF* dodaó*)*
□ Add the figures up. Dodaj liczby do siebie.

addict ['ædɪkt] NOUN
■ **drug addict** narkoman

addicted [ə'dɪktɪd] ADJECTIVE
■ **to be addicted to something** *(to drink, drugs)* być uzależnionym od czegoś □ She's addicted to heroin. Ona jest uzależniona od heroiny.
■ **She's addicted to soap operas.** Ona nałogowo ogląda opery mydlane.

addition [ə'dɪʃən] NOUN
dodawanie *(in maths)*
■ **in addition** w dodatku □ He's broken his leg and, in addition, he's caught a cold. Złamał nogę, a w dodatku złapał katar.
■ **in addition to** w dodatku □ There's a postage fee in addition to the repair charge. W dodatku do opłaty za naprawę jest opłata pocztowa.

address [ə'drɛs] NOUN
adres

□ What's your address? Jaki jest Twój adres?
■ **address book** książka adresowa

adjective ['ædʒɛktɪv] NOUN
przymiotnik

to **adjust** [ə'dʒʌst] VERB
1 ustawiać *(PERF* ustawió*) (device, position)*
□ You can adjust the height of the chair. Możesz ustawić wysokość krzesła.
2 regulować *perf (setting)*
■ **to adjust to something** przystosować się do czegoś □ He adjusted to his new school very quickly. On bardzo szybko przystosował się do jego nowej szkoły.

adjustable [ə'dʒʌstəbl] ADJECTIVE
regulowany

administration [ədmɪnɪs'treɪʃən] NOUN
administracja

admiral ['ædmərəl] NOUN
admirał

to **admire** [əd'maɪəʳ] VERB
podziwiać

admission [əd'mɪʃən] NOUN
1 przyjęcie *(admittance)*
2 przyznanie się *(confession)*
□ an admission of guilt przyznanie się do winy
■ **admission fee** opłata za wstęp
■ **'admission free'** 'wstęp wolny'

to **admit** [əd'mɪt] VERB
1 przyznawać *(PERF* przyznaó się*)* do +gen
□ He admitted that he'd done it. Przyznał się, że to zrobił.
2 przyjmować *(PERF* przyjąó*) (to club, organization)*
■ **to be admitted to hospital** zostać przyjętym do szpitala

admittance [əd'mɪtəns] NOUN
■ **'no admittance'** 'wstęp wzbroniony'

adolescence [ædəu'lɛsns] NOUN
okres dojrzewania

adolescent [ædəu'lɛsnt] NOUN
nastolatek *masc*
nastolatka *fem*

to **adopt** [ə'dɔpt] VERB
adoptować *(PERF* zaadoptowaó*) (child)*

adopted [ə'dɔptɪd] ADJECTIVE
adoptowany
□ an adopted son adoptowany syn

adoption [ə'dɔpʃən] NOUN
adopcja *(of child)*

to **adore** [ə'dɔːʳ] VERB
uwielbiać *(PERF* uwielbió*)*

Adriatic Sea [eɪdrɪ'ætɪk-] NOUN
Morze Adriatyckie

adult ['ædʌlt] NOUN
dorosły *(person)*
■ **adult education** edukacja dla dorosłych

to **advance** [əd'vɑːns] VERB
▷ *see also* **advance** NOUN
1 posuwać *(PERF* posunąó się*) (move forward)*
□ The troops are advancing. Wojska posuwają się naprzód.
2 robić *(PERF* zrobió postępy*) (make progress)*

□ Technology has advanced a lot. Technologia zrobiła duże postępy.

advance [əd'vɑːns] NOUN
▷ see also **advance** VERB
postęp *(development)*

■ **advance warning** ostrzeżenie z wyprzedzeniem

■ **advance booking** rezerwacja z wyprzedzeniem

■ **in advance** z wyprzedzeniem □ They bought the tickets in advance. Oni kupili bilety z wyprzedzeniem.

advanced [əd'vɑːnst] ADJECTIVE
1 zaawansowany *(system, device)*
2 rozwinięty *(country)*

advantage [əd'vɑːntɪdʒ] NOUN
korzyść
□ Going to university has many advantages. Uczęszczanie na uniwersytet ma wiele korzyści.

■ **to take advantage of somebody** wykorzystywać (PERF wykorzystać) kogoś □ The company was taking advantage of its employees. Firma wykorzystywała swoich pracowników.

■ **to take advantage of something** korzystać (PERF skorzystać) z czegoś □ He took advantage of the good weather to go for a walk. Skorzystał z dobrej pogody, aby pójść na spacer.

adventure [əd'vɛntʃər] NOUN
przygoda

adverb ['ædvəːb] NOUN
przysłówek

advert ['ædvəːt], **advertisement** [əd'vəːtɪsmənt] NOUN
1 reklama *(on TV etc)*
2 ogłoszenie *(classified ad)*

to **advertise** ['ædvətaɪz] VERB
1 reklamować (PERF zareklamować) się *(on TV etc)*
2 promować (PERF wypromować)
□ The company paid a lot to advertise the new product. Firma sporo zapłaciła, aby wypromować nowy produkt.
3 zamieszczać (PERF zamieścić) ofertę +*gen*
□ Jobs are advertised in the paper. Oferty pracy są zamieszczane w gazecie.

advertising ['ædvətaɪzɪŋ] NOUN
reklama

advice [əd'vaɪs] NOUN
rada
□ to give somebody advice dawać komuś rady
■ **a piece of advice** porada □ He gave me a good piece of advice. On dał mi dobrą poradę.
■ **to ask somebody for advice about something** prosić (PERF poprosić) kogoś o radę na temat czegoś

to **advise** [əd'vaɪz] VERB
■ **to advise somebody to do something** radzić (PERF poradzić) komuś coś zrobić □ He advised me to wait. Poradził mi, abym zaczekał.
□ He advised me not to go there. Poradził mi, abym tam nie szedł.

aerial ['ɛərɪəl] NOUN
antena

aerobics [ɛə'rəubɪks] NOUN
aerobik
□ I'm going to aerobics tonight. Dziś wieczorem idę na aerobik.
■ **aerobics instructor** instruktor aerobiku

aeroplane ['ɛərəpleɪn] NOUN
samolot

aerosol ['ɛərəsɔl] NOUN
aerozol

affair [ə'fɛər] NOUN
1 sprawa *(matter, business)*
□ That's my affair. To moja sprawa.
2 romans *(romance)*
□ to have an affair with somebody mieć romans z kimś
■ **business affairs** sprawy zawodowe

to **affect** [ə'fɛkt] VERB
wpływać (PERF wpłynąć) na

affectionate [ə'fɛkʃənɪt] ADJECTIVE
1 serdeczny *(person, kiss)*
2 przywiązany *(animal)*

to **afford** [ə'fɔːd] VERB
■ **to be able to afford something** móc sobie pozwolić na coś □ I can't afford a new pair of jeans. Nie mogę sobie pozwolić na nową parę dżinsów. □ We can't afford to go on holiday. Nie możemy sobie pozwolić, aby wyjechać na wakacje.

afraid [ə'freɪd] ADJECTIVE
przestraszony
■ **to be afraid of** bać się +*gen* □ I'm afraid of spiders. Boję się pająków.
■ **to be afraid to do something** bać się zrobić coś
■ **to be afraid that ...** obawiać się, że ...
□ I'm afraid that I can't come. Obawiam się, że nie mogę przyjść.
■ **I'm afraid so.** Obawiam się, że tak.
■ **I'm afraid not.** Obawiam się, że nie.

Africa ['æfrɪkə] NOUN
Afryka

African ['æfrɪkən] ADJECTIVE
▷ see also **African** NOUN
afrykański

African ['æfrɪkən] NOUN
▷ see also **African** ADJECTIVE
Afrykanin *masc*
Afrykanka *fem*

after ['ɑːftər] PREPOSITION
▷ see also **after** ADVERB, CONJUNCTION
po *(in time)*
□ She arrived just after breakfast. Ona przyjechała zaraz po śniadaniu.
■ **He ran after me.** On pobiegł za mną.

after ['ɑːftər] ADVERB
▷ see also **after** PREPOSITION, CONJUNCTION
później *(afterwards)*
■ **soon after** wkrótce potem

after ['ɑːftər] CONJUNCTION
▷ see also **after** PREPOSITION, ADVERB
po
□ They felt ill after they had eaten. Czuli się niedobrze po tym, jak zjedli.

■ **the day after tomorrow** pojutrze

■ **It's ten after eight.** (US) Jest dziesięć po ósmej.

■ **day after day** dzień po dniu

■ **after all** mimo wszystko □ **After all, nobody can make us go.** Mimo wszystko, nikt nie może nas zmusić, abyśmy poszli.

■ **after doing something** po zrobieniu czegoś □ **after flying to London** po przelocie do Londynu

afternoon ['ɑːftə'nuːn] NOUN

popołudnie

□ **3 o'clock in the afternoon** trzecia godzina po południu □ **on Saturday afternoon** w sobotę po południu

■ **this afternoon** dziś po południu

■ **tomorrow afternoon** jutro po południu

■ **Good afternoon!** dzień dobry!

aftershave ['ɑːftəʃeɪv] NOUN

płyn po goleniu

afterwards ['ɑːftəwədz] (US **afterward**) ['ɑːftəwəd] ADVERB

później

□ **She left not long afterwards.** Ona wyszła niewiele później.

again [ə'ɡɛn] ADVERB

znów

□ **They're friends again.** Oni znów są przyjaciółmi. □ **He kissed her again.** On znów ją pocałował.

■ **I won't go there again.** Więcej tam nie pójdę.

■ **again and again** raz za razem

■ **now and again** co jakiś czas

against [ə'ɡɛnst] PREPOSITION

1 o

□ **He leant against the wall.** On oparł się o ścianę.

2 przeciwko

□ **He is against privatization.** On jest przeciwko prywatyzacji. □ **They'll be playing against Australia.** Oni zagrają przeciwko Australii.

■ **to protect against something** chronić (PERF ochronić przed czymś +inst □ **The cream protects against sunburn.** Krem chroni przed oparzeniem słonecznym.

■ **against the law** wbrew prawu

■ **against one's will** wbrew czyjejś woli

age [eɪdʒ] NOUN

1 wiek

□ **I'm the same age as you.** Jestem w tym samym wieku, co ty. □ **at the age of 20** w wieku dwudziestu lat

■ **20 years of age** dwadzieścia lat

■ **What age is he?** Ile on ma lat?

2 starość

□ **He is showing signs of age.** On przejawia oznaki starości.

3 epoka (in history)

■ **the Stone Age** era kamienia

■ **to be under age** być niepełnoletnim

■ **I haven't seen you for ages!** Nie widziałem cię od wieków!

aged ['eɪdʒd] ADJECTIVE

■ **aged 10** w wieku dziesięciu lat

agenda [ə'dʒɛndə] NOUN

1 porządek dzienny

□ **the agenda for today's meeting** porządek dzienny dzisiejszego spotkania □ **on the agenda** na porządku dziennym

2 agenda (political)

agent ['eɪdʒənt] NOUN

przedstawiciel masc

przedstawicielka fem (representative)

aggressive [ə'ɡrɛsɪv] ADJECTIVE

agresywny

ago [ə'ɡəʊ] ADVERB

■ **2 days ago** dwa dni temu

■ **a long time ago** dawno temu

■ **How long ago?** Jak dawno temu?

agony ['æɡənɪ] NOUN

męka

■ **to be in agony** cierpieć katusze □ **He was in agony.** On cierpiał katusze.

to **agree** [ə'ɡriː] VERB

zgadzać (PERF zgodzić się

□ **I agree with Carol.** Zgadzam się z Carol.

■ **to agree to do something** zgadzać (PERF zgodzić się coś zrobić □ **He agreed to go and pick her up.** Zgodził się, aby po nią pojechać.

■ **to agree with something** aprobować coś □ **I don't agree with children smoking.** Nie aprobuję palenia u dzieci.

■ **Garlic doesn't agree with me.** Czosnek mi nie służy.

■ **to agree that ...** przyznawać (PERF przyznać, że ... □ **I agree that it's difficult.** Przyznaję, że to trudne.

agreed [ə'ɡriːd] ADJECTIVE

ustalony

□ **at the agreed time** o ustalonej porze

agreement [ə'ɡriːmənt] NOUN

1 porozumienie

□ **an agreement on something** porozumienie w sprawie czegoś

2 zgoda (consent)

■ **to be in agreement with** zgadzać (PERF zgodzić się z +inst □ **Everybody was in agreement with Ray.** Wszyscy zgodzili się z Rayem.

agricultural [æɡrɪ'kʌltʃərəl] ADJECTIVE

rolniczy

agriculture ['æɡrɪkʌltʃəʳ] NOUN

rolnictwo

ahead [ə'hɛd] ADVERB

1 z przodu

□ **There's a traffic jam ahead.** Z przodu jest korek.

2 do przodu (into the future)

■ **to be ahead** mieć przewagę □ **The French are 5 points ahead.** Francuzi mają przewagę 5 punktów.

■ **to plan ahead** planować do przodu

■ **ahead of time** przed czasem

■ **straight ahead** **1** (direction) prosto przed siebie □ She looked straight ahead. Ona spojrzała prosto przed siebie. **2** (location) na wprost □ The post office is straight ahead. Urząd pocztowy jest na wprost.

■ **Go ahead!** (giving permission) Proszę bardzo!

aid [eɪd] NOUN
pomoc

AIDS [eɪdz] ABBREVIATION (= acquired immune deficiency syndrome)
AIDS

to **aim** [eɪm] VERB
▷ see also **aim** NOUN
celować (PERF wycelować)

□ He aimed a gun at me. On wycelował we mnie pistolet.

■ **The film is aimed at children.** Film jest zaadresowany do dzieci.

■ **to aim to do something** zamierzać (PERF zamierzyć) coś zrobić □ Janice aimed to leave at 5 o'clock. Janice zamierzała wyjść o piątej.

aim [eɪm] NOUN
▷ see also **aim** VERB
cel

□ The aim of the festival is to raise money. Celem festiwalu jest zebranie pieniędzy.

air [ɛəʳ] NOUN
powietrze

□ to get some fresh air zaczerpnąć nieco świeżego powietrza

■ **into the air** w powietrze □ He threw the ball up into the air. On podrzucił piłkę w powietrze.

■ **I prefer to travel by air.** Wolę podróżować samolotem.

air-conditioned ['ɛəkən'dɪʃənd] ADJECTIVE
klimatyzowany

air conditioning [-kən'dɪʃənɪŋ] NOUN
klimatyzacja

air force NOUN
■ **the Air Force** siły powietrzne

air hostess NOUN
stewardesa

□ She's an air hostess. Ona jest stewardesą.

airline ['ɛəlaɪn] NOUN
linia lotnicza

airmail ['ɛəmeɪl] NOUN
■ **by airmail** pocztą lotniczą

airplane ['ɛəpleɪn] NOUN (US)
samolot

airport ['ɛəpɔːt] NOUN
lotnisko

aisle [aɪl] NOUN
1 nawa (in church)
2 przejście (in supermarket, on plane)
■ **aisle seat** fotel od strony przejścia

alarm [ə'lɑːm] NOUN
1 niepokój (anxiety)
2 alarm

□ Every house in the street has an alarm. Każdy dom na ulicy posiada alarm.

3 budzik

□ The alarm is set for 7 o'clock. Budzik jest nastawiony na siódmą.

alarm clock NOUN
budzik

album ['ælbəm] NOUN
album

alcohol ['ælkəhɔl] NOUN
alkohol

alcoholic [ælkə'hɔlɪk] NOUN
▷ see also **alcoholic** ADJECTIVE
alkoholik masc
alkoholiczka fem

□ He's an alcoholic. On jest alkoholikiem.

alcoholic [ælkə'hɔlɪk] ADJECTIVE
▷ see also **alcoholic** NOUN
alkoholowy

□ alcoholic drinks napoje alkoholowe

alert [ə'ləːt] ADJECTIVE
czujny

□ a very alert baby bardzo czujne niemowlę □ We must stay alert. Musimy być czujni.

A level NOUN
egzamin kończący szkołę średnią

> **CZY WIESZ, ŻE...?**
> Licealiści w wieku 17 lub 18 lat podchodzą do egzaminów **A level** (odpowiednik polskiej matury) na koniec szkoły średniej. Wyniki egzaminów decydują o tym, czy zostaną przyjęci na studia.

Algeria [æl'dʒɪərɪə] NOUN
Algieria

alien ['eɪlɪən] NOUN
1 istota pozaziemska (extra-terrestrial)
2 cudzoziemiec masc
cudzoziemka fem (foreigner)

alike [ə'laɪk] ADJECTIVE
■ **to look alike** być podobnym □ The two sisters look alike. Obydwie siostry są podobne.
■ **They are all alike.** Oni wszyscy są do siebie podobni.

alive [ə'laɪv] ADJECTIVE
■ **to be alive** być żywym
■ **to keep somebody alive** utrzymywać kogoś przy życiu
■ **alive and well** cały i zdrowy

all [ɔːl] ADJECTIVE
▷ see also **all** PRONOUN, ADVERB
cały

□ all day cały dzień □ all night całą noc □ all the time cały czas □ all his life całe swoje życie

all [ɔːl] PRONOUN
▷ see also **all** ADJECTIVE, ADVERB

> **LANGUAGE TIP** There are several ways of translating **all**. Scan the examples to find one that is similar to what you want to say.

1 wszystko (of things, everything)

□ I ate it all. Wszystko zjadłem. □ Have you got it all? Masz wszystko? □ It's all settled. Wszystko jest załatwione. □ All I could do was apologize. Wszystko co mogłem zrobić to przeprosić.

all – alter

2 wszyscy *(virile pl)*
□ **all of the boys** wszyscy chłopcy □ **We all sat down.** Wszyscy usiedliśmy.
wszystkie *(non-virile pl)*
□ **all of the women** wszystkie kobiety □ **all of the books** wszystkie książki
■ **all of us** my wszyscy
■ **Is that all?** **1** *(anything else?)* to wszystko?
2 *(not more expensive?)* Tylko tyle?
■ **after all** mimo wszystko □ **After all, nobody can make us go.** Mimo wszystko, nikt nie może nas zmusić, abyśmy poszli.
■ **in all** w sumie
■ **best of all** najlepszy ze wszystkich

all [ɔːl] ADVERB
▷ *see also* **all** ADJECTIVE, PRONOUN
zupełnie *(for emphasis)*
□ **He was doing it all by himself.** Robił to zupełnie samodzielnie.
■ **all alone** całkiem sam □ **She's all alone.** Ona jest całkiem sama.
■ **not at all** w ogóle nie □ **I'm not tired at all.** W ogóle nie jestem zmęczony.
■ **The score is 2 all.** Remis po dwóch.

allergic [əˈlɜːdʒɪk] ADJECTIVE
alergiczny
■ **to be allergic to something** być uczulonym na coś □ **I'm allergic to cats' hair.** Jestem uczulony na sierść kota.

alley [ˈælɪ] NOUN
alejka

to allow [əˈlaʊ] VERB
1 pozwalać *(PERF* pozwolić *na) (permit)*
□ **Henry doesn't allow smoking in his office.** Henry nie pozwala na palenie w jego biurze.
■ **He's not allowed to go out at night.** Nie pozwalają mu wychodzić wieczorem.
2 uznawać *(PERF* uznać*) (claim, goal)*
■ **to allow somebody to do something** pozwalać *(PERF* pozwolić*) komuś coś zrobić
□ **They allow their children to stay up late.** Oni pozwalają ich dzieciom nie kłaść się spać do późna. □ **Don't allow the soil to dry out.** Nie pozwól, aby ziemia wyschła.
■ **to be allowed to do something** mieć pozwolenie na zrobienie czegoś
■ **Smoking is not allowed.** Nie wolno palić.
■ **Please allow 28 days for delivery.** Dostawa może potrwać do 28 dni.

all right ADJECTIVE
▷ *see also* **all right** ADVERB
1 niezły
□ **The film was all right.** Film był niezły.
2 dobrze *(well, safe)*
□ **Are you all right?** Czujesz się dobrze?

all right ADVERB
▷ *see also* **all right** ADJECTIVE
1 prawidłowo *(well)*
□ **Everything turned out all right.** Wszystko przebiegło prawidłowo.
2 w porządku *(as answer)*
□ **We'll talk about it later.** — **All right.**

Porozmawiamy o tym później. — W porządku.
■ **That's all right by me.** To mi pasuje.

almond [ˈɑːmənd] NOUN
1 migdał *(nut)*
2 migdałowiec *(tree)*

almost [ˈɔːlməʊst] ADVERB
prawie
□ **I've almost finished.** Prawie skończyłem.
□ **I spent almost a month in China.** Spędziłem prawie miesiąc w Chinach.

alone [əˈləʊn] ADJECTIVE
▷ *see also* **alone** ADVERB
1 sam *(not with other people)*
□ **She lives alone.** Ona mieszka sama.
2 samotny *(having no family or friends)*
□ **After his sister died, he was all alone.** On był samotny po tym, jak umarła jego siostra.
■ **They wanted to be alone together.** Chcieli być sam na sam ze sobą.

alone [əˈləʊn] ADVERB
▷ *see also* **alone** ADJECTIVE
w pojedynkę *(unaided)*
■ **in Florida alone** tylko na Florydzie
■ **to leave somebody alone** zostawiać *(PERF* zostawić*) kogoś w spokoju □ **Leave her alone!** Zostaw ją w spokoju!
■ **Leave it alone!** Zostaw to!

along [əˈlɒŋ] PREPOSITION
wzdłuż *+gen*
□ **He drove his car along East Street.** Jechał samochodem wzdłuż Wschodniej Ulicy.
□ **the houses built along the river** domy zbudowane wzdłuż rzeki
■ **along with** razem z *+inst*
■ **all along** przez cały czas □ **He was lying to me all along.** On przez cały czas mnie okłamywał.

aloud [əˈlaʊd] ADVERB
1 na głos *(read)*
□ **He read the poem aloud.** On odczytał wiersz na głos.
2 głośno *(speak)*

alphabet [ˈælfəbet] NOUN
alfabet

Alps [ælps] PL NOUN
■ **the Alps** Alpy

already [ɔːlˈredɪ] ADVERB
już
□ **I have already started making dinner.** Już zacząłem gotować obiad. □ **Is it five o'clock already?** Czy już piąta?

alright [ˈɔːlraɪt] ADVERB = **all right**

also [ˈɔːlsəʊ] ADVERB
też

altar [ˈɒltəʳ] NOUN
ołtarz

to alter [ˈɒltəʳ] VERB
zmieniać *(PERF* zmienić*)
□ **Even if she's not there, our plans won't alter.** Nawet jeśli jej tam nie ma, nasze plany się nie zmienią.

alternate [ɔl'tə:nɪt] ADJECTIVE
■ **on alternate days** co drugi dzień

alternative [ɔl'tə:nətɪv] ADJECTIVE
▷ see also **alternative** NOUN
alternatywny
□ They made alternative plans. Poczynili alternatywne plany. □ an alternative solution alternatywne rozwiązanie □ alternative medicine medycyna alternatywna

alternative [ɔl'tə:nətɪv] NOUN
▷ see also **alternative** ADJECTIVE
alternatywa
□ There are several alternatives. Jest kilka alternatyw.
■ **an alternative to** alternatywa dla +gen
□ Fruit is a healthy alternative to chocolate. Owoce są zdrową alternatywą dla czekolady.
■ **to have no alternative** nie mieć innego wyjścia □ You have no alternative. Nie masz innego wyjścia.

alternatively [ɔl'tə:nətɪvlɪ] ADVERB
ewentualnie

although [ɔ:l'ðəu] CONJUNCTION
1 mimo że
□ Although he was late, he stopped for a sandwich. Mimo że był spóźniony, zatrzymał się, aby zjeść kanapkę.
2 chociaż
□ Something was wrong, although I couldn't work out what. Coś było nie tak, chociaż nie mogłem dojść do tego, o co chodziło.

altogether [ɔ:ltə'geðə'] ADVERB
1 całkowicie (completely)
□ I'm not altogether happy with your work. Nie jestem całkowicie zadowolony z twojej pracy.
2 razem (in total)
□ How much is that altogether? Ile to będzie razem?
■ **altogether better** całkiem lepszy

aluminium [ælju'mɪnɪəm] (US **aluminum**) [ə'lu:mɪnəm] NOUN
aluminium

always ['ɔ:lweɪz] ADVERB
zawsze
□ He's always late. Zawsze się spóźnia.

am [æm] VERB ▷ see **be**

a.m. ABBREVIATION (= ante meridiem)
■ **at 10 a.m.** o dziesiątej rano

amateur ['æmətə'] NOUN
amator masc
amatorka fem (non-professional)
□ He's an amateur. On jest amatorem.

to **amaze** [ə'meɪz] VERB
zdumiewać (PERF zdumieć)
■ **to be amazed at something** być zdumionym czymś □ I was amazed that I managed to do it. Byłem zdumiony, że udało mi się to zrobić.

amazing [ə'meɪzɪŋ] ADJECTIVE
niesamowity
□ That's amazing news! To niesamowite wieści! □ Andrew is an amazing cook. Andrew to niesamowity kucharz.

ambassador [æm'bæsədə'] NOUN
ambasador

ambition [æm'bɪʃən] NOUN
ambicja
□ an ambition to do something ambicja zrobienia czegoś □ to achieve one's ambition realizować (PERF zrealizować) czyjeś ambicje

ambitious [æm'bɪʃəs] ADJECTIVE
ambitny
□ She's very ambitious. Ona jest bardzo ambitna.

ambulance ['æmbjuləns] NOUN
karetka

amenities [ə'mi:nɪtɪz] PL NOUN
urządzenia

America [ə'mɛrɪkə] NOUN
Ameryka
■ **in America** w Ameryce
■ **to America** do Ameryki

American [ə'mɛrɪkən] ADJECTIVE
▷ see also **American** NOUN
amerykański
■ **He's American.** On jest Amerykaninem.

American [ə'mɛrɪkən] NOUN
▷ see also **American** ADJECTIVE
Amerykanin masc
Amerykanka fem (person)

among [ə'mʌŋ] PREPOSITION
1 wśród +gen (group of people)
□ There were six children among them. Wśród nich było sześcioro dzieci.
□ We were among friends. Byliśmy wśród przyjaciół.
2 między +inst (between)
□ among other things między innymi

amount [ə'maunt] NOUN
1 ilość (quantity)
□ a huge amount of rice olbrzymia ilość ryżu
2 suma (of money)
□ a large amount of money duża suma pieniędzy

amp ['æmp] NOUN
amper
■ **a 13 amp plug** wtyczka na trzynaście amperów

amplifier ['æmplɪfaɪə'] NOUN
wzmacniacz

to **amuse** [ə'mju:z] VERB
1 rozśmieszać (PERF rozśmieszyć) (make laugh)
2 rozbawić (PERF bawić) (entertain)
3 zabawiać (PERF zabawić) (distract)
■ **to amuse oneself** zabawiać (PERF zabawić) się
■ **to be amused by something** być rozbawionym czymś □ He was most amused by the story. On był bardzo rozbawiony tą historią.

amusement arcade NOUN
salon gier automatycznych

an [æn, ən] ARTICLE ▷ see **a**

anaemic [ə'ni:mɪk] (US **anemic**) ADJECTIVE
anemiczny

305

to **analyse** ['ænəlaɪz] (US **analyze**) VERB
analizować (PERF przeanalizować (*situation, information*)

analysis [ə'næləsɪs] (PL **analyses**) NOUN
analiza (*of situation, information*)

to **analyze** ['ænəlaɪz] VERB (US) = **analyse**

ancestor ['ænsɪstə'] NOUN
przodek

anchor ['æŋkə'] NOUN
kotwica

ancient ['eɪnʃənt] ADJECTIVE
1 starożytny
  □ ancient Greece starożytna Grecja □ an ancient monument starożytny pomnik
2 pradawny (*very old*)

and [ænd] CONJUNCTION
i
  □ men and women kobiety i mężczyźni
  □ 2 and 2 are 4. Dwa i dwa równa się cztery.
  ■ He talked and talked. On wciąż mówił.
  ■ better and better coraz lepiej
  ■ to try and do something próbować (PERF spróbować coś zrobić □ Please try and come! Proszę, spróbuj przyjść!

anemic [ə'niːmɪk] ADJECTIVE (US) = **anaemic**

angel ['eɪndʒəl] NOUN
anioł

anger ['æŋgə'] NOUN
gniew

angle ['æŋgl] NOUN
kąt
  ■ at an angle pod kątem □ at an angle of ninety degrees pod kątem dziewięćdziesięciu stopni

angling ['æŋglɪŋ] NOUN
wędkarstwo

angry ['æŋgrɪ] ADJECTIVE
rozgniewany
  □ Dad looks very angry. Tato wygląda na bardzo rozgniewanego.
  ■ to be angry with somebody złościć się na kogoś □ Mum's really angry with you. Mama naprawdę się na ciebie złości.
  ■ to be angry about something złościć się o coś □ She was angry about the broken vase. Złościła się o rozbity wazon.
  ■ to get angry złościć (PERF rozzłościć) się
  ■ to make somebody angry złościć (PERF rozzłościć kogoś

animal ['ænɪməl] NOUN
zwierzę
  ■ animal products produkty zwierzęce

ankle ['æŋkl] NOUN
kostka

anniversary [ænɪ'vɜːsərɪ] NOUN
rocznica
  □ a wedding anniversary rocznica ślubu

to **announce** [ə'naʊns] VERB
ogłaszać (PERF ogłosić)
  □ The government has announced that ... Rząd ogłosił, że ...

announcement [ə'naʊnsmənt] NOUN

1 oświadczenie (*statement*)
  ■ to make an announcement about something obwieścić coś
2 ogłoszenie (*in newspaper, at airport*)

to **annoy** [ə'nɔɪ] VERB
denerwować (PERF zdenerwować)
  □ He's really annoying me. On mnie naprawdę denerwuje.

annoyed [ə'nɔɪd] ADJECTIVE
zdenerwowany
  □ to be annoyed about something być zdenerwowanym czymś □ to be annoyed with somebody być zdenerwowanym na kogoś
  ■ to get annoyed denerwować się □ Don't get so annoyed! Nie denerwuj się tak!

annoying [ə'nɔɪɪŋ] ADJECTIVE
denerwujący
  □ It's really annoying. To jest naprawdę denerwujące.

annual ['ænjʊəl] ADJECTIVE
1 doroczny (*once every year*)
  □ an annual meeting doroczne spotkanie
2 roczny (*during a year*)

anorak ['ænəræk] NOUN
anorak

anorexic [ænə'rɛksɪk] ADJECTIVE
anorektyczny

another [ə'nʌðə'] ADJECTIVE
▷ see also **another** PRONOUN
1 jeszcze jeden (*one more*)
  □ Would you like another piece of cake? Czy chciałbyś jeszcze jeden kawałek ciasta?
2 inny (*a different one*)
  □ Have you got another skirt? Czy masz inną spódnicę?
  ■ another 5 years kolejne pięć lat

another [ə'nʌðə'] PRONOUN
▷ see also **another** ADJECTIVE
1 kolejny (*one more*)
  □ He had a drink, then poured another. Wypił drinka, potem nalał sobie kolejnego.
2 inny (*a different one*)
  □ a civil war, with one community against another wojna domowa jednej społeczności przeciwko innej
  ■ They like one another. Lubią się.
  ■ They help one another. Pomagają sobie.

answer ['ɑːnsə'] NOUN
▷ see also **answer** VERB
1 odpowiedź (*reply*)
2 rozwiązanie (*solution*)

to **answer** ['ɑːnsə'] VERB
▷ see also **answer** NOUN
odpowiadać (PERF odpowiedzieć)
  □ Can you answer my question? Czy możesz odpowiedzieć mi na pytanie?
  ■ to answer the phone odbierać (PERF odebrać) telefon
  ■ to answer the door otwierać (PERF otworzyć) drzwi □ Can you answer the door please? Czy możesz proszę otworzyć drzwi?

answering machine [ˈɑːnsərɪŋ-] NOUN
= **answerphone**

ant [ænt] NOUN
mrówka

Antarctic [æntˈɑːktɪk] NOUN
■ **the Antarctic** Antarktyka

anthem [ˈænθəm] NOUN
hymn

antibiotic [æntɪbaɪˈɒtɪk] NOUN
antybiotyk

antidepressant [æntɪdɪˈpresnt] NOUN
lek przeciwdepresyjny

antique [ænˈtiːk] NOUN
antyk
■ **antique shop** sklep z antykami

antiseptic [æntɪˈseptɪk] NOUN
środek odkażający

anxious [ˈæŋkʃəs] ADJECTIVE
zatroskany
■ **to grow anxious** zatroskać się
■ **to be anxious for something** pragnąć
czegoś □ He was anxious for the game to start.
Pragnął, by gra się już rozpoczęła.

any [ˈɛnɪ] ADJECTIVE
▷ see also **any** PRONOUN, ADVERB

LANGUAGE TIP There are several ways of
translating **any**. Scan the examples to
find one that is similar to what you want
to say.

1 żaden
□ I haven't got any chocolate. Nie mam żadnej
czekolady.
■ **There was hardly any food.** Prawie nie było
jedzenia.
■ **Have you got any sweets?** Masz jakieś
słodycze?
2 jakiś (in 'if' clauses)
□ If there are any tickets left, ... Jeśli są jeszcze
jakieś bilety, ...
3 którykolwiek (no matter which)
□ Take any card you like. Weź którąkolwiek z
kart.
■ **any day now** niedługo
■ **at any moment** w każdej chwili
■ **any time** zawsze gdy □ Any time you feel
like a chat, just call me. Zawsze gdy masz
ochotę porozmawiać, po prostu do mnie
zadzwoń.
■ **The bomb could go off at any time.**
Bomba mogła eksplodować lada chwila.

any [ˈɛnɪ] PRONOUN
▷ see also **any** ADJECTIVE, ADVERB

LANGUAGE TIP There are several ways of
translating **any**. Scan the examples to
find one that is similar to what you want
to say.

1 ani jednego (in negatives)
□ I haven't got any of them. Nie mam ani
jednego z nich.
■ **I didn't eat any of it.** Nic nie zjadłem.
2 jakieś (in questions)
□ Have you got any? Czy masz jakieś?

3 którykolwiek (no matter which ones)
■ **Help yourself to any of the books.**
Weź którąkolwiek z książek, proszę.
■ **If any of you would like to take part, ...**
Jeśli ktoś z was będzie chciał wziąć udział, ...

any [ˈɛnɪ] ADVERB
▷ see also **any** ADJECTIVE, PRONOUN
1 już (with negative)
□ I don't play tennis any more. Już nie gram w
tenisa. □ Don't wait any longer. Nie czekaj już
dłużej.
2 trochę
□ Are you feeling any better? Czujesz się trochę
lepiej? □ If it had been any colder we would
have frozen to death. Jeśli byłoby trochę
zimniej zamarzlibyśmy na śmierć.

anybody [ˈɛnɪbɒdɪ] PRONOUN = **anyone**

anyhow [ˈɛnɪhau] ADVERB
1 = **anyway**
2 byle jak (haphazardly)
□ Do it anyhow. Zrób to byle jak.

anyone [ˈɛnɪwʌn] PRONOUN
1 nikt (in negatives, 'if' clauses)
□ I can't see anyone. Nikogo nie widzę.
2 ktoś (in questions)
□ Did anyone see you? Czy ktoś cię widział?
3 ktokolwiek (no matter who)
■ **Anyone could do it.** Każdy mógłby to zrobić

anything [ˈɛnɪθɪŋ] PRONOUN
1 nic (in negatives, questions, 'if' clauses)
□ I can't see anything. Nic nie widzę.
■ **Did you find anything?** Znalazłeś coś?
■ **hardly anything** prawie nic
■ **If anything happens to me ...** Jeśli coś mi się
stanie ...
2 wszystko (no matter what)
□ I will do anything for you. Zrobię dla ciebie
wszystko.
■ **You can say anything you like.** Możesz
powiedzieć co chcesz.

anyway [ˈɛnɪweɪ] ADVERB
1 w każdym razie
□ Why are you phoning, anyway? W każdym
razie, dlaczego dzwonisz?
2 i tak
□ I shall go anyway. Pójdę i tak.

anywhere [ˈɛnɪwɛəʳ] ADVERB
1 nigdzie (in negatives)
□ I can't see him anywhere. Nigdzie go nie widzę.
2 gdzieś (in questions)
□ Have you seen the scissors anywhere?
Widziałeś gdzieś nożyczki?
3 gdziekolwiek (no matter where)
□ Put your case down anywhere. Połóż twoją
skrzynię gdziekolwiek.

apart [əˈpɑːt] ADVERB
w oddaleniu
□ to sit apart from the others usiąść w
oddaleniu od innych
■ **10 miles apart** 10 mil od siebie
■ **to take something apart** rozkładać
(PERF rozłożyć) coś na części

■ **apart from** *(excepting)* oprócz □ Apart from that, everything's fine. Oprócz tego wszystko jest w porządku.

apartment [ə'pɑːtmənt] NOUN
mieszkanie

to **apologize** [ə'pɒlədʒaɪz] VERB
przepraszać (PERF przeprosić)
□ He apologized for being late. Przeprosił za to, że się spóźnił.

■ **to apologize to somebody for something** przepraszać (PERF przeprosić) kogoś za coś

■ **I apologize!** Przepraszam!

apology [ə'pɒlədʒɪ] NOUN
przeprosiny

■ **to make somebody an apology** przeprosić kogoś

apostrophe [ə'pɒstrəfɪ] NOUN
apostrof

apparent [ə'pærənt] ADJECTIVE
1 pozorny *(seeming)*
2 widoczny *(obvious)*

apparently [ə'pærəntlɪ] ADVERB
najwidoczniej

to **appeal** [ə'piːl] VERB
▷ *see also* **appeal** NOUN
prosić (PERF poprosić)
□ He appealed for calm. Poprosił o spokój.

■ **to appeal to somebody** podobać (PERF spodobać się komuś □ Greece doesn't appeal to me. Grecja mi się nie podoba.

■ **That doesn't appeal to me.** Nie przemawia to do mnie.

appeal [ə'piːl] NOUN
▷ *see also* **appeal** VERB
apel
□ They have launched an appeal. Zorganizowali apel.

to **appear** [ə'pɪəʳ] VERB
1 wydawać (PERF wydać się
□ He appears confident. On wydaje się być pewny siebie.
2 pojawiać (PERF pojawić się
□ Two men suddenly appeared at the door. Nagle u drzwi pojawiło się dwóch mężczyzn.

■ **to appear in a film** występować w filmie

appearance [ə'pɪərəns] NOUN
wygląd
□ She takes great care over her appearance. Ona bardzo dba o swój wygląd.

■ **to make an appearance** występować (PERF wystąpić)

appendicitis [əpendɪ'saɪtɪs] NOUN
zapalenie wyrostka robaczkowego

appetite ['æpɪtaɪt] NOUN
apetyt
□ The walk has given me an appetite. Spacer pobudził mój apetyt.

■ **an appetite for something** chętka na coś

to **applaud** [ə'plɔːd] VERB
1 bić brawo *(clap)*
2 oklaskiwać perf *(cheer)*

applause [ə'plɔːz] NOUN
oklaski

apple ['æpl] NOUN
jabłko

applicant ['æplɪkənt] NOUN
kandydat *masc*
kandydatka *fem*
□ There were a hundred applicants for the job. Na to stanowisko było stu kandydatów.

application [æplɪ'keɪʃən] NOUN
podanie
□ a job application podanie o pracę

application form NOUN
podanie

to **apply** [ə'plaɪ] VERB
1 dotyczyć
□ This rule doesn't apply to us. Ta zasada nas nie dotyczy.
2 składać (PERF złożyć podanie
□ You can apply online. Możesz złożyć podanie przez internet.

■ **to apply for something** ubiegać się o coś

■ **to apply to somebody** składać (PERF złożyć podanie do kogoś

■ **She applied to become a teacher.** Ona złożyła podanie o przyjęcie do pracy jako nauczycielka.

appointment [ə'pɔɪntmənt] NOUN
1 spotkanie *(in business)*

■ **to make an appointment with somebody** ustalać (PERF ustalić termin spotkania z kimś
2 wizyta *(with hairdresser, dentist, doctor)*
□ I've got a doctor's appointment. Mam umówioną wizytę lekarską.

to **appreciate** [ə'priːʃɪeɪt] VERB
1 cenić (PERF docenić *(like, value)*

■ **I appreciate that ...** Cenię sobie, że ...
2 być wdzięcznym za *(be grateful for)*
□ I really appreciate your help. Naprawdę jestem ci wdzięczny za twoją pomoc.

apprentice [ə'prentɪs] NOUN
praktykant *masc*
praktykantka *fem*
□ He's just an apprentice. On jest tylko praktykantem.

to **approach** [ə'prəʊtʃ] VERB
1 podchodzić (PERF podejść *(person)*
□ He approached the house. On podszedł do domu.
2 zbliżać (PERF zbliżyć się *(event, time)*
□ Christmas is fast approaching. Święta Bożego Narodzenia szybko się zbliżają. perf
3 zwracać (PERF zwrócić się *(consult, speak to)*
□ He approached his boss with a suggestion. Zwrócił się do jego szefa z propozycją.

appropriate [ə'prəʊprɪɪt] ADJECTIVE
stosowny *(suitable)*
□ That dress isn't very appropriate for an interview. Ta sukienka nie jest zbyt stosowna na rozmowę o pracę.

approval [ə'pruːvəl] NOUN
1 zgoda *(permission)*

2 aprobata *(liking)*
- **to meet with somebody's approval**
uzyskać czyjąś aprobatę
to **approve** [ə'pruːv] VERB
zgadzać (PERF zgodzić) się
- **to approve of** akceptować (PERF
zaakceptować) □ I don't approve of his choice.
Nie akceptuję jego wyboru. □ They didn't
approve of his girlfriend. Nie akceptowali jego
dziewczyny.
approximate [ə'prɒksɪmɪt] ADJECTIVE
przybliżony
apricot ['eɪprɪkɒt] NOUN
morela
April ['eɪprəl] NOUN
kwiecień
□ in April w kwietniu □ the first of April
pierwszy kwietnia □ at the beginning of
April na początku kwietnia □ during April
w kwietniu
apron ['eɪprən] NOUN
fartuch
Aquarius [ə'kwɛərɪəs] NOUN
Wodnik
□ I'm Aquarius. Jestem spod znaku Wodnika.
Arab ['ærəb] ADJECTIVE
▷ *see also* **Arab** NOUN
arabski
□ the Arab countries kraje arabskie
Arab ['ærəb] NOUN
▷ *see also* **Arab** ADJECTIVE
Arab *masc*
Arabka *fem*
Arabic ['ærəbɪk] NOUN
arabski
arch [ɑːtʃ] NOUN
łuk
archaeologist [ɑːkɪ'ɒlədʒɪst] (US
archeologist) NOUN
archeolog
□ He's an archaeologist. On jest archeologiem.
archaeology [ɑːkɪ'ɒlədʒɪ] (US **archeology**)
NOUN
archeologia
archbishop [ɑːtʃ'bɪʃəp] NOUN
arcybiskup
archeologist [ɑːkɪ'ɒlədʒɪst] NOUN (US)
= **archaeologist**
archeology [ɑːkɪ'ɒlədʒɪ] NOUN (US)
= **archaeology**
architect ['ɑːkɪtɛkt] NOUN
architekt
□ She's an architect. Ona jest architektem.
architecture ['ɑːkɪtɛktʃəʳ] NOUN
architektura
Arctic ['ɑːktɪk] NOUN
- **the Arctic** Arktyka
are [ɑːʳ] VERB ▷ *see* **be**
area ['ɛərɪə] NOUN
1 obszar *(region, zone)*
□ people who live in rural areas ludzie
zamieszkujący obszary wiejskie

- **in the London area** w rejonie Londynu
- **a picnic area** miejsce na piknik
2 część *(of room, building)*
3 pole
□ The field has an area of 1500m². Pole ma
powierzchnię 1500m².
4 powierzchnia *(part)*
□ Apply cream to the affected area. Nałożyć
krem na dotkniętą chorobą powierzchnię skóry.
area code NOUN
numer kierunkowy
Argentina [ɑːdʒən'tiːnə] NOUN
Argentyna
- **in Argentina** w Argentynie
- **to Argentina** do Argentyny
Argentinian [ɑːdʒən'tɪnɪən] ADJECTIVE
argentyński
to **argue** ['ɑːgjuː] VERB
kłócić się *(quarrel)*
□ They never stop arguing. Oni wciąż się kłócą.
- **to argue with somebody about something**
kłócić się z kimś o coś
argument ['ɑːgjumənt] NOUN
1 kłótnia *(quarrel)*
- **They had an argument.** Oni pokłócili się.
2 argument *(reason)*
□ an argument for something argument za czymś
Aries ['ɛərɪz] NOUN
Baran
□ I'm Aries. Jestem spod znaku Barana.
arm [ɑːm] NOUN
1 ramię *(of person)*
- **to twist somebody's arm** *(persuade)*
przyprzeć kogoś do muru
2 rękaw *(of jacket, shirt)*
3 poręcz *(of chair: of organization)*
- **arms** *(weapons)* broń □ arms dealer
handlarz bronią
armchair ['ɑːmtʃɛəʳ] NOUN
fotel
armour ['ɑːməʳ] (US **armor**) NOUN
pancerz
army ['ɑːmɪ] NOUN
- **the army** wojsko □ He joined the army.
On poszedł do wojska.
around [ə'raund] ADVERB
▷ *see also* **around** PREPOSITION
dookoła
□ They wandered around. Oni chodzili dookoła.
around [ə'raund] PREPOSITION
▷ *see also* **around** ADVERB
1 wokół +*gen*
□ She wore a scarf around her neck. Ona nosiła
szalik wokół szyi.
- **We were sitting around a table.**
Siedzieliśmy przy stole.
- **We don't live around here.** My tutaj nie
mieszkamy.
2 około +*gen (approximately)*
□ It costs around £100. To kosztuje około
100 funtów. □ There were around 200 people
there. Było tam około 200 osób.

to **arrange** [ə'reɪndʒ] VERB
1 organizować (PERF zorganizować (*organize*)
   □ to arrange a meeting organizować (PERF zorganizować spotkanie
2 ustawiać (PERF ustawić (*books, objects*)
3 układać (PERF ułożyć (*flowers*)
   ■ **to arrange to do something** postanawiać (PERF postanowić coś zrobić □ They arranged to go out together on Friday. Oni postanowili razem wyjść w piątek.

arrangement [ə'reɪndʒmənt] NOUN
1 umowa (*agreement*)
2 ustawienie (*of books, furniture*)
3 kompozycja (*of flowers*)
4 aranżacja (*of piece of music*)
   ■ **to make arrangements 1** (*preparations*) poczynić przygotowania **2** (*plans*) planować

to **arrest** [ə'rɛst] VERB
   ▷ *see also* **arrest** NOUN
   aresztować (PERF zaaresztować
   □ The police have arrested 5 people. Policja zaaresztowała pięcioro ludzi.

arrest [ə'rɛst] NOUN
   ▷ *see also* **arrest** VERB
   ■ **to be under arrest** być aresztowanym
   □ You're under arrest! Jest pan aresztowany!

arrival [ə'raɪvl] NOUN
1 przybycie (*of person*)
2 przyjazd (*of vehicle*)

to **arrive** [ə'raɪv] VERB
1 przyjeżdżać (PERF przyjechać
   □ I arrived at 5 o'clock. Przyjechałem o piątej.
2 nadchodzić (PERF nadejść (*letter, meal*)

arrow ['ærəʊ] NOUN
1 strzała (*weapon*)
2 strzałka (*sign*)

art [ɑːt] NOUN
   sztuka
   ■ **art collection** kolekcja dzieł sztuki
   ■ **the arts** sztuka
   ■ **work of art** dzieło sztuki

artery ['ɑːtəri] NOUN
   tętnica

art gallery NOUN
   galeria sztuki

article ['ɑːtɪkl] NOUN
1 przedmiot (*object, item*)
2 artykuł
   □ a newspaper article artykuł w gazecie
3 przedimek (*in language*)

artificial [ɑːtɪ'fɪʃəl] ADJECTIVE
   sztuczny

artist ['ɑːtɪst] NOUN
   artysta *masc*
   artystka *fem*
   □ She's an artist. Ona jest artystką.

artistic [ɑː'tɪstɪk] ADJECTIVE
1 uzdolniony artystycznie (*person*)
2 artystyczny (*design, arrangement*)

as [æz, əz] CONJUNCTION
   ▷ *see also* **as** PREPOSITION, ADVERB

LANGUAGE TIP There are several ways of translating **as**. Scan the examples to find one that is similar to what you want to say.
1 kiedy (*referring to time*)
   □ He came in as I was leaving. Przyszedł kiedy wychodziłem.
2 ponieważ (*since, because*)
   □ As you can't come, I'll go on my own. Ponieważ nie możesz przyjść, pójdę bez ciebie.
3 jak (*referring to manner, way*)
   □ as you can see jak widać
   ■ **It's on the left as you go in.** Jest na lewo od wejścia.

as [æz, əz] PREPOSITION
   ▷ *see also* **as** CONJUNCTION, ADVERB
   jako
   □ He works as a salesman. Pracuje jako sprzedawca. □ As a teacher, I am very aware that ... Jako nauczyciel jestem świadom, że ...
   ■ **to come as a surprise** okazać się zaskoczeniem □ He was very energetic as a child. Był bardzo energiczny jako dziecko.

as [æz, əz] ADVERB
   ▷ *see also* **as** CONJUNCTION, PREPOSITION
   ■ **as big as ...** tak duży jak ... □ You're as tall as he is. Jesteś tak wysoki jak on.
   ■ **as much money as ...** tak dużo pieniędzy jak ...
   ■ **as many books as ...** tak dużo książek jak ...
   ■ **as soon as** tak szybko jak
   ■ **as soon as possible** tak szybko, jak to możliwe □ I'll do it as soon as possible. Zrobię to tak szybko, jak to możliwe.
   ■ **as though** jakby □ She acted as though she hadn't seen me. Zachowywała się tak, jakby mnie nie widziała.
   ■ **as from tomorrow** począwszy od jutra
   □ As from tomorrow, the shop will be closed on Sundays. Począwszy od jutra sklep będzie zamknięty w niedzielę.

asap ABBREVIATION (= *as soon as possible*)
   tak szybko, jak to możliwe

ash [æʃ] NOUN
   popiół

ashamed [ə'ʃeɪmd] ADJECTIVE
   ■ **to feel ashamed** być zawstydzonym
   ■ **to be ashamed of** wstydzić się +*gen* □ You should be ashamed of yourself! Powinieneś się siebie wstydzić!

ashtray ['æʃtreɪ] NOUN
   popielniczka

Asia ['eɪʃə] NOUN
   Azja

Asian ['eɪʃən] ADJECTIVE
   ▷ *see also* **Asian** NOUN
   azjatycki

Asian ['eɪʃən] NOUN
   ▷ *see also* **Asian** ADJECTIVE
   Azjata *masc*
   Azjatka *fem*

to **ask** [ɑːsk] VERB

1 zapraszać (PERF zaprosić) (invite)
□ I asked her to the party. Zaprosiłem ją na przyjęcie. □ to ask somebody out to dinner zaprosić kogoś na obiad
2 pytać (PERF zapytać)
□ 'Have you finished?' she asked. 'Skończyłeś?' zapytała.
■ **to ask somebody about something** pytać (PERF zapytać) kogoś o coś □ I asked him about train times to Leeds. Zapytałem go o rozkład jazdy pociągów do Leeds.
■ **to ask somebody's opinion** pytać (PERF zapytać) kogoś o jego zdanie
■ **to ask somebody a question** zadawać (PERF zadać) komuś pytanie
■ **to ask somebody the time** zapytać kogoś o godzinę
■ **to ask somebody something** zapytać kogoś o coś □ He asked her how old she was. On zapytał ją, ile ma lat.
■ **I asked him his name.** Spytałem go, jak ma na imię.
■ **to ask somebody to do something** prosić (PERF poprosić) kogoś, żeby coś zrobił □ She asked him to do the shopping. Poprosiła go, aby zrobił zakupy.
■ **to ask to do something** prosić (PERF poprosić) o pozwolenia na coś

to **ask after** VERB
dopytywać się
□ He asked after my mother. Dopytywał się o moją matkę.

to **ask for** VERB
1 prosić (PERF poprosić) o
□ He asked for a cup of tea. Poprosił o filiżankę herbaty.
2 prosić o spotkanie z +inst
□ The police officer asked for my parents. Oficer policji poprosił o spotkanie z moimi rodzicami.

to **ask out** VERB
■ **He asked her out on a date.** On zaprosił ją na randkę.

asleep [əˈsliːp] ADJECTIVE
pogrążony we śnie
■ **to be asleep** spać □ He's asleep. On śpi.
■ **to fall asleep** zasypiać (PERF zasnąć) □ I fell asleep in front of the TV. Zasnąłem przez telewizorem.

asparagus [əsˈpærəgəs] NOUN
szparag

aspirin [ˈæsprɪn] NOUN
1 aspiryna (drug)
2 tabletka aspiryny (tablet)

assembly [əˈsemblɪ] NOUN
1 zgromadzenie (meeting)
2 apel (in school)

asset [ˈæset] NOUN
pożytek
□ Her experience will be an asset to the firm. Jej doświadczenie będzie z pożytkiem dla firmy.

assignment [əˈsaɪnmənt] NOUN
1 zadanie (task)
2 praca zadana (for student)

assistance [əˈsɪstəns] NOUN
pomoc

assistant [əˈsɪstənt] NOUN
1 pomocnik masc
pomocnica fem (helper)
2 zastępca masc
zastępczyni fem (in office)
3 ekspedient masc
ekspedientka fem (in shop)
■ **an assistant professor** docent

association [əsəʊsɪˈeɪʃən] NOUN
stowarzyszenie (group)

assortment [əˈsɔːtmənt] NOUN
1 asortyment (of shapes, colours)
2 mieszanka (of objects, people)

to **assume** [əˈsjuːm] VERB
1 przypuszczać (PERF przypuścić) (suppose)
□ I assume she won't be coming. Przypuszczam, że ona nie przyjdzie.
2 przejmować (PERF przejąć) (responsibility, power)

to **assure** [əˈʃʊəʳ] VERB
zapewniać (PERF zapewnić)
□ He assured me he was coming. On zapewnił mnie, że przyjdzie.

asterisk [ˈæstərɪsk] NOUN
gwiazdka

asthma [ˈæsmə] NOUN
astma
□ I've got asthma. Mam astmę.

astonishing [əˈstɒnɪʃɪn] ADJECTIVE
zadziwiający

astrology [əsˈtrɒlədʒɪ] NOUN
astrologia

astronaut [ˈæstrənɔːt] NOUN
astronauta masc
astronautka fem
□ He's an astronaut. On jest astronautą.

astronomy [əsˈtrɒnəmɪ] NOUN
astronomia

asylum seeker NOUN
ubiegający się o azyl
□ She's an asylum seeker. Ona jest osobą ubiegającą się o azyl.

at [æt] PREPOSITION
⋮ **LANGUAGE TIP** There are several ways of translating **at**. Scan the examples to find one that is similar to what you want to say.
1 w (position, time, age)
□ We had dinner at a restaurant. Zjedliśmy obiad w restauracji. □ at home w domu □ at work w pracy □ at night w nocy
■ **at four o'clock** o czwartej
■ **at Christmas** na Święta Bożego Narodzenia
■ **at my brother's** u mojego brata
■ **at the bus stop** na przystanku
■ **to be sitting at a desk** siedzieć przy biurku
■ **There's someone at the door.** Ktoś jest pod drzwiami.

to throw something at somebody rzucać (PERF rzucić) czymś w kogoś
2 po (price)
□ apples at £2 a kilo jabłka po dwa funty za kilo
3 z (speed)
□ at 50 km/h z prędkością pięćdziesiąt kilometrów na godzinę
two at a time dwa naraz
4 nad (activity)
□ He's at work on a novel. Pracuje nad powieścią.
to be good at something być dobrym w czymś □ Gordon's good at swimming. Gordon jest dobry w pływaniu.
Not at all! 1 (in answer to question) Wcale nie! 2 (in answer to thanks) Nie ma za co!

ate [eɪt] VERB ▷ see eat

athlete ['æθliːt] NOUN
sportowiec

athletic [æθ'letɪk] ADJECTIVE
1 wysportowany (person)
2 atletyczny (build, frame)

athletics [æθ'letɪks] NOUN
lekkoatletyka
□ I love athletics. Uwielbiam lekkoatletykę.

Atlantic [ət'læntɪk] ADJECTIVE
atlantycki
the Atlantic Ocean Atlantyk

atlas ['ætləs] NOUN
atlas

atmosphere ['ætməsfɪər] NOUN
1 atmosfera (of planet)
2 nastrój (of place)

atom ['ætəm] NOUN
atom

atomic [ə'tɒmɪk] ADJECTIVE
atomowy

to attach [ə'tætʃ] VERB
1 przymocowywać (PERF przymocować)
□ He attached a rope to the car. Przymocował linę do samochodu.
Please find attached ... Przesyłam w załączeniu ...
2 dołączać (PERF dołączyć) (file)
to be attached to somebody być do kogoś przywiązanym □ He's very attached to his family. On jest bardzo przywiązany do swojej rodziny.

attachment [ə'tætʃmənt] NOUN
1 przywiązanie (affection)
□ an attachment to somebody przywiązanie do kogoś
2 nasadka (tool)
3 załącznik (file)

to attack [ə'tæk] VERB
▷ see also **attack** NOUN
1 napadać (PERF napaść)
□ The dog attacked her. Pies napadł na nią.
2 atakować (PERF zaatakować)
□ He attacked the press for misleading the public. Zaatakował prasę za wprowadzanie społeczeństwa w błąd.

attack [ə'tæk] NOUN
▷ see also **attack** VERB
1 napaść (on person)
an attack on somebody napad na kogoś
2 atak (military assault)
an asthma attack napad astmy

attempt [ə'tempt] NOUN
▷ see also **attempt** VERB
próba
□ She gave up after several attempts. Poddała się po kilku próbach. □ an attempt to do something próba zrobienia czegoś

to attempt [ə'tempt] VERB
▷ see also **attempt** NOUN
próbować (PERF spróbować)
to attempt to do something próbować (PERF spróbować) coś zrobić □ I attempted to write a song. Próbowałem napisać piosenkę.

to attend [ə'tend] VERB
1 uczęszczać do +gen (be member of)
2 uczęszczać na (take part in)
□ to attend a meeting uczęszczać na spotkanie

attention [ə'tenʃən] NOUN
uwaga
□ to draw somebody's attention to something zwracać (PERF zwrócić) czyjąś uwagę na coś
to pay attention to uważać na □ He didn't pay attention to what I was saying. Nie uważał na to, co mówiłem.

attic ['ætɪk] NOUN
strych

attitude ['ætɪtjuːd] NOUN
1 podejście
□ She has a healthy attitude to food. Ona ma zdrowe podejście do żywności.
2 postawa
□ I really don't like your attitude! Naprawdę nie podoba mi się Twoja postawa!

attorney [ə'tɜːnɪ] NOUN (US)
adwokat

to attract [ə'trækt] VERB
1 przyciągać (PERF przyciągnąć)
□ The Lake District attracts lots of tourists. Kraina Jezior przyciąga wielu turystów. □ I shouted to attract her attention. Krzyknąłem, aby przyciągnąć jej uwagę.
2 wzbudzać (PERF wzbudzić) (somebody's interest)
3 zyskiwać (PERF zyskać) (support, publicity)

attraction [ə'trækʃən] NOUN
urok
tourist attractions atrakcje turystyczne

attractive [ə'træktɪv] ADJECTIVE
atrakcyjny
□ He was very attractive to women. Był bardzo atrakcyjny dla kobiet. □ an attractive offer atrakcyjna oferta

aubergine ['əubəʒiːn] NOUN
bakłażan

auction ['ɔːkʃən] NOUN
aukcja

audience ['ɔːdɪəns] NOUN
widownia

August [ˈɔːgəst] NOUN
sierpień
□ in August w sierpniu □ the first of August
pierwszy sierpnia □ at the beginning of
August na początku sierpnia □ during August
w sierpniu

aunt [ɑːnt] NOUN
1 ciotka *(father's sister)*
2 stryjenka *(father's brother's wife)*
3 ciotka *(mother's sister)*
4 wujenka *(mother's brother's wife)*

auntie, aunty [ˈɑːntɪ] NOUN = **aunt**

au pair [ˈəʊˈpɛər] NOUN
au-pair
□ She's an au pair. Ona pracuje jako au-pair.

Australia [ɒsˈtreɪlɪə] NOUN
Australia
■ in Australia w Australii
■ to Australia do Australii

Australian [ɒsˈtreɪlɪən] ADJECTIVE
▷ see also **Australian** NOUN
australijski
□ He's Australian. On jest Australijczykiem.

Australian [ɒsˈtreɪlɪən] NOUN
▷ see also **Australian** ADJECTIVE
Australijczyk *masc*
Australijka *fem*

Austria [ˈɒstrɪə] NOUN
Austria

Austrian [ˈɒstrɪən] ADJECTIVE
▷ see also **Austrian** NOUN
austriacki
□ She's Austrian. Ona jest Austriaczką.

Austrian [ˈɒstrɪən] NOUN
▷ see also **Austrian** ADJECTIVE
Austriak *masc*
Austriaczka *fem*

author [ˈɔːθər] NOUN
autor *masc*
autorka *fem*
□ She's a famous author. Ona jest znaną
autorką.

autobiography [ɔːtəbaɪˈɒgrəfɪ] NOUN
autobiografia

autograph [ˈɔːtəgrɑːf] NOUN
autograf

automatic [ɔːtəˈmætɪk] ADJECTIVE
automatyczny
□ an automatic door drzwi automatyczne
■ an automatic car samochód z
automatyczną skrzynią biegów

automatically [ɔːtəˈmætɪklɪ] ADVERB
1 automatycznie *(by itself)*
2 odruchowo *(without thinking)*

autumn [ˈɔːtəm] NOUN
jesień
■ in the autumn jesienią

availability [əveɪləˈbɪlɪtɪ] NOUN
dostępność *(of goods)*

available [əˈveɪləbl] ADJECTIVE
1 dostępny
□ Free brochures are available on request.
Bezpłatne broszury są dostępne na życzenie.
■ Breakfast is available from 6 a.m.
Śniadanie jest podawane od 6 rano.
■ to make something available to somebody
udostępniać (PERF udostępnić) komuś coś
2 wolny *(person)*
□ Is the manager available? Czy dyrektor jest
wolny?

avalanche [ˈævəlɑːnʃ] NOUN
lawina

avenue [ˈævənjuː] NOUN
aleja

average [ˈævərɪdʒ] NOUN
▷ see also **average** ADJECTIVE
średnia
□ above the average powyżej średniej
■ on average przeciętnie

average [ˈævərɪdʒ] ADJECTIVE
▷ see also **average** NOUN
1 średni
□ the average price średnia cena
2 zwyczajny *(ordinary)*
□ I'm just an average girl. Jestem po prostu
zwyczajną dziewczyną.
3 przeciętny *(mediocre)*
□ The meal was just average. Posiłek był
przeciętny.

to **average out** VERB
■ to average out at something wynosić
(PERF wynieść) przeciętnie średnio coś

avocado [ævəˈkɑːdəʊ] NOUN
awokado

to **avoid** [əˈvɔɪd] VERB
1 omijać (PERF ominąć)
□ He avoids her when she's in a bad mood.
On ją omija, gdy ona jest w złym nastroju.
2 unikać (PERF uniknąć) +gen *(trouble, danger)*
■ to avoid doing something unikać (PERF
uniknąć) zrobienia czegoś □ Avoid going out
on your own at night. Unikaj wychodzenia
samotnie w nocy.

awake [əˈweɪk] ADJECTIVE
■ to be awake nie spać □ Is she awake?
Czy ona nie śpi?
■ He was still awake. On wciąż nie spał.

award [əˈwɔːd] NOUN
nagroda
□ He's won an award. On zdobył nagrodę.
□ the award for the best actor nagroda dla
najlepszego aktora

aware [əˈwɛər] ADJECTIVE
■ He was aware of what she had done.
Wiedział o tym, co ona zrobiła.
■ She was aware of his presence in the room.
Ona była świadoma jego obecności w pokoju.

away [əˈweɪ] ADJECTIVE, ADVERB
na wyjeździe
□ an away game mecz na wyjeździe
■ He's away for a week. On wyjechał na tydzień.
■ The town is 10 kilometres away. Miasto
jest 10 kilometrów stąd.
■ Go away! Odejdź!

313

awful – axe

■ **to put something away** odłożyć coś
□ He put the books away in the cupboard.
On odłożył książki do szafki.

awful ['ɔːfəl] ADJECTIVE
1 okropny *(frightful)*
   □ That's awful! To okropne!
2 straszny *(dreadful)*
   □ It was an awful shock. To był straszny szok.
   ■ **to feel awful** *(ill)* czuć się strasznie
   ■ **an awful lot of** strasznie dużo +*gen*

awfully ['ɔːfəlɪ] ADVERB
niezmiernie
   □ I'm awfully sorry. Niezmiernie mi przykro.

awkward ['ɔːkwəd] ADJECTIVE
1 niezgrabny *(clumsy)*
2 niezręczny *(inconvenient)*
   □ an awkward situation niezręczna sytuacja
   □ an awkward question niezręczne pytanie
   □ It's a bit awkward for me to come and see
   you. Trochę jest dla mnie niezręcznie, aby
   przyjść i się z Tobą zobaczyć.
3 trudny *(person)*
   □ He can be very awkward. On potrafi być
   bardzo trudny.

axe [æks] (US **ax**) NOUN
siekiera

Bb

BA ABBREVIATION (= *Bachelor of Arts*)
licencjat *(qualification)*
  □ a BA in French licencjat z francuskiego
baby ['beɪbɪ] NOUN
  ▷ *see also* **baby** ADJECTIVE
niemowlę *(infant)*
  ■ **to have a baby** mieć dziecko
baby ['beɪbɪ] ADJECTIVE
  ▷ *see also* **baby** NOUN
młody *(seal, elephant)*
baby carriage NOUN (US)
wózek dziecięcy
to **babysit** ['beɪbɪsɪt] (PT, PP **babysat**) VERB
opiekować się dzieckiem
babysitter ['beɪbɪsɪtəʳ] NOUN
opiekun do dziecka *masc*
opiekunka do dziecka *fem*
bachelor ['bætʃələʳ] NOUN
kawaler *(unmarried man)*
  □ He's a bachelor. On jest kawalerem.
  ■ **bachelor of Arts** licencjat
back [bæk] NOUN
  ▷ *see also* **back** ADJECTIVE, ADVERB, VERB
1 plecy *(of person)*
  □ I've hurt my back. Uderzyłem się w plecy.
2 grzbiet *(of animal)*
3 tył *(of car)*
  □ in the back w tyle
  ■ **at the back of** na tyłach +*gen* □ at the back
  of the house na tyłach domu
4 wierzch *(of hand)*
5 oparcie *(of chair)*
  ■ **back to front** tyłem na przód
back [bæk] ADJECTIVE, ADVERB
  ▷ *see also* **back** NOUN, VERB
1 tylny
  □ the back wheel of my bike tylne koło mojego
  roweru □ the back seat tylne siedzenie
2 do tyłu *(not forward)*
  □ Charlie glanced back. Charlie spojrzał do tyłu.
  ■ **He's not back yet.** On jeszcze nie wrócił.
  ■ **What time did you get back?** O której
  wróciłeś?
  ■ **We went there by bus and walked back.**
  Pojechaliśmy tam autobusem i wróciliśmy
  piechotą.
  ■ **to call somebody back** oddzwonić do kogoś
to **back** [bæk] VERB
  ▷ *see also* **back** NOUN, ADJECTIVE, ADVERB

1 popierać (PERF poprzeć) *(support)*
  □ I'm backing Gordon Brown. Popieram
  Gordona Browna.
2 wspierać (PERF wesprzeć) *(financially)*
3 stawiać (PERF postawić) na *(horse, team)*
  □ to back a horse stawiać na konia
4 cofać (PERF cofnąć) *(reverse)*
  □ She backed the car a few feet. Ona cofnęła
  samochód o kilka stóp. □ She backed out of the
  drive. Ona cofnęła się z podjazdu.
to **back down** VERB
ustępować (PERF ustąpić)
to **back out** VERB
cofać (PERF wycofać) się
  □ They backed out at the last minute. Wycofali
  się na ostatnią chwilę.
to **back up** VERB
1 popierać (PERF poprzeć)
  □ to back somebody up popierać kogoś
2 robić (PERF zrobić) kopię zapasową +*gen (disk)*
backache ['bækeɪk] NOUN
ból pleców
  □ to have backache cierpieć na ból pleców
backbone ['bækbəun] NOUN
kręgosłup
to **backfire** [bæk'faɪəʳ] VERB
przynosić (PERF przynieść) odwrotny skutek
(plan)
background ['bækgraund] NOUN
  ▷ *see also* **background** ADJECTIVE
1 tło
  ■ **in the background** w tle □ a house in the
  background dom w tle
2 pochodzenie *(origins)*
  □ his family background pochodzenie jego
  rodziny
doświadczenie *(experience)*
  □ He has a background in sales. On ma
  doświadczenie w sprzedaży.
background ['bækgraund] ADJECTIVE
  ▷ *see also* **background** NOUN
w tle
  □ background noise odgłosy w tle
wprowadzający *(information)*
backhand ['bækhænd] NOUN
backhand
backing ['bækɪŋ] NOUN
1 poparcie *(support)*
2 wsparcie *(financial)*

b

backpack ['bækpæk] NOUN
plecak

backpacker ['bækpækəʳ] NOUN
turysta podróżujący z plecakiem *masc*
turystka podróżująca z plecakiem *fem*

backpacking ['bækpækɪŋ] NOUN
■ **to go backpacking** wybrać się w podróż z
plecakiem

backstroke ['bækstrəuk] NOUN
styl grzbietowy

backup ['bækʌp] ADJECTIVE
zapasowy
□ **a backup file** plik zapasowy

backwards ['bækwədz] ADVERB
do tyłu
□ **to take a step backwards** zrobić krok do tyłu
□ **to fall backwards** upaść do tyłu

back yard NOUN
podwórze z tyłu domu *(of house)*

bacon ['beɪkən] NOUN
bekon
□ **bacon and eggs** bekon na jajkach

bad [bæd] ADJECTIVE
1 zły
□ **a bad film** zły film □ **the bad weather** zła
pogoda □ **to be in a bad mood** być w złym
nastroju

ZASÓB SŁOWNICTWA

Zamiast słowa **bad** można użyć szeregu
innych słów w celu wyrażenia terminu
'terrible':
awful straszny
□ **an awful day** straszny dzień
dreadful straszliwy
□ **a dreadful mistake** straszliwa pomyłka
rubbish beznadziejny
□ **a rubbish team** beznadziejna ekipa
terrible okropny
□ **a terrible book** okropna książka

---

2 niegrzeczny *(naughty)*
□ **You bad boy!** Niegrzeczny chłopiec!
3 poważny *(serious)*
□ **a bad accident** poważny wypadek
■ **I've got a bad back.** Bolą mnie plecy.
■ **to be bad for somebody** być szkodliwym dla
kogoś □ **Smoking is bad for you.** Palenie jest
szkodliwe dla ciebie.
■ **to be bad at something** być niedobrym w
czymś □ **I'm really bad at maths.** Jestem
naprawdę niedobry z matematyki.
■ **I feel bad about it.** Czuję się winny z tego
powodu.
■ **to go bad** *(food, milk)* zepsuć się
■ **not bad** nieźle □ **The wine wasn't bad.**
Wino było niezłe.

badge [bædʒ] NOUN
odznaka

badger ['bædʒəʳ] NOUN
borsuk

badly ['bædlɪ] ADVERB

źle
□ **badly paid** źle opłacany
ciężko *(seriously)*
□ **badly wounded** ciężko ranny
■ **He badly needs a rest.** On bardzo potrzebuje
odpoczynku.
■ **to want something badly** bardzo czegoś
chcieć

badminton ['bædmɪntən] NOUN
badminton
□ **to play badminton** grać w badmintona

bad-tempered ['bæd'tempəd] ADJECTIVE
■ **to be bad-tempered 1** *(by nature)* być osobą
o złym usposobieniu □ **He's a really bad-
tempered person.** On jest osobą o naprawdę złym
usposobieniu. **2** *(temporarily)* być w złym nastroju
□ **He was really bad-tempered yesterday.**
Wczoraj on był naprawdę w złym nastroju.

baffled ['bæfld] ADJECTIVE
zdumiony

bag [bæg] NOUN
1 torebka *(small)*
2 torba *(suitcase)*
■ **to pack one's bags** pakować (PERF spakować)
manatki
3 torebka *(handbag)*
□ **My purse is in my bag.** Moja portmonetka
jest w mojej torebce.
■ **an old bag** *(person)* stara (pejoratywnie o
kobiecie)

baggage ['bægɪdʒ] NOUN
bagaż

baggage reclaim NOUN
odbiór bagażu

baggy ['bægɪ] ADJECTIVE
workowaty

bagpipes ['bægpaɪps] PL NOUN
dudy
□ **Ed plays the bagpipes.** Ed gra na dudach.

to bake [beɪk] VERB
piec (PERF upiec)
□ **to bake a cake** upiec ciasto

baked beans [beɪkt-] PL NOUN
pieczona fasola

baked potato NOUN
ziemniak w mundurku

baker ['beɪkəʳ] NOUN
piekarz
□ **He's a baker.** On jest piekarzem.

bakery ['beɪkərɪ] NOUN
piekarnia

baking ['beɪkɪŋ] ADJECTIVE
■ **It's baking in here!** Ale tutaj upał!

balance ['bæləns] NOUN
1 równowaga
□ **to lose one's balance** tracić (PERF stracić)
równowagę □ **to keep one's balance**
utrzymywać (PERF utrzymać) równowagę
2 saldo *(in bank account)*
3 pozostała kwota do zapłaty
□ **I have still to pay the balance.** Mam jeszcze
pozostałą kwotę do zapłaty.

balanced ['bælənst] ADJECTIVE
zrównoważony

balcony ['bælkənɪ] NOUN
1 balkon (open)
2 loggia (covered)

bald [bɔːld] ADJECTIVE
łysy
■ **to go bald** łysieć (PERF wyłysieć)

ball [bɔːl] NOUN
1 piłka (for game, sport)
2 kłębek (of wool, string)

ballet ['bæleɪ] NOUN
balet
□ ballet lessons lekcje baletu
■ **We went to a ballet.** Poszliśmy na spektakl baletowy.
■ **ballet shoes** baletki

ballet dancer NOUN
tancerz baletow masc
tancerka baletowa fem

balloon [bə'luːn] NOUN
balonik
■ **a hot-air balloon** balon

ballpoint (pen) ['bɔːlpɔɪnt-] NOUN
długopis

ban [bæn] NOUN
▷ see also **ban** VERB
zakaz

to ban [bæn] VERB
▷ see also **ban** NOUN
zakazywać (PERF zakazać) +gen

banana [bə'nɑːnə] NOUN
banan
□ a banana skin skórka z banana

band [bænd] NOUN
1 grupa
2 zespół
□ a rock band zespół rockowy

bandage ['bændɪdʒ] NOUN
▷ see also **bandage** VERB
bandaż

to bandage ['bændɪdʒ] VERB
▷ see also **bandage** NOUN
bandażować (PERF zabandażować)
□ The nurse bandaged his arm. Pielęgniarka zabandażowała mu ramię.

Band-Aid® ['bændeɪd] NOUN (US)
plaster z opatrunkiem

bandit ['bændɪt] NOUN
bandyta

bang [bæŋ] NOUN
▷ see also **bang** VERB
1 huk
□ I heard a loud bang. Usłyszałem głośny huk.
2 trzask (of door)
3 uderzenie
□ a bang on the head uderzenie w głowę
■ **Bang!** bum!

to bang [bæŋ] VERB
▷ see also **bang** NOUN
trzaskać (PERF trzasnąć)
□ to bang the door trzaskać drzwiami
■ **to bang on the door** walić (PERF walnąć)
■ **I banged my head.** Walnąłem się w głowę.
■ **to bang into something** wpadać (PERF wpaść) na coś

banger ['bæŋəʳ] NOUN
1 gruchot
□ His car's an old banger. Jego samochód to stary gruchot.
2 kiełbasa (sausage)
□ bangers and mash kiełbasa z puree ziemniaczanym

Bangladesh [bæŋglə'deʃ] NOUN
Bangladesz
□ from Bangladesh z Bangladeszu

bank [bæŋk] NOUN
1 bank
2 brzeg (of river, lake)
3 wał (of earth)

bank account NOUN
konto bankowe

banker ['bæŋkəʳ] NOUN
bankier

bank holiday NOUN
dzień wolny od pracy

CZY WIESZ, ŻE...?
Bank holidays są to w Wielkiej Brytanii dni (najczęściej poniedziałki), w których urzędy, firmy, sklepy, a przede wszystkim banki, są nieczynne. Nie muszą to być święta religijne.

banknote ['bæŋknəut] NOUN
banknot

bar [bɑːʳ] NOUN
1 bar
2 krata (on window, in prison)
■ **a bar of chocolate** tabliczka czekolady
■ **a bar of soap** kostka mydła

barbaric [bɑː'bærɪk] ADJECTIVE
barbarzyński

barbecue ['bɑːbɪkjuː] NOUN
1 grill (cooking device)
2 barbecue
□ Let's have a barbecue tonight. Zorganizujmy dziś wieczorem barbecue.

barber ['bɑːbəʳ] NOUN
fryzjer
□ My grandfather was a barber. Mój dziadek był fryzjerem.

bare [beəʳ] ADJECTIVE
1 nagi (body, feet)
2 goły (rock, floor)

barefoot ['beəfut] ADJECTIVE
▷ see also **barefoot** ADVERB
bosy
□ She was barefoot. Ona była bosa.

barefoot ['beəfut] ADVERB
▷ see also **barefoot** ADJECTIVE
na bosaka
□ The children go around barefoot. Dzieci biegają na bosaka.

barely ['beəlɪ] ADVERB

ledwie
□ I could barely hear what she was saying.
Ledwie słyszałem, co ona mówi.

bargain ['bɑːgɪn] NOUN
1 okazja
□ It was a bargain! To była okazja!
2 umowa (deal, agreement)

barge [bɑːdʒ] NOUN
barka

to **bark** [bɑːk] VERB
szczekać (PERF zaszczekać)

barmaid ['bɑːmeɪd] NOUN
barmanka
□ She's a barmaid. Ona jest barmanką.

barman ['bɑːmən] (PL **barmen**) NOUN
barman
□ He's a barman. On jest barmanem.

barn [bɑːn] NOUN
stodoła

barrel ['bærəl] NOUN
1 beczka (of wine, beer)
2 baryłka (of oil)
3 lufa (of gun)

barrier ['bærɪəʳ] NOUN
bariera

bartender ['bɑːtɛndəʳ] NOUN (US)
barman masc
barmanka fem
□ He's a bartender. On jest barmanem.

base [beɪs] NOUN
1 podstawa
□ the base of the cliffs podstawa klifów
2 baza
□ an army base baza wojskowa
■ The company has its base in London.
Firma miała siedzibę w Londynie.

baseball ['beɪsɔːl] NOUN
baseball
■ a baseball cap czapka baseballówka

basement ['beɪsmənt] NOUN
piwnica
■ a basement flat mieszanie w suterenie

to **bash** [bæʃ] VERB
▷ see also **bash** NOUN
walić (PERF walnąć) (hit)
■ to bash into something/somebody walić
(PERF walnąć) w coś/kogoś

bash [bæʃ] NOUN
▷ see also **bash** VERB
■ I'll have a bash. Wezmę się (za coś).

basic ['beɪsɪk] ADJECTIVE
1 podstawowy (principle, rule, right)
2 prymitywny
□ The accommodation is pretty basic.
Warunki mieszkaniowe są dość
prymitywne.
■ It's a basic model. To najprostszy model.

basically ['beɪsɪklɪ] ADVERB
1 zasadniczo (fundamentally)
2 po prostu
□ Basically, I just don't like him. Ja po prostu go
nie lubię.

basics ['beɪsɪks] PL NOUN
■ the basics podstawy

basil ['bæzl] NOUN
bazylia

basin ['beɪsn] NOUN
1 miska (bowl)
2 umywalka
□ She washed her hands in the basin. Umyła
ręce w umywalce.

basis ['beɪsɪs] (PL **bases**) NOUN
■ on a daily basis codziennie
■ on a regular basis regularnie

basket ['bɑːskɪt] NOUN
kosz

basketball ['bɑːskɪtbɔːl] NOUN
koszykówka
□ to play basketball grać w koszykówkę

bass [beɪs] NOUN
1 bas
□ He's a bass. On jest basem.
2 basy (on hi-fi)
■ a bass guitar gitara basowa
■ a double bass kontrabas

bassoon [bə'suːn] NOUN
fagot
□ I play the bassoon. Gram na fagocie.

bat [bæt] NOUN
1 nietoperz (animal)
2 kij (for cricket, baseball)
3 rakietka (for table tennis)

bath [bɑːθ] NOUN
1 wanna (bathtub)
□ There's a spider in the bath. W wannie jest
pająk.
2 kąpiel
□ a hot bath gorąca kąpiel
■ to have a bath kąpać (PERF wykąpać) się
■ the baths (swimming pool) basen sing

to **bathe** [beɪð] VERB
kąpać (PERF wykąpać) się (baby, patient)

bathroom ['bɑːθrum] NOUN
1 łazienka (in house)
2 toaleta (US: toilet)
■ to go to the bathroom iść (PERF pójść) do
toalety

bath towel NOUN
ręcznik kąpielowy

bathtub ['bɑːθtʌb] NOUN (US)
wanna

batter ['bætəʳ] NOUN
rzadkie ciasto

battery ['bætərɪ] NOUN
1 bateria (for torch, radio etc)
2 akumulator (in car)

battle ['bætl] NOUN
1 bitwa
□ the Battle of Hastings bitwa pod Hastings
2 walka
□ It was a battle, but we managed in the end.
Była to walka, ale w końcu się nam udało.

battleship ['bætlʃɪp] NOUN
pancernik

bay [beɪ] NOUN
zatoka

BC ABBREVIATION *(= before Christ)*
p.n.e.
□ in 200 BC w roku 200 p.n.e.

to **be** [biː] (PT **was, were**, PP **been**) VERB
być
□ I'm tired. Jestem zmęczony. □ We are all happy. Jesteśmy wszyscy szczęśliwi. □ I'm English. Jestem Anglikiem. □ It's 5 o'clock. Jest piąta. □ It's the 28th of April. Jest dwudziesty ósmy kwietnia. □ I'm hot. Jest mi gorąco. □ He's a doctor. Jest lekarzem.

⁝ LANGUAGE TIP When saying how old somebody is, use mieć not być.

□ How old are you? Ile masz lat? □ I'm 16 (years old). Mam 16 lat.

⁝ WSKAZÓWKI JĘZYKOWE be jest także stosowane do tworzenia czasów ciągłych w angielskim.

□ What are you doing? Co robisz? □ They're coming tomorrow. Przyjdą jutro.

⁝ WSKAZÓWKI JĘZYKOWE be jest także stosowane do tworzenia strony biernej w angielskim.

□ to be murdered zostać zamordowanym □ He was killed in a car crash. Został zabity w wypadku samochodowym.

⁝ WSKAZÓWKI JĘZYKOWE be jest także stosowane w angielskim wraz z bezokolicznikiem **to**.

□ The house is to be sold. Dom zostanie sprzedany.
■ **How are you?** Jak się masz?
■ **It was fun, wasn't it?** Było fajnie, prawda?

beach [biːtʃ] NOUN
plaża

bead [biːd] NOUN
koralik
■ **beads** *(necklace)* korale

beak [biːk] NOUN
dziób

beam [biːm] NOUN
belka *(of wood, metal)*
■ **to drive on full beam** jechać na długich światłach

bean [biːn] NOUN
fasola
□ green bean zielona fasola □ kidney bean fasola zwyczajna
■ **broad bean** bób
■ **coffee beans** ziarna kawy

bear [beəʳ] NOUN
▷ see also **bear** VERB
niedźwiedź *masc*
niedźwiedzica *fem (animal)*

to **bear** [beəʳ] (PT **bore**, PP **borne**) VERB
▷ see also **bear** NOUN
1 dźwigać (PERF dźwignąć) *(weight)*
2 ponosić (PERF ponieść) *(responsibility)*
3 znosić (PERF znieść) *(tolerate)*
□ I can't bear it! Nie mogę tego znieść!

beard [bɪəd] NOUN
broda
□ He's got a beard. On ma brodę. □ a man with a beard mężczyzna z brodą

bearded ['bɪədɪd] ADJECTIVE
brodaty

beat [biːt] NOUN
▷ see also **beat** VERB
1 bicie *(of heart)*
2 rytm *(rhythm)*

to **beat** [biːt] (PT **beat**, PP **beaten**) VERB
▷ see also **beat** NOUN
1 uderzać (PERF uderzyć) *(person)*
2 ubijać (PERF ubić) *(eggs, cream)*
3 pobić *(opponent, record)*
□ We beat them 3-0. Pobiliśmy ich 3-0.
■ **Beat it!** Wynoś się!

to **beat up** VERB
bić (PERF pobić)

beautiful ['bjuːtɪful] ADJECTIVE
piękny
□ a beautiful girl piękna dziewczyna

beautifully ['bjuːtɪflɪ] ADVERB
1 świetnie *(play, sing etc)*
2 idealnie *(quiet, written etc)*

beauty ['bjuːtɪ] NOUN
piękno

became [bɪ'keɪm] VERB ▷ see **become**

because [bɪ'kɔz] CONJUNCTION
bo
□ He did it because he was angry. Zrobił to, bo był rozgniewany.
■ **because of** z powodu +*gen* □ because of the weather z powodu pogody

to **become** [bɪ'kʌm] (PT **became**, PP **become**) VERB
stawać (PERF stać) się
■ **He became a professional footballer.** On został zawodowym piłkarzem.
■ **What has become of him?** Co się z nim stało?

bed [bed] NOUN
1 łóżko
□ in bed w łóżku □ to go to bed iść do łóżka
■ **to go to bed with somebody** pójść z kimś do łóżka
2 dno *(of river, sea)*
3 grządka *(of flowers)*

bed and breakfast NOUN
1 nocleg ze śniadaniem
□ How much is it for bed and breakfast? Ile kosztuje nocleg ze śniadaniem?
2 pensjonat
□ We stayed in a bed and breakfast. Zatrzymaliśmy się w pensjonacie.

⁝ CZY WIESZ, ŻE...?
Bed and breakfast– mały pensjonat z pokojami gościnnymi oraz śniadaniem wliczonym w cenę noclegu. Popularnie zwane **B&B** (skrót od **bed and breakfast**), oferują swoim gościom przystępne ceny.

bedclothes ['bɛdkləʊðz] PL NOUN
pościel *sing*

bedding ['bɛdɪŋ] NOUN
pościel

bedroom ['bɛdrum] NOUN
sypialnia

bedsit ['bɛdsɪt] NOUN
kwatera

bedspread ['bɛdsprɛd] NOUN
narzuta na łóżko

bedtime ['bɛdtaɪm] NOUN
pora na sen
■ **at bedtime** przed snem
■ **Ten o'clock is my usual bedtime.** Zwykle
chodzę spać o dziesiątej.
■ **Bedtime!** Czas spać!

bee [biː] NOUN
pszczoła

beef [biːf] NOUN
wołowina
■ **roast beef** pieczeń wołowa

beefburger ['biːfbɜːgər] NOUN
hamburger z wołowiny

been [biːn] VERB ▷ *see* **be**

beer [bɪər] NOUN
piwo
□ Would you like a beer? Napijesz się piwa?

beetle ['biːtl] NOUN
żuk

beetroot ['biːtruːt] NOUN
burak

before [bɪ'fɔːr] PREPOSITION
▷ *see also* **before** CONJUNCTION, ADVERB
przed +*inst*
□ before Tuesday przed wtorkiem □ just before
Christmas krótko przed Bożym Narodzeniem

before [bɪ'fɔːr] CONJUNCTION
▷ *see also* **before** PREPOSITION, ADVERB
zanim
□ Can I see you before you leave? Czy mogę się
z Tobą spotkać, zanim wyjedziesz?
■ **before doing something** przed zrobieniem
czegoś □ Before going to the cinema, we went
for a meal. Przed pójściem do kina poszliśmy
coś zjeść.

before [bɪ'fɔːr] ADVERB
▷ *see also* **before** PREPOSITION, CONJUNCTION
przedtem *(time)*
□ I've never seen it before. Nigdy tego
przedtem nie widziałem. □ the day before
dzień przedtem
■ **Have you been to Greece before?** Czy byłeś
już w Grecji?

beforehand [bɪ'fɔːhænd] ADVERB
uprzednio

to **beg** [bɛg] VERB
żebrać *(beggar)*
■ **to beg for something** błagać o coś
■ **He begged me to stop.** Błagał mnie, bym
przestał.
■ **I beg your pardon. 1** *(apologizing)*
Przepraszam. **2** *(not hearing)* Słucham?

began [bɪ'gæn] VERB ▷ *see* **begin**

beggar ['bɛgər] NOUN
żebrak *masc*
żebraczka *fem*

to **begin** [bɪ'gɪn] (PT **began**, PP **begun**) VERB
zaczynać (PERF zacząć)
□ He had begun his career as a painter.
Zaczynał karierę jako malarz. □ The concert
begins at 5 p.m. Koncert zaczyna się o 17:00.
■ **to begin doing something** zaczynać (PERF
zacząć) coś robić □ I began writing a diary.
Zacząłem pisać pamiętnik.
■ **to begin with ...** zaczynać (PERF zacząć) się od
+*gen* ...

beginner [bɪ'gɪnər] NOUN
początkujący
□ She's just a beginner. Ona jest dopiero
początkująca.

beginning [bɪ'gɪnɪŋ] NOUN
początek *(of event, period, book)*
□ at the beginning na początku
■ **in the beginning** na początku

begun [bɪ'gʌn] VERB ▷ *see* **begin**

behalf [bɪ'hɑːf] NOUN
■ **on behalf of** w imieniu +*gen* □ I am here
on behalf of my company. Jestem tu w
imieniu mojej firmy. □ On behalf of my
wife and myself, ... W imieniu mojej żony
i moim ...
■ **on his behalf** w jego imieniu

to **behave** [bɪ'heɪv] VERB
zachowywać (PERF zachować) się
□ He behaved like an idiot. Zachowywał się jak
idiota.
■ **She behaved very badly.** Ona bardzo źle się
zachowywała.
■ **to behave oneself** dobrze się zachowywać
(PERF zachować) □ Did the children behave
themselves? Czy dzieci dobrze się
zachowywały?
■ **Behave!** Zachowuj się!

behaviour [bɪ'heɪvjər] (US **behavior**) NOUN
zachowanie

behind [bɪ'haɪnd] PREPOSITION
▷ *see also* **behind** ADVERB
za +*inst*
□ Behind the cottage was a shed. Za chatą była
szopa. □ The country is behind the President.
Kraj jest za Prezydentem.

behind [bɪ'haɪnd] ADVERB
▷ *see also* **behind** PREPOSITION
z tyłu
□ I sat in the front row and Mick sat behind.
Siedziałem w przednim rzędzie, a Mick siedział
z tyłu.
■ **Jane asked me to stay behind.** Jane
poprosiła, żebym został.
■ **to be behind** *(late)* być spóźnionym □ I'm
behind with my revision. Jestem spóźniony z
moją powtórką.
■ **to be behind schedule** pozostawać (PERF
pozostać) w tyle

■ **to leave something behind** pozostawiać (PERF pozostawić) coś za sobą

beige [beɪʒ] ADJECTIVE
beżowy

Belgian ['bɛldʒən] ADJECTIVE
▷ *see also* **Belgian** NOUN
belgijski
□ Belgian chocolate czekolada belgijska
□ She's Belgian. Ona jest Belgijką.

Belgian ['bɛldʒən] NOUN
▷ *see also* **Belgian** ADJECTIVE
Belg *masc*
Belgijka *fem*
■ **the Belgians** Belgowie

Belgium ['bɛldʒəm] NOUN
Belgia
■ **in Belgium** w Belgii

to **believe** [bɪ'liːv] VERB
wierzyć (PERF uwierzyć) +*dat*
□ I don't believe you. Nie wierzę Ci.
■ **to believe in** wierzyć (PERF uwierzyć) w
□ Do you believe in ghosts? Czy wierzysz w duchy? □ to believe in God wierzyć w Boga
■ **I don't believe in corporal punishment.** Nie jestem zwolennikiem kar cielesnych.
■ **to believe that …** wierzyć (PERF uwierzyć), że …

bell [bɛl] NOUN
1 dzwon (*of church*)
2 dzwonek (*on door*)
■ **Our cat has a bell on its collar.** Nasz kot ma dzwoneczek na obroży.

to **belong** [bɪ'lɒŋ] VERB
■ **to belong to** należeć do +*gen* □ Do you belong to any clubs? Czy należysz do jakichś klubów?
■ **Who does it belong to?** Do kogo to należy?
■ **This book belongs here.** Ta książka powinna być tu.

belongings [bɪ'lɒŋɪŋz] PL NOUN
dobytek *sing*

below [bɪ'ləʊ] PREPOSITION
▷ *see also* **below** ADVERB
1 pod +*inst*
□ below the castle pod zamkiem
2 poniżej +*gen*
□ below zero poniżej zera □ temperatures below average temperatura poniżej normalnej

below [bɪ'ləʊ] ADVERB
▷ *see also* **below** PREPOSITION
1 niżej (*beneath*)
□ on the floor below piętro niżej
2 poniże (*less*)

belt [bɛlt] NOUN
pasek (*clothing*)

beltway ['bɛltweɪ] NOUN (US)
obwodnica (*ring road*)

bench [bɛntʃ] NOUN
1 ławka (*seat*)
2 stół (*table*)

to **bend** [bɛnd] (PT, PP **bent**) VERB
▷ *see also* **bend** NOUN

zginać (PERF zgiąć)
□ I can't bend my arm. Nie mogę zgiąć ramienia. □ You've bent it. Zgiąłeś to.
□ It bends easily. To się łatwo zgina.
■ **'do not bend'** 'nie zginać'

bend [bɛnd] NOUN
▷ *see also* **bend** VERB
zakręt (*in road, river*)

to **bend down** VERB
pochylać (PERF pochylić) się

to **bend over** VERB
schylić się

beneath [bɪ'niːθ] PREPOSITION
pod +*inst*
■ **beneath him/her** poniżej jego/jej

benefit ['bɛnɪfɪt] NOUN
▷ *see also* **benefit** VERB
1 korzyść (*advantage*)
2 zysk (*money*)
■ **unemployment benefit** zasiłek dla bezrobotnych

to **benefit** ['bɛnɪfɪt] VERB
▷ *see also* **benefit** NOUN
przynosić (PERF przynieść) korzyści +*dat*
■ **to benefit from something** korzystać (PERF skorzystać) z czegoś □ He'll benefit from the change. On skorzysta ze zmiany.

bent [bɛnt] VERB ▷ *see* **bend**

bent ADJECTIVE
zgięty
□ a bent fork zgięty widelec

beret ['bɛreɪ] NOUN
beret

berserk [bə'sɜːk] ADJECTIVE
■ **to go berserk** wpaść w szał □ She went berserk. Ona wpadła w szał.

berth [bɜːθ] NOUN
1 koja (*on boat*)
2 kuszetka (*on train*)

beside [bɪ'saɪd] PREPOSITION
obok +*gen*
□ beside the television obok telewizora
□ He sat beside her. On usiadł obok niej.
■ **That's beside the point.** To nie o to chodzi.

besides [bɪ'saɪdz] ADVERB
1 ponadto (*in addition*)
□ Besides, it's too expensive. Ponadto jest to za drogie.
2 poza tym (*in any case*)

best [bɛst] ADJECTIVE
▷ *see also* **best** ADVERB
najlepszy
□ It's one of the best films I've seen. To jeden z najlepszych filmów, które widziałem.

best [bɛst] ADVERB
▷ *see also* **best** ADJECTIVE
najlepiej
□ Emma sings best. Emma śpiewa najlepiej.
■ **What music do you like best?** Jaką muzykę najbardziej lubisz?
■ **the best** najlepszy □ We offer only the best to our clients. Naszym klientom oferujemy tylko

to, co najlepsze. □ Janet's the best at maths. Janet jest najlepsza z matematyki. □ He knows how to get the best out of his students. On wie, jak ze swych studentów wydobyć to, co najlepsze.
■ **The best thing to do is ...** Najlepsze co można zrobić, to ...
■ **It's not perfect, but I did my best.** Nie jest to idealne, ale zrobiłem, co mogłem.
■ **to make the best of it** wykorzystać coś najlepiej, jak to możliwe □ We'll have to make the best of it. Będziemy musieli wykorzystać to najlepiej, jak to możliwe.

best man NOUN
drużba

bet [bɛt] NOUN
▷ see also **bet** VERB
zakład
■ **to make a bet** założyć się

to **bet** [bɛt] (PT, PP **bet** or **betted**) VERB
▷ see also **bet** NOUN
■ **to bet somebody £100 that ...** zakładać (PERF założyć) się o sto funtów, że ...
■ **to bet that** (expect, guess) założyć się że □ I bet he forgot. Założę się, że on zapomniał.
■ **I bet you he won't come.** Założę się z tobą, że on nie przyjdzie.
■ **to bet on** (horse, result) robić (PERF zrobić) zakłady na

to **betray** [bɪˈtreɪ] VERB
zdradzać (PERF zdradzić)

better [ˈbɛtəʳ] ADJECTIVE
▷ see also **better** ADVERB
lepszy
□ The results were better than expected. Wyniki były lepsze, niż można było się spodziewać. □ This one's better than that one. Ten jest lepszy, niż tamten. □ a better way to do it lepszy sposób na zrobienie tego
■ **That's better!** Tak lepiej!
■ **to get better** polepszyć □ I hope the weather gets better soon. Mam nadzieję, że pogoda wkrótce się polepszy. □ My French is getting better. Mój francuski się polepsza.
■ **I hope you get better soon.** Mam nadzieję, że wkrótce poczujesz się lepiej.
■ **to feel better** czuć (PERF poczuć) się lepiej □ Are you feeling better now? Czy teraz lepiej się czujesz?

better [ˈbɛtəʳ] ADVERB
▷ see also **better** ADJECTIVE
lepiej
□ Some people can ski better than others. Niektórzy ludzie umieją jeździć na nartach lepiej od innych.
■ **better still** jeszcze lepiej □ Go and see her tomorrow, or better still, go today. Idź się z nią zobaczyć jutro, albo jeszcze lepiej idź dziś.
■ **the sooner the better** im wcześniej, tym lepiej □ Phone her, the sooner the better. Zadzwoń do niej, im wcześniej, tym lepiej.
■ **I'd better go.** Lepiej już pójdę.
■ **I'd better go home.** Lepiej już pójdę do domu.

betting shop [ˈbɛtɪŋ-] NOUN
totalizator

between [bɪˈtwiːn] PREPOSITION
między +inst
□ Stroud is between Oxford and Bristol. Stroud znajduje się między Oxfordem i Bristolem.
■ **between 15 and 20 minutes** od 15 do 20 minut
■ **people aged between 18 and 30** ludzie w wieku od 18 do 30 lat
■ **to choose between** (two things) wybierać (PERF wybrać) pomiędzy +inst
■ **to be shared between people** być podzielonym między ludźmi
■ **between you and me** między tobą a mną
■ **between ourselves** między nami
■ **in between** pośrodku □ Court Road and all the little side streets in between Court Road i wszystkie te małe boczne uliczki pośrodku

bewildered [bɪˈwɪldəd] ADJECTIVE
zdezorientowany
□ He looked bewildered. Wyglądał na zdezorientowanego.

beyond [bɪˈjɔnd] PREPOSITION
po drugiej stronie +gen
□ There was a lake beyond the mountain. Po drugiej stronie góry było jezioro. (after)
■ **beyond belief** nie do uwierzenia
■ **beyond doubt** poza wszelką wątpliwością
■ **beyond repair** nie nadający się do naprawy

biased [ˈbaɪəst] ADJECTIVE
tendencyjny
■ **to be biased against** być uprzedzonym wobec
■ **to be biased towards** być stronniczo nastawionym do

Bible [ˈbaɪbl] NOUN
■ **the Bible** Biblia

bicycle [ˈbaɪsɪkl] NOUN
rower
■ **to ride a bicycle** jeździć na rowerze

big [bɪg] ADJECTIVE
duży
□ a big house duży dom □ a big car duży samochód

ZASÓB SŁOWNICTWA

Zamiast słowa **big** można użyć szeregu innych słów w celu wyrażenia terminu 'large':
enormous olbrzymi
□ an enormous cake olbrzymie ciasto
gigantic gigantyczny
□ a gigantic house gigantyczny dom
huge wielki
□ a huge garden wielki ogród
massive ogromny
□ a massive TV ogromny telewizor

■ **The biggest problem is unemployment.** Największy problem to bezrobocie.
■ **big brother** starszy brat
■ **big sister** starsza siostra

bigheaded ['bɪg'hɛdɪd] ADJECTIVE
zarozumiały
□ to be bigheaded być zarozumiałym
bike [baɪk] NOUN
1 rower (bicycle)
  □ by bike rowerem
2 motor (motorcycle)
bikini [bɪ'kiːnɪ] NOUN
bikini
bilingual [baɪ'lɪŋgwəl] ADJECTIVE
dwujęzyczny
□ to be bilingual być dwujęzycznym
bill [bɪl] NOUN
1 rachunek
  □ Can we have the bill, please? Czy możemy prosić o rachunek?
2 banknot (US)
  □ a five-dollar bill banknot pięciodolarowy
billiards ['bɪljədz] NOUN
bilard
□ to play billiards grać w bilard
billion ['bɪljən] NOUN
miliard
  WSKAZÓWKI JĘZYKOWE Uwaga! Angielskie słowo **billion** nie oznacza **bilion**.
bin [bɪn] NOUN
kosz na śmieci (for rubbish)
bingo ['bɪŋgəu] NOUN
bingo
binoculars [bɪ'nɔkjuləz] PL NOUN
lornetka sing
■ a pair of binoculars lornetka
biochemistry [baɪə'kɛmɪstrɪ] NOUN
biochemia
biography [baɪ'ɔgrəfɪ] NOUN
biografia
□ a biography of Dylan Thomas biografia Dylana Thomasa
biology [baɪ'ɔlədʒɪ] NOUN
biologia
bird [bəːd] NOUN
ptak
birdwatching ['bəːdwɔtʃɪŋ] NOUN
obserwowanie ptaków
□ My hobby's birdwatching. Moje hobby to obserwowanie ptaków.
■ to go birdwatching wybrać się na obserwację ptaków
Biro® ['baɪərəu] NOUN
długopis
birth [bəːθ] NOUN
narodziny
■ to give birth rodzić (PERF urodzić)
■ date of birth data urodzenia
birth certificate NOUN
metryka urodzenia
birth control NOUN
regulacja urodzeń
birthday ['bəːθdeɪ] NOUN
urodziny
□ When's your birthday? Kiedy są twoje urodziny?

■ birthday cake ciasto urodzinowe
■ a birthday card karta urodzinowa
■ I'm going to have a birthday party.
Urządzę przyjęcie urodzinowe.
biscuit ['bɪskɪt] NOUN
1 ciastko (cookie)
2 ciasto (US: cake)
bishop ['bɪʃəp] NOUN
biskup
bit [bɪt] VERB ▷ see bite
bit [bɪt] NOUN
1 kawałek (piece)
  □ Would you like another bit? Chciałbyś jeszcze jeden kawałek? □ a bit of string kawałek sznurka
■ to fall to bits rozpaść się na kawałki
■ to take something to bits rozebrać coś na kawałki
2 fragment (part)
  □ Now comes the really important bit.
Teraz zaczyna się naprawdę ważny fragment.
3 bit (computer)
■ a bit of trochę +gen □ a bit of cake trochę ciasta □ a bit mad trochę szalony □ a bit too hot trochę zbyt gorąco □ It's a bit of a nuisance. To trochę kłopotliwe. □ Wait a bit! Poczekaj trochę!
■ a bit of music chwila muzyki
■ bit by bit stopniowo
■ quite a bit sporo
to **bite** [baɪt] (PT bit, PP bitten) ['bɪtn] VERB
▷ see also bite NOUN
gryźć (PERF pogryźć)
□ I got bitten by mosquitoes. Pogryzły mnie komary.
■ to bite one's nails obgryzać paznokcie
bite [baɪt] NOUN
▷ see also bite VERB
1 kęs
■ to have a bite to eat przekąsić coś
2 ugryzienie (from dog)
3 ukąszenie (from snake, mosquito)
bitter ['bɪtəʳ] ADJECTIVE
gorzki (taste)
■ It's bitter today. Dziś jest przenikliwie zimno.
black [blæk] ADJECTIVE
▷ see also black NOUN
1 czarny
  □ a black jacket czarna kurtka □ a black coffee czarna kawa
■ black and blue (bruised) posiniaczony
2 czarnoskóry
  □ She's black. Ona jest czarnoskóra.
black [blæk] NOUN
▷ see also black ADJECTIVE
1 czerń (colour)
2 czarnoskóry (person)
to **black out** VERB
tracić (PERF stracić) przytomność
blackberry ['blækbərɪ] NOUN
jeżyna

323

b

blackbird ['blækbɜːd] NOUN
kos

blackboard ['blækbɔːd] NOUN
tablica

blackcurrant ['blæk'kʌrənt] NOUN
czarna porzeczka

blackmail ['blækmeɪl] NOUN
▷ see also **blackmail** VERB
szantaż
□ That's blackmail! To szantaż!

to **blackmail** ['blækmeɪl] VERB
▷ see also **blackmail** NOUN
szantażować (PERF zaszantażować)
□ He blackmailed her. On ją szantażował.

blackout ['blækaut] NOUN
■ to have a blackout (faint) mdleć (PERF zemdleć)

black pudding NOUN
kaszanka

blade [bleɪd] NOUN
ostrze (of knife, sword)

to **blame** [bleɪm] VERB
■ to blame somebody for something
winić kogoś za coś □ Don't blame me for your mistakes! Nie wiń mnie za twoje błędy!
■ I blame the police. Obwiniam policję.
■ to be to blame for something być winnym czegoś
■ to blame something on somebody
obwiniać (PERF obwinić) kogoś za coś □ He blamed it on my sister. Obwinił za to swoją siostrę.
■ You can't blame him for trying. Nie możesz winić go za to, że próbował.

blank [blæŋk] ADJECTIVE
▷ see also **blank** NOUN
czysty (paper, cassette)
■ My mind went blank. Miałem pustkę w głowie.

blank [blæŋk] NOUN
▷ see also **blank** ADJECTIVE
puste miejsce (on form)
□ Fill in the blanks. Wypełnij puste miejsca.

blank cheque NOUN
czek in blanco

blanket ['blæŋkɪt] NOUN
koc (for bed)

blast [blɑːst] NOUN
wybuch
□ a bomb blast wybuch bomby

to **blast off** VERB
odpalać (PERF odpalić)

blatant ['bleɪtənt] ADJECTIVE
jawny

blaze [bleɪz] NOUN
pożar (fire)
■ in a blaze of publicity w błysku reflektorów

blazer ['bleɪzər] NOUN
marynarka (jacket)

bleach [bliːtʃ] NOUN
wybielacz

bleak [bliːk] ADJECTIVE
nijaki (place)

■ The future looks bleak. Przyszłość rysuje się ponuro.

to **bleed** [bliːd] (PT, PP **bled**) [blɛd] VERB
krwawić
■ My nose is bleeding. Leci mi krew z nosa.

bleeper ['bliːpər] NOUN
urządzenie wydające sygnał dźwiękowy (of doctor etc)

blender ['blɛndər] NOUN
mikser

to **bless** [blɛs] VERB
błogosławić (PERF pobłogosławić)
■ Bless you! (after sneeze) na zdrowie!

blew [bluː] VERB ▷ see **blow**

blind [blaɪnd] ADJECTIVE
▷ see also **blind** NOUN
niewidomy
■ to go blind oślepnąć
■ to turn a blind eye (to something)
przymykać (PERF przymknąć) oczy (na coś)

blind [blaɪnd] NOUN
▷ see also **blind** ADJECTIVE
roleta (for window)
■ the blind (blind people) niewidomi

blindfold ['blaɪndfəuld] NOUN
▷ see also **blindfold** VERB
przepaska na oczy

to **blindfold** ['blaɪndfəuld] VERB
▷ see also **blindfold** NOUN
zawiązać oczy
□ to blindfold somebody zawiązać komuś oczy

to **blink** [blɪŋk] VERB
mrugać (PERF mrugnąć)
■ to blink one's eyes mrugać (PERF mrugnąć) powiekami

bliss [blɪs] NOUN
■ It was bliss! To był błogostan!

blister ['blɪstər] NOUN
pęcherz (on skin)

blizzard ['blɪzəd] NOUN
śnieżyca

blob [blɔb] NOUN
kropla
□ a blob of glue kropla kleju

block [blɔk] NOUN
▷ see also **block** VERB
blok
□ He lives in our block. On mieszka w naszym bloku. □ a block of ice blok lodu
■ block of flats blok mieszkalny
■ 3 blocks from here trzy ulice stąd

to **block** [blɔk] VERB
▷ see also **block** NOUN
1 blokować (PERF zablokować) (entrance, road)
2 zasłaniać (PERF zasłonić) (view)

to **block up** VERB
zatykać (PERF zatkać) (sink, pipe etc)

blockage ['blɔkɪdʒ] NOUN
zator

blog [blɔg] NOUN
blog

bloke [bləʊk] NOUN
facet *(informal)*

blonde [blɔnd] ADJECTIVE
▷ *see also* **blonde** NOUN
blond
□ She's got blonde hair. Ona ma blond włosy.

blonde [blɔnd] NOUN
▷ *see also* **blonde** ADJECTIVE
blondynka

blood [blʌd] NOUN
krew
■ **in cold blood** z zimną krwią

blood pressure NOUN
ciśnienie krwi
□ to have high blood pressure mieć wysokie ciśnienie krwi
■ **to take somebody's blood pressure**
mierzyć (PERF zmierzyć) komuś ciśnienie krwi

blood test NOUN
badanie krwi
■ **to have a blood test** badać (PERF zbadać) krew

bloody ['blʌdɪ] ADJECTIVE
■ **bloody difficult** cholernie trudne
■ **that bloody television** ta przeklęta telewizja
■ **Bloody hell!** Cholera jasna!

blouse [blauz] NOUN
bluzka

blow [bləʊ] NOUN
▷ *see also* **blow** VERB
1 uderzenie *(punch)*
2 cios *(setback)*
□ It was a real blow to our plans. To był prawdziwy cios dla naszych planów.

to blow [bləʊ] (PT **blew**, PP **blown**) VERB
▷ *see also* **blow** NOUN
1 wiać
□ Outside, the wind was blowing. Na zewnątrz wiał wiatr.
2 dmuchać (PERF dmuchnąć)
□ to blow a whistle dmuchać w gwizdek
■ **to blow one's nose** dmuchać (PERF wydmuchać) nos

to blow away VERB
odfruwać (PERF odfrunąć)

to blow down VERB
przewracać (PERF przewrócić) *(tree, house)*

to blow out VERB
gasić (PERF zgasić) *(flame, candle)*

to blow up VERB
1 wysadzać (PERF wysadzić)
□ The terrorists blew up a police station. Terroryści wysadzili komisariat policji.
2 dmuchać (PERF nadmuchać)
□ to blow up a balloon nadmuchać balon
3 wybuchać (PERF wybuchnąć)
□ The house blew up. Dom wybuchł.

blow-dry ['bləʊdraɪ] NOUN
■ **A cut and blow-dry, please.** Proszę o ścięcie i wymodelowanie włosów.

blown [bləʊn] VERB ▷ *see* **blow**

blue [blu:] ADJECTIVE
▷ *see also* **blue** NOUN

1 niebieski
□ a blue dress niebieska sukienka
2 smutny *(informal)*
□ There's no reason for me to feel so blue.
Nie ma powodu, abym czuł się taki smutny.

blue [blu:] NOUN
▷ *see also* **blue** ADJECTIVE
błękit
■ **out of the blue** ni z tego ni z owego
■ **the blues** blues

to bluff [blʌf] VERB
▷ *see also* **bluff** NOUN
blefować

bluff [blʌf] NOUN
▷ *see also* **bluff** VERB
blef
□ It's just a bluff. To tylko blef.

blunder ['blʌndə] NOUN
gafa

blunt [blʌnt] ADJECTIVE
tępy *(pencil, knife)*
■ **to be blunt ...** mówiąc szczerze ...

to blush [blʌʃ] VERB
rumienić (PERF zarumienić) się

board [bɔ:d] NOUN
1 tablica
□ It's written on the board. Jest to napisane na tablicy.
2 deska *(piece of wood)*
3 plansza *(for chess etc)*
4 rada *(committee)*
5 wyżywienie *(at hotel)*
□ board and lodging zakwaterowanie z wyżywieniem
■ **full board** zakwaterowanie i pełne wyżywienie
■ **half board** zakwaterowanie ze śniadaniem i kolacją
■ **on board** na pokładzie

to board up VERB
zabijać (PERF zabić) deskami

boarder ['bɔ:də] NOUN
mieszkaniec internatu *(in school)*

board game NOUN
gra planszowa

boarding card ['bɔ:dɪŋ-] NOUN
karta pokładowa

boarding school ['bɔ:dɪŋ-] NOUN
szkoła z internatem
□ I go to boarding school. Uczęszczam do szkoły z internatem.

to boast [bəʊst] VERB
■ **Stop boasting!** Przestań się przechwalać!
■ **to boast about something** przechwalać się czymś

boat [bəʊt] NOUN
1 łódka *(small vessel)*
□ to go by boat pływać (PERF płynąć) łódką
2 łódź *(ship)*

body ['bɔdɪ] NOUN
ciało

□ My whole body hurt. Całe moje ciało mnie bolało. □ Police later found a body. Policja znalazła później ciało.

bodybuilding ['bɒdɪ'bɪldɪŋ] NOUN
kulturystyka

bodyguard ['bɒdɪgɑːd] NOUN
ochroniarz

bog [bɒg] NOUN
bagno

to **boil** [bɔɪl] VERB
gotować (PERF zagotować)
□ to boil some water zagotować trochę wody
■ to boil an egg ugotować jajko
■ The water's boiling. Woda się gotuje.
■ The water's boiled. Woda się zagotowała.

to **boil over** VERB
wykipieć

boiled egg ['bɔɪld-] NOUN
jajko gotowane

boiler ['bɔɪləʳ] NOUN
bojler (device)

boiling ['bɔɪlɪŋ] ADJECTIVE
■ I'm boiling! Jest mi tak gorąco, że można się ugotować!
■ It's boiling in here! Ależ tutaj upał!
■ boiling hot skwarno □ a boiling hot day skwarny dzień

bolt [bəʊlt] NOUN
1 rygiel (to lock door)
2 śruba (used with nut)

bomb [bɒm] NOUN
▷ see also **bomb** VERB
bomba

to **bomb** [bɒm] VERB
▷ see also **bomb** NOUN
bombardować (PERF zbombardować)

bomber ['bɒməʳ] NOUN
zamachowiec podkładający bomby (terrorist)

bombing ['bɒmɪŋ] NOUN
bombardowanie

bond [bɒnd] NOUN
więź (link)

bone [bəʊn] NOUN
1 kość (in human, animal)
2 ość (in fish)

bonfire ['bɒnfaɪəʳ] NOUN
ognisko
■ Bonfire Night

> **CZY WIESZ, ŻE...?**
> **Bonfire Night** przypada na 5 listopada, kiedy to w Wielkiej Brytanii rozpalane są ogniska i puszczane sztuczne ognie w celu upamiętnienia spisku Guy Fawkesa, który w 1605 roku usiłował zabić króla poprzez wysadzenie w powietrze budynków parlamentu.

bonnet ['bɒnɪt] NOUN
maska
□ This car has a long bonnet. Ten samochód ma długą maskę.

bonus ['bəʊnəs] NOUN

1 premia (extra payment)
2 dodatek (additional benefit)

book [bʊk] NOUN
▷ see also **book** VERB
1 książka
□ That was a really good book. To była naprawdę dobra książka.
2 bloczek (of stamps, tickets)

to **book** [bʊk] VERB
▷ see also **book** NOUN
rezerwować (PERF zarezerwować)
□ We haven't booked. Nie zarezerwowaliśmy.
■ fully booked wszystkie miejsca zarezerwowane

bookcase ['bʊkkeɪs] NOUN
biblioteczka

booklet ['bʊklɪt] NOUN
broszurka

bookmark ['bʊkmɑːk] NOUN
zakładka

bookshelf ['bʊkʃelf] NOUN
półka na książki

bookshop ['bʊkʃɒp] NOUN
księgarnia

to **boost** [buːst] VERB
zwiększać (PERF zwiększyć)
□ to boost the economy zwiększyć tempo rozwoju gospodarki
■ The win boosted the team's morale. Wygrana poprawiła morale ekipy.

boot [buːt] NOUN
1 kozak
□ I need some new boots for winter. Potrzebuję nowe kozaki na zimę.
2 but
□ football boots buty piłkarskie
3 bagażnik
□ We put the luggage in the boot. Włożyliśmy bagaż do bagażnika.

to **boot up** VERB
ładować (PERF załadować)

booze [buːz] NOUN
alkohol

border ['bɔːdəʳ] NOUN
granica

bore [bɔːʳ] VERB ▷ see **bear**

bored [bɔːd] ADJECTIVE
■ to be bored być znudzonym □ I was bored. Byłem znudzony.
■ to get bored nudzić się

boredom ['bɔːdəm] NOUN
nuda

boring ['bɔːrɪŋ] ADJECTIVE
nudny

born [bɔːn] ADJECTIVE
■ to be born rodzić (PERF urodzić) się
□ I was born in 1990. Urodziłem się w 1990 roku.

to **borrow** ['bɒrəʊ] VERB
pożyczać (PERF pożyczyć)
□ Can I borrow a pen, please? Czy mogę pożyczyć długopis?

b

■ **to borrow something from somebody** pożyczyć coś od kogoś □ I borrowed some money from a friend. Pożyczyłem trochę pieniędzy od przyjaciela.

Bosnia ['bɒznɪə] NOUN
Bośnia

Bosnian ['bɒznɪən] ADJECTIVE
bośniacki

boss [bɒs] NOUN
szef

to **boss around** VERB
■ **to boss somebody around** komenderować kimś

bossy ['bɒsɪ] ADJECTIVE
apodyktyczny

both [bəʊθ] PRONOUN, ADJECTIVE
1 obaj *(people)*
□ Both of us went. Obaj poszliśmy. □ Both of them have left. Oni obaj wyjechali. □ Emma and Jane both went. Emma i Jane poszły obie. □ He's fond of you both. On oboje was lubi.
■ **Both of your answers are wrong.** Obydwie twoje odpowiedzi są nieprawidłowe.
■ **both A and B** zarówno A jak i B □ He speaks both German and Italian. On mówi zarówno po niemiecku, jak i po włosku. □ Both Maggie and John are against it. Zarówno Maggie, jak i John się temu sprzeciwiają.
2 oba *(masc, neut)*
obie *fem (things)*
■ **Most of them speak English or German or both.** Większość z nich mówi po angielsku lub po niemiecku, lub w obydwu językach.

to **bother** ['bɒðə^r] VERB
1 martwić (PERF zmartwić) *(worry)*
□ What's bothering you? Co cię martwi?
2 niepokoić (PERF zaniepokoić) *(disturb)*
□ I'm sorry to bother you. Przykro mi, że cię niepokoję.
■ **to bother to do something** zadawać (PERF zadać) sobie trud, aby coś zrobić □ He didn't bother to tell me about it. Nie zadał sobie trudu, by mi o tym powiedzieć.
■ **I can't be bothered to go.** Nie chce mi się iść.
■ **Don't bother!** Nie kłopocz się!

bottle ['bɒtl] NOUN
butelka
□ a bottle of wine butelka wina □ a milk bottle butelka na mleko

bottle bank NOUN
pojemnik na szkło

bottle-opener ['bɒtləʊpnə^r] NOUN
otwieracz do butelek

bottom ['bɒtəm] NOUN
▷ *see also* **bottom** ADJECTIVE
1 dno *(of container, sea)*
2 dół
□ the bottom of the page dół strony
■ **There is a house at the bottom of the hill.** U stóp wzgórza jest dom.
3 ostatnie miejsca *(of class, league)*
4 pośladki *(buttocks)*

■ **bikini bottoms** majtki z bikini

bottom ['bɒtəm] ADJECTIVE
▷ *see also* **bottom** NOUN
najniższy *(lowest)*
□ the bottom shelf najniższa półka
■ **the bottom sheet** dolny arkusz

bought [bɔːt] VERB ▷ *see* **buy**

to **bounce** [baʊns] VERB
odbijać (PERF odbić)
□ The ball bounced over the wall. Piłka odbiła się od ziemi i przeleciała nad murem.

bouncer ['baʊnsə^r] NOUN
bramkarz

bound [baʊnd] ADJECTIVE
■ **to be bound to do something** *(certain)* na pewno coś zrobić □ He's bound to fail. Jemu na pewno się nie uda.

boundary ['baʊndrɪ] NOUN
granica

bow [bəʊ] NOUN
▷ *see also* **bow** VERB
1 kokarda
□ to tie a bow zawiązać kokardę
2 łuk
□ a bow and arrows łuk i strzały
3 smyczek *(in music)*

to **bow** [baʊ] VERB
▷ *see also* **bow** NOUN
skinąć +inst *(head)*

bowels ['baʊəlz] PL NOUN
wnętrzności

bowl [bəʊl] NOUN
miska

bowling ['bəʊlɪŋ] NOUN
kręgle
□ to go bowling iść na kręgle
■ **a bowling alley** kręgielnia

bow tie [bəʊ-] NOUN
muszka

box [bɒks] NOUN
1 pudełko
□ a box of matches pudełko zapałek □ a box of chocolates pudełko czekoladek
2 skrzynia *(crate)*
■ **a cardboard box** pudło tekturowe

boxer ['bɒksə^r] NOUN
bokser

boxer shorts PL NOUN
bokserki

boxing ['bɒksɪŋ] NOUN
boks

Boxing Day NOUN
drugi dzień Świąt Bożego Narodzenia

> **CZY WIESZ, ŻE...?**
> **Boxing Day** – tak w kręgu kultury brytyjskiej nazywany jest drugi dzień świąt Bożego Narodzenia, który także jest dniem wolnym od pracy. Jego nazwa wywodzi się od dawnego zwyczaju obdarowywania prezentami (**Christmas boxes**) pracowników przez pracodawców.

boy [bɔɪ] NOUN

327

1 chłopiec
  □ There was only one boy in the class. W klasie był tylko jeden chłopiec.
2 chłopak (*young man*)

boyfriend ['bɔɪfrɛnd] NOUN
  chłopak
  □ Have you got a boyfriend? Czy masz chłopaka?

bra [brɑː] NOUN
  stanik

brace [breɪs] NOUN
  aparat na zęby (*on teeth*)
  □ She wears a brace. Ona nosi aparat na zęby.

bracelet ['breɪslɪt] NOUN
  bransoletka

brackets ['brækɪts] PL NOUN
  ■ **in brackets** w nawiasie

brain [breɪn] NOUN
  mózg
  ■ **He's got brains.** Ma głowę na karku.

brainy ['breɪnɪ] ADJECTIVE
  bystry

brake [breɪk] NOUN
  ▷ *see also* **brake** VERB
  hamulec

to **brake** [breɪk] VERB
  ▷ *see also* **brake** NOUN
  hamować (PERF zahamować)
  □ The driver braked suddenly. Kierowca znienacka zahamował.

branch [brɑːntʃ] NOUN
1 gałąź (*of tree*)
2 oddział (*of shop, bank*)

brand [brænd] NOUN
  marka
  □ a well-known brand of coffee dobrze znana marka kawy

brand-new ['brænd'njuː] ADJECTIVE
  nowiutki

brandy ['brændɪ] NOUN
  brandy

brass [brɑːs] NOUN
  mosiądz (*metal*)
  ■ **the brass section** instrumenty dęte blaszane

brass band NOUN
  orkiestra dęta blaszana

brat [bræt] NOUN
  bachor
  □ He's a spoiled brat. On jest zepsutym bachorem.

brave [breɪv] ADJECTIVE
  dzielny
  □ He's very brave. On jest bardzo dzielny.
  □ a brave smile dzielny uśmiech
  ■ **That was a brave thing to do.** Zrobienie tego było bardzo odważne.

Brazil [brə'zɪl] NOUN
  Brazylia
  ■ **in Brazil** w Brazylii

bread [brɛd] NOUN
  chleb

□ bread and butter chleb z masłem □ brown bread ciemny chleb
  ■ **white bread** białe pieczywo

to **break** [breɪk] (PT **broke**, PP **broken**) VERB
  ▷ *see also* **break** NOUN
1 tłuc (PERF stłuc) (*glass, window*)
  □ Careful, you'll break something! Uważaj, bo coś stłuczesz! □ Careful, it'll break! Uważaj, to się stłucze!
2 łamać (PERF złamać) (*leg, arm*)
  □ I broke my leg. Złamałem nogę. □ He broke his arm. Złamał ramię.
3 bić (PERF pobić) (*record*)
4 zrywać (PERF zerwać) (*habit, pattern*)
  ■ **to break a promise** złamać obietnicę
  ■ **to break the law** złamać prawo
  ■ **to break the news to somebody** przekazywać (PERF przekazać) komuś wiadomości

break [breɪk] NOUN
  ▷ *see also* **break** VERB
1 przerwa (*rest*)
  □ I need a break. Potrzebuję przerwy.
  □ without a break bez przerwy □ during morning break w trakcie porannej przerwy
2 pęknięcie (*fracture*)
  ■ **Give me a break!** Daj mi spokój!
  ■ **the Christmas break** przerwa bożonarodzeniowa
  ■ **to take a break 1** (*for a few minutes*) robić (PERF zrobić) sobie przerwę **2** (*have a holiday*) mieć przerwę

to **break down** VERB
1 psuć (PERF zepsuć się)
  □ The car broke down. Samochód się zepsuł.
2 wyważać (PERF wyważyć)
  □ The police broke the door down. Policja wyważyła drzwi.

to **break in** VERB
  włamywać (PERF włamać) się (*burglar*)

to **break into** VERB
  włamywać (PERF włamać) się do +gen (*house*)

to **break off** VERB
1 odłamywać (PERF odłamać)
  □ He broke off a piece of chocolate. On odłamał kawałek czekolady. □ The branch broke off in the storm. Gałąź odłamała się w czasie burzy.
2 zrywać (PERF zerwać) (*engagement*)

to **break out** VERB
1 wybuchać (PERF wybuchnąć) (*begin*)
2 uciekać (PERF uciec) (*escape*)
  ■ **to break out in a rash** pokrywać (PERF pokryć) się wysypką
  ■ **to break out in a sweat** zalewać (PERF zalać) się potem

to **break up** VERB
1 przerywać (PERF przerwać)
  □ to break up a fight przerwać walkę
2 przerywać (PERF przerwać) (*meeting*)
3 zrywać (PERF zerwać) ze sobą (*couple*)
4 kończyć (PERF skończyć)

□ We break up next Wednesday. Kończymy w przyszłą środę.

■ **to break up with somebody** zrywać (PERF zerwać) z kimś

■ **You're breaking up!** *(on phone)* Coś mi przerywa, nie słyszę pana!

breakdown ['breɪkdaʊn] NOUN
1 awaria *(of car)*
2 zerwanie *(of system, talks)*
3 rozpad *(of marriage)*

■ **to have a breakdown** załamywać (PERF załamać) się psychicznie

■ **a nervous breakdown** załamanie nerwowe

breakfast ['brekfəst] NOUN
śniadanie

□ What would you like for breakfast? Co chciałbyś na śniadanie?

break-in ['breɪkɪn] NOUN
włamanie

breast [brest] NOUN
pierś

■ **chicken breast** pierś kurczaka

to **breast-feed** ['brestfiːd] (PT, PP **breast-fed**) VERB
karmić piersią

breaststroke ['breststrəʊk] NOUN
żabka *(in swimming)*

breath [breθ] NOUN
1 wdech *(intake of air)*
2 wydech *(air from mouth)*

■ **out of breath** bez tchu

■ **bad breath** nieświeży oddech □ She's got really bad breath. Ona ma naprawdę nieświeży oddech.

■ **to get one's breath back** łapać (PERF złapać) oddech

■ **to hold one's breath** wstrzymywać (PERF wstrzymać) oddech

to **breathe** [briːð] VERB
oddychać (PERF odetchnąć)

to **breathe in** VERB
robić (PERF zrobić) wdech

to **breathe out** VERB
robić (PERF zrobić) wydech

to **breed** [briːd] (PT, PP **bred**) [bred] VERB
▷ see also **breed** NOUN
rozmnażać (PERF rozmnożyć) się

■ **to breed dogs** hodować psy

breed [briːd] NOUN
▷ see also **breed** VERB
rasa

breeze [briːz] NOUN
wiaterek

brewery ['bruːərɪ] NOUN
browar

to **bribe** [braɪb] VERB
przekupywać (PERF przekupić)

■ **to bribe somebody to do something** proponować (PERF zaproponować) komuś łapówkę za zrobienie czegoś

brick [brɪk] NOUN
cegła

□ a brick wall mur z cegieł

bricklayer ['brɪkleɪəʳ] NOUN
murarz

bride [braɪd] NOUN
panna młoda

bridegroom ['braɪdgruːm] NOUN
pan młody

bridesmaid ['braɪdzmeɪd] NOUN
druhna

bridge [brɪdʒ] NOUN
1 most

□ a suspension bridge most wiszący
2 brydż

□ to play bridge grać w brydża

brief [briːf] ADJECTIVE
1 krótki *(period, visit)*
2 zwięzły *(description, speech)*

■ **a pair of briefs 1** *(for men)* slipy **2** *(for women)* figi

briefcase ['briːfkeɪs] NOUN
teczka

briefly ['briːflɪ] ADVERB
1 przelotnie *(smile)*
2 zwięźle *(say, explain)*

bright [braɪt] ADJECTIVE
1 jasny

□ a bright colour jasny kolor

■ **bright blue** jasnoniebieski □ a bright blue car jasnoniebieski samochód
2 bystry *(clever)*

□ He's not very bright. On nie jest zbyt bystry.
3 genialny *(idea)*

brilliant ['brɪljənt] ADJECTIVE
1 znakomity

□ What a brilliant idea! Cóż za znakomity pomysł!
2 błyskotliwy

□ a brilliant scientist błyskotliwy naukowiec
3 fantastyczny *(wonderful)*

□ Brilliant! Fantastycznie!

to **bring** [brɪŋ] (PT, PP **brought**) VERB
przynosić (PERF przynieść)

□ Bring warm clothes. Przynieś ciepłe ubrania.
□ Could you bring me my trainers? Czy mógłbyś przynieść mi moje adidasy?

■ **Can I bring a friend?** Czy mogę przyprowadzić ze sobą przyjaciela?

to **bring about** VERB
powodować (PERF spowodować) *(cause)*

to **bring along** VERB
przyprowadzić (PERF przyprowadzić) ze sobą

to **bring back** VERB
oddawać (PERF oddać)

□ She brought my book back. Ona oddała moją książkę.

to **bring forward** VERB
przyspieszać (PERF przyspieszyć)

□ The meeting was brought forward. Spotkanie zostało przyśpieszone.

to **bring round** VERB
cucić (PERF ocucić)

□ It took ten minutes to bring him round.

Dziesięć minut zajęło, żeby go ocucić.

to **bring up** VERB
1 wychowywać (PERF wychować)
   □ She brought up 5 children on her own.
   Ona sama wychowała pięcioro dzieci.
2 podnosić (PERF podnieść) (question, subject)
3 wymiotować (PERF zwymiotować) (food)

Britain ['brɪtən] NOUN
Wielka Brytania
■ in Britain w Wielkiej Brytanii
■ to Britain do Wielkiej Brytanii
■ I'm from Britain. Jestem z Wielkiej Brytanii.
■ Great Britain Wielka Brytania

British ['brɪtɪʃ] ADJECTIVE
brytyjski
■ the British Isles Wyspy Brytyjskie
■ the British Brytyjczycy

broad [brɔːd] ADJECTIVE
szeroki
■ in broad daylight w biały dzień

broadband ['brɔːdbænd] NOUN
szerokopasmowe łącze
□ Do you have broadband? Czy masz łącze
szerokopasmowe?

broad bean NOUN
bób

broadcast ['brɔːdkɑːst] NOUN
▷ see also **broadcast** VERB
audycja

to **broadcast** ['brɔːdkɑːst] (PT, PP **broadcast**)
VERB
▷ see also **broadcast** NOUN
nadawać (PERF nadać)
□ The interview was broadcast yesterday.
Wywiad został nadany wczoraj.
■ to broadcast live nadawać na żywo

broccoli ['brɔkəlɪ] NOUN
brokuły

brochure ['brəʊʃjʊər] NOUN
broszura

to **broil** [brɔɪl] VERB (US)
opiekać (PERF opiec)
□ to broil chicken opiekać kurczaka

broke [brəʊk] VERB ▷ see **break**

broke ADJECTIVE
spłukany (penniless)
□ to be broke być spłukanym

broken ['brəʊkn] VERB ▷ see **break**

broken ADJECTIVE
1 rozbity
   □ The window's broken. Okno jest rozbite.
2 zepsuty
   □ The washing machine is broken again.
   Pralka jest znów zepsuta.
■ a broken leg złamana noga

bronchitis [brɔŋ'kaɪtɪs] NOUN
zapalenie oskrzeli

bronze [brɔnz] NOUN
brąz
■ the bronze medal brąz

brooch [brəʊtʃ] NOUN
broszka

broom [brum] NOUN
miotła

brother ['brʌðər] NOUN
brat
□ my brother mój brat □ my big brother
mój starszy brat

brother-in-law ['brʌðərɪnlɔː] NOUN
szwagier

brought [brɔːt] VERB ▷ see **bring**

brown [braun] ADJECTIVE
1 brązowy
2 opalony (tanned)

brown bread NOUN
ciemny chleb

Brownie ['braunɪ] NOUN
■ the Brownies dziewczęca drużyna
zuchowa

to **browse** [brauz] VERB
1 przeglądać (PERF przejrzeć) (on computer)
2 szperać (PERF wyszperać) (in shop)

browser ['brauzər] NOUN
przeglądarka (on computer)

bruise [bruːz] NOUN
siniak

brush [brʌʃ] NOUN
▷ see also **brush** VERB
1 miotła (for cleaning)
2 szczotka (for hair)
3 pędzel (for painting)

brush [brʌʃ] VERB
▷ see also **brush** NOUN
1 zmiatać (PERF zmieść) (floor)
2 szczotkować (PERF wyszczotkować)
   □ I brushed my hair. Wyszczotkowałam włosy.
■ to brush one's teeth myć (PERF umyć) zęby
   □ I brush my teeth every night. Co wieczór myję
   zęby.

Brussels sprouts ['brʌslz-] PL NOUN
brukselki

BSc ABBREVIATION (= Bachelor of Science)
licencjat z nauk ścisłych
■ a BSc in Mathematics licencjat z
matematyki

bubble ['bʌbl] NOUN
pęcherzyk
■ soap bubble bańka

bubble bath NOUN
płyn do kąpieli

bubble gum NOUN
guma balonowa

bucket ['bʌkɪt] NOUN
wiadro

buckle ['bʌkl] NOUN
klamra

Buddhism ['budɪzəm] NOUN
buddyzm

Buddhist ['budɪst] ADJECTIVE
▷ see also **Buddhist** NOUN
buddyjski
■ She's Buddhist. Ona jest buddystką.

Buddhist ['budɪst] NOUN
▷ see also **Buddhist** ADJECTIVE

buddysta masc
buddyjka fem

buddy ['bʌdɪ] NOUN
kumpel (informal)
□ He's a good buddy. On jest dobrym kumplem.

budget ['bʌdʒɪt] NOUN
budżet
□ I'm on a tight budget. Mój budżet jest ograniczony.

budgie ['bʌdʒɪ] NOUN
papużka

buffet ['bufeɪ] NOUN
bufet

buffet car NOUN
wagon restauracyjny

bug [bʌg] NOUN
1 robak (insect)
2 błąd (in computer)
3 wirus
□ a stomach bug wirus żołądkowy □ There's a bug going round. Krąży wirus.

bugged ['bʌgd] ADJECTIVE
na podsłuchu
□ The room was bugged. Pokój był na podsłuchu.

to **build** [bɪld] (PT, PP **built**) VERB
budować (PERF zbudować)
□ He's building a garage. On buduje garaż.

to **build up** VERB
narastać (accumulate)

builder ['bɪldə'] NOUN
robotnik budowlany

building ['bɪldɪŋ] NOUN
budynek

building site NOUN
miejsce budowy

building society NOUN

> CZY WIESZ, ŻE...?
> **Building societies** – oszczędnościowe kasy mieszkaniowe, pierwotnie zakładane po to, aby udzielać kredytów na zakup mieszkań, obecnie zaś oferujące większy zakres usług finansowych.

built [bɪlt] VERB ▷ see **build**

bulb [bʌlb] NOUN
1 żarówka (electric)
2 cebulka (of flower)

Bulgaria [bʌl'gɛərɪə] NOUN
Bułgaria

bull [bul] NOUN
byk

bullet ['bulɪt] NOUN
pocisk

bulletin board NOUN
1 tablica ogłoszeniowa (on computer)
2 tablica informacyjna (us: noticeboard)

bullfighting ['bulfaɪtɪŋ] NOUN
walki byków pl

bully ['bulɪ] NOUN
▷ see also **bully** VERB
łobuz

□ He's a big bully. On jest wielkim łobuzem.

to **bully** ['bulɪ] VERB
▷ see also **bully** NOUN
zastraszać (PERF zastraszyć)

bum [bʌm] NOUN
pupa (informal)
□ She fell on her bum. Ona upadła na pupę.

bum bag NOUN
torebka noszona z przodu przy pasku spodni

bump [bʌmp] NOUN
1 guz (on head)
2 wstrząs (jolt)
3 wyboje (on road)
■ We had a bump in the car. Mieliśmy stłuczkę samochodową.

to **bump into** VERB
1 uderzać (PERF uderzyć)
□ I bumped into the table in the dark. W ciemności uderzyłem w stół. □ He stopped suddenly and I bumped into him. On znienacka stanął, a ja uderzyłem w niego.
2 wpadać (PERF wpaść) na (meet)
□ I bumped into Jane in the supermarket. Wpadłem na Jane w supermarkecie.

bumper ['bʌmpə'] NOUN
zderzak

bumpy ['bʌmpɪ] ADJECTIVE
1 wyboisty (road)
2 lot z turbulencjami (flight)

bun [bʌn] NOUN
1 bułka (bread)
2 kok (hair style)

bunch [bʌntʃ] NOUN
1 bukiet (of flowers)
2 pęk (of keys)
3 kiść (of bananas, grapes)
■ bunches kucyki □ She has her hair in bunches. Ona ma włosy upięte w kucyki.

bungalow ['bʌŋgələu] NOUN
dom parterowy

bunk [bʌŋk] NOUN
łóżko piętrowe

bunk beds PL NOUN
łóżka piętrowe

burger ['bə:gə'] NOUN
hamburger

burglar ['bə:glə'] NOUN
włamywacz masc
włamywaczka fem

burglar alarm NOUN
alarm antywłamaniowy

to **burglarize** ['bə:gləraɪz] VERB (US)
włamać się

burglary ['bə:glərɪ] NOUN
włamanie

to **burgle** ['bə:gl] VERB
włamać się
□ Her house was burgled. Włamano się do jej domu.

burn [bə:n] NOUN
▷ see also **burn** VERB
oparzenie

to **burn** [bə:n] (PT, PP **burned** or **burnt**) VERB
▷ *see also* **burn** NOUN

1 oparzyć
□ I've burned my hand. Oparzyłem sobie rękę.
■ **to burn oneself** oparzyć się □ I've burnt myself! Oparzyłem się!

2 przypalać (PERF przypalić)
□ I burned the cake. Przypaliłem ciasto.

3 palić (PERF spalić) (rubbish)

4 spalać (PERF spalić) (fuel)

5 skopiować (CD, DVD)

to **burn down** VERB
palić (PERF spalić) się
□ The factory burned down. Fabryka się spaliła.

to **burst** [bə:st] (PT, PP **burst**) VERB
przekłuwać (PERF przekłuć)
□ to burst a balloon przekłuć balon
■ **The balloon burst.** Balon pękł.
■ **to burst into flames** wybuchać
(PERF wybuchnąć) płomieniem
■ **to burst into tears** wybuchać
(PERF wybuchnąć) płaczem
■ **to burst out laughing** wybuchać
(PERF wybuchnąć) śmiechem

to **bury** ['bɛrɪ] VERB

1 zakopywać (PERF zakopać) (object)

2 chować (PERF pochować)
□ Our grandmother is buried in Coventry.
Nasza babcia jest pochowana w Coventry.

bus [bʌs] NOUN
autobus
□ Let's take the bus. Pojedźmy autobusem.
■ **the school bus** autobus szkolny

bus driver NOUN
kierowca autobusu

bush [buʃ] NOUN
krzak

business ['bɪznɪs] NOUN
biznes
□ He's got his own business. On ma swój własny biznes.
■ **a business trip** podróż służbowa
■ **He's often away on business.** On często podróżuje służbowo.
■ **to do business with somebody** robić
(PERF zrobić) z kimś interesy
■ **It's none of your business.** To nie twoja sprawa.

businessman ['bɪznɪsmən] (PL **businessmen**)
NOUN
przedsiębiorca

businesswoman ['bɪznɪswumən] (PL
businesswomen) NOUN
kobieta interesu

busker ['bʌskə'] NOUN
muzyk uliczny

bus pass NOUN
karnet autobusowy

bus station NOUN
dworzec autobusowy

bus stop NOUN
przystanek autobusowy

bust [bʌst] NOUN
biust (chest)

busy ['bɪzɪ] ADJECTIVE

1 zajęty
□ I'm busy. Jestem zajęty.

2 ruchliwy (shop, street)

3 pracowity (schedule, day)

4 zajęty (telephone line)

busy signal NOUN (US)
sygnał linii zajętej

but [bʌt] CONJUNCTION

LANGUAGE TIP There are several ways of translating **but**. Scan the examples to find one that is similar to what you want to say.

ale
□ I'd love to come, but I'm busy. Bardzo chciałbym przyjść, ale jestem zajęty. □ But that's far too expensive! Ale to jest za drogie!
■ **not only ... but also** nie tylko ... ale także
□ She's not only pretty, but also intelligent.
Ona nie tylko jest ładna, ale także inteligentna.
■ **nothing but** nic oprócz +inst □ He has caused nothing but trouble. On nie wywołał nic oprócz problemów.
■ **It's anything but easy.** To w ogóle nie jest łatwe.
■ **They've got no-one but themselves to blame.** Nikogo nie mogą winić poza sobą.
■ **I can but try.** Mogę spróbować.
■ **but for** gdyby nie □ But for him, we wouldn't have finished the job. Gdyby nie on, nie skończylibyśmy pracy.
■ **The box was empty but for a small piece of paper.** Pudełko było puste, poza małym kawałkiem papieru.

butcher ['butʃə'] NOUN
rzeźnik masc
rzeźniczka fem (person)
□ He's a butcher. On jest rzeźnikiem.
■ **butcher's** (shop) sklep mięsny

butter ['bʌtə'] NOUN
masło

butterfly ['bʌtəflaɪ] NOUN

1 motyl

2 motylek (in swimming)

buttocks ['bʌtəks] PL NOUN
pośladki

button ['bʌtn] NOUN

1 guzik (on clothes)

2 przycisk (on machine)

3 znaczek (US: badge)

to **buy** [baɪ] (PT, PP **bought**) VERB
▷ *see also* **buy** NOUN
kupować (PERF kupić)
■ **to buy somebody something** kupować (PERF kupić) coś komuś □ I bought him an ice cream. Kupiłem mu lody.
■ **to buy something from somebody** kupować (PERF kupić) coś od kogoś □ I bought a watch from him. Kupiłem od niego zegarek.

buy [baɪ] NOUN
▷ *see also* **buy** VERB

zakup
▢ It was a good buy. To był dobry zakup.
by [baɪ] PREPOSITION ()
1 przy +loc (close to, beside)
  ▢ He was standing by the door. Stał przy drzwiach.
2 do +gen (with times, dates)
  ▢ by 4 o'clock do czwartej godziny ▢ by 2009 do 2009

> LANGUAGE TIP **by** is often translated by the instrumental case in Polish.

▢ He was struck by a football. Został uderzony piłką futbolową. ▢ surrounded by a fence otoczony ogrodzeniem
■ **a painting by Picasso** obraz Picassa

■ **by bus** autobusem ▢ We went by bus. Pojechaliśmy autobusem.
■ **by the time ...** do czasu ... ▢ by the time I got here do czasu, gdy tu przyszedłem ▢ It'll be ready by the time you get back. To będzie gotowe do czasu, gdy wrócisz.
■ **to divide by 3** dzielić przez trzy
■ **by law** według prawa
■ **by the way** nawiasem mówiąc
bye(-bye) [ˈbaɪ(ˈbaɪ)] EXCLAMATION
pa, pa
bypass [ˈbaɪpɑːs] NOUN
obwodnica
▢ There's a new bypass round the town. Wokół miasta jest nowa obwodnica.

b

Cc

c

cab [kæb] NOUN
taksówka
□ to call a cab dzwonić (PERF zadzwonić) po taksówkę

cabbage ['kæbɪdʒ] NOUN
kapusta

cabin ['kæbɪn] NOUN
kabina

cabinet ['kæbɪnɪt] NOUN
szafka
□ a bathroom cabinet szafka łazienkowa
□ a drinks cabinet szafka z napojami alkoholowymi

cable ['keɪbl] NOUN
1 lina (rope)
2 kabel (electricity)

cable car NOUN
wagonik kolejki linowej

cable television NOUN
telewizja kablowa

cactus ['kæk] (PL **cactuses** or **cacti**) ['kæktaɪ]
NOUN
kaktus

cadet [kə'dɛt] NOUN
kadet
□ a police cadet kadet szkoły policyjnej
■ a cadet officer kadet

café ['kæfeɪ] NOUN
kawiarnia

cafeteria [kæfɪ'tɪərɪə] NOUN
bufet

cage [keɪdʒ] NOUN
klatka

cagoule [kə'guːl] NOUN
sztormiak

cake [keɪk] NOUN
1 ciasto (large)
2 ciastko (small)

to calculate ['kælkjuleɪt] VERB
obliczać (PERF obliczyć)
□ to calculate that ... obliczać (PERF obliczyć), że ...

calculation [kælkju'leɪʃən] NOUN
obliczenie

calculator ['kælkjuleɪtəʳ] NOUN
kalkulator

calendar ['kæləndəʳ] NOUN
kalendarz

calf [kɑːf] (PL **calves**) NOUN

1 cielę (of cow)
2 łydka (of leg)

call [kɔːl] NOUN
▷ see also **call** VERB
telefon (by telephone)
□ Thanks for your call. Dzięki za telefon.
■ to make a phone call dzwonić (PERF zadzwonić)
■ to give somebody a call zadzwonić do kogoś
■ to be on call (nurse, doctor) być na dyżurze
□ He's on call this evening. On jest na dyżurze dziś wieczorem.

to call [kɔːl] VERB
▷ see also **call** NOUN
1 nazywać (PERF nazwać) (name)
□ We called our son John. Nazwaliśmy naszego syna John.
■ to be called nazywać się □ She's called Susan. Ona nazywa się Susan. □ What's she called? Jak ona się nazywa?
2 zwracać (PERF zwrócić) się (address as)
□ Her name's Elizabeth but everyone calls her Liz. Ona ma na imię Elizabeth, ale wszyscy zwracają się do niej Liz.
3 dzwonić (PERF zadzwonić) (on telephone)
□ Call me when you get home. Zadzwoń do mnie, gdy wrócisz do domu. □ I'll tell him ou called. Powiem mu, że zadzwoniłeś.
□ We called the police. Zadzwoniliśmy po policję.
■ Who's calling? Kto mówi?
4 wołać (PERF zawołać) (summon)
□ I think we should call the doctor. Myślę, że powinniśmy zawołać lekarza.
■ to call somebody names wyzywać (PERF wyzwać) kogoś
■ He called me an idiot. Nazwał mnie idiotą.

to call back VERB
1 wracać (PERF wrócić) (return)
□ She said she would call back to see you later. Powiedziała, że wróci później, aby się z Tobą zobaczyć.
2 oddzwaniać (PERF oddzwonić) (by telephone)
□ I'll call back at 6 o'clock. Oddzwonię o szóstej. □ Could you please ask him to call me back? Czy mógłbyś proszę poprosić go, by do mnie zadzwonił?

to call for VERB
wstępować (PERF wstąpić) po

□ I'll call for you at seven o'clock. Wstąpię po Ciebie o siódmej.

to **call off** VERB
odwoływać (PERF odwołać)
□ The match was called off. Mecz został odwołany.

to **call out** VERB
wołać (PERF zawołać)

call box NOUN
budka telefoniczna

call centre (US **call center**) NOUN
call centre

calm [kɑːm] ADJECTIVE
1 opanowany (person)
2 cichy (voice)
3 spokojny (sea)

to **calm down** VERB
uspokajać (PERF uspokoić)
■ **Calm down!** Uspokój się!

Calor gas® ['kælə'-] NOUN
propan-butan

calorie ['kælərɪ] NOUN
kaloria

calves [kɑːvz] PL VERB ▷ see **calf**

Cambodia [kæm'bəʊdɪə] NOUN
Kambodża
■ **in Cambodia** w Kambodży
■ **to Cambodia** do Kambodży

camcorder ['kæmkɔːdə'] NOUN
kamera wideo

came [keɪm] VERB ▷ see **come**

camel ['kæməl] NOUN
wielbłąd

camera ['kæmərə] NOUN
1 aparat fotograficzny
2 kamera (for filming, TV)

cameraman ['kæmərəmæn] (PL **cameramen**)
NOUN
operator

camera phone NOUN
telefon z wbudowaną kamerą

camp [kæmp] NOUN
▷ see also **camp** VERB
obóz (for refugees)

to **camp** [kæmp] VERB
▷ see also **camp** NOUN
biwakować perf

campaign [kæm'peɪn] NOUN
kampania

camp bed NOUN
łóżko polowe

camper ['kæmpə'] NOUN
obozowicz masc
obozowiczka fem
■ **a camper van** samochód kempingowy

camping ['kæmpɪŋ] NOUN
biwakowanie
■ **to go camping** jechać (PERF pojechać)
na kemping □ We went camping in Wales.
Pojechaliśmy na kemping do Walii.

campsite ['kæmpsaɪt] NOUN
kemping

campus ['kæmpəs] NOUN
miasteczko uniwersyteckie
□ to live on campus mieszkać w miasteczku
uniwersyteckim

can [kæn] NOUN
▷ see also **can** VERB
1 puszka (for food, drinks)
□ a can of sweetcorn puszka kukurydzy □ a can
of beer puszka piwa
2 kanister (for petrol, oil)
□ a can of petrol kanister benzyny

can [kæn] (NEGATIVE **cannot, can't**, CONDITIONAL,
PT **could**) VERB
▷ see also **can** NOUN
1 móc
□ I can't come. Nie mogę przyjść. □ Can I use
your phone? Mogę skorzystać z twojego
telefonu? □ You could hire a bike. Mógłbyś
wynająć rower. □ He couldn't read or write.
Nie umiał ani czytać ani pisać. □ Can you help
me? Możesz mi pomóc?

‿‿‿ **LANGUAGE TIP** 'can' is sometimes not
‿‿‿ translated in Polish.

□ I can't see anything. Nic nie widzę. □ I can't
remember. Nie pamiętam.
2 umieć (know how to)
□ I can swim. Umiem pływać. □ Can you speak
German? Czy umiesz mówić po niemiecku?
□ He can't drive. On nie umie prowadzić
samochodu.
■ **It can't be true!** To nie może być prawda!
■ **You can't be serious!** Nie mówisz poważnie!

Canada ['kænədə] NOUN
Kanada
■ **in Canada** w Kanadzie
■ **to Canada** do Kanady

Canadian [kə'neɪdɪən] ADJECTIVE
▷ see also **Canadian** NOUN
kanadyjski
■ **She's Canadian.** Ona jest Kanadyjką.

Canadian [kə'neɪdɪən] NOUN
▷ see also **Canadian** ADJECTIVE
Kanadyjczyk masc
Kanadyjka fem

canal [kə'næl] NOUN
kanał

Canaries [kə'nɛərɪz] PL NOUN
■ **the Canaries** Wyspy Kanaryjskie

canary [kə'nɛərɪ] NOUN
kanarek

to **cancel** ['kænsəl] VERB
odwoływać (PERF odwołać)
□ The match was cancelled. Mecz został
odwołany.

cancellation [kænsə'leɪʃən] NOUN
odwołanie

Cancer ['kænsə'] NOUN
Rak
□ I'm Cancer. Jestem spod znaku Raka.

cancer ['kænsə'] NOUN
nowotwór
□ My aunt has cancer. Moja ciotka ma nowotwór.

candidate [ˈkændɪdeɪt] NOUN
1 kandydat masc
   kandydatka fem (for job)
2 zdający masc
   zdająca fem (in exam)

candle [ˈkændl] NOUN
   świeca

candy [ˈkændɪ] NOUN (US)
   słodycze
   ■ **a piece of candy** cukierek

candyfloss [ˈkændɪflɔs] NOUN
   wata cukrowa

cannabis [ˈkænəbɪs] NOUN
   marihuana

canned [kænd] ADJECTIVE
   w puszce (food)

cannot [ˈkænɔt] = **can not**

canoe [kəˈnuː] NOUN
   kajak

canoeing [kəˈnuːɪŋ] NOUN
   kajakarstwo
   ■ **to go canoeing** pływać (PERF płynąć) kajakiem
   □ We went canoeing at the weekend. W
   weekend pływaliśmy kajakiem.

can-opener [ˈkænəupnəʳ] NOUN
   otwieracz do puszek

can't [kɑːnt] = **can not**

canteen [kænˈtiːn] NOUN
   stołówka

to **canter** [ˈkæntəʳ] VERB
   biec kłusem

canvas [ˈkænvəs] NOUN
   płótno

cap [kæp] NOUN
1 czapka (hat)
2 nakrętka (bottle top)

capable [ˈkeɪpəbl] ADJECTIVE
   sprawny
   ■ **to be capable of something** potrafić coś
   ■ **to be capable of doing something** być w
   stanie coś zrobić

capacity [kəˈpæsɪtɪ] NOUN
   pojemność
   ■ **filled to capacity** zapchany

capital [ˈkæpɪtl] NOUN
1 stolica
   □ Cardiff is the capital of Wales. Cardiff jest
   stolicą Walii.
2 kapitał (money)
   ■ **capital letter** wielka litera
   ■ **capital R** duże R
   ■ **in capitals** dużymi literami □ Write your
   address in capitals. Proszę napisać swój adres
   dużymi literami.

capitalism [ˈkæpɪtəlɪzəm] NOUN
   kapitalizm

capital punishment NOUN
   kara śmierci

Capricorn [ˈkæprɪkɔːn] NOUN
   Koziorożec
   □ I'm Capricorn. Jestem spod znaku
   Koziorożca.

to **capsize** [kæpˈsaɪz] VERB
   wywracać (PERF wywrócić) się do góry dnem

captain [ˈkæptɪn] NOUN
   kapitan
   □ She's captain of the hockey team. Ona jest
   kapitanem drużyny hokejowej.

to **capture** [ˈkæptʃəʳ] VERB
1 chwytać (PERF schwytać) (animal)
2 pojmać (PERF pojąć) (person)

car [kɑːʳ] NOUN
   samochód
   ■ **by car** samochodem □ We went by car.
   Pojechaliśmy samochodem.
   ■ **a car crash** wypadek samochodowy

caramel [ˈkærəməl] NOUN
   karmel

caravan [ˈkærəvæn] NOUN
   przyczepa kempingowa

caravan site NOUN
   pole kempingowe

card [kɑːd] NOUN
1 kartka
   □ Don't forget to send her a card on her
   birthday. Nie zapomnij wysłać jej kartki na jej
   urodziny.
2 karta
   □ You can pay by card. Można płacić kartą.
   ■ **to play cards** grać w karty
   ■ **a card game** gra w karty
   ■ **a business card** wizytówka

cardboard [ˈkɑːdbɔːd] NOUN
   karton
   ■ **a cardboard box** pudełko kartonowe

cardigan [ˈkɑːdɪgən] NOUN
   sweter rozpinany

care [keəʳ] NOUN
   ▷ see also **care** VERB
   ostrożność
   ■ **with care** ostrożnie
   ■ **Take care!** 1 (saying goodbye) Trzymaj się!
   2 (be careful) Uważaj na siebie!
   ■ **to take care to do something** starać (PERF
   postarać) się coś zrobić
   ■ **to take care of somebody** opiekować się
   kimś □ I take care of the children on Saturdays.
   Opiekuję się dziećmi w soboty.
   ■ **to take care of something** (possessions)
   dbać (PERF zadbać) o coś

to **care** [keəʳ] VERB
   ▷ see also **care** NOUN
   przejmować (PERF przejąć) się
   ■ **I don't care!** Nie obchodzi mnie to!
   ■ **She doesn't care.** Jej to nie obchodzi.

to **care about** VERB
   interesować (PERF zainteresować) się +inst
   □ They don't really care about their image.
   Oni naprawdę nie interesują się swoim
   wizerunkiem.

to **care for** VERB
   opiekować (PERF zaopiekować) się +inst
   □ She cares for her elderly parents. Ona
   opiekuje się swoimi starszymi rodzicami.

career [kəˈrɪəʳ] NOUN
zawód (*profession*)
- **a careers adviser** osoba zajmująca się doradztwem zawodowym

careful [ˈkɛəful] ADJECTIVE
1 ostrożny
- **Be careful!** Uważaj!
- **to be careful with something** ostrożnie się z czymś obchodzić
2 staranny (*thorough*)

carefully [ˈkɛəfəlɪ] ADVERB
1 ostrożnie (*cautiously*)
- □ **Drive carefully!** Jedź ostrożnie!
- **She carefully avoided talking about it.** Starannie unikała rozmowy o tym.
2 skrupulatnie (*thoroughly*)
- **Think carefully!** Zastanów się dobrze!

careless [ˈkɛəlɪs] ADJECTIVE
1 nieuważny
- □ **She's very careless.** Ona jest bardzo nieuważna.
- **to be careless with something** trwonić coś
- □ **She's very careless with money.** Ona bardzo trwoni pieniądze.
2 nieostrożny (*driving*)
- □ **a careless driver** nieostrożny kierowca
- **a careless mistake** pomyłka wynikająca z nieuwagi

caretaker [ˈkɛəteɪkəʳ] NOUN
dozorca *masc*
dozorczyni *fem*
- □ **He's a caretaker.** On jest dozorcą.

cargo [ˈkɑːgəu] (PL **cargoes**) NOUN
ładunek

car hire NOUN
wynajem samochodów

Caribbean [kærɪˈbiːən] NOUN
▷ *see also* **Caribbean** ADJECTIVE
- **We're going to the Caribbean.** Jedziemy na Karaiby.
- **He's from the Caribbean.** On pochodzi z Karaibów.

Caribbean [kærɪˈbiːən] ADJECTIVE
▷ *see also* **Caribbean** NOUN
karaibski
- □ **Caribbean food** karaibskie jedzenie
- **the Caribbean Sea** Morze Karaibskie

caring [ˈkɛərɪŋ] ADJECTIVE
opiekuńczy
- □ **She's a very caring teacher.** Ona jest bardzo opiekuńczą nauczycielką. □ **She has very caring parents.** Ona ma bardzo opiekuńczych rodziców.

carnation [kɑːˈneɪʃən] NOUN
goździk

carnival [ˈkɑːnɪvl] NOUN
karnawał

carol [ˈkærəl] NOUN
- **a Christmas carol** kolęda

car park NOUN
parking

carpenter [ˈkɑːpɪntəʳ] NOUN
stolarz
- □ **He's a carpenter.** On jest stolarzem.

carpentry [ˈkɑːpɪntrɪ] NOUN
stolarstwo

carpet [ˈkɑːpɪt] NOUN
1 wykładzina (*fitted*)
2 dywan (*rug*)
- □ **a Persian carpet** dywan perski

car rental NOUN (US)
wynajem samochodów

carriage [ˈkærɪdʒ] NOUN
wagon (*on train*)

carrier bag [ˈkærɪəʳ-] NOUN
reklamówka

carrot [ˈkærət] NOUN
marchewka

to carry [ˈkærɪ] VERB
1 nieść (PERF zanieść) (*person*)
- □ **She carried her son to the car.** Ona zaniosła swojego syna do samochodu.
2 nosić (PERF nieść) (*on one's back*)
- □ **I'll carry the rucksack.** Poniosę plecak.
- □ **I'll carry your bag.** Poniosę Twoją torbę.
3 przewozić (PERF przewieźć) (*ship, plane*)
- □ **a plane carrying 100 passengers** samolot przewożący 100 pasażerów

to carry on VERB
kontynuować (*continue*)
- □ **to carry on with something** kontynuować coś
- □ **Carry on!** Kontynuuj!
- **to carry on doing something** kontynuować coś robić □ **She carried on talking.** Kontynuowała mówienie.

to carry out VERB
realizować (PERF zrealizować)

cart [kɑːt] NOUN
wóz (*for people, goods*)

carton [ˈkɑːtən] NOUN
karton

cartoon [kɑːˈtuːn] NOUN
1 dowcip rysunkowy (*drawing*)
- **a strip cartoon** komiks w gazecie
2 kreskówka (*animated*)
- □ **to watch cartoons** oglądać kreskówki
- **a comic strip** komiks

cartridge [ˈkɑːtrɪdʒ] NOUN
1 nabój (*for gun*)
2 wkład drukujący (*for printer*)

to carve [kɑːv] VERB
1 kroić (PERF pokroić) (*meat*)
2 rzeźbić (PERF wyrzeźbić) (*wood, stone*)

case [keɪs] NOUN
1 przypadek (*instance*)
- □ **in some cases** w niektórych przypadkach
- **in that case** w takim razie □ **I don't want it.** — **In that case, I'll take it.** Nie chcę tego. — W takim razie ja to wezmę.
- **in case of** w razie □ **in case of fire** w razie pożaru
- **in case he comes** jeśli przyjdzie
- **in any case** w każdym przypadku
- **just in case** na wszelki wypadek □ **Take some money, just in case.** Weź trochę pieniędzy na wszelki wypadek.

c

2 walizka *(suitcase)*
   □ I've packed my case. Spakowałem moją walizkę.
3 opakowanie *(container)*
   ■ **lower case** małe litery
   ■ **upper case** duże litery

cash [kæʃ] NOUN
1 gotówka *(notes and coins)*
   ■ **in cash** gotówką □ £2000 in cash 2000 funtów w gotówce
   ■ **to pay in cash** płacić (PERF zapłacić) gotówką
2 pieniądze *(money)*
   □ I'm a bit short of cash. Trochę u mnie krucho z pieniędzmi.

cash card NOUN
   karta bankowa

cash desk NOUN
   kasa sklepowa

cash dispenser [-dɪs'pɛnsəʳ] NOUN
   bankomat

cashew [kæ'ʃuː] NOUN
   ■ **cashew nut** nerkowiec

cashier [kæ'ʃɪəʳ] NOUN
   kasjer *masc*
   kasjerka *fem (in bank)*
   □ She's a cashier. Ona jest kasjerką.

cashmere ['kæʃmɪəʳ] ADJECTIVE
   kaszmirowy
   □ a cashmere sweater kaszmirowy sweter

cash register NOUN
   kasa fiskalna

casino [kə'siːnəu] NOUN
   kasyno

casserole ['kæsərəul] NOUN
   zapiekanka
   □ I'm going to make a casserole. Przygotuję zapiekankę.
   ■ **a casserole dish** naczynie żaroodporne

cassette [kæ'sɛt] NOUN
   kaseta

cast [kɑːst] NOUN
   obsada
   □ the cast of Eastenders obsada 'Eastenders'

castle ['kɑːsl] NOUN
   zamek

casual ['kæʒjul] ADJECTIVE
1 przypadkowy *(chance)*
   □ It was just a casual remark. To była tylko przypadkowa uwaga.
2 swobodny *(unconcerned, informal)*
   □ a casual attitude swobodne zachowanie
   □ casual clothes swobodne ubrania

casually ['kæʒjulɪ] ADVERB
   swobodnie
   ■ **to dress casually** ubierać (PERF ubrać) się swobodnie

casualty ['kæʒjultɪ] NOUN
1 ofiara *(injured)*
2 ofiara śmiertelna *(dead)*
3 ostry dyżur *(in hospital)*
   □ We took her to casualty. Zabraliśmy ją na ostry dyżur.

cat [kæt] NOUN
   kot
   □ Have you got a cat? Czy masz kota?

catalogue ['kætələɡ] (US **catalog**) NOUN
   katalog

catalytic converter [kætə'lɪtɪkkən'vɔːtəʳ] NOUN
   katalizator spalin

catarrh [kə'tɑːʳ] NOUN
   nieżyt

catastrophe [kə'tæstrəfɪ] NOUN
   katastrofa

to **catch** [kætʃ] (PT, PP **caught**) VERB
   łapać (PERF złapać)
   □ My cat catches birds. Mój kot łapie ptaki.
   □ to catch a thief łapać (PERF złapać) złodzieja
   □ We caught the last bus. Złapaliśmy ostatni autobus. □ I caught a cold. Złapałem katar.
   ■ **to catch somebody doing something** łapać (PERF złapać) kogoś na robieniu czegoś
   □ If they catch you smoking ... Jeśli złapią Cię na paleniu ...
   ■ **to get caught in something 1** *(storm)* być złapanym przez coś **2** *(traffic jam)* utkwić w czymś
   ■ **I didn't catch his name.** Nie dosłyszałem jego nazwiska.

to **catch up** VERB
   nadganiać (PERF nadgonić) *(walking, driving)*
   ■ **I've got to catch up: I was off yesterday.** Muszę nadgonić zaległości; wczoraj miałem wolne.

to **catch up with** VERB
   doganiać (PERF dogonić)

catching ['kætʃɪŋ] ADJECTIVE
   zaraźliwy
   □ It's not catching. To nie jest zaraźliwe.

catering ['keɪtərɪŋ] NOUN
   catering *(for specific occasion)*

cathedral [kə'θiːdrəl] NOUN
   katedra

Catholic ['kæθəlɪk] ADJECTIVE
   ▷ see also **Catholic** NOUN
   katolicki

Catholic ['kæθəlɪk] NOUN
   ▷ see also **Catholic** ADJECTIVE
   katolik *masc*
   katoliczka *fem*
   □ I'm a Catholic. Jestem katolikiem.

cattle ['kætl] PL NOUN
   bydło

caught [kɔːt] VERB ▷ see **catch**

cauliflower ['kɔlɪflauəʳ] NOUN
   kalafior

cause [kɔːz] NOUN
   ▷ see also **cause** VERB
1 przyczyna
   □ Nobody knew the cause of the explosion. Nikt nie znał przyczyny eksplozji.
2 powód *(reason)*

to **cause** [kɔːz] VERB
   ▷ see also **cause** NOUN

powodować (PERF spowodować)

□ to cause an accident powodować (PERF spowodować) wypadek

■ **to cause somebody to do something** skłonić kogoś do czegoś □ The explosion caused him to jump. Eksplozja spowodowała, że podskoczył.

cautious ['kɔːʃəs] ADJECTIVE
ostrożny

■ **to be cautious about doing something** robić (PERF zrobić) coś ostrożnie

cautiously ['kɔːʃəsli] ADJECTIVE
ostrożnie

□ She cautiously opened the door. Ostrożnie otworzyła drzwi. □ The government reacted cautiously. Rząd zareagował ostrożnie.

cave [keɪv] NOUN
jaskinia

CCTV ABBREVIATION (= closed-circuit television)
telewizja przemysłowa

CD ABBREVIATION (= compact disc)
płyta kompaktowa

CD burner ["bəːnəʳ] NOUN
nagrywarka CD

CD player NOUN
odtwarzacz płyt kompaktowych

CD-ROM [siːdiːˈrɔm] ABBREVIATION (= compact disc read-only memory)
CD-ROM

□ on CD-ROM na CD-ROMie

ceasefire ['siːsfaɪəʳ] NOUN
zawieszenie broni

ceiling ['siːlɪŋ] NOUN
sufit

to **celebrate** ['sɛlɪbreɪt] VERB
1 świętować (success, birthday)
2 celebrować (mass)

celebrity [sɪˈlɛbrɪti] NOUN
znana osobistość

celery ['sɛləri] NOUN
seler naciowy

□ a stick of celery łodyga selera naciowego

cell [sɛl] NOUN
1 komórka (in biology)
2 cela (in prison)

cellar ['sɛləʳ] NOUN
piwnica

□ a wine cellar piwnica na wino

cello ['tʃɛləu] NOUN
wiolonczela

□ I play the cello. Gram na wiolonczeli.

cellphone ['sɛlfəun] NOUN (US)
telefon komórkowy

cement [səˈmɛnt] NOUN
beton (concrete)

cemetery ['sɛmɪtri] NOUN
cmentarz

cent [sɛnt] NOUN
cent

□ twenty cents dwadzieścia centów

centenary [sɛnˈtiːnəri] NOUN
stulecie

center ['sɛntəʳ] NOUN (US) = centre

centigrade ['sɛntɪgreɪd] ADJECTIVE
w skali Celsjusza

□ 20 degrees centigrade 20 stopni Celsjusza

centimetre ['sɛntɪmiːtəʳ] (US **centimeter**)
NOUN
centymetr

central ['sɛntrəl] ADJECTIVE
1 centralny

□ central London centralny Londyn
2 główny (most important)

□ the central character in the film główna postać w filmie

central heating NOUN
centralne ogrzewanie

centre ['sɛntəʳ] (US **center**) NOUN
1 środek (of circle, line)
2 centrum (of town, activity)

□ the city centre centrum miasta □ to be at the centre of something być w centrum czegoś

■ **to be the centre of attention** być w centrum uwagi
3 ośrodek (building)

□ a sports centre ośrodek sportowy

century ['sɛntjuri] NOUN
wiek

□ in the twenty-first century w dwudziestym pierwszym wieku

cereal ['siːrɪəl] NOUN
1 zboże (plant, crop)
2 płatki śniadaniowe

□ I have cereal in the morning. Rano jem płatki śniadaniowe.

ceremony ['sɛrɪməni] NOUN
1 uroczystość (event)
2 ceremonia (ritual)

certain ['səːtən] ADJECTIVE
pewny

□ a certain person pewna osoba □ a certain amount of something pewna ilość czegoś

■ **to be certain that ...** być pewnym, że ...
□ I'm absolutely certain that it was him. Jestem absolutnie pewien, że to był on.

■ **it is certain that ...** jest pewne, że ...

■ **to make certain that ...** upewnić się, że ...
□ I made certain that the door was locked. Upewniłem się, że drzwi były zamknięte na klucz.

■ **to be certain of** być pewnym +gen

■ **to know something for certain** wiedzieć coś na pewno □ I don't know for certain. Nie wiem na pewno.

certainly ['səːtənli] ADVERB
1 z pewnością (undoubtedly)

□ I certainly expected something better. Z pewnością oczekiwałem czegoś lepszego.
2 oczywiście (of course)

□ So it was a surprise? — It certainly was! Więc to była niespodzianka? — Oczywiście, że tak!

■ **Certainly not!** Zdecydowanie nie!

certificate [səˈtɪfɪkɪt] NOUN
1 świadectwo (of birth, marriage etc)
2 dyplom (diploma)

CFC ABBREVIATION (= *chlorofluorocarbon*)
chlorofluorowęglowodór

chain [tʃeɪn] NOUN
1 łańcuch
2 łańcuszek *(piece of jewellery)*

chair [tʃeəʳ] NOUN
1 krzesło
□ a table and 4 chairs stół i cztery krzesła
2 fotel *(armchair)*

chairlift ['tʃeəlɪft] NOUN
wyciąg krzesełkowy

chairman ['tʃeəmən] (PL **chairmen**) NOUN
przewodniczący

chalet ['ʃæleɪ] NOUN
drewniana chata

chalk [tʃɔːk] NOUN
kreda
□ a piece of chalk kawałek kredy

challenge ['tʃælɪndʒ] NOUN
▷ see also **challenge** VERB
1 wyzwanie *(hard task)*
2 podważenie *(to authority, ideas)*

to **challenge** ['tʃælɪndʒ] VERB
▷ see also **challenge** NOUN
1 kwestionować (PERF zakwestionować) *(authority, idea)*
2 rzucać (PERF rzucić) wyzwanie +dat *(rival, competitor)*
■ **to challenge somebody to do something** rzucać (PERF rzucić) komuś wyzwanie do zrobienia czegoś □ She challenged me to race her. Rzuciła mi wyzwanie do wyścigu z nią.
■ **to challenge somebody to a fight** wyzwać kogoś na pojedynek

challenging ['tʃælɪndʒɪŋ] ADJECTIVE
wymagający
□ a challenging job wymagająca praca

chambermaid ['tʃeɪmbəmeɪd] NOUN
pokojówka

champagne [ʃæm'peɪn] NOUN
szampan

champion ['tʃæmpɪən] NOUN
mistrz *masc*
mistrzyni *fem*

championship ['tʃæmpɪənʃɪp] NOUN
mistrzostwa

chance [tʃɑːns] NOUN
1 szansa *(likelihood)*
□ Do you think I've got any chance? Czy sądzisz, że mam jakieś szanse? □ He hasn't much chance of winning. Nie ma wielu szans na wygraną.
■ **No chance!** Nie ma mowy!
■ **The chances are that ...** Są szanse, że ...
2 okazja *(opportunity)*
□ the chance to do something okazja do zrobienia czegoś □ I'd like to have a chance to travel. Chciałbym mieć okazję do podróżowania. □ I'll write when I get the chance. Napiszę, jak będę mieć okazję.
3 szczęśliwy traf *(luck)*
□ It all depends on chance. Wszystko zależy od szczęśliwego trafu.

■ **by chance** przypadkiem □ We met by chance. Spotkaliśmy się przypadkiem.
■ **to take a chance** ryzykować (PERF zaryzykować) □ I'm taking no chances! Nie będę ryzykować!

Chancellor of the Exchequer NOUN
minister skarbu *(w Wielkiej Brytanii)*

to **change** [tʃeɪndʒ] VERB
▷ see also **change** NOUN
1 zmieniać (PERF zmienić) *(alter)*
□ The town has changed a lot. Miasto się bardzo zmieniło. □ You can't change human nature. Nie można zmienić natury ludzkiej. □ He wants to change his job. On chce zmienić pracę.
2 wymieniać (PERF wymienić) *(wheel, battery)*
3 przesiadać (PERF przesiąść) się *(trains, buses)*
□ You have to change trains in Crewe. Musisz przesiąść się do innego pociągu w Crewe.
4 przebierać (PERF przebrać) się *(clothes)*
□ I'll just change my shirt. Przebiorę tylko koszulę. □ She changed into an old skirt. Przebrała się w starą spódnicę.
■ **to get changed** przebierać (PERF przebrać) się □ I'm going to get changed. Przebiorę się.
5 zamieniać (PERF zamienić) *(swap)*
■ **I'd like to change 50.** Chciałbym wymienić 50 funtów.
■ **to change one's mind** zmieniać (PERF zmienić) zdanie □ I've changed my mind. Zmieniłem zdanie.
■ **to change gear** *(in car)* zmieniać (PERF zmienić) bieg
■ **to change into something** *(be transformed)* zmieniać (PERF zmienić) w coś

change [tʃeɪndʒ] NOUN
▷ see also **change** VERB
1 zmiana *(alteration)*
□ There's been a change of plan. Nastąpiła zmiana planu.
2 odmiana *(novelty)*
□ It's a change to finally win a match. To odmiana wreszcie wygrać mecz.
■ **for a change** dla odmiany □ Let's play tennis for a change. Zagrajmy dla odmiany w tenisa.
3 drobne *(coins)*
□ I haven't got any change. Nie mam żadnych drobnych.
■ **small change** drobne
4 reszta *(money returned)*
□ Keep the change! Reszty nie trzeba!
■ **to give somebody change of £10** rozmieniać (PERF rozmienić) komuś dziesięć funtów
■ **a change of clothes** zmiana ubrania

changeable ['tʃeɪndʒəbl] ADJECTIVE
zmienny *(weather)*

changing room ['tʃeɪndʒɪŋ-] NOUN
1 przymierzalnia *(in shop)*
2 szatnia *(for sport)*

channel ['tʃænl] NOUN
kanał *(on TV)*

□ There's football on the other channel.
Na drugim kanale jest piłka nożna.

■ **the English Channel** Kanał La Manche

■ **the Channel Islands** Wyspy na Kanale
La Manche

Channel Tunnel NOUN

■ **the Channel Tunnel** Tunel pod Kanałem
La Manche

chaos ['keɪɒs] NOUN
chaos

chap [tʃæp] NOUN
facet (informal)

□ He's a nice chap. Miły z niego facet.

chapel ['tʃæpl] NOUN
1 kaplica
2 kościół (non-conformist chapel)

chapter ['tʃæptər] NOUN
rozdział

character ['kærɪktər] NOUN
1 charakter

■ **She's quite a character.** Niezły z niej oryginał.

■ **a strange character** dziwna osoba
2 postać (in novel, film)

□ The character played by Connery ... postać
grana przez Connery'ego ...
3 znak (letter, symbol)

characteristic [kærɪktə'rɪstɪk] ADJECTIVE
▷ see also **characteristic** NOUN
charakterystyczny

□ to be characteristic of być
charakterystycznym dla +gen

characteristic [kærɪktə'rɪstɪk] NOUN
▷ see also **characteristic** ADJECTIVE
cecha charakterystyczna

charcoal ['tʃɑːkəʊl] NOUN
węgiel drzewny (for fuel)

■ **a piece of charcoal** kawałek węgla

charge [tʃɑːdʒ] NOUN
▷ see also **charge** VERB
1 opłata

□ There's no charge. Nie ma opłat. □ No
charge is made for repairs. Nie jest pobierana
opłata za naprawy. □ at no extra charge bez
dodatkowych opłat

■ **free of charge** bezpłatnie
2 oskarżenie (accusation)

■ **to reverse the charges** dzwonić na koszt
odbiorcy □ I'd like to reverse the charges.
Chciałbym zadzwonić na koszt odbiorcy.

■ **to take charge of something** obejmować
(PERF objąć) kierownictwo czegoś

■ **to be in charge of** kierować +inst □ Mrs
Thomas was in charge of the group. Pani
Thomas kieruje zespołem.

to **charge** [tʃɑːdʒ] VERB
▷ see also **charge** NOUN
1 liczyć (PERF policzyć) (sum of money)

□ to charge somebody £20 for something liczyć
(PERF policzyć) komuś dwadzieścia funtów za coś
2 pobierać (PERF pobrać) (customer, client)

■ **How much do you charge?** Ile to będzie
kosztować?

3 ładować (PERF naładować) (battery)

■ **to charge somebody with something**
oskarżać (PERF oskarżyć) kogoś o coś □ The
police have charged him with murder. Policja
oskarżyła go o morderstwo.

charger ['tʃɑːdʒər] NOUN
ładowarka baterii (do telefonu) (for mobile phone)

charity ['tʃærɪti] NOUN
organizacja dobroczynna (organization)

■ **to give money to charity** dawać (PERF dać)
pieniądze na cele dobroczynne

charity shop NOUN

CZY WIESZ, ŻE...?

Charity shop – sklep prowadzony przez
wolontariuszy, w którym sprzedawane
są używane ubrania, książki oraz artykuły
gospodarstwa domowego. Zyski ze
sprzedaży przekazywane są organizacji
dobroczynnej, którą wspiera sklep.

charm [tʃɑːm] NOUN
1 czar (of place, thing)
2 urok (of person)

□ He's got a lot of charm. On ma wiele uroku.

charming ['tʃɑːmɪŋ] ADJECTIVE
1 czarujący (person)
2 uroczy (place, custom)

chart [tʃɑːt] NOUN
wykres

□ The chart shows the rise of unemployment.
Wykres pokazuje wzrost bezrobocia.

■ **the charts** lista przebojów

■ **to be in the charts** być na liście przebojów
□ This album is number one in the charts.
Ten album jest na pierwszym miejscu listy
przebojów.

charter flight ['tʃɑːtə-] NOUN
lot czarterowy

chase [tʃeɪs] NOUN
▷ see also **chase** VERB
pościg

□ a car chase pościg samochodowy

to **chase** [tʃeɪs] VERB
▷ see also **chase** NOUN
gonić

chat [tʃæt] NOUN
▷ see also **chat** VERB
1 pogawędka

□ to have a chat ucinać (PERF uciąć) sobie
pogawędkę
2 czat (on computer)

to **chat** [tʃæt] VERB
▷ see also **chat** NOUN
ucinać (PERF uciąć) sobie pogawędkę

■ **to chat online** czatować w internecie

to **chat up** VERB
przygadywać (PERF przygadać) sobie

□ He likes to chat up the girls. On lubi
przygadywać sobie dziewczyny.

chatroom ['tʃætruːm] NOUN
pokój czatowy

chat show NOUN
talk show

English-Polish

c

chauvinist ['ʃəuvɪnɪst] NOUN
■ **a male chauvinist** męski szowinista
cheap [tʃiːp] ADJECTIVE
1 tani *(inexpensive)*
□ a cheap T-shirt tani T-shirt
■ **It's cheaper by bus.** Jest taniej autobusem.
2 zniżkowy *(reduced)*

cheat [tʃiːt] NOUN
▷ *see also* **cheat** VERB
oszust *masc*
oszustka *fem (in games, exams)*
to **cheat** [tʃiːt] VERB
▷ *see also* **cheat** NOUN
oszukiwać (PERF oszukać)
□ You're cheating! Oszukujesz!
to **cheat on** VERB
zdradzać (PERF zdradzić) *(husband, girlfriend)*
check [tʃɛk] NOUN
▷ *see also* **check** VERB
1 kontrola *(inspection)*
□ a security check kontrola bezpieczeństwa
■ **to keep a check on somebody** obserwować kogoś
2 rachunek (US)
□ Can we have the check, please? Czy możemy prosić o rachunek?
3 czek (US)
□ to write a check wypisywać (PERF wypisać) czek
to **check** [tʃɛk] VERB
▷ *see also* **check** NOUN
sprawdzać (PERF sprawdzić)
□ I'll check the time of the train. Sprawdzę godzinę pociągu. □ Could you check the oil, please? Proszę sprawdzić poziom oleju.
to **check in** VERB
1 meldować (PERF zameldować się *(at hotel)*
■ **I'd like to check in.** Chciałbym się zameldować.
2 zgłaszać (PERF zgłosić) się do odprawy *(at airport)*
□ Where do we check in? Gdzie mamy się zgłosić do odprawy?
to **check into** VERB
meldować (PERF zameldować) się w *(hotel)*
to **check out** VERB
wymeldowywać (PERF wymeldować) się *(of hotel)*
□ Can I check out, please? Czy mogę się wymeldować?
to **check up** VERB
sprawdzać (PERF sprawdzić)
checkbook ['tʃɛkbuk] NOUN (US) = **cheque book**
checked [tʃɛkt] ADJECTIVE
w kratę
□ a checked tablecloth obrus w kratę
checkers ['tʃɛkəz] PL NOUN (US)
warcaby
□ to play checkers grać w warcaby
check-in ['tʃɛkɪn] NOUN
stanowisko odprawy
checkout ['tʃɛkaut] NOUN
kasa

check-up ['tʃɛkʌp] NOUN
1 badanie *(by doctor)*
■ **to have a check-up** mieć badanie lekarskie
2 kontrola *(by dentist)*
■ **to have a check-up** mieć kontrolę u dentysty
cheek [tʃiːk] NOUN
1 policzek
□ He kissed her on the cheek. Pocałował ją w policzek.
2 tupet
□ What a cheek! Co za tupet!
■ **to have the cheek to do something** mieć czelność coś zrobić
cheeky ['tʃiːkɪ] ADJECTIVE
bezczelny
□ Don't be cheeky! Nie bądź bezczelny!
□ a cheeky smile bezczelny uśmiech
cheer [tʃɪəʳ] NOUN
▷ *see also* **cheer** VERB
wiwat
■ **to give a cheer** wiwatować
■ **Cheers!** *(as toast)* Na zdrowie!
to **cheer** [tʃɪəʳ] VERB
▷ *see also* **cheer** NOUN
wiwatować
to **cheer up** VERB
rozweselać (PERF rozweselić)
□ I was trying to cheer him up. Próbowałem go rozweselić. □ Cheer up! Rozchmurz się!
cheerful ['tʃɪəful] ADJECTIVE
1 pogodny
□ She's very cheerful today. Ona jest dziś bardzo pogodna. □ a cheerful wave pogodne machnięcie ręki
2 wesoły *(place, object)*
cheerio [tʃɪərɪ'əu] EXCLAMATION
na razie!
cheese [tʃiːz] NOUN
ser
chef [ʃɛf] NOUN
szef kuchni
chemical ['kɛmɪkl] ADJECTIVE
▷ *see also* **chemical** NOUN
chemiczny
chemical ['kɛmɪkl] NOUN
▷ *see also* **chemical** ADJECTIVE
substancja chemiczna
chemist ['kɛmɪst] NOUN
1 aptekarz *masc*
aptekarka *fem (pharmacist)*
2 apteka *(pharmacy)*
□ You get it from the chemist. Kupisz to w aptece.
3 chemik *(scientist)*
chemistry ['kɛmɪstrɪ] NOUN
chemia
■ **the chemistry lab** laboratorium chemiczne
cheque [tʃɛk] (US **check**) NOUN
czek
□ to write a cheque wypisywać (PERF wypisać) czek □ to pay by cheque płacić (PERF zapłacić) czekiem

chequebook ['tʃɛkbuk] NOUN
książeczka czekowa

cherry ['tʃɛrɪ] NOUN
czereśnia

chess [tʃɛs] NOUN
szachy
□ to play chess grać w szachy

chessboard ['tʃɛsbɔːd] NOUN
szachownica

chest [tʃɛst] NOUN
1 klatka piersiowa *(part of body)*
□ his chest measurement obwód klatki piersiowej
2 skrzynia *(box)*

chestnut ['tʃɛsnʌt] NOUN
kasztan
□ We're having turkey with chestnuts. Jemy indyka z kasztanami.

chest of drawers NOUN
komoda

to **chew** [tʃuː] VERB
1 żuć (PERF przeżuć) *(food, gum)*
2 obgryzać (PERF obgryźć) *(pen, fingernails)*

chewing gum ['tʃuːɪŋ-] NOUN
guma do żucia

chick [tʃɪk] NOUN
pisklę
□ a hen and her chicks kura i jej pisklęta

chicken ['tʃɪkɪn] NOUN
1 kurczak
□ roast chicken kurczak pieczony
2 kura *(grown bird)*

chickenpox ['tʃɪkɪnpɒks] NOUN
ospa wietrzna

chickpea ['tʃɪkpiː] NOUN
ciecierzyca

chief [tʃiːf] NOUN
▷ *see also* **chief** ADJECTIVE
szef
□ the chief of security szef ochrony

chief [tʃiːf] ADJECTIVE
▷ *see also* **chief** NOUN
główny
□ His chief reason for resigning was stress. Głównym powodem jego rezygnacji ze stanowiska był stres.

child [tʃaɪld] (PL **children**) NOUN
dziecko
□ She's just had her second child. Właśnie urodziła drugie dziecko. □ all the children wszystkie dzieci

childish ['tʃaɪldɪʃ] ADJECTIVE
dziecinny

child minder [-maɪndə^r] NOUN
opiekun do dziecka *masc*
opiekunka do dziecka *fem*
□ My mum's a child minder. Moja mama jest opiekunką do dziecka.

children ['tʃɪldrən] PL NOUN ▷ *see* **child**

Chile ['tʃɪlɪ] NOUN
Chile
■ **in Chile** w Chile
■ **to Chile** do Chile

to **chill** [tʃɪl] VERB
studzić (PERF ostudzić)
□ Put the wine in the fridge to chill. Włóż wino do lodówki, aby je ostudzić.
■ **'serve chilled'** 'podawać schłodzone'

chilli ['tʃɪlɪ] (US **chili**) NOUN
chili

chilly ['tʃɪlɪ] ADJECTIVE
chłodny
□ It's a bit chilly today. Dzisiaj jest trochę chłodno.

chimney ['tʃɪmnɪ] NOUN
komin

chin [tʃɪn] NOUN
broda

China ['tʃaɪnə] NOUN
Chiny
■ **in China** w Chinach
■ **to China** do Chin

china ['tʃaɪnə] NOUN
▷ *see also* **china** ADJECTIVE
zastawa

china ['tʃaɪnə] ADJECTIVE
▷ *see also* **china** NOUN
porcelanowy
□ a china plate porcelanowy talerz

Chinese [tʃaɪˈniːz] ADJECTIVE
▷ *see also* **Chinese** NOUN
chiński
□ a Chinese restaurant chińska restauracja
■ **a Chinese man** Chińczyk
■ **a Chinese woman** Chinka
■ **She's Chinese.** Ona jest Chinką.

Chinese [tʃaɪˈniːz] (PL **Chinese**) NOUN
▷ *see also* **Chinese** ADJECTIVE
chiński *(language)*
■ **the Chinese** *(people)* Chińczycy

chip [tʃɪp] NOUN
1 frytka
□ We bought some chips. Kupiliśmy trochę frytek.
2 chips (US)
3 mikroprocesor *(in computer)*

chip shop NOUN

> **CZY WIESZ, ŻE...?**
> Chip shops – zwane także **fish and chip shops** to popularne brytyjskie fast foody, sprzedające ryby z frytkami, jak również inne smażone potrawy kuchni angielskiej. Jedzenie zamawia się tam na miejscu, lub, zawinięte w papier, zabiera na wynos.

chiropodist [kɪˈrɒpədɪst] NOUN
podiatra
□ He's a chiropodist. On jest podiatrą.

chives [tʃaɪvz] PL NOUN
szczypiorek *sing*

chocolate ['tʃɒklɪt] NOUN
czekolada
□ a piece of chocolate kostka czekolady
■ **hot chocolate** gorąca czekolada

choice [tʃɔɪs] NOUN
wybór

　□ a wide choice szeroki wybór □ to make a choice dokonywać (PERF dokonać) wyboru
　■ to have no choice nie mieć wyboru □ I had no choice. Nie miałem wyboru.

choir ['kwaɪəʳ] NOUN
chór

　□ I sing in the school choir. Śpiewam w szkolnym chórze.

to choke [tʃəuk] VERB
krztusić (PERF zakrztusić) się

　■ to choke on something dławić (PERF zadławić) się czymś □ He choked on a fishbone. Zadławił się ością.

to choose [tʃuːz] (PT chose, PP chosen) VERB
wybierać (PERF wybrać)

　□ It's difficult to choose. Trudno jest wybrać.
　■ to choose between wybierać (PERF wybrać) pomiędzy inst □ We had to choose between staying in or going to the cinema. Musieliśmy wybrać pomiędzy zostaniem w domu a pójściem do kina.
　■ to choose to do something postanawiać (PERF postanowić) coś zrobić

chop [tʃɔp] NOUN
　▷ see also chop VERB
kotlet

　□ a pork chop kotlet wieprzowy

to chop [tʃɔp] VERB
　▷ see also chop NOUN
1 rąbać (PERF porąbać) (wood)
2 kroić (PERF pokroić) (vegetables, fruit)
　□ Chop the onions. Pokrój cebulę.

to chop down VERB
ciąć (PERF ściąć)

to chop up VERB
kroić (PERF pokroić)

chopsticks ['tʃɔpstɪks] PL NOUN
pałeczki

chose [tʃəuz] VERB ▷ see choose

chosen ['tʃəuzn] VERB ▷ see choose

Christ [kraɪst] NOUN
Chrystus

　□ the birth of Christ narodziny Chrystusa

christening ['krɪsnɪŋ] NOUN
chrzest

Christian ['krɪstɪən] ADJECTIVE
　▷ see also Christian NOUN
chrześcijański

Christian ['krɪstɪən] NOUN
　▷ see also Christian ADJECTIVE
chrześcijanin masc
chrześcijanka fem

　□ I'm a Christian. Jestem chrześcijaninem.

Christian name NOUN
imię

Christmas ['krɪsməs] NOUN
1 Boże Narodzenie (festival)
　□ at Christmas na Boże Narodzenie
2 Święta Bożego Narodzenia (period)
　□ for Christmas na Święta Bożego Narodzenia

　■ Happy Christmas! Wesołych Świąt!

Christmas card NOUN
karta bożonarodzeniowa

Christmas Day NOUN
dzień Bożego Narodzenia

Christmas Eve NOUN
Wigilia Bożego Narodzenia

> **DID YOU KNOW...?**
> Polish people have their main Christmas meal on Christmas Eve. The traditional dish is carp, along with various kinds of soup and side dishes depending on the region of Poland.

Christmas pudding NOUN

> **CZY WIESZ, ŻE...?**
> Christmas pudding – świąteczny pudding – to gotowana na parze odmiana deseru, zawierająca dużą ilość suszonych owoców, tradycyjnie podawana w Boże Narodzenie.

Christmas tree NOUN
choinka

chubby ['tʃʌbɪ] ADJECTIVE
pucołowaty

　□ a chubby baby pucołowate niemowlę

chunk [tʃʌŋk] NOUN
kawałek

　□ Cut the meat into chunks. Pokrój mięso na kawałki.

church [tʃɜːtʃ] NOUN
kościół

　□ I don't go to church every Sunday. Nie chodzę do kościoła w każdą niedzielę.
　■ the Church of England Kościół Anglikański

cider ['saɪdəʳ] NOUN
cydr

cigar [sɪ'gɑːʳ] NOUN
cygaro

cigarette [sɪgə'ret] NOUN
papieros

　■ a cigarette lighter zapalniczka do papierosów

cinema ['sɪnəmə] NOUN
kino

　□ I'm going to the cinema this evening. Idę do kina dziś wieczorem.

cinnamon ['sɪnəmən] NOUN
cynamon

circle ['sɜːkl] NOUN
koło

circular ['sɜːkjuləʳ] ADJECTIVE
1 okrągły (shape)
2 okrężny (movement)

circulation [sɜːkju'leɪʃən] NOUN
1 obieg (of blood)
2 nakład (of newspaper)

circumstances ['sɜːkəmstənsɪz] PL NOUN
1 położenie (conditions)
2 okoliczności (of accident)

　■ under the circumstances w tych okolicznościach

circus ['səːkəs] NOUN
cyrk

citizen ['sɪtɪzn] NOUN
obywatel *masc*
obywatelka *fem*
□ a British citizen obywatel brytyjski

citizenship ['sɪtɪznʃɪp] NOUN
obywatelstwo

city ['sɪtɪ] NOUN
miasto
■ **the City** Londyńskie City

city centre NOUN
centrum miasta
□ It's in the city centre. To jest w centrum miasta.

civilization [sɪvɪlaɪˈzeɪʃən] NOUN
cywilizacja

civil servant ['sɪvɪl 'səːvənt] NOUN
urzędnik służby cywilnej *masc*
urzędniczka służby cywilnej *fem*
□ My father's a civil servant. Mój ojciec jest urzędnikiem służby cywilnej.

civil war ['sɪvɪl wɔːʳ] NOUN
wojna domowa

to **claim** [kleɪm] VERB
▷ *see also* **claim** NOUN
1 twierdzić (PERF stwierdzić) *(allege)*
□ He claims to have found the money. On twierdzi, że znalazł pieniądze.
2 występować (PERF wystąpić) o
□ Voluntary workers can claim travelling expenses. Osoby pracujące ochotniczo mogą występować o zwrot kosztów podróży.
■ **She's claiming unemployment benefit.** Ona pobiera zasiłek dla bezrobotnych.
■ **to claim on one's insurance** składać (PERF złożyć) wniosek o odszkodowanie □ We claimed on our insurance. Złożyliśmy wniosek o odszkodowanie z naszego ubezpieczenia.

claim [kleɪm] NOUN
▷ *see also* **claim** VERB
podanie *(application)*
□ to make a claim składać (PERF złożyć) podanie
■ **insurance claim** roszczenie ubezpieczeniowe

to **clap** [klæp] VERB
klaskać
■ **to clap one's hands** klaskać (PERF klasnąć) w dłonie □ My dog sits when I clap my hands. Mój pies siada, kiedy klaszczę w dłonie.

clarinet [klærɪˈnɛt] NOUN
klarnet
□ I play the clarinet. Gram na klarnecie.

to **clash** [klæʃ] VERB
1 konfrontować (PERF skonfrontować) *(disagree)*
2 gryźć się *(colours, styles)*
□ These two colours clash. Te dwa kolory się gryzą.
3 kolidować *(events, dates)*
□ The concert clashes with Ann's party. Koncert koliduje z przyjęciem Ann.

clasp [klɑːsp] NOUN
klamra *(of necklace, bag)*

class [klɑːs] NOUN
1 klasa
□ We're in the same class. Jesteśmy w tej samej klasie.
2 lekcja *(lesson)*
□ I go to dancing classes. Chodzę na lekcje tańca.
■ **class conflict** konflikt klasowy

classic ['klæsɪk] ADJECTIVE
▷ *see also* **classic** NOUN
1 typowy
□ a classic example typowy przykład
2 klasyczny *(film)*

classic ['klæsɪk] NOUN
▷ *see also* **classic** ADJECTIVE
klasyka
□ That film is a classic. Ten film to klasyka.

classical ['klæsɪkl] ADJECTIVE
klasyczny
□ I like classical music. Lubię muzykę klasyczną.

classmate ['klɑːsmeɪt] NOUN
kolega z klasy *masc*
koleżanka z klasy *fem*

classroom ['klɑːsrum] NOUN
sala lekcyjna

classroom assistant NOUN
asystent nauczyciela

claw [klɔː] NOUN
pazur *(of animal)*

clean [kliːn] ADJECTIVE
▷ *see also* **clean** VERB
czysty
□ a clean shirt czysta koszula □ a clean driving licence czysta kartoteka na prawie jazdy

to **clean** [kliːn] VERB
▷ *see also* **clean** ADJECTIVE
1 myć (PERF umyć) *(car, cooker)*
■ **to clean one's teeth** myć (PERF umyć) zęby
2 czyścić (PERF wyczyścić) *(room)*

to **clean up** VERB
1 sprzątać (PERF posprzątać) *(room, place)*
2 porządkować (PERF uporządkować) *(mess)*

cleaner ['kliːnəʳ] NOUN
sprzątacz *masc*
sprzątaczka *fem*
□ The cleaners come in at 5 o'clock. Sprzątaczki przychodzą o piątej.

cleanser ['klɛnzəʳ] NOUN
środek do czyszczenia twarzy

clear [klɪəʳ] ADJECTIVE
▷ *see also* **clear** VERB
1 klarowny
□ a clear explanation klarowne wyjaśnienie
■ **to be clear about something** rozumieć (PERF zrozumieć) coś
■ **to make oneself clear** wyrażać (PERF wyrazić) się jasno □ Do I make myself clear? Czy wyrażam się jasno?
■ **to make something clear to somebody** wyjaśniać (PERF wyjaśnić) coś komuś
2 wyraźny *(footprint, voice etc)*
3 oczywisty *(obvious)*

□ It's clear you don't believe me. Jest oczywiste, że mi nie wierzysz.

4 przezroczysty *(glass, water)*

□ a clear glass panel tafla z przezroczystego szkła

5 wolny *(road, way)*

□ The road's clear now. Droga jest teraz wolna.

6 jasny *(day, sky)*

to **clear** [klɪəʳ] VERB

▷ *see also* **clear** ADJECTIVE

1 opróżniać (PERF opróżnić) *(place, room)*

□ The police are clearing the road after the accident. Policja opróżnia drogę po wypadku.

2 przejaśniać (PERF przejaśnić) się *(weather, sky)*

3 rozchodzić (PERF rozejść) się *(fog, smoke)*

□ The mist cleared. Mgła się rozeszła.

■ **to clear the table** sprzątać (PERF sprzątnąć) ze stołu □ I'll clear the table. Sprzątnę ze stołu.

■ **to clear one's throat** odchrząkiwać (PERF odchrząknąć)

■ **to be cleared of a crime** być oczyszczonym z zarzutu o przestępstwo

to **clear away** VERB

sprzątać (PERF posprzątać) *(plates)*

to **clear off** VERB

zmywać (PERF zmyć) się

□ Clear off and leave me alone! Zmyj się i zostaw mnie w spokoju!

to **clear up** VERB

1 sprzątać (PERF posprzątać) *(room, mess)*

□ Who's going to clear all this up? Kto to wszystko posprząta?

2 wyjaśniać (PERF wyjaśnić) *(mystery, problem)*

■ **I think it's going to clear up.** *(weather)* Myślę, że się przejaśni.

clearly [ˈklɪəlɪ] ADVERB

1 wyraźnie

□ She explained it very clearly. Wyjaśniła to bardzo wyraźnie. □ to speak clearly mówić wyraźnie

2 jasno *(think)*

3 dobrze *(visible, audible)*

4 najwyraźniej *(obviously)*

clever [ˈklɛvəʳ] ADJECTIVE

1 zdolny

□ She's very clever. Ona jest bardzo zdolna.

2 sprytny *(sly, crafty)*

3 zmyślny

□ a clever system zmyślny system

■ **What a clever idea!** Co za mądry pomysł!

to **click** [klɪk] VERB

▷ *see also* **click** NOUN

pstrykać (PERF pstryknąć)

■ **to click on something** klikać (PERF kliknąć) na coś □ Just click on the icon. Po prostu kliknij na ikonkę.

click [klɪk] NOUN

▷ *see also* **click** VERB

pstryknięcie *(sound)*

■ **with a click of the mouse** po kliknięciu myszą

client [ˈklaɪənt] NOUN

klient *masc*

klientka *fem*

cliff [klɪf] NOUN

klif

climate [ˈklaɪmɪt] NOUN

klimat *(weather)*

to **climb** [klaɪm] VERB

1 wspinać (PERF wspiąć) się na *(tree, hill etc)*

□ We're going to climb Snowdon. Mamy zamiar wspiąć się na Snowdon.

2 wdrapywać (PERF wdrapać) się po +*loc (stairs)*

■ **to climb into a car** wsiadać (PERF wsiąść) do samochodu

■ **to climb into bed** kłaść (PERF położyć) się do łóżka

■ **to climb onto something** wchodzić (PERF wejść) na coś □ The boys climbed onto the roof. Chłopcy wspięli się na dach.

■ **to climb over something** przechodzić (PERF przejść) przez coś □ Climb over the fence and go straight across the field. Przejdź przez płot i idź prosto przez pole.

climber [ˈklaɪməʳ] NOUN

alpinista *masc*

alpinistka *fem*

climbing [ˈklaɪmɪŋ] NOUN

wspinaczka

■ **to go climbing** wspinać (PERF wspiąć) się

□ We're going climbing in Scotland. Mamy zamiar wspinać się w Szkocji.

Clingfilm® [ˈklɪŋfɪlm] NOUN

folia

clinic [ˈklɪnɪk] NOUN

przychodnia

clip [klɪp] NOUN

1 spinacz *(paper clip)*

2 spinka *(for hair)*

3 klip

□ some clips from Disney's latest film kilka klipów z najnowszego filmu Disneya

cloakroom [ˈkləʊkrʊm] NOUN

szatnia *(for coats)*

clock [klɒk] NOUN

zegar

□ the church clock zegar kościelny

■ **an alarm clock** budzik

■ **a clock radio** radio z zegarem

■ **to work around the clock** pracować dwadzieścia cztery godziny na dobę

to **clock in** VERB

odbijać (PERF odbić) kartę przychodząc do pracy

to **clock out** VERB

odbijać (PERF odbić) kartę wychodząc z pracy

clockwork [ˈklɒkwɜːk] NOUN

■ **to go like clockwork** działać bez zarzutu

□ Everything went like clockwork. Wszystko zadziałało bez zarzutu.

clone [kləʊn] NOUN

▷ *see also* **clone** VERB

klon *(of animal, plant)*

to **clone** [kləʊn] VERB

▷ *see also* **clone** NOUN

klonować (PERF sklonować) *(animal, plant)*

□ a cloned sheep sklonowana owca

close [kləus] ADJECTIVE
▷ *see also* **close** ADVERB, VERB
1 bliski *(near)*
  □ The shops are very close. Sklepy są bardzo blisko. □ a close friend bliski przyjaciel
  ■ **Come closer.** Podejdź bliżej.
  ■ **close to 1** *(near)* w pobliżu □ The youth hostel is close to the station. Schronisko młodzieżowe jest w pobliżu stacji. **2** *(in relationship)* blisko związany □ I'm very close to my sister. Jestem bardzo blisko związany z moją siostrą.
  ■ **She was close to tears.** Była bliska łez.
2 wyrównany *(contest)*
  □ It is very close but we are going to win. Gra jest bardzo wyrównana, ale wygramy.
3 parny *(weather)*
  □ It's very close today, isn't it? Bardzo jest dziś parno, prawda?

close [kləus] ADVERB
▷ *see also* **close** ADJECTIVE, VERB
blisko *(near)*
  ■ **close by** w zasięgu ręki
  ■ **to see something close up** widzieć (PERF zobaczyć) coś w zbliżeniu

to **close** [kləuz] VERB
▷ *see also* **close** ADJECTIVE, ADVERB
zamykać (PERF zamknąć)
  □ What time does the pool close? O której zamykają basen? □ Please close the door. Proszę zamknąć drzwi.
zamykać (PERF zamknąć) się
  □ The doors close automatically. Drzwi zamykają się automatycznie.
zamykać (PERF zamknąć) się
  □ The shops close at 5.30. Sklepy zamykają się o 17:30.

to **close down** VERB
zostać zamkniętym *(factory, business)*

closed [kləuzd] ADJECTIVE
zamknięty
  □ The bank's closed. Bank jest zamknięty.

closely ['kləuslı] ADVERB
blisko

cloth [klɔθ] NOUN
1 tkanina *(fabric)*
2 ścierka *(for cleaning)*
  □ Wipe it with a damp cloth. Wytrzyj to wilgotną ścierką.
3 obrus *(tablecloth)*
  ■ **a piece of cloth** materiał

clothes [kləuðz] PL NOUN
ubranie
  □ new clothes nowe ubranie
  ■ **to take one's clothes off** rozbierać (PERF rozebrać) się
  ■ **a clothes line** sznur na bieliznę
  ■ **a clothes peg** klamerka do wieszania bielizny na sznurze

cloud [klaud] NOUN
chmura

to **cloud over** VERB
chmurzyć (PERF zachmurzyć) się *(sky)*

cloudy ['klaudı] ADJECTIVE
pochmurny
  □ It's cloudy. Jest pochmurno.

clove [kləuv] NOUN
1 goździk *(spice)*
2 ząbek
  □ a clove of garlic ząbek czosnku

clown [klaun] NOUN
klaun

club [klʌb] NOUN
1 klub
  □ the youth club klub młodzieżowy
2 klub nocny *(nightclub)*
  ■ **a golf club** kij golfowy
  ■ **clubs** *(in cards)* trefl □ the ace of clubs as trefl

to **club together** VERB
składać (PERF złożyć) się
  □ We clubbed together to buy her a present. Złożyliśmy się, aby kupić jej prezent.

clubbing [klʌbıŋ] NOUN
chodzenie do klubów
  ■ **to go clubbing** pójść do klubu

clue [klu:] NOUN
wskazówka
  □ an important clue ważna wskazówka
  ■ **I haven't a clue.** Nie mam pojęcia.

clumsy ['klʌmzı] ADJECTIVE
niezdarny

clutch [klʌtʃ] NOUN
sprzęgło *(in car)*

clutter ['klʌtər] NOUN
rupiecie
  □ There's too much clutter in here. Zbyt dużo jest tutaj rupieci.

coach [kəutʃ] NOUN
1 autokar
  □ We went there by coach. Pojechaliśmy tam autokarem.
  ■ **the coach station** dworzec autokarowy
2 wagon *(of train)*
3 trener *masc*
trenerka *fem (in sport)*
  □ the Scottish coach szkocki trener

coach trip NOUN
wycieczka autokarowa
  □ to go on a coach trip jechać (PERF pojechać) na wycieczkę autokarową

coal [kəul] NOUN
węgiel

coal mine NOUN
kopalnia węgla

coarse [kɔːs] ADJECTIVE
1 szorstki *(cloth, sand)*
  □ The bag was made of coarse cloth. Torba była wykonana z szorstkiego materiału.
2 ordynarny *(person, remark)*
  □ coarse language ordynarny język

coast [kəust] NOUN
wybrzeże

C

□ It's on the west coast of Scotland. To jest na zachodnim wybrzeżu Szkocji.

coastguard ['kəʊstgɑːd] NOUN
strażnik straży przybrzeżnej *(person)*

■ **the coastguard** straż przybrzeżna

coat [kəʊt] NOUN
1 płaszcz
□ a warm coat ciepły płaszcz
2 sierść *(of animal)*
3 warstwa
□ a coat of paint warstwa farby

coat hanger NOUN
wieszak

cobweb ['kɒbwɛb] NOUN
pajęczyna

cocaine [kə'keɪn] NOUN
kokaina

cock [kɒk] NOUN
kogut *(cockerel)*

cockerel ['kɒkərəl] NOUN
kogucik

cockney ['kɒknɪ] NOUN
osoba pochodząca ze wschodniej części Londynu

■ **I'm a cockney.** Pochodzę ze wschodniej części Londynu.

■ **He's got a cockney accent.** On ma akcent ze wschodniej części Londynu.

cocoa ['kəʊkəʊ] NOUN
kakao
□ a cup of cocoa filiżanka kakao

coconut ['kəʊkənʌt] NOUN
kokos

cod [kɒd] (PL **cod**) NOUN
dorsz

code [kəʊd] NOUN
1 szyfr *(cipher)*
□ in code szyfrem
2 numer kierunkowy *(with phone number)*

coffee ['kɒfɪ] NOUN
kawa
□ black coffee czarna kawa □ white coffee kawa z mlekiem

■ **a cup of coffee** filiżanka kawy

coffee table NOUN
niski stolik do kawy

coffin ['kɒfɪn] NOUN
trumna

coin [kɔɪn] NOUN
moneta
□ a 50 pence coin moneta pięćdziesięciopensowa

coincidence [kəʊ'ɪnsɪdəns] NOUN
zbieg okoliczności

Coke® [kəʊk] NOUN
Coca Cola
□ a can of Coke® puszka Coca Coli

colander ['kɒləndəʳ] NOUN
durszlak

cold [kəʊld] ADJECTIVE
▷ *see also* **cold** NOUN
zimny
□ The water's cold. Woda jest zimna.

□ It's cold today. Dzisiaj jest zimno.

■ **to be cold** *(person)* być komuś zimno
□ I'm cold. Jest mi zimno.

cold [kəʊld] NOUN
▷ *see also* **cold** ADJECTIVE
1 zimno
□ I can't stand the cold. Nie mogę znieść zimna.
2 przeziębienie
■ **I've got a cold.** Jestem przeziębiony.
■ **to catch a cold** zaziębić się

coleslaw ['kəʊlslɔː] NOUN
surówka z białej kapusty

to collapse [kə'læps] VERB
1 walić (PERF zawalić) się *(building, table)*
2 zasłabnąć *perf (person)*
□ He collapsed. On zasłabł.

collar ['kɒləʳ] NOUN
kołnierz *(of coat, shirt)*

collarbone ['kɒləbəʊn] NOUN
obojczyk
□ I broke my collarbone. Złamałem obojczyk.

colleague ['kɒliːg] NOUN
kolega *masc*
koleżanka *fem*

to collect [kə'lɛkt] VERB
1 zbierać (PERF zebrać)
□ The teacher collected the exercise books. Nauczyciel zebrał książki do ćwiczeń.
□ I collect stamps. Zbieram znaczki.
□ They're collecting for charity. Oni zbierają na cele dobroczynne.
2 odbierać (PERF odebrać) *(fetch)*
□ Their mother collects them from school. Ich matka odbiera ich ze szkoły.
■ **to call collect** (US) rozmowa na koszt rozmówcy

collection [kə'lɛkʃən] NOUN
1 kolekcja *(of art, stamps etc)*
□ my DVD collection moja kolekcja płyt DVD
2 antologia *(of poems, stories etc)*
3 zebrane pieniądze *(of money)*
□ a collection for charity pieniądze zebrane na cele dobroczynne
■ **Next collection: 5pm** Następny odbiór: 17:00

collector [kə'lɛktəʳ] NOUN
kolekcjoner *masc*
kolekcjonerka *fem*

college ['kɒlɪdʒ] NOUN
szkoła wyższa *(for further education)*
□ a technical college wyższa szkoła techniczna
■ **to go to college** studiować

to collide [kə'laɪd] VERB
zderzać (PERF zderzyć) się
□ to collide with something zderzać (PERF zderzyć) się z czymś

collie ['kɒlɪ] NOUN
owczarek szkocki

collision [kə'lɪʒən] NOUN
kolizja *(of vehicles)*

colon ['kəʊlən] NOUN
dwukropek

colonel ['kɜːnl] NOUN
pułkownik

colour ['kʌləʳ] (US **color**) NOUN
▷ *see also* **colour** ADJECTIVE
kolor
□ What colour is it? Jakiego to jest koloru?
■ **in colour** barwny

colour ['kʌləʳ] (US **color**) ADJECTIVE
▷ *see also* **colour** NOUN
kolorowy
■ **a colour film** film kolorowy

colourful ['kʌləful] (US **colorful**) ADJECTIVE
barwny

colouring (US **coloring**) ['kʌlərɪŋ] NOUN
barwnik *(in food)*

comb [kəʊm] NOUN
▷ *see also* **comb** VERB
grzebień

to **comb** [kəʊm] VERB
▷ *see also* **comb** NOUN
czesać (PERF uczesać)
■ **to comb one's hair** czesać (PERF poczesać)
włosy □ You haven't combed your hair. Nie
poczesałeś włosów.

combination [kɒmbɪ'neɪʃən] NOUN
połączenie

to **combine** [kəm'baɪn] VERB
■ **to combine something with something**
łączyć (PERF połączyć) coś z czymś □ The film
combines humour with suspense. Film łączy
humor z napięciem. □ It's difficult to combine
a career with a family. Trudno jest połączyć
karierę z rodziną.
■ **a combined effort** wspólny wysiłek

to **come** [kʌm] (PT **came**, PP **come**) VERB
LANGUAGE TIP There are several ways of
translating **come**. Scan the examples to
find one that is similar to what you want
to say.
przychodzić (PERF przyjść) *(move towards,
arrive)*
□ Can I come too? Czy też mogę przyjść?
□ Why don't you come to lunch on Saturday?
Może przyjdziesz na obiad w sobotę? □ He's
come here to work. Przyszedł tu pracować.
■ **Come here!** Chodź tutaj!
■ **I'm just coming!** Już idę!
■ **Come with me.** Chodź ze mną.
■ **to come to 1** *(reach)* sięgać (PERF sięgnąć) do
+*gen* □ Her hair came to her waist. Jej włosy
sięgały jej do pasa. **2** *(amount to)* wynosić
(PERF wynieść) □ The bill came to £40.
Rachunek wyniósł czterdzieści funtów.
■ **to come to a decision** podejmować
(PERF podjąć) decyzję
■ **to come first** być pierwszym
■ **It comes in blue or green.** Dostępne jest
w kolorach niebieskim i zielonym.

to **come across** VERB
spotykać (PERF spotkać) *(find)*

to **come apart** VERB
rozpadać (PERF rozpaść) się

to **come back** VERB
wracać (PERF wrócić) *(return)*
□ Come back! Wróć!
■ **I'm coming back to that.** *(in discussion etc)*
Wrócę do tego.

to **come down** VERB
1 spadać (PERF spaść) *(fall)*
2 schodzić (PERF zejść) *(descend)*

to **come down with** VERB
■ **to come down with something** *(illness)*
zachorować na coś

to **come from** VERB
pochodzić z +*gen*
□ I come from London. Pochodzę z Londynu.
■ **Where do you come from?** Skąd pochodzisz?

to **come in** VERB
wchodzić (PERF wejść) *(to room, house etc)*
□ Come in! Wejdź!

to **come off** VERB
urywać (PERF urwać) się *(button, handle)*

to **come on** VERB
robić (PERF zrobić) postępy *(progress)*
■ **Come on! 1** *(giving encouragement)* No,
spróbuj! **2** *(hurry up)* Pospiesz się!

to **come out** VERB
1 wychodzić (PERF wyjść) *(person)*
□ I tripped as we came out of the cinema.
Potknąłem się, gdy wyszliśmy z kina.
2 wyglądać (PERF wyjrzeć) *(sun)*
3 pojawiać (PERF pojawić) się *(book)*
4 wchodzić (PERF wejść) na ekrany *(film.)*
■ **It's just come out on DVD.** To właśnie
wyszło na DVD.
■ **None of my photos came out.** Żadne z
moich zdjęć nie wyszło.

to **come over** VERB
wpadać (PERF wpaść) *(visit)*
□ I'll come over later. Wpadnę później.

to **come through** VERB
przechodzić (PERF przejść) *(survive)*

to **come to** VERB
ocknąć się
□ It took her a few minutes to come to.
Zabrało jej kilka minut, by się ocknąć.

to **come up** VERB
1 podchodzić (PERF podejść)
□ Come up here! Podejdź tu!
2 pojawiać (PERF pojawić) się *(problem,
opportunity)*

to **come up to** VERB
1 zbliżyć (PERF zbliżać) się
■ **It's coming up to 11 o'clock.** Zbliża się
jedenasta.
2 podchodzić (PERF podejść) do +*gen* *(approach)*
□ She came up to me and kissed me. Podeszła
do mnie i pocałowała mnie.

comedian [kə'miːdɪən] NOUN
komik

comedy ['kɒmɪdɪ] NOUN
komedia

comfortable [ˈkʌmfətəbl] ADJECTIVE
wygodny *(furniture)*
■ **to be comfortable** być komuś wygodnie □ I'm very comfortable, thanks. Jest mi bardzo wygodnie, dziękuję.
■ **to make oneself comfortable** siadać (PERF usiąść) wygodnie

comic [ˈkɒmɪk] NOUN
1 komik *(comedian)*
2 komiks *(magazine)*

coming [ˈkʌmɪŋ] ADJECTIVE
nadchodzący
□ in the coming months w nadchodzących miesiącach

comma [ˈkɒmə] NOUN
przecinek

command [kəˈmɑːnd] NOUN
1 rozkaz *(order)*
2 polecenie *(in computing)*

comment [ˈkɒmɛnt] NOUN
▷ *see also* **comment** VERB
komentarz
□ He made no comment. Nie poczynił komentarza.
■ **'no comment'** 'bez komentarza'

to **comment** [ˈkɒmɛnt] VERB
▷ *see also* **comment** NOUN
■ **to comment on something** komentować (PERF skomentować) coś
■ **to comment that ...** zauważać (PERF zauważyć), że ...

commentary [ˈkɒməntəri] NOUN
komentarz

commentator [ˈkɒmənteɪtəʳ] NOUN
komentator *masc*
komentatorka *fem*

commercial [kəˈmɜːʃəl] ADJECTIVE
▷ *see also* **commercial** NOUN
1 handlowy *(organization, activity)*
2 komercyjny *(success, failure)*

commercial [kəˈmɜːʃəl] NOUN
▷ *see also* **commercial** ADJECTIVE
reklama *(advertisement)*

commission [kəˈmɪʃən] NOUN
■ **to work on commission** pracować na prowizji

to **commit** [kəˈmɪt] VERB
popełniać (PERF popełnić)
□ to commit a crime popełniać (PERF popełnić) przestępstwo
■ **to commit suicide** popełnić samobójstwo □ He committed suicide. On popełnił samobójstwo.
■ **to commit oneself** angażować (PERF zaangażować) się □ I don't want to commit myself. Nie chcę się angażować.

committee [kəˈmɪti] NOUN
komitet

common [ˈkɒmən] ADJECTIVE
▷ *see also* **common** NOUN
pospolity
□ Jones is a common name there. Jones to tutaj pospolite nazwisko.

■ **to have something in common** mieć coś wspólnego □ We've got a lot in common. Mamy dużo wspólnego.

common [ˈkɒmən] NOUN
▷ *see also* **common** ADJECTIVE
park publiczny
□ The boys play football on the common. Chłopcy grają w piłkę w parku publicznym.

common sense NOUN
zdrowy rozsądek
□ Use your common sense! Zrób użytek ze zdrowego rozsądku!

to **communicate** [kəˈmjuːnɪkeɪt] VERB
komunikować (PERF skomunikować) się

communication [kəmjuːnɪˈkeɪʃən] NOUN
komunikacja

communion [kəˈmjuːnɪən] NOUN
Komunia Święta
□ my First Communion moja pierwsza Komunia Święta
■ **Holy Communion** Komunia Święta

communism [ˈkɒmjunɪzəm] NOUN
komunizm

communist [ˈkɒmjunɪst] ADJECTIVE
▷ *see also* **communist** NOUN
komunistyczny
■ **the Communist Party** Partia Komunistyczna

communist [ˈkɒmjunɪst] NOUN
▷ *see also* **communist** ADJECTIVE
komunista

community [kəˈmjuːnɪti] NOUN
społeczność
□ the Jewish community żydowska społeczność
■ **the business community** świat biznesu

to **commute** [kəˈmjuːt] VERB
dojeżdżać do pracy
□ She commutes to Brighton. Ona dojeżdża do Brighton.

compact disc [ˈkɒmpækt-] NOUN
płyta kompaktowa

company [ˈkʌmpəni] NOUN
1 firma *(firm)*
□ He works for a big company. On pracuje dla dużej firmy. □ an insurance company firma ubezpieczeniowa
■ **a theatre company** towarzystwo teatralne
■ **Smith and Company** Smith i wspólnicy
2 towarzystwo *(companionship)*
■ **to keep somebody company** dotrzymać (PERF dotrzymywać) komuś towarzystwa □ I'll keep you company. Dotrzymam Ci towarzystwa.

comparatively [kəmˈpærətɪvli] ADVERB
stosunkowo

to **compare** [kəmˈpɛəʳ] VERB
porównywać (PERF porównać)
■ **to compare somebody with** porównywać (PERF porównać) kogoś do +gen □ People always compare him with his brother. Ludzie zawsze porównują go do jego brata.
■ **compared with** w porównaniu z +inst □ Oxford is small compared with London. Oksford jest mały w porównaniu z Londynem.

comparison [kəm'pærɪsn] NOUN
porównanie
□ There's no comparison. Nie ma porównania.
□ in comparison with w porównaniu z +inst

compartment [kəm'pɑːtmənt] NOUN
przedział

compass ['kʌmpəs] NOUN
kompas
■ **a pair of compasses** cyrkiel

compatible [kəm'pætɪbl] ADJECTIVE
kompatybilny (in computing.)

compensation [kɔmpən'seɪʃən] NOUN
rekompensata
□ They got £2000 compensation. Otrzymali
2000 funtów rekompensaty.

to **compete** [kəm'piːt] VERB
1 konkurować (companies, rivals)
■ **to compete for something** konkurować
o coś
■ **There are 50 students competing for
6 places.** Jest 50 studentów ubiegających się
o 6 miejsc.
2 rywalizować (in contest, game)
■ **I'm competing in the marathon.**
Uczestniczę w maratonie.
■ **to compete for something** rywalizować
o coś □ The two boys were competing for
the trophy. Obaj chłopcy rywalizowali o
trofeum.

competent ['kɔmpɪtənt] ADJECTIVE
1 kompetentny (person)
2 zadowalający (piece of work)

competition [kɔmpɪ'tɪʃən] NOUN
1 konkurencja (rivalry)
2 konkurs (contest)
□ a singing competition konkurs śpiewaczy
■ **in competition with** rywalizować z +inst

competitive [kəm'petɪtɪv] ADJECTIVE
1 konkurencyjny (industry, society)
2 ambitny (person)
□ He's a very competitive person. On jest
bardzo ambitną osobą.
3 konkurencyjny
□ a very competitive price bardzo
konkurencyjna cena

competitor [kəm'petɪtər] NOUN
1 konkurent masc
konkurentka fem (in business)
2 uczestnik masc
uczestniczka fem (participant)

to **complain** [kəm'pleɪn] VERB
■ **to complain about something** skarżyć
(PERF poskarżyć) się na coś □ We complained
about the noise. Poskarżyliśmy się na hałas.
■ **to complain to somebody** skarżyć
(PERF poskarżyć) się komuś □ I'm going to
complain to the manager. Poskarżę się
kierownikowi.

complaint [kəm'pleɪnt] NOUN
skarga
□ There were lots of complaints about the food.
Było dużo skarg na jedzenie.

■ **to make a complaint** wnosić (PERF wnieść)
skargę □ I'd like to make a complaint.
Chciałbym wnieść skargę.

complete [kəm'pliːt] ADJECTIVE
1 zupełny (total)
□ It was a complete failure. To było zupełne
fiasko.
2 całkowity (whole)
■ **complete with** wraz z +inst
■ **The game came complete with
instructions in Dutch.** Do gry były dołączone
instrukcje po holendersku.
⚠ WSKAZÓWKI JĘZYKOWE Uwaga! Angielskie
słowo **complete** nie oznacza **komplet**.

completely [kəm'pliːtlɪ] ADVERB
1 całkowicie (different, satisfied)
□ What he said was completely untrue.
To, co on powiedział, było całkowicie
nieprawdziwe.
2 zupełnie (forget, destroy)

complexion [kəm'plɛkʃən] NOUN
karnacja

complicated ['kɔmplɪkeɪtɪd] ADJECTIVE
skomplikowany

compliment ['kɔmplɪmənt] NOUN
▷ see also **compliment** VERB
komplement
■ **to pay somebody a compliment** chwalić
(PERF pochwalić) kogoś

to **compliment** ['kɔmplɪmɛnt] VERB
▷ see also **compliment** NOUN
chwalić (PERF pochwalić)
■ **to compliment somebody on something**
gratulować (PERF pogratulować) komuś czegoś
□ They complimented me on my Polish.
Pogratulowali mi mojej znajomości
polskiego.

complimentary [kɔmplɪ'mɛntərɪ] ADJECTIVE
1 pochlebny (approving)
■ **He was very complimentary about my
garden.** On bardzo pochlebnie wyrażał się o
moim ogrodzie.
2 bezpłatny (free)
□ I've got two complimentary tickets for
tonight. Mam dwa bezpłatne bilety na dziś
wieczór.

composer [kəm'pəuzər] NOUN
kompozytor masc
kompozytorka fem

comprehension [kɔmprɪ'hɛnʃən] NOUN
1 zrozumienie (understanding)
2 ćwiczenia sprawdzające rozumienie (at school)

comprehensive [kɔmprɪ'hɛnsɪv] ADJECTIVE
wyczerpujący (review, list)
■ **a comprehensive guide** kompleksowy
przewodnik

comprehensive school NOUN
szkoła średnia ogólna
💡 CZY WIESZ, ŻE...?
Comprehensive school to w Wielkiej
Brytanii państwowa szkoła średnia dla
uczniów w wieku 11 - 18 lat.

compromise ['kɔmprəmaɪz] NOUN
kompromis
□ We reached a compromise. Osiągnęliśmy kompromis.

compulsory [kəm'pʌlsərɪ] ADJECTIVE
obowiązkowy

computer [kəm'pju:tər] NOUN
komputer
■ **a computer program** program komputerowy

computer game NOUN
gra komputerowa

computer programmer NOUN
programista *masc*
programistka *fem*
□ She's a computer programmer. Ona jest programistką.

computer science NOUN
informatyka

computing [kəm'pju:tɪŋ] NOUN
informatyka

to **concentrate** ['kɔnsəntreɪt] VERB
koncentrować (PERF skoncentrować) się
□ I couldn't concentrate. Nie mogłem się skoncentrować.
■ **to concentrate on something** koncentrować (PERF skoncentrować) się na czymś

concentration [kɔnsən'treɪʃən] NOUN
koncentracja

concern [kən'sə:n] NOUN
1 niepokój *(anxiety)*
□ They expressed concern about her health. Wyrazili niepokój o jej zdrowie.
2 sprawa *(affair)*
□ That's your concern. To Twoja sprawa.

concerned [kən'sə:nd] ADJECTIVE
zaniepokojony *(worried)*
■ **to be concerned about somebody** być zaniepokojonym o kogoś □ His mother is concerned about him. Jego matka jest o niego zaniepokojona.
■ **We're concerned for her.** Niepokoimy się o nią.

concerning [kən'sə:nɪŋ] PREPOSITION
odnośnie +gen
□ For further information concerning the job, contact ... Aby uzyskać dalsze informacje odnośnie pracy, proszę kontaktować się z ...

concert ['kɔnsət] NOUN
koncert

conclusion [kən'klu:ʒən] NOUN
zakończenie *(end)*
■ **to come to the conclusion that ...** dochodzić (PERF dojść) do wniosku, że ...

concrete ['kɔŋkri:t] NOUN
▷ see also **concrete** ADJECTIVE
beton

concrete ['kɔŋkri:t] ADJECTIVE
▷ see also **concrete** NOUN
1 betonowy *(block, floor)*
2 konkretny *(proposal, evidence)*

to **condemn** [kən'dɛm] VERB
potępiać (PERF potępić)
□ The government has condemned the decision. Rząd potępił decyzję.

condition [kən'dɪʃən] NOUN
1 stan
□ You can't go home in that condition. Nie możesz iść do domu w tym stanie.
■ **in good condition** w dobrych warunkach
■ **in poor condition** w złych warunkach
2 warunek *(stipulation)*
□ on condition that ... pod warunkiem, że ...
□ I'll do it, on one condition ... Zrobię to, pod jednym warunkiem ...
■ **conditions** warunki □ weather conditions warunki pogodowe □ People are living in appalling conditions. Ludzie mieszkają w strasznych warunkach.

conditional [kən'dɪʃənl]
■ **the conditional** tryb warunkowy

conditioner [kən'dɪʃənər] NOUN
odżywka *(for hair)*

condom ['kɔndəm] NOUN
prezerwatywa

to **conduct** [kən'dʌkt] VERB
dyrygować *(orchestra)*

conductor [kən'dʌktər] NOUN
1 dyrygent *masc*
dyrygentka *fem (of orchestra)*
2 konduktor *masc*
konduktorka *fem (on bus)*

cone [kəʊn] NOUN
1 stożek *(shape)*
2 szyszka *(on tree)*
■ **an ice-cream cone** rożek
■ **a traffic cone** pachołek

conference ['kɔnfərəns] NOUN
konferencja

to **confess** [kən'fɛs] VERB
przyznawać (PERF przyznać) się
□ He finally confessed. Na wreszcie się przyznał.
□ I must confess that ... Muszę przyznać, że ...
■ **to confess to something** przyznawać (PERF przyznać) się do czegoś □ He confessed to the murder. Przyznał się do morderstwa.

confession [kən'fɛʃən] NOUN
1 przyznanie się *(admission)*
■ **to make a confession** przyznawać (PERF przyznać) się
2 zeznanie *(written)*
3 spowiedź *(religious)*
■ **to go to confession** chodzić (PERF pójść) do spowiedzi

confetti [kən'fɛtɪ] NOUN
konfetti

confidence ['kɔnfɪdns] NOUN
1 zaufanie *(faith)*
□ I've got confidence in you. Mam do Ciebie zaufanie.
2 pewność siebie *(self-assurance)*
□ She lacks confidence. Brak jej pewności siebie.
■ **in confidence** w tajemnicy

confident ['kɒnfɪdənt] ADJECTIVE
pewny siebie *(self-assured)*
□ She's seems quite confident. Ona zdaje się
być całkiem pewna siebie.
■ **to be confident that ...** być pewnym, że ...
□ I'm confident that everything will be okay.
Jestem pewien, że wszystko będzie dobrze.

confidential [kɒnfɪ'denʃəl] ADJECTIVE
poufny

to **confirm** [kən'fəːm] VERB
potwierdzać (PERF potwierdzić)

confirmation [kɒnfə'meɪʃən] NOUN
potwierdzenie

conflict ['kɒnflɪkt] NOUN
konflikt

to **confuse** [kən'fjuːz] VERB
1 wprawiać (PERF wprawić) w zakłopotanie
(perplex)
□ Don't confuse me! Nie wprawiaj mnie w
zakłopotanie!
2 mylić (PERF pomylić) *(mix up)*

confused [kən'fjuːzd] ADJECTIVE
zdezorientowany *(bewildered)*

confusing [kən'fjuːzɪŋ] ADJECTIVE
zagmatwany
□ The traffic signs are confusing. Znaki drogowe
są zagmatwane.

confusion [kən'fjuːʒən] NOUN
1 zamieszanie *(uncertainty)*
2 nieporozumienie *(mix-up)*
□ There's been some confusion. Nastąpiło
pewne nieporozumienie.

to **congratulate** [kən'grætjuleɪt] VERB
gratulować (PERF pogratulować)
■ **to congratulate somebody on something**
gratulować (PERF pogratulować) komuś czegoś
□ My aunt congratulated me on my results.
Moja ciotka pogratulowała mi moich
wyników.

congratulations [kəngrætju'leɪʃənz] PL NOUN
gratulacje
□ Congratulations on your engagement!
Gratulacje z okazji zaręczyn!

Congress ['kɒŋgres] NOUN (US)
Kongres

conjunction [kən'dʒʌŋkʃən] NOUN
spójnik

connection [kə'nekʃən] NOUN
1 związek *(link)*
□ What is the connection between them?
Jaki jest między nimi związek?
2 podłączenie
□ There's a loose connection here. Tu jest
luźne podłączenie.
3 połączenie
□ We missed our connection. Spóźniliśmy się
na nasze połączenie.

to **conquer** ['kɒŋkəʳ] VERB
1 podbijać (PERF podbić) *(country, enemy)*
2 pokonywać (PERF pokonać) *(fear)*

conscience ['kɒnʃəns] NOUN
sumienie

□ to have a guilty conscience mieć wyrzuty
sumienia □ to have clear conscience mieć
czyste sumienie

conscious ['kɒnʃəs] ADJECTIVE
1 świadomy *(awake)*
2 świadomy *(deliberate)*
□ a conscious decision świadoma decyzja
■ **to be conscious that ...** być świadomym
tego, że ...

consciousness ['kɒnʃəsnɪs] NOUN
przytomność
■ **to lose consciousness** tracić (PERF stracić)
przytomność □ I lost consciousness. Straciłem
przytomność.

consequence ['kɒnsɪkwəns] NOUN
konsekwencja *(result)*
□ What are the consequences for the
environment? Jakie są konsekwencje dla
środowiska?
■ **as a consequence** w wyniku

consequently ['kɒnsɪkwəntlɪ] ADVERB
w konsekwencji

conservation [kɒnsə'veɪʃən] NOUN
1 ochrona *(of environment)*
2 oszczędzanie *(of energy)*

Conservative [kən'səːvətɪv] NOUN
konserwatysta *masc*
konserwatystka *fem*
□ She's a Conservative. Ona jest
konserwatystką.
■ **to vote Conservative** głosować (PERF
zagłosować) na Konserwatystów
■ **the Conservatives** Konserwatyści

conservative [kən'səːvətɪv] ADJECTIVE
konserwatywny *(traditional)*
■ **the Conservative Party** Partia
Konserwatywna

conservatory [kən'səːvətrɪ] NOUN
oszklona weranda *(on house)*

to **consider** [kən'sɪdəʳ] VERB
1 rozważać (PERF rozważyć) *(think about)*
■ **I'm considering the idea.** Rozważam ten
pomysł.
■ **to consider doing something** zastanawiać
(PERF zastanowić) się nad zrobieniem czegoś
□ We considered cancelling our holiday.
Zastanawialiśmy się nad odwołaniem naszego
urlopu.
2 rozpatrywać (PERF rozpatrzyć) *(take into account)*
■ **all things considered** w sumie
3 uważać *(believe)*
□ He considers it a waste of time. On uważa to
za stratę czasu.

considerate [kən'sɪdərɪt] ADJECTIVE
taktowny

considering [kən'sɪdərɪŋ] PREPOSITION
zważywszy
□ I got a good mark, considering. Zważywszy na
okoliczności, dostałem dobrą ocenę.
■ **considering that ...** zważywszy że ...
□ Considering that we were there for a month
... Zważywszy, że byliśmy tam przez miesiąc ...

to **consist** [kən'sɪst] VERB
■ **to consist of** składać się z □ The band consists of a singer and a guitarist. Zespół składa się z wokalisty i gitarzysty.

consonant ['kɒnsənənt] NOUN
spółgłoska

constant ['kɒnstənt] ADJECTIVE
1 stały
2 ciągły (repeated)

constantly ['kɒnstəntlɪ] ADVERB
1 ciągle (repeatedly)
2 nieustannie (uninterruptedly)

constipated ['kɒnstɪpeɪtɪd] ADJECTIVE
cierpiący na zaparcie

to **construct** [kən'strʌkt] VERB
budować (PERF zbudować)

construction [kən'strʌkʃən] NOUN
1 budowa (of building)
2 konstrukcja (structure)

to **consult** [kən'sʌlt] VERB
1 radzić (PERF poradzić) się +gen (doctor, lawyer)
2 sprawdzać (PERF sprawdzić) (book, map)

consumer [kən'sju:mə] NOUN
konsument masc
konsumentka fem (of goods)

contact ['kɒntækt] NOUN
▷ see also **contact** VERB
kontakt
■ **to be in contact with somebody** kontaktować (PERF skontaktować) się z kimś
■ **I'm in contact with her.** Jestem z nią w kontakcie.

to **contact** ['kɒntækt] VERB
▷ see also **contact** NOUN
kontaktować (PERF kontaktować) się z +inst
□ Where can we contact you? Gdzie możemy się z Tobą skontaktować?

contact lenses PL NOUN
szkła kontaktowe

to **contain** [kən'teɪn] VERB
zawierać (PERF zawrzeć)

container [kən'teɪnəʳ] NOUN
pojemnik

content ['kɒntɛnt] NOUN
▷ see also **content** ADJECTIVE
treść (of book, film)
■ **contents** (of bottle, packet) zawartość

content [kən'tɛnt] ADJECTIVE
▷ see also **content** NOUN
zadowolony (satisfied)

contest ['kɒntɛst] NOUN
konkurs

contestant [kən'tɛstənt] NOUN
zawodnik masc
zawodniczka fem

context ['kɒntɛkst] NOUN
kontekst

continent ['kɒntɪnənt] NOUN
kontynent
□ How many continents are there? Ile jest kontynentów?

■ **on the Continent** na kontynencie europejskim □ I've never been to the Continent. Nigdy nie byłem na kontynencie europejskim.

continental breakfast [kɒntɪ'nɛntl-] NOUN
śniadanie kontynentalne

to **continue** [kən'tɪnju:] VERB
1 kontynuować imperf
□ She continued talking to her friend. Kontynuowała rozmowę ze swoim przyjacielem.
■ **to continue with something** kontynuować imperf coś
2 wznawiać (PERF wznowić) (after interruption)
□ We continued working after lunch. Wznowiliśmy pracę po obiedzie.

continuous [kən'tɪnjuəs] ADJECTIVE
1 stały (growth)
2 ciągły (tense)

continuous assessment NOUN
ciągła ocena

contraceptive [kɒntrə'sɛptɪv] NOUN
1 tabletka antykoncepcyjna (drug)
2 środek antykoncepcyjny (device)

contract ['kɒntrækt] NOUN
umowa

to **contradict** [kɒntrə'dɪkt] VERB
zaprzeczać (PERF zaprzeczyć)

contrary ['kɒntrərɪ] NOUN
■ **the contrary** przeciwieństwo
■ **on the contrary** wręcz przeciwnie

contrast ['kɒntrɑːst] NOUN
kontrast
□ **to be a contrast to something** stanowić kontrast względem czegoś

to **contribute** [kən'trɪbjuːt] VERB
ofiarowywać (PERF ofiarować)
□ She contributed £10. Ona ofiarowała 10 funtów.
■ **to contribute to something 1** (help) przyczyniać (PERF przyczynić) się do czegoś +gen □ The treaty will contribute to world peace. Traktat przyczyni się do światowego pokoju. **2** (share in) uczestniczyć w czymś +inst □ He didn't contribute to the discussion. On nie uczestniczył w dyskusji.

contribution [kɒntrɪ'bjuːʃən] NOUN
datek (donation)

to **control** [kən'trəʊl] VERB
▷ see also **control** NOUN
kontrolować (PERF skontrolować)
□ He can't control the class. On nie potrafi kontrolować klasy. □ I couldn't control the horse. Nie mogłem kontrolować konia.
■ **to control oneself** panować nad sobą kierować (country, organization)

control [kən'trəʊl] NOUN
▷ see also **control** VERB
1 panowanie (of people)
■ **to keep control** sprawować władzę
□ He can't keep control of the class. On nie potrafi kontrolować klasy.
2 kierowanie (of vehicle)

■ **to be in control of something** *(of situation, vehicle)* kontrolować (PERF skontrolować) coś
■ **to have something under control** panować nad czymś
■ **to be out of control 1** *(fire, situation)* wymykać (PERF wymknąć) się spod kontroli **2** *(child, class)* być nie do opanowania
■ **The car was out of control.** Samochód był poza kontrolą.
■ **to lose control of something** *(of vehicle)* tracić (PERF stracić) panowanie nad czymś
□ He lost control of the car. On stracił panowanie nad samochodem.
■ **circumstances beyond our control** okoliczności niezależne od nas
■ **the controls** *(of vehicle)* stery

controversial [kɒntrə'vəːʃl] ADJECTIVE
kontrowersyjny
□ a controversial book kontrowersyjna książka

convenient [kən'viːnɪənt] ADJECTIVE
1 praktyczny *(time)*
■ **It's not a convenient time for me.** Ten termin mi nie odpowiada.
■ **Would Monday be convenient for you?** Czy poniedziałek byłby dla Ciebie odpowiedni?
2 dogodny *(place)*
□ The hotel's convenient for the airport. Hotel jest dogodnym miejscem, aby dostać się na lotnisko.

conventional [kən'vɛnʃənl] ADJECTIVE
konwencjonalny

convent school ['kɒnvənt-] NOUN
szkoła przy klasztorze żeńskim
□ She goes to convent school. Ona chodzi do szkoły przy klasztorze żeńskim.

conversation [kɒnvə'seɪʃən] NOUN
rozmowa
■ **a French conversation class** zajęcia z konwersacji francuskiej
■ **to have a conversation with somebody** rozmawiać (PERF porozmawiać) z kimś

to **convert** [kən'vəːt] VERB
przerabiać (PERF przerobić) *(building)*
■ **to convert something into something** przerabiać (PERF przerobić) coś na coś □ We've converted the loft into a spare room. Przerobiliśmy poddasze na dodatkowy pokój.

to **convict** [kən'vɪkt] VERB
■ **to convict somebody of something** skazywać (PERF skazać) kogoś za coś □ He was convicted of the murder. Został skazany za morderstwo.

to **convince** [kən'vɪns] VERB
przekonywać (PERF przekonać)
□ I'm not convinced. Nie jestem przekonany.
■ **to convince somebody to do something** namawiać (PERF namówić) kogoś do zrobienia czegoś

cook [kʊk] NOUN
▷ *see also* **cook** VERB
kucharz *masc*
kucharka *fem*
■ **He's a good cook.** On dobrze gotuje.

to **cook** [kʊk] VERB
▷ *see also* **cook** NOUN
1 przyrządzać (PERF przyrządzić) *(meal)*
□ She's cooking lunch. Ona przyrządza obiad.
2 gotować (PERF ugotować) *(meat, vegetables)*
□ Cook the pasta for 10 minutes. Gotuj makaron przez 10 minut. □ I can't cook. Nie umiem gotować.

cookbook ['kʊkbʊk] NOUN
książka kucharska

cooker ['kʊkəʳ] NOUN
kuchenka
□ a gas cooker kuchenka gazowa

cookery ['kʊkərɪ] NOUN
sztuka kulinarna

cookie ['kʊkɪ] NOUN
1 ciastko *(for eating)*
2 cookies *(in computing)*

cooking ['kʊkɪŋ] NOUN
1 gotowanie *(activity)*
□ I like cooking. Lubię gotowanie.
2 kuchnia *(food)*
□ French cooking kuchnia francuska

cool [kuːl] ADJECTIVE
▷ *see also* **cool** NOUN
1 chłodny
□ a cool place chłodne miejsce □ It's quite cool today. Dziś jest dość chłodno.
■ **to keep something cool** przechowywać (PERF przechować) coś w chłodnym miejscu
2 spokojny *(calm)*
3 fajnie *(great)*
□ That's really cool! To naprawdę fajnie!

cool [kuːl] NOUN
▷ *see also* **cool** ADJECTIVE
■ **to keep one's cool** zachowywać (PERF zachować) spokój
■ **to lose one's cool** tracić (PERF stracić) głowę

to **cool down** VERB
stygnąć (PERF ostygnąć)

cooperation [kəʊɒpə'reɪʃən] NOUN
współpraca *(collaboration)*

cop [kɒp] NOUN
gliniarz *(informal)*

to **cope** [kəʊp] VERB
radzić (PERF poradzić) sobie
□ It was hard, but we coped. Było trudno, ale poradziliśmy sobie.
■ **to cope with something** radzić (PERF poradzić) sobie z czymś □ She's got a lot of problems to cope with. Ona ma dużo problemów, z którymi musi sobie radzić.

copper ['kɒpəʳ] NOUN
miedź
■ **a copper bracelet** miedziana bransoletka

copy ['kɒpɪ] NOUN
▷ *see also* **copy** VERB
1 kopia *(duplicate)*
□ to make a copy of something robić (PERF zrobić) kopię czegoś
2 egzemplarz *(issue)*

C

355

English-Polish

c

to **copy** ['kɒpɪ] VERB
▷ *see also* **copy** NOUN
1 naśladować *(imitate)*
2 przepisywać (PERF przepisać) *(write down)*
■ **The teacher accused him of copying.**
Nauczyciel zarzucił mu odpisywanie.
■ **to copy and paste** wyciąć i wkleić

to **copy down** VERB
przepisywać (PERF przepisać)

core [kɔːʳ] NOUN
gniazdo nasienne
□ **an apple core** gniazdo nasienne jabłka

cork [kɔːk] NOUN
korek
■ **a cork table mat** korkowa podstawka na stół

corkscrew ['kɔːkskruː] NOUN
korkociąg

corn [kɔːn] NOUN
1 zboże *(wheat)*
2 kukurydza *(US: maize)*
■ **corn on the cob** kolba kukurydzy

corner ['kɔːnəʳ] NOUN
1 kąt
□ **in a corner of the room** w kącie pokoju
2 róg *(of road)*
■ **He lives just round the corner.** On mieszka zaraz za rogiem.
■ **the shop on the corner** sklep na rogu
■ **to be (just) round** *or* **around the corner** być za rogiem
3 rzut rożny *(in football)*

cornflakes ['kɔːnfleɪks] PL NOUN
płatki kukurydziane

corporal ['kɔːpərəl] NOUN
kapral

corporal punishment NOUN
kara cielesna

corpse [kɔːps] NOUN
zwłoki

correct [kə'rɛkt] ADJECTIVE
▷ *see also* **correct** VERB
1 poprawny
□ **the correct answer** poprawna odpowiedź
■ **That's correct.** To prawda.
■ **You are correct.** Masz rację.
2 właściwy *(decision)*
□ **the correct choice** właściwy wybór

to **correct** [kə'rɛkt] VERB
▷ *see also* **correct** ADJECTIVE
poprawiać (PERF poprawić)

correction [kə'rɛkʃən] NOUN
korekta

correctly [kə'rɛklɪ] ADVERB
poprawnie

correspondent [kɒrɪs'pɒndənt] NOUN
korespondent
□ **our foreign correspondent** nasz korespondent zagraniczny

corridor ['kɒrɪdɔːʳ] NOUN
korytarz

corruption [kə'rʌpʃən] NOUN
korupcja

Corsica ['kɔːsɪkə] NOUN
Korsyka
■ **in Corsica** na Korsyce
■ **to Corsica** na Korsykę

cosmetics [kɒz'mɛtɪks] PL NOUN
kosmetyki

cosmetic surgery [kɒz'mɛtɪk-] NOUN
chirurgia plastyczna

cost [kɒst] NOUN
▷ *see also* **cost** VERB
koszt
□ **the cost of a loaf of bread** koszt bochenka chleba
■ **the cost of living** koszty utrzymania
■ **at all costs** za wszelką cenę

to **cost** [kɒst] (PT, PP **cost**) VERB
▷ *see also* **cost** NOUN
kosztować
□ **It costs 5 pounds.** Kosztuje pięć funtów.
□ **It costs too much.** To kosztuje zbyt dużo.
□ **How much does it cost?** Ile to kosztuje?

costume ['kɒstjuːm] NOUN
kostium

cosy ['kəʊzɪ] (US **cozy**) ADJECTIVE
przytulny

cot [kɒt] NOUN
łóżeczko dziecięce

💬 **WSKAZÓWKI JĘZYKOWE** Uwaga! Angielskie słowo **cot** nie oznacza **kot**.

cottage ['kɒtɪdʒ] NOUN
chata
□ **a thatched cottage** chata kryta strzechą

cottage cheese NOUN
twaróg

cotton ['kɒtn] NOUN
▷ *see also* **cotton** ADJECTIVE
bawełna *(fabric)*

cotton ['kɒtn] ADJECTIVE
▷ *see also* **cotton** NOUN
bawełniany
□ **a cotton shirt** bawełniana koszula

cotton wool NOUN
wata

couch [kautʃ] NOUN
kanapa

cough [kɒf] NOUN
▷ *see also* **cough** VERB
kaszel
□ **a bad cough** uporczywy kaszel
■ **I've got a cough.** Dokucza mi kaszel.
■ **a cough sweet** cukierek na kaszel

to **cough** [kɒf] VERB
▷ *see also* **cough** NOUN
kasłać (PERF kaszlnąć)

could [kud] VERB ▷ *see* **can**

council ['kaunsl] NOUN
rada
□ **He's on the council.** On zasiada w radzie.

council house NOUN
komunalny dom mieszkalny *masc*

councillor ['kaunsləʳ] NOUN
radny *masc*

radną *fem*
□ She's a local councillor. Ona jest lokalną radną.

to **count** [kaunt] VERB

1 liczyć (PERF policzyć)
□ to count to 10 liczyć (PERF policzyć) do dziesięciu

2 zaliczać (PERF zaliczyć) *(include)*

counter ['kauntə'] NOUN

1 lada *(in shop, café)*
2 okienko *(in bank, post office)*
3 pionek *(in game)*

country ['kʌntrɪ] NOUN

1 kraj *(nation)*
□ the border between the two countries granica pomiędzy dwoma krajami
2 naród *(population)*
3 ojczyzna *(native land)*
□ He loved his country. On kochał swoją ojczyznę.

■ **the country** wieś □ I live in the country. Mieszkam na wsi.

■ **country dancing** taniec w stylu country

countryside ['kʌntrɪsaɪd] NOUN
wieś

county ['kauntɪ] NOUN
hrabstwo

■ **the county council** urząd rady hrabstwa

couple ['kʌpl] NOUN
para

□ the couple who live next door para, która mieszka obok

■ **a couple of** parę +*gen* □ a couple of hours parę godzin □ Could you wait a couple of minutes? Czy mógłbyś poczekać parę minut?

courage ['kʌrɪdʒ] NOUN
odwaga

courgette [kuə'ʒet] NOUN
cukinia

courier ['kurɪə'] NOUN
kurier

□ They sent it by courier. Wysłali to przez kuriera.

course [kɔːs] NOUN

1 kurs
□ a Polish course kurs polskiego □ to go on a course iść (PERF pójść) na kurs
2 danie *(of meal)*
□ the main course główne danie □ the first course pierwsze danie

■ **a golf course** pole golfowe

■ **Of course!** Oczywiście! □ Do you love me? — Of course I do! Czy mnie kochasz? — Oczywiście!

■ **Of course not!** Oczywiście, że nie!

court [kɔːt] NOUN

1 sąd *(of law)*
□ He was in court yesterday. Wczoraj był w sądzie.

■ **to take somebody to court** pozywać (PERF pozwać) kogoś do sądu
2 kort *(for sport)*
□ There are tennis and squash courts here. Są tu korty do tenisa i squasha.

3 dwór *(royal)*

courtyard ['kɔːtjɑːd] NOUN
dziedziniec

cousin ['kʌzn] NOUN
kuzyn *masc*
kuzynka *fem*
□ She's my cousin. Ona jest moją kuzynką.

cover ['kʌvə'] NOUN
▷ *see also* **cover** VERB

1 nakrycie *(for furniture, machinery)*
2 okładka *(of book, magazine)*

■ **the covers** *(on bed)* nakrycie □ under the covers pod nakryciem

to **cover** ['kʌvə'] VERB
▷ *see also* **cover** NOUN

1 zakrywać (PERF zakryć) +*inst*
□ She covered her face with her hands. Zakryła twarz dłońmi.

2 pokrywać (PERF pokryć) *(be sufficient money for)*
□ £1.50 to cover postage 1.50 funta, aby pokryć koszty wysyłki pocztowej □ Our insurance didn't cover us. Nasze ubezpieczenie nas nie pokrywało.

to **cover up** VERB
tuszować (PERF zatuszować) *(mistakes)*
□ to cover up a scandal zatuszować skandal

■ **to cover up for somebody** kryć kogoś

cow [kau] NOUN
krowa

coward ['kauəd] NOUN
tchórz
□ She's a coward. Ona jest tchórzem.

cowardly ['kauədlɪ] ADJECTIVE
tchórzliwy

cowboy ['kaubɔɪ] NOUN
kowboj

crab [kræb] NOUN
krab

crack [kræk] NOUN
▷ *see also* **crack** VERB

1 pęknięcie *(in dish, glass)*
2 szpara *(gap)*
3 crack *(drug)*

■ **I'll have a crack at it.** Wezmę się za to.

to **crack** [kræk] VERB
▷ *see also* **crack** NOUN

1 nadtłuc
□ Be careful you don't crack the cup. Uważaj, aby nie nadtłuc filiżanki.
2 rozbijać (PERF rozbić) *(nut, egg)*
3 pękać (PERF pęknąć)
□ The glass cracked as she poured the water into it. Szklanka pękła, gdy ona nalewała do niej wodę.

■ **to crack a joke** sypnąć *perf* dowcipem

to **crack down on** VERB
rozprawiać (PERF rozprawić) się z +*inst (crime)*
□ The police are cracking down on drink-drivers. Policja rozprawia się z pijanymi kierowcami.

to **crack up** VERB
wariować (PERF zwariować) *(informal)*

□ The stress made him crack up. Stres spowodował, że on zwariował.

cracked [krækt] ADJECTIVE
popękany *(dish, glass)*

cracker ['krækəʳ] NOUN
krakers *(biscuit)*

cradle ['kreɪdl] NOUN
kołyska

craft [krɑːft] NOUN
rzemiosło *(weaving, pottery)*
□ We do craft at school. Mamy zajęcia z rzemiosła w szkole.
■ **a craft centre** centrum rzemiosła

to **cram** [kræm] VERB
1 wpychać (PERF wepchnąć)
  ■ **to cram something into something**
  wpychać (PERF wepchnąć) coś do czegoś
  □ We crammed our stuff into the boot.
  Wepchnęliśmy nasze rzeczy do bagażnika.
  ■ **Her bag was crammed with books.**
  Jej torba była wypchana książkami.
2 wkuwać *(for exam)*

crane [kreɪn] NOUN
dźwig

crash [kræʃ] NOUN
  ▷ *see also* **crash** VERB
1 wypadek
  □ a car crash wypadek samochodowy
2 katastrofa
  □ a plane crash katastrofa lotnicza
3 trzask *(noise)*

to **crash** [kræʃ] VERB
  ▷ *see also* **crash** NOUN
1 rozbijać (PERF rozbić) *(car, plane)*
  □ He's crashed his car. On rozbił swój samochód.
2 rozbijać (PERF rozbić) się
  □ The plane crashed. Samolot rozbił się.
3 zawieszać (PERF zawiesić) się *(computer)*

crash course NOUN
błyskawiczny kurs

crash helmet NOUN
kask ochronny

to **crawl** [krɔːl] VERB
  ▷ *see also* **crawl** NOUN
1 czołgać się *(child)*
2 pełzać *(insect)*
3 wlec się *(vehicle)*

crawl [krɔːl] NOUN
  ▷ *see also* **crawl** VERB
kraul *(in swimming)*
  ■ **to do the crawl** pływać (PERF płynąć) kraulem

crayon ['kreɪən] NOUN
kredka

crazy ['kreɪzɪ] ADJECTIVE
szalony *(mad)*
  ■ **to go crazy** oszaleć
  ■ **to be crazy about something** szaleć za czymś □ She's crazy about football. Ona szaleje za futbolem.

cream [kriːm] NOUN
1 śmietana

□ strawberries and cream truskawki ze śmietaną □ a cream cake ciastko ze śmietaną
2 krem *(for skin)*
  ■ **sun cream** krem do opalania

crease [kriːs] NOUN
1 zagięcie *(fold)*
2 zmarszczka *(wrinkle)*
3 kant *(in trousers)*

to **create** [kriːˈeɪt] VERB
stwarzać (PERF stworzyć)

creation [kriːˈeɪʃən] NOUN
tworzenie

creative [kriːˈeɪtɪv] ADJECTIVE
twórczy *(person)*

creature ['kriːtʃəʳ] NOUN
stworzenie

crèche [kreʃ] NOUN
żłobek

credit ['krɛdɪt] NOUN
1 kredyt *(financial)*
  □ on credit na kredyt
  ■ **to be in credit** mieć dodatnie saldo
  ■ **I've no credit left on my phone.** Nie mam już kredytu na moim telefonie.
2 uznanie *(recognition)*
  ■ **to take the credit for something** zdobywać (PERF zdobyć) uznanie za coś □ I let my brother take all the credit. Pozwoliłem, aby mój brat zdobył całe uznanie.

credit card NOUN
karta kredytowa

to **creep** (PT, PP **crept**) VERB
  ■ **to creep up on somebody** podpełznąć do kogoś +gen

creeps ['kriːps] PL NOUN
  ■ **It gives me the creeps.** Dostaję od tego gęsiej skórki.

crept [krɛpt] VERB ▷ *see* **creep**

cress [krɛs] NOUN
rzeżucha

crew [kruː] NOUN
1 załoga *(of ship, plane)*
2 ekipa *(for film, TV)*
  □ a film crew ekipa filmowa

cricket ['krɪkɪt] NOUN
1 krykiet
  □ I play cricket. Gram w krykieta.
  ■ **a cricket bat** kij do krykieta
2 świerszcz *(insect)*

crime [kraɪm] NOUN
1 przestępstwo *(illegal act)*
  □ Murder is a crime. Morderstwo jest przestępstwem.
2 przestępczość *(lawlessness)*
  □ Crime is rising. Przestępczość wrasta.

criminal ['krɪmɪnl] NOUN
  ▷ *see also* **criminal** ADJECTIVE
przestępca *masc*
przestępczyni *fem*

criminal ['krɪmɪnl] ADJECTIVE
  ▷ *see also* **criminal** NOUN
przestępczy

■ **It's a criminal offence.** To przestępstwo karne.

■ **to have a criminal record** być na rejestrze karnym

crisis ['kraɪsɪs] (PL **crises**) ['kraɪsiːz] NOUN
kryzys

crisp [krɪsp] ADJECTIVE
1 chrupiący (bacon, biscuit)
2 kruchy (lettuce, apple)

crisps [krɪsps] PL NOUN
chipsy
□ a packet of crisps paczka chipsów

criterion [kraɪ'tɪərɪən] (PL **criteria**) [kraɪ'tɪərɪə] NOUN
kryterium

critic ['krɪtɪk] NOUN
krytyk

critical ['krɪtɪkl] ADJECTIVE
1 decydujący (crucial)
2 krytyczny
□ The patient is critical. Pacjent jest w stanie krytycznym.
■ **a critical remark** krytyczna uwaga

criticism ['krɪtɪsɪzəm] NOUN
krytyka

to **criticize** ['krɪtɪsaɪz] VERB
krytykować (PERF skrytykować)

Croatia [krəʊ'eɪʃə] NOUN
Chorwacja
■ **in Croatia** w Chorwacji
■ **to Croatia** do Chorwacji

to **crochet** ['krəʊʃeɪ] VERB
szydełkować

crocodile ['krɒkədaɪl] NOUN
krokodyl

crook [krʊk] NOUN
oszust *masc*
oszustka *fem (criminal)*

crop [krɒp] NOUN
1 uprawa (plants)
2 plon (amount produced)
□ a good crop of apples dobry plon jabłek

cross [krɒs] NOUN
▷ see also **cross** ADJECTIVE, VERB
1 krzyżyk (x shape)
2 krzyż (in religion)
■ **a cross between something and something**
krzyżówka czegoś z czymś □ The puppy was a cross between a collie and labrador. Szczeniak był krzyżówką owczarka szkockiego z labradorem.

cross [krɒs] ADJECTIVE
▷ see also **cross** NOUN, VERB
rozgniewany
■ **to get cross about something** być złym z powodu czegoś □ She was very cross about the flight delay. Była bardzo zła z powodu opóźnienia lotu.

to **cross** [krɒs] VERB
▷ see also **cross** NOUN, ADJECTIVE
przechodzić (PERF przejść)
□ I crossed the street to talk to him.
Przeszedłem przez ulicę, aby z nim porozmawiać.

to **cross off** VERB
skreślać (PERF skreślić) (delete)

to **cross out** VERB
skreślać (PERF skreślić) (delete)

to **cross over** VERB
przechodzić (PERF przejść) na drugą stronę

cross-country [krɒs'kʌntrɪ] NOUN
bieg przełajowy (running)
■ **cross-country skiing** narciarstwo biegowe
■ **to go cross-country** biegać na przełaj

crossing ['krɒsɪŋ] NOUN
przeprawa (voyage)
□ the crossing from Dover to Calais przeprawa z Dover do Calais
■ **a pedestrian crossing** przejście dla pieszych

crossroads ['krɒsrəʊdz] (PL **crossroads**) NOUN
skrzyżowanie

crossword ['krɒswɜːd] NOUN
krzyżówka
□ I like doing crosswords. Lubię rozwiązywać krzyżówki.

to **crouch down** [kraʊtʃ-] VERB
kucać (PERF kucnąć)

crow [krəʊ] NOUN
wrona

crowd [kraʊd] NOUN
tłum
□ crowds of people tłumy ludzi

crowded ['kraʊdɪd] ADJECTIVE
zatłoczony (full)
□ a crowded room zatłoczony pokój

crown [kraʊn] NOUN
korona

crucifix ['kruːsɪfɪks] NOUN
krucyfiks

crude [kruːd] ADJECTIVE
wulgarny (vulgar)

cruel ['kruːəl] ADJECTIVE
okrutny
□ to be cruel to somebody być okrutnym w stosunku do kogoś

cruise [kruːz] NOUN
rejs
□ to go on cruise odbywać (PERF odbyć) rejs

crumb [krʌm] NOUN
okruch (of bread, cake)

crunchy ['krʌntʃɪ] ADJECTIVE
chrupiący

to **crush** [krʌʃ] VERB
1 zgniatać (PERF zgnieść) (tin, box)
2 wyciskać (PERF wycisnąć) (garlic)
3 kruszyć (PERF rozkruszyć) (ice)

crutch [krʌtʃ] NOUN
kula inwalidzka
■ **on crutches** o kulach

cry [kraɪ] NOUN
▷ see also **cry** VERB
okrzyk
□ He gave a cry of surprise. Wydał okrzyk zaskoczenia.

■ **to have a good cry** dobrze się wypłakać
□ Go on, have a good cry! No już, wypłacz się dobrze!

to **cry** [kraɪ] VERB
▷ *see also* **cry** NOUN
płakać

□ The baby's crying. Niemowlę płacze.
□ What are you crying about? Dlaczego płaczesz?
■ **to cry for help** krzyczeć (PERF krzyknąć) o pomoc

crystal [ˈkrɪstl] NOUN
kryształ

cub [kʌb] NOUN
młode

■ **the Cubs** Zuchy

cube [kjuːb] NOUN
1 sześcian *(shape)*
2 trzecia potęga *(of number)*

cubic [ˈkjuːbɪk] ADJECTIVE
■ **a cubic metre** metr sześcienny

cuckoo [ˈkukuː] NOUN
kukułka

cucumber [ˈkjuːkʌmbəʳ] NOUN
ogórek

to **cuddle** [ˈkʌdl] VERB
▷ *see also* **cuddle** NOUN
przytulać (PERF przytulić)

□ Emma cuddled her teddy bear. Emma przytulała swojego misia.

cuddle [ˈkʌdl] NOUN
▷ *see also* **cuddle** VERB
■ **to give somebody a cuddle** przytulać (PERF przytulić) kogoś □ Come and give me a cuddle. Chodź i przytul mnie.

cue [kjuː] NOUN
kij bilardowy *(for snooker)*
■ **a cue for something** znak do rozpoczęcia czegoś

culottes [kuːˈlɔts] PL NOUN
spódnico-spodnie

culture [ˈkʌltʃəʳ] NOUN
kultura

cunning [ˈkʌnɪŋ] ADJECTIVE
przebiegły

cup [kʌp] NOUN
1 filiżanka
□ a china cup filiżanka porcelanowa □ a cup of tea filiżanka herbaty
2 puchar *(trophy)*

cupboard [ˈkʌbəd] NOUN
szafka

to **cure** [kjuəʳ] VERB
▷ *see also* **cure** NOUN
leczyć (PERF wyleczyć)

cure [kjuəʳ] NOUN
▷ *see also* **cure** VERB
kuracja

curious [ˈkjuərɪəs] ADJECTIVE
ciekawy
□ to be curious about something być ciekawym czegoś
■ **I'm curious about her.** Ona mnie interesuje.

curl [kəːl] NOUN
lok *(of hair)*

curly [ˈkəːlɪ] ADJECTIVE
kręcony *(hair)*

currant [ˈkʌrnt] NOUN
porzeczka

currency [ˈkʌrnsɪ] NOUN
waluta
□ foreign currency obca waluta

current [ˈkʌrnt] NOUN
▷ *see also* **current** ADJECTIVE
prąd
□ The current is very strong. Prąd jest bardzo silny. □ an electric current prąd elektryczny

current [ˈkʌrnt] ADJECTIVE
▷ *see also* **current** NOUN
obecny
□ the current situation obecna sytuacja

current account NOUN
konto bieżące

current affairs PL NOUN
aktualne wydarzenia
■ **a current affairs programme** aktualności *fem pl*

curriculum [kəˈrɪkjuləm] (PL **curriculums** or **curricula**) [kəˈrɪkjulə] NOUN
program nauczania

curriculum vitae [-ˈviːtaɪ] NOUN
CV

curry [ˈkʌrɪ] NOUN
curry

curse [kəːs] NOUN
klątwa *(spell)*

cursor [ˈkəːsəʳ] NOUN
kursor *(in computing)*

curtain [ˈkəːtn] NOUN
zasłona
■ **to draw the curtains 1** *(closed)* zasuwać (PERF zasunąć) zasłony **2** *(open)* rozsuwać (PERF rozsunąć) zasłony

cushion [ˈkuʃən] NOUN
poduszka

custard [ˈkʌstəd] NOUN
budyń

custody [ˈkʌstədɪ] NOUN
1 opieka *(of child)*
2 areszt *(for offenders)*

custom [ˈkʌstəm] NOUN
obyczaj *(tradition)*
□ It's an old custom. To stary obyczaj.
■ **customs** odprawa celna □ **to go through customs** przechodzić (PERF przejść) przez odprawę celną

customer [ˈkʌstəməʳ] NOUN
klient *masc*
klientka *fem (in shop)*

customs officer [ˈkʌstəmz-] NOUN
celnik *masc*
celniczka *fem*

cut [kʌt] NOUN
▷ *see also* **cut** VERB
1 skaleczenie

□ He's got a cut on his forehead. On ma skaleczenie na czole.

■ **to make a cut in something** nacinać (PERF naciąć) coś

2 cięcie (*reduction*)

■ **a cut and blow-dry** strzyżenie i modelowanie

to **cut** [kʌt] (PT, PP **cut**) VERB

▷ *see also* **cut** NOUN

1 kroić (PERF pokroić) (*bread, meat*)

□ I'll cut some bread. Pokroję trochę chleba.

■ **to cut something in half** (*food, object*) przecinać (PERF przeciąć) coś na pół

■ **to cut one's hand** kaleczyć (PERF skaleczyć) się w rękę

■ **to cut oneself** zaciąć się □ I cut myself on a piece of glass. Zaciąłem się na kawałku szkła.

2 przycinać (PERF przyciąć) (*grass, nails*)

■ **to get one's hair cut** strzyc (PERF ostrzyc) się

3 wycinać (PERF wyciąć) (*scene, episode*)

4 obniżać (PERF obniżyć) (*prices, spending*)

to **cut down** VERB

1 ścinać (PERF ściąć) (*tree*)

2 obniżać (PERF obniżyć) (*reduce*)

to **cut down on** VERB

ograniczać (PERF ograniczyć) (*alcohol, cigarettes*)

to **cut off** VERB

odcinać (PERF odciąć)

□ The electricity was cut off. Elektryczność została odcięta.

to **cut out** VERB

wycinać (PERF wyciąć) (*coupon, article*)

to **cut up** VERB

kroić (PERF pokroić) (*paper, food*)

cutback ['kʌtbæk] NOUN

redukcja (czegoś) +*gen*

□ staff cutbacks redukcje personelu

cute [kjuːt] ADJECTIVE

słodki

□ What a cute puppy! Jakie słodkie szczenię!

cutlery ['kʌtləri] NOUN

sztućce

cutting ['kʌtɪŋ] NOUN

wycinek (*from newspaper*)

CV ABBREVIATION (= *curriculum vitae*)

CV

cybercafé ['saɪbəkæfeɪ] NOUN

kawiarnia internetowa

cycle ['saɪkl] NOUN

▷ *see also* **cycle** VERB

rower

■ **a cycle ride** przejażdżka rowerowa

to **cycle** ['saɪkl] VERB

▷ *see also* **cycle** NOUN

jeździć na rowerze

□ I cycle to school. Jeżdżę do szkoły na rowerze.

cycle lane ['saɪkl leɪn] NOUN

ścieżka rowerowa

cycle path NOUN

ścieżka rowerowa

cycling ['saɪklɪŋ] NOUN

kolarstwo

□ I like cycling. Lubię kolarstwo.

■ **to go cycling** jeździć na rowerze

cyclist ['saɪklɪst] NOUN

rowerzysta *masc*

rowerzystka *fem*

cylinder ['sɪlɪndəʳ] NOUN

1 walec (*shape*)

2 butla (*of gas*)

cynical ['sɪnɪkl] ADJECTIVE

cyniczny

Cyprus ['saɪprəs] NOUN

Cypr

■ **in Cyprus** na Cyprze

■ **to Cyprus** na Cypr

Czech [tʃek] ADJECTIVE

▷ *see also* **Czech** NOUN

czeski

■ **He's Czech.** On jest Czechem.

Czech [tʃek] NOUN

▷ *see also* **Czech** ADJECTIVE

1 Czech *masc*

Czeszka *fem* (*person*)

2 czeski (*language*)

Czech Republic NOUN

■ **the Czech Republic** Republika Czeska

C

Dd

d

dad [dæd] NOUN
tata
□ my dad mój tata □ his dad jego tata □ I'll ask dad. Zapytam tatę.

daddy ['dædɪ] NOUN
tatuś
□ Hello daddy! Cześć tatusiu!

daffodil ['dæfədɪl] NOUN
żonkil

daft [dɑːft] ADJECTIVE
głupi (informal)

daily ['deɪlɪ] ADJECTIVE
▷ see also **daily** ADVERB
codzienny
□ daily life życie codzienne □ It's part of my daily routine. To jest częścią mojej codziennej rutyny.

daily ['deɪlɪ] ADVERB
▷ see also **daily** ADJECTIVE
codziennie
□ The pool is open daily. Basen jest otwarty codziennie.
■ **twice daily** dwa razy dziennie

dairy ['dɛərɪ] ADJECTIVE
nabiałowy
□ dairy products produkty nabiałowe

daisy ['deɪzɪ] NOUN
stokrotka

dam [dæm] NOUN
▷ see also **dam** VERB
tama

damage ['dæmɪdʒ] NOUN
▷ see also **damage** VERB
1 szkoda
□ The storm did a lot of damage. Burza wyrządziła wiele szkód.
2 uszkodzenie (dents, scratches)
■ **to pay £5,000 in damages** płacić (PERF zapłacić) pięć tysięcy funtów odszkodowania

to **damage** ['dæmɪdʒ] VERB
▷ see also **damage** NOUN
1 uszkadzać (PERF uszkodzić) (object, building)
2 szkodzić (PERF zaszkodzić) (reputation, economy)

damn NOUN
■ **I don't give a damn** (informal) Mam to gdzieś.
■ **Damn!** (informal) Cholera!

damp [dæmp] ADJECTIVE
wilgotny

dance [dɑːns] NOUN
▷ see also **dance** VERB
1 taniec
□ The last dance was a waltz. Ostatnim tańcem był walc.
2 tańce
□ Are you going to the dance tonight? Idziesz dziś wieczorem na tańce?

to **dance** [dɑːns] VERB
▷ see also **dance** NOUN
tańczyć (PERF zatańczyć)
□ to dance the tango tańczyć (PERF zatańczyć) tango □ to dance with somebody tańczyć (PERF zatańczyć) z kimś

dancer ['dɑːnsəʳ] NOUN
tancerz masc
tancerka fem
□ to be a good dancer być dobrym tancerzem

dancing ['dɑːnsɪŋ] NOUN
■ **to go dancing** iść (PERF pójść) potańczyć
□ Let's go dancing! Chodźmy potańczyć!

dandruff ['dændrəf] NOUN
łupież

Dane [deɪn] NOUN
Duńczyk masc
Dunka fem

danger ['deɪndʒəʳ] NOUN
niebezpieczeństwo
□ Your life is in danger. Pana/pani życie jest w niebezpieczeństwie. □ There is a danger that ... Istnieje niebezpieczeństwo, że ...
■ **'Danger!'** 'Uwaga!'
■ **out of danger** (patient) nie zagraża niebezpieczeństwo
■ **to be in danger of something** być w niebezpieczeństwie czegoś +gen

dangerous ['deɪndʒrəs] ADJECTIVE
niebezpieczny
□ It's dangerous to ... Niebezpiecznie jest ...

Danish ['deɪnɪʃ] ADJECTIVE
▷ see also **Danish** NOUN
duński
■ **He's Danish.** On jest Duńczykiem.

Danish ['deɪnɪʃ] NOUN
▷ see also **Danish** ADJECTIVE
duński (language)

to **dare** [dɛəʳ] VERB
■ **to dare somebody to do something** rzucać (PERF rzucić) komuś wyzwanie, żeby coś zrobił

■ **to dare to do something** ośmielać (PERF ośmielić) się coś zrobić □ I didn't dare to tell my parents. Nie ośmieliłem się powiedzieć moim rodzicom.

■ **I daren't tell him.** Nie odważę się mu powiedzieć.

■ **I dare say.** (I suppose) Zapewne. □ I dare say it'll be okay. Zapewne będzie w porządku.

■ **Don't you dare!** Nie waż się!

■ **How dare you!** Jak śmiesz!

daring ['dɛərɪŋ] ADJECTIVE
odważny (escape, rescue)

dark [dɑːk] ADJECTIVE
▷ see also **dark** NOUN
1 ciemny
□ It's dark. Jest ciemno. □ It's dark outside. Na zewnątrz jest ciemno.

■ **It's getting dark.** Ściemnia się.

■ **dark blue** ciemnoniebieski

■ **dark chocolate** gorzka czekolada
2 ponury (look)

dark [dɑːk] NOUN
▷ see also **dark** ADJECTIVE
■ **the dark** ciemność □ I'm afraid of the dark. Boję się ciemności.

■ **after dark** po zmroku

darkness ['dɑːknɪs] NOUN
ciemność
□ The room was in darkness. Pokój był pogrążony w ciemności.

darling ['dɑːlɪŋ] NOUN
kochanie
□ Thank you, darling! Dziękuję, kochanie!

dart [dɑːt] NOUN
strzałka (in game)
□ to play darts grać (PERF zagrać) w strzałki

to **dash** [dæʃ] VERB
rzucać (PERF rzucić) się
□ Everyone dashed to the window. Wszyscy rzucili się do okna.

data ['deɪtə] PL NOUN
dane

⋯ **WSKAZÓWKI JĘZYKOWE** Uwaga! Angielskie słowo **data** nie oznacza **data**.

database ['deɪtəbeɪs] NOUN
baza danych

date [deɪt] NOUN
1 data
□ date of birth data urodzenia

■ **What's the date today?** Którego dzisiaj mamy?

■ **to be out of date 1** (old-fashioned) być przestarzałym **2** (expired) być przeterminowanym
2 spotkanie
□ She's got a date with Ian tonight. Ona ma dziś wieczór spotkanie z Ianem.
3 daktyl (fruit)

daughter ['dɔːtəʳ] NOUN
córka

daughter-in-law ['dɔːtərɪnlɔː] (PL **daughters-in-law**) NOUN
synowa

dawn [dɔːn] NOUN
świt
□ at dawn o świcie □ from dawn to dusk od świtu do zmierzchu

day [deɪ] NOUN
dzień
□ We stayed in Cracow for four days. Zatrzymaliśmy się w Krakowie przez cztery dni. □ during the day w ciągu dnia □ I stayed at home all day. Zostałem w domu przez cały dzień.

■ **the day after tomorrow** pojutrze □ We're leaving the day after tomorrow. Wyjeżdżamy pojutrze.

■ **the day before yesterday** przedwczoraj □ He arrived the day before yesterday. On przyjechał przedwczoraj.

dead [dɛd] ADJECTIVE
▷ see also **dead** ADVERB
1 martwy (person)
□ He was already dead when the doctor came. On był już martwy, gdy przybył lekarz.

■ **Over my dead body!** (informal) Po moim trupie!
2 zdechły (animal)
□ a dead dog zdechły pies
3 zwiędły (plant)

dead [dɛd] ADVERB
▷ see also **dead** ADJECTIVE
zupełnie (absolutely)
□ You're dead right! Masz zupełną rację!

■ **to stop dead** stawać (PERF stanąć) jak wryty

■ **dead on time** punktualny □ The train arrived dead on time. Pociąg przyjechał punktualnie.

dead end NOUN
ślepa uliczka

deadline ['dɛdlaɪn] NOUN
nieprzekraczalny termin
□ The deadline for entries is May 2nd. Nieprzekraczalny termin nadsyłania zgłoszeń to 2 maja.

deaf [dɛf] ADJECTIVE
1 głuchy (totally)
2 niedosłyszący (partially)

■ **My aunt's a bit deaf.** Moja ciotka trochę niedosłyszy.

deafening ['dɛfnɪŋ] ADJECTIVE
ogłuszający

deal [diːl] NOUN
▷ see also **deal** VERB
umowa
□ a business deal umowa biznesowa'

■ **It's a deal!** Zgoda!

■ **a fair deal** uczciwy interes

■ **to make a deal with somebody** robić (PERF zrobić) z kimś interes

■ **a great deal of** duża ilość +gen □ a great deal of money duża ilość pieniędzy

to **deal** [diːl] (PT, PP **dealt**) VERB
▷ see also **deal** NOUN
1 rozdawać (PERF rozdać) (cards)

□ He dealt each player a card. Rozdał każdemu z graczy po karcie. □ It's your turn to deal. Twoja kolej rozdawać.
2 handlować (drugs)

to deal with VERB
1 uporać się z +inst perf
■ **Criminals should be dealt with severely.** Przestępcy powinni być traktowani surowo.
2 robić interesy z +inst (company)
3 zajmować (PERF zająć) się +inst (problem)
□ He promised to deal with it immediately. Obiecał natychmiast się tym zająć.

dealer ['di:lər] NOUN
1 handlowiec (in goods, services)
2 diler (in drugs)

dealt [dɛlt] VERB ▷ see deal

dear [dɪər] ADJECTIVE
drogi
□ Dear Jane Droga Jane
■ **Dear Sir/Madam** Szanowny Panie/ Szanowna Pani
■ **Oh dear!** O jejku!

death [dɛθ] NOUN
śmierć
□ after his death po jego śmierci □ life and death życie i śmierć
■ **to beat to death** pobić na śmierć
■ **to bore somebody to death** nudzić (PERF zanudzić) na śmierć □ I was bored to death. Zanudziłem się na śmierć.

debate [dɪ'beɪt] NOUN
▷ see also debate VERB
debata

to debate [dɪ'beɪt] VERB
▷ see also debate NOUN
debatować nad +inst (topic)

debt [dɛt] NOUN
dług
□ He's got a lot of debts. On ma sporo długów.
■ **bad debt** nieściągalne długi pl
■ **to be in debt** mieć długi
■ **to get into debt** popadać (PERF popaść) w długi

decade ['dɛkeɪd] NOUN
dekada

decaffeinated [dɪ'kæfɪneɪtɪd] ADJECTIVE
bezkofeinowy

to deceive [dɪ'si:v] VERB
oszukiwać (PERF oszukać)

December [dɪ'sɛmbər] NOUN
grudzień
□ in December w grudniu □ the first of December pierwszy grudnia □ at the beginning of December na początku grudnia □ during December w grudniu
■ **every December** co grudzień

decent ['di:sənt] ADJECTIVE
przyzwoity
□ a decent education przyzwoita edukacja
■ **That was very decent of him.** To było bardzo miło z jego strony.
■ **Are you decent?** (dressed) Jesteś ubrany?

to decide [dɪ'saɪd] VERB
decydować (PERF zdecydować)
□ I can't decide. Nie mogę się zdecydować.
■ **to decide on something** decydować (PERF zdecydować) się na coś □ They haven't decided on a name yet. Jeszcze nie zdecydowali co do imienia.

decimal ['dɛsɪməl] ADJECTIVE
dziesiętny
□ the decimal system system dziesiętny
■ **to three decimal places** do trzech miejsc po przecinku

decision [dɪ'sɪʒən] NOUN
decyzja
■ **to make a decision** podejmować (PERF podjąć) decyzję

decisive [dɪ'saɪsɪv] ADJECTIVE
zdecydowany (person)

deck [dɛk] NOUN
1 pokład (on ship)
□ on deck na pokładzie
2 piętro (of bus)
3 talia (of cards)

deckchair ['dɛktʃɛər] NOUN
leżak

to declare [dɪ'klɛər] VERB
1 oznajmiać (PERF oznajmić) (intention)
2 deklarować (PERF zadeklarować) (support)
3 zgłaszać (PERF zgłosić) (at customs)
■ **to declare somebody innocent** uznawać (PERF uznać) kogoś winnym
■ **to declare war** wypowiadać (PERF wypowiedzieć) wojnę

to decorate ['dɛkəreɪt] VERB
dekorować (PERF udekorować)
□ I decorated the cake with glacé cherries. Udekorowałem ciasto lukrowanymi wiśniami.
□ We need to decorate the spare room. Musimy udekorować dodatkowy pokój.

decrease ['di:kri:s] NOUN
▷ see also decrease VERB
spadek
□ a decrease in the number of unemployed spadek liczby bezrobotnych
■ **to be on the decrease** obniżać (PERF obniżyć) się

to decrease [di:'kri:s] VERB
▷ see also decrease NOUN
spadać (PERF spaść)

dedicated ['dɛdɪkeɪtɪd] ADJECTIVE
zaangażowany
□ a very dedicated teacher bardzo zaangażowany nauczyciel
■ **dedicated to 1** poświęcony +dat □ a museum dedicated to Napoleon muzeum poświęcone Napoleonowi **2** dedykowany +dat
□ The book is dedicated to Emma. Książka jest dedykowana Emmie.

dedication [dɛdɪ'keɪʃən] NOUN
1 oddanie (devotion)
2 dedykacja (in book)

to deduct [dɪ'dʌkt] VERB

■ **to deduct something from something**
dedukować (PERF wydedukować) coś z czegoś

deep [di:p] ADJECTIVE
1 głęboki
  □ Is it deep? Czy jest głęboko? □ How deep is
  the lake? Jak głębokie jest jezioro? □ The snow
  was really deep. Śnieg był naprawdę głęboki.
  ■ **It is one metre deep.** To ma jeden metr
  głębokości.
  ■ **ankle-deep in water** po kostki w wodzie
  ■ **to take a deep breath** brać (PERF wziąć)
  głęboki oddech
  ■ **He's got a deep voice.** On ma głęboki
  głos.
2 mocny (sleep)
3 poważny (profound, serious)
  □ She's in deep trouble. Ona ma poważne
  kłopoty.
4 ciemny (colour)

deeply ['di:plɪ] ADVERB
1 głęboko
2 mocno (sleep)

deer [dɪəʳ] (PL deer) NOUN
jeleń
  ■ **red deer** jeleń szlachetny
  ■ **roe deer** sarna

defeat [dɪ'fi:t] NOUN
  ▷ see also **defeat** VERB
1 klęska (of enemy)
2 porażka (of team)

to **defeat** [dɪ'fi:t] VERB
  ▷ see also **defeat** NOUN
1 pokonywać (PERF pokonać) (enemy)
2 zwyciężać (PERF zwyciężyć) (team)

defect ['di:fɛkt] NOUN
wada
  □ hearing defect wada słuchu

defence [dɪ'fɛns] (US **defense**) NOUN
obrona
  □ to come to somebody's defence stawać
  (PERF stanąć) w czyjejś obronie
  ■ **a witness for the defence** świadek obrony

to **defend** [dɪ'fɛnd] VERB
bronić (PERF obronić)
  ■ **to defend oneself** bronić (PERF obronić) się

defender [dɪ'fɛndəʳ] NOUN
obrońca masc
obrończyni fem

to **define** [dɪ'faɪn] VERB
1 określać (PERF określić) (limits, role)
2 definiować (PERF zdefiniować) (word)

definite ['dɛfɪnɪt] ADJECTIVE
1 konkretny
  □ I haven't got any definite plans. Nie mam
  żadnych konkretnych planów.
2 wyraźny
  □ It's a definite improvement. To wyraźna
  poprawa.
3 pewny (certain)
  □ We might go to Spain, but it's not definite.
  Być może pojedziemy do Hiszpanii, ale to nie
  jest pewne.

■ **He was definite about it.** Był stanowczy w
tej sprawie.

definitely ['dɛfɪnɪtlɪ] ADVERB
zdecydowanie
  □ He's the best player. — Definitely! On jest
  najlepszym graczem. — Zdecydowanie!
  □ I definitely think he'll come. Zdecydowanie
  sądzę, że on przyjdzie.

definition [dɛfɪ'nɪʃən] NOUN
definicja (of word)
  ■ **by definition** z definicji

degree [dɪ'gri:] NOUN
stopień
  □ to a certain degree do pewnego stopnia
  □ a temperature of 30 degrees temperatura
  30 stopni □ 10 degrees below zero dziesięć
  stopni poniżej zera
  ■ **a degree in maths** dyplom z matematyki

to **delay** [dɪ'leɪ] VERB
  ▷ see also **delay** NOUN
1 opóźniać (PERF opóźnić) (postpone)
  □ We decided to delay our departure.
  Postanowiliśmy opóźnić nasz odjazd.
2 zatrzymywać (PERF zatrzymać) (person)
  ■ **to be delayed** spóźniać (PERF spóźnić) się
  □ Our flight was delayed. Nasz lot był
  spóźniony.
  ■ **Don't delay!** Nie spóźniaj się!

delay [dɪ'leɪ] NOUN
  ▷ see also **delay** VERB
opóźnienie
  □ There will be delays to trains on the London-
  Brighton line. Zawsze będą opóźnienia
  pociągów na linii Londyn-Brighton.
  ■ **without delay** bez opóźnień

to **delete** [dɪ'li:t] VERB
1 wykreślać (PERF wykreślić) (cross out)
2 kasować (PERF skasować) (on computer)

deliberate [dɪ'lɪbərɪt] ADJECTIVE
1 zamierzony (intentional)
  ■ **It wasn't deliberate.** To nie było
  zamierzone.
2 uważny (careful)

deliberately [dɪ'lɪbərɪtlɪ] ADVERB
1 umyślnie (intentionally)
  □ She did it deliberately. Ona zrobiła to
  umyślnie.
2 rozważnie (carefully)

delicate ['dɛlɪkɪt] ADJECTIVE
delikatny

delicatessen [dɛlɪkə'tɛsn] NOUN
delikatesy

delicious [dɪ'lɪʃəs] ADJECTIVE
pyszny (food, smell)

delight [dɪ'laɪt] NOUN
zachwyt (feeling)
  ■ **to my delight ...** ku memu zadowoleniu ...

delighted [dɪ'laɪtɪd] ADJECTIVE
zachwycony
  ■ **I'd be delighted.** Z przyjemnością.
  ■ **to be delighted to do something** zrobić coś
  z przyjemnością

delightful [dɪˈlaɪtful] ADJECTIVE
wspaniały

to **deliver** [dɪˈlɪvəʳ] VERB
1 dostarczać (PERF dostarczył)
□ I deliver newspapers. Dostarczam gazety.
2 odbierać (PERF odebrać) poród (baby)
3 wygłaszać (PERF wygłosił) (speech)

delivery [dɪˈlɪvərɪ] NOUN
1 dostawa
□ allow 3 days for delivery dostawa w ciągu trzech dni
2 poród (of baby)
■ **delivery man** dostawca

to **demand** [dɪˈmɑːnd] VERB
▷ see also **demand** NOUN
domagać się +gen

demand [dɪˈmɑːnd] NOUN
▷ see also **demand** VERB
1 żądanie (request)
□ on demand na żądanie
2 popyt (for product)
■ **to be in demand** mieć wzięcie

demanding [dɪˈmɑːndɪŋ] ADJECTIVE
1 absorbujący
□ It's a very demanding job. To bardzo absorbująca praca.
2 wymagający (boss, child)

democracy [dɪˈmɔkrəsɪ] NOUN
1 demokracja (system)
2 państwo demokratyczne (country)

democratic [deməˈkrætɪk] ADJECTIVE
demokratyczny

to **demolish** [dɪˈmɔlɪʃ] VERB
burzyć (PERF zburzył) (building)

to **demonstrate** [ˈdemənstreɪt] VERB
demonstrować (PERF zademonstrował)
□ She demonstrated the technique. Ona zademonstrowała technikę.
■ **to demonstrate against something** demonstrować przeciw czemuś
■ **to demonstrate how to do something** demonstrować (PERF zademonstrował) jak coś zrobić

demonstration [demənˈstreɪʃən] NOUN
1 demonstracja
□ to stage a demonstration organizować (PERF zorganizował) demonstrację
2 pokaz (of appliance)

demonstrator [ˈdemənstreɪtəʳ] NOUN
demonstrant masc
demonstrantka fem (protester)

denim [ˈdenɪm] NOUN
dżins
□ a denim jacket kurtka dżinsowa
■ **denims** dżinsy

Denmark [ˈdenmɑːk] NOUN
Dania
■ **in Denmark** w Danii
■ **to Denmark** do Danii

dense [dens] ADJECTIVE
1 gęsty (thick)
2 tępy (stupid)

□ He's a bit dense! On jest trochę tępy!

dent [dent] NOUN
▷ see also **dent** VERB
wgniecenie

to **dent** [dent] VERB
▷ see also **dent** NOUN
1 wgniatać (PERF wgnieść) (metal, box)
2 zadawać (PERF zadać) cios +dat (pride, confidence)

dental [ˈdentl] ADJECTIVE
dentystyczny
□ dental floss nić dentystyczna

dentist [ˈdentɪst] NOUN
dentysta masc
dentystka fem
□ Catherine is a dentist. Catherine jest dentystką.
■ **the dentist's** gabinet dentystyczny

to **deny** [dɪˈnaɪ] VERB
zaprzeczać (PERF zaprzeczył)
□ She denied everything. Ona wszystkiemu zaprzeczyła.
■ **He denies having said it.** Wypiera się, że to powiedział.
■ **to deny somebody something** odmawiać (PERF odmówić) komuś czegoś

deodorant [diːˈəudərənt] NOUN
dezodorant

to **depart** [dɪˈpɑːt] VERB
1 wyruszać (PERF wyruszył) +gen (traveller)
2 odjeżdżać (PERF odjechać) +gen (bus, train)
3 odlatywać (PERF odlecieć) +gen (plane)

department [dɪˈpɑːtmənt] NOUN
1 stoisko (in shop)
□ the shoe department stoisko z obuwiem
2 wydział (in school, college)
□ the English department wydział angielskiego
■ **Department of Health** Ministerstwo Zdrowia

department store NOUN
dom towarowy

departure [dɪˈpɑːtʃəʳ] NOUN
1 wyjazd (of traveller)
2 odjazd (of bus, train)
3 odlot (of plane)

departure lounge NOUN
hala odlotów

to **depend** [dɪˈpend] VERB
■ **to depend on something** zależeć od czegoś +gen □ The price depends on the quality. Cena zależy od jakości.
■ **You can depend on me.** Może pan/pani na mnie polegać.
■ **It depends.** Zależy.
■ **depending on the result ...** w zależności od wyniku ...

to **deport** [dɪˈpɔːt] VERB
deportować kogoś (skądś)

deposit [dɪˈpɔzɪt] NOUN
1 wpłata (money)
2 kaucja (on goods)
□ You need to leave a deposit. Musisz wpłacić kaucję.

3 zaliczka *(on house, when hiring)*
□ You get the deposit back when you return the bike. Otrzymasz zaliczkę z powrotem, gdy zwrócisz rower.
■ **to put down a deposit of £50** dawać (PERF dać) zaliczkę w wysokości pięćdziesięciu funtów

depressed [dɪˈprɛst] ADJECTIVE
przygnębiony
□ to feel depressed być przygnębionym
■ **to get depressed** wpadać (PERF wpaść w depresję

depressing [dɪˈprɛsɪŋ] ADJECTIVE
przygnębiający

depth [dɛpθ] NOUN
1 głębokość
□ at a depth of 3 metres na głębokości trzech metrów □ 18 metres in depth osiemnaście metrów głębokości
■ **to go out of one's depth** *(in water)* nie sięgać (PERF sięgnąć gruntu
2 głębia *(of emotion, knowledge)*
■ **to study something in depth** studiować (PERF przestudiować coś dogłębnie

deputy head NOUN
zastępca dyrektora

to descend [dɪˈsɛnd] VERB
schodzić (PERF zejść
■ **in descending order** w kolejności od największego

to describe [dɪsˈkraɪb] VERB
opisywać (PERF opisać
□ to describe something to somebody opisywać (PERF opisać coś komuś

description [dɪsˈkrɪpʃən] NOUN
opis

desert [ˈdɛzət] NOUN
pustynia
■ **a desert island** bezludna wyspa

to deserve [dɪˈzəːv] VERB
zasługiwać (PERF zasłużyć na
□ to deserve to do something zasługiwać (PERF zasłużyć na zrobienie czegoś

design [dɪˈzaɪn] NOUN
▷ see also **design** VERB
1 projekt
□ It's a completely new design. To zupełnie nowy projekt.
2 wzór *(pattern)*
□ a geometric design wzór geometryczny
■ **fashion design** projekt mody

to design [dɪˈzaɪn] VERB
▷ see also **design** NOUN
projektować (PERF zaprojektować

designer [dɪˈzaɪnəʳ] NOUN
projektant *masc*
projektantka *fem*
■ **designer clothes** markowe ubrania

desire [dɪˈzaɪəʳ] NOUN
▷ see also **desire** VERB
ochota *(urge)*

to desire [dɪˈzaɪəʳ] VERB
▷ see also **desire** NOUN

pragnąć (PERF zapragnąć +gen *(want)*
■ **the desired effect** pożądany efekt

desk [dɛsk] NOUN
1 biurko *(in office)*
2 ławka *(for pupil)*
3 recepcja *(in hotel, airport)*

despair [dɪsˈpɛəʳ] NOUN
rozpacz
□ in despair w rozpaczy

desperate [ˈdɛspərɪt] ADJECTIVE
1 zdesperowany
■ **to get desperate** być coraz bardziej zdesperowanym □ I was getting desperate. Byłem coraz bardziej zdesperowany.
■ **to be desperate to do something** rozpaczliwie wyczekiwać zrobienia czegoś
2 rozpaczliwy *(attempt, effort)*
□ a desperate situation rozpaczliwa sytuacja

desperately [ˈdɛspərɪtlɪ] ADVERB
1 rozpaczliwie *(struggle, shout)*
□ He desperately needs help. Rozpaczliwie potrzebuje pomocy.
2 strasznie *(ill, unhappy)*
□ We're desperately worried. Jesteśmy strasznie zmartwieni.

to despise [dɪsˈpaɪz] VERB
gardzić (PERF wzgardzić +loc
□ I despise him. Gardzę nim.

despite [dɪsˈpaɪt] PREPOSITION
pomimo +gen

dessert [dɪˈzəːt] NOUN
deser
□ for dessert na deser

destination [dɛstɪˈneɪʃən] NOUN
cel

to destroy [dɪsˈtrɔɪ] VERB
1 niszczyć (PERF zniszczyć *(building, object)*
2 niszczyć (PERF zniszczyć *(confidence)*
3 uśmiercać (PERF uśmiercić *(animal)*

destruction [dɪsˈtrʌkʃən] NOUN
niszczenie *(act of destroying)*

detached house [dɪˈtætʃt-] NOUN
dom wolnostojący

detail [ˈdiːteɪl] NOUN
szczegół
■ **in detail** w szczegółach
■ **not to go into details** nie wdawać (PERF wdać się w szczegóły □ I won't go into details over the phone. Nie będę wdawać się w szczegóły przez telefon.

detailed [ˈdiːteɪld] ADJECTIVE
szczegółowy

detective [dɪˈtɛktɪv] NOUN
oficer prowadzący dochodzenie *(in police)*
■ **a private detective** prywatny detektyw

detective story NOUN
powieść kryminalna

detention [dɪˈtɛnʃən] NOUN
zatrzymanie *(arrest)*
■ **to get a detention** *(at school)* zostać po lekcjach

detergent [dɪˈtəːdʒənt] NOUN
środek czyszczący

d

determined [dɪˈtəːmɪnd] ADJECTIVE
1 zdecydowany *(person)*
2 stanowczy *(effort)*

■ **to be determined to do something** być
zdecydowanym coś robić (PERF zrobić) □ She's
determined to succeed. Ona jest zdecydowana,
by odnieść sukces.

detour [ˈdiːtuəʳ] NOUN
■ **to make a detour** jechać (PERF pojechać)
okrężną drogą

devastated [ˈdɛvəsteɪtɪd] ADJECTIVE
zdruzgotany
□ I was devastated. Byłem zdruzgotany.

devastating [ˈdɛvəsteɪtɪŋ] ADJECTIVE
druzgocący *(news)*

to **develop** [dɪˈvɛləp] VERB
1 rozwijać (PERF rozwinąć) *(business, relationship)*
2 zagospodarowywać (PERF zagospodarować)
(land)
3 wywoływać (PERF wywołać) *(in photography)*
□ to get a film developed dawać (PERF dać) film
do wywołania
4 pojawiać (PERF pojawić) *(fault)*
5 rozwijać (PERF rozwinąć) się *(person)*
□ Girls develop faster than boys. Dziewczęta
rozwijają się szybciej od chłopców.

■ **to develop into something** przeradzać (PERF
przerodzić) się w coś □ The argument
developed into a fight. Sprzeczka przerodziła
się w kłótnię.

developing country [dɪˈvɛləpɪŋ-] NOUN
rozwijający się kraj

development [dɪˈvɛləpmənt] NOUN
wydarzenie
□ the latest developments najnowsze
wydarzenia

■ **an unexpected development**
niespodziewane wydarzenie

device [dɪˈvaɪs] NOUN
przyrząd
□ a device to catch flies przyrząd do łapania much

devil [ˈdɛvl] NOUN
diabeł
■ **Poor devil!** Biedaczysko!
■ **Lucky devil!** Szczęściarz!
■ **the Devil** szatan
■ **Talk of the devil!** O wilku mowa!

to **devise** [dɪˈvaɪz] VERB
obmyślać (PERF obmyślić) *(plan, scheme)*

devoted [dɪˈvəutɪd] ADJECTIVE
oddany
■ **to be devoted to somebody** być oddanym
komuś □ He's completely devoted to her. On
jest jej całkowicie oddany.

diabetes [daɪəˈbiːtiːz] NOUN
cukrzyca

diabetic [daɪəˈbɛtɪk] ADJECTIVE
chory na cukrzycę
□ She's diabetic. Ona jest chora na cukrzycę.
□ diabetic jam dżem dla diabetyków

diagonal [daɪˈægənl] ADJECTIVE
ukośny

diagram [ˈdaɪəgræm] NOUN
schemat

to **dial** [ˈdaɪəl] VERB
wykręcać (PERF wykręcić) *(number)*
■ **Can I dial London direct?** Czy mogę
zadzwonić bezpośrednio do Londynu?

dialling tone NOUN
sygnał

dialogue [ˈdaɪəlɒg] (US **dialog**) NOUN
dialog

diamond [ˈdaɪəmənd] NOUN
1 diament *(gem)*
□ a diamond ring pierścionek z diamentem
2 romb *(shape)*
■ **diamonds** *(at cards)* karo □ the king of
diamonds król karo

diaper [ˈdaɪəpəʳ] NOUN (US)
pieluszka

diarrhoea [daɪəˈriːə] (US **diarrhea**) NOUN
biegunka
□ I've got diarrhoea. Mam biegunkę.

diary [ˈdaɪərɪ] NOUN
1 terminarz
□ I've got her phone number in my diary.
Mam jej numer telefonu w moim terminarzu.
2 dziennik *(daily account)*
□ I keep a diary. Prowadzę dziennik.
■ **a video diary** pamiętnik video

dice [daɪs] (PL **dice**) NOUN
kostka *(in game)*

dictation [dɪkˈteɪʃən] NOUN
1 dyktowanie *(of letter)*
2 dyktando *(at school)*

dictionary [ˈdɪkʃənrɪ] NOUN
słownik

did [dɪd] VERB ▷ *see* **do**

to **die** [daɪ] VERB
1 umierać (PERF umrzeć) *(person)*
□ He died last year. On umarł w zeszłym
roku.
■ **to die of something** umierać (PERF umrzeć)
od czegoś
■ **to be dying** *(person)* być umierającym
2 zdychać (PERF zdechnąć) *(animal)*
3 usychać (PERF uschnąć) *(plant)*
■ **I'm dying of boredom.** Umieram z nudów.
■ **to be dying to do something** marzyć o
zrobieniu czegoś □ I'm dying to see you.
Marzę, aby Cię zobaczyć.

to **die down** VERB
uspokajać (PERF uspokoić) się *(wind)*

to **die out** VERB
1 zanikać (PERF zaniknąć) *(custom)*
2 wymierać (PERF wymrzeć) *(species)*

diesel [ˈdiːzl] NOUN
1 olej napędowy
□ 30 litres of diesel 30 litrów oleju
napędowego
2 diesel *(vehicle)*
□ My car's a diesel. Mój samochód to diesel.

diet [ˈdaɪət] NOUN
▷ *see also* **diet** VERB

1 odżywianie
 □ a healthy diet zdrowe odżywianie
 ■ **to live on a diet of fish and rice** żywić się rybami i ryżem
2 dieta *(for slimming)*
 □ I'm on a diet. Jestem na diecie.
 ■ **to go on a diet** przechodzić (PERF przejść) na dietę

to **diet** ['daɪət] VERB
 ▷ *see also* **diet** NOUN
 być na diecie
 □ I've been dieting for two months. Jestem na diecie od dwóch miesięcy.

difference ['dɪfrəns] NOUN
 różnica
 □ the difference in size różnica w rozmiarze
 □ I can't tell the difference between them. Nie widzę różnicy między nimi.
 ■ **to make no difference** nie mieć znaczenia
 □ It makes no difference. To nie ma znaczenia.

different ['dɪfrənt] ADJECTIVE
 różny *(not the same)*
 □ We are very different. Jesteśmy bardzo różni.
 ■ **different from** inny niż □ Warsaw is different from London. Warszawa jest inna niż Londyn.

difficult ['dɪfɪkəlt] ADJECTIVE
 trudny
 ■ **It is difficult to choose.** Trudno jest wybrać.
 ■ **I found it difficult to …** Było mi trudno …

difficulty ['dɪfɪkəltɪ] NOUN
 trudność
 □ He stood up with difficulty. Powstał z trudnością.
 ■ **to have difficulty doing something** mieć trudność z robieniem czegoś
 ■ **to be in difficulty** mieć kłopot

to **dig** [dɪg] (PT, PP **dug**) VERB
1 kopać (PERF wykopać) *(hole)*
2 skopywać (PERF skopać) *(garden)*

to **dig up** VERB
1 wykopywać (PERF wykopać) *(plant, body)*
2 przekopywać (PERF przekopać) *(land, area)*
3 wydobywać (PERF wydobyć) na jaw *(information)*

digestion [dɪ'dʒestʃən] NOUN
 trawienie

digital camera NOUN
 aparat cyfrowy

digital radio NOUN
 radio cyfrowe

digital television NOUN
 telewizja cyfrowa

dim [dɪm] ADJECTIVE
1 przyciemniony *(light)*
2 ciemny *(room, place)*
3 tępy *(stupid)*
 □ She's a bit dim. Ona jest trochę tępa.

dimension [daɪ'menʃən] NOUN
 wymiar *(measurement)*

din [dɪn] NOUN
 łoskot

diner ['daɪnər] NOUN
1 gość *(person)*
2 niedroga restauracja (US: *restaurant*)

dinghy ['dɪŋgɪ] NOUN
 ■ **a rubber dinghy** jolka
 ■ **a sailing dinghy** mała łódka

dining room NOUN
1 jadalnia *(in house)*
2 sala restauracyjna *(in hotel)*

dinner ['dɪnər] NOUN
1 obiad *(lunch)*
 □ a three-course dinner obiad z trzech dań
 □ We have our dinner at noon. Jemy obiad w południe.
2 kolacja *(supper)*
3 przyjęcie *(formal meal)*

dinner jacket NOUN
 marynarka

dinner party NOUN
 proszony obiad

dinner time NOUN
1 pora kolacji *(in evening)*
2 pora obiadowa *(at midday)*

dinosaur ['daɪnəsɔːr] NOUN
 dinozaur

to **dip** [dɪp] VERB
 ▷ *see also* **dip** NOUN
 zanurzać (PERF zanurzyć)
 □ He dipped a biscuit into his tea. On zanurzył ciastko w herbacie.

dip [dɪp] NOUN
 ▷ *see also* **dip** VERB
 ■ **to go for a dip** chodzić (PERF pójść) popływać

diploma [dɪ'pləumə] NOUN
 dyplom
 □ a diploma in social work dyplom z pracy w opiece społecznej

diplomat ['dɪpləmæt] NOUN
 dyplomata

diplomatic [dɪplə'mætɪk] ADJECTIVE
 taktowny *(person)*

direct [daɪ'rekt] ADJECTIVE
 ▷ *see also* **direct** ADVERB, VERB
 bezpośredni
 □ the most direct route najbardziej bezpośrednia trasa

direct [daɪ'rekt] ADVERB
 ▷ *see also* **direct** ADJECTIVE, VERB
 bezpośrednio
 □ You can fly direct to Amsterdam from Liverpool. Możesz polecieć bezpośrednio do Amsterdamu z Liverpoolu.

to **direct** [daɪ'rekt] VERB
 ▷ *see also* **direct** ADJECTIVE, ADVERB
1 zaprowadzać (PERF zaprowadzić) *(show)*
 □ Could you direct them to my office, please? Czy mógłbyś proszę ich zaprowadzić do mojego biura?
2 kierować (PERF pokierować) *(company)*
3 reżyserować (PERF wyreżyserować) *(play, film)*

■ **to direct one's attention to something**
kierować(PERF skierować czyjąś uwagę na
coś

direction [dɪˈrɛkʃən] NOUN
kierunek
□ We're going in the wrong direction. Zdążamy
w złym kierunku.
■ **a sense of direction** orientacja w terenie
■ **in the direction of** w kierunku+gen
■ **in all directions** we wszystkie strony
■ **to ask for directions** pytać(PERF zapytać
o drogę
■ **directions for use** instrukcja obsługi

director [dɪˈrɛktər] NOUN
1 dyrektor masc
dyrektorka fem (of company)
2 reżyser masc
reżyserka fem (of play, film)

directory [dɪˈrɛktərɪ] NOUN
1 katalog (in computing)
2 spis (list of names, addresses etc)
■ **the telephone directory** książka
telefoniczna

dirt [dəːt] NOUN
1 brud
2 ziemia (earth)

dirty [ˈdəːtɪ] ADJECTIVE
1 brudny
■ **to get dirty** brudzić się(PERF ubrudzić się
■ **to get something dirty** brudzić(PERF
ubrudzić coś
2 nieprzyzwoity (joke, magazine)

disabled [dɪsˈeɪbld] ADJECTIVE
1 niepełnosprawny (physically)
2 upośledzony (mentally)
■ **the disabled** niepełnosprawni

disadvantage [dɪsədˈvɑːntɪdʒ] NOUN
wada
■ **to be at a disadvantage** być w niekorzystnej
sytuacji

to **disagree** [dɪsəˈɡriː] VERB
nie zgadzać(PERF zgodzić się
□ We always disagree. My zawsze się nie
zgadzamy. □ I disagree! Nie zgadzam się!
□ I disagree with you. Nie zgadzam się z tobą.
■ **Garlic disagrees with me.** Czosnek mi nie
służy.

disagreement [dɪsəˈɡriːmənt] NOUN
niezgoda
■ **to have a disagreement with somebody**
nie zgadzać(PERF zgodzić się z kimś

to **disappear** [dɪsəˈpɪər] VERB
znikać(PERF zniknąć
□ to disappear from view znikać(PERF zniknąć
z oczu

disappearance [dɪsəˈpɪərəns] NOUN
1 zniknięcie (of person)
2 zaginięcie (of vehicle, object)

disappointed [dɪsəˈpɔɪntɪd] ADJECTIVE
rozczarowany
□ to be disappointed in somebody być
rozczarowanym kimś

disappointing [dɪsəˈpɔɪntɪŋ] ADJECTIVE
rozczarowujący

disappointment [dɪsəˈpɔɪntmənt] NOUN
rozczarowanie
□ to my disappointment ku memu
rozczarowaniu

disaster [dɪˈzɑːstər] NOUN
1 klęska żywiołowa (earthquake, flood)
2 katastrofa (accident, crash)
3 klęska (fiasco)
□ It was a complete disaster! To była zupełna
klęska.

disastrous [dɪˈzɑːstrəs] ADJECTIVE
1 katastrofalny (catastrophic)
2 nieudany (unsuccessful)

disc [dɪsk] NOUN
dysk

discipline [ˈdɪsɪplɪn] NOUN
dyscyplina

disc jockey NOUN
dysk dżokej

disco [ˈdɪskəu] NOUN
dyskoteka
□ There's a disco at the school tonight.
Dziś wieczorem w szkole jest dyskoteka.

to **disconnect** [dɪskəˈnɛkt] VERB
1 odłączać(PERF odłączyć (pipe, tap)
2 wyłączać(PERF wyłączyć (cooker, TV)

discount [ˈdɪskaunt] NOUN
zniżka
□ a discount for students zniżka dla
studentów
■ **at a discount** ze zniżką

to **discourage** [dɪsˈkʌrɪdʒ] VERB
zniechęcać(PERF zniechęcić (person)
■ **to be discouraged** być zniechęconym
■ **Don't get discouraged!** Nie zniechęcaj się!
■ **to discourage somebody from doing**
something odwodzić(PERF odwieść kogoś od
zrobienia czegoś

to **discover** [dɪsˈkʌvər] VERB
odkrywać(PERF odkryć
■ **to discover that ...** (find out) dowiadywać
(PERF dowiedzieć się, że ...

discrimination [dɪskrɪmɪˈneɪʃən] NOUN
dyskryminacja
□ racial discrimination dyskryminacja rasowa

to **discuss** [dɪsˈkʌs] VERB
dyskutować(PERF przedyskutować
□ I'll discuss it with my parents. Przedyskutuję
to z moimi rodzicami. □ We discussed the
problem of pollution. Przedyskutowaliśmy
problem zanieczyszczenia.

discussion [dɪsˈkʌʃən] NOUN
1 rozmowa (talk)
2 dyskusja (debate)
■ **the matter under discussion** sprawa
będąca przedmiotem dyskusji

disease [dɪˈziːz] NOUN
choroba

disgraceful [dɪsˈɡreɪsful] ADJECTIVE
haniebny

to **disguise** [dɪsˈɡaɪz] VERB
■ **to be disguised as** przebierać (PERF przebrać) się za □ He was disguised as a policeman. Przebrał się za policjanta.

disgusted [dɪsˈɡʌstɪd] ADJECTIVE
pełen obrzydzenia
□ I was absolutely disgusted. Byłem absolutnie pełen obrzydzenia.

disgusting [dɪsˈɡʌstɪŋ] ADJECTIVE
1 wstrętny (food, habit)
□ It looks disgusting. To wygląda wstrętnie.
2 odrażający (behaviour, situation)
□ That's disgusting! To odrażające!

dish [dɪʃ] NOUN
1 naczynie (for serving)
□ a large china dish duże naczynie porcelanowe □ a dish and spoon talerz i łyżka
2 potrawa
□ a vegetarian dish potrawa wegetariańska
■ **a satellite dish** antena satelitarna
■ **the dishes** naczynia
■ **to do the dishes** myć (PERF umyć) naczynia
□ He never does the dishes. On nigdy nie myje naczyń.

dishonest [dɪsˈɒnɪst] ADJECTIVE
nieuczciwy

dishtowel [ˈdɪʃtaʊəl] NOUN
ścierka do naczyń

dishwasher [ˈdɪʃwɒʃəʳ] NOUN
zmywarka do naczyń

disinfectant [dɪsɪnˈfɛktənt] NOUN
środek dezynfekujący

disk [dɪsk] NOUN
■ **a floppy disk** dyskietka
■ **the hard disk** twardy dysk

dislike [dɪsˈlaɪk] NOUN
▷ see also **dislike** VERB
niechęć (do kogoś/czegoś) +gen
■ **my likes and dislikes** moje upodobania i uprzedzenia

to **dislike** [dɪsˈlaɪk] VERB
▷ see also **dislike** NOUN
nie lubić
□ I really dislike cabbage. Naprawdę nie lubię kapusty.

dismal [ˈdɪzml] ADJECTIVE
1 ponury (weather, place)
2 fatalny (record, failure)

to **dismiss** [dɪsˈmɪs] VERB
1 zwalniać (PERF zwolnić) (employee)
2 odprawiać (PERF odprawić) (send away)

disobedient [dɪsəˈbiːdɪənt] ADJECTIVE
nieposłuszny

display [dɪsˈpleɪ] NOUN
▷ see also **display** VERB
wystawa
□ There was a lovely display of fruit in the window. W oknie była bardzo ładna wystawa owoców.
■ **on display** na wystawie □ Her best paintings were on display. Jej najlepsze obrazy były na wystawie.
■ **a firework display** pokaz ogni sztucznych

to **display** [dɪsˈpleɪ] VERB
▷ see also **display** NOUN
1 wystawiać (PERF wystawić) (exhibit)
□ She proudly displayed her medal. Ona dumnie wystawiła jej medal.
2 pokazywać (PERF pokazać) (information)

disposable [dɪsˈpəʊzəbl] ADJECTIVE
jednorazowy
■ **disposable income** dochód netto

to **disqualify** [dɪsˈkwɒlɪfaɪ] VERB
dyskwalifikować (PERF zdyskwalifikować)
■ **to be disqualified** być zdyskwalifikowanym
□ He was disqualified. On był zdyskwalifikowany.

to **disrupt** [dɪsˈrʌpt] VERB
zakłócać (PERF zakłócić)
□ Protesters disrupted the meeting. Protestujący zakłócili spotkanie. □ Train services are being disrupted by the strike. Jazdy pociągów są zakłócane przez strajk.

dissatisfied [dɪsˈsætɪsfaɪd] ADJECTIVE
niezadowolony
□ We were dissatisfied with the service. Byliśmy niezadowoleni z usługi.

to **dissolve** [dɪˈzɒlv] VERB
rozpuszczać (PERF rozpuścić) się (in liquid)
□ The sugar dissolved very quickly. Cukier rozpuścił się bardzo szybko.
■ **to dissolve into tears** zalewać (PERF zalać) się łzami

distance [ˈdɪstns] NOUN
odległość (between two places)
■ **at a distance of 2 metres** w odległości dwóch metrów
■ **It's within walking distance.** Można tam dojść na piechotę.
■ **in the distance** w dali
■ **from a distance** z daleka
■ **Keep your distance!** Trzymaj się z daleka!

distant [ˈdɪstnt] ADJECTIVE
1 odległy (place)
2 daleki
□ in the distant future w dalekiej przyszłości
3 zamierzchły (past)
□ the dim and distant past w zamierzchłej przeszłości
4 nieobecny (look)

distillery [dɪsˈtɪlərɪ] NOUN
destylarnia
□ a whisky distillery destylarnia whisky

distinction [dɪsˈtɪŋkʃən] NOUN
1 różnica (difference)
■ **to make a distinction between ...** rozróżnić między...
2 wyróżnienie (in exam)
□ I got a distinction in my piano exam. Dostałem wyróżnienie za mój egzamin z gry na pianinie.

distinctive [dɪsˈtɪŋktɪv] ADJECTIVE
wyraźny

to **distract** [dɪsˈtrækt] VERB
rozpraszać (PERF rozproszyć)

371

■ **to distract somebody's attention**
odwracać (PERF odwrócić) czyjąś uwagę

to **distribute** [dɪs'trɪbjuːt] VERB
rozdawać (PERF rozdać) (food, leaflets)

district ['dɪstrɪkt] NOUN
1 region (of country)
2 dzielnica (of town)

to **disturb** [dɪs'tɜːb] VERB
1 zakłócać (PERF zakłócić) (interrupt)

■ **Sorry to disturb you.** Przepraszam, że
przeszkadzam.

2 niepokoić (PERF zaniepokoić) (upset)

ditch [dɪtʃ] NOUN
rów

to **dive** [daɪv] VERB
▷ see also **dive** NOUN
1 skakać (PERF skoczyć) do wody (into water)
2 nurkować (PERF zanurkować) (under water)

dive [daɪv] NOUN
▷ see also **dive** VERB
1 skok do wody (into water)
2 nurkowanie (underwater)

diver ['daɪvəʳ] NOUN
1 nurek (deep sea)
2 skoczek (from diving board)

diversion [daɪ'vɜːʃən] NOUN
1 objazd (for traffic)
2 rozrywka (distraction)

■ **to create a diversion** odwracać (PERF
odwrócić) uwagę

to **divide** [dɪ'vaɪd] VERB
1 dzielić (PERF podzielić)

■ **40 divided by 5** czterdzieści podzielić przez
pięć

2 dzielić (PERF podzielić) się (split)

□ We divided into two groups. Podzieliliśmy się
na dwie grupy.

■ **to divide something in half** dzielić (PERF
podzielić) coś na pół □ Divide the pastry in half.
Podziel ciasto na pół.

diving ['daɪvɪŋ] NOUN
1 nurkowanie (underwater)
2 skoki do wody (from diving board)

diving board NOUN
trampolina

division [dɪ'vɪʒən] NOUN
1 podział (splitting up)
2 dzielenie (in maths)
3 wydział (department)

divorce [dɪ'vɔːs] NOUN
rozwód

divorced [dɪ'vɔːst] ADJECTIVE
rozwiedziony

□ My parents are divorced. Moi rodzice są
rozwiedzeni.

■ **to get divorced** brać (PERF wziąć) rozwód

DIY ABBREVIATION (= do-it-yourself)
majsterkowanie

□ a DIY shop sklep z przyrządami do
majsterkowania

■ **to do DIY** majsterkować

dizzy ['dɪzɪ] ADJECTIVE

■ **to feel dizzy** kręcić się w głowie □ I feel
dizzy. Kręci mi się w głowie.

■ **I had a dizzy spell.** Zakręciło mi się w głowie.

■ **to make somebody dizzy** przyprawiać (PERF
przyprawić) kogoś o zawrót głowy

DJ ABBREVIATION (= disc jockey)
didżej

to **do** [duː] (PT **did**, PP **done**) VERB

LANGUAGE TIP There are several ways of
translating **do**. Scan the examples to
find one that is similar to what you want
to say.

1 robić (PERF zrobić)

□ What are you doing? Co pan/pani robi?
□ What is he doing here? Co on tu robi? □ Are
you doing anything tomorrow evening? Robi
pan/pani coś jutro wieczorem? □ She did it by
herself. Ona zrobiła to sama. □ I'll do my best.
Zrobię, co w mojej mocy.

■ **What do you do?** (for a living) gdzie pan/pani
pracuje?

■ **to do the cooking** gotować (PERF ugotować)

■ **to do one's hair** układać (PERF ułożyć) sobie
włosy

■ **He's doing well at school.** On dobrze sobie
radzi w szkole.

■ **The firm is doing well.** Firma prosperuje
dobrze.

■ **How do you do?** Jak się pan/pani miewa?

■ **Will 15 do?** (be sufficient) Piętnaście funtów
wystarczy?

LANGUAGE TIP In English 'do' is used in
negative constructions. In Polish,
negative constructions are made with
the verb and a negative word, such as
nie.

□ I don't understand. Nie rozumiem. □ She
doesn't want it. Ona nie chce tego. □ Don't be
silly! Nie wygłupiaj się!

LANGUAGE TIP In English 'do' is used to
make questions. In Polish questions are
made either with **czy** or with the use of
words such as **'co'** (what), **'gdzie'**
(where), **'kiedy'** (when), **'dlaczego'**
(why) etc. In informal Polish, **'czy'** is
often omitted at the beginning of the
sentence, as in the example below.

□ Do you like jazz? Lubisz jazz? □ What do you
think? Co myślisz? □ Where does she live?
Gdzie ona mieszka? □ Didn't you know? Nie
wiedziałeś? □ Why didn't you come? Dlaczego
nie przyszedłeś?

LANGUAGE TIP **do** is not translated into
Polish when it is used in place of another
verb.

□ I make more money than he does. Zarabiam
więcej pieniędzy niż on. □ They say they don't
care, but they do. Mówią, że ich to nie
obchodzi, a jednak tak jest. □ Who made this
mess? — I did. Kto nabałaganił? — Ja.

■ **So do I.** Ja też.

■ **Neither did we.** My też nie.

- □ I don't know him, do I? Nie znam go, prawda?
- □ You like him, don't you? Lubisz go, prawda?
- □ She lives in London, doesn't she? Mieszka w
  Londynie, prawda?

2 istotnie *(for emphasis)*
- □ People do make mistakes sometimes. Ludzie
  istotnie czasami robią błędy.
- ■ **Do sit down!** Proszę, niech pan/pani
  usiądzie!

to **do up** VERB
1 wiązać (PERF zawiązać)
- □ Do up your shoes! Zawiąż buty!
- ■ **Do up your zip!** Zapnij rozporek!

2 odnawiać (PERF odnowić)
- □ They're doing up an old cottage. Oni
  odnawiają stary domek wiejski.

to **do with** VERB
- ■ **I could do with a drink.** Napiłbym się czegoś.
- ■ **What has it got to do with you?** Jaki to ma
  związek z tobą?
- ■ **It was something to do with football.**
  To ma jakiś związek z futbolem.

to **do without** VERB
obywać (PERF obyć) się bez +gen
- □ I couldn't do without my computer. Nie
  mógłbym się obejść bez mojego komputera.

dock [dɔk] NOUN
dok

doctor ['dɔktəʳ] NOUN
1 lekarz *masc*
  lekarka *fem*
- □ She's a doctor. Ona jest lekarką. □ I'd like to
  be a doctor. Chciałbym być lekarzem.
- ■ **the doctor's** gabinet lekarski

2 doktor *(PhD etc)*

document ['dɔkjumənt] NOUN
dokument

documentary [dɔkju'mɛntəri] NOUN
film dokumentalny

to **dodge** [dɔdʒ] VERB
1 uchylać (PERF uchylić) się od +gen *(blow, ball)*
2 unikać (PERF uniknąć) +gen *(question, issue)*

to **does** [dʌz] VERB ▷ see **do**

doesn't ['dʌznt] = **does not**

dog [dɔg] NOUN
pies
- □ Have you got a dog? Czy masz psa?

do-it-yourself ['duːɪtjɔː'sɛlf] NOUN
majsterkowanie

dole [dəʊl] NOUN
zasiłek
- ■ **to be on the dole** być na zasiłku □ A lot of
  people are on the dole. Wielu ludzi jest na
  zasiłku.
- ■ **to go on the dole** przechodzić (PERF przejść)
  na zasiłek

doll [dɔl] NOUN
lalka

dollar ['dɔləʳ] NOUN
dolar

dolphin ['dɔlfɪn] NOUN
delfin

domestic [də'mɛstɪk] ADJECTIVE
1 krajowy
- ■ **a domestic flight** lot krajowy
2 domowy *(violence)*

dominoes ['dɔmɪnəʊz] NOUN
domino
- ■ **to have a game of dominoes** rozgrywać
  (PERF rozegrać) partię domina

to **donate** [də'neɪt] VERB
1 ofiarowywać (PERF ofiarować) *(money, clothes)*
2 oddawać (PERF oddać) *(blood, organs)*

done [dʌn] VERB ▷ see **do**

donkey ['dɔŋkɪ] NOUN
osioł

donor ['dəʊnəʳ] NOUN
dawca *(of blood, organ)*

don't [dəʊnt] = **do not**

door [dɔːʳ] NOUN
drzwi *pl*
- □ the first door on the right pierwsze drzwi na
  prawo
- ■ **to answer the door** otwierać (PERF otworzyć)
  drzwi
- ■ **out of doors** na dworze

doorbell ['dɔːbɛl] NOUN
dzwonek do drzwi
- ■ **to ring the doorbell** dzwonić (PERF zadzwonić)
  do drzwi

doorstep ['dɔːstɛp] NOUN
próg
- □ on one's doorstep na progu

dormitory ['dɔːmɪtrɪ] NOUN
sala *(room)*

dose [dəʊs] NOUN
dawka *(of medicine)*

dot [dɔt] NOUN
1 kropka *(small mark)*
2 punkt *(in the distance)*
- ■ **on the dot** co do minuty □ He arrived at
  9 o'clock on the dot. On przybył o dziewiątej
  co do minuty.

double ['dʌbl] ADJECTIVE
▷ see also **double** NOUN, VERB
podwójny
- □ a double helping podwójna porcja
- ■ **double five two six** *(5526)* pięćdziesiąt pięć,
  dwadzieścia sześć
- ■ **It's spelt with a double M.** Pisze się przez
  dwa M.
- ■ **double the size** podwójny rozmiar

double ['dʌbl] NOUN
▷ see also **double** ADJECTIVE, VERB
- ■ **to be somebody's double** być czyimś
  sobowtórem □ She's her mother's double.
  Ona jest sobowtórem swojej matki.

to **double** ['dʌbl] VERB
▷ see also **double** ADJECTIVE, NOUN
1 podwajać (PERF podwoić) *(offer, amount)*
2 podwajać (PERF podwoić) się *(size,
  population)*

□ The number of attacks has doubled. Liczba ataków podwoiła się.

to **double up** VERB
skręcać (PERF skręcić) się we dwoje (bend over)
■ **to be doubled up with pain** skręcać się z bólu

double bass NOUN
kontrabas
□ I play the double bass. Gram na kontrabasie.

double bed NOUN
łóżko dla dwóch osób

to **double-click** ['dʌbl'klɪk] VERB
■ **to double-click on something** klikać (PERF kliknąć) dwa razy na coś

double-decker ['dʌbl'dɛkəʳ] NOUN
■ **a double-decker bus** autobus piętrowy

double glazing [-'ɡleɪzɪŋ] NOUN
podwójne szyby

double room NOUN
pokój dwuosobowy

doubles ['dʌblz] NOUN
debel
□ to play mixed doubles grać (PERF zagrać) w debla mieszanego

doubt [daʊt] NOUN
▷ see also **doubt** VERB
wątpliwość
□ I have my doubts. Mam wątpliwości.
■ **to be in doubt** mieć wątpliwości

to **doubt** [daʊt] VERB
▷ see also **doubt** NOUN
wątpić (PERF zwątpić) w
□ I doubt he'll agree. Wątpię, czy on się zgodzi.
■ **I doubt it.** W to wątpię.

doubtful ['daʊtful] ADJECTIVE
■ **It's doubtful.** Nie jest pewne.
■ **to be doubtful about something** mieć wątpliwości co do czegoś □ I'm doubtful about going by myself. Mam wątpliwości co do pójścia samemu.
■ **I'm a bit doubtful.** Mam pewne wątpliwości.

dough [dəʊ] NOUN
1 ciasto
2 szmal (money)

doughnut ['dəʊnʌt] (US donut) NOUN
pączek
□ a jam doughnut pączek z dżemem

down [daʊn] ADVERB
▷ see also **down** PREPOSITION, ADJECTIVE
1 w dół (downwards)
□ She looked down. Ona spojrzała w dół.
■ **He threw down his racket.** On rzucił swoją rakietę na ziemię.
2 na dole
□ His office is down on the ground floor. Jego biuro jest na dole, na parterze.
■ **down there** tam na dole
■ **down here** tu na dole
■ **They live down in London.** Oni mieszkają na południu, w Londynie.
■ **They've gone down south.** Pojechali na południe.

down [daʊn] PREPOSITION
▷ see also **down** ADVERB, ADJECTIVE
1 w dół
□ They walked down the steps. Zeszli w dół po schodach.
2 wzdłuż (along)
□ He walked down the road. Szedł wzdłuż ulicy.
■ **She lives down the street.** Ona mieszka dalej na tej ulicy.

down [daʊn] ADJECTIVE
▷ see also **down** ADVERB, PREPOSITION
■ **to feel down** być przygnębionym
□ I'm feeling a bit down. Czuję się nieco przygnębiony.
■ **The price of meat is down.** Cena mięsa spadła.
■ **The computer's down.** Komputer nie działa.
■ **England are two goals down.** Anglia przegrywa dwoma golami.
■ **five down, two to go** mamy już pięć, dwa zostały
■ **I've got it down in my diary.** Zapisałem to w kalendarzu.
■ **I'm down to my last five pounds.** Zostało mi ostatnie pięć funtów.
■ **It's all down to hard work.** Wszystko jest wynikiem ciężkiej pracy.

Downing Street ['daʊnɪŋ-] NOUN

CZY WIESZ, ŻE...?
Downing Street to ulica znajdująca się w dzielnicy Westminster w Londynie, przy której mieszkają sprawujący urząd Premier Wielkiej Brytanii oraz Minister Skarbu. Termin **Downing Street** jest często używany w odniesieniu do rządu brytyjskiego w ogóle.

to **download** ['daʊnləʊd] VERB
▷ see also **download** NOUN
ściągać (PERF ściągnąć)
□ to download a file ściągnąć plik

download ['daʊnləʊd] NOUN
▷ see also **download** VERB
pobieranie

downpour ['daʊnpɔːʳ] NOUN
ulewa
□ a sudden downpour nagła ulewa

downstairs ['daʊn'stɛəz] ADVERB, ADJECTIVE
1 na dół (to floor below)
2 na dole (on floor below)
□ The bathroom's downstairs. Łazienka jest na dole. □ the downstairs bathroom łazienka na dole

downtown ['daʊn'taʊn] ADJECTIVE (US)
■ **downtown Chicago** centrum Chicago

to **doze** [dəʊz] VERB
drzemać (PERF zdrzemnąć) się

to **doze off** VERB
drzemać (PERF zdrzemnąć) się

dozen ['dʌzn] NOUN
tuzin
□ a dozen books tuzin książek □ two dozen eggs dwa tuziny jajek

■ **dozens of** tuziny +gen
■ **I've told you that dozens of times.**
Powiedziałem Ci to tuzin razy.
drab [dræb] ADJECTIVE
szary
draft [drɑːft] NOUN
szkic *(first version)*

■ **a bank draft** przekaz
to **drag** [dræg] VERB
▷ *see also* **drag** NOUN
ciągnąć *(pull)*

■ **'drag and drop'** 'przeciągnąć i upuścić'
■ **It's impossible to drag him out of bed.**
Nie można go wyciągnąć z łóżka.
drag [dræg] NOUN
▷ *see also* **drag** VERB

■ **It's a real drag!** *(informal)* To prawdziwa
nuda!
■ **in drag** w damskim przebraniu □ He was in
drag. On był w damskim przebraniu.
to **drag away** VERB

■ **to drag somebody away from something**
odciągać (PERFodciągnąć)kogoś od czegoś
■ **to drag oneself away from something**
wyrywać (PERFwyrwać)się z czegoś
dragon ['drægn] NOUN
smok
drain [dreɪn] NOUN
▷ *see also* **drain** VERB
studzienka ściekowa

□ The drains are blocked. Studzienki ściekowe
są zablokowane.
■ **to be a drain on something** pochłaniać coś
to **drain** [dreɪn] VERB
▷ *see also* **drain** NOUN
1 osuszać (PERFosuszyć) *(land, marsh)*
2 odsączać (PERFodsączyć) *(vegetables)*
3 wypić do dna *perf(glass, cup)*
4 wyciekać (PERFwyciec) *(liquid)*

□ The water drained quickly away. Woda
szybko wycieka.
■ **to feel drained** czuć (PERFpoczuć)się
pozbawionym energii
draining board ['dreɪnɪŋ-] (US **drainboard**)
['dreɪnbɔːd] NOUN
ociekacz do naczyń przy zlewie
drainpipe ['dreɪnpaɪp] NOUN
rura ściekowa
drama ['drɑːmə] NOUN
1 dramat *(theatre)*

□ Drama is my favourite subject. Dramat to
mój ulubiony przedmiot.
2 sztuka *(play)*

□ Greek drama sztuka grecka
3 podekscytowanie *(excitement)*

□ high drama wielkie podekscytowanie
drama school NOUN
szkoła teatralna

□ I'd like to go to drama school. Chciałbym
pójść do szkoły teatralnej.
dramatic [drə'mætɪk] ADJECTIVE
dramatyczny

□ a dramatic improvement dramatyczna
poprawa □ It was really dramatic! To było
naprawdę dramatyczne! □ dramatic news
dramatyczne wieści
drank [dræŋk] VERB ▷ *see* **drink**
drapes [dreɪps] PL NOUN (US)
zasłony
drastic ['dræstɪk] ADJECTIVE
drastyczny

□ to take drastic action powzić drastyczne
kroki
draught [drɑːft] (US **draft**) NOUN
▷ *see also* **draught** ADJECTIVE
przeciąg *(of air)*
draught [drɑːft] ADJECTIVE
▷ *see also* **draught** NOUN
beczkowy *(beer)*

■ **on draught** z beczki
draughts [drɑːfts] NOUN
warcaby

□ to play draughts grać (PERFzagrać)w warcaby
to **draw** [drɔː] (PT **drew**, PP **drawn**) VERB
▷ *see also* **draw** NOUN
1 rysować (PERFnarysować) *(picture, map)*

□ to draw a picture narysować obrazek □ to
draw a picture of somebody narysować czyjś
obrazek
■ **He's good at drawing.** On jest dobry w
rysowaniu.
■ **to draw a line** pociągnąć linię
2 wyciągać (PERFwyciągnąć) *(gun, knife)*

■ **to draw the curtains 1** *(close)* zasuwać (PERF
zasunąć) **2** *(open)* odsuwać (PERFodsunąć)
■ **to draw money from an account** wypłacać
(PERFwypłacić)pieniądze z konta □ He drew fifty
pounds from his savings account. On wypłacił
pięćdziesiąt funtów ze swojego konta
oszczędnościowego.
■ **to draw lots** ciągnąć losy
■ **to draw (somebody's) attention (to
something)** kierować (PERFskierować)(czyjąś)
uwagę (na coś)
■ **to draw near** zbliżać (PERFzbliżyć)się
■ **to draw away** oddalać (PERFoddalić)się
■ **We drew 2-2.** Zremisowaliśmy 2-2.
■ **Brazil drew against Spain.** Brazylia
zremisowała z Hiszpanią.
draw [drɔː] (PT **drew**, PP **drawn**) NOUN
▷ *see also* **draw** VERB
1 remis

□ The match ended in a draw. Mecz zakończył
się remisem.
2 los *(lottery)*

□ She won 200 pounds in a prize draw. Ona
wygrała 200 funtów na loterii.
to **draw in** VERB
stawać (PERFstać)się krótszym *(nights)*
to **draw up** VERB
1 podjeżdżać (PERFpodjechać) *(car, bus)*
2 sporządzać (PERFsporządzić) *(document, plan)*
drawback ['drɔːbæk] NOUN
wada

drawer [drɔːʳ] NOUN
szuflada (of desk)

drawing ['drɔːɪŋ] NOUN
rysunek

drawing pin NOUN
pinezka

drawn [drɔːn] VERB ▷ see **draw**

dreadful ['drɛdful] ADJECTIVE
okropny
□ a dreadful mistake okropna pomyłka □ The weather was dreadful. Pogoda była okropna.
■ **I feel dreadful!** **1** (ill) Okropnie się czuję!
2 (ashamed) Czuję się głupio!

dream [driːm] (PT, PP **dreamed** or **dreamt**) NOUN
▷ see also **dream** VERB
1 sen
□ It was just a dream. To był tylko sen. □ a bad dream zły sen
■ **Sweet dreams!** Miłych snów!
2 marzenie (ambition)

to dream [driːm] (PT, PP **dreamed** or **dreamt**) VERB
▷ see also **dream** NOUN
śnić
□ I dreamt that … śniło mi się, że …

to dream up VERB
wymyślać (PERF wymyślić) (plan, idea)

to drench [drɛntʃ] VERB
zamakać (PERF zamoknąć) (soak)
■ **to get drenched** przemoknąć □ We got drenched. Przemokliśmy.

dress [drɛs] NOUN
▷ see also **dress** VERB
sukienka
□ a pretty summer dress ładna letnia sukienka
⚬ **WSKAZÓWKI JĘZYKOWE** Uwaga! Angielskie słowo **dress** nie oznacza **dres**.

to dress [drɛs] VERB
▷ see also **dress** NOUN
1 ubierać (PERF ubrać) (child)
□ She dressed the children. Ona ubrała dzieci.
2 opatrywać (PERF opatrzyć) (wound)
3 przyprawiać (PERF przyprawić) (salad)
■ **to get dressed** ubierać (PERF ubrać) się
□ I got dressed quickly. Ubrałem się szybko.

to dress up VERB
■ **to dress up as** przebierać (PERF przebrać) za
□ I dressed up as a ghost. Przebrałem się za ducha.

dressed [drɛst] ADJECTIVE
ubrany
□ I'm not dressed yet. Nie jestem jeszcze ubrany. □ How was she dressed? Jak ona była ubrana? □ She was dressed in a green sweater and jeans. Była ubrana w zielony sweter i dżinsy.

dresser ['drɛsəʳ] NOUN
szafka (chest of drawers)

dressing gown NOUN
szlafrok

dressing table NOUN
toaletka

drew [druː] VERB ▷ see **draw**

dried [draɪd] ADJECTIVE
suszony (fruit, herbs)
■ **dried milk** mleko w proszku

drier ['draɪəʳ] NOUN = **dryer**

to drift [drɪft] VERB
▷ see also **drift** NOUN
1 dryfować (PERF podryfować) (boat)
2 tworzyć (PERF utworzyć) zaspy (sand, snow)
■ **to drift away** (crowd) rozchodzić (PERF rozejść się
■ **to drift apart** (friends) oddalać (PERF oddalić się

drift [drɪft] NOUN
▷ see also **drift** VERB
zaspa
□ a snow drift zaspa śnieżna

to drift off VERB
■ **to drift off to sleep** zapadać (PERF zapaść w sen

drill [drɪl] NOUN
▷ see also **drill** VERB
1 wiertarka (for DIY)
2 wiertło (of dentist)

to drill [drɪl] VERB
▷ see also **drill** NOUN
wiercić (PERF wywiercić) (hole)

drink [drɪŋk] NOUN
▷ see also **drink** VERB
1 napój
□ a cold drink zimny napój □ a hot drink gorący napój
■ **a drink of water** łyk wody
2 drink (alcoholic)
□ They've gone out for a drink. Oni wyszli na drinka.
■ **to have a drink** napić perf się

to drink [drɪŋk] (PT **drank**, PP **drunk**) VERB
▷ see also **drink** NOUN
pić (PERF wypić)
□ Would you like something to drink? Czy chciałby pan/chciałaby pani się czegoś napić? □ She drank three cups of tea. Ona wypiła trzy filiżanki herbaty. □ I don't drink. Nie piję.
■ **He'd been drinking.** On popijał.

drinking water ['drɪŋkɪŋ-] NOUN
woda pitna

drive [draɪv] NOUN
▷ see also **drive** VERB
1 jazda
□ It's a 3-hour drive from London. To jest trzy godziny jazdy z Londynu.
■ **to go for a drive** jechać (PERF pojechać) na przejażdżkę □ We went for a drive in the country. Pojechaliśmy na przejażdżkę na wieś.
2 podjazd
□ He parked his car in the drive. Zaparkował samochód na podjeździe.
3 zapał
□ his energy and drive jego energia i zapał
4 działania
□ a drive to recruit more staff działania w celu zatrudnienia większej ilości personelu

■ the **CD-ROM drive** stacja dysków
■ a **left-hand drive car** samochód z kierownicą po lewej stronie

to **drive** [draɪv] (PT **drove**, PP **driven**) VERB
▷ *see also* **drive** NOUN

1 kierować +inst *(a car)*
2 jechać (PERF pojechać) samochodem *(go by car)*
□ I'd rather drive than take the train. Wolę pojechać samochodem niż pociągiem. □ to drive at 50 km an hour jechać z prędkością pięćdziesiąt kilometrów na godzinę
3 prowadzić
□ She's learning to drive. Ona uczy się prowadzić. □ Can you drive? Czy umiesz prowadzić?

■ **to drive somebody to the station** podwozić (PERF podwieźć) kogoś na stację
■ **My mother drives me to school.** Moja matka wozi mnie do szkoły.
■ **to drive somebody home** wieźć (PERF zawieźć) kogoś do domu □ He offered to drive me home. Zaproponował, że mnie zawiezie do domu.
■ **to drive somebody mad** doprowadzać (PERF doprowadzić) kogoś do szaleństwa

driver ['draɪvə'] NOUN
kierowca
□ She's an excellent driver. Ona jest doskonałym kierowcą. □ He's a bus driver. On jest kierowcą autobusu.

driver's license ['draɪvəz-] NOUN (US)
prawo jazdy

driving instructor NOUN
instruktor jazdy *masc*
instruktorka jazdy *fem*
□ He's a driving instructor. On jest instruktorem jazdy.

driving lesson NOUN
lekcja jazdy

driving licence NOUN
prawo jazdy

driving test NOUN
egzamin na prawo jazdy
□ She's just passed her driving test. Ona właśnie zdała egzamin na prawo jazdy. □ He's taking his driving test tomorrow. On jutro zdaje egzamin na prawo jazdy.

to **drizzle** ['drɪzl] VERB
■ **It's drizzling.** Siąpi.

drop [drɒp] NOUN
▷ *see also* **drop** VERB

1 kropla *(of liquid)*
□ a drop of water kropla wody
2 spadek *(reduction)*
□ a drop of ten percent spadek o dziesięć procent □ a drop in the number of unemployed spadek liczby bezrobotnych

■ **a 300m drop** trzystumetrowy spadek
■ **chocolate drops** dropsy czekoladowe

to **drop** [drɒp] VERB
▷ *see also* **drop** NOUN

1 upuszczać (PERF upuścić) *(accidentally)*

□ I dropped the glass and it broke. Upuściłem szklankę i rozbiła się.
2 zrzucać (PERF zrzucić) *(deliberately)*
3 zniżać (PERF zniżyć) *(price)*
4 wysadzać (PERF wysadzić) *(drop off)*
□ Could you drop me at the station? Czy mógłbyś mnie wysadzić przy stacji?
5 rezygnować (PERF zrezygnować) z +gen
□ I'm going to drop chemistry. Zrezygnuję z chemii.
6 spadać (PERF spaść) *(amount, level)*
7 przycichać (PERF przycichnąć) *(wind)*

■ **to drop somebody a line** skrobnąć do kogoś parę słów

to **drop by** VERB
wpadać (PERF wpaść) *(visit)*

to **drop in** VERB
■ **to drop in on somebody** wpadać (PERF wpaść) do kogoś

to **drop off** VERB
1 zasypiać (PERF zasnąć) *(fall asleep)*
2 podrzucać (PERF podrzucić) *(passenger)*

to **drop out** VERB
porzucać (PERF porzucić) *(of university)*

drought [draut] NOUN
susza

drove [drəuv] VERB ▷ *see* **drive**

to **drown** [draun] VERB
tonąć (PERF utonąć)
□ A boy drowned here yesterday. Wczoraj tu utonął chłopiec.

drug [drʌg] NOUN
1 lekarstwo *(prescribed)*
□ They need food and drugs. Oni potrzebują żywności i lekarstw.
2 narkotyk *(illegal)*
□ Cocaine is a highly addictive drug. Kokaina to bardzo uzależniający narkotyk. □ hard drugs twarde narkotyki □ soft drugs miękkie narkotyki

■ **to be on drugs** zażywać (PERF zażyć) leki
■ **to take drugs** brać leki
■ **the problem of drug abuse** problem nadużywania narkotyków

drug addict NOUN
narkoman

drug dealer NOUN
handlarz narkotyków

drugstore ['drʌgstɔ:'] NOUN (US)
apteka

> **CZY WIESZ, ŻE...?**
> W USA **drugstore** to drogeria pełniąca także funkcje kawiarenki. Poza lekarstwami i kosmetykami można tam również zamówić napoje i drobne przekąski.

drum [drʌm] NOUN
bęben
□ an African drum bęben afrykański

■ **a drum kit** zestaw perkusyjny
■ **the drums** perkusja □ I play drums. Gram na perkusji.

drummer ['drʌmə^r] NOUN
perkusista

drunk [drʌŋk] VERB ▷ see **drink**

drunk [drʌŋk] ADJECTIVE
▷ see also **drunk** NOUN
pijany
□ He was drunk. On był pijany.
■ **to get drunk** upijać (PERFupić)się

drunk [drʌŋk] NOUN
▷ see also **drunk** ADJECTIVE
pijak
□ The streets were full of drunks. Ulice były pełne pijaków.

dry [draɪ] ADJECTIVE
▷ see also **dry** VERB
1 suchy
□ The paint isn't dry yet. Farba nie jest jeszcze sucha. □ on dry land na suchym lądzie
■ **a long dry period** długi okres suszy
2 wyschnięty (lake, riverbed)
3 wytrawny (wine, sherry)

to **dry** [draɪ] VERB
▷ see also **dry** ADJECTIVE
wysuszać (PERFwysuszyć)
□ There's nowhere to dry clothes here. Nigdzie tu nie można wysuszyć ubrań. □ The washing will dry quickly in the sun. Pranie szybko wyschnie na słońcu.
■ **to dry one's hair** suszyć (PERFwysuszyć) włosy □ I haven't dried my hair yet. Jeszcze nie wysuszyłem włosów.
■ **to dry one's eyes** ocierać (PERFotrzeć)łzy
■ **to dry the dishes** wycierać (PERFwytrzeć) naczynia

to **dry off** VERB
wysychać (PERFwyschnąć)

to **dry out** VERB
wysychać (PERFwyschnąć)

dry-cleaner's ['draɪ'kliːnəz] NOUN
pralnia chemiczna

dryer ['draɪə^r] NOUN
suszarka

dubbed [dʌbd] ADJECTIVE
■ **dubbed into Spanish** (film etc) z hiszpańskim dubbingiem

dubious ['djuːbɪəs] ADJECTIVE
podejrzany
■ **to be dubious about something** mieć wątpliwości co do czegoś □ My parents were a bit dubious about it. Moi rodzice mieli co do tego pewne wątpliwości.

duck [dʌk] NOUN
kaczka

due [djuː] ADJECTIVE, ADVERB
■ **The plane's due in half an hour.** Planowy przylot samolotu jest za pół godziny.
■ **to be due to do something** mieć coś zrobić
□ He's due to arrive tomorrow. On ma jutro przyjechać.
■ **to be due 1** (baby) mieć termin porodu
2 (rent, payment) przypadać (PERFprzypaść)do zapłaty

należeć się komuś
■ **in due course** we właściwym czasie
■ **due to ...** (because of) z powodu +gen ...
□ The trip was cancelled due to bad weather. Wycieczka została odwołana z powodu złej pogody.

dug [dʌg] VERB ▷ see **dig**

dull [dʌl] ADJECTIVE
1 pochmurny (weather, day)
2 mroczny (light, colour)
3 nudny (boring)
□ He's nice, but a bit dull. On jest miły, ale trochę nudny.
4 tępy (sound, pain)

dumb [dʌm] ADJECTIVE
1 niemy
■ **She's deaf and dumb.** Ona jest głuchoniema.
2 głupi (informal)
□ That was a really dumb thing to do! Zrobić to było naprawdę głupie!

dummy ['dʌmɪ] NOUN
1 smoczek (for baby)
2 manekin (mannequin)

dump [dʌmp] NOUN
▷ see also **dump** VERB
1 wysypisko (for rubbish)
□ a rubbish dump wysypisko śmieci
2 nora (mess)
□ It's a real dump! To jest prawdziwa nora!

to **dump** [dʌmp] VERB
▷ see also **dump** NOUN
1 wyrzucać (PERFwyrzucić) (get rid of)
2 rzucać (PERFrzucić) (informal)
□ He's just dumped his girlfriend. On właśnie rzucił swoją dziewczynę.
■ **'no dumping'** 'zakaz wysypywania śmieci'

dungarees [dʌŋgə'riːz] PL NOUN
1 kombinezon sing (for work)
2 ogrodniczki (for child, woman)

dungeon ['dʌndʒən] NOUN
loch

during ['djuərɪŋ] PREPOSITION
1 podczas +gen (throughout)
□ Snowstorms are common during winter. Burze śnieżne są częste podczas zimy.
2 w ciągu +gen (at some point in)
□ During the night the fence blew down. W ciągu nocy płot upadł od podmuchów wiatru.

dusk [dʌsk] NOUN
zmierzch
■ **at dusk** o zmierzchu

dust [dʌst] NOUN
▷ see also **dust** VERB
1 pył (outdoors)
2 kurz (indoors)

to **dust** [dʌst] VERB
▷ see also **dust** NOUN
odkurzać (PERFodkurzyć) (furniture)
□ I dusted the shelves. Odkurzyłem półki.
■ **I hate dusting!** Nie cierpię odkurzania!

dustbin ['dʌstbɪn] NOUN
kosz na śmieci

dustman [ˈdʌstmən] (PL **dustmen**) NOUN
śmieciarz

□ He's a dustman. On jest śmieciarzem.

dusty [ˈdʌstɪ] ADJECTIVE
zakurzony

Dutch [dʌtʃ] ADJECTIVE
▷ see also **Dutch** ADVERB, NOUN
holenderski

■ **She's Dutch.** Ona jest Holenderką.

Dutch [dʌtʃ] NOUN
▷ see also **Dutch** ADJECTIVE, ADVERB
holenderski (language)

■ **the Dutch** Holendrzy

duty [ˈdjuːtɪ] NOUN
1 obowiązek (responsibility)

□ It is my duty to ... To mój obowiązek, aby ...

■ **to be off duty** być po służbie
■ **to be on duty** być na służbie

2 cło (tax)

□ to pay duty on something płacić (PERF zapłacić)cło za coś

duty-free [ˈdjuːtɪˈfriː] ADJECTIVE
wolnocłowy

■ **duty-free shop** sklep wolnocłowy

duvet [ˈduːveɪ] NOUN
kołdra

DVD NOUN
DVD

□ I've got that film on DVD. Mam ten film na DVD.

DVD player NOUN
odtwarzacz DVD

dwarf [dwɔːf] (PL **dwarves**) [dwɔːvz] NOUN
krasnoludek (in stories)

dying [ˈdaɪɪŋ] ADJECTIVE
1 umierający (person, animal)
2 ostatni (wishes, words)

dynamic [daɪˈnæmɪk] ADJECTIVE
dynamiczny

dyslexic [dɪsˈlɛksɪk] ADJECTIVE
■ **a dyslexic child** dziecko z dysleksją
■ **He's dyslexic.** On ma dysleksję.

d

Ee

each [i:tʃ] ADJECTIVE
▷ *see also* **each** NOUN
każdy
□ Each house in our street has its own garden.
Każdy dom na naszej ulicy ma swój własny
ogród. □ each one of them każdy z nich
■ **each other** nawzajem □ They hate each
other. Oni nienawidzą się nawzajem. □ We
wrote to each other. Pisaliśmy do siebie
nawzajem.
■ **They don't know each other.** Oni się nie
znają.

each [i:tʃ] NOUN
▷ *see also* **each** ADJECTIVE
każdy
□ two bedrooms, each with three beds dwie
sypialnie, każda z trzema łóżkami □ each of us
każdy z nas
■ **They have 2 books each.** Oni mają po dwie
książki.
■ **They cost 5 pounds each.** Kosztują po pięć
funtów za sztukę.

eager ['i:gə^r] ADJECTIVE
gorliwy
■ **to be eager to do something** gorliwie
pragnąć coś zrobić

eagle ['i:gl] NOUN
orzeł

ear [ɪə^r] NOUN
ucho

earache ['ɪəreɪk] NOUN
ból ucha
■ **to have earache** cierpieć na ból ucha

earlier ['ə:lɪə^r] ADJECTIVE
▷ *see also* **earlier** ADVERB
wcześniejszy
□ an earlier train wcześniejszy pociąg

earlier ['ə:lɪə^r] ADVERB
▷ *see also* **earlier** ADJECTIVE
wcześniej
■ **earlier this year** wcześniej w tym roku
□ She left earlier than us. Wyszła wcześniej niż
my. □ I can't come any earlier. Nie mogę
przyjść wcześniej.

early ['ə:lɪ] ADVERB
▷ *see also* **early** ADJECTIVE
wcześnie
■ **early in the morning** wcześnie rano □ I
usually get up early. Zwykle wstaję wcześnie.

early ['ə:lɪ] ADJECTIVE
▷ *see also* **early** ADVERB
wczesny
□ You're early! Jesteś wcześnie! □ the early 80s
we wczesnych latach osiemdziesiątych
■ **in the early 19th century** na początku
dziewiętnastego wieku
■ **She's in her early forties.** Jest krótko po
czterdziestce.
■ **to have an early night** pójść wcześnie spać

to **earn** [ə:n] VERB
1 zarabiać(PERF zarobió
□ She earns £5 an hour. Ona zarabia pięć
funtów na godzinę.
■ **to earn one's living** zarabiać(PERF zarobió
na życie
2 przynosić(PERF przynieśó *(interest)*

earnings ['ə:nɪŋz] PL NOUN
zarobki

earring ['ɪərɪŋ] NOUN
kolczyk

earth [ə:θ] NOUN
ziemia

earthquake ['ə:θkweɪk] NOUN
trzęsienie ziemi

easily ['i:zɪlɪ] ADVERB
łatwo
□ She won easily. Ona łatwo wygrała.

east [i:st] NOUN
▷ *see also* **east** ADJECTIVE, ADVERB
wschód
□ The sun rises in the east. Słońce wstaje na
wschodzie. □ to the east na wschód
■ **the East** *(the Orient)* wschód

east [i:st] ADJECTIVE
▷ *see also* **east** NOUN, ADVERB
wschodni
□ the east coast wschodnie wybrzeże □ an
east wind wschodni wiatr
■ **east of** na wschód od+gen □ It's east of
London. To jest na wschód od Londynu.

east [i:st] ADVERB
▷ *see also* **east** NOUN, ADJECTIVE
na wschód
□ We were travelling east. Podróżowaliśmy
na wschód.

Easter ['i:stə^r] NOUN
Wielkanoc
□ at Easter na Wielkanoc

Easter egg NOUN
pisanka
eastern ['iːstən] ADJECTIVE
1 wschodni
□ the eastern part of the island wschodnia
część wyspy
2 dalekowschodni *(oriental)*
■ **Eastern Europe** Europa Wschodnia
easy ['iːzɪ] ADJECTIVE
▷ *see also* **easy** ADVERB
łatwy
□ That's easy! To łatwe! □ It's easy to get lost in
this part of town. Łatwo jest się zgubić w tej
części miasta. □ Everyone wants an easy life.
Każdy pragnie łatwego życia.
easy ['iːzɪ] ADVERB
▷ *see also* **easy** ADJECTIVE
■ **to take things easy** nie przemęczać się
easy-going ['iːzɪ'gəʊɪŋ] ADJECTIVE
spokojny
□ She's very easy-going. Ona jest bardzo
spokojna.
to **eat** [iːt] (PT **ate**, PP **eaten**) ['iːtn] VERB
jeść (PERF zjeść)
□ Would you like something to eat? Czy
chciałbyś coś zjeść?
jeść (PERF zjeść) posiłek *(have a meal)*
□ We eat at 6 o'clock every night. Jemy posiłek
co wieczór o szóstej.
EC ABBREVIATION (= *European Community*)
■ **the EC** Wspólnota Europejska
eccentric [ɪk'sentrɪk] ADJECTIVE
ekscentryczny *(person, behaviour)*
echo ['ekəʊ] (PL **echoes**) NOUN
echo *(of sound)*
eco-friendly ['iːkəʊ'frendlɪ] ADJECTIVE
przyjazny dla środowiska
ecological [iːkə'lɒdʒɪkəl] ADJECTIVE
ekologiczny
ecology [ɪ'kɒlədʒɪ] NOUN
1 ekosystem *(environment)*
2 ekologia *(subject)*
e-commerce ['iːkɒməːs] NOUN
handel elektroniczny
economic [iːkə'nɒmɪk] ADJECTIVE
1 gospodarczy *(system, reform)*
2 rentowny *(profitable)*
economical [iːkə'nɒmɪkl] ADJECTIVE
1 ekonomiczny *(system, car)*
2 oszczędny *(person)*
economics [iːkə'nɒmɪks] NOUN
ekonomia *fem sing*
□ He's studying economics. On studiuje
ekonomię.
to **economize** [ɪ'kɒnəmaɪz] VERB
oszczędzać (PERF zaoszczędzić)
■ **to economize on something** zaoszczędzić
na czymś
economy [ɪ'kɒnəmɪ] NOUN
1 gospodarka *(of country)*
2 oszczędność *(thrift)*
ecstasy ['ekstəsɪ] NOUN

1 ekstaza
□ to be in ecstasy być w ekstazie
2 ecstasy *(drug)*
eczema ['eksɪmə] NOUN
egzema
edge [edʒ] NOUN
1 granica *(of road, town)*
2 brzeg *(of lake)*
3 krawędź *(of table, chair)*
■ **to be on edge** być spiętym
Edinburgh ['edɪnbərə] NOUN
Edynburg
editor ['edɪtər] NOUN
redaktor *masc*
redaktorka *fem*
educated ['edjukeɪtɪd] ADJECTIVE
wykształcony
education [edju'keɪʃən] NOUN
edukacja
□ investment in education inwestycja w
edukację
■ **She works in education.** Ona pracuje
w oświacie.
educational [edju'keɪʃənl] ADJECTIVE
pouczający *(instructive)*
□ It was very educational. To było bardzo
pouczające.
effect [ɪ'fekt] NOUN
skutek
□ the effect of divorce on children skutek
rozwodu dla dzieci
■ **to come into effect** *(law)* wchodzić (PERF
wejść) w życie
■ **to take effect** *(drug)* zaczynać (PERF zacząć)
działać
■ **to have an effect on somebody** mieć wpływ
na kogoś
■ **special effects** efekty specjalne
effective [ɪ'fektɪv] ADJECTIVE
skuteczny *(successful)*
effectively [ɪ'fektɪvlɪ] ADVERB
1 skutecznie *(successfully)*
2 faktycznie *(in reality)*
efficient [ɪ'fɪʃənt] ADJECTIVE
1 sprawny *(person)*
2 wydajny *(system)*
effort ['efət] NOUN
1 wysiłek *(energy)*
□ a waste of effort zmarnowane wysiłki
2 trud *(exertion)*
■ **It was a good effort.** To była dobra próba.
■ **to make an effort to do something**
dokładać (PERF dołożyć) starań, aby coś zrobić
e.g. ABBREVIATION (= *exempli gratia*)
np.
egg [eg] NOUN
1 jajo *(of bird)*
2 jajko *(for eating)*
□ a hard-boiled egg jajko na twardo □ a soft-
boiled egg jajko na miękko □ a fried egg jajko
sadzone
■ **scrambled eggs** jajecznica

eggplant [ˈɛɡplɑːnt] NOUN (US)
bakłażan

Egypt [ˈiːdʒɪpt] NOUN
Egipt

■ **in Egypt** w Egipcie

■ **to Egypt** do Egiptu

eight [eɪt] NUMBER
osiem

□ She's eight. Ona ma osiem lat.

eighteen [eɪˈtiːn] NUMBER
osiemnaście

□ She's eighteen. Ona ma osiemnaście lat.

eighteenth [eɪˈtiːnθ] ADJECTIVE
osiemnasty

□ her eighteenth birthday jej osiemnaste urodziny □ the eighteenth floor osiemnaste piętro □ the eighteenth of August osiemnasty sierpnia

eighth [eɪtθ] ADJECTIVE

1 ósmy
□ her eighth birthday jej ósme urodziny □ the eighth floor ósme piętro □ the eighth of August ósmy sierpnia

2 ósma część(fraction)

eighty [ˈeɪtɪ] NUMBER
osiemdziesiąt

Eire [ˈɛərə] NOUN
Irlandia

■ **in Eire** w Irlandii

either [ˈaɪðəʳ] ADJECTIVE
▷ see also **either** ADVERB, CONJUNCTION

1 obojętnie który(one or other)
□ Either bus will take you there. Obojętnie który autobus Cię tam zawiezie.

2 i jeden i drugi(both, each)
□ In either case the answer is the same. I w jednym, i w drugim przypadku odpowiedź jest ta sama.

■ **on either side** po obu stronach

■ **I haven't seen either one or the other.** Nie widziałem ani jednego ani drugiego.

■ **I don't like either of them.** Nie lubię ani jednego ani drugiego.

either [ˈaɪðəʳ] ADVERB
▷ see also **either** ADJECTIVE, CONJUNCTION
też nie(in negative statements)
□ No, I don't either. Nie, ja też nie. □ I've never been to Spain. — I haven't either. Nigdy nie byłem w Hiszpanii. — Ja też nie.

■ **His singing is hopeless and he can't act either.** On beznadziejnie śpiewa i nie potrafi też występować jako aktor.

either [ˈaɪðəʳ] CONJUNCTION
▷ see also **either** ADJECTIVE, ADVERB

■ **either ... or ...** albo ... albo ... □ You can have either ice cream or yoghurt. Możesz dostać albo lody, albo jogurt.

elastic [ɪˈlæstɪk] NOUN
gumka

elastic band NOUN
gumka

elbow [ˈɛlbəʊ] NOUN
łokieć

elder [ˈɛldəʳ] ADJECTIVE
starszy

□ my elder sister moja starsza siostra

elderly [ˈɛldəlɪ] ADJECTIVE
starszy

■ **the elderly** ludzie starsi

eldest [ˈɛldɪst] ADJECTIVE
▷ see also **eldest** NOUN
najstarszy

□ my eldest sister moja najstarsza siostra

eldest [ˈɛldɪst] NOUN
▷ see also **eldest** ADJECTIVE
najstarszy

□ He's the eldest. On jest najstarszy.

to elect [ɪˈlɛkt] VERB
wybierać(PERF wybrać

election [ɪˈlɛkʃən] NOUN
wybory masc pl

□ to hold an election przeprowadzać(PERF przeprowadzić wybory

electric [ɪˈlɛktrɪk] ADJECTIVE
elektryczny

□ an electric blanket elektryczny koc grzejący

□ an electric guitar gitara elektryczna

□ electric shock wstrząs elektryczny

■ **an electric fire** ogień wywołany przez krótkie spięcie

electrical [ɪˈlɛktrɪkl] ADJECTIVE
elektryczny

■ **an electrical engineer** inżynier elektryk

electrician [ɪlɛkˈtrɪʃən] NOUN
elektryk

□ He's an electrician. On jest elektrykiem.

electricity [ɪlɛkˈtrɪsɪtɪ] NOUN

1 elektryczność(energy)

2 prąd(supply)

electronic [ɪlɛkˈtrɒnɪk] ADJECTIVE
elektroniczny

electronics [ɪlɛkˈtrɒnɪks] NOUN
elektronika fem sing

□ My hobby is electronics. Moje hobby to elektronika.

elegant [ˈɛlɪɡənt] ADJECTIVE
elegancki(person, building)

elementary school NOUN (US)
szkoła podstawowa

elephant [ˈɛlɪfənt] NOUN
słoń

elevator [ˈɛlɪveɪtəʳ] NOUN (US)
winda

eleven [ɪˈlɛvn] NUMBER
jedenaście

□ He's eleven. On ma jedenaście lat.

eleventh [ɪˈlɛvnθ] ADJECTIVE
jedenasty

□ her eleventh birthday jej jedenaste urodziny □ the eleventh floor jedenaste piętro

□ the eleventh of August jedenasty sierpnia

else [ɛls] ADVERB

1 jeszcze
□ Where else? Gdzie jeszcze? □ What else? Co jeszcze?

2 inny

□ everyone else wszyscy inni □ nobody else nikt inny

■ **anything else** coś innego □ Would you like anything else? Czy chciałbyś coś innego?

3 indziej

□ somewhere else gdzie indziej □ everywhere else wszędzie indziej

■ **or else** bo zobaczysz □ Give me the money, or else! Daj mi pieniądze, bo zobaczysz!

email ['i:meɪl] NOUN

▷ see also **email** VERB

email

to **email** ['i:meɪl] VERB

▷ see also **email** NOUN

1 wysyłać (PERF wysłać) emaila +dat

□ I'll email you later. Wyślę Ci później emaila.

2 wysyłać (PERF wysłać) (file, document)

email address NOUN

adres emailowy

□ My email address is: ... Mój adres emailowy to: ...

embarrassed [ɪm'bærəst] ADJECTIVE

■ **to be embarrassed** być zażenowanym

□ I was really embarrassed. Byłem naprawdę zażenowany.

embarrassing [ɪm'bærəsɪŋ] ADJECTIVE

żenujący

□ It was so embarrassing. To było tak żenujące.

embassy ['ɛmbəsɪ] NOUN

ambasada

□ the British Embassy Ambasada brytyjska
□ the Polish Embassy Ambasada polska

embroidery [ɪm'brɔɪdərɪ] NOUN

haft

□ I do embroidery. Zajmuję się haftem.

emergency [ɪ'mɜːdʒənsɪ] NOUN

nagły wypadek

□ This is an emergency! To nagły wypadek!

■ **in an emergency** w razie potrzeby

■ **emergency exit** wyjście bezpieczeństwa

■ **emergency landing** lądowanie awaryjne

■ **the emergency services** służby ratownicze

to **emigrate** ['ɛmɪgreɪt] VERB

emigrować (PERF wyemigrować)

emotion [ɪ'məʊʃən] NOUN

uczucie

emotional [ɪ'məʊʃənl] ADJECTIVE

1 emocjonalny

□ emotional problems problemy emocjonalne

2 uczuciowy (person)

■ **to get emotional** wzruszać (PERF wzruszyć się)

emperor ['ɛmpərə'] NOUN

cesarz

to **emphasize** ['ɛmfəsaɪz] VERB

podkreślać (PERF podkreślić)

□ I must emphasize that ... muszę podkreślić, że ...

empire ['ɛmpaɪə'] NOUN

imperium

□ a business empire imperium biznesowe

to **employ** [ɪm'plɔɪ] VERB

zatrudniać (PERF zatrudnić)

□ The factory employs 600 people. Fabryka zatrudnia 600 osób. □ He was employed as a technician. Był zatrudniony jako technik.

employee [ɪmplɔɪ'i:] NOUN

pracownik masc
pracownica fem

employer [ɪm'plɔɪə'] NOUN

pracodawca masc
pracodawczyni fem

employment [ɪm'plɔɪmənt] NOUN

praca

□ to find employment znajdować (PERF znaleźć) pracę

■ **to be in employment** mieć pracę

empty ['ɛmptɪ] ADJECTIVE

▷ see also **empty** VERB

1 pusty (glass, container)

2 wyludniony (place, street)

3 niezamieszkany (house, room)

to **empty** ['ɛmptɪ] VERB

▷ see also **empty** ADJECTIVE

1 opróżniać (PERF opróżnić) (bin, ashtray)

2 opróżniać (PERF opróżnić) się (room, building)

□ The room emptied quickly. Pokój szybko się opróżnił.

■ **to empty something into something** wylewać (PERF wylać) coś z czegoś

to **encourage** [ɪn'kʌrɪdʒ] VERB

zachęcać (PERF zachęcić) (person)

□ to encourage somebody to do something zachęcać (PERF zachęcić) kogoś do zrobienia czegoś

encouragement [ɪn'kʌrɪdʒmənt] NOUN

zachęta

encyclopedia [ɛnsaɪkləʊ'pi:dɪə] NOUN

encyklopedia

end [ɛnd] NOUN

▷ see also **end** VERB

1 koniec

□ at the end of the street na końcu ulicy □ at the other end of the table przy drugim końcu stołu □ at the end of August pod koniec sierpnia □ the end of the holidays koniec wakacji

2 zakończenie (of film, book)

□ the end of the film zakończenie filmu

■ **to come to an end** kończyć (PERF skończyć) się

■ **in the end** w końcu □ In the end I decided to stay at home. W końcu postanowiłem zostać w domu. □ It turned out all right in the end. W końcu wszystko okazało się być w porządku.

■ **for hours on end** całymi godzinami

to **end** [ɛnd] VERB

▷ see also **end** NOUN

kończyć (PERF skończyć) się

□ What time does the film end? O której kończy się film?

■ **to end up doing something** kończyć się (PERF skończyć się) zrobieniem czegoś □ He

383

ended up buying it himself. Skończyło się tak,
że sam to kupił.

ending ['ɛndɪŋ] NOUN
zakończenie
□ a happy ending szczęśliwe zakończenie

endless ['ɛndlɪs] ADJECTIVE
1 niekończący się (arguments, meetings)
2 bezkresny (forest, beach)
3 nieskończony (possibilities)
■ **The journey seemed endless.** Podróż
zdawała się nie mieć końca.

enemy ['ɛnəmɪ] NOUN
przeciwnik masc
przeciwniczka fem
■ **the enemy** (in war) wróg

energetic [ɛnə'dʒɛtɪk] ADJECTIVE
1 energiczny (person)
2 dynamiczny (activity)

energy ['ɛnədʒɪ] NOUN
1 siła (strength)
2 energia (power)

engaged [ɪn'geɪdʒd] ADJECTIVE
1 zaręczony
□ She's engaged to Brian. Ona jest zaręczona
z Brianem.
■ **to get engaged** zaręczać (PERF zaręczyć)
się
2 zajęty (busy, in use)
□ I phoned, but it was engaged. Zadzwoniłem,
ale było zajęte.

engaged tone NOUN
zaangażowany ton

engagement [ɪn'geɪdʒmənt] NOUN
zaręczyny fem pl

engagement ring NOUN
pierścionek zaręczynowy

engine ['ɛndʒɪn] NOUN
silnik (in car)

engineer [ɛndʒɪ'nɪə'] NOUN
inżynier (designer of roads, bridges)
□ He's an engineer. On jest inżynierem.

engineering [ɛndʒɪ'nɪərɪŋ] NOUN
1 konstrukcja (of roads, bridges)
2 inżynieria (science)

England ['ɪŋglənd] NOUN
Anglia
■ **in England** w Anglii
■ **to England** do Anglii
■ **I'm from England.** Jestem z Anglii.

English ['ɪŋglɪʃ] ADJECTIVE
▷ see also **English** NOUN
angielski
■ **an English speaker** osoba mówiąca po
angielsku
■ **He's English.** On jest Anglikiem.
■ **English people** Anglicy

English ['ɪŋglɪʃ] NOUN
▷ see also **English** ADJECTIVE
angielski (language)
□ Do you speak English? Czy mówisz po
angielsku?
■ **the English** Anglicy

Englishman ['ɪŋglɪʃmən] (PL **Englishmen**)
NOUN
Anglik

Englishwoman ['ɪŋglɪʃwumən] (PL
Englishwomen) NOUN
Angielka

to enjoy [ɪn'dʒɔɪ] VERB
lubić (take pleasure in)
■ **Did you enjoy the film?** Czy podobał Ci się
film?
■ **Enjoy your meal!** Smacznego!
■ **to enjoy doing something** lubić coś robić
□ The boys enjoy swimming. Chłopcy lubią
pływać.
■ **to enjoy oneself** dobrze się bawić □ I really
enjoyed myself. Naprawdę dobrze się bawiłem.

enjoyable [ɪn'dʒɔɪəbl] ADJECTIVE
przyjemny

enlargement [ɪn'lɑːdʒmənt] NOUN
powiększenie (of photograph)

enormous [ɪ'nɔːməs] ADJECTIVE
1 olbrzymi (in size or amount)
2 ogromny (in degree or extent)

enough [ɪ'nʌf] ADJECTIVE, PRONOUN
dość +gen
□ enough time dość czasu □ I didn't have
enough money. Nie miałem dość pieniędzy.
■ **Have you got enough?** Wystarczy?
■ **I've had enough!** Mam dość!
■ **That's enough!** (in annoyance) Wystarczy!
■ **enough to eat** dość do jedzenia
■ **big enough** wystarczająco duży
■ **old enough** w odpowiednim wieku

to enquire [ɪn'kwaɪə'] VERB
■ **to enquire about something** dowiadywać
(PERF dowiedzieć) się o coś □ I am going to
enquire about train times. Dowiem się o
godziny pociągu.

enquiry [ɪn'kwaɪərɪ] NOUN
zapytanie
■ **to make enquiries about something**
dowiadywać (PERF dowiedzieć) się o coś
□ 'enquiries' 'informacja'

to enter ['ɛntə'] VERB
1 wchodzić (PERF wejść) do +gen
□ to enter a room wchodzić (PERF wejść) do
pokoju
■ **Enter!** Proszę wejść!
2 zgłaszać (PERF zgłosić) się do +gen (race,
competition)
□ to enter a competition zgłaszać (PERF zgłosić)
się do konkursu
3 wprowadzać (PERF wprowadzić) do +gen (data)

to entertain [ɛntə'teɪn] VERB
1 zabawiać (PERF zabawić) (amuse)
2 podejmować (PERF podjąć) (guest)

entertainer [ɛntə'teɪnə'] NOUN
artysta

entertaining [ɛntə'teɪnɪŋ] ADJECTIVE
zabawny

enthusiasm [ɪn'θuːzɪæzəm] NOUN
entuzjazm (eagerness)

enthusiast [ɪnˈθuːzɪæst] NOUN
entuzjasta
□ a jazz enthusiast entuzjasta jazzu □ She's a DIY enthusiast. Ona jest entuzjastką majsterkowania.

enthusiastic [ɪnθuːzɪˈæstɪk] ADJECTIVE
1 zapalony *(person)*
■ **to be enthusiastic about something** odnosić (PERFodnieść) się do czegoś z entuzjazmem
2 entuzjastyczny *(response, reception)*

entire [ɪnˈtaɪəʳ] ADJECTIVE
cały
□ the entire world cały świat

entirely [ɪnˈtaɪəlɪ] ADVERB
całkowicie

entrance [ˈɛntrns] NOUN
wejście

entrance exam NOUN
egzamin wstępny

entrance fee NOUN
opłata za wstęp

entry [ˈɛntrɪ] NOUN
1 wejście *(way in)*
■ 'no entry' 1 *(on door)* wstęp wzbroniony 2 *(on road sign)* zakaz wjazdu
2 przystąpienie *(in competition)*

entry form NOUN
formularz aplikacyjny

entry phone NOUN
domofon

envelope [ˈɛnvələup] NOUN
koperta

envious [ˈɛnvɪəs] ADJECTIVE
zazdrosny

environment [ɪnˈvaɪərnmənt] NOUN
■ **the environment** środowisko naturalne

environmental [ɪnvaɪərnˈmɛntl] ADJECTIVE
ekologiczny
□ environmental damage szkody ekologiczne

environmentally friendly ADJECTIVE
przyjazny dla środowiska

envy [ˈɛnvɪ] NOUN
▷ *see also* **envy** VERB
zazdrość

to **envy** [ˈɛnvɪ] VERB
▷ *see also* **envy** NOUN
być zazdrosnym o
□ I don't envy you! Nie zazdroszczę Ci!
■ **to envy somebody something** zazdrościć komuś czegoś

epileptic [ɛpɪˈlɛptɪk] ADJECTIVE
epileptyczny
■ **an epileptic fit** atak epilepsji

episode [ˈɛpɪsəud] NOUN
1 wydarzenie *(period, event)*
2 odcinek *(on radio, TV)*

equal [ˈiːkwl] ADJECTIVE
równy *(size, number)*
□ to be equal to być równym +*dat*
■ **They are roughly equal in size.** Są mniej więcej tego samego rozmiaru.

■ **79 minus 14 is equal to 65.** 79 minus 14 równa się 65.

equality [iːˈkwɒlɪtɪ] NOUN
równość

to **equalize** [ˈiːkwəlaɪz] VERB
wyrównywać (PERFwyrównać) *(in sports)*

equator [ɪˈkweɪtəʳ] NOUN
■ **the equator** równik

equipment [ɪˈkwɪpmənt] NOUN
sprzęt
□ skiing equipment sprzęt narciarski

equivalent [ɪˈkwɪvələnt] ADJECTIVE
ekwiwalent
■ **to be equivalent to** być równoważnym +*dat*

error [ˈɛrəʳ] NOUN
błąd
□ a mathematical error błąd rachunkowy
■ **a typing error** literówka
■ **to make an error** robić (PERFzrobić) błąd

escalator [ˈɛskəleɪtəʳ] NOUN
schody ruchome

escape [ɪsˈkeɪp] NOUN
▷ *see also* **escape** VERB
ucieczka
■ **to have a narrow escape** o włos uniknąć *perf*nieszczęścia

to **escape** [ɪsˈkeɪp] VERB
▷ *see also* **escape** NOUN
uciekać (PERFuciec) *(get away)*
□ A lion has escaped. Lew uciekł. □ to escape from prison uciec z więzienia
■ **to escape unhurt** wyjść *perf*cało

escort [ˈɛskɔːt] NOUN
eskorta
□ a police escort eskorta policyjna

especially [ɪsˈpɛʃlɪ] ADVERB
1 zwłaszcza *(particularly)*
□ It's very hot there, especially in the summer. Tu jest bardzo gorąco, zwłaszcza w lecie.
2 szczególnie *(happy, gifted)*

essay [ˈɛseɪ] NOUN
wypracowanie
□ a history essay wypracowanie z historii

essential [ɪˈsɛnʃl] ADJECTIVE
niezbędny *(necessary)*
■ **It is essential that** ... Musimy ...
■ **It is essential to** ... Należy koniecznie ...
□ It's essential to bring warm clothes. Należy koniecznie przynieść ciepłe ubrania.
■ **the essentials** *(necessities)* rzeczy niezbędne

estate [ɪsˈteɪt] NOUN
1 posiadłość *(land)*
2 osiedle mieszkaniowe *(housing estate)*
□ I live on an estate. Mieszkam na osiedlu mieszkaniowym.
3 majątek *(in law)*

estate agent NOUN
pośrednik w handlu nieruchomościami *masc*
pośredniczka w handlu nieruchomściam *fem*

to **estimate** [ˈɛstɪmeɪt] VERB
szacować (PERFoszacować) *(reckon, calculate)*

□ The damage was estimated at 300 million pounds. Szkody oszacowano na trzysta milionów funtów. □ They estimated it would take three weeks. Oni ocenili, że to potrwa trzy tygodnie.

Estonia [ɛsˈtəʊnɪə] NOUN
Estonia
■ **in Estonia** w Estonii
■ **to Estonia** do Estonii

etc ABBREVIATION (= *et cetera*)
itd.
itp.

ethnic [ˈɛθnɪk] ADJECTIVE
etniczny
□ **an ethnic minority** mniejszość etniczna

e-ticket [ˈiːtɪkɪt] NOUN
bilet elektroniczny

EU ABBREVIATION (= *European Union*)
■ **the EU** UE

euro [ˈjʊərəʊ] NOUN
euro
□ **50 euros** 50 euro

Europe [ˈjʊərəp] NOUN
Europa
■ **in Europe** w Europie
■ **to Europe** do Europy

European [jʊərəˈpiːən] ADJECTIVE
▷ *see also* **European** NOUN
europejski

European [jʊərəˈpiːən] NOUN
▷ *see also* **European** ADJECTIVE
Europejczyk *masc*
Europejka *fem (person)*

to **evacuate** [ɪˈvækjʊeɪt] VERB
1 ewakuować *(people)*
2 opróżniać (PERF opróżnió *(place)*

eve [iːv] NOUN
■ **on the eve of** w przeddzień +gen
■ **Christmas Eve** Wigilia Bożego Narodzenia
■ **New Year's Eve** Sylwester

even [ˈiːvn] ADVERB
▷ *see also* **even** ADJECTIVE
nawet
□ **Even he was there.** Nawet on tam był.
□ **even on Sundays** nawet w niedziele □ **I liked Cracow even more than Warsaw.** Kraków podobał mi się nawet bardziej niż Warszawa.
■ **even better** jeszcze lepiej
■ **even if** nawet jeśli □ **I'd never do that, even if you asked me.** Nigdy bym tego nie zrobił, nawet gdybyś mnie poprosił.
■ **even though** mimo że □ **He wants to go out, even though it's raining.** On chce wyjść, mimo że pada.
■ **not even** nawet (nie) □ **He never stops working, not even at the weekend.** On nigdy nie przestaje pracować, nawet w weekendy.
■ **even so** mimo wszystko

even [ˈiːvn] ADJECTIVE
▷ *see also* **even** ADVERB
równy *(flat, equal)*
□ **an even layer of snow** równa warstwa śniegu

□ **It was an even contest.** To był wyrównany konkurs.
■ **an even number** liczba parzysta
■ **to break even** wychodzić (PERF wyjść na zero
■ **to get even with somebody** policzyć *perf* się z kimś □ **He wanted to get even with her.** On chciał się z nią policzyć.

evening [ˈiːvnɪŋ] NOUN
wieczór
□ **in the evening** wieczorem
■ **this evening** dziś wieczorem
■ **tomorrow evening** jutro wieczorem
■ **yesterday evening** wczoraj wieczorem
■ **Good evening!** Dobry wieczór!

evening class NOUN
kurs wieczorowy

event [ɪˈvɛnt] NOUN
zdarzenie *(occurrence)*
■ **in the event of ...** w razie +gen
■ **a sporting event** wydarzenie sportowe

eventful [ɪˈvɛntfʊl] ADJECTIVE
pełen wydarzeń

eventual [ɪˈvɛntʃʊəl] ADJECTIVE
ostateczny

eventually [ɪˈvɛntʃʊəlɪ] ADVERB
1 ostatecznie *(finally)*
2 w końcu *(ultimately)*

 WSKAZÓWKI JĘZYKOWE Uwaga! Angielskie słowo **eventually** nie oznacza ewentualnie.

ever [ˈɛvəʳ] ADVERB
1 kiedykolwiek *(at any time)*
□ **better than ever** lepszy niż kiedykolwiek
□ **Have you ever been there?** Czy kiedykolwiek byłeś tam?
■ **for the first time ever** po raz pierwszy
■ **the best ever** najlepszy
■ **hardly ever** prawie nigdy
2 zawsze *(always)*
□ **Ever hopeful, he continued to apply for jobs.** Zawsze pełen nadziei, wciąż składał podania o prace.
■ **ever since 1** *(adv)* od tego czasu □ **We have been friends ever since.** Od tego czasu jesteśmy przyjaciółmi. **2** *(conj)* od kiedy □ **Jack has loved trains ever since he was a boy.** Jack kocha pociągi od kiedy był chłopcem.

every [ˈɛvrɪ] ADJECTIVE
każdy *(each)*
□ **every one of them** każdy z nich
■ **every time** za każdym razem □ **Every time I see him he's depressed.** Za każdym razem, gdy go widzę, on jest zdeprymowany.
■ **every day** każdego dnia
■ **every week** każdego tygodnia
■ **every now and then** od czasu do czasu

everybody [ˈɛvrɪbɒdɪ] PRONOUN
wszyscy
□ **Everybody knows about it.** Wszyscy o tym wiedzą. □ **everybody else** wszyscy inni

everyone [ˈɛvrɪwʌn] PRONOUN = **everybody**

everything [ˈɛvrɪθɪŋ] PRONOUN
wszystko

□ Is everything OK? Czy wszystko w porządku?

□ Everything is ready. Wszystko gotowe.

■ **He did everything possible.** Zrobił wszystko co było można.

■ **Money isn't everything.** Pieniądze to nie wszystko.

everywhere ['ɛvrɪwɛəʳ] ADVERB
wszędzie

□ I looked everywhere for my keys. Szukałem wszędzie moich kluczy. □ There's rubbish everywhere. Wszędzie są śmieci.

■ **everywhere you go** gdziekolwiek pójdziesz

evil ['iːvl] ADJECTIVE
zły

ex- [ɛks] PREFIX
były

□ my ex-wife moja była żona

exact [ɪg'zækt] ADJECTIVE
dokładny

exactly [ɪg'zæktlɪ] ADVERB
dokładnie *(precisely)*

□ It's exactly 10 o'clock. Jest dokładnie dziesiąta.

■ **at 5 o'clock exactly** punktualnie o piątej

■ **Exactly!** Właśnie!

■ **Not exactly.** Niezupełnie.

■ **He's not exactly poor.** Właściwie on nie jest taki biedny.

to **exaggerate** [ɪg'zædʒəreɪt] VERB
przesadzać (PERF przesadzić)

□ My mother tends to exaggerate. Moja matka zwykle przesadza.

exaggeration [ɪgzædʒə'reɪʃən] NOUN
przesada

exam [ɪg'zæm] NOUN
egzamin

□ an English exam egzamin z angielskiego

□ the exam results wyniki egzaminu

examination [ɪgzæmɪ'neɪʃən] NOUN

1 kontrola *(inspection)*

2 egzamin *(in school)*

3 badanie *(medical)*

to **examine** [ɪg'zæmɪn] VERB

1 sprawdzać (PERF sprawdzić) *(inspect)*

□ He examined her passport. On sprawdził jej paszport.

2 badać (PERF zbadać)

□ The doctor examined him. Lekarz go zbadał.

example [ɪg'zɑːmpl] NOUN
przykład

■ **for example** na przykład

■ **to set an example** dawać (PERF dać) przykład

excellent ['ɛksələnt] ADJECTIVE
doskonały

□ Her results were excellent. Jej wyniki były doskonałe.

■ **Excellent!** Doskonale!

except [ɪk'sɛpt] PREPOSITION
poza +inst

□ everyone except me wszyscy poza mną

■ **except for** poza +inst

■ **except that ...** tyle tylko, że ... □ The holiday was great, except that it rained. Urlop był świetny, tyle tylko, że padało.

exception [ɪk'sɛpʃən] NOUN
wyjątek

□ to make an exception robić (PERF zrobić) wyjątek

■ **with the exception of** z wyjątkiem +gen

exceptional [ɪk'sɛpʃənl] ADJECTIVE
wyjątkowy *(person, talent)*

excess baggage NOUN
nadbagaż

to **exchange** [ɪks'tʃeɪndʒ] VERB
wymieniać (PERF wymienić)

■ **to exchange something for something** zamieniać (PERF zamienić) coś na coś □ I exchanged the book for a video. Zamieniłem książkę na wideo.

exchange rate NOUN
kurs wymiany walut

excited [ɪk'saɪtɪd] ADJECTIVE
podekscytowany

□ to be excited about something być podekscytowanym czymś

■ **to get excited** zachwycać (PERF zachwycić się

exciting [ɪk'saɪtɪŋ] ADJECTIVE
ekscytujący

exclamation mark [ɛksklə'meɪʃən-] NOUN
wykrzyknik

excuse [ɪks'kjuːs] NOUN
▷ see also **excuse** VERB
usprawiedliwienie

□ There's no excuse for such behaviour. Nie ma usprawiedliwienia dla takiego zachowania.

■ **to make an excuse** znajdować (PERF znaleźć) wymówkę

■ **to make excuses for somebody** tłumaczyć (PERF wytłumaczyć się za kogoś

to **excuse** [ɪks'kjuːz] VERB
▷ see also **excuse** NOUN

■ **Excuse me!** Przepraszam!

ex-directory ['ɛksdɪ'rɛktərɪ] ADJECTIVE
zastrzeżony

□ She's ex-directory. Ona ma zastrzeżony numer telefonu.

to **execute** ['ɛksɪkjuːt] VERB
uśmiercać (PERF uśmiercić)

execution [ɛksɪ'kjuːʃən] NOUN
egzekucja

executive [ɪg'zɛkjʊtɪv] NOUN
dyrektor

□ He's an executive. On jest dyrektorem.

exercise ['ɛksəsaɪz] NOUN
ćwiczenie *(physical exertion)*

■ **to take exercise** ćwiczyć

■ **an exercise bike** stacjonarny rower do ćwiczeń

■ **an exercise book** zeszyt do ćwiczeń

exhaust [ɪg'zɔːst] NOUN
rura wydechowa *(on car)*

exhausted [ɪg'zɔːstɪd] ADJECTIVE
wyczerpany

e

exhaust fumes [ɪgˈzɔːst-] PL NOUN
spaliny

exhibition [ɛksɪˈbɪʃən] NOUN
wystawa *(of paintings)*

to **exist** [ɪgˈzɪst] VERB
1 istnieć *(be present)*
2 egzystować *(live, subsist)*
■ **to exist on something** żywić się czymś

exit [ˈɛksɪt] NOUN
wyjście
■ **to make a hasty exit** ulatniać (PERF ulotnić) się

exotic [ɪgˈzɒtɪk] ADJECTIVE
egzotyczny

to **expect** [ɪksˈpɛkt] VERB
1 spodziewać się
□ I was expecting the worst. Spodziewałem się najgorszego.
2 przypuszczać *(suppose)*
□ I expect you're tired. Przypuszczam, że jesteś zmęczony.

expedition [ɛkspəˈdɪʃən] NOUN
wyprawa

to **expel** [ɪksˈpɛl] VERB
wydalać (PERF wydalić) z +gen *(child)*
■ **to get expelled** *(from school)* zostać wydalonym

expense [ɪksˈpɛns] NOUN
wydatek
■ **expenses** wydatki firmowe
■ **She bought it on expenses.** Ona kupiła to na koszt firmy.

expensive [ɪksˈpɛnsɪv] ADJECTIVE
1 drogi *(object)*
2 kosztowny *(mistake)*

experience [ɪksˈpɪərɪəns] NOUN
doświadczenie

experienced [ɪksˈpɪərɪənst] ADJECTIVE
doświadczony

experiment [ɪksˈpɛrɪmənt] NOUN
eksperyment *(in science)*

expert [ˈɛkspəːt] NOUN
specjalista *masc*
specjalistka *fem*
□ He's a computer expert. On jest ekspertem komputerowym.

to **expire** [ɪksˈpaɪəʳ] VERB *(passport, licence)*
tracić (PERF stracić) ważność

to **explain** [ɪksˈpleɪn] VERB
wyjaśniać (PERF wyjaśnić)
■ **to explain something to somebody**
wyjaśniać (PERF wyjaśnić) coś komuś □ She explained the rules to her brother. Ona wyjaśniła zasady swojemu bratu.

explanation [ɛkspləˈneɪʃən] NOUN
wyjaśnienie

to **explode** [ɪksˈpləud] VERB
wybuchać (PERF wybuchnąć)

to **exploit** [ɪksˈplɔɪt] VERB
wykorzystywać (PERF wykorzystać)

exploitation [ɛksplɔɪˈteɪʃən] NOUN
wykorzystywanie

388 to **explore** [ɪksˈplɔːʳ] VERB

1 penetrować (PERF spenetrować) *(place)*
2 prowadzić (PERF przeprowadzić) poszukiwania *(look around)*

explorer [ɪksˈplɔːrəʳ] NOUN
odkrywca

explosion [ɪksˈpləuʒən] NOUN
wybuch

to **express** [ɪksˈprɛs] VERB
wyrażać (PERF wyrazić)
■ **to express oneself** wyrażać (PERF wyrazić) się
□ It's hard to express oneself in Polish. Trudno jest się wyrazić po polsku.
■ **expressed as a percentage** wyrażone w procentach

expression [ɪksˈprɛʃən] NOUN
1 wyrażenie *(word, phrase)*
□ It's an English expression. To jest angielskie wyrażenie.
2 wyraz *(on face)*

extension [ɪksˈtɛnʃən] NOUN
1 przybudówka *(of building)*
2 przedłużenie *(of contract, visa)*
3 przedłużacz *(for electricity)*
■ **extension 3718** numer wewnętrzny trzydzieści siedem osiemnaście

extensive [ɪksˈtɛnsɪv] ADJECTIVE
1 rozległy
□ The castle is set in extensive grounds. Zamek jest położony na rozległym obszarze.
2 poważny
□ The earthquake caused extensive damage. Trzęsienie ziemi spowodowało poważne szkody.

extensively [ɪkˈstɛnsɪvlɪ] ADVERB
sporo
□ He's travelled extensively. On sporo podróżował.
■ **The building was extensively renovated last year.** Budynek został w dużym stopniu odnowiony w zeszłym roku.

extent [ɪksˈtɛnt] NOUN
1 rozmiar *(of area, land)*
2 zakres *(of problem, damage)*
■ **to a certain extent** w pewnym stopniu
■ **to a large extent** w znacznym stopniu
■ **to some extent** do pewnego stopnia

exterior [ɛksˈtɪərɪəʳ] ADJECTIVE
zewnętrzny

extinct [ɪksˈtɪŋkt] ADJECTIVE
wymarły
□ The species is almost extinct. Ten gatunek jest prawie wymarły.
■ **to become extinct** wymierać (PERF wymrzeć)

extinguisher [ɪkˈstɪŋgwɪʃəʳ] NOUN
gaśnica

extra [ˈɛkstrə] ADJECTIVE
▷ *see also* **extra** ADVERB, NOUN
dodatkowy
□ an extra blanket dodatkowy koc

extra [ˈɛkstrə] ADVERB
▷ *see also* **extra** ADJECTIVE, NOUN
dodatkowo

□ to pay extra płacić (PERF zapłacić)
dodatkowo
■ **Wine will cost extra.** Za wino trzeba
zapłacić osobno.
■ **He was extra nice to me this morning.**
Był dla mnie szczególnie miły dziś rano.
extra [ˈɛkstrə] NOUN
▷ see also **extra** ADJECTIVE, ADVERB
statysta *masc*
statystka *fem (in film)*
extraordinary [ɪksˈtrɔːdnrɪ] ADJECTIVE
niezwykły *(exceptional)*
extravagant [ɪksˈtrævəgənt] ADJECTIVE
ekstrawagancki *(person, tastes)*
extreme [ɪksˈtriːm] ADJECTIVE
1 skrajny *(poverty)*
2 ekstremalny *(opinions)*
extremely [ɪksˈtriːmlɪ] ADVERB
wyjątkowo

extremist [ɪksˈtriːmɪst] NOUN
ekstremista *masc*
ekstremistka *fem*
eye [aɪ] NOUN
oko
□ **I've got green eyes.** Mam zielone oczy.
■ **to keep an eye on something** pilnować czegoś
eyebrow [ˈaɪbrau] NOUN
brew
eyelash [ˈaɪlæʃ] NOUN
rzęsa
eyelid [ˈaɪlɪd] NOUN
powieka
eyeliner [ˈaɪlaɪnəʳ] NOUN
kredka do powiek
eye shadow NOUN
cień do powiek
eyesight [ˈaɪsaɪt] NOUN
wzrok

e

Ff

fabric ['fæbrɪk] NOUN
tkanina

fabulous ['fæbjuləs] ADJECTIVE
wspaniały
□ The show was fabulous. Przedstawienie było wspaniałe.

face [feɪs] NOUN
▷ see also **face** VERB
1 twarz(of person)
2 tarcza(of clock)
3 zbocze(of cliff)
■ **on the face of it** powierzchownie
■ **face to face** twarzą w twarz
■ **in the face of these difficulties** w obliczu tych trudności

to **face** [feɪs] VERB
▷ see also **face** NOUN
1 patrzeć(PERF popatrzeć na(direction)
■ **He was facing forwards.** Był zwrócony do przodu.
■ **The garden faces south.** Ogród wychodzi na południe.
2 stawać(PERF stanąć w obliczu+gen (confront)
■ **to face up to something** stawiać(PERF stawić czoła czemuś+dat □ You must face up to your responsibilities. Musisz stawić czoła Twym odpowiedzialnościom.

face cloth NOUN
myjka do twarzy

facilities [fə'sɪlɪtɪz] PL NOUN
wyposażenie
□ This school has excellent facilities. Ta szkoła ma doskonałe wyposażenie.
■ **toilet facilities** urządzenia sanitarne
■ **cooking facilities** urządzenia kuchenne

fact [fækt] NOUN
fakt
■ **in fact 1** (for emphasis) faktycznie **2** (when disagreeing) tak naprawdę **3** (when qualifying statement) rzeczywiście

factory ['fæktərɪ] NOUN
fabryka

to **fade** [feɪd] VERB
blaknąć(PERF wyblaknąć
□ The colour has faded in the sun. Kolor wyblaknął na słońcu. □ My jeans have faded. Moje dżinsy wyblakły.
■ **The light was fading fast.** Światło szybko zanikało.

■ **The noise gradually faded.** Hałas stopniowo cichł.

fag [fæg] NOUN
papieros(cigarette)

to **fail** [feɪl] VERB
▷ see also **fail** NOUN
1 nie zdać perf +gen (exam, class)
□ I failed the history exam. Nie zdałem egzaminu z historii.
2 nie powieść się perf (plan)
3 zawodzić(PERF zawieść
□ My brakes failed. Moje hamulce zawiodły.
■ **to fail to do something** nie zdołać perf czegoś zrobić □ She failed to return her library books. Nie zdołała zwrócić swych książek do biblioteki.

fail [feɪl] NOUN
▷ see also **fail** VERB
■ **without fail 1** (definitely) z całą pewnością
2 (without exception) niezawodnie

failure ['feɪljə'] NOUN
1 niepowodzenie
□ feelings of failure uczucia niepowodzenia
2 nieudacznikmasc
nieudacznicafem
□ He's a failure. On jest nieudacznikiem.
3 usterka
□ a mechanical failure usterka mechaniczna

faint [feɪnt] ADJECTIVE
▷ see also **faint** VERB
1 słaby(sound)
□ His voice was very faint. Jego głos był bardzo słaby.
2 niewyraźny(mark)
■ **to feel faint** czuć(PERF poczuć się słabo

to **faint** [feɪnt] VERB
▷ see also **faint** ADJECTIVE
zasłabnąćperf
□ All of a sudden she fainted. Nagle ona zasłabła.

fair [feə'] ADJECTIVE
▷ see also **fair** NOUN
1 sprawiedliwy(decision, trial)
■ **It's not fair!** To niesprawiedliwe!
2 spory(sizeable)
□ That's a fair distance. To spora odległość.
3 niezły(good enough)
□ I have a fair chance of winning. Mam niezłą szansę wygrać.
4 jasny(complexion, hair)

□ people with fair skin ludzie z jasną skórą
□ He's got fair hair. On ma jasne włosy.
fair [fɛəʳ] NOUN
▷ see also **fair** ADJECTIVE
1 targi masc pl (trade fair)
2 wesołe miasteczko (funfair)
□ They went to the fair. Oni poszli do wesołego miasteczka.
fairground ['fɛəgraund] NOUN
wesołe miasteczko
fair-haired [fɛə'hɛəd] ADJECTIVE
■ My mother is fair-haired. Moja matka jest jasnowłosa.
fairly ['fɛəlɪ] ADVERB
1 sprawiedliwie (justly)
□ The cake was divided fairly. Ciasto zostało podzielone sprawiedliwie.
2 dość (quite)
□ That's fairly good. To jest dość dobre.
fairness ['fɛənɪs] NOUN
sprawiedliwość
fairy ['fɛərɪ] NOUN
wróżka
fairy tale NOUN
bajka
faith [feɪθ] NOUN
wiara
□ People have lost faith in the government. Ludzie stracili wiarę w rząd. □ the Catholic faith wiara katolicka
faithful ['feɪθful] ADJECTIVE
wierny
faithfully ['feɪθfəlɪ] ADVERB
wiernie
■ 'Yours faithfully' (in letter) 'Z wyrazami szacunku'
fake [feɪk] NOUN
▷ see also **fake** ADJECTIVE
imitacja
□ The painting was a fake. Obraz był imitacją.
fake [feɪk] ADJECTIVE
▷ see also **fake** NOUN
fałszywy
■ She wore fake fur. Ona miała na sobie sztuczne futro.
fall [fɔːl] NOUN
▷ see also **fall** VERB
1 upadek (of person)
□ He had a nasty fall. On doznał przykrego upadku.
2 spadek (in price, temperature)
3 jesień (US: autumn)
■ the Niagara Falls Wodospady Niagara
■ a fall of snow opad śniegu
to **fall** [fɔːl] (PT fell, PP fallen) VERB
▷ see also **fall** NOUN
1 upadać (PERF upaść) (person, object)
□ He tripped and fell. On potknął się i upadł.
■ to fall in love with somebody zakochiwać (PERF zakochać) się w kimś
2 padać (PERF spaść) (snow, rain)
3 spadać (PERF spaść)
□ Prices are falling. Ceny spadają.

to **fall down** VERB
1 upadać (PERF upaść) (person)
□ She's fallen down. Ona upadła.
2 zapadać (PERF zapaść) się (building)
□ The house is slowly falling down. Dom powoli się zapada.
to **fall for** VERB
1 dawać (PERF dać) się nabrać na (trick)
□ They fell for it. Oni dali się na to nabrać.
2 zakochiwać (PERF zakochać) się w +loc (person)
□ She's falling for him. Ona się w nim zakochuje.
to **fall off** VERB
spadać (PERF spaść)
□ The book fell off the shelf. Książka spadła z półki.
to **fall out** VERB
■ to fall out with somebody kłócić (PERF pokłócić) się z kimś □ Sarah's fallen out with her boyfriend. Sarah pokłóciła się ze swym chłopakiem.
to **fall over** VERB
przewracać (PERF przewrócić) się
to **fall through** VERB
nie udać się perf
□ Our plans have fallen through. Nasze plany się nie udały.
fallen ['fɔːlən] VERB ▷ see **fall**
false [fɔːls] ADJECTIVE
1 sztuczny (artificial)
□ false teeth sztuczne zęby
2 fałszywy (untrue)
□ a false alarm fałszywy alarm
fame [feɪm] NOUN
sława
familiar [fə'mɪlɪəʳ] ADJECTIVE
znajomy
□ a familiar face znajoma twarz
■ to be familiar with something być z czymś zaznajomionym □ I'm familiar with his work. Jestem zaznajomiony z jego pracą.
family ['fæmɪlɪ] NOUN
rodzina
■ the Cooke family rodzina Cooke
famine ['fæmɪn] NOUN
głód
famous ['feɪməs] ADJECTIVE
znany
fan [fæn] NOUN
1 fan masc
fanka fem (admirer)
□ I'm a fan of Coldplay. Jestem fanem Coldplay.
□ football fans fani piłki nożnej
2 wentylator (electric)
3 wachlarz (folding)
fanatic [fə'nætɪk] NOUN
fanatyk masc
fanatyczka fem
to **fancy** ['fænsɪ] VERB
■ to fancy something mieć ochotę na coś
□ I fancy an ice cream. Mam ochotę na lody.
■ to fancy doing something mieć ochotę coś zrobić

■ **She really fancies him.** On bardzo jej się podoba.

fancy dress NOUN
kostium
□ He was wearing fancy dress. On miał na sobie kostium.
■ **a fancy-dress ball** bal przebierańców

fantastic [fæn'tæstɪk] ADJECTIVE
1 fantastyczny *(wonderful)*
2 niesamowity *(profit)*

far [fɑːʳ] ADJECTIVE
▷ *see also* **far** ADVERB
1 daleki *(distant)*
■ **the far end** drugi koniec □ at the far end of the room na drugim końcu pokoju

far [fɑːʳ] ADVERB
▷ *see also* **far** ADJECTIVE
1 daleko
□ Is it far to London? Czy daleko jest stąd do Londynu?
■ **far from** daleko od +gen □ It's not far from here. To niedaleko stąd.
■ **It's far from easy.** To naprawdę niełatwe.
■ **far away** daleko
■ **How far is it to Warsaw?** Jak daleko jest do Warszawy?
■ **How far have you got with the work?** Jak daleko zaszedłeś już z pracą?
2 o wiele
□ His new house is far bigger. Jego nowy dom jest o wiele większy.
■ **far better** znacznie lepszy
■ **as far as I know** o ile wiem

fare [fɛəʳ] NOUN
opłata za przejazd *(price)*
■ **half fare** opłata ze zniżką
■ **full fare** pełna opłata

Far East NOUN
■ **the Far East** Daleki Wschód
■ **in the Far East** na Dalekim Wschodzie

farm [fɑːm] NOUN
gospodarstwo rolne

farmer ['fɑːməʳ] NOUN
rolnik
□ He's a farmer. On jest rolnikiem.
■ **a farmers' market** targ rolny

farmhouse ['fɑːmhaʊs] NOUN
dom wiejski

farming ['fɑːmɪŋ] NOUN
rolnictwo
■ **dairy farming** produkcja nabiału

fascinating ['fæsɪneɪtɪŋ] ADJECTIVE
fascynujący

fashion ['fæʃən] NOUN
moda
□ a fashion show pokaz mody
■ **in fashion** w modzie

fashionable ['fæʃnəbl] ADJECTIVE
modny
□ Jane wears very fashionable clothes. Jane nosi bardzo modne ubrania. □ a fashionable restaurant modna restauracja

fast [fɑːst] ADJECTIVE
▷ *see also* **fast** ADVERB
szybki
□ a fast car szybki samochód

fast [fɑːst] ADVERB
▷ *see also* **fast** ADJECTIVE
szybko
□ He can run fast. On potrafi szybko biegać.
■ **My watch is 5 minutes fast.** Mój zegarek spieszy się o pięć minut.
■ **He's fast asleep.** On głęboko śpi.

fat [fæt] ADJECTIVE
▷ *see also* **fat** NOUN
gruby

ZASÓB SŁOWNICTWA

Zamiast słowa **fat** można użyć szeregu innych słów w celu wyrażenia terminu 'fat':
chubby pucołowaty
□ a chubby baby pucołowate niemowlę
overweight z nadwagą
□ an overweight child dziecko z nadwagą
plump pulchny
□ a plump woman pulchna kobieta

---

fat [fæt] NOUN
▷ *see also* **fat** ADJECTIVE
tłuszcz
□ It's very high in fat. To ma bardzo wysoką zawartość tłuszczu.

fatal ['feɪtl] ADJECTIVE
1 śmiertelny
□ a fatal accident śmiertelny wypadek
2 fatalny *(disastrous)*
□ He made a fatal mistake. On popełnił fatalną pomyłkę.

father ['fɑːðəʳ] NOUN
1 ojciec *(parent)*
□ my father mój ojciec
2 ksiądz *(in church)*

father-in-law ['fɑːðərɪnlɔː] (PL **fathers-in-law**) NOUN
teść

faucet ['fɔːsɪt] NOUN (US)
kran

fault [fɔːlt] NOUN
1 błąd *(mistake)*
■ **It's my fault.** To moja wina.
2 wada *(defect)*
□ There's a fault in this material. Ten materiał ma wadę.
■ **a mechanical fault** usterka

faulty ['fɔːltɪ] ADJECTIVE
uszkodzony
□ This machine is faulty. Ta maszyna jest uszkodzona.

favour ['feɪvəʳ] (US **favor**) NOUN
1 przychylność *(approval)*
■ **to be in favour of something** być za czymś
□ I'm in favour of nuclear disarmament. Jestem za rozbrojeniem nuklearnym.
2 przysługa *(act of kindness)*

□ **to do somebody a favour** wyświadczać(PERF wyświadczyć) komuś przysługę □ Could you do me a favour? Czy mógłbyś wyświadczyć mi przysługę?

favourite ['feɪvrɪt] (US **favorite**) ADJECTIVE
▷ see also **favourite** NOUN
ulubiony
□ Blue's my favourite colour. Niebieski to mój ulubiony kolor.

favourite ['feɪvrɪt] NOUN
▷ see also **favourite** ADJECTIVE
1 ulubieniec masc
   ulubienica fem (person)
2 faworyt masc
   faworytka fem
   □ Liverpool are favourites to win the Cup. Liverpool jest faworytem do wygrania Pucharu.

fax [fæks] NOUN
▷ see also **fax** VERB
1 faks (document)
   □ to send somebody a fax wysłać komuś faks
2 faks (fax machine)

to **fax** [fæks] VERB
▷ see also **fax** NOUN
faksować(PERF przefaksować)
□ to fax somebody faksować do kogoś

fear [fɪəʳ] NOUN
▷ see also **fear** VERB
1 strach (terror)
2 lęk (anxiety)

to **fear** [fɪəʳ] VERB
▷ see also **fear** NOUN
bać się +gen
□ You have nothing to fear. Niczego nie musisz się bać.

feather ['fɛðəʳ] NOUN
pióro

feature ['fiːtʃəʳ] NOUN
cecha (characteristic)
□ an important feature ważna cecha

February ['fɛbruərɪ] NOUN
luty
■ **in February** w lutym
■ **the first of February** pierwszy lutego
■ **at the beginning of February** na początku lutego
■ **during February** w lutym
■ **every February** co luty

fed [fɛd] VERB ▷ see **feed**

fed up ADJECTIVE
■ **to be fed up of something** mieć czegoś dosyć □ I'm fed up of waiting for him. Mam dosyć czekania na niego.

fee [fiː] NOUN
opłata

to **feed** [fiːd] (PT, PP **fed**) VERB
1 karmić(PERF nakarmić)
   □ Have you fed the cat? Nakarmiłeś kota?
2 żywić(PERF wyżywić)
   □ He worked hard to feed his family. On ciężko pracował, by wyżywić swą rodzinę.

to **feel** [fiːl] (PT, PP **felt**) VERB
1 dotykać(PERF dotknąć) +gen (touch)
   □ The doctor felt his forehead. Lekarz dotknął jego czoła.
2 czuć(PERF poczuć)
   □ I didn't feel much pain. Nie czułem wiele bólu.
   ■ **I don't feel well.** Nie czuję się dobrze.
   ■ **to feel lonely** czuć się samotnym
   ■ **to feel hungry** być głodnym
   ■ **to feel cold** odczuwać(PERF odczuć) zimno
   ■ **to feel sorry for somebody** współczuć komuś
   ■ **to feel like ...** (want) mieć ochotę na ... □ Do you feel like an ice cream? Masz ochotę na lody?

feeling ['fiːlɪŋ] NOUN
1 uczucie (emotion)
   □ a feeling of satisfaction uczucie satysfakcji
   ■ **to hurt somebody's feelings** ranić(PERF zranić) czyjeś uczucia
2 uczucie (physical sensation)
   □ a burning feeling piekące uczucie
3 wrażenie (impression)
   ■ **I have a feeling that ...** Mam wrażenie, że ...

feet [fiːt] PL NOUN ▷ see **foot**

fell [fɛl] VERB ▷ see **fall**

felt [fɛlt] VERB ▷ see **feel**

felt-tip pen ['fɛlttɪp-] NOUN
flamaster

female ['fiːmeɪl] NOUN
▷ see also **female** ADJECTIVE
1 samica (animal)
2 kobieta (woman)

female ['fiːmeɪl] ADJECTIVE
▷ see also **female** NOUN
1 żeński
   □ a female animal zwierzę płci żeńskiej □ the female sex płeć żeńska
2 kobiecy (relating to women)
   ■ **male and female students** studenci i studentki

feminine ['fɛmɪnɪn] ADJECTIVE
1 kobiecy (clothing, behaviour)
2 w rodzaju żeńskim
   □ a feminine noun rzeczownik w rodzaju żeńskim

feminist ['fɛmɪnɪst] NOUN
feminista masc
feministka fem

fence [fɛns] NOUN
ogrodzenie

fern [fəːn] NOUN
paproć

ferret ['fɛrɪt] NOUN
fretka

ferry ['fɛrɪ] NOUN
prom

fertile ['fəːtaɪl] ADJECTIVE
żyzny

fertilizer ['fəːtɪlaɪzəʳ] NOUN
nawóz

festival ['festɪvəl] NOUN
1 święto *(religious)*
2 festiwal
   □ **a jazz festival** festiwal jazzowy
to **fetch** [fetʃ] VERB
1 przynosić (PERF przynieść) *(bring)*
   □ **Fetch the bucket.** Przynieś wiadro.
2 sprzedać się za *(sell for)*
   □ **His painting fetched £5000.** Jego obraz
   sprzedał się za 5000 funtów.
fever ['fi:vəʳ] NOUN
   gorączka
few [fju:] ADJECTIVE, PRONOUN
   niewielu *+gen, animate (not many)*
   niewiele *+gen, inanimate*
   ■ **She has few friends.** Ona ma niewielu
   przyjaciół.
   ■ **in the next few days** przez kilka następnych
   dni
   ■ **a few** *(some)* kilku *+gen, animate*
   kilka *+gen, inanimate*
   ■ **How many apples do you want? — A few.**
   Ile jabłek chcesz? — Kilka.
   ■ **very few survive** niewielu przeżywa
fewer ['fju:əʳ] ADJECTIVE
   mniej
   □ **There are fewer people than there were
   yesterday.** Jest mniej ludzi, niż było wczoraj.
   ■ **no fewer than** nie mniej niż
fiancé [fɪˈɒnseɪ] NOUN
   narzeczony
   □ **He's my fiancé .** On jest moim narzeczonym.
fiancée [fɪˈɒnseɪ] NOUN
   narzeczona
   □ **She's my fiancée.** Ona jest moją narzeczoną.
fiction ['fɪkʃən] NOUN
   literatura piękna *(novels)*
field [fi:ld] NOUN
1 łąka *(grassland)*
2 pole
   □ **a field of wheat** pole pszenicy
3 boisko *(for sport)*
   □ **a football field** boisko do piłki nożnej
4 dziedzina *(subject)*
   □ **He's an expert in his field.** On jest ekspertem
   w tej dziedzinie.
5 pole *(database)*
fierce [fɪəs] ADJECTIVE
1 groźny
   □ **The dog looked very fierce.** Pies wyglądał na
   bardzo groźnego.
2 zażarty
   □ **a fierce attack** zażarty atak
3 bezwzględny *(loyalty, competition)*
fifteen [fɪf'ti:n] NUMBER
   piętnaście
   ■ **That will be fifteen pounds, please.**
   Piętnaście funtów, proszę.
   ■ **She's fifteen years old.** Ma piętnaście lat.
fifteenth [fɪf'ti:nθ] ADJECTIVE
   piętnasty
   □ **the fifteenth floor** piętnaste piętro

■ **the fifteenth of August** piętnasty sierpnia
fifth [fɪfθ] ADJECTIVE
1 piąty *(in series)*
   □ **the fifth floor** piąte piętro
   ■ **on the fifth of July** piątego lipca
2 piąta część *(fraction)*
fifty ['fɪftɪ] NUMBER
   pięćdziesiąt
   □ **He's fifty.** On ma pięćdziesiąt lat.
   ■ **He's in his fifties.** Ma pięćdziesiąt kilka lat.
fifty-fifty ['fɪftɪ'fɪftɪ] ADJECTIVE, ADVERB
   ■ **a fifty-fifty chance** szansa pół na pół
   ■ **They split the prize money fifty-fifty.**
   Oni podzielili pieniądze z wygranej po
   połowie.
fight [faɪt] NOUN
   ▷ *see also* **fight** VERB
1 bójka
   □ **There was a fight in the pub.** W pubie była
   bójka.
2 walka
   □ **the fight against cancer** walka z rakiem
to **fight** [faɪt] VERB
   ▷ *see also* **fight** NOUN
   walczyć z *+inst*
   □ **to fight with somebody** walczyć z kimś
   ■ **They were fighting.** Oni walczyli.
   ■ **to fight for something** walczyć za czymś
   ■ **to fight against something** walczyć
   przeciwko czemuś
   ■ **The doctors tried to fight the disease.**
   Lekarze próbowali walczyć z chorobą.
   ■ **He fought against the urge to smoke.**
   On walczył z chęcią zapalenia.
fighting ['faɪtɪŋ] NOUN
   walka
   □ **Fighting broke out outside the pub.**
   Przed pubem wywiązała się walka.
figure ['fɪgəʳ] NOUN
1 liczba *(number, statistic)*
   □ **Can you give me the exact figures?**
   Czy możesz podać mi dokładne liczby?
2 cyfra *(digit)*
3 figura *(body, shape)*
   □ **She's got a good figure.** Ona ma dobrą figurę.
   ■ **I have to watch my figure.** Muszę uważać
   na figurę.
4 sylwetka *(outline of person)*
   □ **Magda saw the figure of a man on the bridge.**
   Magda zobaczyła sylwetkę mężczyzny na
   moście.
5 postać *(personality)*
   □ **She's an important political figure.** Ona jest
   ważną postacią polityczną.
to **figure out** VERB *(work out)*
   rozgryźć *perf*
   □ **I'll try to figure out how much it'll cost.**
   Spróbuję rozgryźć, ile to będzie kosztowało.
   □ **I can't figure him out at all.** Nie mogę go w
   ogóle rozgryźć.
   ■ **I couldn't figure out what it meant.** Nie
   mogłem pojąć, co to znaczy.

file [faɪl] NOUN
▷ see also **file** VERB
1 akta*neut pl (dossier)*
   □ Have we got a file on the suspect? Czy mamy akta na temat podejrzanego?
2 teczka*(folder)*
   □ She keeps all her letters in a cardboard file. Ona trzyma wszystkie swoje listy w tekturowej teczce.
3 skoroszyt*(ring binder)*
4 plik*(on a computer)*
5 pilnik*(tool)*

to **file** [faɪl] VERB
▷ see also **file** NOUN
1 katalogować(PERF skatalogować *(papers, document)*
2 piłować(PERF opiłować
   □ to file one's nails piłować(PERF opiłować sobie paznokcie

to **fill** [fɪl] VERB
1 napełniać(PERF napełnić *(container)*
   □ She filled the glass with water. Ona napełniła szklankę wodą.
2 plombować(PERF zaplombować *(tooth)*

to **fill in** VERB
   wypełniać(PERF wypełnić
   □ He filled the hole in with soil. On wypełnił dziurę ziemią. □ Can you fill this form in please? Czy możesz proszę wypełnić ten formularz?

to **fill up** VERB
1 napełniać(PERF napełnić
   □ He filled the cup up to the brim. On napełnił filiżankę aż po brzegi.
   ■ **Fill it up, please!** *(at petrol station)* Do pełna, proszę!
2 wypełniać(PERF wypełnić się*(room, stadium)*

filling ['fɪlɪŋ] NOUN
1 wypełnienie*(in tooth)*
2 nadzienie*(of cake, sandwich)*

film [fɪlm] NOUN
   film*(movie, in a camera)*

film star NOUN
   gwiazda filmowa
   □ He's a film star. On jest gwiazdą filmową.

filthy ['fɪlθɪ] ADJECTIVE
   brudny

final ['faɪnl] ADJECTIVE
▷ see also **final** NOUN
1 ostatni*(last)*
   □ our final farewells nasze ostatnie pożegnania
2 ostateczny*(definitive)*
   □ a final decision ostateczna decyzja
   ■ **I'm not going and that's final.** Nie pójdę i to moje ostatnie słowo.

final ['faɪnl] NOUN
▷ see also **final** ADJECTIVE
   finał*(in sport)*
   □ Andy Murray is in the final. Andy Murray jest w finale.

finally ['faɪnəlɪ] ADVERB
1 w końcu*(eventually)*
   □ She finally chose the red shoes. Ona w końcu wybrała czerwone buty.
2 na koniec*(lastly)*
   □ Finally, I would like to say ... Na koniec, chciałbym powiedzieć ...

to **find** [faɪnd] (PT, PP **found**) VERB
   znajdować(PERF znaleźć *(locate)*
   □ I can't find the exit. Nie mogę znaleźć wyjścia. □ Did you find your pen? Czy znalazłeś Twoje pióro?
   ■ **to find one's way to ...** trafiać(PERF trafić do +gen ...
   ■ **to find something easy** uważać, że coś jest łatwe

to **find out** VERB
   dowiadywać(PERF dowiedzieć się o+loc *(fact, truth)*
   □ I'm determined to find out the truth. Jestem zdecydowany, by dowiedzieć się prawdy.
   ■ **to find out about** dowiadywać(PERF dowiedzieć się □ Try to find out about the cost of a hotel. Spróbuj dowiedzieć się, jaki jest koszt hotelu. □ I found out about their affair. Dowiedziałem się o ich romansie.

fine [faɪn] ADJECTIVE, ADVERB
▷ see also **fine** ADVERB, NOUN
1 dobry*(satisfactory)*
2 świetny*(excellent)*
   □ He's a fine musician. On jest świetnym muzykiem.
3 cienki*(in texture)*
   □ She's got very fine hair. Ona ma bardzo cienkie włosy.
4 piękny
   □ The weather is fine today. Pogoda jest dziś piękna.
   ■ **How are you? — I'm fine.** Jak się masz? — Świetnie.
   ■ **I'm fine.** Czuję się dobrze.

fine [faɪn] NOUN
▷ see also **fine** ADJECTIVE, ADVERB
   grzywna
   □ She got a £50 fine. Ona dostała grzywnę 50 funtów.

finger ['fɪŋɡə'] NOUN
   palec
   ■ **my little finger** mój mały palec
   ■ **to keep one's fingers crossed** trzymać kciuki

fingernail ['fɪŋɡəneɪl] NOUN
   paznokieć u ręki

finish ['fɪnɪʃ] NOUN
▷ see also **finish** VERB
1 koniec*(end)*
2 finisz*(in sport)*
   □ We saw the finish of the London Marathon. Widzieliśmy finisz maratonu londyńskiego.

to **finish** ['fɪnɪʃ] VERB
▷ see also **finish** NOUN
   kończyć(PERF skończyć
   □ I've finished! Skończyłem! □ I've finished the book. Skończyłem książkę. □ The film has finished. Film się skończył.

f

■ **to finish doing something** kończyć (PERF skończyć)coś robić

Finland ['fɪnlənd] NOUN
Finlandia

■ **in Finland** w Finlandii
■ **to Finland** do Finlandii

Finn [fɪn] NOUN
Fin *masc*
Finka *fem*

Finnish ['fɪnɪʃ] ADJECTIVE
▷ *see also* **Finnish** NOUN
fiński

Finnish ['fɪnɪʃ] NOUN
▷ *see also* **Finnish** ADJECTIVE
fiński *(language)*

fire ['faɪəʳ] NOUN
▷ *see also* **fire** VERB
1 ogień
□ He made a fire in the woods. On rozpalił ogień w lesie.
■ **to be on fire** być napalonym
2 grzejnik *(heater)*
□ Turn the fire on. Włącz grzejnik.
■ **The house was destroyed by fire.** Dom został zniszczony przez pożar.
■ **the fire brigade** straż pożarna
■ **a fire alarm** alarm przeciwpożarowy
■ **a fire engine** wóz strażacki
■ **a fire escape** wyjście pożarowe
■ **a fire extinguisher** gaśnica
■ **a fire station** remiza strażacka
■ **to catch fire** zapalić *perf*się

to **fire** ['faɪəʳ] VERB
▷ *see also* **fire** NOUN
1 strzelać (PERFstrzelić) *(shoot)*
□ She fired twice. Ona strzeliła dwa razy.
■ **to fire at somebody** strzelać (PERFstrzelić) do kogoś
■ **The terrorist fired at the crowd.** Terrorysta strzelił w tłum.
■ **to fire a gun** wystrzelić z pistoletu
2 zwalniać (PERFzwolnić) *(dismiss)*
■ **to fire somebody** zwalniać (PERFzwolnić) kogoś □ He was fired from his job. On został zwolniony z pracy.

fireman ['faɪəmən] NOUN
strażak
□ He's a fireman. On jest strażakiem.

fireplace ['faɪəpleɪs] NOUN
kominek

firework ['faɪəwəːk] NOUN
fajerwerk
■ **Are you going to see the fireworks?** Idziesz obejrzeć pokaz sztucznych ogni?

firm [fəːm] ADJECTIVE
▷ *see also* **firm** NOUN
1 twardy *(mattress, ground)*
2 stanowczy *(person)*
■ **to be firm with somebody** być stanowczym wobec kogoś

firm [fəːm] NOUN
▷ *see also* **firm** ADJECTIVE

firma
□ He works for a large firm in London. On pracuje dla dużej firmy w Londynie.

first [fəːst] ADJECTIVE, ADVERB
▷ *see also* **first** NOUN
1 pierwszy
□ the first time pierwszy raz
■ **the first of January** pierwszy stycznia
■ **to come first** (PERFzająć)pierwsze miejsce □ Rachel came first. Rachel zajęła pierwsze miejsce.
2 najpierw
□ I want to get a job, but first I have to graduate. Chcę dostać pracę, ale najpierw muszę skończyć studia.
■ **first of all** przede wszystkim

first [fəːst] NOUN
▷ *see also* **first** ADJECTIVE, ADVERB
1 pierwszy
□ She was the first to arrive. Ona przybyła jako pierwsza.
■ **at first** początkowo
2 pierwszy bieg *(first gear)*

first aid NOUN
pierwsza pomoc
■ **a first aid kit** zestaw pierwszej pomocy

first-class [fəːst'klɑːs] ADJECTIVE
▷ *see also* **first-class** ADVERB
1 pierwszorzędny *(excellent)*
□ a first-class meal pierwszorzędny posiłek
2 pierwszej klasy
□ She has booked a first-class ticket. Ona zarezerwowała bilet pierwszej klasy.
■ **a first-class stamp** znaczek priorytetowy

first-class [fəːst'klɑːs] ADVERB
▷ *see also* **first-class** ADJECTIVE
pierwszą klasą
□ to travel first class podróżować pierwszą klasą
■ **to send a letter first-class** wysłać list priorytetowy

firstly ['fəːstlɪ] ADVERB
po pierwsze
□ Firstly, let's see what the book is about. Po pierwsze, zobaczmy, o czym jest ta książka.

first name NOUN
imię

fir tree ['fəː-] NOUN
jodła

fish [fɪʃ] NOUN
▷ *see also* **fish** VERB
ryba
□ I caught three fish. Złowiłem trzy ryby.
□ I don't like fish. Nie lubię ryb.
■ **a fish tank** akwarium

to **fish** [fɪʃ] VERB
▷ *see also* **fish** NOUN
1 łowić (PERFzłowić) *(commercially)*
2 łowić *(as sport, hobby)*
■ **to go fishing** iść na ryby □ We went fishing in the River Dee. Poszliśmy na ryby nad rzekę Dee.

fisherman ['fɪʃəmən] NOUN
rybak *(angler)*
□ He's a fisherman. On jest rybakiem.

fish fingers PL NOUN
paluszki rybne

fishing ['fɪʃɪŋ] NOUN
rybołówstwo
□ My hobby is fishing. Moje hobby to rybołówstwo.

fishing boat NOUN
kuter rybacki

fishing rod NOUN
wędka

fist [fɪst] NOUN
pięść

fit [fɪt] ADJECTIVE
▷ see also **fit** VERB
w dobrej formie *(healthy)*
□ He likes to stay fit. On lubi być w dobrej formie.
■ **to keep fit** utrzymywać (PERF utrzymać) kondycję □ She does aerobics to keep fit. Ona uprawia aerobik, by utrzymać kondycję.

to **fit** [fɪt] VERB
▷ see also **fit** ADJECTIVE
1 pasować *(be the right size)*
□ Does it fit? Czy to pasuje?
■ **These trousers don't fit me.** Te spodnie na mnie nie pasują.
2 montować (PERF zamontować) *(attach)*
□ She fitted a plug to the hair dryer. Ona zamontowała wtyczkę do suszarki.
■ **He fitted an alarm in his car.** On zamontował alarm w swym samochodzie.

fit [fɪt] NOUN
■ **to have a fit 1** *(medical condition)* mieć atak **2** *(be angry)* dostać perf szału □ My Mum will have a fit when she sees the carpet! Moja mama dostanie szału, gdy zobaczy dywan!
■ **to be a good fit** dobrze leżeć

to **fit in** VERB
pasować (PERF dopasować) do +gen
□ She fitted in well at her new school. Ona dobrze dopasowała się do swojej nowej szkoły

fitness ['fɪtnɪs] NOUN
sprawność fizyczna *(health)*

fitted carpet [fɪtɪd-] NOUN
wykładzina dywanowa

fitted kitchen [fɪtɪd-] NOUN
kuchnia zabudowana

fitting room [fɪtɪŋ-] NOUN
przymierzalnia

five [faɪv] NUMBER
pięć
□ She's five. Ona ma pięć lat
■ **That will be five pounds, please.** Pięć funtów, proszę.
■ **It's five o'clock.** Jest piąta.
■ **There are five of us.** Jest nas pięcioro.

to **fix** [fɪks] VERB
1 ustalać (PERF ustalić) *(decide)*

□ Let's fix a date for the party. Ustalmy datę przyjęcia. □ They fixed a price for the car. Oni ustalili cenę samochodu.
2 naprawiać (PERF naprawić) *(repair)*
□ Can you fix my bike? Czy możesz naprawić mój rower?
3 przygotowywać (PERF przygotować)
□ Janice fixed some food for us. Janice przygotowała nam trochę jedzenia.

fixed [fɪkst] ADJECTIVE
ustalony
□ at a fixed time o ustalonej porze □ at a fixed price po ustalonej cenie □ a fixed-price menu menu po ustalonej cenie
■ **My parents have very fixed ideas.** Moi rodzice mają bardzo utrwalone poglądy.

fizzy ['fɪzɪ] ADJECTIVE
gazowany
□ I don't like fizzy drinks. Nie lubię gazowanych napojów.

flabby ['flæbɪ] ADJECTIVE
zwiotczały

flag [flæg] NOUN
flaga

flame [fleɪm] NOUN
płomień
■ **to burst into flames** stanąć w płomieniach

flan [flæn] NOUN
tarta
□ a raspberry flan tarta z malinami

flannel ['flænl] NOUN
myjka do twarzy

to **flap** [flæp] VERB
machać (PERF machnąć) +inst
□ The bird flapped its wings. Ptak machał skrzydłami.

to **flash** [flæʃ] VERB
▷ see also **flash** NOUN
błyskać (PERF błysnąć) *(lightning, light)*
□ The police car's blue light was flashing. Błyskało niebieskie światło samochodu policyjnego.
■ **to flash one's headlights** dawać (PERF dać) sygnał światłami

flash [flæʃ] NOUN
▷ see also **flash** VERB
1 błysk
□ a flash of lightning błysk pioruna
■ **in a flash** w okamgnieniu
■ **quick as a flash** w okamgnieniu
2 flesz
□ Has your camera got a flash? Czy Twój aparat ma flesz?

flashlight ['flæʃlaɪt] NOUN
latarka

flask [flɑːsk] NOUN
termos

flat [flæt] ADJECTIVE
▷ see also **flat** NOUN, ADVERB
1 płaski *(level)*
□ a flat roof płaski dach □ flat shoes płaskie buty

397

2 przebity *(tyre, ball)*
□ I've got a flat tyre. Mam przebitą oponę.
3 rozładowany *(battery)*
flat [flæt] NOUN
▷ *see also* **flat** ADJECTIVE, ADVERB
mieszkanie
□ She lives in a flat. Ona mieszka w mieszkaniu.
flat [flæt] ADVERB
▷ *see also* **flat** ADJECTIVE, NOUN
płasko *(lie)*
■ **in 10 minutes flat** równo w dziesięć minut
flatscreen ['flætskri:n] ADJECTIVE
■ **a flatscreen TV** telewizor płaskoekranowy
to **flatter** ['flætər] VERB
pochlebiać *(praise)*
■ **This hairstyle doesn't flatter her.** Nie do twarzy jej w tej fryzurze.
flattered ['flætəd] ADJECTIVE
pochlebiony
flavour ['fleɪvər] (US **flavor**) NOUN
smak
□ It has a very strong flavour. To ma bardzo mocny smak. □ Which flavour of ice cream would you like? Jaki chciałbyś smak lodów?.
flavouring (US **flavoring**) ['fleɪvərɪŋ] NOUN
przyprawa
flew [flu:] VERB ▷ *see* **fly**
flexible ['flɛksəbl] ADJECTIVE
elastyczny
□ flexible working hours elastyczne godziny pracy
to **flick** [flɪk] VERB
pstrykać (PERF pstryknąć +inst)
□ She flicked the switch to turn the light on. Pstryknęła w kontakt, by włączyć światło.
■ **to flick through a book** przejrzeć książkę
to **flicker** ['flɪkər] VERB
migotać (PERF zamigotać)
□ The light flickered. Światło zamigotało.
flight [flaɪt] NOUN
lot
□ What time is the flight to Paris? O której jest lot do Paryża?
■ **a flight of stairs** schody
flight attendant [-ətɛndənt] NOUN
steward *masc*
stewardesa *fem*
to **fling** [flɪŋ] VERB
ciskać (PERF cisnąć)
□ He flung the book onto the floor. On cisnął książkę na podłogę.
■ **to fling oneself** rzucać (PERF rzucić się)
flipper ['flɪpər] NOUN
płetwa
to **float** [fləut] VERB
płynąć
□ A leaf was floating on the water. Liść płynął po wodzie.
flock [flɔk] NOUN
stado

□ a flock of sheep stado owiec □ a flock of birds stado ptaków
flood [flʌd] NOUN
▷ *see also* **flood** VERB
1 powódź
□ We had a flood in the kitchen. Mieliśmy powódź w kuchni.
2 zalew
□ He received a flood of letters. On dostał zalew listów.
to **flood** [flʌd] VERB
▷ *see also* **flood** NOUN
zalewać (PERF zalać)
□ The river has flooded the village. Rzeka zalała wioskę.
flooding ['flʌdɪŋ] NOUN
powódź
floor [flɔ:ʳ] NOUN
1 podłoga
□ a tiled floor podłoga kafelkowa
■ **on the floor** na podłodze
2 piętro *(storey)*
■ **ground floor** parter
■ **first floor** pierwsze piętro
■ **on the third floor** na trzecim piętrze
flop [flɔp] NOUN
klapa
□ The film was a flop. Film był klapą.
floppy disk ['flɔpɪ-] NOUN
dyskietka
florist ['flɔrɪst] NOUN
kwiaciarz *masc*
kwiaciarka *fem*
■ **florist's** *(shop)* kwiaciarnia
flour ['flauəʳ] NOUN
mąka
to **flow** [fləu] VERB
1 płynąć
□ Water was flowing from the pipe. Woda płynęła z rury.
2 napływać (PERF napłynąć *(traffic, people)*
flower ['flauəʳ] NOUN
▷ *see also* **flower** VERB
kwiat
to **flower** ['flauəʳ] VERB
▷ *see also* **flower** NOUN
zakwitać (PERF zakwitnąć *(plant, tree)*
■ **in flower** w rozkwicie
flown [fləun] VERB ▷ *see* **fly**
flu [flu:] NOUN
grypa
□ She's got flu. Ona ma grypę.
fluent ['flu:ənt] ADJECTIVE
biegły
■ **He speaks fluent Polish.** On biegle mówi po polsku.
flung [flʌŋ] VERB ▷ *see* **fling**
flush [flʌʃ] NOUN
▷ *see also* **flush** VERB
spłuczka *(of toilet)*
to **flush** [flʌʃ] VERB
▷ *see also* **flush** NOUN

f

■ **to flush the toilet** spuszczać(PERF spuścić wodę

flute [fluːt] NOUN
flet
□ I play the flute. Gram na flecie.

fly [flaɪ] NOUN
▷ see also **fly** VERB
mucha(insect)

to fly [flaɪ] (PT **flew**, PP **flown**) VERB
▷ see also **fly** NOUN
1 latać
□ The plane flew through the night. Samolot leciał przez noc.
2 latać(PERF polecieć
□ He flew from Paris to New York. On poleciał z Paryża do Nowego Jorku.
3 latać +inst (plane)
4 lecieć(PERF przelecieć (distance)
5 puszczać(PERF puścić (kite)

to fly away VERB
odlatywać(PERF odlecieć
□ The bird flew away. Ptak odleciał.

foal [fəul] NOUN
źrebię

focus ['fəukəs] (PL **focuses**) NOUN
▷ see also **focus** VERB
ostrość
■ **out of focus** nieostry □ The house is out of focus in this photo. Dom jest nieostry na tym zdjęciu.

to focus ['fəukəs] VERB
▷ see also **focus** NOUN
ustawiać(PERF ustawić ostrość
□ Try to focus the binoculars. Spróbuj ustawić ostrość lornetki.
■ **to focus on something 1** (with camera, telescope) skupiać(PERF skupić się na czymś +inst □ The cameraman focused on the bird. Kamerzysta skupił się na ptaku.
2 (concentrate) koncentrować(PERF skoncentrować się na czymś +inst □ Let's focus on the plot of the play. Skoncentrujmy się na fabule sztuki.

fog [fɔg] NOUN
mgła

foggy ['fɔgɪ] ADJECTIVE
mglisty
□ a foggy day mglisty dzień
■ **it's foggy** jest mgła

foil [fɔɪl] NOUN
folia aluminiowa
□ She wrapped the meat in foil. Ona zawinęła mięso w folię aluminiową.

fold [fəuld] NOUN
▷ see also **fold** VERB
1 zagięcie(in paper)
2 fałda(in cloth)

to fold [fəuld] VERB
▷ see also **fold** NOUN
składać(PERF złożyć
□ He folded the newspaper in half. On złożył gazetę na pół.

■ **to fold something up** składać(PERF złożyć coś
■ **to fold one's arms** splatać(PERF spleść ramiona □ She folded her arms. Ona splotła ramiona.

folder ['fəuldə'] NOUN
1 teczka
□ She kept all her letters in a folder. Ona trzymała wszystkie swoje listy w teczce.
2 skoroszyt(ring binder)

folding ['fəuldɪŋ] ADJECTIVE
■ **a folding chair** krzesło składane
■ **a folding bed** łóżko składane

to follow ['fɔləu] VERB
1 chodzić/iść(PERF pójść za +inst (on foot)
□ You go first and I'll follow. Ty idź pierwszy, a ja pójdę za Tobą.
2 jechać(PERF pojechać za +inst (in a car)
□ She followed him. Ona pojechała za nim.
3 biec wzdłuż +gen
□ We followed a path along the creek. Biegliśmy wzdłuż ścieżki przy strumieniu.
■ **I don't quite follow you.** Nie bardzo rozumiem pana/panią.

following ['fɔləuɪŋ] PREPOSITION
▷ see also **following** ADJECTIVE
po +loc (after)

following ['fɔləuɪŋ] ADJECTIVE
▷ see also **following** PREPOSITION
następny
□ the following day następny dzień

fond [fɔnd] ADJECTIVE
■ **to be fond of somebody** lubić kogoś
□ I'm very fond of her. Bardzo ją lubię.

food [fuːd] NOUN
jedzenie
■ **We need to buy some food.** Musimy kupić trochę jedzenia.
■ **cat food** karma dla kota
■ **dog food** karma dla psa

food processor [-prəusesə'] NOUN
robot kuchenny

fool [fuːl] NOUN
głupiec(idiot)

foot [fut] (PL **feet**) NOUN
1 stopa
□ My feet are aching. Stopy mnie bolą.
■ **on foot** pieszo

> **DID YOU KNOW...?**
> In Poland, measurements are in metres and centimetres rather than feet and inches. A foot is about 30 centimetres.

■ **Dave is 6 foot tall.** Dave ma metr osiemdziesiąt.
2 łapa(of animal)

football ['futbɔːl] NOUN
1 piłka(ball)
□ Paul threw the football over the fence. Paul rzucił piłkę nad ogrodzeniem.
2 piłka nożna(sport)
□ I like playing football. Lubię grać w piłkę nożną.
3 futbol amerykański(US)

footballer ['futbɔːləʳ] NOUN
piłkarz *masc*
piłkarka *fem*

football player NOUN
piłkarz *masc*
piłkarka *fem*
□ He's a famous football player. On jest
znanym piłkarzem.

footie ['futɪ] NOUN
piłka nożna

footpath ['futpɑːθ] NOUN
ścieżka
□ Jane followed the footpath through the
forest. Jane szła ścieżką przez las.

footprint ['futprɪnt] NOUN
ślad *(of person, animal)*
□ He saw some footprints in the sand.
On widział jakieś ślady na piasku.

footstep ['futstɛp] NOUN
krok *(sound)*
□ I can hear footsteps on the stairs. Słyszę kroki
na schodach.

for [fɔːʳ] PREPOSITION

> **LANGUAGE TIP** There are several ways of
> translating **for**. Scan the examples to find
> one that is similar to what you want to say.

1 dla +*gen*
□ Is this for me? Czy to dla mnie? □ I'll do it for
you. Zrobię to dla Ciebie. □ He works for a local
firm. Pracuje dla miejscowej firmy.
■ **G for George** G jak George
■ **What's the Polish for 'lion'?** Jak się mówi
'lion' po polsku?
■ **a table for two** stolik dla dwóch osób
■ **Can you do it for tomorrow?** Możesz to
zrobić na jutro?
■ **He was away for two years.** Nie było go
przez dwa lata.
■ **I sold it for £50.** Sprzedałem to za
pięćdziesiąt funtów.

2 do +*gen (purpose, destination)*
□ What's it for? Do czego to służy? □ the train
for London pociąg do Londynu
■ **It's time for lunch.** Czas na lunch.
■ **What for?** Po co? □ Give me some money!
— What for? Daj mi trochę pieniędzy! — Po co?
■ **for sale** na sprzedaż □ The factory's for sale.
Fabryka jest na sprzedaż.

3 z powodu +*gen (reason)*
□ for this reason z tego powodu
■ **our reasons for doing this** nasze powody
dla zrobienia czegoś

4 po *(to get)*
□ for further information, see … po więcej
informacji niech pan/pani patrzy …

5 za +*inst (in favour of)*
□ Are you for or against the idea? Jesteś za czy
przeciwko pomysłowi?

6 na przestrzeni *(referring to distance)*
□ There are roadworks for 50 kilometres.
Roboty są na przestrzeni pięćdziesięciu
kilometrów.

to **forbid** [fəˈbɪd] (PT **forbade**, PP **forbidden**) VERB
zakazywać (PERF zakazać) +*gen*
■ **to forbid somebody to do something**
zakazywać (PERF zakazać) komuś robienia czegoś
□ I forbid you to go out tonight! Zakazuję Ci
wychodzić dziś wieczorem!

forbidden [fəˈbɪdn] VERB ▷ *see* **forbid**

forbidden [fəˈbɪdn] ADJECTIVE
zabroniony
□ Smoking is strictly forbidden. Palenie jest
surowo zabronione.

force [fɔːs] NOUN
▷ *see also* **force** VERB
siła
■ **the force of the explosion** siła eksplozji
■ **to be in force** obowiązywać
□ No-smoking rules are now in force.
Obowiązują teraz przepisy zabraniające palenia.

to **force** [fɔːs] VERB
▷ *see also* **force** NOUN
zmuszać (PERF zmusić) *(drive, compel)*
□ They forced him to open the safe. Zmusili go
do otwarcia sejfu.

forecast ['fɔːkɑːst] NOUN
▷ *see also* **forecast** VERB
■ **the weather forecast** prognoza pogody

foreground ['fɔːgraund] NOUN
pierwszy plan
□ in the foreground na pierwszym planie

forehead ['fɒrɪd] NOUN
czoło

foreign ['fɒrɪn] ADJECTIVE
1 obcy *(country, language)*
2 zagraniczny *(holiday)*

foreigner ['fɒrɪnəʳ] NOUN
cudzoziemiec *masc*
cudzoziemka *fem*

to **foresee** [fɔːˈsiː] VERB
przewidywać (PERF przewidzieć)
□ He had foreseen the problem. On przewidział
problem.

forest ['fɒrɪst] NOUN
las

forever [fəˈrɛvəʳ] ADVERB
1 wiecznie *(permanently)*
□ She's forever complaining. Ona wiecznie
narzeka.
2 zawsze *(always)*
□ It has gone forever. Odeszło na zawsze.

forgave [fəˈɡeɪv] VERB ▷ *see* **forgive**

to **forge** [fɔːdʒ] VERB
podrabiać (PERF podrobić)
□ She tried to forge his signature. Ona
próbowała podrobić jego podpis.

forged [fɔːdʒd] ADJECTIVE
podrobiony
□ forged banknotes podrobione banknoty

to **forget** [fəˈɡɛt] VERB
zapominać (PERF zapomnieć)
□ I've forgotten his name. Zapomniałem jego
imienia. □ I'm sorry, I completely forgot!
Przepraszam, zupełnie zapomniałem!

to **forgive** [fə'ɡɪv] (PT **forgave**, PP **forgiven**)
VERB
wybaczać (PERF wybaczyć) +*dat*

■ **to forgive somebody** wybaczać (PERF
wybaczyć) komuś □ I forgive you. Wybaczam Ci.

■ **to forgive somebody for doing something**
wybaczyć komuś, że coś zrobił □ She forgave
him for forgetting her birthday. Ona wybaczyła
mu, że zapomniał o jej urodzinach.

forgot [fə'ɡɒt] VERB ▷ see **forget**

forgotten [fə'ɡɒtn] VERB ▷ see **forget**

fork [fɔːk] NOUN
1 widelec *(for eating)*
2 widły *(for gardening)*
3 rozwidlenie *(in road, river)*

form [fɔːm] NOUN
1 postać *(type)*
□ I'm against hunting in any form. Jestem
przeciwko polowaniu pod wszelką postacią.
2 sposób *(manner)*
■ **in the form of** w postaci +*gen*
3 klasa *(in school)*
□ She's in the fourth form. Ona jest w czwartej
klasie.
4 formularz *(document)*
□ to fill in a form wypełniać (PERF wypełnić)
formularz
5 forma *(in sport)*
□ to be in top form być w szczytowej formie

formal ['fɔːməl] ADJECTIVE
oficjalny
□ formal clothes ubrania oficjalne □ a formal
dinner formalna kolacja
■ **He's got no formal education.** On nie ma
formalnego wykształcenia.

former ['fɔːmə*] ADJECTIVE
▷ see also **former** PRONOUN
1 były *(husband, president)*
□ the former Prime Minister były premier
2 dawny *(power, authority)*
□ a former pupil dawny uczeń
■ **in former years** w poprzednich latach

former ['fɔːmə*] PRONOUN
▷ see also **former** ADJECTIVE
■ **the former** pierwszy

formerly ['fɔːməlɪ] ADVERB
poprzednio

fort [fɔːt] NOUN
fort

forth [fɔːθ] ADVERB
■ **to go back and forth** chodzić tam i z
powrotem
■ **and so forth** i tak dalej

fortnight ['fɔːtnaɪt] NOUN
dwa tygodnie
■ **a fortnight** dwa tygodnie □ I'm going on
holiday for a fortnight. Jadę na urlop na dwa
tygodnie.

fortunate ['fɔːtʃənɪt] ADJECTIVE
szczęśliwy
■ **to be fortunate** mieć szczęście □ He was
fortunate to survive. Miał szczęście, że przeżył.

■ **It's fortunate that I remembered the map.**
Na szczęście pamiętałem o mapie.

fortunately ['fɔːtʃənɪtlɪ] ADVERB
na szczęście
□ Fortunately, it didn't rain. Na szczęście nie
padało.

fortune ['fɔːtʃən] NOUN
fortuna *(wealth)*
□ Kate earns a fortune! Kate zarabia fortunę!
■ **to tell somebody's fortune** wróżyć (PERF
powróżyć) komuś

forty ['fɔːtɪ] NUMBER
czterdzieści
□ He's forty. On ma czterdzieści lat.

forward ['fɔːwəd] NOUN
▷ see also **forward** VERB, ADVERB
napastnik *(in sport)*

to **forward** ['fɔːwəd] VERB
▷ see also **forward** NOUN, ADVERB
przesyłać (PERF przesłać) dalej
□ He forwarded all Janette's letters. On przesłał
dalej wszystkie listy Janette.

forward ['fɔːwəd] ADVERB
▷ see also **forward** NOUN, VERB
do przodu *(in space, time)*
■ **to move forward** czynić postępy

forward slash [-slæʃ] NOUN
ukośnik

to **foster** ['fɒstə*] VERB
wychowywać (PERF wychować)
□ She has fostered more than fifteen children.
Ona wychowała ponad piętnaścioro dzieci.

foster child NOUN
dziecko przybrane

fought [fɔːt] VERB ▷ see **fight**

foul [faul] ADJECTIVE
▷ see also **foul** NOUN
1 obrzydliwy
□ What a foul smell! Co za obrzydliwy smród!
2 paskudny
□ The weather was foul. Pogoda była
paskudna.

foul [faul] NOUN
▷ see also **foul** ADJECTIVE
faul *(in sport)*
□ Ferguson committed a foul. Ferguson
popełnił faul.

found [faund] VERB ▷ see **find**

to **found** [faund] VERB
zakładać (PERF założyć)
□ Baden Powell founded the Scout
Movement. Baden Powell założył Ruch
Skautowski.

foundations PL NOUN
fundament

fountain ['fauntɪn] NOUN
fontanna

fountain pen NOUN
wieczne pióro

four [fɔː*] NUMBER
cztery
□ She's four. Ona ma cztery lata.

fourteen ['fɔː'tiːn] NUMBER
czternaście
□ I'm fourteen. Mam czternaście lat.
fourteenth ['fɔː'tiːnθ] ADJECTIVE
czternasty
□ the fourteenth floor czternaste piętro
■ **the fourteenth of August** czternasty sierpnia
fourth ['fɔːθ] ADJECTIVE
czwarty
□ the fourth floor czwarte piętro
■ **the fourth of July** czwarty lipca
fox [fɔks] NOUN
lis
fragile ['frædʒaɪl] ADJECTIVE
1 kruchy (object, structure)
2 delikatny (delicate)
frame [freɪm] NOUN
rama (of picture, window)
France [frɑːns] NOUN
Francja
■ **in France** we Francji
■ **to France** do Francji
■ **He's from France.** On jest z Francji.
frantic ['fræntɪk] ADJECTIVE
1 oszalały (person)
2 gorączkowy (pace, search)
■ **I was going frantic.** Szalałem.
■ **to be frantic with worry** szaleć ze zmartwienia
fraud [frɔːd] NOUN
1 oszustwo
□ He was jailed for fraud. Poszedł do więzienia za oszustwo.
2 oszust masc
oszustka fem (person)
□ He's not a real doctor, he's a fraud. On nie jest prawdziwym lekarzem, to oszust.
freckles ['freklz] PL NOUN
piegi
free [friː] ADJECTIVE
▷ see also **free** VERB
1 darmowy (costing nothing)
□ a free brochure darmowa broszura
2 wolny
□ Are you free after school? Jesteś wolny po szkole? □ Is this seat free? Czy to miejsce jest wolne?
to **free** [friː] VERB
▷ see also **free** ADJECTIVE
uwalniać (PERF uwolnić) (prisoner, slave)
freedom ['friːdəm] NOUN
wolność
freeway ['friːweɪ] NOUN (US)
autostrada
to **freeze** [friːz] VERB
1 zamarzać (PERF zamarznąć)
□ The water had frozen. Woda zamarzła.
2 zamrażać (PERF zamrozić) (food)
□ She froze the rest of the raspberries. Ona zamroziła resztę malin.
freezer ['friːzəʳ] NOUN
zamrażarka

freezing ['friːzɪŋ] ADJECTIVE
1 mroźny (day, weather)
■ **It's freezing!** Jest mroźno!
2 przemarznięty (person, hands)
□ I'm freezing. Jestem przemarznięty.
■ **3 degrees below freezing** trzy stopnie poniżej zera
freight [freɪt] NOUN
przewóz towarów
■ **a freight train** pociąg towarowy
French [frentʃ] ADJECTIVE
▷ see also **French** NOUN
francuski
□ He's French. On jest Francuzem.
□ She's French. Ona jest Francuzką.
French [frentʃ] NOUN
▷ see also **French** ADJECTIVE
francuski (language)
■ **the French** (people) Francuzi
French beans PL NOUN
fasolki
French fries [-fraɪz] PL NOUN
frytki
French horn NOUN
waltornia
□ I play the French horn. Gram na waltornii.
French kiss NOUN
pocałunek francuski
French loaf NOUN
bagietka
Frenchman ['frentʃmən] (PL **Frenchmen**) NOUN
Francuz
French windows PL NOUN
oszklone drzwi
Frenchwoman ['frentʃwumən] (PL **Frenchwomen**) NOUN
Francuzka
frequent ['friːkwənt] ADJECTIVE
częsty
□ frequent showers częste prysznice
■ **There are frequent buses to the town centre.** Do centrum miasta często jeżdżą autobusy.
fresh [freʃ] ADJECTIVE
świeży
■ **I need some fresh air.** Potrzebuję trochę świeżego powietrza.
to **freshen up** VERB
odświeżyć się
□ I'd like to go and freshen up. Chciałbym pójść i się odświeżyć.
to **fret** [fret] VERB
trapić się
□ Philip was fretting about his exams. Philip trapił się o swoje egzaminy.
Friday ['fraɪdɪ] NOUN
piątek
□ on Friday w piątek □ on Fridays w piątki
□ every Friday co piątek □ last Friday w ostatni piątek □ next Friday w przyszły piątek

f

fridge [frɪdʒ] NOUN
lodówka

fried [fraɪd] VERB ▷ *see* **fry**

fried [fraɪd] ADJECTIVE
smażony *(food)*
□ fried vegetables smażone warzywa
■ **a fried egg** jajko sadzone

friend [frend] NOUN
przyjaciel *masc*
przyjaciółka *fem*
■ **to make friends with somebody**
zaprzyjaźniać (PERF zaprzyjaźnió się z kimś

friendly ['frendlɪ] ADJECTIVE
przyjazny *(amicable)*
□ She's really friendly. Ona jest naprawdę
przyjazna.
■ **Liverpool is a very friendly city.** Liverpool to
bardzo przyjazne miasto.

friendship ['frendʃɪp] NOUN
przyjaźń *(relationship)*

fright [fraɪt] NOUN
1 przerażenie *(terror)*
2 szok *(shock)*
□ I got a terrible fright! Doznałem okropnego
szoku!

to **frighten** ['fraɪtn] VERB
przerażać (PERF przerazió
□ Horror films frighten him. Horrory przerażają
go.

frightened ['fraɪtnd] ADJECTIVE
■ **to be frightened** bać się +*gen* □ I'm
frightened! Boję się!
■ **to be frightened of something** bać się
czegoś □ Anna's frightened of spiders. Anna
boi się pająków.

frightening ['fraɪtnɪŋ] ADJECTIVE
przerażający *(experience, prospect)*

fringe [frɪndʒ] NOUN
grzywka *(hair)*
□ She's got a fringe. Ona ma grzywkę.

Frisbee® ['frɪzbɪ] NOUN
ringo
□ to play Frisbee grać w ringo

fro [frəu] ADVERB
■ **to go to and fro** chodzić tam i z powrotem

frog [frɒg] NOUN
żaba

from [frɒm] PREPOSITION
⋮ **LANGUAGE TIP** There are several ways of
⋮ translating **from**. Scan the examples to
⋮ find one that is similar to what you want
⋮ to say.
1 z +*gen*
□ I come from Perth. Pochodzę z Perth.
■ **Where are you from?** Skąd pan/pani
pochodzi?
■ **from what he says** z tego, co mówi
■ **made from** z +*gen*
2 od +*gen*
□ It's one kilometre from the beach. Jest jeden
kilometr od plaży. □ a letter from somebody
list od kogoś

■ **from ... to ...** od ... do ... □ He flew from
London to Paris. On poleciał z Londynu do
Paryża. □ From one o'clock to two. Od
pierwszej do drugiej.
■ **from ... onwards** począwszy od ... □ We'll be
at home from 7 o'clock onwards. Będziemy w
domu począwszy od siódmej.

front [frʌnt] NOUN
▷ *see also* **front** ADJECTIVE
front
□ the front of the house przód domu
■ **in front** z przodu □ a house with a car
in front dom ze stojącym z przodu
samochodem □ the car in front samochód
z przodu
■ **in front of** z przodu +*gen* □ in front of the
house z przodu domu □ the car in front of us
samochód przed nami
■ **in the front** *(of car)* z przodu □ I was sitting
in the front. Siedziałem z przodu.
■ **at the front of the train** z przodu
pociągu

front [frʌnt] ADJECTIVE
▷ *see also* **front** NOUN
frontowy
□ the front door drzwi frontowe
■ **the front row** przedni rząd
■ **the front seats of the car** przednie
siedzenia samochodu

frontier ['frʌntɪər] NOUN
granica

frost [frɒst] NOUN
1 mróz *(weather)*
2 szron *(icy covering)*

frosting ['frɒstɪŋ] NOUN
lukier *(on cake)*

frosty ['frɒstɪ] ADJECTIVE
■ **It's frosty today.** Dziś jest mroźno.

to **frown** [fraun] VERB
marszczyć (PERF zmarszczyó brwi
□ He frowned. On zmarszczył brwi.

froze [frəuz] VERB ▷ *see* **freeze**

frozen ['frəuzn] VERB ▷ *see* **freeze**

frozen ['frəuzn] ADJECTIVE
1 mrożony
□ frozen chips mrożone frytki
2 zamarznięty *(ground, lake)*
3 przemarznięty *(person, fingers)*

fruit [fruːt] NOUN
owoc
■ **fruit juice** sok owocowy
■ **a fruit salad** sałatka owocowa

fruit machine NOUN
automat do gry

frustrated [frʌs'treɪtɪd] ADJECTIVE
sfrustrowany

to **fry** [fraɪ] (PT, PP **fried**) VERB
smażyć (PERF usmażyó *(in cooking)*
□ Fry the onions for 5 minutes. Smaż cebulę
przez pięć minut.

frying pan ['fraɪɪŋ-] NOUN
patelnia

403

fuel [ˈfjuəl] NOUN
paliwo *(for heating)*
□ to run out of fuel nie mieć więcej paliwa
to **fulfil** [fulˈfɪl] VERB
spełniać (PERFspełnić)
□ Robert fulfilled his dream to visit China.
Robert spełnił swoje marzenie, by odwiedzić Chiny.
full [ful] ADJECTIVE
pełny
□ The tank's full. Bak jest pełny.
■ I'm full up. Najadłem się.
■ at full speed pełnym gazem □ He drove at full speed. On jechał pełnym gazem.
■ full marks *(at school)* maksymalny wynik
■ your full name Twoje pełne imię i nazwisko
■ There was a full moon. Była pełnia.
full stop NOUN
kropka
full-time [ˈfulˈtaɪm] ADJECTIVE
▷*see also* **full-time** ADVERB
■ She's got a full-time job. Ona ma pracę na pełnym etacie.
full-time [ˈfulˈtaɪm] ADVERB
▷*see also* **full-time** ADJECTIVE
■ She works full-time. Ona pracuje na pełnym etacie.
fully [ˈfulɪ] ADVERB
1 w pełni *(completely)*
□ He hasn't fully recovered from his illness.
On nie wyzdrowiał z pełni ze swej choroby.
2 dokładnie *(in full)*
fumes [fjuːmz] PL NOUN
wyziewy *(of fire, fuel)*
□ The factory emitted dangerous fumes.
Fabryka emitowała niebezpieczne wyziewy.
■ exhaust fumes spaliny
fun [fʌn] ADJECTIVE
▷*see also* **fun** NOUN
zabawny
□ She's a fun person. Ona jest zabawną osobą.
fun [fʌn] NOUN
▷*see also* **fun** ADJECTIVE
zabawa
□ It's fun! To zabawa!
■ to have fun bawić się □ We had great fun playing in the snow. Świetnie się bawiliśmy, grając w śniegu. □ Have fun! Baw się dobrze!
■ He's good fun. Jest fajnym gościem.
■ to do something for fun zrobić coś dla przyjemności □ He entered the competition just for fun. On przystąpił do konkursu tylko dla przyjemności.
■ to make fun of somebody nabijać się z kogoś
□ They made fun of him. Oni nabijali się z niego.
funds PL NOUN
fundusze *(money)*
□ to raise funds zbierać (PERFzebrać)fundusze
funeral [ˈfjuːnərəl] NOUN
pogrzeb

funfair [ˈfʌnfɛər] NOUN
wesołe miasteczko
funny [ˈfʌnɪ] ADJECTIVE
1 śmieszny *(amusing)*
□ It was really funny. To było naprawdę śmieszne.
2 dziwny *(strange)*
□ There's something funny about him.
Coś w nim jest dziwnego.
fur [fəːʳ] NOUN
▷*see also* **fur** ADJECTIVE
sierść
□ the dog's fur sierść psa
fur [fəːʳ] ADJECTIVE
▷*see also* **fur** NOUN
futrzany
□ a fur coat futrzany płaszcz
furious [ˈfjuərɪəs] ADJECTIVE
1 wściekły
□ Dad was furious with me. Tato był na mnie wściekły.
2 zażarty *(row, argument)*
furniture [ˈfəːnɪtʃəʳ] NOUN
meble *masc pl*
□ a piece of furniture mebel
further [ˈfəːðəʳ] ADVERB
dalej *(in distance, time)*
■ London is further from Manchester than Leeds is. Londyn jest dalej od Manchesteru niż Leeds.
■ How much further is it? O ile dalej to jest?
further education NOUN
doskonalenie zawodowe
fuse [fjuːz] NOUN
1 bezpiecznik *(in plug, circuit)*
□ A fuse has blown. Bezpiecznik się przepalił.
2 zapalnik *(for bomb, firework)*
fuss [fʌs] NOUN
1 kłopot *(bother)*
2 awantura *(disturbance)*
□ What's all the fuss about? O co ta cała awantura?
■ to make a fuss about something robić (PERFzrobić)zamieszanie o coś □ He's always making a fuss about nothing. On zawsze robi zamieszanie o nic.
fussy [ˈfʌsɪ] ADJECTIVE
grymaśny
□ She is very fussy about her food. Ona jest bardzo grymaśna przy jedzeniu.
future [ˈfjuːtʃəʳ] NOUN
1 przyszłość
□ What are your plans for the future? Jakie są Twoje plany na przyszłość?
■ in future w przyszłości □ Be more careful in future. Uważaj bardziej w przyszłości.
2 czas przyszły *(in grammar)*
□ Put this sentence into the future. Wyraź to zdanie w czasie przyszłym.

Gg

gadget ['gædʒɪt] NOUN
gadżet

to **gain** [geɪn] VERB
nabierać(PERF nabraó +gen
□ to gain speed nabrać prędkości
■ **to gain weight** przybrać na wadze
■ **to gain in value** zyskiwać(PERF zyskaó na
wartości

gallery ['gælərɪ] NOUN
■ **an art gallery** galeria

to **gamble** ['gæmbl] VERB
uprawiać hazard(bet)
□ He likes to gamble. On lubi uprawiać
hazard.
■ **He gambled £100 at the casino.** On zagrał
o 100 funtów w kasynie.
■ **to gamble on something** stawiać(PERF
postawió na coś

gambler ['gæmblə^r] NOUN
hazardzista

gambling ['gæmblɪŋ] NOUN
hazard
□ He likes gambling. On lubi hazard.

game [geɪm] NOUN
1 mecz(sport)
□ a game of football mecz piłki nożnej □ It was
a good game. To był dobry mecz.
2 gra
□ The children were playing a game.
Dzieci rozgrywały grę. □ a board game gra
planszowa □ a computer game gra
komputerowa
■ **a game of cards** partia kart

gang [gæŋ] NOUN
banda(of criminals)

gangster ['gæŋstə^r] NOUN
gangster

gap [gæp] NOUN
odstęp(space, time)
□ There's a gap in the hedge. W żywopłocie jest
odstęp.
■ **gap year**
 CZY WIESZ, ŻE...?
 gap year - rok przerwy między
 ukończeniem szkoły średniej a podjęciem
 studiów, podczas którego młodzi ludzie
 pracują zawodowo, jako wolontariusze
 lub podróżują.

garage ['gærɑ:ʒ] NOUN

1 garaż(of house)
2 warsztat samochodowy(for repairs)
3 stacja benzynowa(for petrol)

garbage ['gɑ:bɪdʒ] NOUN
śmieci masc pl (rubbish)

garden ['gɑ:dn] NOUN
ogród

gardener ['gɑ:dnə^r] NOUN
ogrodnik masc
ogrodniczka fem
□ He's a gardener. On jest ogrodnikiem.

gardening ['gɑ:dnɪŋ] NOUN
uprawianie ogródka
□ Margaret loves gardening. Margaret uwielbia
uprawianie ogródka.

garlic ['gɑ:lɪk] NOUN
czosnek

garment ['gɑ:mənt] NOUN
część garderoby

gas [gæs] NOUN
1 gaz
2 benzyna(us: petrol)
■ **a gas cooker** kuchnia gazowa
■ **a gas cylinder** butla na gaz
■ **a gas fire** piecyk gazowy

gasoline ['gæsəli:n] NOUN (US)
benzyna

gate [geɪt] NOUN
1 furtka(of garden, field)
2 brama(of building)
3 wyjście(at airport)

to **gather** ['gæðə^r] VERB
zbierać(PERF zebraó się(assemble)
□ People gathered in front of Buckingham
Palace. Ludzie zebrali się przed Pałacem
Buckingham.
■ **to gather that ...** rozumieć(PERF zrozumieó,
że ...
■ **to gather speed** nabierać(PERF nabraó
prędkości □ The train gathered speed. Pociąg
nabrał prędkości.

gave [geɪv] VERB ▷ see give

gay [geɪ] ADJECTIVE
homoseksualny

to **gaze** [geɪz] VERB
■ **to gaze at** wpatrywać się w+acc
□ He gazed at her. On wpatrywał się w nią.

GCSE ABBREVIATION (= General Certificate of
Secondary Education)

CZY WIESZ, ŻE...?
GCSEto egzaminy do których przystępują piętnastoletni i szesnastoletni uczniowie na zakończenie szkoły średniej w Anglii, Walii i Irlandii Północnej. Niektóre przedmioty są obowiązkowe, inne do wyboru przez ucznia.

gear [ɡɪər] NOUN
1 bieg
□ in first gear na pierwszym biegu
■ **to change gear** zmieniać (PERFZmienić)bieg
2 sprzęt *(equipment)*
□ camping gear sprzęt kempingowy
3 strój *(clothing)*
□ sports gear strój sportowy

gear lever NOUN
dźwignia zmiany biegów

gearshift [ˈɡɪərʃɪft] NOUN (US)
dźwignia zmiany biegów

geese [ɡiːs] PL NOUN ▷ *see* **goose**

gel [dʒel] NOUN
żel
□ hair gel żel do włosów □ shower gel żel pod prysznic

gem [dʒem] NOUN
klejnot

Gemini [ˈdʒemɪnaɪ] NOUN
Bliźnięta
□ I'm Gemini. Jestem Bliźniakiem.

gender [ˈdʒendər] NOUN
1 płeć *(of person)*
2 rodzaj *(in language)*

gene [dʒiːn] NOUN
gen

general [ˈdʒenərl] ADJECTIVE
▷ *see also* **general** NOUN
1 ogólny *(situation, idea)*
2 powszechny *(decline, standard)*
■ **in general** 1 *(as a whole)* ogólnie □ Teachers in general are pleased with the new scheme. Ogólnie nauczyciele są zadowoleni z nowego planu. 2 *(on the whole)* generalnie □ In general, it was the young who voted in the election. Generalnie to młodzi ludzie głosowali w wyborach.

general [ˈdʒenərl] NOUN
▷ *see also* **general** ADJECTIVE
generał

general election NOUN
wybory powszechne *masc pl*

general knowledge NOUN
wiedza ogólna

generally [ˈdʒenrəlɪ] ADVERB
1 ogólnie *(on the whole)*
2 na ogół *(usually)*
□ I generally go shopping on Saturday. Na ogół chodzę na zakupy w sobotę.

generation [dʒenəˈreɪʃən] NOUN
pokolenie
□ the younger generation młodsze pokolenie

generator [ˈdʒenəreɪtər] NOUN
generator

generous [ˈdʒenərəs] ADJECTIVE
1 hojny *(person)*
□ That's very generous of you. To bardzo hojne z Twojej strony.
2 pokaźny *(measure, gift)*

genetically modified [dʒɪˈnetɪklɪˈmɔdɪfaɪd] ADJECTIVE
modyfikowany genetycznie

genetics [dʒɪˈnetɪks] NOUN
genetyka *fem sing*

genius [ˈdʒiːnɪəs] NOUN
geniusz *(person)*
□ She's a genius! Ona jest geniuszem!

gentle [ˈdʒentl] ADJECTIVE
1 łagodny *(person, nature)*
2 delikatny *(movement, breeze)*

gentleman [ˈdʒentlmən] (PL **gentlemen**) NOUN
1 pan
□ Good morning, gentlemen. Dzień dobry, panowie.
2 dżentelmen
□ He's a real gentleman. On jest prawdziwym dżentelmenem.

gently [ˈdʒentlɪ] ADVERB
delikatnie *(touch, move)*

gents [dʒents] NOUN
toaleta męska
□ Can you tell me where the gents is, please? Czy możesz mi proszę powiedzieć, gdzie jest toaleta męska?
■ **'gents'** *(on sign)* 'Toaleta męska'

genuine [ˈdʒenjuɪn] ADJECTIVE
1 prawdziwy *(real)*
□ These are genuine diamonds. To są prawdziwe diamenty.
2 szczery *(sincere)*
□ She's a very genuine person. Ona jest bardzo szczerą osobą.

geography [dʒɪˈɔɡrəfɪ] NOUN
geografia

germ [dʒɜːm] NOUN
zarazek

German [ˈdʒɜːmən] ADJECTIVE
▷ *see also* **German** NOUN
niemiecki
■ **He's German.** On jest Niemcem.

German [ˈdʒɜːmən] NOUN
▷ *see also* **German** ADJECTIVE
1 Niemiec *masc*
Niemka *fem (person)*
2 niemiecki *(language)*
□ Do you speak German? Czy mówisz po niemiecku?

German measles NOUN
różyczka

Germany [ˈdʒɜːmənɪ] NOUN
Niemcy
■ **in Germany** w Niemczech
■ **to Germany** do Niemiec

gesture [ˈdʒestjər] NOUN
gest

to get [ɡet] (PT, PP **got**, PP **gotten**) VERB (US)

LANGUAGE TIP There are several ways of translating **get**. Scan the examples to find one that is similar to what you want to say.

1 otrzymywać (PERFotrzymać) *(receive)*
□ I got lots of presents. Otrzymałem mnóstwo prezentów. □ He got first prize. Otrzymał pierwszą nagrodę. □ He got good exam results. Otrzymał dobre wyniki na egzaminie.
■ **I got a shock when I saw him.** Doznałem szoku, kiedy go zobaczyłem.

2 dostawać (PERFdostać) *(obtain)*
□ He got a job in London. Dostał pracę w Londynie.
■ **You'll get a cold.** Przeziębisz się.

3 kupować (PERFkupić) *(buy)*
□ I'll get some milk from the supermarket. Kupię mleko w supermarkecie

4 sprowadzać (PERFsprowadzić) *(fetch)*
□ Quick, get help! Szybko, sprowadź pomoc!
■ **I'll come and get you.** Przyjdę i panu/pani przyniosę.

5 łapać (PERFzłapać) *(catch)*
□ The police will get him eventually. Policja w końcu go złapie.

6 jechać (PERFpojechać) *(train, bus)*
□ I'm getting the bus into town. Pojadę autobusem do miasta.

7 rozumieć (PERFzrozumieć) *(understand)*
□ I don't get it. Nie rozumiem tego.

8 dostawać (PERFdostać) się *(go)*
□ How did he get here? Jak się tu dostał? □ to get to work dostawać (PERFdostać) się do pracy
■ **He didn't get home till 10 p.m.** Nie wrócił do domu przed 22.
■ **to get cold** stawać (PERFstać) się zimnym
■ **to get something for somebody** przynosić (PERFprzynieść) coś komuś □ Can I get you a coffee? Czy przyniosę panu/pani kawę?
■ **to get somebody to do something** nakłaniać (PERFnakłonić) kogoś, by coś zrobił
■ **to have got to do something** musieć coś zrobić □ I've got to tell him. Muszę mu powiedzieć.

to **get around to** VERB
■ **to get around to doing something** zdołać coś zrobić □ I didn't get around to phoning her. Nie zdołałem do niej zadzwonić.

to **get away** VERB
1 odjeżdżać (PERFodjechać) *(leave)*
2 wyjeżdżać (PERFwyjechać) *(on holiday)*
3 uciekać (PERFuciec) *(escape)*
□ One of the burglars got away. Jeden z włamywaczy uciekł.

to **get back** VERB
1 wracać (PERFwrócić) *(return)*
□ What time did you get back? O której wróciłeś?
2 odzyskiwać (PERFodzyskać)
□ He got his money back. On odzyskał swoje pieniądze.

to **get in** VERB

1 przyjeżdżać (PERFprzyjechać) *(train, bus)*
2 przylatywać (PERFprzylecieć) *(plane)*
3 wracać (PERFwrócić) *(arrive home)*
□ What time did you get in last night? O której wróciłeś wczoraj wieczorem?

to **get into** VERB
wsiadać (PERFwsiąść) do +gen *(vehicle)*
□ Magda got into the car. Magda wsiadła do samochodu.

to **get off** VERB
wysiadać (PERFwysiąść) z +gen *(from train, bus)*
□ Isobel got off the train. Isobel wysiadła z pociągu. □ Where do I get off? Gdzie mam wysiąść?

to **get on** VERB
wsiadać (PERFwsiąść) do +gen *(bus, train)*
□ Phyllis got on the bus. Phyllis wsiadła do autobusu. □ Carol got on her bike. Carol wsiadła na rower.
■ **to get on well with somebody** być z kimś w dobrych stosunkach □ He doesn't get on with his parents. On nie jest w dobrych stosunkach ze swoimi rodzicami. □ We got on really well. My byliśmy ze sobą w naprawdę dobrych stosunkach.
■ **How are you getting on?** Jak ci idzie?

to **get out** VERB
1 wychodzić (PERFwyjść) z +gen *(of place)*
□ Get out! Wyjdź!
2 wysiadać (PERFwysiąść) z +gen *(of vehicle)*
□ Helen got out of the car. Helen wysiadła z samochodu.
3 wyciągać (PERFwyciągnąć) z +gen *(take out)*
□ She got the map out. Ona wyciągnęła mapę.

to **get over** VERB
wychodzić (PERFwyjść) z +gen *(illness, shock)*
■ **She never got over his death.** Ona nigdy nie pogodziła się z jego śmiercią.

to **get together** VERB
zbierać (PERFzebrać) się
□ Could we get together this evening? Moglibyśmy się zebrać dziś wieczorem?

to **get up** VERB
1 wstawać (PERFwstać)
□ What time do you get up? O której wstajesz?
2 podnosić (PERFpodnieść) się *(from chair)*

ghost [gəʊst] NOUN
duch

giant ['dʒaɪənt] NOUN
▷ see also **giant** ADJECTIVE
olbrzym

giant ['dʒaɪənt] ADJECTIVE
▷ see also **giant** NOUN
olbrzymi
□ They ate a giant meal. Oni zjedli olbrzymi posiłek.

gift [gɪft] NOUN
1 prezent *(present)*
2 talent
□ Dave has a gift for painting. Dave ma talent do malowania.

gifted ADJECTIVE
utalentowany
□ gifted children utalentowane dzieci
gift shop NOUN
sklep z upominkami
gigantic [dʒaɪˈgæntɪk] ADJECTIVE
gigantyczny
gin [dʒɪn] NOUN
dżin
□ a gin and tonic dżin z tonikiem
ginger [ˈdʒɪndʒəʳ] NOUN
▷ see also **ginger** ADJECTIVE
imbir
□ Add a teaspoon of ginger. Dodaj łyżeczkę
imbiru.
ginger [ˈdʒɪndʒəʳ] ADJECTIVE
▷ see also **ginger** NOUN
rudy
□ Chris has ginger hair. Chris ma rude włosy.
giraffe [dʒɪˈrɑːf] NOUN
żyrafa
girl [gəːl] NOUN
dziewczynka
□ a five-year-old girl pięcioletnia dziewczynka
□ She has two girls and a boy. Ona ma dwie
dziewczynki i chłopca. □ a sixteen-year-old girl
szesnastoletnia dziewczyna
girlfriend [ˈgəːlfrend] NOUN
1 dziewczyna(of boy)
□ Damon's girlfriend is called Justine.
Dziewczyna Damona ma na imię Justine.
2 przyjaciółka(of girl)
□ She often went out with her girlfriends. Ona
często wychodziła z przyjaciółkami.
to **give** [gɪv] (PT gave, PP given) VERB
■ **to give somebody something 1** (hand over)
dawać(PERF dać komuś coś □ He gave me 10.
On mi dał 10 funtów. **2** (as gift) darować(PERF
podarować komuś coś □ I gave David a book.
Podarowałem Dawidowi książkę.
to **give back** VERB
■ **to give something back to somebody**
oddawać(PERF oddać coś komuś □ I gave the
book back to him. Oddałem mu książkę.
to **give in** VERB
ustępować(PERF ustąpić
□ His Mum gave in and let him go out. Jego
Mama ustąpiła i pozwoliła mu wyjść.
to **give out** VERB
rozdawać(PERF rozdać
□ He gave out the exam papers. On rozdał
papiery egzaminacyjne.
to **give up** VERB
poddawać(PERF poddać się
□ I couldn't do it, so I gave up. Nie mogłem
tego zrobić, więc się poddałem.
■ **to give up doing something** rezygnować
(PERF zrezygnować z robienia czegoś □ to give
up smoking rzucać(PERF rzucić palenie
■ **to give oneself up** poddawać(PERF poddać
się □ The thief gave himself up. Złodziej się
poddał.

glad [glæd] ADJECTIVE
zadowolony
■ **to be glad that ...** być zadowolonym, że ...
□ She's glad that she's done it. Ona jest
zadowolona, że to zrobiła.
■ **I'd be glad to help you.** Z przyjemnością
panu/pani pomogę.
glamorous [ˈglæmərəs] ADJECTIVE
olśniewający
□ She's very glamourous. Ona jest bardzo
olśniewająca.
■ **to have a glamorous job** mieć bardzo
atrakcyjną pracę
glance [glɑːns] NOUN
▷ see also **glance** VERB
spojrzenie
■ **at first glance** na pierwszy rzut oka
to **glance** [glɑːns] VERB
▷ see also **glance** NOUN
■ **to glance at something** spoglądać
(PERF spojrzeć na coś □ Peter glanced at his
watch. Peter spojrzał na zegarek.
to **glare** [glɛəʳ] VERB
■ **to glare at somebody** patrzeć
(PERF spojrzeć gniewnie na kogoś
□ He glared at me. Patrzał na mnie
gniewnie.
glaring [ˈglɛərɪŋ] ADJECTIVE
jaskrawy
□ a glaring mistake jaskrawa pomyłka
glass [glɑːs] NOUN
1 szkło(substance)
□ made of glass zrobiony ze szkła
2 szklanka
□ a glass of milk szklanka mleka
glasses [ˈglɑːsəz] PL NOUN
okulary
□ He wears glasses. On nosi okulary.
glider [ˈglaɪdəʳ] NOUN
szybowiec
global [ˈgləubl] ADJECTIVE
globalny
□ on a global scale na skalę globalną
global warming [-ˈwɔːmɪŋ] NOUN
globalne ocieplenie
globe [gləub] NOUN
globus
gloomy [ˈgluːmɪ] ADJECTIVE
1 posępny
□ He lives in a small gloomy flat. On mieszka w
małym, posępnym mieszkaniu.
2 ponury
□ She looked gloomy when she heard the news.
Ona wyglądała ponuro, gdy usłyszała
wiadomości.
glorious [ˈglɔːrɪəs] ADJECTIVE
cudowny(sunshine, weather)
glove [glʌv] NOUN
rękawiczka
□ a pair of gloves para rękawiczek
glove compartment NOUN
schowek podręczny w samochodzie

glue [glu:] NOUN
▷ see also **glue** VERB
klej

to **glue** [glu:] VERB
▷ see also **glue** NOUN
kleić (PERF skleić)

GM ABBREVIATION (= genetically modified)
modyfikowany genetycznie
□ GM foods żywność modyfikowana
genetycznie
■ **GM-free** niemodyfikowany genetycznie

go [gəu] (PL **goes**) NOUN
▷ see also **go** VERB
■ **to have a go at doing something** próbować
(PERF spróbować coś robić □ He had a go at
making a cake. Spróbował upiec ciasto.
■ **Whose go is it?** Czyja teraz kolej?

to **go** [gəu] (PT **went**, PP **gone**) VERB
▷ see also **go** NOUN

> LANGUAGE TIP **iść** and **chodzić** are
> verbs of motion meaning to go on foot.
> **iść** expresses movement in one
> direction or a single journey and
> **chodzić** expresses habitual movement
> or a return journey.

1 iść (PERF pójść) (on foot)
□ Where's he gone? Gdzie on poszedł?
□ I must be going. Muszę iść.
■ **to go for a walk** iść (PERF pójść na spacer)
□ Shall we go for a walk? Pójdziemy na spacer?
■ **to go home** iść (PERF pójść do domu □ I go
home at about 4 o'clock. Idę do domu około
czwartej.

2 chodzić (habitually)
□ Let's go! Chodźmy! □ She goes to school at
8.30 every morning. Ona chodzi do szkoły co
rano o 8:30.

> LANGUAGE TIP **jechać** and **jeździć** are
> verbs of motion meaning to go by some
> form of transport (car, bus). **jechać**
> expresses movement in one direction
> or a single journey and **jeździć**
> expresses habitual movement or a
> return journey.

3 jechać (PERF pojechać) (by transport)
□ He's going to New York. On jedzie do
Nowego Jorku. □ Shall we go by car or train?
Pojedziemy samochodem czy pociągiem?

4 jeździć (habitually)
□ They go to school by bus every morning.
Oni jeżdżą do szkoły co rano autobusem.

> LANGUAGE TIP **lecieć** and **latać** are verbs
> of motion meaning to go by plane.
> **lecieć** expresses movement in one
> direction or a single journey and **latać**
> expresses habitual movement or a
> return journey.

5 lecieć (PERF polecieć) (by plane)
6 latać (habitually)
□ She goes to London by plane once a week.
Ona lata samolotem do Londynu raz w
tygodniu.

> LANGUAGE TIP **płynąć** and **pływać** are
> verbs of motion meaning to go by boat.
> **płynąć** expresses movement in one
> direction or a single journey and **pływać**
> expresses habitual movement or a
> return journey.

7 płynąć (PERF popłynąć) (by boat)
8 pływać (habitually)
□ He goes by boat across the river to get into
town every day. On codziennie płynie łodzią
przez rzekę, by dostać się do miasta.

9 znikać (PERF zniknąć) (disappear)
□ All her jewellery had gone. Zniknęła jej cała
biżuteria.

10 mijać (PERF minąć) (progress)
□ Time went very slowly. Czas mijał bardzo
powoli.
■ **How did it go?** Jak było?

> LANGUAGE TIP Use the future tense in
> Polish to say what you're going to do,
> or what's going to happen.

□ Are you going to come? Zamierzasz przyjść?
□ I think it's going to rain. Myślę, że będzie
padać.
■ **Where does this cup go?** Gdzie ma stać ta
filiżanka?
■ **to go pale** blednąć (PERF zblednąć)
■ **to go swimming** chodzić (PERF pójść pływać
■ **There's still a week to go before the
exams.** Jest jeszcze tydzień do egzaminów.

to **go after** VERB
ruszać (PERF ruszyć w pogoń za + inst (person)
□ Quick, go after them! Szybko, ruszaj w pogoń
za nimi!

to **go ahead** VERB
odbywać (PERF odbyć się
□ The meeting will go ahead as planned.
Spotkanie odbędzie się zgodnie z planem.
■ **to go ahead with something** przystępować
(PERF przystąpić do czegoś □ We'll go ahead
with your plan. Przystąpimy do realizacji
naszego planu.
■ **Go ahead!** Proszę bardzo!

to **go away** VERB
1 odchodzić (PERF odejść) (leave)
□ Go away! Odejdź!
2 wyjeżdżać (PERF wyjechać) (on holiday)
□ We're going away in July. Wyjeżdżamy w
lipcu.

to **go back** VERB
wracać (PERF wrócić do + gen (return)
□ We went back to the same place.
Wróciliśmy w to samo miejsce.

to **go by** VERB
mijać (PERF minąć
□ Two policemen went by. Minęło nas dwóch
policjantów.

to **go down** VERB
1 obniżać (PERF obniżyć) (decrease)
□ The price of computers has gone down.
Cena komputerów obniżyła się.
2 zachodzić (PERF zajść) (sun)

g

409

3 psuć (PERFzepsuć)się (computer)
□ My PC has gone down again. Mój komputer znowu się zepsuł.
4 wypuszczać (PERFwypuścić)powietrze (deflate)
□ My airbed kept going down. Z mojego nadmuchiwanego łóżka wciąż uchodziło powietrze.
5 schodzić (PERFzejść) (descend)
□ to go down the stairs zejść ze schodów

to **go for** VERB
atakować (PERFzaatakować) (attack)
□ Suddenly the dog went for me. Nagle pies zaatakował mnie.
■ **Go for it!** (go on!) Dalej, śmiało!

to **go in** VERB
wchodzić (PERFwejść)
□ He knocked on the door and went in. On zapukał do drzwi i wszedł.

to **go off** VERB
1 wychodzić (PERFwyjść) (leave)
□ He's gone off to work. Wyszedł do pracy.
□ He went off in a huff. On wyszedł zdenerwowany.
2 eksplodować (explode)
□ The bomb went off. Bomba eksplodowała.
3 włączać (PERFwłączyć)się (alarm)
□ My alarm clock goes off at seven every morning. Mój budzik włącza się o siódmej co rano. □ The fire alarm went off. Włączył się alarm pożarowy.
4 wyłączać (PERFwyłączyć)się (lights, heating)
5 psuć (PERFzepsuć)się (food)
□ The milk's gone off. Mleko zepsuło się.

to **go on** VERB
trwać perf(continue)
□ The concert went on until 11 o'clock at night. Koncert trwał do 11-tej w nocy.
■ **to go on with one's work** pracować dalej
■ **to go on doing something** robić coś dalej
□ He went on reading. On czytał dalej.
■ **What's going on here?** Co się tu dzieje?
■ **Go on!** No, śmiało! □ Go on, tell me what the problem is! No, śmiało, powiedz mi, w czym problem!

to **go on at** VERB
męczyć
□ My parents always go on at me. Moi rodzice zawsze mnie męczą.

to **go out** VERB
1 wychodzić (PERFwyjść)
□ We are going out for a drink tonight. Wychodzimy dziś wieczorem na drinka.
2 gasnąć (PERFzgasnąć) (light, fire)
□ Suddenly the lights went out. Nagle światła zgasły.
3 chodzić ze sobą (couple)
□ They've been going out for 3 years. Chodzą ze sobą od trzech lat.
■ **to go out with somebody** chodzić z kimś
□ Are you going out with him? Chodzisz z nim?

to **go past** VERB
mijać (PERFminąć)

□ He went past the shop. On minął sklep.

to **go round** VERB
krążyć (news, rumour, disease)
□ There's a bug going round. Krąży wirus.
■ **to go round to somebody's house** wpaść do kogoś do domu
■ **to go round a museum** zajść do muzeum
■ **to go round the shops** pójść pochodzić po sklepach
■ **to go round a corner** zajrzeć za róg

to **go through** VERB
przechodzić (PERFprzejść)przez
□ We went through Bristol to get to Taunton. Przejechaliśmy przez Bristol, aby dostać się do Taunton.

to **go up** VERB
wzrastać (PERFwzrosnąć) (rise)
□ The price has gone up. Cena wzrosła.
■ **to go up the stairs** iść w górę po schodach
■ **to go up in flames** spłonąć □ The whole factory went up in flames. Cała fabryka spłonęła.

to **go with** VERB
1 pasować do +gen
□ Does this blouse go with that skirt? Czy ta bluzka pasuje do tej spódnicy?
2 towarzyszyć
□ My mum went with me to the doctor. Moja mama towarzyszyła mi do lekarza.

goal [gəul] NOUN
1 gol
□ to score a goal strzelać (PERFstrzelić)gola
2 cel (aim)
□ His goal is to become the world champion. Jego celem jest zostać mistrzem świata.

goalkeeper ['gəulkiːpəʳ] NOUN
bramkarz masc
bramkarka fem

goat [gəut] NOUN
kozioł
■ **goat's cheese** ser kozi

god [gɔd] NOUN
bóg
□ I believe in God. Wierzę w Boga.

goddaughter ['gɔddɔːtəʳ] NOUN
chrześniaczka

godfather ['gɔdfɑːðəʳ] NOUN
ojciec chrzestny

godmother ['gɔdmʌðəʳ] NOUN
matka chrzestna

godson ['gɔdsʌn] NOUN
chrześniak

goggles ['gɔglz] PL NOUN
gogle

gold [gəuld] NOUN
▷ see also gold ADJECTIVE
złoto
□ They found some gold. Oni znaleźli trochę złota.

gold [gəuld] ADJECTIVE
▷ see also gold NOUN
złoty
□ a gold necklace złoty naszyjnik

goldfish ['gəuldfɪʃ] (PL goldfish) NOUN

złota rybka

□ I've got five goldfish. Mam pięć złotych rybek.

gold-plated ['gəuld'pleɪtɪd] ADJECTIVE
pozłacany

golf [gɔlf] NOUN
golf

■ **to play golf** grać w golfa □ My dad plays golf. Mój tato gra w golfa.

■ **a golf club** kij golfowy

golf course NOUN
pole golfowe

gone [gɔn] VERB ▷ see **go**

gone [gɔn] ADJECTIVE

■ **The food's all gone.** Całe jedzenie się skończyło.

good [gud] ADJECTIVE
1 dobry

□ It's a very good film. To jest bardzo dobry film. □ Vegetables are good for you. Warzywa są dobre dla zdrowia. □ They were very good to me. Oni byli dla mnie bardzo dobrzy.

■ **That's very good of you.** To bardzo miło z pana/pani strony.

■ **to be good at something** być dobrym w czymś □ Jane's very good at maths. Jane jest bardzo dobra z matematyki.

■ **to be good with people/with figures** dobrze sobie radzić z ludźmi/z liczbami

---

ZASÓB SŁOWNICTWA

Zamiast słowa **good** można użyć szeregu innych słów w celu wyrażenia terminu **'great'**:

excellent doskonały

□ an excellent book doskonała książka

fantastic fantastyczny

□ fantastic weather fantastyczna pogoda

great świetny

□ a great film świetny film

super wspaniały

□ a super idea wspaniały pomysł

---

2 grzeczny *(well-behaved)*

□ Were the kids good? Czy dzieci były grzeczne? □ Be good! Bądź grzeczny!

■ **It's good to see you.** Miło pana/panią widzieć.

■ **It didn't do any good.** To było do niczego.

■ **Good!** Dobrze!

■ **It's a good thing he was there.** Dobrze, że tam był.

■ **Good morning!** Dzień dobry!

■ **Good afternoon!** Dzień dobry!

■ **Good evening!** Dobry wieczór!

■ **Good night!** 1 *(before going home)* Dobrej nocy! 2 *(before going to bed)* Dobranoc!

■ **for good** na dobre □ One day he left for good. Pewnego dnia odszedł na dobre.

goodbye [gud'baɪ] EXCLAMATION
do widzenia

■ **to say goodbye** żegnać *(PERF* pożegnać *)* się

Good Friday NOUN
Wielki Piątek

good-looking ['gud'lukɪŋ] ADJECTIVE
atrakcyjny

□ He's very good-looking. On jest bardzo atrakcyjny.

good-natured ['gud'neɪtʃəd] ADJECTIVE
dobroduszny

goods ['gudz] PL NOUN
towary

goods train NOUN
pociąg towarowy

goose [gu:s] (PL **geese**) NOUN
gęś

gooseberry ['guzbərɪ] NOUN
agrest

gorgeous ['gɔ:dʒəs] ADJECTIVE
1 cudowny

□ She's gorgeous! Ona jest cudowna! □ That's a gorgeous dress. To cudowna sukienka.

2 wspaniały *(day)*

□ The weather was gorgeous. Pogoda była wspaniała.

gorilla [gə'rɪlə] NOUN
goryl

gossip ['gɔsɪp] NOUN
▷ see also **gossip** VERB
1 plotka *(rumours)*

□ Tell me the gossip! Opowiedz mi plotki!

2 plotkarz *masc*
plotkarka *fem (person)*

□ She's such a gossip! Z niej jest taka plotkarka!

to **gossip** ['gɔsɪp] VERB
▷ see also **gossip** NOUN
plotkować *(PERF* poplotkować *)*

□ They were always gossiping about her. Oni wciąż plotkowali o niej.

got [gɔt] VERB ▷ see **get**

gotten ['gɔtn] VERB (US) ▷ see **get**

government ['gʌvnmənt] NOUN
rząd

□ the British government rząd brytyjski

GP ABBREVIATION *(= general practitioner)*
lekarz rodzinny *masc*
lekarka rodzinna *fem*

GPS ABBREVIATION *(= global positioning system)*
system nawigacji satelitarnej

to **grab** [græb] VERB
1 chwytać *(PERF* chwycić *) (object)*

2 korzystać *(PERF* skorzystać *) z +gen (chance)*

graceful ['greɪsful] ADJECTIVE
pełen wdzięku

grade [greɪd] NOUN
1 ocena *(school mark)*

□ He got good grades in his exams. On dostał dobre oceny ze swojego egzaminu.

2 klasa *(US: school class)*

□ fourth grade czwarta klasa

grade school NOUN (US)
szkoła podstawowa

gradual ['grædjuəl] ADJECTIVE
stopniowy

gradually ['grædjuəlɪ] ADVERB
stopniowo

□ We gradually got used to it. Stopniowo się do tego przyzwyczailiśmy.

graduate ['grædjuːt] NOUN
absolwent
□ a science graduate absolwent nauk ścisłych

graffiti [grəˈfiːtɪ] NOUN
graffiti

grain [greɪn] NOUN
1 ziarno*(of wheat, rice)*
   ■ **a grain of truth** ziarno prawdy
2 zboże*(of corn)*
3 ziarenko*(of sand, salt)*
   ■ **It goes against the grain.** To kłóci się z zasadami.

gram [græm] NOUN
gram

grammar ['græmər] NOUN
gramatyka
   ■ **grammar school** liceum ogólnokształcące

   CZY WIESZ, ŻE...?
   W Wielkiej Brytanii **grammar school** jest to szkoła średnia, prowadząca własny nabór, niezależny od systemu rekrutacji do szkół państwowych (**comprehensive schools**). Obecnie niewiele jest takich szkół. W USA terminem tym określa się szkołę podstawową.

gramme [græm] NOUN
gram
□ 500 grammes of cheese 500 gramów sera

grand [grænd] ADJECTIVE
okazały*(impressive)*
□ Samantha lives in a very grand house. Samantha mieszka w bardzo okazałym domu.

grandchild ['græntʃaɪld] (PL **grandchildren**) NOUN
wnuk*(male)*
wnuczka*(female)*
   ■ **my grandchildren** moje wnuki

granddad ['grændæd] NOUN
dziadek

granddaughter ['grændɔːtər] NOUN
wnuczka

grandfather ['grændfɑːðər] NOUN
dziadek

grandma ['grænmɑː] NOUN
babcia

grandmother ['grænmʌðər] NOUN
babcia

grandpa ['grænpɑː] NOUN
dziadziuś

grandparents ['grændpɛərənts] PL NOUN
dziadkowie
□ my grandparents moi dziadkowie

grandson ['grænsʌn] NOUN
wnuk

granny ['grænɪ] NOUN
babunia
□ my granny moja babunia

grant [grɑːnt] NOUN
grant*(award)*

grape [greɪp] NOUN
winogrono
□ a bunch of grapes kiść winogron

grapefruit ['greɪpfruːt] (PL **grapefruit**) NOUN
grejpfrut

graph [grɑːf] NOUN
wykres

graphics ['græfɪks] NOUN
1 grafika
   □ He works in computer graphics. On pracuje w grafice komputerowej.
2 grafiki*(images)*
   □ I designed the graphics, she wrote the text. Ja zaprojektowałem grafiki, ona napisała tekst.

to grasp [grɑːsp] VERB
chwytać (PERF chwycić (hold)

grass [grɑːs] NOUN
trawa
   □ The grass is long. Trawa jest długa.
   ■ **to cut the grass** ścinać (PERF ściąć trawę

grasshopper ['grɑːshɔpər] NOUN
konik polny

to grate [greɪt] VERB
ucierać (PERF utrzeć
   □ to grate some cheese utrzeć trochę sera

grateful ['greɪtful] ADJECTIVE
wdzięczny
   □ to be grateful to somebody for something być wdzięcznym komuś za coś

grave [greɪv] NOUN
grób

gravel ['grævl] NOUN
żwir

graveyard ['greɪvjɑːd] NOUN
cmentarz

gravy ['greɪvɪ] NOUN
sos do pieczenia

grease [griːs] NOUN
smar

greasy ['griːsɪ] ADJECTIVE
1 tłusty*(food)*
   □ The food was very greasy. Jedzenie było bardzo tłuste.
2 przetłuszczający się*(skin, hair)*
   □ He has greasy hair. On ma przetłuszczające się włosy.

great [greɪt] ADJECTIVE
1 wspaniały*(terrific)*
   □ Your mum's great. Twoja mama jest wspaniała.
2 świetny*(idea, time)*
   □ We had a great time. Świetnie się bawiliśmy.
   ■ **Great!** Świetnie!

   ZASÓB SŁOWNICTWA
   Zamiast słowa **great** można użyć szeregu innych słów w celu wyrażenia terminu 'good':
   amazing zdumiewający
   □ an amazing view zdumiewający widok
   fabulous fantastyczny
   □ a fabulous idea fantastyczny pomysł
   terrific rewelacyjny
   □ a terrific party rewelacyjne przyjęcie
   wonderful wspaniały
   □ a wonderful opportunity wspaniała okazja

3 wielki *(large)*
□ a great black cloud of smoke wielka czarna chmura dymu

Great Britain NOUN
Wielka Brytania

■ **in Great Britain** w Wielkiej Brytanii
■ **to Great Britain** do Wielkiej Brytanii
■ **I'm from Great Britain.** Jestem z Wielkiej Brytanii.

CZY WIESZ, ŻE...?
Great Britain – wyspa Wielka Brytania składa się z Anglii, Szkocji i Walii. Kraje te, wspólnie z Irlandią Północną (częścią wyspy Irlandia), tworzą Zjednoczone Królestwo Wielkiej Brytanii i Irlandii Północnej (po polsku najczęściej nazywane po prostu Wielką Brytanią).

great-grandfather [greɪtˈɡrænfɑːðər] NOUN
pradziadek

great-grandmother [greɪtˈɡrænmʌðər] NOUN
prababcia

Greece [griːs] NOUN
Grecja

■ **in Greece** w Grecji
■ **to Greece** do Grecji

greedy [ˈɡriːdɪ] ADJECTIVE
chciwy
□ Don't be so greedy! Nie bądź taki chciwy!

Greek [griːk] ADJECTIVE
▷ see also **Greek** NOUN
grecki

■ **He's Greek.** On jest Grekiem.

Greek [griːk] NOUN
▷ see also **Greek** ADJECTIVE
1 Grek *masc*
Greczynka *fem (person)*
2 współczesna greka *(language)*

■ **ancient Greek** starożytna greka

green [griːn] ADJECTIVE
▷ see also **green** NOUN
1 zielony
□ a green car zielony samochód □ a green light zielone światło
2 proekologiczny *(environmental)*
□ green activists aktywiści proekologiczni

green [griːn] NOUN
▷ see also **green** ADJECTIVE
zieleń
□ The walls were a bright green. Ściany miały barwę jasnej zieleni.

■ **the Greens** *(party)* zieloni

green beans PL NOUN
fasolka zielona

greengrocer's [ˈɡriːnɡrəʊsəz] NOUN
warzywniak

greenhouse [ˈɡriːnhaʊs] NOUN
szklarnia

■ **greenhouse gases** gazy cieplarniane
■ **the greenhouse effect** efekt cieplarniany

Greenland [ˈɡriːnlənd] NOUN
Grenlandia

green salad NOUN
sałata zielona

to greet [griːt] VERB
witać (PERF powitać
□ He greeted me with a kiss. Powitał mnie pocałunkiem.

greeting [ˈɡriːtɪŋ] NOUN
■ **Greetings from Banff!** Pozdrowienia z Banff!
■ **'Season's greetings'** 'Najlepsze życzenia świąteczne'

greetings card [ˈɡriːtɪŋz-] NOUN
kartka z życzeniami

grew [ɡruː] VERB ▷ see **grow**

grey [ɡreɪ] (US **gray**) ADJECTIVE
1 szary *(colour)*
□ a grey skirt szara spódnica
2 siwy *(hair)*
□ She's got grey hair. Ona ma siwe włosy.

■ **to go grey** siwieć (PERF posiwieć □ He's going grey. On siwieje.

grey-haired [ɡreɪˈhɛəd] (US **gray-haired**)
ADJECTIVE
siwowłosy

grief [griːf] NOUN
zmartwienie

grill [ɡrɪl] NOUN
▷ see also **grill** VERB
ruszt

■ **a mixed grill** talerz różnych rodzajów mięs

to grill [ɡrɪl] VERB
▷ see also **grill** NOUN
piec (PERF upiec na ruszcie

grin [ɡrɪn] NOUN
▷ see also **grin** VERB
szeroki uśmiech

to grin [ɡrɪn] VERB
▷ see also **grin** NOUN
uśmiechać (PERF uśmiechnąć się szeroko
□ Dave grinned at me. Dave uśmiechnął się do mnie szeroko.

to grip [ɡrɪp] VERB
chwytać (PERF chwycić *(object)*

gripping [ˈɡrɪpɪŋ] ADJECTIVE
pasjonujący *(story, film)*

grit [ɡrɪt] NOUN
grys

groan [ɡrəʊn] NOUN
▷ see also **groan** VERB
jęk *(of pain)*

to groan [ɡrəʊn] VERB
▷ see also **groan** NOUN
jęczeć (PERF jęknąć
□ He groaned with pain. Jęknął z bólu.

grocer [ˈɡrəʊsər] NOUN
■ **He's a grocer.** On jest właścicielem sklepu spożywczego.

■ **grocer's** sklep spożywczy

groceries [ˈɡrəʊsərɪz] PL NOUN
artykuły spożywcze

groom [ɡruːm] NOUN
pan młody

g

413

□ the groom and his best man pan młody i jego drużba

gross [grəus] ADJECTIVE
1 rażący *(extreme)*
□ gross misconduct rażące wykroczenie
2 obrzydliwy *(horrible)*
□ It was really gross! To było naprawdę obrzydliwe!

grossly ['grəusli] ADVERB
skandalicznie
□ We're grossly underpaid. Skandalicznie mało się nam płaci.

ground [graund] NOUN
▷ *see also* **ground** ADJECTIVE
1 podłoga *(floor)*
□ He picked his coat up from the ground. On podniósł płaszcz z podłogi.
2 ziemia *(earth, soil)*
□ The ground was very wet. Ziemia była bardzo mokra.
■ **below ground** pod ziemią
■ **above ground** nad ziemią
3 boisko *(for sport)*
□ a football ground boisko do piłki nożnej
■ **grounds for** powody +gen □ We've got grounds for complaint. Mamy powody do zażalenia.

ground [graund] ADJECTIVE
▷ *see also* **ground** NOUN
mielony
□ ground coffee kawa mielona

ground floor NOUN
parter
□ on the ground floor na parterze

group [gru:p] NOUN
grupa *(of people, buildings etc)*
□ in groups w grupach □ age group grupa wiekowa
■ **a pop group** zespół

to **grow** [grəu, PT **grew**, PP **grown**] VERB
1 rosnąć (PERF wyrosnąć) *(get bigger)*
□ Grass grows quickly. Trawa szybko rośnie.
□ Haven't you grown! Ależ ty urosłeś!
■ **to grow by 10%** wzrastać (PERF wzrosnąć) o dziesięć procent
2 hodować (PERF wyhodować) *(cultivate)*
□ My Dad grows potatoes. Mój tato hoduje ziemniaki.
3 zapuszczać (PERF zapuścić) *(beard, hair)*
□ I've decided to grow my hair. Postanowiłem zapuścić włosy.
■ **to grow old** starzeć (PERF zestarzeć) się

to **grow up** VERB
1 wychowywać (PERF wychować) się *(be brought up)*
□ She grew up in Japan. Ona wychowywała się w Japonii.
2 dojrzewać (PERF dojrzeć) *(be mature)*
□ Oh, grow up! Och, dojrzej wreszcie!

to **growl** [graul] VERB
warczeć (PERF warknąć) *(dog, lion)*

grown [grəun] VERB ▷ *see* **grow**

grown-up [grəun'ʌp] NOUN
dorosły

growth [grəuθ] NOUN
wzrost
□ economic growth wzrost ekonomiczny

grudge [grʌdʒ] NOUN
uraza
□ to bear a grudge against somebody żywić do kogoś urazę

gruesome ['gru:səm] ADJECTIVE
makabryczny

to **grumble** ['grʌmbl] VERB
zrzędzić *(complain)*

guarantee [gærən'ti:] NOUN
▷ *see also* **guarantee** verb
1 zapewnienie *(assurance)*
2 gwarancja *(warranty)*
□ a five-year guarantee pięcioletnia gwarancja

to **guarantee** [gærən'ti:] VERB
▷ *see also* **guarantee** NOUN
gwarantować (PERF zagwarantować)
□ I can't guarantee he'll come. Nie mogę zagwarantować, że on przyjdzie.

guard [gɑ:d] NOUN
▷ *see also* **guard** VERB
1 strażnik *masc*
strażniczka *fem (of building)*
□ a security guard strażnik ochrony
2 konduktor *masc*
konduktorka *fem (on train)*

to **guard** [gɑ:d] VERB
▷ *see also* **guard** NOUN
1 strzec *imperf* +gen
□ They guarded the palace. Oni strzegli pałacu.
2 ochraniać (PERF ochronić) *(person)*

to **guard against** VERB
chronić (PERF uchronić) przed +inst

guard dog NOUN
pies obronny

to **guess** [ges] VERB
▷ *see also* **guess** NOUN
1 zgadywać (PERF zgadnąć) *(conjecture)*
□ Guess what I did last night. Zgadnij co zrobiłem wczoraj w nocy.
2 odgadywać (PERF odgadnąć) *(work out)*
■ **You're right, I guess.** Chyba masz rację.
■ **I guess so.** Myślę, że tak.

guess [ges] NOUN
▷ *see also* **guess** VERB
przypuszczenie
□ It's just a guess. To tylko przypuszczenie.
■ **to have a guess** próbować (PERF spróbować) zgadnąć □ Have a guess! Spróbuj zgadnąć!
■ **Three guesses!** Trzy próby odgadnięcia!

guest [gest] NOUN
gość
□ We have guests staying with us. Są u nas goście.
⟨ WSKAZÓWKI JĘZYKOWE Uwaga! Angielskie słowo **guest** nie oznacza gest.

guesthouse ['gesthaus] NOUN
pensjonat

guide [gaɪd] NOUN
  ▷ see also **guide** VERB
1 przewodnik*masc*
  przewodniczka*fem* (tour guide)
  □ The guide showed us round the castle.
  Przewodnik oprowadził nas po zamku. □ a local
  guide miejscowy przewodnik
2 przewodnik*(book)*
  □ We bought a guide to Paris. Kupiliśmy
  przewodnik po Paryżu.
  ■ **a Girl Guide** harcerka*fem*
  ■ **the Guides** harcerki
guidebook ['gaɪdbʊk] NOUN
  przewodnik
guide dog NOUN
  pies przewodnik
guilty ['gɪltɪ] ADJECTIVE
1 winny
  ■ **to feel guilty** czuć*imperf* się winnym
  ■ **guilty of murder** winny morderstwa
  ■ **She was found guilty.** Została uznana za
  winną.
2 nieczysty*(conscience)*
guinea pig ['gɪnɪ-] NOUN
  świnka morska
  □ I've got a guinea pig. Mam świnkę morską.
guitar [gɪ'tɑːʳ] NOUN
  gitara
  □ I play the guitar. Gram na gitarze.
gum [gʌm] NOUN
1 dziąsło*(in mouth)*

2 guma do żucia*(chewing gum)*
gun [gʌn] NOUN
1 pistolet*(small)*
2 strzelba*(large)*
gunpoint ['gʌnpɔɪnt] NOUN
  ■ **at gunpoint** na muszce
gust [gʌst] NOUN
  podmuch
  □ a gust of wind podmuch wiatru
  ⸙ **WSKAZÓWKI JĘZYKOWE** Uwaga! Angielskie
    słowo **gust** nie oznacza **gust**.
guy [gaɪ] NOUN
  facet
  □ Who's that guy? Co to za facet? □ He's a nice
  guy. Miły z niego facet.
  ■ **(you) guys** wy
gym [dʒɪm] NOUN
  sala gimnastyczna
  □ I go to the gym every day. Codziennie chodzę
  na salę gimnastyczną.
  ■ **gym classes** zajęcia gimnastyki
gymnast ['dʒɪmnæst] NOUN
  gimnastyk*masc*
  gimnastyczka*fem*
  □ She's a gymnast. Ona jest gimnastyczką.
gymnastics [dʒɪm'næstɪks] NOUN
  gimnastyka*fem sing*
  □ to do gymnastics uprawiać gimnastykę
gypsy ['dʒɪpsɪ] NOUN
  Cygan*masc*
  Cyganka*fem*

g

Hh

habit ['hæbɪt] NOUN
zwyczaj
▫ to have a habit of doing something mieć
zwyczaj coś robić
■ **a bad habit** zły nawyk
■ **to get out of the habit of doing something**
odzwyczajać (PERF odzwyczaić) się od robienia
czegoś
■ **to get into the habit of doing something**
przyzwyczajać (PERF przyzwyczaić) się do
robienia czegoś

to **hack into** VERB
■ **to hack into a computer system** włamać
się do systemu komputerowego

hacker ['hækər] NOUN
haker

had [hæd] VERB ▷ see **have**

haddock ['hædək] (PL **haddock**) NOUN
łupacz
▫ smoked haddock łupacz wędzony

hadn't ['hædnt] = **had not**

hail [heɪl] NOUN
▷ see also **hail** VERB
grad

to **hail** [heɪl] VERB
▷ see also **hail** NOUN
padać (grad) perf
▫ It's hailing. Pada grad.

hair [heər] NOUN
1 włosy masc pl
▫ She's got long hair. Ona ma długie włosy.
▫ He's got black hair. On ma czarne włosy.
▫ He's losing his hair. On traci włosy.
■ **to brush one's hair** szczotkować (PERF
wyszczotkować) włosy ▫ I'm brushing my hair.
Szczotkuję włosy.
■ **to wash one's hair** myć (PERF umyć)
włosy ▫ I need to wash my hair. Muszę umyć
włosy.
■ **to do one's hair** układać (PERF ułożyć) sobie
fryzurę
■ **to have one's hair cut** strzyc (PERF ostrzyc)
się ▫ I've just had my hair cut. Właśnie się
ostrzygłem.
2 zarost (on body)
3 włos (single hair)
4 włosek sierści (on animal)

hairbrush ['heəbrʌʃ] NOUN
szczotka do włosów

haircut ['heəkʌt] NOUN
fryzura (hairstyle)
■ **to have a haircut** strzyc (PERF ostrzyc) się
▫ I've just had a haircut. Właśnie się ostrzygłem.

hairdresser ['heədresər] NOUN
fryzjer masc
fryzjerka fem
▫ He's a hairdresser. On jest fryzjerem.
■ **the hairdresser's** salon fryzjerski ▫ at the
hairdresser's w salonie fryzjerskim

hairdryer ['heədraɪər] NOUN
suszarka do włosów

hair gel NOUN
żel do włosów

hairspray ['heəspreɪ] NOUN
lakier do włosów

hairstyle ['heəstaɪl] NOUN
fryzura

hairy ['heərɪ] ADJECTIVE
owłosiony
▫ He's got hairy legs. On ma owłosione nogi.

half [hɑːf] (PL **halves**) NOUN, PRONOUN
▷ see also **half** ADJECTIVE, ADVERB
połowa
▫ Just give me half of that, please. Poproszę
połowę tego. ▫ We ate half of the cake.
Zjedliśmy połowę ciasta.
■ **to cut something in half** przecinać
(PERF przeciąć) coś na pół
■ **A half to Oxford Street, please.**
Poproszę połówkę do Oxford Street.
■ **the second half** (in sport) druga połowa
■ **two and a half** dwa i pół
■ **half a kilo** pół kilo
■ **a day and a half** półtora dnia
■ **half an hour** pół godziny
■ **half past four** wpół do piątej

half [hɑːf] (PL **halves**) ADJECTIVE
▷ see also **half** NOUN, PRONOUN, ADVERB
pół +gen
▫ a half bottle of wine pół butelki wina
■ **to be half German** być w połowie Niemcem
■ **She's half his age.** Ona jest od niego o
połowę młodsza.

half [hɑːf] (PL **halves**) ADVERB
▷ see also **half** NOUN, PRONOUN, ADJECTIVE
do połowy
▫ The room was half empty. Sala była w
połowie pusta.

half-brother [ˈhɑːfbrʌðəʳ] NOUN
brat przyrodni

half-hour [hɑːfˈauəʳ] NOUN
pół godziny
■ **a half-hour programme** półgodzinny program

half-price ADJECTIVE
▷ see also **half price** ADVERB
o połowę tańszy

half-price ADVERB
▷ see also **half price** ADJECTIVE
za pół ceny

half-sister [ˈhɑːfsɪstəʳ] NOUN
siostra przyrodnia

half-term [hɑːfˈtɜːm] NOUN
przerwa semestralna
□ at half-term w czasie przerwy semestralnej

> **CZY WIESZ, ŻE…?**
> **Half-term** – W Wielkiej Brytanii mianem **half-term** nazywa się kilka dni wolnych od zajęć szkolnych w środku każdego z trzech semestrów.

half-time [hɑːfˈtaɪm] NOUN
przerwa
□ at half-time w przerwie

halfway [ˈhɑːfˈweɪ] ADVERB
w połowie drogi
□ halfway between Oxford and London w połowie drogi między Oksfordem i Londynem
■ **halfway through something** w połowie czegoś □ halfway through the chapter w połowie rozdziału

hall [hɔːl] NOUN
1 hol (entrance)
2 przedpokój (room)
□ the village hall gminna sala spotkań

Halloween [ˈhæləʊˈiːn] NOUN
wigilia Wszystkich Świętych

> **CZY WIESZ, ŻE…?**
> Noc **Halloween** przypada na 31 października. Według tradycji jest to święto wiedźm i duchów. Dzieci przebierają się i z wydrążonych dyń robią lampiony-strachy. Chodzą też po domach, proponując gospodarzom **trick or treat** (psikus albo poczęstunek): jeżeli ci nie wykupią się słodyczami, dzieci robią im psikusa.

hallway [ˈhɔːlweɪ] NOUN
przedpokój

halt [hɔːlt] NOUN
■ **to come to a halt** zatrzymywać (PERF zatrzymać się □ The train came to a halt at the station. Pociąg zatrzymał się na stacji.

ham [hæm] NOUN
szynka
□ a ham sandwich kanapka z szynką

hamburger [ˈhæmbɜːgəʳ] NOUN
hamburger

hammer [ˈhæməʳ] NOUN
młotek

hamster [ˈhæmstəʳ] NOUN
chomik

hand [hænd] NOUN
▷ see also **hand** VERB
1 ręka
■ **to give somebody a hand** pomagać (PERF pomóc) komuś □ Can you give me a hand? Czy możesz mi pomóc?
■ **on the one hand …, on the other hand …** z jednej strony …, z drugiej strony …
■ **to do something by hand** robić (PERF zrobić) coś ręcznie
■ **hand in hand** trzymając się za ręce
2 wskazówka (of clock)
3 karty fem pl (of cards)

to **hand** [hænd] VERB
▷ see also **hand** NOUN
podawać (PERF podać) +dat
□ He handed me a piece of paper. Podał mi kawałek papieru.

to **hand in** VERB
oddawać (PERF oddać)
□ He handed his homework in. On oddał swoją pracę domową.

to **hand out** VERB
rozdawać (PERF rozdać)
□ The teacher handed out the books. Nauczyciel rozdał książki.

to **hand over** VERB
przekazywać (PERF przekazać)
□ She handed the keys over. Ona przekazała klucze.

handbag [ˈhændbæg] NOUN
torebka

handbook [ˈhændbʊk] NOUN
podręcznik

handcuffs [ˈhændkʌfs] PL NOUN
kajdanki
□ in handcuffs w kajdankach

handkerchief [ˈhæŋkətʃɪf] NOUN
chusteczka

handle [ˈhændl] NOUN
▷ see also **handle** VERB
1 rączka (of bag)
2 trzonek (of knife, brush)
3 ucho (of cup)
4 klamka (of door, window)

> **WSKAZÓWKI JĘZYKOWE** Uwaga! Angielskie słowo **handle** nie oznacza handel.

to **handle** [ˈhændl] VERB
▷ see also **handle** NOUN
1 zajmować (PERF zająć) się +inst (situation, task)
□ He handled it well. On dobrze się tym zajął.
□ Kath handled the travel arrangements. Kath zajęła się przygotowaniami do podróży.
2 radzić (PERF poradzić) sobie z +inst (people)
□ She's good at handling children. Ona jest dobra w radzeniu sobie z dziećmi.
■ **'handle with care'** ostrożnie'

handlebars [ˈhændlbɑːz] PL NOUN
kierownica roweru

hand luggage NOUN
bagaż podręczny

h

handmade ['hænd'meɪd] ADJECTIVE
wykonany ręcznie
handset ['hændsɛt] NOUN
słuchawka
hands-free kit ['hændz'friː-] NOUN
samochodowy zestaw słuchawkowy
handsome ['hænsəm] ADJECTIVE
przystojny
□ He's handsome. On jest przystojny.
handwriting ['hændraɪtɪŋ] NOUN
charakter pisma
handy ['hændɪ] ADJECTIVE
1 przydatny (*useful*)
□ This knife's very handy. Ten nóż jest bardzo
przydatny.
2 pod ręką (*close at hand*)
□ Have you got a pen handy? Czy masz
długopis pod ręką?
to **hang** [hæŋ] (PT, PP **hung**) VERB
1 wieszać (PERF powiesić)
□ Mike hung the painting on the wall. Mike
powiesił obraz na ścianie.
2 wieszać (PERF powiesić) (*execute*)

> **WSKAZÓWKI JĘZYKOWE** Forma czasu
> przeszłego oraz imiesłów przeszły
> czasownika **hang**, gdy oznacza on
> 'powiesić kogoś', to **hanged**.

□ They hanged the criminal. Oni powiesili
przestępcę.
to **hang around** VERB
kręcić się
□ On Saturdays we hang around in the park.
W soboty kręcimy się po parku.
to **hang on** VERB
czekać (PERF poczekać)
□ Hang on a minute please. Czekaj proszę
minutę.
to **hang up** VERB
1 odkładać (PERF odłożyć) słuchawkę
□ Don't hang up! Nie odkładaj słuchawki!
2 wieszać (PERF powiesić)
□ Hang your jacket up. Powieś swoją kurtkę.
■ **to hang up on** odkładać (PERF odłożyć)
słuchawkę □ He always hangs up on me.
On zawsze odkłada słuchawkę, gdy do niego
dzwonię.
hanger ['hæŋəʳ] NOUN
wieszak
hang-gliding ['hæŋglaɪdɪŋ] NOUN
lotniarstwo
■ **to go hang-gliding** iść (PERF pójść) polatać
hangover ['hæŋəʊvəʳ] NOUN
kac
□ I've got a terrible hangover. Mam okropnego
kaca.
to **happen** ['hæpən] VERB
wydarzać (PERF wydarzyć się)
■ **What's happening?** Co się dzieje?
■ **Tell me what happened.** Powiedz mi co się
stało.
■ **to happen to do something** przypadkowo
coś robić (PERF zrobić

■ **as it happens** tak się składa, że □ As it
happens, I don't want to go. Tak się składa,
że nie chcę iść.
happily ['hæpɪlɪ] ADVERB
1 na szczęście (*fortunately*)
□ Happily, everything went well. Na szczęście
wszystko poszło dobrze.
2 radośnie (*cheerfully*)
□ 'Don't worry!' he said happily. 'Nie martw
się!', powiedział radośnie.
■ **happily married** szczęśliwie zaślubiony
happiness ['hæpɪnɪs] NOUN
szczęście
happy ['hæpɪ] ADJECTIVE
szczęśliwy
□ Janet looks happy. Janet wygląda na
szczęśliwą.
■ **to be happy with something** (*satisfied*) być z
czegoś zadowolonym □ I'm very happy with
your work. Jestem bardzo zadowolony z Twojej
pracy.
■ **to be happy to do something** (*willing*) robić
(PERF zrobić) coś chętnie □ I'd be happy to help.
Chętnie pomogę.
■ **Happy birthday!** Wszystkiego najlepszego z
okazji urodzin!
■ **Happy Christmas!** Wesołych Świąt!

ZASÓB SŁOWNICTWA

Zamiast słowa **happy** można użyć szeregu
innych słów w celu wyrażenia terminu 'glad':
cheerful radosny
□ a cheerful song radosna piosenka
delighted uszczęśliwiony
□ a delighted smile uszczęśliwiony uśmiech
glad zadowolony
□ to be glad cieszyć się
satisfied usatysfakcjonowany
□ a satisfied customer usatysfakcjonowany
klient

---

harassment ['hærəsmənt] NOUN
nękanie
□ police harassment nękanie przez policję
harbour ['hɑːbəʳ] (US **harbor**) NOUN
przystań
hard [hɑːd] ADJECTIVE
▷ see also **hard** ADVERB
1 twardy
□ This cheese is very hard. Ten ser jest bardzo
twardy.
2 trudny (*question, problem*)
□ That is a very hard question to answer.
Bardzo trudno jest odpowiedzieć na to pytanie.
□ It's hard to tell. Trudno powiedzieć.
3 ciężki
□ It's hard work serving in a shop.
Obsługiwanie w sklepie to ciężka praca.
□ He's had a very hard life. On miał bardzo
ciężkie życie.
hard [hɑːd] ADVERB
▷ see also **hard** ADJECTIVE

1 ciężko

□ I've been working hard all day. Ciężko pracuję cały dzień.

2 bardzo

□ to try hard bardzo się starać (PERF postarać

hard disk NOUN
twardy dysk

hardly ['hɑ:dlɪ] ADVERB
ledwo *(scarcely)*

□ I hardly know you. Ledwo Cię znam.

■ **I can hardly believe it.** Prawie nie mogę w to uwierzyć.

■ **He had hardly sat down when the door burst open.** Ledwie usiadł, drzwi otwarły się z hukiem.

■ **hardly ever** prawie nigdy

hard up ADJECTIVE
spłukany

hardware ['hɑ:dwɛə'] NOUN
sprzęt komputerowy *(for computer)*

hardworking [hɑ:d'wə:kɪŋ] ADJECTIVE
pracowity

hare [hɛə'] NOUN
zając

to **harm** [hɑ:m] VERB

1 szkodzić (PERF zaszkodzić *(damage)*

□ Chemicals harm the environment. Chemikalia szkodzą środowisku.

2 krzywdzić (PERF skrzywdzić *(injure)*

□ I didn't mean to harm you. Nie miałem zamiaru Cię skrzywdzić.

harmful ['hɑ:mful] ADJECTIVE
szkodliwy

□ harmful chemicals szkodliwe chemikalia

harmless ['hɑ:mlɪs] ADJECTIVE
niegroźny

□ Most spiders are harmless. Większość pająków jest niegroźnych.

harp [hɑ:p] NOUN
harfa

harsh [hɑ:ʃ] ADJECTIVE
nieprzyjazny *(treatment)*

harvest ['hɑ:vɪst] NOUN
żniwa *(harvest time)*

has [hæz] VERB ▷ *see* **have**

hasn't ['hæznt] = **has not**

hat [hæt] NOUN
kapelusz

to **hate** [heɪt] VERB

1 nienawidzić (PERF znienawidzić *(person)*

2 nie znosić *perf (food, activity)*

□ I hate maths. Nie znoszę matematyki.

hatred ['heɪtrɪd] NOUN
nienawiść

haunted ['hɔ:ntɪd] ADJECTIVE
nawiedzony

□ a haunted house nawiedzony dom

to **have** [hæv] (PT, PP **had**) VERB

⸙ **LANGUAGE TIP** There are several ways of translating **have**. Scan the examples to find one that is similar to what you want to say.

1 mieć

□ He's got blue eyes. On ma niebieskie oczy.
□ Do you have a car? Masz samochód? □ I've got a cold. Mam katar. □ to have a party mieć przyjęcie

■ **to have something to do** mieć coś do zrobienia

2 dostawać (PERF dostać *(obtain)*

□ You can have it for 5. Możesz to dostać za pięć funtów.

■ **to have breakfast** zjeść śniadanie

■ **to have a bath** wykąpać się

■ **to have a baby** rodzić (PERF urodzić dziecko

■ **to have one's hair cut** strzyc (PERF ostrzyc się

⸙ **WSKAZÓWKI JĘZYKOWE** have jest stosowane do tworzenia czasu przeszłego.

□ She has arrived. Przyjechała. □ Has he told you? Powiedział panu/pani? □ When she had dressed, she went downstairs. Kiedy się ubrała, zeszła na dół.

■ **He's done it, hasn't he?** Zrobił to, prawda?

■ **I've finished, have you?** Ja już skończyłem, a ty?

to **have on** VERB
mieć na sobie *(clothes)*

■ **He didn't have anything on.** Nie miał nic na sobie.

■ **I don't have any money on me.** Nie mam przy sobie żadnych pieniędzy.

haven't ['hævnt] = **have not**

hay [heɪ] NOUN
siano

hay fever NOUN
katar sienny

□ Do you get hay fever? Czy masz katar sienny?

hazelnut ['heɪzlnʌt] NOUN
orzech laskowy

he [hi:] PRONOUN
on

□ He didn't do it. On tego nie zrobił. □ He loves dogs. On kocha psy.

⸙ **LANGUAGE TIP** In Polish, personal pronouns (such as 'I', 'he' and so on) are very frequently omitted, for example **Tego nie zrobił** or **Kocha psy**. These pronouns can be used if you want to stress that 'he' (and not someone else) didn't do it or loves dogs.

head [hɛd] NOUN
▷ *see also* **head** VERB

1 głowa

□ I bumped my head. Uderzyłem się w głowę.
□ The wine went to his head. Wino uderzyło mu do głowy. □ £10 per head dziesięć funtów na głowę

■ **from head to toe** od stóp do głów

■ **She's got a head for figures.** Ona ma głowę do liczb.

2 dyrektor *masc*
dyrektorka *fem (of organization)*

■ **Heads or tails?** Orzeł czy reszka?

h

to **head** [hɛd] VERB
▷ *see also* **head** NOUN
grać (PERF zagrać) główką *(ball)*

■ **to be heading for Glasgow** zmierzać w stronę Glasgow

headache ['hɛdeɪk] NOUN
ból głowy

■ **to have a headache** cierpieć na ból głowy

□ I've got a headache. Mam ból głowy.

headlight ['hɛdlaɪt] NOUN
reflektor

headline ['hɛdlaɪn] NOUN
■ **the headlines**
1 nagłówki *(in newspaper)*
2 skrót najważniejszych wiadomości *(on TV, radio)*

headmaster [hɛd'mɑːstər] NOUN
dyrektor szkoły

headmistress [hɛd'mɪstrɪs] NOUN
dyrektorka szkoły

headphones ['hɛdfəunz] PL NOUN
słuchawki

headquarters ['hɛdkwɔːtəz] PL NOUN
siedziba główna *(of organization)*

headteacher NOUN
dyrektor szkoły *masc*
dyrektorka szkoły *fem*
□ She's a headteacher. Ona jest dyrektorką szkoły.

to **heal** [hiːl] VERB
goić (PERF zagoić) się
□ The wound soon healed. Rana wkrótce się zagoiła.

health [hɛlθ] NOUN
zdrowie

healthy ['hɛlθɪ] ADJECTIVE
1 zdrowy
□ Lesley's a healthy person. Lesley jest zdrową osobą. □ a healthy diet zdrowa dieta
2 dobry *(appetite)*

heap [hiːp] NOUN
sterta
□ a rubbish heap sterta śmieci
■ **heaps of** kupa +*gen* □ We've got heaps of time. Mamy kupę czasu.

to **hear** [hɪər] (PT, PP **heard**) [hɜːd] VERB
1 słyszeć (PERF usłyszeć)
□ He heard voices in the garden. Usłyszał głosy w ogrodzie. □ I've never heard of him. Nigdy o nim nie słyszałem. □ I heard that she was ill. Słyszałem, że ona jest chora.
■ **to hear about something** słyszeć (PERF usłyszeć) o czymś
2 słuchać (PERF posłuchać) +*gen* *(lecture, concert)*
□ I heard the news on the radio this morning. Słyszałem wiadomości rano w radio.
■ **to hear from somebody** dostawać (PERF dostać) wiadomość od kogoś □ I haven't heard from him recently. Ostatnio nie dostałem od niego wiadomości.

heart [hɑːt] NOUN
serce

□ My heart's beating very fast. Moje serce bije bardzo szybko. □ the heart of London serce Londynu □ to break somebody's heart łamać (PERF złamać) komuś serce
■ **My heart sank.** Straciłem zapał.
■ **hearts** kier *sing* □ the ace of hearts as kier
■ **to learn something by heart** uczyć (PERF nauczyć) się czegoś na pamięć
■ **to know something off by heart** znać coś na pamięć

heart attack NOUN
atak serca
□ to have a heart attack mieć atak serca

heartbroken ['hɑːtbrəukən] ADJECTIVE
zrozpaczony

heat [hiːt] NOUN
▷ *see also* **heat** VERB
ciepło

to **heat** [hiːt] VERB
▷ *see also* **heat** NOUN
podgrzewać (PERF podgrzać) *(water, food)*
□ Heat gently for 5 minutes. Podgrzewaj ostrożnie przez 5 minut.

to **heat up** VERB
zagrzewać (PERF zagrzać)
□ The water is heating up. Woda się zagrzewa.
podgrzewać (PERF podgrzać) *(food)*
□ He heated the soup up. On podgrzał zupę.

heater ['hiːtər] NOUN
grzejnik
□ an electric heater grzejnik elektryczny

heather ['hɛðər] NOUN
wrzos

heating ['hiːtɪŋ] NOUN
ogrzewanie

heatwave ['hiːtweɪv] NOUN
fala upałów

heaven ['hɛvn] NOUN
niebo

heavily ['hɛvɪlɪ] ADVERB
1 ciężko *(fall, sigh)*
2 dużo *(a lot)*
□ He drinks heavily. On dużo pije.
3 obficie *(rain, snow)*
□ It rained heavily all morning. Padało obficie przez cały ranek.

heavy ['hɛvɪ] ADJECTIVE
ciężki *(in weight)*
□ This bag's very heavy. Ta torba jest bardzo ciężka.
■ **How heavy are you?** Ile pan/pani waży?
■ **heavy traffic** duży ruch
■ **a heavy fine** wysoki mandat
■ **a heavy smoker** osoba która dużo pali
■ **heavy rain** obfity deszcz
■ **I've got a very heavy week ahead.** Mam przed sobą bardzo ciężki tydzień.

he'd [hiːd] = he would, he had

hedge [hɛdʒ] NOUN
żywopłot

hedgehog ['hɛdʒhɒg] NOUN
jeż

h

heel [hi:l] NOUN
1 piętа *(of foot)*
2 obcas *(of shoe)*
   ■ **high heels** wysokie obcasy
height [haɪt] NOUN
   wysokość
   □ **flying at a height of 5000 m** latanie na wysokości 5000 metrów □ **from a great height** z dużej wysokości □ **at shoulder height** na wysokości ramion
   ■ **What height are you?** Ile ma pan/pani wzrostu?
heir [ɛəʳ] NOUN
   spadkobierca
   ■ **the heir to the throne** następca tronu
heiress [ˈɛərɛs] NOUN
   spadkobierczyni
held [hɛld] VERB ▷ *see* **hold**
helicopter [ˈhɛlɪkɔptəʳ] NOUN
   helikopter
hell [hɛl] NOUN
   piekło
he'll [hi:l] = **he will**, **he shall**
hello [həˈləʊ] EXCLAMATION
   cześć
   halo *(answering phone)*
helmet [ˈhɛlmɪt] NOUN
1 kask *(of motorcyclist)*
2 hełm *(of fireman)*
help [hɛlp] NOUN
   ▷ *see also* **help** VERB
   pomoc
   □ **Do you need any help?** Czy potrzebujesz pomocy?
   ■ **Help!** Ratunku!
   ■ **with the help of** z pomocą +gen
   ■ **He's been a great help.** Bardzo mi pomógł.
to **help** [hɛlp] VERB
   ▷ *see also* **help** NOUN
   pomagać (PERF pomóc) +dat
   □ **Can you help me?** Czy możesz mi pomóc?
   ■ **Can I help you?** *(in shop)* Czym mogę panu/pani służyć?
   ■ **Help yourself!** Częstuj się!
   ■ **He can't help it.** Nie może nic na to poradzić.
   ■ **I can't help feeling sorry for him.** Jakoś mi go szkoda.
helpful [ˈhɛlpful] ADJECTIVE
1 pomocny
   □ **He was very helpful.** On był bardzo pomocny.
2 przydatny *(advice, suggestion)*
hen [hɛn] NOUN
   kura
her [hə:ʳ] PRONOUN
   ▷ *see also* **her** ADJECTIVE
   ją *acc*
   □ **I like her a lot.** Bardzo ją lubię.
   jej *gen, dat*
   □ **I haven't seen her.** Nie widziałem jej. □ **They gave her the job.** Dali jej tą pracę. □ **Tell her that I'll be late.** Powiedz jej że się spóźnię

nią *inst*
   □ **I was at school with her.** Byłem razem z nią w szkole.
   niej *loc*
   □ **You could write her a letter.** Mógłbyś napisać do niej list.
   ■ **'It's her again,' said Peter.** 'To znowu ona,' powiedział Piotr.
her [hə:ʳ] ADJECTIVE
   ▷ *see also* **her** PRONOUN
1 jej

> LANGUAGE TIP **jej** is used in the subject of the sentence, or in the object of the sentence when it refers to someone other than the subject.

   □ **Her face was very red.** Jej twarz była bardzo zaczerwieniona. □ **The policewoman asked for her passport.** Policjantka poprosiła o jej paszport.
2 swój

> LANGUAGE TIP **swój** is used in the object of the sentence when it refers to the subject.

   □ **She gave me her email address.** Dała mi swój adres emailowy.
herb [hə:b] NOUN
   ziele
   □ **What herbs do you use in this sauce?** Jakie zioła stosujesz do tego sosu?
herd [hə:d] NOUN
   stado
here [hɪəʳ] ADVERB
   tutaj
   □ **I live here.** Mieszkam tutaj. □ **I'm here to help you.** Jestem tutaj żeby panu/pani pomóc.
   ■ **Here is ...** Oto ... □ **Here's my phone number.** Oto mój numer telefonu. □ **Here's Helen.** Oto Helen.
   ■ **Here are ...** Oto są ... □ **Here are the keys.** Oto są klucze.
   ■ **Here he is!** Oto i on!
hero [ˈhɪərəʊ] (PL **heroes**) NOUN
   bohater
   □ **He's a real hero!** Prawdziwy z niego bohater!
heroin [ˈhɛrəʊɪn] NOUN
   heroina
   □ **Heroin is a hard drug.** Heroina to narkotyk twardy. □ **She's a heroin addict.** Ona jest uzależniona od heroiny.
heroine [ˈhɛrəʊɪn] NOUN
   bohaterka
   □ **the heroine of the novel** bohaterka powieści
hers [hə:z] PRONOUN
   jej
   □ **Which bowl is hers?** Która miska jest jej? □ **This is hers.** To jest jej.
   ■ **a friend of hers** jej znajomy
herself [hə:ˈsɛlf] PRONOUN
1 siebie *gen, acc*
   □ **She had both children by herself.** Miała oboje dzieci koło siebie.
   sobie *dat, loc*

□ She hurt herself. Zrobiła sobie krzywdę. sobą *inst*

□ She despises herself for doing this. Ona gardzi sobą za zrobienie tego.

2 się *reflexive*

□ She washed herself from head to toe. Umyła się od stóp do głów.

3 sama

□ She made the dress herself. Sama uszyła tą sukienkę.

■ **by herself** sama □ She painted the house by herself. Sama pomalowała dom. □ She lives by herself. Mieszka sama.

he's [hiːz] = **he is, he has**

to **hesitate** ['hɛzɪteɪt] VERB
wahać (PERF zawahać się

heterosexual ['hɛtərəʊ'sɛksjʊəl] ADJECTIVE
▷ *see also* **heterosexual** NOUN
heteroseksualny

heterosexual NOUN
▷ *see also* **heterosexual** ADJECTIVE
osoba heteroseksualna

hi [haɪ] EXCLAMATION
cześć

hiccups ['hɪkʌps] PL NOUN
■ **to have the hiccups** mieć czkawkę

to **hide** [haɪd] (PT **hid**, PP **hidden**) VERB
ukrywać (PERF ukryć

□ Paula hid the present. Paula ukryła prezent. chować (PERF schować się

□ He hid behind a bush. Schował się za krzakiem.

hide-and-seek ['haɪdən'siːk] NOUN
gra w chowanego

□ to play hide-and-seek grać w chowanego

hideous ['hɪdɪəs] ADJECTIVE
szkaradny

hi-fi ['haɪfaɪ] NOUN
zestaw hi-fi

high [haɪ] ADJECTIVE
▷ *see also* **high** ADVERB
wysoki

□ It's too high. To jest zbyt wysokie. □ a high price wysoka cena □ a high temperature wysoka temperatura □ She's got a very high voice. Ona ma bardzo wysoki głos.

■ **at high speed** przy dużej prędkości
■ **How high is the wall?** Jak wysoka jest ściana?
■ **It is 20m high.** To jest wysokie na dwadzieścia metrów.
■ **to be high** *(on drugs)* na haju
■ **to get high** być na haju
■ **to get high on crack** być naładowanym koką

high [haɪ] ADVERB
▷ *see also* **high** ADJECTIVE
wysoko

high chair NOUN
wysokie krzesło

higher education ['haɪəʳ-] NOUN
wyższe wykształcenie

high heels PL NOUN
wysokie obcasy

high jump NOUN
■ **the high jump** skok wzwyż

highlight ['haɪlaɪt] NOUN
▷ *see also* **highlight** VERB
główna atrakcja

□ the highlight of the evening główna atrakcja wieczoru

■ **highlights** *(in hair)* pasemka

to **highlight** ['haɪlaɪt] VERB
▷ *see also* **highlight** NOUN
naświetlać (PERF naświetlić

highlighter ['haɪlaɪtəʳ] NOUN
flamaster

high-rise ['haɪraɪz] NOUN
wieżowiec

□ I live in a high-rise. Mieszkam w wieżowcu.

high school NOUN

CZY WIESZ, ŻE…?

High school – W Wielkiej Brytanii uczniowie uczęszczają do szkoły średniej (**high school**) pomiędzy 11 a 18 rokiem życia. W USA wcześniej jeszcze jest **junior high school**, do **high school** uczęszcza się pomiędzy 14 a 18 rokiem życia.

to **hijack** ['haɪdʒæk] VERB
porywać (PERF porwać *(plane)*

hijacker ['haɪdʒækəʳ] NOUN
porywacz *masc*
porywaczka *fem*

hike [haɪk] NOUN
wędrówka

□ to go for a hike chodzić (PERF pójść) na wędrówkę

hiking ['haɪkɪŋ] NOUN
piesze wycieczki

■ **to go hiking** iść/chodzić (PERF pójść na pieszą wycieczkę

hilarious [hɪ'lɛərɪəs] ADJECTIVE
komiczny

hill [hɪl] NOUN
wzgórze

□ She walked up the hill. Weszła na wzgórze.

hill-walking ['hɪlwɔːkɪŋ] NOUN
turystyka górska

■ **to go hill-walking** chodzić po górach

him [hɪm] PRONOUN
go *acc, gen*

□ I haven't seen him. Nie widziałem go. mu *dat*

□ They gave him the job. Dali mu tą pracę. nim *inst, loc*

□ I went to school with him. Chodziłem z nim do szkoły.

himself [hɪm'sɛlf] PRONOUN

1 siebie *gen, acc*

□ He looked at himself in the mirror.
□ Spojrzał na siebie w lustrze.
sobie *dat, loc*

□ He talked about himself. Mówił o sobie.
sobą *inst*

2 się *reflexive*

□ He hurt himself. Skaleczył się.

3 sam *(for emphasis)*
□ He prepared the supper himself. Sam przygotował kolację.
■ **by himself** sam □ He painted the house by himself. Sam pomalował dom. □ He lives by himself. Mieszka sam.

Hindu ['hɪndu:] NOUN
▷ *see also* **Hindu** ADJECTIVE
Hindus

Hindu ['hɪndu:] ADJECTIVE
▷ *see also* **Hindu** NOUN
hinduski
□ a Hindu temple świątynia hinduska

hint [hɪnt] NOUN
▷ *see also* **hint** VERB
podpowiedź
■ **to drop a hint** dawać do zrozumienia

to **hint** [hɪnt] VERB
▷ *see also* **hint** NOUN
■ **to hint that ...** sugerować (PERF zasugerować)
□ He hinted that something was going on. Sugerował, że coś się dzieje.

to **hint at** VERB
robić aluzje do +*gen*
□ What are you hinting at? Do czego robisz aluzje?

hip [hɪp] NOUN
biodro

hippie ['hɪpɪ] NOUN
hipis *masc*
hipiska *fem*

hippo ['hɪpəu] NOUN
hipopotam

hire ['haɪəʳ] NOUN
▷ *see also* **hire** VERB
wynajem
□ car hire wynajem samochodów
■ **for hire** do wynajęcia

to **hire** ['haɪəʳ] VERB
▷ *see also* **hire** NOUN
wynajmować (PERF wynająć)
□ to hire a car wynajmować (PERF wynająć) samochód
zatrudniać (PERF zatrudnić) *(worker)*
□ They hired a cleaner. Oni zatrudnili sprzątaczkę.

his [hɪz] ADJECTIVE
▷ *see also* **his** PRONOUN
1 jego

> LANGUAGE TIP **jego** is used in the subject of the sentence, or in the object of the sentence when it refers to someone other than the subject.

□ His face was very red. Jego twarz była bardzo czerwona. □ The teacher gave him back his homework. Nauczyciel oddał mu jego zadanie domowe.
2 swój

> LANGUAGE TIP **swój** is used in the object of the sentence when it refers to the subject.

□ He gave me his email address. Dał mi swój adres emailowy.

his [hɪz] PRONOUN
▷ *see also* **his** ADJECTIVE
jego
□ Which bowl is his? Która miska jest jego?
□ These are his. Te są jego.
■ **a friend of his** jego przyjaciel

history ['hɪstərɪ] NOUN
historia

hit [hɪt] NOUN
▷ *see also* **hit** VERB
1 trafienie *(on website)*
2 przebój
□ Elton John's latest hit najnowszy przebój Eltona Johna
■ **to be a hit** być przebojem □ The film was a massive hit. Film był wielkim przebojem.

to **hit** [hɪt] (PT, PP **hit**) VERB
▷ *see also* **hit** NOUN
1 uderzać (PERF uderzyć)
□ Andrew hit him. Andrew uderzył go.
□ The truck had hit a wall. Ciężarówka uderzyła w mur.
2 trafiać (PERF trafić) *(target)*
□ The arrow hit the target. Strzała trafiła w cel.
■ **to hit it off with somebody** zaprzyjaźniać (PERF zaprzyjaźnić) się z kimś □ She hit it off with his parents. Ona zaprzyjaźniła się z jego rodzicami.

hitch [hɪtʃ] NOUN
szkopuł
□ There's been a slight hitch. Miał miejsce mały szkopuł.
■ **a technical hitch** drobny problem techniczny

to **hitchhike** ['hɪtʃhaɪk] VERB
jeździć (PERF pojechać) autostopem

hitchhiker ['hɪtʃhaɪkəʳ] NOUN
autostopowicz *masc*
autostopowiczka *fem*

hitchhiking ['hɪtʃhaɪkɪŋ] NOUN
autostop
□ Hitchhiking can be dangerous. Autostop może być niebezpieczny.

hitman ['hɪtmæn] (PL **hitmen**) NOUN
płatny zabójca

HIV ABBREVIATION *(= human immunodeficiency virus)*
wirus HIV
■ **to be HIV positive** być seropozytywnym
■ **to be HIV negative** być seronegatywnym

hoarse [hɔ:s] ADJECTIVE
zachrypnięty

hobby ['hɔbɪ] NOUN
hobby
□ What are your hobbies? Jakie są Twoje hobby?

hockey ['hɔkɪ] NOUN
hokej na trawie
□ I play hockey. Gram w hokeja na trawie.

h

Hogmanay [hɔɡmənei] NOUN

> CZY WIESZ, ŻE...?
>
> **Hogmanay** – tak w Szkocji nazywana jest wigilia Nowego Roku (31 grudnia). Według tradycji tuż po północy odwiedza się rodzinę i przyjaciół obnosząc ze sobą whisky oraz kawałek węgla, co ma przynieść szczęście w nowym roku. Zwyczaj ten nazywany jest **first footing** – pierwsza osoba przekraczająca próg domu ma ponoć wpływ na powodzenie jego gospodarzy w nadchodzącym roku.

hold [həuld] NOUN

▷ see also **hold** VERB
ładownia (of plane)

■ **to get hold of something** chwytać (PERF chwycić) coś □ I couldn't get hold of it. Nie mogłem tego uchwycić.

■ **I need to get hold of Bob.** Muszę złapać Boba.

to **hold** [həuld] (PT, PP **held**) VERB

▷ see also **hold** NOUN

1 trzymać (grip)
□ She held the baby. Ona trzymała niemowlę.
■ **Hold it!** (wait) Chwileczkę!
■ **Hold the line!** (on telephone) Proszę czekać!

2 mieścić (PERF pomieścić) (contain)
□ Each bottle will hold a litre. Każda butelka pomieści litr.
■ **to hold a meeting** odbywać (PERF odbyć) spotkanie
■ **to hold somebody hostage** przetrzymywać (PERF przetrzymać) kogoś jako zakładnika
■ **to hold somebody responsible** obarczać (PERF obarczyć) kogoś odpowiedzialnością
■ **to hold something against somebody** mieć coś komuś za złe

to **hold on** VERB

1 nie puszczać (PERF puścić) (keep hold)
□ Hold on just a bit longer! I'll help you get down. Nie puszczaj się jeszcze przez moment! Pomogę Ci zejść.

2 czekać (PERF poczekać) (wait)
□ Hold on, I'm coming! Czekaj, już idę!
■ **Hold on!** (on telephone) Proszę czekać!

to **hold on to** VERB
łapać (PERF złapać) się +gen
□ He held on to the chair. On złapał się krzesła.

to **hold up** VERB

1 unosić (PERF unieść)
□ Peter held up his hand. Peter uniósł rękę.

2 zatrzymywać (PERF zatrzymać) (delay)
□ I was held up at the office. Zatrzymano mnie w biurze.

3 napadać (PERF napaść) na (rob)
■ **Three masked men held up the bank.** Trzech zamaskowanych mężczyzn napadło na bank.

hold-up [həuldʌp] NOUN

1 napad z bronią w ręku (robbery)

2 opóźnienie (delay)

3 korek (in traffic)

hole [həul] NOUN
dziura

holiday ['hɔlidei] NOUN
wakacje fem pl
□ Did you have a good holiday? Czy spędziłeś miłe wakacje? □ the summer holidays wakacje letnie
■ **on holiday** na wakacjach □ to be on holiday być na wakacjach □ to go on holiday jechać (PERF pojechać) na wakacje
■ **a public holiday** dzień wolny od pracy
□ Next Wednesday is a public holiday. Następna środa to dzień wolny od pracy.
■ **the Christmas holidays** ferie świąteczne
■ **He took a day's holiday.** Wziął dzień wolnego.

holiday camp NOUN
ośrodek wypoczynkowy

holiday home NOUN
dom letniskowy

Holland ['hɔlənd] NOUN
Holandia
■ **in Holland** w Holandii
■ **to Holland** do Holandii

hollow ['hɔləu] ADJECTIVE
pusty

holly ['hɔli] NOUN
ostrokrzew
□ a sprig of holly gałązka ostrokrzewu

holy ['həuli] ADJECTIVE
święty

home [həum] NOUN

▷ see also **home** ADJECTIVE, ADVERB
dom
□ His home is in Hampstead. Jego dom znajduje się w Hampstead.
■ **at home** w domu □ She went out to work, while he stayed at home. Ona wyszła do pracy, podczas gdy on został w domu.
■ **Make yourself at home.** Czuj się jak u siebie w domu.
■ **Our team are at home this weekend.** W ten weekend nasza drużyna gra na swoim boisku.

home [həum] ADJECTIVE

▷ see also **home** NOUN, ADVERB
miejscowy
□ the home team miejscowa drużyna

home [həum] ADVERB

▷ see also **home** NOUN, ADJECTIVE
w domu (be)
□ I'll be home at 5 o'clock. Będę w domu o piątej.
do domu (go)
□ I want to go home. Chcę pójść do domu.
■ **to get home** dotrzeć do domu

home address NOUN
adres domowy

homeland ['həumlænd] NOUN
kraj rodzinny

homeless ['həumlis] ADJECTIVE
bezdomny
■ **the homeless** bezdomni

home page NOUN
strona główna

homesick ['həumsɪk] ADJECTIVE
■ **to be homesick** tęsknić (PERF zatęsknić) za domem

homework ['həumwə:k] NOUN
zadanie domowe
□ my geography homework moje zadanie domowe z geografii
■ **to do one's homework** odrabiać (PERF odrobić) zadanie domowe □ Have you done your homework for tomorrow? Odrobiłeś zadanie domowe na jutro?

homosexual [hɔməu'sɛksjuəl] ADJECTIVE
▷ see also **homosexual** NOUN
homoseksualny

homosexual [hɔməu'sɛksjuəl] NOUN
▷ see also **homosexual** ADJECTIVE
homoseksualista masc
homoseksualistka fem

honest ['ɔnɪst] ADJECTIVE
1 uczciwy (truthful)
□ He was very honest with her. On był wobec niej bardzo uczciwy.
2 godny zaufania (trustworthy)
□ She's a very honest person. Ona jest osobą bardzo godną zaufania.

honestly ['ɔnɪstlɪ] ADVERB
1 uczciwie (with integrity)
2 szczerze (bluntly)
■ **I honestly don't know.** Naprawdę nie wiem.

honesty ['ɔnɪstɪ] NOUN
uczciwość

honey ['hʌnɪ] NOUN
miód (food)

honeymoon ['hʌnɪmu:n] NOUN
miesiąc miodowy
■ **to be on honeymoon** być w podróży poślubnej

honour ['ɔnər] (US honor) NOUN
1 honor
2 zaszczyt (tribute)
□ the honour of hosting the Olympic Games zaszczyt bycia gospodarzem Igrzysk Olimpijskich

hood [hud] NOUN
1 kaptur
2 maska (US: of car)

hoof [hu:f] (PL hooves) NOUN
kopyto

hook [huk] NOUN
hak
□ He hung the painting on the hook. Powiesił obraz na haku.
■ **to take the phone off the hook** zdejmować (PERF zdjąć) słuchawkę z widełek

hooligan ['hu:lɪgən] NOUN
chuligan

hooray [hu:'reɪ] EXCLAMATION
hura

Hoover® ['hu:vər] NOUN
odkurzacz

to hoover ['hu:vər] VERB
odkurzać (PERF odkurzyć)
□ to hoover the lounge odkurzać (PERF odkurzyć salon

hooves [hu:vz] PL NOUN ▷ see **hoof**

to hope [həup] VERB
▷ see also **hope** NOUN
mieć nadzieję
□ I hope he comes. Mam nadzieję, że on przyjdzie. □ I'm hoping for good results. Mam nadzieję na dobre wyniki.
■ **I hope so.** Mam nadzieję.
■ **I hope not.** Mam nadzieję, że nie.

hope [həup] NOUN
▷ see also **hope** VERB
nadzieja
■ **to give up hope** tracić (PERF stracić) nadzieję
□ She never completely gave up hope. Ona nigdy do końca nie straciła nadziei.

hopeful ['həupful] ADJECTIVE
pełen nadziei
□ I'm hopeful. Jestem pełen nadziei.
■ **He's hopeful of winning.** On ma nadzieję, że wygra.

hopefully ['həupfulɪ] ADVERB
jeśli szczęście dopisze
□ Hopefully he'll make it in time. Jeśli szczęście dopisze, on zdąży na czas.

hopeless ['həuplɪs] ADJECTIVE
beznadziejny
□ I'm hopeless at cooking. Jestem beznadziejny w gotowaniu.

horizon [hə'raɪzn] NOUN
■ **the horizon** horyzont □ on the horizon na horyzoncie

horizontal [hɔrɪ'zɔntl] ADJECTIVE
poziomy

horn [hɔ:n] NOUN
1 róg
□ I play the horn. Gram na rogu.
2 klakson
□ He sounded his horn. Nacisnął na klakson.

horoscope ['hɔrəskəup] NOUN
horoskop

horrible ['hɔrɪbl] ADJECTIVE
1 okropny
□ What a horrible dress! Cóż za okropna sukienka!
2 straszny
□ a horrible accident straszny wypadek
□ I had a horrible dream last night. Miałem zeszłej nocy straszny sen.

horrifying ['hɔrɪfaɪɪŋ] ADJECTIVE
przerażający

horror ['hɔrər] NOUN
przerażenie

horror film NOUN
horror

horse [hɔ:s] NOUN
koń

horse racing NOUN
wyścigi konne pl

h

425

horseshoe ['hɔːʃuː] NOUN
podkowa

hose [həuz] NOUN
wąż

□ a garden hose wąż ogrodowy

hospital ['hɒspɪtl] NOUN
szpital

□ to be in hospital być w szpitalu

hospitality [hɒspɪ'tælɪtɪ] NOUN
gościnność

host [həust] NOUN
gospodarz

□ Don't forget to write and thank your hosts. Nie zapomnij napisać do twych gospodarzy i podziękować im.

hostage ['hɒstɪdʒ] NOUN
zakładnik *masc*
zakładniczka *fem*

■ **to be taken hostage** być wziętym jako zakładnik

hostel ['hɒstl] NOUN
schronisko

■ **a youth hostel** schronisko młodzieżowe

hostile ['hɒstaɪl] ADJECTIVE
nieprzyjazny *(person, attitude)*

hot [hɒt] ADJECTIVE
1 gorący *(very warm)*

□ a hot bath gorąca kąpiel □ a hot country gorący kraj □ I'm hot. Gorąco mi. □ It's very hot today. Dziś jest bardzo gorąco.

2 ostry *(spicy)*

□ a very hot curry bardzo ostre curry

hot dog NOUN
hot dog

hotel [həu'tɛl] NOUN
hotel

■ **to stay in a hotel** zatrzymywać (PERF zatrzymać) się w hotelu □ We stayed in a hotel. Zatrzymaliśmy się w hotelu.

hour ['auə'] NOUN
godzina

□ for three hours przez trzy godziny □ at 60 kilometres per hour z prędkością sześćdziesięciu kilometrów na godzinę

■ **a quarter of an hour** kwadrans

■ **half an hour** pół godziny

■ **two and a half hours** dwie i pół godziny

■ **to pay somebody by the hour** płacić (PERF zapłacić) komuś od godziny

■ **The buses leave on the hour.** Autobusy odjeżdżają o równych godzinach.

■ **hours** *(ages)* całe godziny □ She always takes hours to get ready. Ona zawsze przygotowuje się całymi godzinami.

■ **lunch hour** pora lunchu

hourly ['auəlɪ] ADVERB
▷ see also **hourly** ADJECTIVE
co godzinę

■ **to be paid hourly** być płaconym od godziny

hourly ['auəlɪ] ADJECTIVE
▷ see also **hourly** ADVERB
cogodzinny

□ There are hourly buses. Są cogodzinne autobusy.

2 od godziny *(rate, income)*

house [haus] NOUN
dom

□ Our house is at the end of the road. Nasz dom jest przy końcu ulicy. □ at my house w moim domu □ to my house do mojego domu

■ **the House of Commons** Izby Gmin

■ **the House of Lords** Izby Lordów

Houses of Parliament PL NOUN

> CZY WIESZ, ŻE...?
> **The Houses of Parliment** – w Wielkiej Brytanii parlament składa się z dwóch Izb: Izby Gmin i Izby Lordów.

housewife ['hauswaɪf] (PL **housewives**) NOUN
gospodyni domowa

□ She's a housewife. Ona jest gospodynią domową.

housework ['hauswəːk] NOUN
prace domowe *pl*

□ to do the housework wykonywać prace domowe

housing estate ['hauzɪŋ-] NOUN
osiedle mieszkaniowe

hovercraft ['hɒvəkrɑːft] (PL **hovercraft**) NOUN
poduszkowiec

how [hau] ADVERB

> LANGUAGE TIP There are several ways of translating **how**. Scan the examples to find one that is similar to what you want to say.

jak

□ How are you? Jak się pan/pani miewa? □ How long have you lived here? Jak długo pan/pani tutaj mieszka? □ I know how she did it. Wiem, jak ona to zrobiła.

■ **how much ...?** ile ...? □ How much milk? Ile mleka?

■ **how many ...?** ilu ...? □ How many people? Ilu ludzi?

■ **How old are you?** Ile ma pan/pani lat?

■ **How do you do?** miło mi!

■ **How do you say 'apple' in Polish?** Jak się mówi 'apple' po polsku?

however [hau'ɛvə'] CONJUNCTION
jednak

□ I hoped he might offer me a job. However, he didn't. Miałem nadzieję że zaproponuje mi pracę. Jednak tego nie zrobił.

to **howl** [haul] VERB
wyć (PERF zawyć) *(animal)*

HTML ABBREVIATION (= hypertext markup language)
język HTML

□ an HTML document dokument w języku HTML

to **hug** [hʌg] VERB
▷ see also **hug** NOUN
przytulać (PERF przytulić)

□ He hugged her. On ją przytulił.

hug [hʌg] NOUN
▷ see also **hug** VERB

uścisk
- **to give somebody a hug** przytulać (PERF przytulić) kogoś □ She gave them a hug. Ona ich przytuliła.

huge [hjuːdʒ] ADJECTIVE
ogromny

to **hum** [hʌm] VERB
nucić (PERF zanucić)

human ['hjuːmən] ADJECTIVE
ludzki
□ the human body ludzkie ciało
- **the human race** rasa ludzka
- **human nature** natura ludzka

human being NOUN
człowiek

humble ['hʌmbl] ADJECTIVE
skromny (person)

humour ['hjuːməʳ] (US **humor**) NOUN
humor
- **a sense of humour** poczucie humoru

hundred ['hʌndrəd] NUMBER
sto
□ one hundred dollars sto dolarów □ one hundred people stu ludzi
- **five hundred** pięćset
- **five hundred and one** pięćset jeden
- **hundreds of people** setki ludzi

hung [hʌŋ] VERB ▷ see **hang**

Hungarian [hʌŋˈgeəriən] ADJECTIVE
▷ see also **Hungarian** NOUN
węgierski
- **She's Hungarian.** Ona jest Węgierką.

Hungarian [hʌŋˈgeəriən] NOUN
▷ see also **Hungarian** ADJECTIVE
1 Węgier masc
Węgierka fem
2 węgierski (language)

Hungary ['hʌŋgəri] NOUN
Węgry fem pl
- **in Hungary** na Węgrzech
- **to Hungary** na Węgry

hunger ['hʌŋgəʳ] NOUN
głód

hungry ['hʌŋgri] ADJECTIVE
głodny
- **to be hungry** być głodnym □ I'm hungry. Jestem głodny.

to **hunt** [hʌnt] VERB
1 polować (PERF zapolować) na
□ People used to hunt wild boar. Dawniej ludzie polowali na dziki.
2 poszukiwać +gen (criminal)
□ The police are hunting the killer. Policja poszukuje zabójcy.
- **to hunt for something** (search) poszukiwać czegoś +gen □ I hunted everywhere for that book. Wszędzie poszukiwałem tej książki.
□ Detectives are hunting for clues. Policja poszukuje tropów.

hunting ['hʌntiŋ] NOUN
polowanie
□ I'm against hunting. Jestem przeciwko

polowaniu.
- **to go hunting** chodzić (PERF pójść) na polowanie
- **fox hunting** polowanie na lisa

hurdle ['hɜːdl] NOUN
przeszkoda (obstacle)
- **the hurdles** płotki

hurricane ['hʌrikən] NOUN
huragan

hurry ['hʌri] NOUN
▷ see also **hurry** VERB
- **to be in a hurry** śpieszyć się
- **to do something in a hurry** robić (PERF zrobić) coś w pośpiechu
- **There's no hurry.** Nie ma pośpiechu.
- **What's the hurry?** Po co ten pośpiech?

to **hurry** ['hʌri] VERB
▷ see also **hurry** NOUN
śpieszyć (PERF pośpieszyć) się
□ to hurry home śpieszyć (PERF pośpieszyć) się do domu
- **Hurry up!** Pośpiesz się!

to **hurt** [hɜːt] (PT, PP **hurt**) VERB
▷ see also **hurt** ADJECTIVE
1 sprawiać (PERF sprawić) ból +dat
□ You're hurting me! Sprawiasz mi ból!
2 ranić (PERF zranić) (injure)
□ I've hurt my arm. Zraniłem się w ramię.
□ I didn't want to hurt your feelings. Nie chciałem zranić twoich uczuć.
- **to hurt oneself** ranić (PERF zranić) się □ I fell over and hurt myself. Przewróciłem się i zraniłem się.
3 boleć (PERF zaboleć) (be painful)
□ My leg really hurts. Moja noga naprawdę boli.
- **Where does it hurt?** Gdzie boli?

hurt [hɜːt] ADJECTIVE
▷ see also **hurt** VERB
1 ranny
□ Is he badly hurt? Czy on jest poważnie ranny?
□ He was hurt in the leg. Był ranny w nogę.
2 urażony
□ I was hurt by what he said. Byłem urażony tym, co on powiedział.

husband ['hʌzbənd] NOUN
mąż

hut [hʌt] NOUN
1 chata (house)
2 szopa (shed)

hymn [him] NOUN
hymn

hyperlink ['haipəliŋk] NOUN
link

hypermarket ['haipəmɑːkit] NOUN
hipermarket

hyphen ['haifn] NOUN
myślnik

hysterical [hiˈsterikl] ADJECTIVE
histeryczny (person, laughter)

I i

I [aɪ] PRONOUN
ja
□ I speak Polish. Ja mówię po polsku. □ I love cats. Ja kocham koty. □ Ann and I Ann i ja

> **LANGUAGE TIP** In Polish, personal pronouns (such as 'I', 'he' and so on) are very frequently omitted, for example **Mówię po polsku.** or **Kocham koty.** These pronouns can be used if you want to stress that 'I' (and not someone else) speak Polish or love cats.

ice [aɪs] NOUN
lód
□ There was ice on the lake. Na jeziorze był lód. □ Would you like ice in your drink? Czy chciałbyś lód w drinku?

iceberg ['aɪsbə:g] NOUN
góra lodowa
■ **This is just the tip of the iceberg.** To tylko wierzchołek góry lodowej.

ice cream NOUN
lody *masc pl*
□ vanilla ice cream lody waniliowe

ice cube NOUN
kostka lodu

ice hockey NOUN
hokej

Iceland ['aɪslənd] NOUN
Islandia
■ **in Iceland** na Islandii
■ **to Iceland** na Islandię

ice lolly NOUN
lizak z zamrożonego soku owocowego

ice rink [-rɪŋk] NOUN
lodowisko

ice-skating ['aɪsskeɪtɪŋ] NOUN
łyżwiarstwo
■ **to go ice-skating** chodzić (PERF pójść) na łyżwy

icing ['aɪsɪŋ] NOUN
lukier

icing sugar NOUN
cukier puder

icon ['aɪkɒn] NOUN
ikona

ICT ABBREVIATION (= Information and Communication Technology)
ICT

icy ['aɪsɪ] ADJECTIVE

1 lodowaty *(air, water)*
□ There was an icy wind. Wiał lodowaty wiatr.
2 oblodzony *(road)*
□ The roads are icy. Drogi są oblodzone.

ID ABBREVIATION (= identification)
dowód osobisty
□ Do you have any ID? Czy masz dowód osobisty?

I'd [aɪd] = I would, I had

idea [aɪ'dɪə] NOUN
pomysł
□ Good idea! Dobry pomysł!
■ **I haven't the faintest idea.** Nie mam zielonego pojęcia.

ideal [aɪ'dɪəl] ADJECTIVE
idealny

identical [aɪ'dentɪkl] ADJECTIVE
identyczny
■ **identical twins** bliźnięta jednojajowe
■ **identical to** dokładnie taki sam, jak □ Her car is identical to mine. Jej samochód jest dokładnie taki sam, jak mój.

identification [aɪdentɪfɪ'keɪʃən] NOUN
identyfikacja

to **identify** [aɪ'dentɪfaɪ] VERB
rozpoznawać (PERF rozpoznać)

identity card NOUN
dowód osobisty

idiot ['ɪdɪət] NOUN
idiota *masc*
idiotka *fem*

idiotic [ɪdɪ'ɔtɪk] ADJECTIVE
idiotyczny

idle ['aɪdl] ADJECTIVE
leniwy

i.e. ABBREVIATION (= id est)
tj.

if [ɪf] CONJUNCTION

> **LANGUAGE TIP** There are several ways of translating **if**. Scan the examples to find one that is similar to what you want to say.

1 jeśli *(conditional use)*
□ I'll go if you come with me. Pójdę jeśli pójdzie pan/pani ze mną. □ if anyone comes in ... jeśli ktoś wejdzie ... □ if necessary jeśli to konieczne
■ **if so** jeśli tak □ Are you going to the party? If so, could you pick me up? Czy idziesz na przyjęcie? Jeśli tak, czy mógłbyś po mnie przyjechać?

■ **if not** jeśli nie □ Are you coming? If not, I'll go with Mark. Idziesz? Jeśli nie, pójdę z Markiem.
■ **if I were you** gdybym był tobą
■ **If only we had more time!** Gdybyśmy tylko mieli więcej czasu!
2 kiedy *(whenever)*
  □ If we are in Hong Kong, we always go to see her. Kiedy jesteśmy w Hong Kongu, zawsze jedziemy ją odwiedzić.
3 czy *(whether)*
  □ I don't know if he's in. Nie wiem, czy on jest w domu. □ Ask him if he can come. Zapytaj, czy on może przyjść.
ignorant ['ɪɡnərənt] ADJECTIVE
1 niedouczony *(uninformed)*
2 ignorant *(rude)*
to **ignore** [ɪɡ'nɔːʳ] VERB
  ignorować (PERF zignorować)
  □ She saw me, but she ignored me. Widziała mnie, ale mnie zignorowała. □ Just ignore him! Po prostu go zignoruj! □ She ignored my advice. Ona zignorowała moją radę.
I'll [aɪl] = **I will, I shall**
ill [ɪl] ADJECTIVE
  chory
  ■ **to be taken ill** zachorować *perf* □ She was taken ill while on holiday. Zachorowała w trakcie urlopu.
illegal [ɪ'liːɡl] ADJECTIVE
  nielegalny
illegible [ɪ'lɛdʒɪbl] ADJECTIVE
  nieczytelny
illness ['ɪlnɪs] NOUN
  choroba
illusion [ɪ'luːʒən] NOUN
  iluzja *(false idea)*
illustration [ɪlə'streɪʃən] NOUN
  ilustracja
image ['ɪmɪdʒ] NOUN
1 wyobrażenie
  □ I have an image of her in my head. Mam jej wyobrażenie w głowie.
2 wizerunek *(public face)*
  □ The company has changed its image. Firma zmieniła swój wizerunek.
imagination [ɪmædʒɪ'neɪʃən] NOUN
  wyobraźnia
to **imagine** [ɪ'mædʒɪn] VERB
1 wyobrażać (PERF wyobrazić sobie) *(envisage)*
  □ You can imagine how I felt! Możesz sobie wyobrazić, jak się czułem!
2 przypuszczać *(suppose)*
  □ Is he angry? — I imagine so. Czy on jest zły? — Tak przypuszczam.
to **imitate** ['ɪmɪteɪt] VERB
  imitować *(copy)*
imitation [ɪmɪ'teɪʃən] NOUN
  imitacja
immediate [ɪ'miːdɪət] ADJECTIVE
  natychmiastowy
immediately [ɪ'miːdɪətlɪ] ADVERB
1 natychmiast *(at once)*

□ I'll do it immediately. Zrobię to natychmiast.
2 bezpośrednio *(apparent, obvious)*
immigrant ['ɪmɪɡrənt] NOUN
  imigrant *masc*
  imigrantka *fem*
immigration [ɪmɪ'ɡreɪʃən] NOUN
  imigracja
  ■ **immigration control** kontrola paszportowa
immoral [ɪ'mɔrəl] ADJECTIVE
  niemoralny
impartial [ɪm'pɑːʃl] ADJECTIVE
  bezstronny *(advice)*
impatience [ɪm'peɪʃəns] NOUN
  niecierpliwość
impatient [ɪm'peɪʃənt] ADJECTIVE
  niecierpliwy
  ■ **to get impatient** niecierpliwić (PERF zniecierpliwić się □ People are getting impatient. Ludzie się niecierpliwią.
impatiently [ɪm'peɪʃəntlɪ] ADVERB
  niecierpliwy
  □ We waited impatiently. Czekaliśmy niecierpliwie.
impersonal [ɪm'pɜːsənl] ADJECTIVE
  bezosobowy
importance [ɪm'pɔːtns] NOUN
  znaczenie
important [ɪm'pɔːtənt] ADJECTIVE
  ważny
  □ It's not important. To nie jest ważne.
  □ It is important to eat sensibly. Ważne, żeby jeść rozsądnie.
impossible [ɪm'pɔsɪbl] ADJECTIVE
1 niewykonalny *(task, demand)*
2 niemożliwy *(situation, position)*
  ■ **It is impossible to understand what's going on.** Nie można zrozumieć, o co chodzi.
  ■ **It's impossible for me to leave now.** Nie mogę teraz wyjść.
to **impress** [ɪm'pres] VERB
  robić (PERF zrobić) wrażenie na +loc
  □ She's trying to impress you. Ona stara się zrobić na Tobie wrażenie.
  ■ **to be impressed** być pod wrażeniem □ I'm very impressed! Jestem bardzo pod wrażeniem!
impression [ɪm'preʃən] NOUN
  wrażenie
  □ to make a good impression robić (PERF zrobić) dobre wrażenie
  ■ **to be under the impression that ...** mieć wrażenie, że ... □ I was under the impression that you knew. Miałem wrażenie, że wiesz.
impressive [ɪm'presɪv] ADJECTIVE
  imponujący
to **improve** [ɪm'pruːv] VERB
  poprawiać (PERF poprawić)
  □ They have improved the service. Oni poprawili obsługę.
  poprawiać (PERF poprawić) się
  □ The weather is improving. Pogoda poprawia się. □ My Polish has improved. Moja znajomość polskiego poprawiła się.

improvement [ɪm'pruːvmənt] NOUN
poprawa

□ It's a great improvement. To duża poprawa.
■ **improvement in** postęp w +*loc* □ There's been an improvement in his Polish. On dokonał postępu w polskim.

in [ɪn] PREPOSITION
▷ see also **in** ADVERB

> LANGUAGE TIP There are several ways of translating **in**. Scan the examples to find one that is similar to what you want to say.

1 w +*loc*
□ It's in the house. To jest w domu. □ in hospital w szpitalu □ in England w Anglii □ in May w maju
■ **in a loud voice** podniesionym głosem
■ **in pencil** ołówkiem
■ **in spring** wiosną
■ **in summer** latem
■ **in the morning** rano
■ **in the afternoon** po południu
■ **I'll see you in two weeks.** Zobaczymy się za dwa tygodnie.
■ **in here** tu □ It's hot in here. Tu jest gorąco.
■ **in there** tam □ You can't go in there. Tam nie można wejść.

2 po +*loc* (with languages)
□ in English po angielsku

3 na (with ratios, numbers)
□ one in ten people jedna na dziesięć osób
■ **in the country** na wsi
■ **in time** na czas □ We arrived in time for dinner. Przybyliśmy na kolację na czas.
■ **They lined up in twos.** Ustawili się po dwóch.

in [ɪn] ADVERB
▷ see also **in** PREPOSITION
■ **to be in 1** (at home) być w domu **2** (at work) być obecnym
■ **Is Harry in?** Czy jest Harry?
■ **to ask somebody in** zapraszać (PERF zaprosić) kogoś do środka
■ **He is in for a shock.** Czeka go wstrząs.

inaccurate [ɪn'ækjurət] ADJECTIVE
nieścisły

inadequate [ɪn'ædɪkwət] ADJECTIVE
niedostosowany
□ I felt completely inadequate. Czułem się zupełnie niedostosowany.

inbox ['ɪnbɒks] NOUN
emailowa skrzynka odbiorcza

incentive [ɪn'sentɪv] NOUN
zachęta
□ There is no incentive to work. Nie ma zachęty do pracy.

inch [ɪntʃ] NOUN
cal

> DID YOU KNOW...?
> In Poland, measurements are in metres and centimetres rather than feet and inches. An inch is about 2.5 centimetres.

■ **6 inches** piętnaście centymetrów

incident ['ɪnsɪdnt] NOUN
incydent

inclined [ɪn'klaɪnd] ADJECTIVE
■ **to be inclined to do something** być skłonnym, aby coś zrobić □ He's inclined to arrive late. On jest skłonny, aby przybyć późno.

to **include** [ɪn'kluːd] VERB
zawierać (PERF zawrzeć)
■ **Service is not included.** Obsługa nie jest wliczona.

including [ɪn'kluːdɪŋ] PREPOSITION
w tym
□ It costs £15, including postage and packing. Kosztuje piętnaście funtów, w tym wysyłka i pakowanie. □ Nine people were injured, including two Britons. Dziewięć osób zostało rannych, w tym dwoje Brytyjczyków.

inclusive [ɪn'kluːsɪv] ADJECTIVE
▷ see also **inclusive** ADVERB
całkowity
□ The inclusive price is 200 euros. Całkowita cena wynosi 200 euro.
■ **inclusive of tax** z wliczonym podatkiem

inclusive [ɪn'kluːsɪv] ADVERB
▷ see also **inclusive** ADJECTIVE

income ['ɪnkʌm] NOUN
dochód

income tax NOUN
podatek dochodowy

incompetent [ɪn'kɒmpɪtnt] ADJECTIVE
niekompetentny

incomplete [ɪnkəm'pliːt] ADJECTIVE
nieukończony (book, painting)

inconsistent [ɪnkən'sɪstnt] ADJECTIVE
nierówny

inconvenience [ɪnkən'viːnjəns] NOUN
niedogodność
□ I don't want to cause any inconvenience. Nie chcę sprawiać żadnej niedogodności.

inconvenient [ɪnkən'viːnjənt] ADJECTIVE
niewygodny (time, moment)
■ **That's very inconvenient for me.** To dla mnie bardzo kłopotliwe.

incorrect [ɪnkə'rekt] ADJECTIVE
błędny

increase ['ɪnkriːs] NOUN
▷ see also **increase** VERB
wzrost
□ an increase in road accidents wzrost liczby wypadków drogowych □ an increase of 5% pięcioprocentowy wzrost
■ **to be on the increase** wzrastać (PERF wzrosnąć)

to **increase** [ɪn'kriːs] VERB
▷ see also **increase** NOUN
rosnąć (PERF urosnąć)
□ The population continues to increase. Liczba ludności wciąż rośnie.
podnosić (PERF podnieść) (price, level)
□ The company has increased the price of its cars. Firma podniosła cenę swoich samochodów.

incredible [ɪn'krɛdɪbl] ADJECTIVE
1 niesamowity *(amazing)*
2 niewiarygodny *(unbelievable)*

indecisive [ɪndɪ'saɪsɪv] ADJECTIVE
niezdecydowany
▫ I'm very indecisive. Jestem bardzo niezdecydowany.

indeed [ɪn'diːd] ADVERB
rzeczywiście *(certainly)*
■ Know what I mean? — Indeed I do. Wiesz, co mam na myśli? — Jak najbardziej.
■ It's very hard indeed. To naprawdę jest bardzo trudne.
■ Thank you very much indeed! Naprawdę bardzo dziękuję!
■ Yes indeed! Tak, oczywiście!

independence [ɪndɪ'pɛndns] NOUN
niepodległość
▫ to declare independence ogłaszać (PERF ogłosić) niepodległość

Independence Day NOUN

> **CZY WIESZ, ŻE...?**
> **Independence Day** – Dzień Niepodległości przypada 4 lipca. W USA jest to święto narodowe, upamiętniające podpisanie w 1776 roku Deklaracji Niepodległości głoszącej niezależność 13 kolonii amerykańskich od Wielkiej Brytanii.

independent [ɪndɪ'pɛndnt] ADJECTIVE
niezależny
▫ financially independent niezależny finansowo
■ an independent school niezależna szkoła prywatna

index ['ɪndɛks] (PL **indexes**) NOUN
1 indeks *(in book)*
2 katalog *(in library)*

India ['ɪndɪə] NOUN
Indie *fem pl*
■ in India w Indiach
■ to India do Indii

Indian ['ɪndɪən] ADJECTIVE
▷ *see also* **Indian** NOUN
indyjski

Indian ['ɪndɪən] NOUN
▷ *see also* **Indian** ADJECTIVE
Hindus *masc*
Hinduska *fem*

to **indicate** ['ɪndɪkeɪt] VERB
1 pokazywać (PERF pokazać) *(show)*
2 wskazywać (PERF wskazać) *(point to)*

indicator ['ɪndɪkeɪtər] NOUN
kierunkowskaz
▫ Put your indicators on. Włącz kierunkowskazy.

indigestion [ɪndɪ'dʒɛstʃən] NOUN
niestrawność
▫ I've got indigestion. Mam niestrawność.

individual [ɪndɪ'vɪdjuəl] NOUN
▷ *see also* **individual** ADJECTIVE
jednostka

individual [ɪndɪ'vɪdjuəl] ADJECTIVE
▷ *see also* **individual** NOUN
1 osobisty *(personal)*
2 indywidualny *(particular)*

indoor ['ɪndɔːr] ADJECTIVE
we wnętrzach
■ an indoor swimming pool basen kryty

indoors [ɪn'dɔːz] ADVERB
wewnątrz
▫ They're indoors. Oni są wewnątrz.
■ to go indoors wejść (PERF wchodzić) do środka ▫ We'd better go indoors. Lepiej wejdźmy do środka.

industrial [ɪn'dʌstrɪəl] ADJECTIVE
1 przemysłowy *(production, waste)*
2 w miejscu pracy *(accident)*

industrial estate NOUN
strefa przemysłowa

industry ['ɪndəstrɪ] NOUN
przemysł
▫ I'd like to work in industry. Chciałbym pracować w przemyśle. ▫ the tourist industry przemysł turystyczny ▫ the oil industry przemysł wydobycia ropy naftowej

inefficient [ɪnɪ'fɪʃənt] ADJECTIVE
niewydajny

inevitable [ɪn'ɛvɪtəbl] ADJECTIVE
nieunikniony

inexpensive [ɪnɪk'spɛnsɪv] ADJECTIVE
niedrogi
▫ an inexpensive hotel niedrogi hotel
▫ inexpensive holidays niedrogi urlop

inexperienced [ɪnɪk'spɪərɪənst] ADJECTIVE
niedoświadczony

infant school ['ɪnfənt-] NOUN

> **CZY WIESZ, ŻE...?**
> Brytyjskie **infant schools** (szkoły dla najmłodszych) to odpowiedniki przedszkola. Chodzą do nich, obowiązkowo, dzieci w wieku od lat pięciu (czasem czterech) do lat siedmiu.

infection [ɪn'fɛkʃən] NOUN
■ to have an ear infection mieć zapalenie ucha

infectious [ɪn'fɛkʃəs] ADJECTIVE
zakaźny
▫ It's not infectious. To nie jest zakaźne.

infinitive [ɪn'fɪnɪtɪv] NOUN
niezliczony

inflatable [ɪn'fleɪtəbl] ADJECTIVE
nadmuchiwany

inflation [ɪn'fleɪʃən] NOUN
inflacja

influence ['ɪnfluəns] NOUN
▷ *see also* **influence** VERB
wpływ
■ to be a good influence on somebody mieć dobry wpływ na kogoś ▫ He's a bad influence on her. On ma na nią zły wpływ.

to **influence** ['ɪnfluəns] VERB
▷ *see also* **influence** NOUN
wpływać (PERF wpłynąć na

inform – insist

to **inform** [ɪn'fɔːm] VERB
informować (PERF poinformować) *(tell)*

■ **to inform somebody of something**
informować (PERF poinformować) kogoś o czymś
□ Nobody informed me of the new plan.
Nikt mnie nie poinformował o nowym planie.

■ **to inform somebody that ...** informować
(PERF poinformować) kogoś, że ...

informal [ɪn'fɔːml] ADJECTIVE
1 swobodny *(person, speech, clothes, party)*
□ informal language swobodny język
2 nieformalny *(unofficial)*
□ an informal visit nieformalna wizyta

information [ɪnfə'meɪʃən] NOUN
informacja
□ important information ważna informacja
■ **a piece of information** informacja
■ **for your information** do twojej wiadomości

infuriating [ɪn'fjuərɪeɪtɪŋ] ADJECTIVE
irytujący

ingenious [ɪn'dʒiːnjəs] ADJECTIVE
genialny

ingredient [ɪn'griːdɪənt] NOUN
składnik

inhabitant [ɪn'hæbɪtnt] NOUN
mieszkaniec *masc*
mieszkanka *fem*

inhaler [ɪn'heɪləʳ] NOUN
inhalator
□ I mustn't forget my inhaler. Nie wolno mi
zapomnieć mojego inhalatora.

to **inherit** [ɪn'hɛrɪt] VERB
dziedziczyć (PERF oddziedziczyć) *(property, money)*

initials [ɪ'nɪʃlz] PL NOUN
inicjały
□ Her initials are CDT. Jej inicjały to CDT.

initiative [ɪ'nɪʃətɪv] NOUN
inicjatywa
■ **to take the initiative** przejmować
(PERF przejąć) inicjatywę

to **inject** [ɪn'dʒɛkt] VERB
wstrzykiwać (PERF wstrzyknąć)

injection [ɪn'dʒɛkʃən] NOUN
zastrzyk
□ to give somebody an injection robić
(PERF zrobić) komuś zastrzyk

to **injure** ['ɪndʒəʳ] VERB
ranić (PERF zranić)

injured ['ɪndʒəd] ADJECTIVE
ranny
□ He was badly injured in the attack. Został
poważnie ranny podczas ataku.

injury ['ɪndʒərɪ] NOUN
rana
■ **to escape without injury** uciec bez szwanku

injury time NOUN
dodatkowy czas meczu z powodu kontuzji
zawodników

injustice [ɪn'dʒʌstɪs] NOUN
niesprawiedliwość

ink [ɪŋk] NOUN
atrament

in-laws ['ɪnlɔːz] PL NOUN
teściowie

inn [ɪn] NOUN
zajazd

inner city NOUN
■ **the inner city** środek miasta

innocent ['ɪnəsnt] ADJECTIVE
niewinny *(not guilty)*
■ **to be innocent of a crime** nie być winnym
zbrodni

inquest ['ɪnkwɛst] NOUN
dochodzenie przyczyny zgonu

to **inquire** [ɪn'kwaɪəʳ] VERB
dowiadywać (PERF dowiedzieć) się
■ **to inquire about something** dowiadywać
się o coś □ I'm going to inquire about train
times. Dowiem się o godziny pociągu.

inquiry [ɪn'kwaɪərɪ] NOUN
zapytanie
■ **to make inquiries about something**
dowiadywać się o coś

inquisitive [ɪn'kwɪzɪtɪv] ADJECTIVE
dociekliwy *(person)*

insane [ɪn'seɪn] ADJECTIVE
1 obłąkany *(person)*
2 szalony *(idea, scheme)*

insect ['ɪnsɛkt] NOUN
owad

insect repellent [-rɪ'pɛlənt] NOUN
środek odstraszający owady

insensitive [ɪn'sɛnsɪtɪv] ADJECTIVE
niewrażliwy *(person)*
□ That was a bit insensitive of you.
Zachowałeś się w sposób trochę niewrażliwy.
(remark)

inside ['ɪn'saɪd] NOUN
▷ *see also* **inside** ADVERB, PREPOSITION
wnętrze

inside ['ɪn'saɪd] ADVERB
▷ *see also* **inside** NOUN, PREPOSITION
1 wewnątrz *(be)*
□ We decided to stay inside. Postanowiliśmy
zostać wewnątrz.
2 do środka *(go)*
□ The children went inside. Dzieci weszły do
środka.
■ **Come inside!** Wejdź!

inside ['ɪn'saɪd] PREPOSITION
▷ *see also* **inside** NOUN, ADVERB
wewnątrz +gen
□ inside the house wewnątrz domu

insincere [ɪnsɪn'sɪəʳ] ADJECTIVE
nieszczery *(person)*

to **insist** [ɪn'sɪst] VERB
nalegać
□ I didn't want to, but he insisted. Nie chciałem,
ale on nalegał.
■ **to insist on doing something** nalegać na
zrobienie czegoś □ She insisted on paying.
Nalegała, że zapłaci.
■ **He insisted he was innocent.** Twierdził,
że jest niewinny.

inspector [ɪn'spɛktər] NOUN
1 inspector *masc*
inspectorka *fem (police)*
2 kontroler *masc*
kontrolerka *fem (on buses etc)*

instalment [ɪn'stɔːlmənt] (US **installment**) NOUN
1 rata *(payment)*
□ to pay in instalments płacić (PERF zapłacić)
w ratach
2 odcinek *(of story)*

instance ['ɪnstəns] NOUN
■ **for instance** na przykład

instant ['ɪnstənt] ADJECTIVE
natychmiastowy
□ It was an instant success. To był
natychmiastowy sukces.
■ **instant coffee** kawa rozpuszczalna

instantly ['ɪnstəntlɪ] ADVERB
od razu

instead [ɪn'stɛd] ADVERB
zamiast tego
□ The pool was closed, so we played tennis
instead. Basen był zamknięty, więc zamiast
tego zagraliśmy w tenisa.
■ **instead of** zamiast *+gen* □ He went instead
of Peter. On poszedł zamiast Petera. □ We
played tennis instead of going swimming.
Zagraliśmy w tenisa zamiast pójść popływać.

instinct ['ɪnstɪŋkt] NOUN
instynkt

institute ['ɪnstɪtjuːt] NOUN
instytut

institution [ɪnstɪ'tjuːʃən] NOUN
1 instytucja *(tradition)*
2 instytucja *(organization)*

to **instruct** [ɪn'strʌkt] VERB
■ **to instruct somebody to do something**
instruować (PERF poinstruować) kogoś, aby coś
zrobił □ She instructed us to wait outside.
Poinstruowała nas, byśmy poczekali na zewnątrz.

instructions [ɪn'strʌkʃənz] PL NOUN
instrukcja *fem sing*
□ Follow the instructions carefully. Postępuj
dokładnie według instrukcji.

instructor [ɪn'strʌktər] NOUN
instruktor *masc*
instruktorka *fem*

instrument ['ɪnstrumənt] NOUN
instrument
□ Do you play an instrument? Czy grasz na
jakimś instrumencie?

insufficient [ɪnsə'fɪʃənt] ADJECTIVE
niewystarczający

insulin ['ɪnsjulɪn] NOUN
insulina

insult ['ɪnsʌlt] NOUN
▷ *see also* **insult** VERB
obelga

to **insult** [ɪn'sʌlt] VERB
▷ *see also* **insult** NOUN
obrażać (PERF obrazić)

insurance [ɪn'ʃuərəns] NOUN
ubezpieczenie
□ his car insurance jego ubezpieczenie
samochodowe
■ **life insurance** ubezpieczenie na życie
■ **health insurance** ubezpieczenie
zdrowotne

insurance policy NOUN
polisa ubezpieczeniowa

intelligent [ɪn'tɛlɪdʒənt] ADJECTIVE
inteligentny

to **intend** [ɪn'tɛnd] VERB
■ **to intend to do something** zamierzać coś
zrobić □ I intend to do history at university.
Zamierzam studiować historię na
uniwersytecie.

intense [ɪn'tɛns] ADJECTIVE
intensywny *(heat, pain)*

intensive [ɪn'tɛnsɪv] ADJECTIVE
intensywny

intention [ɪn'tɛnʃən] NOUN
zamiar
□ to have every intention of doing something
mieć zamiar coś zrobić

intercom ['ɪntəkɔm] NOUN
telefon komunikacji wewnętrznej

interest ['ɪntrɪst] NOUN
▷ *see also* **interest** VERB
1 zainteresowanie
□ What interests do you have? Jakie masz
zainteresowania? □ His interests include
cooking and photography. Jego
zainteresowania to między innymi gotowanie
i fotografia.
■ **to take an interest in something**
interesować (PERF zainteresować) się czymś
■ **to lose interest in something** tracić
(PERF stracić) zainteresowanie czymś
2 odsetki *masc pl (at bank)*

to **interest** ['ɪntrɪst] VERB
▷ *see also* **interest** NOUN
interesować (PERF zainteresować)
□ It doesn't interest me. To mnie nie
interesuje.

interested ['ɪntrɪstɪd] ADJECTIVE
■ **to be interested in something** interesować
(PERF zainteresować) się czymś □ I'm not
interested in politics. Nie interesuję się
polityką.

interesting ['ɪntrɪstɪŋ] ADJECTIVE
interesujący
■ **It will be interesting to see how he reacts.**
Ciekawie będzie zobaczyć, jak on zareaguje.

interior [ɪn'tɪərɪər] NOUN
wnętrze

intermediate [ɪntə'miːdɪət] ADJECTIVE
średniego stopnia *(student, course)*

internal [ɪn'təːnl] ADJECTIVE
1 wewnętrzny *(wall, mail)*
2 wewnętrzny *(bleeding, injury)*

international [ɪntə'næʃənl] ADJECTIVE
międzynarodowy

i

433

internet ['ɪntənɛt] NOUN
■ **the internet** internet □ on the internet w internecie
internet café NOUN
kawiarenka internetowa
internet user NOUN
użytkownik internetu
to **interpret** [ɪn'tə:prɪt] VERB
tłumaczyć (PERF przetłumaczyć)
□ Steve interpreted into English for his friend. Steve tłumaczył na angielski dla swego przyjaciela.
interpreter [ɪn'tə:prɪtəʳ] NOUN
tłumacz *masc*
tłumaczka *fem*
to **interrupt** [ɪntə'rʌpt] VERB
przerywać (PERF przerwać)
interruption [ɪntə'rʌpʃən] NOUN
przerwa
interval ['ɪntəvl] NOUN
1 przerwa
2 antrakt *(in theatre)*
interview ['ɪntəvju:] NOUN
▷ *see also* **interview** VERB
1 rozmowa kwalifikacyjna *(for job)*
□ to go for an interview iść na rozmowę kwalifikacyjną
2 wywiad *(on radio, TV)*
to **interview** ['ɪntəvju:] VERB
▷ *see also* **interview** NOUN
1 przeprowadzać (PERF przeprowadzić) rozmowę kwalifikacyjną z +inst *(for job)*
□ Three people interviewed me. Trzy osoby przeprowadziły ze mną rozmowę kwalifikacyjną.
2 przeprowadzać (PERF przeprowadzić) wywiad z +inst *(on radio, TV)*
□ I was interviewed on the radio. Przeprowadzono ze mną wywiad w radio.
interviewer ['ɪntəvjuəʳ] NOUN
dziennikarz przeprowadzający wywiad *masc*
dziennikarka przeprowadzająca wywiad *fem* *(on radio, TV)*
intimate ['ɪntɪmət] ADJECTIVE
bardzo bliski *(friend)*
into ['ɪntu] PREPOSITION
do +gen
□ to come into the house wchodzić (PERF wejść) do domu □ to get into the car wchodzić (PERF wejść) do samochodu □ He threw some socks into his case. Wrzucił skarpetki do walizki.
□ Let's go into town. Chodźmy do miasta.
■ **to translate something from English into French** tłumaczyć (PERF przetłumaczyć) coś z angielskiego na francuski
■ **Divide into two groups.** Podziel na dwie grupy.
■ **I'd like to change some zlotys into pounds.** Chciałbym wymienić trochę złotych na funty.
to **introduce** [ɪntrə'dju:s] VERB
przedstawiać (PERF przedstawić)
■ **to introduce somebody to somebody** przedstawiać (PERF przedstawić) kogoś (komuś)

□ He introduced me to his parents. On przedstawił mnie swoim rodzicom.
□ I'd like to introduce Michelle Davies. Chciałbym przedstawić Michelle Davies.
introduction [ɪntrə'dʌkʃən] NOUN
1 prezentacja *(of new idea)*
2 przedstawienie *(of person)*
3 wstęp *(of book, talk)*
intruder [ɪn'tru:dəʳ] NOUN
intruz
intuition [ɪntju:'ɪʃən] NOUN
intuicja
to **invade** [ɪn'veɪd] VERB
atakować (PERF zaatakować)
invalid ['ɪnvəlɪd] NOUN
inwalida *masc*
inwalidka *fem*
to **invent** [ɪn'vɛnt] VERB
wynaleźć perf
invention [ɪn'vɛnʃən] NOUN
wynalazek
inventor [ɪn'vɛntəʳ] NOUN
wynalazca
investigation [ɪnvɛstɪ'geɪʃən] NOUN
dochodzenie
investment [ɪn'vɛstmənt] NOUN
inwestycja
□ I bought a flat as an investment. Kupiłem mieszkanie w celu inwestycji.
invisible [ɪn'vɪzɪbl] ADJECTIVE
niewidoczny
invitation [ɪnvɪ'teɪʃən] NOUN
zaproszenie
to **invite** [ɪn'vaɪt] VERB
zapraszać (PERF zaprosić)
□ He's not invited. On nie jest zaproszony.
□ to invite somebody to dinner zapraszać (PERF zaprosić) kogoś na obiad
to **involve** [ɪn'vɒlv] VERB
wiązać się z +inst
□ His job involves a lot of travelling. Jego praca wiąże się z licznymi podróżami.
iPod® ['aɪpɒd] NOUN
iPod ®
Iran [ɪ'rɑ:n] NOUN
Iran
■ **in Iran** w Iranie
■ **to Iran** do Iranu
Iraq [ɪ'rɑ:k] NOUN
Irak
■ **in Iraq** w Iraku
■ **to Iraq** do Iraku
Ireland ['aɪələnd] NOUN
Irlandia
■ **in Ireland** w Irlandii
■ **to Ireland** do Irlandii
■ **I'm from Ireland.** Jestem z Irlandii.
■ **Northern Ireland** Irlandia Północna
■ **the Republic of Ireland** Republika Irlandii
Irish ['aɪrɪʃ] ADJECTIVE
▷ *see also* **Irish** NOUN
irlandzki

□ **Irish music** muzyka irlandzka
■ **He's Irish.** On jest Irlandczykiem.
Irish ['aɪrɪʃ] NOUN
▷ *see also* **Irish** ADJECTIVE
irlandzki *(language)*
■ **the Irish** *(people)* Irlandczycy
Irishman ['aɪrɪʃmən] (PL **Irishmen**) NOUN
Irlandczyk
Irishwoman ['aɪrɪʃwumən] (PL **Irishwomen**)
NOUN
Irlandka
iron ['aɪən] NOUN
▷ *see also* **iron** ADJECTIVE, VERB
1 żelazo *(metal)*
2 żelazko *(for clothes)*
iron ['aɪən] ADJECTIVE
▷ *see also* **iron** NOUN, VERB
żelazny
□ **iron railings** poręcze żelazne
to **iron** ['aɪən] VERB
▷ *see also* **iron** NOUN, ADJECTIVE
prasować (PERF wyprasować)
ironing ['aɪənɪŋ] NOUN
prasowanie
■ **to do the ironing** prasować (PERF
wyprasować)
ironing board NOUN
deska do prasowania
ironmonger's shop ['aɪənmʌŋgəz-] NOUN
sklep z materiałami żelaznymi
irrelevant [ɪ'rɛləvənt] ADJECTIVE
nieistotny
□ **That's irrelevant.** To nieistotne.
irresponsible [ɪrɪ'spɒnsɪbl] ADJECTIVE
nieodpowiedzialny
□ **That was irresponsible of him.** To było
nieodpowiedzialne z jego strony.
irritating ['ɪrɪteɪtɪŋ] ADJECTIVE
irytujący
is [ɪz] VERB ▷ *see* **be**
Islam ['ɪzlɑːm] NOUN
islam
Islamic [ɪz'læmɪk] ADJECTIVE
islamski
□ **Islamic law** prawo islamskie
island ['aɪlənd] NOUN
wyspa
isle [aɪl] NOUN
wyspa
■ **the Isle of Man** wyspa Man
■ **the Isle of Wight** wyspa Wight
isolated ['aɪsəleɪtɪd] ADJECTIVE
1 odosobniony *(place)*
2 pojedynczy *(incident, case)*
Israel ['ɪzreɪl] NOUN
Izrael
■ **in Israel** w Izraelu
■ **to Israel** do Izraela
issue ['ɪʃuː] NOUN
▷ *see also* **issue** VERB
1 kwestia
□ **a controversial issue** kontrowersyjna kwestia

2 wydanie *(of magazine)*
to **issue** ['ɪʃuː] VERB
▷ *see also* **issue** NOUN
■ **to issue somebody with something**
wydawać (PERF wydać) komuś coś
IT ABBREVIATION (= *information technology*)
IT
it [ɪt] PRONOUN
to
□ **What is it?** Co to jest? □ **It's me.** To ja.
□ **I can see it clearly.** Widzę to wyraźnie.
□ **It's expensive.** To jest drogie. □ **It doesn't
matter.** To nie ma znaczenia.

> **LANGUAGE TIP** In Polish, personal
> pronouns (such as 'I', 'it' and so on)
> are very frequently omitted.

□ **It's Friday.** Jest piątek. □ **It's 6 o'clock.**
Jest szósta. □ **It's August 10th.** Jest dziesiąty
sierpnia. □ **It's raining.** Pada.
Italian [ɪ'tæljən] ADJECTIVE
▷ *see also* **Italian** NOUN
włoski
■ **She's Italian.** Ona jest Włoszką.
Italian [ɪ'tæljən] NOUN
▷ *see also* **Italian** ADJECTIVE
1 Włoch *masc*
Włoszka *fem (person)*
2 włoski *(language)*
Italy ['ɪtəlɪ] NOUN
Włochy
■ **in Italy** we Włoszech
■ **to Italy** do Włoch
to **itch** [ɪtʃ] VERB
swędzić (PERF zaswędzić)
□ **My head's itching.** Swędzi mnie głowa.
itchy ['ɪtʃɪ] ADJECTIVE
swędzący
■ **My arm is itchy.** Moje ramię mnie swędzi.
it'd ['ɪtd] = **it would**, **it had**
item ['aɪtəm] NOUN
1 rzecz *(on list)*
2 pozycja *(on bill)*
■ **items of clothing** odzież *fem sing*
it'll ['ɪtl] = **it will**
its [ɪts] ADJECTIVE
1 jego

> **LANGUAGE TIP** jego is used with
> the subject of the sentence, or with
> the object of the sentence when it
> refers to someone other than the
> subject.

□ **This product is very popular. Its sales have
gone up last month.** Ten produkt jest bardzo
popularny. Jego sprzedaż wzrosła w ubiegłym
miesiącu.
2 swój

> **LANGUAGE TIP** swój is used with the
> object of the sentence when the object
> belongs to the subject.

□ **The baby was sucking its thumb.** Niemowlę
ssało swój kciuk.
it's [ɪts] = **it is**, **it has**

English-Polish

itself [ɪtˈsɛlf] PRONOUN
1 siebie *gen, acc, after preposition*
  □ The baby was looking around itself.
  Niemowlę rozglądało się wokół siebie.
  sobie *dat, loc*
  sobą *inst*
2 się *reflexive*
  □ It switches itself on automatically.

To włącza się automatycznie.
3 sam *(emphatic)*
  □ The child was busy playing by itself.
  Dziecko było zajęte zabawą z samym sobą.
  ■ **by itself** sam □ The cat managed to climb
  down the tree by itself. Kot był w stanie sam
  zejść z drzewa.

I've [aɪv] = **I have**

Jj

jab [dʒæb] NOUN
szczepionka *(injection)*
□ to have a flu jab dostawać (PERF dostać)
szczepionkę przeciwko grypie

jack [dʒæk] NOUN
1 lewarek *(for car)*
2 walet *(in cards)*

jacket ['dʒækɪt] NOUN
marynarka
■ **jacket potatoes** ziemniaki w mundurkach

jackpot ['dʒækpɒt] NOUN
najwyższa stawka
□ to win the jackpot wygrać najwyższą stawkę

jail [dʒeɪl] NOUN
▷ *see also* **jail** VERB
więzienie
□ in jail w więzieniu
■ **to go to jail** iść (PERF pójść) do więzienia

to **jail** [dʒeɪl] VERB
▷ *see also* **jail** NOUN
więzić (PERF uwięzić)

jam [dʒæm] NOUN
dżem
□ strawberry jam dżem truskawkowy
■ **a jam jar** słoik na konfitury
■ **a traffic jam** korek

jammed [dʒæmd] ADJECTIVE
unieruchomiony *(mechanism)*
□ The window's jammed. Okno jest
unieruchomione.

janitor ['dʒænɪtər] NOUN
dozorca *masc*
dozorczyni *fem*
□ He's a janitor. On jest dozorcą.

January ['dʒænjuərɪ] NOUN
styczeń
□ in January w styczniu □ the first of January
pierwszy stycznia □ at the beginning of
January na początku styczni □ during January
w styczniu
■ **every January** co styczeń

Japan [dʒəˈpæn] NOUN
Japonia
■ **in Japan** w Japonii
■ **from Japan** z Japonii

Japanese [dʒæpəˈniːz] ADJECTIVE
▷ *see also* **Japanese** NOUN
japoński
■ **She's Japanese.** Ona jest Japonką.

Japanese [dʒæpəˈniːz] (PL **Japanese**) NOUN
▷ *see also* **Japanese** ADJECTIVE
japoński *(language)*
■ **the Japanese** Japończycy

jar [dʒɑːr] NOUN
słoik
□ an empty jar pusty słoik □ a jar of honey
słoik miodu

jaundice ['dʒɔːndɪs] NOUN
żółtaczka
□ He's got jaundice. On ma żółtaczkę.

javelin ['dʒævlɪn] NOUN
oszczep

jaw [dʒɔː] NOUN
szczęka

jazz [dʒæz] NOUN
jazz

jealous ['dʒɛləs] ADJECTIVE
zazdrosny
□ to be jealous of somebody być zazdrosnym
o kogoś

jeans [dʒiːnz] PL NOUN
dżinsy
■ **a pair of jeans** dżinsy

jelly ['dʒɛlɪ] NOUN
1 galaretka *(dessert)*
2 dżem *(US: preserve)*

jellyfish ['dʒɛlɪfɪʃ] (PL **jellyfish**) NOUN
meduza

jersey ['dʒəːzɪ] NOUN
sweter
□ a green jersey zielony sweter

Jesus ['dʒiːzəs] NOUN
Jezus
■ **Jesus Christ** Jezus Chrystus

jet [dʒet] NOUN
odrzutowiec *(aeroplane)*

jetlag [-læg] NOUN
■ **to be suffering from jetlag** być zmęczonym
z powodu zmiany czasu

jetty ['dʒetɪ] NOUN
pomost

Jew [dʒuː] NOUN
Żyd *masc*
Żydówka *fem*

jewel ['dʒuːəl] NOUN
klejnot

jeweller ['dʒuːələr] (US **jeweler**) NOUN
jubiler

□ He's a jeweller. On jest jubilerem.
■ jeweller's sklep jubilerski
jewellery ['dʒuːəlrɪ] (US **jewelry**) NOUN
biżuteria
Jewish ['dʒuːɪʃ] ADJECTIVE
żydowski
jigsaw ['dʒɪgsɔː] NOUN
układanka
job [dʒɔb] NOUN
1 praca *(position)*
□ He's lost his job. On stracił swoją pracę.
■ a part-time job praca na pół etatu
■ a full-time job praca na cały etat
2 zadanie *(task)*
□ That was a difficult job. To było trudne zadanie.
■ It's a good job that ... Dobrze, że ...
■ I had a job finding it. Nie było łatwo to
znaleźć.
job centre NOUN
biuro pośrednictwa pracy
jobless ['dʒɔblɪs] ADJECTIVE
bezrobotny
■ the jobless bezrobotni
jockey ['dʒɔkɪ] NOUN
dżokej *masc*
dżokejka *fem*
to **jog** [dʒɔg] VERB
▷ see also **jog** NOUN
biegać
jogging ['dʒɔgɪŋ] NOUN
jogging
■ to go jogging iść (PERF pójść) pobiegać
to **join** [dʒɔɪn] VERB
1 wstępować (PERF wstąpić) do +gen *(become
member of)*
□ I'm going to join the ski club. Mam zamiar
wstąpić do klubu narciarskiego.
2 dołączać (PERF dołączyć) do +gen
□ I'll join you later. Dołączę do was później.
■ Will you join us for dinner? Zjesz z nami
obiad?
joiner ['dʒɔɪnəʳ] NOUN
stolarz
□ He's a joiner. On jest stolarzem.
joint [dʒɔɪnt] NOUN
1 staw *(in body)*
2 mięso na pieczeń *(of beef, lamb)*
3 skręt *(drugs)*
joke [dʒəuk] NOUN
▷ see also **joke** VERB
żart
□ to tell a joke opowiadać (PERF opowiedzieć)
żart
■ It's no joke. To nie jest zabawne.
to **joke** [dʒəuk] VERB
▷ see also **joke** NOUN
żartować (PERF zażartować)
□ I'm only joking. Ja tylko żartuję.
■ You must be joking! Chyba kpisz!
jolly ['dʒɔlɪ] ADJECTIVE
1 wesoły *(person, laugh)*
2 radosny *(time, party)*

Jordan ['dʒɔːdən] NOUN
Jordania
■ in Jordan w Jordanii
journalism ['dʒəːnəlɪzəm] NOUN
dziennikarstwo
journalist ['dʒəːnəlɪst] NOUN
dziennikarz *masc*
dziennikarka *fem*
□ She's a journalist. Ona jest dziennikarką.
journey ['dʒəːnɪ] NOUN
podróż
□ a 5-hour journey pięciogodzinna podróż
□ I don't like long journeys. Nie lubię długich
podróży.
■ to go on a journey udawać (PERF udać) się
w podróż
■ a bus journey podróż autobusowa
joy [dʒɔɪ] NOUN
1 radość *(happiness)*
2 zadowolenie *(delight)*
joystick ['dʒɔɪstɪk] NOUN
joystick *(for computer)*
judge [dʒʌdʒ] NOUN
▷ see also **judge** VERB
1 sędzia *masc*
sędzina *fem (in law)*
□ She's a judge. Ona jest sędziną.
2 juror *masc*
jurorka *fem (in competition)*
□ The judges didn't like her. Nie podobała się
jurorom.
to **judge** [dʒʌdʒ] VERB
▷ see also **judge** NOUN
1 sędziować *(competition)*
2 oceniać (PERF ocenić) *(age, size)*
judo ['dʒuːdəu] NOUN
judo
□ My hobby is judo. Moje hobby to judo.
jug [dʒʌg] NOUN
dzbanek
juggler ['dʒʌgləʳ] NOUN
żongler *masc*
żonglerka *fem*
juice [dʒuːs] NOUN
sok
□ orange juice sok pomarańczowy
July [dʒuːˈlaɪ] NOUN
lipiec
□ in July w lipcu
■ the first of July pierwszy lipca
■ at the beginning of July na początku lipca
■ during July w lipcu
■ every July co lipiec
jumble sale NOUN
wyprzedaż rzeczy używanych

> **CZY WIESZ, ŻE...?**
> **Jumble sale** to wyprzedaż różnego
> rodzaju używanych artykułów i ubrań,
> odbywająca się zazwyczaj w miejscach
> takich jak kościoły bądź szkolne hole.
> Często urządzana w celu zgromadzenia
> pieniędzy na cele dobroczynne.

English-Polish

to **jump** [dʒʌmp] VERB
skakać (PERF skoczyć) (into air)

■ **to jump over something** przeskakiwać (PERF przeskoczyć) przez coś

■ **to jump out of a window** wyskakiwać (PERF wyskoczyć) przez okno

■ **to jump on something** wskakiwać (PERF wskoczyć) na coś

■ **to jump off something** zeskakiwać (PERF zeskoczyć) z czegoś

■ **to jump a fence** przeskakiwac (PERF przeskoczyć) przez płot

■ **to jump the queue** wpychać (PERF wepchnąć) się poza kolejnością

jumper ['dʒʌmpə'] NOUN
pulower

□ a green jumper zielony sweter

junction ['dʒʌŋkʃən] NOUN
1 skrzyżowanie (of roads)
2 węzeł kolejowy (of railways)

June [dʒuːn] NOUN
czerwiec

□ in June w czerwcu

■ **the first of June** pierwszy czerwca

■ **at the beginning of June** na początku czerwca

■ **during June** w czerwcu

■ **every June** co czerwiec

jungle ['dʒʌŋgl] NOUN
dżungla

junior ['dʒuːnɪə'] ADJECTIVE
młody

■ **the juniors** (in school) uczniowie szkoły podstawowej

junior school NOUN
szkoła podstawowa

junk [dʒʌŋk] NOUN
grat (rubbish)

□ The attic's full of junk. Strych jest pełen gratów.

■ **a junk shop** sklep ze starzyzną

■ **junk food** niezdrowa żywność

junk mail NOUN
bezużyteczna poczta

jury ['dʒuəri] NOUN
1 sąd (in law)
2 jury (in competition)

just [dʒʌst] ADVERB
▷ see also **just** ADJECTIVE
1 dokładnie (exactly)

□ That's just what I wanted to hear. To dokładnie to, co chciałem usłyszeć.
□ It's just right. Dokładnie tak. □ just enough money dokładnie wystarczająco pieniędzy
2 tylko (only)

□ It's not true, it's just a story. To nieprawda, to tylko opowieść. □ It's just a suggestion. To tylko propozycja.
3 właśnie (this minute)

□ He has just left. Właśnie wyszedł.

■ **I'm just coming!** Już idę!

■ **just in time** na czas □ They arrived just in time. Oni przybyli na czas.

■ **just now 1** (a moment ago) przed chwilą
□ I did it just now. Zrobiłem to przed chwilą.
2 (at the present time) właśnie teraz □ I'm rather busy just now. Jestem właśnie teraz dość zajęty.

■ **Just a minute! 1** (asking someone to wait) Chwilę! **2** (interrupting) Chwilkę!

just [dʒʌst] ADJECTIVE
▷ see also **just** ADVERB
1 sprawiedliwy (decision, reward)
2 słuszny (society, cause)

justice ['dʒʌstɪs] NOUN
1 sprawiedliwość (in law)
2 zasadność (of cause, complaint)

to **justify** ['dʒʌstɪfaɪ] VERB
usprawiedliwiać (PERF usprawiedliwić) (action, decision)

j

Kk

k

K ABBREVIATION
1 (= *thousands*)
tys
2 (= *kilobytes*)
kB *(in computing)*

kangaroo [kæŋɡəˈruː] NOUN
kangur *masc*
kangurzyca *fem*

karaoke [kɑːrəˈəʊkɪ] NOUN
karaoke

karate [kəˈrɑːtɪ] NOUN
karate

kebab [kəˈbæb] NOUN
kebab

keen [kiːn] ADJECTIVE
chętny *(enthusiastic)*
□ He doesn't seem very keen. On nie wygląda
na bardzo chętnego.
■ **She's a keen student.** Ona jest pilną
studentką.
■ **to be keen on something** uwielbiać coś
□ I'm keen on maths. Uwielbiam matematykę.
□ I'm not very keen on maths. Nie lubię zbytnio
matematyki.
■ **to be keen on doing something** chcieć coś
zrobić □ I'm not very keen on going. Nie za
bardzo chcę iść.
■ **to be keen on somebody** lubić kogoś
□ He's keen on her. On ją lubi.

to keep [kiːp] (PT, PP **kept**) VERB
1 zachowywać (PERF zachować) *(retain)*
□ You can keep it. Możesz to zachować.
2 trzymać *(store)*
□ Keep your card in a safe place. Trzymaj kartę
w bezpiecznym miejscu.
■ **to keep a promise** dotrzymywać (PERF
dotrzymać) obietnicy
■ **Can you keep a secret?** Możesz dotrzymać
tajemnicy?
■ **to keep somebody waiting** kazać komuś
czekać *(detain)*
3 zostawać (PERF zostać) *(stay)*
■ **Keep still!** Nie ruszaj się!
■ **Keep quiet!** Bądź cicho!
■ **to keep doing something 1** *(repeatedly)*
robić (PERF zrobić) coś raz za razem □ The car
keeps on breaking down. Samochód raz za razem
się psuje. **2** *(continue)* robić coś ciągle □ He
kept reading. On ciągle czytał.

to keep on VERB
■ **to keep on doing something 1** *(repeatedly)*
robić (PERF zrobić) coś raz za razem □ The car
keeps on breaking down. Samochód raz za
razem się psuje. **2** *(continue)* robić *imperf* coś
ciągle □ He kept on reading. On ciągle czytał.

to keep out VERB
trzymać się z dala
■ **'Keep out!'** 'Nie wchodzić!'

to keep up VERB
■ **to keep up** kontynuować
■ **to keep up with somebody 1** *(walking)*
dotrzymywać (PERF dotrzymać) kroku komuś
□ Michael walks so fast I can't keep up. Michael
chodzi tak szybko, że nie mogę mu dotrzymać
kroku. **2** *(in work)* nadążać (PERF nadążyć) za
kimś □ I can't keep up with the rest of the class.
Nie mogę nadążyć za resztą klasy.

keep-fit [kiːpˈfɪt] ADJECTIVE
gimnastyczny
□ I go to keep-fit classes. Chodzę na zajęcia
gimnastyczne.

kennel [ˈkɛnl] NOUN
buda psa

kept [kɛpt] VERB ▷ see **keep**

kerb [kəːb] (US **curb**) NOUN
krawężnik

kerosene [ˈkɛrəsiːn] NOUN
nafta (US)

ketchup [ˈkɛtʃəp] NOUN
keczup

kettle [ˈkɛtl] NOUN
czajnik
■ **The kettle's boiling.** Woda się gotuje.

key [kiː] NOUN
1 klucz *(for lock)*
2 klawisz *(of computer, piano)*

keyboard [ˈkiːbɔːd] NOUN
klawiatura
■ **the keyboards** syntezator *sing* □ ... with
Mike Moran on keyboards ... z Mike Moran na
syntezatorach

keyring [ˈkiːrɪŋ] NOUN
breloczek do kluczy

kick [kɪk] NOUN
▷ see also **kick** VERB
kopniak
■ **to give somebody a kick** kopać (PERF kopnąć)
kogoś

to **kick** [kɪk] VERB
▷ see also **kick** NOUN
kopać (PERF kopnąć)

□ He kicked the ball hard. On mocno kopnął piłkę.
■ **to kick somebody** kopać (PERF kopnąć) kogoś
□ He kicked me. On mnie kopnął.

to **kick off** VERB
rozpoczynać (PERF rozpocząć) mecz *(in sport)*

kick-off ['kɪkɔf] NOUN
rozpoczęcie meczu

□ The kick-off is at 10 o'clock. Rozpoczęcie meczu jest o dziesiątej.

kid [kɪd] NOUN
▷ see also **kid** VERB
1 dziecko *(child)*
2 dzieciak *(teenager)*
3 koźlę *(goat)*

to **kid** [kɪd] VERB
▷ see also **kid** NOUN
stroić sobie żarty

□ I'm just kidding. Ja sobie tylko stroję żarty.
■ **You're kidding!** Żartujesz!

to **kidnap** ['kɪdnæp] VERB
porywać (PERF porwać)

kidney ['kɪdnɪ] NOUN
1 nerka
□ He's got kidney trouble. On ma problemy z nerkami.
2 cynaderka *(to eat)*
□ I don't like kidneys. Nie lubię cynaderek.
■ **kidney bean** fasola zwyczajna

to **kill** [kɪl] VERB
zabijać (PERF zabić)

□ Her mother was killed in a car crash. Jej matka zabiła się w wypadku samochodowym.
□ Luckily, nobody was killed. Na szczęście nikt się nie zabił.
■ **My back's killing me.** Okropnie bolą mnie plecy.
■ **to kill oneself** zabić się □ He killed himself. On się zabił.

killer ['kɪlər] NOUN
1 zabójca *masc*
zabójczyni *fem*
□ The police are searching for the killer. Policja szuka zabójcy. □ a hired killer płatny zabójca
2 zabójczy *(disease, activity)*
□ Meningitis can be a killer. Zapalenie opon mózgowych może być zabójcze.

kilo ['kiːləu] NOUN
kilo
□ 10 zlotys a kilo 10 złotych za kilo

kilometre ['kɪləmiːtər] (US **kilometer**) NOUN
kilometr

kilt [kɪlt] NOUN
kilt

kind [kaɪnd] ADJECTIVE
▷ see also **kind** NOUN
życzliwy

□ They are all extremely kind and helpful. Oni są wszyscy niezmiernie życzliwi i pomocni.

□ Thank you for being so kind. Dziękuję Ci za bycie tak życzliwym.
■ **to be kind to somebody** być wobec kogoś życzliwym
■ **It was kind of them to help.** Miło z ich strony, że pomogli.

kind [kaɪnd] NOUN
▷ see also **kind** ADJECTIVE
rodzaj

□ It's a kind of sausage. To rodzaj kiełbasy.
■ **an opportunity to meet all kinds of people** możliwość spotkania bardzo różnych ludzi

kindergarten ['kɪndəgɑːtn] NOUN
przedszkole

kindly ['kaɪndlɪ] ADVERB
przyjaźnie

□ 'Don't worry,' she said kindly. 'Nie martw się,' powiedziała przyjaźnie.
■ **Kindly refrain from smoking.** Uprzejmie proszę powstrzymać się od palenia.

kindness ['kaɪndnɪs] NOUN
życzliwość

king [kɪŋ] NOUN
król

kingdom ['kɪŋdəm] NOUN
królestwo

□ the animal kingdom królestwo zwierząt

kiosk ['kiːɔsk] NOUN
kiosk *(shop)*
budka telefoniczna *(phone box)*

kiss [kɪs] NOUN
▷ see also **kiss** VERB
pocałunek

□ a passionate kiss namiętny pocałunek
■ **to give somebody a kiss** całować (PERF pocałować) kogoś

to **kiss** [kɪs] VERB
▷ see also **kiss** NOUN
całować (PERF pocałować)

□ He kissed her passionately. Namiętnie ją pocałował. □ They kissed. Pocałowali się.
■ **to kiss somebody goodbye** całować (PERF pocałować) kogoś na do widzenia

kit [kɪt] NOUN
1 zestaw *(equipment)*
□ a tool kit zestaw narzędzi □ a first aid kit zestaw pierwszej pomocy □ a drum kit zestaw perkusyjny
2 strój *(clothing)*
□ I've forgotten my gym kit. Zapomniałem mój strój gimnastyczny.

kitchen ['kɪtʃɪn] NOUN
kuchnia

□ a fitted kitchen zabudowana kuchnia
■ **the kitchen units** szafki kuchenne
■ **a kitchen knife** nóż kuchenny

kite [kaɪt] NOUN
latawiec

kitten ['kɪtn] NOUN
kociak

kiwi fruit ['kiːwiː-] NOUN
kiwi

k

441

knee [ni:] NOUN
kolano

■ **to be on one's knees** klęczeć

to **kneel** [ni:l] (PT, PP **knelt**) VERB
klękać (PERF klęknąć)

■ **to be kneeling** klęczący

to **kneel down** [ni:l] VERB
klękać (PERF klęknąć)

knew [nju:] VERB ▷ see know

knickers ['nɪkəz] PL NOUN
majtki

■ **a pair of knickers** para majtek

knife [naɪf] (PL **knives**) NOUN
nóż

□ a knife and fork nóż i widelec
■ **a kitchen knife** nóż kuchenny

to **knit** [nɪt] VERB
robić (PERF zrobić) na drutach

knitting ['nɪtɪŋ] NOUN
robienie na drutach

□ I like knitting. Lubię robienie na drutach.

knives [naɪvz] PL NOUN ▷ see knife

knob [nɒb] NOUN
gałka (on door)

knock [nɒk] NOUN
▷ see also knock VERB
1 uderzenie (blow, bump)
2 pukanie (on door)

to **knock** [nɒk] VERB
▷ see also knock NOUN
pukać (PERF zapukać) (on door, window)

□ He knocked on the door. Zapukał do
drzwi.

to **knock down** VERB
przewracać (PERF przewrócić) (run over)

□ She was knocked down by a car.
Przewrócił
ją samochód.

to **knock out** VERB
1 ogłuszać (PERF ogłuszyć) (stun)
□ They knocked out the security guard.
Ogłuszyli strażnika ochrony.
2 eliminować (PERF wyeliminować) (eliminate)
□ They were knocked out early in the
tournament. Zostali wyeliminowani na
wczesnym etapie turnieju.

knot [nɒt] NOUN
węzeł

□ to tie a knot wiązać (PERF zawiązać) węzeł

to **know** [nəu] (PT **knew**, PP **known**) VERB
znać (PERF poznać)

□ I don't know her address. Nie znam jej
adresu. □ I don't know Chinese very well.
Nie znam dobrze chińskiego. □ I've known
David for years. Znam Dawida od lat.
■ **It's a long way. — Yes, I know.** To długa
droga. — Tak, wiem.
■ **I don't know.** Nie wiem. □ I don't know
what to do. Nie wiem, co robić. □ I don't know
how to do it. Nie wiem, jak to zrobić.
■ **to know something about somebody**
wiedzieć coś o kimś
■ **to know about something 1** (be aware of)
wiedzieć o czymś +inst □ Do you know about
the meeting this afternoon? Czy wiesz o
spotkaniu dziś po południu? **2** (be knowledgeable
about) znać się na czymś +inst □ I don't know
much about computers. Nie znam się dobrze
na komputerach.
■ **to know that ...** wiedzieć, że ... □ I knew
that he lived in Glasgow. Wiedziałem, że on
mieszkał w Glasgow.
■ **How should I know?** (I don't know!)
Skąd mam wiedzieć?
■ **to get to know somebody** poznawać
(PERF poznać) kogoś

know-all ['nəuɔ:l] NOUN
mądrala

□ He's such a know-all! Z niego jest taki
mądrala!

know-how ['nəuhau] NOUN
wiedza technologiczna

knowledge ['nɒlɪdʒ] NOUN
wiedza

■ **to the best of my knowledge** o ile wiem

knowledgeable ['nɒlɪdʒəbl] ADJECTIVE
obeznany

■ **to be knowledgeable about something**
być obeznanym w czymś +inst □ She's very
knowledgeable about computers. One jest
bardzo obeznana w komputerach.

known [nəun] VERB ▷ see know

Koran [kɔ'rɑ:n] NOUN
■ **the Koran** Koran

Korea [kə'rɪə] NOUN
■ **in Korea** w Korei

kosher ['kəuʃəʳ] ADJECTIVE
koszerny (meat, restaurant)

Ll

lab [læb] NOUN
laboratorium
■ **a lab technician** technik laboratoryjny
label ['leɪbl] NOUN
1 metka *(on clothing)*
2 nalepka *(on bottle)*
3 przywieszka *(on suitcase)*
labor ['leɪbə'] NOUN (US) = **labour**
Labor Day NOUN

> CZY WIESZ, ŻE...?
> **Labor Day** – Święto Pracy jest
> obchodzone w USA oraz w Kanadzie
> w pierwszy poniedziałek września.
> Pierwotnie jego obchody miały
> charakter polityczny, obecnie święto
> traktowane jest po prostu jako
> okazja do odpoczynku w długi
> weekend.

laboratory [lə'borətərɪ] NOUN
laboratorium
labour ['leɪbə'] (US **labor**) NOUN
1 siła robocza *(manpower)*
2 praca *(work)*
□ the labour market rynek pracy
■ **to be in labour** rodzić
■ **to vote Labour** głosować (PERF zagłosować)
na Partię Pracy
labourer ['leɪbərə'] NOUN
robotnik
□ a farm labourer robotnik na farmie
Labour Party NOUN
■ **the Labour Party** Partia Pracy
lace [leɪs] NOUN
▷ *see also* **lace** ADJECTIVE
1 koronka *(fabric)*
2 sznurowadło *(of shoe)*
lace [leɪs] ADJECTIVE
▷ *see also* **lace** NOUN
koronkowy
□ a lace collar koronkowy kołnierz
lack [læk] NOUN
brak
□ He got the job despite his lack of experience.
Dostał pracę pomimo swego braku
doświadczenia.
■ **There was no lack of volunteers.**
Nie brakowało ochotników.
lacquer ['lækə'] NOUN
lakier

lad [læd] NOUN
1 chłopiec *(boy)*
2 chłopak *(young man)*
ladder ['lædə'] NOUN
drabina
lady ['leɪdɪ] NOUN
pani *(woman)*
■ **ladies and gentlemen ...** panie i panowie ...
■ **the ladies'** toaleta damska
■ **a young lady** młoda kobieta
ladybird ['leɪdɪbə:d] NOUN
biedronka
to **lag behind** VERB
■ **to lag behind somebody** pozostawać
(PERF pozostać) w tyle
lager ['lɑːgə'] NOUN
piwo pełne jasne
laid [leɪd] VERB ▷ *see* **lay**
laid-back [leɪd'bæk] ADJECTIVE
wyluzowany
lain [leɪn] VERB ▷ *see* **lie**
lake [leɪk] NOUN
jezioro
■ **Lake Geneva** Jezioro Genewskie
lamb [læm] NOUN
1 jagnię *(animal)*
2 jagnięcina *(meat)*
■ **a lamb chop** kotlet barani
lame [leɪm] ADJECTIVE
kulawy
□ My pony is lame. Mój kucyk jest kulawy.
lamp [læmp] NOUN
lampa
lamppost ['læmppəust] NOUN
latarnia
lampshade ['læmpʃeɪd] NOUN
abażur
land [lænd] NOUN
▷ *see also* **land** VERB
1 teren *(piece of ground)*
□ agricultural land teren rolniczy
■ **a piece of land** skrawek ziemi
2 ląd *(not sea)*
■ **on dry land** na stałym lądzie
to **land** [lænd] VERB
▷ *see also* **land** NOUN
lądować (PERF wylądować)
□ His plane lands at six-thirty. Jego samolot
ląduje o szóstej trzydzieści.

landing [ˈlændɪŋ] NOUN
1 podest *(on stairs)*
2 lądowanie *(of aeroplane)*

landlady [ˈlændleɪdɪ] NOUN
właścicielka

landlord [ˈlændlɔːd] NOUN
właściciel

landmark [ˈlændmɑːk] NOUN
punkt orientacyjny *(building, hill)*
□ Big Ben is one of London's most famous landmarks. Big Ben jest jednym z najsłynniejszych punktów orientacyjnych Londynu.

landowner [ˈlændəʊnəʳ] NOUN
właściciel ziemski

landscape [ˈlændskeɪp] NOUN
krajobraz

lane [leɪn] NOUN
1 wąska droga *(in country)*
2 pas *(for cars)*

language [ˈlæŋgwɪdʒ] NOUN
1 język
□ Polish is a beautiful language. Polski to piękny język.
2 mowa *(speech)*
■ to use bad language mówić wulgarnym słownictwem

language laboratory NOUN
laboratorium językowe

lanky [ˈlæŋkɪ] ADJECTIVE
chudy
□ a lanky boy chudy chłopak

lap [læp] NOUN
1 kolana *(of person)*
□ on my lap na moich kolanach
2 okrążenie *(in sport)*
□ I ran ten laps. Przejechałem dziesięć okrążeń.

laptop [ˈlæptɒp] NOUN
laptop

larder [ˈlɑːdəʳ] NOUN
spiżarnia

large [lɑːdʒ] ADJECTIVE
duży
□ a large house duży dom □ a large dog duży pies

largely [ˈlɑːdʒlɪ] ADVERB
głównie
□ It's largely the fault of the government. To głównie wina rządu.

laser [ˈleɪzəʳ] NOUN
laser

lass [læs] NOUN
dziewczyna

last [lɑːst] ADJECTIVE
▷ see also **last** ADVERB, VERB
1 ostatni
□ the last time I saw her ostatnim razem, gdy ją widziałem □ He missed the last bus home. Spóźnił się na ostatni autobus do domu.
2 zeszły
□ last Friday zeszły piątek □ last week zeszły tydzień □ last summer zeszłe lato
■ last night 1 *(evening)* wczoraj wieczorem

□ I got home at midnight last night. Dotarłem do domu wczoraj o północy. **2** *(sleeping hours)* wczorajsza noc □ I couldn't sleep last night. Nie mogłem spać zeszłej nocy.

last ADVERB
▷ see also **last** ADJECTIVE, VERB
1 ostatnio *(most recently)*
□ I've lost my bag. — When did you see it last? Zgubiłem moją torbę. — Kiedy ją ostatnio widziałeś? □ When I last saw him, he was wearing a blue shirt. Gdy go ostatnio widziałem, miał na sobie niebieską koszulę.
2 na końcu *(at the end)*
□ He added the milk last. Dodał mleko na końcu. □ He arrived last. Przybył na końcu.
■ at last wreszcie

to last VERB
▷ see also **last** ADJECTIVE, ADVERB
trwać
□ The concert lasts two hours. Koncert trwa dwie godziny.

lastly [ˈlɑːstlɪ] ADVERB
na koniec
□ Lastly, what time do you arrive? Na koniec, o której przyjedziecie?

late [leɪt] ADJECTIVE
▷ see also **late** ADVERB
1 późny
□ in the late afternoon późnym popołudniem
■ in late May pod koniec maja
■ It's late. Jest późno.
■ to be in one's late thirties zbliżać (PERF zbliżyć) się do czterdziestki
2 spóźniony *(not on time)*
■ Hurry up or you'll be late! Pośpiesz się, bo się spóźnisz!
■ I'm often late for school. Często się spóźniam do szkoły.
■ We're late. Spóźniliśmy się.
■ Sorry I'm late. Przepraszam za spóźnienie.
■ to be ten minutes late spóźniać (PERF spóźnić) się dziesięć minut

late [leɪt] ADVERB
▷ see also **late** ADJECTIVE
późno
□ She arrived late. Przybyła późno. □ I went to bed late. Poszedłem późno spać.
■ to work late pracować do późna

lately [ˈleɪtlɪ] ADVERB
ostatnio
□ I haven't seen him lately. Nie widziałem go ostatnio.

later [ˈleɪtəʳ] ADVERB
później
□ I'll do it later. Zrobię to później. □ some time later jakiś czas później □ some weeks later kilka tygodni później
■ later on później
■ See you later! Do zobaczenia później!

latest [ˈleɪtɪst] ADJECTIVE
1 ostatni
□ their latest album ich ostatni album

■ **at the latest** najpóźniej □ **by 10 o'clock at the latest** najpóźniej o dziesiątej
2 najnowszy *(fashion)*

Latin ['lætɪn] NOUN
łacina *(language)*
□ **I do Latin.** Uczę się łaciny.

Latin America NOUN
Ameryka Łacińska
■ **in Latin America** w Ameryce Łacińskiej

Latin American ADJECTIVE
latynoamerykański

latter ['lætə'] NOUN
■ **the latter** ostatni z wymienionych □ **The latter is the more expensive of the two systems.** Ostatni z wymienionych systemów jest droższy.
■ **the former ..., the latter ...** poprzedni ..., kolejny ... □ **The former lives in the US, the latter in Australia.** Poprzedni mieszka w Stanach, kolejny w Australii.

Latvia ['lætvɪə] NOUN
Łotwa
■ **in Latvia** na Łotwie
■ **to Latvia** na Łotwę

laugh [lɑːf] NOUN
▷ *see also* **laugh** VERB
śmiech

to laugh [lɑːf] VERB
▷ *see also* **laugh** NOUN
śmiać (PERF zaśmiać) się
■ **to laugh at** śmiać (PERF zaśmiać) się z +*gen*
□ **They laughed at her.** Oni śmiali się z niej.

to launch [lɔːntʃ] VERB
1 wystrzeliwać (PERF wystrzelić) *(rocket, missile)*
2 wprowadzać (PERF wprowadzić) na rynek *(product, publication)*
□ **They're going to launch a new model.** Oni mają zamiar wprowadzić na rynek nowy model.

Launderette® [lɔːn'drɛt] NOUN
pralnia samoobsługowa

Laundromat® ['lɔːndrəmæt] NOUN (US)
pralnia samoobsługowa

laundry ['lɔːndrɪ] NOUN
pranie
□ **to do the laundry** robić (PERF zrobić) pranie

lavatory ['lævətərɪ] NOUN
toaleta

lavender ['lævəndə'] NOUN
lawenda *(plant)*

law [lɔː] NOUN
prawo
□ **It's against the law.** To niezgodne z prawem.
□ **law and order** prawo i porządek □ **to break the law** łamać (PERF złamać) prawo □ **The laws are very strict.** Prawo jest bardzo surowe.
■ **to study law** studiować prawo □ **My sister's studying law.** Moja siostra studiuje prawo.

lawn [lɔːn] NOUN
trawnik

lawnmower ['lɔːnməuə'] NOUN
kosiarka do trawy

law school NOUN (US)
wydział studiów prawniczych

lawyer ['lɔːjə'] NOUN
prawnik *masc*
prawniczka *fem*
□ **My mother's a lawyer.** Moja matka jest prawniczką.

lay [leɪ] VERB ▷ *see* **lie**

to lay [leɪ] (PT, PP **laid**) VERB
kłaść (PERF położyć) *(put)*
□ **She laid the baby in her cot.** Położyła niemowlę do łóżeczka.
■ **to lay the table** nakrywać (PERF nakryć) do stołu
■ **to lay something on 1** *(provide)* zapewniać (PERF zapewnić) □ **They laid on extra buses.** Zapewnili dodatkowe autobusy. **2** *(prepare)* przygotowywać (PERF przygotować) □ **They laid on a special meal.** Oni przygotowali specjalny posiłek.

to lay off VERB
zwalniać (PERF zwolnić) *(workers)*
□ **My father's been laid off.** Mój ojciec został zwolniony.

lay-by ['leɪbaɪ] NOUN
zatoczka przy drodze

layer ['leɪə'] NOUN
warstwa
□ **the ozone layer** warstwa ozonowa

layout ['leɪaut] NOUN
rozkład
□ **No one likes the new office layout.** Nikomu nie podoba się nowy rozkład biura.

lazy ['leɪzɪ] ADJECTIVE
leniwy *(person)*

lead (1) [lɛd] NOUN
ołów *(metal)*

lead (2) [liːd] NOUN
▷ *see also* **lead** VERB
1 smycz *(for dog)*
2 kabel *(in electrical appliances)*
■ **to be in the lead** prowadzić □ **Our team is in the lead.** Nasza drużyna prowadzi.

to lead [liːd] (PT, PP **led**) VERB
▷ *see also* **lead** NOUN (2)
1 prowadzić (PERF zaprowadzić)
□ **The nurse led me to a large room.** Pielęgniarka zaprowadziła mnie do dużego pokoju. □ **the street that leads to the station** droga prowadząca do stacji
■ **to lead the way** wskazywać (PERF wskazać) drogę
2 prowadzić (PERF poprowadzić) *(be at the head of)*
3 prowadzić *(in race, competition)*

to lead away VERB
odprowadzać (PERF odprowadzić)
□ **The police led the man away.** Policja odprowadziła mężczyznę.

to lead to VERB
prowadzić do +*gen (result in)*

leaded ['lɛdɪd] ADJECTIVE
ołowiowy
□ **leaded petrol** benzyna ołowiowa

I

445

leader ['liːdəʳ] NOUN
lider *masc*
liderka *fem (of group, organization)*

lead-free ['lɛdfriː] ADJECTIVE
bezołowiowy
▫ lead-free petrol benzyna bezołowiowa

lead singer [liːd-] NOUN
wokalista *masc*
wokalistka *fem*

leaf [liːf] (PL **leaves**) NOUN
liść *(of tree, plant)*

leaflet ['liːflɪt] NOUN
ulotka

league [liːg] NOUN
liga *(in football)*
▫ They are at the top of the league. Są u szczytu ligi.
■ **the Premier League** pierwsza liga

leak [liːk] NOUN
▷ *see also* **leak** VERB
1 wyciek
▫ a gas leak wyciek gazu
2 pęknięcie *(in roof, pipe)*

to **leak** [liːk] VERB
▷ *see also* **leak** NOUN
przeciekać

to **lean** [liːn] (PT, PP **leaned** or **leant**) [lɛnt] VERB
■ **to be leaning against something** opierać się o coś □ The ladder was leaning against the wall. Drabina opierała się o ścianę.
■ **to lean something against a wall** opierać (PERF oprzeć) coś o ścianę □ He leant his bike against the wall. Oparł swój rower o ścianę.

to **lean forward** VERB
pochylać (PERF pochylić) się do przodu

to **lean on** VERB
wspierać (PERF wesprzeć) się o *(rest against)*
■ **to lean on something** wspierać (PERF wesprzeć) się o coś □ He leant on the wall. Wsparł się o ścianę.

to **lean out** VERB
wychylać (PERF wychylić) się
▫ She leant out of the window. Wychyliła się z okna.

to **lean over** VERB
przechylać (PERF przechylić) się
▫ Don't lean over too far. Nie przechylaj się za bardzo.

to **leap** [liːp] (PT, PP **leaped** or **leapt**) [lɛpt] VERB
skakać (PERF skoczyć) *(jump)*
▫ They leapt over the stream. Skoczyli przez strumień.
■ **He leapt out of his chair when his team scored.** On podskoczył z krzesła, gdy jego drużyna zdobyła punkt.
■ **to leap into something** wskakiwać (PERF wskoczyć) do czegoś

leap year NOUN
rok przestępny

to **learn** [ləːn] (PT, PP **learned** or **learnt**) VERB
uczyć (PERF nauczyć) się +gen

▫ She is learning Polish. Ona uczy się polskiegon. □ I'm learning to ski. Uczę się jeździć na nartach.

learner ['ləːnəʳ] NOUN
uczący się *(student)*
■ **English learners** *(people learning English)*
osoby uczące się angielskiego
■ **She's a quick learner.** Ona szybko się uczy.

learner driver NOUN
zdający na prawo jazdy

learnt [ləːnt] VERB ▷ *see* **learn**

least [liːst] ADJECTIVE, ADVERB, PRONOUN
najmniejszy
■ **the least** najmniej □ It takes the least time. To zabiera najmniej czasu. □ Maths is the subject I like the least. Matematyka to przedmiot, który lubię najmniej. □ It's the least I can do. To najmniej, co mogę zrobić.
■ **at least 1** przynajmniej □ It'll cost at least £200. Będzie to kosztowało przynajmniej 200 funtów. **2** *(still)* przynajmniej □ At least nobody was hurt. Przynajmniej nikt nie był ranny. □ It's totally unfair – at least, that's my opinion. To całkowicie niesprawiedliwe – przynajmniej takie jest moje zdanie.

leather ['lɛðəʳ] NOUN
▷ *see also* **leather** ADJECTIVE
skóra

leather ['lɛðəʳ] ADJECTIVE
▷ *see also* **leather** NOUN
skórzany
▫ a black leather jacket czarna skórzana kurtka

leave [liːv] NOUN
▷ *see also* **leave** VERB
1 urlop *(time off)*
2 przepustka *(in the army)*
■ **to be on leave** być na przepustce □ My brother is on leave for a week. Mój brat jest na tygodniowej przepustce.

to **leave** [liːv] (PT, PP **left**) VERB
▷ *see also* **leave** NOUN
1 wyjeżdżać (PERF wyjechać) *(depart from)*
▫ We leave London at six o'clock. Wyjeżdżamy z Londynu o szóstej. □ My sister left home last year. Moja siostra wyjechała z domu w zeszłym roku.
■ **to leave somebody alone** zostawiać (PERF zostawić) kogoś w spokoju □ Leave me alone! Zostaw mnie w spokoju!
2 porzucać (PERF porzucić) *(quit)*
▫ He left school with no qualifications. Porzucił szkołę bez kwalifikacji. □ He hated his job, so he left. Nienawidził swojej pracy, więc ją porzucił.
3 zostawiać (PERF zostawić)
▫ Don't leave your camera in the car. Nie zostawiaj aparatu w samochodzie. □ I've left my book at home. Zostawiłem książkę w domu.
4 odchodzić (PERF odejść) *(person)*
▫ She's just left. Ona właśnie odeszła.
5 odjeżdżać (PERF odjechać) *(bus, train)*
▫ The bus leaves at 8. Autobus odjeżdża o ósmej.

to **leave behind** VERB
zostawiać (PERF zostawić) za sobą *(forget)*
■ **The past is best left behind.** Przeszłość najlepiej zostawić za sobą.

to **leave out** VERB
pomijać (PERF pominąć)
□ As the new girl, I felt really left out. Jako nowa dziewczyna czułam się naprawdę pominięta.

leaves [liːvz] PL NOUN ▷ *see* **leaf**

Lebanon ['lebənən] NOUN
■ **the Lebanon** Liban
■ **in Lebanon** w Libanie
■ **to Lebanon** do Libanu

lecture ['lektʃəʳ] NOUN
▷ *see also* **lecture** VERB
wykład *(talk)*

to **lecture** ['lektʃəʳ] VERB
▷ *see also* **lecture** NOUN
wykładać
□ She lectures at the technical college. Ona wykłada w college'u technicznym.

lecturer ['lektʃərəʳ] NOUN
wykładowca
□ She's a lecturer. Ona jest wykładowcą.

led [led] VERB ▷ *see* **lead**

leek [liːk] NOUN
por

left [left] VERB ▷ *see* **leave**

left [left] ADJECTIVE
▷ *see also* **left** NOUN, ADVERB
lewy *(not right)*
□ my left hand moja lewa ręka □ on the left side of the road po lewej stronie drogi
■ **I haven't got any money left.** Nie zostały mi żadne pieniądze.
■ **to be left over** zostawać (PERF zostawić)

left [left] NOUN
▷ *see also* **left** ADJECTIVE, ADVERB
■ **the Left** *(in politics)* lewica
■ **on the left** po lewej stronie □ Remember to drive on the left. Pamiętaj, by jechać po lewej stronie.

left [left] ADVERB
▷ *see also* **left** ADJECTIVE, NOUN
w lewo
□ Turn left at the traffic lights. Spójrz w lewo na światłach.

left-hand ['lefthænd] ADJECTIVE
lewy *(side, corner)*
■ **the left-hand side** lewa strona □ It's on the left-hand side. To jest po lewej stronie.

left-handed [left'hændɪd] ADJECTIVE
leworęczny

left-luggage office NOUN
przechowalnia bagażu

leg [leg] NOUN
1 noga
□ She's broken her leg. Ona złamała nogę.
2 udko *(food)*
□ a leg of lamb udko jagnięcia

legal ['liːgl] ADJECTIVE
1 prawny *(relating to law)*
2 legalny *(allowed by law)*
■ **to take legal action against somebody** wytaczać (PERF wytoczyć) komuś sprawę sądową

leggings ['legɪŋz] PL NOUN
legginsy

leisure ['leʒəʳ] NOUN
wolny czas
□ What do you do in your leisure time? Co robisz w wolnym czasie?

leisure centre NOUN
centrum rekreacji

lemon ['lemən] NOUN
cytryna

lemonade [lemə'neɪd] NOUN
lemoniada

to **lend** [lend] (PT, PP **lent**) VERB
■ **to lend something to somebody** pożyczać (PERF pożyczyć) coś komuś □ I can lend you some money. Mogę Ci pożyczyć trochę pieniędzy.

length [leŋθ] NOUN
długość
□ It is 10 metres in length. To ma dziesięć metrów długości.

lens [lenz] NOUN
1 soczewka *(of spectacles)*
2 obiektyw *(of telescope, camera)*

Lent [lent] NOUN
Wielki Post

lent [lent] VERB ▷ *see* **lend**

lentil ['lentɪl] NOUN
soczewica

Leo ['liːəu] NOUN
Lew
□ I'm Leo. Jestem spod znaku Lwa.

leopard ['lepəd] NOUN
lampart

leotard ['liːətɑːd] NOUN
trykot

lesbian ['lezbɪən] NOUN
lesbijka

less [les] ADJECTIVE, ADVERB, PRONOUN
mniej
□ He's less intelligent than her. On jest mniej inteligentny niż ona. □ I've got less time for hobbies now. Mam teraz mniej czasu na hobby.
■ **less than** 1 *(with amounts)* mniej niż
□ It's less than a kilometre from here. Stąd to mniej niż kilometr. 2 *(in comparisons)* mniej
□ He spent less than me. On wydał mniej niż ja.
□ I've got less than you. Mam mniej od Ciebie.

lesson ['lesn] NOUN
lekcja *(class)*
□ an English lesson lekcja angielskiego
□ The lessons last forty minutes each. Każda lekcja trwa czterdzieści minut.
■ **'Lesson Sixteen'** *(in textbook)* 'Lekcja Szesnasta'

to **let** [let] (PT, PP **let**) VERB
■ **to let somebody do something** *(give permission)* pozwalać (PERF pozwolić) komuś

447

coś robić (PERF zrobić) □ Let me have a look. Pozwól mi spojrzeć. □ My parents won't let me stay out that late. Moi rodzice nie pozwolą mi zostać poza domem tak późno.

- **to let something happen** pozwalać (PERF pozwolić) na coś
- **to let somebody know** dawać (PERF dać) komuś znać □ I'll let you know as soon as possible. Dam Ci znać tak prędko, jak to możliwe.
- **to let somebody go** puszczać (PERF puścić) kogoś □ Let me go! Puść mnie!
- **to let somebody in** wpuszczać (PERF wpuścić) kogoś
- **to let somebody out** wypuszczać (PERF wypuścić) kogoś
- **Let's go!** Chodźmy!
- **Let's eat!** Zjedzmy.
- **'to let'** 'do wynajęcia'

to **let down** VERB
zawodzić (PERF zawieść) (disappoint)
□ I won't let you down. Nie zawiodę Cię.

to **let in** VERB
wpuszczać (PERF wpuścić)
□ They wouldn't let me in because I was under 18. Nie chcieli mnie wpuścić, ponieważ nie miałam 18 lat.

letter ['lɛtə'] NOUN
1 list (correspondence)
2 litera (of alphabet)

letterbox ['lɛtəbɒks] NOUN
skrzynka pocztowa (in door)

lettuce ['lɛtɪs] NOUN
sałata

leukaemia [luːˈkiːmɪə] (US **leukemia**) NOUN
białaczka

level ['lɛvl] ADJECTIVE
▷ see also **level** NOUN
równy
□ A snooker table must be perfectly level. Stół do snookera musi być idealnie równy.

level ['lɛvl] NOUN
▷ see also **level** ADJECTIVE
poziom
□ The level of the river is rising. Poziom rzeki podnosi się.

level crossing NOUN
przejazd kolejowy

lever ['liːvə'] NOUN
dźwignia (to operate machine)

liable ['laɪəbl] ADJECTIVE
- **He's liable to lose his temper.** On jest podatny na to, by stracić panowanie nad sobą.

liar ['laɪə'] NOUN
kłamca

liberal ['lɪbərl] ADJECTIVE
▷ see also **liberal** NOUN
liberalny (tolerant)
- **the Liberal Democrats** Liberałowie Demokraci

liberal ['lɪbərl] NOUN
▷ see also **liberal** ADJECTIVE
- **Liberal** (in politics) liberał

liberation [lɪbəˈreɪʃən] NOUN
wyzwolenie

Libra ['liːbrə] NOUN
Waga
□ I'm Libra. Jestem spod znaku Wagi.

librarian [laɪˈbrɛərɪən] NOUN
bibliotekarz masc
bibliotekarka fem
□ She's a librarian. Ona jest bibliotekarką.

library ['laɪbrərɪ] NOUN
biblioteka

Libya ['lɪbɪə] NOUN
Libia
- **in Libya** w Libii
- **to Libya** do Libii

licence ['laɪsns] (US **license**) NOUN
zezwolenie (permit)
- **a driving licence** prawo jazdy

to **lick** [lɪk] VERB
lizać (PERF polizać)

lid [lɪd] NOUN
1 wieko (of box, case)
2 pokrywka (of pan)
3 powieka (eyelid)

lie [laɪ] NOUN
▷ see also **lie** VERB
kłamstwo
□ That's a lie! To kłamstwo!
- **to tell lies** kłamać (PERF skłamać)

to **lie** [laɪ] (PT **lay**, PP **lain**) VERB
▷ see also **lie** NOUN
1 leżeć
□ to lie on the beach leżeć na plaży
2 kłamać (PERF skłamać) (tell lies)
□ I know she's lying. Wiem, że ona kłamie. leżeć

to **lie down** VERB
kłaść się (person)
- **to be lying down** leżeć □ He was lying down on the sofa. On leżał na kanapie.

lie-in ['laɪɪn] NOUN
- **to have a lie-in** leżeć sobie w łóżku □ I have a lie-in on Sundays. W niedzielę leżę sobie w łóżku.

lieutenant [lɛfˈtɛnənt] NOUN
porucznik

life [laɪf] (PL **lives**) NOUN
życie
□ his personal life jego życie osobiste □ his working life jego życie zawodowe

lifebelt ['laɪfbɛlt] NOUN
pas ratunkowy

lifeboat ['laɪfbəʊt] NOUN
łódź ratunkowa

lifeguard ['laɪfgɑːd] NOUN
ratownik masc
ratowniczka fem

life jacket NOUN
kamizelka ratunkowa

life-saving NOUN
ratownictwo
□ I've done a course in life-saving. Zrobiłem kurs z ratownictwa.

lifestyle ['laɪfstaɪl] NOUN
styl życia

lift [lɪft] NOUN
▷ see also **lift** VERB
winda
□ The lift isn't working. Winda nie działa.
■ **to give somebody a lift** podwozić (PERF podwieźć) kogoś □ He gave me a lift to the cinema. Podwiózł mnie do kina.
■ **Would you like a lift?** Chcesz, by Cię podwieźć?

to **lift** [lɪft] VERB
▷ see also **lift** NOUN
podnosić (PERF podnieść)
□ It's too heavy, I can't lift it. To jest zbyt ciężkie, nie mogę tego podnieść.

light [laɪt] (PT, PP **lit**) NOUN
▷ see also **light** ADJECTIVE, VERB
światło
□ to switch on the light włączać (PERF włączyć) światło □ to switch off the light wyłączać (PERF wyłączyć) światło □ There's a light by my bed. Przy moim łóżku jest światło.
■ **the traffic lights** światła uliczne
■ **Have you got a light?** (for cigarette) Masz ogień?

light [laɪt] ADJECTIVE
▷ see also **light** NOUN, VERB
1 jasny (colour)
■ **a light blue sweater** jasnoniebieski sweter
2 lekki (not heavy)
□ a light meal lekki posiłek □ a light jacket lekka kurtka

to **light** [laɪt] VERB
▷ see also **light** NOUN, ADJECTIVE
zapalać (PERF zapalić) (candle, fire, cigarette)

light bulb NOUN
żarówka

lighter ['laɪtər] NOUN
zapalniczka

lighthouse ['laɪthaʊs] NOUN
latarnia morska

lightning ['laɪtnɪŋ] NOUN
błyskawica
■ **a flash of lightning** blask błyskawicy

like [laɪk] PREPOSITION
▷ see also **like** VERB
1 taki jak (similar to)
■ **to look like somebody** wyglądać tak jak ktoś
□ You look like my brother. Wyglądasz tak jak mój brat. □ a house like ours dom taki jak nasz
■ **What's the weather like?** Jaka jest pogoda?
2 jak (in comparisons)
□ It's a bit like salmon. To trochę jak łosoś.
□ I was trembling like a leaf. Trząsłem się jak liść.
■ **like this** jak to

to **like** [laɪk] VERB
▷ see also **like** PREPOSITION
lubić
□ I don't like mustard. Nie lubię musztardy.
□ I like riding. Lubię jazdę.

■ **I'd like ...** Chciałbym ... □ I'd like an orange juice, please. Chciałbym prosić o sok pomarańczowy.
■ **I'd like to ...** Chciałbym ... □ I'd like to go to Russia one day. Chciałbym pewnego dnia pojechać do Rosji. □ I'd like to wash my hands. Chciałbym umyć ręce.
■ **Would you like to go for a walk?** Czy chciałbyś pójść na spacer?
■ **... if you like** ... jeśli chcesz □ You can stay here if you like. Możesz tutaj zostać, jeśli chcesz.

likely ['laɪklɪ] ADJECTIVE
prawdopodobny
□ That's not very likely. To niezbyt prawdopodobne.
■ **She's likely to come.** Ona prawdopodobnie przyjdzie.
■ **She's not likely to come.** Ona prawdopodobnie nie przyjdzie.

Lilo® ['laɪləʊ] NOUN
materac do pływania

lily of the valley NOUN
konwalia

lime [laɪm] NOUN
limonka (fruit)

limit ['lɪmɪt] NOUN
1 kres (maximum point)
2 ograniczenie (restriction)
□ The speed limit is 70 mph. Ograniczenie prędkości to 70 mil na godzinę.

limousine ['lɪməziːn] NOUN
limuzyna

to **limp** [lɪmp] VERB
kuleć

line [laɪn] NOUN
1 linia
□ a straight line prosta linia □ a railway line linia kolejowa
2 rząd (of people, things)
■ **to wait in line** czekać w kolejce
3 sznur (rope, cord)
□ She hung her washing on the line. Ona powiesiła pranie na sznurze.
■ **Hold the line, please.** Proszę nie odkładać słuchawki.
■ **It's a very bad line.** Połączenie jest bardzo złe.

linen ['lɪnɪn] NOUN
▷ see also **linen** ADJECTIVE
1 płótno (cloth)
2 bielizna stołowa (tablecloths)
3 bielizna pościelowa (sheets)

linen ['lɪnɪn] ADJECTIVE
▷ see also **linen** NOUN
lniany (jacket, sheets)
□ a linen jacket lniana marynarka

liner ['laɪnər] NOUN
liniowiec (ship)

linguist ['lɪŋgwɪst] NOUN
językoznawca masc/fem
■ **to be a good linguist** być dobrym językoznawcą □ She's a good linguist. Ona jest dobrym językoznawcą.

449

lining [ˈlaɪnɪŋ] NOUN
podszewka *(of garment)*

link [lɪŋk] NOUN
▷ *see also* **link** VERB
1 związek *(connection)*
□ the link between smoking and cancer
związek między paleniem i rakiem
2 link *(hyperlink)*

to **link** [lɪŋk] VERB
▷ *see also* **link** NOUN
łączyć (PERF połączyć)

lino [ˈlaɪnəʊ] NOUN
linoleum

lion [ˈlaɪən] NOUN
lew

lioness [ˈlaɪənɪs] NOUN
lwica

lip [lɪp] NOUN
warga

to **lip-read** [ˈlɪpriːd] VERB
czytać z ruchu warg

lip salve NOUN
pomadka ochronna do ust

lipstick [ˈlɪpstɪk] NOUN
szminka

liqueur [lɪˈkjʊəʳ] NOUN
likier

liquid [ˈlɪkwɪd] NOUN
płyn

liquidizer [ˈlɪkwɪdaɪzəʳ] NOUN
mikser

list [lɪst] NOUN
▷ *see also* **list** VERB
lista

🌓 **WSKAZÓWKI JĘZYKOWE** Uwaga! Angielskie
słowo **list** nie oznacza **list**.

to **list** [lɪst] VERB
▷ *see also* **list** NOUN
spisywać (PERF spisać) *(record)*
□ List your hobbies! Spisz swoje hobby!

to **listen** [ˈlɪsn] VERB
słuchać
□ Listen to this! Słuchaj tego! □ Listen to me!
Słuchaj mnie!
■ Listen! Słuchaj!

listener [ˈlɪsnəʳ] NOUN
słuchacz

lit [lɪt] VERB ▷ *see* **light**

liter [ˈliːtəʳ] NOUN (US)
litr

literally [ˈlɪtrəli] ADVERB
dosłownie *(used for emphasis)*
□ It was literally impossible to find a seat.
Było dosłownie niemożliwe, by znaleźć miejsce.
■ to translate literally tłumaczyć (PERF
przetłumaczyć) dosłownie

literature [ˈlɪtrɪtʃəʳ] NOUN
literatura
□ I'm studying English Literature. Studiuję
literaturę angielską.

Lithuania [lɪθjuˈeɪnɪə] NOUN
Litwa

■ in Lithuania na Litwie
■ to Lithuania na Litwę

litre [ˈliːtəʳ] NOUN
litr

litter [ˈlɪtəʳ] NOUN
śmieć *(rubbish)*

litter bin NOUN
kosz na śmieci

little [ˈlɪtl] ADJECTIVE
▷ *see also* **little** ADVERB
mały *(small)*
□ a little girl mała dziewczynka □ a little boy
of eight mały, ośmioletni chłopiec

ZASÓB SŁOWNICTWA

Zamiast słowa **little** można użyć szeregu
innych słów w celu wyrażenia terminu 'small':
miniature miniaturowy
□ a miniature version miniaturowa wersja
minute maleńki
□ a minute plant maleńka roślina
tiny malutki
□ a tiny garden malutki ogród

■ little sister młodsza siostra
■ little brother młodszy brat
■ to have little money mieć mało pieniędzy

little [ˈlɪtl] ADVERB
▷ *see also* **little** ADJECTIVE
mało
■ a little trochę +gen □ Try to persuade her
to eat a little. Spróbuj ją przekonać, by trochę
zjadła.
■ a little bit of trochę +gen
■ little by little po trochu
■ a little trochę □ How much would you like?
— Just a little. Ile chciałbyś? — Tylko trochę.
■ very little bardzo mało □ We've got very
little time. Mamy bardzo mało czasu.
■ little by little po trochu

live [laɪv] ADJECTIVE
▷ *see also* **live** ADVERB, VERB
żywy *(animal, plant)*

live [laɪv] ADVERB
▷ *see also* **live** ADJECTIVE, VERB
na żywo *(broadcast)*

to **live** [lɪv] VERB
▷ *see also* **live** ADJECTIVE, ADVERB
1 mieszkać *(reside)*
□ I live with my grandmother. Mieszkam z
moją babcią. □ Where do you live? Gdzie
mieszkasz? □ I live in Edinburgh. Mieszkam
w Edynburgu.
2 żyć *(be alive)*

to **live on** VERB
przeżyć
■ to live on something żyć z czegoś □ He lives
on benefit. On żyje z zasiłku.

to **live together** VERB
mieszkać razem
□ My parents aren't living together any more.
Moi rodzice nie mieszkają już razem.

lively ['laɪvlɪ] ADJECTIVE
1 pełen życia *(person)*
  □ She's got a lively personality. Ona ma pełną życia osobowość.
2 wesoły *(place, event)*
  □ It was a lively party. To było wesołe przyjęcie.
3 ożywiony *(discussion)*
  □ They had a lively debate. Prowadzili ożywioną dyskusję.

liver ['lɪvə^r] NOUN
1 wątroba *(part of body)*
2 wątróbka *(in cooking)*

lives [laɪvz] PL NOUN ▷ *see* **life**

living ['lɪvɪŋ] NOUN
  życie
  ■ **for a living** na życie □ What does she do for a living? Jak ona zarabia na życie?
  ■ **to earn a living** zarabiać (PERF zarobić) na życie

living room NOUN
  pokój dzienny

lizard ['lɪzəd] NOUN
  jaszczurka

load [ləud] NOUN
  ▷ *see also* **load** VERB
  ładunek
  ■ **loads of** wiele □ loads of people wiele ludzi
  □ loads of money wiele pieniędzy
  ■ **You're talking a load of rubbish!**
  Opowiadasz stek bzdur!

to load [ləud] VERB
  ▷ *see also* **load** NOUN
1 ładować (PERF załadować) *(vehicle, ship)*
  □ a trolley loaded with luggage wózek załadowany bagażem
2 wgrywać (PERF wgrać) *(in computing)*

loaf [ləuf] (PL **loaves**) NOUN
  ■ **a loaf of bread** bochenek chleba

loan [ləun] NOUN
  ▷ *see also* **loan** VERB
  pożyczka *(sum of money)*

to loan [ləun] VERB
  ▷ *see also* **loan** NOUN
  ■ **to loan something to somebody** *(money, thing)* pożyczać (PERF pożyczyć) coś komuś

to loathe [ləuð] VERB
  nienawidzić
  □ I loathe her. Nienawidzę jej.

loaves [ləuvz] PL NOUN ▷ *see* **loaf**

lobster ['lɔbstə^r] NOUN
  homar

local ['ləukl] ADJECTIVE
1 lokalny *(council, newspaper)*
  □ the local paper lokalna gazeta
2 miejscowy *(residents)*
  □ a local call rozmowa miejscowa

location [ləu'keɪʃən] NOUN
  położenie *(place)*
  □ a hotel set in a beautiful location hotel o pięknym położeniu

loch [lɔx] NOUN
  jezioro

lock [lɔk] NOUN
  ▷ *see also* **lock** VERB
  zamek
  □ The lock is broken. Zamek jest wyłamany.

to lock [lɔk] VERB
  ▷ *see also* **lock** NOUN
1 zamykać (PERF zamknąć) *(door, drawer)*
  □ Make sure you lock your door. Upewnij się, że zamknąłeś drzwi.
2 blokować (PERF zablokować) *(computer screen)*

to lock out VERB
  ■ **to lock oneself out** zatrzaskiwać (PERF zatrzasnąć) się na zewnątrz
  ■ **The door slammed and I was locked out.**
  Drzwi zatrzasnęły się i nie mogłem wejść do środka.

locker ['lɔkə^r] NOUN
  szafka
  ■ **the locker room** przebieralnia
  ■ **the left-luggage lockers** przechowalnia bagażu

locket ['lɔkɪt] NOUN
  medalion

lodger ['lɔdʒə^r] NOUN
  lokator *masc*
  lokatorka *fem*

loft [lɔft] NOUN
  strych *(attic)*

log [lɔg] NOUN
1 kłoda *(from tree)*
2 bierwiono *(for fuel)*

to log in VERB
  logować (PERF zalogować) się

to log off VERB
  wylogowywać (PERF wylogować) się

to log on VERB
  logować (PERF zalogować) się

to log out VERB
  wylogowywać (PERF wylogować) się

logical ['lɔdʒɪkl] ADJECTIVE
  logiczny

login ['lɔgɪn] NOUN
  logowanie się

lollipop ['lɔlipɔp] NOUN
  lizak

lollipop man NOUN
  ⚠ **CZY WIESZ, ŻE...?**
  Lollipop man i **lollipop lady** – osoba, której zadaniem jest pomaganie dzieciom przejść przez ulicę w pobliżu szkoły.

lolly ['lɔlɪ] NOUN
  lizak

London ['lʌndən] NOUN
  Londyn
  ■ **in London** w Londynie
  ■ **to London** do Londynu
  ■ **I'm from London.** Jestem z Londynu.

Londoner ['lʌndənə^r] NOUN
  londyńczyk *masc*
  londynka *fem*

loneliness ['ləunlɪnɪs] NOUN
  samotność

451

lonely ['ləunli] ADJECTIVE
1 samotny *(person)*
■ **to feel lonely** czuć się samotnym □ She feels a bit lonely. Ona czuje się trochę samotna.
2 odludny *(place)*

long [lɔŋ] ADJECTIVE
▷ *see also* **long** ADVERB, VERB
długi
□ It was a long meeting. To było długie spotkanie. □ How long is the flight? Jak długi jest lot? □ It takes a long time. To długo trwa. □ She's got long hair. Ona ma długie włosy.
■ **six metres long** sześć metrów długości

long [lɔŋ] ADVERB
▷ *see also* **long** ADJECTIVE, VERB
długo
□ It won't take long. To nie potrwa długo.
■ **How long?** *(in time)* Jak długo? □ How long did you stay there? Jak długo tam zostałeś? □ How long is the lesson? Jak długa jest lekcja?
■ **as long as** o ile □ I'll come as long as it's not too expensive. Przyjdę, o ile to nie będzie zbyt drogie.
■ **long ago** dawno temu

to long [lɔŋ] VERB
▷ *see also* **long** ADJECTIVE, ADVERB
■ **to long for something** tęsknić (PERF zatęsknić) za czymś
■ **I'm longing to see my boyfriend again.** Tęsknię za tym, by znów zobaczyć mojego chłopaka.

long-distance [lɔŋ'dɪstəns] ADJECTIVE
■ **a long-distance call** rozmowa zamiejscowa

longer [lɔŋəʳ] ADVERB
■ **They're no longer going out together.** Oni już ze sobą nie chodzą.
■ **I can't stand it any longer.** Nie mogę już tego znieść.

long jump *(athletics)* NOUN
■ **the long jump** skok w dal

loo [luː] NOUN
ubikacja
□ Where's the loo? Gdzie jest ubikacja?

look [luk] NOUN
▷ *see also* **look** VERB
wyraz twarzy *(expression)*
□ There was a worried look on his face. Miał zmartwiony wyraz twarzy.
■ **to have a look** spojrzeć □ Have a look at this! Spójrz na to!
■ **I don't like the look of it.** Nie podoba mi się wygląd tego.

to look [luk] VERB
▷ *see also* **look** NOUN
1 spoglądać (PERF spojrzeć) *(glance, gaze)*
□ Look! Spójrz!
■ **to look out of the window** wyglądać (PERF wyjrzeć) z okna
2 wyglądać *imperf (seem)*
□ She looks surprised. Ona wygląda na zaskoczoną. □ It looks fine. To dobrze wygląda.
■ **to look like somebody** wyglądać jak ktoś

□ He looks like his brother. On wygląda jak jego brat.
■ **Look out!** Uważaj!

to look after VERB
opiekować (PERF zaopiekować) się +*inst (care for)*
□ I look after my little sister. Opiekuję się moją młodszą siostrą.

to look at VERB
spoglądać (PERF spojrzeć) *(gaze at)*
□ Look at the picture. Spójrz na obraz.

to look for VERB
szukać +*gen*
□ I'm looking for my passport. Szukam mojego paszportu.

to look forward to VERB
cieszyć się na
□ I'm looking forward to the holidays. Cieszę się na urlop.
■ **to look forward to doing something** cieszyć się na robienie czegoś
■ **We look forward to hearing from you.** Czekamy na twoją odpowiedź.

to look round VERB
1 oglądać (PERF obejrzeć) się *(turn head)*
□ I shouted and he looked round. Krzyknąłem i on się obejrzał.
2 rozglądać (PERF rozejrzeć) się
□ I'm just looking round. Tylko się rozglądam. □ I like looking round the shops. Lubię rozglądać się po sklepach.

to look up VERB
sprawdzać (PERF sprawdzić) *(information, meaning)*
□ Look the word up in the dictionary. Sprawdź słowo w słowniku.

loose [luːs] ADJECTIVE
1 luźny *(screw, tooth, clothes)*
2 rozpuszczony *(hair)*
■ **loose change** drobne pieniądze

lord [lɔːd] NOUN
lord *(peer)*
■ **Good Lord!** Dobry Boże!

lorry ['lɔrɪ] NOUN
ciężarówka

lorry driver NOUN
kierowca ciężarówki
□ He's a lorry driver. On jest kierowcą ciężarówki.

to lose [luːz] (PT, PP **lost**) VERB
1 gubić (PERF zgubić) *(mislay)*
□ I've lost my purse. Zgubiłem portmonetkę.
■ **to get lost** gubić (PERF zgubić) się □ I was afraid of getting lost. Bałem się, że się zgubię.
2 przegrywać (PERF przegrać) *(fight, argument)*
3 tracić (PERF stracić) *(relative, wife)*
■ **to lose weight** tracić (PERF stracić) na wadze

loser ['luːzəʳ] NOUN
1 przegrywający *(in game, contest)*
■ **to be a bad loser** nie umieć przegrywać
2 nieudacznik *masc*
nieudacznica *fem (failure)*
□ He's such a loser! Z niego jest taki nieudacznik!

loss [lɒs] NOUN
strata

lost [lɒst] VERB ▷ see lose

lost [lɒst] ADJECTIVE
1 zagubiony (object)
2 zaginiony (person, animal)
■ **to get lost** (lose one's way) gubić (PERF zgubić) się

lost-and-found NOUN (US) = lost property

lost property NOUN
1 rzeczy znalezione (things)
2 biuro rzeczy znalezionych (office)

lot [lɒt] NOUN
■ **a lot** dużo □ He reads a lot. On dużo czyta.
■ **I like you a lot.** Bardzo Cię lubię.
■ **a lot of** dużo +gen □ a lot of people dużo ludzi
■ **lots of** dużo +gen □ She's got lots of money. Ona ma dużo pieniędzy.
■ **What did you do at the weekend? — Not a lot.** Co robiłeś przez weekend? — Niewiele.
■ **Do you like football? — Not a lot.** Czy lubisz piłkę nożną? — Niezbyt.
■ **That's the lot.** Oto wszystko.

lottery ['lɒtərɪ] NOUN
loteria (game)
□ to win the lottery wygrywać (PERF wygrać) na loterii

loud [laud] ADJECTIVE
głośny
□ The television is too loud. Telewizor jest za głośny.

loudly ['laudlɪ] ADVERB
głośno

loudspeaker [laud'spi:kər] NOUN
głośnik

lounge [laundʒ] NOUN
1 hol (in hotel)
2 poczekalnia (at airport, station)
3 salon (in house)

lousy ['lauzɪ] ADJECTIVE
kiepski
□ The food in the canteen is lousy. Jedzenie na stołówce jest kiepskie.
■ **I feel lousy.** Czuję się kiepsko.

love [lʌv] NOUN
▷ see also love VERB
miłość
■ **to be in love** być zakochanym □ She's in love with Paul. Ona jest zakochana w Paulu.
■ **to fall in love with somebody** zakochiwać (PERF zakochać) się w kimś
■ **to make love** kochać się
■ **Give Piotr my love.** Przekaż Piotrowi moje serdeczne pozdrowienia.
■ **love from Anne** (in letter) pozdrowienia od Anne

to love [lʌv] VERB
▷ see also love NOUN
1 kochać imperf
□ I love you. Kocham cię.

2 uwielbiać imperf (like a lot)
□ Everybody loves her. Wszyscy ją uwielbiają.
□ I love chocolate. Uwielbiam czekoladę.
■ **I'd love to come.** Przyjdę z chęcią.

lovely ['lʌvlɪ] ADJECTIVE
1 uroczy
□ She's a lovely person. Ona jest uroczą osobą. □ It's a lovely day. To uroczy dzień.
□ They've got a lovely house. Mają uroczy dom.
2 cudowny (holiday, meal, present)
□ What a lovely surprise! Co za cudowna niespodzianka!
■ **Is your meal OK? — Yes, it's lovely.** Czy Twój posiłek jest dobry? — Tak, jest wyśmienity.
■ **How lovely to see you!** Miło cię widzieć!
■ **Have a lovely time!** Baw się doskonale!

lover ['lʌvər] NOUN
kochanek masc
kochanka fem (in relationship)
■ **an art lover** miłośnik sztuki
■ **She is a lover of good food.** Ona jest miłośniczką dobrego jedzenia.

low [ləu] ADJECTIVE
▷ see also low ADVERB
niski
■ **the low season** okres poza sezonem
□ in the low season poza sezonem
■ **low in fat** niskotłuszczowy

low [ləu] ADVERB
▷ see also low ADJECTIVE
nisko
□ That plane is flying very low. Ten samolot leci bardzo nisko.

to lower ['ləuər] VERB
▷ see also lower ADJECTIVE
obniżać (PERF obniżyć) (rate, price)

lower ['ləuər] ADJECTIVE
▷ see also lower VERB
dolny
□ on the lower floor na dolnym piętrze

lower sixth NOUN
przedostatni rok szkoły średniej
□ He's in the lower sixth. On jest na przedostatnim roku szkoły średniej.

> CZY WIESZ, ŻE...?
> **Lower sixth** to pierwszy z dwóch ostatnich lat szkoły średniej (**secondary school**), kiedy to uczniowie przygotowują się do egzaminów **A-levels**.

low-fat ['ləu'fæt] ADJECTIVE
niskotłuszczowy
□ a low-fat yoghurt niskotłuszczowy jogurt

loyalty ['lɔɪəltɪ] NOUN
lojalność

loyalty card NOUN
karta stałego klienta

L-plates ['ɛlpleɪts] PL NOUN
tablice nauki jazdy

English-Polish

CZY WIESZ, ŻE...?
L-plates to tablice 'nauki jazdy', umieszczane na tyle i przedzie samochodu prowadzonego przez uczącego się kierowcę. W Wielkiej Brytanii są one białego koloru z czerwoną literą L.

luck [lʌk] NOUN
szczęście
□ She hasn't had much luck. Nie dopisało jej zbytnio szczęście.
■ **Good luck!** Powodzenia!
■ **bad luck** pech
■ **Hard luck!** To pech!

luckily ['lʌkɪlɪ] ADVERB
na szczęście
■ **luckily for me** szczęśliwie dla mnie

lucky ['lʌkɪ] ADJECTIVE
szczęściarz
□ Lucky you! Ty szczęściarzu!
■ **He wasn't hurt. — That was lucky!** Nie był ranny. — Na szczęście!
■ **to be lucky 1** *(have luck)* mieć szczęście
□ I'm lucky to be alive. Mam szczęście, że żyję.
2 *(bring luck)* przynosić (PERF przynieść) szczęście
□ Black cats are lucky in Britain. Czarne koty przynoszą szczęście w Wielkiej Brytanii.
■ **a lucky horseshoe** podkowa na szczęście

luggage ['lʌgɪdʒ] NOUN
bagaż
■ **a piece of luggage** bagaż

lukewarm ['luːkwɔːm] ADJECTIVE
1 letni *(water)*
2 obojętny
□ The response was lukewarm. Odpowiedź była obojętna.

lump [lʌmp] NOUN
1 bryła *(of clay)*
2 kostka *(of wood, sugar)*
3 guz *(on body)*
□ He's got a lump on his forehead. On ma guz na czole.

lunatic ['luːnətɪk] NOUN
szaleniec
□ He drives like a lunatic. On prowadzi jak szaleniec.

lunch [lʌntʃ] NOUN
1 lunch
□ We have lunch at 12.30. Jemy lunch o 12:30.
□ to have lunch with somebody jeść (PERF zjeść) z kimś lunch
2 pora lunchu *(lunchtime)*

luncheon voucher NOUN
bon obiadowy

lung [lʌŋ] NOUN
płuco
□ lung cancer rak płuca

luscious ['lʌʃəs] ADJECTIVE
atrakcyjny

lush [lʌʃ] ADJECTIVE
bardzo zielony

lust [lʌst] NOUN
pożądanie

Luxembourg ['lʌksəmbəːg] NOUN
Luksemburg
■ **in Luxembourg** w Luksemburgu
■ **to Luxembourg** do Luksemburga

luxurious [lʌgˈzjuərɪəs] ADJECTIVE
luksusowy

luxury ['lʌkʃərɪ] NOUN
luksus *(comfort)*
□ It was luxury! To było luksusowe!
■ **a luxury hotel** luksusowy hotel

lying ['laɪɪŋ] VERB ▷ *see* lie

lyrics ['lɪrɪks] PL NOUN
tekst *sing*

Mm

mac [mæk] NOUN
płaszcz przeciwdeszczowy

macaroni [mækə'rəunɪ] NOUN
makaron rurki

machine [mə'ʃi:n] NOUN
maszyna

machine gun NOUN
karabin maszynowy

machinery [mə'ʃi:nərɪ] NOUN
mechanizm

mackerel ['mækrl] (PL **mackerel**) NOUN
makrela

mad [mæd] ADJECTIVE
1 szalony
  □ You're mad! Jesteś szalony!
2 zły (angry)
  □ She'll be mad when she finds out. Ona będzie zła, kiedy się dowie.
  ■ **to go mad** oszaleć PERF
  ■ **to be mad about something** (informal) szaleć (PERF oszaleć) na punkcie czegoś

madam ['mædəm] NOUN
pani (form of address)
  □ Would you like to order, madam? Czy chciałaby pani zamówić?
  ■ **Dear Madam** Szanowna Pani

made [meɪd] VERB ▷ see **make**

madly ['mædlɪ] ADVERB
szaleńczo
  □ They're madly in love. Oni są szaleńczo zakochani.

madness ['mædnɪs] NOUN
głupota (foolishness)
  □ It's absolute madness. To zupełna głupota.

magazine [mægə'zi:n] NOUN
czasopismo

maggot ['mægət] NOUN
robak

magic ['mædʒɪk] NOUN
  ▷ see also **magic** ADJECTIVE
1 magia (supernatural power)
2 sztuczki magiczne (conjuring)
  □ My hobby is magic. Moje hobby to sztuczki magiczne.

magic ['mædʒɪk] ADJECTIVE
  ▷ see also **magic** NOUN
magiczny
  □ a magic wand magiczna różdżka □ a magic trick sztuczka magiczna

  ■ **It was magic!** To było magiczne!

magician [mə'dʒɪʃən] NOUN
magik (conjurer)

magnet ['mægnɪt] NOUN
magnes

magnificent [mæg'nɪfɪsnt] ADJECTIVE
wspaniały
  □ It was a magnificent effort. To był wspaniały wysiłek. □ a magnificent view wspaniały widok

magnifying glass ['mægnɪfaɪɪŋ-] NOUN
szkło powiększające

maid [meɪd] NOUN
pokojówka (servant)

maiden name ['meɪdn-] NOUN
nazwisko panieńskie

mail [meɪl] NOUN
  ▷ see also **mail** VERB
poczta
  □ Here's your mail. Oto Twoja poczta. □ Can I check my mail on your PC? Czy mogę sprawdzić moją pocztę na Twoim komputerze?
  ■ **by mail** pocztą

to **mail** [meɪl] VERB
  ▷ see also **mail** NOUN
wysyłać (PERF wysłać)
  □ I'll mail you my address. Wyślę Ci mój adres.

mailbox ['meɪlbɒks] NOUN
1 skrzynka na listy (US)
2 skrzynka odbiorcza (on computer)

mailing list ['meɪlɪŋ-] NOUN
emailowa lista adresowa

mailman ['meɪlmæn] (PL **mailmen**) NOUN (US)
listonosz ['meɪlwumən]

main [meɪn] ADJECTIVE
główny
  □ the main problem główny problem
  ■ **The main thing is to ...** Najważniejsze to ...

mainly ['meɪnlɪ] ADVERB
głównie

main road NOUN
główna droga
  □ I don't like cycling on main roads. Nie lubię jeździć na rowerze po głównych drogach.

to **maintain** [meɪn'teɪn] VERB
utrzymywać (PERF utrzymać) w dobrym stanie (building, equipment)

maintenance ['meɪntənəns] NOUN
utrzymanie w dobrym stanie (of building, equipment)

m

majesty ['mædʒɪstɪ] NOUN
■ **Your Majesty** Wasza Królewska Mość
major ['meɪdʒəʳ] ADJECTIVE
znaczny
□ **a major problem** znaczny problem
■ **in C major** w tonacji C-dur
majority [mə'dʒɔrɪtɪ] NOUN
większość *(of people, things)*
make [meɪk] NOUN
▷ *see also* **make** VERB
marka
□ **What make of car was he driving?** Jakiej marki samochód on prowadził?
to make [meɪk] (PT, PP **made**) VERB
▷ *see also* **make** NOUN
1 robić (PERF zrobić) *(object, clothes, cake)*
□ **I'm going to make a cake.** Zrobię ciasto.
□ **He made it himself.** Zrobił to sam.
■ **to make a noise** narobić hałasu
■ **to make lunch** robić (PERF zrobić) lunch
□ **She's making lunch.** Ona robi lunch.
■ **to make a phone call** dzwonić (PERF zadzwonić) □ **I'd like to make a phone call.** Chciałbym zadzwonić.
■ **to make a mistake** popełniać (PERF popełnić) błąd □ **You have made a terrible mistake.** Popełniłeś okropny błąd.
2 produkować (PERF wyprodukować) *(manufacture)*
□ **made in Poland** wyprodukowano w Polsce
■ **It's made out of glass.** Jest zrobiony ze szkła.
3 zarabiać (PERF zarobić) *(money)*
□ **He makes a lot of money.** On zarabia dużo pieniędzy.
■ **to make a profit** zarabiać (PERF zarobić)
■ **to make a loss** tracić (PERF stracić)
■ **to make somebody do something** zmuszać (PERF zmusić) kogoś do zrobienia czegoś □ **My mother makes me do my homework.** Moja matka zmusza mnie do zrobienia mojej pracy domowej.
■ **Two and two make four.** Dwa plus dwa równa się cztery.
■ **What time do you make it?** O której godzinie to zrobisz?
to make out VERB
1 rozumieć (PERF zrozumieć) *(understand)*
□ **I can't make her out at all.** Nie mogę jej w ogóle zrozumieć.
2 odczytywać (PERF odczytać) *(see)*
□ **I can't make out the address on the label.** Nie mogę odczytać adresu na metce.
3 wypisywać (PERF wypisać) *(cheque)*
to make up VERB
1 wymyślać (PERF wymyślić) *(story, excuse)*
□ **He made up the whole story.** On wymyślił całą historię.
2 godzić (PERF pogodzić) się
□ **They had a quarrel, but soon made up.** Oni posprzeczali się, ale wkrótce się pogodzili.
■ **to make up one's mind** podejmować (PERF podjąć) decyzję

■ **to make oneself up** malować (PERF umalować) się □ **She spends hours making herself up.** Ona maluje się całymi godzinami.
makeover ['meɪkəʊvəʳ] NOUN
odnowa wizerunku
□ **She had a complete makeover.** Ona przeszła kompletną odnowę wizerunku.
maker ['meɪkəʳ] NOUN
producent
□ **Europe's biggest car maker** największy producent samochodów w Europie
■ **a film maker** twórca filmu
make-up ['meɪkʌp] NOUN
kosmetyki pl
Malaysia [mə'leɪzɪə] NOUN
Malezja
■ **in Malaysia** w Malezji
■ **to Malaysia** do Malezji
male [meɪl] ADJECTIVE
1 płci męskiej *(person)*
□ **Most football players are male.** Większość piłkarzy jest płci męskiej.
2 samiec *(animal)*
□ **a male kitten** kotek samiec
■ **a male chauvinist** męski szowinista
■ **a male nurse** pielęgniarz
malicious [mə'lɪʃəs] ADJECTIVE
złośliwy
□ **a malicious rumour** złośliwa plotka
mall [mɔːl] NOUN
■ **a shopping mall** centrum handlowe
mammoth ['mæməθ] ADJECTIVE
▷ *see also* **mammoth** NOUN
olbrzymi
□ **a mammoth task** olbrzymie zadanie
mammoth ['mæməθ] NOUN
▷ *see also* **mammoth** ADJECTIVE
mamut
man [mæn] (PL **men**) NOUN
1 mężczyzna *(person)*
□ **Larry was a handsome man.** Larry był przystojnym mężczyzną. □ **an old man** stary mężczyzna
2 człowiek *(mankind)*
to manage ['mænɪdʒ] VERB
1 zarządzać
□ **She manages a big store.** Ona zarządza dużym sklepem. □ **He manages our football team.** On zarządza naszą drużyną piłki nożnej.
2 radzić (PERF poradzić) sobie *(cope)*
□ **We haven't got much money, but we manage.** Nie mamy dużo pieniędzy, ale radzimy sobie. □ **It's okay, I can manage.** W porządku, poradzę sobie.
■ **Can you manage okay?** Poradzisz sobie?
■ **to manage to do something** radzić (PERF poradzić) sobie ze zrobieniem czegoś
□ **Luckily I managed to pass the exam.** Na szczęście poradziłem sobie ze zdaniem egzaminu.
manageable ['mænɪdʒəbl] ADJECTIVE
wykonalny

management ['mænɪdʒmənt] NOUN
1 zarządzanie (managing)
□ He's responsible for the management of the company. On jest odpowiedzialny za zarządzanie firmą.
2 kierownictwo (managers)
■ **'under new management'** 'pod nowym kierownictwem'

manager ['mænɪdʒəʳ] NOUN
1 kierownik masc
kierowniczka fem
2 manager (of team)

manageress [mænɪdʒə'rɛs] NOUN
kierowniczka

mandarin ['mændərɪn] NOUN
mandarynka (fruit)
■ **Mandarin Chinese** dialekt mandaryński

mango ['mæŋɡəʊ] (PL **mangoes**) NOUN
mango

mania ['meɪnɪə] NOUN
mania

maniac ['meɪnɪæk] NOUN
wariat masc
wariatka fem (idiot)
□ He drives like a maniac. On prowadzi jak wariat.
■ **a religious maniac** fanatyk religijny

to **manipulate** [mə'nɪpjuleɪt] VERB
manipulować (person, situation)

mankind [mæn'kaɪnd] NOUN
ludzkość

man-made ['mæn'meɪd] ADJECTIVE
wykonany przez człowieka

manner ['mænəʳ] NOUN
sposób
□ She behaves in an odd manner. Ona zachowuje się w dziwny sposób.
■ **He has a confident manner.** On zachowuje się w pewny siebie sposób.

manners ['mænəz] PL NOUN
maniery
□ Her manners are appalling. Jej maniery są przerażające.
■ **good manners** dobre maniery
■ **bad manners** złe maniery

mansion ['mænʃən] NOUN
rezydencja

mantelpiece ['mæntlpiːs] NOUN
gzyms kominka

manual ['mænjuəl] NOUN
podręcznik

to **manufacture** [mænju'fæktʃəʳ] VERB
produkować (PERF wyprodukować)

manufacturer [mænju'fæktʃərəʳ] NOUN
producent masc
producentka fem

manure [mə'njuəʳ] NOUN
obornik

manuscript ['mænjuskrɪpt] NOUN
manuskrypt (old document)

many ['mɛnɪ] ADJECTIVE
▷ see also **many** PRONOUN
wiele +gen
□ The film has many special effects. Film ma wiele efektów specjalnych. □ He hasn't got many friends. On nie ma wielu przyjaciół. □ Were there many people at the concert? Czy na koncercie było wielu ludzi?
■ **I've never seen so many policemen.** Nigdy nie widziałem tylu policjantów.

many ['mɛnɪ] PRONOUN
▷ see also **many** ADJECTIVE
wiele
□ Some people find jobs, but many don't. Niektórzy ludzie znajdują pracę, ale wielu nie.
■ **Not many.** Niewiele.
■ **How many?** Ile +gen? □ How many cigarettes do you smoke a day? Ile papierosów wypalasz dziennie?
■ **too many** zbyt wiele □ That's too many. To zbyt wiele.
■ **so many** tak wiele □ I didn't know there would be so many. Nie wiedziałem, że będzie tak wiele.

map [mæp] NOUN
mapa

marathon ['mærəθən] NOUN
maraton
□ the London marathon maraton londyński

marble ['mɑːbl] NOUN
marmur (stone)
□ a marble statue posąg z marmuru
■ **to play marbles** grać (PERF zagrać) w kulki

March [mɑːtʃ] NOUN
marzec
□ in March w marcu

to **march** [mɑːtʃ] VERB
▷ see also **march** NOUN
maszerować

march [mɑːtʃ] NOUN
▷ see also **march** VERB
marsz

mare [mɛəʳ] NOUN
klacz

margarine [mɑːdʒə'riːn] NOUN
margaryna

margin ['mɑːdʒɪn] NOUN
margines (on page)
□ Write notes in the margin. Zrób notatki na marginesie.

marijuana [mærɪ'wɑːnə] NOUN
marihuana

marina [mə'riːnə] NOUN
przystań

mark [mɑːk] NOUN
▷ see also **mark** VERB
1 plama (stain)
□ You've got a mark on your skirt. Masz plamę na spódnicy.
2 ocena (at school)
□ I always get good marks for history. Zawsze dostaję dobre oceny z historii.

to **mark** [mɑːk] VERB
▷ see also **mark** NOUN

m

457

1 oznaczać (PERF oznaczyć) (indicate)
2 oceniać (PERF ocenić) (at school)
□ The teacher hasn't marked my homework yet. Nauczyciel nie ocenił jeszcze mojej pracy domowej.

market ['mɑːkɪt] NOUN
targ
□ The market is on every Friday. Targ odbywa się w każdy piątek.

marketing ['mɑːkɪtɪŋ] NOUN
marketing

marmalade ['mɑːməleɪd] NOUN
marmolada

marriage ['mærɪdʒ] NOUN
1 małżeństwo
2 ślub (wedding)

married ['mærɪd] ADJECTIVE
1 żonaty (man)
2 zamężna (woman)
■ a married couple małżeństwo □ They are not married. Oni nie są małżeństwem. □ They have been married for 15 years. Oni są małżeństwem od piętnastu lat.
■ to be married to somebody 1 (to a woman) żonaty z kimś 2 (to a man) zamężna z kimś
■ to get married pobierać (PERF pobrać) się □ My sister's getting married in June. Moja siostra pobiera się w czerwcu.

marrow ['mærəu] NOUN
■ bone marrow szpik kostny

to **marry** ['mæri] VERB
poślubiać (PERF poślubić)
□ He wants to marry her. On chce ją poślubić.

marsh [mɑːʃ] NOUN
bagno

marvellous ['mɑːvləs] (US **marvelous**)
ADJECTIVE
cudowny
□ She's a marvellous cook. Ona jest cudowną kucharką. □ The weather was marvellous. Pogoda była cudowna.

marzipan ['mɑːzɪpæn] NOUN
marcepan

mascara [mæsˈkɑːrə] NOUN
tusz do rzęs

masculine ['mæskjulɪn] ADJECTIVE
1 męski (person)
2 rodzaj męski (noun)

mashed potatoes [mæʃt-] NOUN PL
puree ziemniaczane

mask [mɑːsk] NOUN
maska

mass [mæs] NOUN
masa (large amount, number)
□ a mass of books and papers masa książek i papierów
■ masses of (informal) masy +gen □ We ate masses of chocolate. Zjedliśmy masy czekolady.
■ Mass (in church) msza □ We go to Mass on Sunday. Chodzimy na mszę w niedzielę.

massage ['mæsɑːʒ] NOUN
masaż
□ to give somebody a massage robić (PERF zrobić) komuś masaż

massive ['mæsɪv] ADJECTIVE
ogromny

mass media NOUN
■ the mass media środki masowego przekazu

to **master** ['mɑːstəʳ] VERB
doskonalić (skill, language)

masterpiece ['mɑːstəpiːs] NOUN
arcydzieło

mat [mæt] NOUN
1 dywanik (carpet)
2 wycieraczka (at door)
■ a table mat podstawka

match [mætʃ] NOUN
▷ see also **match** VERB
1 mecz (game)
□ a football match mecz piłki nożnej
2 zapałka
□ a box of matches pudełko zapałek

to **match** [mætʃ] VERB
▷ see also **match** NOUN
pasować do +gen imperf
□ The jacket matches the trousers. Ta kurtka pasuje do spodni. □ These colours don't match. Te kolory nie pasują do siebie.

matching ['mætʃɪŋ] ADJECTIVE
dopasowany
□ My bedroom has matching wallpaper and curtains. Moja sypialnia ma dopasowane tapety i zasłony.

mate [meɪt] NOUN
kumpel masc
kumpelka fem (informal: friend)
□ On Friday night I go out with my mates. W piątek wieczorem wychodzę z moimi kumplami.

material [məˈtɪərɪəl] NOUN
materiał
□ I'm collecting material for my project. Zbieram materiał do mojego projektu.
■ raw materials surowce

mathematics [mæθəˈmætɪks] NOUN
matematyka fem sing

maths [mæθs] NOUN
matematyka fem sing

matter ['mætəʳ] NOUN
▷ see also **matter** VERB
sprawa
□ It's a matter of life and death. To sprawa życia i śmierci.
■ What's the matter? Co się dzieje?
■ as a matter of fact w istocie

to **matter** ['mætəʳ] VERB
▷ see also **matter** NOUN
mieć znaczenie
□ It matters a lot to me. To ma dla mnie duże znaczenie.
■ It doesn't matter. To nie ma znaczenia.

mattress ['mætrɪs] NOUN
materac

mature [mə'tjuər] ADJECTIVE
dojrzały
□ She's quite mature for her age. Ona jest całkiem dojrzała jak na swój wiek.

maximum ['mæksɪməm] ADJECTIVE
▷ see also **maximum** NOUN
maksymalny
□ The maximum speed is 100 km/h. Maksymalna szybkość to 100 kilometrów na godzinę. □ the maximum amount maksymalna ilość

maximum ['mæksɪməm] NOUN
▷ see also **maximum** ADJECTIVE
maksimum

May [meɪ] NOUN
maj
□ in May w maju

to **may** [meɪ] VERB
■ It may rain later. Może później będzie padać.
■ He may have hurt himself. Może się zranił.
■ May I come in? Mogę wejść?

maybe ['meɪbiː] ADVERB
może
□ Maybe she's at home. Może ona jest w domu. □ Maybe he'll change his mind. Może on zmieni zdanie. □ maybe not może nie

mayonnaise [meɪə'neɪz] NOUN
majonez

mayor [mɛər] NOUN
burmistrz

maze [meɪz] NOUN
labirynt

me [miː] PRONOUN
ja nom
□ It's me. To ja. □ Me too! Ja też!
mnie gen, acc, loc
□ He loves me. On mnie kocha. □ She's older than me. Ona jest starsza ode mnie.
mi dat
□ Give me the key. Daj mi klucz.
mną inst
□ Come with me. Chodź ze mną.

meal [miːl] NOUN
posiłek
■ to go out for a meal pójść perf do restauracji

mealtime ['miːltaɪm] NOUN
godzina posiłku
□ at mealtimes w godzinach posiłku

to **mean** [miːn] (PT, PP **meant**) VERB
▷ see also **mean** ADJECTIVE
1 znaczyć
□ What does 'mięso' mean? Co znaczy 'mięso'?
□ I don't know what it means. Nie wiem, co to znaczy.
2 mieć na myśli (refer to)
□ I thought you meant her, not me. Myślałem, że masz na myśli ją, nie mnie. □ What do you mean? Co masz na myśli? □ That's not what I meant. Nie to miałem na myśli.

■ to mean to do something mieć zamiar coś robić (PERF zrobić □ I didn't mean to offend you. Nie miałem zamiaru Cię obrazić.
■ Do you really mean it? Czy naprawdę tak myślisz?

mean [miːn] ADJECTIVE
▷ see also **mean** VERB
1 skąpy (not generous)
□ He's too mean to buy Christmas presents. On jest zbyt skąpy, by kupić prezenty bożonarodzeniowe.
2 niemiły (unkind)
□ That's a really mean thing to say! To naprawdę niemiła rzecz, którą powiedziałeś!
■ to be mean to somebody być niemiłym wobec kogoś □ You're being mean to me. Jesteś wobec mnie niemiły.

meaning ['miːnɪŋ] NOUN
znaczenie

means [miːnz] (PL **means**) NOUN
sposób sing
□ He'll do it by any possible means. On to zrobi każdym możliwym sposobem.
■ a means of transport środek transportu
■ by means of dzięki □ He got in by means of a stolen key. On dostał się do środka dzięki ukradzionemu kluczowi.
■ By all means! Jak najbardziej! □ Can I come?
— By all means! Czy mogę przyjść? — Jak najbardziej!

meant [mɛnt] VERB ▷ see **mean**

meanwhile ['miːnwaɪl] ADVERB
tymczasem

measles ['miːzlz] NOUN
odra

to **measure** ['mɛʒər] VERB
mierzyć (PERF zmierzyć)
□ I measured the page. Zmierzyłem stronę.
□ The room measures 3 metres by 4. Pokój mierzy trzy metry na cztery.

measurement ['mɛʒəmənt] NOUN
wymiar
□ my waist measurement mój wymiar talii
□ What's your neck measurement? Jaki jest Twój wymiar karku? □ What are your measurements? Jakie są Twoje wymiary?
□ What are the measurements of the room?
Jakie są wymiary pokoju?

meat [miːt] NOUN
mięso
□ I don't eat meat. Nie jem mięsa.

Mecca ['mɛkə] NOUN
Mekka

mechanic [mɪ'kænɪk] NOUN
mechanik
□ He's a mechanic. On jest mechanikiem.

mechanical [mɪ'kænɪkl] ADJECTIVE
mechaniczny

medal ['mɛdl] NOUN
medal
□ the gold medal złoty medal

459

medallion [mɪˈdælɪən] NOUN
medalion

media [ˈmiːdɪə] PL NOUN
■ **the media** media

medical [ˈmɛdɪkl] ADJECTIVE
▷ see also **medical** NOUN
medyczny
□ medical treatment leczenie medyczne
■ **medical insurance** ubezpieczenie zdrowotne
■ **to have medical problems** mieć problemy zdrowotne
■ **medical student** student medycyny

medical [ˈmɛdɪkl] NOUN
▷ see also **medical** ADJECTIVE
badania
□ to have a medical przechodzić (PERF przejść) badania

medicine [ˈmɛdsɪn] NOUN
1 medycyna (science)
□ I want to study medicine. Chcę studiować medycynę.
■ **alternative medicine** medycyna alternatywna
2 lek (medication)
□ I need some medicine. Potrzebny mi lek.

Mediterranean [mɛdɪtəˈreɪnɪən] NOUN
■ **the Mediterranean 1** (sea) Morze Śródziemne **2** (region) region Morza Śródziemnego

medium [ˈmiːdɪəm] ADJECTIVE
średni
□ a man of medium height mężczyzna średniego wzrostu

medium-sized [ˈmiːdɪəmˈsaɪzd] ADJECTIVE
średniej wielkości
□ a medium-sized town miasto średniej wielkości

to meet [miːt] (PT, PP **met**) VERB
1 spotykać (PERF spotkać) się
□ I could meet you for a drink after work. Mógłbym spotkać się z Tobą na drinka po pracy.
□ Let's meet in front of the tourist office. Spotkajmy się przed biurem turystycznym.
□ I met a Swedish girl on the train. Spotkałem dziewczynę ze Szwecji w pociągu. □ After that they met every day. Po tym spotykali się każdego dnia. □ I don't think we've met, have we? Nie sądzę, byśmy się spotkali, prawda?
2 poznawać (PERF poznać) (be introduced to)
□ Hey, Terry, come and meet my Dad. Hej, Terry, chodź i poznaj mojego tatę.
■ **Pleased to meet you.** Miło pana/panią poznać.
3 witać (PERF przywitać) (go and fetch)
□ Dan came to the airport to meet me. Dan przyjechał na lotnisko, by się ze mną przywitać.

to meet up VERB
spotykać (PERF spotkać) się
□ We meet up for lunch once a week. Spotykamy się na lunch raz w tygodniu.

meeting [ˈmiːtɪŋ] NOUN
spotkanie
□ a business meeting spotkanie biznesowe
□ their first meeting ich pierwsze spotkanie

melody [ˈmɛlədɪ] NOUN
melodia

melon [ˈmɛlən] NOUN
melon

to melt [mɛlt] VERB
topić (PERF stopić) się
□ The snow is melting. Śnieg się topi.
□ Melt the butter in a large pan. Stop masło na dużej patelni.

member [ˈmɛmbəʳ] NOUN
członek masc
członkini fem
■ **a Member of Parliament** członek parlamentu

membership [ˈmɛmbəʃɪp] NOUN
członkostwo
□ to apply for membership wystąpić o członkostwo

membership card NOUN
karta członkowska

memento [məˈmɛntəu] NOUN
pamiątka

memorial [mɪˈmɔːrɪəl] NOUN
pomnik
□ a war memorial pomnik wojenny

to memorize [ˈmɛməraɪz] VERB
■ **to memorize something** uczyć (PERF nauczyć) się czegoś na pamięć

memory [ˈmɛmərɪ] NOUN
1 pamięć
■ **to have a good memory** mieć dobrą pamięć
□ I haven't got a good memory. Nie mam dobrej pamięci.
2 wspomnienie (recollection)
□ to bring back memories przywoływać (PERF przywołać) wspomnienia

men [mɛn] PL NOUN ▷ see **man**

to mend [mɛnd] VERB
naprawiać (PERF naprawić)

meningitis [mɛnɪnˈdʒaɪtɪs] NOUN
zapalenie opon mózgowych

mental [ˈmɛntl] ADJECTIVE
1 umysłowy
□ a mental illness choroba umysłowa
□ mental arithmetic arytmetyka umysłowa
2 psychiczny (health)
3 szalony (crazy)
□ You're mental! Jesteś szalony!

to mention [ˈmɛnʃən] VERB
wspominać (PERF wspomnieć) o +loc
■ **Don't mention it!** Nie ma za co!

menu [ˈmɛnjuː] NOUN
menu
□ Could I have the menu, please? Czy mogę prosić o menu?

mercy [ˈməːsɪ] NOUN
litość

m

mere [mɪə^r] ADJECTIVE
jedynie
□ a mere 2% jedynie dwa procent □ It's a mere formality. To jedynie formalność.
■ **the merest hint of criticism** najmniejszy ślad krytyki
meringue [mə'ræŋ] NOUN
beza
merry ['mɛrɪ] ADJECTIVE
■ **Merry Christmas!** Wesołych Świąt!
merry-go-round ['mɛrɪɡəuraund] NOUN
karuzela
mess [mɛs] NOUN
bałagan
■ **to be in a mess** mieć bałagan □ My bedroom's usually in a mess. Z reguły mam bałagan w sypialni.
to **mess about with** VERB
obchodzić się nieumiejętnie z +inst
□ Stop messing about with my computer! Przestań obchodzić się nieumiejętnie z moim komputerem!
■ **Don't mess about with my things!** Nie bałagań w moich rzeczach!
to **mess up** VERB
robić (PERF narobić) bałagan w +loc
□ My little brother has messed up my DVDs. Mój młodszy brat narobił bałagan w moich płytach DVD.
message ['mɛsɪdʒ] NOUN
wiadomość
□ to leave somebody a message zostawiać (PERF zostawić) komuś wiadomość
messenger ['mɛsɪndʒə^r] NOUN
posłaniec
messy ['mɛsɪ] ADJECTIVE
1 niechlujny (person, activity)
□ a messy job niechlujna praca □ She's so messy! Ona jest taka niechlujna! □ My writing is terribly messy. Moje pismo jest okropnie niechlujne.
2 w nieładzie (thing, place)
□ Your desk is really messy. Twoje biurko jest naprawdę w nieładzie.
met [mɛt] VERB ▷ see **meet**
metal ['mɛtl] NOUN
metal
meter ['miːtə^r] NOUN
1 licznik (for gas, electricity)
2 parkomat (parking meter)
3 metr (US: unit of measurement)
method ['mɛθəd] NOUN
sposób
Methodist NOUN
metodysta
□ I'm a Methodist. Jestem metodystą.
metre ['miːtə^r] (US **meter**) NOUN
metr
metric ['mɛtrɪk] ADJECTIVE
metryczny
Mexico ['mɛksɪkəu] NOUN
Meksyk

■ **in Mexico** w Meksyku
■ **to Mexico** do Meksyku
mice [maɪs] PL NOUN ▷ see **mouse**
microchip ['maɪkrəutʃɪp] NOUN
mikrochip
microphone ['maɪkrəfəun] NOUN
mikrofon
microscope ['maɪkrəskəup] NOUN
mikroskop
microwave ['maɪkrəuweɪv] NOUN
■ **microwave oven** mikrofalówka
mid [mɪd] ADJECTIVE
w połowie
□ in mid May w połowie maja □ He's in his mid-thirties. On ma około trzydziestu pięciu lat.
midday [mɪd'deɪ] NOUN
południe
□ at midday w południe
middle ['mɪdl] NOUN
▷ see also **middle** ADJECTIVE
środek
□ the middle of the room środek pokoju
□ in the middle of the road na środku drogi
■ **in the middle of the night** w środku nocy
middle ['mɪdl] ADJECTIVE
▷ see also **middle** NOUN
środkowy
□ the middle seat środkowe siedzenie
middle-aged [mɪdl'eɪdʒd] ADJECTIVE
w średnim wieku
□ a middle-aged man mężczyzna w średnim wieku
Middle Ages PL NOUN
■ **the Middle Ages** średniowiecze □ in the Middle Ages w średniowieczu
middle-class [mɪdl'klɑːs] ADJECTIVE
■ **a middle-class family** rodzina z klasy średniej
Middle East NOUN
■ **the Middle East** Bliski Wschód □ in the Middle East na Bliskim Wschodzie
middle name NOUN
drugie imię
midge [mɪdʒ] NOUN
muszka
midnight ['mɪdnaɪt] NOUN
północ
□ at midnight o północy
midwife ['mɪdwaɪf] (PL **midwives**) NOUN
położna
□ She's a midwife. Ona jest położną.
might [maɪt] VERB
■ **I might get home late.** Może będę w domu późno.
■ **We might go to Spain next year.** Możliwe, że w przyszłym roku pojedziemy do Hiszpanii.
■ **It might have been an accident.** To mógł być wypadek.
■ **You might try the bookshop.** Może spróbuje pan/pani w księgarni.

m

migraine ['miːgreɪn] NOUN
migrena

□ I've got a migraine. Mam migrenę.

mike [maɪk] NOUN
mikrofon

mild [maɪld] ADJECTIVE
lekki

□ The winters are quite mild. Zimy są dosyć lekkie.

mile [maɪl] NOUN
mila

□ It's 5 miles from here. To pięć mil stąd.

■ **70 miles per hour** siedemdziesiąt mil na godzinę

> DID YOU KNOW…?
> In Poland distances are expressed in kilometres. A mile is about 1.6 kilometres.

■ **We walked miles!** Przeszliśmy kawał drogi!

military ['mɪlɪtəri] ADJECTIVE
wojskowy

milk [mɪlk] NOUN
mleko

□ tea with milk herbata z mlekiem

milk chocolate NOUN
czekolada mleczna

milkman ['mɪlkmən] (PL **milkmen**) NOUN
mleczarz

□ He's a milkman. On jest mleczarzem.

milkshake ['mɪlkʃeɪk] NOUN
koktajl mleczny

millennium [mɪ'lɛniəm] (PL **millenniums** or **millennia**) [mɪ'lɛniə] NOUN
tysiąclecie (1000 years)

millimetre ['mɪlimiːtər] (US **millimeter**) NOUN
milimetr

million ['mɪljən] NUMBER
milion

□ one million dollars milion dolarów

■ **I've got millions of things to do today.** Mam dziś mnóstwo rzeczy do zrobienia.

millionaire [mɪljə'nɛər] NOUN
milioner masc
milionerka fem

to **mimic** ['mɪmɪk] VERB
naśladować perf

mince [mɪns] NOUN
mięso mielone

■ **mince pie**

> CZY WIESZ, ŻE…?
> Mince pie – rodzaj pierożka nadziewanego bakaliami, tradycyjnie spożywany w Boże Narodzenie.

mind [maɪnd] NOUN
▷ see also **mind** VERB

■ **to make up one's mind** podejmować (PERF podjąć decyzję □ I haven't made up my mind yet. Jeszcze nie podjąłem decyzji.

■ **to change one's mind** zmieniać (PERF zmienić) zdanie □ He's changed his mind. On zmienił zdanie.

■ **Are you out of your mind?** Czy zwariowałeś?

to **mind** [maɪnd] VERB
▷ see also **mind** NOUN

1 zajmować (PERF zająć) się +inst (look after)

□ Could you mind the baby this afternoon? Czy mógłbyś zająć się dzieckiem dziś po południu? □ My mother is minding the office. Moja matka zajmuje się biurem.

2 uważać na (be careful of)

□ Mind the step! Uwaga na stopień!

■ **Do you mind if …?** Ma pan/pani coś przeciwko temu, żeby …? □ Do you mind if I open the window? Czy masz coś przeciwko temu, żebym otworzył okno?

■ **I don't mind.** Nie mam nic przeciwko temu.
□ I don't mind walking. Nie mam nic przeciwko pójściu na piechotę.

■ **I don't mind what …** Jest mi wszystko jedno, co … □ I don't mind what we have for dinner. Jest mi wszystko jedno, co zjemy na kolację.

■ **Never mind!** Nieważne!

■ **I wouldn't mind a coffee.** Z chęcią napiję się kawy.

mine [maɪn] PRONOUN
▷ see also **mine** NOUN
mój masc sing

□ a friend of mine mój przyjaciel □ Is this your coat? — No, mine's black. Czy to Twój płaszcz? — Nie, mój jest czarny.
moja fem sing

□ Is this your book? — No, mine's the other one. Czy to Twoja książka? — Nie, moja jest tamta.
moje neut sing

□ This is mine. To jest moje. □ Is this your child? — No, he's not mine. Czy to Twoje dziecko? — Nie, to nie moje.
moje pl

□ These are mine. Te są moje. □ Your hands are dirty, mine are clean. Twoje ręce są brudne, moje są czyste.
moi animate pl

□ her parents and mine jej rodzice i moi

mine [maɪn] NOUN
▷ see also **mine** PRONOUN
kopalnia

□ a coal mine kopalnia węgla

■ **a land mine** mina lądowa

miner ['maɪnər] NOUN
górnik

mineral water NOUN
woda mineralna

miniature ['mɪnətʃər] ADJECTIVE
▷ see also **miniature** NOUN
miniaturowy

□ a miniature version miniaturowa wersja

miniature ['mɪnətʃər] NOUN
▷ see also **miniature** ADJECTIVE
miniatura

minibus ['mɪnɪbʌs] NOUN
mikrobus

minicab ['mɪnɪkæb] NOUN
taksówka

Minidisc® ['mɪnɪdɪsk] NOUN
minidisc

minimum ['mɪnɪməm] ADJECTIVE
▷ *see also* **minimum** NOUN
minimalny
□ The minimum age for driving is 17.
Minimalny wiek do prowadzenia samochodu
to 17 lat.
■ **the minimum amount** minimalna ilość

minimum ['mɪnɪməm] NOUN
▷ *see also* **minimum** ADJECTIVE
minimum

miniskirt ['mɪnɪskɜːt] NOUN
spódnica mini

minister ['mɪnɪstər] NOUN
1 minister *(in government)*
2 pastor *(in church)*

ministry ['mɪnɪstrɪ] NOUN
ministerstwo *(in government)*
■ **the Ministry of Defence** Ministerstwo
Obrony

mink [mɪŋk] NOUN
norka
□ a mink coat płaszcz z norek

minor ['maɪnər] ADJECTIVE
drobny
□ a minor problem drobny problem □ a minor
operation drobny zabieg
■ **in D minor** w D-moll

minority [maɪ'nɒrɪtɪ] NOUN
mniejszość

mint [mɪnt] NOUN
1 mięta *(plant)*
□ mint sauce sos miętowy
2 miętówka *(sweet)*

minus ['maɪnəs] PREPOSITION
minus
□ 12 minus 3 is 9. Dwanaście minus trzy równa
się dziewięć. □ minus 24 degrees minus
dwadzieścia cztery stopnie
■ **B minus** B z minusem

minute [maɪ'njuːt] ADJECTIVE
▷ *see also* **minute** NOUN
malutki
□ Her flat is minute. Jej mieszkanie jest
malutkie.

minute ['mɪnɪt] NOUN
▷ *see also* **minute** ADJECTIVE
1 minuta *(60 seconds)*
2 chwila *(short time)*
□ Wait a minute! Chwilę!

miracle ['mɪrəkl] NOUN
cud

mirror ['mɪrər] NOUN
1 lustro
2 lusterko *(in car)*

to **misbehave** [mɪsbɪ'heɪv] VERB
źle się zachowywać (PERF zachować)

miscellaneous [mɪsɪ'leɪnɪəs] ADJECTIVE
różny

mischief ['mɪstʃɪf] NOUN
psoty

■ **to get up to mischief** psocić (PERF napsocić)
□ My little sister's always getting up to
mischief. Moja młodsza siostra wciąż psoci.

mischievous ['mɪstʃɪvəs] ADJECTIVE
figlarny

miser ['maɪzər] NOUN
skąpiec

miserable ['mɪzərəbl] ADJECTIVE
1 nieszczęśliwy *(unhappy)*
□ You're looking miserable. Wyglądasz na
nieszczęśliwego.
■ **to feel miserable** czuć (PERF poczuć) się
okropnie □ I'm feeling miserable. Czuję się
okropnie.
2 ponury *(weather, day)*
□ The weather was miserable. Pogoda była
ponura.

misery ['mɪzərɪ] NOUN
nieszczęście
□ All that money brought nothing but misery.
Wszystkie te pieniądze tylko przyniosły
nieszczęście.
■ **She's a real misery.** Z niej prawdziwa
maruda.

misfortune [mɪs'fɔːtʃən] NOUN
nieszczęście

mishap ['mɪshæp] NOUN
niefortunny wypadek
■ **without mishap** bez problemu

to **misjudge** [mɪs'dʒʌdʒ] VERB
źle oceniać (PERF ocenić)
□ I've misjudged her. Źle ją oceniłem.
□ He misjudged the bend. On źle ocenił
zakręt.

to **mislay** [mɪs'leɪ] (PT, PP **mislaid**) [mɪs'leɪd]
VERB
zagubić
□ I've mislaid my passport. Zagubiłem mój
paszport.

misleading [mɪs'liːdɪŋ] ADJECTIVE
mylący

Miss [mɪs] NOUN
DID YOU KNOW...?
In Polish, especially in formal
correspondence, neither the first name
nor the surname is used, so 'Dear Miss
Smith' would read simply 'Szanowna
Pani'.

to **miss** [mɪs] VERB
1 chybiać (PERF chybić) *(fail to hit)*
□ He missed the target. On chybił cel.
2 nie zdążać (PERF zdążyć) *(train, bus, plane)*
□ Daniel nearly missed his flight.
■ **You can't miss it.** Nie może pan/pani tego
przeoczyć.
■ **I miss my mum.** Tęsknię za mamą.
□ Did you miss me? Czy tęskniłeś za mną?
■ **to miss an opportunity** tracić (PERF stracić)
okazję

missing ['mɪsɪŋ] ADJECTIVE
1 zaginiony
□ missing person zaginiona osoba

2 brakujący *(object)*
□ the missing part brakująca część
■ **to be missing** ginąć (PERF zaginąć)
□ My rucksack is missing. Mój plecak zaginął.
□ Two members of the group are missing.
Dwóch członków grupy zaginęło.

missionary ['mɪʃənrɪ] NOUN
misjonarz

mist [mɪst] NOUN
mgła

mistake [mɪs'teɪk] NOUN
błąd
□ a spelling mistake błąd ortograficzny
■ **to make a mistake** popełniać (PERF popełnić)
błąd
■ **to do something by mistake** robić
(PERF zrobić) coś przez pomyłkę □ I took his
bag by mistake. Wziąłem jego torbę przez
pomyłkę.

mistaken [mɪs'teɪkən] ADJECTIVE
■ **to be mistaken** mylić (PERF pomylić) się
□ If you think I'm coming with you, you're
mistaken. Jeśli sądzisz, że z Tobą pójdę,
mylisz się.
■ **if I'm not mistaken** jeśli się nie mylę

mistletoe ['mɪsltəu] NOUN
jemioła

misty ['mɪstɪ] ADJECTIVE
mglisty
□ a misty morning mglisty poranek
■ **It's misty.** Jest mgliście.

to **misunderstand** [mɪsʌndə'stænd]
(PT, PP **misunderstood**) VERB
źle rozumieć (PERF zrozumieć)
□ Sorry, I misunderstood you. Przepraszam,
źle Cię zrozumiałem.

misunderstanding ['mɪsʌndə'stændɪŋ]
NOUN
nieporozumienie

misunderstood [mɪsʌndə'stud] VERB
▷ *see* **misunderstand**

mix [mɪks] NOUN
▷ *see also* **mix** VERB
mieszanina
□ It's a mix of science fiction and comedy.
To mieszanina fantastyki naukowej i komedii.
■ **a cake mix** mieszanka do ciasta

to **mix** [mɪks] VERB
▷ *see also* **mix** NOUN
mieszać (PERF zmieszać)
□ Mix the flour with the sugar. Zmieszaj mąkę
z cukrem.
■ **He's mixing business with pleasure.**
On łączy biznes z przyjemnością.
■ **to mix with somebody** zadawać (PERF zadać)
się z kimś
■ **He doesn't mix much.** On zbytnio nie
udziela się towarzysko.

to **mix up**
mylić (PERF pomylić)
□ He always mixes me up with my sister.
On zawsze mnie myli z moją siostrą.

□ The travel agent mixed up the bookings.
Biuro podróży pomyliło rezerwacje.
■ **I'm getting mixed up.** Jestem
skonfundowany.

mixed [mɪkst] ADJECTIVE
1 mieszany
□ a mixed salad mieszana sałata
2 koedukacyjny *(group, community)*
□ a mixed school szkoła koedukacyjna

mixed grill NOUN
talerz mięs

mixer ['mɪksər] NOUN
■ **to be a good mixer** łatwo nawiązywać
(PERF nawiązać) kontakty

mixture ['mɪkstʃər] NOUN
mieszanka
□ a mixture of spices mieszanka przypraw
■ **cough mixture** mieszanka na kaszel

mix-up ['mɪksʌp] NOUN
nieporozumienie

to **moan** [məun] VERB
■ **to moan about something** narzekać na
coś □ She's always moaning about work.
Ona zawsze narzeka na pracę.

mobile ['məubaɪl] NOUN
telefon komórkowy

mobile home NOUN
mieszkalna przyczepa kempingowa

mobile phone NOUN
telefon komórkowy

to **mock** [mɔk] VERB
▷ *see also* **mock** ADJECTIVE
wyśmiewać się +gen

mock [mɔk] ADJECTIVE
▷ *see also* **mock** VERB
■ **a mock exam** egzaminy próbne

mod cons PL NOUN
■ **'all mod cons'** 'ze wszystkimi wygodami'

model ['mɔdl] NOUN
▷ *see also* **model** ADJECTIVE, VERB
1 model
□ a model of the castle model zamku
□ His car is the latest model. Jego samochód
to najnowszy model.
2 model *masc*
modelka *fem*
□ She's a famous model. Ona jest znaną
modelką.

model ['mɔdl] ADJECTIVE
▷ *see also* **model** NOUN, VERB
wzorowy *(exemplary)*
□ He's a model pupil. On jest wzorowym
uczniem.
■ **a model plane** model samolotu
■ **a model railway** model kolejki

to **model** ['mɔdl] VERB
▷ *see also* **model** NOUN, ADJECTIVE
prezentować (PERF zaprezentować)
□ She was modelling a Versace outfit.
Ona prezentowała strój Versace.

modem ['məudɛm] NOUN
modem

moderate ['mɒdərət] ADJECTIVE
umiarkowany
□ His views are quite moderate. Jego poglądy
są dość umiarkowane.
 ■ **a moderate amount of something**
umiarkowana ilość czegoś
 ■ **a moderate price** umiarkowana cena

modern ['mɒdən] ADJECTIVE
1 współczesny *(present-day)*
2 nowoczesny *(up-to-date)*

to **modernize** ['mɒdənaɪz] VERB
modernizować (PERF zmodernizować)

modern languages PL NOUN
języki nowożytne

modest ['mɒdɪst] ADJECTIVE
skromny *(person)*

to **modify** ['mɒdɪfaɪ] VERB
modyfikować (PERF zmodyfikować)

moist [mɔɪst] ADJECTIVE
wilgotny
 ■ **Make sure the soil is moist.** Upewnij się,
że ziemia jest nawilżona.

moisture ['mɔɪstʃəʳ] NOUN
wilgotność

moisturizer ['mɔɪstʃəraɪzəʳ] NOUN
krem nawilżający

moldy ['məʊldɪ] ADJECTIVE (US) = **mouldy**

mole [məʊl] NOUN
1 pieprzyk *(on skin)*
2 kret *(animal)*

moment ['məʊmənt] NOUN
chwila
□ Could you wait a moment? Czy możesz
poczekać chwilę? □ in a moment za chwilę
□ at the last moment w ostatniej chwili
 ■ **Just a moment!** Chwileczkę!
 ■ **any moment now** w każdej chwili
□ They'll be arriving any moment now.
Oni przybędą w każdej chwili.

momentous [məʊ'mɛntəs] ADJECTIVE
historyczny

monarchy ['mɒnəkɪ] NOUN
monarchia

monastery ['mɒnəstərɪ] NOUN
klasztor

Monday ['mʌndɪ] NOUN
poniedziałek
□ on Monday w poniedziałek □ on Mondays
w poniedziałki □ every Monday co poniedziałek
□ last Monday w zeszły poniedziałek □ next
Monday w przyszły poniedziałek

money ['mʌnɪ] NOUN
pieniądze
□ Do you have any money on you? Czy masz
przy sobie jakieś pieniądze? □ I need to change
some money. Muszę wymienić trochę pieniędzy.
 ■ **to make money** zarabiać (PERF zarobić)

mongrel ['mʌŋɡrəl] NOUN
kundel
□ My dog's a mongrel. Mój pies to kundel.

monitor ['mɒnɪtəʳ] NOUN
monitor

monk [mʌŋk] NOUN
mnich

monkey ['mʌŋkɪ] NOUN
małpa

monotonous [mə'nɒtənəs] ADJECTIVE
monotonny

monster ['mɒnstəʳ] NOUN
potwór

month [mʌnθ] NOUN
miesiąc
□ this month w tym miesiącu □ next month
w przyszłym miesiącu □ last month w zeszłym
miesiącu □ every month co miesiąc □ at the
end of the month pod koniec miesiąca

monthly ['mʌnθlɪ] ADJECTIVE
 ▷ see also **monthly** ADVERB
miesięczny

monthly ['mʌnθlɪ] ADVERB
 ▷ see also **monthly** ADJECTIVE
miesięcznie

monument ['mɒnjumənt] NOUN
pomnik

mood [muːd] NOUN
nastrój
□ to be in a good mood być w dobrym nastroju
□ to be in a bad mood być w złym nastroju

moody ['muːdɪ] ADJECTIVE
humorzasty

moon [muːn] NOUN
księżyc
□ There's a full moon tonight. Dzisiaj w nocy
jest pełnia księżyca.
 ■ **to be over the moon** być w siódmym niebie

moor [mʊəʳ] NOUN
 ▷ see also **moor** VERB
wrzosowisko

to **moor** [mʊəʳ] VERB
 ▷ see also **moor** NOUN
przybijać (PERF przybić) do brzegu *(boat)*

mop [mɒp] NOUN
mop

moped ['məʊpɛd] NOUN
motorower

moral ['mɒrl] ADJECTIVE
 ▷ see also **moral** NOUN
moralny

moral ['mɒrl] NOUN
 ▷ see also **moral** ADJECTIVE
morał
□ the moral of the story morał historii

morale [mɔ'rɑːl] NOUN
morale
□ Their morale is very low. Ich morale jest
bardzo niskie.

more [mɔːʳ] ADJECTIVE, ADVERB, PRONOUN
 LANGUAGE TIP There are several ways of
translating **more**. Scan the examples to
find one that is similar to what you want
to say.
1 więcej +gen *(in comparisons)*
□ I get more money than you do. Dostaję
więcej pieniędzy niż ty.

■ **Beer is more expensive in Britain.** Piwo jest droższe w Wielkiej Brytanii. □ more than 20 więcej niż dwadzieścia

2 jeszcze *(additional)*

□ Would you like some more tea? Chce pan/pani jeszcze kawy? □ Is there any more wine? Czy jest jeszcze wino?

■ **a few more weeks** kilka tygodni dłużej

□ Is there any more? Czy jest jeszcze?

□ Would you like some more? Czy chciałbyś jeszcze?

■ **a few more** trochę więcej

■ **many more** wiele więcej

■ **There isn't any more.** Nie ma już więcej

3 bardziej

□ more difficult than bardziej trudny niż □ He's more intelligent than me. On jest bardziej inteligentny niż ja.

■ **Could you speak more slowly?** Czy mógłbyś mówić wolniej?

■ **more and more** coraz więcej

■ **more or less** mniej więcej

■ **once more** raz jeszcze

moreover [mɔːˈrəʊvəʳ] ADVERB
ponadto

morning [ˈmɔːnɪŋ] NOUN
rano

□ tomorrow morning jutro rano □ every morning co rano

■ **this morning** tego ranka

■ **in the morning** rano

■ **at three o'clock in the morning** o trzeciej nad ranem

■ **Good morning!** Dzień dobry!

mortgage [ˈmɔːgɪdʒ] NOUN
hipoteka

■ **to take out a mortgage** zaciągać (PERF zaciągnąć) kredyt hipoteczny

Moslem [ˈmɒzləm] ADJECTIVE, NOUN = **Muslim**

mosque [mɒsk] NOUN
meczet

mosquito [mɒsˈkiːtəʊ] (PL **mosquitoes**) NOUN
komar

□ a mosquito bite ugryzienie komara

most [məʊst] ADJECTIVE, PRONOUN, ADVERB

> LANGUAGE TIP There are several ways of translating **most**. Scan the examples to find one that is similar to what you want to say.

1 większość +*gen (almost all)*

□ most people większość ludzi □ most of them większość z nich □ most of the class większość klasy □ most of the time większość czasu

■ **the most** najwięcej +*gen* □ Who won the most money? Kto wygrał najwięcej pieniędzy?

■ **to make the most of something** wykorzystywać (PERF wykorzystać) maksymalnie coś

■ **at the most** co najwyżej □ Two hours at the most. Co najwyżej dwie godziny.

2 najbardziej

□ What I miss most is ... To, czego mi brakuje najbardziej, to ...

■ **the most expensive sofa in the shop** najdroższa sofa w sklepie

■ **most efficiently** najwydajniej

■ **most effectively** najefektywniej

■ **most of all** przede wszystkim

> WSKAZÓWKI JĘZYKOWE Uwaga! Angielskie słowo **most** nie oznacza most.

mostly [ˈməʊstlɪ] ADVERB
w większości

□ The teachers are mostly quite nice. Nauczyciele są w większości dość mili.

MOT [ɛməʊˈtiː] NOUN
test przeglądu technicznego samochodu

□ Her car failed its MOT. Jej samochód nie przeszedł testu przeglądu technicznego.

> CZY WIESZ, ŻE...?
> **MOT** dosłownie oznacza 'Ministry of Transport' (Ministerstwo Transportu), jednak skrót ten jest powszechnie stosowany na określenie okresowych badań pojazdów wg wymagań Ministerstwa Transportu. Są one obowiązkowe dla każdego pojazdu 3-letniego lub starszego, i przeprowadzane są raz do roku.

motel [məʊˈtɛl] NOUN
motel

moth [mɒθ] NOUN
ćma

mother [ˈmʌðəʳ] NOUN
matka

□ my mother moja matka

mother-in-law [ˈmʌðərɪnlɔː] (PL **mothers-in-law**) NOUN
teściowa

Mother's Day [ˈmʌðəz-] NOUN
Dzień Matki

motionless [ˈməʊʃənlɪs] ADJECTIVE
nieruchomy

motivated [ˈməʊtɪveɪtɪd] ADJECTIVE
zmotywowany

□ He is highly motivated. On jest wysoce zmotywowany.

motivation [məʊtɪˈveɪʃən] NOUN
motywacja

motive [ˈməʊtɪv] NOUN
motyw

□ the motive for the killing motyw zabójstwa

motor [ˈməʊtəʳ] NOUN
silnik

□ The boat has a motor. Łódź ma silnik.

motorbike [ˈməʊtəbaɪk] NOUN
motocykl

motorboat [ˈməʊtəbəʊt] NOUN
motorówka

motorcycle [ˈməʊtəsaɪkl] NOUN
motocykl

motorcyclist [ˈməʊtəsaɪklɪst] NOUN
motocyklista *masc*
motocyklistka *fem*

motorist ['məʊtərɪst] NOUN
kierowca

motor racing NOUN
wyścigi samochodowe

motorway ['məʊtəweɪ] NOUN
autostrada
□ on the motorway na autostradzie

mouldy ['məʊldɪ] (US **moldy**) ADJECTIVE
spleśniały

to **mount** [maʊnt] VERB
1 organizować (PERF zorganizować) (organize)
□ They're mounting a publicity campaign.
Oni organizują kampanię reklamową.
2 wzrastać (PERF wzrosnąć) (increase)
□ Tension is mounting. Napięcie wzrasta.

to **mount up** VERB
narastać (PERF narosnąć)
□ The bills are mounting up. Rachunki narastają.

mountain ['maʊntɪn] NOUN
góra
■ a mountain bike rower górski

mountaineer [maʊntɪ'nɪər] NOUN
alpinista masc
alpinistka fem

mountaineering [maʊntɪ'nɪərɪŋ] NOUN
wspinaczka wysokogórska
■ to go mountaineering wspinać się
□ I go mountaineering. Chodzę się wspinać.

mountainous ['maʊntɪnəs] ADJECTIVE
górzysty

mouse [maʊs] (PL **mice**) NOUN
1 mysz (animal)
2 myszka (for computer)

mouse mat ['maʊsmæt] NOUN
podkładka pod myszkę

mousse [muːs] NOUN
mus
□ chocolate mousse mus czekoladowy

moustache [məs'tɑːʃ] (US **mustache**) NOUN
wąsy masc pl
□ He's got a moustache. On ma wąsy.

mouth [maʊθ] NOUN
1 usta
2 ujście (of river)

mouthful ['maʊθfʊl] NOUN
kęs

mouth organ NOUN
harmonijka ustna
□ I play the mouth organ. Gram na harmonijce ustnej.

mouthwash ['maʊθwɒʃ] NOUN
płyn do płukania ust

move [muːv] NOUN
▷ see also **move** VERB
1 przeprowadzka (of house)
□ Our move from Oxford to Luton ...
Nasza przeprowadzka z Oksfordu do Luton ...
2 ruch (in game)
□ It's your move. To Twój ruch.
■ to get a move on pospieszyć się perf
□ Get a move on! Pośpiesz się!

to **move** [muːv] VERB

▷ see also **move** NOUN
1 poruszać (PERF poruszyć) się
□ The car was moving very slowly. Samochód
poruszał się bardzo powoli.
■ Don't move! Nie ruszaj się!
2 przeprowadzać (PERF przeprowadzić) się
□ We're moving in July. Przeprowadzamy się
w lipcu.
3 przestawiać (PERF przestawić)
□ Could you move your stuff please? Czy
możesz proszę przestawić swoje rzeczy?
4 wzruszać (PERF wzruszyć)
□ I was very moved by the film. Byłem bardzo
wzruszony filmem.
■ to move jobs zmieniać (PERF zmienić) pracę

to **move forward** VERB
posuwać (PERF posunąć) się do przodu

to **move in** VERB
wprowadzać (PERF wprowadzić) się
□ They're moving in next week. Oni
wprowadzają się w przyszłym tygodniu.

to **move over** VERB
przesuwać (PERF przesunąć) się
□ Could you move over a bit? Czy mógłbyś się
trochę przesunąć?

movement ['muːvmənt] NOUN
ruch

movie ['muːvɪ] NOUN
film
■ the movies kino □ Let's go to the movies!
Chodźmy do kina!

moving ['muːvɪŋ] ADJECTIVE
1 poruszający
□ a moving story poruszająca historia
2 poruszający się
□ a moving bus poruszający się autobus

to **mow** [məʊ] (PT **mowed**, PP **mowed** or **mown**)
[məʊn] VERB
kosić (PERF skosić)
□ to mow the lawn kosić (PERF skosić) trawnik

MP ABBREVIATION (= Member of Parliament)
poseł masc
posłanka fem
□ She's an MP. Ona jest posłanką.

MP3 [empiː'θriː] NOUN
MP3

MP3 player NOUN
odtwarzacz MP3

mph ABBREVIATION (= miles per hour)
mil na godzinę
□ to drive at 50 mph jechać z prędkością
pięćdziesięciu mil na godzinę

> DID YOU KNOW...?
> In Poland, speed is expressed in kilometres
> per hour. 50 mph is about 80 km/h.

Mr ['mɪstər]
■ Mr Edward Smith pan Edward Smith

> CZY WIESZ, ŻE...?
> Grzecznościowe formy w języku
> angielskim to **Mr/Mrs/Miss/Ms**,
> co odpowiada polskim zwrotom: pan/
> pani/panna/pani. W języku angielskim

m

nazwisko poprzedzone jest właśnie jedną z tych form, na przykład: Mr. Smith. Tych form grzecznościowych używa się w oficjalnych sytuacjach, zwracając się do osób, których się dobrze nie zna lub osób starszych. Inaczej niż w języku polskim, formy **Mr/Mrs/Miss/Ms** nie mogą być używane bez nazwiska.

Mrs ['mɪsɪz] NOUN
- **Mrs Anna Smith** pani Anna Smith

MS ABBREVIATION (= *multiple sclerosis*)
stwardnienie rozsiane
- □ She's got MS. Ona ma stwardnienie rozsiane.

Ms [mɪz] NOUN
- **Ms Tracey Smith** pani Tracey Smith

much [mʌtʃ] ADJECTIVE
▷ *see also* **much** PRONOUN, ADVERB
dużo +*gen*
- □ We haven't got much time. Nie mamy dużo czasu. □ I don't want much rice. Nie chcę dużo ryżu. □ I haven't got very much milk. Nie mam bardzo dużo mleka. □ They give us too much homework. Zadają nam zbyt dużo pracy domowej.
- **How much money have you got?** Ile masz pieniędzy?
- **I've never seen so much traffic.** Nigdy nie widziałem tyle ruchu na drodze.

much [mʌtʃ] PRONOUN
▷ *see also* **much** ADJECTIVE, ADVERB
dużo
- □ There isn't much left. Dużo nie zostało. □ It costs too much. To kosztuje zbyt dużo.
- **Have you got a lot of luggage? — No, not much.** Czy masz dużo bagażu? — Nie, niedużo.
- **How much do you want?** Ile chcesz?

much [mʌtʃ] ADVERB
▷ *see also* **much** ADJECTIVE, PRONOUN

> LANGUAGE TIP There are several ways of translating **much**. Scan the examples to find one that is similar to what you want to say.

1 bardzo (*a great deal*)
- □ He hasn't changed much. Bardzo się nie zmienił. □ Did you like her? — Not much. Podobała Ci się? — Nie bardzo.
- **very much** bardzo □ I enjoyed the film very much. Bardzo mi się podobał film. □ Thank you very much. Dziękuję bardzo.

2 wiele (*far*)
- □ I'm much better now. Teraz czuję się o wiele lepiej. □ Those trousers are much too big for you. Te spodnie są o wiele za duże na ciebie.

3 często (*often*)
- □ Do you go out much? Często gdzieś wychodzisz?

mud [mʌd] NOUN
błoto

muddle ['mʌdl] NOUN
nieład
- □ The photos are in a muddle. Te zdjęcia są w nieładzie.
- **to be in a muddle** mieć mętlik w głowie

to **muddle up** VERB
mieszać (PERF wymieszać)

- □ He muddles me up with my sister. On mnie miesza z moją siostrą.
- **to get muddled up** skonfundować się
- □ I'm getting muddled up. Jestem skonfundowany.

muddy ['mʌdɪ] ADJECTIVE
zabłocony

muesli ['mjuːzlɪ] NOUN
muesli

mug [mʌg] NOUN
▷ *see also* **mug** VERB
1 kubek
- □ Do you want a cup or a mug? Czy chcesz filiżankę, czy kubek?
2 kufel (*for beer*)

to **mug** [mʌg] VERB
▷ *see also* **mug** NOUN
okradać (PERF okraść)
- □ He was mugged in the city centre. Okradziono go w centrum miasta.

mugging ['mʌgɪŋ] NOUN
napad

muggy ['mʌgɪ] ADJECTIVE
parny
- **It's muggy today.** Dziś jest parno.

multiple-choice test ['mʌltɪpltʃɔɪs-] NOUN
test wielokrotnego wyboru

multiple sclerosis [-sklɪ'rəʊsɪs] NOUN
stwardnienie rozsiane
- □ She's got multiple sclerosis. Ona ma stwardnienie rozsiane.

multiplication [mʌltɪplɪ'keɪʃən] NOUN
mnożenie

to **multiply** ['mʌltɪplaɪ] VERB
mnożyć (PERF pomnożyć)
- □ to multiply 6 by 3 mnożyć (PERF pomnożyć) sześć przez trzy

multi-storey [mʌltɪ'stɔːrɪ] ADJECTIVE
wielopoziomowy (*car park*)

mum [mʌm] NOUN
mama
- □ my mum moja mama □ I'll ask mum. Zapytam mamę.

mummy ['mʌmɪ] NOUN
1 mamusia (*mum*)
- □ Mummy says I can go. Mamusia mówi, że mogę pójść.
2 mumia (*Egyptian*)

mumps [mʌmps] NOUN
świnka

murder ['mɜːdəʳ] NOUN
▷ *see also* **murder** VERB
morderstwo

to **murder** ['mɜːdəʳ] VERB
▷ *see also* **murder** NOUN
mordować (PERF zamordować)
- □ He was murdered. On został zamordowany.

murderer ['mɜːdərəʳ] NOUN
morderca *masc*
morderczyni *fem*

muscle ['mʌsl] NOUN
mięsień

muscular ['mʌskjulə^r] ADJECTIVE
1 muskularny *(person, body)*
2 mięśniowy *(pain)*

museum [mjuːˈzɪəm] NOUN
muzeum

mushroom ['mʌʃrum] NOUN
grzyb
■ **mushroom soup** zupa grzybowa

music ['mjuːzɪk] NOUN
muzyka

WSKAZÓWKI JĘZYKOWE Uwaga! Angielskie słowo **music** nie oznacza **muzyk**.

musical ['mjuːzɪkl] ADJECTIVE
▷ see also **musical** NOUN
1 muzyczny *(career)*
2 muzykalny *(person)*
□ I'm not musical. Nie jestem muzykalny.

musical ['mjuːzɪkl] NOUN
▷ see also **musical** ADJECTIVE
musical

musical instrument NOUN
instrument muzyczny

musician [mjuːˈzɪʃən] NOUN
muzyk

Muslim ['muzlɪm] NOUN
▷ see also **Muslim** ADJECTIVE
muzułmanin *masc*
muzułmanka *fem*
□ He's a Muslim. On jest muzułmaninem.

Muslim ['muzlɪm] ADJECTIVE
▷ see also **Muslim** NOUN
muzułmański

mussel ['mʌsl] NOUN
małż

to **must** [mʌst] VERB
musieć
□ I must buy some presents. Muszę kupić trochę prezentów. □ I really must be getting back. Naprawdę muszę wracać.
□ They must have plenty of money. Oni muszą mieć mnóstwo pieniędzy.
□ There must be some problem. Musi być Ωjakiś problem.
■ **You must be tired.** Musisz być zmęczony.
■ **You must be joking!** chyba żartujesz!
■ **must not** nie wolno □ You mustn't forget to send her a card. Nie wolno Ci zapomnieć wysłać jej kartę.

mustard ['mʌstəd] NOUN
musztarda

mustn't ['mʌsnt] = **must not**

to **mutter** ['mʌtə^r] VERB
mamrotać (PERF wymamrotać)

mutton ['mʌtn] NOUN
baranina

my [maɪ] ADJECTIVE
1 mój *masc sing*

LANGUAGE TIP **mój** is used with the subject of the sentence, or with the object of the sentence when it refers to someone other than the subject.

□ This is my house. To jest mój dom.
□ My father used to work in a coal mine. Mój ojciec pracował kiedyś na kopalni węgla.
moja *fem sing*
□ This is my sister. To jest moja siostra.
□ My mother is slightly older than my father. Moja matka jest nieco starsza od mojego ojca.
moje *neut sing*
□ This is my office. To jest moje biuro.
□ My child goes to primary school nearby. Moje dziecko chodzi do pobliskiej szkoły podstawowej.
moje *pl*
□ My children are off school today. Moje dzieci mają dzisiaj dzień wolny od zajęć szkolnych.
□ Anna found my documents. Anna znalazła moje dokumenty.
moi *pl animate*
□ my parents moi rodzice
2 swój

LANGUAGE TIP **swój** is used with the object of the sentence, when the object belongs to the subject.

□ I always park my car in front of the house. Swój samochód zawsze parkuję przed domem.

myself [maɪˈself] PRONOUN
1 siebie *gen, acc*
□ I want to try it out for myself. Chcę to dla siebie wypróbować.
sobie *dat, loc*
□ I bought myself a new CD. Kupiłem sobie nowe CD.
sobą *inst*
■ **I stood in front of the shop and held an umbrella above myself.** Stałem przed sklepem i trzymałem nad sobą parasol.
2 się *reflexive*
□ I hurt myself. Skaleczyłem się. □ I really enjoyed myself. Naprawdę dobrze się bawiłem.
3 sam *masc sing (for emphasis)*
sama *fem sing*
□ I myself live in London. Ja sam mieszkam w Londynie.
4 ja *(me)*
□ a complete beginner like myself zupełnie początkujący tak jak ja
■ **by myself** sam □ I prepared the dinner by myself. Sam przygotowałem obiad. □ I live by myself. Mieszkam sam.

mysterious [mɪsˈtɪərɪəs] ADJECTIVE
tajemniczy

mystery ['mɪstəri] NOUN
tajemnica
■ **a murder mystery** opowieść detektywistyczna

myth [mɪθ] NOUN
mit
□ a Greek myth mit grecki □ That's a myth. To mit.

mythology [mɪˈθɒlədʒɪ] NOUN
mitologia

m

Nn

naff [næf] ADJECTIVE
tandetny
□ His old trainers are really naff. Jego stare adidasy są naprawdę tandetne.

to nag [næg] VERB
naprzykrzać się +dat
□ She's always nagging me. Ona mi się zawsze naprzykrza.

nail [neɪl] NOUN
1 paznokieć
□ Don't bite your nails! Nie obgryzaj paznokci!
2 gwóźdź (for hammering)

nailbrush ['neɪlbrʌʃ] NOUN
szczoteczka do paznokci

nail file NOUN
pilnik do paznokci

nail polish NOUN
lakier do paznokci

nail polish remover NOUN
zmywacz do paznokci

nail scissors PL NOUN
nożyczki do paznokci

nail varnish NOUN = **nail polish**

naked ['neɪkɪd] ADJECTIVE
nagi (person, body)

name [neɪm] NOUN
1 imię (forename)
2 nazwisko (surname)
■ What's your name? **1** (forename) Jak pan/pani ma na imię? **2** (surname) Jak się pan/pani nazywa?
■ My name is Peter. Mam na imię Peter.
■ to give one's name and address podawać (PERF podać) swoje nazwisko i adres
3 nazwa (of thing)

nanny ['nænɪ] NOUN
opiekunka do dziecka
□ She's a nanny. Ona jest opiekunką do dziecka.

nap [næp] NOUN
drzemka
■ to have a nap zdrzemnąć się

napkin ['næpkɪn] NOUN
serwetka

nappy ['næpɪ] NOUN
pielucha

narrow ['nærəu] ADJECTIVE
wąski (road, ledge)

narrow-minded [nærəu'maɪndɪd] ADJECTIVE
o wąskich horyzontach (person)

nasty ['nɑːstɪ] ADJECTIVE
1 wstrętny (bad, obnoxious)
■ a nasty smell okropny smród
■ a nasty cold okropny katar
■ He gave me a nasty look. Rzucił mi złe spojrzenie.
■ to be nasty to somebody być złośliwym dla kogoś
2 poważny (serious)
□ It was a really nasty accident. To był naprawdę poważny wypadek.

nation ['neɪʃən] NOUN
1 państwo (country)
2 naród (people)

national ['næʃənl] ADJECTIVE
1 ogólnokrajowy (newspaper)
2 krajowy (interest)
■ He's the national champion. On jest mistrzem krajowym.
■ the national elections wybory ogólnokrajowe

national anthem NOUN
hymn państwowy

National Health Service NOUN
■ the National Health Service Państwowa Służba Zdrowia

nationalism ['næʃnəlɪzəm] NOUN
nacjonalizm
□ Scottish nationalism szkocki nacjonalizm

nationalist ['næʃnəlɪst] ADJECTIVE
▷ see also **nationalist** NOUN
nacjonalistyczny
□ He believes in nationalist policies. On popiera nacjonalistyczne zachowania.

nationalist ['næʃnəlɪst] NOUN
▷ see also **nationalist** ADJECTIVE
nacjonalista
■ He is a nationalist. On jest nacjonalistą.

nationality [næʃə'nælɪtɪ] NOUN
narodowość

National Lottery NOUN
Loteria Narodowa

national park NOUN
park narodowy

native ['neɪtɪv] ADJECTIVE
▷ see also **native** NOUN
ojczysty
□ my native country mój kraj ojczysty
■ native language język ojczysty □ English is

not their native language. Angielski nie jest ich językiem ojczystym.

native ['neɪtɪv] NOUN
▷ see also **native** ADJECTIVE
rodowity

■ **to be a native of Britain** pochodzić z Wielkiej Brytanii

natural ['nætʃrəl] ADJECTIVE
1 naturalny
 □ **natural materials** materiały pochodzenia naturalnego
 ■ **a natural disaster** katastrofa przyrodnicza
2 wrodzony (flair, aptitude)

naturally ['nætʃrəlɪ] ADVERB
1 oczywiście (unsurprisingly)
 □ **Naturally, we were very disappointed.** Oczywiście, byliśmy bardzo rozczarowani.
2 w sposób naturalny (occur, happen)

nature ['neɪtʃər] NOUN
1 natura (natural world)
2 charakter (of person)

naughty ['nɔːtɪ] ADJECTIVE
niegrzeczny
 □ **Naughty girl!** Niegrzeczna dziewczynka!
 □ **Don't be naughty!** Nie bądź niegrzeczny!

navy ['neɪvɪ] NOUN
▷ see also **navy** ADJECTIVE
■ **the navy** Marynarka Wojenna □ **He's in the navy.** On służy w Marynarce Wojennej.

navy ['neɪvɪ] ADJECTIVE
▷ see also **navy** NOUN
granatowy

navy-blue ['neɪvɪ'bluː] ADJECTIVE
granatowy

Nazi ['nɑːtsɪ] NOUN
▷ see also **Nazi** ADJECTIVE
nazista
 □ **the Nazis** naziści

Nazi ['nɑːtsɪ] ADJECTIVE
▷ see also **Nazi** NOUN
nazistowski

near [nɪər] ADJECTIVE
▷ see also **near** ADVERB, PREPOSITION
bliski
 □ **My office is quite near.** Moje biuro jest dosyć blisko. □ **It's near enough to walk.** To wystarczająco blisko, by tam dojść piechotą.
 ■ **the nearest** najbliższy □ **Where's the nearest service station?** Gdzie jest najbliższa stacja benzynowa? □ **The nearest shops are 5 km away.** Najbliższe sklepy są pięć kilometrów stąd.

near [nɪər] ADVERB
▷ see also **near** ADJECTIVE, PREPOSITION
blisko (close)
 □ **He must live quite near.** On musi mieszkać dość blisko.

near [nɪər] PREPOSITION
▷ see also **near** ADJECTIVE, ADVERB
blisko +gen (physically)
 □ **I live near Liverpool.** Mieszkam blisko Liverpoolu. □ **near my house** blisko mojego domu

■ **Is there a bank near here?** Czy niedaleko stąd jest bank?
 ■ **near to** blisko □ **It's very near to the school.** To jest bardzo blisko szkoły.
 ■ **near the end of the year** niedługo przed końcem roku
 ■ **near the beginning of the game** niedługo po rozpoczęciu meczu

nearby [nɪə'baɪ] ADJECTIVE
▷ see also **nearby** ADVERB
pobliski
 □ **a nearby garage** pobliska stacja benzynowa
 □ **We went to the nearby village.** Pojechaliśmy do pobliskiej wioski.

nearby [nɪə'baɪ] ADVERB
▷ see also **nearby** ADJECTIVE
w pobliżu
 □ **There's a supermarket nearby.** W pobliżu jest supermarket.

nearly ['nɪəlɪ] ADVERB
prawie
 □ **Dinner's nearly ready.** Kolacja jest prawie gotowa. □ **I'm nearly 15.** Mam prawie 15 lat.
 □ **I nearly missed the train.** Prawie spóźniłem się na pociąg.
 ■ **nearly always** prawie zawsze □ **I nearly always forget to bring my umbrella.** Prawie zawsze zapominam zabrać parasol.

neat [niːt] ADJECTIVE
1 uporządkowany (house)
2 równy (pile)
 □ **a neat pile of books** równy stos książek
3 porządny (clothes)
4 staranny (handwriting)
 □ **She has very neat writing.** Ona ma bardzo staranny charakter pisma.
5 nierozcieńczony
 □ **a neat whisky** nierozcieńczona whisky

neatly ['niːtlɪ] ADVERB
starannie
 □ **neatly folded** starannie złożony
 ■ **neatly dressed** schludnie ubrany

necessarily ['nesɪsrɪlɪ] ADVERB
koniecznie
 ■ **not necessarily** niekoniecznie

necessary ['nesɪsrɪ] ADJECTIVE
konieczny
 □ **It may be necessary for us to buy a new cooker.** Kupno nowej kuchenki może się okazać dla nas konieczne.

necessity [nɪ'sesɪtɪ] NOUN
konieczność
 □ **A car is a necessity, not a luxury.** Samochód to konieczność, nie luksus.

neck [nek] NOUN
1 szyja
 □ **She had a scarf round her neck.** Miała szalik owinięty wokół szyi.
 ■ **a stiff neck** zesztywniały kark
2 kołnierz (of shirt, jumper)
 ■ **a V-neck sweater** sweter z wycięciem w serek

necklace ['nɛklɪs] NOUN
naszyjnik

to **need** [niːd] VERB
▷ see also **need** NOUN
potrzebować *imperf*

□ I need a bigger size. Potrzebuję większy rozmiar.

■ **The car needs servicing.** Samochód wymaga przeglądu.

■ **to need to do something** musieć coś zrobić □ I need to change some money. Muszę wymienić trochę pieniędzy.

■ **I need a haircut.** Muszę obciąć włosy.

■ **I need a bath.** Muszę wziąć kąpiel.

■ **I need a holiday.** Przydałby mi się urlop.

need [niːd] NOUN
▷ see also **need** VERB
potrzeba

□ There's no need to book. Nie ma potrzeby rezerwowania.

needle ['niːdl] NOUN
1 igła *(for sewing)*
2 drut *(for knitting)*
3 igła do zastrzyków *(for injections)*

negative ['nɛgətɪv] ADJECTIVE
▷ see also **negative** NOUN
1 negatywny

□ He's got a very negative attitude. On ma bardzo negatywne podejście. □ The test was negative. Test był negatywny.
2 ujemny *(in maths)*

negative ['nɛgətɪv] NOUN
▷ see also **negative** ADJECTIVE
1 negatyw *(photograph)*
2 przeczenie *(in language)*

neglected [nɪ'glɛktɪd] ADJECTIVE
zaniedbany

□ The garden is neglected. Ogród jest zaniedbany.

negligee ['nɛglɪʒeɪ] NOUN
negliż

to **negotiate** [nɪ'gəʊʃɪeɪt] VERB
negocjować *(PERF wynegocjować) (treaty, contract)*

negotiations [nɪgəʊʃɪ'eɪʃənz] PL NOUN
negocjacje

neighbour ['neɪbəʳ] (US **neighbor**) NOUN
sąsiad *masc*
sąsiadka *fem*

□ the neighbour's garden ogród sąsiada

neighbourhood ['neɪbəhud] (US **neighborhood**) NOUN
okolica *(place)*

neither ['naɪðəʳ] PRONOUN
▷ see also **neither** CONJUNCTION
żaden z +gen *(person, thing)*

□ Neither of them is coming. Żaden z nich nie przyjdzie.

■ **Carrots or peas? — Neither, thanks.** Marchewka czy groszek? — Ani to, ani to, dziękuję.

neither ['naɪðəʳ] CONJUNCTION
▷ see also **neither** PRONOUN

■ **I didn't move and neither did John.** Ani ja się nie ruszyłem, ani John.

■ **Neither do I.** Ja też nie.

■ **Neither have I.** Ja też nie. □ I have never been to Spain. — Neither have I. Nigdy nie byłem w Hiszpanii. — Ja też nie.

■ **neither ... nor ...** ani ... ani ... □ Neither Sarah nor Tamsin is coming to the party. Ani Sarah, ani Tamsin nie przyjdą na przyjęcie.

neon ['niːɔn] ADJECTIVE
neon

□ a neon light światło neonowe

nephew ['nɛvjuː] NOUN
1 bratanek *(brother's son)*
2 siostrzeniec *(sister's son)*

nerve [nɜːv] NOUN
1 nerw *(in body)*
2 odwaga *(courage)*

■ **to lose one's nerve** tracić *(PERF* stracić*)* zimną krew

■ **to get on somebody's nerves** działać *(PERF* podziałać*)* komuś na nerwy □ She sometimes gets on my nerves. Czasem ona działa mi na nerwy.

■ **He's got a nerve!** Ależ on ma czelność!

nerve-racking ['nɜːvrækɪŋ] ADJECTIVE
stresujący

nervous ['nɜːvəs] ADJECTIVE
1 zdenerwowany *(worried)*

□ I bite my nails when I am nervous. Obgryzam paznokcie, gdy jestem zdenerwowany.

■ **to be nervous about something** obawiać się czegoś □ I'm a bit nervous about flying to Warsaw by myself. Trochę się obawiam samotnie lecieć do Warszawy.
2 nerwowy *(by nature)*

nest [nɛst] NOUN
gniazdo

Net [nɛt] NOUN
■ **the Net** internet □ to surf the Net przeglądać internet

net [nɛt] NOUN
▷ see also **net** ADJECTIVE
sieć

□ a fishing net sieć rybacka

net [nɛt] ADJECTIVE
▷ see also **net** NOUN
1 netto

□ an income of 10,000 pounds net dochód dziesięciu tysięcy funtów netto
2 końcowy *(result, effect)*

netball ['nɛtbɔːl] NOUN
netball

□ Netball is a bit like basketball. Netball jest zbliżony do koszykówki.

> **DID YOU KNOW...?**
> Netball is not played in Poland. Both sexes play basketball or volleyball instead.

Netherlands ['nɛðələndz] PL NOUN
■ **the Netherlands** Holandia
■ **in the Netherlands** w Holandii

network ['nɛtwə:k] NOUN
sieć
□ Which network are you on? Do której sieci
jesteś podłączony?

neurotic [njuə'rɔtɪk] ADJECTIVE
neurotyczny

never ['nɛvə^r] ADVERB
nigdy
□ Have you ever been to Germany? — No,
never. Czy byłeś kiedyś w Niemczech? — Nie,
nigdy. □ When are you going to phone him?
— Never! Kiedy do niego zadzwonisz? —
Nigdy!
■ **Never again!** Nigdy więcej!
■ **Never mind.** Nic nie szkodzi.

new [nju:] ADJECTIVE
1 nowy
□ I need a new dress. Potrzebna mi nowa
sukienka. □ They've got a new car. Oni mają
nowy samochód. □ her new boyfriend jej nowy
chłopak
2 młody (inexperienced)
□ The society welcomes new members.
Towarzystwo przyjmuje młodych członków.

newborn ['nju:bɔ:n] ADJECTIVE
■ **a newborn baby** noworodek

newcomer ['nju:kʌmə^r] NOUN
nowoprzybyły
■ **to be a newcomer to something** być w
czymś nowym

news [nju:z] NOUN
wiadomości fem pl
□ It was nice to have your news. Miło było
otrzymać od Ciebie wiadomości. □ That's
wonderful news. To wspaniałe wiadomości.
□ I watch the news every evening. Oglądam
wiadomości co wieczór.
■ **good news** dobre wiadomości
■ **bad news** złe wiadomości □ I've had some
bad news. Mam złe wiadomości.
■ **a piece of news** wiadomość

newsagent's ['nju:zeɪdʒənts] NOUN
kiosk

newspaper ['nju:zpeɪpə^r] NOUN
gazeta
□ I deliver newspapers. Dostarczam gazety.

newsreader ['nju:zri:də^r] NOUN
prezenter masc
prezenterka fem
□ She's a newsreader. Ona jest prezenterką.

New Year NOUN
■ **the New Year** Nowy Rok □ in the New Year
w Nowym Roku
■ **Happy New Year!** Szczęśliwego Nowego
Roku!

New Year's Day NOUN
Nowy Rok

New Year's Eve NOUN
sylwester

New Zealand [-'zi:lənd] NOUN
Nowa Zelandia
■ **in New Zealand** w Nowej Zelandii

New Zealander [-'zi:ləndə^r] NOUN
Nowozelandczyk masc
Nowozelandka fem

next [nɛkst] ADJECTIVE
▷ see also **next** ADVERB, PRONOUN
1 następny (in sequence)
□ the next day następnego dnia □ the next
morning następnego poranka □ the next flight
następny lot
2 przyszły (in time)
□ next Saturday przyszła sobota □ next year
przyszły rok
3 przyległy (adjacent)
■ **The telephone was ringing in the next
room.** Telefon dzwonił w pokoju obok.

next [nɛkst] ADVERB
▷ see also **next** ADJECTIVE, PRONOUN
następnie
□ What shall I do next? Co mam następnie
zrobić? □ What happened next? Co się
następnie wydarzyło?
■ **next to** obok +gen □ next to the bank
obok banku

next [nɛkst] PRONOUN
▷ see also **next** ADJECTIVE, ADVERB
następny
□ Who's next? Kto następny?
■ **the week after next** za dwa tygodnie

next door ADVERB
▷ see also **next door** ADJECTIVE
w sąsiedztwie
□ My mother lives next door to her.
Moja matka mieszka w jej sąsiedztwie.

next door ADJECTIVE
▷ see also **next door** ADVERB
sąsiedni
■ **my next door neighbour** mój sąsiad
obok

NHS ABBREVIATION (= National Health Service)
państwowa służba zdrowia

nice [naɪs] ADJECTIVE
1 przyjemny (holiday)
■ **Have a nice time!** Baw się dobrze!
2 ładny
□ nice weather ładna pogoda □ That's a nice
dress To ładna sukienka □ It's a nice day.
Jest ładny dzień.
■ **to look nice** wyglądać ładnie □ Emma looks
nice today. Emma dziś ładnie wygląda.

ZASÓB SŁOWNICTWA

Zamiast słowa **nice** można użyć szeregu
innych słów w celu wyrażenia terminu 'pretty':
attractive atrakcyjny
□ an attractive girl atrakcyjna dziewczyna
beautiful piękny
□ a beautiful painting piękny obraz
lovely uroczy
□ a lovely surprise urocza niespodzianka
pretty ładny
□ a pretty dress ładna sukienka

3 smaczny *(food, drink)*

□ a nice cup of coffee smaczna filiżanka kawy

4 miły *(kind)*

□ Your parents are very nice. Twoi rodzice są bardzo mili. □ It was nice of you to remember my birthday. Miło było z Twojej strony, że pamiętałeś o moich urodzinach.

■ **to be nice to somebody** być dla kogoś miłym

■ **It's nice to see you.** Miło pana/panią widzieć

nickname ['nɪkneɪm] NOUN
przezwisko

niece [niːs] NOUN

1 bratanica *(brother's daughter)*

2 siostrzenica *(sister's daughter)*

Nigeria [naɪ'dʒɪərɪə] NOUN
Nigeria

■ **in Nigeria** w Nigerii

night [naɪt] NOUN

1 noc

□ at night w nocy □ last night zeszłej nocy □ in the middle of the night w środku nocy

■ **by night** nocą □ They decided to travel by night. Postanowili podróżować nocą.

■ **I want a single room for two nights.** Potrzebny mi pokój dla jednej osoby na dwie noce.

■ **My mother works nights.** Moja matka pracuje nocą.

■ **Goodnight!** Dobranoc!

2 wieczór *(evening)*

□ From nine o'clock at night until nine in the morning. Od dziewiątej wieczorem do dziewiątej rano.

■ **the night before something** wieczór przed czymś □ It was the night before the concert. Był to wieczór przed koncertem.

■ **the night before** poprzedniego wieczoru

nightclub ['naɪtklʌb] NOUN
klub nocny

nightdress ['naɪtdrɛs] NOUN
koszula nocna

nightie ['naɪtɪ] NOUN
koszula nocna

nightlife ['naɪtlaɪf] NOUN
życie nocne

■ **There's plenty of nightlife.** Życie nocne jest bujne.

nightmare ['naɪtmɛər] NOUN
koszmar

□ It was a real nightmare! To był prawdziwy koszmar!

■ **to have a nightmare** mieć zły sen

nightshirt ['naɪtʃəːt] NOUN
męska koszula nocna

nil [nɪl] NOUN
zero

□ We won one-nil. Wygraliśmy jeden do zera.

■ **Their chances of survival are nil.** Mają zerowe szanse na przetrwanie.

nine [naɪn] NUMBER
dziewięć

□ She's nine. Ona ma dziewięć lat.

nineteen [naɪn'tiːn] NUMBER
dziewiętnaście

□ She's nineteen. Ona ma dziewiętnaście lat.

nineteenth [naɪn'tiːnθ] ADJECTIVE
dziewiętnasty

□ her nineteenth birthday jej dziewiętnaste urodziny □ the nineteenth floor dziewiętnaste piętro □ the nineteenth of August dziewiętnasty sierpnia

ninety ['naɪntɪ] NUMBER
dziewięćdziesiąt

ninth [naɪnθ] ADJECTIVE

1 dziewiąty

□ the ninth floor dziewiąte piętro □ the ninth of August dziewiąty sierpnia

2 dziewiąta część *(fraction)*

no [nəʊ] ADVERB, ADJECTIVE
nie

□ Did she see it? — No. Widziała to? — Nie.

■ **no, thank you** nie, dziękuję □ Would you like some more? — No, thank you. Czy chciałbyś więcej? — Nie, dziękuję.

■ **I've got no idea.** Nie mam pojęcia.

■ **'no smoking'** 'zakaz palenia'

■ **No way!** Nie ma mowy!

○ **WSKAZÓWKI JĘZYKOWE** Uwaga! Angielskie słowo **no** nie oznacza **no**.

nobody ['nəʊbədɪ] PRONOUN
nikt

□ Nobody likes him. Nikt go nie lubi. □ Who's going with you? — Nobody. Kto z tobą idzie? — Nikt. □ There was nobody in the office. Nikogo nie było w biurze.

to **nod** [nɒd] VERB
kiwać *(PERF kiwnąć głową)*

■ **to nod at somebody** *(as greeting)* skinąć komuś

to **nod off** VERB
przysypiać *(PERF przysnąć)*

□ She nodded off in the lecture. Przysnęła podczas wykładu.

noise [nɔɪz] NOUN

1 dźwięk *(sound)*

□ She thought she heard a noise. Wydawało jej się, że usłyszała dźwięk.

2 hałas *(din)*

□ What a noise! Co za hałas!

■ **to make a noise** hałasować □ Please make less noise. Proszę nie hałasujcie tak.

noisy ['nɔɪzɪ] ADJECTIVE

1 głośny *(people, machine)*

2 hałaśliwy *(place)*

to **nominate** ['nɒmɪneɪt] VERB
nominować *(for job, award)*

■ **He was nominated for an Oscar.** Był nominowany do Oscara.

none [nʌn] PRONOUN

■ **none of** nikt z +gen □ none of us nikt z nas □ none of them nikt z nich □ None of my friends wanted to come. Nikt z moich przyjaciół nie chciał przyjść.

■ **I've none left.** Nic mi nie zostało.
■ **There's none left.** Nic nie zostało.
■ **none at all** żaden □ **What sports do you do?** — None at all. Jakie sporty uprawiasz? — Żaden.
■ **How many sisters have you got? — None.** Ile masz sióstr? — Żadnej.

nonsense ['nɒnsəns] NOUN
nonsens (rubbish)
□ Nonsense! Nonsens!
■ **She talks a lot of nonsense.** Ona opowiada mnóstwo bzdur.

non-smoker ['nɒn'sməukəʳ] NOUN
niepalący
□ He's a non-smoker. On jest niepalący.

non-smoking ['nɒn'sməukɪŋ] ADJECTIVE
dla niepalących
□ a non-smoking carriage wagon dla niepalących

non-stop ['nɒn'stɒp] ADJECTIVE
▷ see also **non-stop** ADVERB
nieustanny
□ I can't stand that non-stop banging. Nie mogę znieść tego nieustannego walenia.
■ **a non-stop flight** lot bezpośredni

non-stop ['nɒn'stɒp] ADVERB
▷ see also **non-stop** ADJECTIVE
1 nieustannie
□ He talks non-stop. On nieustannie mówi.
2 bez przerwy
■ **We flew non-stop.** Lecieliśmy bezpośrednio.

noodles ['nu:dlz] PL NOUN
kluski

noon [nu:n] NOUN
południe
□ at noon w południe □ before noon przed południem

no one ['nəuwʌn] PRONOUN
nikt
□ Who's going with you? — No one. Kto z Tobą idzie? — Nikt. □ There was no one in the office. Nie było nikogo w biurze. □ No one likes Christopher. Nikt nie lubi Krzysztofa.

nor [nɔːʳ] CONJUNCTION
ani
□ nor me! ani ja!
■ **neither ... nor** ani ... ani □ neither the cinema nor the swimming pool ani kino, ani basen
■ **Nor do I.** Ja też nie. □ I didn't like the film. — Nor did I. Nie podobał mi się film. — Mnie też nie.
■ **Nor have I.** Ja też nie. □ I haven't seen him. — Nor have I. Nie widziałem go. — Ja też nie.

normal ['nɔːməl] ADJECTIVE
normalny
■ **at the normal time** w zwyczajowej porze
■ **a normal car** standardowy samochód
■ **to get back to normal** wracać (PERF wrócić) do normy
■ **higher than normal** powyżej normy
■ **worse than normal** gorzej niż zwykle

normally ['nɔːməlɪ] ADVERB
1 zwykle (usually)
□ I normally arrive at nine o'clock. Zwykle przychodzę o dziewiątej.
2 normalnie (act, behave)
□ In spite of the strike, the airports are working normally. Pomimo strajku lotniska normalnie pracowały.

north [nɔːθ] NOUN
▷ see also **north** ADJECTIVE, ADVERB
północ
□ in the north na północy

north [nɔːθ] ADJECTIVE
▷ see also **north** NOUN, ADVERB
północny
□ the north coast północne wybrzeże □ a north wind północny wiatr

north [nɔːθ] ADVERB
▷ see also **north** NOUN, ADJECTIVE
1 na północ (movement)
□ We were travelling north. Podróżowaliśmy na północ.
2 na północy (location)

North America NOUN
Ameryka Północna

northbound [nɔːθ'baund] ADJECTIVE
w kierunku północnym
□ Northbound traffic is moving very slowly. Ruch w kierunku północnym przesuwa się bardzo powoli.

northeast [nɔːθ'iːst] NOUN
▷ see also **northeast** ADJECTIVE, ADVERB
północny wschód
□ in the northeast na północnym wschodzie

northeast [nɔːθ'iːst] ADJECTIVE
▷ see also **northeast** NOUN, ADVERB
północno-wschodni

northeast [nɔːθ'iːst] ADVERB
▷ see also **northeast** NOUN, ADJECTIVE
1 na północny wschód (movement)
□ They were driving northeast. Oni jechali na północny wschód.
2 na północnym wschodzie (location)

northern ['nɔːðən] ADJECTIVE
północny
□ the northern hemisphere północna półkula
□ Northern Europe Europa Północna

Northern Ireland NOUN
Irlandia Północna
■ **in Northern Ireland** w Irlandii Północnej
■ **to Northern Ireland** do Irlandii Północnej
■ **I'm from Northern Ireland.** Jestem z Irlandii Północnej.

North Pole NOUN
■ **the North Pole** biegun północny

North Sea NOUN
■ **the North Sea** Morze Północne

northwest [nɔːθ'west] NOUN
▷ see also **northwest** ADJECTIVE, ADVERB
północny zachód
□ in the northwest na północnym zachodzie

northwest [nɔːθ'wɛst] ADJECTIVE
▷ see also **northwest** NOUN, ADVERB
północno-zachodni

northwest [nɔːθ'wɛst] ADVERB
▷ see also **northwest** NOUN, ADJECTIVE
1 na północny zachód (movement)
2 na północnym zachodzie (location)

Norway ['nɔːweɪ] NOUN
Norwegia
■ **in Norway** w Norwegii

Norwegian [nɔː'wiːdʒən] ADJECTIVE
▷ see also **Norwegian** NOUN
norweski
■ **He's Norwegian.** On jest Norwegiem.

Norwegian [nɔː'wiːdʒən] NOUN
▷ see also **Norwegian** ADJECTIVE
1 Norweg masc
Norweżka fem
2 norweski (language)

nose [nəuz] NOUN
nos
□ She has a big nose. Ona ma duży nos.
■ **to poke one's nose into something** wtrącać
(PERF wtrącić się) do czegoś

nosebleed ['nəuzbliːd] NOUN
krwawienie z nosa
■ **to have a nosebleed** krwawić z nosa
□ I often have nosebleeds. Często leci mi krew
z nosa.

nosy ['nəuzɪ] ADJECTIVE
wścibski

not [nɔt] ADVERB
nie
□ I'm not sure. Nie jestem pewien. □ It's not
raining. Nie pada. □ You shouldn't do that.
Nie powinieneś tego robić.
■ **I hope not.** Mam nadzieję, że nie.
■ **Can you lend me £10? — I'm afraid not.**
Czy możesz mi pożyczyć 10 funtów? —
Obawiam się, że nie.
■ **not at all** wcale nie
■ **not yet** jeszcze nie □ Have you finished?
— Not yet. Skończyłeś? — Jeszcze nie. □ They
haven't arrived yet. Oni jeszcze nie przyszli.
■ **not really** raczej nie

note [nəut] NOUN
1 notatka
□ to take notes robić (PERF zrobić) notatki
■ **to make a note of something** notować
(PERF zanotować) coś
2 krótki list
□ I'll write her a note. Napiszę do niej krótki list.
3 banknot (banknote)
□ a £5 note banknot pięciofuntowy
4 nuta (in music)

notebook ['nəutbuk] NOUN
1 notes (notepad)
2 laptop (computer)

notepad ['nəutpæd] NOUN
notes

nothing ['nʌθɪŋ] PRONOUN
nic

□ He does nothing. On nic nie robi. □ He ate
nothing for breakfast. On nic nie jadł na
śniadanie. □ What's wrong? — Nothing.
Co się stało? — Nic.
■ **nothing at all** absolutnie nic
■ **nothing but** nic oprócz +gen

to **notice** ['nəutɪs] VERB
▷ see also **notice** NOUN
zauważać (PERF zauważyć)
□ to notice that ... zauważać (PERF zauważyć),
że ...

notice ['nəutɪs] NOUN
▷ see also **notice** VERB
1 ogłoszenie (sign)
□ to put up a notice wywieszać (PERF wywiesić)
ogłoszenie
■ **a warning notice** ostrzeżenie
2 zawiadomienie (warning)
■ **to give somebody notice of something**
zawiadamiać (PERF zawiadomić) kogoś o czymś
■ **without notice** bez uprzedzenia
■ **at short notice** w krótkim czasie
■ **to hand in one's notice** składać (PERF złożyć)
wymówienie
■ **Don't take any notice of him!** Nie zwracaj
na niego uwagi!
■ **to bring something to somebody's notice**
zwracać (PERF zwrócić) czyjąś uwagę na coś
■ **to take no notice of somebody** nie zwracać
(PERF zwrócić) na kogoś uwagi

notice board NOUN
tablica ogłoszeniowa
□ on the noticeboard na tablicy ogłoszeniowej

nought [nɔːt] NUMBER
zero

noun [naun] NOUN
rzeczownik

novel ['nɔvl] NOUN
powieść

novelist ['nɔvəlɪst] NOUN
powieściopisarz masc
powieściopisarka fem
□ He's a famous novelist. On jest znanym
powieściopisarzem.

November [nəu'vɛmbər] NOUN
listopad
■ **in November** w listopadzie

now [nau] ADVERB, CONJUNCTION
1 teraz
□ What are you doing now? Co teraz robisz?
■ **It should be ready by now.** Teraz powinno
już być gotowe.
■ **just now** w tej chwili □ I'm pretty busy just
now. W tej chwili jestem dość zajęty.
■ **in 3 days from now** za trzy dni
2 obecnie (these days)
□ Most schoolchildren now own calculators.
Obecnie większość uczniów posiada
kalkulatory.
■ **now that** skoro już □ Now that he's feeling
better, he can go back to work. Skoro już czuje
się lepiej, może wrócić do pracy.

nowhere [ˈnəʊweər] ADVERB
nigdzie
□ This is getting us nowhere. To nigdzie nas nie zaprowadzi.
■ **nowhere else** nigdzie indziej

nuclear [ˈnjuːklɪər] ADJECTIVE
nuklearny
□ nuclear power energia jądrowa □ a nuclear power station siłownia jądrowa

nude [njuːd] ADJECTIVE
▷ see also **nude** NOUN
nagi
■ **to sunbathe nude** opalać się nago

nude [njuːd] NOUN
▷ see also **nude** ADJECTIVE
■ **in the nude** nago

nudist [ˈnjuːdɪst] ADJECTIVE
dla nudystów
□ a nudist beach plaża dla nudystów

nuisance [ˈnjuːsns] NOUN
uciążliwa osoba (person)
■ **Sorry to be a nuisance.** Przepraszam, że sprawiam kłopot.
■ **It's a nuisance.** To jest uciążliwe.

numb [nʌm] ADJECTIVE
zdrętwiały
□ My leg's gone numb. Noga mi zdrętwiała.
■ **numb with cold** odrętwiały z zimna

number [ˈnʌmbər] NOUN
1 liczba
□ I can't read the second number. Nie mogę odczytać drugiej liczby.
2 numer telefonu (telephone number)
□ You've got the wrong number. Dodzwonił się Pan/Pani pod zły numer telefonu.
3 numer (of house, bus)
□ They live at number 5. Mieszkają pod numerem 5.
4 ilość (quantity)

□ The number of traffic accidents has fallen. Ilość wypadków drogowych się zmniejszyła.
■ **a number of** kilka +gen □ There are a number of different possibilities. Jest kilka różnych możliwości.
■ **a large number of** duża ilość +gen □ a large number of people duża ilość ludzi
■ **a small number of** mała ilość +gen

number plate NOUN
tablica rejestracyjna

nun [nʌn] NOUN
zakonnica
□ She's a nun. Ona jest zakonnicą.

nurse [nəːs] NOUN
pielęgniarz masc
pielęgniarka fem (in hospital)
□ She's a nurse. Ona jest pielęgniarką.

nursery [ˈnəːsərɪ] NOUN
1 przedszkole (kindergarten)
2 szkółka (garden centre)

nursery school NOUN
przedszkole

nursery slope NOUN
ośla łączka

nut [nʌt] NOUN
1 orzech
□ Lisa is allergic to nuts. Lisa ma uczulenie na orzechy.
2 nakrętka (of metal)

nutmeg [ˈnʌtmeg] NOUN
gałka muszkatołowa

nutritious [njuːˈtrɪʃəs] ADJECTIVE
odżywczy

nuts [nʌts] ADJECTIVE
■ **He's nuts.** (informal) On jest niespełna rozumu.

nylon [ˈnaɪlɒn] ADJECTIVE
nylon
■ **a nylon shirt** koszula nylonowa

Oo

oak [əuk] NOUN
dąb

■ **an oak table** dębowy stół

oar [ɔːʳ] NOUN
wiosło

oats [əuts] PL NOUN
owies *masc sing*

obedient [ə'biːdɪənt] ADJECTIVE
posłuszny

obese [ə'biːs] ADJECTIVE
otyły

to **obey** [ə'beɪ] VERB
1 być posłusznym +dat *(person)*
□ I always obey my parents. Zawsze jestem posłuszny moim rodzicom.
2 wykonywać (PERF wykonać) *(orders)*
3 przestrzegać +gen *(law, rules)*
□ to obey the rules przestrzegać zasad

object ['ɔbdʒɛkt] NOUN
1 przedmiot
□ a familiar object znajomy przedmiot
2 dopełnienie *(in language)*

■ **money/distance is no object** pieniądze/odległość nie mają znaczenia

objection [əb'dʒɛkʃən] NOUN
sprzeciw

objective [əb'dʒɛktɪv] NOUN
cel

oblong ['ɔblɔŋ] NOUN
podłużny

oboe ['əubəu] NOUN
obój
□ I play the oboe. Gram na oboju.

obscene [əb'siːn] ADJECTIVE
nieprzyzwoity
□ an obscene gesture nieprzyzwoity gest

observant [əb'zəːvənt] ADJECTIVE
spostrzegawczy

to **observe** [əb'zəːv] VERB
obserwować (PERF zaobserwować)

obsessed [əb'sɛst] ADJECTIVE

■ **to be obsessed with something** mieć obsesję na punkcie czegoś □ He's obsessed with trains. On ma obsesję na punkcie pociągów.

obsession [əb'sɛʃən] NOUN
obsesja
□ It's getting to be an obsession with you. U Ciebie to staje się obsesją.

obsolete ['ɔbsəliːt] ADJECTIVE
przestarzały

obstacle ['ɔbstəkl] NOUN
przeszkoda *(difficulty)*

obstinate ['ɔbstɪnɪt] ADJECTIVE
uparty

to **obstruct** [əb'strʌkt] VERB
blokować (PERF zablokować)
□ A lorry was obstructing the traffic. Ciężarówka blokowała ruch.

to **obtain** [əb'teɪn] VERB
uzyskiwać (PERF uzyskać)

obvious ['ɔbvɪəs] ADJECTIVE
oczywisty

obviously ['ɔbvɪəslɪ] ADVERB
1 oczywiście *(of course)*
□ Do you want to pass the exam? — Obviously! Czy chcesz zdać egzamin? — Oczywiście!

■ **Obviously not!** Oczywiście, że nie!
2 wyraźnie *(noticeably)*
□ She was obviously exhausted. Ona była wyraźnie wyczerpana.

occasion [ə'keɪʒən] NOUN
1 okazja
□ on several occasions przy wielu okazjach
2 wydarzenie
□ a special occasion szczególne wydarzenie

occasionally [ə'keɪʒənəlɪ] ADVERB
czasami

occupation [ɔkju'peɪʃən] NOUN
zawód
□ What is his occupation? Jaki jest jego zawód?

to **occupy** ['ɔkjupaɪ] VERB
1 zajmować (PERF zająć)

■ **to be occupied** być zajętym □ That seat is occupied. To miejsce jest zajęte.
2 okupować *imperf (country)*
3 zajmować (PERF zająć) *(time)*

to **occur** [ə'kəːʳ] VERB
zdarzać (PERF zdarzyć się)
□ The accident occurred yesterday. Wypadek zdarzył się wczoraj.

■ **to occur to somebody** przychodzić (PERF przyjść) komuś do głowy □ It suddenly occurred to me that ... Znienacka przyszło mi do głowy, że ...

ocean ['əuʃən] NOUN
ocean

o'clock [ə'klɔk] ADVERB
- **at six o'clock** o godzinie szóstej
- **It's nine o'clock.** Jest (godzina) dziewiąta.

October [ɔk'təubər] NOUN
paździemik
- in October w październiku

octopus [ˈɔktəpəs] NOUN
ośmiornica

odd [ɔd] ADJECTIVE
1 dziwny
- That's odd! To dziwne!
2 nieparzysty
- an odd number liczba nieparzysta
- **He was wearing odd socks.** Miał skarpetki nie do pary.

of [ɔv, əv] PREPOSITION
z +gen
- some photos of my holiday kilka zdjęć z mojego urlopu □ That was nice of him! To było miłe z jego strony! □ made of wood zrobiony z drewna

> LANGUAGE TIP **of** is often translated by the genitive case in Polish.

- at the end of the street na końcu ulicy
- a cup of tea filiżanka herbaty
- **a boy of ten** dziesięcioletni chłopiec
- **There were three of them.** Było ich trzech.
- **a friend of mine** mój przyjaciel
- **the 5th of July** piąty lipca

off [ɔf] ADJECTIVE, ADVERB, PREPOSITION
1 wyłączony
- All the lights are off. Wszystkie światła są wyłączone.
2 odwołany
- The match is off. Mecz jest odwołany.
- **Where are you off to?** Dokąd pan/pani idzie?
- **to be off 1** (on holiday) mieć wolne □ I'm off all of next week. Mam wolne cały przyszły tydzień. **2** (due to illness) być na zwolnieniu □ She's off school today. Ona jest dziś na zwolnieniu ze szkoły.
- **It's just off the motorway.** To jest tuż przy autostradzie.

offence [əˈfɛns] (US **offense**) NOUN
przestępstwo (crime)
- **No offence!** Bez urazy!

offensive [əˈfɛnsɪv] ADJECTIVE
obraźliwy
- an offensive remark obraźliwa uwaga

to **offer** [ˈɔfər] VERB
> see also **offer** NOUN
1 oferować (PERF zaoferować)
- He offered to help me. Zaoferował, że mi pomoże. □ I offered to go with them. Zaoferowałem, że z nimi pójdę.
2 proponować (PERF zaproponować)
- Meadows stood up and offered her his chair. Meadows wstał i zaproponował jej, aby usiadła na jego miejscu.

offer [ˈɔfər] NOUN
> see also **offer** VERB
1 oferta (proposal)
- Anne would not accept Smith's offer. Anne nie chciała zaakceptować oferty Smitha.
2 promocja (special deal)
- **a good offer** dobra okazja
- **'on special offer'** 'w ofercie specjalnej'

office [ˈɔfɪs] NOUN
biuro
- She works in an office. Ona pracuje w biurze.

officer [ˈɔfɪsər] NOUN
oficer (in army)
- **a police officer** policjant

official [əˈfɪʃl] ADJECTIVE
oficjalny

off-licence [ˈɔflaɪsns] NOUN
monopolowy

off-peak [ˈɔfˈpiːk] ADVERB
1 poza godzinami szczytu
- to phone off-peak telefonować poza godzinami szczytu
2 poza sezonem
- It's cheaper to go on holiday off-peak. Taniej jest pojechać na urlop poza sezonem.

offside [ˈɔfˈsaɪd] ADJECTIVE
- **to be offside** (in football) być na spalonym

often [ˈɔfn] ADVERB
często
- It often rains. Często pada. □ How often do you wash the car? Jak często pan/pani myje samochód?
- **I'd like to go skiing more often.** Chciałbym częściej jeździć na narty.

oil [ɔɪl] NOUN
> see also **oil** VERB
1 olej (in cooking)
2 ropa
- North Sea oil ropa z Morza Północnego

to **oil** [ɔɪl] VERB
> see also **oil** NOUN
oliwić (PERF naoliwić)

oil painting NOUN
obraz olejny

oil rig NOUN
platforma wiertnicza (at sea)
- He works on an oil rig. On pracuje na platformie wiertniczej.

oil slick NOUN
plama ropy (na powierzchni wody)

oil well NOUN
szyb naftowy

ointment [ˈɔɪntmənt] NOUN
maść

okay [əuˈkeɪ] ADJECTIVE
1 w porządku
- Is that okay? Czy to jest w porządku?
- How was your holiday? — It was okay. Jak upłynął Twój urlop? — W porządku.
- **I'll do it tomorrow, if that's okay with you.** Zrobię to jutro, jeśli Ci to pasuje.
- **It's okay with me.** Pasuje mi.

O

2 zgoda

□ I'll meet you at six o'clock, okay? Spotkam się z Tobą o szóstej, zgoda?

old [əuld] ADJECTIVE

stary

□ an old lady stara pani □ an old house stary dom

■ my old English teacher mój dawny nauczyciel angielskiego

■ How old are you? Ile masz lat?

■ He's 8 years old. On ma osiem lat.

■ older brother starszy brat

■ She's two years older than me. Ona jest dwa lata starsza ode mnie.

■ I'm the oldest in the family. Jestem najstarszy w rodzinie.

old age pensioner NOUN

emeryt *masc*

emerytka *fem*

□ She's an old age pensioner. Ona jest emerytką.

old-fashioned [ˈəuldˈfæʃnd] ADJECTIVE

1 staromodny *(object)*

□ old-fashioned clothes staromodne ubrania

2 starej daty *(custom, idea)*

□ My parents are rather old-fashioned. Moi rodzice są raczej starej daty.

olive [ˈɒlɪv] NOUN

oliwka

■ an olive tree drzewo oliwne

olive oil NOUN

oliwa z oliwek

Olympic [əuˈlɪmpɪk] ADJECTIVE

olimpijski

■ the Olympics igrzyska olimpijskie

omelette [ˈɒmlɪt] (US **omelet**) NOUN

omlet

on [ɒn] PREPOSITION, ADVERB

▷ *see also* **on** ADJECTIVE

> **LANGUAGE TIP** There are several ways of translating **on**. Scan the examples to find one that is similar to what you want to say.

1 na +*loc (indicating position)*

□ It's on the table. Jest na stole.

■ The house is on the main road. Dom stoi przy głównej ulicy.

■ on the left na lewo

■ on the right na prawo

■ on the top floor na najwyższym piętrze

2 w *(referring to time)*

□ on Friday w piątek □ on Fridays w piątki □ on my birthday w moje urodziny

3 na temat +*gen (about, concerning)*

□ information on train services informacje na temat połączeń kolejowych

■ on foot pieszo

■ I go to school on my bike. Jadę do szkoły rowerem.

■ on the bus *(by bus)* autobusem □ I go into town on the bus. Jadę do miasta autobusem. *(inside bus)*

■ I'm on the bus. Jestem w autobusie.

■ on holiday na urlopie □ They're on holiday. Oni są na urlopie.

■ on the radio w radio □ I heard it on the radio. Słyszałem to w radio.

■ on the internet w internecie

■ on strike w stanie strajku

■ to have one's coat on mieć na sobie płaszcz

■ What's she got on? Co ona ma na sobie?

on [ɒn] ADJECTIVE

▷ *see also* **on** PREPOSITION, ADVERB

włączony

□ I think I left the light on. Myślę, że zostawiłem włączone światło. □ Is the dishwasher on? Czy zmywarka do naczyń jest włączona?

■ There's a good film on at the cinema. W kinie grają dobry film.

once [wʌns] ADVERB

▷ *see also* **once** CONJUNCTION

1 raz *(one time only)*

□ once a month raz na miesiąc □ once more jeszcze raz

■ once or twice raz czy dwa

■ Once upon a time … *(in stories)* Dawno dawno temu …

■ once in a while raz na jakiś czas

2 kiedyś *(at one time)*

□ Texas was once ruled by Mexico. Teksas był kiedyś pod rządami Meksyku.

3 jeden raz *(on one occasion)*

□ I went to Portugal once. Pojechałem do Portugalii jeden raz.

once [wʌns] CONJUNCTION

▷ *see also* **once** ADVERB

zaraz po tym jak *(as soon as)*

■ at once natychmiast □ Come here at once! Chodź tu natychmiast!

one [wʌn] NUMBER

▷ *see also* **one** PRONOUN

jeden

□ I've got one brother and one sister. Mam jednego brata i jedną siostrę.

■ It's one o'clock. Jest pierwsza godzina.

> **LANGUAGE TIP** **one** is sometimes not translated in Polish.

□ He's one year old. On ma rok. □ one hundred children sto dzieci

one [wʌn] PRONOUN

▷ *see also* **one** NUMBER

jeden

□ I've already got one. Już mam jeden. □ one of them jeden z nich

■ one by one pojedynczo

■ I've already got a red one. Mam już czerwony.

■ One never knows. Nigdy nie wiadomo.

■ this one ten

■ that one tamten

oneself PRONOUN

1 siebie *gen, acc*

□ to talk to oneself mówić do siebie sobie *dat, loc*

□ It's important to give oneself time to think. Ważne, żeby dać sobie czas do namysłu. **sobą** *inst*

2 **się** *reflexive*

□ to hurt oneself kaleczyć (PERF skaleczyć) się

■ **by oneself** sam

one-way ['wʌnweɪ] ADJECTIVE

1 jednokierunkowy

□ a one-way street jednokierunkowa ulica

2 w jedną stronę

□ I've got a one-way ticket. Mam bilet w jedną stronę.

onion ['ʌnjən] NOUN
cebula

online ['ɔnlaɪn] ADJECTIVE
podłączony do sieci

■ **They like to chat online.** Lubią czatować w sieci.

only ['əʊnlɪ] ADVERB

▷ *see also* **only** ADJECTIVE, CONJUNCTION
tylko

□ I'm only interested in the facts. Interesują mnie tylko fakty. □ These books are only £3. Te książki kosztują tylko 3 funtów.

■ **I saw her only last week.** Widziałem ją zaledwie w zeszłym tygodniu.

■ **I've only just arrived** Dopiero co przyjechałem.

■ **not only ... but also ...** nie tylko ... ale również ... □ We not only use the tools but make them. Nie tylko stosujemy narzędzia, ale również je produkujemy.

only ['əʊnlɪ] ADJECTIVE

▷ *see also* **only** ADVERB, CONJUNCTION
jedyny

□ Monday is the only day I'm free. Poniedziałek to jedyny dzień, kiedy jestem wolny. □ French is the only subject I like. Francuski to jedyny przedmiot, który lubię.

■ **an only child** jedynak

only ['əʊnlɪ] CONJUNCTION

▷ *see also* **only** ADVERB, ADJECTIVE
tylko *(but)*

□ I'd like the same sweater, only in black. Chciałbym ten sam sweter, tylko w czarnym kolorze.

onto ['ɔntu] PREPOSITION

1 na +*loc*

□ He put the book onto the shelf. Położył książkę na półce.

2 do +*gen*

□ to get onto a bus/train/plane wsiadać (PERF wsiąść) do autobusu/pociągu/samolotu

onwards ['ɔnwədz] ADVERB
dalej *(move, travel)*

■ **from July onwards** począwszy od lipca

■ **from that time onwards** od tamtego czasu

open ['əʊpn] ADJECTIVE

▷ *see also* **open** VERB
otwarty

□ He climbed through the open window. Wspiął się przez otwarte okno. □ The baker's is open on Sunday morning. Piekarnia jest otwarta w niedzielę rano.

■ **in the open air** na świeżym powietrzu

to open ['əʊpn] VERB

▷ *see also* **open** ADJECTIVE
otwierać (PERF otworzyć)

□ Can I open the window? Czy mogę otworzyć okno? □ What time do the shops open? O której otwierają sklepy?

■ **The door opens automatically.** Drzwi otwierają się automatycznie.

opening hours PL NOUN
godziny otwarcia

Open University NOUN

┌─────────────────────────────
│ CZY WIESZ, ŻE...?
│ **Open University** – Uniwersytet Otwarty
│ został założony w 1969 roku. Jego
│ specyfika polega na studiowaniu drogą
│ korespondencyjną. Wykłady
│ transmitowane są przez radio i telewizję,
│ organizowane są również szkoły letnie.
└─────────────────────────────

opera ['ɔpərə] NOUN
opera

to operate ['ɔpəreɪt] VERB

1 obsługiwać (PERF obsłużyć)

□ How do you operate the camcorder? Jak się obsługuje kamerę wideo?

■ **The lights operate on a timer.** Światła działają na licznik czasu.

2 operować (PERF zoperować) *(perform surgery)*

■ **to operate on somebody** operować (PERF zoperować) kogoś

operation [ɔpə'reɪʃən] NOUN
operacja

□ a major heart operation poważna operacja serca

■ **to have an operation** przechodzić (PERF przejść) operację □ I have never had an operation. Nigdy nie przechodziłem operacji.

operator ['ɔpəreɪtəʳ] NOUN
telefonista *masc*
telefonistka *fem* *(on telephone)*

opinion [ə'pɪnjən] NOUN
opinia

□ He asked me my opinion. Zapytał mnie o opinię.

■ **in my opinion** moim zdaniem

■ **What's your opinion?** Jakie jest Twoje zdanie?

opinion poll NOUN
badanie opinii publicznej

opponent [ə'pəʊnənt] NOUN
przeciwnik *masc*
przeciwniczka *fem*

opportunity [ɔpə'tjuːnɪtɪ] NOUN
okazja

■ **to take the opportunity to do something** korzystać (PERF skorzystać) z okazji, żeby coś zrobić

■ **to have the opportunity to do something** mieć okazję, by coś zrobić □ I've never had the opportunity to go to Warsaw. Nigdy nie miałem okazji, by pojechać do Warszawy.

opposing [əˈpəʊzɪŋ] ADJECTIVE
przeciwny

opposite [ˈɔpəzɪt] ADJECTIVE
▷ *see also* **opposite** ADVERB, PREPOSITION
1 przeciwny
□ It's in the opposite direction. To jest w przeciwnym kierunku.
2 przeciwległy *(farthest)*
□ at the opposite end of the table przy przeciwległym końcu stołu
■ **the opposite sex** płeć przeciwna

opposite [ˈɔpəzɪt] ADVERB
▷ *see also* **opposite** ADJECTIVE, PREPOSITION
naprzeciwko
□ They live opposite. Oni mieszkają naprzeciwko.

opposite [ˈɔpəzɪt] PREPOSITION
▷ *see also* **opposite** ADJECTIVE, ADVERB
naprzeciw +*gen (across from)*
□ the girl sitting opposite me dziewczyna siedząca naprzeciw mnie

opposition [ɔpəˈzɪʃən] NOUN
1 opór *(military)*
2 sprzeciw *(objection)*

optician [ɔpˈtɪʃən] NOUN
optyk *masc*
optyczka *fem*
□ She's an optician. Ona jest optyczką.
■ **the optician's** zakład optyczny

optimist [ˈɔptɪmɪst] NOUN
optymista *masc*
optymistka *fem*

optimistic [ɔptɪˈmɪstɪk] ADJECTIVE
optymistyczny

option [ˈɔpʃən] NOUN
1 wybór *(choice)*
□ I've got no option. Nie mam wyboru.
2 przedmiot nadobowiązkowy *(in school)*
□ I'm doing geology as my option. Uczę się geologii jako przedmiotu nadobowiązkowego.

optional [ˈɔpʃənl] ADJECTIVE
opcjonalny

or [ɔːʳ] CONJUNCTION
albo
□ Would you like tea or coffee? Chciałaby pan/chciałaby pani herbatę albo kawę?
■ **Hurry up or you'll miss the bus.** Pośpiesz się, bo spóźnisz się na autobus.
■ **I don't eat meat or fish.** Nie jem mięsa ani ryb.
■ **or else** bo □ Don't put plastic dishes in the oven or else they'll melt. Nie wkładaj plastikowych naczyń do kuchenki, bo się stopią.
■ **Give me the money, or else!** Daj mi pieniądze, bo zobaczysz!

oral [ˈɔːrəl] ADJECTIVE
▷ *see also* **oral** NOUN
ustny
□ an oral exam egzamin ustny

oral [ˈɔːrəl] NOUN
▷ *see also* **oral** ADJECTIVE
egzamin ustny
□ I've got my French oral soon. Wkrótce mam egzamin ustny z francuskiego.

orange [ˈɔrɪndʒ] NOUN
▷ *see also* **orange** ADJECTIVE
pomarańcza

orange [ˈɔrɪndʒ] ADJECTIVE
▷ *see also* **orange** NOUN
pomarańczowy

orange juice [ˈɔrɪndʒdʒuːs] NOUN
sok pomarańczowy

orchard [ˈɔːtʃəd] NOUN
sad

orchestra [ˈɔːkɪstrə] NOUN
orkiestra
□ I play in the school orchestra. Gram w orkiestrze szkolnej.

order [ˈɔːdəʳ] NOUN
▷ *see also* **order** VERB
1 rozkaz *(command)*
□ It's an order! To rozkaz!
2 zamówienie *(in restaurant)*
□ A waiter came to take their order. Przyszedł kelner, aby wziąć ich zamówienie.
3 porządek *(sequence)*
■ **in alphabetical order** w kolejności alfabetycznej
■ **in order to do something** żeby coś robić (PERF zrobić) □ He had to hurry in order to catch his train. Musiał się śpieszyć, żeby zdążyć na pociąg.
■ **'out of order'** 'awaria'

to **order** [ˈɔːdəʳ] VERB
▷ *see also* **order** NOUN
1 kazać (PERF rozkazać) +*dat (command)*
■ **to order somebody to do something** rozkazywać (PERF rozkazać) komuś, żeby coś zrobił □ He ordered me to leave the building. Kazał mi opuścić budynek.
2 zamawiać (PERF zamówić) *(in restaurant)*
□ Davis ordered a pizza. Davis zamówił pizzę.

to **order about** VERB
dyrygować +*inst*
□ She liked to order him about. Ona lubiła nim dyrygować.

ordinary [ˈɔːdnrɪ] ADJECTIVE
zwyczajny
□ an ordinary day zwyczajny dzień □ He's just an ordinary guy. To po prostu zwyczajny facet.

organ [ˈɔːgən] NOUN
1 organ *(in the body)*
2 organy *masc pl (instrument)*
□ I play the organ. Gram na organach.

organic [ɔːˈgænɪk] ADJECTIVE
ekologiczny
□ organic fruit owoc ekologiczny

organization [ɔːgənaɪˈzeɪʃən] NOUN
organizacja

to **organize** [ˈɔːgənaɪz] VERB
organizować (PERF zorganizować)

origin ['ɒrɪdʒɪn] NOUN
pochodzenie

original [ə'rɪdʒɪnl] ADJECTIVE
1 pierwotny
□ Our original plan was to go camping.
Nasz pierwotny plan był taki, by pojechać na
kemping.
2 oryginalny *(authentic)*
□ It's a very original idea. To bardzo oryginalny
pomysł.

originally [ə'rɪdʒɪnəlɪ] ADVERB
początkowo

Orkneys ['ɔːknɪz] PL NOUN
Orkady
□ in the Orkneys na Orkadach

ornament ['ɔːnəmənt] NOUN
ozdoba

orphan ['ɔːfn] NOUN
sierota

ostrich ['ɒstrɪtʃ] NOUN
struś

other ['ʌðəʳ] ADJECTIVE
▷ see also **other** PRONOUN
1 jeszcze jeden *(additional)*
2 inny *(not this one)*
□ Have you got these jeans in other colours?
Czy macie Państwo te dżinsy w innych
kolorach?
■ **the other one …** ten drugi … □ This one?
— No, the other one. Ten? — Nie, ten drugi.
■ **the other side of the street** druga strona
ulicy
■ **the other day** wczoraj

other ['ʌðəʳ] PRONOUN
▷ see also **other** ADJECTIVE
inny
□ in our family, as in many others w naszej
rodzinie, jak i w wielu innych
■ **the others** inni □ The others are going but
I'm not. Inni idą, ale ja nie.

otherwise ['ʌðəwaɪz] ADVERB
1 w przeciwnym razie *(if not)*
□ Note down the number, otherwise you'll
forget it. Zanotuj numer, bo w przeciwnym
razie go zapomnisz. □ Put some sunscreen on,
you'll get burned otherwise. Nałóż trochę
kremu do opalania, bo w przeciwnym razie
doznasz oparzenia.
2 poza tym *(apart from that)*
□ I'm tired, but otherwise I'm fine. Jestem
zmęczony, ale poza tym czuję się dobrze.

otter ['ɒtəʳ] NOUN
wydra

ought [ɔːt] (PT **ought**) VERB
■ **She ought to see a doctor.** Powinna pójść
do lekarza.
■ **You ought not to do that.** Nie powinieneś
tego robić.
■ **He ought to be there now.** Powinien tam
teraz być.

ounce [auns] NOUN
uncja

our ['auəʳ] ADJECTIVE
1 nasz *masc sing*

LANGUAGE TIP **nasz** is used with
the subject of the sentence, or with
the object of the sentence when it
refers to someone other than the
subject.

□ Our house is quite big. Nasz dom jest dość
duży.
nasza *fem sing*
□ Our friendship started in kindergarten.
Nasza przyjaźń zaczęła się w przedszkolu.
nasze *neut sing*
□ our apartment nasze mieszkanie
nasi *pl animate*
□ Our neighbours are very nice. Nasi sąsiedzi
są bardzo mili.
nasze *(pl non-virile)*
2 swój

LANGUAGE TIP **swój** is used with the
object of the sentence, when the object
belongs to the subject.

□ We love our country. Kochamy swój kraj.

ours [auəz] PRONOUN
■ **a friend of ours** nasz przyjaciel
■ **That book is ours.** Ta książka jest nasza.
■ **Your garden is very big, ours is much
smaller.** Wasz ogród jest bardzo duży, nasz jest
znacznie mniejszy.
■ **Our teachers are strict. — Ours are too.**
Nasi nauczyciele są surowi. — Nasi też.
■ **Whose is this? — It's ours.** Czyje to jest?
— To nasze.

ourselves [auə'sɛlvz] PRONOUN
1 siebie *gen, acc*
sobie *dat, loc*
□ We bought ourselves a new car. Kupiliśmy
sobie nowy samochód.
sobą *inst*
2 się *reflexive*
□ We didn't hurt ourselves. Nie skaleczyliśmy
się. □ We really enjoyed ourselves. Naprawdę
dobrze się bawiliśmy.
■ **by ourselves** sami *animate* □ We built the
house by ourselves. Sami zbudowaliśmy dom.
same *inanimate*
□ We were left by ourselves. Zostawiono nas
samych.

out [aut] ADVERB, ADJECTIVE
1 na zewnątrz *(outside)*
□ It's sunny out. Na zewnątrz jest słonecznie.
■ **out there** tam □ It's cold out there. Tam jest
zimno.
■ **to go out** wychodzić □ I'm going out tonight.
Wychodzę dziś wieczorem.
■ **to go out with somebody** chodzić z kimś
□ I've been going out with him for two months.

Chodzę z nim od dwóch miesięcy.

■ **'way out'** 'wyjście'

2 nie ma +gen (absent)

□ She's out for the afternoon. Nie ma jej po popołudniu.

■ **to have a day out** spędzać (PERF spędzić) dzień poza domem

■ **The ball was out.** (in sport) Piłka była na aucie.

■ **You're out!** (in game) Kończysz grę!

■ **to be out** (fire, light, gas) być zgaszonym

□ All the lights are out. Wszystkie światła są zgaszone.

■ **out of** z +gen □ **to come out of the house** wychodzić (PERF wyjść) z domu

■ **out of curiosity** z ciekawości

■ **out of work** bez pracy

■ **That is out of the question.** To nie podlega dyskusji.

■ **one out of every three smokers** jeden na trzech palaczy

■ **We are out of milk.** Nie mamy mleka.

outbreak ['autbreɪk] NOUN
wybuch

□ a salmonella outbreak wybuch epidemii salmonelli □ the outbreak of war wybuch wojny

outcome ['autkʌm] NOUN
wynik

□ What was the outcome of the negotiations? Jaki był wynik negocjacji?

outdoor [aut'dɔːᶠ] ADJECTIVE
na powietrzu

□ an outdoor swimming pool basen na powietrzu

■ **outdoor activities** czynności na świeżym powietrzu

outdoors [aut'dɔːz] ADVERB
na dworze

outfit ['autfɪt] NOUN
strój

□ She bought a new outfit for the wedding. Kupiła nowy strój na wesele.

outgoing ['autgəʊɪŋ] ADJECTIVE
towarzyski

□ She's very outgoing. Ona jest bardzo towarzyska.

outing ['autɪŋ] NOUN
wycieczka

□ to go on an outing jechać (PERF pojechać) na wycieczkę

outline ['autlaɪn] NOUN
zarys

□ We could see the outline of the mountain in the mist. Widzieliśmy zarys góry we mgle. □ This is an outline of the plan. To jest zarys planu.

outlook ['autluk] NOUN

1 podejście

□ my outlook on life moje podejście do życia

2 perspektywy (prospects)

□ the economic outlook perspektywy gospodarcze □ The outlook is poor. Perspektywy są mierne.

outrageous [aut'reɪdʒəs] ADJECTIVE

1 skandaliczny (price, behaviour)

2 ekstrawagancki (clothes)

outset ['autset] NOUN

■ **at the outset** na starcie

■ **from the outset** od początku

outside [aut'saɪd] NOUN

▷ see also **outside** ADJECTIVE, ADVERB, PREPOSITION
na zewnątrz

□ On jest na zewnątrz He is outside

■ **We walked round the outside of the building.** Obeszliśmy budynek od zewnątrz.

outside [aut'saɪd] ADJECTIVE, ADVERB, PREPOSITION

▷ see also **outside** NOUN

1 zewnętrzny (exterior)

□ the outside walls ściany zewnętrzne

2 na zewnątrz

□ It was dark outside. Na zewnątrz było ciemno. □ Let's go outside. Wyjdźmy na zewnątrz.

3 na zewnątrz +gen

□ outside the school na zewnątrz szkoły

outskirts ['autskɜːts] PL NOUN

■ **the outskirts** peryferie □ on the outskirts of ... na peryferiach +gen ...

outstanding [aut'stændɪŋ] ADJECTIVE
wybitny (excellent)

oval ['əuvl] ADJECTIVE
owalny

oven ['ʌvn] NOUN
piekarnik

over ['əuvəᶠ] ADJECTIVE

▷ see also **over** PREPOSITION, ADVERB
zakończony (finished)

□ I'll be happy when the exams are over. Będę szczęśliwy, gdy egzaminy będą już zakończone.

over ['əuvəᶠ] PREPOSITION

▷ see also **over** ADJECTIVE, ADVERB

> **LANGUAGE TIP** There are several ways of translating **over**. Scan the examples to find one that is similar to what you want to say.

1 ponad +inst (more than, across)

□ It's over twenty kilos. To waży ponad dwadzieścia kilo. □ The temperature was over thirty degrees. Temperatura wynosiła ponad trzydzieści stopni. □ a bridge over the river most ponad rzeką

2 nad +inst (above)

□ There's a mirror over the washbasin. Nad umywalką jest lustro.

3 po drugiej stronie +gen (on the other side of)

□ The shop is just over the road. Sklep jest zaraz po drugiej stronie ulicy.

■ **The ball went over the wall.** Piłka przeleciała nad murem.

4 podczas +gen (during)

□ over the holidays podczas urlopu □ over Christmas podczas świąt Bożego Narodzenia

5 po +loc (recovered from)

□ He's back at work and is over his illness. Wrócił do pracy i jest już po chorobie.

■ **all over the house** po całym mieszkaniu

over [ˈəʊvəʳ] ADVERB

▷ *see also* **over** ADJECTIVE, PREPOSITION

przez *(across)*

■ **over there** tam

■ **over here** tutaj

■ **people aged 65 and over** osoby w wieku lat sześćdziesięciu pięciu i starsze

■ **all over** *(everywhere)* wszędzie

overall [əʊvərˈɔːl] ADVERB

ogólnie

□ My results were quite good overall. Moje wyniki były ogólnie dość dobre.

overalls [ˈəʊvərɔːlz] PL NOUN

kombinezon

overcast [ˈəʊvəkɑːst] ADJECTIVE

zachmurzony

□ The sky was overcast. Niebo było zachmurzone.

to **overcharge** [əʊvəˈtʃɑːdʒ] VERB

■ He overcharged me. On policzył mi zbyt dużo.

■ They overcharged us for the meal. Oni policzyli nam zbyt dużo za posiłek.

overcoat [ˈəʊvəkəʊt] NOUN

płaszcz

overdone [əʊvəˈdʌn] ADJECTIVE

przegotowany *(food)*

overdose [ˈəʊvədəʊs] NOUN

nadmierna dawka

□ to take an overdose brać (PERF wziąć) nadmierną dawkę

overdraft [ˈəʊvədrɑːft] NOUN

debet

□ to have an overdraft mieć debet

to **overestimate** [əʊvərˈɛstɪmeɪt] VERB

przeceniać (PERF przecenić)

overhead projector [ˈəʊvəhɛd-] NOUN

rzutnik

to **overlook** [əʊvəˈlʊk] VERB

1 wychodzić (na coś)

□ The hotel overlooked the beach. Hotel wychodził na plażę.

2 przeoczyć *(fail to notice)*

□ He had overlooked one important problem. Przeoczył jeden ważny problem.

overseas [əʊvəˈsiːz] ADVERB

za oceanem

□ I'd like to work overseas. Chciałbym pracować za oceanem.

■ overseas visitors goście zza oceanu

oversight [ˈəʊvəsaɪt] NOUN

niedopatrzenie

□ due to an oversight z powodu niedopatrzenia

to **oversleep** [əʊvəˈsliːp] (PT, PP **overslept**) VERB

zaspać

□ I overslept this morning. Zaspałem dziś rano.

to **overtake** [əʊvəˈteɪk] (PT **overtook**, PP **overtaken**) VERB

wyprzedzać (PERF wyprzedzić) *(in car)*

overtime [ˈəʊvətaɪm] NOUN

nadgodziny *fem pl*

□ to work overtime pracować w nadgodzinach

overtook [əʊvəˈtʊk] VERB ▷ *see* **overtake**

overweight [əʊvəˈweɪt] ADJECTIVE

z nadwagą

■ She's a bit overweight. Ona ma lekką nadwagę.

to **owe** [əʊ] VERB

■ to owe somebody something być winnym komuś coś □ I owe you 50 zlotys. Jestem Ci winien 50 złotych.

owing to [ˈəʊɪŋ-] PREPOSITION

z powodu +*gen*

□ owing to bad weather z powodu złej pogody

owl [aʊl] NOUN

sowa

own [əʊn] ADJECTIVE

▷ *see also* **own** VERB

własny

□ I've got my own bathroom. Mam swoją własną łazienkę. □ a room of my own mój własny pokój

■ on one's own sam □ She lived on her own. Mieszkała sama. □ We can't solve this problem on our own. Nie możemy sami rozwiązać tego problemu.

to **own** [əʊn] VERB

▷ *see also* **own** ADJECTIVE

posiadać

□ Julie's father owned a pub. Ojciec Julie posiadał pub.

to **own up** VERB

przyznawać (PERF przyznać się

■ to own up to something przyznawać (PERF przyznać się do czegoś

owner [ˈəʊnəʳ] NOUN

właściciel *masc*

właścicielka *fem*

oxygen [ˈɒksɪdʒən] NOUN

tlen

oyster [ˈɔɪstəʳ] NOUN

ostryga

ozone [ˈəʊzəʊn] NOUN

ozon

ozone layer NOUN

warstwa ozonowa

o

Pp

PA NOUN
osobista asystentka *(personal assistant)*
□ She's a PA. Ona jest osobistą asystentką.

pace [peɪs] NOUN
tempo *(speed)*
■ He was walking at a brisk pace. On szybko szedł.

Pacific [pə'sɪfɪk] NOUN
■ the Pacific Ocean Pacyfik

pacifier ['pæsɪfaɪə^r] NOUN (US)
smoczek

pack [pæk] NOUN
▷ *see also* **pack** VERB
1 paczka *(of goods)*
□ a pack of cigarettes paczka papierosów
■ a six-pack sześciopak
2 talia *(of cards)*

to **pack** [pæk] VERB
▷ *see also* **pack** NOUN
pakować (PERF spakować)
□ I'll help you pack. Pomogę Ci się spakować.
■ to pack one's bags pakować (PERF spakować) się
■ Pack it in! *(stop it!)* Przestań!

to **pack up** VERB
pakować (PERF spakować) się *(put things away)*

package ['pækɪdʒ] NOUN
1 paczka *(parcel)*
2 pakiet *(in computing)*

packed [pækt] ADJECTIVE
zatłoczony
□ The cinema was packed. Kino było zatłoczone.

packed lunch NOUN
drugie śniadanie
□ I take a packed lunch to school. Zabieram drugie śniadanie do szkoły.

packet ['pækɪt] NOUN
paczka
□ a packet of cigarettes paczka papierosów

pad [pæd] NOUN
blok *(of paper)*

paddle ['pædl] NOUN
▷ *see also* **paddle** VERB
wiosło *(for canoe)*
■ to go for a paddle pójść pobrodzić w wodzie

to **paddle** ['pædl] VERB
▷ *see also* **paddle** NOUN
1 wiosłować +inst *(boat, canoe)*
2 brodzić *(at seaside)*

padlock ['pædlɔk] NOUN
kłódka

paedophile ['pi:dəufaɪl] NOUN
pedofil *masc*
pedofilka *fem*

page [peɪdʒ] NOUN
▷ *see also* **page** VERB
strona *(of book)*

to **page** [peɪdʒ] VERB
▷ *see also* **page** NOUN
kontaktować (PERF skontaktować) się z kimś pagerem *(in airport, place of work)*
□ We will page you if we need you. Skontaktujemy się z Tobą pagerem, jeśli będziemy Cię potrzebować.

pager ['peɪdʒə^r] NOUN
pager

paid [peɪd] VERB ▷ *see* **pay**

paid [peɪd] ADJECTIVE
płatny *(work)*
□ 3 weeks' paid holiday trzy tygodnie płatnego urlopu

pail [peɪl] NOUN
wiadro

pain [peɪn] NOUN
ból *(physical)*
□ a terrible pain okropny ból □ to have a pain in one's chest odczuwać ból w klatce piersiowej
■ She's in a lot of pain. Ona ma ogromne boleści.
■ to be a pain in the neck sprawiać (PERF sprawić) kłopot

painful ['peɪnful] ADJECTIVE
bolesny
□ to suffer from painful periods doznawać bolesnych menstruacji

painkiller ['peɪnkɪlə^r] NOUN
środek przeciwbólowy

paint [peɪnt] NOUN
▷ *see also* **paint** VERB
farba

to **paint** [peɪnt] VERB
▷ *see also* **paint** NOUN
1 malować (PERF pomalować) *(decorate)*
□ to paint something blue malować (PERF pomalować) coś na niebiesko *perf*
2 malować (PERF namalować) *(picture, portrait)*
□ She painted the beautiful landscape. Ona namalowała piękny pejzaż.

paintbrush ['peɪntbrʌʃ] NOUN
pędzel

painter ['peɪntəʳ] NOUN
malarz *masc*
malarka *fem*

painting ['peɪntɪŋ] NOUN
obraz
□ a painting by Picasso obraz Picassa
■ **My hobby is painting.** Moje hobby to malarstwo.

pair [peəʳ] NOUN
para *masc pl*
□ a pair of trousers para spodni □ We work in pairs. Pracujemy w parach.
■ **a pair of scissors** nożyczki

pajamas [pə'dʒɑːməz] PL NOUN
piżama
□ my pajamas moja piżama □ a pair of pajamas piżama

Pakistan [pɑːkɪ'stɑːn] NOUN
Pakistan

Pakistani [pɑːkɪ'stɑːnɪ] ADJECTIVE
▷ see also **Pakistani** NOUN
pakistański

Pakistani [pɑːkɪ'stɑːnɪ] NOUN
▷ see also **Pakistani** ADJECTIVE
Pakistańczyk *masc*
Pakistanka *fem*

pal [pæl] NOUN
kumpel

palace ['pæləs] NOUN
pałac

pale [peɪl] ADJECTIVE
jasny *(colour, complexion)*
□ a pale blue shirt jasnoniebieska koszula
blady *(from sickness, fear)*

Palestine ['pælɪstaɪn] NOUN
Palestyna

Palestinian [pælɪs'tɪnɪən] ADJECTIVE
▷ see also **Palestinian** NOUN
palestyński

Palestinian [pælɪs'tɪnɪən] NOUN
▷ see also **Palestinian** ADJECTIVE
Palestyńczyk *masc*
Palestynka *fem*

palm [pɑːm] NOUN
dłoń *(of hand)*
■ **palm tree** palma

pamphlet ['pæmflət] NOUN
broszura

pan [pæn] NOUN
garnek *(saucepan)*

pancake ['pænkeɪk] NOUN
naleśnik

panda ['pændə] NOUN
panda

panic ['pænɪk] NOUN
▷ see also **panic** VERB
1 lęk *(anxiety)*
2 panika *(scare)*

to panic ['pænɪk] VERB
▷ see also **panic** NOUN
wpadać (PERF wpaść) w panikę *(person, crowd)*
□ Don't panic! Nie wpadaj w panikę!

panther ['pænθəʳ] NOUN
pantera

panties ['pæntɪz] PL NOUN
majtki

pantomime ['pæntəmaɪm] NOUN
przedstawienie teatralne dla dzieci

> **CZY WIESZ, ŻE...?**
> **Pantomime** – W Wielkiej Brytanii mianem pantomimy (**pantomime**) określa się komedie teatralne z muzyką, oparte na popularnych bajkach, takich jak Kopciuszek albo Kot w butach. Adresowane głównie do dzieci, pantomimy wystawiane są w teatrach w okresie Świąt Bożego Narodzenia.

pants [pænts] PL NOUN
1 majtki *(underwear)*
□ a pair of pants para majtek
2 spodnie *(US: trousers)*
□ a pair of pants para spodni

pantyhose ['pæntɪhəʊz] PL NOUN (US)
rajstopy
□ a pair of pantyhose para rajstop

paper ['peɪpəʳ] NOUN
1 papier
■ **a piece of paper** 1 *(odd bit)* kawałek papieru
2 *(sheet)* kartka papieru
2 gazeta *(newspaper)*
□ I saw an advert in the paper. Widziałem ogłoszenie w gazecie.
3 tapeta *(wallpaper)*

paperback ['peɪpəbæk] NOUN
książka w miękkich okładkach

paper boy NOUN
chłopiec roznoszący gazety

paper clip NOUN
spinacz

paper girl NOUN
dziewczynka roznosząca gazety

paper round NOUN
runda roznosiciela gazet

paperweight ['peɪpəweɪt] NOUN
przycisk do papieru

paperwork ['peɪpəwɜːk] NOUN
papierkowa robota
□ He had a lot of paperwork to do. On miał dużo papierkowej roboty do wykonania.

parachute ['pærəʃuːt] NOUN
spadochron

parade [pə'reɪd] NOUN
parada

paradise ['pærədaɪs] NOUN
raj

paraffin ['pærəfɪn] NOUN
olej parafinowy
■ **a paraffin lamp** lampa naftowa

paragraph ['pærəgrɑːf] NOUN
akapit

parallel ['pærəlɛl] ADJECTIVE
równoległy

English-Polish

paralysed [ˈpærəlaɪzd] ADJECTIVE
sparaliżowany

paramedic [pærəˈmɛdɪk] NOUN
ratownik medyczny*masc*
ratowniczka medyczna*fem*

parcel [ˈpɑːsl] NOUN
paczka*(package)*

pardon [ˈpɑːdn] NOUN
■ **pardon me 1** *(I'm sorry!)* przepraszam!
2 *(what did you say?)* przepraszam,
niedosłyszałem?

parent [ˈpɛərənt] NOUN
rodzic
■ **my parents** moi rodzice

Paris [ˈpærɪs] NOUN
Paryż

Parisian [pəˈrɪziən] NOUN
▷ *see also* **Parisian** ADJECTIVE
Paryżanin*masc*
Paryżanka*fem*

Parisian [pəˈrɪziən] ADJECTIVE
▷ *see also* **Parisian** NOUN
paryski

park [pɑːk] NOUN
▷ *see also* **park** VERB
park*(public garden)*

to park [pɑːk] VERB
▷ *see also* **park** NOUN
parkować*(PERF* zaparkować*)*
□ Where can I park my car? Gdzie mogę
zaparkować mój samochód?
■ **We couldn't find anywhere to park.**
Nie mogliśmy znaleźć miejsca do parkowania.

parking [ˈpɑːkɪŋ] NOUN
parkowanie
■ **'no parking'** 'zakaz parkowania'

parking lot NOUN (US)
parking

parking meter NOUN
parkomat

parking ticket NOUN
mandat za nieprawidłowe parkowanie

parliament [ˈpɑːləmənt] NOUN
parlament

parole [pəˈrəʊl] NOUN
zwolnienie warunkowe

parrot [ˈpærət] NOUN
papuga

parsley [ˈpɑːslɪ] NOUN
pietruszka

part [pɑːt] NOUN
1 część*(section)*
□ The first part of the film was boring.
Pierwsza część filmu była nudna.
■ **spare parts** części zamienne
2 rola*(in a play)*
■ **to take part in** *(participate in)* brać*(PERF*
wziąć*)* udział w+*loc* □ A lot of people took part
in the demonstration. Wielu ludzi wzięło udział
w demonstracji.

particular [pəˈtɪkjuləʳ] ADJECTIVE
konkretny*(specific)*

■ **Are you looking for anything particular?**
Czy szukasz czegoś konkretnego?
■ **to be very particular about something**
być bardzo wybrednym w jakiejś sprawie

particularly [pəˈtɪkjuləlɪ] ADVERB
szczególnie
■ **I particularly wanted to speak to her.**
Szczególnie chciałem z nią porozmawiać.

parting [ˈpɑːtɪŋ] NOUN
przedziałek*(in hair)*

partly [ˈpɑːtlɪ] ADVERB
częściowo*(to some extent)*

partner [ˈpɑːtnəʳ] NOUN
partner*masc*
partnerka*fem*

part-time [ˈpɑːtˈtaɪm] ADJECTIVE, ADVERB
■ **a part-time job** praca na część etatu
■ **She works part-time.** Ona pracuje w
niepełnym wymiarze czasu.

to part with VERB
oddawać*(PERF* oddać*)*
□ to part with something rozstawać
(PERF rozstać*)* się z czymś+*loc*

party [ˈpɑːtɪ] NOUN
1 partia
□ the Conservative Party Partia
Konserwatystów
2 przyjęcie
□ a birthday party przyjęcie urodzinowe
□ a Christmas party przyjęcie bożonarodzeniowe
□ a New Year party przyjęcie noworoczne
□ I'm going to a party on Saturday. Idę w
sobotę na przyjęcie.
3 grupa
□ a party of tourists grupa turystów

pass NOUN
▷ *see also* **pass** VERB
1 przełęcz*(in mountains)*
□ The pass was blocked with snow.
Przełęcz była zablokowana przez śnieg.
2 wejściówka
□ I got six backstage passes. Mam sześć
wejściówek za kulisy.
■ **to get a pass in something** zdać*perf*
egzamin z czegoś □ She got a pass in her piano
exam. Ona zdała egzamin z pianina.

to pass [pɑːs] VERB
▷ *see also* **pass** NOUN
1 podawać*(PERF* podać*)*
□ Could you pass me the salt, please?
Czy możesz podać mi sól?
2 mijać*(PERF* minąć*)*
□ I pass his house on my way to school.
Mijam jego dom w drodze do szkoły. □ The
time has passed quickly. Czas szybko minął.
3 zdać*perf*
□ Did you pass? Czy zdałeś? □ I hope I'll pass
the exam. Mam nadzieję, że zdam egzamin.

to pass away VERB
umrzeć*perf (die)*

to pass out VERB
mdleć*(PERF* zemdleć*) (faint)*

P

passage ['pæsɪdʒ] NOUN
1 korytarz(corridor)
2 ustęp
□ Read the passage carefully.
Uważnie przeczytaj ustęp.

passenger ['pæsɪndʒər] NOUN
pasażer masc
pasażerka fem

passion ['pæʃən] NOUN
namiętność

passive ['pæsɪv] ADJECTIVE
▷ see also **passive** NOUN
bierny(person, attitude)

passive ['pæsɪv] NOUN
▷ see also **passive** ADJECTIVE
■ the passive (grammatical term) strona bierna

Passover ['pɑːsəʊvər] NOUN
Pascha
□ at Passover w czasie Paschy

passport ['pɑːspɔːt] NOUN
paszport
□ passport control kontrola paszportowa

password ['pɑːswəːd] NOUN
hasło

past [pɑːst] ADVERB, PREPOSITION
▷ see also **past** ADJECTIVE, NOUN
1 obok+gen (in front of)
■ to walk past przechodzić(PERF przejść □ He
walked past the shop. Przeszedł obok sklepu.
■ The bus goes past our house. Autobus
przejeżdża obok naszego domu.
2 za+inst (beyond)
□ It's on the right, just past the station. To jest
po prawej stronie, zaraz za stacją.
3 po+loc (later than)
□ It's past midnight. Jest po północy.
■ ten past eight dziesięć po ósmej
■ It's long past bedtime. Już dawno czas spać.

past [pɑːst] ADJECTIVE
▷ see also **past** ADVERB, PREPOSITION, NOUN
1 poprzedni(life, experience)
2 zeszły(week, month)
■ for the past few days przez ostatnie kilka dni
■ the past tense czas przeszły □ in the past
tense w czasie przeszłym

past [pɑːst] NOUN
▷ see also **past** ADVERB, PREPOSITION, ADJECTIVE
przeszłość
□ This was common in the past. To było
popularne w przeszłości.

pasta ['pæstə] NOUN
makaron
□ Pasta is easy to cook. Makaron jest łatwy do
ugotowania.

⋯ WSKAZÓWKI JĘZYKOWE Uwaga! Angielskie
słowo **pasta** nie oznacza **pasta**.

paste [peɪst] NOUN
masa

pasteurized ['pæstʃəraɪzd] ADJECTIVE
pasteryzowany

pastime ['pɑːstaɪm] NOUN
hobby

□ Her favourite pastime is knitting. Jej ulubione
hobby to robienie na drutach.

pastry ['peɪstrɪ] NOUN
1 ciasto(dough)
2 ciastko(cake)

patch [pætʃ] NOUN
1 łata
□ a patch of material łata z materiału
2 płat(area)

patched [pætʃt] ADJECTIVE
połatany
□ a pair of patched jeans para połatanych
dżinsów

path [pɑːθ] NOUN
1 droga
2 ścieżka(in garden)

pathetic [pə'θetɪk] ADJECTIVE
żałosny
□ Our team was pathetic. Nasza ekipa była
żałosna.

patience ['peɪʃns] NOUN
1 cierpliwość
□ He hasn't got much patience. On nie ma
wiele cierpliwości.
2 pasjans(card game)
□ to play patience stawiać(PERF postawić
pasjansa

patient ['peɪʃnt] NOUN
▷ see also **patient** ADJECTIVE
pacjent masc
pacjentka fem

patient ['peɪʃnt] ADJECTIVE
▷ see also **patient** NOUN
cierpliwy

patio ['pætɪəʊ] NOUN
patio

patriotic [pætrɪ'ɔtɪk] ADJECTIVE
patriotyczny

patrol [pə'trəʊl] NOUN
patrol

patrol car NOUN
samochód patrolowy

pattern ['pætən] NOUN
1 wzór
□ a geometric pattern wzór geometryczny
2 wzór(for sewing, knitting)

pause [pɔːz] NOUN
przerwa

pavement ['peɪvmənt] NOUN
chodnik

pavilion [pə'vɪlɪən] NOUN
pawilon

paw [pɔː] NOUN
łapa

pay [peɪ] NOUN
▷ see also **pay** VERB
pensja(wage, salary)

to **pay** [peɪ] VERB
▷ see also **pay** NOUN
płacić(PERF zapłacić (debt, bill, salary)
□ How much did you pay for it? Ile za to pan
zapłacił/pani zapłaciła? □ to pay by cheque

płacić (PERF zapłacić) czekiem □ to pay by credit card płacić (PERF zapłacić) kartą kredytową
□ I paid for my ticket. Zapłaciłem za mój bilet.
□ I paid 50 pounds for it. Zapłaciłem za to 50 funtów.

■ **I'll pay you back tomorrow.** Zwrócę Ci jutro.
■ **Paul paid us a visit last night.** Paul odwiedził nas wczoraj wieczorem.
■ **Don't pay any attention to him!** Nie zwracaj na niego uwagi!

payable ['peɪəbl] ADJECTIVE
■ **to make a cheque payable to somebody** wystawiać (PERF wystawić) czek płatny na kogoś

payment ['peɪmənt] NOUN
opłata (sum of money)

payphone ['peɪfəun] NOUN
automat telefoniczny

PC NOUN (= personal computer)
komputer osobisty
□ She typed the report on her PC. Ona napisała raport na swoim komputerze osobistym.

PE (school subject) NOUN (= physical education)
WF
□ We do PE twice a week. Mamy WF dwa razy w tygodniu.

pea [pi:] NOUN
groszek

peace [pi:s] NOUN
1 pokój (not war)
2 spokój (calm)

peaceful ['pi:sful] ADJECTIVE
spokojny
□ a peaceful afternoon spokojne popołudnie
■ **a peaceful protest** pokojowy protest

peach [pi:tʃ] NOUN
brzoskwinia

peacock ['pi:kɔk] NOUN
paw

peak [pi:k] NOUN
▷ see also **peak** ADJECTIVE
szczyt (of mountain)

peak [pi:k] ADJECTIVE
▷ see also **peak** NOUN
górny
■ **at peak times** w okresach szczytowego zapotrzebowania

peanut ['pi:nʌt] NOUN
orzeszek ziemny
□ a packet of peanuts paczka orzeszków ziemnych

peanut butter NOUN
masło orzechowe
□ a peanut-butter sandwich kanapka z masłem orzechowym

pear [peər] NOUN
gruszka

pearl [pə:l] NOUN
perła

pebble ['pebl] NOUN
kamyk
■ **a pebble beach** kamienista plaża

peckish ['pekɪʃ] ADJECTIVE
■ **to feel peckish** czuć się zgłodniałym

peculiar [pɪ'kju:lɪər] ADJECTIVE
dziwny
□ He's a peculiar person. On jest dziwną osobą.
□ It tastes peculiar. To ma dziwny smak.

pedal ['pedl] NOUN
pedał
▷ see also

pedestrian [pɪ'destrɪən] NOUN
pieszy masc
piesza fem

pedestrian crossing NOUN
przejście dla pieszych

pedestrianized [pɪ'destrɪənaɪzd] ADJECTIVE
pieszy

pedestrian precinct NOUN
dzielnica dla pieszych

pedigree ['pedɪgri:] ADJECTIVE
■ **a pedigree dog** pies z rodowodem
■ **a pedigree labrador** labrador z rodowodem

pee [pi:] NOUN
■ **to have a pee** robić (PERF zrobić) siusiu

peek [pi:k] NOUN
■ **to have a peek at something** zerknąć na coś

peel [pi:l] NOUN
▷ see also **peel** VERB
skórka (of orange, potato)

to **peel** [pi:l] VERB
▷ see also **peel** NOUN
1 obierać (PERF obrać)
□ Shall I peel the potatoes? Czy mam obrać ziemniaki?
2 łuszczyć się
□ My nose is peeling. Nos mi się łuszczy.

peg [peg] NOUN
1 wieszak (for coat, hat)
2 klamerka (clothes peg)
3 śledź namiotowy (tent peg)

Pekinese [pi:kɪ'ni:z] NOUN
pekińczyk

pelican crossing ['pelɪkən-] NOUN

> **CZY WIESZ, ŻE...?**
> światła dla pieszych z przyciskiem i umieszczonymi nad nim dwoma lampami, zieloną i czerwoną, wskazującymi, kiedy można wejść na jezdnię.

pellet ['pelɪt] NOUN
śrut (for shotgun)

pelvis ['pelvɪs] NOUN
miednica

pen [pen] NOUN
pióro
■ **ballpoint pen** długopis

to **penalize** ['pi:nəlaɪz] VERB
karać (PERF ukarać)

penalty ['penltɪ] NOUN
1 grzywna (punishment, fine)
2 rzut karny (in football)

pence [pens] PL NOUN ▷ see **penny**

pencil ['pɛnsl] NOUN
ołówek

pencil case NOUN
piórnik

pencil sharpener [-'ʃɑːpnər] NOUN
temperówka

pendant ['pɛndnt] NOUN
wisiorek

penfriend ['pɛnfrɛnd] NOUN
korespondencyjny przyjaciel *masc*
korespondencyjna przyjaciółka *fem*

penguin ['pɛŋgwɪn] NOUN
pingwin

penicillin [pɛnɪ'sɪlɪn] NOUN
penicylina

penis ['piːnɪs] NOUN
penis

penitentiary [pɛnɪ'tɛnʃərɪ] NOUN (US)
więzienie

penknife ['pɛnnaɪf] NOUN
scyzoryk

penny ['pɛnɪ] (PL **pence** or **pennies**) NOUN
pens

pen pal NOUN
korespondencyjny przyjaciel *masc*
korespondencyjna przyjaciółka *fem*

pension ['pɛnʃən] NOUN
emerytura

pensioner ['pɛnʃənər] NOUN
emeryt *masc*
emerytka *fem*

pentathlon [pɛn'tæθlən] NOUN
pięciobój

people ['piːpl] PL NOUN
ludzie
□ six people sześcioro ludzi □ The people were nice. Ci ludzie byli mili.
■ old people starzy ludzie
■ people say that ... mówi się, że ...

pepper ['pɛpər] NOUN
1 pieprz *(spice)*
□ Pass the pepper, please. Podaj mi proszę pieprz.
2 papryka *(vegetable)*
□ a green pepper zielona papryka

peppermill ['pɛpəmɪl] NOUN
młynek do pieprzu

peppermint ['pɛpəmɪnt] NOUN
miętówka *(sweet, candy)*

per [pɜːr] PREPOSITION
na
□ per day na dzień □ per week na tydzień
□ per annum na rok

per cent [pə'sɛnt] NOUN
procent
□ fifty per cent pięćdziesiąt procent

percentage [pə'sɛntɪdʒ] NOUN
procent

percolator ['pɜːkəleɪtər] NOUN
maszynka do kawy

percussion [pə'kʌʃən] NOUN
perkusja
□ I play percussion. Gram na perkusji.

perfect ['pɜːfɪkt] ADJECTIVE
doskonały
■ Marta speaks perfect English.
Marta doskonale mówi po angielsku.

perfectly ['pɜːfɪktlɪ] ADVERB
doskonale

to **perform** [pə'fɔːm] VERB
1 wykonywać (PERF wykonać) *(dance)*
2 wystawiać (PERF wystawić) *(play)*
3 występować (PERF wystąpić) *(actor, singer)*

performance [pə'fɔːməns] NOUN
1 przedstawienie *(in theatre)*
□ The performance lasts two hours.
Przedstawienie trwa dwie godziny. □ his performance as Hamlet jego przedstawienie w roli Hamleta
2 wynik
□ the team's poor performance słaby wynik ekipy

perfume ['pɜːfjuːm] NOUN
perfumy *fem pl*

perhaps [pə'hæps] ADVERB
może
□ perhaps not może nie □ a bit boring, perhaps może trochę nudne □ Perhaps he's ill. Może on jest chory.

period ['pɪərɪəd] NOUN
1 okres
□ for a limited period przez ograniczony okres czasu □ I'm having my period. Mam okres.
2 epoka
□ the Victorian period epoka wiktoriańska
3 godzina lekcyjna *(in school)*
□ Each period lasts forty minutes. Każda godzina lekcyjna trwa czterdzieści minut.

perm [pɜːm] NOUN
trwała
□ She's got a perm. Ona ma trwałą.

permanent ['pɜːmənənt] ADJECTIVE
trwały

permission [pə'mɪʃən] NOUN
1 pozwolenie
□ Could I have permission to leave early?
Czy mogę prosić o pozwolenie, by wcześniej wyjść?
2 zezwolenie
□ He did not get planning permission for the extension. Nie otrzymał zezwolenia na budowę dobudówki.

permit ['pɜːmɪt] NOUN
zezwolenie
■ fishing permit karta wędkarska

to **persecute** ['pɜːsɪkjuːt] VERB
prześladować *perf*

Persian ['pɜːʃən] ADJECTIVE
perski

persistent [pə'sɪstənt] ADJECTIVE
uparty *(person)*

person ['pɜːsn] NOUN
osoba
□ She's a very nice person. Ona jest bardzo miłą osobą.

■ **in person** osobiście
■ **first person** pierwsza osoba
personal ['pɜːsnl] ADJECTIVE
1 własny *(opinion, habits)*
2 osobisty *(contact, appearance)*
3 prywatny *(life, matter)*

■ **nothing personal!** bez urazy!
personality [pɜːsə'nælɪtɪ] NOUN
1 osobowość *(character)*
2 osobistość *(famous person)*
personally ['pɜːsnlɪ] ADVERB
osobiście

□ I don't know him personally. Nie znam go
osobiście. □ Personally I don't agree. Osobiście
nie zgadzam się.
personal stereo NOUN
odtwarzacz osobisty
personnel [pɜːsə'nɛl] NOUN
personel
perspiration [pɜːspɪ'reɪʃən] NOUN
pot
to **persuade** [pə'sweɪd] VERB
■ **to persuade somebody to do something**
przekonywać (PERF przekonać) kogoś, by coś
zrobić □ She persuaded me to go with her.
Ona przekonała mnie, bym z nią poszedł.
pessimist ['pesɪmɪst] NOUN
pesymista

□ I'm a pessimist. Jestem pesymistą.
pessimistic [pesɪ'mɪstɪk] ADJECTIVE
pesymistyczny
pest [pest] NOUN
1 szkodnik *(insect)*
2 utrapieniec

□ He's a real pest! Prawdziwy z niego
utrapieniec!
to **pester** ['pestər] VERB
dokuczać (PERF dokuczyć) +dat
pet [pet] NOUN
zwierzę domowe

□ Have you got a pet? Czy masz zwierzę domowe?
petition [pə'tɪʃən] NOUN
petycja
petrified ['petrɪfaɪd] ADJECTIVE
przerażony *(terrified)*
petrol ['petrəl] NOUN
benzyna
petrol station NOUN
stacja benzynowa
petrol tank NOUN
zbiornik paliwa
phantom ['fæntəm] NOUN
upiór
pharmacy ['fɑːməsɪ] NOUN
1 apteka *(shop)*
2 farmacja *(science)*
pheasant ['fɛznt] NOUN
bażant
philosophy [fɪ'lɒsəfɪ] NOUN
filozofia
phobia ['fəubjə] NOUN
fobia

phone [fəun] NOUN
▷ *see also* **phone** VERB
telefon

□ Where's the phone? Gdzie jest telefon?
□ Is there a phone here? Czy tutaj jest telefon?
□ by phone przez telefon

■ **to be on the phone** rozmawiać (PERF
porozmawiać) przez telefon □ She's on the phone
at the moment. Ona teraz rozmawia przez telefon.
to **phone** [fəun] VERB
▷ *see also* **phone** NOUN
dzwonić (PERF zadzwonić)

□ I'll phone the station. Zadzwonię na stację.
phone bill NOUN
rachunek telefoniczny
phone book NOUN
książka telefoniczna
phone booth [-buːð] NOUN (US)
budka telefoniczna
phone box NOUN
budka telefoniczna
phone call NOUN
rozmowa telefoniczna

■ **There's a phone call for you.** Jest do Ciebie
telefon.

■ **to make a phone call** dzwonić
(PERF zadzwonić) □ Can I make a phone call?
Czy mogę zadzwonić?
phonecard ['fəunkɑːd] NOUN
karta telefoniczna
phone number NOUN
numer telefonu
photo ['fəutəu] NOUN
zdjęcie

■ **to take a photo of somebody** robić
(PERF zrobić) zdjęcie komuś
photocopier ['fəutəukɒpɪər] NOUN
kserokopiarka
photocopy ['fəutəukɒpɪ] NOUN
▷ *see also* **photocopy** VERB
kserokopia
to **photocopy** ['fəutəukɒpɪ] VERB
▷ *see also* **photocopy** NOUN
robić (PERF zrobić) kserokopię +gen
photograph ['fəutəgræf] NOUN
▷ *see also* **photograph** VERB
zdjęcie

■ **to take a photograph of somebody**
robić (PERF zrobić) zdjęcie komuś
to **photograph** ['fəutəgræf] VERB
▷ *see also* **photograph** NOUN
robić (PERF zrobić) zdjęcie +dat
photographer [fə'tɒgrəfər] NOUN
fotograf *masc*
fotografka *fem*

□ She's a photographer. Ona jest fotografką.
photography [fə'tɒgrəfɪ] NOUN
fotografia

□ My hobby is photography. Moje hobby to
fotografia.
phrase [freɪz] NOUN
wyrażenie

P

phrase book NOUN
rozmówki

physical ['fɪzɪkl] ADJECTIVE
▷ see also **physical** NOUN
fizyczny

physical ['fɪzɪkl] NOUN
▷ see also **physical** ADJECTIVE
badanie lekarskie

physicist ['fɪzɪsɪst] NOUN
fizyk
□ He's a physicist. On jest fizykiem.

physics ['fɪzɪks] NOUN
fizyka
□ She teaches physics. Ona uczy fizyki.

physiotherapist [fɪzɪəu'θɛrəpɪst] NOUN
fizjoterapeuta *masc*
fizjoterapeutka *fem*

physiotherapy [fɪzɪəu'θɛrəpɪ] NOUN
fizjoterapia

pianist ['pi:ənɪst] NOUN
pianista *masc*
pianistka *fem*

piano [pɪ'ænəu] NOUN
fortepian
□ I play the piano. Gram na fortepianie.
□ I have piano lessons. Mam lekcje fortepianu.

pick [pɪk] NOUN
▷ see also **pick** VERB
■ **Take your pick!** Proszę wybrać!

to **pick** [pɪk] VERB
▷ see also **pick** NOUN
1 wybierać (PERF wybrać)
□ I picked the biggest piece. Wybrałem największy kawałek. □ I've been picked for the team. Zostałem wybrany do ekipy.
2 zbierać (PERF zebrać) *(fruit, flowers)*

to **pick on** VERB
czepiać (PERF czepić się +gen
□ She's always picking on me. Ona zawsze się mnie czepia.

to **pick out** VERB
1 rozpoznawać (PERF rozpoznać) *(recognise, identify)*
2 wybierać (PERF wybrać) *(select)*
□ I like them all — it's difficult to pick one out. Wszystkie mi się podobają — trudno jest któryś wybrać.

to **pick up** VERB
1 zbierać (PERF pozbierać)
□ Could you help me pick up the toys? Czy możesz mi pomóc pozbierać zabawki?
2 odbierać (PERF odebrać)
□ We'll come to the airport to pick you up. Przyjedziemy na lotnisko, żeby Cię odebrać.
3 uczyć (PERF nauczyć) się +gen
□ I picked up some Spanish during my holiday. Nauczyłem się trochę hiszpańskiego w czasie urlopu.

pickpocket ['pɪkpɔkɪt] NOUN
kieszonkowiec

picnic ['pɪknɪk] NOUN
piknik
□ We had a picnic on the beach. Urządziliśmy piknik na plaży.

picture ['pɪktʃə'] NOUN
1 obrazek
□ a famous picture znany obraz
2 zdjęcie
□ My picture was in the paper. Moje zdjęcie było w gazecie.
■ **to take a picture of somebody** robić (PERF zrobić) komuś zdjęcie
■ **the pictures** kino *sing* □ Shall we go to the pictures? Pójdziemy do kina?

picture message NOUN
wiadomość graficzna

picturesque [pɪktʃə'rɛsk] ADJECTIVE
malowniczy

pie [paɪ] NOUN
pasztecik
■ **an apple pie** szarlotka

piece [pi:s] NOUN
kawałek
□ A small piece, please. Poproszę mały kawałek.
■ **a piece of furniture** mebel
■ **a piece of advice** porada
■ **a 10p piece** moneta dziesięciopensowa

pier [pɪə'] NOUN
molo

to **pierce** [pɪəs] VERB
przekłuwać (PERF przekłuć)
□ She's going to have her ears pierced. Ona da sobie przekłuć uszy.

pierced [pɪəst] ADJECTIVE
przekłuty
□ I've got pierced ears. Mam przekłute uszy.

piercing ['pɪəsɪŋ] NOUN
piercing
□ She has several piercings. On ma kilka piercingów.

pig [pɪg] NOUN
świnia

pigeon ['pɪdʒən] NOUN
gołąb

piggyback ['pɪgɪbæk] NOUN
na barana
□ I can't give you a piggyback, you're too heavy. Nie mogę wziąć Cię na barana, jesteś za ciężki.

piggy bank ['pɪgɪ-] NOUN
skarbonka

pigtail ['pɪgteɪl] NOUN
warkocz

pile [paɪl] NOUN
sterta
□ a pile of leaves sterta liści

piles [paɪlz] PL NOUN
hemoroidy
□ to suffer from piles cierpieć na hemoroidy

pile-up ['paɪlʌp] NOUN
nagromadzenie

P

pill [pɪl] NOUN
pigułka

■ **the pill** *(contraceptive pill)* pigułka antykoncepcyjna □ **to be on the pill** brać (PERF wziąć) pigułki antykoncepcyjne

pillar ['pɪlə'] NOUN
filar

pillar box NOUN
skrzynka pocztowa w kształcie słupa

pillow ['pɪləu] NOUN
poduszka

pilot ['paɪlət] NOUN
pilot
□ He's a pilot. On jest pilotem.

pimple ['pɪmpl] NOUN
pryszcz

PIN [pɪn] ABBREVIATION *(= personal identification number)*
numer PIN

pin [pɪn] NOUN
szpilka *(used in sewing)*

■ **pins and needles** mrowienie *neut sing*

pinafore ['pɪnəfɔː'] NOUN
sukienka z fartuszkiem

pinball ['pɪnbɔːl] NOUN
pinball
□ to play pinball grać w pinball

to **pinch** [pɪntʃ] VERB
1 szczypać (PERF uszczypnąć)
□ He pinched me! On mnie uszczypnął!
2 zwinąć
□ Who's pinched my pen? Kto zwinął moje pióro?

pine [paɪn] NOUN
drewno sosnowe *(wood)*
□ a pine table stół z drewna sosnowego
■ **a pine tree** sosna

pineapple ['paɪnæpl] NOUN
ananas

pink [pɪŋk] ADJECTIVE
▷ see also **pink** NOUN
różowy

pink [pɪŋk] NOUN
▷ see also **pink** ADJECTIVE
róż

pint [paɪnt] NOUN
jednostka miary objętości, ok. pół litra

> DID YOU KNOW...?
> In Poland, measurements are in litres and centilitres. A pint is about 0.6 litres.

■ **He's gone out for a pint.** On wyszedł, żeby się napić.

pipe [paɪp] NOUN
1 rura
□ The pipes froze. Rury zamarzły.
2 fajka
□ He smokes a pipe. On pali fajkę.
■ **pipes** *(bagpipes)* dudy □ He plays the pipes. On gra na dudach.

pirate ['paɪərət] NOUN
pirat

pirated ['paɪərətɪd] ADJECTIVE
piracki
□ a pirated DVD pirackie DVD

Pisces ['paɪsiːz] NOUN
Ryby
□ I'm Pisces. Jestem spod znaku Ryb.

pissed [pɪst] ADJECTIVE
nawalony *(informal)*

pistol ['pɪstl] NOUN
pistolet

pitch [pɪtʃ] NOUN
▷ see also **pitch** VERB
boisko
□ a football pitch boisko do piłki nożnej

to **pitch** [pɪtʃ] VERB
▷ see also **pitch** NOUN
rozbijać (PERF rozbić)
□ We pitched our tent near the beach. Rozbiliśmy namiot w pobliżu plaży.

pity ['pɪtɪ] NOUN
▷ see also **pity** VERB
litość

■ **to take pity on somebody** litować (PERF zlitować) się nad kimś +*inst*

■ **what a pity!** szkoda!

to **pity** ['pɪtɪ] VERB
▷ see also **pity** NOUN
litować (PERF zlitować) się nad +*inst*

pizza ['piːtsə] NOUN
pizza

place [pleɪs] NOUN
▷ see also **place** VERB
1 miejsce
□ It's a quiet place. To spokojne miejsce.
□ There are a lot of interesting places to visit. Można odwiedzić dużo ciekawych miejsc.
□ a parking place miejsce do parkowania
□ a university place miejsce na uniwersytecie
□ Tomek, change places with Piotrek! Tomek, zamień się miejscami z Piotrkiem!
■ **in places** w niektórych miejscach
■ **to take place** *(happen)* wydarzyć *perf* się
■ **to take somebody's place** zajmować (PERF zająć) czyjeś miejsce
2 u kogoś
□ Do you want to come round to my place? Chcesz przyjść do mnie?

to **place** [pleɪs] VERB
▷ see also **place** NOUN
kłaść (PERF położyć)
□ He placed his hand on hers. Położył rękę na jej dłoni.

placement ['pleɪsmənt] NOUN
staż
□ a work placement posada

plaid [plæd] ADJECTIVE
materiał w szkocką kratę
□ a plaid shirt koszula z materiału w szkocką kratę

plain [pleɪn] ADJECTIVE
▷ see also **plain** NOUN
1 gładki *(not patterned)*
□ a plain carpet gładki dywan

2 prosty *(simple)*
   □ a plain white blouse prosta biała bluzka
3 jasny *(clear, easily understood)*

plain [pleɪn] NOUN
   ▷ *see also* **plain** ADJECTIVE
   równina *(area of land)*

plain chocolate NOUN
   gorzka czekolada

plait [plæt] NOUN
   ▷ *see also* **plait** VERB
   warkocz
   □ She wears her hair in a plait. Ona nosi włosy
   zaplecione w warkocz.

plan [plæn] NOUN
   ▷ *see also* **plan** VERB
   plan
   □ What are your plans for the holidays? Jakie
   masz plany na urlop? □ to make plans robić
   plany □ a plan of the campsite plan kempingu

to **plan** [plæn] VERB
   ▷ *see also* **plan** NOUN
1 planować (PERF zaplanować)
   □ We're planning a trip to France. Planujemy
   podróż do Francji. *perf* □ Plan your revision
   carefully. Starannie zaplanuj Twoją powtórkę.
2 snuć plany
   □ We must plan for the future. Musimy snuć
   plany na przyszłość.
   ■ to plan to do something planować (PERF
   zaplanować) zrobienie czegoś □ I'm planning to
   get a job in the holidays. Planuję znaleźć pracę
   w czasie wakacji.

plane [pleɪn] NOUN
   samolot
   □ by plane samolotem

planet ['plænɪt] NOUN
   planeta

planning ['plænɪŋ] NOUN
   planowanie
   ■ The trip needs careful planning.
   Wycieczka musi być starannie zaplanowana.

plant [plɑːnt] NOUN
1 roślina
   □ to water the plants podlewać (PERF podlać)
   rośliny
2 zakład *(factory, power station)*

plant pot NOUN
   doniczka

plaque [plæk] NOUN
   tablica pamiątkowa *(on wall)*

plaster ['plɑːstəʳ] NOUN
1 tynk *(for walls, ceilings)*
2 plaster *(for cut)*
   □ Have you got a plaster, by any chance?
   Czy masz może plaster?
3 gips *(for fracture)*
   □ Her leg's in plaster. Ona ma nogę w gipsie.

plastic ['plæstɪk] NOUN
   ▷ *see also* **plastic** ADJECTIVE
   plastik
   □ It's made of plastic. To jest zrobione z
   plastiku.

plastic ['plæstɪk] ADJECTIVE
   ▷ *see also* **plastic** NOUN
   plastikowy
   ■ a plastic bag torba foliowa
   ■ a plastic mac foliowy płaszcz
   przeciwdeszczowy

plate [pleɪt] NOUN
   talerz

platform ['plætfɔːm] NOUN
1 peron
   □ The train leaves from platform 7. Pociąg
   odjeżdża z peronu siódmego.
2 estrada *(stage)*

play [pleɪ] NOUN
   ▷ *see also* **play** VERB
   sztuka
   □ a play by Shakespeare sztuka Szekspira

to **play** [pleɪ] VERB
   ▷ *see also* **play** NOUN
1 bawić (PERF pobawić) się
   □ Polly was playing with her teddy bear. Polly
   bawiła się swoim misiem. □ He's playing with
   his friends. On bawi się ze swoimi przyjaciółmi.
2 grać (PERF zagrać w)
   □ I play hockey. Gram w hokeja. □ to play cards
   grać (PERF zagrać) w karty □ Can you play pool?
   Umiesz grać w bilarda?
3 grać (PERF zagrać) z +inst
   □ France will play Scotland next month.
   Francja będzie grała ze Szkocją w przyszłym
   miesiącu.
4 grać (PERF zagrać) na +loc
   □ I play the guitar. Gram na gitarze.
5 słuchać (PERF wysłuchać) *(CD, tape)*
   □ She's always playing that song. Ona zawsze
   słucha tej piosenki.

to **play down** VERB
   pomniejszać (PERF pomniejszyć)
   □ He tried to play down his illness. On próbował
   pomniejszyć swoją chorobę.

player ['pleɪəʳ] NOUN
   gracz *(of sport)*
   □ a football player gracz piłki nożnej
   ■ a piano player pianista

playful ['pleɪful] ADJECTIVE
   żartobliwy

playground ['pleɪgraund] NOUN
1 boisko do zabaw *(at school)*
2 plac zabaw *(in park)*

playgroup ['pleɪgruːp] NOUN
   grupa przedszkolna

playing card ['pleɪɪŋ-] NOUN
   karta do gry

playing field ['pleɪɪŋ-] NOUN
   boisko sportowe

playtime ['pleɪtaɪm] NOUN
   przerwa w szkole

playwright ['pleɪraɪt] NOUN
   dramatopisarz

pleasant ['plɛznt] ADJECTIVE
1 miły *(agreeable)*
2 sympatyczny *(friendly)*

P

please [pliːz] EXCLAMATION
proszę

□ Two coffees, please. Proszę o dwie kawy.
□ Please write back soon. Proszę wkrótce odpisać.

■ **Yes, please.** Tak, poproszę.

pleased [pliːzd] ADJECTIVE
zadowolony *(happy, satisfied)*

□ My mother's not going to be very pleased. Moja matka nie będzie bardzo zadowolona.
□ It's beautiful: she'll be pleased with it. To jest piękne: ona będzie z tego zadowolona.

■ **pleased to meet you** miło mi pana/panią poznać

pleasure ['pleʒəʳ] NOUN
1 zadowolenie *(happiness, satisfaction)*
2 przyjemność *(fun)*

□ I read for pleasure. Czytam dla przyjemności.
■ **'my pleasure'** 'cała przyjmeność po mojej stronie'

plenty ['plentɪ] PRONOUN
dużo

□ I've got plenty. Mam dużo. □ I've got plenty of things to do. Mam dużo rzeczy do zrobienia.
□ We've got plenty of time to get there. Mamy dużo czasu, żeby tam dotrzeć.

■ **That's plenty, thanks.** To dużo, dziękuję.

pliers ['plaɪəz] PL NOUN
szczypce

plot [plɒt] NOUN
▷ *see also* **plot** VERB
1 spisek

□ a plot against the president spisek przeciwko prezydentowi
2 fabuła *(of story)*
3 działka

□ a vegetable plot działka warzywna

to **plot** [plɒt] VERB
▷ *see also* **plot** NOUN
spiskować

□ They were plotting to kill him. Spiskowali, by go zabić.

plough [plaʊ] NOUN
▷ *see also* **plough** VERB
pług

to **plough** [plaʊ] VERB
▷ *see also* **plough** NOUN
orać *(PERF zaorać)*

plug [plʌg] NOUN
1 wtyczka *(on appliance)*

□ The plug is faulty. Wtyczka nie działa.
2 gniazdko *(socket)*
3 korek *(in sink)*

to **plug in** VERB
włączać *(PERF włączyć)*

■ **Is it plugged in?** Czy to jest włączone?

plum [plʌm] NOUN
śliwka

■ **plum jam** dżem śliwkowy

plumber ['plʌməʳ] NOUN
hydraulik

□ He's a plumber. On jest hydraulikiem.

plump [plʌmp] ADJECTIVE
pulchny

to **plunge** [plʌndʒ] VERB
gwałtownie spadać *(PERF spaść)*

plural ['plʊərl] NOUN
liczba mnoga

plus [plʌs] PREPOSITION
plus

□ 4 plus 3 equals 7. Cztery plus trzy równa się siedem. □ three children plus a dog troje dzieci plus pies

p.m. ABBREVIATION
po południu

□ at 2p.m. o drugiej po południu

pneumonia [njuːˈməʊnɪə] NOUN
zapalenie płuc

poached [pəʊtʃt] ADJECTIVE

■ **a poached egg** jajko gotowane w koszulce

pocket ['pɒkɪt] NOUN
kieszeń

pocket calculator NOUN
kalkulator kieszonkowy

pocket money NOUN
kieszonkowe

□ £8 a week pocket money 8 funtów kieszonkowego na tydzień

poem ['pəʊɪm] NOUN
wiersz

poet ['pəʊɪt] NOUN
poeta *masc*
poetka *fem*

poetry ['pəʊɪtrɪ] NOUN
poezja

point [pɔɪnt] NOUN
▷ *see also* **point** VERB
1 punkt

□ The research made some valid points. Badania naukowe wskazały na kilka ważnych punktów. □ They scored 5 points. Zdobyli pięć punktów.

■ **the points of the compass** kierunki na kompasie

■ **decimal point** przecinek □ two point five (2.5) dwa przecinek pięć
2 sedno

□ He came straight to the point. On przeszedł do sedna.

■ **Sorry, I don't get the point.** Przykro mi, ale nie rozumiem, w czym sęk.
3 cel

□ There's no point in waiting. Czekanie mija się z celem.

■ **What's the point of leaving so early?** Po co tak wcześnie wyjeżdżać?

■ **There's no point in doing that.** Nie ma sensu tego robić.
4 moment

□ At that point, we decided to leave. W tym momencie postanowiliśmy wyjść.
5 czubek

□ a pencil with a sharp point ołówek z ostrym czubkiem

to **point** [pɔɪnt] VERB
▷ see also **point** NOUN
■ **to point at something** wskazywać (PERF wskazać) na coś □ Don't point! Nie pokazuj!
■ **She pointed at Anne.** Ona wskazała na Anne.

to **point out** VERB
wskazywać (PERF wskazać) na
□ The guide pointed out Notre-Dame to us. Przewodnik wskazał nam na Notre-Dame.
□ I should point out that ... Powinienem wskazać, że ...

pointless ['pɔɪntlɪs] ADJECTIVE
bezcelowy
■ **It is pointless to complain.** Nie ma sensu narzekać.

poison ['pɔɪzn] NOUN
▷ see also **poison** VERB
trucizna

to **poison** ['pɔɪzn] VERB
▷ see also **poison** NOUN
truć (PERF otruć)

poisonous ['pɔɪznəs] ADJECTIVE
trujący

to **poke** [pəuk] VERB
szturchać (PERF szturchnąć)
■ **to poke the fire** grzebać (PERF pogrzebać) w ogniu
■ **to poke one's head out of the window** wystawiać (PERF wystawić) głowę za okno

poker ['pəukər] NOUN
poker (card game)
□ I play poker. Gram w pokera.

Poland ['pəulənd] NOUN
Polska
□ in Poland w Polsce □ to Poland do Polski
□ He is from Poland. On jest z Polski.

polar bear ['pəulər-] NOUN
niedźwiedź polarny

Pole [pəul] NOUN
Polak masc
Polka fem

pole [pəul] NOUN
kij (stick)
■ **a telegraph pole** słup telegraficzny
■ **the North Pole** Biegun Północny
⠇ **WSKAZÓWKI JĘZYKOWE** Uwaga! Angielskie słowo **pole** nie oznacza **pole**.

pole vault NOUN
■ **the pole vault** skok o tyczce

police [pə'liːs] PL NOUN
policja
□ We called the police. Zadzwoniliśmy po policję.

policeman [pə'liːsmən] NOUN
policjant
□ He's a policeman. On jest policjantem.

police station NOUN
posterunek policji

policewoman [pə'liːswumən] NOUN
policjantka
□ She's a policewoman. Ona jest policjantką.

polio ['pəuliəu] NOUN
polio

Polish ['pəulɪʃ] ADJECTIVE
▷ see also **Polish** NOUN
polski

Polish ['pəulɪʃ] NOUN
▷ see also **Polish** ADJECTIVE
polski (language)

polish ['pɔlɪʃ] NOUN
▷ see also **polish** VERB
1 pasta (substance)
2 połysk (shine)

to **polish** ['pɔlɪʃ] VERB
▷ see also **polish** NOUN
1 pastować (PERF wypastować) (shoes)
2 polerować (PERF wypolerować) (furniture, floor)

polite [pə'laɪt] ADJECTIVE
grzeczny

politely [pə'laɪtlɪ] ADVERB
uprzejmie

politeness [pə'laɪtnɪs] NOUN
uprzejmość

political [pə'lɪtɪkl] ADJECTIVE
polityczny

politician [pɔlɪ'tɪʃən] NOUN
polityk

politics ['pɔlɪtɪks] NOUN
1 polityka (activity)
□ I'm not interested in politics. Nie interesuję się polityką.
2 nauki polityczne pl (subject)

poll [pəul] NOUN
sondaż
□ A recent poll revealed that ... Niedawny sondaż wykazał, że ...

pollen ['pɔlən] NOUN
pyłek kwiatowy

to **pollute** [pə'luːt] VERB
zanieczyszczać (PERF zanieczyścić)

polluted [pə'luːtɪd] ADJECTIVE
zanieczyszczony

pollution [pə'luːʃən] NOUN
zanieczyszczenie

polo neck ['pəuləu-] NOUN
golf

polo shirt ['pəuləu-] NOUN
koszulka polo

polythene bag ['pɔliθiːn-] NOUN
torebka plastikowa

pond [pɔnd] NOUN
staw
□ We've got a pond in our garden. Mamy staw w naszym ogrodzie.

pony ['pəunɪ] NOUN
kucyk

ponytail ['pəuniteɪl] NOUN
koński ogon
□ He's got a ponytail. On ma koński ogon.

pony trekking [-trekɪŋ] NOUN
jazda konna
□ to go pony trekking jeździć konno

497

English-Polish

poodle ['puːdl] NOUN
pudel

pool [puːl] NOUN
1 staw *(pond)*
2 basen *(for swimming)*
3 bilard *(game)*
    □ Shall we have a game of pool? Zagramy w bilarda?
    ■ **pools** totalizator piłkarski *masc sing* □ to do the pools grać (PERF zagrać) w totalizatora piłkarskiego

poor [puə^r] ADJECTIVE
1 biedny *(not rich)*
    □ a poor family biedna rodzina
    ■ **Poor David, he's very unlucky!** Biedny David, on ma wielkiego pecha!
2 słaby *(bad)*
    □ a poor mark słaba ocena
    ■ **to be poor in vitamins** mieć niską zawartość witamin
    ■ **the poor** biedni

poorly ['puəlɪ] ADJECTIVE
chory *(ill)*
    □ She's poorly. Ona jest chora.

pop [pɒp] ADJECTIVE
pop *(music)*
    □ pop music muzyka pop □ a pop star gwiazda muzyki pop □ a pop group zespół muzyki pop □ a pop song piosenka w stylu pop

to **pop in** VERB
wpadać (PERF wpaść)
    □ I just popped in to say hello. Wpadłem po prostu, żeby się przywitać. □ I need to pop in to the supermarket for some milk. Muszę wpaść do supermarketu, żeby kupić trochę mleka.

to **pop out** VERB
wyskakiwać (PERF wyskoczyć)
    □ He's just popped out to the supermarket. On właśnie wyskoczył do supermarketu.

to **pop round** VERB
wpadać (PERF wpaść do kogoś +gen
    □ I'm just popping round to John's. Wpadnę tylko do Johna.

popcorn ['pɒpkɔːn] NOUN
popcorn

pope [pəup] NOUN
papież

poppy ['pɒpɪ] NOUN
mak

Popsicle® ['pɒpsɪkl] NOUN (US)
lizak

popular ['pɒpjulə^r] ADJECTIVE
popularny
    □ She's a very popular girl. Ona jest bardzo popularną dziewczyną. □ This is a very popular style. To bardzo popularny styl.
    ■ **to be popular with somebody** cieszyć *perf* się popularnością wśród kogoś

population [pɒpju'leɪʃən] NOUN
ludność
    ■ **the male population** populacja osobników męskich

porch [pɔːtʃ] NOUN
ganek

pork [pɔːk] NOUN
wieprzowina
    □ I don't eat pork. Nie jem wieprzowiny.
    ■ **a pork chop** kotlet schabowy

porn [pɔːn] NOUN
▷ see also **porn** ADJECTIVE
porno

porn [pɔːn] ADJECTIVE
▷ see also **porn** NOUN
porno
    □ a porn film film porno □ a porn mag magazyn porno

pornographic [pɔːnə'græfɪk] ADJECTIVE
pornograficzny
    □ a pornographic magazine magazyn pornograficzny

pornography [pɔː'nɒgrəfɪ] NOUN
pornografia

porridge ['pɒrɪdʒ] NOUN
owsianka

port [pɔːt] NOUN
1 port *(harbour)*
2 miasto portowe *(town)*
3 porto
    □ a glass of port kieliszek porto

portable ['pɔːtəbl] ADJECTIVE
przenośny
    □ a portable TV przenośny telewizor

porter ['pɔːtə^r] NOUN
1 tragarz *(for luggage)*
2 portier *(doorkeeper)*

portion ['pɔːʃən] NOUN
porcja
    □ a large portion of chips duża porcja frytek

portrait ['pɔːtreɪt] NOUN
portret *(picture)*

Portugal ['pɔːtjugəl] NOUN
Portugalia

Portuguese [pɔːtju'giːz] ADJECTIVE
▷ see also **Portuguese** NOUN
portugalski

Portuguese [pɔːtju'giːz] NOUN
▷ see also **Portuguese** ADJECTIVE
portugalski *(language)*

posh [pɒʃ] ADJECTIVE
1 ekskluzywny
    □ a posh hotel ekskluzywny hotel
2 elegancki *(upper-class)*
3 podniosły *(voice)*

position [pə'zɪʃən] NOUN
pozycja *(place, posture)*
    □ an uncomfortable position niewygodna pozycja

positive ['pɒzɪtɪv] ADJECTIVE
1 pozytywny
    □ a positive attitude pozytywne nastawienie
2 twierdzący *(test, result)*
    ■ **to be positive about something** *(sure)* być pewnym czegoś □ I'm positive. Jestem pewien.

to **possess** [pə'zɛs] VERB
posiadać

possession [pə'zɛʃən] NOUN
■ **possessions** mienie □ Where are all your possessions? Gdzie jest całe Twoje mienie?

possibility [pɒsɪ'bɪlɪtɪ] NOUN
■ It's a possibility To jest możliwe.

possible ['pɒsɪbl] ADJECTIVE
możliwy *(conceivable)*
■ **as soon as possible** jak najszybciej

possibly ['pɒsɪblɪ] ADVERB
być może
□ Are you coming to the party? — Possibly. Czy przyjdziesz na przyjęcie? — Być może.
■ **if you possibly can** jeśli tylko pan/pani może

post [pəʊst] NOUN
▷ see also **post** VERB
1 poczta
□ Is there any post for me? Czy jest dla mnie poczta?
■ **by post** pocztą
2 słupek bramki *(goalpost)*
□ The ball hit the post. Piłka uderzyła w słupek bramki.
3 słup *(pole)*
4 posada *(job)*

to **post** [pəʊst] VERB
▷ see also **post** NOUN
wysyłać (PERF wysłać)
□ I've got some cards to post. Mam parę kartek do wysłania.

postage ['pəʊstɪdʒ] NOUN
opłata pocztowa
■ **postage and packing** opłata za wysyłkę i pakowanie

postbox ['pəʊstbɒks] NOUN
skrzynka na listy *(in street)*

postcard ['pəʊstkɑːd] NOUN
pocztówka

postcode ['pəʊstkəʊd] NOUN
kod pocztowy

poster ['pəʊstər] NOUN
plakat
□ I've got posters on my bedroom walls. Mam plakaty na ścianach mojej sypialni.
□ There are posters all over town. W całym mieście są plakaty.

postman ['pəʊstmən] NOUN
listonosz
□ He's a postman. On jest listonoszem.

postmark ['pəʊstmɑːk] NOUN
stempel pocztowy

post office NOUN
poczta
□ Where's the post office, please? Proszę mi powiedzieć, gdzie jest poczta? □ She works for the post office. Ona pracuje na poczcie.

to **postpone** [pəʊs'pəʊn] VERB
odkładać (PERF odłożyć)
□ The match has been postponed. Mecz został odłożony.

postwoman ['pəʊstwʊmən] NOUN
listonoszka
□ She's a postwoman. Ona jest listonoszką.

pot [pɒt] NOUN
1 garnek *(for cooking)*
2 dzbanek *(for tea, coffee)*
3 doniczka *(flowerpot)*
4 słoik
□ a pot of jam słoik dżemu
5 trawka *(marijuana)*
□ to smoke pot palić trawkę
   WSKAZÓWKI JĘZYKOWE Uwaga! Angielskie słowo **pot** nie oznacza **pot**.

potato [pə'teɪtəʊ] NOUN
ziemniak
■ **potato salad** sałatka ziemniaczana

potential [pə'tenʃl] ADJECTIVE
▷ see also **potential** NOUN
potencjalny
□ a potential problem potencjalny problem

potential [pə'tenʃl] NOUN
▷ see also **potential** ADJECTIVE
potencjał
□ to have potential mieć potencjał □ to achieve one's potential osiągać (PERF osiągnąć) swój potencjał

pothole ['pɒthəʊl] NOUN
wybój na drodze *(in road)*

pot plant NOUN
roślina doniczkowa

pottery ['pɒtərɪ] NOUN
1 garncarstwo *(work, hobby)*
2 garncarnia *(factory, workshop)*
■ **a piece of pottery** wyrób garncarski

pound [paʊnd] NOUN
▷ see also **pound** VERB
funt *(money, weight)*
□ a pound coin moneta jednofuntowa
   DID YOU KNOW...?
   In Poland, measurements are in grammes and kilogrammes. A pound is about 450 grammes.
□ a pound of carrots pół kilo marchewek

to **pound** [paʊnd] VERB
▷ see also **pound** NOUN
łomotać (PERF załomotać)
■ **My heart was pounding.** Serce mi waliło.

to **pour** [pɔːr] VERB
■ **to pour something into something** *(liquid)* wlewać (PERF wlać) coś do czegoś □ She poured some water into the pan. Ona wlała nieco wody do garnka.
■ **to pour oneself a drink** nalewać (PERF nalać) sobie drinka
■ **It's pouring.** Leje.

poverty ['pɒvətɪ] NOUN
bieda

powder ['paʊdər] NOUN
puder

power ['paʊər] NOUN
1 władza *(control)*
□ to be in power być u władzy

P

499

2 prąd *(electricity)*
□ The power's off. Nie ma prądu.
3 energia *(force, energy)*
□ nuclear power energia nuklearna □ solar power energia słoneczna

powerful ['pauəful] ADJECTIVE
1 potężny *(influential)*
2 silny *(physically strong)*

practical ['præktɪkl] ADJECTIVE
praktyczny
□ a practical suggestion praktyczna sugestia

practically ['præktɪklɪ] ADVERB
niemal *(almost)*
□ It's practically impossible. To niemal niemożliwe.

practice ['præktɪs] NOUN
ćwiczenie
□ football practice ćwiczenie gry w piłkę nożną
■ **in practice** *(in reality)* w praktyce
■ **2 hours' piano practice** dwie godziny ćwiczeń na pianinie

to **practise** ['præktɪs] (US **practice**) VERB
ćwiczyć (PERF przećwiczyć)
□ I ought to practise more. Powinienem więcej ćwiczyć. □ The team practises on Thursdays. Ekipa ćwiczy w czwartki. □ I practised my Polish when we were on holiday. Ćwiczyłem polski, gdy byliśmy na urlopie. □ I practise the flute every evening. Co wieczór ćwiczę na flecie.

practising ['præktɪsɪŋ] ADJECTIVE
praktykujący
□ She's a practising Catholic. Ona jest praktykującą katoliczką.

to **praise** [preɪz] VERB
chwalić (PERF pochwalić)
□ Everyone praises her cooking. Wszyscy chwalą jej gotowanie. □ The teachers praised our work. Nauczyciele pochwalili naszą pracę.
■ **to praise somebody for doing something** chwalić (PERF pochwalić) kogoś za zrobienie czegoś

pram [præm] NOUN
wózek dziecięcy

prawn [prɔːn] NOUN
krewetka

prawn cocktail NOUN
koktajl z krewetek

to **pray** [preɪ] VERB
modlić (PERF pomodlić) się
□ to pray for something modlić (PERF pomodlić) się za coś

prayer [preə'] NOUN
modlitwa

precaution [prɪ'kɔːʃən] NOUN
zabezpieczenie

preceding [prɪ'siːdɪŋ] ADJECTIVE
poprzedni

precinct ['priːsɪŋkt] NOUN
■ **shopping precinct** dzielnica handlowa
■ **pedestrian precinct** dzielnica dla pieszych

precious ['preʃəs] ADJECTIVE
cenny

precise [prɪ'saɪs] ADJECTIVE
1 dokładny
■ **at that precise moment** dokładnie w tym momencie
■ **to be precise** dokładnie mówiąc
2 precyzyjny *(instructions, plans)*

precisely [prɪ'saɪslɪ] ADVERB
dokładnie
□ Precisely! dokładnie!

to **predict** [prɪ'dɪkt] VERB
przewidywać (PERF przewidzieć)
□ to predict that ... przewidywać (PERF przewidzieć, że ...

predictable [prɪ'dɪktəbl] ADJECTIVE
możliwy do przewidzenia

prefect ['priːfekt] NOUN
starszy uczeń w szkole odpowiedzialny za innych uczniów

to **prefer** [prɪ'fəː'] VERB
woleć
□ Which would you prefer? Który byś wolał?
□ I prefer French to chemistry. Wolę francuski od chemii. □ I'd prefer to go by train. Wolałbym jechać pociągiem.

preference ['prefrəns] NOUN
preferencja

pregnant ['pregnənt] ADJECTIVE
w ciąży
□ She's six months pregnant. Ona jest w szóstym miesiącu ciąży. □ to get pregnant zajść *perf* w ciążę

prehistoric ['priːhɪs'tɔrɪk] ADJECTIVE
prehistoryczny

prejudice ['predʒudɪs] NOUN
uprzedzenie *(bias)*
□ That's just a prejudice. To po prostu uprzedzenie. □ There's a lot of racial prejudice. Dużo jest uprzedzeń na tle rasowym.

prejudiced ['predʒudɪst] ADJECTIVE
uprzedzony
□ to be prejudiced against something być uprzedzonym wobec czegoś

premature ['prɛmətʃuə'] ADJECTIVE
przedwczesny
■ **premature baby** wcześniak

Premier League ['prɛmɪə-] NOUN
angielska ekstraklasa piłkarska
□ in the Premier League w ekstraklasie

premises ['prɛmɪsɪz] PL NOUN
lokal
□ They're moving to new premises. Oni przeprowadzają się do nowego lokalu.

premonition [prɛmə'nɪʃən] NOUN
przeczucie

preoccupied [priː'ɔkjupaɪd] ADJECTIVE
zatroskany

prep [prep] NOUN
zadanie domowe *(homework)*
□ history prep zadanie domowe z historii

preparation [prɛpə'reɪʃən] NOUN
przygotowanie

P

to **prepare** [prɪˈpɛəʳ] VERB
przygotowywać (PERF przygotować)
□ She has to prepare lessons in the evening.
Ona musi przygotować lekcje wieczorem.
■ **to prepare for something** przygotowywać
(PERF przygotować) się do czegoś □ We're
preparing for our skiing holiday.
Przygotowujemy się do naszego urlopu
narciarskiego.

prepared [prɪˈpɛəd] ADJECTIVE
■ **to be prepared to do something** (willing)
być gotowym coś zrobić □ I'm prepared to help
you. Gotowy jestem, by Ci pomóc.

prep school NOUN
prywatna szkoła dla dzieci w wieku 6-13 lat

Presbyterian [prɛzbɪˈtɪərɪən] NOUN
▷ see also **Presbyterian** ADJECTIVE
prezbiterianin masc
prezbiterianka fem

Presbyterian [prɛzbɪˈtɪərɪən] ADJECTIVE
▷ see also **Presbyterian** NOUN
prezbiteriański

to **prescribe** [prɪˈskraɪb] VERB
przepisywać (PERF przepisać)

prescription [prɪˈskrɪpʃən] NOUN
1 recepta
□ You can't get it without a prescription.
Nie można tego dostać bez recepty.
2 przepisane lekarstwo (medicine)
■ **to give somebody a prescription for
something** zapisywać (PERF zapisać) komuś
lekarstwo na coś

presence [ˈprɛzns] NOUN
obecność

present [ˈprɛznt] ADJECTIVE
▷ see also **present** NOUN, VERB
obecny
□ the present situation obecna sytuacja
□ He wasn't present at the meeting. Nie był
obecny na spotkaniu.
■ **the present tense** czas teraźniejszy

present [ˈprɛznt] NOUN
▷ see also **present** ADJECTIVE, VERB
prezent (gift)
□ to give somebody a present dawać (PERF dać)
komuś prezent □ I'm going to buy presents.
Kupię prezenty.
■ **the present** (not past) teraźniejszość
■ **up to the present** aż do teraz
■ **at present** obecnie

to **present** [prɪˈzɛnt] VERB
▷ see also **present** ADJECTIVE, NOUN
prowadzić (PERF poprowadzić) (on television)
■ **to present somebody with something**
1 (prize, award) wręczać (PERF wręczyć) coś komuś
2 (choice, option) dawać (PERF dać) coś komuś

presenter [prɪˈzɛntəʳ] NOUN
prezenter (on radio, TV)

presently [ˈprɛzntlɪ] ADVERB
1 wkrótce (shortly)
□ You'll feel better presently. Wkrótce lepiej się
poczujesz.

2 obecnie (currently)
□ They're presently on tour. Są obecnie na
tournee. (after a while)

president [ˈprɛzɪdənt] NOUN
prezydent (political figure)

press [prɛs] NOUN
▷ see also **press** VERB
■ **the press** prasa

to **press** [prɛs] VERB
▷ see also **press** NOUN
1 naciskać (PERF nacisnąć)
□ Don't press too hard! Nie naciskaj zbyt
mocno!
2 przyciskać (PERF przycisnąć)
□ He pressed the accelerator. Przycisnął pedał
gazu.
3 prasować (PERF wyprasować) (clothes, sheets)

pressed [prɛst] ADJECTIVE
■ **to be pressed for time** mieć mało czasu

press-up [ˈprɛsʌp] NOUN
pompka
□ I do twenty press-ups every morning.
Co rano robię dwadzieścia pompek.

pressure [ˈprɛʃəʳ] NOUN
▷ see also **pressure** VERB
1 nacisk (physical force)
2 napięcie (stress)
□ He's under a lot of pressure at work.
On jest w pracy pod dużą presją.

to **pressure** [ˈprɛʃəʳ] VERB
▷ see also **pressure** NOUN
■ **to pressure somebody into doing
something** zmuszać (PERF zmusić) kogoś do
zrobienia czegoś
■ **My parents are pressuring me.** Moi rodzice
wywierają na mnie presję.

to **pressurize** [ˈprɛʃəraɪz] VERB
wywierać (PERF wywrzeć) presję
□ My parents are pressurizing me to stay on at
school. Moi rodzice wywierają na mnie presję,
bym został nadal w szkole.

prestige [prɛsˈtiːʒ] NOUN
prestiż

prestigious [prɛsˈtɪdʒəs] ADJECTIVE
prestiżowy

presumably [prɪˈzjuːməblɪ] ADVERB
prawdopodobnie

to **presume** [prɪˈzjuːm] VERB
przypuszczać (PERF przypuścić)
□ to presume (that ...) przypuszczać
(PERF przypuścić, (że ...) □ I presume so.
Przypuszczam, że tak.

to **pretend** [prɪˈtɛnd] VERB
udawać (PERF udać)
□ He pretended to be asleep. On udawał, że śpi.

pretty [ˈprɪtɪ] ADJECTIVE
▷ see also **pretty** ADVERB
ładny
□ She's very pretty. Ona jest bardzo ładna.

pretty [ˈprɪtɪ] ADVERB
▷ see also **pretty** ADJECTIVE
dosyć

501

□ That film was pretty bad. Ten film był dosyć zły.

■ **pretty much** *(more or less)* prawie

to **prevent** [prɪ'vent] VERB
zapobiegać (PERF zapobiec) +*dat*

■ **to prevent somebody from doing something** przeszkadzać (PERF przeszkodzić) komuś w zrobieniu czegoś □ They try to prevent us from smoking. Oni próbują przeszkodzić nam w paleniu.

previous ['priːvɪəs] ADJECTIVE
poprzedni

previously ['priːvɪəslɪ] ADVERB
wcześniej

□ 10 days previously dziesięć dni wcześniej

prey [preɪ] NOUN
żer

■ **a bird of prey** ptak drapieżny

price [praɪs] NOUN
cena

price list NOUN
cennik

to **prick** [prɪk] VERB
kłuć (PERF ukłuć)

□ I've pricked my finger. Ukłułem się w palec.

pride [praɪd] NOUN
1 duma *(satisfaction, self-respect)*

■ **to take pride in something** być dumnym z czegoś

2 arogancja *(arrogance)*

priest [priːst] NOUN
ksiądz

□ He's a priest. On jest księdzem.

primarily ['praɪmərɪlɪ] ADVERB
głównie

primary ['praɪmərɪ] ADJECTIVE
1 główny *(reason, aim)*
2 podstawowy *(education, teacher)*

primary school NOUN
szkoła podstawowa

□ She's still at primary school. Ona jest jeszcze w szkole podstawowej.

prime minister [praɪm-] NOUN
1 Prezes Rady Ministrów *(of Poland)*
2 premier *(of other countries)*

primitive ['prɪmɪtɪv] ADJECTIVE
prymitywny

prince [prɪns] NOUN
książę

□ the Prince of Wales Książę Walii

princess [prɪn'ses] NOUN
księżniczka

□ Princess Anne Księżniczka Anna

principal ['prɪnsɪpl] ADJECTIVE
▷ *see also* **principal** NOUN
główny *(main)*

principal ['prɪnsɪpl] NOUN
▷ *see also* **principal** ADJECTIVE
dyrektor *masc*
dyrektorka *fem (of school, college)*

principle ['prɪnsɪpl] NOUN
zasada *(moral belief)*

■ **on principle** dla zasady
■ **in principle** *(in theory)* w zasadzie

print [prɪnt] NOUN
1 druk

□ in small print małym drukiem
2 rycina *(picture)*

□ a framed print oprawiona rycina
3 odbitka *(photograph)*

□ colour prints kolorowe odbitki
4 odcisk palca *(fingerprint)*

to **print out** VERB
drukować (PERF wydrukować) *(from a computer)*

printer ['prɪntə'] NOUN
drukarka *(machine)*

printout ['prɪntaʊt] NOUN
wydruk

priority [praɪ'ɒrɪtɪ] NOUN
sprawa nadrzędna

prison ['prɪzn] NOUN
więzienie

■ **in prison** w więzieniu

prisoner ['prɪznə'] NOUN
1 więzień
2 jeniec *(during war)*

prison officer NOUN
strażnik więzienny

privacy ['prɪvəsɪ] NOUN
prywatność

private ['praɪvɪt] ADJECTIVE
1 prywatny

□ a private school szkoła prywatna
2 poufny *(papers, discussion)*
3 osobisty *(personal)*

■ **in private** na osobności

to **privatize** ['praɪvɪtaɪz] VERB
prywatyzować (PERF sprywatyzować) *(company, industry)*

privilege ['prɪvɪlɪdʒ] NOUN
przywilej

prize [praɪz] NOUN
nagroda

□ to win a prize zdobywać (PERF zdobyć) nagrodę

prize-giving ['praɪzgɪvɪŋ] NOUN
rozdanie nagród

prizewinner ['praɪzwɪnə'] NOUN
1 zdobywca nagrody *masc*
zdobywczyni nagrody *fem (in competition)*
2 laureat *masc*
laureatka *fem (at school, university)*

pro [prəʊ] NOUN
zawodowiec *(professional)*

■ **the pros and cons** zalety i wady
□ We weighed up the pros and cons. Rozważyliśmy zalety i wady.

probability [prɒbə'bɪlɪtɪ] NOUN
■ **the probability of something happening** prawdopodobieństwo, że coś się zdarzy

probable ['prɒbəbl] ADJECTIVE
prawdopodobny

probably ['prɒbəblɪ] ADVERB
prawdopodobnie

□ probably not! prawdopodobnie nie!

problem ['prɒbləm] NOUN

1 problem

□ What's the problem? W czym problem?
□ I had no problem finding her. Znalazłem ją bez problemu.

■ **No problem!** Nie ma sprawy!

2 zagadka *(puzzle)*

proceeds ['prəʊsiːdz] PL NOUN
zyski

process ['prəʊsɛs] NOUN
proces

□ the peace process process pokojowy

■ **to be in the process of doing something** być w trakcie robienia czegoś □ We're in the process of painting the kitchen. Jesteśmy w trakcie malowania kuchni.

procession [prə'sɛʃən] NOUN
pochód

to produce [prə'djuːs] VERB

1 przynosić (PERF przynieść) *(effect, result)*

2 produkować (PERF wyprodukować) *(goods, commodity)*

3 produkować (PERF wyprodukować) *(play, film)*

producer [prə'djuːsəʳ] NOUN
producent *masc*
producentka *fem (of film, play)*

product ['prɒdʌkt] NOUN
produkt

production [prə'dʌkʃən] NOUN

1 produkcja

□ They're increasing production of luxury models. Oni podnoszą produkcję luksusowych modeli.

2 wystawienie

□ a production of 'Hamlet' wystawienie 'Hamleta'

profession [prə'fɛʃən] NOUN
zawód

professional [prə'fɛʃnl] ADJECTIVE

▷ see also **professional** NOUN

1 zawodowy *(activity, capacity)*

□ a professional musician zawodowy muzyk

2 fachowy *(advice, help)*

3 profesjonalny *(performance, piece of work)*

professional [prə'fɛʃənl] NOUN

▷ see also **professional** ADJECTIVE
zawodowiec

professionally [prə'fɛʃnəlɪ] ADVERB
profesjonalnie

professor [prə'fɛsəʳ] NOUN
profesor

profit ['prɒfɪt] NOUN
zysk

■ **to make a profit** osiągać (PERF osiągnąć) zysk

profitable ['prɒfɪtəbl] ADJECTIVE
korzystny

program ['prəʊgræm] NOUN

▷ see also **program** VERB
program

□ a computer program program komputerowy

to program ['prəʊgræm] VERB

▷ see also **program** NOUN

■ **to program something to do something** *(in computing)* programować (PERF zaprogramować) coś do zrobienia czegoś

programme ['prəʊgræm] NOUN
program

programmer ['prəʊgræməʳ] NOUN
programista *masc*
programistka *fem (in computing)*

□ She's a programmer. Ona jest programistką.

programming ['prəʊgræmɪŋ] NOUN
programowanie

progress ['prəʊgrɛs] NOUN
postęp

□ You're making progress! Robisz postęp!

to prohibit [prə'hɪbɪt] VERB
zakazywać (PERF zakazać)

□ Smoking is prohibited. Palenie jest zakazane.

project ['prɒdʒɛkt] NOUN

1 projekt

□ a development project projekt rozwoju

2 referat

□ I'm doing a project on education in Poland. Przygotowuję referat o edukacji w Polsce.

projector [prə'dʒɛktəʳ] NOUN
rzutnik

promenade [prɒmə'nɑːd] NOUN
promenada

promise ['prɒmɪs] NOUN

▷ see also **promise** VERB
obietnica

□ He made me a promise. On złożył mi obietnicę.

to promise ['prɒmɪs] VERB

▷ see also **promise** NOUN
obiecywać (PERF obiecać)

□ She promised to write. Ona obiecała, że napisze.
□ I'll write, I promise! Napiszę, obiecuję!

promising ['prɒmɪsɪŋ] ADJECTIVE
obiecujący *(person, career)*

to promote [prə'məʊt] VERB
awansować

□ She was promoted after six months. Ona awansowała po sześciu miesiącach.
□ The team was promoted to the first division. Drużyna awansowała do pierwszej ligi.

promotion [prə'məʊʃən] NOUN
awans

prompt [prɒmpt] ADJECTIVE, ADVERB

1 punktualny

□ at 8 o'clock prompt punktualnie o godzinie ósmej

2 natychmiastowy

□ a prompt reply natychmiastowa odpowiedź

promptly ['prɒmptlɪ] ADVERB
punktualnie

pronoun ['prəʊnaʊn] NOUN
zaimek

to pronounce [prə'naʊns] VERB
wymawiać (PERF wymówić)

□ How do you pronounce that word? Jak się wymawia to słowo?

pronunciation [prənʌnsɪˈeɪʃən] NOUN
wymowa

proof [pruːf] NOUN
dowód

proper [ˈprɒpəʳ] ADJECTIVE
1 porządny
  □ proper Polish bread porządny polski chleb
  □ We didn't have a proper lunch, just
  sandwiches. Nie zjedliśmy porządnego obiadu,
  tylko kanapki.
2 odpowiedni
  □ You have to have the proper equipment.
  Musisz mieć odpowiedni sprzęt. □ We need
  proper training. Potrzebne nam jest
  odpowiednie szkolenie.
3 stosowny (socially acceptable)

properly [ˈprɒpəlɪ] ADVERB
1 odpowiednio
  □ You're not doing it properly. Nie robisz tego
  odpowiednio.
2 stosownie
  □ Dress properly for your interview. Ubierz się
  stosownie na Twoją rozmowę kwalifikacyjną.

property [ˈprɒpətɪ] NOUN
1 mienie (possessions)
2 nieruchomość (buildings and land)

proportional [prəˈpɔːʃənl] ADJECTIVE
proporcjonalny do czegoś +gen
  □ proportional representation reprezentacja
  proporcjonalna

proposal [prəˈpəʊzl] NOUN
propozycja (plan)
  ■ proposal of marriage oświadczyny

to **propose** [prəˈpəʊz] VERB
1 proponować (PERF zaproponować)
  □ I propose a new plan. Proponuję nowy plan.
  ■ to propose doing something (intend)
  proponować (PERF zaproponować) coś robić
  □ What do you propose to do? Co proponujesz
  zrobić?
2 oświadczać (PERF oświadczyć się (offer marriage)
  □ He proposed to her at the restaurant. On się
  jej oświadczył w restauracji.
  ■ to propose a toast wznosić (PERF wznieść)
  toast

to **prosecute** [ˈprɒsɪkjuːt] VERB
  ■ to prosecute somebody for something
  oskarżać (PERF oskarżyć) kogoś o coś □ They
  were prosecuted for murder. Oskarżono ich
  o morderstwo.

prospect [ˈprɒspɛkt] NOUN
  ■ prospects perspektywy □ It'll improve my
  career prospects. To poprawi moje
  perspektywy kariery.

prospectus [prəˈspɛktəs] NOUN
1 prospekt (of university, school)
2 prospekt (of company)

prostitute [ˈprɒstɪtjuːt] NOUN
prostytutka
  ■ a male prostitute męska prostytutka

to **protect** [prəˈtɛkt] VERB
chronić (PERF ochronić)

  □ to protect somebody from something
  chronić kogoś przed czymś

protection [prəˈtɛkʃən] NOUN
  ■ protection from something ochrona przed
  czymś

protein [ˈprəʊtiːn] NOUN
białko

protest [ˈprəʊtɛst] NOUN
  ▷ see also **protest** VERB
  protest
  □ He ignored their protests. On zignorował ich
  protesty.

to **protest** [prəˈtɛst] VERB
  ▷ see also **protest** NOUN
  ■ to protest about something protestować
  (PERF zaprotestować) przeciwko czemuś

Protestant [ˈprɒtɪstənt] NOUN
  ▷ see also **Protestant** ADJECTIVE
  protestant masc
  protestantka fem
  □ I'm a Protestant. Jestem protestantem.

Protestant [ˈprɒtɪstənt] ADJECTIVE
  ▷ see also **Protestant** NOUN
  protestancki
  □ a Protestant church kościół protestancki

protester [prəˈtɛstəʳ] NOUN
protestujący masc
protestująca fem

proud [praʊd] ADJECTIVE
dumny
  □ Her parents are proud of her. Jej rodzice są z
  niej dumni.

to **prove** [pruːv] VERB
udowadniać (PERF udowodnić)
  □ The police couldn't prove it. Policja nie mogła
  tego udowodnić.

proverb [ˈprɒvəːb] NOUN
przysłowie

to **provide** [prəˈvaɪd] VERB
1 zapewniać (PERF zapewnić) (food, money)
2 dostarczać (PERF dostarczyć) (answer, opportunity)
  ■ to provide somebody with something
  zaopatrywać (PERF zaopatrzyć) kogoś w coś
  □ They provided us with maps. Oni zaopatrzyli
  nas w mapy.

to **provide for** VERB
utrzymywać (PERF utrzymać)
  □ He can't provide for his family any more.
  On nie może już utrzymać swojej rodziny.

provided [prəˈvaɪdɪd] CONJUNCTION
pod warunkiem, że
  □ He'll play in the next match provided he's fit.
  On zagra w następnym meczu pod warunkiem,
  że jest sprawny.

provisional [prəˈvɪʒənl] ADJECTIVE
tymczasowy

prowler [ˈpraʊləʳ] NOUN
maruder

prune [pruːn] NOUN
suszona śliwka

to **pry** [praɪ] VERB
  ■ to pry into something wtrącać się w coś

PS ABBREVIATION (= *postscript*)
postscriptum

pseudonym ['sjuːdənɪm] NOUN
pseudonim

psychiatrist [saɪˈkaɪətrɪst] NOUN
psychiatra
□ She's a psychiatrist. Ona jest psychiatrą.

psychoanalyst [saɪkəʊˈænəlɪst] NOUN
psychoanalityk

psychological [saɪkəˈlɒdʒɪkl] ADJECTIVE
psychiczny

psychologist [saɪˈkɒlədʒɪst] NOUN
psycholog
□ He's a psychologist. On jest psychologiem.

psychology [saɪˈkɒlədʒɪ] NOUN
psychologia

PTO ABBREVIATION (= *please turn over*)
verte

pub [pʌb] NOUN
pub

public ['pʌblɪk] ADJECTIVE
▷ *see also* **public** NOUN
1 społeczny *(support, opinion)*
2 publiczny *(building, service)*

public ['pʌblɪk] NOUN
▷ *see also* **public** ADJECTIVE
■ **the general public** publiczność
■ **open to the public** otwarte dla publiczności
■ **in public** publicznie

publican ['pʌblɪkən] NOUN
właściciel pubu

public holiday NOUN
święto państwowe

publicity [pʌbˈlɪsɪtɪ] NOUN
1 reklama *(advertising)*
2 rozgłos *(attention)*

public school NOUN
1 szkoła prywatna

> **CZY WIESZ, ŻE…?**
> Brytyjska 'public school', wbrew temu,
> co sugeruje nazwa, to niezależna, płatna
> szkoła prywatna. Tradycyjnie szkoły takie
> nie są koedukacyjne, jednak niektóre z
> nich przyjmują obecnie zarówno
> dziewczęta, jak i chłopców.

2 szkoła państwowa (US)

public transport NOUN
komunikacja publiczna

to **publish** ['pʌblɪʃ] VERB
1 wydawać (PERF wydać) *(book, magazine)*
2 publikować (PERF opublikować) *(letter, article)*

publisher ['pʌblɪʃəʳ] NOUN
wydawca

pudding ['pʊdɪŋ] NOUN
deser
□ What's for pudding? Co jest na deser?
□ rice pudding deser ryżowy
■ **black pudding** kaszanka

puddle ['pʌdl] NOUN
kałuża

puff pastry ['pʌf-] NOUN
ciasto francuskie

to **pull** [pʊl] VERB
ciągnąć (PERF pociągnąć)
□ Pull! Ciągnij!
■ **to pull a muscle** naciągnąć *perf* mięsień
□ I pulled a muscle when I was training.
Naciągnąłem mięsień, gdy trenowałem.
■ **to pull a face** robić (PERF zrobić) minę
■ **to pull somebody's leg** nabierać (PERF
nabrać) kogoś

to **pull down** VERB
rozbierać (PERF rozebrać) *(building)*

to **pull in** VERB
zatrzymywać (PERF zatrzymać się *(at the kerb)*

to **pull out** VERB
1 odjeżdżać (PERF odjechać) *(in a car)*
■ **The car pulled out to overtake.**
Samochód zmienił pas ruchu, by wyprzedzić.
2 wycofywać (PERF wycofać) się
□ She pulled out of the tournament.
Ona wycofała się z turnieju.

to **pull through** VERB
wyzdrowieć
□ They think he'll pull through. Sądzą, że on
wyzdrowieje.

to **pull up** VERB
zatrzymywać (PERF zatrzymać się
□ A black car pulled up beside me. Czarny
samochód zatrzymał się za mną.

pullover ['pʊləʊvəʳ] NOUN
pulower

pulse [pʌls] NOUN
tętno
□ The nurse felt his pulse. Pielęgniarka wyczuła
jego tętno.

pulses ['pʌlsɪz] PL NOUN
jadalne nasiona roślin strączkowych *(food)*

pump [pʌmp] NOUN
▷ *see also* **pump** VERB
pompa
□ a petrol pump pompa paliwa
■ **a bicycle pump** pompka do roweru

to **pump** [pʌmp] VERB
▷ *see also* **pump** NOUN
■ **to pump something into something**
pompować (PERF napompować) coś czymś +inst

to **pump up** VERB
pompować (PERF napompować) *(inflate)*

pumpkin ['pʌmpkɪn] NOUN
dynia

punch [pʌntʃ] NOUN
▷ *see also* **punch** VERB
uderzenie pięścią
■ **He gave me a punch.** Uderzył mnie pięścią.

to **punch** [pʌntʃ] VERB
▷ *see also* **punch** NOUN
1 uderzać (PERF uderzyć) pięścią
□ He punched me! On mnie uderzył pięścią!
2 naciskać *(button, keyboard)*
■ **He forgot to punch my ticket.**
On zapomniał skasować mój bilet.

punch-up ['pʌntʃʌp] NOUN
bójka

punctual ['pʌŋktjuəl] ADJECTIVE
punktualny

punctuation [pʌŋktju'eɪʃən] NOUN
interpunkcja

puncture ['pʌŋktʃəʳ] NOUN
przebicie dętki
- **I had to mend a puncture.** Musiałem naprawić przebitą dętkę.
- **to have a puncture** złapać *perf* gumę
□ I had a puncture on the motorway. Złapałem gumę na autostradzie.

to punish ['pʌnɪʃ] VERB
karać (PERF ukarać)
- **to punish somebody for something** karać (PERF ukarać) kogoś za coś
- **to punish somebody for doing something** karać (PERF ukarać) kogoś za zrobienie czegoś

punishment ['pʌnɪʃmənt] NOUN
kara

punk [pʌŋk] NOUN
punk
- **punk rock** punk rock

pupil ['pjuːpl] NOUN
uczeń *masc*
uczennica *fem (student)*

puppet ['pʌpɪt] NOUN
marionetka *(on strings)*
- **glove puppet** pacynka

puppy ['pʌpi] NOUN
szczeniak

to purchase ['pəːtʃɪs] VERB
nabywać (PERF nabyć)

pure [pjuəʳ] ADJECTIVE
1 czysty
□ a pure wool jumper bluza z czystej wełny
□ pure orange juice czysty sok pomarańczowy
2 teoretyczny
□ He's doing pure maths. On zajmuje się matematyką teoretyczną.

purple ['pəːpl] ADJECTIVE
▷ *see also* **purple** NOUN
fioletowy

purple ['pəːpl] NOUN
▷ *see also* **purple** ADJECTIVE
fiolet

purpose ['pəːpəs] NOUN
cel
□ What is the purpose of these changes? Jaki jest cel tych zmian? □ his purpose in life jego cel w życiu
- **on purpose** celowo □ He did it on purpose. On zrobił to celowo.

to purr [pəːʳ] VERB
mruczeć (PERF zamruczeć)

purse [pəːs] NOUN
1 portmonetka *(for money)*
2 torebka *(US: handbag)*

to pursue [pə'sjuː] VERB
ścigać

pursuit [pə'sjuːt] NOUN
zajęcie
□ outdoor pursuits zajęcia na świeżym powietrzu

push [puʃ] NOUN
▷ *see also* **push** VERB
- **to give somebody a push** popychać (PERF popchnąć) kogoś □ He gave me a push. On mnie popchnął.

to push [puʃ] VERB
▷ *see also* **push** NOUN
1 naciskać (PERF nacisnąć) *(button)*
2 popychać (PERF popchnąć)
□ Don't push! Nie pchaj się!
- **'push'** 'pchać'
- **to push somebody to do something** nakłaniać (PERF nakłonić) kogoś do zrobienia czegoś □ My parents are pushing me to go to university. Moi rodzice nakłaniają mnie do pójścia na uniwersytet.
- **to be pushed for time** mieć mało czasu

to push around VERB
pomiatać +inst
□ He likes pushing people around. On lubi pomiatać ludźmi.

to push through VERB
przepychać (PERF przepchnąć)
□ The ambulancemen pushed through the crowd. Sanitariusze przepchnęli się przez tłum.

pushchair ['puʃtʃeəʳ] NOUN
dziecięcy wózek spacerowy

pusher ['puʃəʳ] NOUN
handlarz narkotykami *(drug dealer)*

push-up ['puʃʌp] NOUN
pompka

to put [put] VERB
1 kłaść (PERF położyć)
□ Where shall I put my things? Gdzie mam położyć moje rzeczy? □ She's putting the baby to bed. Ona kładzie niemowlę do łóżka.
2 zapisywać (PERF zapisać)
□ Don't forget to put your name on the paper. Nie zapomnij zapisać swoje nazwisko na wypracowaniu.
- **How shall I put it?** Jak by to powiedzieć?
- **to put a lot of energy into doing something** wkładać (PERF włożyć) dużo energii w zrobienie czegoś

to put aside VERB
odkładać (PERF odłożyć)
□ Can you put this aside for me till tomorrow? Czy możesz to dla mnie odłożyć do jutra?

to put away VERB
chować (PERF pochować)
□ Can you put away the dishes, please? Czy możesz pochować naczynia?

to put back VERB
1 odkładać (PERF odłożyć)
□ Put it back when you've finished with it. Odłóż to, gdy już z tym skończysz.
2 cofać (PERF cofnąć) *(watch, clock)*

to put down VERB
1 odstawiać (PERF odstawić)
□ I'll put these bags down for a minute. Odstawię te torby na moment.

2 zapisywać (PERF zapisać)
□ I've put down a few ideas. Zapisałem kilka pomysłów.
3 usypiać (PERF uśpić)
□ We had to have our old dog put down. Musieliśmy dać uśpić naszego starego psa.

to **put forward** VERB
1 wysuwać (PERF wysunąć)
□ to put forward a suggestion wysuwać (PERF wysunąć) sugestię
2 przesuwać (PERF przesunąć) do przodu
□ Don't forget to put the clocks forward. Nie zapomnij przesunąć zegary do przodu.

to **put in** VERB
1 składać (PERF złożyć) (request, application)
2 instalować (PERF zainstalować)
□ We're going to get central heating put in. Damy sobie zainstalować centralne ogrzewanie.

to **put off** VERB
1 odkładać (PERF odłożyć) (delay)
□ I keep putting it off. Wciąż to odkładam.
2 rozpraszać (PERF rozproszyć) (distract)
□ Stop putting me off! Przestań mnie rozpraszać!
3 zniechęcać (PERF zniechęcić) (discourage)
□ He's not easily put off. On niełatwo się zniechęca.
■ **to put somebody off doing something**
odwodzić (PERF odwieść) kogoś od zrobienia czegoś
4 wyłączać (PERF wyłączyć) (switch off)
□ Shall I put the light off? Czy mam wyłączyć światło?

to **put on** VERB
1 zakładać (PERF założyć)
□ I'll put my coat on. Założę płaszcz.
2 włączać (PERF włączyć) (switch on)
□ Shall I put the heater on? Czy mam włączyć grzejnik?
3 wstawiać (PERF wstawić)
□ I'll put the potatoes on. Wstawię ziemniaki.
4 wystawiać (PERF wystawić) (play, show)
□ We're putting on 'Bugsy Malone'. Wystawiamy 'Bugsy Malone'.
■ **to put on weight** przybierać (PERF przybrać) na wadze □ He's put on a lot of weight. On bardzo przybrał na wadze.

to **put out** VERB
1 gasić (PERF ugasić)
□ It took them five hours to put out the fire. Zabrało im pięć godzin, by ugasić ogień.
2 wyłączać (PERF wyłączyć) (electric light)
3 fatygować (PERF pofatygować) (inconvenience)

to **put through** VERB
łączyć (PERF połączyć)
□ Can you put me through to the manager? Czy możesz mnie połączyć z kierownikiem?

to **put up** VERB
1 stawiać (PERF postawić)
□ We put up our tent in a field. Postawiliśmy nasz namiot w polu.
2 wieszać (PERF powiesić)
□ I'll put the poster up on my wall. Powieszę plakat u mnie na ścianie.
3 podnosić (PERF podnieść)
□ They've put up the price. Oni podnieśli cenę.
4 przenocowywać (PERF przenocować)
□ My friend will put me up for the night. Mój przyjaciel mnie przenocuje.
■ **to put up one's hand** podnosić (PERF podnieść) rękę □ If you have any questions, put up your hand. Jeśli masz jakiekolwiek pytania, podnieś rękę.

to **put up with** VERB
godzić (PERF pogodzić) się z +inst
□ I'm not going to put up with it any longer. Nie będę się z tym już więcej godzić.

puzzle ['pʌzl] NOUN
1 układanka (jigsaw)
2 zagadka (mystery)

puzzled ['pʌzld] ADJECTIVE
zakłopotany
□ You look puzzled! Wyglądasz na zakłopotanego!
■ **to be puzzled by something** głowić się nad czymś

puzzling ['pʌzlɪŋ] ADJECTIVE
niezrozumiały

pyjamas [pə'dʒɑːməz] PL NOUN
piżama fem sing
□ a pair of pyjamas piżama □ my pyjamas moja piżama

pyramid ['pɪrəmɪd] NOUN
piramida

Pyrenees [pɪrə'niːz] NOUN
Pireneje

P

Qq

quaint [kweɪnt] ADJECTIVE
przytulny (house, village)

qualification [ˌkwɒlɪfɪ'keɪʃən] NOUN
kwalifikacje pl
□ to leave school without any qualifications
odchodzić (PERF odejść) ze szkoły bez żadnych kwalifikacji

qualified ['kwɒlɪfaɪd] ADJECTIVE
dyplomowany
□ a qualified nurse dyplomowana pielęgniarka

to **qualify** ['kwɒlɪfaɪ] VERB
1 zdobywać (PERF zdobyć) kwalifikacje
□ She qualified as a teacher last year. Ona zdobyła kwalifikacje nauczycielki w zeszłym roku.
2 zakwalifikować się
□ Our team didn't qualify. Nasza drużyna nie zakwalifikowała się.

quality ['kwɒlɪtɪ] NOUN
1 jakość (standard)
□ a good quality of life dobra jakość życia
□ good-quality ingredients składniki dobrej jakości
2 cecha (characteristic)
□ She's got lots of good qualities. Ona ma mnóstwo dobrych cech.

quantity ['kwɒntɪtɪ] NOUN
ilość
■ in large quantities w dużych ilościach

quarantine ['kwɒrəntiːn] NOUN
kwarantanna
□ in quarantine w kwarantannie

quarrel ['kwɒrəl] NOUN
▷ see also **quarrel** VERB
kłótnia

to **quarrel** ['kwɒrəl] VERB
▷ see also **quarrel** NOUN
kłócić (PERF pokłócić) się

quarry ['kwɒrɪ] NOUN
kamieniołom (for stone)

quarter ['kwɔːtə'] NOUN
ćwierć (fourth part)
■ three quarters of an hour trzy kwadranse
■ It's quarter to three. Jest za kwadrans trzecia.
■ It's quarter past three. Jest kwadrans po trzeciej.

quartet [kwɔː'tɛt] NOUN
kwartet
□ a string quartet kwartet strunowy

quay [kiː] NOUN
nabrzeże

queasy ['kwiːzɪ] ADJECTIVE
odczuwający mdłości (nauseous)
□ I'm feeling queasy. Odczuwam mdłości.

queen [kwiːn] NOUN
królowa
□ Queen Elizabeth Królowa Elżbieta
■ the queen of hearts królowa kier

query ['kwɪərɪ] NOUN
▷ see also **query** VERB
pytanie (question)

to **query** ['kwɪərɪ] VERB
▷ see also **query** NOUN
kwestionować (PERF zakwestionować) (check)
□ No one queried my decision. Nikt nie zakwestionował mojej decyzji.

question ['kwɛstʃən] NOUN
▷ see also **question** VERB
pytanie
□ Can I ask a question? Czy mogę zadać pytanie? □ That's a difficult question. To trudne pytanie.
■ to be out of the question nie podlegać dyskusji

to **question** ['kwɛstʃən] VERB
▷ see also **question** NOUN
przesłuchiwać (PERF przesłuchać)
□ He was questioned by the police. On został przesłuchany przez policję.

question mark NOUN
znak zapytania

questionnaire [ˌkwɛstʃə'nɛə'] NOUN
kwestionariusz

queue [kjuː] NOUN
▷ see also **queue** VERB
kolejka

to **queue** [kjuː] VERB
▷ see also **queue** NOUN
ustawiać (PERF ustawić) się w kolejce
□ We had to queue for tickets. Musieliśmy ustawić się w kolejce po bilety.

quick [kwɪk] ADJECTIVE, ADVERB
szybki (fast, brief)
□ a quick lunch szybki lunch
■ Be quick! Szybko!
■ It's quicker by train. Jest szybciej pociągiem.

quickly ['kwɪklɪ] ADVERB
szybko

□ It was all over very quickly. To bardzo szybko się skończyło.

quiet ['kwaɪət] ADJECTIVE
cichy

□ You're very quiet today. Jesteś dziś bardzo cichy. □ The engine's very quiet. Silnik jest bardzo cichy.

■ be quiet! ucisz się!

■ a quiet little town spokojne, małe miasteczko

■ a quiet weekend spokojny weekend

quietly ['kwaɪətlɪ] ADVERB
cicho

□ 'She's dead,' he said quietly. 'Ona nie żyje,' powiedział cicho.

quilt [kwɪlt] NOUN
1 narzuta (covering)
2 kołdra (duvet)

to **quit** [kwɪt] VERB
rzucać (PERF rzucić)

□ She's decided to quit her job. Ona postanowiła rzucić pracę.

quite [kwaɪt] ADVERB
1 dość (rather)

□ It's quite warm today. Dziś jest dość ciepło. □ I quite liked the film, but ... Film dość mi się podobał, ale ... □ I see them quite a lot. Widuję ich dość często.

■ It costs quite a lot to go to the States. Wyjazd do Stanów sporo kosztuje.

■ quite a lot of money całkiem sporo pieniędzy

■ quite a few całkiem sporo

■ It was quite a sight. To był niezły widok.

2 całkiem (completely)

□ I'm not quite sure. Nie jestem całkiem pewny. □ It's not quite finished. To jest nie całkiem skończone. □ It's not quite the same To nie całkiem to samo.

■ quite so! właśnie!

quiz [kwɪz] NOUN
quiz (game)

quota ['kwəʊtə] NOUN
limit

quotation [kwəʊ'teɪʃən] NOUN
cytat

□ a quotation from Shakespeare cytat z Szekspira

quote [kwəʊt] NOUN
▷ see also **quote** VERB
cytat

□ a Shakespeare quote cytat z Szekspira

■ quotes (quotation marks) cudzysłów

□ in quotes w cudzysłowie

to **quote** [kwəʊt] VERB
▷ see also **quote** NOUN
cytować (PERF zacytować)

□ He's always quoting Shakespeare. On zawsze cytuje Szekspira.

q

Rr

rabbi ['ræbaɪ] NOUN
rabin

rabbit ['ræbɪt] NOUN
królik

rabies ['reɪbiːz] NOUN
wścieklizna

race [reɪs] NOUN
▷ *see also* **race** VERB
1 wyścig
□ a cycle race wyścig kolarski
2 rasa
□ the human race rasa ludzka

to **race** [reɪs] VERB
▷ *see also* **race** NOUN
1 ścigać się *(compete in races)*
□ I'll race you! Będę się z Tobą ścigać!
2 śpieszyć się *perf*
□ We raced to catch the bus. Śpieszyliśmy się,
by zdążyć na autobus.

racecourse ['reɪskɔːs] NOUN
tor wyścigowy

racehorse ['reɪshɔːs] NOUN
koń wyścigowy

racetrack ['reɪstræk] NOUN
1 tor wyścigowy *(for cars)*
2 tor wyścigów konnych *(for horses)*

racial ['reɪʃl] ADJECTIVE
rasowy
□ racial discrimination dyskryminacja rasowa

racing car ['reɪsɪŋ-] NOUN
samochód wyścigowy

racing driver ['reɪsɪŋ-] NOUN
kierowca wyścigowy

racism ['reɪsɪzəm] NOUN
rasizm

racist ['reɪsɪst] ADJECTIVE
▷ *see also* **racist** NOUN
rasistowski

racist ['reɪsɪst] NOUN
▷ *see also* **racist** ADJECTIVE
rasista *masc*
rasistka *fem*

rack [ræk] NOUN
wieszak *(for hanging clothes)*
■ **luggage rack** półka na bagaż

racket ['rækɪt] NOUN
1 rakieta
□ my tennis racket moja rakieta tenisowa
2 hałas

□ They're making a terrible racket. Oni robią
straszny hałas.

racquet ['rækɪt] NOUN
rakieta

radar ['reɪdɑːʳ] NOUN
radar

radiation [reɪdɪ'eɪʃən] NOUN
promieniowanie

radiator ['reɪdɪeɪtəʳ] NOUN
kaloryfer

radio ['reɪdɪəu] NOUN
radio
■ **on the radio** w radiu

radioactive ['reɪdɪəu'æktɪv] ADJECTIVE
radioaktywny

radio-controlled ['reɪdɪəukən'trəuld]
ADJECTIVE
zdalnie sterowany

radio station NOUN
stacja radiowa

radish ['rædɪʃ] NOUN
rzodkiew

RAF NOUN *(= Royal Air Force)*
■ **the RAF** Królewskie Siły Powietrzne
□ He's in the RAF. On służy w Królewskich
Siłach Powietrznych.

raffle ['ræfl] NOUN
loteria
□ a raffle ticket bilet na loterię

raft [rɑːft] NOUN
tratwa

rag [ræg] NOUN
szmata
□ a piece of rag kawałek szmaty

rage [reɪdʒ] NOUN
wściekłość
□ mad with rage oszalały z wściekłości
□ She was in a rage. Ona nie posiadała się
z wściekłości.
■ **It's all the rage.** To jest ostatni krzyk
mody.

raid [reɪd] NOUN
▷ *see also* **raid** VERB
1 obława
□ a police raid obława policyjna
2 napad
□ There was a bank raid near my house.
Niedaleko mojego domu miał miejsce napad
na bank.

to **raid** [reɪd] VERB
▷ see also **raid** NOUN
robić (PERF zrobić) obławę

□ The police raided the club. Policja zrobiła obławę na klub.

rail [reɪl] NOUN
1 poręcz (on stairs)
2 barierka (on balcony, bridge)

□ Don't lean over the rail! Nie przechylaj się przez barierkę!

3 drążek (for hanging clothes)

■ **by rail** (by train) koleją

railcard ['reɪlkɑːd] NOUN
zniżkowa karta kolejowa

□ a young person's railcard zniżkowa karta kolejowa dla młodych ludzi

railroad ['reɪlrəʊd] NOUN (US)
linia kolejowa

railway ['reɪlweɪ] NOUN
kolej (system)

□ the privatization of the railways prywatyzacja kolei

railway line NOUN
linia kolejowa

railway station NOUN
1 dworzec kolejowy (large)
2 stacja kolejowa (small)

rain [reɪn] NOUN
▷ see also **rain** VERB
deszcz

■ **in the rain** 1 (stand) na deszczu 2 (walk) po deszczu

to **rain** [reɪn] VERB
▷ see also **rain** NOUN
padać

□ It rains a lot here. Tutaj dużo pada.

■ **it's raining** pada deszcz

rainbow ['reɪnbəʊ] NOUN
tęcza

raincoat ['reɪnkəʊt] NOUN
płaszcz przeciwdeszczowy

rainforest ['reɪnfɒrɪst] NOUN
las deszczowy

rainy ['reɪnɪ] ADJECTIVE
deszczowy

■ **the rainy season** pora deszczowa

to **raise** [reɪz] VERB
1 podnosić (PERF podnieść)
□ He raised his hand. On podniósł rękę.
□ They want to raise standards in schools. Chcą podnieść standardy w szkołach.
2 zbierać (PERF zebrać)
□ The school is raising money for a new gym. Szkoła zbiera pieniądze na nową salę gimnastyczną.
3 wychowywać (PERF wychować) (child, family)

raisin ['reɪzn] NOUN
rodzynek

rake [reɪk] NOUN
grabie

rally ['rælɪ] NOUN
1 wiec (public meeting)

2 rajd (sport)
□ a rally driver kierowca rajdowy
3 wymiana (in tennis)

ram [ræm] NOUN
▷ see also **ram** VERB
baran (sheep)

to **ram** [ræm] VERB
▷ see also **ram** NOUN
uderzyć (crash into)
□ The thieves rammed a police car. Złodzieje uderzyli w samochód policyjny.

Ramadan [ræmə'dɑːn] NOUN
Ramadan

ramble ['ræmbl] NOUN
wędrówka
□ to go for a ramble pójść na wędrówkę

rambler ['ræmblər] NOUN
wędrowiec masc
wędrowczyni fem (walker)

ramp [ræmp] NOUN
podjazd

ran [ræn] VERB ▷ see **run**

ranch [rɑːntʃ] NOUN
ranczo

random ['rændəm] ADJECTIVE
1 losowy (arrangement, selection)
2 przypadkowy (haphazard)

■ **at random** na chybił trafił □ We picked the number at random. Wybraliśmy numer na chybił trafił.

rang [ræŋ] VERB ▷ see **ring**

range [reɪndʒ] NOUN
▷ see also **range** VERB
1 rozpiętość
□ a wide range of colours szeroka rozpiętość kolorów

■ **We study a range of subjects.** Studiujemy szereg przedmiotów.
2 asortyment (products in a shop)

■ **mountain range** pasmo górskie

to **range** [reɪndʒ] VERB
▷ see also **range** NOUN

■ **to range from ... to ...** wahać się od +gen ... do +gen ... □ Temperatures in summer range from 20 to 35 degrees. Temperatury w lecie wahają się od 20 do 35 stopni.

rank [ræŋk] NOUN
▷ see also **rank** VERB
■ **taxi rank** postój taksówek

to **rank** [ræŋk] VERB
▷ see also **rank** NOUN
■ **He is ranked third in the world.** On plasuje się na trzecim miejscu w świecie.

ransom ['rænsəm] NOUN
okup

rap [ræp] NOUN
rap (music)

rape [reɪp] NOUN
▷ see also **rape** VERB
gwałt (crime)

to **rape** [reɪp] VERB
▷ see also **rape** NOUN
gwałcić (PERF zgwałcić)

rapids ['ræpɪdz] PL NOUN
progi rzeczne

rapist ['reɪpɪst] NOUN
gwałciciel *masc*
gwałcicielka *fem*

rare [rɛəʳ] ADJECTIVE
1 rzadki *(uncommon)*
  □ a rare plant rzadka roślina
2 krwisty *(lightly cooked)*

rash [ræʃ] NOUN
wysypka
  □ I've got a rash on my chest. Mam wysypkę na piersi.

rasher ['ræʃəʳ] NOUN
plasterek
  □ an egg and two rashers of bacon jajko i dwa plasterki bekonu

raspberry ['rɑːzbərɪ] NOUN
malina
  □ raspberry jam dżem malinowy

rat [ræt] NOUN
szczur

rate [reɪt] NOUN
▷ see also **rate** VERB
1 prędkość *(speed)*
  □ at a rate of 60 km/h z prędkością sześćdziesiąt kilometrów na godzinę
2 rata *(level)*
  □ a high rate of interest wysoka rata oprocentowania
  ■ the divorce rate wskaźnik rozwodów
3 cena *(price)*
  □ There are reduced rates for students. Są obniżone ceny dla studentów.
  ■ at this rate w tym tempie
  ■ at any rate *(at least)* w każdym razie

to **rate** [reɪt] VERB
▷ see also **rate** NOUN
oceniać (PERF ocenić)
  □ to rate somebody highly wysoko kogoś cenić

rather ['rɑːðəʳ] ADVERB
dosyć
  □ I was rather disappointed. Byłem dosyć rozczarowany.
  ■ rather a lot dość dużo □ £20! That's rather a lot! 20 funtów! To dość dużo! □ I've got rather a lot of homework to do. Mam dość dużo pracy domowej do zrobienia.
  ■ rather than *(instead of)* zamiast +gen
  □ We decided to camp, rather than stay at a hotel. Postanowiliśmy zatrzymać się na kempingu zamiast w hotelu.
  ■ I'd rather have an apple than a banana. Wolałbym zjeść jabłko niż banan.
  ■ I'd rather stay in tonight. Dziś wieczorem wolałbym zostać w domu.

rattle ['rætl] NOUN
grzechotka *(baby's toy)*

rattlesnake ['rætlsneɪk] NOUN
grzechotnik

rave [reɪv] NOUN
▷ see also **rave** VERB
rave *(dance)*

to **rave** [reɪv] VERB
▷ see also **rave** NOUN
zachwycać się
  □ They raved about the film. Oni zachwycali się filmem.

raven ['reɪvən] NOUN
kruk

ravenous ['rævənəs] ADJECTIVE
wygłodniały
  □ I'm ravenous! Jestem wygłodniały!

raving ['reɪvɪŋ] ADJECTIVE
  ■ She's raving mad! Ona jest kompletnie zwariowana!

raw [rɔː] ADJECTIVE
surowy

razor ['reɪzəʳ] NOUN
golarka
  □ some disposable razors parę brzytew jednorazowego użytku
  ■ a razor blade żyletka

RE NOUN (= religious education)
religia

to **reach** [riːtʃ] VERB
▷ see also **reach** NOUN
1 docierać (PERF dotrzeć) do +gen *(destination)*
  □ We reached the hotel at 7 p.m. Dotarliśmy do hotelu o siódmej wieczorem.
2 podejmować (PERF podjąć) *(decision)*
  □ Eventually they reached a decision. Wreszcie podjęli decyzję.

reach [riːtʃ] NOUN
▷ see also **reach** VERB
  ■ within reach w zasięgu
  ■ out of reach poza zasięgiem □ The light switch was out of reach. Wyłącznik światła był poza zasięgiem.
  ■ within easy reach of w pobliżu +gen
  □ The hotel is within easy reach of the town centre. Hotel jest w pobliżu centrum miasta.

to **react** [riːˈækt] VERB
reagować (PERF zareagować)

reaction [riːˈækʃən] NOUN
reakcja

reactor [riːˈæktəʳ] NOUN
reaktor
  □ a nuclear reactor reaktor jądrowy

to **read** [riːd] (PT, PP **read**) [rɛd] VERB
czytać (PERF przeczytać)
  □ I don't read much. Nie czytam wiele.
  □ Have you read 'Animal Farm'? Czy przeczytałeś 'Animal Farm'? □ Read the text out loud. Przeczytaj tekst na głos.

to **read out** VERB
odczytywać (PERF odczytać)
  □ He read out the article to me. On odczytał mi artykuł.

reader ['ri:də^r] NOUN
czytelnik (of book, newspaper)

readily ['redɪlɪ] ADVERB
ochoczo
□ She readily agreed. Ona ochoczo się zgodziła.

reading ['ri:dɪŋ] NOUN
czytanie
□ Reading is one of my hobbies. Czytanie to jedno z moich hobby.

ready ['redɪ] ADJECTIVE
gotowy
□ She's nearly ready. Ona jest prawie gotowa.
■ **to get ready** przygotowywać (PERF przygotować) się □ She's getting ready to go out. Ona przygotowuje się do wyjścia.
■ **to get something ready** przygotowywać (PERF przygotować) coś □ He's getting the dinner ready. On przygotowuje kolację.
■ **to be ready to do something 1** (prepared) być gotowym do zrobienia czegoś **2** (willing) być chętnym do zrobienia czegoś □ He's always ready to help. On zawsze jest chętny do pomocy.

real [rɪəl] ADJECTIVE
prawdziwy
□ It's real leather. To prawdziwa skóra. □ He wasn't a real policeman. On nie był prawdziwym policjantem. □ Her real name is Cordelia. Jej prawdziwe imię to Cordelia. □ It was a real nightmare. To był prawdziwy koszmar.
■ **in real life** w rzeczywistości

realistic [rɪə'lɪstɪk] ADJECTIVE
realistyczny

reality NOUN
rzeczywistość (real things)
■ **in reality** w rzeczywistości

reality TV NOUN
programy TV 'z życia wzięte'

to realize ['rɪəlaɪz] VERB
■ **to realize that ...** zdawać (PERF zdać) sobie sprawę, że ... □ We realized that something was wrong. Zdaliśmy sobie sprawę, że coś było nie tak.

really ['rɪəlɪ] ADVERB
1 naprawdę
□ She's really nice. Ona jest naprawdę miła.
2 naprawdę (genuinely)
3 nie za bardzo (after negative)
□ Do you want to go? — Not really. Czy chcesz pójść? — Nie za bardzo.
■ **really?** (indicating surprise) naprawdę?

realtor ['rɪəltɔ:^r] NOUN (US)
pośrednik w handlu nieruchomościami

rear [rɪə^r] ADJECTIVE
▷ see also **rear** NOUN
tylny
□ a rear wheel tylne koło

rear [rɪə^r] NOUN
▷ see also **rear** ADJECTIVE
tył (back)
□ at the rear of the train w tyle pociągu

reason ['ri:zn] NOUN
powód
□ There's no reason to think that ... Nie ma powodu sądzić, że ...
■ **for security reasons** ze względów bezpieczeństwa

reasonable ['ri:znəbl] ADJECTIVE
1 rozsądny
□ Be reasonable! Bądź rozsądny!
2 znośny (not bad)
□ He wrote a reasonable essay. On napisał znośne wypracowanie.

reasonably ['ri:znəblɪ] ADVERB
rozsądnie
■ **The team played reasonably well.** Drużyna grała dość dobrze.

to reassure [ri:ə'ʃuə^r] VERB
uspokajać (PERF uspokoić)

reassuring [ri:ə'ʃuərɪŋ] ADJECTIVE
dodający otuchy

rebellious [rɪ'beljəs] ADJECTIVE
buntowniczy

receipt [rɪ'si:t] NOUN
paragon

to receive [rɪ'si:v] VERB
otrzymywać (PERF otrzymać)

receiver [rɪ'si:və^r] NOUN
słuchawka (of telephone)

recent ['ri:snt] ADJECTIVE
niedawny

recently ['ri:sntlɪ] ADVERB
ostatnio
□ I've been doing a lot of training recently. Ostatnio dużo trenuję.
■ **until recently** do niedawna

reception [rɪ'sepʃən] NOUN
1 recepcja (in public building)
□ Please leave your key at reception. Proszę zostawić swój klucz w recepcji.
2 przyjęcie (party)
□ The reception will be at a big hotel. Przyjęcie odbędzie się w dużym hotelu.

receptionist [rɪ'sepʃənɪst] NOUN
recepcjonista masc
recepcjonistka fem

recession [rɪ'seʃən] NOUN
recesja

recipe ['resɪpɪ] NOUN
przepis

to reckon ['rekən] VERB
1 sądzić (consider)
□ What do you reckon? Co sądzisz?
2 szacować (PERF oszacować) (calculate)

reclining [rɪ'klaɪnɪŋ] ADJECTIVE
z opuszczanym oparciem

recognizable ['rekəgnaɪzəbl] ADJECTIVE
rozpoznawalny

to recognize ['rekəgnaɪz] VERB
rozpoznawać (PERF rozpoznać)
□ You'll recognize me by my red hair. Rozpoznasz mnie po moich rudych włosach.

r

to **recommend** [rɛkə'mɛnd] VERB
polecać (PERF poleció

□ What do you recommend? Co polecasz?

to **reconsider** [riːkən'sɪdə^r] VERB
zastanawiać (PERF zastanowić się jeszcze raz

□ I wish you would reconsider. Chciałbym,
abyś zastanowił się jeszcze raz.

■ **Will you reconsider your decision?**
Czy ponownie rozważysz swoją decyzję?

record ['rɛkɔːd] NOUN
▷ see also **record** VERB, ADJECTIVE

1 zapis
□ to keep a record of something zapisywać
(PERF zapisać coś
■ **records** akta □ I'll check in the records.
Sprawdzę w aktach.

2 płyta
□ my favourite record moja ulubiona płyta

3 rekord
□ the world record światowy rekord

to **record** [rɪ'kɔːd] VERB
▷ see also **record** NOUN, ADJECTIVE
nagrywać (PERF nagrać

□ They've just recorded their new album.
Oni właśnie nagrali ich nowy album.

record ['rɛkɔːd] ADJECTIVE
▷ see also **record** NOUN, VERB
rekordowy

□ She finished the job in record time.
Ona ukończyła pracę w rekordowym
czasie.

recorded delivery [rɪ'kɔːdɪd-] NOUN
poczta polecona

recorder [rɪ'kɔːdə^r] NOUN
flet prosty

□ She plays the recorder. Ona gra na flecie
prostym.

recording [rɪ'kɔːdɪŋ] NOUN
nagranie

record player NOUN
adapter

to **recover** [rɪ'kʌvə^r] VERB
zdrowieć (PERF wyzdrowieć

□ He's recovering from a knee injury.
On zdrowieje z urazu kolana.

recovery [rɪ'kʌvərɪ] NOUN
wyzdrowienie (from illness, operation)

rectangle ['rɛktæŋgl] NOUN
prostokąt

rectangular [rɛk'tæŋgjulə^r] ADJECTIVE
prostokątny

to **recycle** [riː'saɪkl] VERB
przetwarzać (PERF przetworzyć

recycling [riː'saɪklɪŋ] NOUN
recykling

red [rɛd] ADJECTIVE
▷ see also **red** NOUN

1 czerwony
□ a red rose czerwona róża □ red meat
czerwone mięso
■ **to go through a red light** przechodzić
(PERF przejść na czerwonym świetle

2 rudy (hair)
□ Sam's got red hair. Sam ma rude włosy.

red [rɛd] NOUN
▷ see also **red** ADJECTIVE
czerwień

Red Cross NOUN
Czerwony Krzyż

redcurrant ['rɛdkʌrənt] NOUN
czerwona porzeczka

to **redecorate** [riː'dɛkəreɪt] VERB
przemeblowywać (PERF przemeblować

red-haired [rɛd'hɛəd] ADJECTIVE
rudowłosy

red-handed ADJECTIVE
■ **to catch somebody red-handed** łapać
(PERF złapać kogoś na gorącym uczynku
□ He was caught red-handed. Złapano go na
gorącym uczynku.

redhead ['rɛdhɛd] NOUN
rudzielec

to **redo** [riː'duː] VERB
przerabiać (PERF przerobić

to **reduce** [rɪ'djuːs] VERB
zmniejszać (PERF zmniejszyć
■ **at a reduced price** po obniżonej cenie
■ **'reduce speed now'** 'zwolnij'

reduction [rɪ'dʌkʃən] NOUN

1 obniżenie (decrease)

2 obniżka (discount)
□ a 5% reduction obniżka 5%

redundancy [rɪ'dʌndənsɪ] NOUN

1 zwolnienie z pracy
□ compulsory redundancy przymusowe
zwolnienie z pracy □ voluntary redundancy
dobrowolne zwolnienie się z pracy

2 zwolnienie (being dismissed)
□ There were fifty redundancies. Było
pięćdziesiąt zwolnień.

redundant [rɪ'dʌndnt] ADJECTIVE
■ **to be made redundant** (worker) zostać perf
zwolnionym z pracy □ He was made redundant
yesterday. On został wczoraj zwolniony z pracy.

red wine NOUN
czerwone wino

reed [riːd] NOUN
trzcina (plant)

reel [riːl] NOUN
szpulka (of thread)

to **refer to** VERB
odnosić (PERF odnieść się do +gen
□ What are you referring to? Do czego się
odnosisz?

referee [rɛfə'riː] NOUN
sędzia masc
sędzina fem (in a football game)

reference ['rɛfrəns] NOUN

1 wzmianka (mention)
□ He made no reference to the murder. On nie
poczynił żadnej wzmianki o morderstwie.

2 referencje fem pl (for job application)
□ Would you please give me a reference?
Czy mógłbyś dać mi referencje?

to **refill** [ri:'fɪl] VERB
napełniać (PERF napełnić) ponownie

□ He refilled my glass. On ponownie napełnił mój kieliszek.

refinery [rɪ'faɪnərɪ] NOUN
rafineria

to **reflect** [rɪ'flɛkt] VERB
odbijać (PERF odbić)

reflection [rɪ'flɛkʃən] NOUN
1 odbicie (image)
2 refleksja (thought)

reflex ['ri:flɛks] NOUN
odruch

reflexive [rɪ'flɛksɪv] ADJECTIVE
■ a reflexive verb czasownik zwrotny

refresher course [rɪ'frɛʃə-] NOUN
kurs odświeżający wiedzę

refreshing [rɪ'frɛʃɪŋ] ADJECTIVE
orzeźwiający

refreshments [rɪ'frɛʃmənts] PL NOUN
napoje

refrigerator [rɪ'frɪdʒəreɪtər] NOUN
lodówka

to **refuel** [ri:'fjuəl] VERB
ponownie tankować (PERF zatankować)

□ The plane stops in Boston to refuel. Samolot ląduje w Bostonie, by ponownie zatankować.

refuge ['rɛfju:dʒ] NOUN
schronienie (safe house)

refugee [rɛfju'dʒi:] NOUN
uchodźca masc
uchodźczyni fem

refund ['ri:fʌnd] NOUN
▷ see also **refund** VERB
zwrot pieniędzy

to **refund** [rɪ'fʌnd] VERB
▷ see also **refund** NOUN
refundować (PERF zrefundować) (money)

refusal [rɪ'fju:zəl] NOUN
odmowa

to **refuse** [rɪ'fju:z] VERB
▷ see also **refuse** NOUN
odmawiać (PERF odmówić) +gen

refuse ['rɛfju:s] NOUN
▷ see also **refuse** VERB
śmieci masc pl

to **regain** [rɪ'geɪn] VERB
odzyskiwać (PERF odzyskać)

to **regard** [rɪ'gɑ:d] VERB
▷ see also **regard** NOUN
uważać (consider, view)

regard [rɪ'gɑ:d] NOUN
▷ see also **regard** VERB
szacunek (esteem)

■ to give one's regards to somebody pozdrawiać (PERF pozdrowić) kogoś

regarding [rɪ'gɑ:dɪŋ] PREPOSITION
dotyczący

□ the laws regarding the export of animals prawa dotyczące eksportu zwierząt

regardless [rɪ'gɑ:dlɪs] ADVERB

■ carry on regardless kontynuować bez względu na okoliczności

■ regardless of the weather bez względu na pogodę

regiment ['rɛdʒɪmənt] NOUN
pułk (in the army)

region ['ri:dʒən] NOUN
region (area)

regional ['ri:dʒənl] ADJECTIVE
regionalny

register ['rɛdʒɪstər] NOUN
▷ see also **register** VERB
lista obecności (in school)

to **register** ['rɛdʒɪstər] VERB
▷ see also **register** NOUN
rejestrować (PERF zarejestrować) się

registered ['rɛdʒɪstəd] ADJECTIVE
polecony (letter)

registration [rɛdʒɪs'treɪʃən] NOUN
rejestracja (of birth, students)

registration number NOUN
numer rejestracyjny

registry office ['rɛdʒɪstrɪ-] NOUN
urząd stanu cywilnego

regret [rɪ'grɛt] NOUN
▷ see also **regret** VERB
żal

■ to have no regrets w ogóle nie żałować

to **regret** [rɪ'grɛt] VERB
▷ see also **regret** NOUN
żałować (PERF pożałować) +gen

□ Give me the money or you'll regret it! Daj mi pieniądze albo pożałujesz! □ I regret saying that. Żałuję, że to powiedziałam.

regular ['rɛgjulər] ADJECTIVE
1 regularny (even)
□ at regular intervals w regularnych odstępach
□ a regular verb czasownik regularny
2 stały (visitor)
3 normalny
□ a regular portion of fries normalna porcja frytek

regularly ['rɛgjuləlɪ] ADVERB
regularnie

regulation [rɛgju'leɪʃən] NOUN
przepis (rule)

rehearsal [rɪ'hə:səl] NOUN
próba

to **rehearse** [rɪ'hə:s] VERB
robić (PERF zrobić) próbę +gen

rein [reɪn] NOUN
■ the reins (for horse) lejce

reindeer ['reɪndɪər] NOUN
renifer

to **reject** [rɪ'dʒɛkt] VERB
odrzucać (PERF odrzucić)

□ We rejected that idea straight away. Od razu odrzuciliśmy ten pomysł.

relapse [rɪ'læps] NOUN
■ to have a relapse doznać nawrotu choroby

related [rɪ'leɪtɪd] ADJECTIVE
spokrewniony

□ We're related. Jesteśmy spokrewnieni.

r

515

relation [rɪˈleɪʃən] NOUN
1 krewny *masc*
  krewna *fem (relative)*
  □ He's a distant relation. On jest dalekim krewnym. □ my close relations moi bliscy krewni
2 powiązanie *(connection)*
  □ It has no relation to reality. To nie ma powiązania z rzeczywistością.
  ■ in relation to w odniesieniu do +*gen*
  ■ international relations stosunki międzynarodowe

relationship [rɪˈleɪʃənʃɪp] NOUN
1 związek *(connection)*
2 stosunki *masc pl (rapport)*
  □ We have a good relationship. Mamy dobre stosunki.
3 związek *(affair)*

relative [ˈrelətɪv] NOUN
  krewny *masc*
  krewna *fem (member of family)*
  □ my close relatives moi bliscy krewni

relatively [ˈrelətɪvlɪ] ADVERB
  stosunkowo

to **relax** [rɪˈlæks] VERB
  odprężać (PERF odprężyć się *(unwind)*
  □ I relax listening to music. Odprężam się słuchając muzyki.

relaxation [riːlækˈseɪʃən] NOUN
  relaks *(rest)*
  □ I don't have much time for relaxation. Nie mam wiele czasu na relaks.

relaxed [rɪˈlækst] ADJECTIVE
1 odprężony *(person)*
2 spokojny *(discussion, atmosphere)*

relaxing [rɪˈlæksɪŋ] ADJECTIVE
  odprężający

relay [ˈriːleɪ] NOUN
  ■ a relay race sztafeta

release [rɪˈliːs] NOUN
  ▷ see also **release** VERB
  zwolnienie
  □ the release of the prisoners zwolnienie więźniów

to **release** [rɪˈliːs] VERB
  ▷ see also **release** NOUN
1 zwalniać (PERF zwolnić) *(person)*
2 wydawać (PERF wydać) *(record)*
3 wypuszczać (PERF wypuścić) *(film)*

relegated [ˈreləgeɪtɪd] ADJECTIVE
  relegowany *(in sport)*
  □ to be relegated zostać relegowanym

relevant [ˈreləvənt] ADJECTIVE
1 istotny *(information)*
  ■ relevant to mający związek z +*inst*
  □ Education should be relevant to real life. Edukacja powinna mieć związek z rzeczywistym życiem.
2 odnośny *(chapter, area)*

reliable [rɪˈlaɪəbl] ADJECTIVE
1 rzetelny
  □ He's not very reliable. On nie jest zbyt rzetelny.

2 niezawodny
  □ a reliable car niezawodny samochód

relief [rɪˈliːf] NOUN
  ulga
  □ That's a relief! To ulga!

to **relieve** [rɪˈliːv] VERB
  przynosić (PERF przynieść) ulgę *(alleviate)*
  □ This injection will relieve the pain. Ten zastrzyk przyniesie ulgę w bólu.

relieved [rɪˈliːvd] ADJECTIVE
  odczuwający ulgę
  ■ to be relieved that ... odczuwać (PERF odczuć ulgę, że ... □ I'm relieved to hear it. Ulżyło mi, że to słyszę.

religion [rɪˈlɪdʒən] NOUN
1 wyznanie *(belief)*
2 religia *(set of beliefs)*
  □ What religion are you? Jaką wyznajesz religię?

religious [rɪˈlɪdʒəs] ADJECTIVE
  religijny
  □ my religious beliefs moje poglądy religijne
  □ I'm not religious. Nie jestem religijny.

reluctant [rɪˈlʌktənt] ADJECTIVE
  niechętny
  ■ to be reluctant to do something nie mieć ochoty zrobić czegoś □ They were reluctant to help us. Nie mieli ochoty nam pomóc.

reluctantly [rɪˈlʌktəntlɪ] ADVERB
  niechętnie
  □ She reluctantly accepted. Ona zgodziła się niechętnie.

to **rely on** [rɪˈlaɪ-] VERB
1 zależeć od +*gen (be dependent on)*
2 polegać na +*loc (trust)*
  □ I'm relying on you. Polegam na Tobie.

to **remain** [rɪˈmeɪn] VERB
  zostawać (PERF zostać) *(stay)*
  ■ to remain silent zachowywać (PERF zachować milczenie

remaining [rɪˈmeɪnɪŋ] ADJECTIVE
  pozostały
  □ the remaining ingredients pozostałe składniki

remains [rɪˈmeɪnz] PL NOUN
1 pozostałości
  □ the remains of the picnic pozostałości po pikniku
2 szczątki
  □ human remains szczątki ludzkie

remake [ˈriːmeɪk] NOUN
  remake *(of film)*

remark [rɪˈmɑːk] NOUN
  uwaga

remarkable [rɪˈmɑːkəbl] ADJECTIVE
  nadzwyczajny

remarkably [rɪˈmɑːkəblɪ] ADVERB
  nadzwyczajnie

to **remarry** [riːˈmærɪ] VERB
  ponownie zawrzeć związek małżeński
  □ She remarried three years ago. Ona ponownie zawarła związek małżeński trzy lata temu.

remedy ['rɛmədɪ] NOUN
lekarstwo

□ a good remedy for a sore throat dobre lekarstwo na ból gardła

to **remember** [rɪ'membəʳ] VERB
pamiętać (PERF zapamiętać)

□ I can't remember his name. Nie mogę zapamiętać jego imienia. □ I don't remember. Nie pamiętam.

Remembrance Day NOUN
święto ku czci poległych w I wojnie światowej (11 listopada)

> **CZY WIESZ, ŻE…?**
> **Remembrance Day** – Dzień Pamięci obchodzony jest w Wielkiej Brytanii co roku w niedzielę najbliższą 11 listopada. Święto to upamiętnia poległych w obu wojnach światowych. W powszechnym zwyczaju jest noszenie w ten dzień w klapach marynarek i płaszczy sztucznych kwiatów maku.

to **remind** [rɪ'maɪnd] VERB
przypominać (PERF przypomnieć +dat)

□ Remind me to speak to Daniel. Przypomnij mi, żebym porozmawiał z Danielem. □ I'll remind you of that tomorrow. Przypomnę Ci o tym jutro. □ It reminds me of Scotland. To mi przypomina Szkocję.

remorse [rɪ'mɔːs] NOUN
żal

□ He showed no remorse. On nie okazał żalu.

remote [rɪ'məʊt] ADJECTIVE
odległy

□ a remote village odległa wioska

remote control NOUN
pilot

remotely [rɪ'məʊtlɪ] ADVERB
w ogóle

□ He is not remotely interested. On nie jest w ogóle zainteresowany.

removable [rɪ'muːvəbl] ADJECTIVE
usuwalny

removal [rɪ'muːvəl] NOUN
usunięcie (of object, stain)

to **remove** [rɪ'muːv] VERB
1 usuwać (PERF usunąć)

□ Please remove your bag from my seat. Proszę usunąć swoją torbę z mojego siedzenia.
2 zdejmować (PERF zdjąć)

□ Please remove your shoes before entering the house. Proszę zdjąć buty przed wejściem do domu.

rendezvous ['rɒndɪvuː] NOUN
1 spotkanie (meeting)
2 miejsce spotkania (place)

to **renew** [rɪ'njuː] VERB
odnawiać (PERF odnowić) (loan, contract)

renewable [rɪ'njuːəbl] ADJECTIVE
odnawialny (energy)

to **renovate** ['rɛnəveɪt] VERB
odnawiać (PERF odnowić)

□ The building's been renovated. Budynek został odnowiony.

renowned [rɪ'naʊnd] ADJECTIVE
słynny

rent [rɛnt] NOUN
▷ see also **rent** VERB
czynsz (for room, land)

to **rent** [rɛnt] VERB
▷ see also **rent** NOUN
wynajmować (PERF wynająć)

□ We rented a car. Wynajęliśmy samochód.

rental ['rɛntl] NOUN
wynajem

□ Car rental is included in the price. Wynajem samochodu jest wliczony w cenę.

rental car NOUN
wynajęty samochód

to **reorganize** [riː'ɔːɡənaɪz] VERB
reorganizować (PERF zreorganizować)

rep [rɛp] NOUN
przedstawiciel masc
przedstawicielka fem (representative)

□ sales rep przedstawiciel handlowy

repair [rɪ'pɛəʳ] NOUN
▷ see also **repair** VERB
naprawa

to **repair** [rɪ'pɛəʳ] VERB
▷ see also **repair** NOUN
naprawiać (PERF naprawić)

■ I got the washing machine repaired. Dałem pralkę do naprawy.

to **repay** [riː'peɪ] VERB
spłacać (PERF spłacić) (loan)

repayment [riː'peɪmənt] NOUN
spłata

to **repeat** [rɪ'piːt] VERB
▷ see also **repeat** NOUN
1 powtarzać (PERF powtórzyć) (question)
2 ponawiać (PERF ponowić) (action)

repeat [rɪ'piːt] NOUN
▷ see also **repeat** VERB
powtórka

□ There are too many repeats on TV. Jest zbyt dużo powtórek w telewizji.

repeatedly [rɪ'piːtɪdlɪ] ADVERB
wielokrotnie

repellent [rɪ'pɛlənt] ADJECTIVE
odrażający

■ insect repellent odstraszacz na owady

repetitive [rɪ'pɛtɪtɪv] ADJECTIVE
powtarzający się

to **replace** [rɪ'pleɪs] VERB
1 odkładać (PERF odłożyć) (put back)
2 zastępować (PERF zastąpić) (take the place of)

replay ['riːpleɪ] NOUN
▷ see also **replay** VERB
powtórka (repeat showing)

■ If it is a draw, there will be a replay. Jeśli to remis, mecz będzie powtórnie rozegrany.

to **replay** [riː'pleɪ] VERB
▷ see also **replay** NOUN
odtwarzać (PERF odtworzyć) ponownie (song)

replica ['rɛplɪkə] NOUN
replika

reply [rɪ'plaɪ] NOUN
▷ *see also* **reply** VERB
odpowiedź

to **reply** [rɪ'plaɪ] VERB
▷ *see also* **reply** NOUN
odpowiadać (PERF odpowiedzieć)

report [rɪ'pɔːt] NOUN
▷ *see also* **report** VERB
1 relacja
□ a report in the paper relacja w gazecie
2 sprawozdanie *(account)*
3 świadectwo szkolne *(school report)*
□ I got a good report this term. W tym trymestrze dostałem dobre świadectwo szkolne.

to **report** [rɪ'pɔːt] VERB
▷ *see also* **report** NOUN
zgłaszać (PERF zgłosić)
□ I reported the theft to the police. Zgłosiłem kradzież na policję.
■ **to report to somebody** zgłaszać (PERF zgłosić) się do kogoś +gen □ Report to reception when you arrive. Proszę zgłosić się na recepcję po przybyciu.

reporter [rɪ'pɔːtəʳ] NOUN
reporter *masc*
reporterka *fem*
□ I'd like to be a reporter. Chciałbym być reporterem.

to **represent** [reprɪ'zent] VERB
reprezentować

representative [reprɪ'zentətɪv] NOUN
przedstawiciel *masc*
przedstawicielka *fem*

reproduction [riːprə'dʌkʃən] NOUN
reprodukcja *(of painting)*

reptile ['reptaɪl] NOUN
gad

republic [rɪ'pʌblɪk] NOUN
republika

repulsive [rɪ'pʌlsɪv] ADJECTIVE
odpychający

reputable ['repjutəbl] ADJECTIVE
szanowany

reputation [repju'teɪʃən] NOUN
reputacja

request [rɪ'kwest] NOUN
▷ *see also* **request** VERB
prośba

to **request** [rɪ'kwest] VERB
▷ *see also* **request** NOUN
prosić (PERF poprosić) o

to **require** [rɪ'kwaɪəʳ] VERB
1 potrzebować +gen *(need)*
2 wymagać +gen *(demand)*
□ The job requires good computational skills. Ta praca wymaga dobrych umiejętności rachunkowych.

requirement [rɪ'kwaɪəmənt] NOUN
wymaganie
□ What are the requirements for the job? Jakie są wymagania na to stanowisko?

rescue ['reskjuː] NOUN
▷ *see also* **rescue** VERB
ratunek
□ a rescue operation operacja ratunkowa
□ the rescue services służby ratunkowe
■ **to come to somebody's rescue** przychodzić (PERF przyjść) komuś na ratunek
□ He came to my rescue. On mi przyszedł na ratunek.

to **rescue** ['reskjuː] VERB
▷ *see also* **rescue** NOUN
ratować (PERF uratować)

research [rɪ'səːtʃ] NOUN
badanie
■ **to do research** prowadzić badania
□ He's doing research. On prowadzi badania.
□ She's doing some research in the library. Ona prowadzi pewne badania w bibliotece.

resemblance [rɪ'zembləns] NOUN
podobieństwo

to **resent** [rɪ'zent] VERB
1 czuć (PERF poczuć) się urażonym +inst
□ I really resented your criticism. Czułem się naprawdę urażony Twoją krytyką.
2 odczuwać (PERF odczuć) urazę do +gen *(person)*

resentful [rɪ'zentful] ADJECTIVE
urażony

reservation [rezə'veɪʃən] NOUN
rezerwacja *(booking)*
□ I've got a reservation for two nights. Mam rezerwację na dwie noce. □ I'd like to make a reservation for this evening. Chciałbym zrobić rezerwację na dziś wieczór.

to **reserve** [rɪ'zəːv] VERB
▷ *see also* **reserve** NOUN
rezerwować (PERF zarezerwować)
□ I'd like to reserve a table for tomorrow evening. Chciałbym zarezerwować stolik na jutro wieczór.

reserve [rɪ'zəːv] NOUN
▷ *see also* **reserve** VERB
1 rezerwat *(place)*
□ a nature reserve rezerwat przyrody
2 rezerwowy *masc*
rezerwowa *fem (person)*
□ I was reserve in the game last Saturday. Byłem rezerwowym na meczu w ostatnią niedzielę.

reserved [rɪ'zəːvd] ADJECTIVE
1 zarezerwowany *(unavailable)*
□ a reserved seat zarezerwowane miejsce
2 powściągliwy *(restrained)*
□ He's quite reserved. On jest dość powściągliwy.

reservoir ['rezəvwɑːʳ] NOUN
rezerwuar

resident ['rezɪdənt] NOUN
mieszkaniec *masc*
mieszkanka *fem*

residential [rezɪ'denʃəl] ADJECTIVE
mieszkaniowy
□ a residential area okolica mieszkaniowa

r

to **resign** [rɪˈzaɪn] VERB
ustępować (PERF ustąpić)

resistance [rɪˈzɪstəns] NOUN
opór (opposition)

■ **He was in the resistance.** On był w ruchu
oporu.

to **resit** [riːˈsɪt] VERB
przystępować (PERF przystąpić) ponownie do
+gen

□ I'm resitting the exam in December.
Przystąpię ponownie do egzaminu w grudniu.

resolution [rezəˈluːʃən] NOUN
postanowienie

■ **New Year's resolution** noworoczne
postanowienie

resort [rɪˈzɔːt] NOUN
miejscowość wypoczynkowa

□ It's a resort on the Costa del Sol. To
miejscowość wypoczynkowa na Costa del Sol.

■ **a seaside resort** kurort nadmorski

■ **winter sports resort** ośrodek sportów
zimowych

■ **as a last resort** w ostateczności

resources [rɪˈzɔːsɪz] PL NOUN
1 zasoby (coal, oil)
2 środki pieniężne (money)

■ **natural resources** bogactwa naturalne

respect [rɪsˈpɛkt] NOUN
▷ see also **respect** VERB
szacunek

to **respect** [rɪsˈpɛkt] VERB
▷ see also **respect** NOUN
szanować (PERF uszanować)

respectable [rɪsˈpɛktəbl] ADJECTIVE
1 przyzwoity (standard)
2 porządny (person)

respectively [rɪsˈpɛktɪvlɪ] ADVERB
odpowiednio

responsibility [rɪspɒnsɪˈbɪlɪtɪ] NOUN
obowiązek

responsible [rɪsˈpɒnsɪbl] ADJECTIVE
odpowiedzialny (trustworthy)

□ You should be more responsible.
Powinieneś być bardziej odpowiedzialny.

■ **to be responsible for doing something**
1 (in charge) być odpowiedzialnym za zrobienie
czegoś □ He's responsible for booking the
tickets. On jest odpowiedzialny za
zarezerwowanie biletów. **2** (at fault) być
odpowiedzialnym za zrobienie czegoś

rest [rɛst] NOUN
▷ see also **rest** VERB
1 relaks (relaxation)
□ five minutes' rest pięć minut relaksu
2 odpoczynek (break)
□ We stopped to have a rest. Zatrzymaliśmy się
na odpoczynek.
3 reszta (remainder)
□ I'll do the rest. Zrobię resztę. □ the rest of
the money reszta pieniędzy □ The rest of
them went swimming. Reszta z nich poszła
pływać.

to **rest** [rɛst] VERB
▷ see also **rest** NOUN
odpoczywać (PERF odpocząć) (relax)

□ She's resting in her room. Ona odpoczywa
w swoim pokoju.

■ **He has to rest his knee.** On musi
oszczędzać swoje kolano.

■ **to rest something on something** (lean)
opierać (PERF oprzeć) coś na czymś

restaurant [ˈrestərɒŋ] NOUN
restauracja

□ We don't often go to restaurants.
Nie chodzimy często do restauracji.

restful [ˈrestful] ADJECTIVE
kojący

restless [ˈrestlɪs] ADJECTIVE
niespokojny (fidgety)

restoration [restəˈreɪʃən] NOUN
konserwacja

to **restore** [rɪˈstɔːʳ] VERB
odrestaurowywać (PERF odrestaurować)
(painting, building)

to **restrict** [rɪsˈtrɪkt] VERB
ograniczać (PERF ograniczyć)

rest room NOUN (US)
toaleta

result [rɪˈzʌlt] NOUN
▷ see also **result** VERB
1 skutek (of event, action)
2 rezultat (of match, election)
□ What was the result? — One-nil. Jaki był
rezultat? — Jeden do zera.
3 wynik
□ my exam results moje wyniki egzaminu

to **result** [rɪˈzʌlt] VERB
▷ see also **result** NOUN
■ **to result in** prowadzić (PERF doprowadzić)
do +gen □ Many road accidents result in head
injuries. Wiele wypadków drogowych prowadzi
do urazów głowy.

■ **to result from** wynikać (PERF wyniknąć) z
+gen

to **resume** [rɪˈzjuːm] VERB
podejmować (PERF podjąć) na nowo
□ They've resumed work. Oni na nowo podjęli
pracę.

résumé [ˈreɪzjuːmeɪ] NOUN (US)
życiorys (CV)

to **retire** [rɪˈtaɪəʳ] VERB
przechodzić (PERF przejść) na emeryturę
□ He retired last year. On w zeszłym roku
przeszedł na emeryturę.

retired [rɪˈtaɪəd] ADJECTIVE
emerytowany

■ **She's retired.** Ona jest na emeryturze.

retirement [rɪˈtaɪəmənt] NOUN
emerytura

to **retrace** [rɪˈtreɪs] VERB
odtwarzać (PERF odtworzyć)
□ I retraced my steps. Odtworzyłem moje kroki.

return [rɪˈtɜːn] NOUN
▷ see also **return** VERB

r

1 powrót *(of person)*
□ after our return po naszym powrocie
2 bilet powrotny *(ticket)*
□ A return to Warsaw, please. Poproszę bilet powrotny do Warszawy.
3 klawisz powrotu *(on a computer)*
■ **in return** w zamian □ … and I help her in return. … a ja jej w zamian pomagam.
■ **in return for** w zamian za
■ **Many happy returns of the day!** Wszystkiego najlepszego z okazji urodzin!

to **return** [rɪˈtəːn] VERB
▷ *see also* **return** NOUN
1 wracać (PERF wrócić)
□ I've just returned from holiday. Właśnie wróciłem z urlopu.
2 powracać (PERF powrócić) *(situation, symptom)*
□ If the pain returns, repeat the treatment. Jeśli ból powróci, proszę powtórzyć leczenie.
3 zwracać (PERF zwrócić)
□ She borrows my things and doesn't return them. Ona pożycza moje rzeczy i nie zwraca ich.

reunion [riːˈjuːnɪən] NOUN
zjazd

to **reuse** [riːˈjuːz] VERB
ponownie użyć

to **reveal** [rɪˈviːl] VERB
ujawniać (PERF ujawnić) *(make known)*

revenge [rɪˈvendʒ] NOUN
zemsta
□ in revenge w akcie zemsty
■ **to take revenge on somebody** dokonywać (PERF dokonać) na kimś zemsty □ They planned to take revenge on him. Oni planowali dokonać na nim zemsty.

reverse [rɪˈvəːs] ADJECTIVE
▷ *see also* **reverse** VERB
przeciwny *(process, effect)*
■ **in reverse order** w odwrotnej kolejności
■ **in reverse gear** *(in car)* na biegu wstecznym

to **reverse** [rɪˈvəːs] VERB
▷ *see also* **reverse** ADJECTIVE
cofać (PERF cofnąć się)
□ He reversed without looking. On cofnął się bez spoglądania w tył.
■ **to reverse the charges** dzwonić (PERF zadzwonić) na koszt rozmówcy □ I'd like to reverse the charges to Britain. Chciałbym zadzwonić na koszt rozmówcy do Wielkiej Brytanii.

review [rɪˈvjuː] NOUN
recenzja
□ The book had good reviews. Książka otrzymała dobre recenzje.

to **revise** [rɪˈvaɪz] VERB
powtarzać (PERF powtórzyć) *(study)*
□ I haven't started revising yet. Nie zacząłem jeszcze powtarzać.

revision [rɪˈvɪʒən] NOUN
powtórka *(studying)*
□ Have you done a lot of revision? Zrobiłeś dużo powtórek?

to **revive** [rɪˈvaɪv] VERB
reanimować
□ The nurses tried to revive him. Pielęgniarki próbowały go reanimować.

revolting [rɪˈvəultɪŋ] ADJECTIVE
odrażający

revolution [revəˈluːʃən] NOUN
rewolucja

revolutionary [revəˈluːʃənrɪ] ADJECTIVE
rewolucyjny

revolver [rɪˈvɔlvəʳ] NOUN
rewolwer

reward [rɪˈwɔːd] NOUN
nagroda

rewarding [rɪˈwɔːdɪŋ] ADJECTIVE
dający satysfakcję
□ a rewarding job dająca satysfakcję praca

to **rewind** [riːˈwaɪnd] VERB
przewijać (PERF przewinąć do tyłu)
□ to rewind a cassette przewijać (PERF przewinąć kasetę do tyłu)

rheumatism [ˈruːmətɪzəm] NOUN
reumatyzm

Rhine [raɪn] NOUN
Ren

rhinoceros [raɪˈnɔsərəs] NOUN
nosorożec

rhubarb [ˈruːbɑːb] NOUN
rabarbar
□ a rhubarb tart tarta z rabarbaru

rhythm [ˈrɪðm] NOUN
rytm

rib [rɪb] NOUN
żebro *(part of the body)*

ribbon [ˈrɪbən] NOUN
wstążka

rice [raɪs] NOUN
ryż

rich [rɪtʃ] ADJECTIVE
bogaty
■ **the rich** bogaci

to **rid** [rɪd] VERB
■ **to rid somebody of something** uwalniać (PERF uwolnić kogoś od czegoś)
■ **to get rid of something** pozbywać (PERF pozbyć się czegoś) □ I want to get rid of some old clothes. Chcę się pozbyć kilku starych ubrań.

ridden [ˈrɪdn] VERB ▷ *see* **ride**

ride [raɪd] NOUN
▷ *see also* **ride** VERB
■ **to go for a ride 1** *(on a bicycle)* przejechać się □ We went for a bike ride. Przejechaliśmy się na motocyklu. **2** (US: *in a car*) jechać (PERF pojechać na przejażdżkę)
■ **to give somebody a ride** (US) podwozić (PERF podwieźć kogoś)

to **ride** [raɪd] (PT **rode**, PP **ridden**) VERB
▷ *see also* **ride** NOUN
1 jeździć na +*loc*
□ Can you ride a bike? Umiesz jeździć na rowerze?

2 jechać (PERF pojechać)
□ I'm learning to ride. Uczę się jeździć.

rider ['raɪdə'] NOUN
1 jeździec (on horse)
□ She's a good rider. Ona jest dobrym jeźdźcem.
2 rowerzysta masc
rowerzystka fem (on bicycle)
3 motocyklista masc
motocyklistka fem (on motorcycle)

ridiculous [rɪ'dɪkjuləs] ADJECTIVE
śmieszny
□ Don't be ridiculous! Nie bądź śmieszny!

riding ['raɪdɪŋ] NOUN
jazda konna
■ **to go riding** jeździć konno

rifle ['raɪfl] NOUN
strzelba
□ a hunting rifle strzelba na polowanie

rig [rɪg] NOUN
■ **an oil rig** szyb naftowy

right [raɪt] ADJECTIVE
▷ see also **right** NOUN, ADVERB
1 prawy
□ my right hand moja prawa ręka
2 właściwy (correct)
□ the right answer właściwa odpowiedź
■ **Do you have the right time?** Masz dokładną godzinę?
■ **to be right 1** (person) mieć rację □ You were right! Miałeś rację! **2** (answer) zgadzać (PERF zgodzić się **3** (clock) dobrze chodzić
3 odpowiedni (appropriate)
□ It isn't the right size. To nie jest odpowiedni rozmiar. □ It's not right to behave like that. To nie jest odpowiednie, by tak się zachowywać.
■ **That's right!** To prawda!
■ **You did the right thing.** Postąpił pan/postąpiła pani słusznie.
■ **right!** dobra jest!

right [raɪt] NOUN
▷ see also **right** ADJECTIVE, ADVERB
1 prawa strona (not left)
□ Remember to drive on the right. Pamiętaj, by jechać po prawej stronie.
■ **on the right** po prawej
■ **to the right** na prawo □ Turn right at the traffic lights. Skręć na prawo na światłach
2 prawo (entitlement)
□ It was our right of way. Mieliśmy pierwszeństwo przejazdu.

right [raɪt] ADVERB
▷ see also **right** ADJECTIVE, NOUN
1 poprawnie (correctly)
□ Am I pronouncing it right? Czy poprawnie to wymawiam?
2 słusznie (properly, fairly)
■ **I'll do it right away.** Zrobię to natychmiast.
■ **right ahead** prosto

right-hand ADJECTIVE
■ **the right-hand side** prawa strona □ It's on the right-hand side. To jest po prawej stronie.

right-handed [raɪt'hændɪd] ADJECTIVE
praworęczny

rightly ['raɪtlɪ] ADVERB
słusznie (with reason)
□ She rightly decided not to go. Ona słusznie zdecydowała, by nie iść.
■ **if I remember rightly** jeśli dobrze pamiętam

rim [rɪm] NOUN
oprawka
□ glasses with wire rims okulary w drucianej oprawce

ring [rɪŋ] NOUN
▷ see also **ring** VERB
1 pierścionek (on finger)
□ a gold ring złoty pierścionek
2 koło (of people)
□ to stand in a ring stać w kole
■ **There was a ring at the door.** Zadzwonił ktoś do drzwi. □ I was woken by a ring at the door. Obudził mnie dzwonek do drzwi
■ **to give somebody a ring** (on the telephone) dzwonić (PERF zadzwonić) do kogoś □ I'll give you a ring this evening. Zadzwonię do Ciebie dziś wieczorem.

to ring [rɪŋ] (PT rang, PP rung) VERB
▷ see also **ring** NOUN
dzwonić (PERF zadzwonić)
□ I rang the bell three times. Zadzwoniłem trzy razy. □ The phone's ringing. Dzwoni telefon. □ Your mother rang this morning. Twoja matka zadzwoniła dziś rano.
■ **to ring somebody** dzwonić (PERF zadzwonić) do kogoś □ I'll ring you tomorrow morning. Zadzwonię do Ciebie jutro rano.

to ring back VERB
oddzwaniać (PERF oddzwonić)
□ I'll ring back later. Oddzwonię do Ciebie później.

to ring up VERB
dzwonić (PERF zadzwonić) do +gen

ring binder [-baɪndə'] NOUN
segregator do wpinania dokumentów

ring road NOUN
obwodnica

ringtone ['rɪŋtəun] NOUN
dzwonek na telefon komórkowy

rink [rɪŋk] NOUN
1 lodowisko (for ice skating)
2 tor do jazdy na wrotkach (for roller skating)

to rinse [rɪns] VERB
płukać (PERF spłukać) (dishes)

riot ['raɪət] NOUN
▷ see also **riot** VERB
zamieszki masc pl (disturbance)

to riot ['raɪət] VERB
▷ see also **riot** NOUN
buntować (PERF zbuntować) się

to rip [rɪp] VERB
1 rozedrzeć (PERF rozdzierać)
□ I've ripped my jeans. Rozdarłem dżinsy.
2 drzeć (PERF podrzeć) się
□ My skirt's ripped. Moja spódnica się podarła.

to **rip off** VERB
zdzierać (PERF zedrzeć) z +gen (swindle)
□ The hotel ripped us off. Hotel z nas zdarł.

to **rip up** VERB
podrzeć
□ He read the note and then ripped it up.
On przeczytał notatkę, a potem ją podarł.

ripe [raɪp] ADJECTIVE
dojrzały (fruit)

rip-off ['rɪpɔf] NOUN
zdzierstwo

rise [raɪz] NOUN
▷ see also **rise** VERB
podwyżka
□ a sudden rise in temperature nagłe
podwyższenie temperatury

to **rise** [raɪz] (PT **rose**, PP **risen**) VERB
▷ see also **rise** NOUN
1 podnosić (PERF podnieść) się (move upwards)
2 wzrastać (PERF wzrosnąć)
□ Prices are rising. Ceny wzrastają.
3 wschodzić (PERF wzejść)
□ The sun rises early in June. W czerwcu słońce
wschodzi wcześnie.

riser ['raɪzər] NOUN
■ to be an early riser wcześnie wstawać

risk [rɪsk] NOUN
▷ see also **risk** VERB
ryzyko
■ to take a risk ryzykować (PERF zaryzykować)
■ at one's own risk na własne ryzyko

to **risk** [rɪsk] VERB
▷ see also **risk** NOUN
ryzykować (PERF zaryzykować)
□ You risk getting a fine. Ryzykujesz mandat.

risky ['rɪski] ADJECTIVE
ryzykowny

rival ['raɪvl] NOUN
▷ see also **rival** ADJECTIVE
rywal masc
rywalka fem

rival ['raɪvl] ADJECTIVE
▷ see also **rival** NOUN
1 konkurencyjny
□ a rival company konkurencyjna firma
2 przeciwny
□ a rival gang przeciwny gang

rivalry ['raɪvlrɪ] NOUN
rywalizacja

river ['rɪvər] NOUN
rzeka
□ The river runs alongside the canal. Rzeka płynie
wzdłuż kanału. □ the rivers of Poland rzeki Polski

Riviera [rɪvɪ'eərə] NOUN
Riwiera

road [rəud] NOUN
1 droga (in country)
□ There's a lot of traffic on the roads. Dużo jest
ruchu na drogach.
2 ulica (in town)
□ They live across the road. Oni mieszkają po
drugiej stronie ulicy.

■ It takes four hours by road. Podróż
samochodem trwa cztery godziny.

road map NOUN
mapa samochodowa

road rage NOUN
agresja na drodze

road sign NOUN
znak drogowy

roadworks ['rəudwɜːks] PL NOUN
roboty drogowe

roast [rəust] ADJECTIVE
pieczony
□ roast chicken pieczony kurczak □ roast
potatoes pieczone ziemniaki

to **rob** [rɔb] VERB
okradać (PERF okraść)
□ I've been robbed. Zostałem okradziony.
■ to rob somebody of something
okradać (PERF okraść) kogoś z czegoś
□ He was robbed of his wallet. Okradziono
go z portfela.

robber ['rɔbər] NOUN
złodziej

robbery ['rɔbərɪ] NOUN
rabunek

robin ['rɔbɪn] NOUN
rudzik

robot ['rəubɔt] NOUN
robot

rock [rɔk] NOUN
▷ see also **rock** VERB
1 skała (boulder)
□ I sat on a rock. Usiadłem na skale. □ They
tunnelled through the rock. Oni drążyli tunel
w skale.
2 kamień (stone)
□ The crowd started to throw rocks. Tłum zaczął
rzucać kamieniami.
3 rock (music)
□ a rock concert koncert rockowy □ He's a rock
star. On jest gwiazdą rocka.
■ rock and roll rock and roll
4 twardy cukierek w kształcie laseczki (sweet)
□ a stick of rock twardy cukierek w kształcie
laseczki

WSKAZÓWKI JĘZYKOWE Uwaga! Angielskie
słowo **rock** nie oznacza rok.

to **rock** [rɔk] VERB
▷ see also **rock** NOUN
1 kołysać (PERF ukołysać) (child)
2 trząść (PERF zatrząść) +inst
□ The explosion rocked the building.
Eksplozja zatrzęsła budynkiem.

rockery ['rɔkərɪ] NOUN
ogródek skalny

rocket ['rɔkɪt] NOUN
1 rakieta (spacecraft)
2 raca (firework)

rocking chair ['rɔkɪŋ-] NOUN
fotel bujany

rocking horse ['rɔkɪŋ-] NOUN
koń na biegunach

rod [rɔd] NOUN
1 pręt (pole)
2 wędka (for fishing)

rode [rəud] VERB ▷ see **ride**

role [rəul] NOUN
rola

role play NOUN
inscenizacja
□ to do a role play robić inscenizację

roll [rəul] NOUN
▷ see also **roll** VERB
1 rolka
□ a roll of tape rolka taśmy □ a toilet roll rolka papieru toaletowego
2 bułka
□ a cheese roll bułka z serem

to **roll** [rəul] VERB
▷ see also **roll** NOUN
toczyć (PERF potoczyć)
□ He rolled the dice. On potoczył kostką.
□ The ball rolled into the net. Piłka potoczyła się do siatki.
■ to roll out pastry rozwałkować ciasto

roll call NOUN
odczytywanie listy obecności

roller ['rəuləʳ] NOUN
wałek

Rollerblades® ['rəuləbleidz] PL NOUN
łyżworolki®
□ a pair of Rollerblades para łyżworolek

roller coaster [-'kəustəʳ] NOUN
kolejka górska

roller skates PL NOUN
wrotki

roller skating NOUN
jazda na wrotkach

rolling pin ['rəulɪŋ-] NOUN
wałek do ciasta

Roman ['rəumən] ADJECTIVE
rzymski
□ a Roman villa willa rzymska □ the Roman empire cesarstwo rzymskie

Roman Catholic NOUN
katolik masc
katoliczka fem
□ He's a Roman Catholic. On jest katolikiem.

romance [rə'mæns] NOUN
1 romans (affair)
2 romantyczność
□ the romance of Paris romantyczność Paryża
■ I read a lot of romance. Czytam dużo romansów.

Romania [rə'meɪnɪə] NOUN
Rumunia

Romanian [rə'meɪnɪən] ADJECTIVE
rumuński

romantic [rə'mæntɪk] ADJECTIVE
romantyczny

roof [ruːf] NOUN
dach

roof rack NOUN
bagażnik dachowy (on a car)

room [ruːm] NOUN
1 pokój
□ the biggest room in the house największy pokój w domu □ the music room pokój muzyczny
2 sypialnia
□ She's in her room. Ona jest w swojej sypialni.
■ single room pokój jednoosobowy
■ double room pokój dwuosobowy
3 miejsce
□ There's no room for that box. Nie ma miejsca na to pudełko.
■ to make room for somebody robić (PERF zrobić) komuś miejsce +dat

roommate ['ruːmmeɪt] NOUN
współlokator

root [ruːt] NOUN
korzeń

to **root around** VERB
grzebać (PERF pogrzebać)
□ She started rooting around in her handbag. Ona zaczęła grzebać w swojej torebce.

to **root out** VERB
wykorzeniać (PERF wykorzenić)
□ They are determined to root out corruption. Oni są zdeterminowani, by wykorzenić korupcję.

rope [rəup] NOUN
lina

to **rope in** VERB
ściągać (PERF ściągnąć) do pomocy
□ I was roped in to help with the refreshments. Ściągnięto mnie do pomocy, by pomóc z napojami.

rose [rəuz] VERB ▷ see **rise**

rose [rəuz] NOUN
róża (flower)

to **rot** [rɔt] VERB
1 psuć (PERF popsuć) się (teeth)
2 gnić (PERF zgnić) (wood, fruit)

rotten ['rɔtn] ADJECTIVE
1 zepsuty (decayed)
□ a rotten apple zepsute jabłko
2 okropny (awful)
□ to feel rotten czuć się okropnie

rough [rʌf] ADJECTIVE
1 szorstki
□ My hands are rough. Moje ręce są szorstkie.
2 nierówny (terrain)
3 wzburzony
□ The sea was rough. Morze było wzburzone.
4 brutalny (person)
5 niebezpieczny
□ Rugby's a rough sport. Rugby to niebezpieczny sport. □ It's a rough area. To niebezpieczna okolica.
6 ciężki (life)
7 roboczy (approximate)
■ I've got a rough idea. Mam wstępny pomysł.
■ to feel rough (informal) czuć się źle
■ to sleep rough być bez dachu nad głową

roughly ['rʌflɪ] ADVERB
1 brutalnie *(violently)*
2 mniej więcej *(approximately)*
  □ It weighs roughly 20 kilos. To waży mniej więcej 20 kilo.
  ■ **roughly speaking** mniej więcej

round [raund] ADJECTIVE
  ▷ *see also* **round** NOUN, PREPOSITION
1 okrągły
  □ a round table okrągły stół
2 przybliżony *(approximate)*

round [raund] NOUN
  ▷ *see also* **round** ADJECTIVE, PREPOSITION
1 kolejka
  □ He bought a round of drinks. On kupił kolejkę drinków.
2 runda *(in competition)*
3 partia *(of golf)*
4 runda *(in boxing match)*
  ■ **a round of applause** burza oklasków
  ■ **a round of sandwiches** kanapka

round [raund] PREPOSITION
  ▷ *see also* **round** ADJECTIVE, NOUN
1 naokoło +gen *(surrounding)*
  □ We were sitting round the table. Siedzieliśmy naokoło stołu.
  ■ **She wore a scarf round her neck.** Miała szalik wokół szyi.
2 blisko +gen *(near)*
  □ Is there a chemist's round here? Czy jest tu blisko apteka?
  ■ **round the corner** za rogiem
  ■ **to have a look round** rozglądać (PERF rozejrzeć) się wokół □ We're going to have a look round. Rozejrzyjmy się wokół.
  ■ **to go round to somebody's house** zajść do czyjegoś domu □ I went round to my friend's house. Zaszedłem do domu mojego przyjaciela.
  ■ **round about** *(approximately)* około □ round about 8 o'clock około ósmej
  ■ **round the clock** całą dobę
  ■ **all year round** cały rok
  ■ **all round** wszędzie dookoła □ There were vineyards all round. Wszędzie dookoła były winnice.

to round off VERB
  kończyć (PERF zakończyć)
  □ They rounded off the meal with liqueurs. Zakończyli posiłek likierami.

to round up VERB
1 spędzać (PERF spędzić) *(cattle, sheep)*
2 zgromadzać (PERF zgromadzić) *(people)*
3 zaokrąglać (PERF zaokrąglić) w górę *(price)*

roundabout ['raundəbaut] NOUN
1 rondo *(for vehicles)*
2 karuzela *(at funfair)*

rounders ['raundəz] NOUN
  angielska gra przypominająca baseball

round trip NOUN
  podróż w obie strony

route [ru:t] NOUN
1 podróż *(path, journey)*

We're planning our route. Planujemy naszą podróż.
2 trasa *(of bus, train)*

routine [ru:'ti:n] NOUN
  ustalony porządek

row (1) [rau] NOUN
  ▷ *see also* **row** VERB
  rząd
  □ a row of houses rząd domów
  ■ **in a row** w rzędzie
  ■ **Our seats are in the front row.** Nasze miejsca są w przednim rzędzie.

row (2) [rau] NOUN
  ▷ *see also* **row** VERB
1 hałas *(noise)*
  □ What's that terrible row? Co to za okropny hałas?
2 kłótnia *(noisy quarrel)*
  ■ **to have a row** kłócić (PERF pokłócić) się
  □ They've had a row. Oni się pokłócili.

to row [rəu] VERB
  ▷ *see also* **row** NOUN (1)
1 wiosłować (PERF powiosłować)
  □ We took turns to row. Wiosłowaliśmy na zmiany.
2 płynąć (PERF popłynąć) +inst
  □ We rowed the boat to the island. Powiosłowaliśmy łodzią na wyspę.

rowboat ['rəubəut] NOUN
  łódź wiosłowa

rowing ['rəuɪŋ] NOUN
  wioślarstwo *(sport)*
  □ My hobby is rowing. Moje hobby to wioślarstwo.

royal ['rɔɪəl] ADJECTIVE
  królewski
  ■ **the royal family** rodzina królewska

to rub [rʌb] VERB
1 trzeć (PERF potrzeć) *(with hand, fingers)*
  □ Don't rub your eyes! Nie trzyj oczu!
2 przecierać (PERF przetrzeć) *(with cloth)*

rubber ['rʌbə'] NOUN
1 guma *(substance)*
  □ rubber soles gumowe podeszwy
2 gumka do wycierania
  □ Can I borrow your rubber? Czy mogę pożyczyć Twoją gumkę do wycierania?

rubbish ['rʌbɪʃ] NOUN
  ▷ *see also* **rubbish** ADJECTIVE
1 śmieci *masc pl (refuse)*
  □ When do they collect the rubbish? Kiedy wywożą śmieci?
2 tandeta *(inferior material)*
  □ They sell a lot of rubbish at the market. Na targu sprzedają dużo tandety.
3 bzdury *fem pl (nonsense)*
  □ Don't talk rubbish! Nie opowiadaj bzdur!

rubbish ['rʌbɪʃ] ADJECTIVE
  ▷ *see also* **rubbish** NOUN
  ■ **They're a rubbish team!** Oni są beznadziejną drużyną!

rucksack ['rʌksæk] NOUN
  plecak

rude [ruːd] ADJECTIVE
1 niegrzeczny
□ It's rude to interrupt. Niegrzecznie jest przerywać.
2 wulgarny
□ a rude joke wulgarny dowcip
3 nieprzyzwoity *(noise)*
■ **to be rude to somebody** być niegrzecznym wobec kogoś □ He was very rude to me. On był wobec mnie bardzo niegrzeczny.

rug [rʌg] NOUN
1 chodnik *(carpet)*
□ a Persian rug chodnik perski
2 koc *(blanket)*
□ a tartan rug koc w szkocką kratę

rugby ['rʌgbɪ] NOUN
rugby
□ I play rugby. Gram w rugby.

ruin ['ruːɪn] NOUN
▷ *see also* **ruin** VERB
ruina
□ the ruins of the castle ruiny zamku
■ **to be in ruins** *(building)* lec w gruzach

to **ruin** ['ruːɪn] VERB
▷ *see also* **ruin** NOUN
1 niszczyć (PERF zniszczyć)
□ You'll ruin your shoes. Zniszczysz swoje buty.
2 rujnować (PERF zrujnować)
□ It ruined our holiday. To zrujnowało nasz urlop. □ That one mistake ruined the business. Ta jedna pomyłka zrujnowała biznes.

rule [ruːl] NOUN
1 reguła
■ **It's against the rules.** To niezgodne z przepisami.
2 zasada
□ the rules of grammar zasady gramatyki
■ **as a rule** z reguły

to **rule out** VERB
wykluczać (PERF wykluczyć) *(idea, possibility)*
□ I'm not ruling anything out. Niczego nie wykluczam.

ruler ['ruːlə'] NOUN
linijka *(for measuring)*
□ Can I borrow your ruler? Czy mogę pożyczyć Twoją linijkę?

rum [rʌm] NOUN
rum

rumour ['ruːmə'] (US **rumor**) NOUN
plotka
□ It's just a rumour. To tylko plotka.

rump steak [rʌmp-] NOUN
rumsztyk

run [rʌn] NOUN
▷ *see also* **run** VERB
1 bieg
■ **to go for a run** *(as exercise)* biegać (PERF pobiegać) □ I go for a run every morning. Biegam co rano.
2 punkt *(in cricket)*
□ to score a run zdobyć punkt
■ **in the long run** na dłuższą metę

■ **on the run** w trakcie ucieczki □ The criminals are still on the run. Przestępcy wciąż jeszcze są w trakcie ucieczki.

to **run** [rʌn] VERB
▷ *see also* **run** NOUN
1 przebiegać (PERF przebiec) *(race, distance)*
□ I ran five kilometres. Przebiegłem pięć kilometrów.
2 prowadzić (PERF poprowadzić) *(operate)*
□ He runs a large company. On prowadzi dużą firmę.
3 puszczać (PERF puścić) *(water)*
■ **I'll run you to the station.** Podwiozę pana/panią na dworzec.
■ **to run on batteries** działać na baterie

to **run away** VERB
uciekać (PERF uciec)
□ They ran away before the police came. Oni uciekli, zanim przybyła policja.

to **run out** VERB
■ **Time is running out.** Czas się kończy.
■ **to run out of something** zabraknąć czegoś
□ We ran out of money. Zabrakło nam pieniędzy.

to **run over** VERB
■ **to run somebody over** potrącać (PERF potrącić) kogoś
■ **to get run over** wpaść pod samochód
□ Be careful, or you'll get run over! Uważaj, bo wpadniesz pod samochód!

rung [rʌŋ] VERB ▷ *see* **ring**

runner ['rʌnə'] NOUN
biegacz *masc*
biegaczka *fem (in race)*

runner beans NOUN
fasola Jaś

runner-up [rʌnər'ʌp] NOUN
zdobywca drugiego miejsca *masc*
zdobywczyni drugiego miejsca *fem*

running ['rʌnɪŋ] NOUN
biegi *masc pl (sport)*
□ Running is my favourite sport. Biegi to mój ulubiony sport.

run-up ['rʌnʌp] NOUN
■ **the run-up to ...** okres poprzedzający ...

runway ['rʌnweɪ] NOUN
pas startowy

rural ['ruərl] ADJECTIVE
wiejski

rush [rʌʃ] NOUN
▷ *see also* **rush** VERB
pośpiech
■ **to be in a rush to do something** śpieszyć (PERF pośpieszyć) się ze zrobieniem czegoś

to **rush** [rʌʃ] VERB
▷ *see also* **rush** NOUN
śpieszyć (PERF pośpieszyć) się
□ Everyone rushed outside. Wszyscy pośpieszyli na zewnątrz. □ There's no need to rush. Nie ma potrzeby się śpieszyć.

rush hour NOUN
godziny szczytu
□ in the rush hour w godzinach szczytu

rusk [rʌsk] NOUN
sucharek

Russia ['rʌʃə] NOUN
Rosja

Russian ['rʌʃən] ADJECTIVE
▷ see also **Russian** NOUN
rosyjski

Russian ['rʌʃən] NOUN
▷ see also **Russian** ADJECTIVE
1 Rosjanin *masc*
   Rosjaninka *fem (person)*
2 rosyjski *(language)*

rust [rʌst] NOUN
rdza

rusty ['rʌstɪ] ADJECTIVE
1 zardzewiały
   □ a rusty bike zardzewiały rower
2 zaniedbany
   □ My French is very rusty. Mój francuski jest bardzo zaniedbany.

ruthless ['ruːθlɪs] ADJECTIVE
bezwzględny

rye [raɪ] NOUN
żyto *(cereal)*

Ss

Sabbath ['sæbəθ] NOUN
szabat

sack [sæk] NOUN
▷ see also **sack** VERB
worek
■ **to get the sack** zostać *perf* wyrzuconym z pracy

to **sack** [sæk] VERB
▷ see also **sack** NOUN
wyrzucać (PERF wyrzucić) z pracy
□ He was sacked. Wyrzucono go z pracy.

sacred ['seɪkrɪd] ADJECTIVE
święty

sacrifice ['sækrɪfaɪs] NOUN
poświęcenie

sad [sæd] ADJECTIVE
smutny
□ He was sad to see her go. Było mu smutno, że odeszła.

> WSKAZÓWKI JĘZYKOWE Uwaga! Angielskie słowo **sad** nie oznacza *sad*.

saddle ['sædl] NOUN
1 siodło (for horse)
2 siodełko (on bike, motorbike)

saddlebag ['sædlbæg] NOUN
sakwa

sadly ['sædlɪ] ADVERB
1 smutno (unhappily)
□ 'She's gone,' he said sadly. 'Odeszła' - powiedział ze smutkiem.
2 niestety (unfortunately)
□ Sadly, it was too late. Niestety, było już za późno.

safe [seɪf] ADJECTIVE
▷ see also **safe** NOUN
bezpieczny
□ Don't worry, it's perfectly safe. Nie martw się, jest zupełnie bezpiecznie. □ This car isn't safe. Ten samochód nie jest bezpieczny.
□ You're safe now. Teraz jesteście bezpieczni.

safe [seɪf] NOUN
▷ see also **safe** ADJECTIVE
sejf
□ She put the money in the safe. Włożyła pieniądze do sejfu.

safety ['seɪftɪ] NOUN
bezpieczeństwo

Sagittarius [sædʒɪˈtɛərɪəs] NOUN
Strzelec

□ I'm Sagittarius. Jestem spod znaku Strzelca.

Sahara [səˈhɑːrə] NOUN
■ **the Sahara Desert** pustynia Sahara

said [sɛd] VERB ▷ see **say**

sail [seɪl] NOUN
▷ see also **sail** VERB
żagiel (of boat, yacht)

to **sail** [seɪl] VERB
▷ see also **sail** NOUN
płynąć (PERF wypłynąć)
□ The boat sails at eight o'clock. Łódka wypływa o ósmej.

sailing ['seɪlɪŋ] NOUN
żeglarstwo
□ His hobby is sailing. Żeglarstwo jest jego hobby.
■ **to go sailing** wybierać (PERF wybrać) się na żagle

sailor ['seɪləʳ] NOUN
1 żeglarz *masc*
żeglarka *fem* (for pleasure)
2 marynarz (seaman)

saint [seɪnt] NOUN
święty *masc*
święta *fem*

sake [seɪk] NOUN
■ **for the sake of ...** ze względu na ...

salad ['sæləd] NOUN
sałatka

salami [səˈlɑːmɪ] NOUN
salami

salary ['sælərɪ] NOUN
pensja

sale [seɪl] NOUN
1 sprzedaż
2 wyprzedaż (with reductions)
□ There's a sale on at Harrods. W Harrodsie jest wyprzedaż.
■ **the sales** wyprzedaże
■ **to be on sale 1** (available) być w sprzedaży
2 (reduced) być na wyprzedaży

sales assistant NOUN
sprzedawca *masc*
sprzedawczyni *fem*
□ She's a sales assistant. Jest sprzedawczynią.

salesman ['seɪlzmən] NOUN
akwizytor
□ He's a salesman. Jest akwizytorem.

English-Polish

sales rep NOUN
reprezentant handlowy

saleswoman ['seɪlzwumən] NOUN
akwizytorka
□ She's a saleswoman. Jest akwizytorką.

salmon ['sæmən] NOUN
łosoś

salon ['sælɒn] NOUN
salon
□ a hair salon salon fryzjerski □ a beauty salon
salon piękności

saloon car [sə'luːn-] NOUN
samochód typu sedan

salt [sɔːlt] NOUN
sól

salty ['sɔːltɪ] ADJECTIVE
słony

to salute [sə'luːt] VERB
salutować (PERF zasalutować)

Salvation Army [sæl'veɪʃən-] NOUN
Armia Zbawienia

same [seɪm] ADJECTIVE
1 taki sam (similar)
□ the same model taki sam model
2 ten sam (identical)
■ **at the same time** (simultaneously) w tym
samym czasie

sample ['sɑːmpl] NOUN
próbka

sand [sænd] NOUN
piasek

sandal ['sændl] NOUN
sandał
□ a pair of sandals para sandałów

sand castle NOUN
zamek z piasku

sandwich ['sændwɪtʃ] NOUN
kanapka
□ a cheese sandwich kanapka z serem

sandwich course NOUN
kurs z praktykami

sang [sæŋ] VERB ▷ see **sing**

sanitary towel NOUN
podpaska

sank [sæŋk] VERB ▷ see **sink**

Santa Claus ['sæntə'klɔːz] NOUN
Święty Mikołaj

sarcastic [sɑː'kæstɪk] ADJECTIVE
sarkastyczny

sardine [sɑː'diːn] NOUN
sardynka

sat [sæt] VERB ▷ see **sit**

satchel ['sætʃl] NOUN
torba na ramię

satellite ['sætəlaɪt] NOUN
satelita
□ satellite television telewizja satelitarna

satisfactory [sætɪs'fæktərɪ] ADJECTIVE
zadowalający

satisfied ['sætɪsfaɪd] ADJECTIVE
zadowolony
■ **to be satisfied with something**
być zadowolonym z czegoś

sat nav ['sætnæv] NOUN
nawigacja satelitarna

Saturday ['sætədɪ] NOUN
sobota
□ on Saturday w sobotę □ on Saturdays
w soboty □ every Saturday co sobotę □ last
Saturday w zeszłą sobotę □ next Saturday
w przyszłą sobotę

sauce [sɔːs] NOUN
1 sos (savoury)
2 polewa (sweet)

saucepan ['sɔːspən] NOUN
rondel

saucer ['sɔːsəʳ] NOUN
spodek

Saudi Arabia [saudɪə'reɪbɪə] NOUN
Arabia Saudyjska

sauna ['sɔːnə] NOUN
sauna

sausage ['sɒsɪdʒ] NOUN
kiełbasa

to save [seɪv] VERB
1 ratować (PERF uratować) (rescue)
□ Luckily, all the passengers were saved.
Na szczęście uratowano wszystkich pasażerów.
2 oszczędzać (PERF oszczędzić) (economize on)
□ I saved £20 by waiting for the sales. Czekając
na wyprzedaże, zaoszczędziłem 20 funtów.
■ **to save time** oszczędzać (PERF zaoszczędzić)
czas □ We took a taxi to save time. Żeby
zaoszczędzić czas, pojechaliśmy taksówką.
□ It saved us time. Zaoszczędziło to nam czas.
3 zapisywać (PERF zapisać) (computing)
□ Don't forget to save your work regularly.
Nie zapomnij regularnie zapisywać swoją
pracę.
4 oszczędzać (PERF oszczędzić) (money)
□ I've saved £50 already. Zaoszczędziłem już
50 funtów.

to save up VERB
oszczędzać (PERF zaoszczędzić)
□ I'm saving up for a new bike. Oszczędzam na
nowy rower.

savings ['seɪvɪŋz] PL NOUN
oszczędności
□ She spent all her savings on a computer.
Wydała wszystkie swoje oszczędności na
komputer.

savoury ['seɪvərɪ] ADJECTIVE
niesłodki
□ Is it sweet or savoury? Czy jest słodki czy
słony bądź pikantny?

saw [sɔː] VERB ▷ see **see**

saw [sɔː] NOUN
piła

sax [sæks] NOUN
saksofon
□ I play the sax. Gram na saksofonie.

saxophone ['sæksəfəun] NOUN
saksofon
□ I play the saxophone. Gram na saksofonie.

to **say** [seɪ] VERB
mówić (PERF powiedzieć) *(utter)*

□ What did he say? Co powiedział? □ Did you hear what she said? Czy usłyszałaś, co powiedziała?

■ **to say something to somebody** mówić (PERF powiedzieć) coś komuś

■ **to say goodbye to somebody** żegnać (PERF pożegnać) się z kimś

■ **to say sorry to somebody** przepraszać (PERF przeprosić) kogoś

■ **That goes without saying.** To się rozumie samo przez się.

saying ['seɪɪŋ] NOUN
powiedzenie

□ It's just a saying. To tylko powiedzenie.

scale [skeɪl] NOUN
1 skala

□ a disaster on a massive scale katastrofa na masową skalę □ a large-scale map mapa o dużej skali □ on a scale of 1 to 10 w skali od 1 do 10

2 gama *(music)*
3 łuska *(of fish, reptile)*

scales [skeɪlz] PL NOUN
waga *(for weighing)*

scampi ['skæmpɪ] PL NOUN
panierowane krewetki

scandal ['skændl] NOUN
1 skandal *(shocking event)*

□ It caused a scandal. Wywołało to skandal.

2 plotki *fem pl (gossip)*

□ It's just scandal. To po prostu plotki.

Scandinavia [skændɪ'neɪvɪə] NOUN
Skandynawia

Scandinavian [skændɪ'neɪvɪən] ADJECTIVE
skandynawski

scar [skɑ:] NOUN
blizna

scarce [skɛəs] ADJECTIVE
rzadki

□ scarce resources niedostateczne zasoby

scarcely ['skɛəslɪ] ADVERB
ledwo

□ I scarcely knew him. Ledwo go znałam.

scare [skɛər] NOUN
▷ see also **scare** VERB
panika

■ **a security scare** zagrożenie bezpieczeństwa

to **scare** [skɛər] VERB
▷ see also **scare** NOUN
przestraszać (PERF przestraszyć)

■ **to scare somebody** straszyć (PERF przestraszyć) kogoś □ He scares me. Przestraszy mnie.

scarecrow ['skɛəkrəʊ] NOUN
strach na wróble

scared ['skɛəd] ADJECTIVE

■ **to be scared of somebody** bać się kogoś □ Are you scared of him? Czy się go boisz?

■ **to be scared of something** bać się czegoś

■ **to be scared stiff** śmiertelnie bać się □ I was scared stiff. Śmiertelnie się bałam.

scarf [skɑ:f] NOUN
1 szalik *(long)*
2 chusta *(square)*

scary ['skɛərɪ] ADJECTIVE
straszny

□ It was really scary. To było naprawdę straszne.

scene [si:n] NOUN
1 miejsce *(of crime, accident)*

□ The police were soon on the scene. Wkrótce na miejscu pojawiła się policja. □ the scene of the crime miejsce zbrodni.

2 scena *(sight)*

□ It was an amazing scene. Była to niesamowita scena.

■ **to make a scene** robić (PERF zrobić) scenę

scenery ['si:nərɪ] NOUN
krajobraz

scent [sɛnt] NOUN
zapach *(perfume)*

schedule ['ʃɛdju:l, 'skɛdju:l] NOUN
1 harmonogram *(agenda)*

□ a busy schedule pełny harmonogram

■ **on schedule** według planu

■ **to be ahead of schedule** być przed czasem

■ **to be behind schedule** mieć opóźnienie

2 rozkład jazdy *(of trains, buses)*

scheduled flight ['ʃɛdju:ld-, 'skɛdju:ld-] NOUN
lot rejsowy

scheme [ski:m] NOUN
1 program

□ a council road-widening scheme program rady dotyczący rozszerzenia drogi

2 plan

□ A crazy scheme he dreamed up. Szalony plan, który sobie wymarzył.

scholarship ['skɒləʃɪp] NOUN
stypendium

school [sku:l] NOUN
szkoła

■ **to go to school** iść/chodzić (PERF pójść) do szkoły

schoolbag NOUN
tornister

schoolbook NOUN
podręcznik

schoolboy ['sku:lbɔɪ] NOUN
uczeń

schoolchildren ['sku:ltʃɪldrən] PL NOUN
uczniowie

schoolgirl ['sku:lgə:l] NOUN
uczennica

school uniform NOUN
mundurek szkolny

science ['saɪəns] NOUN
nauka

■ **the sciences** nauki ścisłe

science fiction NOUN
fantastyka naukowa

scientific [saɪən'tɪfɪk] ADJECTIVE
naukowy

scientist ['saɪəntɪst] NOUN
naukowiec

scissors ['sɪzəz] PL NOUN
nożyce

□ a pair of scissors nożyczki

to **scoff** [skɒf] VERB
żreć (PERF zeżreć)

□ My brother scoffed all the sandwiches.
Mój brat zeżarł wszystkie kanapki.

scone [skɒn] NOUN
rodzaj bułeczki

scooter ['sku:tər] NOUN
1 skuter (motor scooter)
2 hulajnoga (child's toy)

score [skɔ:r] NOUN
▷ see also **score** VERB
wynik

□ The score was three nil. Mecz zakończył się
wynikiem trzy do zera.

to **score** [skɔ:r] VERB
▷ see also **score** NOUN
zdobywać (PERF zdobyć)

□ to score a goal zdobyć perf gola □ Who's
going to score? Kto zdobędzie gola?

Scorpio ['skɔ:pɪəu] NOUN
Skorpion

□ I'm Scorpio. Jestem spod znaku Skorpiona.

Scot [skɒt] NOUN
Szkot masc
Szkotka fem

Scotch tape® ['skɒtʃ-] NOUN
taśma klejąca

Scotland ['skɒtlənd] NOUN
Szkocja

Scots [skɒts] ADJECTIVE
szkocki

□ a Scots accent szkocki akcent

Scotsman ['skɒtsmən] NOUN
Szkot

Scotswoman ['skɒtswumən] NOUN
Szkotka

Scottish ['skɒtɪʃ] ADJECTIVE
szkocki

□ a Scottish accent szkocki akcent

scout [skaut] NOUN
harcerz (boy scout)

■ the Scouts harcerstwo □ I'm in the Scouts.
Jestem w harcerstwie.

scrambled eggs ['skræmbld-] NOUN
jajecznica sing

scrap [skræp] NOUN
▷ see also **scrap** VERB
1 skrawek

□ a scrap of paper skrawek papieru
2 bójka (fight)

■ scrap metal złom

to **scrap** [skræp] VERB
▷ see also **scrap** NOUN
1 przeznaczać (PERF przeznaczyć na złom) (car)
2 rezygnować (PERF zrezygnować z +gen)

□ The idea was scrapped. Zrezygnowano z tego
pomysłu.

scrapbook ['skræpbuk] NOUN
album z wycinkami

scratch [skrætʃ] NOUN
▷ see also **scratch** VERB
1 rysa (on car)
2 zadrapanie (on body)

■ to do something from scratch robić
(PERF zrobić) coś od zera

to **scratch** [skrætʃ] VERB
▷ see also **scratch** NOUN
1 rysować (PERF porysować) (car)
2 drapać (PERF podrapać) (because of itch)

□ Stop scratching! Przestań się drapać!
3 drapać (PERF zadrapać) (cat)

scream [skri:m] NOUN
▷ see also **scream** VERB
krzyk

to **scream** [skri:m] VERB
▷ see also **scream** NOUN
krzyczeć (PERF krzyknąć)

□ to scream something krzyczeć (PERF krzyknąć)
coś □ to scream at somebody krzyczeć
(PERF krzyknąć) na kogoś

screen [skri:n] NOUN
ekran

screensaver ['skri:nseɪvər] NOUN
wygaszacz ekranu

screw [skru:] NOUN
śruba

screwdriver ['skru:draɪvər] NOUN
śrubokręt

to **scribble** ['skrɪbl] VERB
gryzmolić (PERF nagryzmolić)

to **scrub** [skrʌb] VERB
szorować (PERF wyszorować)

□ to scrub a pan szorować (PERF wyszorować)
patelnię

sculpture ['skʌlptʃər] NOUN
1 rzeźbiarstwo (art)
2 rzeźba (object)

sea [si:] NOUN
morze

seafood ['si:fu:d] NOUN
owoce morza masc pl

□ I don't like seafood. Nie lubię owoców
morza.

seagull ['si:gʌl] NOUN
mewa

seal [si:l] NOUN
▷ see also **seal** VERB
1 foka (animal)
2 pieczęć (official stamp)

to **seal** [si:l] VERB
▷ see also **seal** NOUN
zaklejać (PERF zakleić) (envelope)

seaman ['si:mən] NOUN
marynarz

search [sə:tʃ] NOUN
▷ see also **search** VERB
1 poszukiwania neut pl (for missing person)
2 przeszukanie (of place)
3 szukanie (in computing)

to **search** [səːtʃ] VERB
▷ see also **search** NOUN
przeszukiwać (PERF przeszukać) (person, place)

■ **to search for somebody** poszukiwać kogoś
□ They searched for her. Poszukiwali jej.

search engine NOUN
wyszukiwarka

search party NOUN
ekipa poszukiwawcza

seashore [ˈsiːʃɔːʳ] NOUN
brzeg morza

□ on the seashore nad brzegiem morza

seasick [ˈsiːsɪk] ADJECTIVE
■ **to be seasick** cierpieć na chorobę morską

seaside [ˈsiːsaɪd] NOUN
wybrzeże

□ at the seaside nad morzem

season [ˈsiːzn] NOUN
1 pora roku

□ What's your favourite season? Jaka jest twoja ulubiona pora roku?

2 sezon

□ the football season sezon piłkarski
■ **out of season** poza sezonem □ It's cheaper to go there out of season. Taniej jest tam pojechać poza sezonem.

seat [siːt] NOUN
1 siedzenie (chair)
2 miejsce (in cinema)

□ Are there any seats left? Czy są jakieś wolne miejsca?
■ **to take a seat** zajmować (PERF zająć) swoje miejsce

seat belt NOUN
pas bezpieczeństwa

sea water NOUN
woda morska

seaweed [ˈsiːwiːd] NOUN
wodorosty masc pl

second [ˈsɛkənd] ADJECTIVE
▷ see also **second** NOUN
drugi

□ on the second page na drugiej stronie

second [ˈsɛkənd] NOUN
▷ see also **second** ADJECTIVE
sekunda

□ It'll only take a second. To zajmie tylko sekundę.
■ **Just a second!** Chwileczkę!

secondary school NOUN
szkoła średnia

second-class [ˈsɛkəndˈklɑːs] ADJECTIVE
▷ see also **second-class** ADVERB
1 zwykły (stamp)
2 drugiej klasy (ticket)

second-class [ˈsɛkəndˈklɑːs] ADVERB
▷ see also **second-class** ADJECTIVE
drugą klasą (travel)

■ **to send something second class** wysyłać (PERF wysłać) coś jako zwykły list

secondhand [ˈsɛkəndˈhænd] ADJECTIVE
używany

□ a secondhand car używany samochód

secondly [ˈsɛkəndlɪ] ADVERB
po drugie

□ Firstly, it's too expensive. Secondly, it wouldn't work anyway. Po pierwsze, jest za drogie. Po drugie, i tak nie będzie działać.

secret [ˈsiːkrɪt] ADJECTIVE
▷ see also **secret** NOUN
tajny

□ a secret mission tajna misja

secret [ˈsiːkrɪt] NOUN
▷ see also **secret** ADJECTIVE
sekret

□ It's a secret. To tajemnica. □ Can he keep a secret? Czy potrafi dochować tajemnicy?
■ **in secret** potajemnie

secretary [ˈsɛkrətərɪ] NOUN
sekretarz masc
sekretarka fem

□ She's a secretary. Jest sekretarką.

secretly [ˈsiːkrɪtlɪ] ADVERB
potajemnie

section [ˈsɛkʃən] NOUN
1 część (part)
2 dział (department)

security [sɪˈkjʊərɪtɪ] NOUN
1 środki bezpieczeństwa (precautions)

□ a campaign to improve airport security kampania mająca na celu poprawienie bezpieczeństwa na lotnisku

2 bezpieczeństwo (of person)

□ a feeling of security poczucie bezpieczeństwa

security guard NOUN
1 strażnik masc
strażniczka fem (at building)
2 konwojent masc
konwojentka fem (transporting money)

sedan [səˈdæn] NOUN (US)
samochód typu sedan

to **see** [siː] (PT saw, PP seen) VERB
1 widzieć (PERF zobaczyć)

□ I can't see. Nie widzę. □ I can see something. Widzę coś.
■ **Let me see. 1** (show me) Pokaż. **2** (let me think) Niech pomyślę.

2 widywać (PERF widzieć się +inst) (meet)

□ Have you seen him? Czy widziałaś go?
□ I saw him yesterday. Widziałam go wczoraj.
■ **See you later!** Do zobaczenia!

3 oglądać (PERF obejrzeć) (film)
4 rozumieć (PERF zrozumieć) (understand)

□ I see. Rozumiem.
■ **You see ...** (in explanations) Otóż ...
■ **As far as I can see ...** O ile się orientuję ...

5 zobaczyć perf (find out)

□ I'll see what I can do. Zobaczę, co mogę zrobić.
■ **to see to something** (deal with) dopilnować perf czegoś □ Can you see to the kids, please? Czy możesz przypilnować dzieci?

seed [siːd] NOUN
nasienie

to **seek** [siːk] (PT, PP **sought**) VERB
szukać +gen
□ to seek help from somebody szukać pomocy u kogoś

to **seem** [siːm] VERB
wydawać (PERF wydać) się
□ She seems tired. Wydaje się być zmęczona.
□ The shop seemed to be closed. Sklep wydawał się być zamknięty.

seen [siːn] VERB ▷ see **see**

seesaw ['siːsɔː] NOUN
huśtawka

see-through ['siːθruː] ADJECTIVE
przezroczysty

seldom ['sɛldəm] ADVERB
rzadko

to **select** [sɪ'lɛkt] VERB
wybierać (PERF wybrać)

selection [sɪ'lɛkʃən] NOUN
wybór

self-assured [sɛlfə'ʃuəd] ADJECTIVE
pewny siebie
□ He's very self-assured. Jest bardzo pewny siebie.

self-catering [sɛlf'keɪtərɪŋ] ADJECTIVE
z wyżywieniem we własnym zakresie

self-centred (US **self-centered**) [sɛlf'sɛntəd] ADJECTIVE
egocentryczny

self-confidence [sɛlf'kɒnfɪdns] NOUN
wiara w siebie
□ He hasn't got much self-confidence. Nie ma dużo pewności siebie.

self-conscious [sɛlf'kɒnʃəs] ADJECTIVE
skrępowany
■ to be self-conscious about something być czymś skrępowanym □ She was really self-conscious at first. Na początku była naprawdę skrępowana. □ He's always been rather self-conscious. Zawsze jest dość skrępowany.

self-contained [sɛlfkən'teɪnd] ADJECTIVE
■ a self-contained flat samodzielne mieszkanie

self-control [sɛlfkən'trəul] NOUN
samokontrola

self-defence [sɛlfdɪ'fɛns] (US **self-defense**) NOUN
samoobrona
□ self-defence classes lekcje samoobrony
■ in self-defence w samoobronie

self-discipline [sɛlf'dɪsɪplɪn] NOUN
samodyscyplina

self-employed [sɛlfɪm'plɔɪd] ADJECTIVE
pracujący na własny rachunek
□ He's self-employed. Pracuje na własny rachunek.

selfish ['sɛlfɪʃ] ADJECTIVE
samolubny
□ Don't be so selfish. Nie bądź taki samolubny.

self-respect [sɛlfrɪs'pɛkt] NOUN
szacunek dla samego siebie

self-service [sɛlf'səːvɪs] ADJECTIVE
samoobsługowy

to **sell** [sɛl] VERB
sprzedawać (PERF sprzedać)
□ He sold it to me. Sprzedał mi to. perf

to **sell off** VERB
wyprzedawać (PERF wyprzedać)

to **sell out** VERB
zostać wyprzedany perf
□ The tickets sold out in three hours. Bilety zostały wyprzedane w trzy godziny. □ The show didn't quite sell out. Bilety na przedstawienie nie były wyprzedane.

sell-by date ['sɛlbaɪ-] NOUN
data ważności

selling price ['sɛlɪŋ-] NOUN
cena sprzedaży

Sellotape® ['sɛləuteɪp] NOUN
taśma klejąca

semi ['sɛmɪ] NOUN
(dom) bliźniak
□ We live in a semi. Mieszkamy w bliźniaku.

semicircle ['sɛmɪsəːkl] NOUN
półkole

semicolon [sɛmɪ'kəulən] NOUN
średnik

semi-detached house [sɛmɪdɪ'tætʃt-] NOUN
(dom) bliźniak
□ We live in a semi-detached house. Mieszkamy w bliźniaku.

semi-final [sɛmɪ'faɪnl] NOUN
półfinał

semi-skimmed milk [sɛmɪ'skɪmd-] NOUN
mleko półtłuste

to **send** [sɛnd] VERB
■ to send something to somebody wysyłać (PERF wysłać) coś komuś □ She sent me a birthday card. Przysłała mi kartę urodzinową.

to **send back** VERB
odsyłać (PERF odesłać) (goods)

to **send off** VERB
usuwać (PERF usunąć) z boiska (player)
□ He was sent off. Został usunięty z boiska.
■ to send off for something wysłać prośbę o coś lub zamówienie czegoś □ I've sent off for a brochure. Zamówiliśmy broszurę.

to **send out** VERB
wysyłać (PERF wysłać) (invitation)
■ to send out for something wysłać (PERF wysłać) po coś □ Shall we send out for a pizza? Może wyślemy po pizzę?

sender ['sɛndəʳ] NOUN
nadawca

senior ['siːnɪəʳ] ADJECTIVE
1 wyższy rangą (staff, officer)
2 wysoki (job, position)

senior citizen NOUN
emeryt masc
emerytka fem

sensational [sɛn'seɪʃənl] ADJECTIVE
1 wspaniały (wonderful)

2 sensacyjny *(surprising)*

sense [sɛns] NOUN
1 zmysł
   □ the five senses pięć zmysłów
   ■ **sense of smell** węch □ a keen sense of smell dobry węch
   ■ **sense of humour** poczucie humoru
   □ He's got no sense of humour. Nie ma w ogóle poczucia humoru.
2 rozsądek *(good sense)*
   □ Use your common sense! Używaj zdrowego rozsądku.
   ■ **it makes sense 1** *(can be understood)* to ma sens **2** *(is sensible)* to jest rozsądne

senseless ['sɛnslɪs] ADJECTIVE
bezsensowny *(pointless)*

sensible ['sɛnsɪbl] ADJECTIVE
1 rozsądny *(person)*
   □ Be sensible! Bądź rozsądny!
2 praktyczny *(shoes)*

sensitive ['sɛnsɪtɪv] ADJECTIVE
wrażliwy *(person)*
   □ She's very sensitive. Jest bardzo wrażliwa.
   ■ **to be sensitive to something** *(somebody's feelings)* być wyczulonym na coś

sensuous ['sɛnsjuəs] ADJECTIVE
zmysłowy

sent [sɛnt] VERB ▷ *see* **send**

sentence ['sɛntns] NOUN
   ▷ *see also* **sentence** VERB
1 zdanie
   □ What does this sentence mean? Co znaczy to zdanie?
2 wyrok *(law)*
   □ the death sentence wyrok śmierci

to **sentence** ['sɛntns] VERB
   ▷ *see also* **sentence** NOUN
   ■ **to sentence somebody to death** skazywać (PERF skazać) kogoś na śmierć

sentimental [sɛntɪ'mɛntl] ADJECTIVE
sentymentalny *(person)*

separate ['sɛprɪt] ADJECTIVE
   ▷ *see also* **separate** VERB
   osobny
   □ I wrote it on a separate sheet. Napisałem to na osobnej kartce.

to **separate** ['sɛpəreɪt] VERB
   ▷ *see also* **separate** ADJECTIVE
1 rozdzielać (PERF rozdzielić) *(people, things)*
2 rozchodzić (PERF rozejść) się
   □ My parents are separated. Moi rodzice są w separacji.

separately ['sɛprɪtlɪ] ADVERB
osobno

separation [sɛpə'reɪʃən] NOUN
oddzielenie

September [sɛp'tɛmbər] NOUN
wrzesień
   ■ **in September** we wrześniu

sequel ['siːkwl] NOUN
dalszy ciąg *(to film, story)*

sequence ['siːkwəns] NOUN
porządek *(order)*

sergeant ['sɑːdʒənt] NOUN
sierżant

serial ['sɪərɪəl] NOUN
1 serial *(on TV, radio)*
2 powieść w odcinkach *(in magazine)*

series ['sɪəriːz] NOUN
1 seria *(of things)*
2 seria
   □ a TV series serial

serious ['sɪərɪəs] ADJECTIVE
poważny
   □ You look very serious. Wyglądasz bardzo poważnie. □ Are you serious? Czy pan/pani mówi poważnie?

seriously ['sɪərɪəslɪ] ADVERB
poważnie
   □ No, but seriously ... Nie, ale poważnie ...
   □ to take somebody seriously brać (PERF wziąć) kogoś na poważnie

sermon ['sɜːmən] NOUN
kazanie

servant ['sɜːvənt] NOUN
służący *masc*
służąca *fem*

serve [sɜːv] NOUN
   ▷ *see also* **serve** VERB
   serw *(in tennis)*

to **serve** [sɜːv] VERB
   ▷ *see also* **serve** NOUN
1 podawać (PERF podać)
   □ Dinner is served. Obiad podany.
2 odbywać (PERF odbyć) *(prison term)*
3 obsługiwać (PERF obsłużyć) *(in shop, bar)*
4 serwować (PERF zaserwować) *(in tennis)*
   □ It's Murray's turn to serve. Teraz kolej na serw Murraya.
   ■ **it serves you right** dobrze tak panu/pani

server ['sɜːvər] NOUN
serwer *(computer)*

service ['sɜːvɪs] NOUN
   ▷ *see also* **service** VERB
1 usługa *(facility)*
2 obsługa *(in restaurant)*
   □ Service is included. Usługa wliczona.
3 połączenie *(bus service)*
4 nabożeństwo *(ceremony)*
5 przegląd
   □ The car is due for a service. Czas na przeprowadzenie przeglądu samochodu.
   ■ **military service** służba wojskowa

to **service** ['sɜːvɪs] VERB
   ▷ *see also* **service** NOUN
   dokonywać (PERF dokonać) przeglądu +gen *(vehicle, machine)*
   ■ **to have one's car serviced** oddawać (PERF oddać) samochód do przeglądu

service area NOUN
stacja benzynowa oraz inne zakłady usługowe przy zjeździe z autostrady

service charge NOUN
opłata za obsługę *(in restaurant)*

□ There's no service charge. Nie pobieramy opłaty za obsługę.

serviceman ['sə:vɪsmən] NOUN
żołnierz

□ He's a serviceman. Jest żołnierzem.

service station NOUN
stacja obsługi

servicewoman ['sə:vɪswumən] NOUN
kobieta żołnierz

□ She's a servicewoman. Jest żołnierzem.

serviette [sə:vɪ'et] NOUN
serwetka

session ['seʃən] NOUN
sesja

set [set] NOUN
▷ *see also* **set** VERB
1 komplet *(of cutlery, saucepans etc)*

□ a set of dining-room furniture komplet mebli stołowych □ a set of keys komplet kluczy

■ **a chess set** szachy
2 telewizor *(television set)*
3 set *(in tennis)*

to set [set] (PT, PP set) VERB
▷ *see also* **set** NOUN
1 umieszczać (PERF umieścić *(put)*
2 przygotowywać (PERF przygotować *(table)*
3 ustalać (PERF ustalić *(time, price)*
4 ustanawiać (PERF ustanowić

□ The world record was set last year. Rekord świata został ustanowiony w ubiegłym roku.
5 nastawiać (PERF nastawić *(adjust)*

□ I set the alarm for 7 o'clock. Nastawiłem budzik na siódmą rano.
6 zachodzić (PERF zajść *(sun)*

□ The sun was setting. Słońce zachodziło.
■ **a novel set in Rome** powieść, której akcja rozgrywa się w Rzymie

■ **to set somebody free** uwalniać (PERF uwolnić kogoś

to set off VERB
■ **to set off for** wyruszać (PERF wyruszyć do
+gen □ We set off for London at 9 o'clock. Wyruszyliśmy do Londynu o dziewiątej rano.

to set out VERB
wyruszać (PERF wyruszyć

□ We set out for London at 9 o'clock. Wyruszyliśmy do Londynu o dziewiątej rano.

settee [se'ti:] NOUN
sofa

to settle ['setl] VERB
1 rozstrzygać (PERF rozstrzygnąć *(argument)*
2 regulować (PERF uregulować *(bill)*

■ **That's settled then!** No to załatwione!

to settle down VERB
1 osiedlać (PERF osiedlić się *(live stable life)*
2 uspokajać (PERF uspokoić się *(become calm)*

to settle in VERB
przyzwyczajać (PERF przyzwyczaić się

seven ['sevn] NUMBER
siedem

□ Katie is seven. Katie ma siedem lat.

seventeen [sevn'ti:n] NUMBER
siedemnaście

□ He's seventeen. Ma siedemnaście lat.

seventeenth [sevn'ti:nθ] ADJECTIVE
siedemnasty

□ her seventeenth birthday jej siedemnaste urodziny □ the seventeenth floor siedemnaste piętro

seventh ['sevnθ] ADJECTIVE
siódmy

□ the seventh floor siódme piętro

seventy ['sevntɪ] NUMBER
siedemdziesiąt

several ['sevərl] ADJECTIVE, PRONOUN
kilka

□ several schools kilka szkół □ I've seen several of them. Widziałem kilka z nich.

to sew [səu] VERB
szyć (PERF uszyć

□ to sew something together zszywać (PERF zszyć coś

to sew up VERB
zszywać (PERF zszyć

sewing ['səuɪŋ] NOUN
szycie

□ I like sewing. Lubię szyć.

sewn [səun] VERB ▷ *see* **sew**

sex [seks] NOUN
1 płeć *(gender)*
2 seks

□ to have sex with somebody uprawiać z kimś seks

sexism ['seksɪzəm] NOUN
seksizm

sexist ['seksɪst] ADJECTIVE
seksistowski

sexual ['seksjuəl] ADJECTIVE
1 seksualny *(relationship)*

□ sexual harassment molestowanie seksualne
2 płciowy

□ sexual discrimination dyskryminacja płciowa

sexuality [seksju'ælɪtɪ] NOUN
seksualność

sexy ['seksɪ] ADJECTIVE
seksowny

shabby ['ʃæbɪ] ADJECTIVE
1 zaniedbany *(clothes, place)*
2 obdarty *(person)*

shade [ʃeɪd] NOUN
1 cień

■ **in the shade** w cieniu □ It was 35 degrees in the shade. Było 35 stopni w cieniu.
2 odcień

□ a shade of blue odcień koloru niebieskiego
3 abażur *(lampshade)*

shadow ['ʃædəu] NOUN
cień

to **shake** [ʃeɪk] VERB
1 potrząsać (PERF potrząsnąć) +inst
  □ She shook the rug. Potrząsnęła dywanikiem.
2 drżeć (PERF zadrżeć)
  □ He was shaking with cold. Drżał z zimna.
  ■ **to shake one's head** kręcić (PERF pokręcić) głową
  ■ **to shake hands with somebody** uścisnąć perf komuś dłoń □ They shook hands. Podali sobie ręce.

shaken ['ʃeɪkən] ADJECTIVE
wstrząśnięty
  □ I was feeling a bit shaken. Czułem się nieco wstrząśnięty.

shaky ['ʃeɪkɪ] ADJECTIVE
drżący (hand)

shall [ʃæl] VERB
  ■ **I shall go** pójdę
  ■ **Shall I open the door?** Czy mam otworzyć drzwi?
  ■ **I'll get some, shall I?** Przyniosę trochę, dobrze?

shallow ['ʃæləʊ] ADJECTIVE
płytki (water)

shambles ['ʃæmblz] NOUN
bałagan
  □ It's a complete shambles. Kompletny bałagan!

shame [ʃeɪm] NOUN
wstyd (disgrace)
  □ The shame of it! Co za wstyd!
  ■ **It is a shame that ...** (pity) Szkoda, że ...
  □ It's a shame he isn't here. Szkoda, że go tu nie ma.
  ■ **It would be a shame to waste this.** Szkoda byłoby to zmarnować.
  ■ **What a shame!** Jaka szkoda!

shampoo [ʃæm'puː] NOUN
szampon
  □ a bottle of shampoo butelka szamponu

shandy ['ʃændɪ] NOUN
piwo z lemoniadą

shan't [ʃɑːnt] = **shall not**

shape [ʃeɪp] NOUN
kształt
  ■ **in the shape of a heart** w kształcie serca

share [ʃeər] NOUN
  ▷ see also **share** VERB
1 część (part)
  □ Everybody pays their share. Każdy opłacił swoją część.
2 udział (in company)
  □ They've got shares in the company. Mają udziały w firmie.

to **share** [ʃeər] VERB
  ▷ see also **share** NOUN
1 dzielić
  □ to share a room with somebody dzielić z kimś pokój
2 dzielić (PERF podzielić) (job, cooking)
  ■ **to share something between ...** dzielić (PERF podzielić) coś pomiędzy +inst ...

to **share out** VERB
rozdzielać (PERF rozdzielić)
  □ They shared the sweets out among the children. Rozdzielili słodycze wśród dzieci.

shark [ʃɑːk] NOUN
rekin

sharp [ʃɑːp] ADJECTIVE
1 ostry (knife)
2 nagły (increase, change)
3 bystry (quick-witted)
  □ She's very sharp. Jest bardzo bystra.
  ■ **at 2 o'clock sharp** punktualnie o godzinie drugiej

to **shave** [ʃeɪv] VERB
golić (PERF ogolić)
  □ to shave one's legs golić nogi

shaver ['ʃeɪvər] NOUN
  ■ **an electric shaver** golarka

shaving cream ['ʃeɪvɪŋ-] NOUN
krem do golenia

shaving foam ['ʃeɪvɪŋ-] NOUN
pianka do golenia

she [ʃiː] PRONOUN
ona (woman, girl)
  □ She's very nice. Ona jest bardzo miła.
  LANGUAGE TIP In Polish, personal pronouns (such as 'I', 'she' and so on) are very frequently omitted, for example **Jest bardzo miła**. These pronouns can be used if you want to stress that 'she' (and not someone else) is very nice.

shed [ʃed] NOUN
szopa

she'd [ʃiːd] = **she had, she would**

sheep [ʃiːp] NOUN
owca

sheepdog ['ʃiːpdɒg] NOUN
owczarek

sheer [ʃɪər] ADJECTIVE
czysty
  □ It's sheer greed. To czysta chciwość.

sheet [ʃiːt] NOUN
1 prześcieradło (on bed)
2 kartka (of paper)
3 tafla (of glass, metal)

shelf [ʃelf] (PL **shelves**) NOUN
półka

shell [ʃel] NOUN
1 muszla (on beach)
2 skorupa (of tortoise, snail)
3 pocisk (explosive)

she'll [ʃiːl] = **she will**

shellfish ['ʃelfɪʃ] NOUN
1 skorupiak
2 małże (as food)

shell suit NOUN
dres ortalionowy

shelter ['ʃeltər] NOUN
1 schronienie (building)
2 osłona (protection)
  ■ **to take shelter from something** znajdować (PERF znaleźć) schronienie przed czymś

shelves [ʃɛlvz] PL NOUN ▷ see **shelf**

shepherd [ˈʃɛpəd] NOUN
pasterz *masc*
pasterka *fem*

sheriff [ˈʃɛrɪf] NOUN
szeryf

sherry [ˈʃɛrɪ] NOUN
sherry

she's [ʃiːz] = she is, she has

Shetland [ˈʃɛtlənd] NOUN
Szetlandy

shield [ʃiːld] NOUN
tarcza

shift [ʃɪft] NOUN
▷ see also **shift** VERB
zmiana
□ His shift starts at 8 o'clock. Jego zmiana zaczyna się o ósmej rano. □ the night shift nocna zmiana

to **shift** [ʃɪft] VERB
▷ see also **shift** NOUN
przesuwać (PERF przesunąć)
□ I couldn't shift the wardrobe on my own. Sama nie mogłam przesunąć szafy.

shifty [ˈʃɪftɪ] ADJECTIVE
cwany
□ He looked shifty. Wyglądał na cwanego.

shin [ʃɪn] NOUN
goleń

to **shine** [ʃaɪn] (PT, PP **shone**) VERB
świecić (PERF zaświecić)
□ The sun was shining. Świeciło słońce.

shiny [ˈʃaɪnɪ] ADJECTIVE
błyszczący

ship [ʃɪp] NOUN
statek

shipbuilding [ˈʃɪpbɪldɪŋ] NOUN
budownictwo okrętowe

shipwreck [ˈʃɪprɛk] NOUN
wrak

shipwrecked [ˈʃɪprɛkt] ADJECTIVE
■ **to be shipwrecked** rozbijać (PERF rozbić) się

shipyard [ˈʃɪpjɑːd] NOUN
stocznia

shirt [ʃəːt] NOUN
koszula

to **shiver** [ˈʃɪvəʳ] VERB
drżeć (PERF zadrżeć)

shock [ʃɔk] NOUN
▷ see also **shock** VERB
szok
■ **to be in shock** być w szoku
■ **electric shock** porażenie

to **shock** [ʃɔk] VERB
▷ see also **shock** NOUN
szokować (PERF zszokować)
□ They were shocked by the tragedy. Byli zszokowani tą tragedią. □ I was rather shocked by her attitude. Jej postawa raczej zszokowała mnie.

shocking [ˈʃɔkɪŋ] ADJECTIVE
szokujący (outrageous)
□ It's shocking! Szokujące!

shoe [ʃuː] NOUN
but
□ a pair of shoes buty

shoelace [ˈʃuːleɪs] NOUN
sznurowadło

shoe polish NOUN
pasta do butów

shoe shop NOUN
sklep obuwniczy

shone [ʃɔn] VERB ▷ see **shine**

shook [ʃʊk] VERB ▷ see **shake**

to **shoot** [ʃuːt] VERB
1 zastrzelić *perf* (person, animal)
□ He was shot by a sniper. Zastrzelił go snajper. □ He was shot at dawn. Został zastrzelony o świcie.
■ **Don't shoot!** Nie strzelajcie!
2 kręcić (PERF nakręcić)
□ The film was shot in Prague. Film nakręcono w Pradze.
3 strzelać (PERF strzelić) (in football)

shooting [ˈʃuːtɪŋ] NOUN
1 strzelanina
□ They heard shooting. Usłyszeli strzelaninę. □ a drive-by shooting strzelanie z jadącego samochodu
2 polowanie (hunting)
□ to go shooting iść (PERF pójść) na polowanie

shop [ʃɔp] NOUN
sklep
□ a sports shop sklep sportowy

shop assistant NOUN
sprzedawca *masc*
sprzedawczyni *fem*
□ She's a shop assistant. Jest sprzedawczynią.

shopkeeper [ˈʃɔpkiːpəʳ] NOUN
sklepikarz *masc*
sklepikarka *fem*
□ He's a shopkeeper. Jest sklepikarzem.

shoplifting [ˈʃɔplɪftɪŋ] NOUN
kradzież sklepowa

shopping [ˈʃɔpɪŋ] NOUN
zakupy *masc pl*
□ Can you get the shopping from the car? Czy możesz przynieść zakupy z samochodu?
■ **to do the shopping** robić (PERF zrobić) zakupy
■ **to go shopping** iść/chodzić (PERF pójść) na zakupy

shop window NOUN
wystawa sklepowa

shore [ʃɔːʳ] NOUN
brzeg
■ **on shore** na lądzie

short [ʃɔːt] ADJECTIVE
1 krótki (in time, length)
□ a short skirt krótka spódnica □ short hair krótkie włosy
2 niski (not tall)
□ She's quite short. Jest dość niska.
■ **to be short of something** nie mieć czegoś
□ I'm short of money. Brakuje mi pieniędzy.

shortage [ˈʃɔːtɪdʒ] NOUN
niedobór
□ a water shortage brak wody

short cut NOUN
skrót
□ I took a short cut. Poszedłem na skróty.

shorthand [ˈʃɔːthænd] NOUN
stenografia

shortly [ˈʃɔːtlɪ] ADVERB
wkrótce

shorts [ʃɔːts] PL NOUN
szorty
■ **a pair of shorts** para szortów

short-sighted [ʃɔːtˈsaɪtɪd] ADJECTIVE
krótkowzroczny

short story NOUN
opowiadanie

shot [ʃɒt] VERB ▷ see **shoot**

shot [ʃɒt] NOUN
1 wystrzał (from gun)
2 strzał (in football)
3 zastrzyk (injection)
4 ujęcie (in photography)
□ a shot of Edinburgh Castle ujęcie zamku w Edynburgu

shotgun [ˈʃɒtɡʌn] NOUN
śrutówka

should [ʃʊd] VERB
■ **You should take more exercise.**
(indicating advisability) Powinnaś więcej ćwiczyć.
■ **I should have told you before.**
(indicating obligation) Powinienem był ci powiedzieć wcześniej.
■ **He should be there by now.**
(indicating likelihood) Już powinien tu być.

shoulder [ˈʃəʊldəʳ] NOUN
bark

shouldn't [ˈʃʊdnt] = **should not**

shout [ʃaʊt] NOUN
▷ see also **shout** VERB
krzyk

to **shout** [ʃaʊt] VERB
▷ see also **shout** NOUN
krzyczeć (PERF krzyknąć
□ Don't shout! Nie krzycz! □ 'Go away!' he shouted. 'Uciekaj!' - krzyknął.

shovel [ˈʃʌvl] NOUN
łopata

show [ʃəʊ] NOUN
▷ see also **show** VERB
1 okazanie (display)
2 pokaz (exhibition)
3 przedstawienie (in the theatre)
4 program (on TV)
■ **on show** wystawiany

to **show** [ʃəʊ] (PT **showed**, PP **shown**) VERB
▷ see also **show** NOUN
1 pokazywać (PERF pokazać
□ She showed great courage. Wykazała się dużą odwagą.
■ **to show somebody something** pokazywać (PERF pokazać coś komuś □ Have I shown you

my new trainers? Czy pokazałam ci już moje nowe tenisówki?
■ **to show somebody how to do something**
pokazywać (PERF pokazać komuś jak coś zrobić
■ **to show that ...** pokazywać (PERF pokazać, że ...
2 przedstawiać (PERF przedstawić (illustrate, depict)
3 być widocznym (be visible)
□ I've never been riding before. — It shows. Nigdy wcześniej nie jeździła konno. — Widać.

to **show off** VERB
popisywać (PERF popisać się

to **show up** VERB
1 ukazywać (PERF ukazać się (be visible)
2 pojawiać (PERF pojawić się (arrive)
□ He showed up late as usual. Jak zwykle pojawił się spóźniony.

shower [ˈʃaʊəʳ] NOUN
1 przelotny deszcz (rain)
2 prysznic (for washing)
■ **to have a shower** brać (PERF wziąć prysznic

showerproof [ˈʃaʊəpruːf] ADJECTIVE
przeciwdeszczowy

showing [ˈʃəʊɪŋ] NOUN
pokaz (of film)

shown [ʃəʊn] VERB ▷ see **show**

show-off [ˈʃəʊɒf] NOUN
pozer masc
pozerka fem

shrank [ʃræŋk] VERB ▷ see **shrink**

to **shriek** [ʃriːk] VERB
wrzeszczeć (PERF wrzasnąć

shrimps [ʃrɪmps] PL NOUN
krewetki

to **shrink** [ʃrɪŋk] (PT **shrank**, PP **shrunk**) VERB
kurczyć (PERF skurczyć się

Shrove Tuesday [ʃrəʊv-] NOUN

> **CZY WIESZ, ŻE...?**
> **Shrove Tuesday** (polskie Ostatki) to dzień poprzedzający Środę Popielcową i początek Wielkiego Postu. Ponieważ tradycyjnie w Wielkiej Brytanii je się wtedy naleśniki (**pancakes**), dzień ten również nazywany jest **Pancake Day** (Dzień naleśników).

to **shrug** [ʃrʌɡ] VERB
■ **to shrug one's shoulders** wzruszać (PERF wzruszyć ramionami

shrunk [ʃrʌŋk] VERB ▷ see **shrink**

to **shudder** [ˈʃʌdəʳ] VERB
drżeć

to **shuffle** [ˈʃʌfl] VERB
tasować (PERF potasować (cards)
■ **to shuffle along** przechodzić (PERF przejść powłócząc nogami

to **shut** [ʃʌt] VERB
zamykać (PERF zamknąć
□ What time do you shut? O której państwo zamykają? □ What time do the shops shut? O której zamykają się sklepy?

to **shut down** VERB
zamykać (PERF zamknąć) *(factory etc)*

□ The cinema shut down last year. Kino zamknięto rok temu.

to **shut up** VERB
zamykać (PERF zamknąć się)

□ Shut up! Zamknij się!

shutters ['ʃʌtəz] PL NOUN
okiennice

shuttle ['ʃʌtl] NOUN
transport wahadłowy *(plane, bus)*

shuttlecock ['ʃʌtlkɔk] NOUN
lotka

shy [ʃaɪ] ADJECTIVE
1 nieśmiały *(person)*
2 płochliwy *(animal)*

Sicily ['sɪsɪlɪ] NOUN
Sycylia

sick [sɪk] ADJECTIVE
chory

□ He was sick for four days. Był chory przez cztery dni. □ That's really sick! To jest naprawdę chore!

■ **to be sick** wymiotować (PERF zwymiotować)

■ **to feel sick** źle się czuć (PERF poczuć)

■ **to be sick of something** *(informal)* mieć dość czegoś □ I'm sick of your jokes. Mam dość twoich żartów.

sickening ['sɪknɪŋ] ADJECTIVE
obrzydliwy

sick leave NOUN
zwolnienie lekarskie

sickness ['sɪknɪs] NOUN
choroba *(illness)*

sick note NOUN
zwolnienie lekarskie

sick pay NOUN
wypłata za okres choroby

side [saɪd] NOUN
1 strona

□ on the other side of something po drugiej stronie czegoś
2 bok *(not back or front)*

■ **side by side** tuż obok siebie
3 strona *(of road, bed)*

□ He was driving on the wrong side of the road. Jechał złą stroną drogi.
4 drużyna *(team)*
5 strona *(of argument, debate)*

□ They are on our side. Oni są po naszej stronie.

■ **to take somebody's side** opowiadać (PERF opowiedzieć) się po czyjejś stronie □ She always takes his side. Zawsze bierze jego stronę.

■ **by the side of** przy +*loc* □ by the side of the lake przy jeziorze

sideboard ['saɪdbɔːd] NOUN
kredens

side-effect ['saɪdɪfɛkt] NOUN
skutek uboczny

side street NOUN
boczna ulica

sidewalk ['saɪdwɔːk] NOUN (US)
chodnik

sideways ['saɪdweɪz] ADVERB
1 w bok *(move)*
2 z ukosa *(look)*

sieve [sɪv] NOUN
sito

sigh [saɪ] NOUN
▷ *see also* **sigh** VERB
westchnienie

to **sigh** [saɪ] VERB
▷ *see also* **sigh** NOUN
wzdychać (PERF westchnąć)

sight [saɪt] NOUN
1 wzrok *(faculty)*

□ to have poor sight mieć słaby wzrok

■ **out of sight** niewidoczny

■ **I know her by sight.** Znam ją z widzenia.
2 widok *(spectacle)*

□ It was an amazing sight. Był to niesamowity widok.

■ **the sights** atrakcje turystyczne

sightseeing ['saɪtsiːɪŋ] NOUN
zwiedzanie

■ **to go sightseeing** zwiedzać (PERF zwiedzić)

sign [saɪn] NOUN
▷ *see also* **sign** VERB
znak *(notice)*

□ There was a big sign saying 'private'. Był tam duży znak z napisem 'Teren prywatny'.

■ **star sign** znak zodiaku

to **sign** [saɪn] VERB
▷ *see also* **sign** NOUN
podpisywać (PERF podpisać)

□ to sign one's name podpisywać (PERF podpisać się (imieniem i) nazwiskiem

to **sign on** VERB
zgłaszać (PERF zgłosić) się jako bezrobotny *(as unemployed)*

■ **to sign on for something** *(course etc)* zapisywać (PERF zapisać) się na coś

signal ['sɪgnl] NOUN
▷ *see also* **signal** VERB
1 sygnał *(radio, television)*
2 znak *(indication)*

to **signal** ['sɪgnl] VERB
▷ *see also* **signal** NOUN
sygnalizować (PERF zasygnalizować) *(while driving)*

■ **to signal to somebody** dawać (PERF dać) komuś znak

signalman ['sɪgnlmən] NOUN
sygnalista

signature ['sɪgnətʃəʳ] NOUN
podpis

significance [sɪg'nɪfɪkəns] NOUN
znaczenie

significant [sɪg'nɪfɪkənt] ADJECTIVE
1 ważny *(important)*
2 znaczny *(considerable)*

sign language NOUN
język migowy

signpost ['saɪnpəust] NOUN
znak drogowy

silence ['saɪləns] NOUN
cisza

■ **in silence** w ciszy

silencer ['saɪlənsə^r] NOUN
tłumik

silent ['saɪlənt] ADJECTIVE
cichy

silicon chip ['sɪlɪkən-] NOUN
układ scalony

silk [sɪlk] NOUN
▷ see also **silk** ADJECTIVE
jedwab

silk [sɪlk] ADJECTIVE
▷ see also **silk** NOUN
jedwabny

□ a silk scarf jedwabna apaszka

silky ['sɪlkɪ] ADJECTIVE
jedwabisty

silly ['sɪlɪ] ADJECTIVE
głupi

silver ['sɪlvə^r] ADJECTIVE
1 siwy (hair)
2 srebrny

□ a silver medal srebrny medal

SIM card ['sɪm-] NOUN
karta SIM

similar ['sɪmɪlə^r] ADJECTIVE
podobny

■ **to be similar to something** być podobnym
do czegoś

simple ['sɪmpl] ADJECTIVE
1 prosty (easy)

□ It's very simple. To jest bardzo proste.
2 zwyczajny (basic)

■ **He's a bit simple.** (not intelligent) Jest
niezbyt wykształcony.

simply ['sɪmplɪ] ADVERB
po prostu

□ It's simply not possible. To po prostu nie jest
możliwe.

simultaneous [sɪməl'teɪnɪəs] ADJECTIVE
jednoczesny

sin [sɪn] NOUN
▷ see also **sin** VERB
grzech

to sin [sɪn] VERB
▷ see also **sin** NOUN
grzeszyć (PERF zgrzeszyć)

since [sɪns] ADVERB
▷ see also **since** PREPOSITION, CONJUNCTION
od tego czasu (from then onwards)

□ I haven't seen him since. Od tamtego czasu
nie widziałem go.

since [sɪns] PREPOSITION
▷ see also **since** ADVERB, CONJUNCTION
1 od +gen (from)

□ since Christmas od Bożego Narodzenia
□ I've been here since the end of June. Jestem
tu od końca czerwca. □ since then od tej pory
2 po +loc (after)

since [sɪns] CONJUNCTION
▷ see also **since** ADVERB, PREPOSITION

1 odkad (from when)

□ I haven't seen her since she left. Nie
widziałem jej od czasu, gdy wyjechała.
2 od kiedy (after)
3 ponieważ (as)

□ Since you're tired, let's stay at home.
Ponieważ jesteście zmęczeni, zostańmy
w domu. □ Since it was Saturday, he stayed
in bed. Ponieważ to była sobota, leżał w
łóżku

sincere [sɪn'sɪə^r] ADJECTIVE
szczery

sincerely [sɪn'sɪəlɪ] ADVERB
szczerze

■ **yours sincerely** z wyrazami szacunku

to sing [sɪŋ] VERB
śpiewać (PERF zaśpiewać)

□ He sang out of tune. Śpiewał, fałszując.

singer ['sɪŋə^r] NOUN
śpiewak masc
śpiewaczka fem

singing ['sɪŋɪŋ] NOUN
1 śpiewanie (activity)
2 śpiew (sounds)

single ['sɪŋgl] ADJECTIVE
▷ see also **single** NOUN
1 jeden (solitary)
2 stanu wolnego (unmarried)

■ **every single day** codziennie

single ['sɪŋgl] NOUN
▷ see also **single** ADJECTIVE
1 bilet w jedną stronę (single ticket)

□ A single to Toulouse, please. Proszę bilet
w jedną stronę do Tuluzy.
2 singiel (record)

single parent NOUN
rodzic samotnie wychowujący dziecko

singles ['sɪŋglz] NOUN
gra singlowa (in tennis)

□ the women's singles gra singlowa kobiet

singular ['sɪŋgjulə^r] NOUN
■ **the singular** liczba pojedyncza □ in the
singular w liczbie pojedynczej

sinister ['sɪnɪstə^r] ADJECTIVE
złowieszczy

sink [sɪŋk] NOUN
▷ see also **sink** VERB
zlew

to sink [sɪŋk] (PT **sank**, PP **sunk**) VERB
▷ see also **sink** NOUN
tonąć (PERF zatonąć)

sir [sə^r] NOUN
pan

■ **yes, sir** tak, proszę pana
■ **Dear Sir** Szanowny Panie
■ **Dear Sir or Madam** Szanowni Państwo

siren ['saɪərn] NOUN
syrena

sister ['sɪstə^r] NOUN
siostra

□ my little sister moja młodsza siostra
■ **my brothers and sisters** moje rodzeństwo

sister-in-law ['sɪstərɪnlɔː] NOUN
1 szwagierka *(husband or wife's sister)*
2 bratowa *(brother's wife)*

to **sit** [sɪt] VERB
1 siedzieć *(be sitting)*
   □ She sat on the chair. Siedziała na krześle.
2 podchodzić (PERF podejść do+gen (exam)

to **sit down** VERB
   siadać (PERF usiąść

   ■ **to be sitting down** siedzieć

sitcom ['sɪtkɔm] NOUN
   sitcom

site [saɪt] NOUN
1 miejsce *(of event)*
2 plac budowy *(building site)*
3 witryna internetowa *(website)*
4 stanowisko *(archaeological)*

sitting room ['sɪtɪŋ-] NOUN
   salon

situated ['sɪtjueɪtɪd] ADJECTIVE
   ■ **to be situated on something** być
   usytuowanym na czymś □ The village is situated
   on a hill. Wioska znajduje się na wzgórzu.

situation [sɪtju'eɪʃən] NOUN
   sytuacja

six [sɪks] NUMBER
   sześć
   □ He's six. Ma sześć lat.

sixteen [sɪks'tiːn] NUMBER
   szesnaście
   □ He's sixteen. Ma szesnaście lat.

sixteenth [sɪks'tiːnθ] ADJECTIVE
   szesnasty
   □ the sixteenth floor szesnaste piętro

sixth [sɪksθ] ADJECTIVE
1 szósty *(in series)*
   □ the sixth floor szóste piętro
2 szósta część *(fraction)*

sixth form NOUN

   CZY WIESZ, ŻE...?
   Sixth form – w szkołach brytyjskich
   są to dwa lata nauki po ukończeniu
   obowiązkowej edukacji w wieku 16 lat.
   Uczniowie przygotowują się wtedy do
   egzaminów maturalnych **A-levels**.

sixty ['sɪkstɪ] NUMBER
   sześćdziesiąt

size [saɪz] NOUN
1 wielkość *(of object)*
2 rozmiar
   □ What size shoes do you take? Jaki pan/pani
   nosi rozmiar butów?

to **skate** [skeɪt] VERB
1 jeździć na łyżwach *(ice skate)*
2 jeździć na wrotkach *(roller skate)*

skateboard ['skeɪtbɔːd] NOUN
   deskorolka

skateboarding ['skeɪtbɔːdɪŋ] NOUN
   jazda na deskorolce
   □ to go skateboarding jeździć na deskorolce

skates [skeɪts] PL NOUN
   łyżwy

skating ['skeɪtɪŋ] NOUN
   łyżwiarstwo *(ice-skating)*

   ■ **to go skating 1** *(on ice skates)* jeździć na
   łyżwach **2** *(on roller skates)* jeździć na wrotkach

skeleton ['skelɪtn] NOUN
   szkielet

sketch [sketʃ] NOUN
   ▷ see also **sketch** VERB
1 szkic *(drawing)*
2 zarys *(outline)*

to **sketch** [sketʃ] VERB
   ▷ see also **sketch** NOUN
   szkicować (PERF naszkicować

ski [skiː] NOUN
   ▷ see also **ski** VERB
   narta

to **ski** [skiː] VERB
   ▷ see also **ski** NOUN
   jeździć na nartach
   □ Can you ski? Czy umiesz jeździć na nartach?

to **skid** [skɪd] VERB
   wpadać (PERF wpaść w poślizg *(car)*

skier ['skiːər] NOUN
   narciarz masc
   narciarka fem

skiing ['skiːɪŋ] NOUN
   narciarstwo

   ■ **to go skiing** jeździć na nartach

skilful ['skɪlful] ADJECTIVE
1 zręczny *(person, player)*
2 sprawny *(choice, management)*

skill [skɪl] NOUN
   umiejętność
   □ He played with great skill. Grał z wielką
   umiejętnością.

skilled [skɪld] ADJECTIVE
1 wykwalifikowany *(person)*
2 wymagający kwalifikacji *(work)*

skimmed milk [skɪmd-] NOUN
   mleko odtłuszczone

skimpy ['skɪmpɪ] ADJECTIVE
   kusy *(clothes)*

skin [skɪn] NOUN
   skóra

skinhead ['skɪnhed] NOUN
   skin

skinny ['skɪnɪ] ADJECTIVE
   chudy

skin-tight ADJECTIVE
   opięty

to **skip** [skɪp] VERB
   ▷ see also **skip** NOUN
1 podskakiwać (PERF podskoczyć *(hop)*
2 opuszczać (PERF opuścić *(miss)*
   □ to skip a meal opuścić posiłek

skip [skɪp] NOUN
   ▷ see also **skip** VERB
   kontener *(container)*

skirt [skəːt] NOUN
   spódnica

skittles ['skɪtlz] PL NOUN
   kręgle

□ to play skittles grać w kręgle

to **skive** [skaɪv] VERB
wymigiwać (PERF wymigać się

to **skive off** VERB
urywać (PERF urwać się z +gen
□ to skive off school urwać się ze szkoły

skull [skʌl] NOUN
czaszka

sky [skaɪ] NOUN
niebo

skyscraper ['skaɪskreɪpə'] NOUN
drapacz chmur

slack [slæk] ADJECTIVE
luźny (rope, skin)

to **slag off** [slæg-] VERB
■ to slag somebody off obgadywać
(PERF obgadać kogoś

to **slam** [slæm] VERB
trzaskać (PERF trzasnąć +inst
□ The door slammed. Drzwi trzasnęły.
□ She slammed the door. Trzasnęła drzwiami.

slang [slæŋ] NOUN
slang

slap [slæp] NOUN
▷ see also **slap** VERB
klepnięcie
■ to give somebody a slap uderzyć perf kogoś

to **slap** [slæp] VERB
▷ see also **slap** NOUN
uderzać (PERF uderzyć

slate [sleɪt] NOUN
dachówka łupkowa (on roof)

sledge [sledʒ] NOUN
sanie

sledging ['sledʒɪŋ] NOUN
■ to go sledging jeździć na saniach

sleep [sliːp] NOUN
▷ see also **sleep** VERB
1 sen
■ to have a good night's sleep dobrze się
wyspać
2 drzemka (nap)
■ to go to sleep zasypiać (PERF zasnąć

to **sleep** [sliːp] (PT, PP **slept**) VERB
▷ see also **sleep** NOUN
spać
□ I couldn't sleep last night. Nie mogłem spać
zeszłej nocy.

to **sleep around** VERB
puszczać się

to **sleep in** VERB
zasypiać (PERF zaspać
□ I'm sorry I'm late, I slept in. Przepraszam
za spóźnienie, zaspałem.

to **sleep together** VERB
spać (PERF przespać się ze sobą

sleeping bag ['sliːpɪŋ-] NOUN
śpiwór

sleeping pill ['sliːpɪŋ-] NOUN
tabletka nasenna

sleepy ['sliːpɪ] ADJECTIVE
śpiący

□ I was feeling sleepy. Byłem śpiący.

sleet [sliːt] NOUN
▷ see also **sleet** VERB
deszcz ze śniegiem

to **sleet** [sliːt] VERB
▷ see also **sleet** NOUN
□ It's sleeting. Pada deszcz ze śniegiem.

sleeve [sliːv] NOUN
rękaw
■ with long sleeves z długim rękawem
■ with short sleeves z krótkim rękawem

sleigh [sleɪ] NOUN
sanie

slept [slept] VERB ▷ see **sleep**

slice [slaɪs] NOUN
▷ see also **slice** VERB
1 plasterek (of meat, lemon)
2 kromka (of bread)

to **slice** [slaɪs] VERB
▷ see also **slice** NOUN
kroić (PERF pokroić
■ sliced bread pokrojony chleb

slick [slɪk] NOUN
■ an oil slick plama ropy

slide [slaɪd] NOUN
▷ see also **slide** VERB
1 zjeżdżalnia (in playground)
2 slajd (in photography)
3 wsuwka do włosów (hair slide)

to **slide** [slaɪd] VERB
▷ see also **slide** NOUN
przesuwać (PERF przesunąć

slight [slaɪt] ADJECTIVE
niewielki
□ a slight problem niewielki problem
□ a slight improvement niewielka poprawa

slightly ['slaɪtlɪ] ADVERB
nieco

slim [slɪm] ADJECTIVE
▷ see also **slim** VERB
szczupły

to **slim** [slɪm] VERB
▷ see also **slim** ADJECTIVE
chudnąć (PERF schudnąć (lose weight)
□ I'm slimming. Odchudzam się.

sling [slɪŋ] NOUN
temblak
□ She had her arm in a sling. Miała rękę
na temblaku.

slip [slɪp] NOUN
▷ see also **slip** VERB
1 pomyłka (mistake)
2 kawałek (of paper)

to **slip** [slɪp] VERB
▷ see also **slip** NOUN
pośliznąć się perf
□ He slipped on the ice. Pośliznął się na
lodzie.

to **slip up** VERB
mylić (PERF pomylić się (make mistake)

slipper ['slɪpə'] NOUN
kapeć

S

541

slippery ['slɪpərɪ] ADJECTIVE
śliski

slip-up ['slɪpʌp] NOUN
pomyłka

slope [sləup] NOUN
zbocze *(gentle hill)*
■ **ski slope** stok narciarski

sloppy ['slɔpɪ] ADJECTIVE
niedbały *(careless)*

slot [slɔt] NOUN
1 otwór *(in machine)*
2 okienko *(in timetable)*

slot machine NOUN
1 automat z napojami *(for drinks)*
2 automat do gier *(for gambling)*

slow [sləu] ADJECTIVE
▷ *see also* **slow** ADVERB
powolny
□ We are behind a very slow lorry.
Jesteśmy za bardzo powolną ciężarówką.
■ **My watch is 20 minutes slow.**
Mój zegarek spóźnia się o dwadzieścia minut.

slow [sləu] ADVERB
▷ *see also* **slow** ADJECTIVE
wolno
□ to go slow iść (PERF chodzić) wolno
□ Drive slower! Jeź wolniej!

to **slow down** VERB
zwalniać (PERF zwolnić)

slowly ['sləulɪ] ADVERB
powoli

slug [slʌg] NOUN
ślimak

slum [slʌm] NOUN
slums *(area)*

slush [slʌʃ] NOUN
sentymentalna ckliwość

sly [slaɪ] ADJECTIVE
1 chytry *(smile)*
2 fałszywy *(expression, remark)*
3 przebiegły *(person)*

smack [smæk] NOUN
▷ *see also* **smack** VERB
uderzenie

> WSKAZÓWKI JĘZYKOWE Uwaga! Angielskie słowo **smack** nie oznacza smak.

to **smack** [smæk] VERB
▷ *see also* **smack** NOUN
dawać (PERF dać) klapsa +dat *(as punishment)*

small [smɔːl] ADJECTIVE
mały

> ZASÓB SŁOWNICTWA
> Zamiast słowa **small** można użyć szeregu
> innych słów w celu wyrażenia terminu 'little':
> **miniature** miniaturowy
> □ a miniature version miniaturowa wersja
> **minute** maleńki
> □ a minute plant maleńka roślina
> **tiny** malutki
> □ a tiny garden malutki ogród

smart [smɑːt] ADJECTIVE
1 elegancki *(elegant)*
2 bystry *(clever)*

smart phone NOUN
smartphone

smash [smæʃ] NOUN
▷ *see also* **smash** VERB
kolizja *(car crash)*

to **smash** [smæʃ] VERB
▷ *see also* **smash** NOUN
tłuc (PERF stłuc)
□ I've smashed my watch. Stłukł mi się
zegarek. □ The glass smashed into tiny
pieces. Szklanka stłukła się na małe
kawałeczki.

smashing ['smæʃɪŋ] ADJECTIVE
fantastyczny
□ I think he's smashing. Myślę, że jest
fantastyczny.

smell [smɛl] NOUN
▷ *see also* **smell** VERB
zapach
■ **sense of smell** węch

to **smell** [smɛl] (PT, PP smelt or smelled) VERB
▷ *see also* **smell** NOUN
1 czuć (PERF poczuć)
□ I can't smell anything. Nic nie czuję.
2 śmierdzieć
□ That old dog really smells! Ten stary pies
naprawdę śmierdzi!
■ **to smell of** pachnieć +inst □ It smells of
roses. Pachnie różami.

smelly ['smɛlɪ] ADJECTIVE
śmierdzący
□ He's got smelly feet. Ma śmierdzące stopy.

smelt [smɛlt] VERB ▷ *see* **smell**

smile [smaɪl] NOUN
▷ *see also* **smile** VERB
uśmiech

to **smile** [smaɪl] VERB
▷ *see also* **smile** NOUN
■ **to smile at somebody** uśmiechać
(PERF uśmiechnąć) się do kogoś

smiley ['smaɪlɪ] NOUN
uśmieszek

smoke [sməuk] NOUN
▷ *see also* **smoke** VERB
dym

to **smoke** [sməuk] VERB
▷ *see also* **smoke** NOUN
palić (PERF wypalić)
□ Do you smoke? Czy pan/pani pali?
□ I don't smoke. Nie palę. □ He smokes cigars.
Pali cygara.

smoker ['sməukər] NOUN
palacz *masc*
palaczka *fem (person)*

smoking ['sməukɪŋ] NOUN
palenie
■ **'no smoking'** 'zakaz palenia'

smooth [smuːð] ADJECTIVE
gładki *(not rough)*

SMS ABBREVIATION (= short message service)
sms

□ I'll send you an SMS. Wyślę ci SMS-a.

smudge [smʌdʒ] NOUN
plama

smug [smʌg] ADJECTIVE
zadowolony z siebie

to **smuggle** ['smʌgl] VERB
przemycać (PERF przemycić)

■ **to smuggle something in** przemycać
(PERF przemycić) coś do środka □ to smuggle
cigarettes into a country przemycać
(PERF przemycić) papierosy do kraju

smuggler ['smʌglə'] NOUN
przemytnik masc
przemytniczka fem

smuggling ['smʌglɪŋ] NOUN
przemyt

smutty ['smʌtɪ] ADJECTIVE
nieprzyzwoity

□ a smutty story nieprzyzwoita historia

snack [snæk] NOUN
przekąska

■ **to have a snack** przekąsić perf coś

snack bar NOUN
bar szybkiej obsługi

snail [sneɪl] NOUN
ślimak

snake [sneɪk] NOUN
wąż

to **snap** [snæp] VERB
łamać (PERF złamać) (stick)

□ The branch snapped. Gałąź złamała się.

■ **to snap one's fingers** pstrykać (PERF
pstryknąć) palcami

snap fastener [-fɑːsnə'] NOUN
zatrzask

snapshot ['snæpʃɒt] NOUN
zdjęcie (photo)

to **snarl** [snɑːl] VERB
warczeć (PERF zawarczeć)

to **snatch** [snætʃ] VERB
1 chwytać (PERF chwycić) (grab)
2 wyrywać (PERF wyrwać) (steal)

to **sneak** [sniːk] VERB
■ **to sneak out** wymykać (PERF wymknąć) się
■ **to sneak a look at something** zerkać
(PERF zerknąć) na coś

to **sneeze** [sniːz] VERB
kichać (PERF kichnąć)

to **sniff** [snɪf] VERB
1 pociągać (PERF pociągnąć) nosem
□ Stop sniffing! Przestań pociągać nosem.
2 wąchać (PERF powąchać)
□ The dog sniffed my hand. Pies powąchał
moją rękę.

snob [snɒb] NOUN
snob masc
snobka fem

snooker ['snuːkə'] NOUN
snooker

□ to play snooker grać w snookera

snooze [snuːz] NOUN
drzemka

■ **to have a snooze** zdrzemnąć perf się

to **snore** [snɔː'] VERB
chrapać (PERF chrapnąć)

snow [snəʊ] NOUN
▷ see also **snow** VERB
śnieg

to **snow** [snəʊ] VERB
▷ see also **snow** NOUN
■ **It's snowing.** Pada śnieg.

snowball ['snəʊbɔːl] NOUN
śnieżka

snowflake ['snəʊfleɪk] NOUN
płatek śniegu

snowman ['snəʊmæn] NOUN
bałwan (śniegowy)

□ to build a snowman lepić (PERF ulepić)
bałwana

so [səʊ] ADVERB, CONJUNCTION

> LANGUAGE TIP There are several ways
> of translating **so**. Scan the examples to
> find one that is similar to what you want
> to say.

1 tak (thus, likewise, very)
□ They do so because ... Robią tak, ponieważ ...
□ if so jeśli tak □ I hope so. Mam nadzieję, że
tak.

■ **If you don't want to go, say so.** Jeśli pan/
pani nie chce iść, proszę powiedzieć.

■ **it's five o'clock — so it is!** jest piąta —
rzeczywiście!

■ **so far** do tej pory □ It's been easy so far.
Do tej pory było to całkiem łatwe.

■ **and so on** i tak dalej

■ **So do I.** Ja też. □ I love horses. — So do I.
Uwielbiam konie. — Ja też.

■ **not so clever as** (in comparisons) nie tak
mądry jak □ He's like his sister but not so
clever. Jest podobny do swojej siostry, tylko nie
jest taki mądry. □ It was so heavy! Jakie to
ciężkie! □ He was talking so fast I couldn't
understand. Mówił tak szybko, że nie mogłem
zrozumieć.

■ **so much 1** tak bardzo □ I love you so much.
Tak bardzo cię kocham. **2** tak dużo □ There's
so much work to do. Jest tak dużo pracy do
zrobienia.

■ **so many** tak dużo □ I've got so many things
to do. Mam dziś tak dużo do zrobienia.

2 tak więc (linking events)
□ So, have you always lived in London?
Tak więc, czy zawsze mieszkałeś w Londynie?
□ So how was your day? Więc jak minął panu/
pani dzień?

■ **ten or so** (approximately) dziesięć lub coś
koło tego

3 więc
□ The shop was closed, so I went home.
Sklep był zamknięty, więc poszedłem do domu.
□ It rained, so I got wet. Padało, więc zmokłem.

■ **so that** aby

S

543

■ I brought it so that she could see it.
Przyniosłem to, żeby mogła zobaczyć.
■ **so as to** aby

to **soak** [səuk] VERB
1 moczyć (PERFzmoczyć) (drench)
2 namaczać (PERFnamoczyć) (leave in water)

soaked [səukt] ADJECTIVE
przemoczony (person, clothes)
□ By the time we got back we were soaked.
Zanim wróciliśmy, zupełnie przemokliśmy.

soaking ['səukɪŋ] ADJECTIVE
przemoczony
□ By the time we got back we were soaking.
Zanim wróciliśmy, przemokliśmy do suchej
nitki. □ Your shoes are soaking wet. Twoje buty
są przemoczone.

soap [səup] NOUN
mydło

soap opera NOUN
opera mydlana

soap powder NOUN
proszek do prania

to **sob** [sɒb] VERB
szlochać (PERFzaszlochać)
□ She was sobbing. Szlochała.

sober ['səubər] ADJECTIVE
trzeźwy

to **sober up** VERB
trzeźwieć (PERFwytrzeźwieć)

soccer ['sɒkər] NOUN
piłka nożna
□ to play soccer grać w piłkę nożną

social ['səuʃl] ADJECTIVE
1 społeczny
□ a social class klasa społeczna
2 towarzyski (event, function)

socialism ['səuʃəlɪzəm] NOUN
socjalizm

socialist ['səuʃəlɪst] ADJECTIVE
▷ see also **socialist** NOUN
socjalistyczny

socialist ['səuʃəlɪst] NOUN
▷ see also **socialist** ADJECTIVE
socjalista masc
socjalistka fem

social security NOUN
zasiłek
■ to be on social security być na zasiłku

social worker NOUN
pracownik opieki społecznej masc
pracownica opieki społecznej fem
□ He's a social worker. Jest pracownikiem
opieki społecznej.

society [sə'saɪətɪ] NOUN
1 społeczeństwo (people in general)
2 społeczność
□ We live in a multi-cultural society.
Mieszkamy w wielokulturowej społeczności.
3 kółko (club)
□ a drama society kółko teatralne

sociology [səusɪ'ɒlədʒɪ] NOUN
socjologia

sock [sɒk] NOUN
skarpeta
WSKAZÓWKI JĘZYKOWE Uwaga! Angielskie
słowo **sock**nie oznacza sok.

socket ['sɒkɪt] NOUN
gniazdko elektryczne

soda ['səudə] NOUN
woda sodowa (soda water)

soda pop NOUN
napój gazowany

sofa ['səufə] NOUN
sofa

soft [sɒft] ADJECTIVE
1 miękki (towel, bed)
2 delikatny (skin)
■ to be soft on somebody być pobłażliwym
wobec kogoś

soft drink NOUN
napój bezalkoholowy

software ['sɒftweər] NOUN
oprogramowanie

soggy ['sɒgɪ] ADJECTIVE
1 rozmoczony (not crisp)
□ soggy chips rozmoczone frytki
2 przemoczony (wet)
□ a soggy tissue przemoczone chusteczki

soil [sɔɪl] NOUN
gleba

solar ['səulər] ADJECTIVE
słoneczny

solar power NOUN
energia słoneczna

sold [səuld] VERB ▷ see sell

soldier ['səuldʒər] NOUN
żołnierz
□ He's a soldier. Jest żołnierzem.

solicitor [sə'lɪsɪtər] NOUN
adwokat masc
adwokatka fem
□ He's a solicitor. Jest adwokatem.

solid ['sɒlɪd] ADJECTIVE
1 twardy (not soft)
2 jednolity (without gaps)
3 stały (not liquid)
4 solidny (strong)
□ a solid wall solidny mur
5 lity (pure)
□ solid gold lite złoto

solo ['səuləu] NOUN
solo
□ a guitar solo solo gitarowe

solution [sə'luːʃən] NOUN
rozwiązanie (to problem)

to **solve** [sɒlv] VERB
1 wyjaśniać (PERFwyjaśnić) (mystery, case)
2 rozwiązywać (PERFrozwiązać) (problem)

some [sʌm] ADJECTIVE
▷ see also **some** PRONOUN
LANGUAGE TIP There are several ways of
translating **some**. Scan the examples to
find one that is similar to what you want
to say.

1 trochę +gen (a little, a few)
□ Would you like some bread? Czy chciałbyś trochę chleba? □ Would you like some beer? Czy chciałbyś trochę piwa? □ Have you got some mineral water? Czy masz jakąś wodę mineralną. □ I've got some Madonna albums. Mam kilka albumów Madonny.
2 niektórzy animate
niektóre inanimate (certain)
□ Some people say that ... Niektórzy ludzie mówią, że ...
■ **some or other** jakiś
■ **We'll meet again some day.** Pewnego dnia spotkamy się jeszcze.

some [sʌm] PRONOUN
▷ see also **some** ADJECTIVE
kilka (a certain amount, certain number)
□ I've got some books mam kilka książek
■ **There was some left.** Trochę zostało.
■ **some of them 1** (virile) niektórzy z nich
2 (non-virile) niektóre z nich □ Are these mushrooms poisonous? — Only some of them. Czy te grzyby są trujące? — Tylko niektóre z nich.

somebody ['sʌmbədɪ] PRONOUN = **someone**
somehow ['sʌmhaʊ] ADVERB
jakoś
someone ['sʌmwʌn] PRONOUN
ktoś
□ Someone stole my bag. Ktoś ukradł moją torbę. □ There's someone coming. Ktoś idzie.
□ I saw someone in the garden. Widziałem kogoś w ogrodzie.
■ **someone else** ktoś inny
someplace ['sʌmpleɪs] ADVERB (US)
= **somewhere**
something ['sʌmθɪŋ] PRONOUN
coś
□ something special coś specjalnego.
□ Wear something warm. Załóż coś ciepłego.
□ That's really something! To naprawdę coś!
□ It cost 100, or something like that. Kosztowało 100 funtów, czy coś takiego.
□ His name is Piotr or something. Ma na imię Piotr, czy coś w tym rodzaju.
sometime ['sʌmtaɪm] ADVERB
kiedyś
□ You must come and see us sometime. Musisz nas kiedyś odwiedzić.
sometimes ['sʌmtaɪmz] ADVERB
czasami
□ Sometimes I think she hates me. Czasami myślę, że mnie nienawidzi.
somewhere ['sʌmwɛəʳ] ADVERB
gdzieś
□ I left my keys somewhere. Zostawiłem gdzieś klucze. □ I'd like to go on holiday, somewhere sunny. Chciałbym pojechać na urlop; gdzieś, gdzie jest słonecznie.
■ **somewhere else** gdzie indziej
son [sʌn] NOUN
syn

song [sɒŋ] NOUN
1 piosenka
2 śpiew (of bird)
son-in-law ['sʌnɪnlɔ:] NOUN
zięć
soon [su:n] ADVERB
wkrótce (in a short time)
□ soon afterwards wkrótce potem
■ **very soon** niedługo
■ **as soon as** jak tylko
■ **quite soon** za niedługo
■ **how soon?** kiedy?
■ **see you soon!** do zobaczenia wkrótce!
sooner ['su:nəʳ] ADVERB
■ **sooner or later** prędzej czy później
■ **Can't you come a bit sooner?** Czy nie możecie przyjść trochę wcześniej?
■ **the sooner the better** im szybciej tym lepiej
■ **I would sooner ...** wolałbym raczej ...
soot [sʊt] NOUN
sadza
soppy ['sɒpɪ] ADJECTIVE
ckliwy
soprano [sə'prɑ:nəʊ] NOUN
1 sopranistka (woman, girl)
2 sopran (boy)
sorcerer ['sɔ:sərəʳ] NOUN
czarnoksiężnik
sore [sɔ:ʳ] ADJECTIVE
▷ see also **sore** NOUN
obolały (painful)
sore [sɔ:ʳ] NOUN
▷ see also **sore** ADJECTIVE
rana
sorry ['sɒrɪ] ADJECTIVE
■ **I'm sorry!** (apology) przepraszam! □ I'm sorry I'm late. Przepraszam za spóźnienie.
■ **sorry?** (pardon?) słucham?
■ **to feel sorry for somebody** współczuć komuś
■ **to be sorry about something** żałować czegoś
sort [sɔ:t] NOUN
rodzaj
□ What sort of bike have you got? Jaki masz rodzaj roweru?
to **sort out** VERB
1 porządkować (PERFuporządkować) (separate)
2 rozwiązywać (PERFrozwiązać) (solve)
so-so ['səʊsəʊ] ADVERB
■ **How are you feeling? — So-so.** Jak się czujesz? — Tak sobie.
sought [sɔ:t] VERB ▷ see **seek**
soul [səʊl] NOUN
dusza
sound [saʊnd] ADJECTIVE, ADVERB
▷ see also **sound** NOUN, VERB
rozsądny
□ That's sound advice. To rozsądna rada.
■ **He is sound asleep.** Mocno śpi.
sound [saʊnd] NOUN
▷ see also **sound** ADJECTIVE, ADVERB, VERB

S

1 dźwięk
- □ the sound of footsteps odgłos kroków
- ■ **to make a sound** brzmieć (PERF zabrzmieć)
- □ Don't make a sound! Bądź cicho!

2 głośność *(volume)*
- □ Can I turn the sound down? Czy mogę ściszyć?

to **sound** [saʊnd] VERB
> *see also* **sound** ADJECTIVE, ADVERB, NOUN
- ■ **That sounds like an explosion.** Brzmi to jak wybuch.
- ■ **That sounds like a great idea.** To świetny pomysł.
- ■ **It sounds as if …** Wygląda na to, że …

soundtrack ['saʊndtræk] NOUN
ścieżka dźwiękowa

soup [suːp] NOUN
zupa
- □ vegetable soup zupa jarzynowa

sour ['saʊəʳ] ADJECTIVE
kwaśny

south [saʊθ] NOUN
> *see also* **south** ADJECTIVE, ADVERB
południe
- □ in the south na południu □ to the south na południe □ the South of France południe Francji

south [saʊθ] ADJECTIVE
> *see also* **south** NOUN, ADVERB
południowy
- □ the south coast południowe wybrzeże

south [saʊθ] ADVERB
> *see also* **south** NOUN, ADJECTIVE
na południe
- □ We were travelling south. Jechaliśmy na południe. □ It's south of London. To południe Londynu.

South Africa NOUN
Afryka Południowa

South America NOUN
Ameryka Południowa

South American ADJECTIVE
południowoamerykański

southbound ['saʊθbaʊnd] ADJECTIVE
- ■ **The southbound carriageway is blocked.** Pas ruchu prowadzący na południe jest zablokowany.

southeast [saʊθ'iːst] NOUN
południowy wschód
- □ southeast England południowo-wschodnia Anglia

southern ['sʌðən] ADJECTIVE
południowy
- □ the southern hemisphere południowa półkula

South Pole NOUN
- ■ **the South Pole** biegun południowy

South Wales NOUN
Południowa Walia

southwest [saʊθ'west] NOUN
południowy zachód
- □ southwest France południowo-zachodnia Francja

souvenir [suːvə'nɪəʳ] NOUN
pamiątka

Soviet ['səʊvɪət] ADJECTIVE
- ■ **the former Soviet Union** dawny Związek Radziecki

soya ['sɔɪə] NOUN
soja

soy sauce NOUN
sos sojowy

space [speɪs] NOUN
1 miejsce
- □ There isn't enough space. Nie ma wystarczająco dużo miejsca. □ Leave a space after your answer. Zostaw miejsce po podaniu swojej odpowiedzi.

2 kosmos *(beyond Earth)*
- □ to go into space lecieć (PERF polecieć) w kosmos

spacecraft ['speɪskrɑːft] NOUN
statek kosmiczny

spade [speɪd] NOUN
1 łopata *(tool)*
2 łopatka *(child's)*
- ■ **spades** *(playing cards)* piki □ the ace of spades as pik

Spain [speɪn] NOUN
Hiszpania

spam [spæm] NOUN
spam

Spaniard ['spænjəd] NOUN
Hiszpan *masc*
Hiszpanka *fem*

spaniel ['spænjəl] NOUN
spaniel

Spanish ['spænɪʃ] ADJECTIVE
> *see also* **Spanish** NOUN
hiszpański
- ■ **Spanish wine** hiszpańskie wino
- □ She's Spanish. Jest Hiszpanką.

Spanish ['spænɪʃ] NOUN
> *see also* **Spanish** ADJECTIVE
hiszpański *(language)*

to **spank** [spæŋk] VERB
dawać (PERF dać) klapsa

spanner ['spænəʳ] NOUN
klucz do nakrętek

spare [speəʳ] ADJECTIVE
> *see also* **spare** NOUN, VERB
1 wolny *(free)*
- □ What do you do in your spare time? Co robisz w wolnym czasie?

2 dodatkowy *(extra)*
- □ spare batteries dodatkowe baterie
- ■ **a spare part** część zapasowa

spare [speəʳ] NOUN
> *see also* **spare** ADJECTIVE, VERB
- ■ **I've lost my key. — Have you got a spare?** Zgubiłem klucze. — Czy masz zapasowe?

to **spare** [speəʳ] VERB
> *see also* **spare** ADJECTIVE, NOUN
mieć na zbyciu *(afford to give)*
- ■ **I can spare you 5 minutes.** Mogę ci poświęcić pięć minut.

■ **to have time to spare** mieć dużo czasu
■ **to have money to spare** mieć dużo
pieniędzy
sparkling ['spɑ:klɪŋ] ADJECTIVE
gazowany
sparrow ['spærəʊ] NOUN
wróbel
spat [spæt] VERB ▷ *see* **spit**
to **speak** [spi:k] VERB
mówić po +*dat*
□ Do you speak English? Czy mówi pan/pani
po angielsku? □ He speaks English. Mówi po
angielsku.
■ **to speak to somebody about something**
rozmawiać (PERF porozmawiać) z kimś o czymś
□ She spoke to him about it. Porozmawiała z
nim na ten temat. □ Have you spoken to him?
Czy już z nim rozmawiałeś?
■ **generally speaking** ogólnie mówiąc
■ **technically speaking** z technicznego
punktu widzenia
to **speak up** VERB
■ **Speak up!** Niech mówi pan/pani głośniej!
speaker ['spi:kə^r] NOUN
1 mówca *masc*
  mówczyni *fem (in debate)*
  ■ **a Russian speaker** osoba znająca rosyjski
2 głośnik *(loudspeaker)*
special ['speʃl] ADJECTIVE
1 specjalny
  □ We only use these plates on special
  occasions. Używamy tych talerzy tylko przy
  specjalnych okazjach.
2 szczególny *(particular)*
  □ to take special care zachowywać (PERF
  zachować) szczególne środki ostrożności
  □ it's nothing special to nic szczególnego
specialist ['speʃəlɪst] NOUN
lekarz specjalista
speciality [speʃɪ'ælɪtɪ] ['speʃəltɪ] NOUN
1 specjalność *(food)*
2 specjalizacja *(subject area)*
to **specialize** ['speʃəlaɪz] VERB
■ **to specialize in** specjalizować (PERF
wyspecjalizować) się w +*loc* □ We specialize
in skiing equipment. Specjalizujemy się w
sprzęcie narciarskim.
specially ['speʃlɪ] ADVERB
1 specjalnie *(specifically)*
  □ It's specially designed for teenagers. Jest to
  zaprojektowane specjalnie dla młodzieży.
2 szczególnie *(particularly)*
  □ Do you like opera? — Not specially. Czy lubisz
  operę? — Nieszczególnie. □ It can be very cold
  here, specially in winter. Może tu być całkiem
  zimno, szczególnie zimą.
species ['spi:ʃi:z] NOUN
gatunek
specific [spə'sɪfɪk] ADJECTIVE
1 określony
  □ certain specific issues pewne określone
  problemy

2 dokładny
  ■ **Could you be more specific?** Czy może
  pan/pani wypowiedzieć się jaśniej?
specifically [spə'sɪfɪklɪ] ADVERB
specjalnie
□ It's specifically designed for teenagers.
To jest zaprojektowane specjalnie dla młodzieży.
■ **more specifically** dokładniej □ in Britain, or
more specifically in England w Wielkiej Brytani,
a dokładniej w Anglii
specs, spectacles PL NOUN
okulary
spectacular [spek'tækjulə^r] ADJECTIVE
spektakularny
spectator [spek'teɪtə^r] NOUN
widz
speech [spi:tʃ] NOUN
przemówienie *(talk, lecture)*
□ to make a speech wygłaszać (PERF wygłosić)
przemówienie
speechless ['spi:tʃlɪs] ADJECTIVE
oniemiały
□ speechless with admiration oniemiały z
podziwu
speed [spi:d] NOUN
prędkość *(rate, promptness)*
□ at top speed z największą prędkością
■ **a three-speed bike** trzybiegowy rower
to **speed up** VERB
1 przyśpieszać (PERF przyśpieszyć) *(car, runner)*
2 nabierać (PERF nabrać) tempa *(process)*
speedboat ['spi:dbəʊt] NOUN
wyścigowa łódź motorowa
speeding ['spi:dɪŋ] NOUN
przekroczenie dozwolonej prędkości
□ He was fined for speeding. Dostał mandate
za przekroczenie dozwolonej prędkości.
speed limit NOUN
ograniczenie prędkości
□ to break the speed limit łamać (PERF złamać)
ograniczenie prędkości
speedometer [spɪ'dɒmɪtə^r] NOUN
szybkościomierz
spell [spel] NOUN
  ▷ *see also* **spell** VERB
1 okres *(period)*
2 zaklęcie *(magic spell)*
  ■ **to cast a spell on somebody** rzucać
  (PERF rzucić) na kogoś urok
to **spell** [spel] (PT, PP **spelt** *or* **spelled**) VERB
  ▷ *see also* **spell** NOUN
literować (PERF przeliterować)
□ Can you spell that please? Czy możesz to
przeliterować?
■ **How do you spell that?** Jak to się pisze?
■ **He can't spell.** On robi błędy ortograficzne.
spelling ['spelɪŋ] NOUN
pisownia *(of word)*
■ **My spelling is terrible.** Robię okropne błędy
ortograficzne.
■ **spelling mistake** błąd ortograficzny
spelt [spelt] VERB ▷ *see* **spell**

to **spend** [spɛnd] VERB
1 wydawać (PERFwydać) (money)
2 spędzać (PERFspędzić)
□ He spent a month in France. Spędził miesiąc we Francji.

spice [spaɪs] NOUN
przyprawa

spicy ['spaɪsɪ] ADJECTIVE
pikantny

spider ['spaɪdə^r] NOUN
pająk
■ **spider's web** pajęczyna

to **spill** [spɪl] VERB
rozlewać (PERFrozlać)się
□ The soup spilled all over the table. Zupa rozlała się po stole.
■ **He spilled his coffee over his trousers.** Wylał kawę na spodnie.

spinach ['spɪnɪtʃ] NOUN
szpinak

spin drier NOUN
wirówka

spine [spaɪn] NOUN
kręgosłup

spinster ['spɪnstə^r] NOUN
stara panna

spire ['spaɪə^r] NOUN
iglica

spirit ['spɪrɪt] NOUN
1 duch (soul, ghost)
2 odwaga (energy, courage)

spirits ['spɪrɪts] PL NOUN
alkohol wysokoprocentowy masc sing
■ **I don't drink spirits.** Nie piję mocnego alkoholu.
■ **in good spirits** w dobrym nastroju

spiritual ['spɪrɪtjuəl] ADJECTIVE
1 duchowy (of the spirit)
2 religijny (religious)
□ the spiritual leader of Tibet religijny przywódca Tybetu

spit [spɪt] NOUN
▷ see also **spit** VERB
ślina (saliva)

to **spit** [spɪt] (PT, PP **spat**) VERB
▷ see also **spit** NOUN
spluwać (PERFsplunąć)

spite [spaɪt] NOUN
▷ see also **spite** VERB
złośliwość
■ **in spite of** pomimo +gen

to **spite** [spaɪt] VERB
▷ see also **spite** NOUN
robić (PERFzrobić)komuś na złość
□ He just did it to spite me. Zrobił to mi na złość.

spiteful ['spaɪtful] ADJECTIVE
złośliwy

splash [splæʃ] NOUN
▷ see also **splash** VERB
1 plusk (sound)
□ I heard a splash. Usłyszałem plusk.

2 plama (of liquid, colour)

to **splash** [splæʃ] VERB
▷ see also **splash** NOUN
ochlapywać (PERFochlapać)
□ Careful! Don't splash me! Uważajcie! Tylko mnie nie ochlapcie!

splendid ['splendɪd] ADJECTIVE
wspaniały

splint [splɪnt] NOUN
rozłam

splinter ['splɪntə^r] NOUN
drzazga

to **split** [splɪt] VERB
1 dzielić (PERFpodzielić) (divide)
□ They decided to split the profits. Zdecydowali się podzielić zysk.
2 dzielić (PERFpodzielić)się +inst (share equally)
■ **The ship hit a rock and split in two.** Statek uderzył o skałę i rozłamał się na dwie części.

to **split up** VERB
rozchodzić (PERFrozejść)się
□ My parents have split up. Moi rodzice rozeszli się.

to **spoil** [spɔɪl] (PT, PP **spoilt** or **spoiled**) VERB
1 psuć (PERFpopsuć) (damage)
2 rozpieszczać (PERFrozpieścić) (child)

spoiled [spɔɪld] ADJECTIVE
zepsuty
□ a spoiled child zepsute dziecko

spoilsport ['spɔɪlspɔːt] NOUN
ktoś, kto zwykle psuje zabawę

spoilt [spɔɪlt] VERB ▷ see **spoil**

spoilt [spɔɪlt] ADJECTIVE
rozpieszczony
□ a spoilt child rozpieszczone dziecko

spoke [spəʊk] VERB ▷ see **speak**

spoke [spəʊk] NOUN
szprycha (of wheel)

spoken ['spəʊkn] VERB ▷ see **speak**

spokesman ['spəʊksmən] NOUN
rzecznik

spokeswoman ['spəʊkswumən] NOUN
rzeczniczka

sponge [spʌndʒ] NOUN
1 gąbka (material)
2 gąbka (for washing)
3 biszkopt (sponge cake)

sponsor ['spɒnsə^r] NOUN
▷ see also **sponsor** VERB
sponsor

to **sponsor** ['spɒnsə^r] VERB
▷ see also **sponsor** NOUN
1 sponsorować (player, event)
□ The festival was sponsored by ... Festiwal był sponsorowany przez ...
2 wspomagać (PERFwspomóc) (for charity)

spontaneous [spɒn'teɪnɪəs] ADJECTIVE
spontaniczny

spooky ['spuːkɪ] ADJECTIVE
straszny
□ a spooky coincidence straszny zbieg okoliczności

spoon [spu:n] NOUN
łyżka

spoonful ['spu:nful] NOUN
■ **two spoonfuls of sugar** dwie łyżeczki cukru

sport [spɔ:t] NOUN
sport
□ What's your favourite sport? Jaki jest twój ulubiony sport?

sportsman ['spɔ:tsmən] NOUN
sportowiec

sportswear ['spɔ:tsweər] NOUN
ubranie sportowe

sportswoman ['spɔ:tswumən] NOUN
sportsmenka

sporty ['spɔ:tɪ] ADJECTIVE
wysportowany
□ I'm not very sporty. Nie jestem bardzo wysportowany.

spot [spɔt] NOUN
▷ see also **spot** VERB
1 plama (mark)
□ There's a spot on your shirt. Na twojej koszuli jest plama.
2 kropka (dot)
□ a red dress with white spots czerwona sukienka w białe kropki
3 pryszcz (pimple)
□ He's covered in spots. Jest pokryty pryszczami.
4 miejsce (place)
□ It's a lovely spot for a picnic. To cudowne miejsce na piknik.
■ **on the spot 1** (in that place) na miejscu
□ Luckily they were able to mend the car on the spot. Na szczęście zdołaliśmy naprawić samochód na miejscu. **2** (immediately) w tej samej chwili
■ **They gave her the job on the spot.** Natychmiast dali jej pracę.

to spot [spɔt] VERB
▷ see also **spot** NOUN
zauważać (PERFzauważyć)
□ I spotted a mistake. Zauważyłem błąd.

spotless ['spɔtlɪs] ADJECTIVE
bez skazy

spotlight ['spɔtlaɪt] NOUN
1 reflektor (on stage)
■ **The universities have been in the spotlight recently.** Ostatnio uniwersytety były w centrum uwagi.
2 światło punktowe (in room)

spotty ['spɔtɪ] ADJECTIVE
pryszczaty

spouse [spaʊs] NOUN
małżonek masc
małżonka fem

to sprain [spreɪn] VERB
▷ see also **sprain** NOUN
■ **to sprain one's ankle** skręcać (PERFskręcić) sobie kostkę

sprain [spreɪn] NOUN
▷ see also **sprain** VERB
zwichnięcie
□ It's just a sprain. To tylko zwichnięcie.

spray [spreɪ] NOUN
▷ see also **spray** VERB
spray

to spray [spreɪ] VERB
▷ see also **spray** NOUN
1 rozpryskiwać (PERFrozpryskać) (liquid)
□ to spray perfume on one's hand rozpryskiwać (PERFrozpryskać)perfumy na rękę
2 opryskiwać (PERFopryskać) (crops)
3 pryskać (PERFprysnąć) (with paint)
■ **Somebody had sprayed graffiti on the wall.** Ktoś namalował graffiti na murze.

spread [spred] NOUN
▷ see also **spread** VERB
pasta (on bread)

to spread [spred] VERB
▷ see also **spread** NOUN
1 smarować (PERFposmarować) +inst
□ to spread butter on a slice of bread rozsmarowywać (PERFrozsmarować)masło na kromce chleba
2 rozchodzić (PERFrozejść)się
□ The news spread rapidly. Wiadomość rozeszła się błyskawicznie.

to spread out VERB
rozpraszać (PERFrozproszyć)się
□ The soldiers spread out across the field. Żołnierze rozproszyli się po polu.

spreadsheet ['spredʃi:t] NOUN
arkusz kalkulacyjny

spring [sprɪŋ] NOUN
1 wiosna (season)
■ **in the spring** wiosną
2 sprężyna (wire coil)
3 źródło (of water)

spring-cleaning ['sprɪŋ'kli:nɪŋ] NOUN
wiosenne porządki

springtime ['sprɪŋtaɪm] NOUN
wiosna

sprinkler ['sprɪŋklər] NOUN
zraszacz

sprint [sprɪnt] NOUN
▷ see also **sprint** VERB
sprint

to sprint [sprɪnt] VERB
▷ see also **sprint** NOUN
biegać (PERFpobiec)sprintem
□ She sprinted for the bus. Pobiegła sprintem do autobusu.

sprinter ['sprɪntər] NOUN
sprinter

sprouts [spraʊts] PL NOUN
kiełki

spy [spaɪ] NOUN
▷ see also **spy** VERB
szpieg

to spy [spaɪ] VERB
▷ see also **spy** NOUN
■ **to spy on somebody** szpiegować kogoś

spying ['spaɪɪŋ] NOUN
szpiegostwo

to **squabble** ['skwɔbl] VERB
sprzeczać się
□ Stop squabbling! Przestań się sprzeczać!

square [skwɛəʳ] NOUN
▷ see also **square** ADJECTIVE
1 kwadrat
□ a square and a triangle kwadrat i trójkąt
2 plac (in town)
■ the town square rynek

square [skwɛəʳ] ADJECTIVE
▷ see also **square** NOUN
kwadratowy
□ two square metres dwa metry kwadratowe

squash [skwɔʃ] NOUN
▷ see also **squash** VERB
1 kabaczek (vegetable)
2 squash
□ I play squash. Gram w squasha.
■ orange squash sok pomarańczowy

to **squash** [skwɔʃ] VERB
▷ see also **squash** NOUN
zgniatać (PERF znieść)
□ He squashed the can with his foot. Zgniótł puszkę stopą.
■ You're squashing me. Przygniatasz mnie.

to **squeak** [skwi:k] VERB
1 skrzypieć (PERF skrzypnąć) (door)
2 piszczeć (PERF zapiszczeć) (mouse)

to **squeeze** [skwi:z] VERB
ściskać (PERF ścisnąć)

to **squeeze in** VERB
wciskać (PERF wcisnąć) się
□ It was a tiny car, but we managed to squeeze in. Był to malusieńki samochód, ale udało się nam wcisnąć. □ I can squeeze you in at two o'clock. Mogę pana/panią wcisnąć na drugą.

to **squint** [skwɪnt] VERB
▷ see also **squint** NOUN
zezować

squint [skwɪnt] NOUN
▷ see also **squint** VERB
zez
□ He has a squint. Ma zeza.

squirrel ['skwɪrəl] NOUN
wiewiórka

to **stab** [stæb] VERB
pchnąć nożem perf

stable ['steɪbl] ADJECTIVE
▷ see also **stable** NOUN
stały
□ a stable relationship stały związek

stable ['steɪbl] NOUN
▷ see also **stable** ADJECTIVE
stajnia (for horse)

stack [stæk] NOUN
sterta
□ a stack of books sterta książek

stadium ['steɪdɪəm] NOUN
stadion

staff [sta:f] NOUN
personel

staffroom ['sta:fru:m] NOUN
pokój nauczycielski

stage [steɪdʒ] NOUN
1 scena (in theatre)
2 estrada (platform)
3 etap (period)
□ at this stage in the negotiations na tym etapie negocjacji

to **stagger** ['stægəʳ] VERB
zataczać (PERF zatoczyć się

stain [steɪn] NOUN
▷ see also **stain** VERB
plama

to **stain** [steɪn] VERB
▷ see also **stain** NOUN
plamić (PERF zaplamić)

stainless steel ['steɪnlɪs-] NOUN
stal nierdzewna

stain remover [-rɪ'mu:vəʳ] NOUN
odplamiacz

stair [stɛəʳ] NOUN
stopień (step)

staircase ['stɛəkeɪs] NOUN
klatka schodowa

stairs [stɛəz] PL NOUN
schody

stale [steɪl] ADJECTIVE
czerstwy (bread)

stalemate ['steɪlmeɪt] NOUN
pat (in chess)

stall [stɔ:l] NOUN
stragan
□ He's got a market stall. Ma stragan na targu.
■ the stalls (in cinema, theatre) parter masc sing

stamina ['stæmɪnə] NOUN
wytrzymałość

stammer ['stæməʳ] NOUN
jąkanie się

stamp [stæmp] NOUN
▷ see also **stamp** VERB
1 znaczek (for letter)
□ My hobby is stamp collecting. Moim hobby jest zbieranie znaczków.
2 pieczątka (in passport)

to **stamp** [stæmp] VERB
▷ see also **stamp** NOUN
1 tupać (PERF tupnąć)
□ to stamp one's foot tupać (PERF tupnąć) nogą
2 stemplować (PERF podstemplować) (passport, visa)

stamped [stæmpt] ADJECTIVE
(koperta) ze znaczkiem
■ The letter wasn't stamped. Dołączona koperta na odpowiedź nie miała znaczka.

to **stand** [stænd] (PT, PP **stood**) VERB
1 stać (be upright)
□ He was standing by the door. Stał przy drzwiach.
2 wstawać (PERF wstać) (rise)
■ I can't stand it nie znoszę tego

to **stand for** VERB
oznaczać

□ 'BT' stands for 'British Telecom'. 'BT' oznacza 'British Telecom'.
■ **I won't stand for it!** Nie pozwolę na to!

to **stand out** VERB
wyróżniać (PERFwyróżnić)się
□ None of the candidates really stood out. Żaden ze studentów się nie wyróżniał.

to **stand up** VERB
wstawać (PERFwstać) (rise)
■ **Stand up for your rights!** Broń swoich praw!

standard ['stændəd] NOUN
▷ see also **standard** ADJECTIVE
1 poziom (level, quality)
□ The standard is very high. Poziom jest bardzo wysoki.
2 standard (norm, criterion)

standard ['stændəd] ADJECTIVE
▷ see also **standard** NOUN
1 standardowy
□ standard English standardowy Angielski
2 normalny (procedure, practice)
3 standardowy (model, feature)

stand-by ticket NOUN
bilet bez rezerwacji miejsca

standpoint ['stændpɔɪnt] NOUN
punkt widzenia

stands [stændz] PL NOUN
trybuny (at sports ground)

stank [stæŋk] VERB ▷ see **stink**

staple ['steɪpl] NOUN
▷ see also **staple** VERB
zszywka (for paper)

to **staple** ['steɪpl] VERB
▷ see also **staple** NOUN
zszywać (PERFzszyć) (fasten)

stapler ['steɪplə'] NOUN
zszywacz

star [stɑː'] NOUN
▷ see also **star** VERB
gwiazda (in sky, on TV)
□ He's a TV star. Jest gwiazdą telewizyjną.
■ **a 4-star hotel** hotel czterogwiazdkowy

to **star** [stɑː'] VERB
▷ see also **star** NOUN
■ **to star in ...** (play, film) grać (PERFzagrać) główną rolę w +loc...

to **stare** [stɛə'] VERB
■ **to stare at somebody** wpatrywać się w kogoś

stark [stɑːk] ADVERB
■ **stark naked** zupełnie nagi

start [stɑːt] NOUN
▷ see also **start** VERB
początek
□ It's not much, but it's a start. Nie ma tego dużo, ale dobre to na początek.

to **start** [stɑːt] VERB
▷ see also **start** NOUN
1 zaczynać (PERFzacząć)się
□ What time does it start? O której się zaczyna?
■ **to start doing something** zaczynać (PERF zacząć)coś robić □ I started learning French

three years ago. Zacząłem uczyć się francuskiego trzy lata temu.
2 powodować (PERFspowodować) (fire, panic)
3 zakładać (PERFzałożyć)
□ He wants to start his own business. Chce założyć swój własny biznes.
■ **She started a campaign against drugs.** Rozpoczęła kampanię przeciwko narkotykom.
4 uruchamiać (PERFuruchomić)
□ He couldn't start the car. Nie mógł uruchomić samochodu.
■ **The car wouldn't start.** Samochód nie chciał zapalić.

to **start off** VERB
ruszać (PERFruszyć)się
□ We started off first thing in the morning. Ruszyliśmy z samego rana.

starter ['stɑːtə'] NOUN
przystawka (in meal)

to **starve** [stɑːv] VERB
1 głodować (be very hungry)
■ **I'm starving!** umieram z głodu!
2 umierać (PERFumrzeć ız głodu (die from hunger)
□ People were literally starving. Ludzie dosłownie umierali z głodu.

state [steɪt] NOUN
▷ see also **state** VERB
1 stan (condition)
■ **state of affairs** stan rzeczy
2 państwo (country)
3 stan (part of country)
■ **the States** Stany Zjednoczone

to **state** [steɪt] VERB
▷ see also **state** NOUN
oświadczać (PERFoświadczyć) (say, declare)
□ He stated his intention to resign. Oświadczył, że chce podać się do dymisji.
■ **Please state your name and address.** Proszę podać swoje imię, nazwisko i adres.

stately home ['steɪtlɪ-] NOUN
rezydencja

statement ['steɪtmənt] NOUN
oświadczenie

station ['steɪʃən] NOUN
1 dworzec (railway station)
2 stacja (on radio)

stationer's ['steɪʃnəz] NOUN
sklep papierniczy

station wagon [-'wægən] NOUN (US)
kombi

statue ['stætjuː] NOUN
posąg

stay [steɪ] NOUN
▷ see also **stay** VERB
pobyt
□ my stay in Poland mój pobyt w Polsce

to **stay** [steɪ] VERB
▷ see also **stay** NOUN
1 zostawać (PERFzostać)
□ Stay here! Zostań tutaj!
2 zatrzymywać (PERFzatrzymać)się

□ to stay with friends zatrzymywać
(PERF zatrzymywać) się u znajomych

■ **to stay the night** zatrzymywać
(PERF zatrzymać) się na noc

■ **Where are you staying?** Gdzie się pan/pani
zatrzymała?

to **stay in** VERB
zostawać (PERF zostać) w domu

to **stay up** VERB
nie kłaść (PERF położyć) się do łóżka

■ **We stayed up till midnight.** Nie poszliśmy
spać aż do północy.

steady ['stɛdɪ] ADJECTIVE
1 ciągły (progress, increase etc)
2 stały
□ a steady job stała praca
3 solidny (reliable)
4 pewny (object, hand)
5 spokojny (look, voice)

steak [steɪk] NOUN
stek
□ steak and chips stek z frytkami

to **steal** [stiːl] (PT **stole**, PP **stolen**) VERB
kraść (PERF ukraść)
■ **He stole it from me.** On to mi ukradł.

steam [stiːm] NOUN
para
■ **a steam engine** parowóz

steel [stiːl] NOUN
▷ see also **steel** ADJECTIVE
stal

steel [stiːl] ADJECTIVE
▷ see also **steel** NOUN
stalowy
□ a steel door stalowe drzwi

steep [stiːp] ADJECTIVE
1 stromy (hill, staircase)
2 gwałtowny (increase, rise)

steeple ['stiːpl] NOUN
wieża strzelista

steering wheel ['stɪərɪŋ-] NOUN
kierownica

step [stɛp] NOUN
▷ see also **step** VERB
1 krok (footstep)
□ He took a step forward. Zrobił krok do przodu.
2 stopień (of stairs)
□ She tripped over the step. Podknęła się o
stopień.

to **step** [stɛp] VERB
▷ see also **step** NOUN
■ **to step forward** robić (PERF zrobić) krok do
przodu
■ **to step back** robić (PERF zrobić) krok do tyłu

stepbrother ['stɛpbrʌðər] NOUN
przyrodni brat

stepdaughter ['stɛpdɔːtər] NOUN
pasierbica

stepfather ['stɛpfɑːðər] NOUN
ojczym

stepladder ['stɛplædər] NOUN
drabina

stepmother ['stɛpmʌðər] NOUN
macocha

stepsister ['stɛpsɪstər] NOUN
przyrodnia siostra

stepson ['stɛpsʌn] NOUN
pasierb

stereo ['stɛrɪəʊ] NOUN
zestaw stereo

sterling ['stɜːlɪŋ] ADJECTIVE
■ **one pound sterling** jeden funt szterling

stew [stjuː] NOUN
potrawka

steward ['stjuːəd] NOUN
steward

stewardess ['stjuːədɛs] NOUN
stewardesa

stick [stɪk] NOUN
▷ see also **stick** VERB
1 kij (of wood)
2 laska (walking stick)

to **stick** [stɪk] (PT, PP **stuck**) VERB
▷ see also **stick** NOUN
■ **to stick something on something**
przyklejać (PERF przykleić) coś na coś

to **stick out** VERB
wystawać
□ A pen was sticking out of his pocket.
Z kieszeni wystawał mu długopis.

sticker ['stɪkər] NOUN
naklejka

stick insect NOUN
patyczak

sticky ['stɪkɪ] ADJECTIVE
1 lepki
□ to have sticky hands mieć lepkie ręce
2 samoprzylepny
□ a sticky label samoprzylepna naklejka

stiff [stɪf] ADJECTIVE, ADVERB
zesztywniały (neck)
■ **to be bored stiff** nudzić się śmiertelnie
■ **to be scared stiff** być śmiertelnie
przerażonym

still [stɪl] ADJECTIVE
▷ see also **still** ADVERB
1 nieruchomy (person, hands)
2 niegazowany (not fizzy)

still [stɪl] ADVERB
▷ see also **still** ADJECTIVE
1 ciągle (up to the present)
□ She still lives in London. Ciągle mieszka
w Londynie.
■ **Are you still in bed?** Nadal w łóżku?
2 jeszcze (possibly)
□ We could still make it if we hurry. Jeszcze
zdążymy, jeśli się pospieszymy.
3 jeszcze (even, yet)
□ I still haven't finished. Jeszcze nie
skończyłem. □ There are ten weeks still to go.
Zostało jeszcze dziesięć tygodni.
4 mimo to (nonetheless)
□ I didn't win. Still, it was fun. Nie wygrałem.
Mimo to, dobrze się bawiłem. □ She knows

I don't like it, but she still does it. Wie, że tego nie lubię, ale mimo to robi to.

■ **Still, it's the thought that counts.** Ale miło, że pamiętaliście.

■ **to stand still** stać nieruchomo

■ **to keep still** być nieruchomym

■ **better still** jeszcze lepiej

sting [stɪŋ] NOUN
▷ *see also* **sting** VERB
użądlenie

□ a bee sting użądlenie pszczoły

to **sting** [stɪŋ] VERB
▷ *see also* **sting** NOUN
1 żądlić (PERF użądlić) *(insect)*
□ I've been stung. Coś mnie użądliło.
2 parzyć (PERF oparzyć) *(nettle)*

stingy ['stɪndʒɪ] ADJECTIVE
skąpy

stink [stɪŋk] NOUN
▷ *see also* **stink** VERB
smród

to **stink** [stɪŋk] (PT **stank**, PP **stunk**) VERB
▷ *see also* **stink** NOUN
śmierdzieć

□ It stinks! To śmierdzi!

to **stir** [stəːʳ] VERB
mieszać (PERF zamieszać)

stitch [stɪtʃ] NOUN
▷ *see also* **stitch** VERB
1 ścieg *(in sewing)*
2 szew
□ I had five stitches. Mam pięć szwów.

to **stitch** [stɪtʃ] VERB
▷ *see also* **stitch** NOUN
■ **to stitch something to something**
przyszywać (PERF przyszyć) coś do czegoś

stock [stɔk] NOUN
▷ *see also* **stock** VERB
1 zapas *(supply)*
2 towar *(in shop)*
■ **in stock** w sprzedaży
■ **out of stock** wyprzedany
■ **chicken stock** bulion z kurczaka

to **stock** [stɔk] VERB
▷ *see also* **stock** NOUN
prowadzić sprzedaż +*gen* *(goods)*

□ Do you stock camping stoves? Czy prowadzą państwo sprzedaż kuchenek turystycznych?

to **stock up** VERB
■ **to stock up on something** zaopatrywać (PERF zaopatrzyć) się w coś

stock cube NOUN
kostka rosołowa

stock exchange NOUN
giełda papierów wartościowych

stocking ['stɔkɪŋ] NOUN
pończocha

stole [stəʊl] VERB ▷ *see* **steal**

stolen ['stəʊln] VERB ▷ *see* **steal**

stomach ['stʌmək] NOUN
1 żołądek *(organ)*

□ to have an upset stomach cierpieć na rozstrój żołądka
2 brzuch *(abdomen)*

stomachache NOUN
ból brzucha
■ **I've got stomachache.** Boli mnie brzuch.

stone [stəʊn] NOUN
1 kamień
■ **a stone wall** kamienny mur
2 kamyk *(pebble)*
3 pestka
□ a peach stone pestka brzoskwini
4 jednostka wagi, równa sześć i trzydzieści pięć setnych kilograma

> **DID YOU KNOW...?**
> In Poland, weight is expressed in kilogrammes. A stone is about 6.3 kilos.

stood [stʊd] VERB ▷ *see* **stand**

stool [stuːl] NOUN
stołek

to **stop** [stɔp] VERB
▷ *see also* **stop** NOUN
1 zatrzymywać (PERF zatrzymać)

□ The bus doesn't stop there. Autobus się tutaj nie zatrzymuje.

■ **I think the rain's going to stop.** Chyba wkrótce przestanie padać.

■ **to stop smoking** rzucać (PERF rzucić) palenie

■ **to stop doing something** przestawać (PERF przestać) coś robić

■ **stop it!** przestań!
2 powstrzymywać (PERF powstrzymać) *(prevent)*

■ **to stop somebody from doing something** powstrzymywać (PERF powstrzymać) kogoś przed zrobieniem czegoś □ a campaign to stop whaling kampania przeciwko połowom wielorybów

stop [stɔp] NOUN
▷ *see also* **stop** VERB
1 przystanek *(for bus)*

□ We'll get off at the next stop. Wysiądziemy na następnym przystanku.
2 stacja *(for train)*

stopwatch ['stɔpwɔtʃ] NOUN
stoper

store [stɔːʳ] NOUN
▷ *see also* **store** VERB
1 zapas *(of food)*
2 sklep (US: *shop*)

□ a furniture store sklep meblowy

to **store** [stɔːʳ] VERB
▷ *see also* **store** NOUN
przechowywać (PERF przechować)

□ They store potatoes in the cellar. Przechowują ziemniaki w piwnicy.

storey ['stɔːrɪ] NOUN
piętro

■ **a three-storey building** trzypiętrowy budynek

storm [stɔːm] NOUN
burza

stormy ['stɔ:mɪ] ADJECTIVE
burzowy

story ['stɔ:rɪ] NOUN
1 opowieść *(account)*
2 historia *(tale)*
3 artykuł *(in news)*

stove [stəuv] NOUN
1 kuchnia *(for cooking)*
2 piecyk *(for heating)*

straight [streɪt] ADJECTIVE
1 prosty
□ a straight line prosta linia □ straight hair
proste włosy
2 heteroseksualny
■ **straight away** natychmiast

straighteners ['streɪtnəz] PL NOUN
prostownica (do włosów)

straightforward [streɪt'fɔ:wəd] ADJECTIVE
prosty

strain [streɪn] NOUN
▷ see also **strain** VERB
obciążenie *(pressure)*
■ **muscle strain** nadwyrężenie mięśnia

to **strain** [streɪn] VERB
▷ see also **strain** NOUN
naprężać (PERFnaprężyć)
□ I strained my back. Naprężyłem plecy.

strained [streɪnd] ADJECTIVE
naprężony *(back, muscle)*

stranded ['strændɪd] ADJECTIVE
pozostawiony własnemu losowi

strange [streɪndʒ] ADJECTIVE
1 dziwny *(odd)*
□ That's strange! Dziwne!
2 obcy *(unfamiliar)*

stranger ['streɪndʒər] NOUN
obcy *masc*
obca *fem*
□ Don't talk to strangers. Nie rozmawiaj
z obcymi.

to **strangle** ['stræŋgl] VERB
dusić (PERFudusić)

strap [stræp] NOUN
pasek

straw [strɔ:] NOUN
słoma

strawberry ['strɔ:bərɪ] NOUN
truskawka
■ **strawberry jam** dżem truskawkowy

stray [streɪ] ADJECTIVE
bezpański

stream [stri:m] NOUN
strumień

street [stri:t] NOUN
ulica
□ in the street na ulicy

streetcar ['stri:tkɑ:r] NOUN (US)
tramwaj

streetlamp ['stri:tlæmp] NOUN
latarnia uliczna

street plan NOUN
plan miasta

strength [streŋθ] NOUN
1 siła
2 wytrzymałość *(of object, material)*

stress [stres] NOUN
▷ see also **stress** VERB
stres

to **stress** [stres] VERB
▷ see also **stress** NOUN
podkreślać (PERFpodkreślić)
□ I would like to stress that ... Chciałbym
podkreślić, że ...

to **stretch** [stretʃ] VERB
1 przeciągać (PERFprzeciągnąć)się *(person, animal)*
□ The dog woke up and stretched. Pies obudził
się i przeciągnął.
2 rozciągać (PERFrozciągnąć)się
□ My sweater stretched when I washed it.
Mój sweter rozciągnął się po praniu.
■ **They stretched a rope between two trees.**
Rozciągnęli linę pomiędzy dwoma drzewami.

stretcher ['stretʃər] NOUN
nosze *masc pl*

stretchy ['stretʃɪ] ADJECTIVE
rozciągliwy

strict [strɪkt] ADJECTIVE
1 ścisły *(rule, instruction)*
2 surowy *(person)*

strike [straɪk] NOUN
▷ see also **strike** VERB
strajk
■ **to be on strike** strajkować (PERF
zastrajkować)
■ **to go on strike** strajkować (PERF
zastrajkować)

to **strike** [straɪk] VERB
▷ see also **strike** NOUN
1 bić (PERFwybić) *(clock)*
□ The clock struck nine. Zegar wybił dziewiątą.
2 uderzać (PERFuderzyć) *(person, thing)*
3 zapalać (PERFzapalić) *(match)*
4 strajkować (PERFzastrajkować) *(workers)*

striker ['straɪkər] NOUN
1 strajkujący *masc*
strajkująca *fem (person on strike)*
2 napastnik *masc*
napastniczka *fem (footballer)*

striking ['straɪkɪŋ] ADJECTIVE
uderzający *(noticeable)*
□ a striking difference uderzająca różnica
■ **striking miners** *(on strike)* strajkujący
górnicy

string [strɪŋ] NOUN
1 sznurek
□ a piece of string kawałek sznurka
2 struna *(on guitar, violin)*

strip [strɪp] NOUN
▷ see also **strip** VERB
pasek *(of paper, cloth)*

to **strip** [strɪp] VERB
▷ see also **strip** NOUN
rozbierać (PERFrozebrać)się *(undress)*

stripe [straɪp] NOUN
pas

striped [straɪpt] ADJECTIVE
w pasy
□ a striped skirt spódnica w pasy

stripper ['strɪpər] NOUN
striptizer *masc*
striptizerka *fem*

stripy ['straɪpɪ] ADJECTIVE
w paski
□ a stripy shirt koszula w paski

stroke [strəʊk] NOUN
▷ see also **stroke** VERB
udar
□ to have a stroke mieć udar
■ a stroke of luck łut szczęścia

to **stroke** [strəʊk] VERB
▷ see also **stroke** NOUN
głaskać (PERFpogłaskać) (person, animal)

stroll [strəʊl] NOUN
spacer
□ to go for a stroll chodzić/iść (PERFpójść) na spacer

stroller ['strəʊlər] NOUN (US)
wózek spacerowy

strong [strɒŋ] ADJECTIVE
1 silny
□ She's very strong. Jest bardzo silna.
2 mocny (object, material)

strongly ['strɒŋlɪ] ADVERB
1 porządnie (made, built)
2 mocno
□ We recommend strongly that ... Mocno rekomendujemy ...
■ I feel strongly about it. Jest to dla mnie bardzo ważne.

struck [strʌk] VERB ▷ see **strike**

struggle ['strʌgl] NOUN
▷ see also **struggle** VERB
walka

to **struggle** ['strʌgl] VERB
▷ see also **struggle** NOUN
1 walczyć (try hard)
□ He struggled to get custody of his daughter. Walczył o prawo do opieki nad córką.
■ She struggled to get the door open. Z wielkim trudem otworzyła drzwi.
■ He struggled, but he couldn't escape. Szarpał się, ale nie mógł uciec.
2 bić (PERFpobić)się (fight)

stub [stʌb] NOUN
koniuszek (of cheque, ticket)

to **stub out** VERB
gasić (PERFzgasić)papierosa (cigarette)

stubborn ['stʌbən] ADJECTIVE
uparty

to **stuck** [stʌk] VERB ▷ see **stick**

stuck [stʌk] ADJECTIVE
■ to be stuck 1 (object) być zablokowanym
□ It's stuck. Zablokowało się. 2 (person) nie móc się ruszyć (PERFporuszyć)

■ We got stuck in a traffic jam. Utknęliśmy w korku.

stuck-up ADJECTIVE
nadęty

student ['stju:dənt] NOUN
1 student *masc*
studentka *fem* (at university)
2 uczeń *masc*
uczennica *fem* (at school)
■ a law/medical student student prawa/ medycyny

studio ['stju:dɪəʊ] NOUN
1 studio
□ a TV studio studio telewizyjne
2 pracownia (of artist)

to **study** ['stʌdɪ] VERB
1 studiować
□ I plan to study biology. Zamierzam studiować biologię.
2 uczyć się
□ I've got to study tonight. Muszę się uczyć dziś wieczorem.

stuff [stʌf] NOUN
1 rzeczy *fem pl* (things)
□ There's some stuff on the table for you. Na stole są jakieś rzeczy dla ciebie. □ Have you got all your stuff? Czy masz wszystkie swoje rzeczy?
2 coś (substance)
□ I need some stuff for hay fever. Potrzebuję czegoś na katar sienny.

stuffy ['stʌfɪ] ADJECTIVE
duszny

to **stumble** ['stʌmbl] VERB
potykać (PERFpotknąć)się

stung [stʌŋ] VERB ▷ see **sting**

stunk [stʌŋk] VERB ▷ see **stink**

stunned [stʌnd] ADJECTIVE
zaszokowany (shocked)
□ I was stunned. Byłem zaszokowany.
■ a stunned silence grobowa cisza

stunning ['stʌnɪŋ] ADJECTIVE
1 imponujący (impressive)
2 olśniewający (beautiful)

stunt [stʌnt] NOUN
wyczyn kaskaderski (in film)

stuntman ['stʌntmæn] NOUN
kaskader

stupid ['stju:pɪd] ADJECTIVE
głupi
□ a stupid joke głupi żart

stutter ['stʌtər] NOUN
▷ see also **stutter** VERB
jąkanie się

to **stutter** ['stʌtər] VERB
▷ see also **stutter** NOUN
jąkać się

style [staɪl] NOUN
1 styl (type)
□ That's not his style. To nie w jego stylu.
2 styl (elegance)
3 fason (design)

S

subject ['sʌbdʒɪkt] NOUN
1 temat *(matter)*
□ The subject of my project was the internet. Temat mojego projektu był dostępny w internecine.
2 przedmiot *(at school)*
□ What's your favourite subject? Jaki jest twój ulubiony przedmiot?

subjunctive [səb'dʒʌŋktɪv] NOUN
tryb łączący
□ in the subjunctive w trybie łączącym

submarine [sʌbmə'ri:n] NOUN
łódź podwodna

subscription [səb'skrɪpʃən] NOUN
prenumerata

subsequently ['sʌbsɪkwəntlɪ] ADVERB
później

to **subsidize** ['sʌbsɪdaɪz] VERB
dotować

subsidy ['sʌbsɪdɪ] NOUN
dotacja

substance ['sʌbstəns] NOUN
substancja

substitute ['sʌbstɪtju:t] NOUN
▷ see also **substitute** VERB
1 osoba w zastępstwie *(person)*
2 substytut *(thing)*
3 zawodnik rezerwowy *(in football)*

to **substitute** ['sʌbstɪtju:t] VERB
▷ see also **substitute** NOUN
■ to substitute something for something zastępować (PERF zastąpić) coś czymś □ to substitute A for B zastępować (PERF zastąpić) A B

subtitled ['sʌbtaɪtld] ADJECTIVE
z napisami

subtitles ['sʌbtaɪtlz] PL NOUN
napisy
□ a French film with English subtitles francuski film z angielskimi napisami

subtle ['sʌtl] ADJECTIVE
subtelny

to **subtract** [səb'trækt] VERB
■ to subtract something from something odejmować (PERF odjąć) coś (od czegoś) □ to subtract 3 from 5 odejmować (PERF odjąć) trzy od pięciu

suburb ['sʌbə:b] NOUN
przedmieście
□ a suburb of Paris przedmieście Paryża
■ the suburbs przedmieścia □ They live in the suburbs. Mieszkają na przedmieściach.

suburban [sə'bə:bən] ADJECTIVE
podmiejski
□ a suburban train pociąg podmiejski

subway ['sʌbweɪ] NOUN
1 metro (US: *underground railway*)
2 przejście podziemne *(underpass)*

to **succeed** [sək'si:d] VERB
powieść się perf *(plan)*
■ to succeed in doing something odnosić (PERF odnieść) sukces w robieniu czegoś

success [sək'sɛs] NOUN
sukces
□ The play was a great success. Przedstawienie odniosło wielki sukces.
■ without success bez powodzenia

successful [sək'sɛsful] ADJECTIVE
1 pomyślny
□ a successful attempt pomyślna próba
2 odnoszący sukcesy *(film, product)*
3 słynny *(writer)*

successfully [sək'sɛsfəlɪ] ADVERB
z powodzeniem

successive [sək'sɛsɪv] ADJECTIVE
kolejny
■ on 3 successive days przez trzy kolejne dni

such [sʌtʃ] ADJECTIVE
1 taki *(of this kind)*
□ hot countries, such as India gorące kraje, takie jak Indie □ There's no such thing as the yeti. Nie ma niczego takiego jak yeti.
2 tak *(so much)*
□ such nice people tacy mili ludzie
■ Such was his anger, that ... Był tak zły, że ...
■ such a taki □ such a long journey taka długa podróż
■ such a lot of tak dużo +gen □ such a lot of work tak wiele pracy
■ such as *(like)* taki jak
■ as such jako taki □ He's not an expert as such, but ... Nie jest ekspertem w dosłownym tego słowa znaczeniu, ale ...

such-and-such ['sʌtʃənsʌtʃ] ADJECTIVE
taki a taki
□ such-and-such a place takie to a takie miejsce

to **suck** [sʌk] VERB
ssać
□ to suck one's thumb ssać kciuk

sudden ['sʌdn] ADJECTIVE
nagły
□ a sudden change nagła zmiana
■ all of a sudden nagle

suddenly ['sʌdnlɪ] ADVERB
nagle
□ Suddenly, the door opened. Nagle otworzyły się drzwi.

suede [sweɪd] NOUN
zamsz
■ a suede jacket zamszowa kurtka

to **suffer** ['sʌfər] VERB
1 cierpieć (PERF wycierpieć) *(be in pain)*
□ She was really suffering. Naprawdę bardzo cierpiała.
2 cierpieć (PERF ucierpieć) *(be badly affected)*
□ I suffer from hay fever. Cierpię na katar sienny.

to **suffocate** ['sʌfəkeɪt] VERB
dusić (PERF udusić) się *(die)*

sugar ['ʃugər] NOUN
cukier
■ Do you take sugar? Czy pan/pani słodzi?

to **suggest** [sə'dʒest] VERB
sugerować (PERF zasugerować)

□ I suggested they set off early.
Zasugerowałem, aby wyjechali wcześniej.

suggestion [sə'dʒestʃən] NOUN
sugestia

□ to make a suggestion sugerować
(PERF zasugerować)

suicide ['suɪsaɪd] NOUN
samobójstwo

□ to commit suicide popełnić *perf* samobójstwo

suicide bomber NOUN
samobójca zamachowiec *masc*
samobójczyni zamachowiec *fem*

suit [suːt] NOUN
▷ see also **suit** VERB
1 garnitur *(man's)*
2 kostium *(woman's)*

to **suit** [suːt] VERB
▷ see also **suit** NOUN
pasować +*dat*

□ What time would suit you? Która godzina
panu/pani pasuje? □ That dress really suits
you. Ta sukienka naprawdę ci pasuje.

suitable ['suːtəbl] ADJECTIVE
1 dogodny

□ a suitable time dogodna pora
2 odpowiedni

□ suitable clothing odpowiednie ubranie

suitcase ['suːtkeɪs] NOUN
walizka

suite [swiːt] NOUN
apartament *(in hotel, large building)*

to **sulk** [sʌlk] VERB
dąsać się

sulky ['sʌlkɪ] ADJECTIVE
nadąsany

sultana [sʌl'tɑːnə] NOUN
sułtanka

sum [sʌm] NOUN
1 suma

□ a sum of money suma pieniędzy
2 zadania arytmetyczne *(calculation)*

■ She's good at sums. Jest dobra w
rachunkach.

■ to do a sum robić (PERF zrobić) rachunki

to **sum up** VERB
sumować (PERF podsumować) *(describe briefly)*

to **summarize** ['sʌməraɪz] VERB
streszczać (PERF streścić)

summary ['sʌmərɪ] NOUN
streszczenie

summer ['sʌmər] NOUN
lato

■ in summer latem

summertime ['sʌmətaɪm] NOUN
lato

summit ['sʌmɪt] NOUN
szczyt *(of mountain)*

sun [sʌn] NOUN
słońce

□ in the sun na słońcu

to **sunbathe** ['sʌnbeɪð] VERB
opalać (PERF opalić) się

sunblock ['sʌnblɔk] NOUN
krem z filtrem przeciwsłonecznym

sunburn ['sʌnbəːn] NOUN
oparzenie słoneczne

sunburnt ['sʌnbəːnt] ADJECTIVE
poparzony po zbyt intensywnym opalaniu się

Sunday ['sʌndɪ] NOUN
niedziela

□ on Sunday w niedzielę □ on Sundays
w niedziele □ every Sunday co niedzielę
□ last Sunday w ubiegłą niedzielę □ next
Sunday w przyszłą niedzielę

Sunday school NOUN
szkółka niedzielna

□ to go to Sunday school chodzić do szkółki
niedzielnej

sunflower ['sʌnflauər] NOUN
słonecznik

□ sunflower seeds pestki słonecznika

sung [sʌŋ] VERB ▷ see **sing**

sunglasses ['sʌnglɑːsɪz] PL NOUN
okulary przeciwsłoneczne

sunk [sʌŋk] VERB ▷ see **sink**

sunlight ['sʌnlaɪt] NOUN
światło słoneczne

sunny ['sʌnɪ] ADJECTIVE
słoneczny

□ a sunny morning słoneczny ranek

■ It's sunny. Jest słoneczna pogoda.

sunrise ['sʌnraɪz] NOUN
wschód słońca

■ at sunrise o wschodzie słońca

sunroof NOUN
szyberdach *(on car)*

sunscreen NOUN
krem z filtrem przeciwsłonecznym

sunset ['sʌnset] NOUN
zachód słońca

■ at sunset o zachodzie słońca

sunshine ['sʌnʃaɪn] NOUN
słońce

sunstroke ['sʌnstrəʊk] NOUN
udar słoneczny

□ to get sunstroke dostać *perf* udaru
słonecznego

suntan ['sʌntæn] NOUN
opalenizna

■ to get a suntan opalić *perf* się

super ['suːpər] ADJECTIVE
świetny

superb [suː'pəːb] ADJECTIVE
znakomity

supermarket ['suːpəmɑːkɪt] NOUN
supermarket

supernatural [suːpə'nætʃərəl] ADJECTIVE
nadprzyrodzony

superstitious [suːpə'stɪʃəs] ADJECTIVE
przesądny

to **supervise** ['suːpəvaɪz] VERB
nadzorować *perf*

S

supervisor ['suːpəvaɪzəʳ] NOUN
1 nadzorca *masc*
   nadzorczyni *fem (of workers)*
2 promotor *masc*
   promotorka *fem (of student)*
supper ['sʌpəʳ] NOUN
   kolacja
   ■ **to have supper** jeść (PERFzjeść)kolację
supplement ['sʌplɪmənt] NOUN
   suplement *(additional amount)*
supplies [sə'plaɪz] PL NOUN
   zapasy
to **supply** [sə'plaɪ] VERB
   ▷ *see also* **supply** NOUN
   dostarczać (PERFdostarczyć)
   ■ **to supply somebody with something**
   zaopatrywać (PERFzaopatrzyć)kogoś w coś
   □ The centre supplied us with all the
   equipment. Centrum dostarczyło nam cały
   sprzęt.
supply [sə'plaɪ] NOUN
   ▷ *see also* **supply** VERB
   zapas
   □ a supply of paper zapas papieru
supply teacher NOUN
   nauczyciel zastępujący stałego nauczyciela
support [sə'pɔːt] NOUN
   ▷ *see also* **support** VERB
1 wsparcie *(moral)*
2 podpora *(for object, structure)*
to **support** [sə'pɔːt] VERB
   ▷ *see also* **support** NOUN
1 popierać (PERFpoprzeć) *(morally)*
   □ My mum has always supported me.
   Moja mama zawsze mnie popierała.
2 utrzymywać (PERFutrzymać) *(financially)*
   □ She had to support five children on her own.
   Musiała sama utrzymać piątkę dzieci.
3 kibicować +dat *(football team)*
   □ What team do you support? Jakiej drużynie
   kibicujesz?
supporter [sə'pɔːtəʳ] NOUN
1 zwolennik *masc*
   zwolenniczka *fem*
   □ a supporter of the Labour Party zwolennik
   Partii Pracy
2 kibic *(of team)*
   □ a Liverpool supporter kibic drużyny z
   Liverpoolu
to **suppose** [sə'pəʊz] VERB
   przypuszczać
   □ I suppose he's late. Przypuszczam, że się
   spóźni.
   ■ **Suppose you won the lottery.** Wyobraź
   sobie, że wygrasz na loterii.
   ■ **I suppose so.** Przypuszczam, że tak.
   ■ **I suppose not.** Przypuszczam, że nie.
   ■ **to be supposed to do something** mieć coś
   zrobić □ You're supposed to show your passport.
   Ma pan/pani okazać swój paszport.
supposing [sə'pəʊzɪŋ] CONJUNCTION
   przypuśćmy, że

   □ Supposing you won the lottery ...
   Przypuśćmy, że wygrasz na loterii ...
surcharge ['sɜːtʃɑːdʒ] NOUN
   opłata dodatkowa
sure [ʃʊəʳ] ADJECTIVE
   pewny
   □ Are you sure? Czy jesteś pewny?
   ■ **to make sure that ...** *(take action)* upewniać
   (PERFupewnić się, że ... □ I'm going to make
   sure the door's locked. Upewnię się, że drzwi są
   zamknięte na klucz.
   ■ **sure!** *(of course)* jasne!
surely ['ʃʊəlɪ] ADVERB
   na pewno
   ■ **Surely you don't mean that!** Nie chodzi ci
   chyba o coś takiego!
surf [sɜːf] NOUN
   ▷ *see also* **surf** VERB
   morska piana
to **surf** [sɜːf] VERB
   ▷ *see also* **surf** NOUN
   surfować
   ■ **to surf the internet** surfować po
   internecie
surface ['sɜːfɪs] NOUN
   powierzchnia
   ■ **on the surface** na powierzchni
surfboard ['sɜːfbɔːd] NOUN
   deska surfingowa
surfing ['sɜːfɪŋ] NOUN
   surfing
   ■ **to go surfing** surfować
surgeon ['sɜːdʒən] NOUN
   chirurg
   □ She's a surgeon. Jest chirurgiem.
surgery ['sɜːdʒərɪ] NOUN
1 operacja *(treatment)*
2 przychodnia *(of doctor, dentist)*
surname ['sɜːneɪm] NOUN
   nazwisko
surprise [sə'praɪz] NOUN
1 niespodzianka *(unexpected event)*
2 zaskoczenie *(astonishment)*
   ■ **to my great surprise** ku memu wielkiemu
   zdziwieniu
surprised [sə'praɪzd] ADJECTIVE
   zdziwiony
   □ I was surprised to see him. Byłem bardzo
   zdziwiony, gdy go zobaczyłem.
surprising [sə'praɪzɪŋ] ADJECTIVE
   zaskakujący
to **surrender** [sə'rɛndəʳ] VERB
   poddawać (PERFpoddać)się
surrogate mother ['sʌrəgɪt-] NOUN
   matka zastępcza
to **surround** [sə'raʊnd] VERB
   otaczać (PERFotoczyć)
   □ The police surrounded the house.
   Policja otoczyła dom. □ You're surrounded!
   Jesteście otoczeni! □ The house is
   surrounded by trees. Dom jest otoczony
   drzewami.

S

surroundings [sə'raundɪŋz] PL NOUN
otoczenie *neut sing*
□ a hotel in beautiful surroundings hotel w pięknym otoczeniu
survey ['sɜːveɪ] NOUN
sondaż
surveyor [sə'veɪə^r] NOUN
1 geodeta
2 rzeczoznawca budowlany *(of buildings)*
survivor [sə'vaɪvə^r] NOUN
ocalały
■ There were no survivors. Nikt nie ocalał.
suspect ['sʌspɛkt] NOUN
▷ *see also* **suspect** VERB
podejrzany
to **suspect** [səs'pɛkt] VERB
▷ *see also* **suspect** NOUN
1 podejrzewać *(person)*
2 wątpić w *(somebody's motives)*
■ to suspect that ... podejrzewać, że ...
to **suspend** [səs'pɛnd] VERB
zawieszać (PERFzawiesić)
□ He's been suspended. Został zawieszony.
suspenders [səs'pɛndəz] PL NOUN (US)
szelki
suspense [səs'pɛns] NOUN
1 stan niepewności *(uncertainty)*
□ The suspense was terrible. Okropnie było być w stanie niepewności.
2 napięcie
□ a film with lots of suspense film trzymający w napięciu
suspension [səs'pɛnʃən] NOUN
1 zawieszenie *(from job, team, in car)*
2 wstrzymanie *(of payment, flight)*
suspicious [səs'pɪʃəs] ADJECTIVE
1 podejrzliwy
□ He was suspicious at first. Z początku był podejrzliwy.
2 podejrzany *(arousing suspicion)*
□ a suspicious person podejrzana osoba
to **swallow** ['swɔləu] VERB
połykać (PERFpołknąć) *(food, pills)*
swam [swæm] VERB ▷ *see* **swim**
swan [swɔn] NOUN
łabędź
to **swap** [swɔp] VERB
zamieniać (PERFzamienić)na +*acc (exchange)*
□ to swap A for B zamieniać (PERFzamienić) A na B
■ Do you want to swap? Chcesz się zamienić?
to **swat** [swɔt] VERB
pacnąć *perf*
to **sway** [sweɪ] VERB
kołysać (PERFzakołysać)się
to **swear** [swɛə^r] (PT **swore**, PP **sworn**) VERB
przeklinać (PERFprzekląć) *(curse)*
swearword NOUN
przekleństwo
sweat [swɛt] NOUN
▷ *see also* **sweat** VERB
pot

to **sweat** [swɛt] VERB
▷ *see also* **sweat** NOUN
pocić (PERFspocić)się
sweater ['swɛtə^r] NOUN
sweter
sweatshirt ['swɛtʃəːt] NOUN
bluza sportowa
sweaty ['swɛti] ADJECTIVE
spocony
□ I'm all sweaty. Cały jestem spocony.
Swede [swiːd] NOUN
Szwed *masc*
Szwedka *fem*
swede [swiːd] NOUN
brukiew
Sweden ['swiːdn] NOUN
Szwecja
Swedish ['swiːdɪʃ] ADJECTIVE
▷ *see also* **Swedish** NOUN
szwedzki
Swedish ['swiːdɪʃ] NOUN
▷ *see also* **Swedish** ADJECTIVE
szwedzki *(language)*
to **sweep** [swiːp] (PT, PP **swept**) VERB
zamiatać (PERFzamieść)
sweet [swiːt] NOUN
▷ *see also* **sweet** ADJECTIVE
1 cukierek *(chocolate, mint)*
□ a bag of sweets paczka cukierków
2 deser *(pudding)*
□ What sweet did you have? Co zjadłeś na deser?
sweet [swiːt] ADJECTIVE
▷ *see also* **sweet** NOUN
1 słodki *(not savoury)*
■ sweet and sour słodko-kwaśny
2 miły *(kind)*
□ That was really sweet of you. To naprawdę miło z twojej strony.
3 uroczy *(cute)*
□ Isn't she sweet? Czyż nie jest urocza?
sweetcorn ['swiːtkɔːn] NOUN
kukurydza
sweltering ['swɛltərɪŋ] ADJECTIVE
parny
swept [swɛpt] VERB ▷ *see* **sweep**
to **swerve** [swəːv] VERB
gwałtownie skręcać (PERFskręcić)
□ He swerved to avoid the cyclist. Gwałtownie skręcił, by ominąć rowerzystkę.
to **swim** [swɪm] (PT **swam**, PP **swum**) VERB
▷ *see also* **swim** NOUN
płynąć (PERFpopłynąć)
□ Can you swim? Czy umiesz pływać?
swim [swɪm] NOUN
▷ *see also* **swim** VERB
■ to go for a swim chodzić/iść (PERFpojść) popływać
swimmer ['swɪmə^r] NOUN
pływak *masc*
pływaczka *fem*
□ He's a good swimmer. Jest dobrym pływakiem.

swimming [ˈswɪmɪŋ] NOUN
pływanie
□ Do you like swimming? Czy lubisz pływać?
■ **to go swimming** pływać

swimsuit [ˈswɪmsuːt] NOUN
kostium kąpielowy

swing [swɪŋ] NOUN
▷ see also **swing** VERB
huśtawka (in playground)

to **swing** [swɪŋ] VERB
▷ see also **swing** NOUN
1 wahać się (pendulum etc)
□ A bunch of keys swung from his belt.
Pęk kluczy kołysał się u jego pasa.
2 chwiać (PERF zachwiać) się (door)
■ **The canoe swung round sharply.**
Kajak gwałtownie się obrócił.

Swiss [swɪs] ADJECTIVE
▷ see also **Swiss** NOUN
szwajcarski
□ Sabine's Swiss. Sabina jest Szwajcarką.

Swiss [swɪs] NOUN
▷ see also **Swiss** ADJECTIVE
Szwajcar masc
Szwajcarka fem

switch [swɪtʃ] NOUN
▷ see also **switch** VERB
■ 'on' switch włącznik
■ 'off' switch wyłącznik

to **switch** [swɪtʃ] VERB
▷ see also **switch** NOUN
zmieniać (PERF zmienić) (change)
□ We switched partners. Zamieniliśmy się
partnerami.

to **switch off** VERB
wyłączać (PERF wyłączyć)

to **switch on** VERB
włączać (PERF włączyć)

Switzerland [ˈswɪtsələnd] NOUN
Szwajcaria

swollen [ˈswəʊlən] ADJECTIVE
spuchnięty (ankle, eyes)

to **swop** [swɒp] VERB = **swap**

sword [sɔːd] NOUN
szpada

swore [swɔːʳ], **sworn** [swɔːn] VERB
▷ see **swear**

swot [swɒt] NOUN
▷ see also **swot** VERB
kujon

to **swot** [swɒt] VERB
▷ see also **swot** NOUN
wkuwać (PERF wkuć)
□ I'll have to swot for my maths exam.
Muszę wkuwać na egzamin z
matematyki.

swum [swʌm] VERB ▷ see **swim**

swung [swʌŋ] VERB ▷ see **swing**

syllabus [ˈsɪləbəs] NOUN
program nauczania
□ on the syllabus w programie nauczania

symbol [ˈsɪmbl] NOUN
symbol

sympathetic [sɪmpəˈθetɪk] ADJECTIVE
1 współczujący (understanding)
2 przychylny (supportive)

to **sympathize** [ˈsɪmpəθaɪz] VERB
■ **to sympathize with somebody**
współczuć komuś

sympathy [ˈsɪmpəθɪ] NOUN
współczucie
■ **'with deepest sympathy'**
'z wyrazami najgłębszego
współczucia'

symptom [ˈsɪmptəm] NOUN
objaw

syringe [sɪˈrɪndʒ] NOUN
strzykawka

system [ˈsɪstəm] NOUN
system

Tt

table ['teɪbl] NOUN
stół
□ to lay the table nakrywać (PERF nakryć)
do stołu □ to clear the table sprzątać
(PERF sprzątnąć)ze stołu

tablecloth ['teɪblklɔθ] NOUN
obrus

tablespoon ['teɪblspuːn] NOUN
łyżka stołowa

tablet ['tæblɪt] NOUN
tabletka *(medication)*

table tennis NOUN
tenis stołowy *(sport)*
□ to play table tennis grać w tenisa stołowego

tabloid ['tæblɔɪd] NOUN
brukowiec

> **CZY WIESZ, ŻE...?**
> **Tabloids**– to popularne dzienniki z dużą
> ilością zdjęć. Szczególnym zaintere-
> sowaniem gazety te darzą sensację,
> sport oraz życie gwiazd show biznesu.
> Angielskie słowo **tabloid**oznacza przede
> wszystkim mniejszy, poręczniejszy format,
> w jakim ukazują się tego typu gazety.

tackle ['tækl] NOUN
▷ *see also* **tackle** VERB
1 sprzęt wędkarski *(for fishing)*
2 blok *(in football)*
3 chwyt *(in rugby)*

to **tackle** ['tækl] VERB
▷ *see also* **tackle** NOUN
1 uporać się z czymś *(problem)*
2 konfrontować *(challenge)*
3 blokować *(in football)*

tact [tækt] NOUN
takt

tactful ['tæktful] ADJECTIVE
taktowny

tactics ['tæktɪks] PL NOUN
taktyka *sing*

tactless ['tæktlɪs] ADJECTIVE
nietaktowny
□ a tactless remark nietaktowna uwaga

tadpole ['tædpəʊl] NOUN
kijanka

tag [tæg] NOUN
metka *(label)*

tail [teɪl] NOUN
ogon *(of animal)*

■ **heads or tails? — tails** orzeł czy reszka?
— reszka

tailor ['teɪlər] NOUN
krawiec

to **take** [teɪk] (PT **took**, PP **taken**) VERB
1 robić (PERF zrobić)sobie *(holiday, vacation)*
2 brać (PERF wziąć) *(shower, pill etc)*
3 podejmować (PERF podjąć) *(decision)*
4 wymagać (PERF wymóc) *(require)*
□ That takes a lot of courage. To wymaga wiele
odwagi.
5 znosić (PERF znieść) *(tolerate)*
□ He can't take being criticized. Nie znosi
krytyki.
6 zabierać (PERF zabrać) *(accompany, bring)*
□ When will you take me to London? Kiedy
zabierzesz mnie do Londynu? □ Are you taking
your new camera? Czy zabierasz swój nowy
aparat? □ Don't take anything valuable with
you. Proszę nie zabierać ze sobą żadnych
kosztowności.
7 jechać (PERF pojechać) +*inst (road, car, train)*
8 mieć *(size)*
9 zabrać (PERF zabierać) *(time)*
□ It takes about an hour. To zabiera około
godziny.
10 zdawać *(exam, test)*
□ Have you taken your driving test yet? Czy już
zdawałeś swój egzamin na prawo jazdy?
11 uczyć się *(study)*
□ I decided to take French instead of German.
Zdecydowałem się uczyć francuskiego zamiast
niemieckiego.

to **take after** VERB
przypominać (PERF przypomnieć) *(resemble)*
□ She takes after her mother. Jest podobna do
swojej matki.

to **take apart** VERB
rozbierać (PERF rozebrać) *(dismantle)*

to **take away** VERB
zabierać (PERF zabrać)

to **take back** VERB
zwracać (PERF zwrócić) *(goods)*
□ I took the camera back to the shop.
Zwróciłem aparat do sklepu.

to **take down** VERB
notować (PERF zanotować) *(write down)*
□ He took down the details in his notebook.
Zapisał szczegóły w swoim notesie.

t

to **take in** VERB
1 omamiać (PERF omamić) *(deceive)*
2 pojmować (PERF pojąć) *(understand)*
□ I didn't really take it in. Tak naprawdę tego nie pojąłem.

to **take off** VERB
1 startować (PERF wystartować)
□ The plane took off twenty minutes late. Samolot wystartował z dwudziestominutowym opóźnieniem.
2 zdejmować (PERF zdjąć)
□ Take your coat off. Proszę zdjąć płaszcz.
■ **to take two days off work** brać dwa dni wolnego

to **take out** VERB
1 zabierać (PERF zabrać) *(person)*
□ He took her out for a drink. Zabrał ją (do pubu) na drinka.
2 wyrywać (PERF wyrwać) *(tooth)*

to **take over** VERB
przejmować (PERF przejąć)
□ I'll take over now. Teraz ja przejmę pracę.

takeaway ['teɪkəweɪ] NOUN
1 restauracja z jedzeniem na wynos *(shop, restaurant)*
2 jedzenie na wynos *(food)*

taken ['teɪkən] VERB ▷ see take

takeoff ['teɪkɔf] NOUN
start *(of plane)*

talcum powder ['tælkəm-] NOUN
talk (kosmetyczny)

tale [teɪl] NOUN
opowieść *(story)*

talent ['tælnt] NOUN
talent
□ She's got lots of talent. Ma wielki talent.
■ **to have a talent for something** mieć talent do czegoś □ He's got a real talent for languages. Ma prawdziwy talent do języków.

talented ['tæləntɪd] ADJECTIVE
utalentowany *(person, actor)*

talk [tɔːk] NOUN
▷ see also **talk** VERB
1 wystąpienie *(prepared speech)*
■ **to give a talk** przemawiać (PERF przemówić)
□ She gave a talk on rock climbing. Wygłosiła wykład na temat alpinizmu.
2 rozmowa *(conversation, discussion)*
□ I had a talk with my Mum about it. Porozmawiałem z mamą na ten temat.
3 pogłoska *(gossip)*
□ It's just talk. To tylko pogłoski.

to **talk** [tɔːk] VERB
▷ see also **talk** NOUN
1 rozmawiać (PERF porozmawiać)
□ to talk to somebody rozmawiać (PERF porozmawiać) z kimś □ to talk about something rozmawiać (PERF porozmawiać) o czymś
2 gadać *(gossip)*

talkative ['tɔːkətɪv] ADJECTIVE
gadatliwy

tall [tɔːl] ADJECTIVE
wysoki
■ **How tall are you?** Ile ma pan/pani wzrostu?
■ **He's two metres tall.** Ma dwa metry wzrostu.

tame [teɪm] ADJECTIVE
oswojony
□ They've got a tame hedgehog. Mają oswojonego jeża.

tampon ['tæmpɔn] NOUN
tampon

tan [tæn] NOUN
opalenizna
□ She's got an amazing tan. Ma niesamowitą opaleniznę.
■ **to get a tan** opalić *perf* się

tangerine [tændʒə'riːn] NOUN
mandarynka *(fruit)*

tangle ['tæŋgl] NOUN
plątanina *(of branches, knots)*
■ **to be in a tangle** *(wires, string)* być poplątanym

tank [tæŋk] NOUN
1 czołg *(military vehicle)*
2 zbiornik *(for petrol, water)*
3 akwarium *(for fish)*

tanker ['tæŋkər] NOUN
1 tankowiec *(ship)*
2 cysterna *(truck)*

tap [tæp] NOUN
1 kran *(on sink, pipe)*
2 stuknięcie *(gentle blow)*

tap-dancing ['tæpdɑːnsɪŋ] NOUN
stepowanie
■ **I do tap-dancing.** Uprawiam step.

tape [teɪp] NOUN
▷ see also **tape** VERB
taśma

to **tape** [teɪp] VERB
▷ see also **tape** NOUN
1 nagrywać (PERF nagrać) *(record)*
□ Did you tape that film last night? Czy nagrałeś ten film pokazywany wczoraj wieczorem?
2 przyklejać (PERF przykleić) *(attach)*

tape measure NOUN
centymetr

tape recorder NOUN
magnetofon

target ['tɑːgɪt] NOUN
cel

tarmac ['tɑːmæk] NOUN
rodzaj asfaltu na powierzchni dróg

tart [tɑːt] NOUN
tarta
□ an apple tart tarta z jabłkami

tartan ['tɑːtn] ADJECTIVE
w szkocką kratę
□ a tartan scarf szalik w szkocką kratę

task [tɑːsk] NOUN
zadanie

taste [teɪst] NOUN
▷ see also **taste** VERB

1 smak *(flavour)*
□ It's got a really strange taste. Ma naprawdę dziwny smak.
2 gust *(choice, liking)*
□ a joke in bad taste dowcip w złym guście

to **taste** [teɪst] VERB
▷ *see also* **taste** NOUN
smakować (PERF posmakować)
□ The omelet tastes of fish. Ten omlet smakuje rybą.
■ **Would you like to taste it?** Czy masz ochotę tego spróbować?

tasteful ['teɪstful] ADJECTIVE
gustowny

tasteless ['teɪstlɪs] ADJECTIVE
1 bez smaku *(food)*
2 niesmaczny
□ a tasteless remark niesmaczna uwaga

tasty ['teɪstɪ] ADJECTIVE
smaczny *(food)*

tattoo [tə'tu:] NOUN
tatuaż *(on skin)*

taught [tɔ:t] VERB ▷ *see* **teach**

Taurus ['tɔ:rəs] NOUN
Byk
□ I'm Taurus. Jestem spod znaku Byka.

tax [tæks] NOUN
podatek

taxi ['tæksɪ] NOUN
taksówka

taxi rank NOUN
postój taksówek

TB ABBREVIATION (= *tuberculosis*)
gruźlica

tea [ti:] NOUN
1 herbata *(drink)*
□ a cup of tea filiżanka herbaty
2 kolacja *(evening meal)*

to **teach** [ti:tʃ] (PT, PP **taught**) VERB
uczyć (PERF nauczyć)
□ She teaches physics. Uczy fizyki
□ That'll teach you! To będzie dla ciebie nauczką! □ My sister taught me to swim. Moja siostra nauczyła mnie pływać.

teacher ['ti:tʃəʳ] NOUN
nauczyciel *masc*
nauczycielka *fem*
□ a maths teacher nauczyciel matematyki
□ She's a teacher. Jest nauczycielką □ He's a primary school teacher. Jest nauczycielem w szkole podstawowej.

teacher's pet NOUN
pupil *masc*
pupilka *fem*

tea cloth NOUN
ścierka do naczyń

team [ti:m] NOUN
1 grupa *(of people, experts)*
□ She was in my team. Była w mojej grupie.
2 drużyna
□ a football team drużyna piłki nożnej

teapot ['ti:pɒt] NOUN
imbryczek do herbaty

tear [tɪəʳ] NOUN
▷ *see also* **tear** VERB
łza *(when crying)*
□ She was in tears. Była we łzach.
■ **to burst into tears** zalewać (PERF zalać) się łzami

to **tear** [tɛəʳ] (PT **tore**, PP **torn**) VERB
▷ *see also* **tear** NOUN
drzeć (PERF podrzeć) *(rip)*
□ Be careful or you'll tear the page. Uważaj, bo podrzesz stronę. □ It won't tear, it's very strong. To się nie podrze, jest bardzo mocne.

to **tear up** VERB
drzeć (PERF podrzeć)
□ He tore up the letter. Podarł list.

tear gas NOUN
gaz łzawiący

to **tease** [ti:z] VERB
drażnić
□ Stop teasing that poor animal! Przestań drażnić to biedne zwierzę! □ He's teasing you. On się tylko z tobą droczy.

teaspoon ['ti:spu:n] NOUN
łyżeczka

teatime ['ti:taɪm] NOUN
pora podwieczorku
□ It was nearly teatime. Była prawie pora podwieczorku.

tea towel NOUN
ścierka do naczyń

technical ['tɛknɪkl] ADJECTIVE
techniczny

technician [tɛk'nɪʃən] NOUN
technik

technique [tɛk'ni:k] NOUN
technika

techno ['tɛknəʊ] NOUN
(muzyka) techno *(music)*

technological [tɛknə'lɒdʒɪkl] ADJECTIVE
technologiczny

technology [tɛk'nɒlədʒɪ] NOUN
technologia

teddy bear ['tɛdɪ-] NOUN
miś pluszowy

teenage ['ti:neɪdʒ] ADJECTIVE
młodzieżowy
□ a teenage magazine czasopismo dla młodzieży □ She has two teenage daughters. Ma dwie nastoletnie córki.

teenager ['ti:neɪdʒəʳ] NOUN
nastolatek *masc*
nastolatka *fem*

teens [ti:nz] PL NOUN
■ **to be in one's teens** mieć naście lat

tee-shirt ['ti:ʃə:t] NOUN = **T-shirt**

teeth [ti:θ] PL NOUN ▷ *see* **tooth**

to **teethe** [ti:ð] VERB
ząbkować

teetotal [ti:'təʊtl] ADJECTIVE
abstynencki *(person)*

t

telecommunications – terrible

telecommunications [ˈtɛlɪkəmjuːnɪˈkeɪʃənz]
NOUN
telekomunikacyjny

telephone [ˈtɛlɪfəʊn] NOUN
telefon
□ on the telephone przez telefon

telesales [ˈtɛlɪseɪlz] NOUN
telesprzedaż
□ She works in telesales. Pracuje w telesprzedaży.

telescope [ˈtɛlɪskəʊp] NOUN
teleskop

television [ˈtɛlɪvɪʒən] NOUN
1 telewizor *(television set)*
2 telewizja *(system)*

to tell [tɛl] (PT, PP **told**) VERB
opowiadać (PERFopowiedzieć › *(story, joke)*
■ **to tell somebody something** powiedzieć *perf* komuś coś □ Did you tell your mother? Czy powiedziałeś matce?
■ **to tell something from something** odróżniać (PERFodróżnić ›coś od czegoś
■ **to tell somebody to do something** powiedzieć komuś, żeby coś zrobił □ He told me to wait a moment. Poprosił mnie, abym poczekał chwilę.
■ **to tell somebody that ...** powiedzieć komuś, że ... □ I told him that I was going on holiday. Powiedziałem mu, że jadę na wakacje.

to tell off VERB
■ **to tell somebody off** karcić (PERFskarcić › kogoś

telly [ˈtɛlɪ] NOUN
telewizja
□ on telly w telewizji □ to watch telly oglądać telewizję

temper [ˈtɛmpər] NOUN
■ **He's got a terrible temper.** Ma okropny charakter.
■ **to lose one's temper** tracić (PERFstracić › panowanie nad sobą □ I lost my temper. Straciłem panowanie nad sobą.

temperature [ˈtɛmprətʃər] NOUN
temperatura
□ to have a temperature mieć temperaturę

temple [ˈtɛmpl] NOUN
świątynia

temporary [ˈtɛmpərəri] ADJECTIVE
chwilowy

to tempt [tɛmpt] VERB
kusić (PERFskusić ›
□ I'm very tempted! Mam na to wielką ochotę!

temptation [tɛmpˈteɪʃən] NOUN
pokusa

tempting [ˈtɛmptɪŋ] ADJECTIVE
kuszący

ten [tɛn] NUMBER
dziesięć
□ She's ten. Ma dziesięć lat.

tenant [ˈtɛnənt] NOUN
locator *masc*
locatorka *fem*

to tend [tɛnd] VERB
■ **to tend to do something** zwykle coś robić
□ He tends to arrive late. Zwykle się spóźnia.

tender [ˈtɛndər] ADJECTIVE
1 bolący *(sore)*
□ My feet are really tender. Moje stopy są naprawdę obolałe.
2 kruchy *(meat, vegetables)*

tennis [ˈtɛnɪs] NOUN
tenis
□ Do you play tennis? Czy grasz w tenisa?

tennis player NOUN
tenisista *masc*
tenisistka *fem*
□ He's a tennis player. Jest tenisistą.

tenor [ˈtɛnər] NOUN
tenor

tenpin bowling [ˈtɛnpɪn-] NOUN
kręgle *pl*
□ to go tenpin bowling iść (PERFpójść › na kręgle

tense [tɛns] ADJECTIVE
▷ see also **tense** NOUN
spięty

tense [tɛns] NOUN
▷ see also **tense** ADJECTIVE
czas
□ the present tense czas teraźniejszy

tension [ˈtɛnʃən] NOUN
napięcie

tent [tɛnt] NOUN
namiot

tenth [tɛnθ] ADJECTIVE
1 dziesiąty *(in series)*
□ the tenth floor dziesiąte piętro
2 dziesiąta część *(fraction)*

term [tɜːm] NOUN
1 trymestr *(at school)*
2 semestr *(at university)*
■ **in the short term** w krótkim czasie
■ **in the long term** w długim czasie
■ **to be on good terms with somebody** być z kimś w dobrych relacjach
■ **to come to terms with something** godzić (PERFpogodzić ›się z czymś

terminal [ˈtɜːmɪnl] ADJECTIVE
▷ see also **terminal** NOUN
śmiertelny *(disease, patient)*

terminal [ˈtɜːmɪnl] NOUN
▷ see also **terminal** ADJECTIVE
terminal

terminally [ˈtɜːmɪnlɪ] ADVERB
■ **terminally ill** śmiertelnie chory

terrace [ˈtɛrəs] NOUN
1 szeregowiec *(row of houses)*
2 taras *(patio)*
■ **the terraces** *(at stadium)* trybuny

terraced [ˈtɛrəst] ADJECTIVE
szeregowy *(house)*

terrible [ˈtɛrɪbl] ADJECTIVE
1 okropny *(accident, winter)*
2 nędzny *(very poor)*

□ My French is terrible. Mój francuski jest okropny.

3 straszny *(awful)*

terribly ['tɛrɪblɪ] ADVERB

1 okropnie *(very)*

2 strasznie *(very badly)*

□ I'm terribly sorry. Jest mu strasznie przykro. □ He suffered terribly. Strasznie cierpiał.

terrier ['tɛrɪəʳ] NOUN

terier

terrific [təˈrɪfɪk] ADJECTIVE

świetny

□ That's a terrific idea! To świetny pomysł! □ That's terrific! Świetnie!

terrified ['tɛrɪfaɪd] ADJECTIVE

przerażony

□ I was terrified! Byłem przerażony!

terrorism ['tɛrərɪzəm] NOUN

terroryzm

terrorist ['tɛrərɪst] NOUN

terrorysta *masc*

terrorystka *fem*

test [tɛst] NOUN

▷ *see also* **test** VERB

1 test *(trial, check)*

□ nuclear tests testy nuklearne

2 badanie

□ a blood test badanie krwi □ They're going to do some more tests. Zrobią jeszcze kilka badań.

3 sprawdzian

□ I've got a test tomorrow. Mam jutro sprawdzian.

■ **driving test** egzamin na prawo jazdy

□ He's got his driving test tomorrow. Ma jutro egzamin na prawo jazdy.

to **test** [tɛst] VERB

▷ *see also* **test** NOUN

1 testować (PERFprzetestować)

□ The drug was tested on animals. To lekarstwo było testowane na zwierzętach.

2 badać (PERFzbadać)

□ They tested her blood type. Zbadali jej grupę krwi.

3 sprawdzać (PERFsprawdzić)

□ He tested us on the vocabulary. Sprawdził nasze słownictwo.

test match NOUN

mecz reprezentacji narodowych

test tube NOUN

probówka

tetanus ['tɛtənəs] NOUN

tężec

□ a tetanus injection zastrzyk przeciwtężcowy

text [tɛkst] NOUN

▷ *see also* **text** VERB

1 tekst *(written material)*

2 sms *(on a mobile phone)*

to **text** [tɛkst] VERB

▷ *see also* **text** NOUN

■ **to text somebody** *(on mobile phone)* wysyłać (PERFwysłać)komuś smsa

textbook ['tɛkstbuk] NOUN

podręcznik

□ a French textbook podręcznik do francuskiego

text message NOUN

sms

Thames [tɛmz] NOUN

Tamiza

than [ðæn, ðən] PREPOSITION

▷ *see also* **than** CONJUNCTION

od +*gen (in comparisons)*

□ She's taller than me. Jest wyższa ode mnie.

than [ðæn, ðən] CONJUNCTION

▷ *see also* **than** PREPOSITION

niż

□ I've got more books than him. Mam więcej książek niż on. □ more than 20 więcej niż dwadzieścia □ She's older than you think. Jest starsza niż się panu/pani wydaje.

to **thank** [θæŋk] VERB

dziękować (PERFpodziękować) +*dat*

□ Don't forget to write and thank them. Nie zapomnij napisać do nich i im podziękować.

■ **thank you very much** dziękuję bardzo

■ **no, thank you** nie, dziękuję

■ **to thank somebody for something**

dziękować (PERFpodziękować)komuś za coś

■ **to thank somebody for doing something**

dziękować (PERFpodziękować)komuś za zrobienie czegoś

thanks [θæŋks] EXCLAMATION

dzięki

□ Thanks to him, everything went OK. Dzięki niemu wszystko dobrze poszło.

that [ðæt] ADJECTIVE

▷ *see also* **that** PRONOUN, CONJUNCTION, ADVERB

ten *masc*

□ that man ten człowiek

ta *fem*

□ that woman ta kobieta □ that book ta książka □ that road ta droga

to *neut*

□ that place to miejsce

■ **that one** ten □ This man? — No, that one. Ten pan? — Nie, tamten. □ Do you like this photo? — No, I prefer that one. Czy podoba ci się to zdjęcie? — Nie, wolę tamte.

that [ðæt] PRONOUN

▷ *see also* **that** ADJECTIVE, CONJUNCTION, ADVERB

LANGUAGE TIP There are several ways of translating **that**. Scan the examples to find one that is similar to what you want to say.

1 to *(demonstrative)*

□ You see that? Czy widzisz to? □ That's my teacher. To mój nauczyciel. □ That's what he said. To jest to, co powiedział. □ That's my house. To mój dom.

■ **who's that?** kto to?

■ **what's that?** co to?

■ **is that you?** czy to ty?

■ **that's it 1** *(finished)* to tyle **2** *(exactly)* właśnie

t

2 który *masc (relative)*
□ The man that I saw. Mężczyzna, którego widziałem. □ The man that spoke to us. Mężczyzna, który z nami rozmawiał.
która *fem*
□ the girl that came in dziewczyna, która weszła □ the woman that he spoke to kobieta, z którą rozmawiał
które *neut*

that [ðæt] CONJUNCTION
▷ *see also* **that** ADJECTIVE, PRONOUN, ADVERB
że
□ He thought that I was ill. Myślał, że jestem chory. □ I know that she likes chocolate. Wiem, że lubi czekoladę.

that [ðæt] ADVERB
▷ *see also* **that** ADJECTIVE, PRONOUN, CONJUNCTION
tak *(so)*
□ that much tak dużo □ that bad tak źle
□ that high tak wysoko

thatched [θætʃt] ADJECTIVE
kryty strzechą *(roof, cottage)*

the [ðiː, ðə] ARTICLE
LANGUAGE TIP The definite article does not exist in Polish.
□ the man mężczyzna □ the girl dziewczyna □ the house dom □ the book książka □ the men mężczyźni □ the women kobiety □ the houses domy □ the books książki □ the children dzieci
■ **the best solution** najlepsze rozwiązanie
■ **I'm going to the butcher's.** Idę do rzeźnika.
■ **I'm going to the cinema.** Idę do kina.
■ **the fifth of March** piąty marca
■ **the nineties** lata dziewięćdziesiąte
■ **Peter the Great** Piotr Wielki
■ **The faster he works, the more mistakes he makes.** Im szybciej pracuje, tym więcej robi błędów.

theatre ['θɪətər] (US **theater**) NOUN
1 teatr *(building)*
2 teatr *(entertainment)*
■ **operating theatre** sala operacyjna

theft [θeft] NOUN
kradzież

their [ðeər] ADJECTIVE
1 ich
LANGUAGE TIP **ich** is used in the subject of the sentence, or in the object of the sentence when it refers to someone other than the subject.
□ Their children grew up in the countryside. Ich dzieci dorastały na wsi. □ The immigration officer asked for their passports. Celnik poprosił o ich paszporty.
2 swój
LANGUAGE TIP **swój** is used in the object of the sentence when it refers to the subject.
□ They gave their passports to the immigration officer. Podali celnikowi swoje paszporty.

theirs [ðeəz] PRONOUN

1 ich
□ It's not our garage, it's theirs. To nie nasz garaż, to ich garaż. □ They're not our ideas, they're theirs. To nie nasze pomysły, to ich pomysły. □ This car is theirs. Samochód jest ich.
■ **a friend of theirs** ich przyjaciel
2 swój *(referring to subject of sentence)*

them [ðem, ðəm] PRONOUN
1 ich *animate (direct object)*
□ I didn't see them. Nie widziałam ich.
2 je *inanimate*
nich *animate (after preposition)*
□ It's for them. To dla nich. □ Ann and Sophie came — Graham was with them. Ann i Sopie przyszły — Graham był z nimi.
3 im *(indirect object)*
□ I gave them some brochures. Dałam im parę broszur. □ I told them the truth. Powiedziałam im prawdę.
nim *(after preposition)*

theme [θiːm] NOUN
temat

theme park NOUN
park rozrywki

themselves [ðəmˈselvz] PL PRONOUN
1 siebie *gen, acc*
sobie *dat, loc*
sobą *inst*
2 się *reflexive*
□ Have they hurt themselves? Czy oni się skaleczyli?
3 sami *animate (emphatic)*
same *inanimate*
□ They did it themselves. Zrobili to sami.

then [ðen] ADVERB
1 wtedy *(at that time)*
□ There was no electricity then. Wówczas nie było prądu.
2 później *(after that)*
□ I get dressed. Then I have breakfast. Ubieram się. Potem jem śniadanie.
3 toteż *(therefore)*
□ My pen's run out. — Use a pencil then! Mój długopis się wypisał. — Więc pisz ołówkiem!
■ **now and then** co jakiś czas
■ **by then** wtedy
■ **before then** wcześniej
■ **until then** do tego czasu
■ **since then** od tego czasu
■ **well, OK then** no to dobrze

therapy ['θerəpɪ] NOUN
terapia

there [ðeər] ADVERB
tam
□ Put it there, on the table. Połóż to tam, na stole. □ He went there on Friday. Poszliśmy tam w piątek. □ Paris? I've never been there. Paryż? Nigdy tam nie byłam. □ They've lived there for 30 years. Mieszkają tam od trzydziestu lat. □ Is Shirley there please? *(on telephone)* Czy jest Shirley? □ It's over there. Jest tam. □ There he is! Tam jest!

t

■ **there you are** *(offering something)* proszę
■ **there is** jest □ There's a factory near my house. Niedaleko mojego domu jest fabryka.
■ **there are** są □ There are five people in my family. W mojej rodzinie jest pięć osób.
■ **there has been an accident** był wypadek
therefore [ˈðɛəfɔːʳ] ADVERB
dlatego
there's [ðɛəz] = **there is, there has**
thermometer [θəˈmɒmɪtəʳ] NOUN
termometr
Thermos® [ˈθɜːməs] NOUN
termos
these [ðiːz] ADJECTIVE
▷ *see also* **these** PRONOUN
ci *animate*
te *inanimate*
□ these shoes te buty □ these days te dni
these [ðiːz] PRONOUN
▷ *see also* **these** ADJECTIVE
ci *animate*
te *inanimate*
□ I want these! Chcę te! □ I'm looking for some sandals. Can I try these? Szukam sandałów. Czy mogę przymierzyć te?
they [ðeɪ] PL PRONOUN

> **LANGUAGE TIP** There are two ways of translating **they**. Scan the examples to find one that is similar to what you want to say.

oni *animate*
□ They haven't arrived yet. Oni jeszcze nie przyjechali.
one *inanimate*
□ They say that ... Mówią, że ... □ Are there any tickets left? — No, they're all sold. Czy są jeszcze jakieś bilety? — Nie, wszystkie są wysprzedane. □ Do you like those shoes? — No, they're horrible. Czy podobają ci się te buty? — Nie, są okropne.
they'd [ðeɪd] = **they had, they would**
they'll [ðeɪl] = **they shall, they will**
they're [ðɛəʳ] = **they are**
they've [ðeɪv] = **they have**
thick [θɪk] ADJECTIVE
1 gruby *(slice, line)*
2 gęsty *(sauce, mud)*
■ **It's 20 cm thick.** Ma dwadzieścia centymetrów grubości.
thief [θiːf] (PL **thieves**) [θiːvz] NOUN
złodziej *masc*
złodziejka *fem*
thigh [θaɪ] NOUN
udo
thin [θɪn] ADJECTIVE
1 cienki *(slice, line)*
2 chudy *(person, animal)*

> **ZASÓB SŁOWNICTWA**
> Zamiast słowa **thin** można użyć szeregu innych słów w celu wyrażenia terminu 'skinny':
> **lanky** wychudzony
> □ a lanky boy wychudzony chłopak

skinny chudy
□ a skinny dog chudy pies
slim szczupły
□ a slim girl szczupła dziewczyna

thing [θɪŋ] NOUN
1 rzecz
□ beautiful things piękne rzeczy □ What's that thing called? Jak się to nazywa?
2 sprawa *(matter, subject)*
■ **my things** *(belongings)* rzeczy
■ **How are things going?** Jak sprawy?
■ **the thing is ...** chodzi o to, że ...
■ **for one thing** po pierwsze
■ **first thing in the morning** zaraz rano
■ **last thing at night** tuż przed położeniem się spać
to **think** [θɪŋk] (PT, PP **thought**) VERB
myśleć (PERF pomyśleć)
□ I think you're wrong. Myślę, że jesteś w błędzie. □ Think carefully before you reply. Pomyśl uważnie, zanim odpowiesz. □ Think what life would be like without cars. Pomyśl tylko, jakie byłoby życie bez samochodów.
■ **to think of** *(reflect upon)* zastanawiać (PERF zastanowić) się nad □ What do you think of ...? Co pan/pani myśli o +*loc* ...?
■ **to think about something** myśleć (PERF pomyśleć) o czymś □ What do you think about the war? Co sądzisz na temat wojny? □ I'll think about it. Pomyślę o tym.
■ **to think of doing something** zastanawiać (PERF zastanowić) się nad zrobieniem czegoś
■ **I think so.** Myślę, że tak.
■ **I think not.** Myślę, że nie.
third [θɜːd] ADJECTIVE
▷ *see also* **third** NOUN
trzeci
□ the third day trzeci dzień □ the third time trzeci raz □ I came third. Zajęłam trzecie miejsce.
third [θɜːd] NOUN
▷ *see also* **third** ADJECTIVE
■ **a third of something** jedna trzecia czegoś
□ a third of the population jedna trzecia ludności
thirdly [ˈθɜːdlɪ] ADVERB
po trzecie
Third World NOUN
■ **the Third World** Trzeci Świat
thirst [θɜːst] NOUN
pragnienie
thirsty [ˈθɜːstɪ] ADJECTIVE
spragniony
■ **I'm thirsty.** Pić mi się chce.
thirteen [θɜːˈtiːn] NUMBER
trzynaście
□ I'm thirteen. Mam trzynaście lat.
thirteenth [θɜːˈtiːnθ] ADJECTIVE
trzynasty
□ her thirteenth birthday jej trzynaste urodziny
□ the thirteenth floor trzynaste piętro

t

thirty ['θəːtɪ] NUMBER
trzydzieści

this [ðɪs] ADJECTIVE
▷ see also **this** PRONOUN

> LANGUAGE TIP There are several ways of translating **this**. Scan the examples to find one that is similar to what you want to say.

ten *masc*
□ this man ten człowiek □ this house ten dom
ta *fem*
□ this book ta książka □ this woman ta kobieta
□ this road ta droga
to *neut*
■ **this one** ten □ Pass me that pen. — This one? Podaj mi ten długopis. — Ten? □ Of the two photos, I prefer this one. Z tych dwóch zdjęć wolę to. □ This one is better than that one. Ten jest lepszy niż tamten.

this [ðɪs] PRONOUN
▷ see also **this** ADJECTIVE
to
□ like this jak to □ You see this? Czy widzisz to? □ What's this? Co to? □ Who's this? Kto to?
■ **This is Janet. 1** (in introduction) To jest Janet. **2** (on telephone) Tu Janet.

thistle ['θɪsl] NOUN
oset

thorough ['θʌrə] ADJECTIVE
1 wnikliwy (search, investigation)
2 dokładny (methodical)
□ She's very thorough. Jest bardzo dokładna.
3 całościowy (complete)

thoroughly ['θʌrəlɪ] ADVERB
dokładnie

those [ðəuz] ADJECTIVE
▷ see also **those** PRONOUN
(tam)ci (virile)
□ those people ci ludzie
(tam)te (non-virile)
□ those shoes tamte buty
■ **those books** tamte książki

those [ðəuz] PRONOUN
▷ see also **those** ADJECTIVE
(tam)ci animate
(tam)te inanimate
□ I want those! Chcę tamte! □ I'm looking for some sandals. Can I try those? Szukam sandałów. Czy mogę przymierzyć tamte?
■ **Are those yours?** Czy tamte należą do pana/pani?

though [ðəu] CONJUNCTION
chociaż (although)
□ Though it's raining ... Chociaż pada ...
■ **even though** mimo że

thought [θɔːt] VERB ▷ see **think**

thought [θɔːt] NOUN
myśl (idea)
□ I've just had a thought. Właśnie przyszedł mi do głowy pomysł.

thoughtful ['θɔːtful] ADJECTIVE
1 zamyślony (deep in thought)

□ You look thoughtful. Wyglądasz na zamyśloną.
2 troskliwy (considerate)
□ She's very thoughtful. Jest bardzo troskliwa.

thoughtless ['θɔːtlɪs] ADJECTIVE
bezmyślny

thousand ['θauzənd] NUMBER
■ **a thousand** tysiąc □ a thousand euros tysiąc euro
■ **thousands of something** tysiące czegoś

thousandth ['θauzəntθ] ADJECTIVE
tysięczny (in series)

thread [θrɛd] NOUN
nić (yarn)

threat [θrɛt] NOUN
groźba

to **threaten** ['θrɛtn] VERB
grozić (PERF zagrozić) +dat
□ to threaten to do something grozić (PERF zagrozić) że coś się zrobi

three [θriː] NUMBER
trzy
□ She's three. Ma trzy lata.

three-dimensional [θriːdɪˈmɛnʃənl] ADJECTIVE
trójwymiarowy

threw [θruː] VERB ▷ see **throw**

thrifty ['θrɪftɪ] ADJECTIVE
oszczędny

thrill [θrɪl] NOUN
dreszczyk emocji (excitement)

thrilled [θrɪld] ADJECTIVE
podekscytowany
□ I was thrilled. Byłam podekscytowana.

thriller ['θrɪləʳ] NOUN
dreszczowiec

thrilling ['θrɪlɪŋ] ADJECTIVE
pasjonujący (performance, news)

throat [θrəut] NOUN
gardło
□ to have a sore throat mieć ból gardła

to **throb** [θrɒb] VERB
pulsować

throne [θrəun] NOUN
tron

through [θruː] PREPOSITION, ADVERB
przez
□ through the window przez okno □ through the crowd przez tłum □ I know her through my sister. Znam ją przez siostrę. □ to go through Birmingham jechać (PERF pojechać) przez Birmingham □ The window was dirty and I couldn't see through. Okno było brudne, wieć nic przez nie nie widziałam.

throughout [θruːˈaut] PREPOSITION
przez
□ throughout Britain przez Brytanię
□ throughout the year przez cały rok

to **throw** [θrəu] (PT **threw**, PP **thrown**) VERB
rzucać (PERF rzucić)
□ He threw the ball to me. Rzucił piłkę do mnie.
■ **to throw a party** urządzać (PERF urządzić) imprezę

t

English-Polish

to **throw away** VERB
1 wyrzucać (PERFwyrzucić)
2 marnować (PERFzmarnować) *(opportunity)*

to **throw out** VERB
wyrzucać (PERFwyrzucić)
□ I threw him out. Wyrzuciłam go.

to **throw up** VERB
wymiotować (PERFzwymiotować) *(vomit)*

thrown [θrəʊn] VERB ▷ *see* **throw**

thug [θʌg] NOUN
zbir

thumb [θʌm] NOUN
kciuk *(on hand)*

to **thump** [θʌmp] VERB
■ to thump somebody walić (PERFwalnąć)
kogoś

thunder ['θʌndəʳ] NOUN
grzmot *(in sky)*

thunderstorm ['θʌndəstɔːm] NOUN
burza

thundery ['θʌndərɪ] ADJECTIVE
burzowy

Thursday ['θəːzdɪ] NOUN
czwartek
□ on Thursday w czwartek □ on Thursdays
w czwartki □ every Thursday co czwartek
□ last Thursday w ostatni czwartek □ next
Thursday w następny czwartek

thyme [taɪm] NOUN
tymianek

tick [tɪk] NOUN
▷ *see also* **tick** VERB
1 ptaszek *(mark)*
2 tykanie *(of clock)*

to **tick** [tɪk] VERB
▷ *see also* **tick** NOUN
1 tykać *(clock, watch)*
2 odhaczać (PERFodhaczyć)
□ Tick the appropriate box. Proszę postawić
ptaszek w odpowiednim polu.

to **tick off** VERB
1 odhaczać (PERFodhaczyć)
□ He ticked off our names on the list.
Odhaczył nasze nazwiska na liście.
2 besztać (PERFzbesztać) *(scold)*
□ She ticked me off for being late.
Zbeształa mnie za moje spóźnienie.

ticket ['tɪkɪt] NOUN
bilet
□ an underground ticket bilet na metro
■ parking ticket mandat za złe
parkowanie

ticket inspector NOUN
konduktor *masc*
konduktorka *fem (on train, bus)*

ticket office NOUN
kasa biletowa

to **tickle** ['tɪkl] VERB
łaskotać (PERFpołaskotać)

ticklish ['tɪklɪʃ] ADJECTIVE
mający łaskotki
□ Are you ticklish? Czy masz łaskotki?

tide [taɪd] NOUN
■ high tide przypływ
■ low tide odpływ

tidy ['taɪdɪ] ADJECTIVE
▷ *see also* **tidy** VERB
schludny
□ Your room's very tidy. Twój pokój jest bardzo
schludny. □ She's very tidy. Jest bardzo
schludna.

to **tidy** ['taɪdɪ] VERB
▷ *see also* **tidy** ADJECTIVE
sprzątać (PERFposprzątać)
□ Go and tidy your room. Idź posprzątać swój
pokój.

to **tidy up** VERB
sprzątać (PERFposprzątać)
□ Don't forget to tidy up afterwards.
Nie zapomnij posprzątać na koniec.

tie [taɪ] NOUN
▷ *see also* **tie** VERB
krawat

to **tie** [taɪ] VERB
▷ *see also* **tie** NOUN
1 wiązać (PERFzawiązać) *(shoelaces)*
■ to tie something in a knot zawiązywać
(PERFzawiązać)coś na węzeł
2 remis *(in sport)*
□ They tied three all. Zremisowali 3:3.

to **tie up** VERB
1 wiązać (PERFzawiązać) *(parcel)*
2 uwiązywać (PERFuwiązać) *(dog)*
3 przywiązywać (PERFprzywiązać) *(person)*
■ to be tied up *(busy)* być zajętym

tiger ['taɪgəʳ] NOUN
tygrys

tight [taɪt] ADJECTIVE
ciasny
□ This dress is a bit tight. Ta sukienka jest nieco
za ciasna.
■ tight clothes obcisłe ubrania

to **tighten** ['taɪtn] VERB
1 dociskać (PERFdocisnąć) *(rope, strap)*
2 dokręcać (PERFdokręcić) *(screw, bolt)*

tightly ['taɪtlɪ] ADVERB
mocno *(grasp, close)*

tights [taɪts] PL NOUN
rajstopy

tile [taɪl] NOUN
1 dachówka *(on roof)*
2 płytka *(on floor, wall)*

tiled [taɪld] ADJECTIVE
1 pokryty dachówką *(roof)*
2 wyłożony kafelkami *(floor, wall)*

till [tɪl] NOUN
▷ *see also* **till** PREPOSITION, CONJUNCTION
kasa *(in shop)*

till [tɪl] PREPOSITION, CONJUNCTION
▷ *see also* **till** NOUN
(aż) do *(until)*
□ I waited till ten o'clock. Czekałam aż do
dziesiątej. □ It won't be ready till next week.
Nie będzie gotowe do następnego tygodnia.

t

569

□ Till last year I'd never been to France.
Do ubiegłego roku nie byłam wcześniej we
Francji.

time [taɪm] NOUN
1 pora *(by clock)*
 ■ **What time is it?** Która godzina? □ What
 time do you get up? O której wstajesz? □ It was
 two o'clock, French time. Była druga według
 francuskiego czasu.
 ■ **on time** na czas □ He never arrives on time.
 Nigdy nie przychodzi na czas.
 ■ **in time** w porę □ We arrived in time for
 lunch. Przyszli w sam raz na lunch.
2 czas *(period of time)*
 □ I'm sorry, I haven't got time. Przykro mi, ale
 nie mam czasu. □ Have you lived here for a
 long time? Czy mieszkasz tu od dawna?
 □ It was ready in no time. Było gotowe w mig.
 ■ **in a month's time** za miesiąc □ I'll come
 back in a month's time. Przyjadę znowu za
 miesiąc.
3 raz *(occasion)*
 □ this time tym razem □ next time następnym
 razem □ two at a time dwa na raz □ three
 times a day trzy razy dziennie
 ■ **from time to time** od czasu do czasu
 ■ **at times** *(sometimes)* czasami
 ■ **any time** kiedykolwiek
 ■ **to have a good time** dobrze się bawić
 □ Did you have a good time? Czy dobrze się
 bawiliście?
 ■ **5 times 5 is 25.** Pięć razy pięć jest
 dwadzieścia pięć.

time bomb NOUN
 bomba zegarowa

time off NOUN
 czas wolny (z pracy)

timer ['taɪmə^r] NOUN
 minutnik

time-share ['taɪmʃeə^r] NOUN
 nieruchomość będąca współwłasnością kilku
 osób

timetable ['taɪmteɪbl] NOUN
1 rozkład jazdy *(for train, bus)*
2 plan lekcji *(at school)*

time zone NOUN
 strefa czasowa

tin [tɪn] NOUN
1 cyna *(metal)*
2 puszka
 □ a tin of soup puszka zupy □ The bin was full
 of tins. Kosz był pełen puszek.
 ■ **a biscuit tin** pudełko na herbatniki

tinned [tɪnd] ADJECTIVE
 konserwowy
 □ tinned peaches brzoskwinie konserwowe

tin opener [-əupnə^r] NOUN
 otwieracz do puszek

tinsel ['tɪnsl] NOUN
 lameta

tinted ['tɪntɪd] ADJECTIVE
 barwiony *(hair, spectacles)*

tiny ['taɪnɪ] ADJECTIVE
 mały

tip [tɪp] NOUN
 ▷ *see also* **tip** VERB
1 czubek *(of branch, paintbrush)*
 □ It's on the tip of my tongue. Mam to na
 czubku języka.
2 napiwek *(to waiter)*
 □ Shall I give him a tip? Czy dać mu napiwek?
3 wysypisko *(for rubbish)*
4 porada *(advice)*
 □ a useful tip przydatna porada

to tip [tɪp] VERB
 ▷ *see also* **tip** NOUN
1 dawać (PERF dać) napiwek +*dat*
 □ Don't forget to tip the taxi driver. Nie zapomnij
 dać napiwku taksówkarzowi.
2 wylewać (PERF wylać) *(pour)*

tipsy ['tɪpsɪ] ADJECTIVE
 podchmielony

tired ['taɪəd] ADJECTIVE
 zmęczony
 □ I'm tired. Jestem zmęczona
 ■ **to be tired of doing something** mieć
 (serdecznie) dosyć robienia czegoś

tiring ['taɪərɪŋ] ADJECTIVE
 męczący

tissue ['tɪʃuː] NOUN
 chusteczka
 □ Have you got a tissue? Czy masz chusteczkę?

title ['taɪtl] NOUN
 tytuł

title role NOUN
 rola tytułowa

to [tuː, tə] PREPOSITION
1 do +*gen (direction, for, of)*
 □ to go to school chodzić (PERF pójść) do szkoły
 □ to go to the theatre chodzić (PERF pójść) do
 teatru □ to go to the doctor's iść (PERF pójść) do
 lekarza □ to go to the butcher's chodzić (PERF
 pójść) do rzeźnika □ Let's go to Anne's house.
 Chodźmy do Anny. □ to go to Poland jeździć
 (PERF pojechać) do Polski. □ the train to London
 pociąg do Londynu □ a letter to his mother
 list do jego matki □ the answer to the question
 odpowiedź na pytanie □ from here to London
 stąd do Londynu □ to count to ten liczyć
 (PERF policzyć) do dziesięciu
2 na *(position, direction)*
 □ to the left na lewo □ to the right na prawo
3 aby *(in order to)*
 □ I did it to help you. Zrobiłem to, aby panu/
 pani pomóc. □ She's too young to go to school.
 Jest jeszcze za mała, by iść do szkoły.
 ■ **from nine o'clock to half past three**
 od dziewiątej do wpół do czwartej
 ■ **it's five to five** jest za pięć piąta
 ■ **it's ten to five** jest za dziesięć piąta
 ■ **it's a quarter to five** jest za kwadrans piąta
 ■ **to give something to somebody** dawać
 (PERF dać) coś komuś
 ■ **to talk to somebody** mówić do kogoś

t

■ **it was clear to me that ...** było dla mnie jasne, że ...

■ **a danger to somebody** niebezpieczeństwo dla kogoś

■ **to be friendly to somebody** być przyjacielskim wobec kogoś

■ **30 miles to the gallon** trzydzieści mil na galon

■ **to come to somebody's aid** pomagać ⟨PERF pomóc⟩ komuś

■ **from ... to ...** od +gen... do +gen...

■ **from May to September** od maja do września

toad [təud] NOUN
ropucha

toadstool ['təudstu:l] NOUN
muchomor

toast [təust] NOUN
1 tost
  □ **a piece of toast** kromka chleba tostowego
2 toast
  □ **to drink a toast to somebody** pić ⟨PERF wypić⟩ toast za kogoś

toaster ['təustə'] NOUN
toster

tobacco [tə'bækəu] NOUN
tytoń

tobacconist's [tə'bækənɪsts] NOUN
sklep tytoniowy

today [tə'deɪ] ADVERB
dzisiaj
  □ **What did you do today?** Co dzisiaj robiłaś?

toddler ['tɒdlə'] NOUN
dziecko raczkujące

toe [təu] NOUN
palec

toffee ['tɒfɪ] NOUN
toffi

together [tə'geðə'] ADVERB
razem
  □ **Are they still together?** Czy są nadal razem?
  □ **Don't all speak together!** Nie mówcie wszyscy na raz!
  ■ **together with** razem z +inst

toilet ['tɔɪlət] NOUN
toaleta
  ■ **to go to the toilet** iść ⟨PERF pójść⟩ do toalety

toilet paper NOUN
papier toaletowy

toiletries ['tɔɪlətrɪz] PL NOUN
przybory toaletowe

toilet roll NOUN
rolka papieru toaletowego

token ['təukən] NOUN
talon towarowy (instead of money)
  □ **a gift token** prezent w formie talonu towarowego

told [təuld] VERB ▷ see **tell**

tolerant ['tɒlərnt] ADJECTIVE
tolerancyjny

toll [təul] NOUN
opłata (on road, bridge)

tomato [tə'mɑ:təu] NOUN
pomidor
  □ **tomato sauce** sos pomidorowy □ **tomato soup** zupa pomidorowa

tomboy ['tɒmbɔɪ] NOUN
chłopczyca
  □ **She's a real tomboy.** Jest prawdziwą chłopczycą.

tomorrow [tə'mɔrəu] ADVERB
jutro
  □ **tomorrow morning** jutro rano □ **tomorrow night** jutro wieczorem
  ■ **the day after tomorrow** pojutrze

ton [tʌn] NOUN
tona
  □ **That old bike weighs a ton.** Ten stary rower waży tonę.

tongue [tʌŋ] NOUN
język
  ■ **tongue in cheek** żartem

tonic ['tɒnɪk] NOUN
tonik (tonic water)

tonight [tə'naɪt] ADVERB
dziś wieczorem
  □ **Are you going out tonight?** Co robisz dziś wieczorem? □ **I'll sleep well tonight.** Będę dobrze spać tej nocy.

tonsillitis [tɒnsɪ'laɪtɪs] NOUN
zapalenie migdałków

tonsils ['tɒnsɪz] PL NOUN
migdałki

too [tu:] ADVERB
1 za (excessively)
  □ **The water's too hot.** Woda jest za gorąca.
  □ **We arrived too late.** Przyszliśmy za późno.
  □ **too much noise** zbyt dużo hałasu □ **At Christmas we always eat too much.** Na Boże Narodzenie zawsze jemy za dużo. □ **Fifty euros? That's too much.** Pięćdziesiąt euro? To za dużo.
  □ **too many hamburgers** zbyt wiele hamburgerów
  ■ **too bad!** bardzo niedobrze!
2 też (also)
  □ **My sister came too.** Moja siostra też przyszła.
  □ **You're from Brooklyn? Me too!** Pan/pani jest z Brooklynu? Ja też!

took [tuk] VERB ▷ see **take**

tool [tu:l] NOUN
narzędzie (implement)

tooth [tu:θ] (PL **teeth**) NOUN
ząb

toothache ['tu:θeɪk] NOUN
ból zęba
  □ **to have toothache** mieć ból zęba

toothbrush ['tu:θbrʌʃ] NOUN
szczoteczka do zębów

toothpaste ['tu:θpeɪst] NOUN
pasta do zębów

top [tɒp] NOUN
  ▷ see also **top** ADJECTIVE
1 szczyt (of mountain)
2 góra

t

571

□ at the top of the stairs na górze schodów
□ at the top of the page na górze strony
3 góra *(of surface, table)*
□ on top of the fridge na górze lodówki
4 przykrywka *(lid)*
5 bluzka *(blouse)*

■ at the top of the street na końcu ulicy
■ from top to bottom z dołu do góry
□ I searched the house from top to bottom.
Przeszukałem dom od góry do dołu.

top [tɒp] ADJECTIVE
▷ *see also* **top** NOUN
1 najwyższy
□ on the top floor na najwyższym piętrze
2 najlepszy
□ a top surgeon najlepszy chirurg
■ top speed największa prędkość
■ to be top być najlepszym

topic ['tɒpɪk] NOUN
temat
□ The essay can be on any topic.
Wypracowanie może być na jakikolwiek temat.

topical ['tɒpɪkl] ADJECTIVE
aktualny
□ a topical issue aktualna sprawa

topless ['tɒplɪs] ADJECTIVE
toples *(waitress, dancer)*

top-secret ['tɒp'siːkrɪt] ADJECTIVE
ściśle tajny
□ top-secret documents ściśle tajne
dokumenty

torch [tɔːtʃ] NOUN
latarka

tore [tɔːʳ], **torn** VERB ▷ *see* **tear**

tortoise ['tɔːtəs] NOUN
żółw

torture ['tɔːtʃəʳ] NOUN
▷ *see also* **torture** VERB
tortura
□ It was pure torture. To była istna tortura.

to **torture** ['tɔːtʃəʳ] VERB
▷ *see also* **torture** NOUN
torturować
□ Stop torturing that poor animal! Przestań
torturować to biedne zwierzę!

Tory ['tɔːrɪ] ADJECTIVE
▷ *see also* **Tory** NOUN
torysowski
□ the Tory government Partia Konserwatywna

Tory ['tɔːrɪ] NOUN
▷ *see also* **Tory** ADJECTIVE
torys
■ the Tories Konserwatyści

to **toss** [tɒs] VERB
■ to toss and turn *(in bed)* przewracać się z
boku na bok
■ to toss a coin rzucać (PERF rzucić) monetę

total ['təʊtl] ADJECTIVE
▷ *see also* **total** NOUN
całkowity

total ['təʊtl] NOUN
▷ *see also* **total** ADJECTIVE

suma
■ in total w sumie

totally ['təʊtəlɪ] ADVERB
całkowicie
□ He's totally useless. Jest całkowicie
bezużyteczny.

touch [tʌtʃ] NOUN
▷ *see also* **touch** VERB
dotyk
■ to keep in touch with somebody
pozostawać (PERF pozostać) w kontakcie z kimś
■ to get in touch with somebody
kontaktować (PERF skontaktować) się z kimś
■ to lose touch with somebody tracić (PERF
stracić) kontakt (z kimś)

to **touch** [tʌtʃ] VERB
▷ *see also* **touch** NOUN
1 dotykać (PERF dotknąć) +gen *(with hand, foot)*
2 majstrować przy +loc *(tamper with)*
3 poruszać (PERF poruszyć) *(emotionally)*

touchdown ['tʌtʃdaʊn] NOUN
lądowanie *(of aircraft, spacecraft)*

touched [tʌtʃt] ADJECTIVE
wzruszony *(emotionally)*
□ I was really touched. Byłam naprawdę
wzruszona.

touching ['tʌtʃɪŋ] ADJECTIVE
wzruszająca *(scene, story)*

touchline ['tʌtʃlaɪn] NOUN
lina autowa

touchpad ['tʌtʃpæd] NOUN
papier dotykowy

touchy ['tʌtʃɪ] ADJECTIVE
przewrażliwiony
■ She's a bit touchy. Łatwo ją rozdrażnić.

tough [tʌf] ADJECTIVE
1 mocny
□ tough leather gloves mocne skórzane
rękawiczki □ She's tough. She can take it.
Jest mocna. Zniesie to.
2 twardy *(meat)*
3 ciężki
□ It's a tough job. To ciężka praca.
■ Tough luck! Pech!

toupee ['tuːpeɪ] NOUN
tupecik

tour ['tʊəʳ] NOUN
▷ *see also* **tour** VERB
1 wycieczka
□ We went on a tour of the city. Poszliśmy
na wycieczkę po mieście.
■ to go on a tour *(of region)* zwiedzać
(PERF wiedzieć)
2 trasa *(by pop group, sports team)*
□ on tour w trasie
■ to go on tour jechać (PERF pojechać) w trasę

to **tour** ['tʊəʳ] VERB
▷ *see also* **tour** NOUN
zwiedzać (PERF zwiedzić) *(country, city)*

tour guide NOUN
przewodnik *masc*
przewodniczka *fem*

tourism ['tuərɪzm] NOUN
turystyka

tourist ['tuərɪst] NOUN
turysta *masc*
turystka *fem*

tournament ['tuənəmənt] NOUN
turniej

tour operator NOUN
biuro turystyczne

towards [tə'wɔːdz] PREPOSITION
do +gen
□ He came towards me. Podszedł do mnie.
■ **my feelings towards him** moje uczucia
w stosunku do niego

towel ['tauəl] NOUN
ręcznik

tower ['tauər] NOUN
wieża

town [taun] NOUN
miasto
□ a town plan plan miasta

tow truck NOUN (US)
samochód pomocy drogowej

toy [tɔɪ] NOUN
zabawka
□ a toy shop sklep z zabawkami

trace [treɪs] NOUN
▷ *see also* **trace** VERB
ślad
□ There was no trace of the robbers. Nie było
śladu złodziei.

to trace [treɪs] VERB
▷ *see also* **trace** NOUN
kalkować (PERF przekalkować) *(draw)*

tracing paper ['treɪsɪŋ-] NOUN
kalka kreślarska

track [træk] NOUN
1   ścieżka *(path)*
□ They followed the tracks for miles.
Szli ścieżkami przez mile.
2   tor *(for train)*
3   ścieżka *(song)*
□ This is my favourite track. To moja ulubiona
ścieżka.
4   tor *(for athletics)*
□ two laps of the track dwa okrążenia toru

to track down VERB
śledzić (PERF wyśledzić)
■ **The police never tracked down the killer.**
Policji nie udało się znaleźć mordercy.

tracksuit ['træksuːt] NOUN
dres

tractor ['træktər] NOUN
traktor

trade [treɪd] NOUN
1   handel *(buying and selling)*
2   branża *(skill, job)*
■ **to learn a trade** uczyć (PERF wyuczyć) się fachu

trade union NOUN
związek zawodowy

trade unionist [-'juːnɪənɪst] NOUN
związkowiec

tradition [trə'dɪʃən] NOUN
tradycja

traditional [trə'dɪʃənl] ADJECTIVE
tradycyjny

traffic ['træfɪk] NOUN
ruch *(vehicles)*
□ The traffic was terrible. Ruch (uliczny)
był okropny.

traffic circle NOUN (US)
rondo

traffic jam NOUN
korek

traffic lights PL NOUN
światła uliczne

traffic warden [-wɔːdn] NOUN
funkcjonariusz kontrolujący prawidłowość
parkowania

tragedy ['trædʒədɪ] NOUN
tragedia

tragic ['trædʒɪk] ADJECTIVE
tragiczny

trailer ['treɪlər] NOUN
1   przyczepa *(for car)*
2   zwiastun *(film advert)*

train [treɪn] NOUN
▷ *see also* **train** VERB
pociąg

to train [treɪn] VERB
▷ *see also* **train** NOUN
1   uczyć (PERF nauczyć) się
2   trenować (PERF wytrenować) *(for sport)*
□ to train for a race trenować przed
wyścigiem

trained [treɪnd] ADJECTIVE
wykwalifikowany *(worker, teacher)*

trainee [treɪ'niː] NOUN
praktykant *masc*
praktykantka *fem*
□ She's a trainee. Jest praktykantką.
■ **a trainee plumber** hydraulik na praktyce

trainer ['treɪnər] NOUN
trener *masc*
trenerka *fem (in sport)*

trainers ['treɪnəz] PL NOUN
adidasy
□ a pair of trainers para adidasów

training ['treɪnɪŋ] NOUN
1   szkolenie *(for occupation)*
□ a training course kurs szkoleniowy
2   trening *(for sport)*

tram [træm] NOUN
tramwaj

tramp [træmp] NOUN
kloszard

trampoline ['træmpəliːn] NOUN
trampolina

tranquillizer ['træŋkwɪlaɪzər] NOUN
środek uspokajający
□ She's on tranquillizers. Jest na środkach
uspokajających.

transfer ['trænsfər] NOUN
nadruk *(picture, design)*

573

t

transfusion [træns'fjuːʒən] NOUN
transfuzja krwi

transistor [træn'zɪstər] NOUN
tranzystor

transit ['trænzɪt] NOUN
tranzyt
□ in transit *(people)* w drodze

transit lounge NOUN
hala tranzytowa

to **translate** [trænz'leɪt] VERB
tłumaczyć (PERFprzetłumaczyć)
□ to translate something into English
tłumaczyć (PERFprzetłumaczyć)ʀcoś na angielski

translation [trænz'leɪʃən] NOUN
tłumaczenie

translator [trænz'leɪtər] NOUN
tłumacz *masc*
tłumaczka *fem*
□ Anita's a translator. Anita jest tłumaczką.

transparent [træns'pærnt] ADJECTIVE
prześwitujący

transplant ['trænsplɑːnt] NOUN
przeszczep
□ a heart transplant przeszczep serca

transport ['trænspɔːt] NOUN
▷ *see also* **transport** VERB
transport
□ public transport transport publiczny

to **transport** [træns'pɔːt] VERB
▷ *see also* **transport** NOUN
transportować (PERFprzetransportować)

trap [træp] NOUN
pułapka *(for animals)*

trash [træʃ] NOUN (US)
śmieć

trashy ['træʃɪ] ADJECTIVE
szmirowaty
□ a trashy film szmirowaty film

traumatic [trɔː'mætɪk] ADJECTIVE
traumatyczny
□ a traumatic experience traumatyczne
doświadczenie

travel ['trævl] NOUN
▷ *see also* **travel** VERB
podróż

to **travel** ['trævl] VERB
▷ *see also* **travel** NOUN
podróżować
□ I prefer to travel by train. Wolę podróżować
pociągiem.

travel agency [-eɪdʒənsɪ] NOUN
biuro podróży

travel agent NOUN
pracownik biura podróży *masc*
pracownica biura podróży *fem (person)*
■ travel agent's *(shop, office)* biuro podróży

traveller ['trævlər] (US **traveler**) NOUN
podróżnik *masc*
podróżniczka *fem*

traveller's cheque (US **traveler's check**)
NOUN
czek podróżny

travelling ['trævlɪŋ] (US **traveling**) NOUN
podróżowanie

travel sickness NOUN
choroba lokomocyjna

tray [treɪ] NOUN
taca

to **tread** [trɛd] (PT **trod**, PP **trodden**) VERB
stąpać (PERFstąpnąć)
□ to tread on something stąpać po czymś

treasure ['trɛʒər] NOUN
skarb

treat [triːt] NOUN
▷ *see also* **treat** VERB
przyjemność

to **treat** [triːt] VERB
▷ *see also* **treat** NOUN
1 traktować (PERFpotraktować) *(behave towards)*
2 leczyć (PERFwyleczyć) *(patient, illness)*
■ to treat somebody to something
fundować (PERFzafundować)ʀkomuś coś
□ He treated us to an ice cream. Zafundował
nam lody.

treatment ['triːtmənt] NOUN
leczenie

to **treble** ['trɛbl] VERB
potrajać (PERFpotroić)ʀsię
□ The cost of living there has trebled.
Koszty utrzymania potroiły się tutaj.

tree [triː] NOUN
drzewo

to **tremble** ['trɛmbl] VERB
drżeć (PERFzadrżeć)

tremendous [trɪ'mɛndəs] ADJECTIVE
1 ogromny *(enormous)*
□ a tremendous success ogromny sukces
2 wspaniały *(excellent)*

trend [trɛnd] NOUN
trend *(fashion)*

trendy ['trɛndɪ] ADJECTIVE
modny

trial ['traɪəl] NOUN
proces *(in court)*

triangle ['traɪæŋgl] NOUN
trójkąt

tribe [traɪb] NOUN
plemię

trick [trɪk] NOUN
▷ *see also* **trick** VERB
1 sztuczka *(by conjuror)*
2 podstęp *(deception)*
■ to play a trick on somebody oszukiwać
(PERFoszukać)ʀkogoś
3 trik *(skill, knack)*

to **trick** [trɪk] VERB
▷ *see also* **trick** NOUN
oszukiwać (PERFoszukać) *(deceive)*

tricky ['trɪkɪ] ADJECTIVE
trudny *(job, problem)*

tricycle ['traɪsɪkl] NOUN
rower na trzech kółkach

trifle ['traɪfl] NOUN
deser z biszkoptów, owoców i bitej śmietany

trim [trɪm] NOUN
▷ see also **trim** VERB
strzyżenie *(haircut)*
□ to have a trim podstrzyc włosy

to **trim** [trɪm] VERB
▷ see also **trim** NOUN
przycinać (PERF przyciąć) *(hair, beard)*

trip [trɪp] NOUN
▷ see also **trip** VERB
1 podróż *(journey)*
2 wycieczka *(outing)*
□ to go on a trip wybierać (PERF wybrać) się na wycieczkę
■ **Have a good trip!** Szerokiej drogi!

to **trip** [trɪp] VERB
▷ see also **trip** NOUN
potykać (PERF potknąć) się *(stumble)*

triple ['trɪpl] ADJECTIVE
potrójny

triplets ['trɪplɪts] PL NOUN
trojaczki

trivial ['trɪvɪəl] ADJECTIVE
trywialny

trod [trɒd], **trodden** VERB ▷ see **tread**

trolley ['trɒlɪ] NOUN
wózek *(for luggage, in supermarket)*

trombone [trɒm'bəʊn] NOUN
puzon
□ I play the trombone. Gram na puzonie.

troops PL NOUN
wojska
□ British troops Brytyjskie wojska

trophy ['trəʊfɪ] NOUN
trofeum
□ to win a trophy wygrać *perf* trofeum

tropical ['trɒpɪkl] ADJECTIVE
tropikalny
□ The weather was tropical. Pogoda była tropikalna.

to **trot** [trɒt] VERB
kłusować

trouble ['trʌbl] NOUN
kłopot
□ stomach trouble kłopoty z żołądkiem
□ The trouble is, it's too expensive. Kłopot w tym, że to jest zbyt drogie.
■ **to be in trouble 1** *(with police)* mieć kłopoty **2** *(ship, climber)* mieć problemy

troublemaker ['trʌblmeɪkəʳ] NOUN
osoba siejąca zamęt

trousers ['traʊzəz] PL NOUN
spodnie
□ a pair of trousers para spodni

trout [traʊt] NOUN
pstrąg

truant ['truənt] NOUN
■ **to play truant** chodzić (PERF pójść) na wagary

truck [trʌk] NOUN
ciężarówka
■ **a truck driver** kierowca ciężarówki
□ He's a truck driver. Jest kierowcą ciężarówki.

trucker ['trʌkəʳ] NOUN (US)
przedsiębiorstwo transportowe

true [truː] ADJECTIVE
prawdziwy *(story, feelings)*
■ **to come true** spełniać (PERF spełnić) się
□ I hope my dream will come true. Mam nadzieję, że moje marzenie się spełni.

truly ['truːlɪ] ADVERB
1 prawdziwie *(genuinely)*
2 naprawdę *(for emphasis)*
□ It was a truly remarkable victory. To było naprawdę nadzwyczajne zwycięstwo.
3 naprawdę *(truthfully)*
■ **yours truly** *(in letter)* z poważaniem

trumpet ['trʌmpɪt] NOUN
trąbka
□ She plays the trumpet. Gra na trąbce.

trunk [trʌŋk] NOUN
1 pień *(of tree)*
2 trąba *(of elephant)*
3 kufer *(case)*
4 bagażnik (US: *of car)*

trunks [trʌŋks] PL NOUN
■ **swimming trunks** kąpielówki

trust [trʌst] NOUN
▷ see also **trust** VERB
zaufanie
■ **to have trust in somebody** ufać *imperf* komuś

to **trust** [trʌst] VERB
▷ see also **trust** NOUN
ufać (PERF zaufać) +dat
□ Trust me! Zaufaj mi!
■ **Don't you trust me?** Nie wierzysz mi?

trusting ['trʌstɪŋ] ADJECTIVE
ufny

truth [truːθ] NOUN
prawda

truthful ['truːθful] ADJECTIVE
prawdomówny

try [traɪ] NOUN
▷ see also **try** VERB
próba
□ his third try to jego trzecia próba
■ **to have a try at something** próbować (PERF spróbować) czegoś

to **try** [traɪ] VERB
▷ see also **try** NOUN
próbować (PERF spróbować) +gen
□ to try to do something próbować (PERF spróbować) coś zrobić □ Would you like to try some? Czy chcesz spróbować jeszcze trochę?

to **try on** VERB
mierzyć (PERF zmierzyć) *(dress, shoes)*

to **try out** VERB
wypróbowywać (PERF wypróbować) *(test)*

T-shirt ['tiːʃəːt] NOUN
T-shirt

tube [tjuːb] NOUN
1 rura *(pipe)*
2 tubka *(container)*
■ **the tube** *(underground)* metro

tuberculosis [tjuːbəːkjuˈləʊsɪs] NOUN
gruźlica

Tuesday [ˈtjuːzdɪ] NOUN
wtorek
□ on Tuesday we wtorek □ on Tuesdays we wtorki □ every Tuesday co wtorek □ last Tuesday w zeszły wtorek □ next Tuesday w następny wtorek

tug-of-war [ˈtʌɡəvˈwɔːʳ] NOUN
próba sił

tuition [tjuːˈɪʃən] NOUN
1 nauka
2 czesne (fees)

tulip [ˈtjuːlɪp] NOUN
tulipan

tumble dryer [ˈtʌmbl-] NOUN
suszarka do ubrań

tummy [ˈtʌmɪ] NOUN
brzuszek

tuna [ˈtjuːnə] NOUN
tuńczyk

tune [tjuːn] NOUN
melodia (melody)
■ to be in tune 1 (instrument) być nastrojonym 2 (singer) śpiewać (PERFzaśpiewać)czysto
■ to be out of tune 1 (instrument) nie być nastrojonym 2 (singer) fałszować (PERF sfałszować)

Tunisia [tjuːˈnɪzɪə] NOUN
Tunezja

tunnel [ˈtʌnl] NOUN
tunel

Turk [təːk] NOUN
Turek masc
Turczynka fem

Turkey [ˈtəːkɪ] NOUN
Turcja

turkey [ˈtəːkɪ] NOUN
indyk

Turkish [ˈtəːkɪʃ] ADJECTIVE
▷ see also **Turkish** NOUN
turecki

Turkish [ˈtəːkɪʃ] NOUN
▷ see also **Turkish** ADJECTIVE
turecki (language)

turn [təːn] NOUN
▷ see also **turn** VERB
1 zakręt (in road)
□ 'No left turn.' 'Zakaz skrętu w lewo.'
2 kolej (in game, queue)
□ It's my turn! Teraz moja kolej! □ to take it in turns to do something robić (PERFzrobić) coś po kolei

to **turn** [təːn] VERB
▷ see also **turn** NOUN
1 przekręcać (PERFprzekręcić) (handle, key)
2 przewracać (PERFprzewrócić) (page)
3 skręcać (PERFskręcić) (change direction)
□ Turn right at the lights. Skręć w lewo przy światłach.
4 stawać (PERFstać)się (become)
■ to turn red czerwienić (PERFpoczerwienić)

■ to turn into something zmieniać (PERFzmienić)się w coś □ The frog turned into a prince. Żaba zmieniła się w księcia.

to **turn back** VERB
zawracać (PERFzawrócić)
□ We turned back. Zawróciliśmy.

to **turn down** VERB
1 odrzucać (PERFodrzucić) (request, offer)
2 przykręcać (PERFprzykręcić)
□ Shall I turn the heating down? Czy przykręcić ogrzewanie?

to **turn off** VERB
1 gasić (PERFzgasić) (light, radio)
2 zakręcać (PERFzakręcić) (tap)
3 gasić (PERFzgasić) (engine)

to **turn on** VERB
1 włączać (PERFwłączyć) (light, radio)
2 odkręcać (PERFodkręcić) (tap)
3 zapalać (PERFzapalić) (engine)

to **turn out** VERB
wyłączać (PERFwyłączyć) (light, gas)
■ to turn out to be (prove to be) okazywać (PERFokazać)się

to **turn round** VERB
1 zawracać (PERFzawrócić) (person, vehicle)
2 obracać (PERFobrócić)się (rotate)

to **turn up** VERB
1 przychodzić (PERFprzyjść) (arrive)
2 znajdować (PERFznaleźć)się (be found)
3 podkręcać (PERFpodkręcić) (radio, heater)

turning [ˈtəːnɪŋ] NOUN
zakręt (in road)

turnip [ˈtəːnɪp] NOUN
rzepa

turquoise [ˈtəːkwɔɪz] ADJECTIVE
turkusowy (colour)

turtle [ˈtəːtl] NOUN
żółw

tutor [ˈtjuːtəʳ] NOUN
korepetytor masc
korepetytorka fem (private tutor)

tuxedo [tʌkˈsiːdəʊ] NOUN
smoking

TV NOUN
TV

tweezers [ˈtwiːzəz] PL NOUN
peseta fem sing

twelfth [twelfθ] ADJECTIVE
dwunasty
□ the twelfth floor dwunaste piętro

twelve [twelv] NUMBER
dwanaście
□ She's twelve. Ma dwanaście lat.
■ at twelve o'clock 1 (midday) o dwunastej w południe 2 (midnight) o dwunastej w nocy

twentieth [ˈtwentɪɪθ] ADJECTIVE
dwudziesty
□ the twentieth time dwudziesty raz

twenty [ˈtwentɪ] NUMBER
dwadzieścia
□ He's twenty. Ma dwadzieścia lat.

t

twice [twaɪs] ADVERB
dwa razy
■ **twice as much** dwa razy więcej
□ He gets twice as much pocket money as me. Dostaje dwa razy większe kieszonkowe niż ja.

twin [twɪn] NOUN
bliźnię *(person)*
■ **twin room** pokój dwuosobowy z dwoma łóżkami

twinned [twɪnd] ADJECTIVE
połączony jako bliźniacze miasto
□ Warsaw is twinned with Coventry. Warszawa jest miastem bliźniaczym Coventry.

to **twist** [twɪst] VERB
1 przekręcać (PERFprzekręcić) *(turn)*
2 skręcać (PERFskręcić) *(ankle)*
3 przekręcać (PERFprzekręcić) *(meaning)*
□ You're twisting my words. Przekręcasz moje słowa.

twit [twɪt] NOUN
głupek

two [tuː] NUMBER
dwa
□ She's two. Ma dwa lata.

type [taɪp] VERB
▷ see also **type** VERB
typ *(sort, kind)*
□ What type of camera have you got? Jaki masz rodzaj aparatu?

to **type** [taɪp] VERB
▷ see also **type** NOUN
pisać (PERFnapisać)na komputerze *(on computer)*

typewriter ['taɪpraɪtə^r] NOUN
maszyna do pisania

typical ['tɪpɪkl] ADJECTIVE
typowy
□ That's just typical! Typowe!

tyre ['taɪə^r] NOUN
opona
■ **tyre pressure** ciśnienie w oponach

Uu

UFO NOUN
UFO

ugh [əːh] EXCLAMATION
fu!

ugly ['ʌglɪ] ADJECTIVE
1 brzydki *(person, dress)*
2 paskudny *(situation, incident)*

UK NOUN (= *United Kingdom*)
■ **the UK** Zjednoczone Królestwo Wielkiej Brytanii i Irlandii Północnej

ulcer ['ʌlsə^r] NOUN
wrzód

Ulster ['ʌlstə^r] NOUN
Ulster

ultimate ['ʌltɪmət] ADJECTIVE
1 ostateczny *(final)*
2 najwyższy *(greatest)*
■ **the ultimate challenge** największe wyzwanie

ultimately ['ʌltɪmətlɪ] ADVERB
ostatecznie
□ Ultimately, it's your decision. Ostatecznie, to twoja decyzja.

umbrella [ʌm'brelə] NOUN
parasol

umpire ['ʌmpaɪə^r] NOUN
arbiter

UN NOUN (= *United Nations*)
■ **the UN** ONZ

unable [ʌn'eɪbl] ADJECTIVE
■ **to be unable to do something** nie być w stanie czegoś zrobić
■ **I was unable to come.** Nie mogłam przyjść.

unacceptable [ʌnək'septəbl] ADJECTIVE
nie do przyjęcia

unanimous [juː'nænɪməs] ADJECTIVE
jednomyślny
□ a unanimous decision jednomyślna decyzja

unattended [ʌnə'tendɪd] ADJECTIVE
■ **to leave something unattended** pozostawiać (PERF pozostawić) coś bez nadzoru □ Never leave pets unattended in your car. Nigdy nie zostawiaj zwierząt samych bez nadzoru w samochodzie.

unavoidable [ʌnə'vɔɪdəbl] ADJECTIVE
nieunikniony

unaware [ʌnə'weə^r] ADJECTIVE
■ **to be unaware of something 1** *(not know about)* niewiedzący □ I was unaware of the regulations. Nie znałam tych przepisów.

2 *(not notice)* nieświadomy □ She was unaware that she was being filmed. Nie była nieświadoma tego, że ją filmowano.

unbearable [ʌn'beərəbl] ADJECTIVE
nie do wytrzymania

unbeatable [ʌn'biːtəbl] ADJECTIVE
nie do pobicia

unbelievable [ʌnbɪ'liːvəbl] ADJECTIVE
1 niewiarygodny *(implausible)*
2 niesamowity *(amazing)*

unborn [ʌn'bɔːn] ADJECTIVE
nienarodzony *(child)*

unbreakable [ʌn'breɪkəbl] ADJECTIVE
niezniszczalny

uncanny [ʌn'kænɪ] ADJECTIVE
niesamowity *(resemblance, ability)*
□ That's uncanny! Niesamowite!

uncertain [ʌn'səːtn] ADJECTIVE
niepewny
□ The future is uncertain. Przyszłość jest niepewna.
■ **to be uncertain about something** być niepewnym czegoś

uncivilized [ʌn'sɪvɪlaɪzd] ADJECTIVE
niecywilizowany

uncle ['ʌŋkl] NOUN
wujek
□ He's my uncle. Jest moim wujkiem.

uncomfortable [ʌn'kʌmfətəbl] ADJECTIVE
niewygodny
□ The seats are rather uncomfortable. Te siedzenia są dość niewygodne.

unconscious [ʌn'kɒnʃəs] ADJECTIVE
nieprzytomny *(not awake)*

uncontrollable [ʌnkən'trəuləbl] ADJECTIVE
1 nieokiełznany *(person)*
2 niepohamowany *(temper, laughter)*

unconventional [ʌnkən'venʃənl] ADJECTIVE
niekonwencjonalny

under ['ʌndə^r] PREPOSITION
1 pod +*inst (beneath)*
□ The cat's under the table. Kot jest pod stołem. □ What's under there? Co jest pod spodem?
2 poniżej +*gen (less than)*
□ children under 10 dzieci poniżej 10 roku życia
■ **under 20 people** mniej niż 20 osób

underage [ʌndər'eɪdʒ] ADJECTIVE
niepełnoletni *(person)*

undercover [ˌʌndəˈkʌvəʳ] ADJECTIVE
tajny
□ an undercover agent tajny agent

to **underestimate** [ˈʌndərˈestɪmeɪt] VERB
nie doceniać (PERF docenić)
□ I underestimated her. Nie doceniłem jej.

to **undergo** [ˌʌndəˈgəʊ] (PT **underwent**,
PP **undergone**) VERB
przechodzić (PERF przejść) (surgery, test,
treatment)

underground [ˈʌndəgraʊnd] NOUN
▷ see also **underground** ADJECTIVE, ADVERB
■ **the underground** metro □ Is there an
underground in Warsaw? Czy w Warszawie
jest metro?

underground [ˈʌndəgraʊnd] ADJECTIVE
▷ see also **underground** NOUN, ADVERB
podziemny
□ an underground car park podziemny parking

underground [ˈʌndəgraʊnd] ADVERB
▷ see also **underground** NOUN, ADJECTIVE
pod ziemią
□ Moles live underground. Krety żyją pod
ziemią.

to **underline** [ˌʌndəˈlaɪn] VERB
podkreślać (PERF podkreślić)

underneath [ˌʌndəˈniːθ] ADVERB
▷ see also **underneath** PREPOSITION
pod spodem
■ **I got out of the car and looked underneath.**
Wysiadłam z samochodu i zajrzałam pod niego.

underneath [ˌʌndəˈniːθ] PREPOSITION
▷ see also **underneath** ADVERB
pod +inst
□ underneath the carpet pod dywanem

underpaid [ˌʌndəˈpeɪd] ADJECTIVE
źle opłacany
□ I'm underpaid. Jestem źle opłacany.

underpants [ˈʌndəpænts] PL NOUN
slipy

underpass [ˈʌndəpɑːs] NOUN
1 przejście podziemne (for pedestrians)
2 przejazd podziemny (road under motorway)

undershirt [ˈʌndəʃəːt] NOUN (US)
podkoszulek

underskirt [ˈʌndəskəːt] NOUN
halka pod spódnicę

to **understand** [ˌʌndəˈstænd] (PT, PP
understood) VERB
rozumieć (PERF zrozumieć)
□ Do you understand? Czy rozumiesz? □ I don't
understand this word. Nie rozumiem tego
słowa. □ Is that understood? Czy to jest
zrozumiałe?

understanding [ˌʌndəˈstændɪŋ] ADJECTIVE
wyrozumiały
□ She's very understanding. Jest bardzo
wyrozumiała.

understood [ˌʌndəˈstʊd] VERB ▷ see
understand

undertaker [ˈʌndəteɪkəʳ] NOUN
przedsiębiorca pogrzebowy

underwater [ˈʌndəˈwɔːtəʳ] ADVERB
▷ see also **underwater** ADJECTIVE
pod wodą
□ This scene was filmed underwater. Ta scena
była nakręcona pod wodą.

underwater [ˈʌndəˈwɔːtəʳ] ADJECTIVE
▷ see also **underwater** ADVERB
podwodny (exploration, camera)

underwear [ˈʌndəweəʳ] NOUN
bielizna

underwent [ˌʌndəˈwent] VERB ▷ see **undergo**

to **undo** [ʌnˈduː] VERB
1 rozwiązywać (PERF rozwiązać) (shoelaces,
knot)
2 rozpinać (PERF rozpiąć) (buttons, trousers)

to **undress** [ʌnˈdres] VERB
rozbierać (PERF rozebrać) się
□ The doctor told me to undress. Lekarz
poprosił mnie, żebym się rozebrał.

uneconomic [ˈʌniːkəˈnɒmɪk] ADJECTIVE
nieopłacalny

unemployed [ˌʌnɪmˈplɔɪd] ADJECTIVE
bezrobotny (person)
□ He's unemployed. Jest bezrobotny. □ He's
been unemployed for a year. Jest bezrobotnym
od roku.
■ **the unemployed** bezrobotni

unemployment [ˌʌnɪmˈplɔɪmənt] NOUN
bezrobocie

unexpected [ˌʌnɪksˈpektɪd] ADJECTIVE
nieoczekiwany
□ an unexpected visitor nieoczekiwany gość

unexpectedly [ˌʌnɪksˈpektɪdlɪ] ADVERB
nieoczekiwanie
□ They arrived unexpectedly. Przyszli
nieoczekiwanie.

unfair [ʌnˈfeəʳ] ADJECTIVE
niesprawiedliwy
□ It's unfair to girls. To niesprawiedliwe wobec
dziewczyn.

unfamiliar [ˌʌnfəˈmɪlɪəʳ] ADJECTIVE
nieznany (place, person, subject)

unfashionable [ʌnˈfæʃnəbl] ADJECTIVE
niemodny

unfit [ʌnˈfɪt] ADJECTIVE
nie w formie (physically)
■ **unfit for work** niezdolny do pracy
■ **unfit for human consumption** nienadający
się do spożycia przez ludzi

to **unfold** [ʌnˈfəʊld] VERB
rozkładać (PERF rozłożyć)
□ She unfolded the map. Rozłożyła mapę.

unforgettable [ˌʌnfəˈgetəbl] ADJECTIVE
niezapomniany

unfortunately [ʌnˈfɔːtʃənətlɪ] ADVERB
niestety
□ Unfortunately, I arrived late Niestety
przyjechałem późno.

unfriendly [ʌnˈfrendlɪ] ADJECTIVE
nieprzyjazny
□ The waiters are a bit unfriendly. Ci kelnerzy
są trochę nieuprzejmi.

u

ungrateful [ʌnˈɡreɪtful] ADJECTIVE
niewdzięczny

unhappy [ʌnˈhæpɪ] ADJECTIVE
nieszczęśliwy
  □ He was very unhappy as a child. Jako dziecko
  był bardzo nieszczęśliwy.

unhealthy [ʌnˈhɛlθɪ] ADJECTIVE
niezdrowy

uni [ˈjuːnɪ] NOUN
uniwerek
  □ to go to uni chodzić (PERFpójść)na uniwerek

uniform [ˈjuːnɪfɔːm] NOUN
mundur
  □ school uniform mundurek szkolny

uninhabited [ʌnɪnˈhæbɪtɪd] ADJECTIVE
niezamieszkany

union [ˈjuːnjən] NOUN
  ■ trade union związek zawodowy

Union Jack NOUN
flaga brytyjska

unique [juːˈniːk] ADJECTIVE
1 jedyny w swoim rodzaju (individual)
2 wyjątkowy (distinctive)

unit [ˈjuːnɪt] NOUN
1 jedność (single whole)
2 sekcja (group, centre)
3 jednostka
  □ a unit of measurement jednostka miary
4 segment (of furniture)
  □ a kitchen unit segment kuchenny
5 część (in course book)

United Kingdom NOUN
  ■ the United Kingdom Zjednoczone
Królestwo Wielkiej Brytanii i Irlandii Północnej

United Nations NOUN
  ■ the United Nations Organizacja Narodów
Zjednoczonych

United States NOUN
  ■ the United States Stany Zjednoczone

universe [ˈjuːnɪvɜːs] NOUN
wszechświat

university [juːnɪˈvɜːsɪtɪ] NOUN
uniwersytet
  □ She's at university. Jest na uniwersytecie.
  □ Do you want to go to university? Czy chcesz
pójść na uniwersytet? □ Lancaster University
Uniwersytet Lancaster

unleaded petrol [ʌnˈlɛdɪd-] NOUN
benzyna bezołowiowa

unless [ʌnˈlɛs] CONJUNCTION
chyba że
  □ I won't come unless you phone me.
Nie przyjdę, chyba że do mnie zadzwonisz.

unlike [ʌnˈlaɪk] PREPOSITION
w odróżnieniu od
  □ Unlike him, I really enjoy flying. W odróżnieniu
od niego ja naprawdę lubię latać.

unlikely [ʌnˈlaɪklɪ] ADJECTIVE
mało prawdopodobny
  □ He is unlikely to win. Jest mało prawdopodobne, że on wygra. □ It's possible, but unlikely.
To jest możliwe, ale mało prawdopodobne.

unlisted [ʌnˈlɪstɪd] ADJECTIVE (US)
zastrzeżony (person, number)

to **unload** [ʌnˈləʊd] VERB
rozładowywać (PERFrozładować)
  □ We unloaded the car. Rozładowaliśmy
samochód. □ The lorries go there to unload.
Ciężarówki jadą tam i są tam rozładowywane.

to **unlock** [ʌnˈlɒk] VERB
otwierać (PERFotworzyć)kluczem
  □ He unlocked the door of the car. Otworzył
drzwi samochodu.

unlucky [ʌnˈlʌkɪ] ADJECTIVE
1 pechowy (person)
  ■ Did you win? — No, I was unlucky.
Wygrałeś? — Nie, miałem pecha.
2 pechowy (object, number)
  □ They say thirteen is an unlucky number.
Podobno trzynastka to pechowa liczba.

unmarried [ʌnˈmærɪd] ADJECTIVE
1 niezamężna (woman)
  □ an unmarried mother niezamężna matka
2 nieżonaty (man)

unnatural [ʌnˈnætʃrəl] ADJECTIVE
nienaturalny

unnecessary [ʌnˈnɛsəsərɪ] ADJECTIVE
niekonieczny

unofficial [ʌnəˈfɪʃl] ADJECTIVE
nieoficjalny

to **unpack** [ʌnˈpæk] VERB
1 rozpakowywać (PERFrozpakować)się
  □ I went to my room to unpack. Poszedłem
do swojego pokoju, żeby się rozpakować.
2 rozpakowywać (PERFrozpakować)
  □ I haven't unpacked my clothes yet.
Jeszcze nie rozpakowałem swoich ubrań.
  □ I unpacked my suitcase. Rozpakowałem
walizkę.

unpleasant [ʌnˈplɛznt] ADJECTIVE
1 nieprzyjemny (experience, task, situation)
2 niemiły (person, manner)

to **unplug** [ʌnˈplʌɡ] VERB
wyłączać (PERFwyłączyć)z sieci

unpopular [ʌnˈpɒpjulə] ADJECTIVE
niepopularny

unpredictable [ʌnprɪˈdɪktəbl] ADJECTIVE
nieprzewidywalny

unreal [ʌnˈrɪəl] ADJECTIVE
nierzeczywisty (incredible)
  ■ It was unreal! Niesamowite!

unrealistic [ʌnrɪəˈlɪstɪk] ADJECTIVE
nierealny
  ■ It is unrealistic to expect that ... Nie można
oczekiwać, że ...

unreasonable [ʌnˈriːznəbl] ADJECTIVE
1 niedorzeczny (person)
  □ Her attitude was completely unreasonable.
Jej postawa była zupełnie niedorzeczna.
2 nierozsądny (decision)
3 wygórowany (price, amount)

unreliable [ʌnrɪˈlaɪəbl] ADJECTIVE
1 niesolidny (person, firm)
2 zawodny (machine, method)

□ It's a nice car, but a bit unreliable. To ładny samochód, ale trochę zawodny.

to **unroll** [ʌn'rəʊl] VERB
rozwijać (PERF rozwinąć)

unsatisfactory ['ʌnsætɪs'fæktərɪ] ADJECTIVE
niezadowalający

to **unscrew** [ʌn'skruː] VERB
odkręcać (PERF odkręcić)
□ She unscrewed the top of the bottle. Odkręciła zakrętkę butelki.

unshaven [ʌn'ʃeɪvn] ADJECTIVE
nieogolony

unskilled [ʌn'skɪld] ADJECTIVE
niewykwalifikowany (worker)

unstable [ʌn'steɪbl] ADJECTIVE
chwiejny (ladder)

unsteady [ʌn'stedɪ] ADJECTIVE
niestabilny (ladder)

unsuccessful [ʌnsək'sesful] ADJECTIVE
1 nieudany (attempt)
2 odrzucony (person)
■ **He was an unsuccessful artist.** Nie udało mu się osiągnąć sukcesu jako artysta.

unsuitable [ʌn'suːtəbl] ADJECTIVE
1 nieodpowiedni (place, time, clothes)
2 niewłaściwy (candidate, applicant)
■ **to be unsuitable for something** nie nadawać (PERF nadać)się do czegoś

untidy [ʌn'taɪdɪ] ADJECTIVE
1 nieporządny
■ **My bedroom's always untidy.** Moja sypialnia jest zawsze nieposprzątana.
2 niechlujny
□ He's always untidy. Jest zawsze niechlujny.
□ He's a very untidy person. Jest bardzo niechlujną osobą.

to **untie** [ʌn'taɪ] VERB
rozwiązywać (PERF rozwiązać)

until [ən'tɪl] PREPOSITION
▷ see also **until** CONJUNCTION
do +gen
□ I waited until ten o'clock. Czekałam aż do dziesiątej.

until [ən'tɪl] CONJUNCTION
▷ see also **until** PREPOSITION
aż
□ It won't be ready until next week. To nie będzie gotowe aż do następnego tygodnia.
■ **until now** aż do teraz
■ **until then** aż do tego czasu

unusual [ʌn'juːʒuəl] ADJECTIVE
1 niezwykły (strange)
□ an unusual shape niezwykły kształt
2 nadzwyczajny (distinctive)
■ **It's unusual to get snow at this time of year.** Śnieg o tej porze roku jest niespotykany.

unwilling [ʌn'wɪlɪŋ] ADJECTIVE
■ **He was unwilling to help me.** Nie chciał mi pomóc.

to **unwind** [ʌn'waɪnd] VERB
odprężać (PERF odprężyć)się (relax)

unwise [ʌn'waɪz] ADJECTIVE
nierozsądny
□ That was rather unwise of you. To było nierozsądne z twojej strony.

to **unwrap** [ʌn'ræp] VERB
rozpakowywać (PERF rozpakować)
□ After the meal we unwrapped the presents. Po posiłku rozpakowaliśmy prezenty.

up [ʌp] PREPOSITION
▷ see also **up** ADVERB
1 na (to higher point on)
□ The bus went up the hill. Autobus wjechał na wzgórze.
2 wzdłuż +gen (along)
□ A bus came up the road. Autobus jechał wzdłuż ulicy.
3 na górze (at higher point on)
□ up on the hill na szczycie wzgórza

up [ʌp] ADVERB
▷ see also **up** PREPOSITION
na górze (at higher point)
■ **up here** tutaj
■ **up there** tam
■ **to be up** (out of bed) wstawać (PERF wstać)
□ What time do you get up? O której wstajesz?
■ **What's up with her?** Co się jej stało?
■ **to go up to somebody** podchodzić (PERF podejść)do kogoś □ She came up to me. Podeszła do mnie.
■ **up to 1** do +gen □ to count up to fifty liczyć (PERF policzyć)do pięćdziesięciu □ up to three hours do trzech godzin **2** aż do +gen □ up to now do chwili obecnej
■ **it is up to you** to zależy od pana/pani
■ **to feel up to doing something** czuć się na siłach coś zrobić

upbringing ['ʌpbrɪŋɪŋ] NOUN
wychowanie

uphill ['ʌp'hɪl] ADVERB
■ **to go uphill** wchodzić pod górę

upper ['ʌpəʳ] ADJECTIVE
górny
■ **on the upper floor** na wyższym piętrze

upper sixth NOUN
■ **She's in the upper sixth.** Jest w klasie maturalnej.

> **CZY WIESZ, ŻE...?**
> **Upper sixth** to druga klasa z dwóch ostatnich w szkole średniej (**secondary school**) kiedy to uczniowie przygotowują się do egzaminu dojrzałości **A-levels**

upright ['ʌpraɪt] ADVERB
prosto (sit, stand)

to **upset** [ʌp'set] VERB
▷ see also **upset** ADJECTIVE, NOUN
zasmucać (PERF zasmucić)(make unhappy)

upset [ʌp'set] ADJECTIVE
▷ see also **upset** VERB, NOUN
1 bardzo zasmucony (unhappy)
■ **to be upset about something** martwić (PERF zmartwić)się czymś

u

2 chory *(stomach)*

upset [ˈʌpsɛt] NOUN
> *see also* **upset** VERB, ADJECTIVE
■ **to have a stomach upset** mieć rozstrój
żołądka

upside down [ʌpsaɪd-] ADVERB
do góry nogami
□ That painting is upside down. Ten obraz jest
powieszony do góry nogami.

upstairs [ʌpˈstɛəz] ADVERB
1 na górze *(be)*
□ Where's your coat? — It's upstairs. Gdzie jest
twój płaszcz? — Na górze.
2 na górę *(go)*

uptight [ʌpˈtaɪt] ADJECTIVE
spięty
□ She's really uptight. Jest naprawdę spięta.

up-to-date [ˈʌptəˈdeɪt] ADJECTIVE
aktualny
□ an up-to-date timetable aktualny rozkład
jazdy

upwards [ˈʌpwədz] ADVERB
w górę
□ to look upwards patrzeć (PERF popatrzeć)
w górę

urgent [ˈəːdʒənt] ADJECTIVE
pilny
□ Is it urgent? Czy to jest pilne?

urine [ˈjʊərɪn] NOUN
mocz

URL NOUN
URL *(internet)*

US NOUN *(= United States)*
■ **the US** USA

us [ʌs] PRONOUN
nas *gen, acc, loc*
□ They need us. Potrzebują nas.
nam *dat*
□ They helped us. Pomogli nam. □ He brought
us a present. Kupił nam prezent. □ They gave
us a map. Dali nam mapę.
nami *inst*
□ He lives with us. Mieszka z nami.

USA NOUN *(= United States of America)*
■ **the USA** USA

use [juːs] NOUN
> *see also* **use** VERB
zastosowanie *(purpose)*
■ **to make use of something** używać (PERF użyć)
czegoś
■ **it's no use** to na nic
■ **to be no use to somebody** być
nieprzydatnym dla kogoś

■ **to have a use for something** mieć dla czegoś
zastosowanie

to **use** [juːz] VERB
> *see also* **use** NOUN
używać (PERF użyć) +gen *(object, tool)*
□ Can we use a dictionary in the exam? Czy na
egzaminie możemy korzystać ze słownika?
■ **She used to do it.** Dawniej to robiła.
■ **to be used to something** być
przyzwyczajonym do czegoś □ Don't worry,
I'm used to it. Nie martw się, jestem do tego
przyzwyczajona. □ He wasn't used to driving
on the right. Nie był przyzwyczajony do jazdy
po prawej stronie.
■ **to get used to something** przyzwyczajać
(PERF przyzwyczaić) się do czegoś

to **use up** VERB
zużywać (PERF zużyć)
□ We've used up all the paint. Zużyliśmy całą
farbę.

useful [ˈjuːsful] ADJECTIVE
przydatny
■ **to come in useful** przydawać (PERF przydać)
się

useless [ˈjuːslɪs] ADJECTIVE
1 bezużyteczny *(unusable)*
2 bezcelowy *(pointless)*
3 beznadziejny *(hopeless)*
□ This map is just useless. Ta mapa jest
beznadziejna! □ You're useless! Jesteś
beznadziejny!

user [ˈjuːzəˤ] NOUN
użytkownik *masc*
użytkowniczka *fem*

user-friendly [ˈjuːzəˈfrɛndlɪ] ADJECTIVE
przyjazny dla użytkownika

usual [ˈjuːʒuəl] ADJECTIVE
zwykły
■ **as usual** jak zwykle

usually [ˈjuːʒuəlɪ] ADVERB
zazwyczaj
□ I usually get to school at about half past eight.
Zazwyczaj jestem w szkole około wpół do
dziewiątej. □ Usually I don't wear make-up,
but today is a special occasion. Zazwyczaj się
nie maluję, ale dzień dzisiejszy to specjalna
okazja.

utility room [juːˈtɪlɪtɪ-] NOUN
pomieszczenie gospodarcze

U-turn [ˈjuːˈtəːn] NOUN
manewr zawracania pojazdu
■ **to do a U-turn** zawracać (PERF zawrócić)
pojazd

Vv

vacancy ['veɪkənsɪ] NOUN
1 wakat *(job)*
2 wolny pokój *(hotel room)*
■ 'no vacancies' 'nie ma wolnych miejsc'

vacant ['veɪkənt] ADJECTIVE
wolny *(seat, bathroom)*

vacation [vəˈkeɪʃən] NOUN (US)
1 urlop
□ to take a vacation brać (PERF wziąć) urlop
2 wakacje *pl (at university)*
□ to be on vacation być na wakacjach □ to go on vacation jechać (PERF pojechać) na wakacje

to **vaccinate** ['væksɪneɪt] VERB
■ to vaccinate somebody szczepić (PERF zaszczepić) kogoś

to **vacuum** ['vækjum] VERB
odkurzać (PERF odkurzyć)
□ to vacuum the hall odkurzać (PERF odkurzyć) przedpokój

vacuum cleaner NOUN
odkurzacz

vagina [vəˈdʒaɪnə] NOUN
pochwa

vague [veɪg] ADJECTIVE
niejasny

vain [veɪn] ADJECTIVE
próżny
□ He's so vain! Jest taki próżny!
■ in vain na próżno

Valentine card ['væləntaɪn-] NOUN
walentynka

Valentine's Day ['væləntaɪnz-] NOUN
dzień Świętego Walentego

valid ['vælɪd] ADJECTIVE
1 ważny *(ticket, document)*
□ This ticket is valid for three months.
Ten bilet jest ważny przez trzy miesiące.
2 uzasadniony *(argument, reason)*

valley ['vælɪ] NOUN
dolina

valuable ['væljuəbl] ADJECTIVE
1 wartościowy
□ a valuable picture wartościowy obraz
2 cenny
□ valuable help cenna pomoc

valuables ['væljuəblz] PL NOUN
kosztowności
□ Don't take any valuables with you.
Nie zabieraj ze sobą żadnych kosztowności.

value ['vælju:] NOUN
1 wartość *(financial worth)*
2 waga *(importance)*

van [væn]
furgonetka

vandal ['vændl] NOUN
wandal

vandalism ['vændəlɪzəm] NOUN
wandalizm

to **vandalize** ['vændəlaɪz] VERB
dewastować (PERF zdewastować)

vanilla [vəˈnɪlə] NOUN
wanilia
■ vanilla ice cream lody waniliowe

to **vanish** ['vænɪʃ] VERB
znikać (PERF zniknąć)

variable ['vɛərɪəbl] ADJECTIVE
zmienny

varied ['vɛərɪd] ADJECTIVE
różnorodny

variety [vəˈraɪətɪ] NOUN
1 różnorodność *(diversity)*
2 wybór *(range)*

various ['vɛərɪəs] ADJECTIVE
różny
□ We visited various villages in the area.
Odwiedzili różne wioski w okolicy.

to **vary** ['vɛərɪ] VERB
różnić się +inst

vase [vɑ:z] NOUN
wazon

VAT [ˌvi:eɪˈti:, væt] NOUN (= value added tax)
VAT

VCR NOUN (= video cassette recorder)
magnetowid

VDU NOUN (= visual display unit)
monitor

veal [vi:l] NOUN
cielęcina

vegan ['vi:gən] NOUN
weganin *masc*
weganka *fem*
□ I'm a vegan. Jestem weganinem.

vegetable ['vɛdʒtəbl] NOUN
warzywo
■ vegetable soup zupa jarzynowa

vegetarian [ˌvɛdʒɪˈtɛərɪən] NOUN
▷ *see also* **vegetarian** ADJECTIVE
wegetarianin *masc*

v

wegetarianka *fem*
□ I'm a vegetarian. Jestem wegetarianką.
vegetarian [vɛdʒɪ'tɛərɪən] ADJECTIVE
▷ *see also* **vegetarian** NOUN
wegetariański
□ vegetarian lasagne wegetariańska lazania
□ I'm vegetarian. Jestem wegetarianinem.
vehicle ['viːɪkl] NOUN
pojazd
vein [veɪn] NOUN
żyła *(in body)*
velvet ['vɛlvɪt] NOUN
aksamit
vending machine ['vendɪŋ-] NOUN
automat *(z napojami, słodyczami itd)*
Venetian blind [vɪ'niːʃən-] NOUN
żaluzja z poziomych listewek
verb [vəːb] NOUN
czasownik
verdict ['vəːdɪkt] NOUN
orzeczenie
■ **a verdict of not guilty** wyrok
uniewinniający
vertical ['vəːtɪkl] ADJECTIVE
pionowy
vertigo ['vəːtɪgəu] NOUN
zawroty głowy
□ I get vertigo. Dostaję zawrotów głowy.
very ['vɛrɪ] ADVERB
bardzo
□ very tall bardzo wysoki □ not very interesting
nie bardzo ciekawy
■ **at the very end** na samym końcu
■ **I like him very much** bardzo go lubię
vest [vɛst] NOUN
1 podkoszulek *(underwear)*
2 kamizelka *(US: waistcoat)*
vet [vɛt] NOUN
weterynarz
□ She's a vet. Jest weterynarzem.
via [vaɪə] PREPOSITION
przez
□ We went to Paris via Berlin. Pojechali do
Paryża przez Berlin.
vicar ['vɪkəʳ] NOUN
pastor
□ He's a vicar. Jest pastorem.
vice [vaɪs] NOUN
imadło *(tool)*
vice versa [vaɪs'vəːsə] ADVERB
(i) na odwrót
vicious ['vɪʃəs] ADJECTIVE
1 wściekły
□ a vicious attack wściekły atak
2 zły *(person, dog)*
victim ['vɪktɪm] NOUN
ofiara
■ **to be the victim of** być ofiarą +gen
□ He was the victim of a mugging. Jest ofiarą
napadu ulicznego.
victory ['vɪktərɪ] NOUN
zwycięstwo

video ['vɪdɪəu] NOUN
▷ *see also* **video** VERB
1 wideo *(film)*
□ to watch a video oglądać (PERFobejrzeć)
wideo □ a video of my family on holiday
wideo mojej rodziny na wakacjach
2 kaseta wideo *(cassette)*
□ She lent me a video. Pożyczyła mi wideo.
3 magnetowid *(machine)*
□ Have you got a video? Czy masz
magnetowid?
■ **a video game** gra wideo □ He likes playing
video games. Lubi grać w gry wideo.
to **video** ['vɪdɪəu] VERB
▷ *see also* **video** NOUN
nagrywać (PERFnagrać)na wideo
videophone ['vɪdɪəufəun] NOUN
telefon z funkcją video
Vietnam ['vjɛt'næm] NOUN
Wietnam
Vietnamese [vjɛtnə'miːz] ADJECTIVE
wietnamski
view [vjuː] NOUN
1 widok
□ an amazing view zdumiewający widok
2 pogląd *(opinion)*
■ **in my view** moim zdaniem
viewer ['vjuːəʳ] NOUN
widz *(of TV)*
viewpoint ['vjuːpɔɪnt] NOUN
1 punkt widzenia *(attitude)*
2 punkt obserwacyjny *(place)*
vile [vaɪl] ADJECTIVE
okropny
villa ['vɪlə] NOUN
1 rezydencja *(in countryside)*
2 willa *(in town)*
village ['vɪlɪdʒ] NOUN
wioska
villain ['vɪlən] NOUN
1 czarny charakter *(in novel, play)*
2 zbir *(criminal)*
vine [vaɪn] NOUN
winorośl
vinegar ['vɪnɪgəʳ] NOUN
ocet
vineyard ['vɪnjɑːd] NOUN
winnica
viola [vɪ'əulə] NOUN
altówka
□ I play the viola. Gram na altówce.
violence ['vaɪələns] NOUN
przemoc
violent ['vaɪələnt] ADJECTIVE
1 agresywny *(person)*
2 brutalny *(crime)*
violin [vaɪə'lɪn] NOUN
skrzypce
□ I play the violin. Gram na skrzypcach.
violinist [vaɪə'lɪnɪst] NOUN
skrzypek *masc*
skrzypaczka *fem*

virgin ['vɜːdʒɪn] NOUN
dziewica
□ to be a virgin być dziewicą

Virgo ['vɜːgəu] NOUN
Panna
□ I'm Virgo. Jestem spod znaku Panny.

virtual reality ['vɜːtʃuəl-] NOUN
rzeczywistość wirtualna

virus ['vaɪərəs] NOUN
wirus

visa ['viːzə] NOUN
wiza

visible ['vɪzəbl] ADJECTIVE
widoczny

visit ['vɪzɪt] NOUN
▷ see also **visit** VERB
1 wizyta (to person)
  ■ **to pay somebody a visit** składać (PERF złożyć)
  komuś wizytę
2 pobyt (to place)
  □ Did you enjoy your visit to France?
  Czy dobrze bawiliście się podczas pobytu w
  Paryżu?

to **visit** ['vɪzɪt] VERB
▷ see also **visit** NOUN
1 odwiedzać (PERF odwiedzić) (person)
  □ to visit somebody odwiedzać (PERF odwiedzić)
  kogoś
2 zwiedzać (PERF zwiedzić) (place)
  □ We'd like to visit the castle. Chcielibyśmy
  zwiedzić zamek.

visitor ['vɪzɪtər] NOUN
1 osoba przyjezdna (to city, country)
2 gość (to person, house)

visual ['vɪzjuəl] ADJECTIVE
wizualny

to **visualize** ['vɪzjuəlaɪz] VERB
wyobrażać (PERF wyobrazić) sobie (imagine)

vital ['vaɪtl] ADJECTIVE
niezbędny (essential)

vitamin ['vɪtəmɪn] NOUN
witamina

vivid ['vɪvɪd] ADJECTIVE
1 żywy (description, memory)
2 jaskrawy (colour, light)

vocabulary [vəu'kæbjulərɪ] NOUN
1 zasób słów (of person)
2 słownictwo (of language)

vodka ['vɔdkə] NOUN
wódka

voice [vɔɪs] NOUN
głos

voice mail NOUN
poczta głosowa

volcano [vɔl'keɪnəu] NOUN
wulkan

volleyball ['vɔlɪbɔːl] NOUN
siatkówka
□ to play volleyball grać imperf w siatkówkę

volt [vəult] NOUN
wolt

voltage ['vəultɪdʒ] NOUN
napięcie prądu elektrycznego

voluntary ['vɔləntərɪ] ADJECTIVE
1 dobrowolny (not compulsory)
2 ochotniczy (work, worker)
3 społeczny (organization)

volunteer [vɔlən'tɪər] NOUN
▷ see also **volunteer** VERB
ochotnik masc
ochotniczka fem

to **volunteer** [vɔlən'tɪər] VERB
▷ see also **volunteer** NOUN
■ **to volunteer to do something** zgłaszać
(PERF zgłosić) się na ochotnika do robienia
(PERF zrobienia) czegoś perf

to **vomit** ['vɔmɪt] VERB
wymiotować (PERF zwymiotować)

to **vote** [vəut] VERB
głosować (PERF zagłosować)
■ **to vote for somebody** głosować
(PERF zagłosować) na kogoś

voucher ['vautʃər] NOUN
kupon
□ a gift voucher prezent w postaci kuponu
towarowego

vowel ['vauəl] NOUN
samogłoska

vulgar ['vʌlgər] ADJECTIVE
wulgarny

v

585

Ww

wafer ['weɪfə'] NOUN
wafel

wages ['weɪdʒɪz] PL NOUN
zarobki
□ He collected his wages. Odebrał swoje zarobki.

waist [weɪst] NOUN
1 pas
2 talia *(of clothing)*

waistcoat ['weɪskəut] NOUN
kamizelka

to **wait** [weɪt] VERB
czekać ‹PERFpoczekać ›
■ **to wait for somebody** czekać ‹PERFpoczekać › na kogoś □ I'll wait for you. Poczekam na ciebie.
■ **to wait for something** czekać ‹PERF poczekać ›na coś
■ **I can't wait to tell her.** Nie mogę się doczekać jak jej powiem.
■ **Wait a minute!** Poczekaj chwilę!
■ **to keep somebody waiting** kazać komuś czekać □ They kept us waiting for hours. Kazali nam na siebie czekać godzinami.

to **wait up** VERB
nie kłaść ‹PERFpołożyć ›się spać
□ My mum always waits up till I get in. Moja mama nigdy nie kładzie się, dopóki nie przyjdę do domu.

waiter ['weɪtə'] NOUN
kelner

waiting list ['weɪtɪŋ-] NOUN
lista oczekujących

waiting room ['weɪtɪŋ-] NOUN
poczekalnia

waitress ['weɪtrɪs] NOUN
kelnerka

to **wake up** [weɪk-] (PT **woke up**, PP **woken up**)
VERB
budzić ‹PERFobudzić ›się
□ I woke up at six o'clock. Obudziłam się o szóstej.
■ **to wake somebody up** budzić ‹PERFzbudzić › kogoś □ Please would you wake me up at seven o'clock? Czy możesz mnie obudzić o siódmej?

Wales [weɪlz] NOUN
Walia
■ **the Prince of Wales** książę Walii

walk [wɔːk] NOUN
▷ see also **walk** VERB
spacer
■ **to go for a walk** chodzić/iść ‹PERFpójść › na spacer
■ **to take the dog for a walk** wyprowadzać ‹PERFwyprowadzić ›psa na spacer
■ **It's 10 minutes' walk from here.** Stąd idzie się dziesięć minut.

to **walk** [wɔːk] VERB
▷ see also **walk** NOUN
1 chodzić/iść ‹PERFpójść ›
□ He walks fast. Chodzi szybko. □ Are you walking or going by bus? Idziesz czy jedziesz autobusem?
2 przechodzić ‹PERFprzejść › *(distance)*
□ We walked 10 kilometres. Przeszedł 10 kilometrów.

walkie-talkie ['wɔːkɪ'tɔːkɪ] NOUN
krótkofalówka

walking ['wɔːkɪŋ] NOUN
spacerowanie
■ **I did some walking in the Alps last summer.** Zeszłego lata chodziliśmy po Alpach.

walking stick NOUN
laska

Walkman® ['wɔːkmən] NOUN
walkman ®

wall [wɔːl] NOUN
1 ściana *(of building, room)*
2 mur *(around garden, field)*

wallet ['wɒlɪt] NOUN
portfel

wallpaper ['wɔːlpeɪpə'] NOUN
tapeta

walnut ['wɔːlnʌt] NOUN
orzech włoski

to **wander** ['wɒndə'] VERB
przechadzać się
□ I just wandered around for a while. Po prostu się przechadzałem przez chwilę.

to **want** [wɒnt] VERB
1 chcieć +gen *(wish for)*
□ Do you want some cake? Czy chcesz trochę ciasta?
■ **to want to do something** chcieć coś robić ‹PERFzrobić › □ I want to go to the cinema. Chcę pójść do kina. □ What do you want to do tomorrow? Co chcesz robić jutro?

2 potrzebować +gen *(need)*

war [wɔːʳ] NOUN
 wojna

ward [wɔːd] NOUN
 oddział *(in hospital)*

warden [ˈwɔːdn] NOUN
 zarządca *(at youth hostel)*

wardrobe [ˈwɔːdrəub] NOUN
 szafa

warehouse [ˈwɛəhaus] NOUN
 magazyn

warm [wɔːm] ADJECTIVE
 ciepły
 □ warm water ciepła woda
 ■ **I'm too warm.** Jest mi za ciepło.
 ■ **It's warm.** Jest ciepło.
 ■ **Are you warm enough?** Czy jest panu/pani
 wystarczająco ciepło?
 ■ **a warm welcome** ciepłe przyjęcie

to **warm up** VERB
 1 rozgrzewać (PERFrozgrzać)się *(athlete, pianist)*
 2 podgrzewać (PERFpodgrzać) *(food)*
 ■ **I'll warm up some lasagne for you.**
 Ogrzeję ci lazanie.
 3 ogrzewać (PERFogrzać) *(person)*

to **warn** [wɔːn] VERB
 ■ **to warn somebody that ...** ostrzegać
 (PERFostrzec)kogoś, że ...
 ■ **Well, I warned you!** Cóż, ostrzegałem cię!

warning [ˈwɔːnɪŋ] NOUN
 1 ostrzeżenie *(action, words, sign)*
 2 zapowiedź *(notice)*

Warsaw [ˈwɔːsɔː] NOUN
 Warszawa

wart [wɔːt] NOUN
 brodawka

  WSKAZÓWKI JĘZYKOWE Uwaga! Angielskie
 słowo **wart** nie oznacza **wart**.

was [wɔz] VERB ▷ see **be**

wash [wɔʃ] NOUN
 ▷ see also **wash** VERB
 mycie *(clean)*
 ■ **to have a wash** myć (PERFumyć)się □ I had
 a wash. Umyłem się.
 ■ **He gave the car a wash.** Umył samochód.

to **wash** [wɔʃ] VERB
 ▷ see also **wash** NOUN
 1 prać (PERFuprać) *(clothes)*
 2 myć (PERFumyć) *(dishes, paintbrush)*
 □ to wash something myć (PERFumyć)coś
 □ to wash one's face myć (PERFumyć)twarz
 3 myć (PERFumyć)się *(person)*
 □ Every morning I get up, wash and get dressed.
 Codziennie wstaję, myję się i ubieram.

to **wash up** VERB
 zmywać (PERFpozmywać) *(wash dishes)*

washbasin [ˈwɔʃbeɪsn] NOUN
 umywalka

washcloth [ˈwɔʃklɔθ] NOUN (US)
 myjka (do twarzy)

washing [ˈwɔʃɪŋ] NOUN
 pranie

 □ to do the washing robić (PERFzrobić)pranie
 ■ **dirty washing** rzeczy do prania

washing machine NOUN
 pralka

washing powder NOUN
 proszek do prania

washing-up [wɔʃɪŋˈʌp] NOUN
 brudne naczynia *pl*
 ■ **to do the washing-up** zmywać
 (PERFpozmywać)naczynia

washing-up liquid NOUN
 płyn do zmywania naczyń

wasn't [ˈwɔznt] = was not

wasp [wɔsp] NOUN
 osa

waste [weɪst] NOUN
 ▷ see also **waste** VERB
 1 marnowanie *(of resources)*
 ■ **It's such a waste!** Co za marnotrastwo!
 ■ **It's a waste of time.** To strata czasu.
 2 śmieci *masc pl (rubbish)*
 ■ **nuclear waste** odpady nuklearne

to **waste** [weɪst] VERB
 ▷ see also **waste** NOUN
 marnować (PERFzmarnować)
 □ I don't like wasting money. Nie lubię
 marnować pieniędzy.
 ■ **There's no time to waste.** Nie mamy czasu
 do stracenia.

wastepaper basket [ˈweɪstpeɪpə-] NOUN
 kosz na śmieci

watch [wɔtʃ] NOUN
 ▷ see also **watch** VERB
 zegarek *(wristwatch)*

to **watch** [wɔtʃ] VERB
 ▷ see also **watch** NOUN
 1 patrzeć (PERFpopatrzeć)na *(look at)*
 □ Watch me! Popatrz na mnie!
 2 oglądać (PERFobejrzeć)
 □ to watch television oglądać (PERFobejrzeć)
 telewizję
 3 obserwować *imperf (spy on, guard)*
 □ The police were watching the house.
 Policja obserwowała dom.

to **watch out** VERB
 uważać
 ■ **Watch out!** Uważaj!

water [ˈwɔːtəʳ] NOUN
 ▷ see also **water** VERB
 woda

to **water** [ˈwɔːtəʳ] VERB
 ▷ see also **water** NOUN
 podlewać (PERFpodlać)
 □ He was watering his tulips. Podlewał tulipany.

waterfall [ˈwɔːtəfɔːl] NOUN
 wodospad

watering can [ˈwɔːtərɪŋ-] NOUN
 konewka

watermelon [ˈwɔːtəmɛlən] NOUN
 arbuz

waterproof [ˈwɔːtəpruːf] ADJECTIVE
 wodoszczelny

w

□ Is this watch waterproof? Czy ten zegarek jest wodoszczelny?

water-skiing ['wɔːtəskiːɪŋ] NOUN
■ **to go water-skiing** jeździć na nartach wodnych

wave [weɪv] NOUN
▷ see also **wave** VERB
1 machnięcie (of hand)
■ **to give somebody a wave** machać (PERF pomachać) do kogoś
2 fala (on water)

to **wave** [weɪv] VERB
▷ see also **wave** NOUN
machać (PERF pomachać) (gesture)
□ to wave at somebody machać (PERF pomachać) komuś
■ **to wave goodbye to somebody** machać (PERF pomachać) komuś na pożegnanie
□ I waved her goodbye. Pomachałam jej na pożegnanie.

wavy ['weɪvɪ] ADJECTIVE
falisty
□ wavy hair faliste włosy

wax [wæks] NOUN
wosk

way [weɪ] NOUN
1 droga (route)
□ I don't know the way. Nie znam drogi.
□ We stopped on the way. Zatrzymaliśmy się po drodze. □ the way back droga powrotna
2 ścieżka (path, access)
■ **'way in'** 'wejście'
■ **'way out'** 'wyjście'
3 odległość (distance)
■ **Paris is a long way from London.** Paryż jest daleko od Londynu.
4 kierunek (direction)
5 sposób (manner, method)
□ She looked at me in a strange way. Popatrzyła na mnie w dziwny sposób.
■ **in a way** w pewnym sensie
■ **way of life** sposób życia
■ **by the way** a propos

we [wiː] PL PRONOUN
my
□ We're staying here for a week. Zatrzymamy się tutaj na tydzień.

weak [wiːk] ADJECTIVE
słaby

wealthy ['welθɪ] ADJECTIVE
bogaty

weapon ['wepən] NOUN
broń

to **wear** [weəʳ] (PT **wore**, PP **worn**) VERB
nosić
■ **I can't decide what to wear.** Nie mogę się zdecydować, w co się ubrać.

to **wear out** VERB
przecierać (PERF przetrzeć się)

weather ['weðəʳ] NOUN
pogoda
□ What's the weather like? Jaka jest pogoda?

□ The weather was lovely. Pogoda była cudowna.

weather forecast NOUN
prognoza pogody

web [web] NOUN
pajęczyna (spider's)
■ **the Web** internet □ on the Web w internecie

web address NOUN
adres internetowy

web browser NOUN
przeglądarka

webcam ['webkæm] NOUN
wyszukiwarka

webmaster ['webmɑːstəʳ] NOUN
administrator sieci masc
administratorka sieci fem

website ['websaɪt] NOUN
witryna internetowa

webzine ['webziːn] NOUN
czasopismo internetowe

we'd [wiːd] = **we had, we would**

wedding ['wedɪŋ] NOUN
1 ślub (ceremony)
2 wesele (reception)

Wednesday ['wednzdɪ] NOUN
środa
□ on Wednesday w środę □ on Wednesdays w środy □ every Wednesday co środę
□ last Wednesday w ostatnią środę
□ next Wednesday w przyszłą środę

weed [wiːd] NOUN
chwast
□ The garden's full of weeds. Ogród był pełen chwastów.

week [wiːk] NOUN
tydzień
□ last week w zeszłym tygodniu □ every week co tydzień □ next week
□ in a week's time za tydzień

weekday ['wiːkdeɪ] NOUN
dzień powszedni
■ **on weekdays** w dni powszednie

weekend [wiːk'end] NOUN
weekend
□ at weekends w weekendy □ last weekend w poprzedni weekend □ next weekend w następny weekend □ at the weekend w weekend □ this weekend w ten weekend

to **weep** [wiːp] VERB
płakać imperf

to **weigh** [weɪ] VERB
ważyć (PERF zważyć)
□ First, weigh the flour. Najpierw zważ mąkę.
□ How much do you weigh? Ile ważysz?
□ She weighs 50kg. Ona waży pięćdziesiąt kg.

weight [weɪt] NOUN
1 waga
2 ciężarek (heavy object)
■ **to lose weight** tracić (PERF stracić) na wadze
■ **to put on weight** przybierać (PERF przybrać) na wadze

w

weightlifter ['weɪtlɪftə'] NOUN
ciężarowiec

weightlifting ['weɪtlɪftɪŋ] NOUN
podnoszenie ciężarów

weird [wɪəd] ADJECTIVE
dziwny

welcome ['welkəm] NOUN
▷ see also **welcome** VERB
powitanie

■ **to give somebody a warm welcome**
witać (PERF przywitać) kogoś ciepło

■ **They gave her a warm welcome.**
Przywitali ją ciepło.

■ **Welcome to Poland!** Witamy w Polsce!

to **welcome** ['welkəm] VERB
▷ see also **welcome** NOUN
witać (PERF powitać)

■ **Thank you! — You're welcome!** Dziękuję!
— Proszę bardzo!

well [wel] NOUN
▷ see also **well** ADVERB, ADJECTIVE
studnia (for water)

well [wel] ADVERB
▷ see also **well** NOUN, ADJECTIVE
dobrze

□ You did that really well. Poszło ci naprawdę
dobrze. □ She's doing really well at school.
W szkole idzie jej naprawdę dobrze. □ I don't
feel well. Nie czuję się dobrze.

■ **Get well soon!** Szybkiego powrotu do
zdrowia!

■ **Well done!** Brawo!

■ **as well** również □ I decided to have dessert
as well. Zdecydowałam, że zjem również deser.

■ **X as well as Y** zarówno ... jak i □ We went to
Chartres as well as Paris. Pojechałam zarówno
do Chartres jak i Paryża.

■ **The exhibition is well worth visiting.**
Wystawa jest naprawdę warta zwiedzenia.

well [wel] ADJECTIVE
▷ see also **well** NOUN, ADVERB
zdrowy (healthy)

□ I'm not very well at the moment. Nie jestem
zdrowy w tej chwili.

we'll [wi:l] = we will, we shall

well-behaved ['welbɪ'heɪvd] ADJECTIVE
grzeczny

well-dressed ['wel'drest] ADJECTIVE
dobrze ubrany

wellingtons ['welɪŋtənz] PL NOUN
kalosze

well-known ['wel'nəun] ADJECTIVE
1 dobrze znany (person)

□ a well-known film star dobrze znana gwiazda
filmowa

2 znany (fact, brand)

well-off ['wel'ɔf] ADJECTIVE
zamożny

Welsh [welʃ] ADJECTIVE
▷ see also **Welsh** NOUN
walijski

□ She's Welsh. Jest Walijką.

Welsh [welʃ] NOUN
▷ see also **Welsh** ADJECTIVE
język walijski (language)

■ **the Welsh** walijczycy

Welshman ['welʃmən] NOUN
Walijczyk

Welshwoman ['welʃwumən] NOUN
Walijka

went [went] VERB ▷ see **go**

were [wə:'] VERB ▷ see **be**

we're [wɪə'] = we are

weren't [wə:nt] = were not

west [west] NOUN
▷ see also **west** ADJECTIVE, ADVERB
zachód (direction)

■ **the West** Zachód

■ **in the west of Ireland** na zachodzie
Irlandii

west [west] ADJECTIVE
▷ see also **west** NOUN, ADVERB
zachodni

□ the west coast zachodnie wybrzeże

west [west] ADVERB
▷ see also **west** NOUN, ADJECTIVE
na zachód

□ We were travelling west. Podróżowaliśmy
na zachód.

■ **west of** na zachód od +gen □ Stroud is
west of Oxford. Stroud leży na zachód od
Oksfordu.

westbound ['westbaund] ADJECTIVE
■ **Westbound traffic is moving very slowly.**
Ruch samochodowy w kierunku zachodnim
jest bardzo wolny.

western ['westən] ADJECTIVE
▷ see also **western** NOUN
zachodni

western ['westən] NOUN
▷ see also **western** ADJECTIVE
western (film)

West Indian ADJECTIVE
▷ see also **West Indian** NOUN
antylski

□ She's West Indian. Jest z Indii Zachodnich.

West Indian NOUN
▷ see also **West Indian** ADJECTIVE
Antylczyk

West Indies [-'ɪndɪz] PL NOUN
■ **the West Indies** Indie Zachodnie

wet [wet] ADJECTIVE
1 mokry

□ wet clothes mokre ubranie

■ **soaking wet** kompletnie przemoczony

■ **to get wet** moknąć (PERF zmoknąć)

2 deszczowy (rainy)

wet suit NOUN
strój do nurkowania

we've [wi:v] = we have

whale [weɪl] NOUN
wieloryb

what [wɔt] PRONOUN
▷ see also **what** ADJECTIVE

w

589

LANGUAGE TIP There are several ways of translating **what**. Scan the examples to find one that is similar to what you want to say.

co
- □ What's the capital of Finland? Co jest stolicą Finlandii? □ What are you doing? Co robisz? □ What did you say? Co powiedziałaś? □ What is this? Co to jest? □ What's the matter? O co chodzi? □ I saw what happened. Widziałam, co się zdarzyło. □ I heard what he said. Słyszałam, co powiedział.
- ■ **What?** *(what did you say)* Co?

what [wɒt] ADJECTIVE
> *see also* **what** PRONOUN
1 który
- □ What time is it? Która godzina?
- ■ **What colour is it?** Jakiego to jest koloru?
2 cóż za
- □ What a mess! Co za bałagan!
- ■ **What a lovely day!** Jaki ładny dzień!

wheat [wi:t] NOUN
pszenica

wheel [wi:l] NOUN
koło
- ■ **steering wheel** kierownica

wheelchair ['wi:ltʃeəʳ] NOUN
wózek inwalidzki

when [wɛn] ADVERB, CONJUNCTION
kiedy
- □ When did he go? Kiedy wyszedł? □ She was reading when I came in. Czytała, kiedy wszedłem.

where [wɛəʳ] ADVERB, CONJUNCTION
gdzie
- □ Where's Emma today? Gdzie jest dzisiaj Emma? □ Where do you live? Gdzie mieszkasz?
- ■ **Where are you going?** Dokąd idziesz?
- ■ **A shop where you can buy croissants.** Sklep, w którym można kupić croissanty.

whether ['wɛðəʳ] CONJUNCTION
czy
- □ I don't know whether to accept or not. Nie wiem, czy mam przyjąć, czy nie. □ I don't know whether to go or not. Nie wiem, czy pójść czy nie.

which [wɪtʃ] ADJECTIVE
> *see also* **which** PRONOUN

LANGUAGE TIP There are several ways of translating **which**. Scan the examples to find one that is similar to what you want to say.

który *masc sing*
- □ Which picture do you want? Który chcesz obraz?
która *fem sing*
- □ He asked which book I wanted. Zapytał, którą chcę książkę.
które *neut sing*
którzy *animate pl*
które *inanimate pl*
- ■ **Which flavour do you want?** Jaki smak pani chce?

which [wɪtʃ] PRONOUN
> *see also* **which** ADJECTIVE
1 który *masc sing (interrogative subject, object)*
- □ Which of these is yours? Który z nich jest pana/pani? □ Ask him which of the models is the best. Zapytaj go, który z modeli jest najlepszy.
która *fem sing*
- □ the book which he read książkę, którą czytał □ the book which is very good książkę, która jest bardzo dobra
które *neut sing*
- □ The CD which is playing now. To CD, które teraz gra. □ The CD which I bought today. To CD, które dzisiaj kupiłem.
którzy *animate pl*
które *inanimate pl*
2 co *(referring to clause)*
- □ She said it was an accident, which was true. Powiedziała, że to był wypadek, co było prawdą.

while [waɪl] NOUN
> *see also* **while** CONJUNCTION
chwila
- □ after a while po chwili □ He was here a while ago. Był tutaj chwilę temu.
- ■ **for a while** na jakiś czas □ I lived in London for a while. Mieszkałem w Londynie przez jakiś czas.
- ■ **quite a while** przez dłuższy czas □ quite a while ago całkiem dawno temu
- ■ **I haven't seen him for quite a while.** Już dawno go nie widziałem.

while [waɪl] CONJUNCTION
> *see also* **while** NOUN
1 podczas
- □ Someone opened the door while he was making his speech. Ktoś otworzył drzwi podczas jego przemowy.
- ■ **You hold the torch while I look inside.** Potrzymaj latarkę, a ja zajrzę do środka.
2 chociaż *(although)*
- □ While I'm very fond of him, I don't actually want to marry him. Chociaż go bardzo lubię, nie chcę za niego wyjść za mąż.
3 a *(but)*
- □ Isobel is very dynamic, while Kay is more laid-back. Isobel jest bardzo energiczna, a Kay jest bardziej wyluzowana.

whip [wɪp] NOUN
> *see also* **whip** VERB
bat

to whip [wɪp] VERB
> *see also* **whip** NOUN
1 chłostać (PERFwychłostać) *(person, animal)*
2 ubijać (PERFubić) *(cream, eggs)*

whipped cream [wɪpt-] NOUN
bita śmietana

whiskers ['wɪskəz] PL NOUN
1 wąsy *(of animal)*
2 zarost *sing (of man)*

whisky ['wɪskɪ] NOUN
whisky

to **whisper** ['wɪspər] VERB
szeptać (PERFszepnąć)

to **whistle** ['wɪsl] VERB
▷ see also **whistle** NOUN
gwizdać (PERFzagwizdać) (person)

whistle ['wɪsl] NOUN
▷ see also **whistle** VERB
1 gwizdek (device)
2 gwizd (sound)

white [waɪt] ADJECTIVE
biały
■ He's got white hair. Ma siwe włosy.
■ white coffee kawa z mlekiem
■ white wine białe wino
■ white bread biały chleb

whiteboard ['waɪtbɔːd] NOUN
whiteboard

Whitsun ['wɪtsn] NOUN
Zielone Świątki

who [huː] PRONOUN

> **LANGUAGE TIP** There are several ways of translating **who**. Scan the examples to find one that is similar to what you want to say.

1 kto (interrogative subject, object, object of prep)
□ Who said that? Kto to powiedział? □ Who is Jacques Chirac? Kim jest Jacques Chirac? □ Who is it? Kto to jest?
2 który (relative subject, object)
□ The man who saw us. Mężczyzna, który nas widział. □ The man who spoke to us. Mężczyzna, który z nami rozmawiał. □ the girl who came in dziewczyna, która weszła □ the man who we met in Sydney mężczyzna, którego poznaliśmy w Sydney

whole [həʊl] ADJECTIVE
▷ see also **whole** NOUN
cały
□ the whole class cała klasa □ the whole afternoon całe popołudnie

whole [həʊl] NOUN
▷ see also **whole** ADJECTIVE
całość
□ the whole of something całość czegoś
■ the whole of the time cały czas
■ on the whole ogólnie

wholemeal ['həʊlmiːl] ADJECTIVE
pełnoziarnisty

wholewheat ['həʊlwiːt] ADJECTIVE
= **wholemeal**

whom [huːm] PRONOUN
1 kogo
□ Whom did you see? Kogo widziałeś?
2 komu (to whom?)
□ To whom did she give it? Komu to dała?
■ the man to whom I spoke mężczyzna, z którym rozmawiałem

whose [huːz] ADJECTIVE
▷ see also **whose** PRONOUN
1 czyj (interrogative)
□ Whose book is this? Czyja to książka? □ Whose coats are these? Czyje są te płaszcze?

2 którego (relative)
□ The girl whose picture was in the paper. Dziewczyna, której zdjęcie było w gazecie. □ the woman whose car was stolen kobieta, której samochód został skradziony

whose [huːz] PRONOUN
▷ see also **whose** ADJECTIVE
czyj masc sing
czyja fem sing
czyje neut sing
□ Whose is this? Czyje to jest? □ I know whose it is. Wiem, czyje to jest.
czyi animate pl
czyje inanimate pl

why [waɪ] ADVERB
dlaczego
□ Why did you do that? Dlaczego to zrobiłeś? □ That's why he did it. Dlatego to zrobił. □ Tell me why. Powiedz mi, dlaczego. □ Why is he always late? Dlaczego on zawsze się spóźnia? □ Why not? Dlaczego nie? □ I don't know why. Nie wiem dlaczego.

wicked ['wɪkɪd] ADJECTIVE
1 podły (person)
2 ohydny (act, crime)

wicket ['wɪkɪt] NOUN
bramka w krykiecie (stumps)

wide [waɪd] ADJECTIVE
▷ see also **wide** ADVERB
szeroki
□ a wide road szeroka droga

wide [waɪd] ADVERB
▷ see also **wide** ADJECTIVE
szeroko
□ The door was wide open. Drzwi były szeroko otwarte. □ The windows were wide open. Okna były szeroko otwarte.

widow ['wɪdəʊ] NOUN
wdowa
□ She's a widow. Jest wdową.

widower ['wɪdəʊər] NOUN
wdowiec
□ He's a widower. Jest wdowcem.

width [wɪdθ] NOUN
szerokość
■ to swim a width przepływać (PERFprzepłynąć) szerokość basenu

wife [waɪf] (PL wives) NOUN
żona
□ She's his wife. Jest jego żoną.

wig [wɪg] NOUN
peruka

wild [waɪld] ADJECTIVE
1 dziki
□ a wild animal dzikie zwierzę
2 szalony
□ She's a bit wild. Jest trochę szalona.

wildlife ['waɪldlaɪf] NOUN
natura
□ I'm interested in wildlife. Interesuję się naturą.

will [wɪl] NOUN

  ▷ *see also* **will** VERB

  testament

  □ He left me some money in his will. Pozostawił mi trochę pieniędzy w swoim testamencie.

  ■ **to make a will** spisywać (PERF spisać) testament

will [wɪl] VERB

  ▷ *see also* **will** NOUN

  ■ **I will call you tonight.** Zadzwonię do ciebie dziś wieczorem.

  ■ **What will you do next?** Co potem zrobisz?

  ■ **He'll be there by now.** Pewnie jest już na miejscu.

  ■ **Will you be quiet!** Bądź cicho!

  ■ **I won't put up with it!** Nie będę tego znosił!

willing ['wɪlɪŋ] ADJECTIVE

  ■ **to be willing to do something** być chętnym do robienia (PERF zrobienia) czegoś

win [wɪn] NOUN

  ▷ *see also* **win** VERB

  zwycięstwo

to win [wɪn] (PT, PP **won**) VERB

  ▷ *see also* **win** NOUN

  wygrywać (PERF wygrać)

  □ Did you win? Czy wygraliście?

to wind [waɪnd] VERB

  ▷ *see also* **wind** NOUN

  nakręcać (PERF nakręcić) *(watch, clock, toy)*

  ■ **to wind something around something** *(rope, bandage)* obwijać (PERF obwinąć)

  ■ **to wind through** wić się □ The road winds through the valley. Droga wiła się przez dolinę.

wind [wɪnd] NOUN

  ▷ *see also* **wind** VERB

  wiatr

  □ There was a strong wind. Był silny wiatr.

windmill ['wɪndmɪl] NOUN

  wiatrak

window ['wɪndəu] NOUN

1 okno *(in house, on computer)*

  □ to break a window zbić *perf* szybę w oknie □ a broken window zbita szyba w oknie

2 witryna *(in shop)*

3 szyba *(pane)*

windscreen ['wɪndskri:n] NOUN

  szyba przednia

windscreen wiper [-waɪpər] NOUN

  wycieraczka

windshield ['wɪndʃi:ld] NOUN (US)

  szyba przednia

windshield wiper [-waɪpər] NOUN (US)

  wycieraczka

windy ['wɪndɪ] ADJECTIVE

  wietrzny

  ■ **It's windy.** Wieje wiatr.

wine [waɪn] NOUN

  wino

  □ a bottle of wine butelka wina □ a glass of wine lampka wina

wing [wɪŋ] NOUN

  skrzydło

to wink [wɪŋk] VERB

  ■ **to wink at somebody** mrugać (PERF mrugnąć) do kogoś □ He winked at me. Mrugnął do mnie.

winner ['wɪnər] NOUN

  zwycięzca *masc*

  zwyciężczyni *fem*

winning ['wɪnɪŋ] ADJECTIVE

  zwycięski

winter ['wɪntər] NOUN

  zima

  ■ **in winter** zimą

winter sports PL NOUN

  sporty zimowe

to wipe [waɪp] VERB

  wycierać (PERF wytrzeć)

  ■ **Wipe your feet!** Wytrzyj buty!

  ■ **to wipe one's nose** wycierać (PERF wytrzeć) nos

to wipe up VERB

  wycierać (PERF wytrzeć)

wire ['waɪər] NOUN

  drut

wisdom tooth NOUN

  ząb mądrości

wise [waɪz] ADJECTIVE

  mądry

to wish [wɪʃ] VERB

  ▷ *see also* **wish** NOUN

  życzyć sobie +*gen*

  ■ **to wish for something** życzyć sobie czegoś □ What more could you wish for? Czego więcej można sobie życzyć?

  ■ **to wish to do something** chcieć coś robić (PERF zrobić) □ I wish to make a complaint. Chciałbym złożyć zażalenie.

  ■ **to wish somebody good night** życzyć komuś dobrej nocy

  ■ **to wish somebody well** życzyć komuś dobrze

wish [wɪʃ] NOUN

  ▷ *see also* **wish** VERB

  życzenie

  □ to make a wish wypowiedzieć *perf* życzenie

  ■ **'best wishes'** *(on birthday, promotion)* 'najlepsze życzenia'

  ■ **'with best wishes'** *(in letter)* 'z najlepszymi życzeniami'

  ■ **Give her my best wishes.** Przekaż jej moje najserdeczniejsze życzenia.

wit [wɪt] NOUN

  dowcip *(humour)*

with [wɪð, wɪθ] PREPOSITION

  LANGUAGE TIP There are several ways of translating **with**. Scan the examples to find one that is similar to what you want to say.

1 z +*inst*

  □ Come with me. Chodź ze mną. □ We stayed with friends. Zatrzymaliśmy się u znajomych. □ the man with blue eyes mężczyzna z niebieskimi oczami □ with a laugh ze śmiechem

■ **to walk with a stick** chodzić/iść (PERF pójść) o lasce □ He walks with a stick. Chodzi o lasce.

■ **to fill something with water** napełniać (PERF napełnić) coś wodą □ Fill the jug with water. Nalej do dzbanka wody.

2 z +gen (indicating cause)
□ green with envy zielony z zazdrości □ to shake with fear trząść imperf się ze strachu

within [wɪð'ɪn] PREPOSITION
■ **within the week** w przeciągu tygodnia
■ **within a mile of** w odległości mili od

without [wɪð'aut] PREPOSITION
bez +gen
□ without a coat bez płaszcza □ without speaking bez słów

witness ['wɪtnɪs] NOUN
świadek
□ There were no witnesses. Nie było świadków.

witty ['wɪtɪ] ADJECTIVE
dowcipny

wives [waɪvz] PL NOUN ▷ see **wife**

woke up [wəʊk-], **woken up** [wəʊkən-] VERB ▷ see **wake up**

wolf [wʊlf] NOUN
wilk

woman ['wʊmən] NOUN
kobieta
■ **a woman doctor** lekarka

won [wʌn] VERB ▷ see **win**

to **wonder** ['wʌndər] VERB
zastanawiać (PERF zastanowić) się
□ I wonder what that means. Zastanawiam się, co to znaczy. □ I wonder where Caroline is. Zastanawiam się, gdzie jest Caroline.
□ I wonder why she said that. Zastanawiam się, dlaczego to powiedziała.

wonderful ['wʌndəful] ADJECTIVE
cudowny

won't [wəʊnt] = **will not**

wood [wʊd] NOUN
1 drewno
□ It's made of wood. To jest zrobione z drewna.
2 las (forest)
□ We went for a walk in the wood. Poszliśmy na spacer po lesie.

wooden ['wʊdn] ADJECTIVE
drewniany
□ a wooden chair drewniane krzesło

woodwork ['wʊdwəːk] NOUN
stolarka
□ My hobby is woodwork. Moim hobby jest stolarka.

wool [wʊl] NOUN
wełna
□ It's made of wool. To jest zrobione z wełny.

word [wəːd] NOUN
słowo
□ a difficult word to trudne słowo □ I really like the words of this song. Naprawdę podobają mi się słowa tej piosenki.
■ **What's the word for 'pen' in Polish?** Jak jest 'pen' po polsku?

■ **in other words** innymi słowy
■ **to have a word with somebody** porozmawiać perf z kimś

word processing [-'prəʊsɛsɪŋ] NOUN
przetwarzanie tekstów

word processor [-'prəʊsɛsər] NOUN
procesor tekstów

wore [wɔːr] VERB ▷ see **wear**

work [wəːk] NOUN
▷ see also **work** VERB
praca
□ She's looking for work. Szuka pracy. □ He's at work at the moment. Jest teraz w pracy.
■ **to be out of work** być bez pracy

to **work** [wəːk] VERB
▷ see also **work** NOUN
1 pracować
□ She works in a shop. Pracuje w sklepie.
□ to work hard pracować ciężko
2 działać (PERF zadziałać) (function)
□ The heating isn't working. Ogrzewanie nie działa.
3 sprawdzać (PERF sprawdzić) się (be successful)
□ My plan worked perfectly. Mój plan doskonale się sprawdził.

to **work out** VERB
1 ćwiczyć (exercise)
□ I work out twice a week. Ćwiczę dwa razy w tygodniu.
2 powieść się perf (job, plans)
□ In the end it worked out really well. Koniec końców wszystko powidło się jak najlepiej.
3 rozwiązywać (PERF rozwiązać) (answer, solution)
■ **I just couldn't work it out.** Po prostu nie potrafiłem tego rozpracować.
■ **It works out at 100 pounds.** Wychodzi sto funtów.
■ **I can't work out why …** Nie mogę pojąć dlaczego …

worker ['wəːkər] NOUN
pracownik masc
pracownica fem
■ **a hard worker** dobry pracownik

work experience NOUN
doświadczenie zawodowe
■ **I'm going to do work experience in a factory.** Będę mieć praktykę w fabryce.

working-class ['wəːkɪŋ'klɑːs] ADJECTIVE
robotniczy
□ a working-class family rodzina robotnicza

workman ['wəːkmən] NOUN
robotnik

works [wəːks] NOUN
zakład przemysłowy (factory)

worksheet ['wəːkʃiːt] NOUN
spis zadań na kartce na lekcji szkolnej

workshop ['wəːkʃɒp] NOUN
warsztat
□ a drama workshop warsztaty teatralne

workspace ['wəːkspeɪs] NOUN
przestrzeń robocza

w

593

workstation [ˈwəːksteɪʃən] NOUN
1 stanowisko pracy *(desk)*
2 stacja robocza *(computer)*

world [wəːld] NOUN
świat
■ **all over the world** na całym świecie

worm [wəːm] NOUN
robak

worn [wɔːn] VERB ▷ see **wear**

worn [wɔːn] ADJECTIVE
wytarty
□ The carpet is a bit worn. Dywan jest nieco
wytarty.

worried [ˈwʌrɪd] ADJECTIVE
zmartwiony
□ She's very worried. Jest bardzo zmartwiona.
■ **to be worried about something**
martwić (PERFzmartwić)się czymś
□ I'm worried about the exams. Martwię się
egzaminami.
■ **to look worried** wyglądać na zmartwionego
□ She looks worried. Wygląda na zmartwioną.

to worry [ˈwʌrɪ] VERB
martwić (PERFzmartwić)się

worse [wəːs] ADJECTIVE, ADVERB
gorszy
□ It was even worse. Było jeszcze gorzej.
□ My results were bad, but his were even worse.
Moje wyniki były złe, ale jego były jeszcze
gorsze. □ I'm feeling worse. Czuję się gorzej.

to worship [ˈwəːʃɪp] VERB
czcić *imperf*

worst [wəːst] ADJECTIVE, ADVERB
najgorszy
□ the worst student in the class najgorszy
uczeń w klasie □ The worst of it is that ...
Najgorsze z tego wszystkiego jest to, że ...
■ **at worst** w najgorszym przypadku

worth [wəːθ] ADJECTIVE
■ **to be worth** być wartym □ How much is it
worth? Ile to jest warte? □ It's worth a lot of
money. To jest warte fortunę.
■ **It's worth it.** Warto zrobić. □ It's not worth
it. Nie warto.

would [wud] VERB
■ **I'd like to go to America.** Chciałabym
pojechać do Ameryki.
■ **I'm sure he wouldn't do that.** Jestem
pewien, że on tego by nie zrobił.
■ **Would you like a biscuit?** Może ciastko?
■ **Would you ask him to come in?** Poprosiłby
go pan, żeby wszedł?
■ **She wouldn't help me.** Ona nie chciała mi
pomóc.
■ **He said he would be at home later.**
Powiedział, że będzie w domu później.
■ **He would spend every day on the beach.**
Spędzał każdy dzień na plaży.

wouldn't [ˈwudnt] = would not

wound [wuːnd] NOUN
▷ see also **wound** VERB
rana

to wound [wuːnd] VERB
▷ see also **wound** NOUN
ranić (PERFzranić)
□ He was wounded in the leg. Był zraniony
w nogę.

to wrap [ræ] VERB
zawijać (PERFzawinąć)
□ She's wrapping her Christmas presents.
Zawija prezenty bożonarodzeniowe.

to wrap up VERB
owijać (PERFowinąć) *(pack)*

wrapping paper [ˈræpɪŋ-] NOUN
papier do pakowania *(gift wrap)*

wreck [rɛk] NOUN
▷ see also **wreck** VERB
1 wrak
□ That car is a wreck! Ten samochód to istny
wrak!
2 wrak człowieka *(person)*
□ After the exams I was a complete wreck.
Po egzaminach byłem zupełnym wrakiem.

to wreck [rɛk] VERB
▷ see also **wreck** NOUN
1 niszczyć (PERFzniszczyć)
□ The explosion wrecked the whole house.
Wybuch zniszczył cały dom.
2 rujnować (PERFzrujnować)
□ The trip was wrecked by bad weather.
Wycieczkę zrujnowała brzydka pogoda.

wreckage [ˈrɛkɪdʒ] NOUN
1 wrak *(of car, plane)*
2 szczątki *(of building)*

wrestler [ˈrɛslər] NOUN
zapaśnik *masc*
zapaśniczka *fem*

wrestling [ˈrɛslɪŋ] NOUN
zapasy *pl*

wrinkled [ˈrɪŋkld] ADJECTIVE
pomarszczony *(skin, face)*

wrist [rɪst] NOUN
nadgarstek

to write [raɪt] (PT **wrote**, PP **written**) VERB
1 pisać (PERFnapisać)
□ to write a letter pisać (PERFnapisać)list
2 wypisywać (PERFwypisać) *(cheque, receipt,
prescription)*
■ **to write to somebody** pisać (PERFnapisać)
do kogoś □ I'm going to write to her in Polish.
Napiszę do niej po polsku.

to write down VERB
zapisywać (PERFzapisać)
□ I wrote down the address. Zapisałam adres.

writer [ˈraɪtər] NOUN
pisarz *masc*
pisarka *fem*
□ She's a writer. Jest pisarką.

writing [ˈraɪtɪŋ] NOUN
charakter pisma *(handwriting)*
□ I can't read your writing. Nie mogę odczytać
twojego pisma.
■ **in writing** na piśmie

written [ˈrɪtn] VERB ▷ see **write**

wrong [rɔŋ] ADJECTIVE
▷ *see also* **wrong** ADVERB
1 błędny *(incorrect)*
   □ The information they gave us was wrong. Informacja, jaką nam podali, była błędna.
2 zły *(morally bad)*
   □ I think hunting is wrong. Uważam, że polowanie jest moralnie złe.
   ■ **to be wrong** być w błędzie □ You're wrong. Jesteś w błędzie.
   ■ **What's wrong?** Co jest nie w porządku?
   ■ **What's wrong with you?** Co ci dolega?

■ **There's nothing wrong** Nic złego się nie dzieje
wrong [rɔŋ] ADVERB
▷ *see also* **wrong** ADJECTIVE
źle *(incorrectly)*
   □ You've done it wrong. Źle to zrobiłeś.
   ■ **to go wrong 1** *(plan)* nie udawać (PERF udać) się □ The robbery went wrong and they got caught. Napad nie udał się; wszyscy zostali złapani. **2** *(machine)* psuć (PERF popsuć) się

wrote [rəut] VERB ▷ *see* **write**
WWW NOUN *(= World-Wide Web)*
   www

Xerox® [ˈzɪərɔks] NOUN
▷ *see also* **xerox** VERB
kserować (PERFskserować)

to **xerox** [ˈzɪərɔks] VERB
▷ *see also* **Xerox** NOUN
ksero

Xmas [ˈɛksməs] NOUN *(= Christmas)*
Boże Narodzenie

X-ray [ˈɛksreɪ] NOUN
▷ *see also* **X-ray** VERB
prześwietlenie
◻ to have an X-ray robić (PERFzrobić)sobie
prześwietlenie

to **X-ray** [ˈɛksreɪ] VERB
▷ *see also* **X-ray** NOUN
robić (PERFzrobić)prześwietlenie *+gen*
◻ They X-rayed my arm. Zrobili prześwietlenie
jego ręki.

Yy

yacht [jɔt] NOUN
1 żaglówka *(sailing boat)*
2 jacht *(luxury craft)*

yard [jɑːd] NOUN
1 dziedziniec *(of building)*
  □ in the yard na dziedzińcu
2 jard *(measure)*
3 ogród (US: *garden*)
  ■ **builder's yard** skład materiałów budowlanych

to yawn [jɔːn] VERB
ziewać (PERFziewnąć)

year [jɪəʳ] NOUN
1 rok
  □ last year zeszłego roku
  ■ **He's 8 years old.** On ma osiem lat.
  ■ **an eight-year-old child** ośmioletnie dziecko
  ■ **We lived there for 2 years.** Mieszkaliśmy tam przez dwa lata.
2 klasa *(in school)*
  □ He was a year above me. Był o klasę wyżej ode mnie.

to yell [jɛl] VERB
krzyczeć (PERFkrzyknąć)

yellow ['jɛləu] ADJECTIVE
żółty

yes [jɛs] ADVERB
tak
  □ Do you like it? — Yes. Czy podoba ci się? — Tak. □ Don't you like it? — Yes! Nie podoba ci się? — Tak!

yesterday ['jɛstədɪ] ADVERB
wczoraj
  □ yesterday morning wczoraj rano □ all day yesterday cały dzień wczoraj
  ■ **the day before yesterday** przedwczoraj

yet [jɛt] ADVERB
jeszcze nie
  □ There's no news as yet. Jeszcze nie mamy żadnych wiadomości. □ It's not finished yet. Nie jest jeszcze skończone. □ They haven't finished yet. Jeszcze nie skończyli.
  ■ **Have you written to him yet?** Czy już do niego napisałaś?
  ■ **yet again** znów

to yield [jiːld] VERB
w samochodzie (US: *in car*)

yob [jɔb] NOUN
łobuz

yoghurt ['jəugət] NOUN
jogurt

yolk [jəuk] NOUN
żółtko

you [juː] PRONOUN
  LANGUAGE TIP There are several ways of translating **you**. Scan the examples to find one that is similar to what you want to say.
1 ty *sing (familiar)*
  □ Do you like football? Czy lubisz piłkę nożną? □ I like you. Lubię cię. □ I'll send you the photos when I've got them. Wyślę ci zdjęcia, jak je dostanę. □ I gave it you. Dałem ci to. □ I'll help you. Pomogę ci. □ It's for you. To dla ciebie. □ She's younger than you. Jest młodsza niż ty. □ I'll come with you. Pójdę z tobą.
  wy *pl*
2 pan *masc sing (polite)*
  □ Do you like football? Czy pan lubi piłkę nożną?
  pani *fem sing*
  □ Do you know her? Czy zna ją pani? □ I know you. Znam panią. □ I saw you. Widziałem panią.
  panowie *masc animate pl*
  panie *fem pl*
  państwo *masc/fem animate pl*
  □ Can I help you? Czy mogę państwu pomóc?
  ■ **You can't put metal dishes in a microwave.** Nie wkłada się metalowych naczyń do kuchenki mikrofalowej.
  ■ **you never know** nigdy nie wiadomo

young [jʌŋ] ADJECTIVE
młody
  ■ **young people** młodzi ludzie

younger ['jʌŋəʳ] ADJECTIVE
młodszy
  □ my younger brother mój młodszy brat
  □ my younger sister moja młodsza siostra
  □ He's younger than me. Jest młodszy ode mnie.

youngest ['jʌŋɪst] ADJECTIVE
najmłodszy
  □ my youngest brother najmłodszy brat
  □ She's the youngest. Jest najmłodsza.

your [jɔːʳ] ADJECTIVE
1 twój *masc sing (familiar)*

y

> **LANGUAGE TIP** **twój** is used in the subject of the sentence, or in the object of the sentence when it refers to someone other than the subject.

□ Your brother is very tall. Twój brat jest bardzo wysoki.
twoja *fem sing*

□ your sister twoja siostra
twoje *neut sing*

□ your seat twoje miejsce
wasz *pl*

2 pana *masc sing (polite)*

> **LANGUAGE TIP** **pana** is used in the subject of the sentence, or in the object of the sentence when it refers to someone other than the subject.

□ Can I have your booking number, please. Proszę o pana numer rezerwacji.
pani *fem sing*

□ Your home is beautiful. Pani dom jest piękny.
panów *masc pl*
pań *inanimate masc pl*
państwa *inanimate fem pl*

□ Can I have your passports, please. Proszę o państwa paszporty

3 swój

> **LANGUAGE TIP** **swój** is used in the object of the sentence when it refers to the subject.

□ Do you have your passport? Czy ma pan swój paszport?

yours [jɔːz] PRONOUN
1 twój *sing (familiar)*

□ This book is yours. Ta książka jest twoja.
□ I've lost my pen. Can I use yours? Zgubiłem swój długopis. Czy mogę skorzystać z twojego?

■ **my parents and yours** moi i twoi rodzice
wasz *pl*

2 pana *masc sing (polite)*

□ Is this yours? Czy to jest pana?
pani *fem sing*
panów *masc pl*
pań *fem pl*
państwa *masc/fem pl*

■ **yours sincerely** z wyrazami szacunku

yourself [jɔːˈsɛlf] PRONOUN

> **LANGUAGE TIP** There are several ways of translating **yourself**. Scan the examples to find one that is similar to what you want to say.

1 siebie *gen, acc*
sobie *dat, loc*

□ Tell me about yourself! Powiedz mi coś o sobie.
sobą *inst*

2 się *(reflexive pronoun)*

□ Have you hurt yourself? Skaleczyłeś się?

3 sam *masc (for emphasis)*

□ Do it yourself! Zrób to sam!
sama *fem*

4 ty *sing*
wy *pl (familiar)*

5 pan *masc*
pani *fem (polite)*

□ an intelligent person like yourself taka inteligentna osoba jak pan/pani

■ **by yourself** *(unaided, alone)* sam

yourselves [jɔːˈsɛlvz] PL PRONOUN

> **LANGUAGE TIP** There are several ways of translating **yourselves**. Scan the examples to find one that is similar to what you want to say.

1 siebie *gen, acc*
sobie *dat, loc*

□ Buy yourselves something nice! Kupcie sobie coś ładnego!
sobą *inst*

2 się *(reflexive pronoun)*

□ Did you enjoy yourselves? Czy dobrze się bawiliście?

3 sami *masc (for emphasis)*

□ Did you make it yourselves? Czy zrobiliście to sami?
same *fem*

□ Did you paint the house yourselves? Czy panie same pomalowały dom?

4 wy *(familiar)*

5 panowie *masc animate*
panie *fem*
państwo *masc/fem animate (polite)*

■ **intelligent people like yourselves** inteligentni ludzie jak panowie

■ **by yourselves** *(unaided, alone)* sami

youth club NOUN
klub młodzieżowy

youth hostel NOUN
schronisko młodzieżowe

Yugoslavia [juːgəʊˈslɑːvɪə] NOUN
Jugosławia

■ **in the former Yugoslavia** w byłej Jugosławii

Zz

zany ['zeɪnɪ] ADJECTIVE
zwariowany

zebra ['ziːbrə] NOUN
zebra

zebra crossing NOUN
przejście dla pieszych

zero ['zɪərəu] NOUN
zero
■ **5 degrees below zero** pięć stopni poniżej zera

Zimmer frame® ['zɪmə-] NOUN
balkonik (chodzik)

zip [zɪp] NOUN
suwak

zip code NOUN (US)
kod pocztowy

zipper ['zɪpəʳ] NOUN (US)
suwak

zit [zɪt] NOUN
pryszcz

zodiac ['zəudɪæk] NOUN
■ **the zodiac** zodiak □ the signs of the zodiac
znaki zodiaku

zone [zəun] NOUN
strefa

zoo [zuː] NOUN
zoo

zoom lens ['zuːm-] NOUN
obiektyw o zmiennej ogniskowej

zucchini [zuːˈkiːnɪ] NOUN (US)
cukinia